D1751055

SÜDAFRIKA
UND NAMIBIA

HEIDRUN BROCKMANN

SÜDAFRIKA
UND NAMIBIA

Reader's Digest

Genehmigte Sonderausgabe 2018 für
Reader's Digest Deutschland, Schweiz, Österreich
Verlag Das Beste GmbH
Stuttgart, Zürich, Wien
www.readersdigest-verlag.de | www.readersdigest-verlag.ch | www.readersdigest-verlag.at
© 2018 Naumann & Göbel Verlagsgesellschaft mbH,
Emil-Hoffmann-Straße 1
D-50996 Köln
© der Karten: Ingenieurbüro für Kartographie J. Zwick, Gießen
Autorin: Heidrun Brockmann
Redaktion: Ute Giesen
Gesamtherstellung: Naumann & Göbel Verlagsgesellschaft mbH
Alle Rechte vorbehalten
ISBN 978-3-95619-344-6

INHALT

SÜDAFRIKA – REGENBOGENNATION AM KAP	6
EASTERN CAPE	94
FREE STATE	144
GAUTENG	174
KWAZULU-NATAL	216
LIMPOPO	280
MPUMALANGA	318
NORTHERN CAPE	364
NORTH WEST	392
WESTERN CAPE	416
WEINLAND SÜDAFRIKA	512
NAMIBIA	522

Namib Wüste
Omaruru
Okombahe
Kranzberg 2350
Hochfeld
Epukiro
Steinhausen
Wilhelmstal
Okahandja
Usakos
Karibib
Khan
Swakop
Seeis
Gobabis
Windhoek
2483
Swakopmund
Walvis Bay
Dordabis
Rehoboth
2351
Kuiseb
Petrusdal
NAMIBIA
BOTSWANA
Kalkrand
Stampriet
Nossob
Auob
Mariental
Gochas
Kalahari
Maltahöhe
Gibeon
Asab
Tses
Helmeringhausen
Berseba
Koës
Bethanie
Keetmanshoop
Lüderitz
Aus
Goageb
Seeheim
Aroab
Witdraai
Askham
Schroffenstein 2202
Klein-Karas
Grünau
1655 Hunsberge
Nakop
Karasburg
Ariamsvlei
Ai-Ais
Warmbad
Upington
Gariep (Oranje)
Keimoes
Oranjemund
Goodhouse
Pella
Pofadder
Kenhardt
Steinkopf
Port Nolloth
Okiep
Nababeep
Springbok
Namaqualand
Northern Cape
Kamieskroon
Hondeklipbaai
Garies
Brandvlei
Van Wyksvlei
Kuruman
Sishen
Langberge
Postmasburg
Griquatown
Marydale
Prieska
Sodium
Vosburg
Britstown
ATLANTISCHER OZEAN
Bitterfontein
Loeriesfontein
Sakrivier
Carnarvon
1667
Kootjieskolk
Nuwerus
Nieuwoudtville
1672
Williston
Sak
Loxton
Victoria West
Koekenaap
Calvinia
Vredendal
Vanrhynsdorp
Klawer
Doring
Middelpos
Roggeveldberge
Great Karoo
Fraserburg
Nelspoort
Lambert's Bay
Clanwilliam
Sutherland
Nuweveldberge
Beaufort West
St. Helena Bay
Velddrif
Citrusdal
Leeu-Gamka
Vredenburg
Piketberg
Saldanha
Hopefield
Porterville
Western Cape
Prince Albert
Matroosberg 2249
Laingsburg
Willowmore
Moorreesburg
Ceres
Ladismith
Calitzdorp
Swartberge
Malmesbury
Wellington
Touwsrivier
Touws River
Worcester
Oudtshoorn
Uniondale
Paarl
Montagu
Little Karoo
Bellville
Cape Town (Kapstadt)
Robertson
Knysna
Stellenbosch
George
Plettenberg Bay
Somerset West
Swellendam
Simon's Town
Strand
Protem
Riversdale
Mossel Bay
Kap der Guten Hoffnung
False Bay
Caledon
Witsand
Still Bay
Hermanus
Stanford
Bredasdorp
Kap Agulhas
Höhenangaben in m
über 3000
2000 - 3000
1500 - 2000
1000 - 1500
500 - 1000
200 - 500
0 - 200
zeitweilig wasserführende Flüsse
wichtige Straßen (Auswahl)
wichtige Eisenbahnlinien (Auswahl)
internationaler Flughafen
Orte mit
> 1 000 000 Einwohner
> 100 000 Einwohner
sonstige Orte
Pretoria Hauptstadt
Bhisho Provinzhauptstadt

SÜDAFRIKA - physische Übersichtskarte

© Ing.-Büro für Kartographie J. Zwick, 35394 Gießen

SÜDAFRIKA
REGENBOGENNATION AM KAP

Die Republik Südafrika mit ihrer Hauptstadt Pretoria liegt am südlichsten Rand des afrikanischen Kontinents zwischen dem 22. und 35. Grad südlicher Breite sowie 16. und 33. Grad östlicher Länge. Sie ist mit einer Fläche von 1 220 000 Quadratkilometern mehr als dreimal so groß wie Deutschland bzw. so groß wie Deutschland, Österreich, die Schweiz, die Benelux-Staaten und Frankreich zusammen. Zum Staatsgebiet gehören auch die Prince-Edward-Inseln im südlichen Indischen Ozean.

Im Nordwesten grenzt das Land an Namibia, im Norden an Botswana und Zimbabwe und im Nordosten an Mosambik und das Königreich Swaziland. Zudem umschließt die Republik das Königreich Lesotho. Zwei Ozeane bilden die 2800 Kilometer lange Küstenlinie – im Westen der Atlantische und im Osten der Indische Ozean. In der Länge erstreckt es sich über fast 2000 Kilometer vom Limpopo River im Norden zum Kap Agulhas im Süden und in der Breite vom unfruchtbaren Küstenstreifen im Westen, dem Namaqualand, 1500 Kilometer bis zur feuchten Küstenregion am Indischen Ozean.

Die Flagge des neuen Südafrika wurde am 27. April 1994 zugleich mit den ersten demokratischen Wahlen eingeführt. Tausende von Vorschlägen waren zuvor geprüft worden, bis man sich für das aktuelle Design mit sechs Farben und einem liegenden Ypsilon entschied. Farben und Formen symbolisieren entscheidende Elemente der Landesgeschichte. Das Motto der Flagge ist „Einheit ist Stärke". „Nkosi Sikelel' iAfrika" (God bless Africa) ist der Titel der Nationalhymne.

„Einheit ist Stärke", signalisiert Südafrikas Flagge.

GEOLOGISCHE ENTWICKLUNG

Südafrika erfreut sich aufgrund sehr unterschiedlicher Niederschlagsmengen und -frequenz sowie seiner geomorphologischen Gestaltung einer großen landschaftlichen Vielfalt. Regen und Erdfaltungen haben dazu geführt, dass es trockene Hochländer, feuchte Küsten mit zum Teil verlandeten Lagunen und Seen, feuchte Wiesenlandschaften sowie steil aufragende Bergformationen gibt.

Ein Großteil der Landmasse Südafrikas ist sehr alt. Insgesamt besteht das Land aus 22 unterschiedlichen geologischen Gebieten. Dabei reicht das Alter der Gebirgsmasse von mehr als drei Milliarden Jahren im Limpopo-Tal und in der Limpopo Province bis hin zu zwei Millionen Jahren in der Kalahari-Region.

Mit diesem Entstehungszeitraum ist Südafrika nicht nur in archäologischer Hinsicht ein überaus bedeutendes Land. In den ältesten geologischen Formationen, wie sie zum Beispiel im Nordosten im Witwatersrand zu finden sind, entstanden fossile Goldeinlagerungen. Sie machten das Land in der Vergangenheit zu einem begehrten Ziel für Tausende von Goldsuchern. Bis heute sind diese Bodenschätze das Fundament, auf dem der Wohlstand des Landes basiert. Im Norden Südafrikas werden Eisen und Mangan abgebaut, in der North West Province Platinum und Chrom, Diamanten vor allem in und um Kimberley herum (Northern Cape). Zudem gibt es Kupfer, Zink, Uran, Kobalt, Nickel – nur einige von insgesamt 60 geförderten Mineralien und Metallen. Nur Öl konnte auf dem Festland nicht gefunden werden.

Schroffe Gebirge, fruchtbare Hochebenen, Wüstenlandschaften und weitläufige Küsten – all dies ist in Südafrika zu finden.

FOLGENDE DOPPELSEITE:

Küstenlandschaft in der Western Cape Province nahe Kapstadt (linke Seite oben, rechte Seite oben); Blyde River Canyon (linke Seite unten, rechte Seite unten)

Südafrika – Regenbogennation am Kap

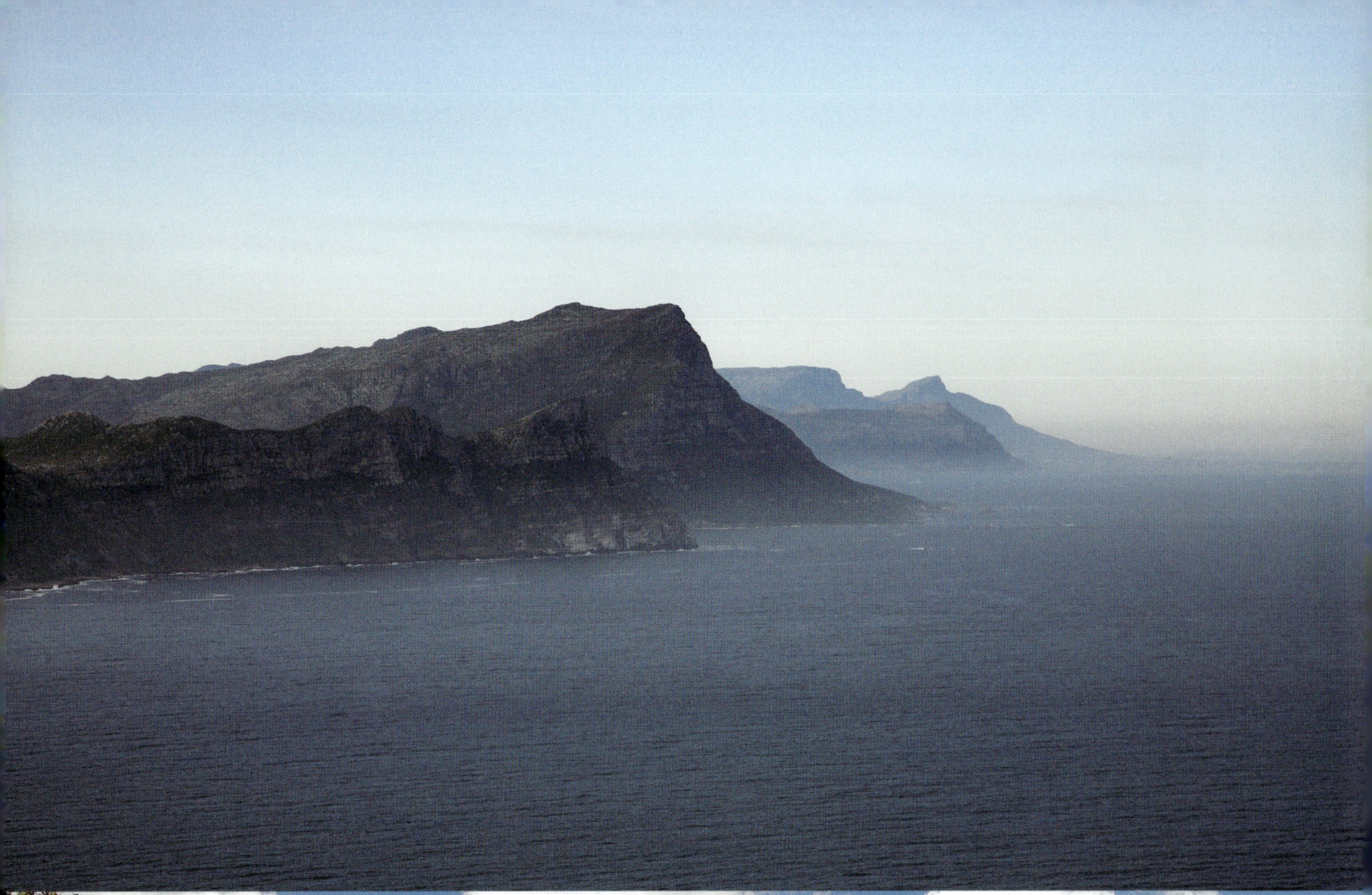

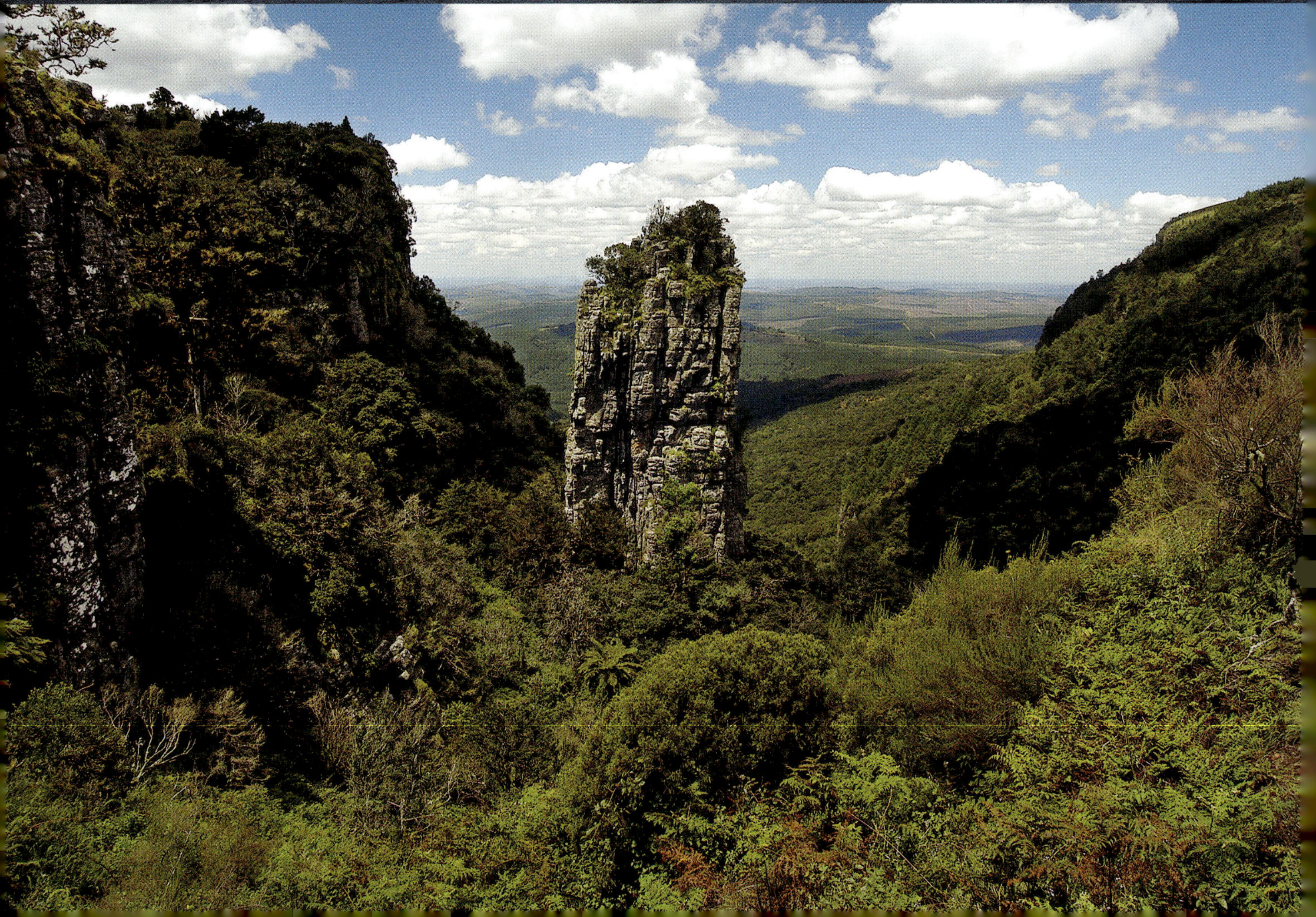

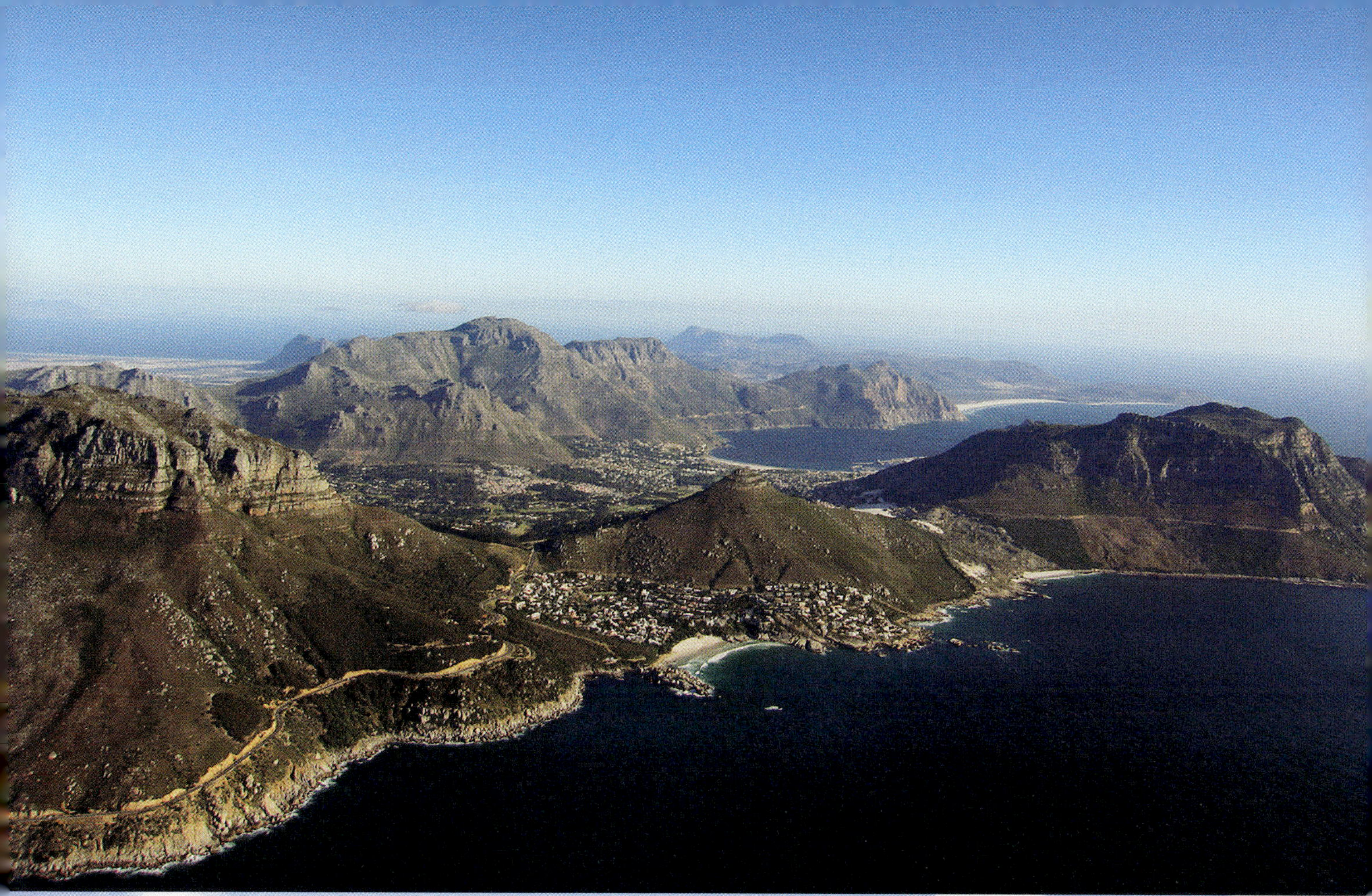

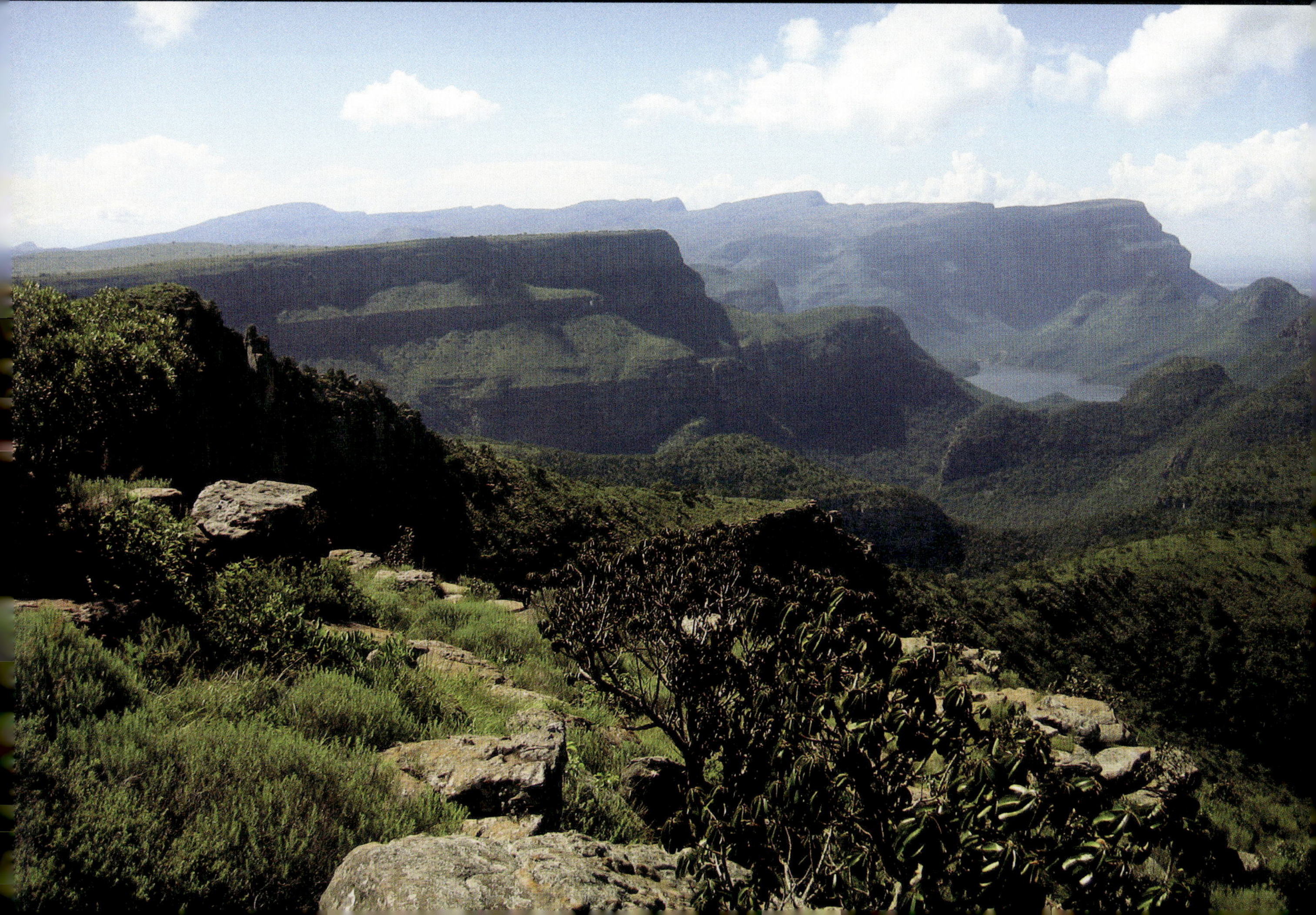

Altes Farmhaus im fruchtbaren, grünen Küstenvorland der Western Cape Province

GROSSLANDSCHAFTEN

Südafrika zeigt im Vergleich zu anderen Ländern des afrikanischen Kontinents einen verhältnismäßig einfachen geologischen Aufbau. Man unterscheidet das Zentralplateau, die Große Randstufe (Great Escarpment) und das Küstenvorland.

Das Zentralplateau besteht aus Gesteinsmaterial, das von den Randgebirgen in das Hochland gedrängt wurde. Es liegt mitsamt seiner Millionenmetropole Johannesburg (1753 Meter) auf einer Höhe von 900 bis 2000 Metern. Das Plateau umfasst auch Teile der Kalahari, einer riesigen wüstenartigen Savannenlandschaft, die hauptsächlich in Botswana und Namibia liegt.

Die Große Randstufe ist der Übergang vom schmalen und mit einer Breite von 20 bis 250 Kilometern im Verhältnis zur Gesamtfläche Südafrikas sehr kleinen Küstenvorland zum Hochplateau. Das Küstenvorland befindet sich hauptsächlich am Indischen Ozean und nur zu einem kleinen Teil am Atlantik.

Im Randschwellengebiet, wie die Große Randstufe auch genannt wird, steigt das Land allmählich an und erreicht in den Drakensbergen, die sich von Nordosten bis nach Lesotho im Südosten durch das Land ziehen, Höhen von annähernd 3500 Metern. Im Westen (Northern Cape) geht es in den Cederbergen bis auf über 2000 Meter hoch. Besonders beeindruckend ist in Western Cape das Aufeinandertreffen des berühmten Tafelbergs (1085 Meter) mit den ihn umgebenden Cape Flats, den ausgedehnten Dünenfeldern, die die einzigartige Silhouette des Berges am Rande von Kapstadt besonders herausstreichen.

Zum Küstenvorland gehören der Küstenstreifen von Durban Richtung Norden bis zur Grenze nach Mosambik (Provinz KwaZulu-Natal), die Region nordöstlich von Port Elizabeth (Eastern Cape) und das Gebiet um das Kap Agulhas (Western Cape), die Südspitze des afrikanischen Kontinents. Hier treffen Atlantik und Indischer Ozean aufeinander und nicht, wie immer wieder angenommen wird, am Kap der Guten Hoffnung, das weiter nordwestlich liegt.

FOLGENDE DOPPELSEITE:
Buschlandschaft im Phinda Private Game Reserve in KwaZulu-Natal

FLÜSSE UND GEWÄSSER

Der längste Fluss ist der rund 2200 Kilometer lange Oranje (auch Gariep genannt oder englisch Orange River). Er entspringt wie die meisten Flüsse Südafrikas in den Drakensbergen. Entgegen der Mehrzahl der dort entspringenden Flüsse, die nach Osten fließen und in den Indischen Ozean münden, bewegt sich der Oranje wie auch sein einziger größerer Nebenfluss, der Vaal, nach Westen und mündet nach der Durchquerung einiger Trockengebiete in den Atlantischen Ozean.

Aufgrund der hohen Niederschlagsmengen in den Drakensbergen führt der Oranje auch in der Trockenzeit im Unterlauf Wasser. In der Regenzeit kann der Fluss hingegen sprunghaft anschwillen und führt dann die hundertfache Menge Wasser mit sich. Insgesamt ist das Wasservolumen aller südafrikanischen Flüsse sehr gering und entspricht in der Summe gerade mal dem Volumen des Rheins.

Der andere große Fluss des Hochplateaus ist der Limpopo, der die nördliche Grenze des Landes zu Botswana und Zimbabwe markiert. Er wendet sich auf der Höhe der Nordgrenze des Kruger-Nationalparks nach Süden und mündet nahe der mosambikanischen Stadt Xai-Xai in den Indischen Ozean.

Weitere Flüsse entspringen an der feuchten Großen Randstufe oder in den Gebirgen der Kapregion. Keiner von ihnen ist jedoch vollständig schiffbar. Historisch wichtige Flüsse sind Sundays River (Nukakamma) und Great Fish River – beide waren im 19. Jahrhundert immer wieder Frontlinien bei den blutigen Auseinandersetzungen zwischen weißen Siedlern und schwarzen Bevölkerungsgruppen.

KLIMA

Südafrika liegt zwischen dem 22. Grad und dem 35. Grad südlicher Breite und gehört zum Klimabereich der Subtropen. Aufgrund von Höhenlage, Meeresnähe und Einfluss unterschiedlicher Meeresströme gibt es starke regionale Klima-Unterschiede. So wartet das Land mit mediterranem und subtropischem Klima an den Küsten bis zu sonnigem und trockenem Klima im Binnenland und sogar Halbwüstenklima in weiten Teilen des Landesinneren auf. Da das Land auf der Südhalbkugel liegt, sind die südafrikanischen Jahreszeiten den europäischen entgegengesetzt.

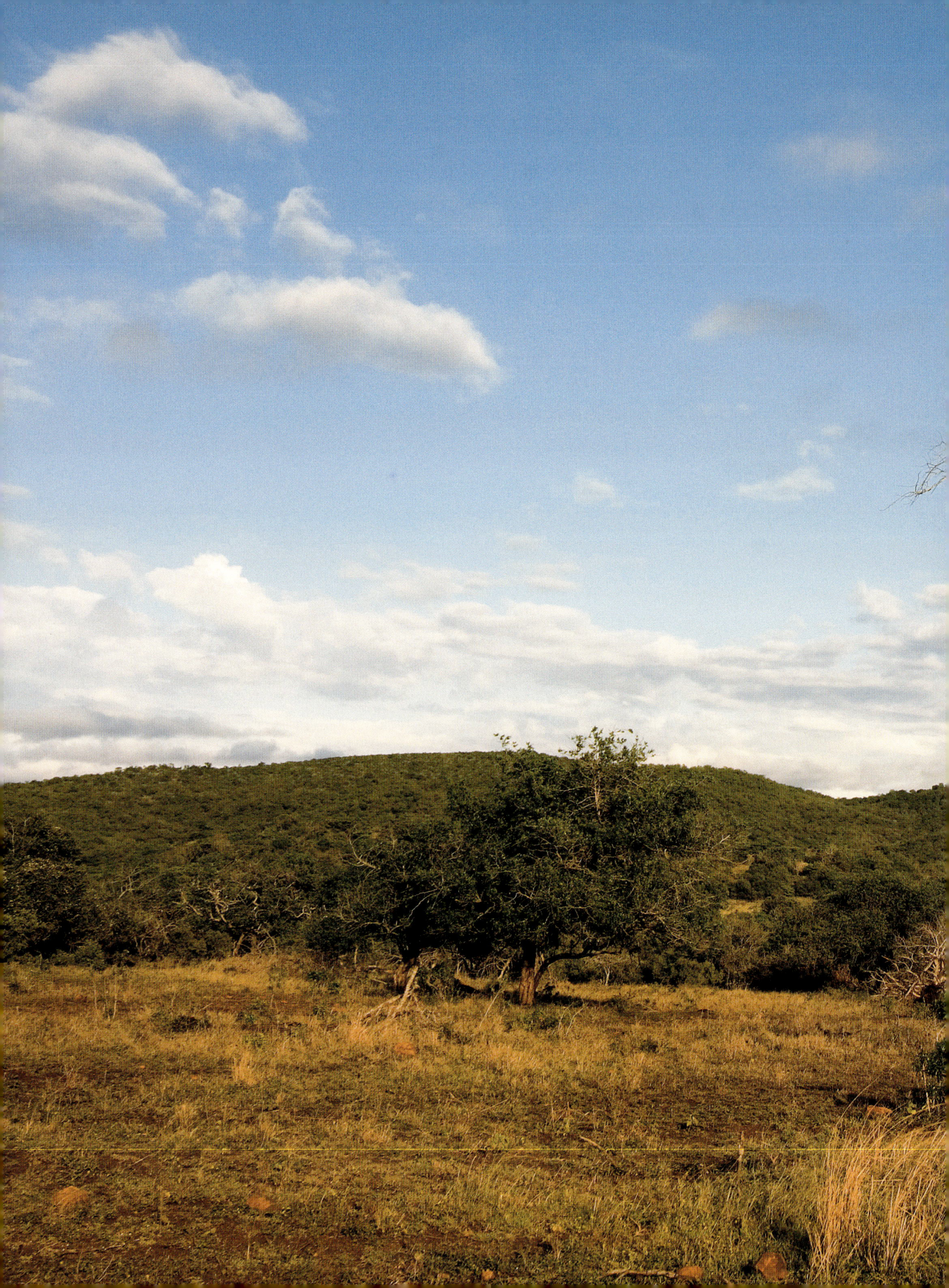

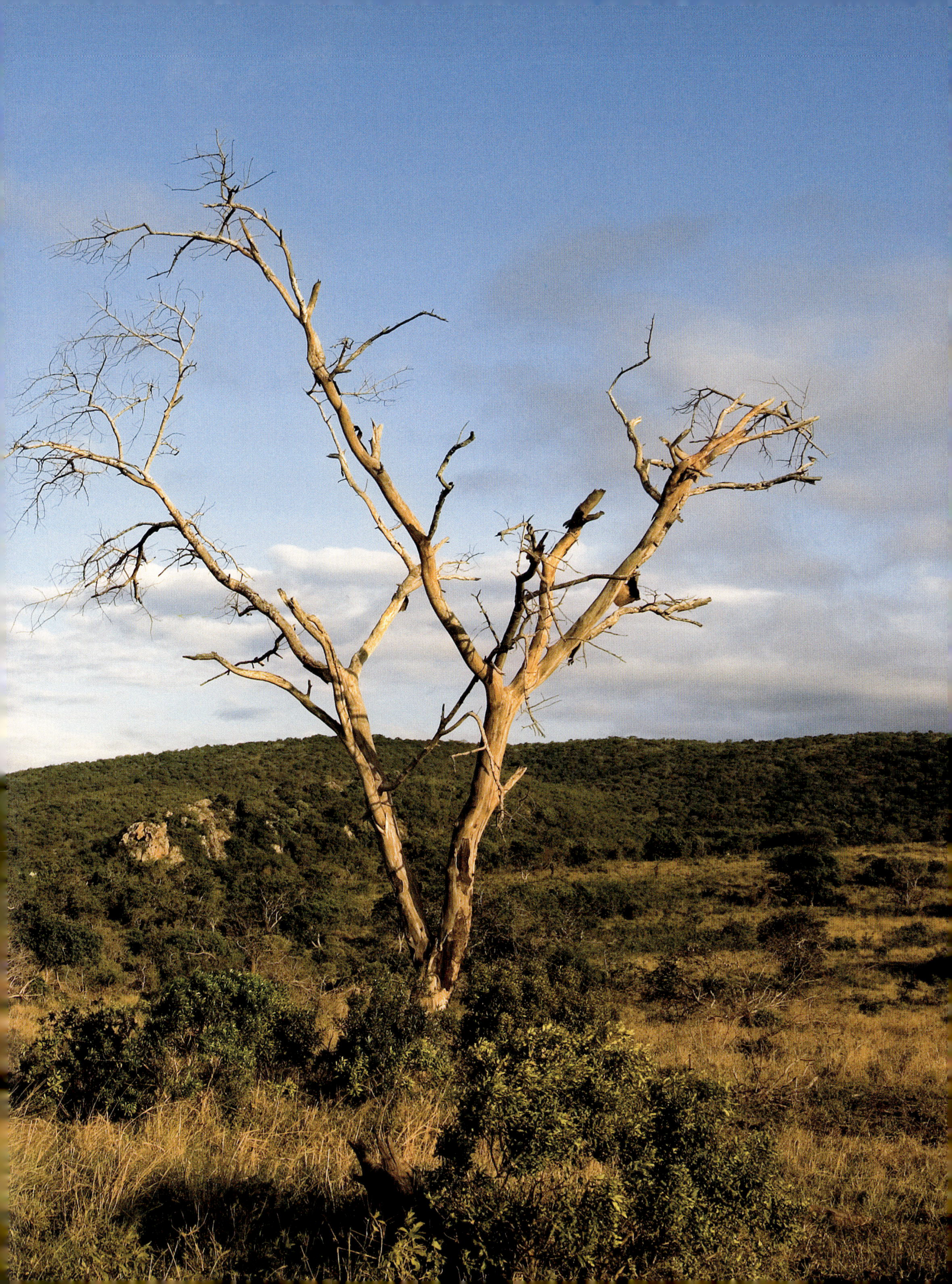

Südafrikas Küsten haben mehr Sonnenstunden aufzuweisen als die Bahamas.

TEMPERATUREN

Bei den Temperaturen spielt vor allem die Höhenlage eine große Rolle. So liegen die Temperaturen in Johannesburg (1753 Meter) im Winter nachts schon mal unter dem Gefrierpunkt, während sie am Tag wieder auf über 20 °C steigen. Sie sind erheblich niedriger als auf den Kanarischen Inseln, die auf einem ähnlichen Breitengrad der Nordhalbkugel liegen. Grundsätzlich gilt: Dort wo das Binnenland am höchsten ist, werden die niedrigsten Temperaturen gemessen. In einigen Regionen der Drakensberge von KwaZulu-Natal und der Cederberge in der Northern Cape Province schneit es sogar zuweilen.

Aufgrund des Höhenanstiegs von Süd nach Nord nehmen die Temperaturen in dieser Richtung zum Äquator hin nicht zu. So hat Kapstadt eine Jahresdurchschnittstemperatur von 17 °C, so wie auch Pretoria in Gauteng, 1460 Kilometer weiter im Norden. Nur im Nordwesten und im absoluten Norden des Landes macht sich die geographische Breite hinsichtlich der Temperatur bemerkbar. Hier ist es erheblich heißer und trockener als im Rest des Landes.

SONNE

Im Gegensatz zum Wasser mangelt es Südafrika nicht an Sonnenschein. Besonders in den winterlichen Trockenmonaten strahlt die Sonne von einem klaren blauen Himmel. Aber auch in den niederschlagsreichsten Monaten, im Sommer, gibt es zumeist nur kurze, kräftige Regenschauer. Die Küsten am Kap weisen mehr Sonnenstunden auf als zum Beispiel das Urlaubsparadies Bahamas.

FOLGENDE DOPPELSEITE:
Blütenpracht an der Westküste Südafrikas

NIEDERSCHLÄGE

Im Durchschnitt fallen jährlich 464 Millimeter Niederschlag. Fast ein Viertel des Landes erhält allerdings weniger als 200 Millimeter Niederschlag im Jahr, wobei 500 Millimeter als Minimum für die landwirtschaftliche Bearbeitung ohne zusätzliche Bewässerung gelten. Lang anhaltende Dürreperioden gibt es im ganzen Land. Die Versorgung Südafrikas mit Trinkwasser ist schlecht. Als Gründe gelten ungewöhnlich hohe Verdunstung des Gesamtniederschlags und sandige Böden – besonders in der Kalahari-Wüste und im Sandveld an der Westküste.

SÜSSWASSER

Das Grundwasser deckt nur zehn Prozent des Wasserbedarfs, da es nur wenig artesische Quellen gibt und Bohrungen im Landesinneren keine ausreichenden Ergebnisse bringen. Zudem sind von eigenen Quellen gespeiste Süßwasserseen absolute Mangelware. Die zahlreichen Lagunen bzw. seichten, breiten Flussbecken, sogenannte „Pans", sind zum Teil durch Überschwemmungen mit Salzwasser gefüllt. Die größte Pan ist der 40 mal 64 Kilometer große Grootvloer in der Northern Cape Province. Alle anderen Seen in Südafrika sind Stauseen.

VEGETATION

Die Pflanzenwelt Südafrikas ist mit ihren weit über 20 000 Arten sehr vielfältig und meist von besonderer Schönheit. Allerdings hat sie sich im Laufe der Jahrhunderte vor allem durch die Besiedlung europäischer Einwanderer und das stetige Vordringen von Acker- und Weideland erheblich verändert. Nichtsdestotrotz lassen sich Hauptvegetationsgruppen unterscheiden: Wüste und Halbwüste, mediterranes Gebiet, Buschlandschaft, gemäßigtes Binnenhochland, vereinzelte Waldgebiete und die sandige Westküste.

WALD

Die Waldfläche beträgt rund 9 Millionen Hektar und macht nur etwa 7,5 Prozent des südafrikanischen Staatsgebietes aus (im Vergleich: Deutschland 32 Prozent). Typische südafrikanische Hölzer in den Feuchtwäldern des Western Cape sind Yellowwood, Ironwood, Kiaat und Stinkwood. Kleine Küsten- sowie Mangrovenwälder gibt es im Norden der Wild Coast und in den feuchtwarmen Küstenstreifen von KwaZulu-Natal. Ansonsten findet man nur in den oberen Teilen von Engtälern der Großen Randstufe noch natürlichen, geschlossenen Baumbestand.

Wild wachsende Protea an der Küste der Western Cape Province

Besonders schön sind die Galeriewälder (zum Beispiel Schirmakazien, Sukkulenten, Weiß- und Kameldorn) in den Flusslandschaften der Trockensavanne. Trockenwald aus Mopane- und den markanten Affenbrotbäumen (Baobabs) existiert im absoluten Norden der Limpopo Province, wo es nur sehr geringe Niederschläge gibt. Andere größere Waldflächen bestehen aus Aufforstungen für die Holzwirtschaft (Kiefernarten, Eukalyptus).

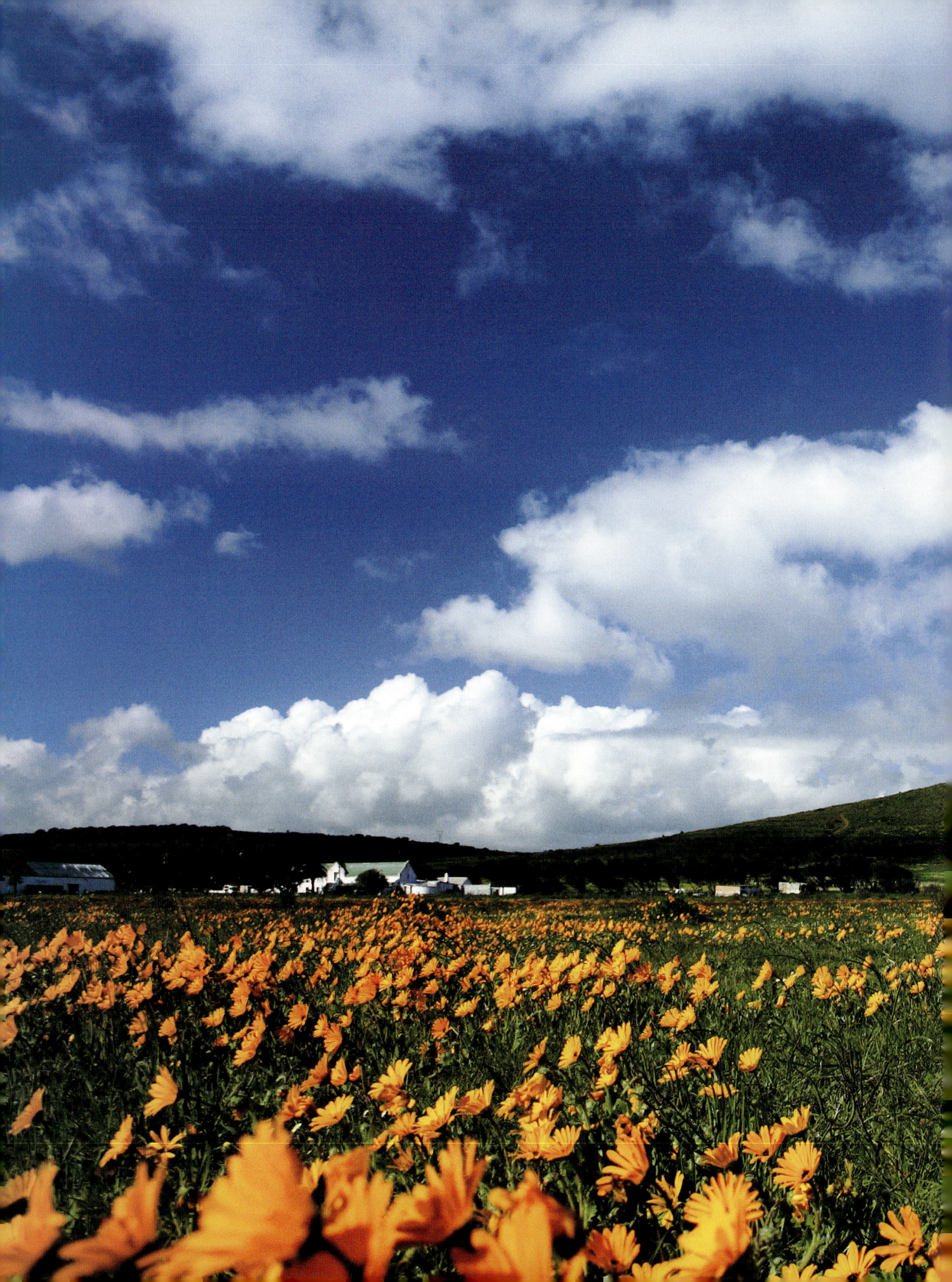

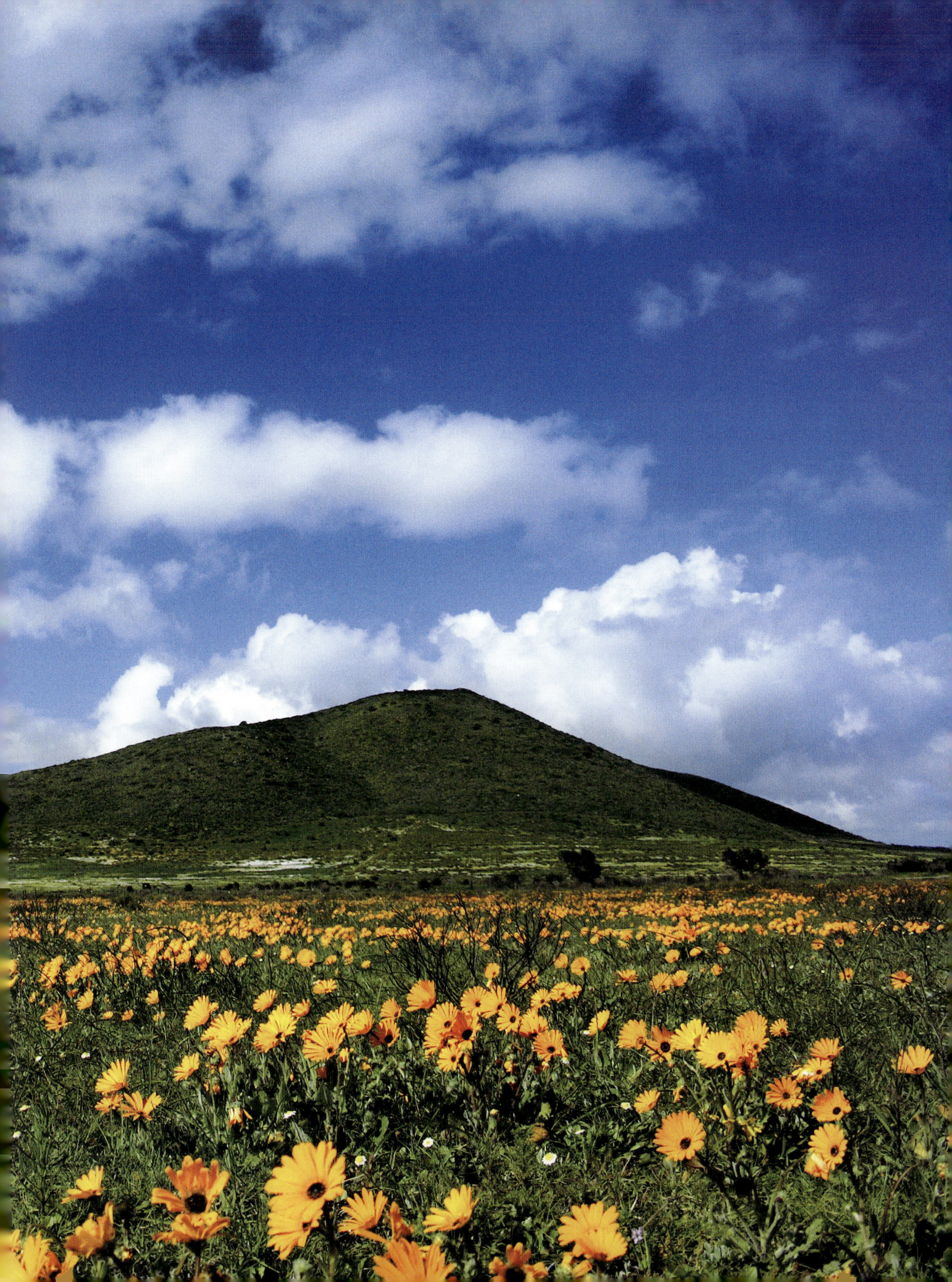

RECHTE SEITE:
Junger Afrikanischer
Elefantenbulle

NÄCHSTE DOPPELSEITE:
Pinguine an der Küste von
Western Cape, nahe Kapstadt

FAUNA

Die Liste der in Südafrika beheimateten Tiere ist lang: Mehr als 300 Säugetier-, ca. 550 Vogel- und über 100 Reptilienarten sind hier ebenso zu finden wie unzählige Insektenspezies. Darüber hinaus liest sich die Liste heimischer Tiere wie eine Ansammlung von Superlativen: Mit den Afrikanischen Elefanten, Nashörnern, Flusspferden und Giraffen leben die größten Landsäugetiere und mit dem Geparden das schnellste Tier in dem Land.

Um die Vernichtung des gesamten Wildbestandes (Löwen, Büffel, Elefanten, Nashörner, Giraffen, Impalas, Hartebeests, Kudus, Springbock, Zebras, Strauße, Nilgänse, Kraniche, Kuhreiher, Webervögel, Schildkröte, Krokodile, Chamäleons, Schlangen etc.) in Südafrika zu verhindern, wurden bereits ab dem 19. Jahrhundert Nationalparks und Wildreservate gegründet, die in der Savanne oder sogar Halbwüste liegen.

Das größte Wildschutzgebiet Südafrikas, gelegen in den Provinzen Mpumalanga und Limpopo, ist der Kruger-Nationalpark im subtropischen Lowveld (200–800 Meter) an der Grenze zu Mosambik. Benannt ist er nach Paul Kruger, der als Präsident von Transvaal 1898 einen Vorläufer des 1926 errichteten Nationalparks begründete. Heute ist er zusammen mit dem Parque Nacional do Limpopo (Mosambik) und dem Gonarezhou National Park (Zimbabwe) Teil eins Transfrontier-Parks, der größer als Belgien ist. Allein auf südafrikanischer Seite leben über eine Million Tiere.

Giraffe im Kruger-Nationalpark

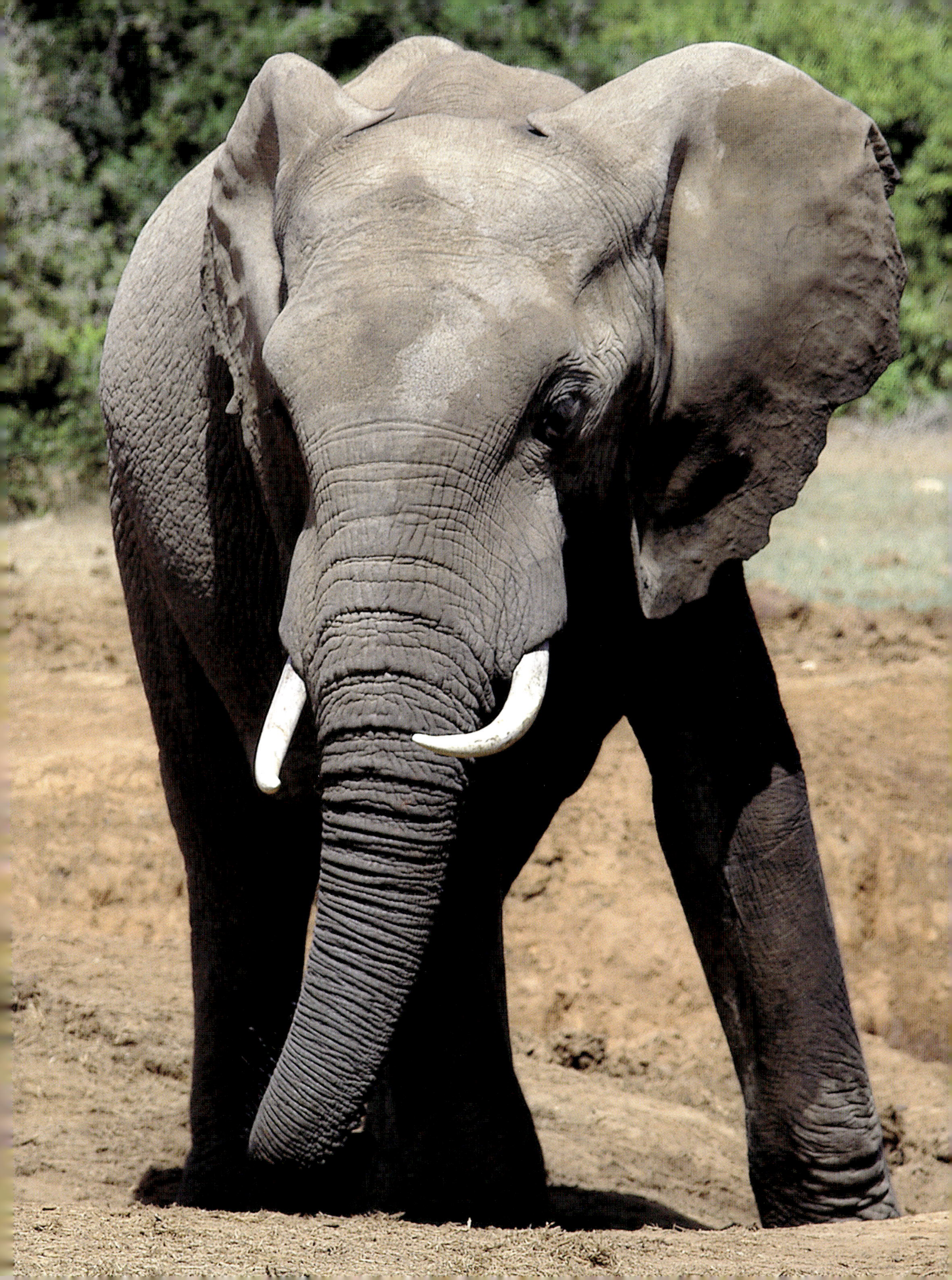

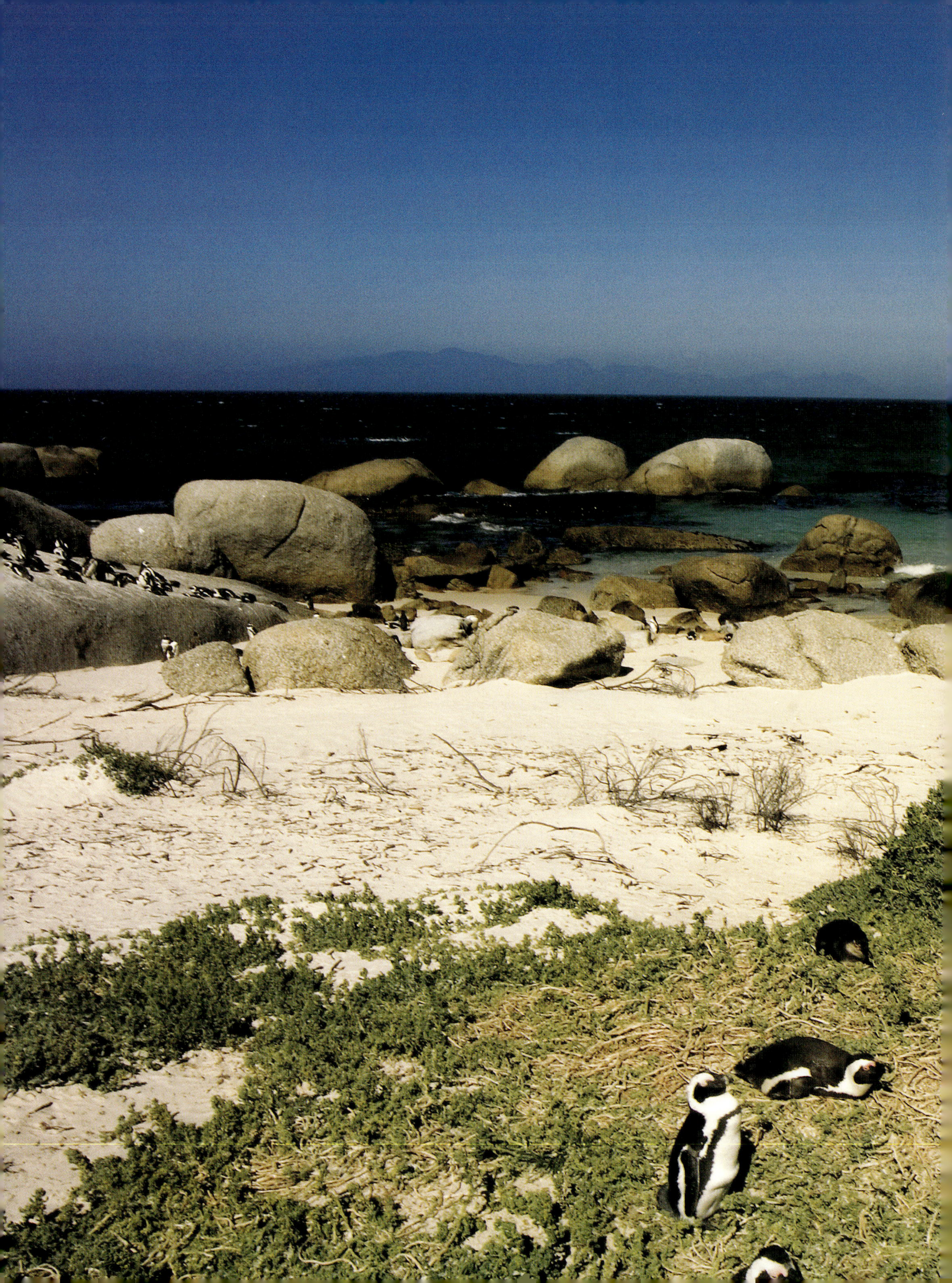

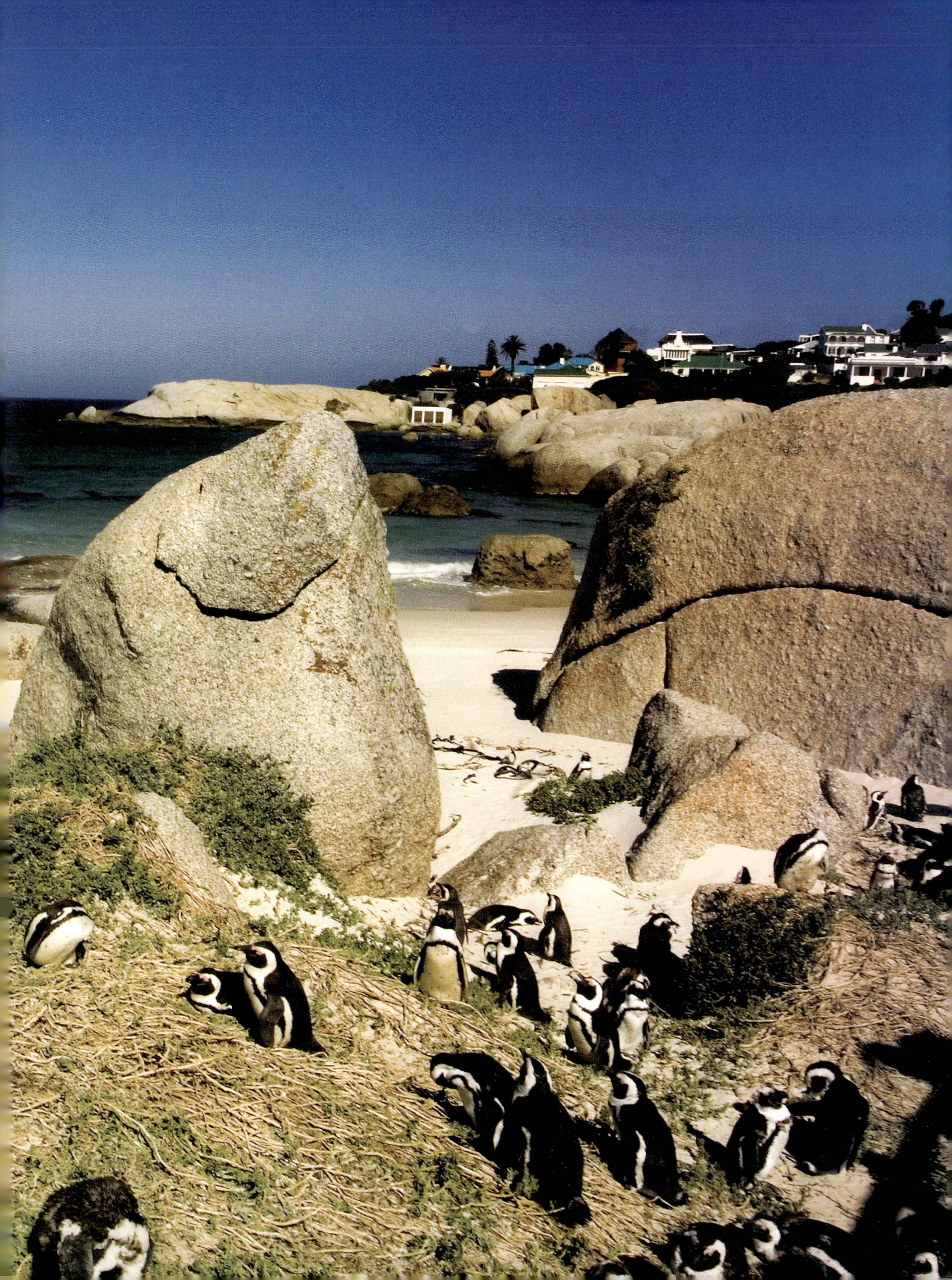

RECHTE SEITE:
Michelangelo Towers und Intercontinental Hotel in Johannesburg

WIRTSCHAFT

Die Republik ist ein Schwellenland, in dem nach wie vor die Wirtschaft von der weißen Bevölkerungsgruppe beherrscht wird. Während sich vor allem die ländlichen Gebiete der ehemaligen Homelands mit ihren schwarzen Bevölkerungsgruppen auf Entwicklungslandniveau befinden, lebt eine recht große Gruppe von Wohlhabenden – überwiegend Weiße, inzwischen aber auch vermehrt Schwarze – zumeist in exklusiven Vierteln der Großstädte in luxuriösen Verhältnissen. Im weltweiten Vergleich weisen nur sehr wenige Staaten noch höhere Einkommensunterschiede auf als das Land am Kap.

Insgesamt besitzt Südafrika seit Ende der Apartheid eine stabile und wachstumsorientierte Wirtschaft. Gemessen am Bruttoinlandsprodukt (BIP) ist das Land nach Ägypten und Nigeria die drittgrößte Volkswirtschaft des afrikanischen Kontinents. Den größten Sektor nehmen dabei die Dienstleistungen mit rund 70 Prozent des BIP ein (inklusive Bank- und Versicherungswesen, Handel und Gewerbe). Dahinter folgen die verarbeitende Industrie mit gut 20 Prozent, dann der Bergbau mit acht Prozent und die Landwirtschaft mit drei Prozent.

BODENSCHÄTZE

Zum größten Teil basiert der Reichtum Südafrikas auf den Bodenschätzen des Landes (Gold, Diamanten, Kohle, Platin, Chrom, Eisenerz). Bei den Ausfuhren dominieren Edelmetalle, Erze und Mineralien noch immer mit mehr als 40 Prozent der Exporterlöse, wobei dieser Anteil zugunsten verarbeiteter Rohstoffe und industrieller Fertigwaren stetig zurückgeht.

Gold ist einer der bedeutensten Bodenschätze Südafrikas. 2017 feierte das südafrikanische Krügerrand seinen 50. Geburtstag.

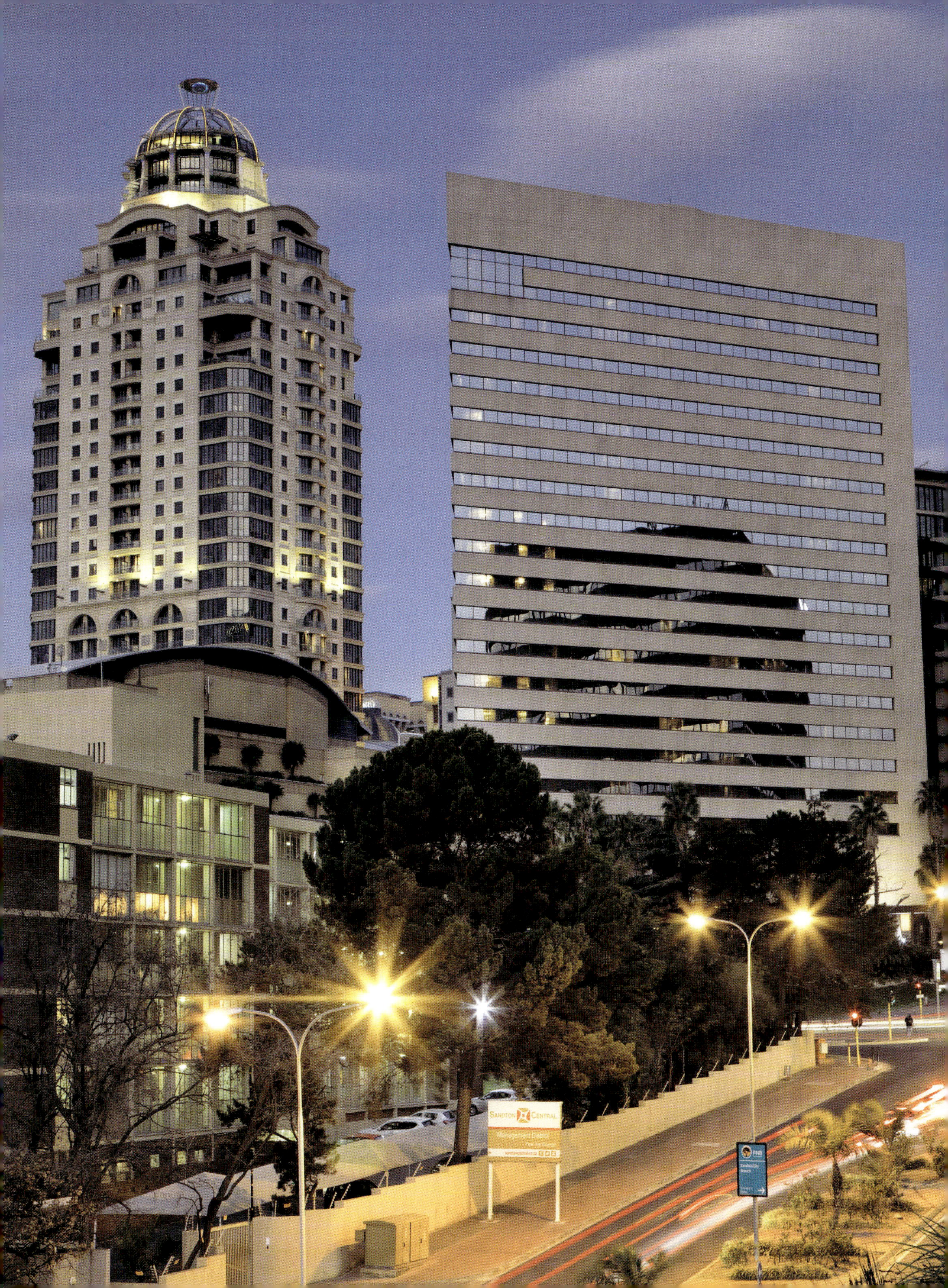
SANDTON CENTRAL
Management District
FNB

TOURISMUS

Die Tourismusbranche gehört neben Bergbau, Landwirtschaft und Automobilindustrie zu den wichtigsten Devisenbringern Südafrikas und ist nach Ende der Apartheid und durch die veränderte politische Lage stark gewachsen. Mit jährlich etwa zehn Millionen Touristen aus dem Ausland und mehr als 750 000 Beschäftigten ist sie zu einem wichtigen Wirtschaftszweig geworden.

IMPORTWIRTSCHAFT

Südafrikas Einfuhren bestehen im Wesentlichen aus Investitionsgütern, Vorerzeugnissen, Maschinen, elektrotechnischen Erzeugnissen, Fahrzeugen, chemischen Produkten und verschiedenen Fertigwaren. Die wichtigsten Import-Handelspartner Südafrikas sind China, Deutschland, die USA und Indien. Die größten ausländischen Investitionen kommen aus den USA, Großbritannien und den Niederlanden.

PRIVATISIERUNGEN

Der ehemals sozialistisch ausgerichtete ANC verabschiedete sich zwar bereits auf seinem Parteitag 1994 von früheren wirtschaftspolitischen Vorstellungen wie Verstaatlichungen und steuerte von da an die Privatisierung der größten Staatsunternehmen (Eskom, Telkom, Transnet, SAA) an. Darüber hinaus gab die südafrikanische Zentralbank eine Liberalisierung der Devisenkontrollen bekannt und öffnete damit den Markt für ausländische Investoren. Die Veräußerung von Staatsbetrieben erweist sich jedoch als unerwartet schwierig und restriktive Arbeitsgesetze und die geringe Größe des Binnenmarktes hemmen Investitionen in Neuanlagen.

AUSSENBEZIEHUNGEN

Die Wirtschaftsbeziehungen Südafrikas mit der SADC (Entwicklungsgemeinschaft des südlichen Afrika) und anderen afrikanischen Ländern rechtfertigen mittelfristig keinen großen wirtschaftlichen Erwartungen. Das nach langem Krieg im Aufbau befindliche Angola, schwierige Friedensverhandlungen im Kongo/DRC und die politisch instabile Lage in Zimbabwe wie auch in anderen Ländern dämpfen kurzfristigen Optimismus.

WACHSTUM

Auch in Südafrika kam es infolge der internationalen Finanzkrise 2008 zu einer Rezession. Seitdem hat sich das Wachstum zwar erholt, es liegt aber weit unter den langfristig angestrebten Zielen, während die Arbeitslosigkeit immer neue Höchststände erreicht. Nach wie vor ist es keiner Post-Apartheid-Regierung gelungen, ein festes wirtschaftliches Fundament zu legen. Hinzu kommen Turbulenzen in den Schwellenländermärkten, der in Bezug auf hohe Förderkosten zu niedrige Goldpreis und geringe Ausfuhrerlöse.

Dennoch könnte Südafrika langfristig sehr attraktiv für Investoren sein: Der Kapitalrückfluss über die Grenzen wird liberalisiert, die Schutzzölle für die einheimische Industrie werden langsam abgebaut, und zukünftig wird der Binnenmarkt durch wirtschaftliche Aufstiegsmöglichkeiten der schwarzen Bevölkerungsgruppen größer werden.

LINKE SEITE OBEN:
Sun City – ein gigantischer Urlaubskomplex in der North West Province

LINKE SEITE UNTEN:
Hotelportier in Hermanus

FOLGENDE DOPPELSEITE:
Kapstadts Waterfront. Wichtige Wirtschaftszweige in der zweitgrößten Metropolregion Südafrikas sind neben dem Tourismus die Textilbranche und Informationstechnologie.

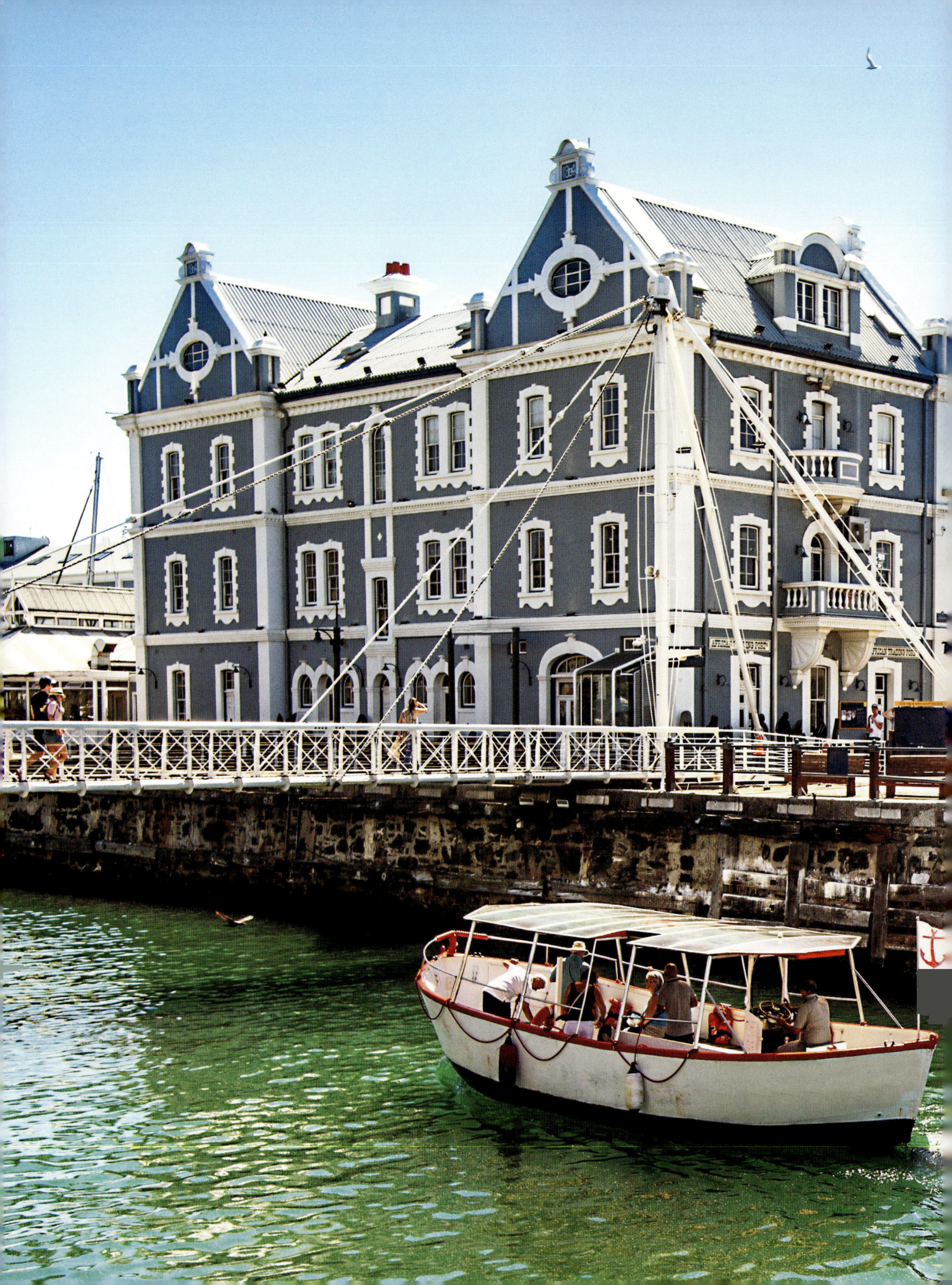

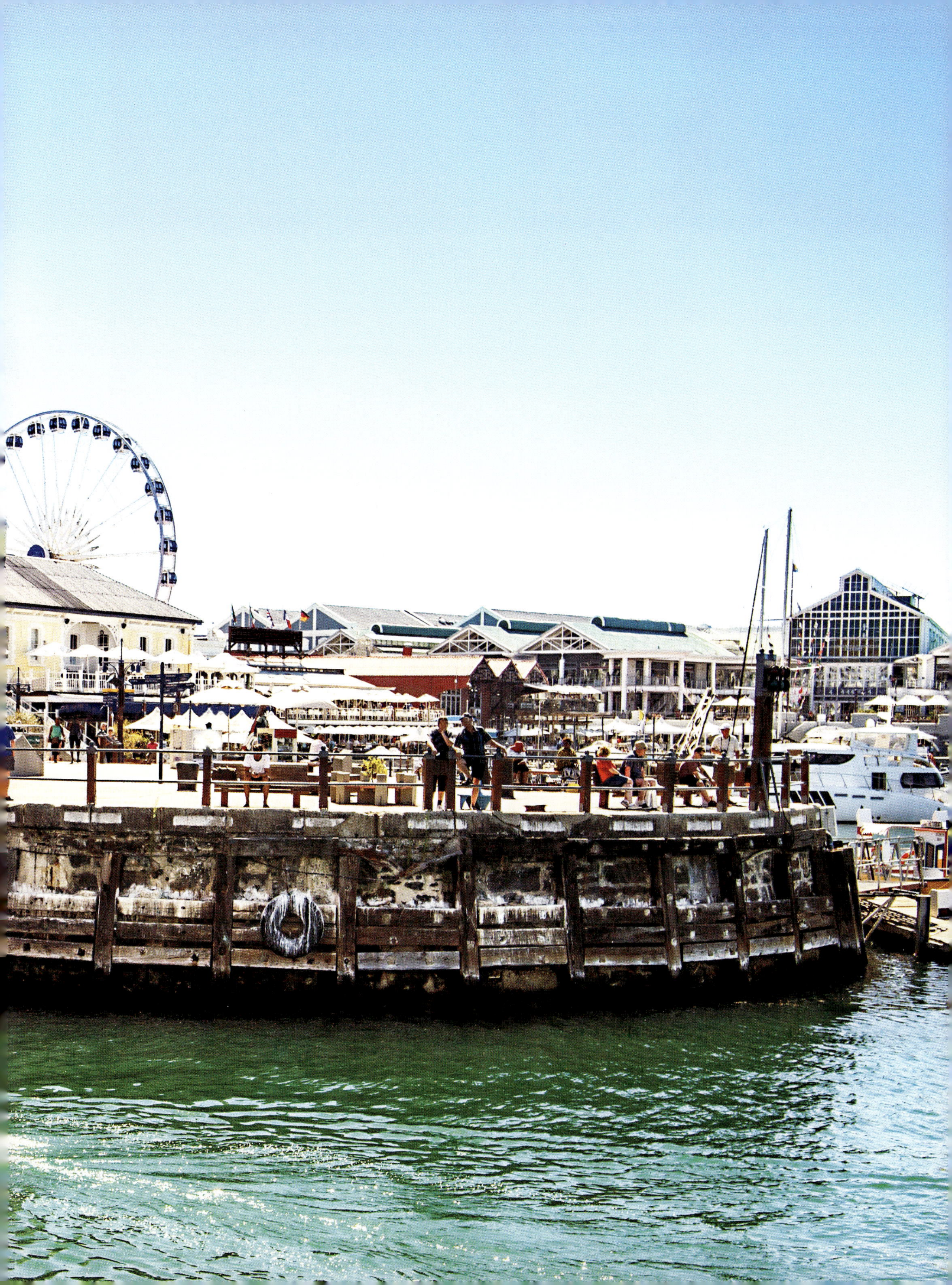

ARBEITSLOSIGKEIT

Die Arbeitslosenquote in Südafrika liegt in den letzten Jahren bei über 25 Prozent. Die schwarze Bevölkerung, insbesondere in den ehemaligen Townships, ist dabei deutlich stärker von Erwerbslosigkeit betroffen. Die Quote liegt nicht selten bei 50–60 Prozent. Mit Gesetzen wie dem „Broad-Based Black Economic Empowerment Act" versucht der Staat, die wirtschaftliche Integration jener Bevölkerungsgruppen zu fördern, die unter dem Apartheid-Regime massiv benachteiligt waren. Einschneidende Veränderungen der Situation sind bislang aber nicht absehbar. Da zuletzt auch das Wirtschaftswachstum ins Stocken geraten ist, wird die Arbeitslosigkeit speziell unter den Schwarzen vermutlich noch weiter steigen.

HIV/AIDS UND KRIMINALITÄT

Neben relativ niedrigem Wirtschaftswachstum, überaus großer Arbeitslosigkeit und massiver sozialer Ungleichheit zählen zu den größten Problemen Südafrikas nach wie vor die Kriminalität und die enorm hohe Rate von AIDS/HIV-infizierten Menschen. Immerhin ist hierbei eine Trendwende eingetreten: Aufgrund neuer Therapiemöglichkeiten und verbesserter Aufklärung ist die Zahl der Neuinfektionen wie auch der AIDS-bedingten Todesfälle in den letzten Jahren deutlich gesunken.

Gleichwohl ist die Rate der von HIV/AIDS Betroffenen mit annähernd 20 Prozent noch immer dramatisch hoch (und wird weltweit nur von einigen Nachbarländern Südafrikas übertroffen). Darüber hinaus stellt die Versorgung von Millionen AIDS-Waisen eine enorme Herausforderung dar. Als Kinder leiden sie unter Ausgrenzung, Armut und Hunger, später haben sie als mittellose Erwerbssuchende – meist ohne nennenswerte Ausbildung – auf dem hart umkämpften Arbeitsmarkt kaum eine Chance und bilden somit ein erhebliches kriminelles Potenzial.

Dabei hängt die dringend benötigte Investitionsbereitschaft ausländischer Unternehmen auch von der Kriminalitätsrate ab. Der Staat gibt bereits erhebliche Summen des öffentlichen Haushalts für die innere Sicherheit aus. In vielen Bereichen konnten Erfolge erzielt werden; in den Innenstädten von Kapstadt und selbst von Johannesburg kann man sich in der Woche tagsüber wieder frei auf den Straßen bewegen. Allerdings fehlen die Mittel für dringend notwendige Umstrukturierungsmaßnahmen von Polizei, Justiz und Strafvollzug oder für eine bessere Bezahlung der Polizisten.

LINKE SEITE OBEN:
AIDS-Waisen – eine der großen Herausforderungen Südafrikas

LINKE SEITE UNTEN:
Die Arbeitslosenquote liegt in manchen Gebieten Südafrikas bei 60 Prozent!

Arbeitslosigkeit ist eines der bedrückenden Probleme Südafrikas. In ehemaligen Townships wie hier in Soweto liegt die Arbeitslosenquote nicht selten bei über 50 Prozent.

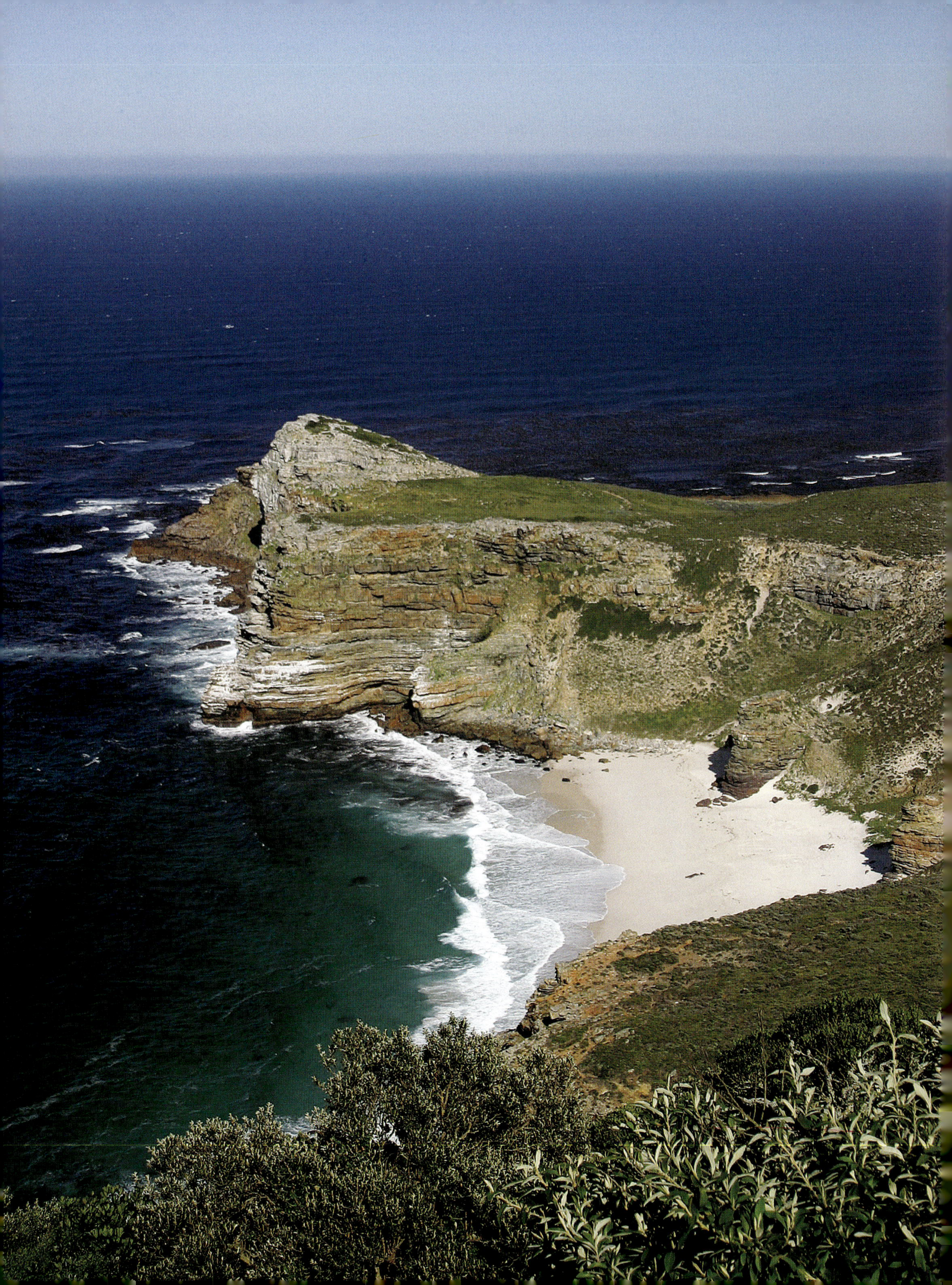

DIE PROVINZEN

WESTERN CAPE

Das Gebiet der Western Cape Province reicht von Kapstadt im Südwesten bis zum Ort Plettenberg Bay im Osten und fast bis nach Garies im Norden. Dominiert wird die Provinz von der europäisch geprägten Metropole Kapstadt, dem berühmten Tafelberg, der Kaphalbinsel mit ihrem Nationalpark und dem Kap der Guten Hoffnung und nicht zuletzt der Kapstadt vorgelagerten Insel Robben Island, auf der Nelson Mandela fast 18 Jahre seines Lebens inhaftiert war. Kilometerlange breite Sandstrände, berühmte Weinanbaugebiete, idyllische Landschaften und eine ausgezeichnete touristische Infrastruktur an der Garden Route sowie gute Walbeobachtungsmöglichkeiten in unmittelbarer Küstennähe machen darüber hinaus die Provinz zum Touristenziel Nr. 1 in Südafrika.

EASTERN CAPE

Die Eastern Cape Province besteht aus Teilen der früheren Kapprovinz sowie den unter der Apartheid so deklarierten ehemaligen Homelands Transkei und Ciskei. Abwanderung der Bevölkerung, die überwiegend durch die Xhosa gebildet wird, und Armut sind in der weitgehend unerschlossenen Region die Hauptprobleme. Vier Vegetationstypen – subtropische Wälder, Fynbos-Vegetation, Graslandschaften und Dornbuschsavanne – treffen in Eastern Cape aufeinander. Zu erleben sind immergrüner Waldbestand vor allem im Tsitsikamma-Nationalpark ganz im Süden der Provinz und wunderschöne breite Sandstrände um Port Elizabeth. An der Wild Coast am Indischen Ozean hingegen dominieren stürmische See, zerklüftete Felsenküste und einsame Sandstrände sowie die endlose sanft gewellte Hügellandschaft, die sogenannten „rolling hills", mit unzähligen Xhosa-Dörfern im Hinterland um Grahamstown und Mthatha (früher Umtata).

LINKE SEITE:
Das Kap der Guten Hoffnung in der Western Cape Province

FOLGENDE DOPPELSEITE:
Dünen- und Wüstengräser prägen das Bild der Kalahari in der Northern Cape Province.

Drakensberge in der Eastern Cape Province

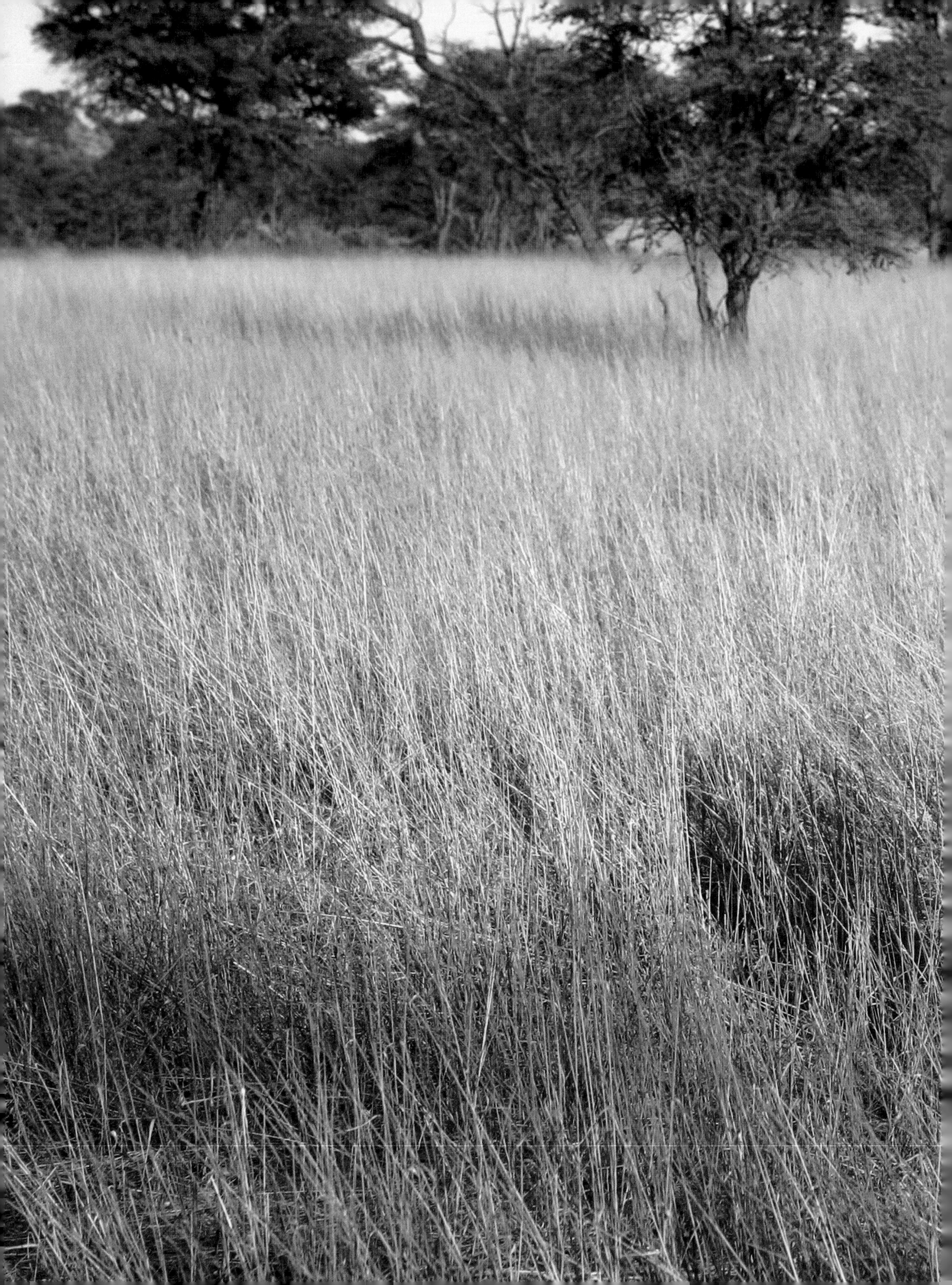

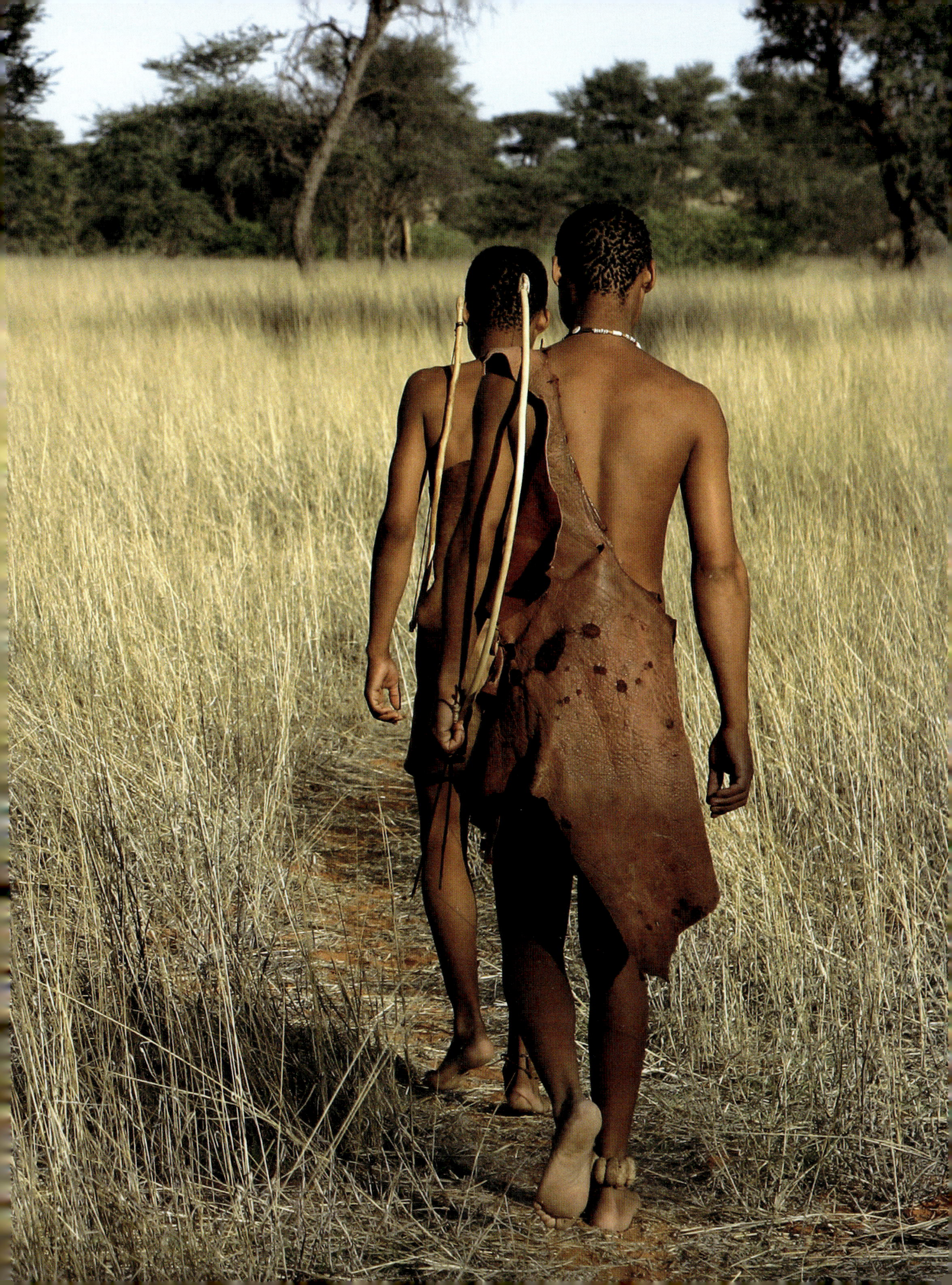

NORTHERN CAPE

Mit fast einem Drittel des gesamten Staatsgebietes ist Northern Cape die größte und zugleich die am dünnsten besiedelte Provinz Südafrikas. An den Ufern des Oranje (Gariep) wurden 1866 Diamanten gefunden – Anlass zur Gründung der Stadt Kimberley ganz im Osten der Provinz. Heute ist die Stadt vor allem wegen des riesigen Erdlochs bekannt: Hier wurde einst unter britscher Herrschaft nach Diamanten gegraben. Die roten, trockenen und staubigen Sandwüsten der Kalahari ziehen sich bis zum weithin unpassierbaren Richtersveld und der trockenen und schroffen Küstenregion. Durchschnittlich kann man hier Temperaturen von 33 °C erleben, aber auch bis zu 50 °C sind möglich.

Maisernte in Free State. Die Provinz beherbergt die Kornkammern des Landes.

Durban – die größte Stadt der Provinz KwaZulu-Natal

FOLGENDE DOPPELSEITE:
Küste bei Saint Lucia in der Provinz KwaZulu-Natal

FREE STATE

Die Provinz Free State liegt im Landesinneren zwischen den Flüssen Oranje (Gariep) und Vaal, die historisch eine große Bedeutung hatten. Einst hieß die ehemalige Burenrepublik Oranje-Vrystaat und war eine Hochburg der Apartheid. Bei der Umstrukturierung des Landes behielt die Provinz vollständig ihre alten Grenzen, lediglich das zwischenzeitlich ausgegliederte Homeland QwaQwa sowie ein Teilstück von Bophuthatswana wurden wieder in ihr Gebiet integriert. Die Provinz ist geprägt durch Land- und Viehwirtschaft, verfügt aber auch über große bergbauliche Ressourcen. In und um Welkom liegen bedeutende Goldminen. Im Osten ragen die bizarren Sandsteinformationen des Rooibergs in den Himmel, der Westen erscheint mit seinen hügeligen Weideflächen eher karg – die Kornkammer des Landes (Mais und Weizen).

KWAZULU-NATAL

Die mehrheitlich von Zulu bewohnte Provinz KwaZulu-Natal wird bestimmt von den über 3000 Meter hohen Drakensbergen, attraktiven Nationalparks, einer langen, subtropischen Küste, historischen Schlachtfeldern aus der Zeit der Burenkriege und dem Zululand im hügeligen Landesinneren, wo die Infrastruktur zumeist noch sehr mangelhaft ist. Die Provinz mit der zweitgrößten Bevölkerungszahl (nach Gauteng) kämpft vor allem mit dem schnellen Bevölkerungswachstum und einer hohen Arbeitslosenzahl. Im Nordwesten liegen einige der schönsten Nationalparks Südafrikas, die 400 Kilometer langen Küsten bieten mit ihren traumhaften Sandstränden und dem warmen Wasser des Indischen Ozeans das ganze Jahr über fantastische Bademöglichkeiten. Die internationale Surfer-Gemeinde findet sich insbesondere um die Stadt Durban ein, in der besonders viele Inder leben.

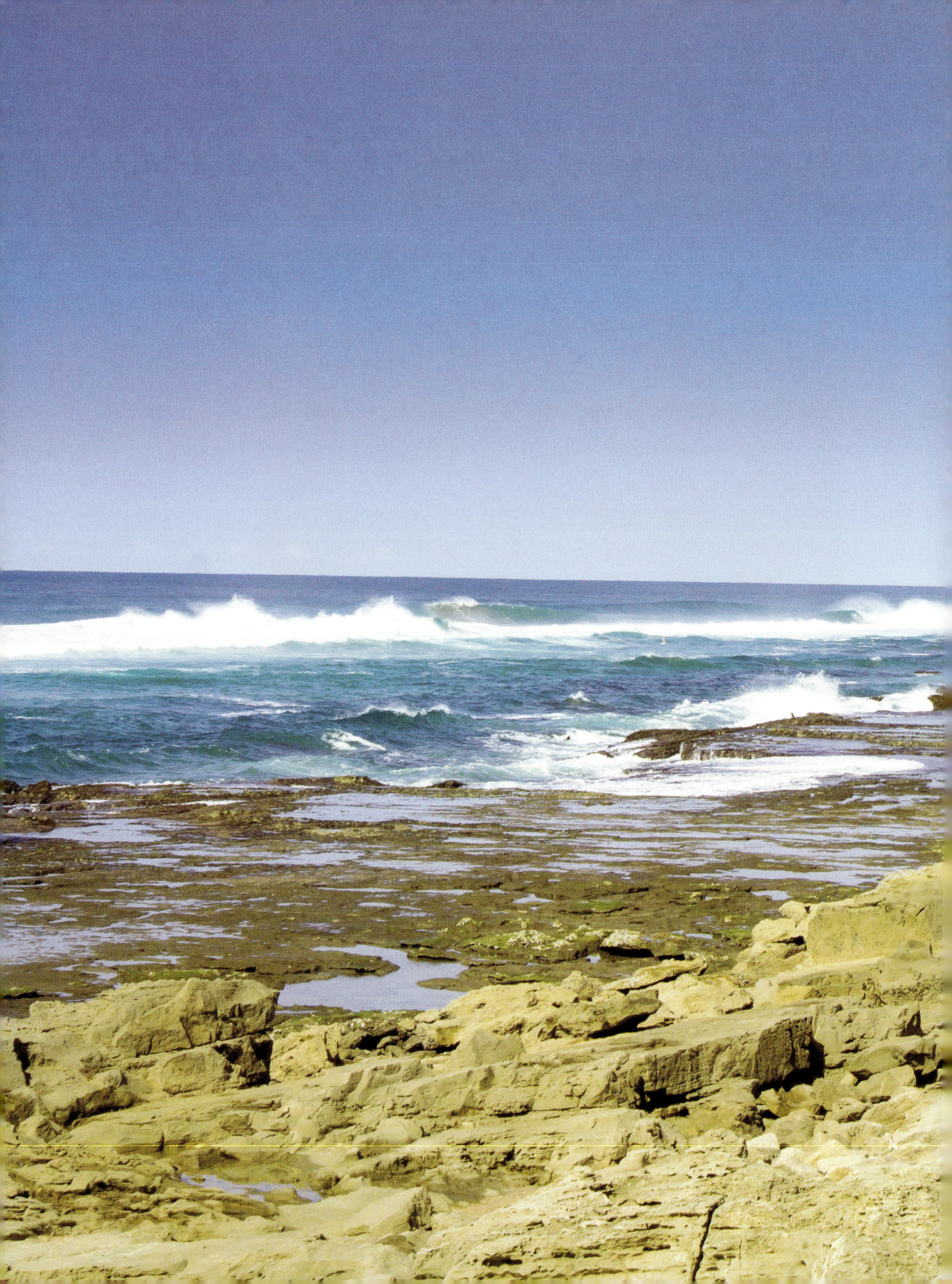

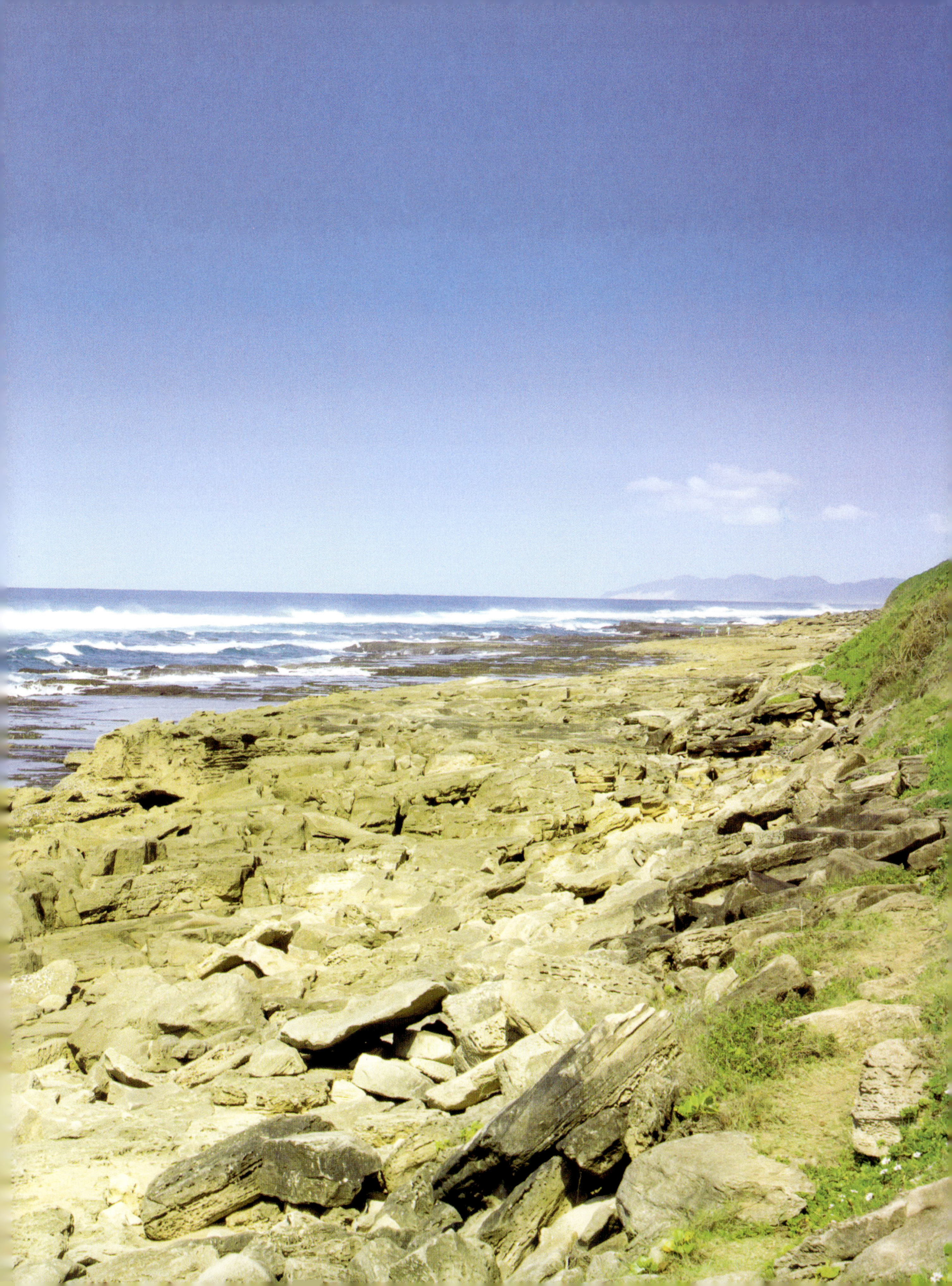

RECHTE SEITE:
Uralter Baobab im Kruger National Park in der Provinz Mpumalanga

FOLGENDE DOPPELSEITE:
Streifengnus im Kgalagadi Transfrontier Park in der Northern Cape Province

MPUMALANGA

Die Provinz Mpumalanga gehört neben der Western Cape Province zu den touristisch am meisten besuchten Regionen. Hier gibt es das Lowveld mit großen Teilen des weltberühmten Kruger-Nationalparks, den Blyde River Canyon und eine atemberaubende Bergwelt mit Panoramastraßen. Ferner finden sich weitläufige Zitrusfruchtplantagen um die Provinzhauptstadt Mbombela (früher Nelspruit) und großzügige Forstgebiete in der Gegend von Sabie mit ihren zahlreichen Wasserfällen. Mpumalanga umfasst den Südosten der früheren Provinz Transvaal sowie die ehemaligen Homelands KaNgwane, KwaNdebele sowie kleine Teile von Gazankulu und Lebowa. Berühmt wurden die Touren der Voortrekker, die auf der Suche nach neuen Siedlungsgebieten mit Ochsenwagen die Berge bezwangen. Später waren dann Gebiete um Barberton Anziehungspunkte für Goldgräber und Schatzsucher.

GAUTENG

Die flächenmäßig kleinste Provinz Gauteng („Platz des Goldes", ausgesprochen: Chauteng) hat die höchste Bevölkerungszahl und den größten Anteil am Gesamtbruttosozialprodukt. Die im Binnenhochland Südafrikas liegende Region mit der Hauptstadt Pretoria, dem Verwaltungszentrum des Landes, ist wirtschaftlich und infrastrukturell die am weitesten entwickelte. 50 Kilometer weiter südlich begann in Soweto, der Township der Millionenmetropole Johannesburg, der Kampf gegen die Apartheid. Die größten Goldlagerstätten Südafrikas haben die Provinz zur reichsten des Landes und zu einem der wichtigsten Industrie- und Finanzzentren in der südlichen Hemisphäre gemacht. Die Entdeckung der Diamanten- und Goldvorkommen (1877 und 1899) löste mehrere Kriege vor allem zwischen Buren und Briten aus.

NORTH WEST

Die North West Province ist überwiegend ein sehr trockenes Gebiet, in dem nur eine extensive Landwirtschaft betrieben werden kann. Die Sommer sind sehr heiß und trocken, im Winter kann es hingegen nachts unter null Grad kalt werden. Hier wird vor allem Platin gefördert, insgesamt 50 Prozent der gesamten Platinmenge der Erde. Umgeben von dieser kargen Savannenlandschaft liegt Sun City, der größte Vergnügungskomplex auf der südlichen Erdhalbkugel mit zahlreichen Casinos, Hotels und Unterhaltungsshows. In der North West Province lassen sich noch Felsmalereien der Ureinwohner, der San, finden. Später siedelten hier die Tswana, die durch das Eindringen der Weißen in das heutige Botswana verdrängt wurden. Große Teile des ehemaligen Homelands Bophuthatswana liegen hier.

LIMPOPO

Die Limpopo Province mit der Hauptstadt Polokwane (früher Pietersburg) umfasst neben Savanne auch subtropische Gebiete und lässt sich geographisch in drei Teile gliedern: den Norden mit sehr trockenem Gebiet und uralten Affenbrotbäumen, die Buschlandschaft, wo Landwirtschaft betrieben wird und mehr und mehr Jagdfarmen entstehen, sowie die fruchtbaren Hänge des Soutpanberg mit hohen Niederschlagsmengen und subtropischen Feuchtwaldgebieten. Hier kann es im Sommer schwül und drückend werden. Bekannt ist die Provinz für die Mythen der Venda, die von verzauberten Plätzen und einem Heiligen See und Wald handeln. Obwohl im Norden der Kruger-Nationalpark liegt und die Provinz über Kohle-, Gold-, Platin- und Kupfergruben verfügt, ist sie überwiegend ärmlich und die Infrastruktur der ehemaligen Homelands Venda, Lebowa und Gazankulu unterentwickelt.

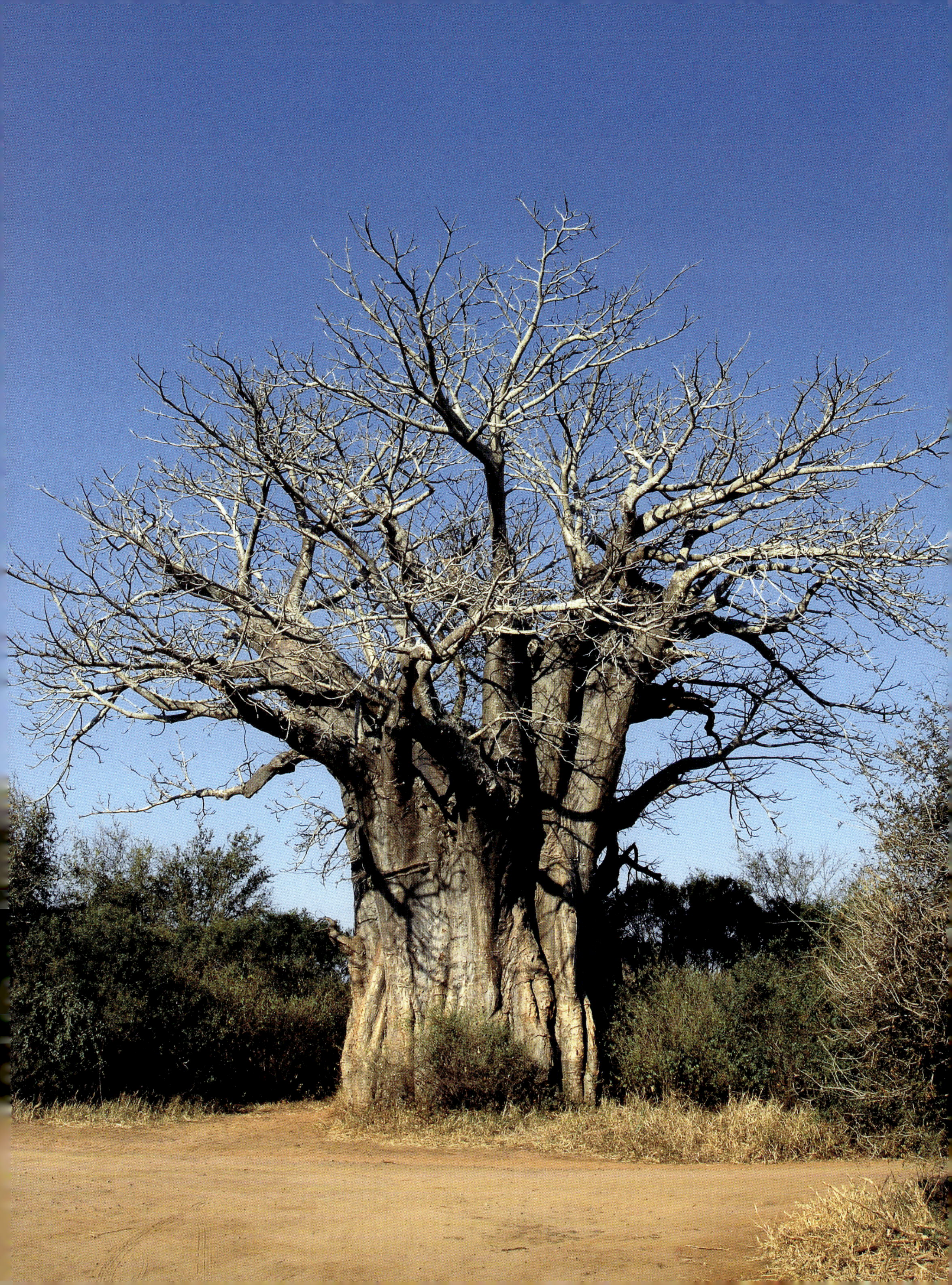

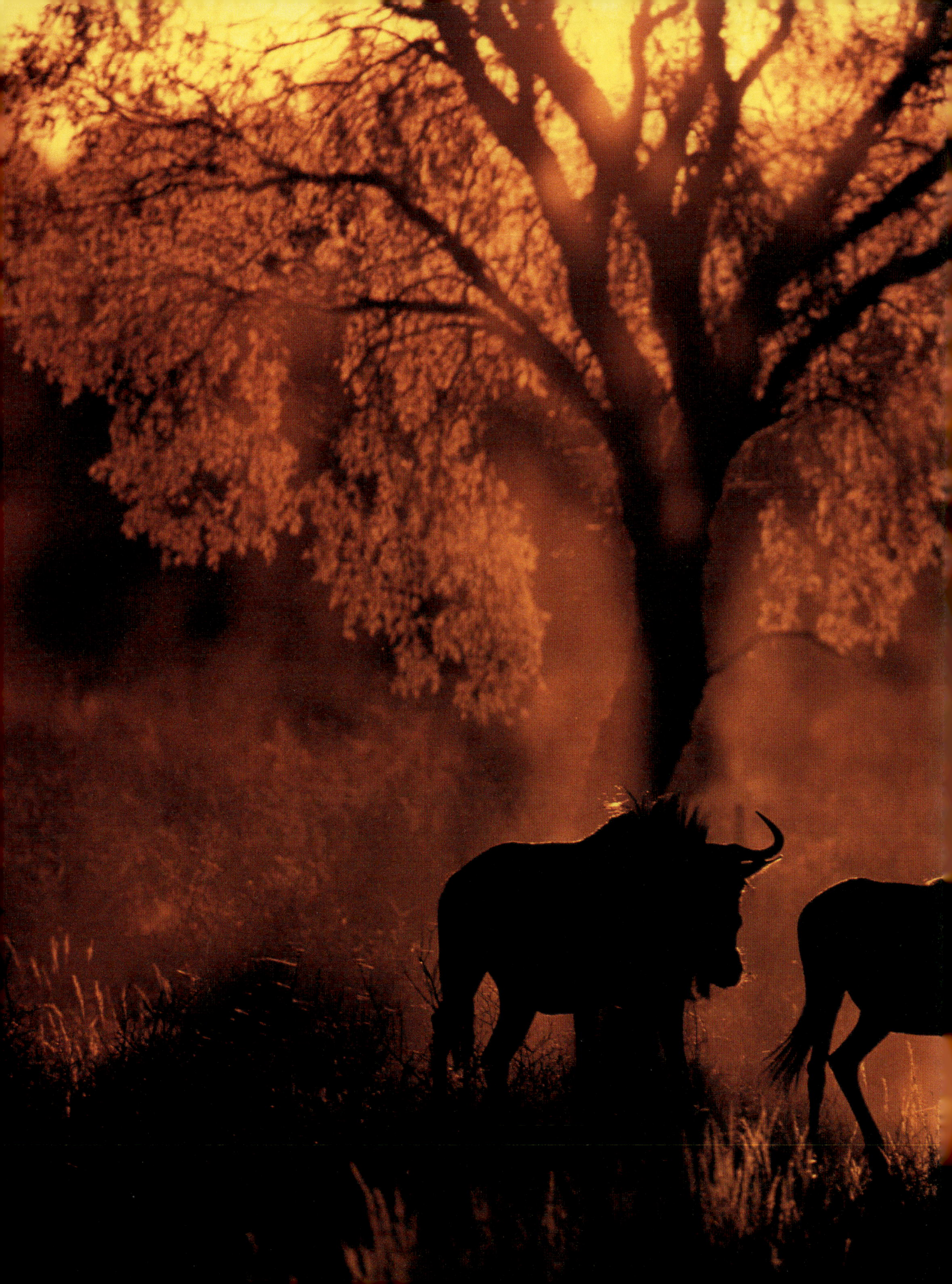

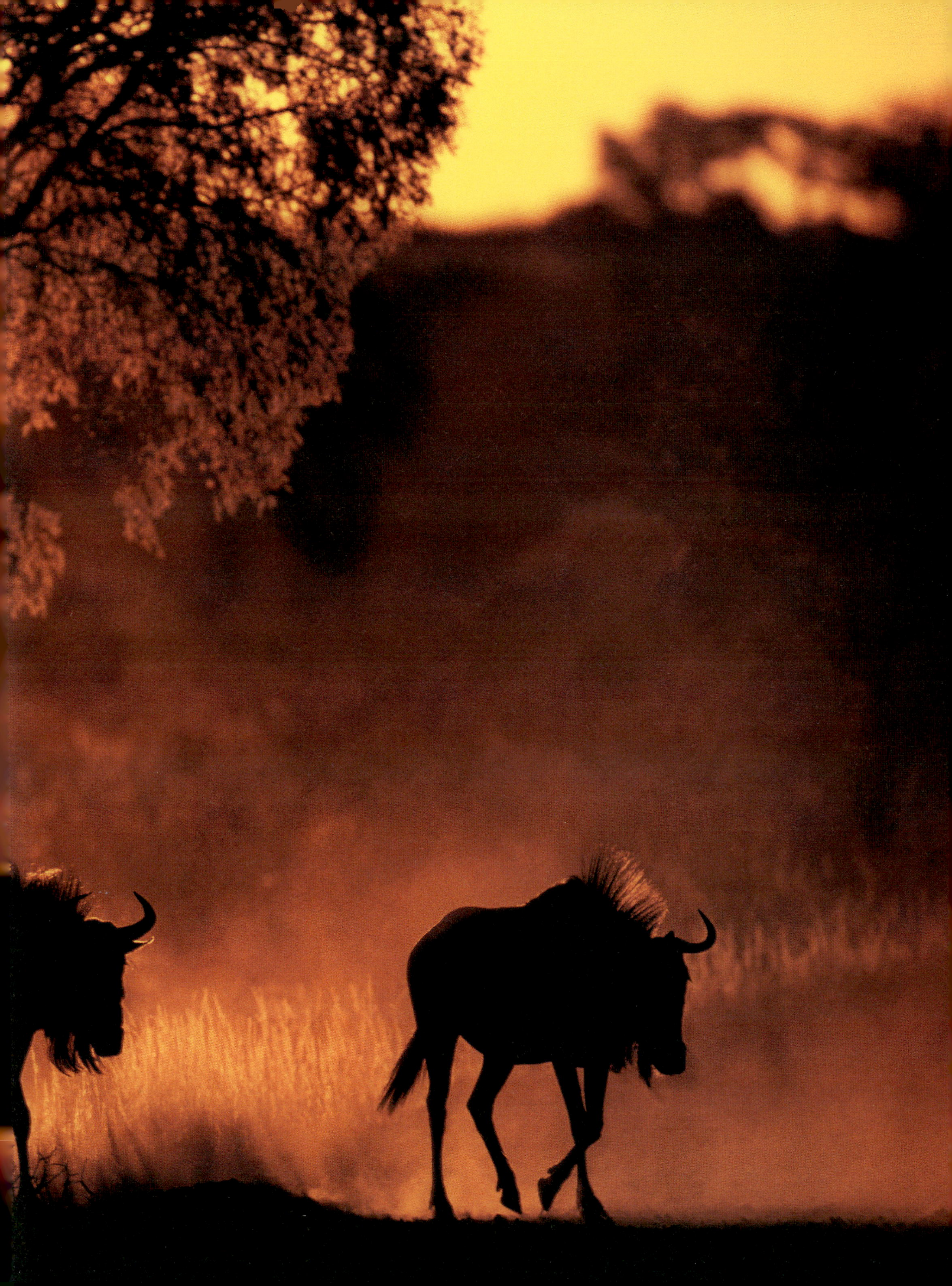

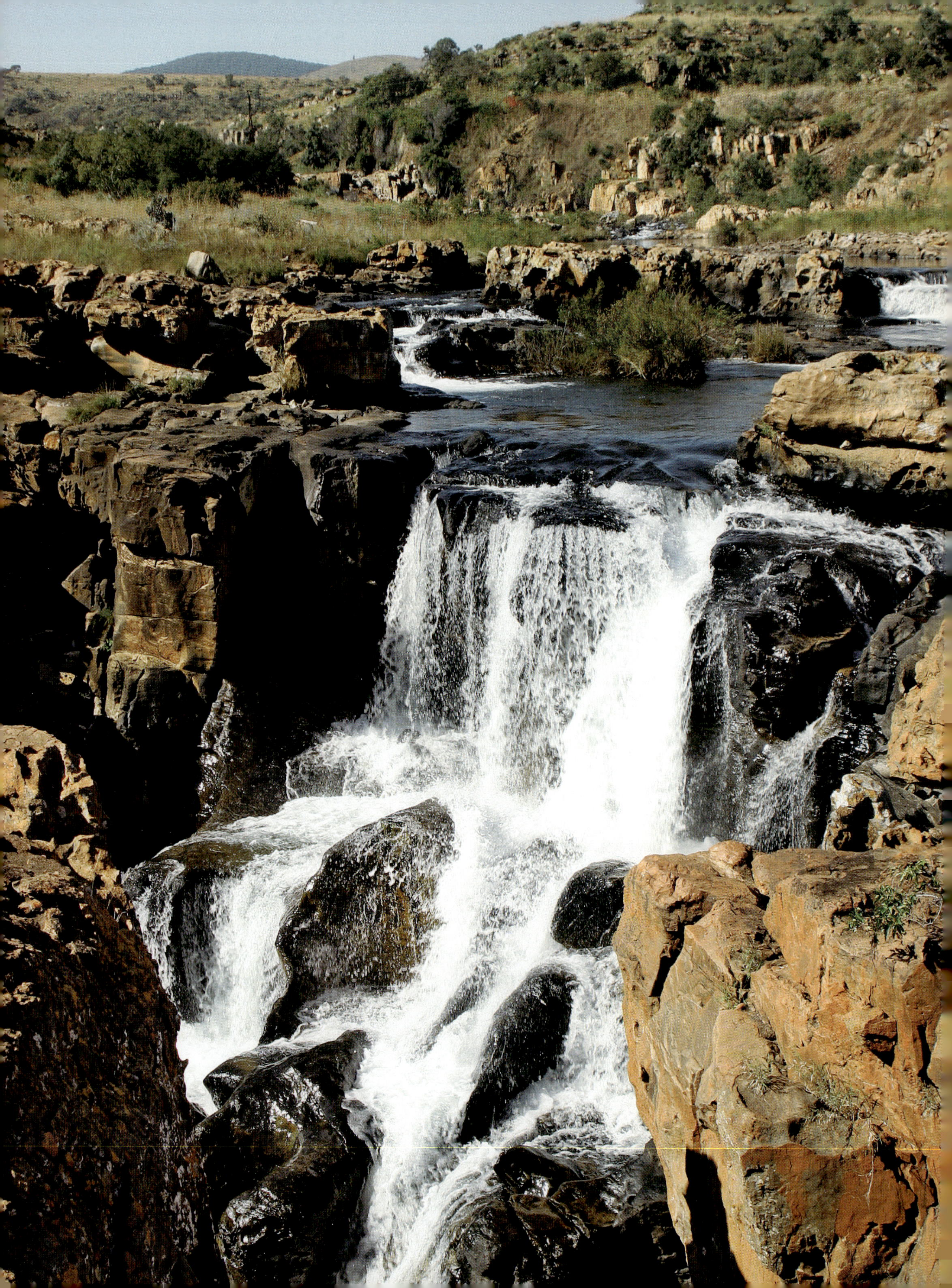

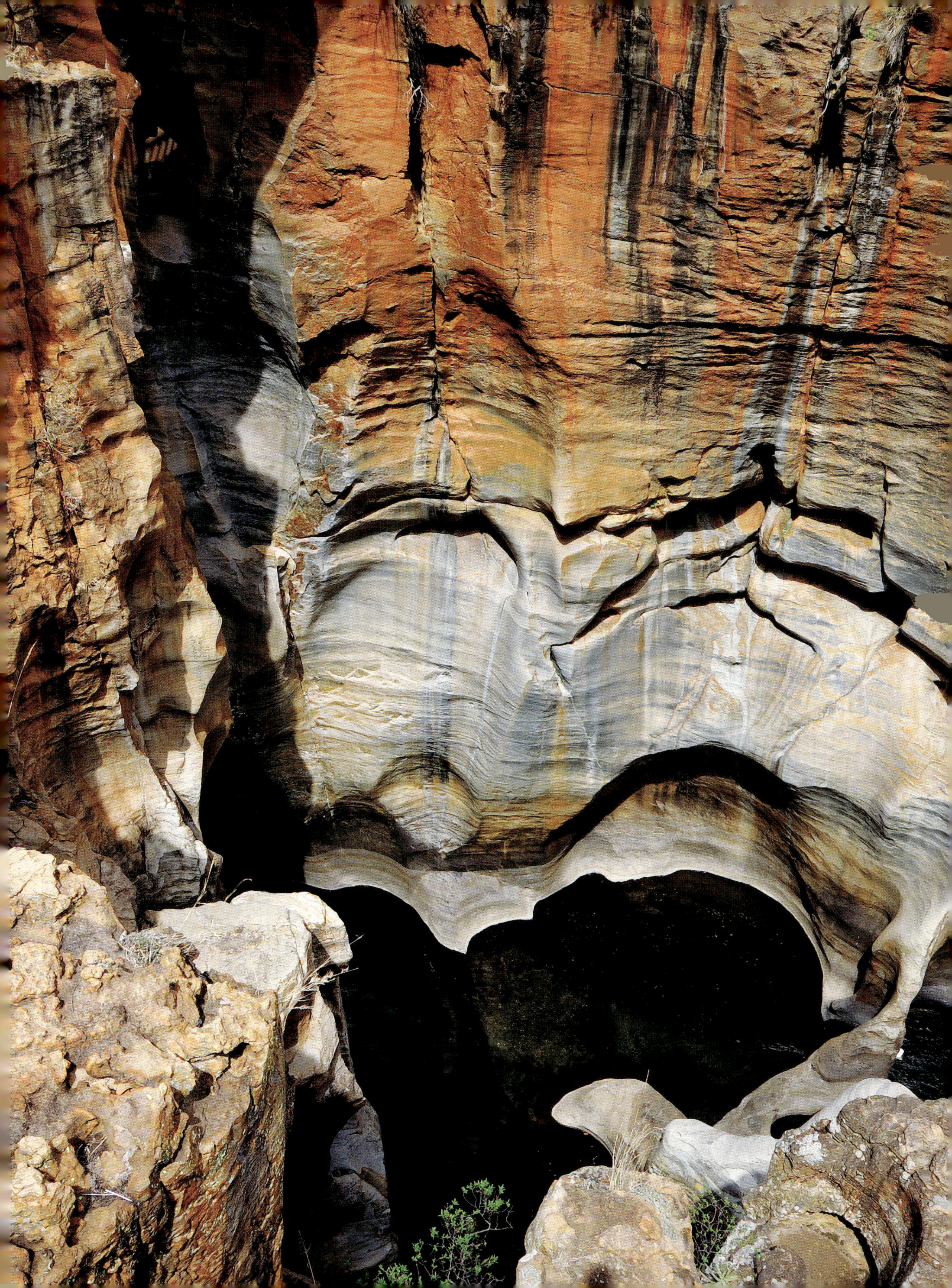

VORHERIGE DOPPELSEITE:
Wasserfall am Blyde River und Aushöhlungen am Blyde River Canyon

Ein Angehöriger der San mit traditioneller Bekleidung

GESCHICHTE

SAN

1488 umsegelte der Portugiese Bartolomeu Dias als erster Europäer die Südspitze Afrikas. Rund 30 000 Jahre zuvor hatten sich bereits San (Buschmänner) in der Region angesiedelt. Die als Jäger und Sammler lebenden San unterschieden sich von der schwarzen (negroiden) Bevölkerung – den Bantu-Völkern, die vermutlich zwischen 500 und 1000 n. Chr. von Nordosten in das südliche Afrika einwanderten – unter anderem durch deutlich hellere Haut, kleineren Wuchs, sogenanntes Pfefferkornhaar, untereinander verwandte Sprachen und ähnliche Lebensweisen. Diese Besonderheiten der nicht sesshaft lebenden San haben sich vermutlich durch ein lange andauerndes abgeschiedenes Leben in der weitläufigen Region südlich des Sambesi herausgebildet. Über 2000 registrierte Fundstellen von Felszeichnungen – vor allem in den Drakensbergen von KwaZulu-Natal – zeugen vom Leben der San in Südafrika.

Im Zuge der Expansion schwarzer und weißer Gruppen wurden die San getötet, gefangen genommen oder in unfruchtbare Gebiete der Kalahari-Region verdrängt. Man vermutet, dass während der ersten zwei Jahrhunderte nach Beginn der Kolonisation durch die Europäer bis zu 200 000 San getötet wurden. Geblieben ist von ihnen im heutigen Südafrika nur ein gewisser genetischer Einfluss auf andere Bevölkerungsgruppen. Eine sprachlich-kulturelle Hinterlassenschaft sind vor allem die sogenannten Klicklaute, die auch in Bantu-Sprachen wie Zulu und Xhosa Eingang gefunden haben.

KHOIKHOI

Ein ähnliches Schicksal wie die San erlitten auch die Khoikhoi – grob übersetzt: „wahre Menschen" –, die faktisch nach der Besiedlung Südafrikas durch weiße Farmer als Bevölkerungsgruppe zu existieren aufhörten. Die meisten wurden durch Pocken- und ähnliche Epidemien hinweggerafft. Einige Überlebende wanderten landeinwärts, andere gingen in weißen und schwarzen Gesellschaften auf.

Die halbsesshaft lebende Bevölkerungsgruppe der Khoikhoi bildete sich um 200 v. Chr. aus der Verbindung von Viehzucht betreibenden San mit Hirtenvölkern Ostafrikas. Durch die Viehhaltung gewannen der Besitz von Land und die Frage der Landrechte eine immer wichtigere Bedeutung. Die Khoikhoi drangen über das heutige Namibia in den nördlichen Bereich der heutigen Northern Cape Province, zur Kaphalbinsel und in die südlichen Küstengebiete Südafrikas vor.

Auf die beiden Bevölkerungsgruppen der Khoikhoi und San (Khoisan) trafen schließlich Ende des 15. Jahrhunderts die ersten europäischen Seefahrer. Zu diesem Zeitpunkt siedelten an die 100 000 Menschen in der Westhälfte Südafrikas, im wasserreichen Kapland und vor allem entlang des Flusses Oranje (Gariep) von Namibia bis an die Nordgrenze der Eastern Cape Province und wahrscheinlich auch schon in Teilen von Natal. Und mit der verstärkten Ansiedlung von Europäern und der Intensivierung ihrer Viehzucht Mitte des 17. Jahrhunderts begann ein erbitterter Kampf um Weideland, der in der Verdrängung der Khoikhoi und dem Verlust ihrer Unabhängigkeit mündete.

BANTU SPRECHENDE GRUPPEN

Vermutlich zwischen 500 und 1000 n. Chr. setzte eine Wanderbewegung Bantu sprechender Völker von Zentralafrika Richtung Süden ein. Zu Beginn des 19. Jahrhunderts schließlich kann man vier

Traditionelles Zulu-Dorf in Kwa-Zulu-Natal. Die Zulu gehören zu den Bantu sprechenden Völkern, die sich seit dem 5. Jahrhundert im südlichen Afrika niederließen.

sprachliche Hauptgruppen ausmachen: Sotho, Nguni (Swazi und Zulu), Tsonga und Venda. Im Süden schlossen sich weitere kleinere Völker an, wie zum Beispiel im äußersten Süden der Ostküste die Xhosa. Sie stießen als Erste an der Ostgrenze der Kapprovinz mit den auf der Suche nach Weideland nordwärts ziehenden Europäern zusammen.

BEGINN WEISSER KOLONISATION

Anfang 1488 landeten die Portugiesen auf ihrer Suche nach einem neuen Seeweg nach Indien unter der Führung von Bartolomeu Dias erstmals an der Küste des heutigen Südafrika. 1652, mit der Gründung Kapstadts durch den Niederländer Jan van Riebeeck als Proviantstation der Ostindien-Kompanie (Vereenigde Oostindische Compagnie) auf dem Seeweg nach Asien, wurde die Ansiedlung unter anderem von Niederländern, Hugenotten und Deutschen unternommen, aus denen die späteren Buren (Afrikaaner) hervorgingen.

Parlamentsgebäude von Kapstadt. Kapstadt ist die erste Stadt, die in Südafrika durch Europäer gegründet wurde.

TREKBUREN

Seit 1700 wanderten vermehrt weiße Farmer ins Landesinnere, um neue Weideflächen für ihre Schaf- und Rinderherden in Besitz zu nehmen. Diese sogenannten Trekburen (trekken = ziehen; boer = Bauer) waren zumeist strenggläubige Calvinisten und entwickelten fernab von der Kapregion ihre eigene Kultur und eigene Sprache. Viele Buren, des Lesens und Schreibens unkundig, nahmen an den großen sozialen, politischen und philosophischen Entwicklungen des 18. Jahrhunderts nicht teil.

KONFLIKT AN DER OSTGRENZE

Die Trekburen verdrängten die Khoisan aufgrund politisch-militärischer Überlegenheit ins Landesinnere und drangen ab 1800 weiter in den Nordosten vor. An der Ostgrenze der Kapkolonie, dem Great Fish River, stießen sie auf die Xhosa, die auf der Suche nach neuen Weideplätzen 1779 erstmals den Great Fish in Richtung Westen überquert hatten. Es kam zum ersten von insgesamt neun Kriegen an der Ostgrenze zwischen Weißen und Schwarzen auf südafrikanischem Boden. Der 100 Jahre dauernde Konflikt (1779–1879) endete mit der Unterwerfung der Xhosa.

Steppengebiet in Südafrika. Insbesondere seit dem 18. Jahrhundert begann zwischen europäischen Siedlern und einheimischer Bevölkerung ein erbitterter und blutiger Kampf um Land, das für die Viehzucht genutzt werden konnte.

Das umstrittene Voortrekker Monument erinnert an die Züge der Buren und ihren Sieg über die Zulu im 19. Jahrhundert.

DIE MFECANE

Der Zulu-König Shaka (1783–1828) löste unter seiner „Mfecane" (Krieg, Verwüstung) genannten Militärherrschaft (1816–1828) große Bevölkerungsbewegungen aus, in deren Verläufen sich neue schwarze Nationen formierten und weite Teile der heutigen Provinzen KwaZulu-Natal und Mpumalanga herausgebildet wurden. Die von den Zulu abgespalteten Ndebele flohen ins heutige Zimbabwe, andere Nguni-Gruppen bis ins heutige Malawi und Tansania. Kleine Gruppen der in Südafrika gebliebenen Transvaal-Ndebele leben heute vor allem in Mpumalanga und Gauteng.

Den über die Nataler Drakensberge west- und südwärts ziehenden Truppen von Shaka konnten allein die Sotho im Bergland des heutigen Lesotho standhalten. Als die Weißen in den Norden des damaligen Transvaal eindrangen, lebte die Bevölkerung in den flachen Gebieten in Folge der Mfecane meist weit zerstreut und zum Teil sehr versteckt. Im Gegensatz zu der erfolgreichen Verteidigung des Berglandes konnte den Weißen beim Kampf um das fruchtbare Weideland nur schwacher Widerstand geleistet werden.

BUREN UND BRITEN IM 19. JAHRHUNDERT

Im 18. Jahrhundert änderte sich das gesicherte Leben der Niederländer am Kap gewaltig. Der Einfluss niederländischer Händler wurde immer geringer, die Ostindische Handelsgesellschaft musste Bankrott anmelden, und der verstärkte französisch-britische Konflikt hatte die Ausrufung der Batavischen Republik nach Besetzung der Niederlande durch Frankreich im Jahre 1795 zur Folge. Die Briten wollten daraufhin die Franzosen an der Einnahme des strategisch wichtigen Stützpunktes am Kap hindern, besetzten es am 15. September 1795 und zwangen die Niederländer zur Kapitulation. Mit dem Frieden von Amiens mussten die Briten die Kolonie an die Niederländer zurückgeben, eroberten sie aber 1806 erneut und richteten eine dauerhafte Kolonie ein.

Der durch die Abschaffung der Sklaverei im Jahre 1834 hervorgerufene Mangel an billigen Arbeitskräften bedeutete für viele weiße Farmer den drohenden Ruin, da sie ihre riesigen Farmen nur durch Ausbeutung der Sklaven bewirtschaften konnten. Durch Verpflichtung zu einem festen Wohnsitz, Passzwang (seit 1787) sowie amtliche Beurkundung ihrer Dienstverträge mit Weißen versuchten Regierung und Siedler die Arbeiter an ihre Dienstherren zu binden. Doch aufgrund des Drucks philanthropischer Missionare wurde 1828 der Erlass Nr. 50 verfügt, der den ehemaligen Sklaven Freiheitsrechte garantierte, die nahezu denen der Weißen entsprachen.

Die Buren sahen in der Gleichstellung von „geborenen Herren" und „Dienern" einen eklatanten Verstoß gegen die ihrer Ansicht nach biblische Sozialordnung. Diese Entwicklung sowie die zunehmende Anglisierung am Kap und die Erhebung des Englischen zur einzigen Amtssprache (1825) und Gerichtssprache (1828) führte zu einer Frontenbildung zwischen Buren und Briten.

Hinzu kam das unentschlossene Eingreifen der britischen Verwaltung bei den Konflikten zwischen Xhosa und Buren an der Ostgrenze der Kapkolonie (wo es 1834 zum sechsten Grenzkrieg mit den Xhosa kam). Die mangelnde Selbstverwaltung der Weißen zugunsten einer starken Zentralregierung in Kapstadt brachte die Farmer im Grenzgebiet der Kapprovinz vollends gegen die britische Verwaltung auf.

Statue von Queen Victoria in Durban. Vielerorts erinnern Monumente an die Zeit, als Südafrika britische Kronkolonie war.

Südafrika – Regenbogennation am Kap

RECHTE SEITE:
Mit den europäischen Siedlern wurde auch eine neue Sprache in Südafrika etabliert: Afrikaans. Das Afrikaanse Taalmonument (Sprachdenkmal) in der Nähe von Paarl erinnert an die Entstehung der Sprache, die nicht zuletzt zu einem Instrument der Apartheid wurde.

DER GROSSE TREK

Die Unzufriedenheit der Buren leitete 1835 den Großen Trek ein: die Massenauswanderung aus der Kapkolonie von mehr als 10 000 Buren. Sie zogen nach Osten und Nordosten, wo sie wieder „frei" sein wollten. Dort gründeten sie die Republiken Natal (1839), Oranje-Vrystaat (1842) und Transvaal (1852, offiziell unter dem Namen Südafrikanische Republik).

Durch den Großen Trek blieben die Auseinandersetzungen zwischen schwarzer und weißer Bevölkerung keine reinen Grenzkonflikte wie an der Ostgrenze der Kapkolonie. Die Eroberung riesiger Gebiete im Norden des Landes seitens der Buren führte dazu, dass sich die außenpolitischen Grenzsicherungsprobleme der Kapkolonie zu einem innenpolitischen Problem für das spätere Südafrika entwickelten.

VERFASSUNG FÜR DIE KAPKOLONIE

1853 erhielt die Kapkolonie durch königliche Verordnung eine Verfassung. Wahlberechtigt war, wer Immobilienbesitz im Werte von mindestens 25 Pfund oder ein jährliches Einkommen von mindestens 50 Pfund hatte. Damit blieb formelle Gleichheit bei gleichzeitiger unangefochtener weißer Herrschaft Londons Devise für die Kapkolonie. 1841 war der „Masters and Servant Act" an die Stelle des Erlasses Nr. 50 getreten, der die Verletzung eines Arbeitsvertrages zu einem strafrechtlichen Delikt machte und in erster Linie die Nicht-Weißen betraf.

Die Briten versuchten im selben Jahr Transvaal zu annektieren, mussten aber 1881 die Unabhängigkeit des Burenstaates erneut anerkennen. Um deutschen Kolonialambitionen zuvorzukommen, erklärte Großbritannien 1885 vorsorglich die gesamte Westküste zum Protektorat. Im Jahre 1894 erfolgte der endgültige Anschluss des gesamten Landes zwischen dem Kei-Fluss und Natal an die Kapkolonie.

BURENKRIEGE

Die Entdeckung von Diamanten im Jahr 1867 und der Goldfelder am Witwatersrand im Jahr 1886 zogen in der Südafrikanischen Republik ein ungeahntes Wirtschaftswachstum nach sich und damit auch den Zuzug einer sehr hohen Zahl an Ausländern und Gastarbeitern.

Die Ängste vor Überfremdung und weiteren Benachteiligungen durch die Briten führten zu einer verstärkten antibritischen Politik der Burenrepubliken. Die Kapkolonie versuchte unterdessen unter Cecil John Rhodes den Plan für ein vereintes britisches Südafrika zu realisieren, um die Burenrepublik Transvaal (heute: die Provinzen Mpumalanga, Limpopo und Gauteng sowie Teile von North West) annektieren und die reichen Goldvorkommen am Witwatersrand selbst abbauen zu können. Die Buren wehrten sich gegen diese Expansionsbestrebungen im Ersten Anglo-Buren-Krieg (1880–1881), den sie aufgrund ihrer Guerillataktik gewinnen konnten.

Im Zweiten Anglo-Buren-Krieg (1899–1902) gelang es den Briten schließlich durch die Taktik der „verbrannten Erde", die Buren zu besiegen. Dadurch war zu Beginn des 20. Jahrhunderts das gesamte heutige Südafrika unter britischer Oberherrschaft. Der Sieg der Liberalen Partei in Großbritannien Ende 1905 führte zu einer Politik der Versöhnung und Verständigung zwischen Buren und Briten. 1906 erhielt Transvaal und 1907 die Oranje-Kolonie die innere Selbstverwaltung.

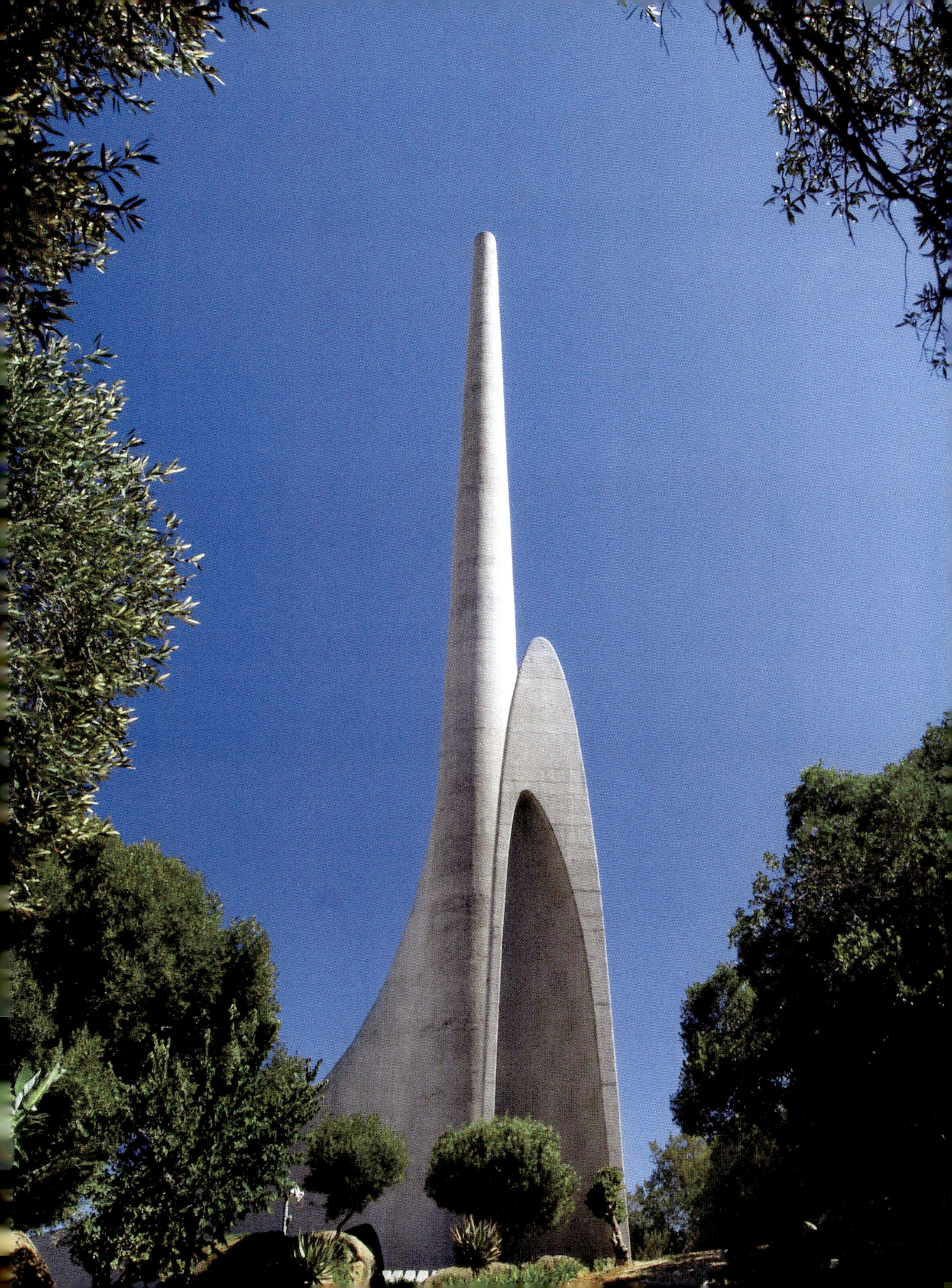

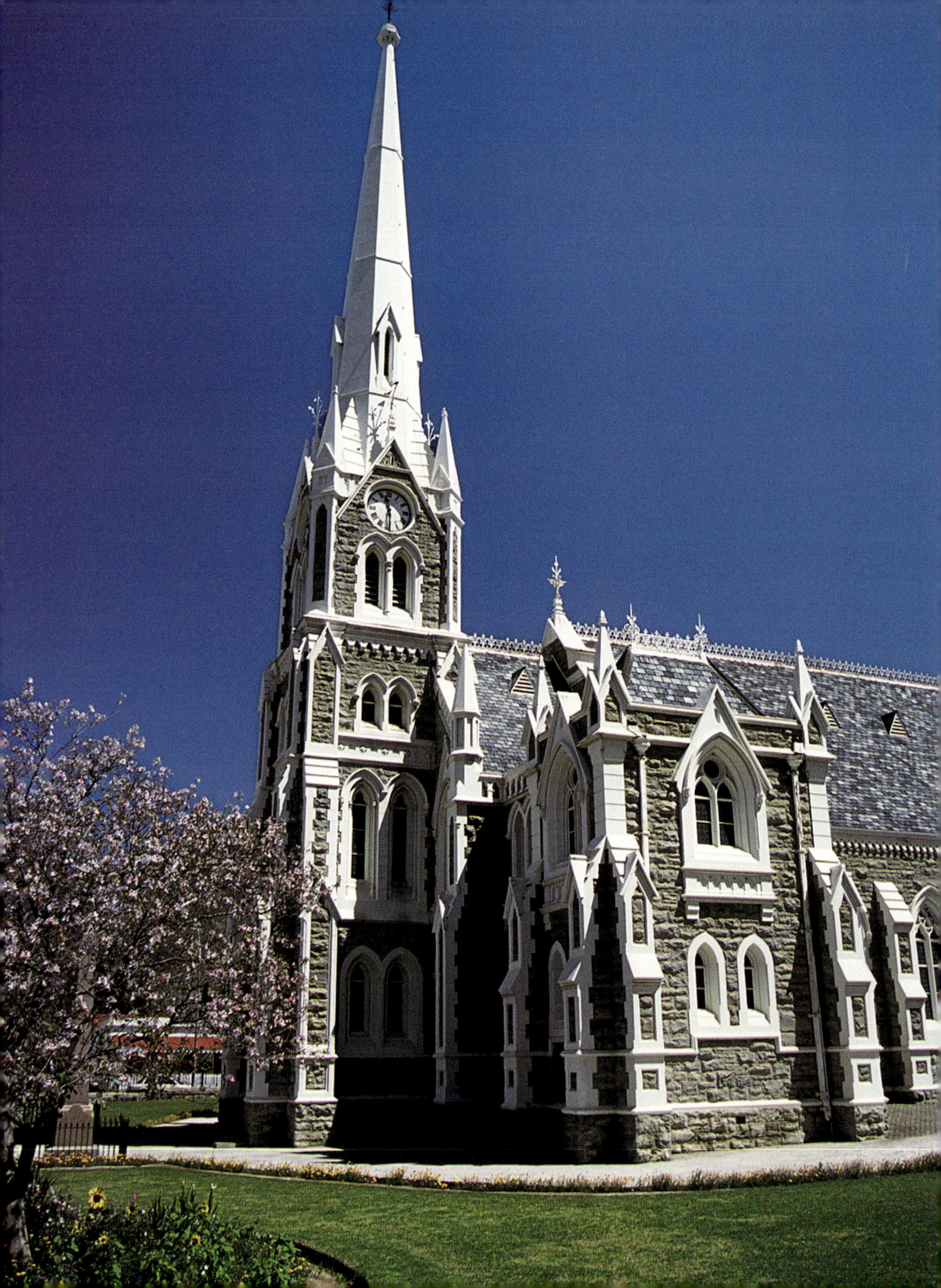

DAS 20. JAHRHUNDERT

DIE SÜDAFRIKANISCHE UNION

Im Jahre 1908 beriet die Nationalversammlung zum ersten Mal über den Zusammenschluss der vier britischen Kronkolonien Kapkolonie, Natal, Transvaal und Oranje-Kolonie. Am 31. Mai 1910, dem Jahrestag des Friedens nach dem zweiten Krieg zwischen Buren und Briten, wurde die Verfassung der „Union of South Africa" unterzeichnet. Die Buren setzten Niederländisch neben dem Englischen als Amtssprache durch.

In der Frage nach der künftigen Hauptstadt einigte man sich auf Kapstadt (Kapprovinz) als Parlamentssitz, Pretoria (Provinz Transvaal) als Regierungssitz und Bloemfontein (Provinz Oranje-Vrystaat oder Orange Free State) als Sitz des Obersten Gerichtshofes. Als Zugeständnis an die Buren stimmten die Briten Gesetzen zu, die die nicht-weiße Bevölkerung deutlich diskriminierte. Dies führte zur Entstehung nicht-weißer politischer Protestorganisationen, wie dem 1912 gegründeten South African Native National Congress, dem späteren ANC.

Aus der Einsicht heraus, dass die Briten die Buren nicht in untergeordneter Stellung halten konnten, wurde Louis Botha, der Führer der stärksten Burenprovinz Transvaal, zum Premierminister der Union ernannt. 1910 wurde er zum ersten gewählten Ministerpräsidenten Südafrikas.

BIS ZUM ZWEITEN WELTKRIEG

Die Zeit bis zum Zweiten Weltkrieg stand ganz im Zeichen eines wieder erstarkenden burischen Selbstvertrauens. So wurde 1925 Afrikaans offiziell als Variante des Niederländischen anerkannt und damit de facto neben dem Englischen zur gleichberechtigten Amtssprache. Die Bezeichnung „Buren" wich offiziell ihrer Eigenbezeichnung „Afrikaaner". 1928 erhielt die Union eine eigene Flagge, das in Afrikaans verfasste Lied „Die Stem van Suid-Afrika" entwickelte sich neben dem britischen „God save the King" zur einer Art inoffiziellen Nationalhymne. Zusätzlich zur britischen wurde jetzt auch eine südafrikanische Staatsangehörigkeit eingeführt.

Die 1911 gegründete South African Party strebte die Integration von Buren und Briten an und vereinigte sich 1934 aufgrund der Folgen der Weltwirtschaftskrise und einer lang anhaltenden Dürre zusammen mit der National Party der radikalen Buren zur United Party. Damit war eine Partei geschaffen, die große Teile der Buren und Briten umfasste. Von der United Party spalteten sich allerdings im Jahre 1939 vor dem Hintergrund der Frage nach einer Unterstützung Großbritanniens im Zweiten Weltkrieg die äußeren Flügel als eigene Parteien ab. Auf der Seite der Buren strebte die neue, rechts ausgerichtete National Party unter D. F. Malan die radikale Rassentrennung und das getrennt voneinander bestehende kulturelle Erbe von Briten und Buren an. Diese Partei bildete die Keimzelle der bis 1994 regierenden Nationalen Partei.

DIE RASSENGESETZGEBUNG

1910 wurde der Begriff Rassentrennung erstmals in dem Wahlprogramm der National Party verwendet. Mit dem Natives Land Act („Eingeborenen-Landgesetz") von 1913 trat ein wichtiges Element der „Politik der getrennten Entwicklung" – der Apartheid – in Kraft, die später offizielle Regierungspolitik der Südafrikanischen Union wurde. Das neue Gesetz, das im Ansatz bereits die Gren-

Die „Grootkerk" der Niederländisch-reformierten Kirche in Graaff-Reinet (Eastern Cape) wurde 1885–1887 erbaut. Sie ist ein Nachbau der Salisbury Cathedral in England.

zen der späteren schwarzen Homelands festschrieb, sollte den Landerwerb finanzkräftiger Nicht-Weißer verhindern. Rund neun Millionen Hektar – nur etwa 7,3 Prozent der Fläche der Union und zumeist unfruchtbares Land – wurden so zu Reservationen ausschließlich für Schwarze erklärt. Außerhalb dieser Gebiete, also im „weißen Gebiet", wurde ihnen Landerwerb untersagt.

Das entscheidende Gesetz zur Umsetzung der Rassentrennung erfolgte 1923 durch den Urban Areas Act, mit dem auch in Städten getrennte Wohngebiete eingerichtet werden konnten. Mit der Verpflichtung der Schwarzen zur Passpflicht wurde ihre Mobilität maximal eingeschränkt. Der Native Labour Regulation Act (1914) verbot bei Strafandrohung jede Art von Streiks.

Die Eingeborenengesetzgebung von 1936 führte zu einer weiteren Politisierung der Schwarzen. Es gab allerdings unterschiedliche Reaktionen auf die Gesetzgebung. Die Forderungen gingen vom bedingungslosen Ablehnungskurs bis hin zum Streben nach einer, wenn auch geringen, Mitwirkung durch den Rat der Eingeborenenvertretung.

DER ZWEITE WELTKRIEG UND SEINE FOLGEN

Die Wahlen von 1943 bestätigten den Kurs der United Party unter Premierminister Jan Smuts, dem die Kriegserfolge der Alliierten Rückenwind verschafften. Doch schon bald wendete sich das Blatt, und die Regierung, die einige Gesetze zur Rassentrennung entschärft hatte, war nach Ende des Zweiten

Township in Kimberley. Arbeitslosigkeit, Armut und Perspektivenlosigkeit als dramatische Folgen der jahrzehntelangen Apartheidpolitik prägen das Leben der schwarzen Bevölkerung in den Townships.

Weltkriegs weit entfernt von einer „Lösung" der Rassenfrage und stand den selbstbewussten urbanisierten Schwarzen hilflos gegenüber.

Zugleich stieß die Rassendiskriminierung nun international auf immer mehr Ablehnung. Sanktionen und der Rückzug vieler Unternehmen waren die Folge. Viele national gesinnte Afrikaaner sahen den nach Großbritannien ausgerichteten Kurs der United Party als untragbar. Nach 1945 verlor die Vereinigte Partei die meisten Wahlen.

Eine Alternative sahen die verunsicherten Afrikaaner in dem Programm der National Party, die für die nun Apartheid genannte totale gesellschaftliche Trennung von Schwarz und Weiß plädierte. Bei den Parlamentswahlen von 1948 erzielte die National Party die Mehrheit. Damit verhärteten sich innenpolitisch die Fronten, außenpolitisch geriet das Land immer mehr in die Isolation.

WIDERSTAND NICHT-WEISSER ORGANISATIONEN

Anlässlich der 300-Jahr-Feier des weißen Südafrika Ende 1952 kam es erstmals zum gemeinsamen Widerstand nicht-weißer Organisationen. Im Jahre 1955 wurde auf dem sogenannten Volkskongress ein Freiheitsmanifest verabschiedet, in dem eine Gesellschaftsordnung mit gleichen Rechten und Chancen bei gleicher Leistung für alle – unabhängig von ethnischer Zugehörigkeit und Hautfarbe – gefordert wurde. Folge waren Polizeirazzien, Hausarreste und Verhaftungen.

Township in Südafrika. Noch immer leben Millionen schwarzer Südafrikaner in provisorischen Bretterbuden und Wellblechhütten in den Townships.

RECHTE SEITE OBEN:
Blick auf die „City Bowl" von Kapstadt. 12 Kilometer entfernt in der Tafelbucht befindet sich Robben Island – die berüchtigte Gefängnisinsel, auf der Nelson Mandela 18 Jahre inhaftiert war.

RECHTE SEITE UNTEN:
Haftanstalt auf Robben Island

In der Friedenscharta des „Congress of the People" vom 25. Juni 1956 forderten die Vertreter aller Ethnien ein demokratisches Südafrika. Infolgedessen wurden 156 Personen wegen Hochverrats festgenommen. 1959 spaltete sich vom ANC der radikale Flügel Pan-African Congress (PAC) und organisierte 1960 die ersten landesweiten Massendemonstrationen, die in blutigen Auseinandersetzungen mit der Polizei mündeten. Der brutalste Zwischenfall ereignete sich 1960 in Sharpeville bei Johannesburg. In Panik geratene Polizisten töteten 69 schwarze Anti-Apartheiddemonstranten, 180 wurden schwer verletzt, zumeist durch Schüsse in den Rücken. Im Rivonia-Prozess (1964) wurde der gesamte Führungsstab des ANC, „Umkhonto we Sizwe", in dem auch Nelson Mandela vertreten war, wegen Hochverrats zu lebenslangen Haftstrafen verurteilt.

Der Wendepunkt in der Geschichte des Apartheidsystems war der Schüler- und Studentenaufstand von Soweto im Jahre 1976. Sicherheitskräfte gingen brutal gegen die unbewaffneten Kinder und Jugendlichen vor und töteten 176 von ihnen. Das Bild des getöteten Jungen Hector Pieterson ging um die Welt und wurde zum Symbol für die Brutalität des Apartheidregimes.

Der ideologische Gegensatz zwischen der Zentralregierung in Pretoria und der schwarzen, überwiegend im Exil lebenden politischen Opposition spitzte sich in den 1980er Jahren zu. Die Forderung der schwarzen Führer, „One Man, One Vote", wollten die weißen Politiker keinesfalls akzeptieren. Das Westminster-Modell, das auch der schwarzen Bevölkerung das allgemeine Wahlrecht zugestanden hätte, wurde weiterhin strikt abgelehnt.

DAS ENDE DER APARTHEID

Die 1984 in Kraft getretene Verfassung räumte nur den Coloureds und Asiaten, also allen nicht-weißen Gruppen außer den Schwarzen, begrenzte Mitspracherechte ein. Die Proteste und Unruhen der Schwarzen dauerten an. Von 1984 bis 1986 kamen fast 3000 Menschen ums Leben. In den 1980ern waren die Townships unregierbar geworden.

Die Großwirtschaft beklagte erhebliche Verluste und den Zerfall der Ökonomie. Von der internationalen Staatengemeinschaft griffen die unterschiedlich starken Sanktionen teilweise. Hinzu kam das Ende des Kalten Krieges und die Dekolonisierung des Nachbarlandes Namibia, das bis 1989 von Südafrika besetzt war.

Die Regierung unter Frederik W. de Klerk leitete Ende 1989 langsam den Prozess zur Abschaffung des Apartheidsystems ein. Das Verbot des ANC wurde aufgehoben, und nach langen Gesprächen wurde der seit 1962 inhaftierte Nelson Mandela, die Symbolfigur der Widerstandsbewegung in Südafrika, am 11. Februar 1990 freigelassen.

Anfang 1990 beschlossen die Mitglieder des ANC und die regierende Nationale Partei in Lusaka (Sambia) einen grundlegenden Wechsel der Politik in Südafrika. Nelson Mandela wurde zum Präsidenten des ANC ernannt. Im Jahr 1994 wurden dann knapp 20 Millionen Südafrikaner aufgerufen, bei den ersten freien demokratischen Wahlen ihre Stimme abzugeben. Die Wahl endete mit einem überwältigenden Sieg für den ANC. Es war ein historisches Ereignis, als Nelson Mandela daraufhin am 19. Mai 1994 zum ersten schwarzen Präsidenten der jungen Republik Südafrika ernannt wurde.

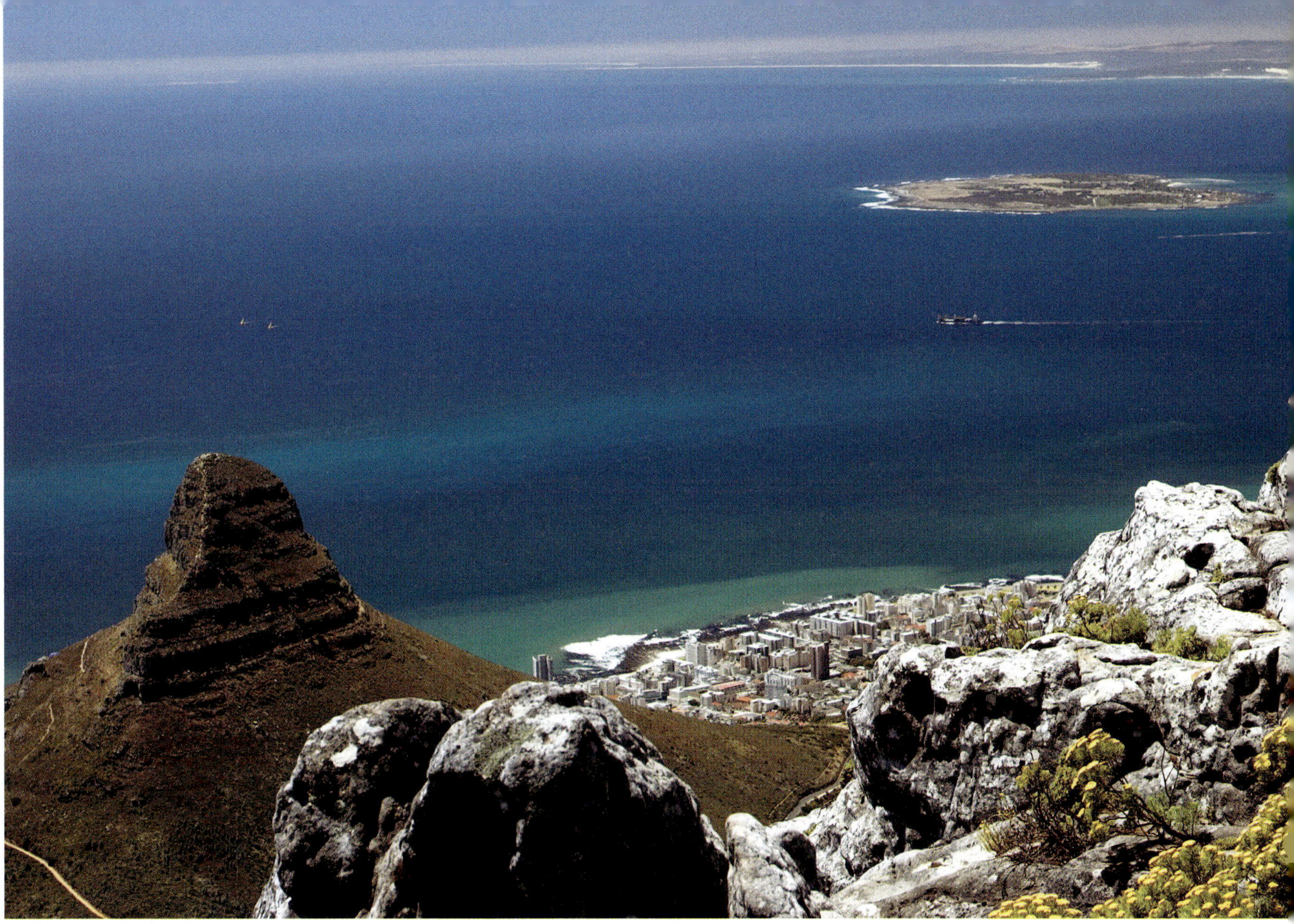

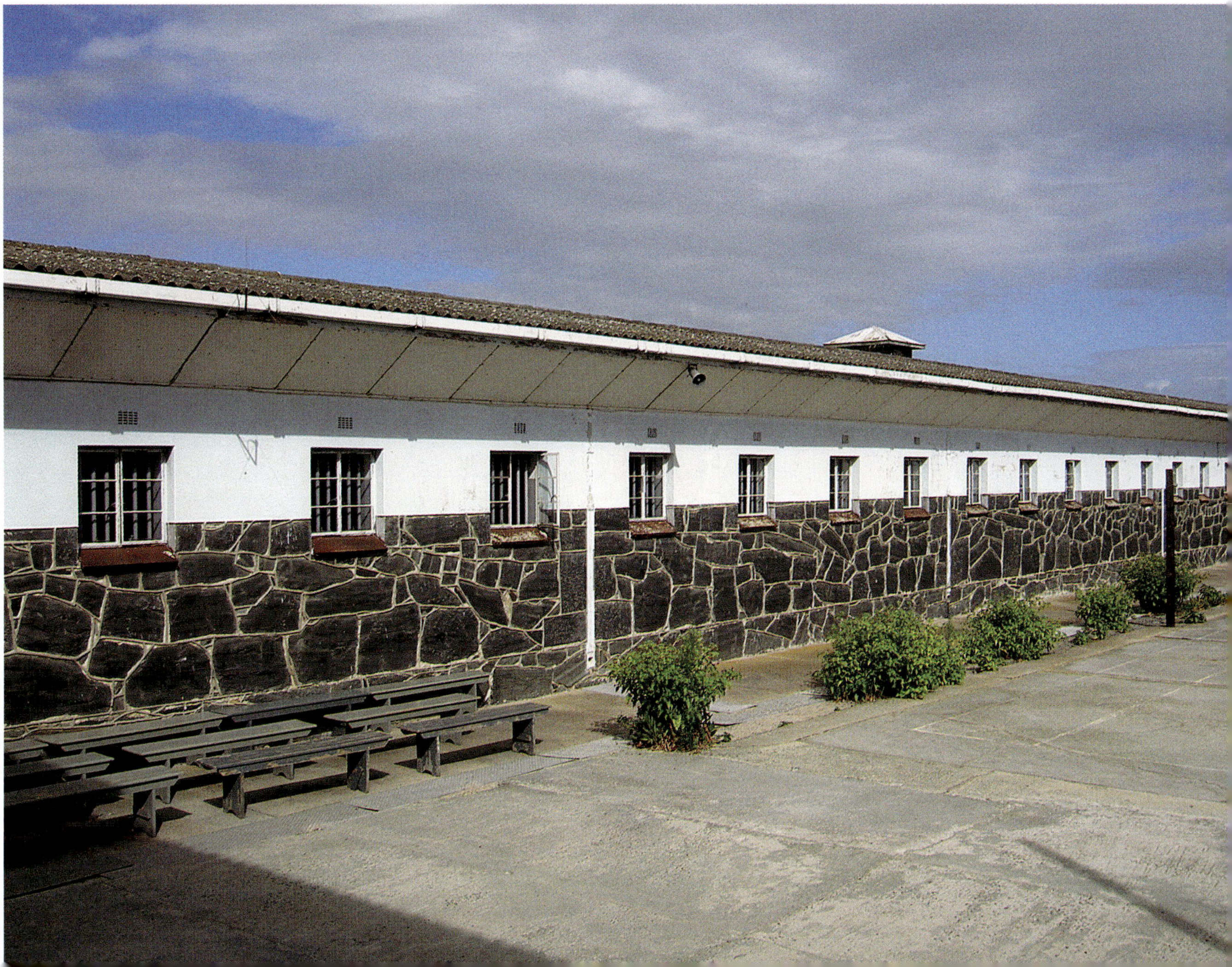

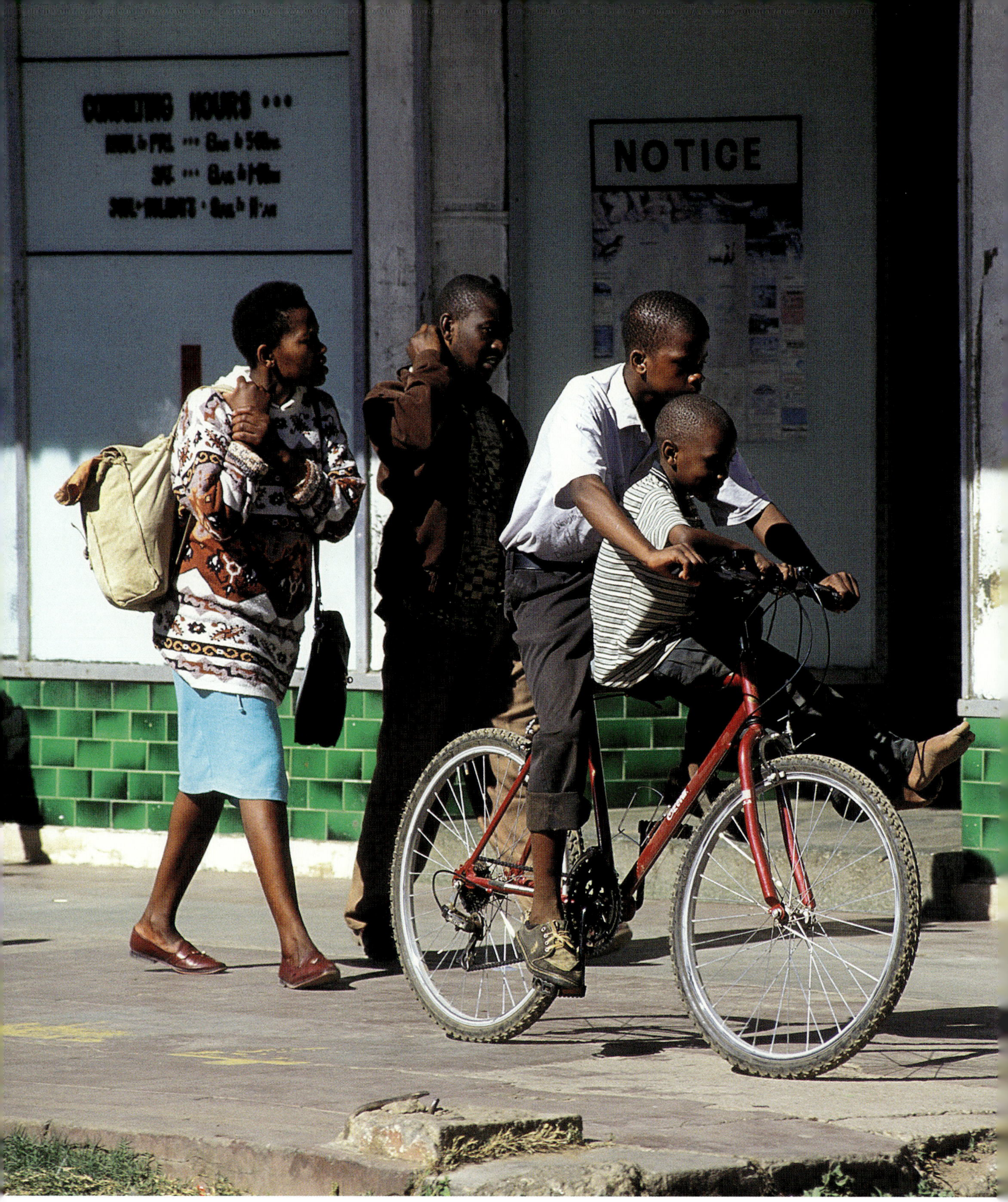
NOTICE

Am 4. Februar 1997 trat die neue Verfassung in Kraft, die als die liberalste Verfassung weltweit gilt. In ihr wurde die Gleichberechtigung aller ethnischen Gruppen festgelegt. Weiterhin wurde Südafrika in neun Provinzen unterteilt; durch die Übertragung von Erziehungs-, Verkehrs-, Gesundheits- und Wohnungswesen auf Provinzebene sollten föderale Strukturen entstehen. Die „Homelands" verloren ihre Selbstständigkeit und wurden wieder in die Republik Südafrika integriert. Ein Rat traditioneller Führer (Häuptlinge, Könige) berät die Regierung über Stammesgewohnheiten.

DAS NEUE SÜDAFRIKA

Zur Aufarbeitung der Vergangenheit setzte Mandela im Juli 1995 eine „Wahrheits- und Versöhnungskommission" (Truth and Reconciliation Commission, TRC) ein, die die Menschenrechtsverletzungen untersuchte, die zwischen dem 1. März 1960 (Massaker an Demonstranten in Sharpeville) und dem 5. Dezember 1993 sowohl von der weißen Minderheitsregierung als auch von ihren Gegnern begangen wurden.

Zum zehnjährigen Jubiläum der demokratischen Republik Südafrika endeten die dritten freien Parlamentswahlen mit einer Zweidrittelmehrheit von fast 70 Prozent für den regierenden African National Congress (ANC) unter Thabo Mbeki. Erstmals konnte die Partei in allen neun Provinzen die Führung übernehmen. Wenn auch mit 13 Prozent weit abgeschlagen, gibt es die überwiegend von Weißen gewählte Democratic Alliance (DA) als einzige nennenswerte Oppositionspartei.

Die Themen Armut, Arbeitslosigkeit, HIV/AIDS und Kriminalität dominieren alle Parteiprogramme, da bei allenfalls verhalten positiven Wirtschaftsdaten die bisherigen Erfolge angesichts eines hohen sozialen Drucks nicht ausreichen. Die schwierigsten Aufgaben des 21. Jahrhunderts werden bei leeren Haushaltskassen notwendige Sozialausgaben vor allem auf dem Gesundheitssektor, kluge Investitionen in der Strukturpolitik und Ausbau des Bildungswesens sein. Die größte Herausforderung für alle Parteien ist die Lösung der Landfrage in Südafrika, da sich nach wie vor der größte Teil des südafrikanischen Bodens in Besitz einer Minderheit befindet.

LINKE SEITE:
Das heutige Südafrika muss sich angesichts einer dramatisch hohen HIV/AIDS-Quote insbesondere um den Ausbau des Gesundheitssektors bemühen.

FOLGENE DOPPELSEITE:
Traditionelle Rundhütten als Behausung finden sich auch im modernen Südafrika in allen Provinzen.

Südafrika – Regenbogennation am Kap

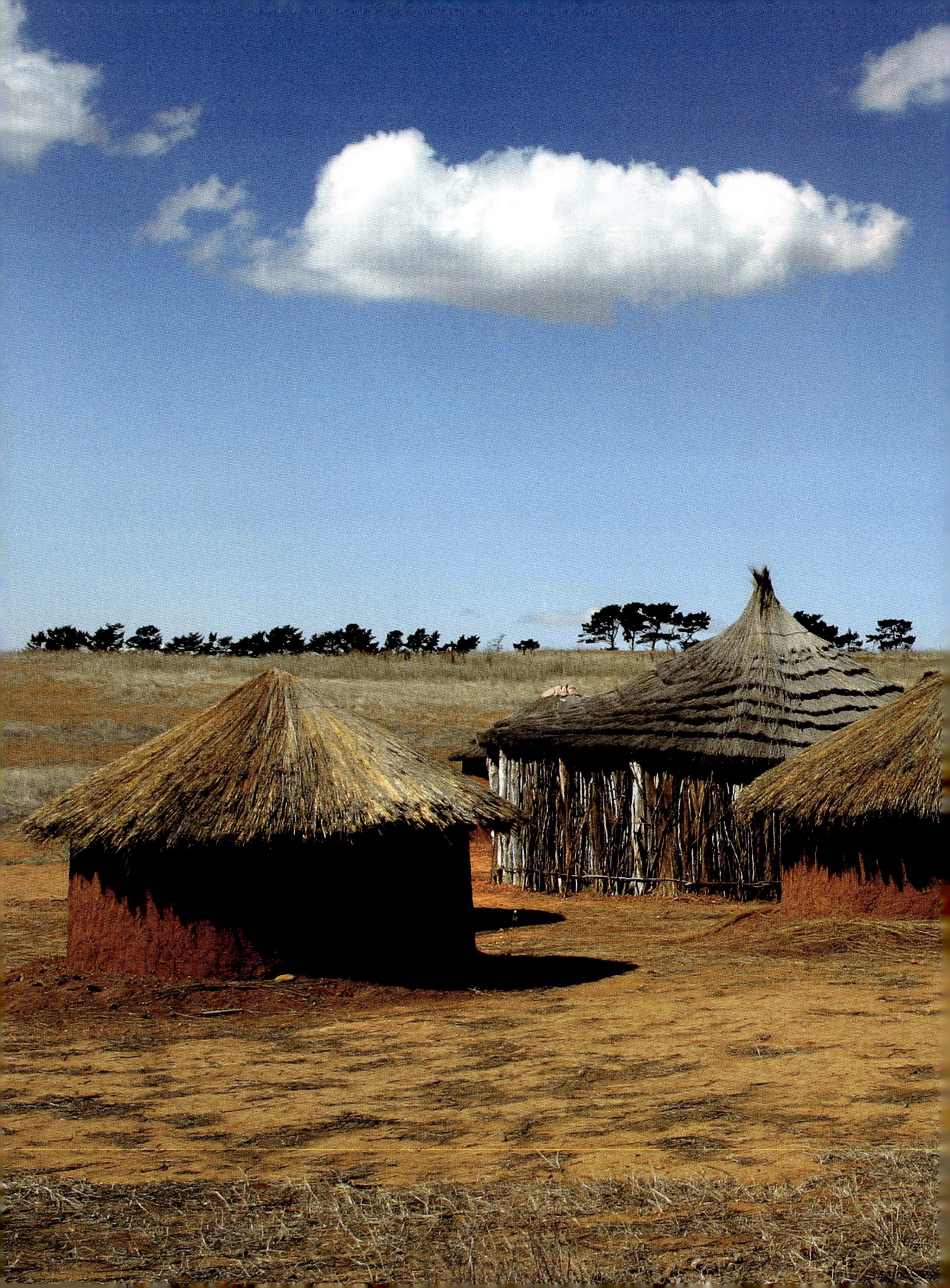

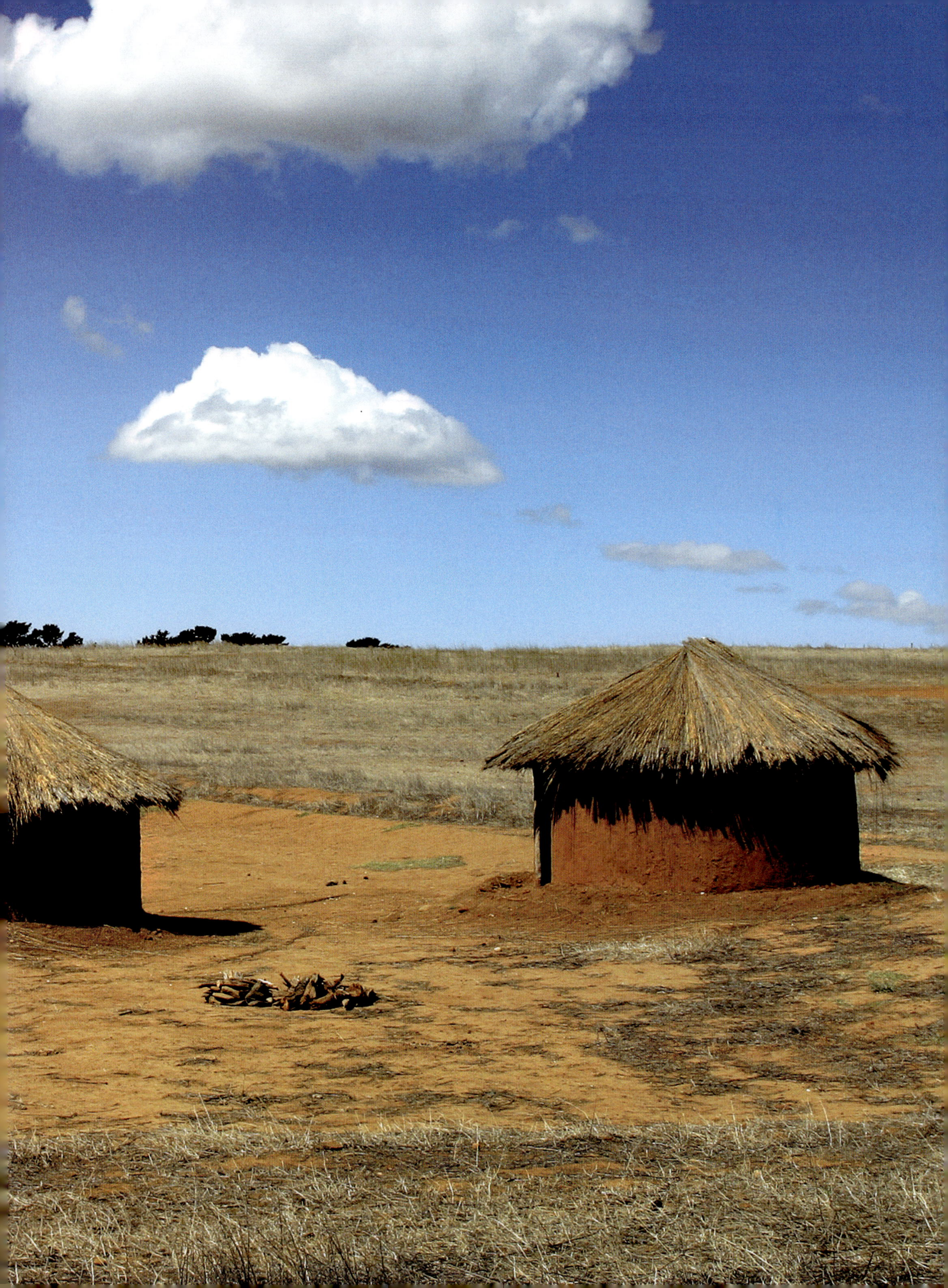

RECHTE SEITE:
Mit ca. 37 Millionen Menschen stellen die Schwarzen in Südafrika die weitaus größte ethnische Gruppe dar.

FOLGENDE DOPPELSEITE:
Hochzeitsgesellschaft in Company's Garden

DIE REGENBOGENNATION

DIE BEVÖLKERUNG SÜDAFRIKAS

Die Bevölkerungszahl von 57 Millionen Südafrikanern ist trotz regelmäßiger Volkszählungen nur ein sehr ungenauer Wert. AIDS-Epidemie und eine hohe Mobilitätsbereitschaft vieler Bevölkerungsgruppen machen genaue Angaben nahezu unmöglich. Man geht jedoch davon aus, dass rund 46 Millionen Schwarze, fünf Millionen Coloureds, 4,5 Millionen Weiße und 1,4 Millionen Asiaten im Land leben. Schätzungen prognostizieren trotz AIDS bis zum Jahr 2025 eine Bevölkerung von über 73 Millionen Menschen.

Nach Jahrzehnten der Rassendiskriminierung soll im neuen Südafrika keine dieser Bevölkerungsgruppen benachteiligt werden. Elf offizielle Landessprachen sind daher in der Verfassung von 1994 verankert worden: Afrikaans, Englisch, Ndebele, Nord-Sotho, Süd-Sotho, Swati, Tsonga, Tswana, Venda, Xhosa und Zulu. Sie lösten die bis dahin einzig offiziellen Amtssprachen Englisch und Afrikaans ab.

Als überregionale Verständigungssprache setzt sich immer mehr Englisch durch. Afrikaans wird allerdings noch mindestens für eine weitere Generation die wichtigste Sprache in Südafrika bleiben, da viele Schwarze neben ihrer Bantu-Sprache nur Afrikaans, aber kein Englisch sprechen. Das trifft vor allem auf ländliche Regionen zu.

SCHWARZE BEVÖLKERUNG

Anghörige der Zulu in traditioneller Bekleidung

Die wichtigsten schwarzen Volksgruppen bzw. Ethnien in Südafrika sind die Zulu (ca. 12 Mio.), Xhosa (ca. 9 Mio.), Pedi (Nord-Sotho, ca. 5 Mio.), Süd-Sotho (ca. 4 Mio.), Tswana (ca. 4 Mio.), Tsonga (ca. 2,5 Mio.), Swazi (ca. 1,5 Mio.), Venda (ca. 1,2 Mio.), und Süd-Ndebele (ca. 1,1 Mio.).

Die Zulu bilden die größte schwarze ethnische Einheit Südafrikas. Ihr ehemaliges Homeland war insgesamt ungefähr so groß wie Nordrhein-Westfalen. Allerdings war das Siedlungsgebiet unter der Apartheid in zehn Einzelregionen unterteilt worden. Schätzungsweise nur zwei Drittel der Zulu lebten zu der Zeit in ihren Homelands, der Rest arbeitete bei weißen Farmern und in den Bergbau- und Industrieunternehmen am Witwatersrand.

Die Xhosa siedeln heute hauptsächlich in der ehemaligen Transkei. Die ersten Gruppen wanderten um 1700 von Norden in das Gebiet in der heutigen Eastern Cape Province. Viele Xhosa flohen vor den Angriffen des Zulu-Häuptlings Shaka. Beide Gruppen sind bis heute verfeindet.

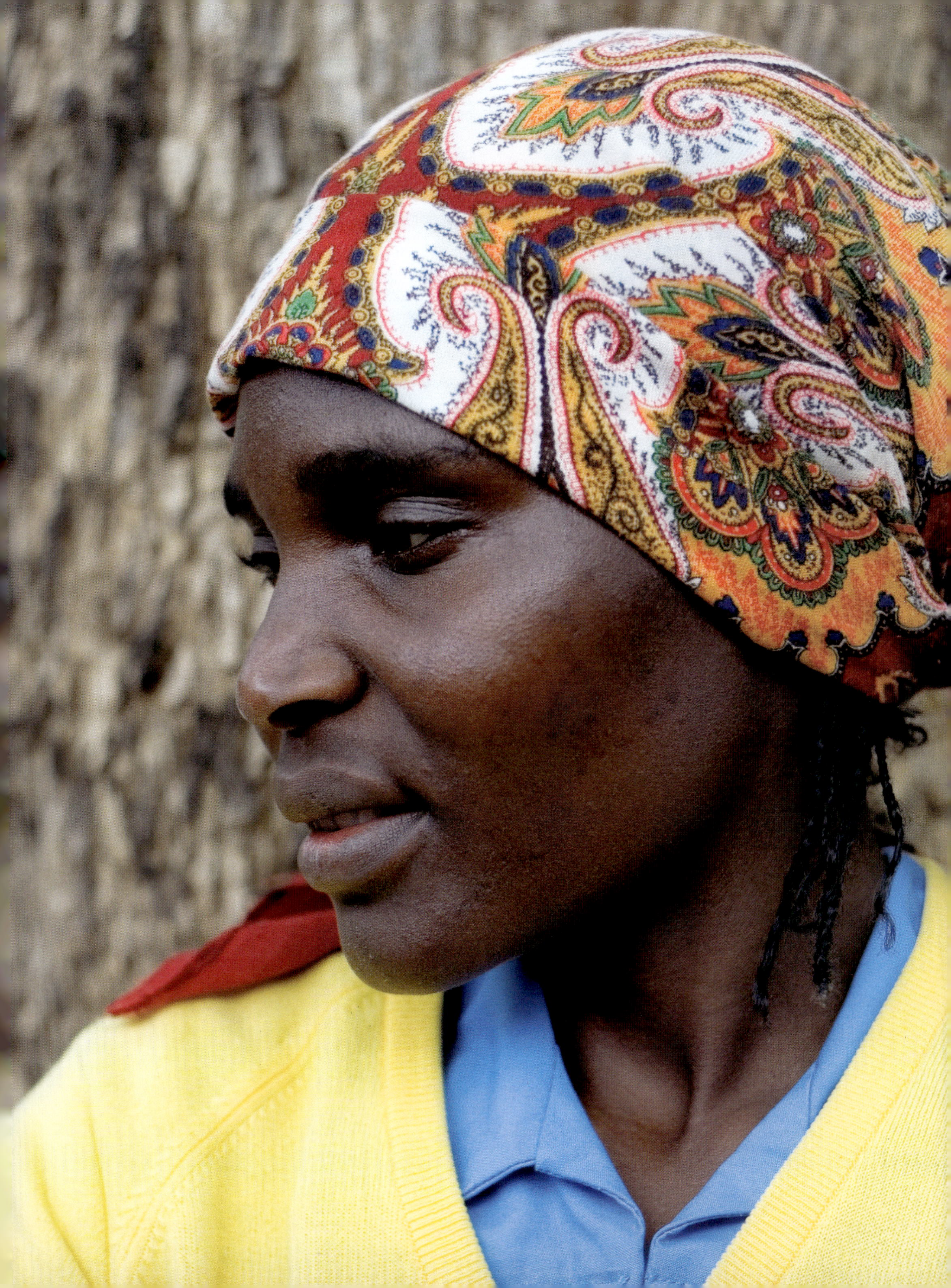

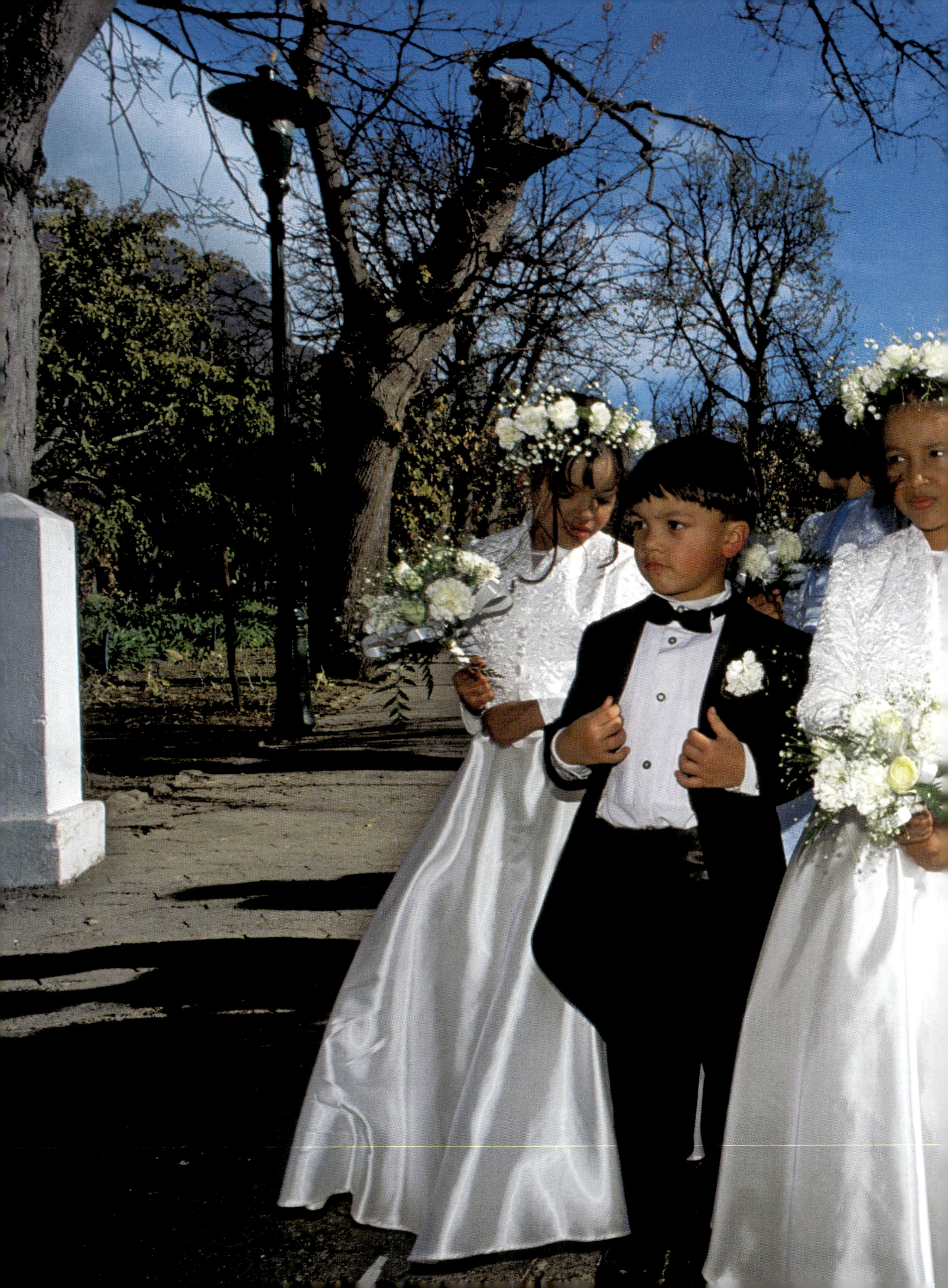

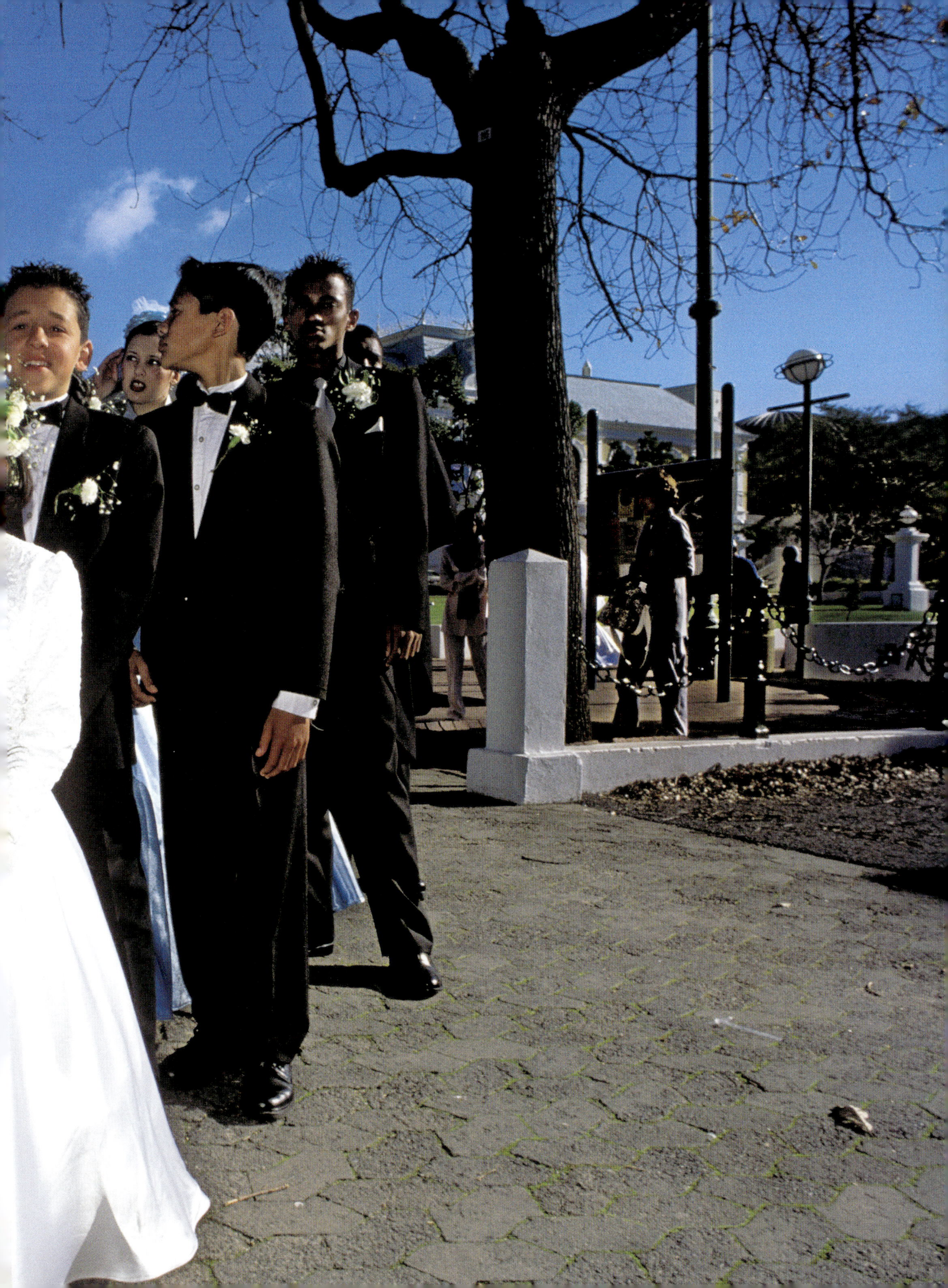

WEISSE BEVÖLKERUNG

Die weiße Bevölkerung setzt sich aus den Nachfahren der niederländischen (40 %), deutschen (40 %), französischen (7,5 %) und britischen (7,5 %) Siedler zusammen, die im Zuge der Kolonisation im 17. Jahrhundert nach Südafrika einwanderten. Ende des 18. Jahrhunderts kam es zur Kolonisation durch die Briten. Die ins Landesinnere gezogenen Buren (niederländisch boer = Bauer) bildeten ihre eigene nationale Identität als Afrikaaner heraus, an die ihre Sprache Afrikaans eng geknüpft ist.

Afrikaans entwickelte sich vorwiegend aus dem Niederländischen, daneben gab es deutsche und französische Spracheinflüsse, und auch Wörter der Khoisan und asiatischer Sklaven finden sich wieder. Heute machen Buren beziehungsweise Afrikaaner annähernd zwei Drittel der weißen Bevölkerung aus.

Die Englisch sprechenden Weißen wohnten von Beginn an überwiegend in den Städten und haben das kulturelle und soziale Leben maßgeblich beeinflusst. Sie waren und sind vor allem im Handel, in der Industrie und im Bergbau tätig.

COLOUREDS

Jede Person dunkler Hautfarbe wurde bis ins späte 18. Jahrhundert in Abgrenzung zu den Weißen als Coloured bezeichnet. Unter der Apartheidregierung wurden alle, die nicht afrikanisch („schwarz"), asiatisch oder weiß aussahen, unter dem Begriff Coloureds subsumiert. Die Ursprünge der Griqua-Coloureds reichen in die Zeit der ersten niederländischen Besiedlung zurück. Zu ihren Vorfahren zählen Weiße und Khoisan sowie in seltenen Fällen schwarze Sklaven. Ebenfalls zu den Coloureds werden die Kapmalaien gezählt. Sie stammen von den früheren Sklaven aus dem süd- und südostasiatischen Raum (Singhalesen, Chinesen, Inder, Indonesier und Malaysier) ab. Die Sprache der Coloureds ist Afrikaans. Die meisten Coloureds wohnen in der Western Cape Province und machen dort mehr als die Hälfte der Bevölkerung aus.

ASIATEN

Die größte Gruppe der über eine Million Südafrikaner asiatischer Abstammung sind Inder. Ihre Vorfahren wurden Mitte des 19. Jahrhunderts vor allem aus Süd- und Ostindien als Vertragsarbeiter für die Zuckerrohrfelder in Natal angeworben. Später kamen die sogenannten „Passage-Inder", die ih-

Rund viereinhalb Millionen „Weiße" leben in Südafrika.

re Überfahrt selbst bezahlen mussten und sich in Natal als Geschäftsleute niederließen, weiter nach Transvaal und in die Kapprovinz zogen oder im Zuge des „Goldrausches" am Witwatersrand dort ihre Geschäfte eröffneten.

Für die schwere Bergarbeit am Witwatersrand waren nach den Burenkriegen Chinesen beschäftigt worden, deren Zahl bis zum Jahre 1906 auf 50 000 anwuchs. In der Folgezeit wurden jedoch immer mehr schwarze Arbeiter angeworben, sodass bis 1910 die meisten Chinesen wieder heimgekehrt waren. Ab 1920 sahen wohlhabende Chinesen in Südafrika gute Geschäftsmöglichkeiten. Ihre Nachkommen bilden heute vor allem in der Provinz Gauteng eine geschlossene Gemeinschaft. Sie sprechen alle Englisch und Afrikaans, pflegen aber untereinander traditionsbewusst ihre Heimatsprachen.

Junges Mädchen im malayischen Viertel von Kapstadt

BILDUNGSWESEN

Die Politik der Apartheid hinterließ eine katastrophale Brachlandschaft im südafrikanischen Bildungswesen, dessen Folgen noch lange zu spüren sein werden. Bis Anfang der 1990er Jahre war die Ausbildung in den strikt nach ethnischen Kriterien getrennten Schulen extrem unterschiedlich. In vielen schwarzen Wohngebieten gab es überhaupt keine schulischen Einrichtungen. Bis heute sind die Bildungsunterschiede der schwarzen und der weißen Bevölkerung Südafrikas gravierend.

Die vom ANC in den 1990er Jahren initiierte Kampagne „Liberation before Education" sollte durch den Boykott großer Teile des sogenannten Bildungswesens für Schwarze den Protest gegen das Apartheidregime verdeutlichen. Als Folge des ANC-Boykotts verfügt heute jedoch eine große schwarze Bevölkerungsgruppe – die „Lost Generation" – über so gut wie keine schulischen Qualifikationen. Sie finden in dem von Arbeitslosigkeit gebeutelten Land keine Beschäftigung und fallen praktisch für den nationalen Entwicklungsprozess des neuen Post-Apartheid-Südafrikas komplett aus. Nach den ersten demokratischen Wahlen 1994 rief der ANC die Schwarzen dazu auf, die in den Jahren des Widerstandes zerrüttete „Kultur des Lernens und Lehrens" an den schwarzen Schulen wiederherzustellen.

SCHULEN

Ende der 1990er Jahre gingen aufgrund der heutigen Schulpflicht (sieben bis 16 Jahre) etwa 80 Prozent der schwarzen Kinder zur Schule. Seit 1996 können die Schüler jeglicher Hautfarbe das gleiche Schulexamen ablegen. Im internationalen Vergleich gibt Südafrika heute viel für sein Bildungswesen aus, die Analphabetenrate liegt nur noch bei ungefähr fünf Prozent. Aus Angst vor sinkendem Niveau an den öffentlichen Schulen schicken diejenigen, die es sich leisten können, ihre Kinder auf kostenpflichtige Privatschulen. Viele weiße Familien wandern aus – meist nach Australien, Neuseeland und Großbritannien –, weil sie glauben, dass ihre Kinder dort eine bessere Schulbildung erhalten.

Kinder in Schuluniformen nach dem Unterricht in Johannesburg

UNIVERSITÄTEN

Alle südafrikanischen Hochschulen sind seit dem Higher Education Act von 1997 autonom, stehen jedoch unter der Obhut und finanzieller Verwaltung des Bildungsministeriums. Alle Studiengänge sind gebührenpflichtig. Das vielversprechende Projekt Cida (Community & Individual Development Association), das durch äußerst geringe Studiengebühren vor allem schwarzen Studenten ein Diplom in Betriebswirtschaft ermöglichen sollte, musste seine Pforten allerdings wieder schließen. Langfristig reichten die Sponsorengelder nicht für den Unterhalt der Hochschule.

Einige Universitäten versuchen Afrikaans, das hauptsächlich von Weißen und Coloureds gesprochen wird, als Lehrsprache beizubehalten. Erst ab dem späten Nachmittag werden Kurse in Englisch angeboten. Wie die Universität in der Hauptstadt Pretoria stellen immer mehr Hochschulen auf Englisch als Unterrichtssprache um.

Besonders die Universitäten standen in der Apartheidzeit unter dem Zeichen der Rassentrennung. Es gab zehn Universitäten für Weiße, von denen die bedeutendsten in Kapstadt, im Großraum von Johannesburg und Stellenbosch waren. Zudem gab es je eine für Inder (Durban) und für Coloureds (Kapstadt). Den Schwarzen standen nur drei fernab gelegene Universitäten in Homelands zur Verfügung sowie einige „schwarze" Zweige „weißer" Universitäten in städtischen Ballungsgebieten.

RELIGIONEN

In Südafrika herrscht Religionsfreiheit. Rund 80 Prozent der Bevölkerung Südafrikas gehören einer von zahlreichen christlichen Konfessionen an, die meisten Anhänger – ganz überwiegend Schwarze – zählt die Zion Christian Church (ca. 12 Prozent). Jeweils etwa 1,5 Prozent sind Muslime und Hindus. Rund 15 Prozent fühlen sich keiner Religion zugehörig.

FOLGENDE DOPPELSEITE: Feldgottesdienst der Zion Christian Church. Hier werden Christentum und Elemente des traditionellen Glaubens miteinander verbunden.

Baudenkmal auf dem Signal Hill. Dieses „Kramat" enthält die Grabstätte von Sheikh Mohamed Hassen Ghaibie Shah, einem der Begründer der großen muslimischen Gemeinde in Kapstadt.

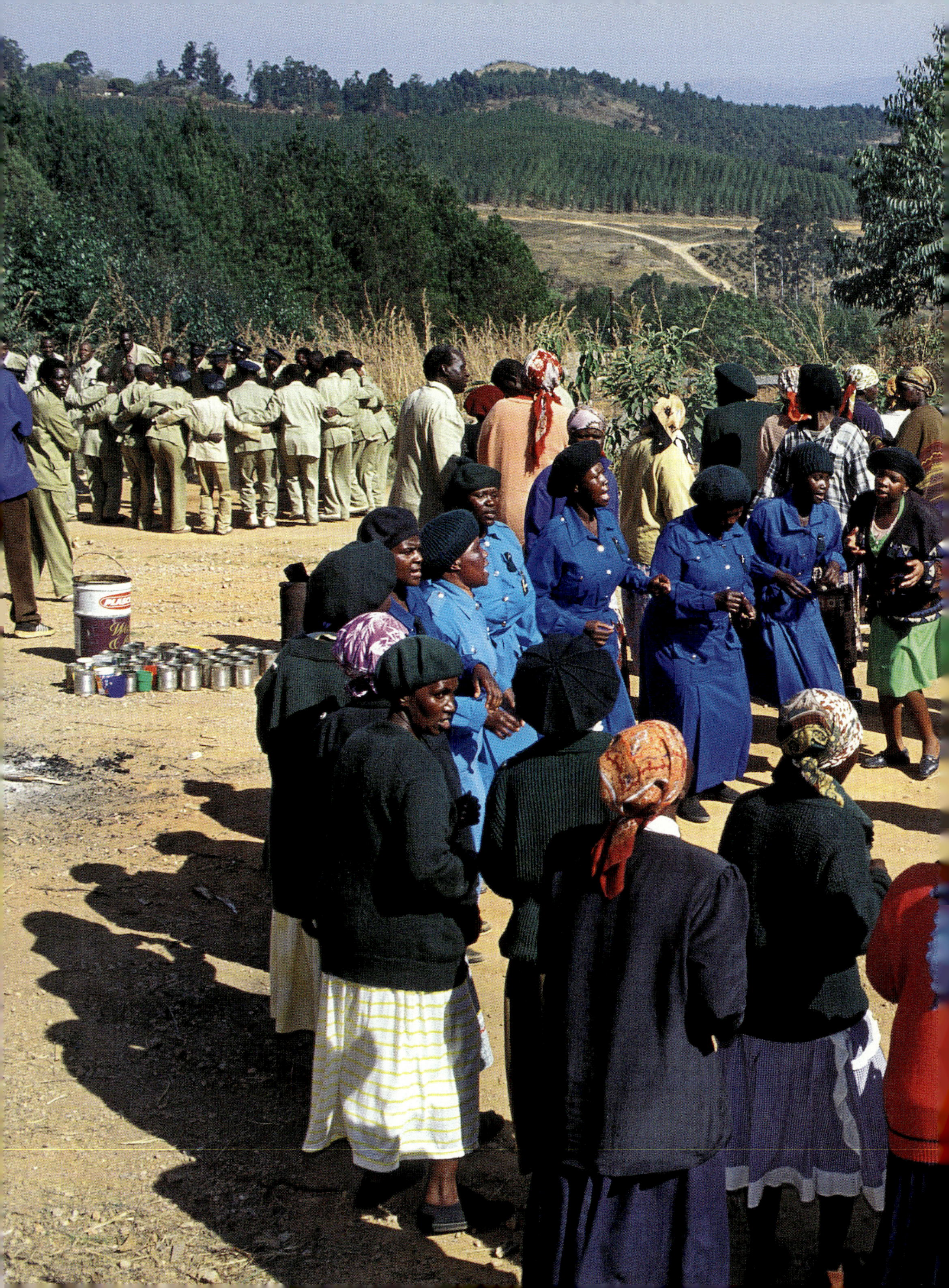

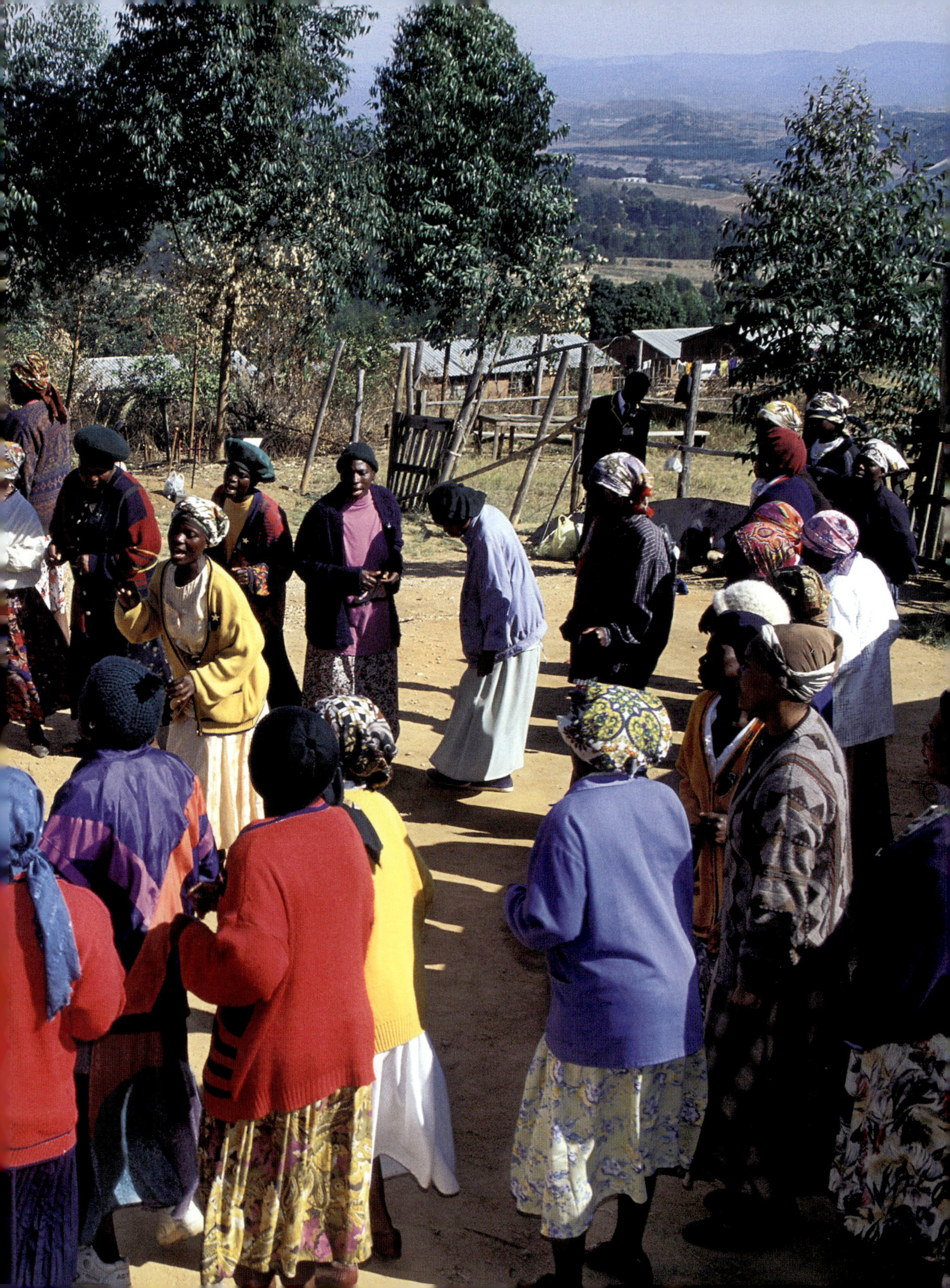

RECHTE SEITE:
Archäologischer Fund: Jagdszene, aufgetragen auf eine Höhlenwand

FOLGENDE DOPPELSEITE:
Iziko South African National Gallery mit dem wolkenumhüllten Devil's Peak im Hintergrund

Für Besucher hergerichtetes, traditionelles afrikanisches Dorf

KULTUR

Die Bezeichnung „Regenbogennation", die die politische und gesellschaftliche Situation in Südafrika harmonischer färbt, als sie ist, gibt jedoch genau die kulturelle Vielfalt der verschiedenen Ethnien mit ihren Sitten und Gebräuchen wider. So werden von der schwarzen Bevölkerung traditionelle Riten, Tänze und die dazugehörigen Musikeinlagen hochgehalten. Hinzu kommen die Lebensgewohnheiten der weißen Minderheit, die immer noch vor allem durch europäische Einflüsse gekennzeichnet sind. Und die Coloureds stehen nach wie vor auch kulturell irgendwo zwischen den schwarzen und den weißen Bevölkerungsgruppen und haben mit den Kapmalaien, die Muslime sind, eine interessante kleine Sondergruppe in ihrer afrikaanssprachigen und zumeist einer Religion der Weißen angehörigen Gemeinde hervorgebracht. Separat von diesen Gruppen leben die Asiaten wie Inder und Chinesen, die ihre eigenen Sprachen und Traditionen pflegen.

KUNST

In Johannesburg, Durban und Kapstadt gibt es hochkarätige Kunstzentren, in denen die vielfältigen Werke südafrikanischer Künstler ausgestellt werden. Auch international steht südafrikanische Kunst hoch im Kurs, Künstler mit Geburtsort Kapstadt oder Johannesburg sind seit einigen Jahren en vogue – besonders die, die erst seit der Post-Apartheidzeit künstlerisch tätig sind. Themen sind im weitesten Sinne die südafrikanische Geschichte, Postkolonialismus und Globalisierung. Kunststatus hat auch die speziell in den Vororten der Metropolen Südafrikas entstandene Township-Art erreicht. Aus Metall- und Plastikabfällen entstehen neben Alltagsgegenständen Kunstprodukte, die heute in internationalen Galerien zu finden sind.

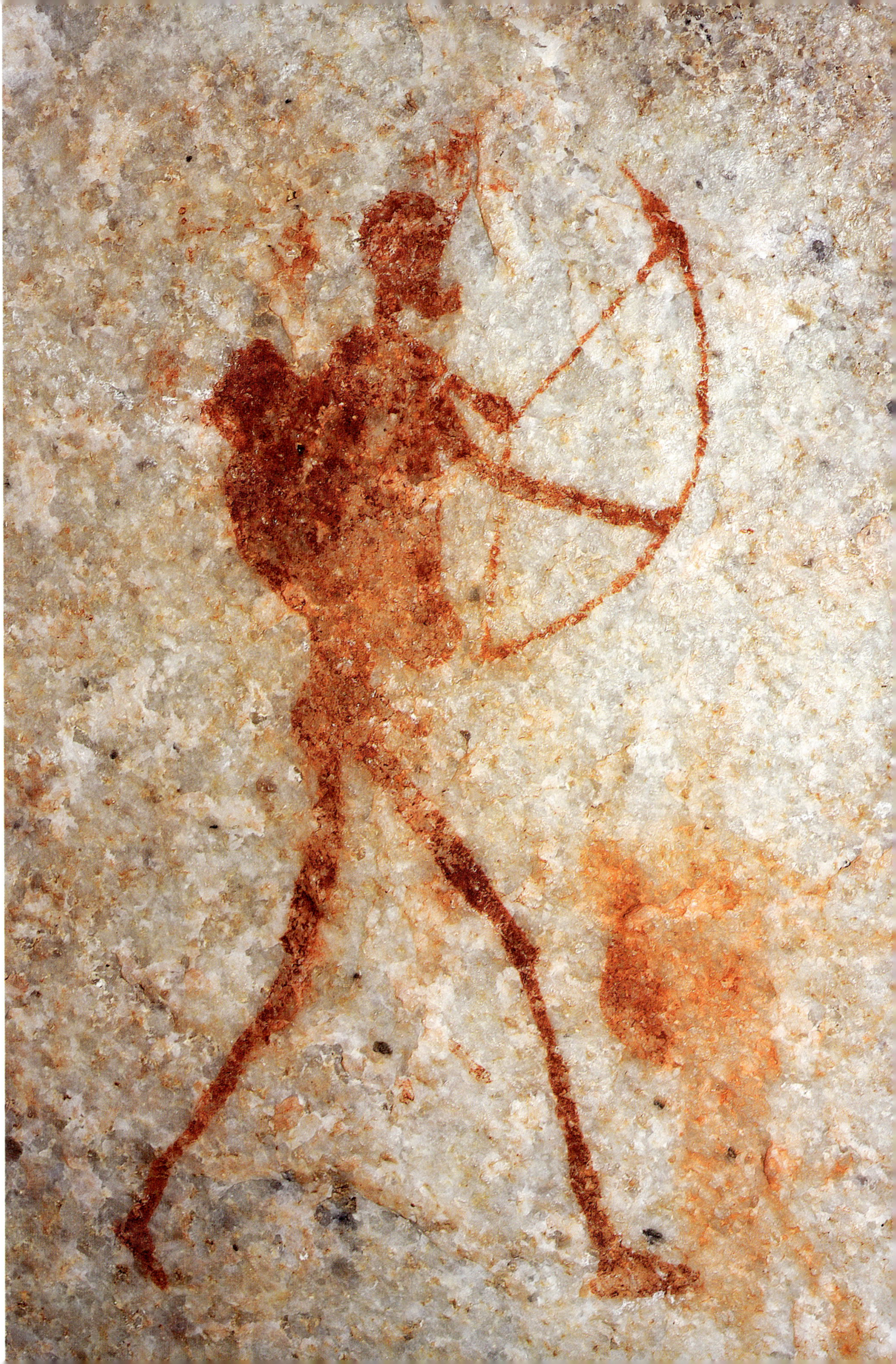

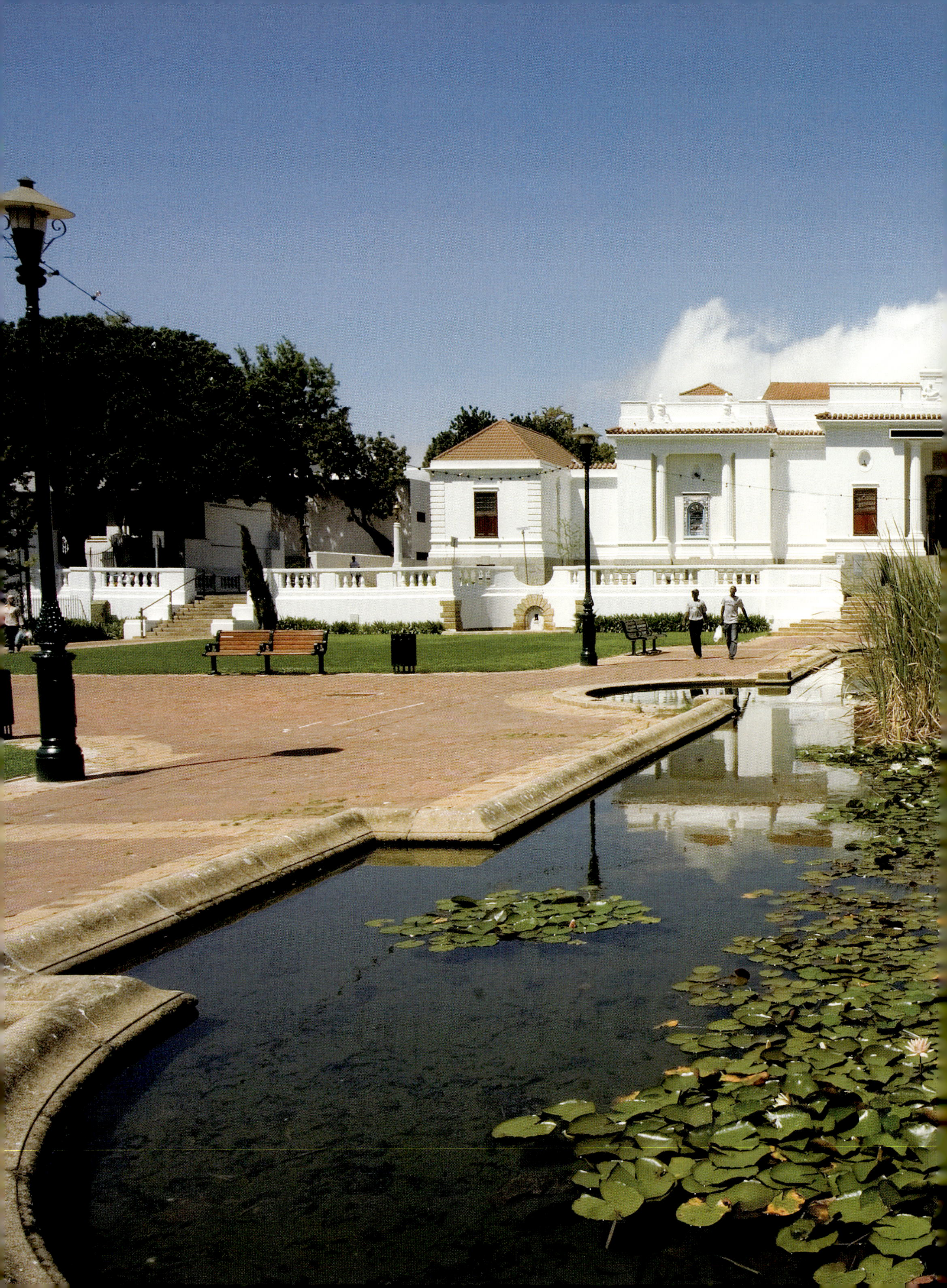

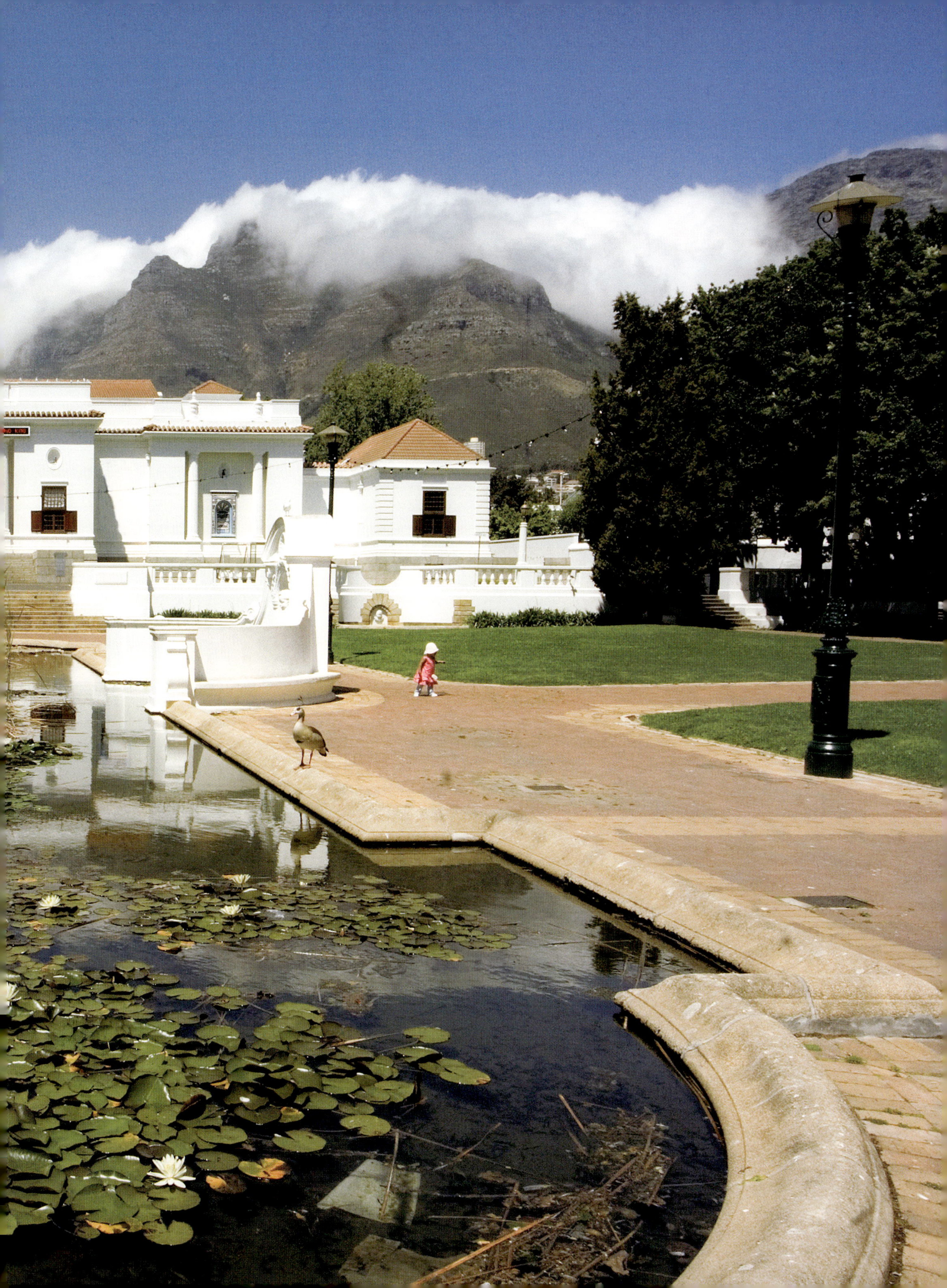

RECHTE SEITE OBEN:
Stark von niederländischen Architektureinflüssen geprägtes Farmhaus aus dem 17. Jahrhundert nahe Kapstadt

RECHTE SEITE UNTEN:
Ehemaliges Handelshaus in der Waterfront von Kapstadt

Traditionelle Rundhütte der Swazi

ARCHITEKTUR

Gras und Äste waren die Baumaterialien der südafrikanischen Ureinwohner, der Khoikoi. Aufgrund ihrer Vergänglichkeit beginnt die Geschichte der erhaltenen Architektur in Südafrika erst mit der Ankunft der ersten europäischen Siedler. Viele historische Häuser in Kapstadt sind heute Museen, Verwaltungsgebäude oder Denkmäler, wie das typische kapholländische Stadthaus der Familie Koopmans-de Wet in der Kapstädter Strand Street. Überall in der heutigen Western Cape Province entstanden die charakteristischen kapholländischen Häuser mit dicken, weiß angestrichenen Mauern, grünen Türen und Fensterläden, Reetdach und eleganten, barock anmutenden Giebeln.

Unter der Herrschaft der Briten entstand zu Beginn des 19. Jahrhunderts der georgianische Baustil (nach den Königen Georg I.–IV.). Die Siedler am Kap übernahmen das dafür typische Doppelgeschoss und kreierten den Cape-Georgian-Stil. In den Städten von KwaZulu-Natal entstanden imposante Backsteinbauten und einfache Reihenhäuser. Da es ausreichend Holz gab, wurden die Ziegel vor Ort gebrannt. Ende des 19. Jahrhunderts manifestierte sich der durch den Bergbau erwirtschaftete Reichtum in Prachtbauten wie dem ehemaligen Rathausgebäude in Durban, in dem heute die Hauptpost untergebracht ist. Schmiedeeiserne Verzierungen wurden unter der Regentschaft von Königin Victoria (1837–1901) beliebt. Die Gebäude wurden in der Regel durch schmiedeeiserne Geländer, Säulen und Dachvorsprünge verziert. Die Architektur in Durban wurde zudem durch die mehrheitlich indischen Bewohner geprägt: Hier stehen viele Hindu-Tempel und mit der Juma Masjid in der Grey Street eine der größten Moscheen südlich des Äquators. Darüber hinaus gibt es noch einige gut erhaltene Häuser im Art-déco-Stil.

Die traditionellen afrikanischen Bauten der Zulu – runde Hütten aus geflochtenem Gras, die ein wenig an Bienenkörbe erinnern – findet man heute fast nur noch in den „cultural village" genannten Touristendörfern. Heute leben die Zulu in Rund- bzw. rechteckigen Hütten aus Steinmaterialien. Die Häuser der Sotho im Free State sind noch immer traditionell bunt bemalt, in den rechteckigen Formen und den leicht geneigten Dächern zeigen sich allerdings westliche Einflüsse. Bei den Ndebele findet sich eine schlichte rechteckige Bauweise, kombiniert mit einem System aus Höfen und Vorhöfen, das die soziale Hierarchie der Bewohner widerspiegelt. Die traditionellen Verzierungen der Hütten werden durch moderne Elemente erweitert, indem zum Beispiel Waschmittelpackungen oder Telefone in die figurativen und geometrischen Muster aufgenommen werden.

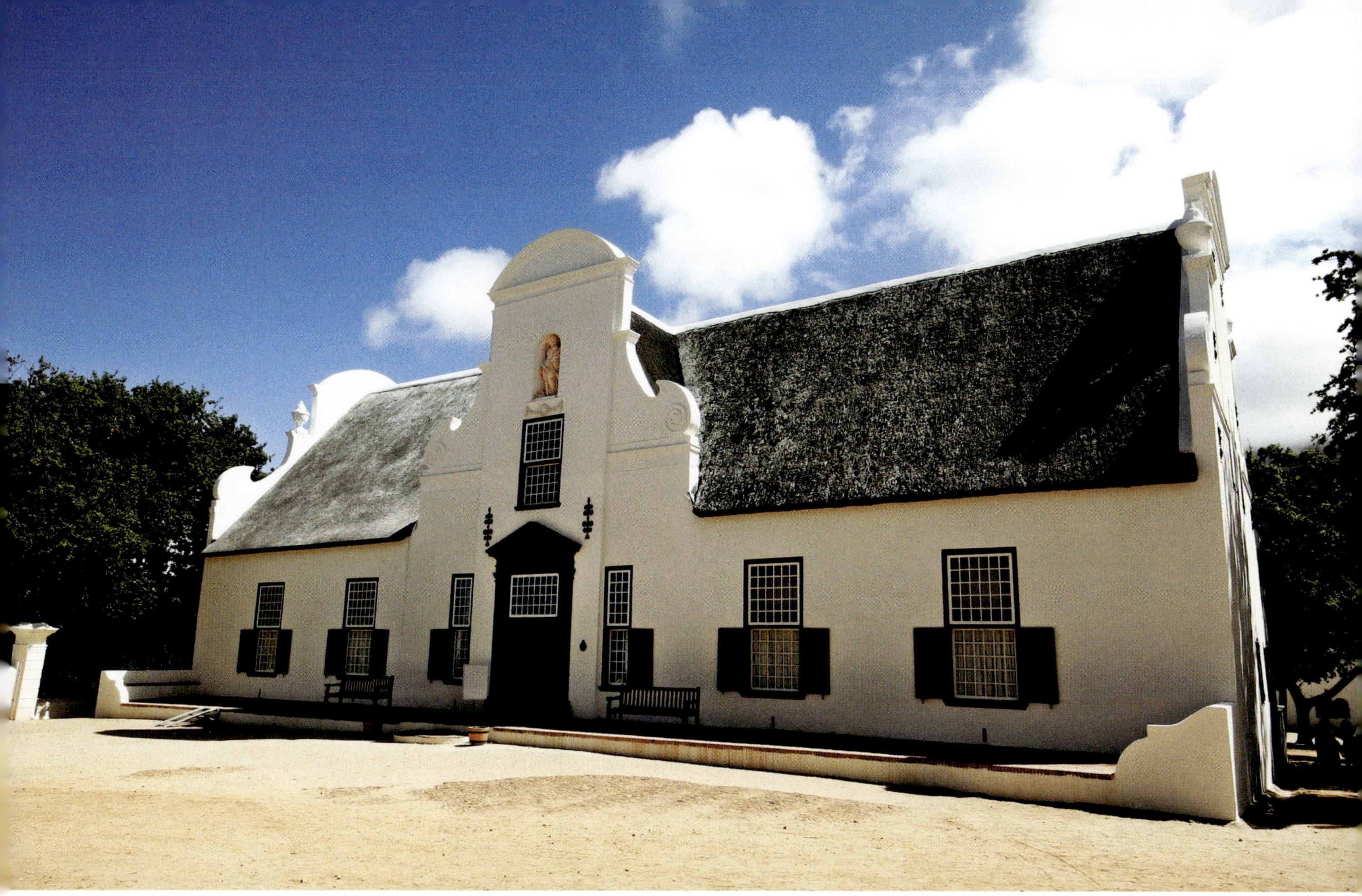

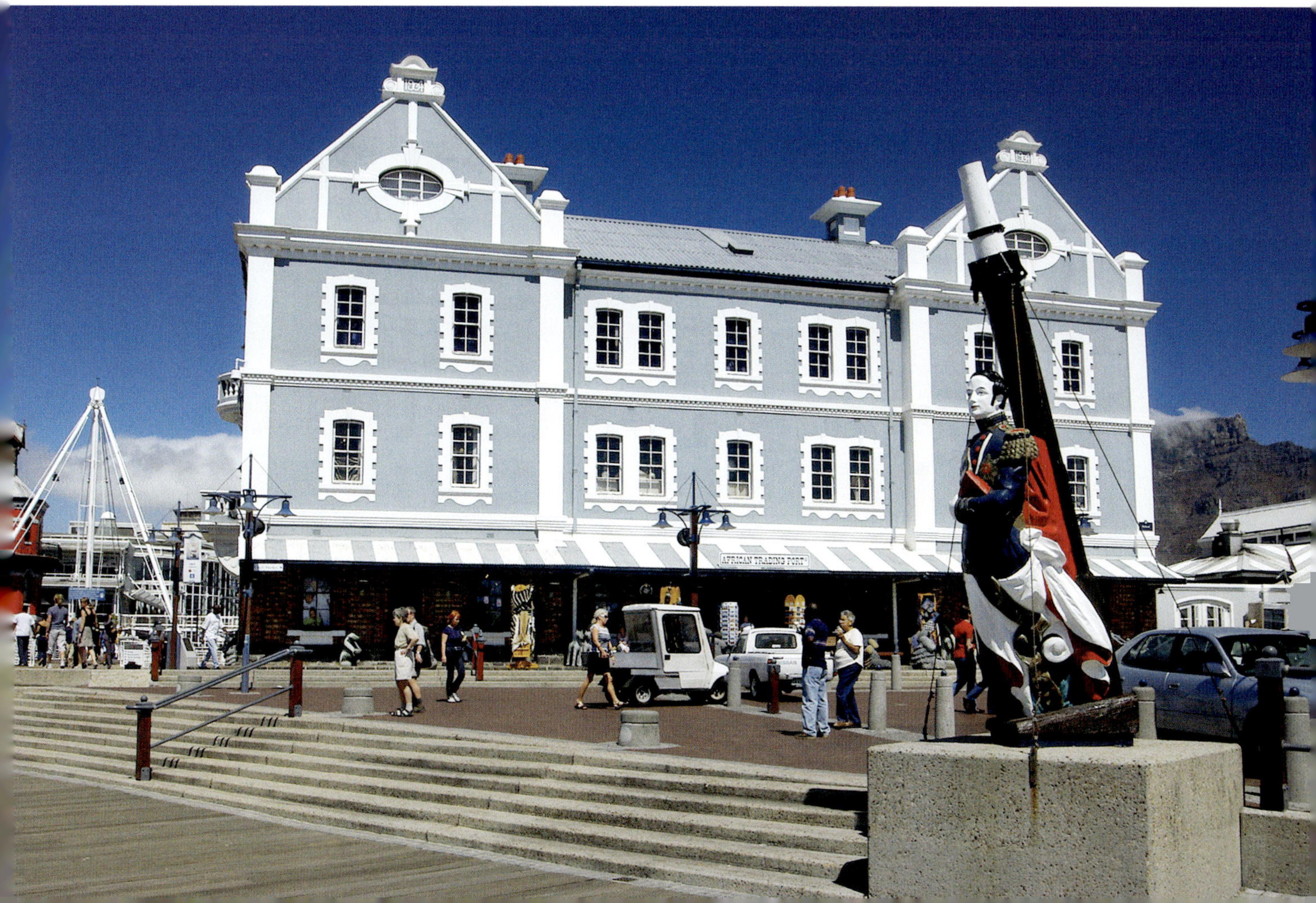
AFRICAN TRADING PORT

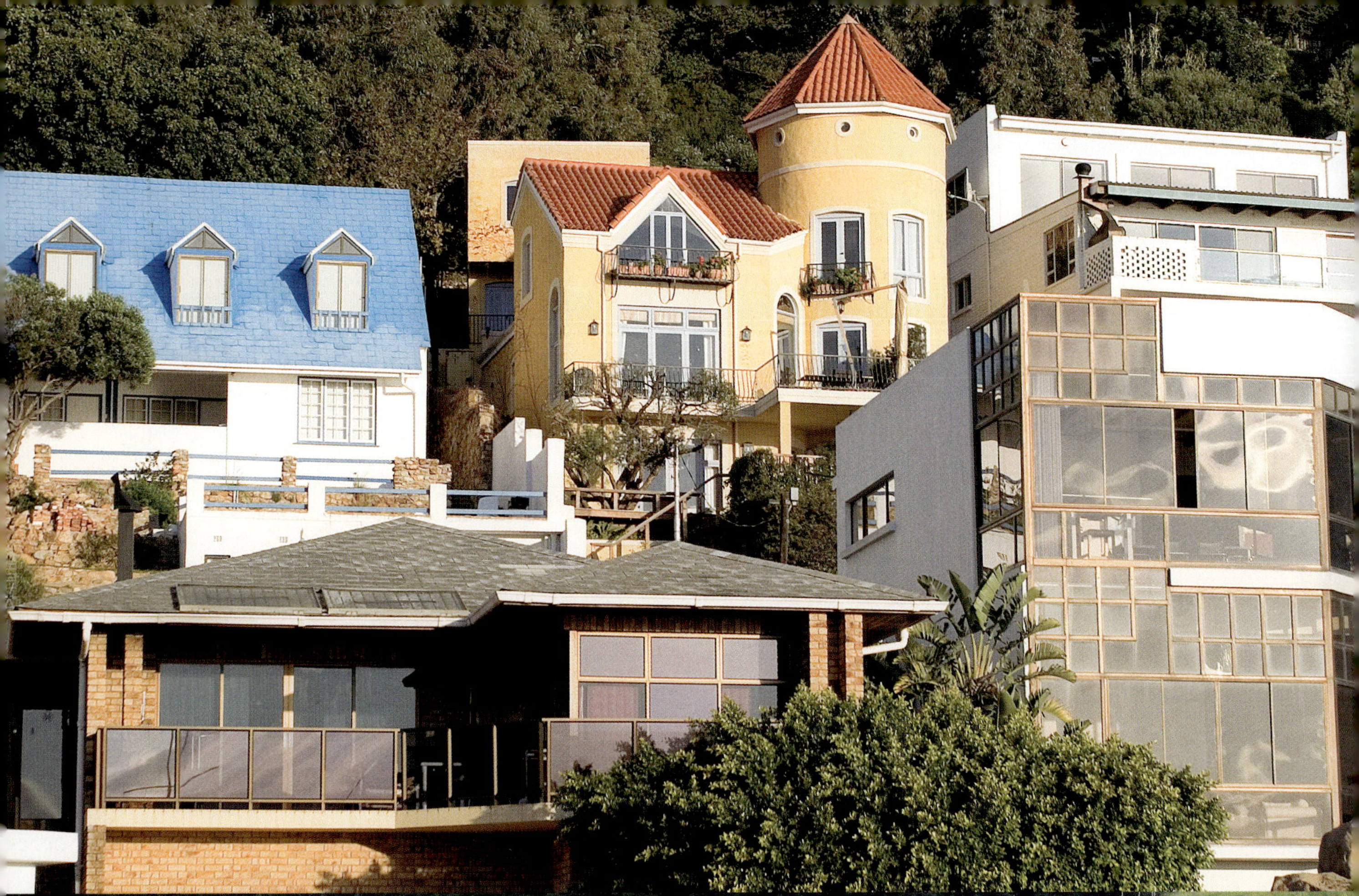

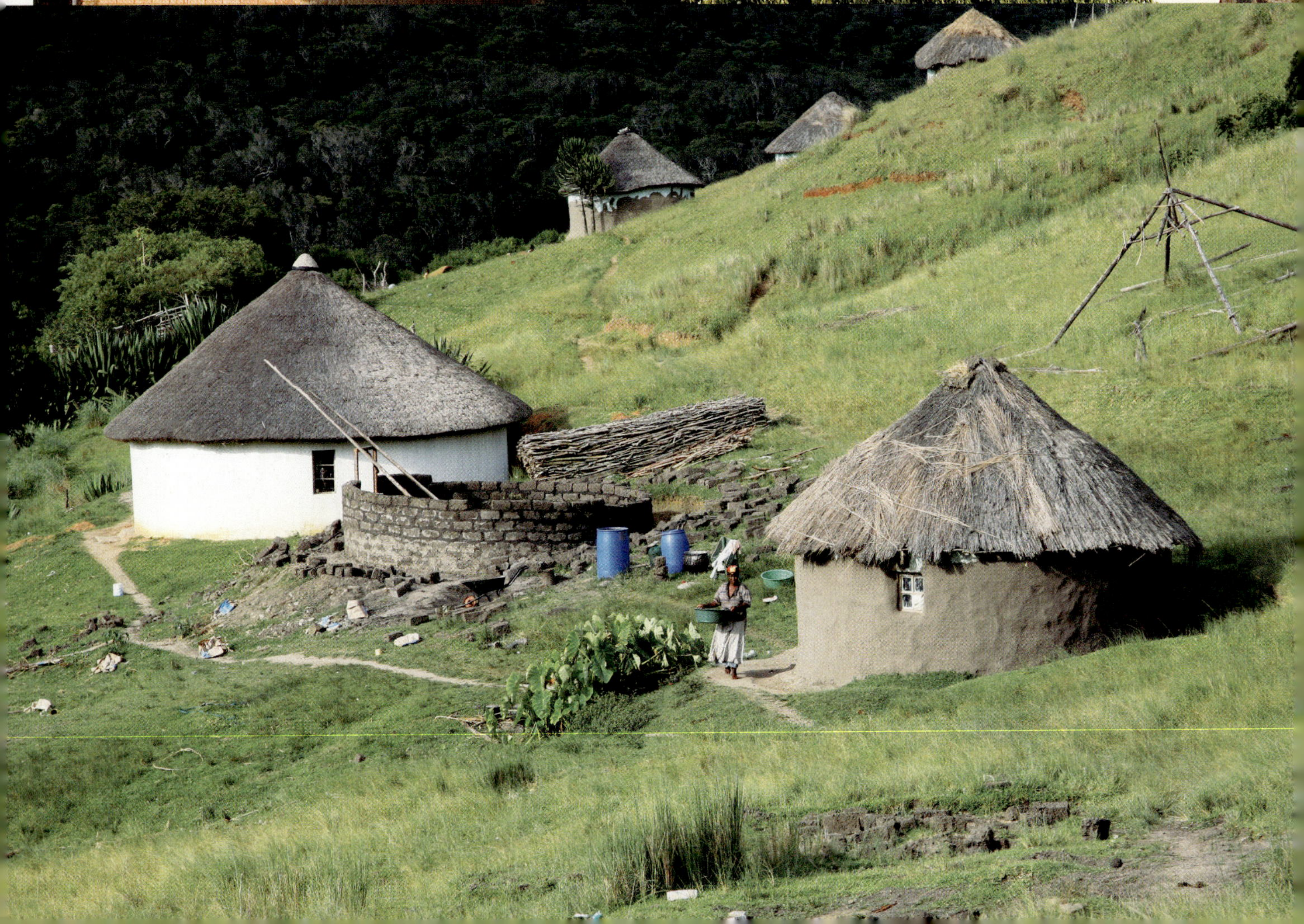

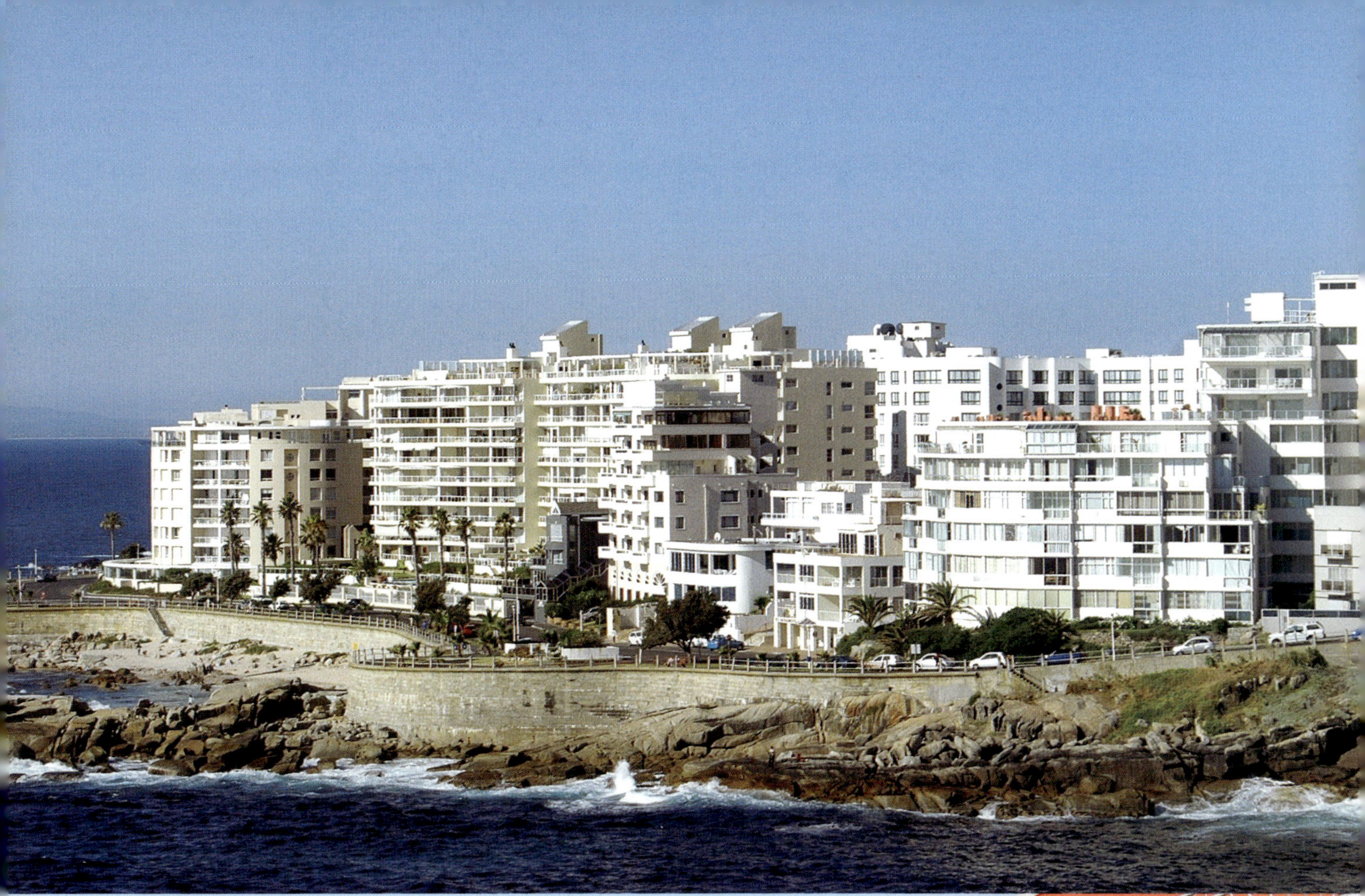

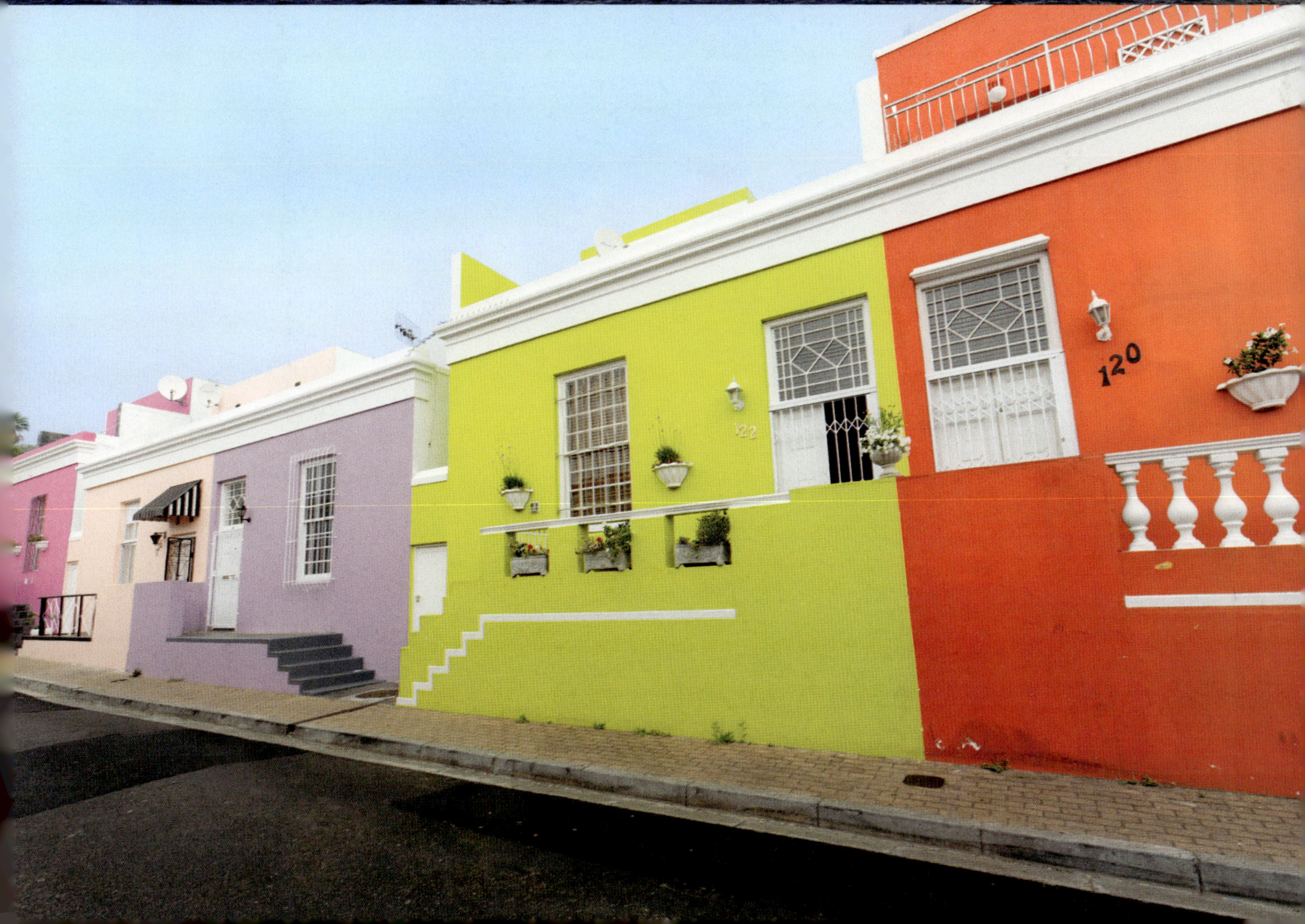
120

VORHERIGE DOPPELSEITE:

Südafrika vereint viele unterschiedliche Lebensformen mit entsprechend vielseitiger Architektur: Urlaubshäuser in Gordon's Bay (links oben), traditionelle Rundhütten an der Wild Coast (links unten), Apartmenthäuser in Kapstadt (rechts oben) und farbenfrohe Wohnhäuser im malayischen Viertel von Kapstadt

Ein Bewohner Lesothos spielt auf einem alten und arg abgenutzten Akkordeon.

MUSIK

Die südafrikanische Musikszene ist lebendig wie eh und je. Dabei reicht die Brandbreite vom unverwechselbaren und von Flötentönen dominierten Kwela über Jazz und Gospel und traditioneller Burenmusik bis hin zu Kwaito, der modernen Popmusik der Townships.

SCHWARZE SÜDAFRIKANISCHE POPMUSIK

Es waren vor allem amerikanische Einflüsse, die seit Ende des 19. Jahrhunderts nachhaltig auf südafrikanische Komponisten einwirkten. Gitarre, Akkordeon, Geige, Banjo, Harmonika und die Anfang der 1920er Jahre durch Schallplattenaufnahmen bekannt gewordene *penny whistle* (Metallpfeife)

standen im Mittelpunkt dieser Marabi-Musik. Sie entstand als Reaktion auf den Gesellschaftstanz der weißen Bevölkerung. In den illegalen Kneipen der Shebeens entwickelte sich in den 1940er Jahren im Johannesburger Distrikt Sophiatown der Kwela (Zulu: „aufstehen", „bewegen"). Wo junge Musiker Gitarre, Banjo oder eine Penny Whistle und gegebenenfalls noch einen selbst gebauten Bass zur Verfügung hatten, komponierten sie eigene Jazz-, Swing- und Jive-Musiken.

In den 1950er und 1960er Jahren waren diese Klänge nahezu an jeder Straßenecke zu hören. Durch die lokalen Rhythmen und das wiederholte viertaktige harmonische Schema bekam der Kwela trotz Beeinflussung durch amerikanische Jazzstile seinen eigenen südafrikanischen Ton. Für den Kwela stehen zum Beispiel die Gruppe Ladysmith Black Mambazo oder Namen wie Brenda Fassie, die mit ihrem Lied „Weekend Special" die britischen Charts erreichen konnte.

Als die Schallplattenindustrie Musiker wie West Nkosi, die Soul Brothers, Boyoyo Boys, Big Voice Jack und Marks Makwane populär machte, wurde der traditionelle Kwela durch Einsatz von elektrisch verstärkter Gitarre und Bass sowie Saxophon als Jive bekannt. Einer der bekanntesten Vertreter der Jive-Szene, Black Moses, wurde in den 1950er Jahren zu einem der größten Vertreter der Mbaqanga-Musik. Der Name des afrikanischen Jazzstils, der auf Zulu „unter Dampf zubereitetes Maisbrot" heißt und im übertragenen Sinne in etwa „Musik für das Volk" bedeutet, zeichnet sich vor allem durch lokale Tanzrhythmen und die wiederholten, zeitlich versetzt einsetzenden Muster der Schlaginstrumente aus.

Aus der südafrikanische Jazz-Szene haben vor allem der Trompeter Hugh Masekela und der Pianist Abdullah Ibrahim (bis 1968 unter dem Namen Dollar Brand) internationale Anerkennung und Bedeutung erlangt. Beide gingen Anfang der 1960er Jahren ins Exil. Duke Ellington entdeckte Ibrahim 1964 und förderte ihn in Amerika, wo seine internationale Karriere begann. Nach dem Ende der Apartheid gründete er in Kapstadt eine Musik-Akademie zur Förderung junger südafrikanischer Talente.

Die moderne Popmusik Südafrikas, der Kwaito, entstand unter dem Einfluss anglo-amerikanischer Musikstile wie Hip-Hop und House. In den späten 1980er Jahren begannen südafrikanische DJs internationale Platten zu remixen und ihnen eine lokalen Anstrich zu geben. Sie fügten Klaviersequenzen hinzu, drosselten das Tempo und legten Perkussion und afrikanische Melodien darüber. In den 1990er Jahren begann dann die Erfolgsgeschichte von Kwaito als Musikrichtung – basierend auf Rhythmen und Sounds wie Marabi und Mbaqanga und dem traditionellen Imibongo (afrikanische Lobpreis-Lyrik), die im Studio aufgenommen und gemixt wird.

Heute tönt Kwaito in den Townships aus jeder Ecke und ist Teil eines musikalischen Mainstreams geworden. Gesungen wird in einem Slang, der eine Mischung aus Englisch, Zulu, Sotho und Isicamtho, einer südafrikanischen Jugendsprache, darstellt. Mit wütender Stimme wird vom Leben in den Townships gesungen. Die Musik bewirkt bei den Jugendlichen Südafrikas Selbstbewusstsein und Stolz auf ihre Herkunft. Kwaito heißt die Musikrichtung in Anlehnung an die Johannesburger Gangsterband Amakwaito, die wiederum ihren Namen von dem Afrikaans-Wort „kwaai" (wütend, böse) ableitete. Neben Gospel ist Kwaito die kommerziell erfolgreichste Musikrichtung in Südafrika und beeinflusst auch den internationalen Musikmarkt.

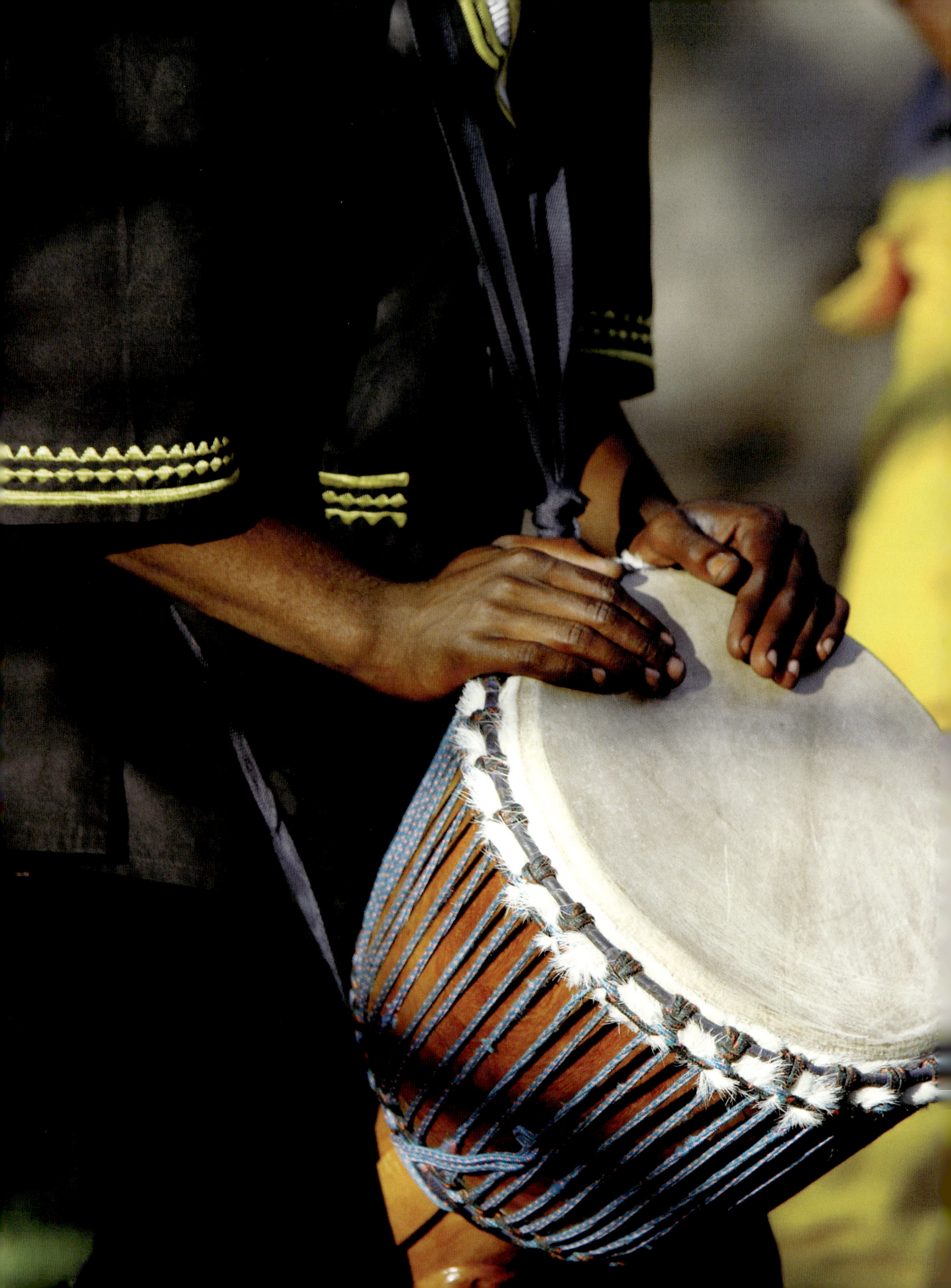

Aufgrund verschiedener Konfessionen entwickelte sich eine ausgeprägte Tradition von Kirchenchormusik. Miriam Makeba, eine der herausragenden südafrikanischen Gesangssolistinnen, begann vor ihrer internationalen Karriere in einem dieser Chöre. Chorgesangswettbewerbe, die landesweit ausgetragen werden, ließen die Popularität dieser Musikrichtung gewaltig ansteigen. Der von der in den 1950er Jahren gegründeten Gruppe Alexandra Black Mamboza (später: Ladysmith Black Mamboza) mit begleitenden Tänzen und Choreographie praktizierte Chorstil ist der Isicathamiya, ursprünglich ein homophoner Männerchorgesang der Zulu. Er wird als Synthese der gegenseitigen Beeinflussung traditioneller Chorgesänge und moderner Einflüsse speziell von Wanderarbeitern der Zulu verstanden.

WEISSE SÜDAFRIKANISCHE POPMUSIK

Einen wachsenden Markt verzeichnet auch die Musik der Afrikaaner. In den 1930er Jahren entstand die als Boermusiek bekannte Concertina-Tanzbandmusik, die bis weit in die 1960er Jahre geprägt war von sentimentalen Elementen des amerikanischen Country. Besonders die Gesangsgruppe Sonskyn Susters war auf diese tränenseligen Klänge („trane trekkers") spezialisiert. Mit zunehmendem Einfluss der Nationalisten galt diese traditionelle Popmusik der weißen Arbeiterklasse als unfein. Auf Druck der national gesinnten Mittelklasse änderten die Radiosender auf Kosten der ländlichen Traditionen ihr Programm in eines, das dem des europäischen Kulturestablishments entsprach.

Unter den englischsprachigen Künstlern konnten sich vor allem zwei Gruppen einen internationalen Namen machen. Zusammen mit Sipho Mchunu gründete Johnny Clegg in den 1970er Jahren die Gruppe Juluka (später Savuka), die traditionelle Gesangs- und Tanzarten der Zulu-Musik aufführte. Obwohl die zunehmende Ausrichtung an westlicher Musik zum Ausstieg von Mchunu aus der Gruppe führte, wird Clegg, der in Frankreich, Großbritannien und den USA beachtliche Erfolge verbuchen konnte und

LINKE SEITE:
Trommeln sind ein nicht wegzudenkender Bestandteil der traditionellen und modernen afrikanischen Musik.

RECHTE SEITE:
Angehöriger der Zulu bei einem traditionellen Tanz

FOLGENDE DOPPELSEITE:
Kultur findet in Südafrika nicht nur in Museen und Theatern, sondern auch mitten auf der Straße (Foto linke Seite oben) oder in Kneipen und Restaurants statt. Ein kulinarischer und kultureller Treffpunkt in Kapstadt ist das Restaurant „Mama Africa", in dem regelmäßig Kunstausstellungen und Konzerte gegeben werden (Fotos linke Seite unten). Auf der Buchmesse in Kapstadt am Stand des südafrikanischen Buchverlags Umlando (Foto rechte Seite)

auch in finstersten Apartheidtagen immer zur afrikanischen Kultur stand, von schwarzen Gruppen respektiert. Die sehr erfolgreiche Gruppe Mango Groove gilt allgemein als diejenige, die weiße Popmusik und Musikstile der Townships zu einem Sound verschmelzen konnte. Ihre Orchestermusik ist jedoch eher westlich ausgerichtet und wird von vielen Musikwissenschaftlern als oberflächlicher Unterhaltungssound eingestuft.

MUSIK DER COLOUREDS

Die Bevölkerungsgruppe der Coloureds in der Western Cape Province hat unter Einfluss der im tiefen Süden der Vereinigten Staaten existierenden Musik ihre eigene musikalische Kultur entwickelt. Die genaue Entstehung der von Banjos dominierten Musik Goemaliedjie ist dabei unklar. Die fröhlichen, schwungvollen Texte und Melodien werden alljährlich im Januar beim Karneval unter Anteilnahme eines breiten Publikums in den Straßen Kapstadts vorgetragen.

KLASSIK/BALLETT/TANZ

Konventionelle Ballett- und Klassikaufführungen wie zu Apartheidzeiten haben es schwer im heutigen Südafrika, viele Auditorien wurden geschlossen und Orchester entlassen. Die Szene der darstellenden Künste ist heute jedoch nicht ärmer, sondern hat sich umgestaltet. Die Aufführungsstätten wie das Playhouse in Durban, Artscape und Baxter Theatre Centre in Kapstadt oder Johannesburgs Market Theatre ziehen das Publikum vor allem durch Musical-Produktionen in ihre Häuser. Beim jährlichen National Arts Festival in Grahamstown finden sich täglich mehr als 100 000 Besucher ein. Und obwohl die meisten großen südafrikanischen Talente unter den Instrumentalisten, Sängern und Tänzern so bald wie möglich auf internationalem Parkett spielen, hält es einige doch im Lande. Die bekannteste Opernsängerin in Südafrika, Sibongile Khumalo, wuchs in Soweto auf und begann ihre musikalische Laufbahn bereits mit acht Jahren. Die dynamische Sopranistin ist ein Multitalent mit großem Repertoire, das von der klassischen Oper, Musicals, Jazz und Blues bis hin zu traditionell afrikanischer Musik reicht.

LITERATUR

Trotz der internationalen Erfolge südafrikanischer Autoren wie Nadine Gordimer, J. M. Coetzee, Breyten Breytenbach, André Brink, Athol Fugard, Lewis Nkosi oder Rian Malan lässt die Lesekultur im Lande selbst sehr zu wünschen übrig. Zu groß sind Leseschwächen und mangelnde Englischkenntnisse der Mehrheit der südafrikanischen Bevölkerung. Sie rühren noch aus den Bildungsboykotts der Apartheid-Zeit her. Zu teuer sind zudem neue Bücher für die, die lesen können, da heimische Verlage nur geringe Auflagen wagen und kostspielige Vertriebswege in Kauf nehmen müssen. Und wenn dennoch Bücher gekauft werden, dann sind es meist amerikanische Bestseller und Koch- oder andere Sachbücher.

Leider helfen auch öffentliche Bibliotheken nur wenig, um die Leselust anzufachen. Aufgrund leerer Kassen befinden sich die meisten Bücherregale in einem trostlosen Zustand. Dennoch gibt es sie, die schwarzen Autoren, die der südafrikanischen Literaturgeschichte in jüngerer Zeit ein neues Kapitel hinzufügen. Der Schriftsteller Phaswane Mpe, der 2004 mit nur 34 Jahren verstarb, beschreibt die dunklen Seiten des modernen Südafrika mit Gewalt, AIDS, Rassismus und Hexenglauben. Bei ihm geht es nicht mehr nur um das Thema Schwarz gegen Weiß. Für ihn und seine Schrift-

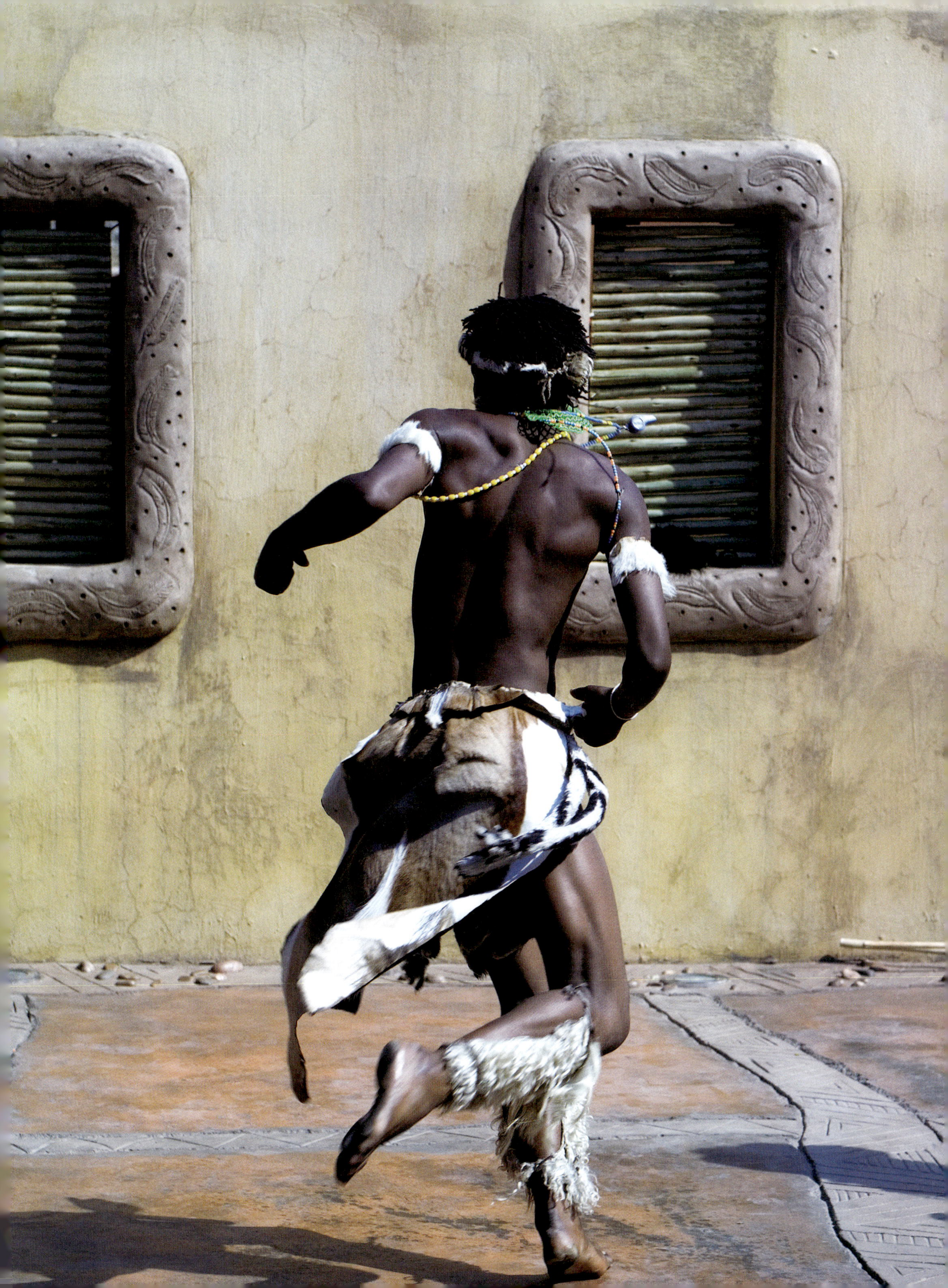

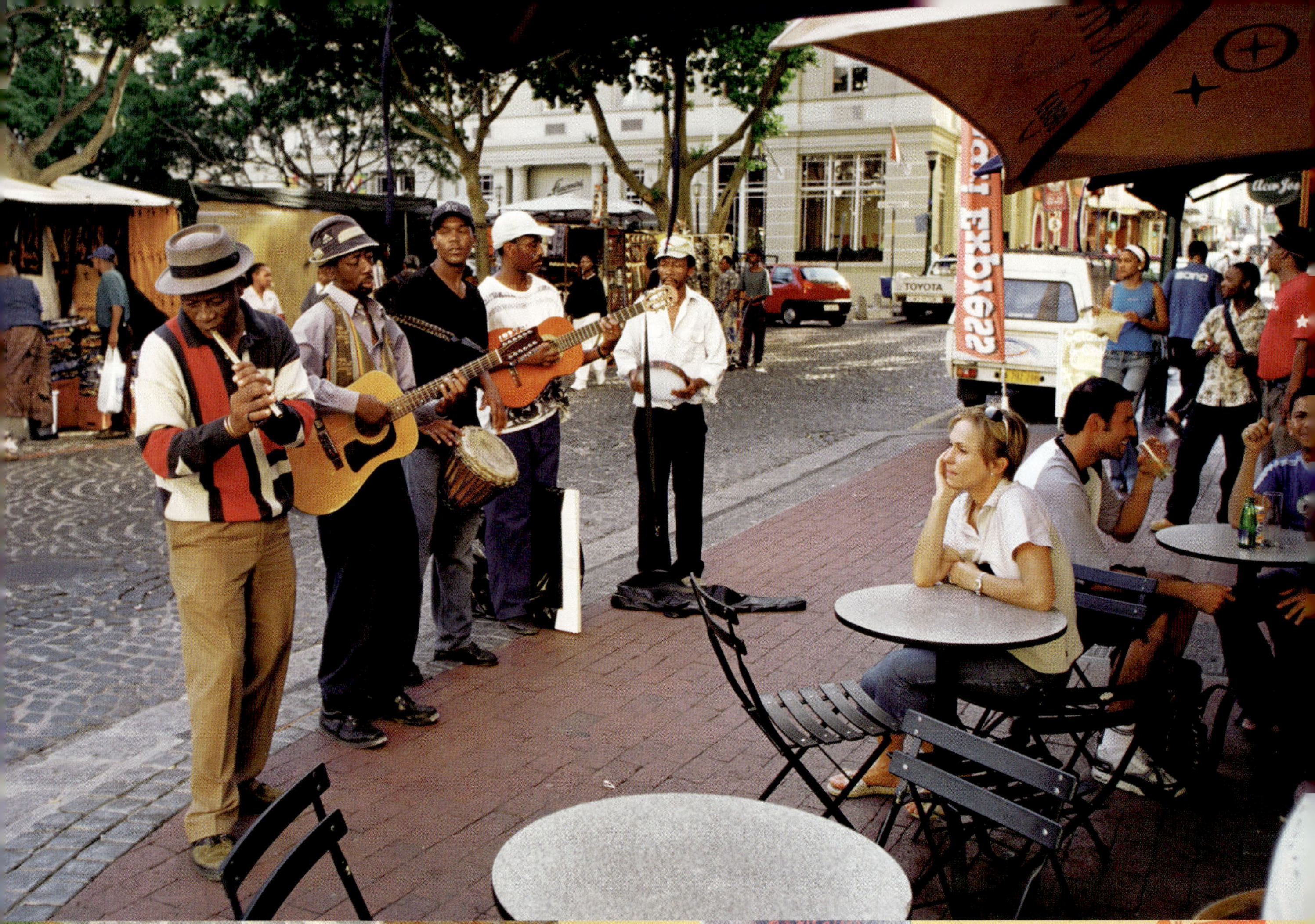
TOYOTA

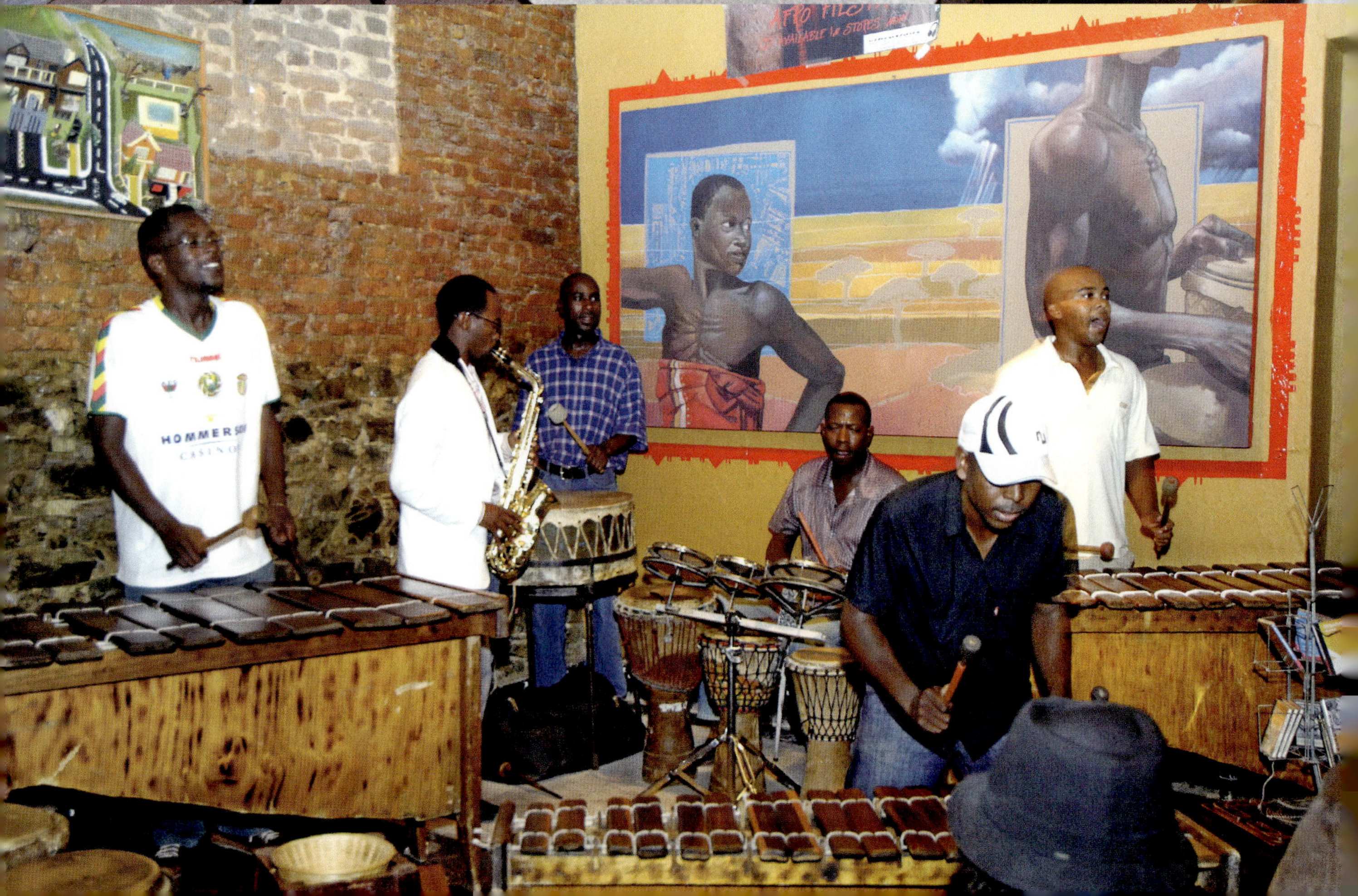

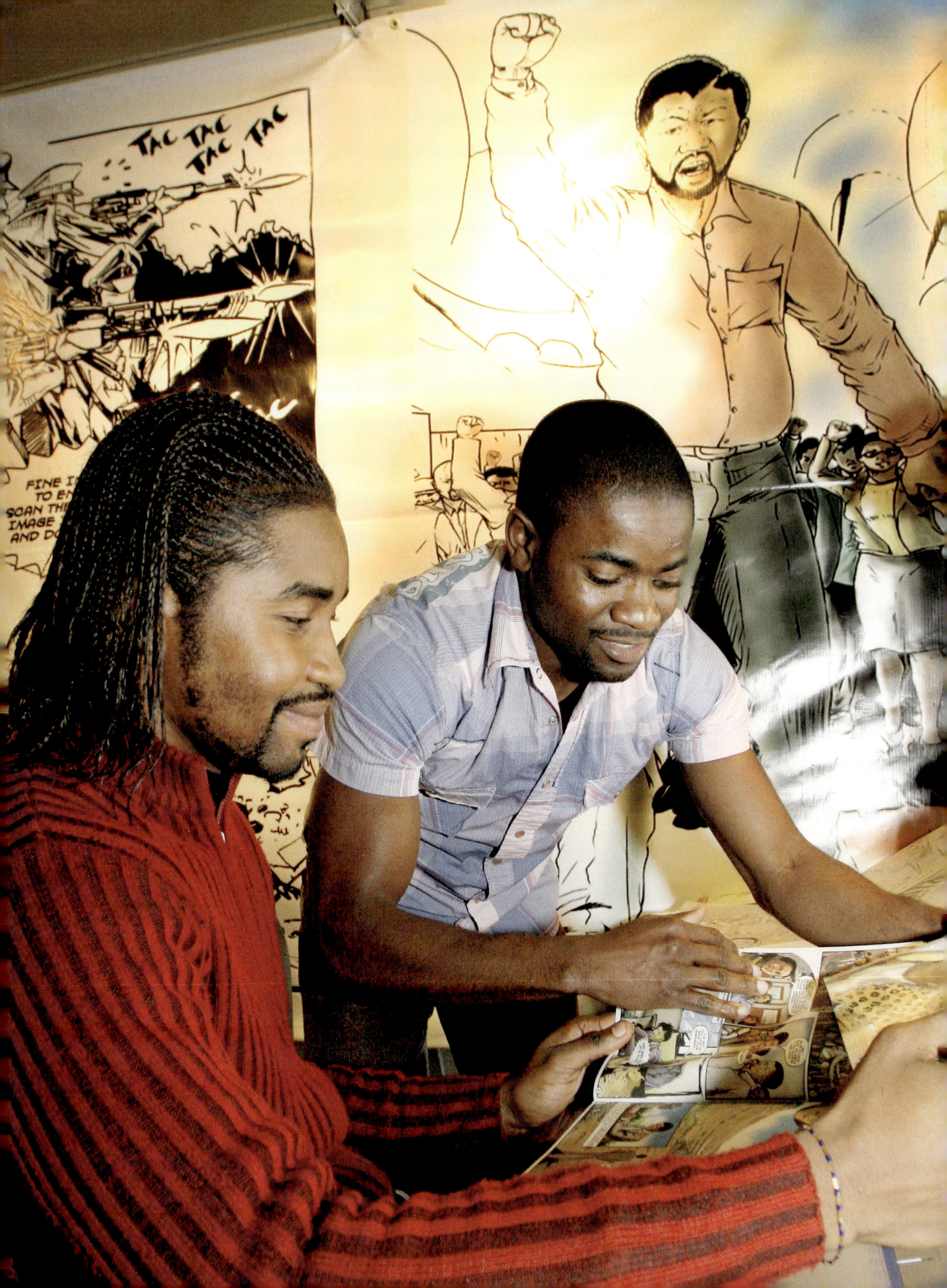
TAC TAC TAC TAC

stellerkollegen ist das Leben komplizierter geworden, die schriftstellerischen Herausforderungen größer.

Während in den 1970er und 1980er Jahren die sogenannte Soweto-Literatur auf Kosten der literarischen Qualität als Mittel zum Protest gegen die Apartheid genutzt wurde, wagen die jungen Autoren heute neue, realistische Stile vor dem Hintergrund wahrer Geschichten. Als Quelle schier endloser Informationen über individuelle Schicksale dient die „Wahrheits- und Versöhnungskommission" (siehe Kapitel „Das neue Südafrika", S. 61), aus der Autoren wie Achmat Dangor, Gillian Slovo – Tochter des 1982 ermordeten Untergrundaktivisten und Kommunistenführers Joe Slovo und der Journalistin Ruth First – oder K. Sello Duiker schöpfen. Humor, ein neuer Zug südafrikanischer Literatur, ist vor allem bei dem mittlerweile auch international beachteten Zakes Mda festzustellen. Mit bissiger Satire und viel Ironie beschreibt er gesellschaftliche Entwicklungen wie Materialismus und Vetternwirtschaft.

Der erfolgreichste Bestseller Südafrikas ist die Autobiographie „Der lange Weg zur Freiheit" von Nelson Mandela. Während seiner Gefangenschaft auf der Sträflingsinsel Robben Island verfasste der spätere Präsident Südafrikas seine Erinnerungen und ließ sie durch einen Mithäftling nach draußen schmuggeln. Das Buch wurde in zahllose Sprachen übersetzt und 2013 verfilmt.

Internationale Anerkennung fand der in der Post-Apartheid-Ära angesiedelte Roman „Disgrace" von J. M. Coetzee. Das unter dem deutschen Titel „Schande" erschienene Buch wurde 2003 mit dem Literaturnobelpreis bedacht.

Durch den normalen Verkauf kann selbst die große alte Dame des literarischen Anti-Apartheid-Kampfes, Nadine Gordimer, trotz großer Erfolge im Ausland daheim selten auf eine höhere Auflage als 1000 kommen. Dabei ist sie eine der wenigen, die sich von der Aufarbeitung der Apartheidzeit löst und zur gewünschten Fiktion übergeht. Diese Literaturform hat es allerdings bei den alteingesessenen Verlagen schwer, die nicht nur im Ausland mangelndes Interesse vermuten, sondern auch den inländischen Markt als zu gering einschätzen.

Neu gegründete Verlage wagen es neuerdings, Autoren wie Niq Mhlongo, Njabulo Ndebele, Finuala Dowling und Consuelo Roland ein Sprachrohr zu verleihen. Gehör verschaffen sich auch schwarze Autoren wie Lesego Rampolokeng: Mit einem von Hip-Hop-Klängen untermalten Sprechgesang transportiert er vor begeistertem Publikum Gesellschaftskritik und Liebesgedichte.

THEATER

Das südafrikanische Theater war ein wichtiges Medium für Kritik am Apartheidregime. Und auch wenn oftmals die Stücke nur in Gemeindezentren und behelfsmäßigen Bühnen aufgeführt wurden, so boten sie Schauspielern und Autoren eine Chance. Viele Proteststücke wurden international bekannt und auch im Ausland aufgeführt.

Ironischerweise verhalf gerade der kulturelle Boykott der Regierung, viele Talente in den Townships hervorzubringen. Ohne Arbeit und internationalen Einfluss waren sie gezwungen, das Beste aus sich selbst herauszuholen. Mit Ende der Apartheid fiel die Theaterszene in eine Identitätskrise. Den Dramatikern war ihre thematische Grundlage von Gut und Böse entzogen, viele Schauspieler gingen zum Geldverdienen zu den neu entstandenen Fernsehserien. Als Vater des schwarzen Theaters gilt Gibson Kente, der die Arbeit auf den Bühnen der Townships maßgeblich beeinflusste und viele junge Schauspieler und Autoren förderte. International bekannt ist Mbongeni Ngema, dessen Stück „Asinamali" am Broadway aufgeführt wurde. Ruhm erlangte er mit dem Musical „Sarafina", ebenfalls ein bekanntes Broadway-Stück.

J. M. Coetzee war der erste Südafrikaner, der mit dem Literaturnobelpreis (2003) ausgezeichnet wurde. Seit 2006 ist er allerdings australischer Staatsbürger.

Das Volk der Ndebele ist für sein Kunsthandwerk und die farbenfrohe Bemalung seiner Häuser bekannt.

Südafrika – Regenbogennation am Kap 93

BOTSWANA
Kanye
Lobatse
Sun City
Temba
Tweefontein
Mashishing (Lydenburg)
2285
Rustenburg
Soshanguve
Pretoria
Magaliesberg
Brits
Tembisa
Middelburg
Mbombela (Nelspruit)
Belfast
Barberton
Mmabatho
Mahikeng
Krugersdorp
Johannesburg
eMalahleni (Witbank)
Carolina
Lichtenburg
Roodepoort
Soweto
Germiston
Springs
Mpumalanga
Mbabane
Coligny
Carletonville
Nigel
Breyten
Gauteng
Bethal
Ermelo
Ganyesa
Potchefstroom
Vanderbijlpark
Embalenhle
North West
Ottosdal
Vereeniging
Vryburg
Klerksdorp
Vaal
Sasolburg
Standerton
Harts
Parys
Piet Retief
Schweizer-Reneke
Vaal Dam
Villiers
Wolmaransstad
Frankfort
Wakkerstroom
Bothaville
Klip
Volksrust
Heilbron
Kuruman
Reivilo
Vals
Edenville
Vrede
Taung
Bloemhof
Kroonstad
Paulpietersburg
Allanridge
Sishen
1855
Hoopstad
Lindley
Warden
Newcastle
Odendaalsrus
Hennenman
Reitz
Vryheid
Christiana
Welkom
Langberge
Virginia
Ventersburg
Harrismith
Dundee
Warrenton
Ulundi
Bultfontein
Theunissen
Bethlehem
Glencoe
Ulco
Harts
Senekal
KwaZulu-Natal
Postmasburg
Winburg
Ladysmith
Boshof
Free State
Ficksburg
Barkly West
Kimberley
3282
Colenso
Griquatown
Campbell
Modder
Clocolan
Drakensberg
Weenen
eShowe
Greytown
Riet
Bloemfontein
Botshabelo
Ladybrand
Estcourt
Tugela
Douglas
Modderrivier
Petrusburg
Teyateyaneng
Stanger
Koffiefontein
Maseru
Howick
Pietermaritzburg
Dewetsdorp
3482
Belmont
Riet
LESOTHO
Tongaat
Hopetown
Edendale
KwaMashu
Prieska
Jagersfontein
Thaba Putsoa
3096
Mpumalanga
Durban
Strydenburg
Edenburg
Wepener
Mafeteng
uMlazi
Brak
Ongers
Gariep (Oranje)
Caledon
Mkomazi
Sodium
Philippolis
Smithfield
Zastron
Senqu (Oranje)
uMkomaas
Matatiele
Scottburgh
uMzinto
Park Rynie
Philipstown
Britstown
Springfontein
Vosburg
Rouxville
3001
Kokstad
Harding
Mtwalume
De Aar
Mount Frere
Port Shepstone
Colesberg
Aliwal North
Barkly East
Margate
1667
Hanover
Noupoort
Burgersdorp
Kraai
Maclear
Tina
Steynsburg
Victoria West
Richmond
Elliot
Dordrecht
Molteno
Loxton
Middelburg
Sterkstroom
Mthatha
Port St. Johns
Ngcobo
Queenstown
Tarkastad
Nelspoort
Dutywa
Murraysburg
Mbashe
Eastern Cape
Cradock
2369
Graaff-Reinet
Cathcart
Beaufort West
Aberdeen
Adendorp
Butterworth
Cookhouse
Stutterheim
Pearston
Bedford
Gt. Kei
Alice
Bhisho
Sout
Jansenville
Somerset East
Adelaide
Fort Beaufort
Mdantsane
Klipplaat
King William's Town
East London
Great Fish R.
Groot Rivier
Sondagsrivier
Willowmore
Alicedale
INDISCHER OZEAN
Steytlerville
Kirkwood
Grahamstown
Uniondale
Baviaanskloof
Addo
Alexandria
Kougaberge
Uitenhage
Port Alfred
Patensie
George
Algoa Bay
Knysna
Plettenberg Bay
Kruisfontein
Humansdorp
Port Elizabeth
0
100
200
km
© Ing.-Büro für Kartographie J. Zwick, 35394 Gießen

EASTERN CAPE

ÜBERBLICK

Das Gebiet der Eastern Cape Province (afrikaans: Oos-Kaap; Xhosa: Mpuma-Koloni) mit der Provinzhauptstadt Bhisho (frühere Schreibweise: Bisho) liegt im Südosten der Republik, umfasst 168 966 Quadratkilometer und zählt 6,5 Millionen Einwohner. Rund 80 Prozent der Bevölkerung gehören der Volksgruppe der Xhosa an.

Statistisch betrachtet handelt es sich bei dieser Provinz um einen der ärmsten Teile Südafrikas, bedingt durch fehlende Rohstoffe und die Integration der ehemaligen Homelands Transkei und Ciskei: 11,5 Prozent der Gesamtbevölkerung erwirtschaften nur etwa sieben Prozent des Bruttoinlandsprodukts. Die Provinz ist stark agrarisch geprägt – sieht man einmal von den Großräumen um Port Elizabeth und East London ab. Der zentrale Südabschnitt um Port Elizabeth ist intensiv genutztes weißes Farmland. Die Landwirtschaft im Gebiet der ehemaligen Homelands Ciskei und Transkei ist hingegen auf Selbstversorgung ausgerichtet. Das größte Kapital der Provinz ist die noch weitgehend unberührte Landschaft.

Von der Fläche her ist Eastern Cape die zweitgrößte der neun Provinzen Südafrikas und umfasst extrem unterschiedliches Gelände, das vom Ödland der Great Karoo über den Knysna-Wald bis zum fruchtbaren Ackerland zwischen den Ebenen Little Karoo und dem Long Kloof reicht. Hinzu kommen die hohen Berghänge des Sneeubergs, der Winterberge und des Strombergs und die südlichen Drakensberge.

Frau mit Baby auf einer Straße an der Coffee Bay

96   Eastern Cape

Viele Bewohner der Eastern Cape Province haben mit Armut zu kämpfen, die einerseits auf mangelnde Rohstoffe, andererseits auf die strukturellen Probleme infolge der Integration der ehemaligen Homelands Transkei und Ciskei zurückzuführen ist.

RECHTE SEITE:
Junge Xhosa-Frau mit ihrem Baby. Im Hintergrund ist eine der typischen Rundhütten zu erkennen.

Im Süden der Provinz ist das Klima freundlicher und sanfter als im Norden. Das Gebiet umfasst das fruchtbare Land des Langkloof und des Sundays River Valley und mit Wild Coast und Sunshine Coast wunderschöne Küstenlinien. Die Existenzgrundlage der meisten Bewohner ist Land und Boden, das zum Großteil überwirtschaftet und erodiert ist. Nur wenige Rohstoffe sind in der Provinz zu finden; Entwicklungen gehen hier sehr langsam und unregelmäßig voran.

Die Arbeitslosenquote hat sich auf einem hohen Niveau eingependelt, sodass viele Menschen gezwungen sind, weit weg, zumeist in die urbanen Zentren wie Kapstadt ganz im Westen oder am Witwatersrand im hohen Norden, auf Arbeitssuche zu gehen. In der Heimat wirkt sich die Wanderarbeit katastrophal auf die Familienleben und sozialen Strukturen aus.

BHISHO

Bhisho, damals noch Bisho geschrieben, war einst die Hauptstadt des Homelands Ciskei. Heute ist es der Sitz des Provinzparlaments. Die Stadt kommt bescheiden daher, umfasst eine Handvoll Regierungsgebäude, einen Flughafen, ein Geschäfts- und Einkaufszentrum und eine Ansammlung von dicht bevölkerten Wohngegenden. Insgesamt geht von der Stadt eine künstliche, gestellte Atmosphäre aus: Bhisho wurde während der Apartheidzeit am Reißbrett entworfen und entwickelt, um die Zehntausenden von schwarzen Arbeitern unterzubringen, die auf der Suche nach Arbeit täglich an die Türen der weißen Industriehochburgen wie East London und King William's Town klopften. Im Jahre 2000 wurde Bhisho mit East London und King William's Town verwaltungstechnisch zur Metropolgemeinde Buffalo City zusammengeschlossen (benannt nach dem Buffalo River).

BEVÖLKERUNG

Mit rund 80 Prozent stellen die Xhosa den Großteil der Bevölkerung der Eastern Cape Province. Den Namen Xhosa trug angeblich einst ein alter Häuptling dieses südafrikanischen Volkes. Ihre Sprache macht die Xhosa den Bantu zugehörig. Sie ist eng verwandt mit der Sprache der Zulu und zeichnet sich wie diese durch zahlreiche lautliche Besonderheiten aus, vor allem die von den San übernommenen typischen Klicklaute. In die Region sind die Xhosa im Zuge der Nord-Süd-Bewegung schwarzafrikanischer Stammesvölker eingewandert.

Das wichtigste Ereignis im Leben eines Xhosa ist „The making of man" – die Wandlung der Xhosa-Jungen (amaKwenkwe) zum Mann. Bei dem traditionellen Ritual werden die Jungen beschnitten und müssen danach bis zu vier Monate alleine in einer entfernt vom Rest der Gemeinschaft liegenden Grashütte leben – und zwar nur von dem, was das Land hergibt. Während der Transformationszeit darf sich kein Mädchen und keine Frau den Jungen nähern. Auf diese Weise sollen sie die Verantwortung als Mann lernen.

Nach der Beschneidung bemalen die angehenden Männer (abaKhwetha) ihren ganzen Körper mit weißer Kreide. Solange der Transformationsprozess andauert, bleiben sie die ganze Zeit über unbekleidet. Nur wenn das Wetter zu kalt wird oder sie sich einer Gemeinschaft nähern, hüllen sie sich in Tücher ein. Am Tag des Mannwerdens und der Rückkehr in die Dorfgemeinschaft wird die

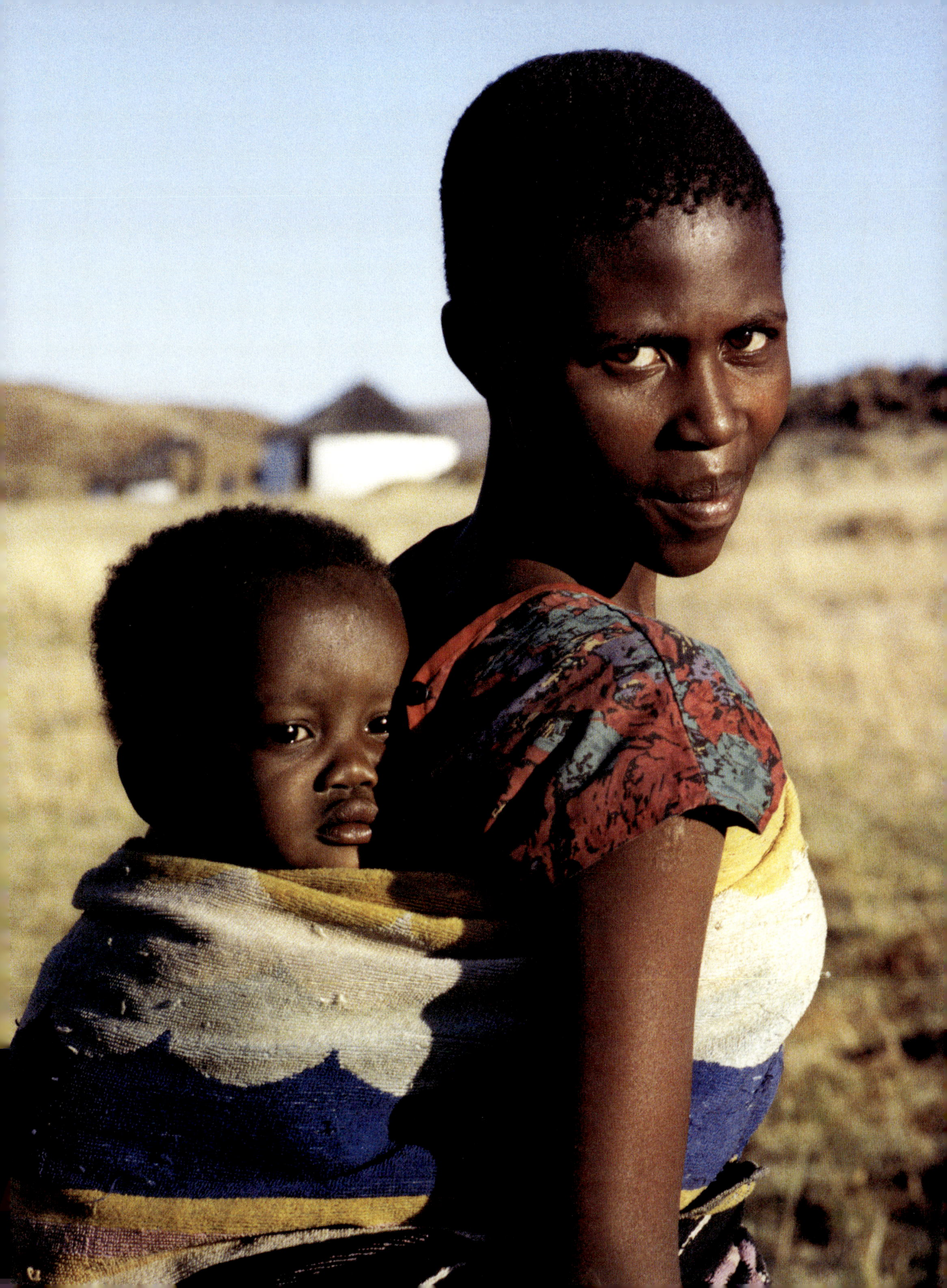

Während der Transformation zum Mann tragen die jungen Xhosa Kreide auf, die ihre Haut weiß färbt.

Kreide in einer rituellen Waschung entfernt. Danach beginnen die Feierlichkeiten. Für die Zeremonie wird in der Regel eine Ziege geschlachtet. Der Vater des nun jungen Mannes reibt bei der Zeremonie den Körper seines Sohnes mit Butter ein, bekleidet das Geschlechtsteil und bedeckt ihn mit frischen Tüchern. Der abaKhwetha, auch amRwala („fast ein Mann") genannt, wendet sich dann von seiner Hütte ab, während der Vater diese niederbrennt. Damit lässt der junge Mann seine Jugend symbolisch hinter sich. Zum Beweis der Männlichkeit werden Stockkämpfe ausgefochten.

Die Initiationszeremonie ist in Südafrika, auch bei den Xhosa selbst, nicht unumstritten. Gesundheitsrisiken, die zum Beispiel nach der Beschneidung in Form von Infektionen auftreten können, werden von den eigenen Stammesangehörigen in der Presse diskutiert.

GESCHICHTE

Die ersten Bewohner der Eastern Cape Province waren San und Khoikhoi. Um ca. 1600 wanderte eine Gruppe des Hlubi-Stammes von Natal südwärts auf der Suche nach neuem Land für ihr Vieh. Sie waren Teil einer Wanderbewegung, die vermutlich in Westafrika ihren Ausgang nahm und entlang der Ostküste bis in den Süden führte.

Die ersten Xhosa sind etwa um 1700 von Norden her eingewandert, später flohen weiter nördlich siedelnde Xhosa vor der Expansion der Zulu unter Häuptling Shaka. Die beiden größten schwarzen Bevölkerungsgruppen Südafrikas, Zulu und Xhosa, sind bis heute verfeindet.

Ursprünglich betrieben die Xhosa in der Region zwischen Bushman's River und Great Kei River Viehzucht. Im Zuge der europäischen Kolonisierung Südafrikas mussten die Xhosa ihren angestammten Lebensraum verlassen. Auf der Suche nach Weideland kam es um 1770 zu Interessenkonflikten zwischen Xhosa und den weißen Siedlern der Kapkolonie, vor allem Buren, die schließlich in kriegerischen Auseinandersetzungen gipfelten.

Im 19. Jahrhundert schließlich erfasste die Expansion der inzwischen britischen Kapkolonie das Xhosa-Gebiet. Der Kampf um das Land löste insgesamt neun Grenzkriege der Buren und Briten gegen die Xhosa aus, die bis 1879 andauerten und mit der Unterwerfung der Xhosa endeten. Die gesamte Existenz des Stammes wurde zudem durch ein anderes Ereignis bedroht: das große Viehschlachten in der Mitte der 1850er Jahre.

Als die Xhosa den Briten trotz Unterstützung seitens der Khoikhoi in den Kriegen nach und nach unterlagen und der Herrschaftsübernahme keine geeigneten Maßnahmen mehr entgegenzusetzen wussten, folgten sie in ihrer Verzweiflung einer Weissagung. Ein Mädchen namens Nongqawuse prophezeite 1856 aufgrund von Geisterstimmen, die zu ihr gesprochen haben sollen, dass – vorausgesetzt die Xhosa schlachteten ihr gesamtes Vieh – der große Tag kommen würde, an dem sich ihre Getreidebehälter füllen und ihre Vorfahren sich aus dem Meer erheben und ihnen helfen würden, sich von den britischen Siedlern zu befreien. In der Hoffnung, dass die Prophezeiung in Erfüllung gehen möge, folgten Tausende Stammesgenossen Nongqawuses Anweisungen. Als etwa 400 000 Stück Vieh geschlachtet worden waren und weder neues Vieh noch Getreide noch Unterstützung der Ahnen erschienen, litt die stolze Nation nicht nur an großem Hunger (Zehntausende Xhosa sollen daran gestorben sein), sie mussten auch die weißen Siedler um Hilfe bitten.

FOLGENDE DOPPELSEITE:
Nach der Beschneidung verlassen die „amaKwenkwe" – junge Xhosa während des Transformationsprozesses zum Mann – ihr Dorf und leben für einige Monate in Abgeschiedenheit in Grashütten.

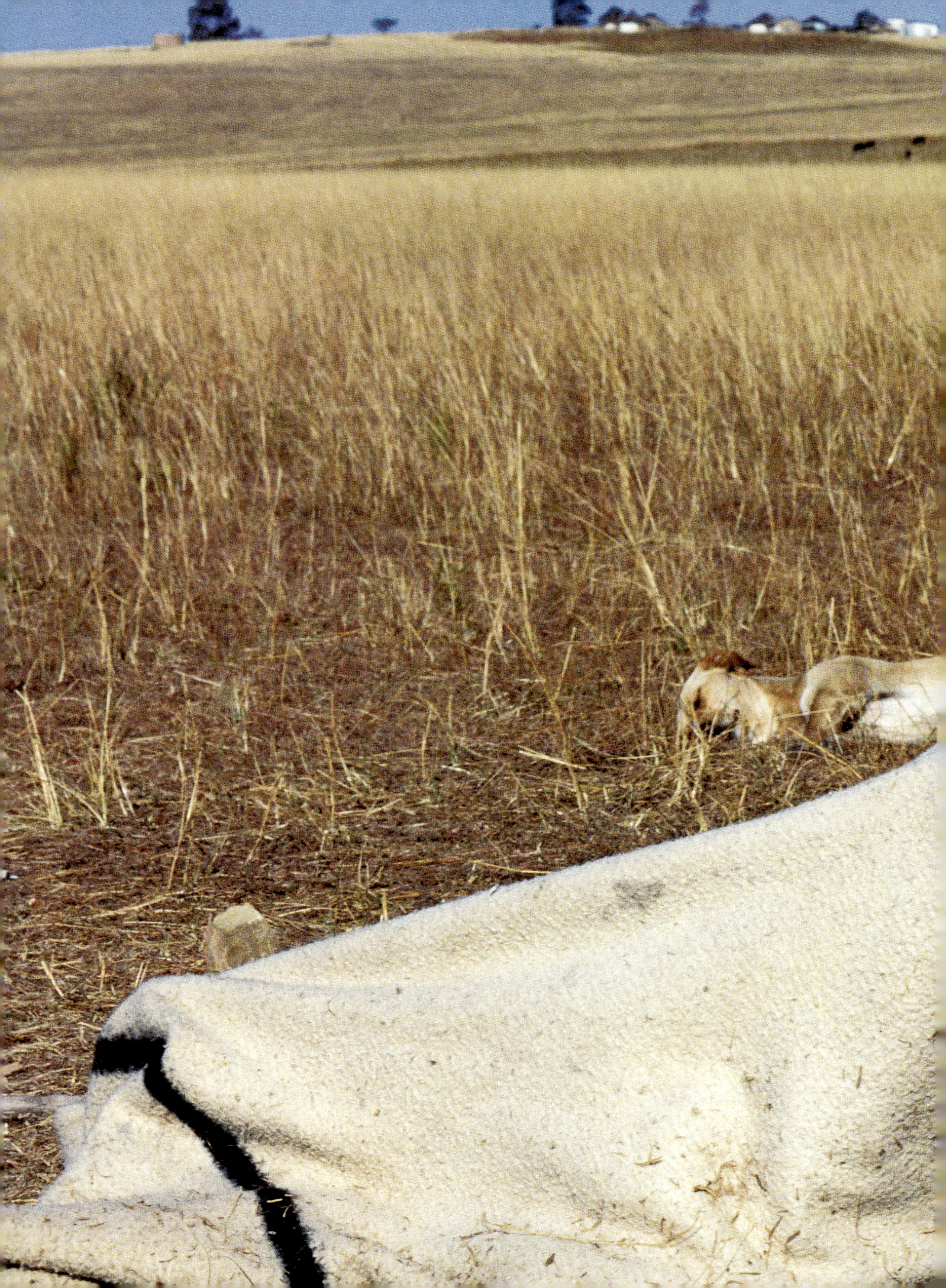

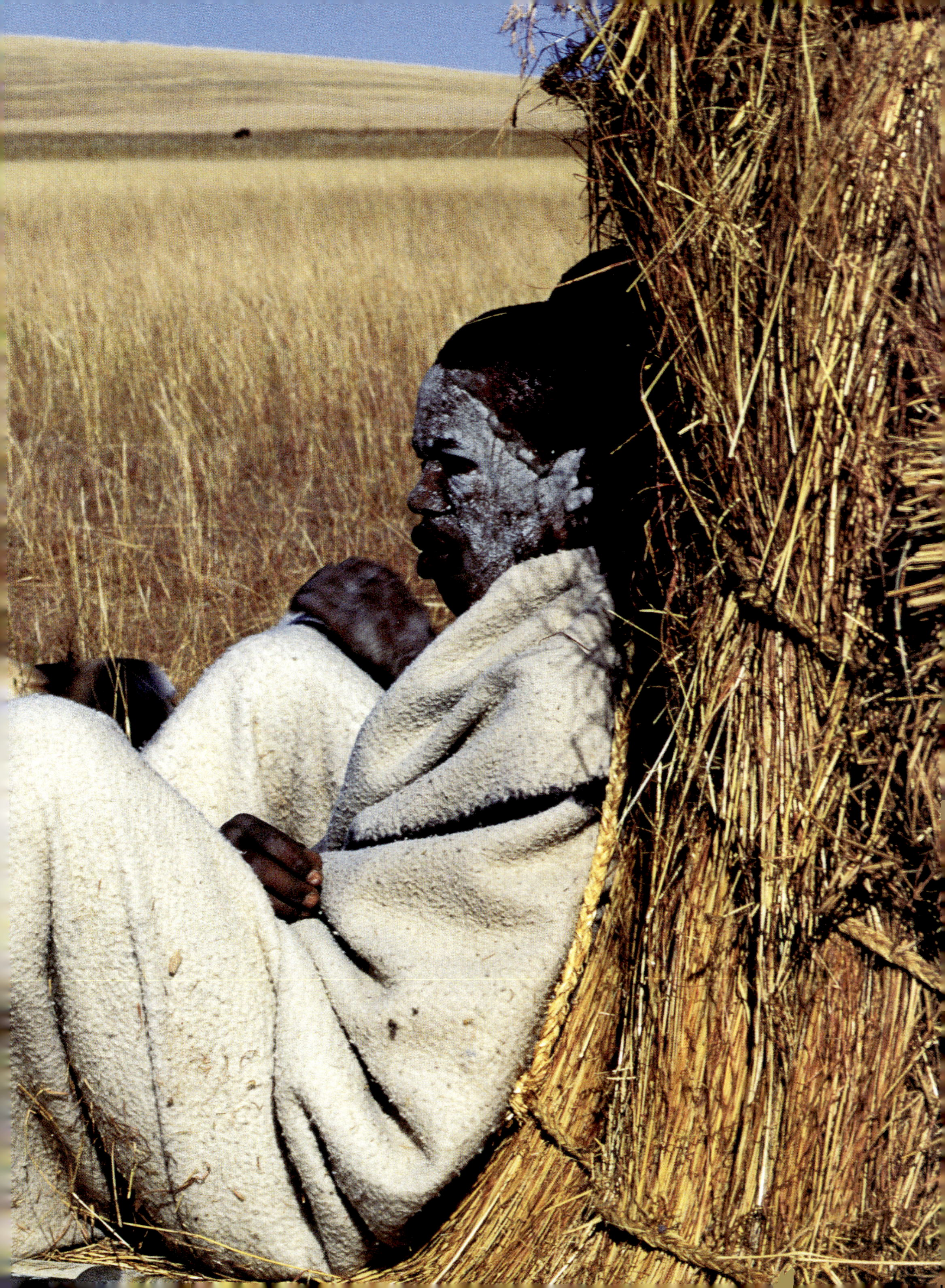

Die Xhosa, die 80 Prozent der Bevölkerung von Eastern Cape bilden, haben mit ihrer politischen Haltung entscheidend zum Sturz des Apartheidregimes beigetragen.

Rund 30 000 Überlebende zogen auf der Suche nach Arbeit und Brot in die Kapkolonie. Nongqawuse floh weiter nach Westen. Über ihren Verbleib heißt es, dass sie zu ihrer eigenen Sicherheit auf Robben Island inhaftiert wurde. Ihre Grabstätte liegt in der ehemaligen Ciskei in der Nähe von Alexandria an der Sunshine Coast.

Die Entvölkerung des Xhosa-Gebietes führte zum Versuch, eine Art weißen Schutzwall durch angeworbene Einwanderer zu errichten. Neben Briten wurden dort 1857 etwa 3000 bis 4000 deutsche Söldner aus dem Krimkrieg angesiedelt. Sie waren von ihren deutschen Heimatstaaten aus Rücksicht auf Russland nicht wieder aufgenommen worden. Nachdem viele von ihnen schon bald wieder Südafrika verließen und sich für Söldnerdienste in Indien anwerben ließen, wurden bis 1889 etwa 2000 bis 3000 norddeutsche Bauern im Gebiet um East London angesiedelt.

Das von den Briten annektierte Gebiet nördlich von East London bis hin zur heutigen Grenze zu KwaZulu-Natal, in dem sich die drei Stammesgebiete Transkei, Tembuland und Pondoland befanden, wurde in der Folgezeit in mehrere Distrikte eingeteilt, um die Einführung von Verwaltungen und Gesetzen besser bewerkstelligen zu können. Während Transkei und Tembuland zunehmend kolonialisiert wurden, blieben die Briten dem nördlichsten der drei Gebiete – Pondoland – aufgrund mangelnder Rohstoffe fern. Die Pondo (oder Mpondo) waren die letzte schwarze Stammesgruppe, die unter die Kapverwaltung kam.

Transkei, Tembuland und Pondoland wurden in der Apartheidzeit zum Homeland Transkei (= jenseits des Great Kei River) zusammengefasst, dem 1976 als erstem Homeland zumindest formal die volle Unabhängigkeit zugesprochen wurde. International ist es jedoch nie als eigenständiges Land anerkannt worden. Zum ersten Ministerpräsidenten der Transkei wurde Matanzima ernannt: Er brach Anfang 1978 alle diplomatischen Beziehungen zu Südafrika ab. Nach Korruptionsvorwürfen kam im Dezember 1987 mit einem Putsch eine Militärregierung unter General Bantu Holomisa an die Macht, der die Rückführung in die Republik Südafrika zu seinem Programm machte. Seit 1994 ist die Transkei als Teil der Eastern Cape Province im „neuen" Südafrika aufgegangen.

Rückblickend kann man sagen, dass die Eastern Cape Province mit den Xhosa jene Volksgruppe beherbergt, die dank ihrer politischen Ambitionen entscheidend dazu beigetragen hat, das Apartheidsystem zu stürzen. Die Xhosa sympathisieren in der Mehrzahl mit dem ANC und reagieren auf politische Ereignisse, indem sie sich an Massenaktionen beteiligen. Und nicht zuletzt hat die Provinz mit Nelson Mandela, der hier geboren wurde, den bekanntesten Anti-Apartheid-Kämpfer hervorgebracht.

Nelson Mandela – der wohl berühmteste Sohn der heutigen Eastern Cape Province

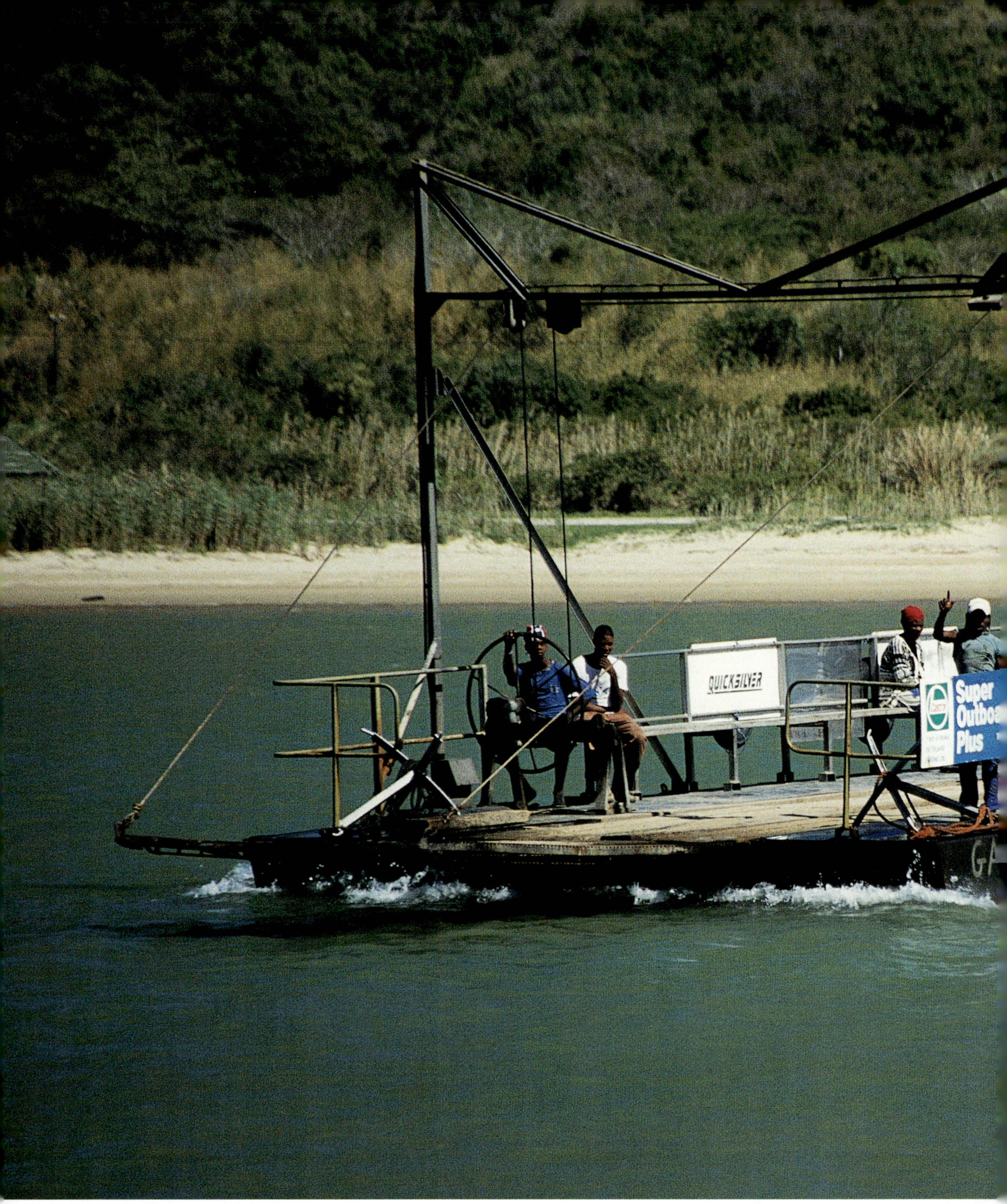
QUICKSILVER
Super
Outboa
Plus

Schiff auf dem Great Kei River, der die Grenze zur ehemaligen Transkei bildete

RECHTE SEITE:
Mädchen in Schuluniform an der Küste von Port St. Johns

FOLGENDE DOPPELSEITE:
Typische Hügellandschaft im Gebiet der ehemaligen Transkei (Foto oben); Küstenabschnitt an der Coffee Bay (Foto unten)

TRANSKEI

ÜBERBLICK

Die Transkei war das erste der ehemaligen autonomen Bantu-Verwaltungsgebiete im östlichen Kapland Südafrikas. Bis in die 1990er Jahre hinein lebten knapp drei der rund 6,2 Millionen Xhosa in dem Gebiet, das eine Fläche von knapp 44 000 Quadratkilometern einnahm.

Landschaftlich besteht das sich nördlich von East London bis an die Grenze zu KwaZulu-Natal erstreckende Gebiet aus nicht enden wollender, hügeliger und meist saftig grüner Hochlandschaft mit unzähligen weit verstreut liegenden, bunten Rundhüttendörfern. Kaum eine Stadt, kein Hochhaus, keine Industrieanlage, die den Blick stört. Selbst Telefon- und Strommasten sind eine Seltenheit. Die Hügellandschaft entstand im Laufe der Zeit durch Ströme und Flüsse, die sich ihre Wege zum Meer gesucht haben. Die stark zerklüftete Küste ist unter dem Namen Wild Coast bekannt.

Politisch bildete der Great Kei River die Grenze zwischen der Transkei und der „weißen" Kapprovinz. Auch heute nimmt vom Great Kei südwestwärts die Bebauung aufgrund von Wohn- und Ferienhäusern der East Londoner stetig zu, Weidezäune weisen auf Farmland weißer Farmer hin. An der Mündung des Flusses ist Kei Mouth/Morgans Bay ein beliebtes Naherholungsziel der Großstädter. Im Norden grenzt die Transkei an die Provinz KwaZulu-Natal.

Insgesamt bestand das Homeland Transkei aus drei separaten Stammesgebieten (von Süden nach Norden): der Transkei selbst (zwischen Great Kei und Mbashe River), dem Tembuland (zwischen Mbashe und Mthatha River) und dem Pondoland (zwischen Mthatha River und KwaZulu-Natal). Der Großteil der insgesamt 480 Kilometer langen Küstenlinie, die Wild Coast, liegt im Pondoland.

INFRASTRUKTUR

Das Hinterland der ehemaligen Transkei mit der Distrikthauptstadt Mththa (früher Umtata) ist infrastrukturell kaum erschlossen. Die Menschen leben zum großen Teil von der Subsistenzwirtschaft, die in der Regel auf Maisanbau und Viehbestand basiert. Durch Überweidung und Holzrodung sind große landschaftliche Abschnitte von Bodenerosion betroffen.

Kurvenreiche und schlecht befestigte Straßen sowie fehlende Brücken erschweren die Fortbewegung in dem Gebiet. Darüber hinaus gehören nicht fahrtüchtige Autos und Lastwagen, die mitten auf der Straße stehen, ebenso zum alltäglichen Bild wie frei umherlaufendes Vieh, das aufgrund fehlender Weidezäune den Verkehrsfluss blockiert. Das gängige Verkehrsmittel ist der zumeist überfüllte Minibus, der in rasanter Fahrt die Bergauf- und -abfahrten auf der einzigen ausgebauten Straße für die Verbindung Port Shepstone – Umtata – East London meistert. Von dieser Strecke führen 60–80 Kilometer lange Stichstraßen zu den jeweils an den Flussmündungen liegenden kleinen Orten. Eine Küstenstraße existiert nicht. Obwohl immer mehr Straßen geteert werden, gibt es weiterhin tückische Steinpisten, die nur langsames Fahren erlauben. Um die wirtschaftliche Lage durch Ankurbelung des Tourismus und eine bessere Anbindung an Durban zu verbessern, fordern viele eine Schnellstraße durchs Pondoland. Gegner warnen jedoch vor immensen Schäden in der Naturlandschaft. Sie sehen auch die Gefahr, dass Mineralfirmen Lagerstätten in der Dünenwelt der südlichen Wild Coast ausbeuten und zum Teil einzigartige Biosphären zerstören würden, die heute noch unter Naturschutz stehen.

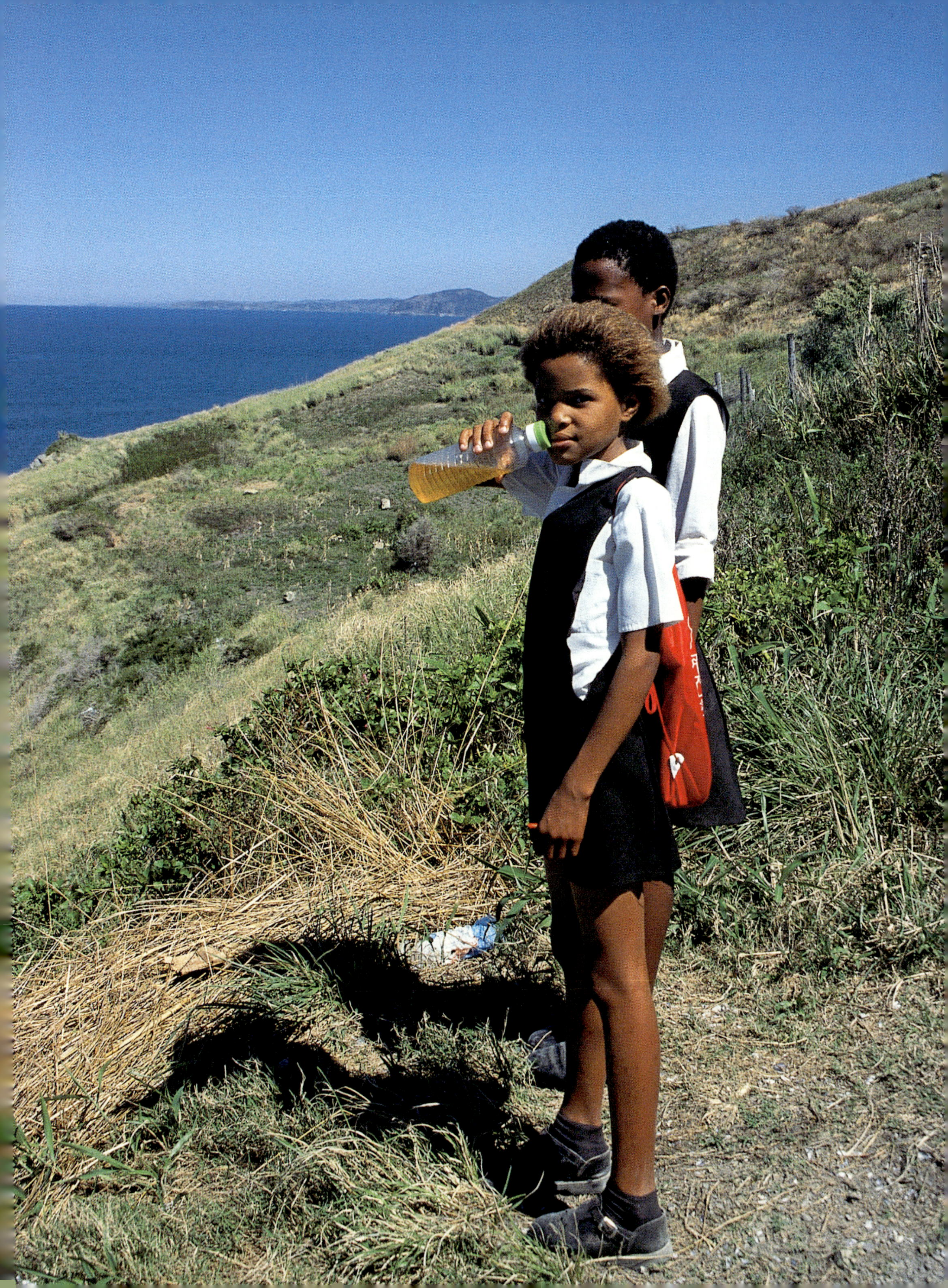

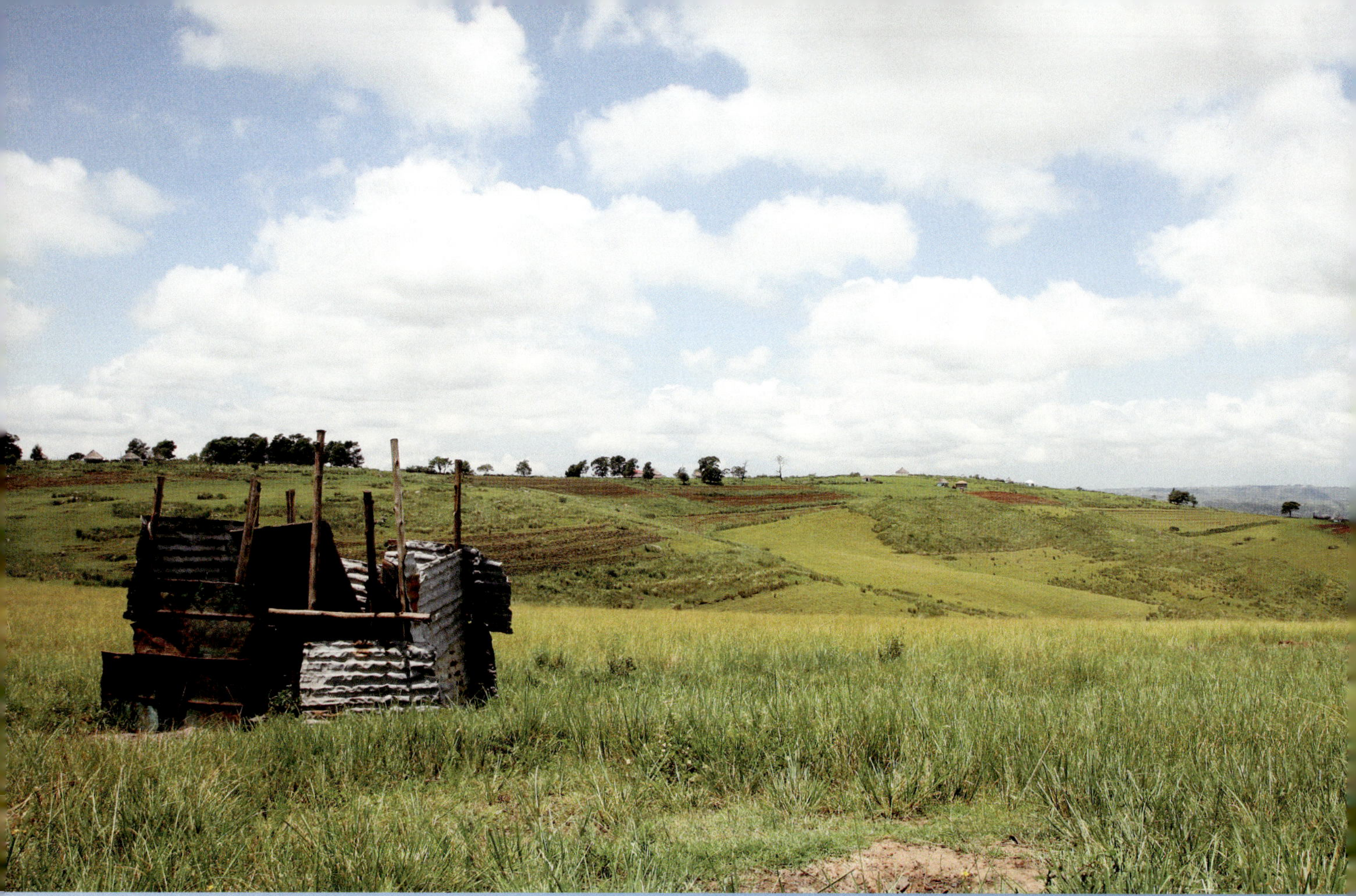

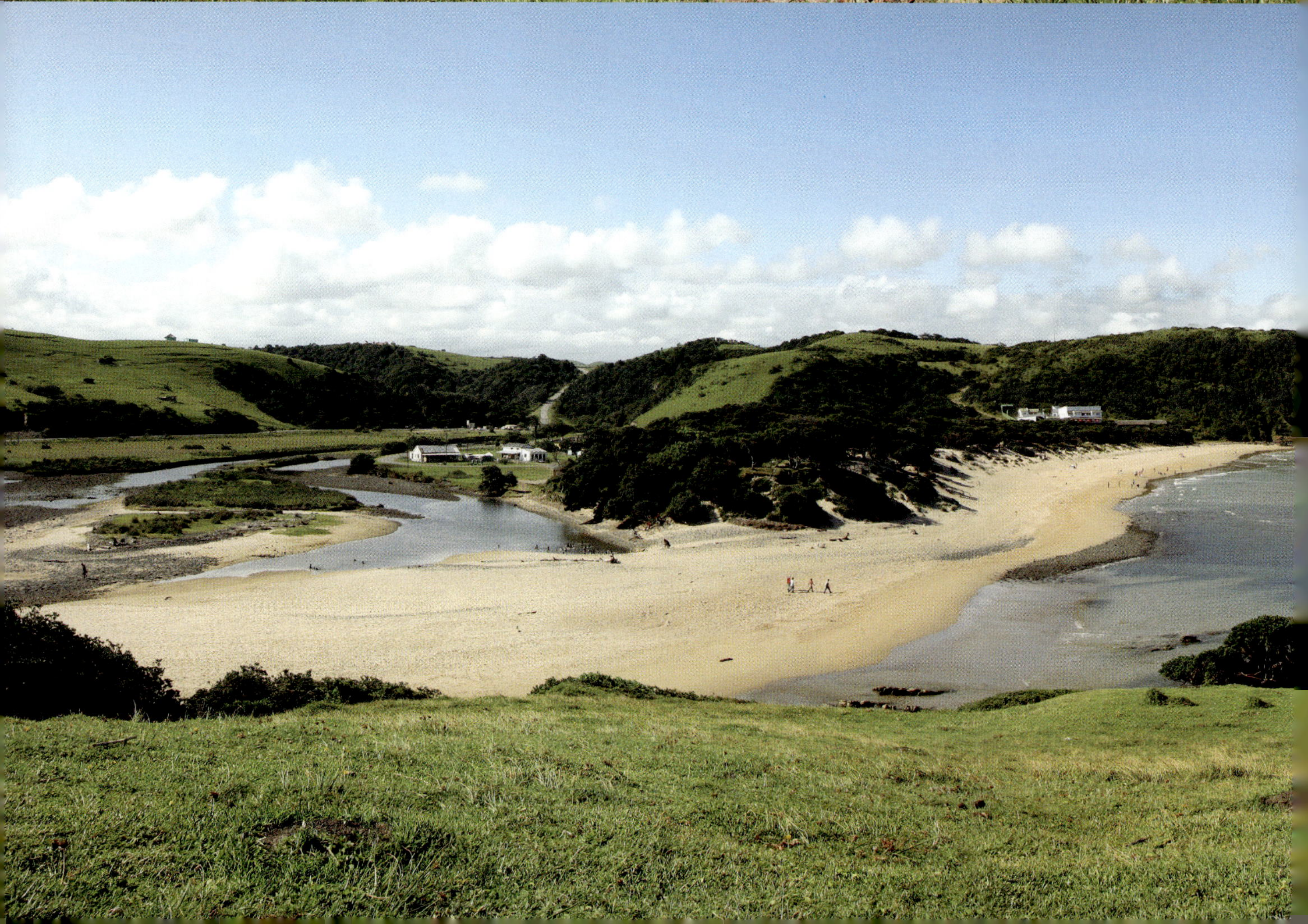

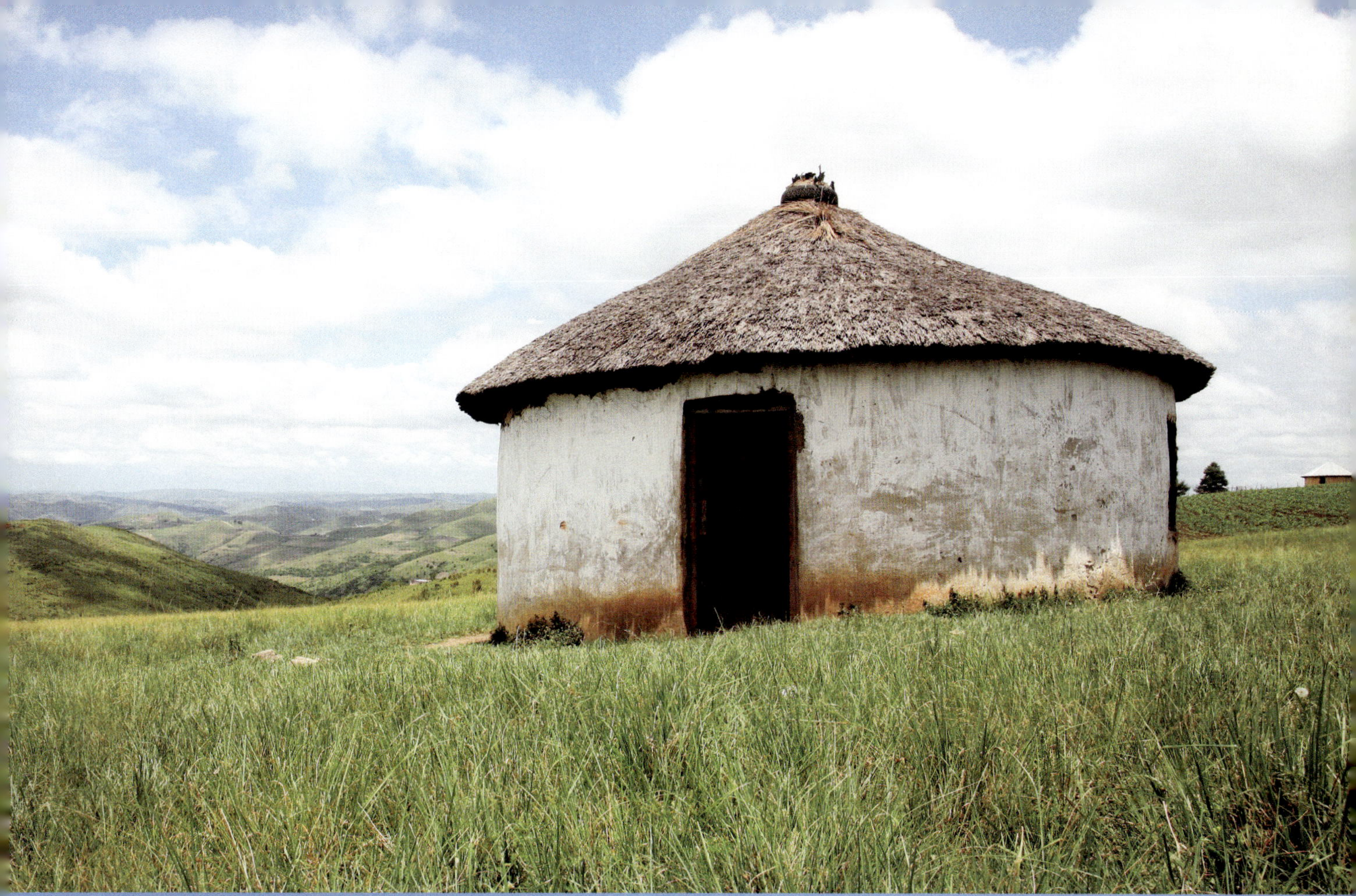

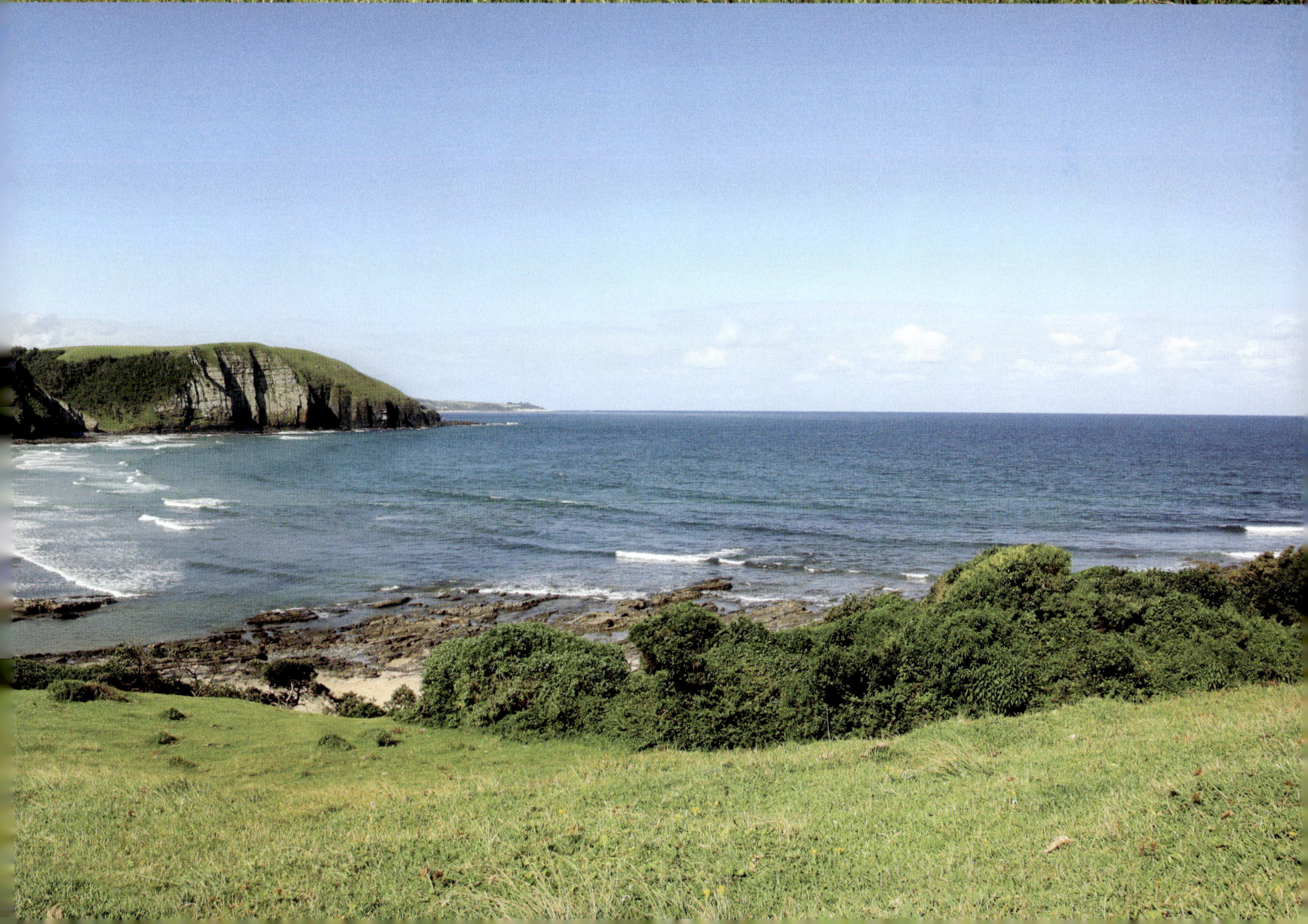

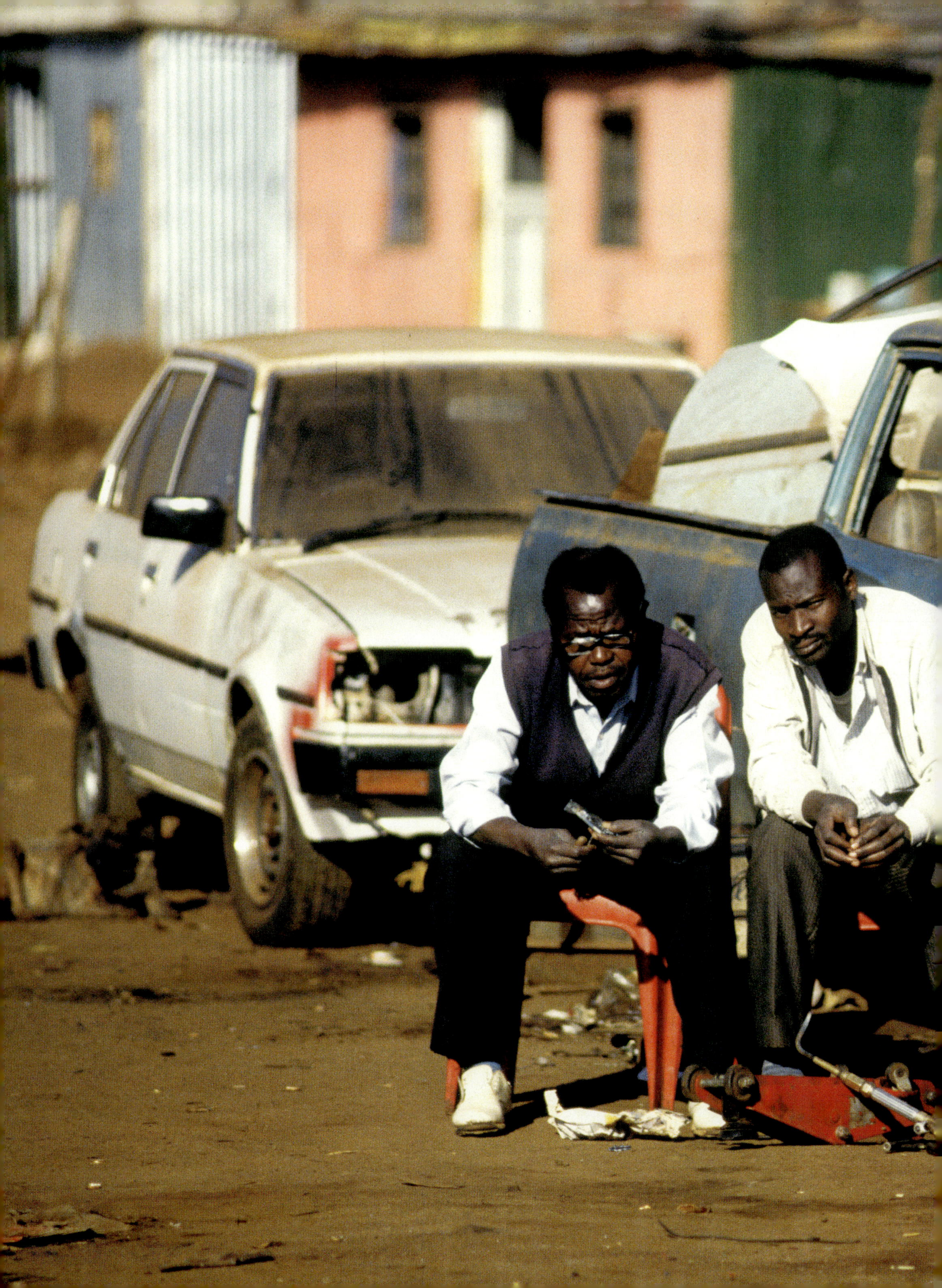

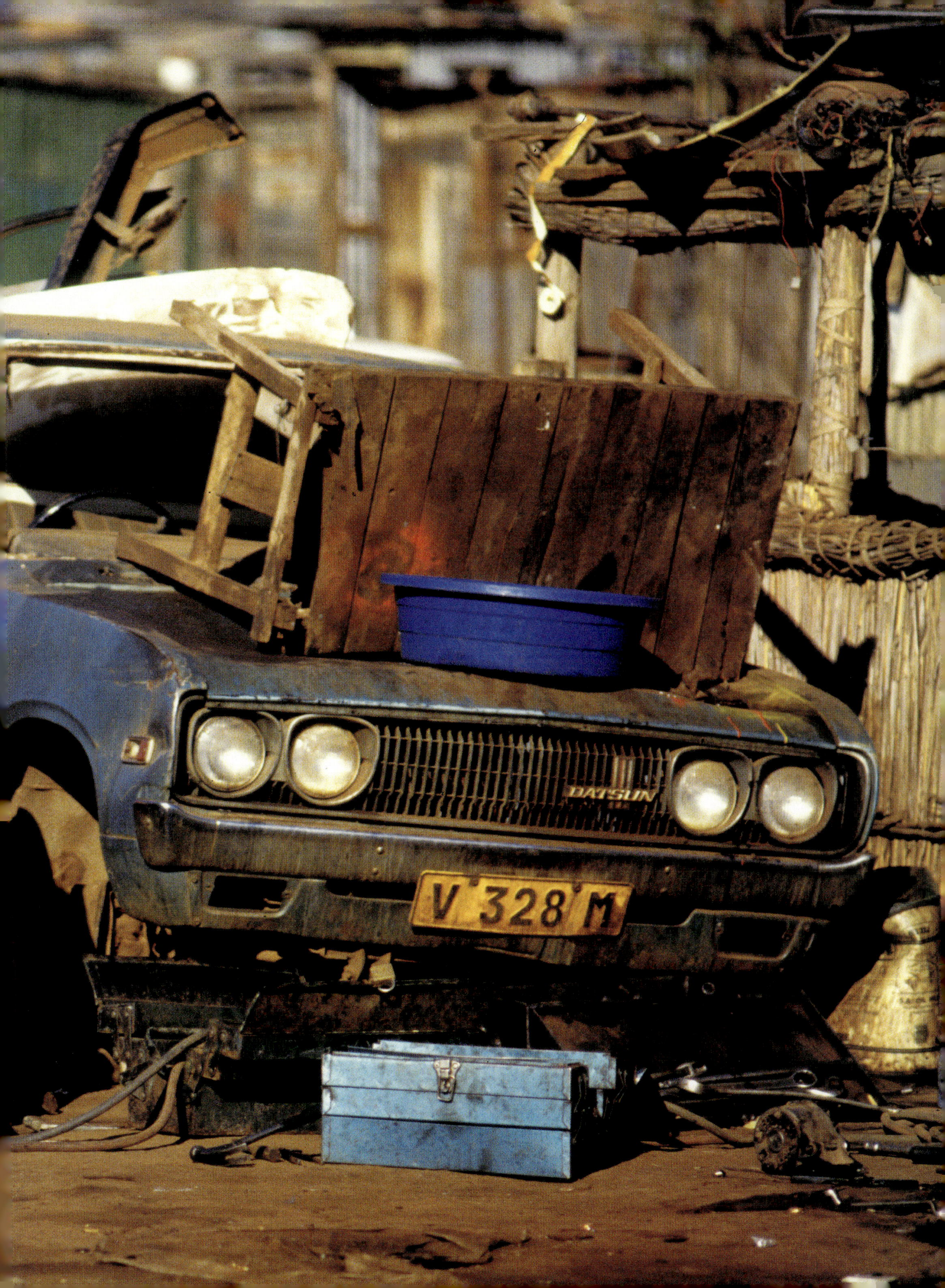
DATSUN
V 328 M

VORHERIGE DOPPELSEITE:
Die Folgen der Apartheid sind in Eastern Cape – wie in jeder anderen Provinz Südafrikas – noch heute in Form von Armut, Arbeitslosigkeit, schlechter Schulbildung und räumlicher Segregation zu spüren.

RECHTE SEITE:
Jungvermählte Tembu-Frauen nördlich von Mthatha im ehemaligen Homeland Transkei

FOLGENDE DOPPELSEITE:
An der Wild Coast (Fotos links oben und unten); spielende Kinder in einem Township in der Eastern Cape Province

MTHATHA

Unter dem früheren Namen Umtata war Mthatha die Hauptstadt des Homelands Transkei und ist heute das administrative Zentrum der Gemeinde King Sabata Dalindyebo im Distrikt O. R. Tambo. Die Stadt wurde nach dem Fluss Mthatha River benannt, der in den Bergen entspringt, sich durch die Hügellandschaft windet und beim Mthatha (oder Umtata) River Mouth in den Ozean fließt. Er soll seinen Namen von den Tembu bekommen haben, die am Flussufer vor langer Zeit ihre Toten mit den Worten „mThathe Bawo" („nimm ihn, großer Vater!") begraben haben.

Seit den Besiedlungsanfängen markiert dieser Fluss die Grenze zwischen den Tembu und den Pondo. Die Tembu ließen sich wahrscheinlich schon Mitte des 16. Jahrhunderts hier nieder. Immer wieder kam es zwischen beiden Stämmen zu Auseinandersetzungen, bis beide Chiefs beschlossen, eine Pufferzone zwischen den beiden Stämmen anzulegen und 1860 Farmland an Europäer vergaben.

1875 fiel das Tembuland in britische Hände und wurde in vier Verwaltungsbezirke aufgeteilt. Als 1877 Richard Calverley sein Amt als erster Bischof der anglikanischen Diözese antrat, erwarb er hier eine der Farmen am Mthatha River und errichtete dort seinen Sitz mit Kirche, Schule und Hospital. 1879 wurde die Stadt unter dem Namen Umtata offiziell gegründet, die heute eine reine Versorgungsstadt der ländlichen Bevölkerung ist, die tagtäglich in Massen mit Minibussen anreisen und die notwendigen Einkäufe tätigen.

Unweit von Mthatha, im Dorf Mvezo, wurde 1918 Nelson Mandela geboren, als Sohn eines Häuptlings. Besonders interessant ist ein Besuch des nahegelegenen Ortes Qunu, wo er aufwuchs und sich in den letzten Jahren bis zu seinem Tod 2013 zur Ruhe setzte. Hier ist der größte Staatsmann Südafrikas auch begraben. Dem Leben und Wirken des „Vaters der Nation" ist das Nelson Mandela Museum in Mthatha gewidmet.

WILD COAST

Die Wild Coast hat das Land der Xhosa vor allem bekannt gemacht – eine nur durch wenige Stichstraßen und zum Teil nur zu Fuß zu erreichende, felsige Küstenlandschaft, die allein durch Flussläufe und umliegende Strandabschnitte unterbrochen wird. Die landschaftliche Schönheit wird noch durch weitgehende touristische Unerschlossenheit unterstrichen – einer der schönsten Küstenabschnitte in ganz Afrika. An den Flussläufen haben vor allem Seefahrer auf der Suche nach neuen Zugangsmöglichkeiten kleine Ansiedlungen und den ehemals aktiven Hafen Port St. Johns gegründet – der einzige Hafen der Transkei.

Zu Beginn des 20. Jahrhunderts wurden von den Briten kleine feine Hotels errichtet, zu denen aus dem Hinterland eine heute zum Teil asphaltierte Zufahrt besteht. Schon immer bei den Einheimischen als Urlaubsort beliebt, entdecken auch immer mehr internationale Besucher diese Kleinode an der wilden Küste des Indischen Ozeans für sich.

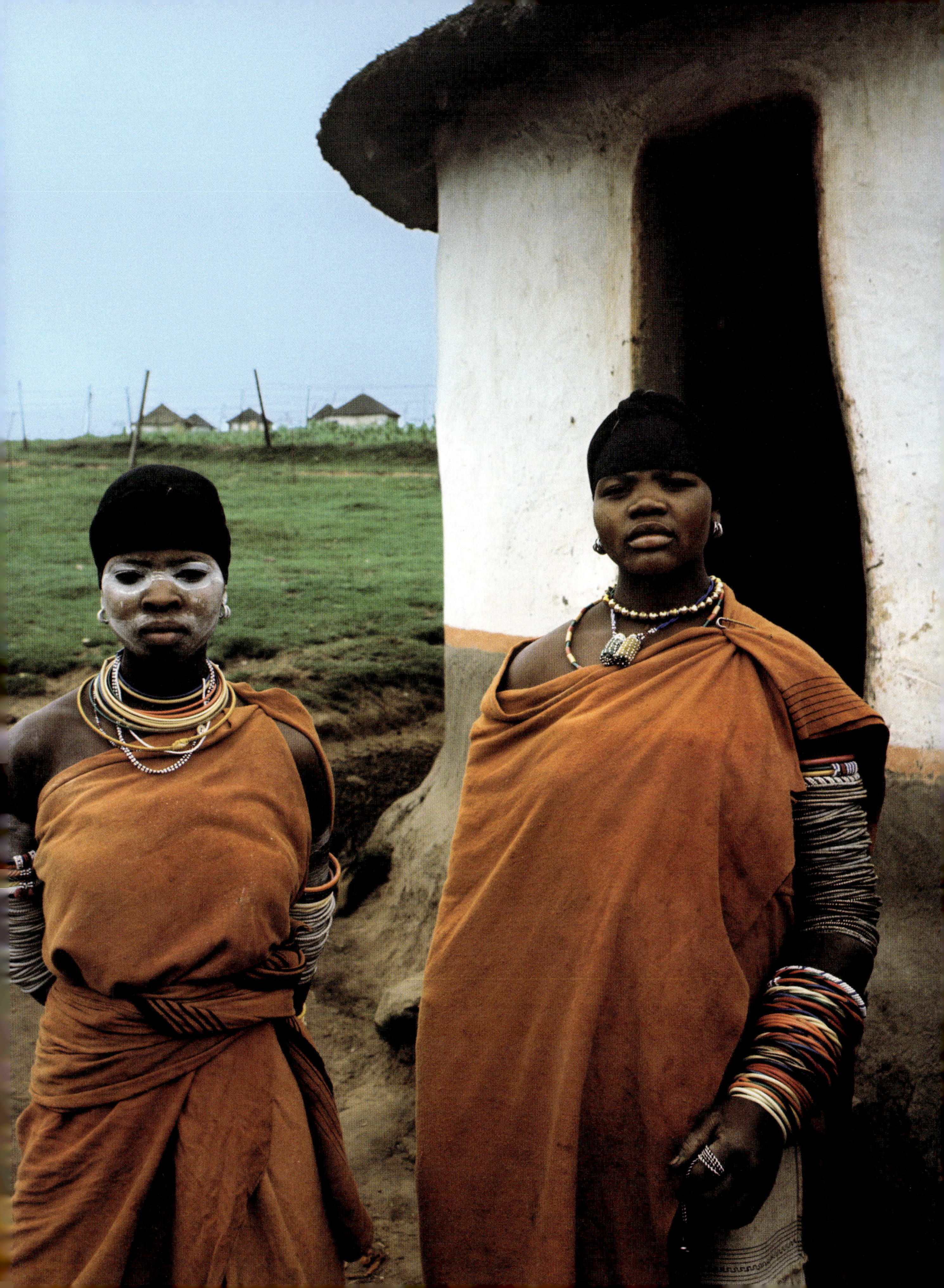

116 Eastern Cape

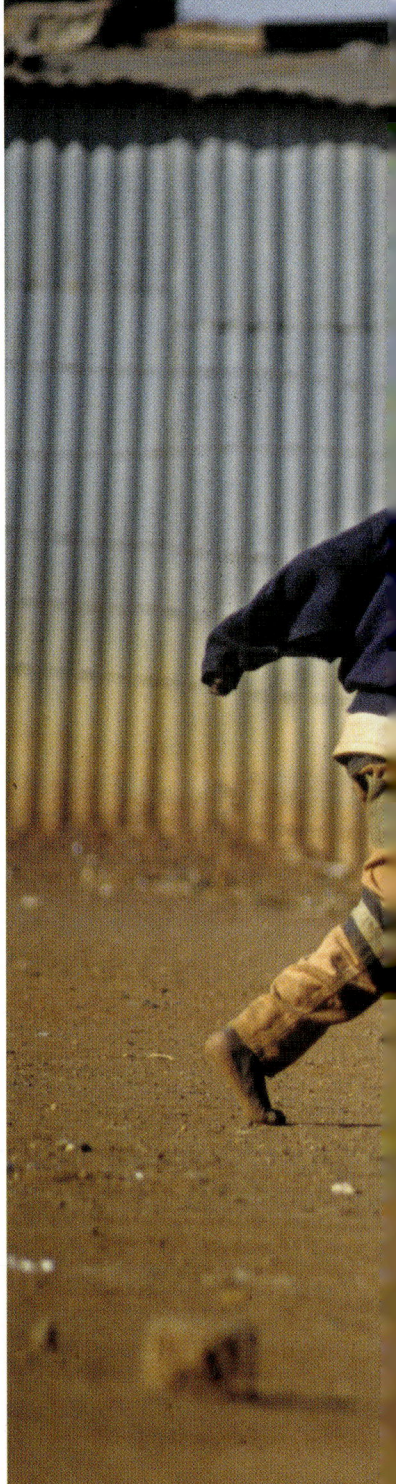

Eastern Cape

CISKEI

Ciskei („diesseits des Kei") war das vierte Homeland, das unter der Apartheid in die Schein-Unabhängigkeit entlassen wurde. 1961 errichtet, erhielt es 1972 „innere Autonomie" und 1981 „staatliche Unabhängigkeit"; seit 1994 ist es Teil der heutigen Eastern Cape Province. In den 1970er Jahren setzte die von der Apartheidregierung veranlasste Umsiedlung der Xhosa in die Ciskei ein. Zuletzt lebten hier ca. 645 000 der über sechs Millionen Xhosa.

Das ca. 8000 Quadratkilometer große Gebiet (halb so groß wie das Bundesland Schleswig-Holstein) erstreckt sich vom Black Kei River im Nordosten bis hin zum Great Fish River im Südwesten. Im Norden reichte das Gebiet bis ins Hochland der Großen Randstufe. Bis Ende der 1970er Jahre war das Staatsgebiet noch zweigeteilt, wobei das Land um Seymour zu Südafrika gehörte. Erst Ende der 1980er Jahre kam das Gebiet westlich von Fort Beaufort mit dem Mpofu Nature Reserve dazu.

Im Südwesten umfasste die Ciskei noch einen 66 Kilometer breiten Küstenabschnitt mit einem steil bergauf zu den Amathole-Bergen reichenden Hinterland. Die Vegetation ist zum Teil sehr üppig. Und durch die lang gestreckte Form des Landes mit verschiedenen Klima- und Höhenzonen sehr artenreich. Die Straßen sind nicht überall asphaltiert (zum Küstenort Hamburg führt z. B. nur eine Schotterpiste). Diese sind aufgrund verhältnismäßig geringer Niederschläge in gutem Zustand.

EAST LONDON

East London war zuerst im Jahr 1836 als Militärposten der Briten (Fort Glamorgan) eingerichtet worden und diente als Stützpunkt während der Xhosa-Kriege. Der Ort wuchs mit der Ansiedelung deutscher Siedler, die zuvor in der Britisch-Deutschen Legion gedient hatten, um 1857 um das Fort herum. Später erhielt East London das Stadtrecht.

An die deutschen Siedler erinnert heute das German Settlers Monument gegenüber dem Aquarium an der Uferpromenade von East London. Das Denkmal aus Granit wurde von Lippy Lipshitz entworfen und stellt eine Familie mit einem Kind dar. Es trägt den Titel „Den deutschen Einwanderern" und zeigt auf Bronzetafeln unter anderem die Reise der Auswanderer von Deutschland nach Südafrika, den Bau ihres neuen Heims und das Urbarmachen des Landes. Die deutschen Ortsnamen wie Braunschweig, Hamburg, Potsdam und Berlin, die im Umkreis von 100 Kilometer zu finden sind, gehen ebenfalls auf die deutschen Siedler zurück.

In der Buffalo Street, Ecke Jagger bzw. Union Street, befindet sich immer noch der German Market. Ursprünglich haben sich die deutschen Frauen hier getroffen und Handelsware wie Gemüsesorten und Gewürze getauscht. Schnell entwickelte sich der Markt zum größten der Stadt. Heute wird hier neben Nahrungsmitteln auch mit Textilien und andere Waren gehandelt – nun vor allem von schwarzen Marktfrauen.

Die meisten wirtschaftlichen Aktivitäten finden heute in und um East London (Afrikaans: Oos-Londen, Xhosa: eMonti) statt, das um die Flussmündung des Buffalo River in den Indischen Ozean entstanden und Südafrikas größter Flusshafen ist. Die Stadt mit ungefähr 270 000 Einwohnern ist Teil der Metropolgemeinde Buffalo City (Gesamt-Einwohnerzahl: ca. 850 000 bis eine Million) und liegt zwischen den ehemaligen Homelands Ciskei und Transkei.

Auch wenn East London als Industrie- und Hafenstadt bezeichnet werden muss, so hält es doch dem Vergleich mit Durban oder Richards Bay nicht Stand. Die mangelnde Auslastung des Hafens macht Arbeitslosigkeit zu einem allgegenwärtigen und alles beherrschenden Thema. Erschwerend kommt für den Hafen noch hinzu, dass er als Flusshafen nur über begrenzten Tiefgang verfügt und seine Einfahrt immer wieder versandet. Jährlich müssen über 500 000 Kubikmeter Sand abgepumpt werden, um die Fahrrinne schiffbar zu halten.

Anlass zu Optimismus bieten die von der Daimler AG geschaffenen Arbeitsplätze. Der Automobilbauer produziert in East London vor allem Fahrzeuge für Länder mit Linksverkehr (neben Südafrika selbst etwa auch Australien), wodurch auch eine große Zulieferindustrie entsteht. Zudem bieten die Nahrungsmittel- und die Textilindustrie einige Arbeitsplätze. Doch für die Menschen von Mdantsane (20 Kilometer westlich von East London), der mit schätzungsweise 200 000 Einwohnern größten Township von Buffalo City, reicht das nicht. Dort liegt die Arbeitslosenquote bei über 60 Prozent.

Daimler-Produktion in Südafrika. Die Firma ist der größte Arbeitgeber in East London. Hier werden Pkw und Lkw für den südafrikanischen Markt und für den Export produziert.

East London kann mit einigen Stadtstränden wie dem Eastern, Orient und Nahoon Beach aufwarten, allerdings kann die Stadt nicht mit der quirligen Strandpromenade von Port Elizabeth oder den legendären Stränden von Durban mithalten. Zu sehr sieht man an vielen Ecken den Verfall und zu verschlafen geht es hier zu. Zudem bieten der Norden und Süden der Stadt mit einsamen und außergewöhnlichen Stränden zu viele Alternativen.

Statue von Steve Biko vor der City Hall in East London

Die relativ kleine Innenstadt East Londons wiederum ist, ganz anders als das hektische Durban, von ruhiger Beschaulichkeit geprägt. Die Architektur ist nicht bestechend, doch glänzt sie durch eine interessante Mischung verschiedener Baustile, die besonders in der Oxford Street ins Auge fällt.

In der Cambridge Street liegt das rot-weiße, 1899 erbaute Gebäude der City Hall mit einer auffälligen Turmuhr. Davor steht die Statue des Freiheitskämpfers Steve Biko, die 1997 von Nelson Mandela enthüllt wurde. Biko starb 1977 im Gefängnis von Pretoria an den Folgen einer Kopfverletzung, die ihm während eines Verhörs von Polizisten zugefügt worden war.

In einem viktorianischen Gebäude an der Ecke Caxton und Cambridge Street befand sich bis 2015 die Redaktion der Zeitung „Daily Dispatch". Das 1872 gegründete Blatt zog in den 1970ern den Zorn der Apartheidregierung auf sich, als der Verleger Donald Woods Texte von Biko unter einem Pseudonym veröffentlichte. Woods musste schließlich aus dem Land fliehen. Einblicke in das Leben von Biko und Woods gibt der 1987 erschienene Film „Cry Freedom".

Wegen der wahrscheinlich umfangreichsten naturkundlichen Sammlung Südafrikas ist das East London Museum in der Upper Oxford Street ein großer kultureller Schatz der Stadt, der neben Exponaten der Xhosa-Kultur unschätzbare Fundstücke des maritimen Lebens beinhaltet. Dazu gehören die vor 50 Millionen Jahren ausgestorbene Fischart Coelacanth (Latimeria chalumnae) und das einzige Dodo-Ei, das 1846 aus Mauritius gebracht wurde.

GRAHAMSTOWN

Grahamstown ist eine Stadt in der Gemeinde Makana im Distrikt Sarah Baartman. Bis zum Indischen Ozean sind es von hier ca. 60 Kilometer. Wer Port Elizabeth oder East London erreichen möchte, muss ca. 140 bzw. 180 Kilometer zurücklegen. Einen hervorragenden Ruf genießt die Rhodes University, eine der ältesten Hochschulen des Landes. Auch das Hohe Gericht der Provinz hat hier seinen Sitz.

Grahamstowns Anfänge gehen auf das Jahr 1806 zurück, als es bei der zweiten Besetzung des Kaps durch die Briten an der Ostgrenze unmittelbar zu Widerständen der Xhosa kam. Die Xhosa drohten gar mit einem Generalangriff. Morde, Überfälle und Viehdiebstähle bestimmten das Leben in der Grenzregion. Die Briten versuchten, den großen Konflikt abzuwenden, indem sie die Xhosa dazu drängten, den Great Fish River als die Südgrenze ihres Bereiches anzuerkennen, was diese jedoch ablehnten. Schließlich brach 1811 ein Krieg aus, den die weiße Regierung mit etwa 20 000 Soldaten bestritt.

Um weitere Einfälle der Xhosa zu unterbinden, begann man, eine Reihe von Festungen entlang des Great Fish River zu bauen. Als die Überfälle zunahmen und der Chefunterhändler der Briten ermordet wurde, gründete 1812 Colonel John Graham in einem verlassenen Farmhaus eine Militärbasis als Hauptquartier für die Auseinandersetzungen an der Ostgrenze und verwaltete die Forts entlang des Great Fish River.

Bald stellte man hier Zelte auf und begann auch damit, einfache Häuser zu errichten. Diese Stelle wurde nach dem Colonel Grahamstown benannt. Die erste Bewährungsprobe fand am 22. April 1819 statt, als über 9000 Xhosa-Krieger den Posten zu stürmen versuchten. Doch die 300 Garnisonssoldaten konnten den Angriff abwehren und töteten über 1000 Xhosa. Der Hügel, auf dem sie sich zum Angriff versammelt hatten, wurde der Makana's Kop benannt – nach Makana, ihrem Führer.

Bis zu den ersten Gold- und Diamantenfunden im Norden des Landes konnte sich Grahams-

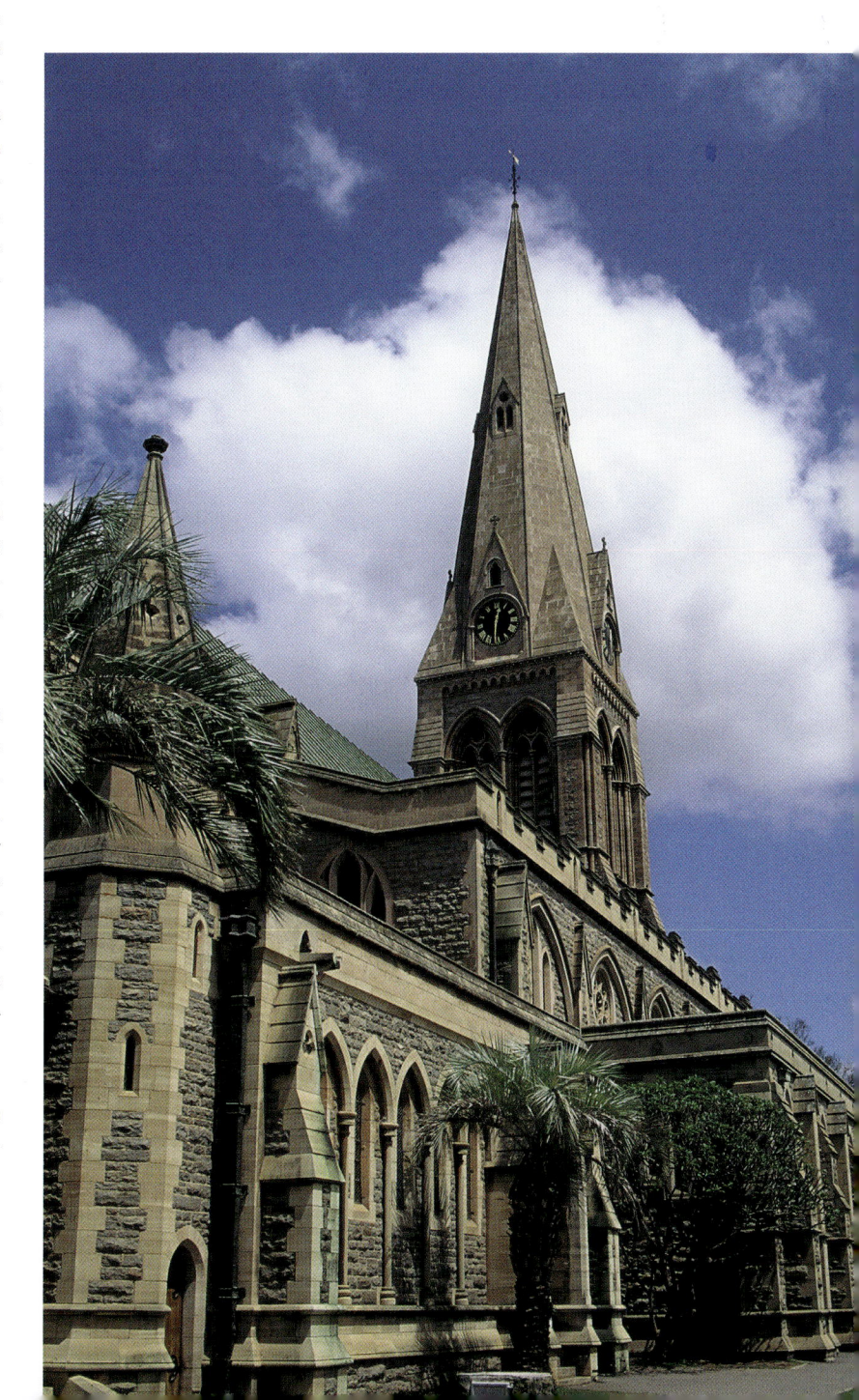

FOLGENDE DOPPELSEITE:
Brücke über den Great Fish River, der zum Dreh- und Angelpunkt des Konflikts zwischen Xhosa und Briten wurde. Anfang des 19. Jahrhunderts bauten die Briten entlang des Flusses zahlreiche Festungen.

Bischofskathedrale St. Michael und St. George in Grahamstown

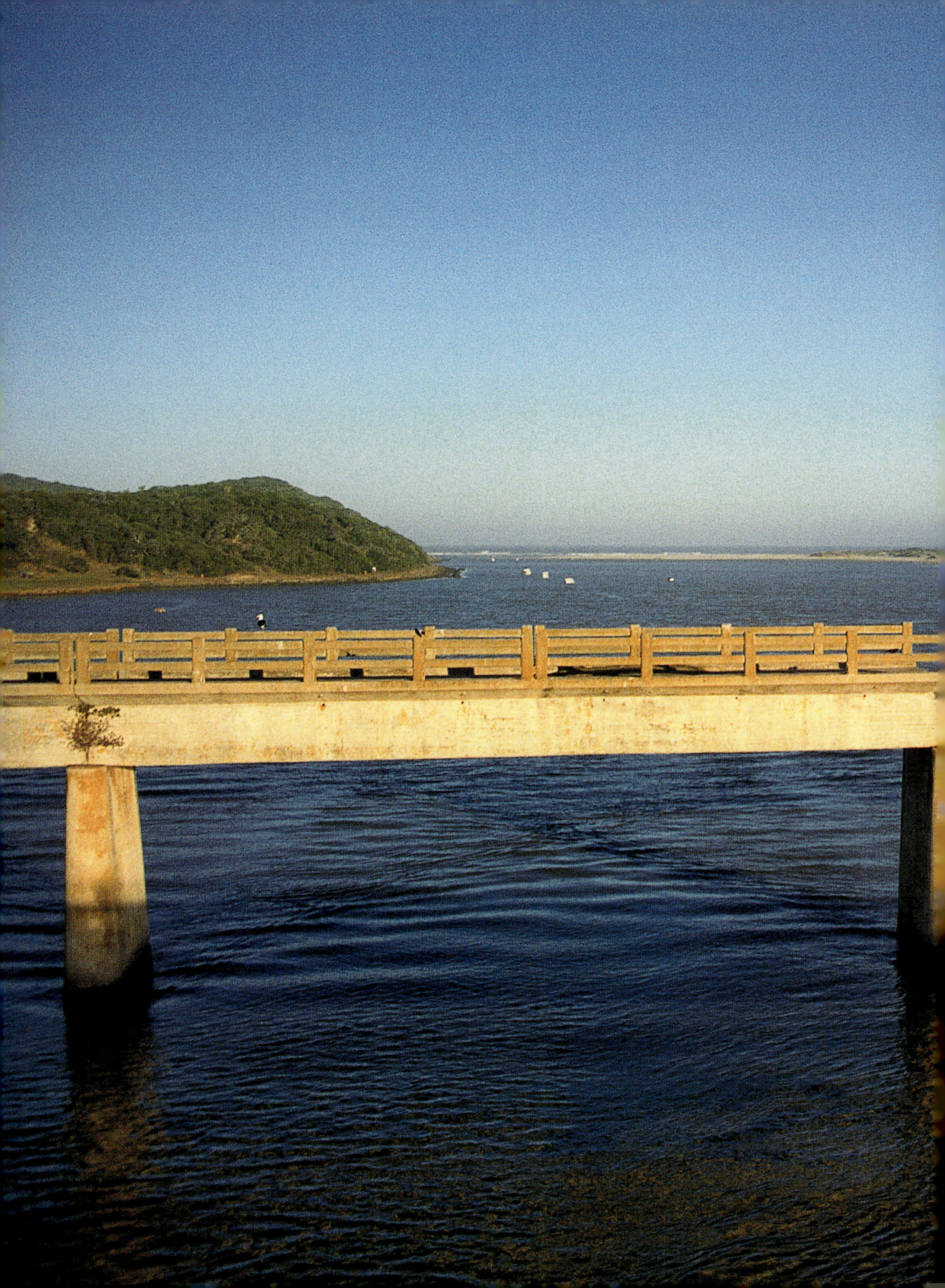

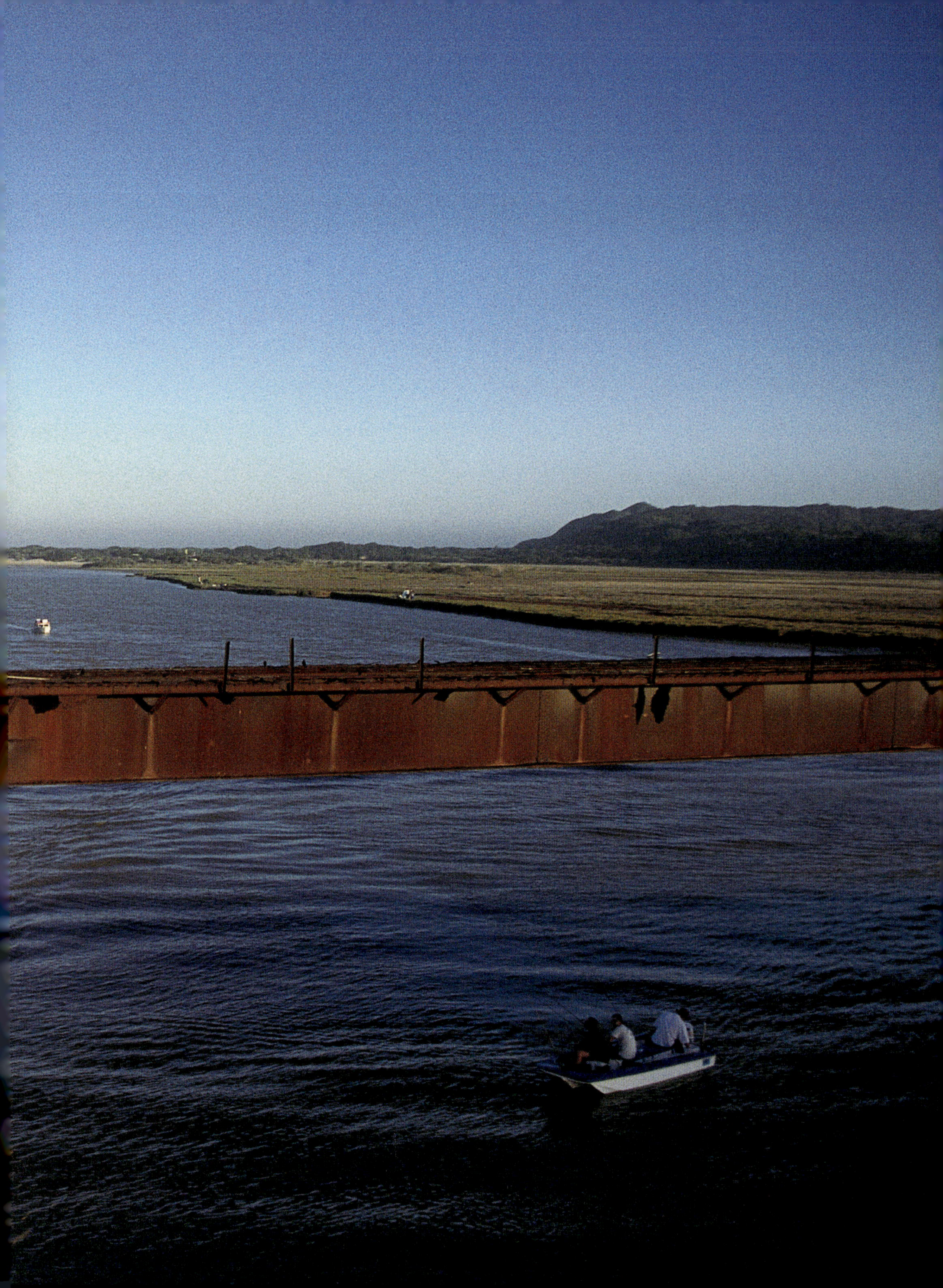

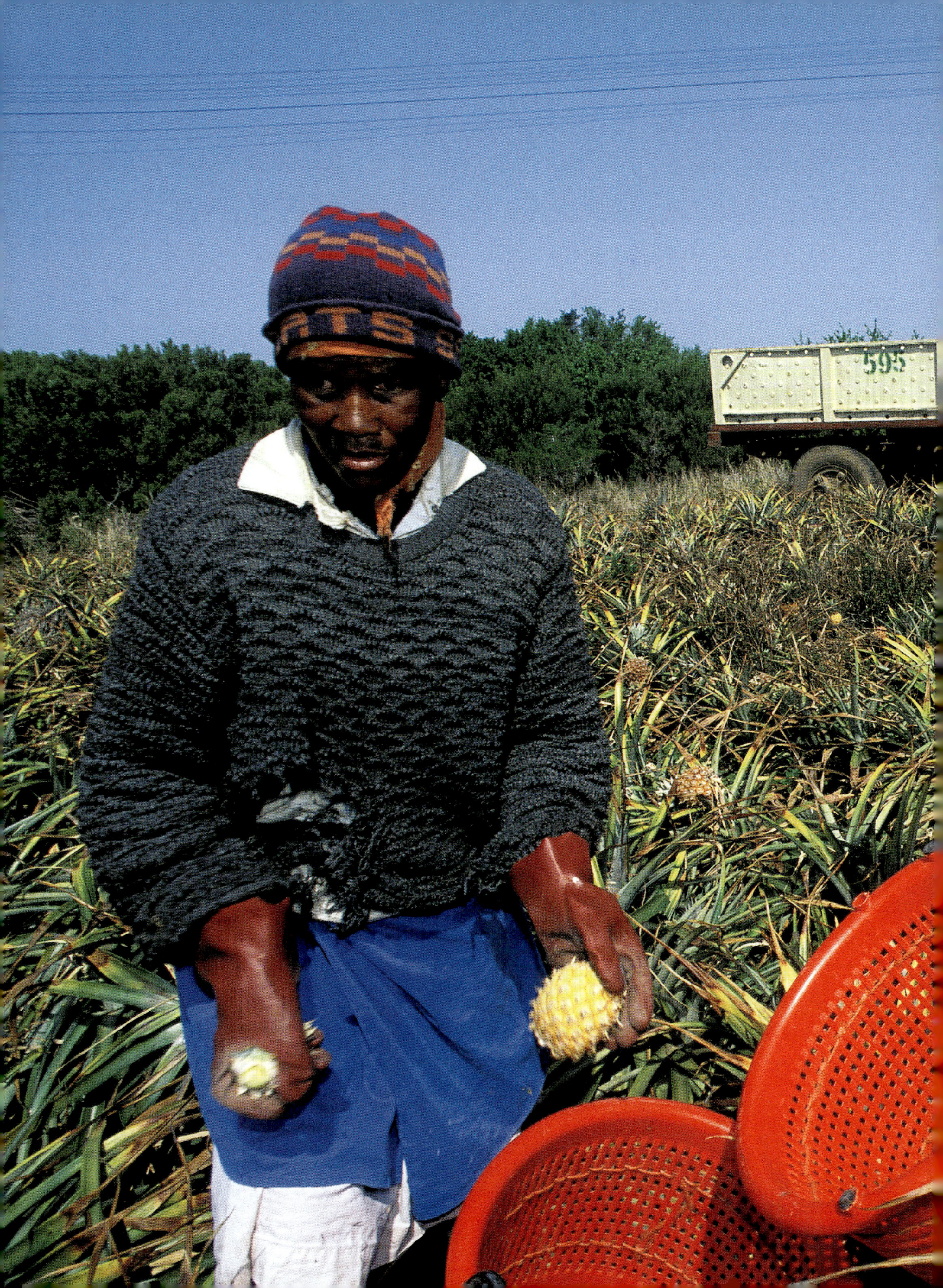
595

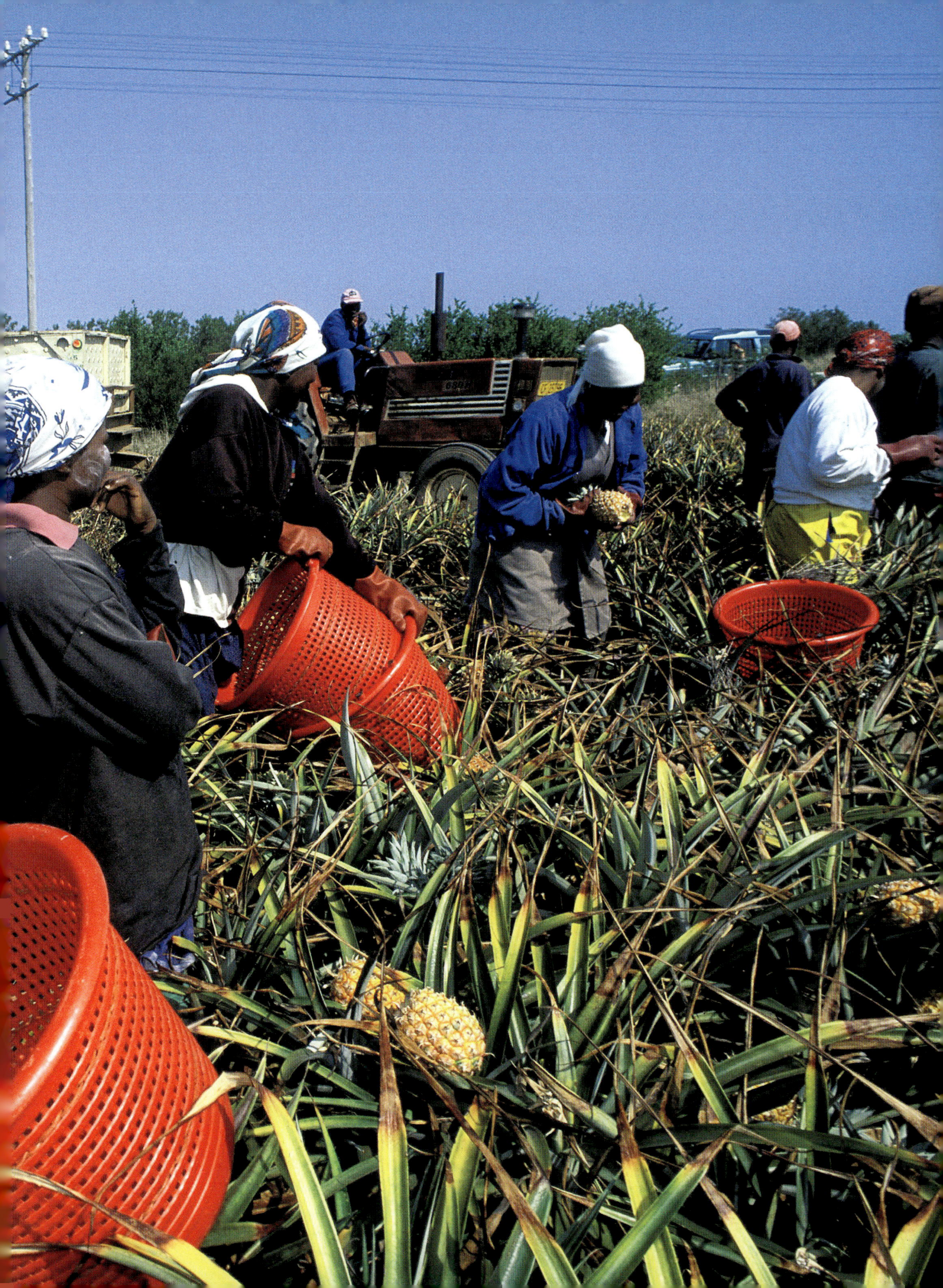

VORHERIGE DOPPELSEITE:
Ananas-Ernte im Gebiet von Bathurst. Die nahe bei Grahamstown liegende Kleinstadt ist eine der „Ananashochburgen" des Landes.

town als zweitgrößte Stadt des Landes behaupten. Es entwickelte sich eine große Anzahl von guten Privatschulen, und 1904 wurde mit der Rhodes University eine der berühmtesten Universitäten Südafrikas gegründet. Die Studenten dieser renommierten Universität prägen das Leben in den Straßen dermaßen stark, dass die Stadt in der Ferienzeit auffällig leer und still ist.

Heute ist Grahamstown eine schmucke universitäre Kleinstadt mit vielen Parks und historischen, vor allem viktorianischen Gebäuden (Dutzende stehen unter Denkmalschutz). Die fast 60 Kirchen verleihen Grahamstown auch den Namen „Stadt der Heiligen". Das historische Zentrum ist kompakt angelegt und gut zu Fuß zu durchlaufen. Die Hauptsehenswürdigkeiten lassen sich am besten bei einem Spaziergang entlang und in der Nähe der breiten High Street, zugleich das Zentrum der Stadt, erkunden.

In den vergangenen Jahren hat sich Grahamstown als Festival-Hochburg Südafrikas etabliert. Derzeit werden hier alljährlich 15 Festivals zelebriert. Berühmt ist die Stadt vor allem für das alljährlich im Juni/Juli stattfindende National Arts Festival – das größte in der südlichen Hemisphäre und ein Kulturspektakel, das jedes Jahr eine halbe Million Theater-, Musik- und Kunstfreunde aus allen Teilen des Landes anzieht.

Die Rhodes University in Grahamstown

PORT ELIZABETH

ÜBERBLICK

Port Elizabeth (Xhosa: iBhayi) erstreckt sich 16 Kilometer entlang der Algoa Bay am Indischen Ozean und liegt genau an der Mündung des kleine Baakens River. Mit ca. 320 000 Einwohnern in der eigentlichen Stadt und mit etwa 1 300 000 Einwohnern in der Agglomeration (Stand 2018) ist sie die größte Stadt der Provinz Eastern Cape.

Port Elizabeth liegt an der Fernstraße N2, die von Kapstadt (770 Kilometer) nach Durban (984 Kilometer) immer mehr oder weniger dem Küstenverlauf folgt, und ist an das südafrikanische Schienennetz angeschlossen. Seit dem Zusammenschluss im Jahre 2001 bildet Port Elizabeth gemeinsam mit Uitenhage und Despatch die Metropolgemeinde Nelson Mandela Bay. Die Stadt ist Sitz der aus mehreren Hochschulen vereinten Nelson Mandela University.

Bekannt sind die weitläufigen, weißen Sandstrände, wie King's, Humewood, Hobie und Pollock, die mitunter mitten in der Stadt liegen, die in Südafrika sowohl „Windy City" (windige Stadt) als auch „Friendly City" (freundliche Stadt) genannt wird.

FOLGENDE DOPPELSEITE:

Port Elizabeth – Häuser in der Donkin Street (oben links), Hotelfassade im viktorianischen Stil (oben rechts), Casino an der Strandpromenade (links unten), Amüsier- und Unterhaltungsbereich an der Strandpromenade

Pier am Hobie Beach in Port Elizabeth

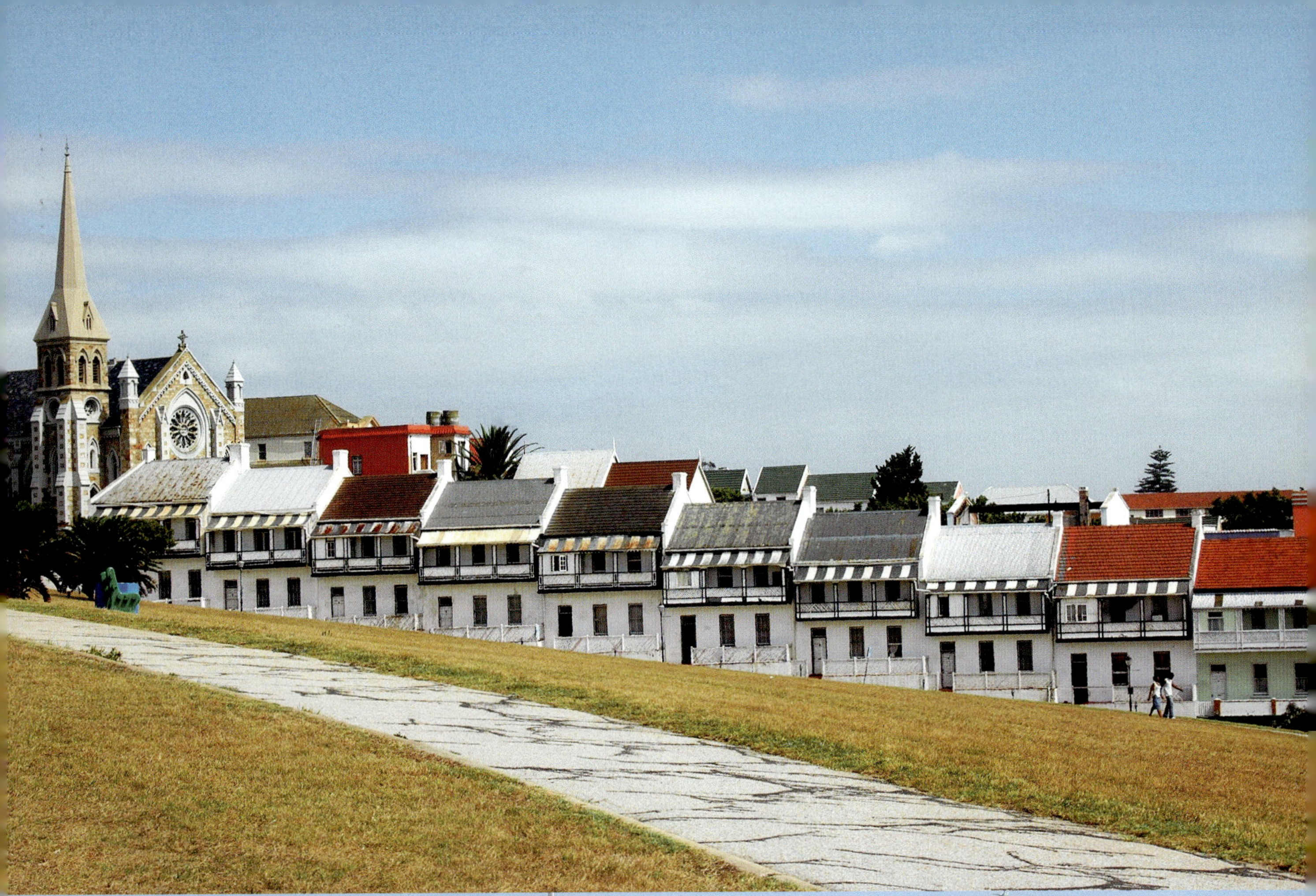

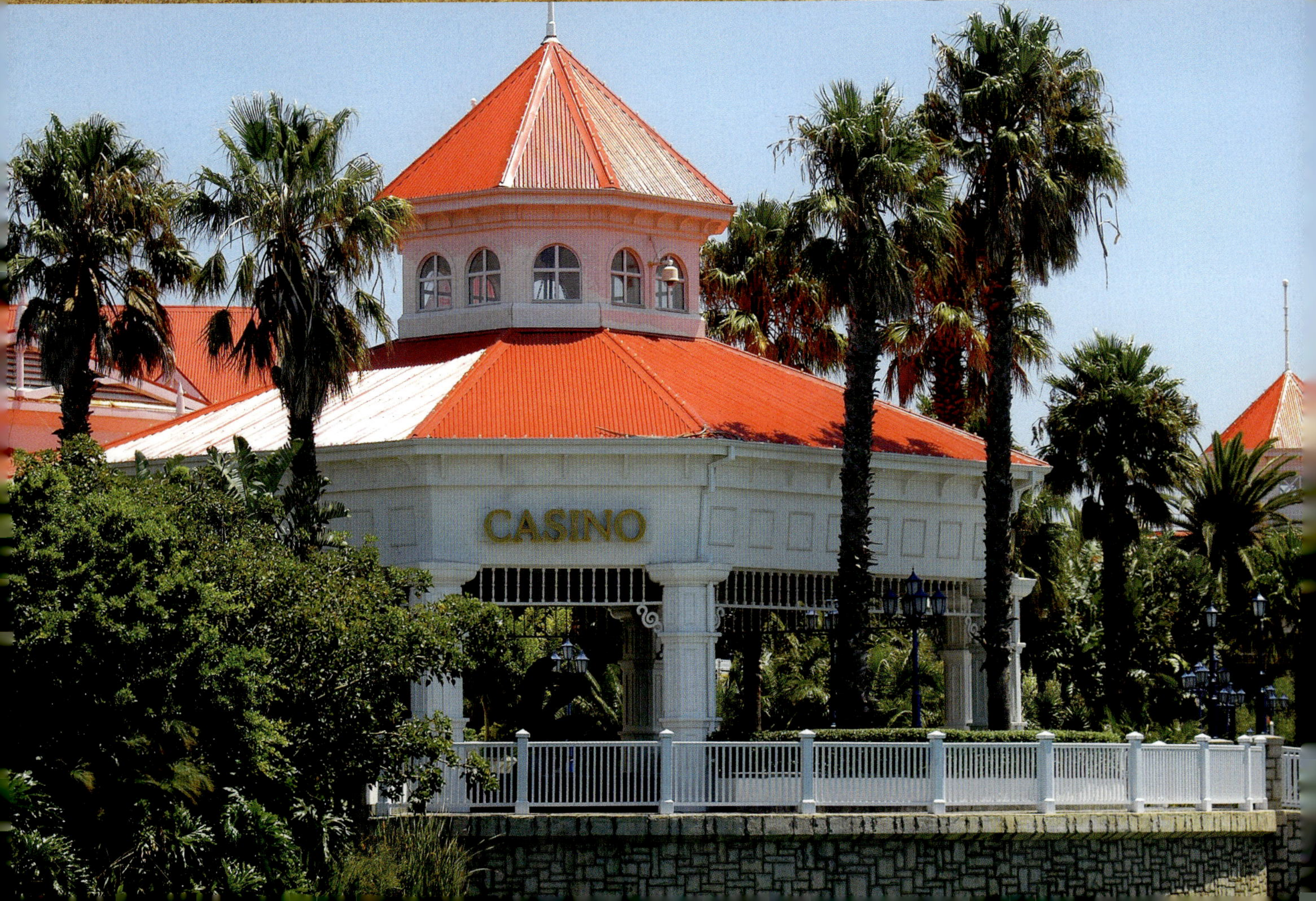
CASINO

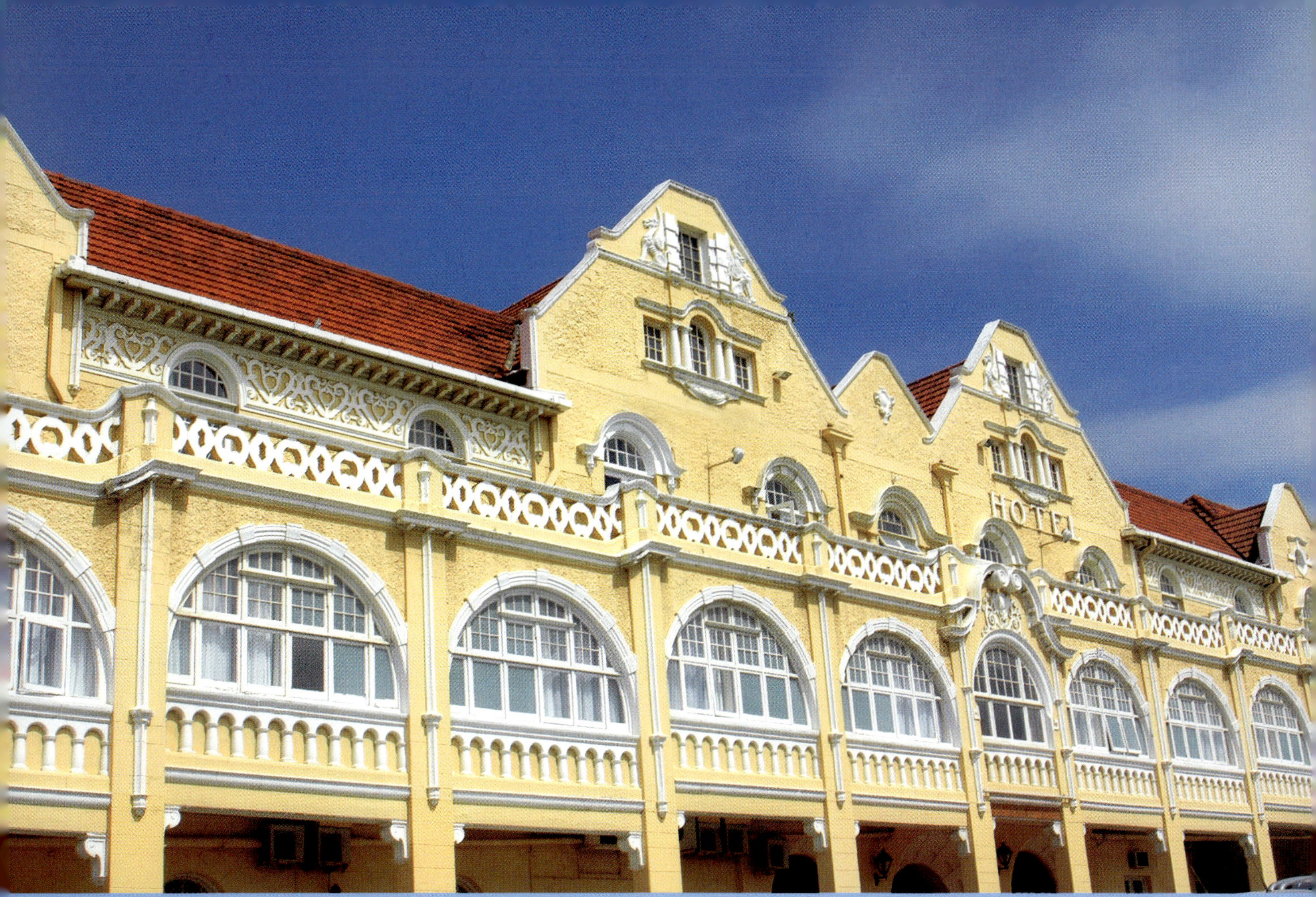
HOTEL

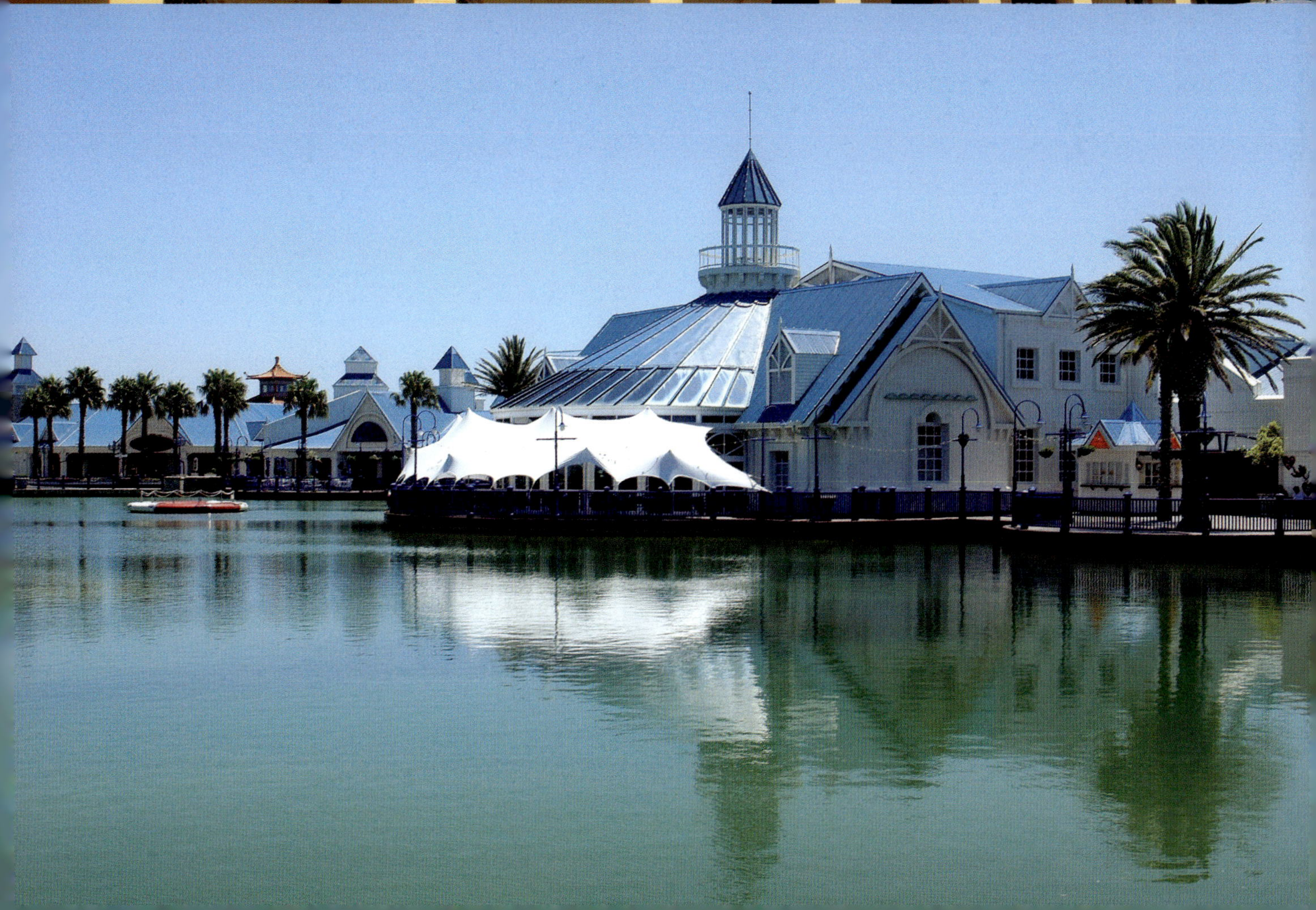

Die Innenstadt liegt auf einem 60 bis 90 Meter hohen Plateau, und der alte Stadtkern, der nahezu dörflich erscheint, weist ein paar historische Bauten aus viktorianischer Zeit auf. Viele Gebäude stehen leer, da das moderne Leben einen großen Bogen um die steilen Straßen und das kleine Zentrum von Port Elizabeth gemacht hat. Wie bei keiner anderen Stadt in Südafrika haben sich Vororte mit suburbanen Shoppingmalls, mittelständischen Vorstadtsiedlungen und riesigen Industrieareale (z. B. Uitenhage) entwickelt. Nahe der Innenstadt liegt hingegen das zur Fußball-Weltmeisterschaft 2010 gebaute Nelson Mandela Bay Stadium, das 46 000 Zuschauer fasst.

Leuchtturm von Port Elizabeth

GESCHICHTE

Die Khoikhoi bevölkerten früher die Region um die heutige Stadt und lebten in erster Linie von Weidewirtschaft. 1488 landete der portugiesische Seefahrer und Entdecker Bartolomeu Dias östlich von Port Elizabeth. Ihm folgten in den nun kommenden Jahrhunderten weitere Abenteurer, zunächst aus Portugal, später aus anderen Seefahrernationen. Bei diesen Expeditionen strandeten auch einige Schiffe und mussten zurückgelassen werden. Überreste locken bis heute Taucher an. Mitte des 19. Jahrhunderts wurde ein Steinkreuz gefunden, mit dem Bartolomeu Dias 1488 die Landestelle markiert hatte. Es ist im Museum von Johannesburg zu bewundern, eine Kopie wurde im Zentrum von Port Elizabeth aufgerichtet.

Viele Jahrhunderte diente die Bucht nur als Zwischenstation, um sich für die Weiterfahrt mit Wasser, Nahrung und Holz zu versorgen, und war Anlaufpunkt für praktisch alle wichtigen europäischen Handelsflotten auf dem Weg von oder nach Asien. Ihre strategische Bedeutung machte die Bay nun auch zu einem möglichen militärischen Ziel. Angesichts eines befürchteten Angriffs französischer Truppen errichteten britische Soldaten im Jahre 1799 das steinerne Fort Frederick, heute das älteste Steingebäude der östlichen Kapprovinz und zugleich ältestes in Afrika von Briten geschaffenes Bauwerk südlich der Sahara. Namensgeber war der damalige Herzog von York. Gut zwei Jahrzehnte nach der Errichtung von Fort Frederick entstand in unmittelbarer Nähe der Ort Port Elizabeth. Sir

Rufane Donkin, damals amtierender Gouverneur der Kapkolonie, benannte die kleine Siedlung am Hafen nach seiner früh verstorbenen Ehefrau Elizabeth. Zur Erinnerung an Elizabeth ließ Donkin im Gedenkpark Donkin Reserve eine Steinpyramide aufstellen. Am Hafen erinnert der 1923 erbaute Gedenkturm „Campanile" an die ersten Siedler, die 1820 hier eintrafen.

Nach der Ankunft von rund 4000 britischen Auswanderern entwickelte sich das Städtchen schnell zu einem Handelszentrum. Im Jahre 1861 erlangte Port Elizabeth die Rechte einer autonomen Kommune.

WIRTSCHAFT

Im Hafen von Port Elizabeth, der über einen modernen Containerterminal verfügt, werden im Jahr mehr als zehn Millionen Tonnen Güter umgeschlagen. Damit bildet Port Elizabeth das wirtschaftliche Zentrum der Provinz. Hinter Durban, Richards Bay und Saldanha Bay ist der Hafen nach Umschlagszahlen der viertgrößte Südafrikas.

Die Arbeit in Port Elizabeth konzentrierte sich zunächst auf die Verschiffung von Erz aus der Sishen-Mine in der heutigen Provinz Eastern Cape. Seit der Inbetriebnahme des Hafens von Saldanha Bay (Western Cape) im Jahr 1976 setzt Port Elizabeth den Schwerpunkt auf Container- und Stückgutfracht – mit Erfolg, wie die wiederholte Vergrößerung des Hafenbeckens in den letzten Jahrzehnten belegt.

Den Namen „Detroit Südafrikas" verdankt Port Elizabeth der Ansiedlung verschiedener Automobilproduzenten und Zulieferer wie VW, General Motors, Ford, Continental und etlicher anderer Hersteller. Damit ist Port Elizabeth Zentrum der südafrikanischen Automobilindustrie. Das Volkswagen-Werk im Vorort Uitenhage beschäftigt 4000 Mitarbeiter und ist damit in dieser Branche einer der größten Arbeitgeber in ganz Afrika. Die vielen Webereien runden das industrielle Spektrum der Stadt ab.

Dank des Ausbaus und der Modernisierung im Jahr 2004 können am Flughafen von Port Elizabeth jährlich nun bis zu zwei Millionen Passagiere abgefertigt werden. Die seit Jahren geplante Erweiterung der Start- und Landebahnen steht aber noch immer aus, weshalb es nach wie vor nur Flugverbindungen innerhalb Südafrikas gibt.

Die zahlreichen Besucher aus dem In- und Ausland werden vor allem durch das umfangreiche Angebot an Wassersportarten nach Port Elizabeth gelockt. Liebhaber der Unterwasserwelt finden viele Tauchschulen, da das Meer und die Lagunen hier relativ sicher sind.

Ein wesentlicher Wirtschaftsfaktor für Port Elizabeth und dessen Umgebung ist der Tourismus, dessen Fundament nicht zuletzt die zahlreichen Strände an dem Küstenabschnitt sind.

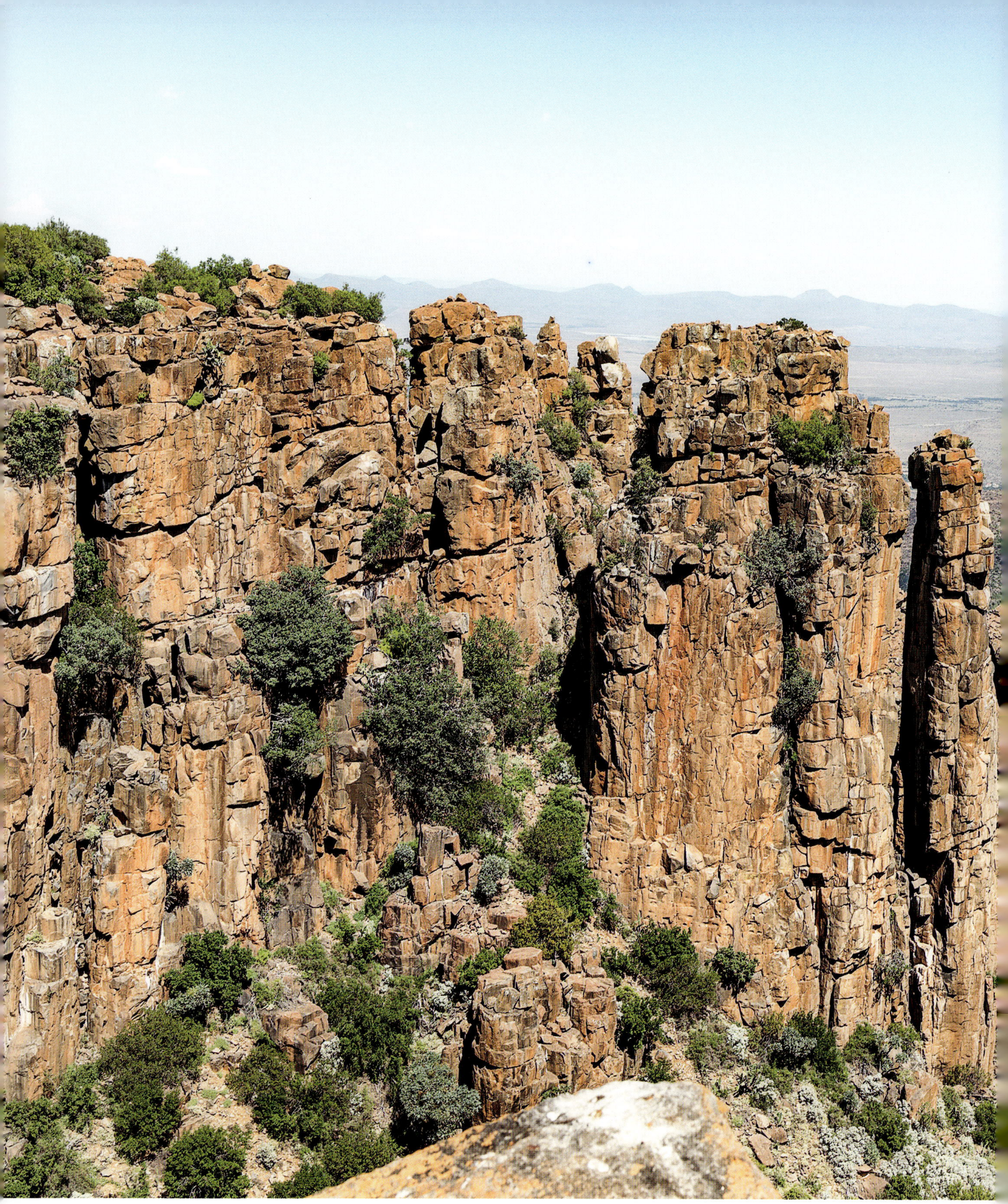

GRAAFF-REINET

Die „Perle der Karoo", wie die rund 27 000 Einwohner zählende Stadt genannt wird, liegt an den Ausläufern des Sneeubergs und wurde an der Flussschleife des Sundays River angelegt, die als natürlicher Schutzschild dienen sollte.

Die Kapregierung gründete die Stadt 1794 mit dem Ziel, hier einen Verwaltungssitz einzurichten. Der Name verweist auf den Gouverneur Cornelis Jacob van der Graaff und seine Frau Cornelia Reinet. Mitte des 19. Jahrhunderts kamen viele englische und deutsche Siedler, und die Stadt wurde das zweitwichtigste landwirtschaftliche Handelszentrum der Kapprovinz. Heute sind Graaff-Reinets wichtigste Wirtschaftszweige die Viehzucht (vor allem Schaf- bzw. Straußenzucht) und der Weinhandel.

In der Innenstadt gibt es über 200 unter Denkmalschutz stehende Häuser viktorianischer und kapholländischer Architektur. In der Nähe der Stadt befindet sich das Valley of Desolation (= Tal der Trostlosigkeit), das im Verlauf von Millionen von Jahren durch Verwitterung und Erosion geschaffen wurde. Hierbei sind verschiedenste Felsformationen entstanden sowie senkrechte Steinsäulen von über 100 Metern.

Fast lückenlos umschlossen wird Graaff-Reinet vom Camdeboo National Park, der 2005 aus dem Karoo Nature Reserve hervorging und eine Fläche von fast 20 000 Hektar aufweist. Im Mittelpunkt des Gebietes liegt der Nqweba Dam. An diesem Stausee gibt es zahlreiche Vogelarten, Savannentiere und Bergzebras zu sehen.

LINKE SEITE:

Valley of Desolation nahe Graaff-Reinet

RECHTE SEITE:
Hütten eines Camps im Shamwari Game Reserve – ganz in der Nähe des Addo Elephant National Park (Foto oben); ein Kudu, aufgenommen im Addo Elephant National Park (Foto unten).

NATIONALPARKS

ADDO ELEPHANT NATIONAL PARK

Der Addo-Elefanten-Nationalpark (benannt nach dem kleinen Ort Addo) liegt im Sundays River Valley im Distrikt Sarah Baartman, rund 70 Kilometer nördlich von Port Elizabeth, und wurde verwaltungstechnisch mit dem nahe gelegenen Zuurberg National Park zusammengelegt, der jedoch vorwiegend als Wochenendausflugsziel der Einheimischen dient. Als das Refugium für die bedrohten Elefanten 1931 ins Leben gerufen wurde, war praktisch der gesamte ursprüngliche Bestand der Tiere skrupellosen Elfenbeinjägern oder Farmern zum Opfer gefallen. Nur 16 Elefanten sollen zum Zeitpunkt der Gründung des Parks den Vernichtungsfeldzug überlebt haben.

Anfang des 19. Jahrhunderts – als die ersten Siedler in diesem Gebiet Flächen urbar machen wollten – war das Land immer wieder von Elefanten zerstört worden. Nach langen Diskussionen, wie das Farmland gegen Verwüstungen geschützt werden könnte, beauftragte die Kapregierung 1919 den Berufsjäger Jan Pretorius, die Elefanten auszurotten. Zwölf Monate später waren bereits weit über 100 tote Dickhäuter Folge dieser Maßnahme. Nachdem es zu öffentlichen Protesten kam, wurde im undurchdringlichen Addo-Busch das seitdem mehrfach erweiterte Wildreservat eingerichtet.

Unerwartete Begegnung mit einem Elefanten im Addo Elephant National Park, der heutzutage Hunderte der Dickhäuter beheimatet

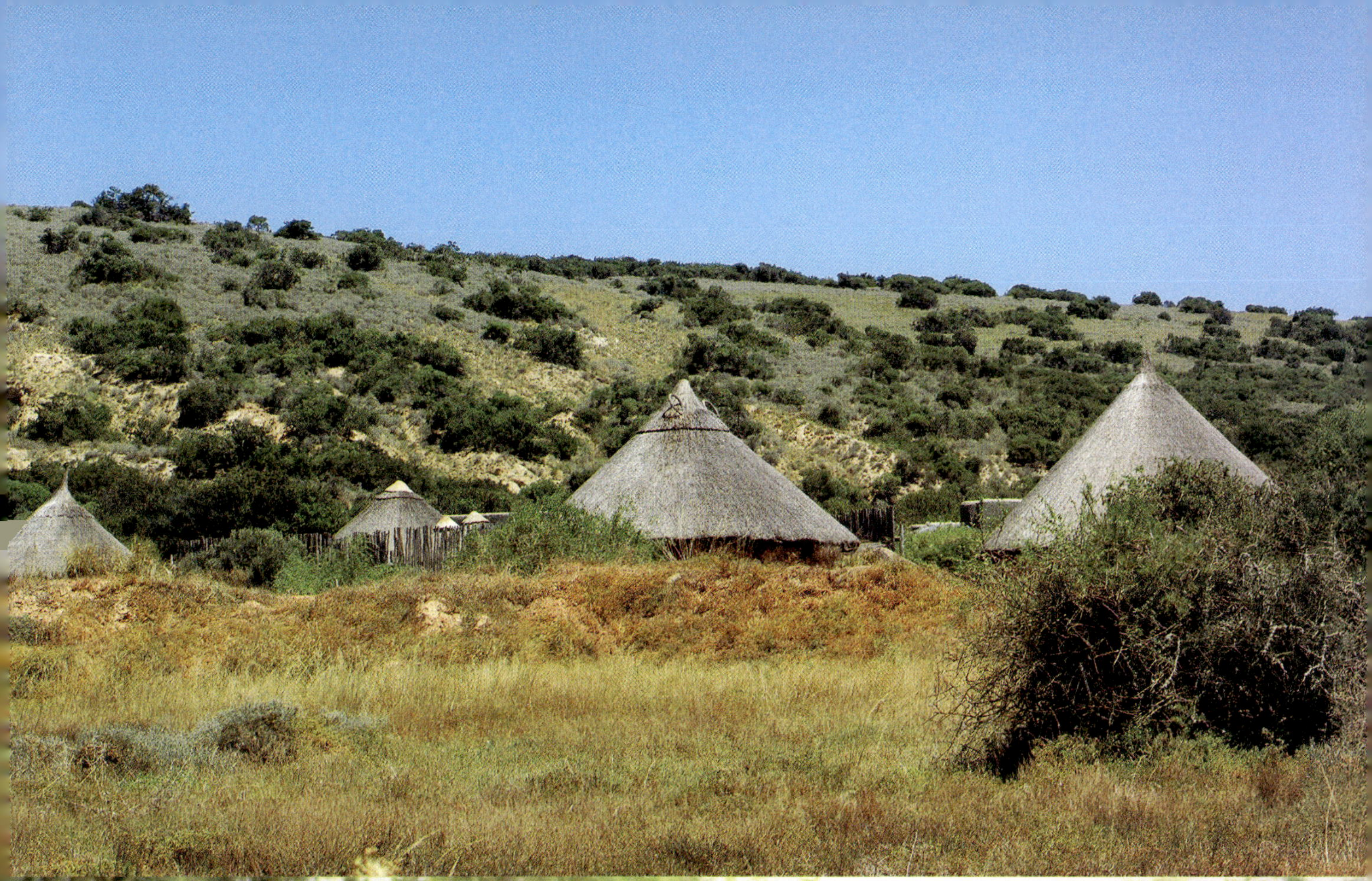
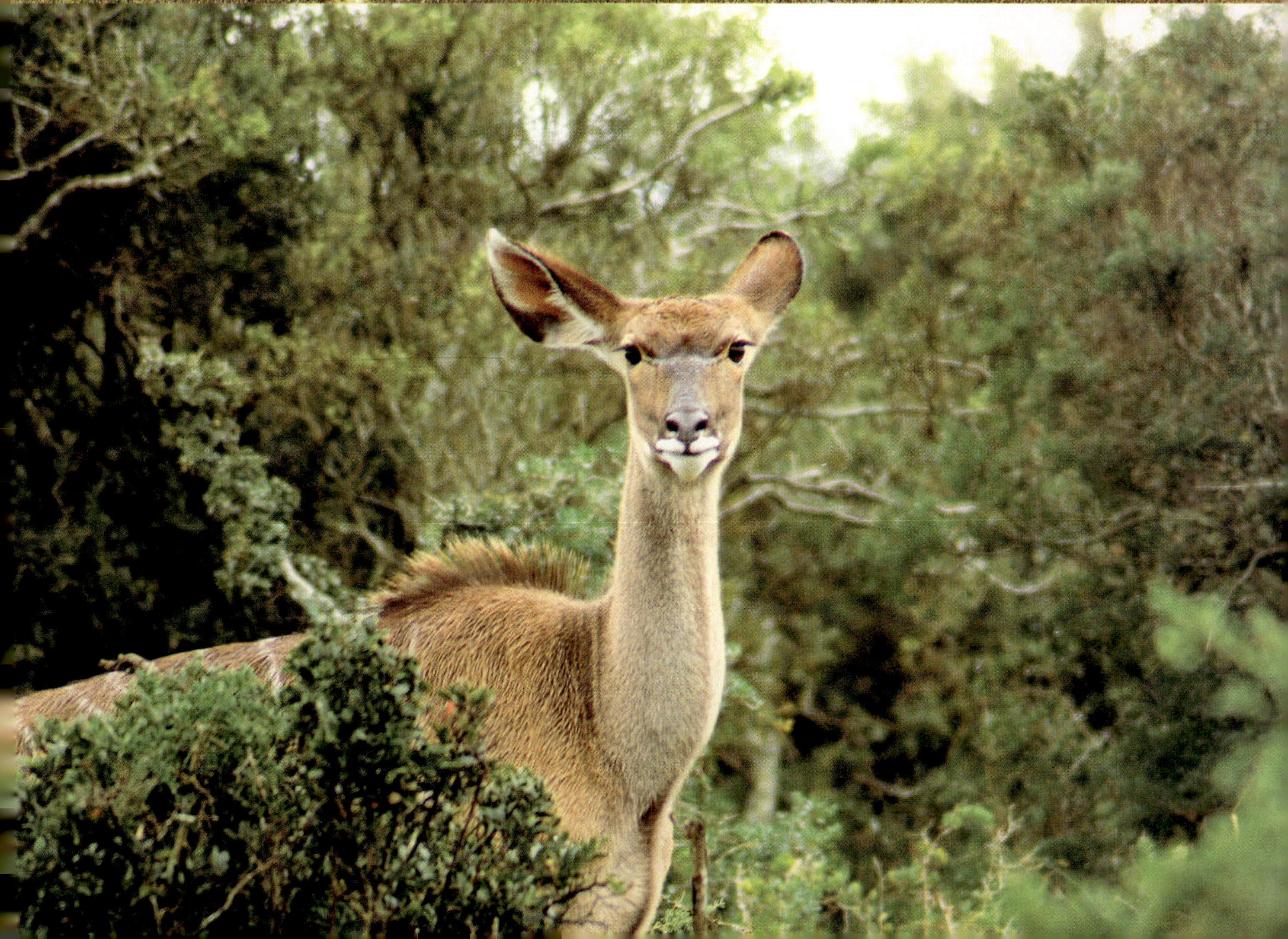

Im Jahr 1954, als wieder 22 Elefanten gezählt werden konnten, ließ der damalige Parkmanager Graham Armstrong eine Fläche von 2270 Hektar mit Elefantenzäunen umgeben. Dieser Zaun wird noch heute vom Park genutzt und nach seinem Schöpfer Armstrong-Zaun genannt. Bis zum Jahr 2004 konnte sich der Bestand wieder auf 350 Elefanten erholen. 2006 wurde sogar eine Zahl von etwa 400 Elefanten erreicht.

Um einer drohenden Überpopulation entgegenzuwirken, wird der Elefantenbestand regelmäßig überprüft und gegebenenfalls einige Tiere an andere Reservate verkauft – etwa an das nicht weit entfernte private Shamwari Game Reserve. In den 1990er Jahren kaufte das National Parks Board gleichwohl 6500 Hektar hinzu, um dem erforderlichen Lebensraum der stetig wachsenden Elefantenpopulation gerecht zu werden.

Der Addo Elephant National Park ist der größte Nationalpark in Eastern Cape und hat mittlerweile das ökologisch vertretbare Maximum an Elefanten erreicht. Kudus, Büffel, Elen- und Kuhantilopen

An der rauen Küste des Tsitsikamma National Park

bestaunt man hier ebenso wie Zebras und Warzenschweine. Seit 2003 hat sich auch der Löwe hinzugesellt.

Eine besondere Attraktion des Parks stellt die Vielfalt der Vogelwelt dar. Strauße, Habichte, Falken und Teichhühner repräsentieren lediglich vier der über 150 verschiedenen Vogelarten. Ein eigens zu diesem Zweck eingerichteter Posten an einem Stausee (unweit des Restaurants) erlaubt die Beobachtung der Tiere. Eine kleine ausgeleuchtete Wasserstelle direkt im Camp lockt Elefanten und manchmal auch Rhinos an. Die Dickhäuter sorgen dafür, dass die Bäume (Spekboom, Karoo Boer Bean und Guarrie) selten höher als vier Meter wachsen.

FOLGENDE DOPPELSEITE:
Legendär ist die Hängebrücke, die durch den Tsitsikamma National Park führt.

TSITSIKAMMA NATIONAL PARK

Der Tsitsikamma National Park wurde 1964 eröffnet und erstreckt sich über 80 Kilometer entlang der Küste zwischen Cape St. Francis und Plettenberg Bay im Westen der Eastern Cape Province.

Der Name stammt aus der Khoikhoi-Sprache und bedeutet in etwa „Platz mit viel Wasser". 2009 wurden der Tsitsikamma-Nationalpark mit weiteren Schutzgebieten in der Western Cape Province zum Garden Route National Park vereinigt.

Die Vegetation ist sehr üppig und vielfältig. Der dichte Wald mit seinen alten, bis zu 40 Meter hohen Bäumen ist einer der letzten Urwälder Südafrikas. Er wird durch mannigfaltige Vogelarten bevölkert. Hinzu gesellen sich Affen und Antilopen. Starke Niederschläge von bis zu 1200 Millimetern jährlich speisen viele Bäche und Flüsse, die von den Tsitsikamma-Bergen aus dem Meer zufließen, wo man häufig Delfine und Wale erspähen kann.

Die Hauptattraktionen sind die Storms River Gorge (Ausblick von der Storms River Bridge), der Storms River Mouth, die Küstenwanderwege und der Strand am Nature's Valley. Wer die Schönheit dieser Landschaft in ihrer ganzen Pracht erleben möchte, erkundet sie am besten zu Fuß. Die zwei fantastischen Wanderrouten, der Otter Trail und der Tsitsikamma Trail, suchen in Afrika ihresgleichen.

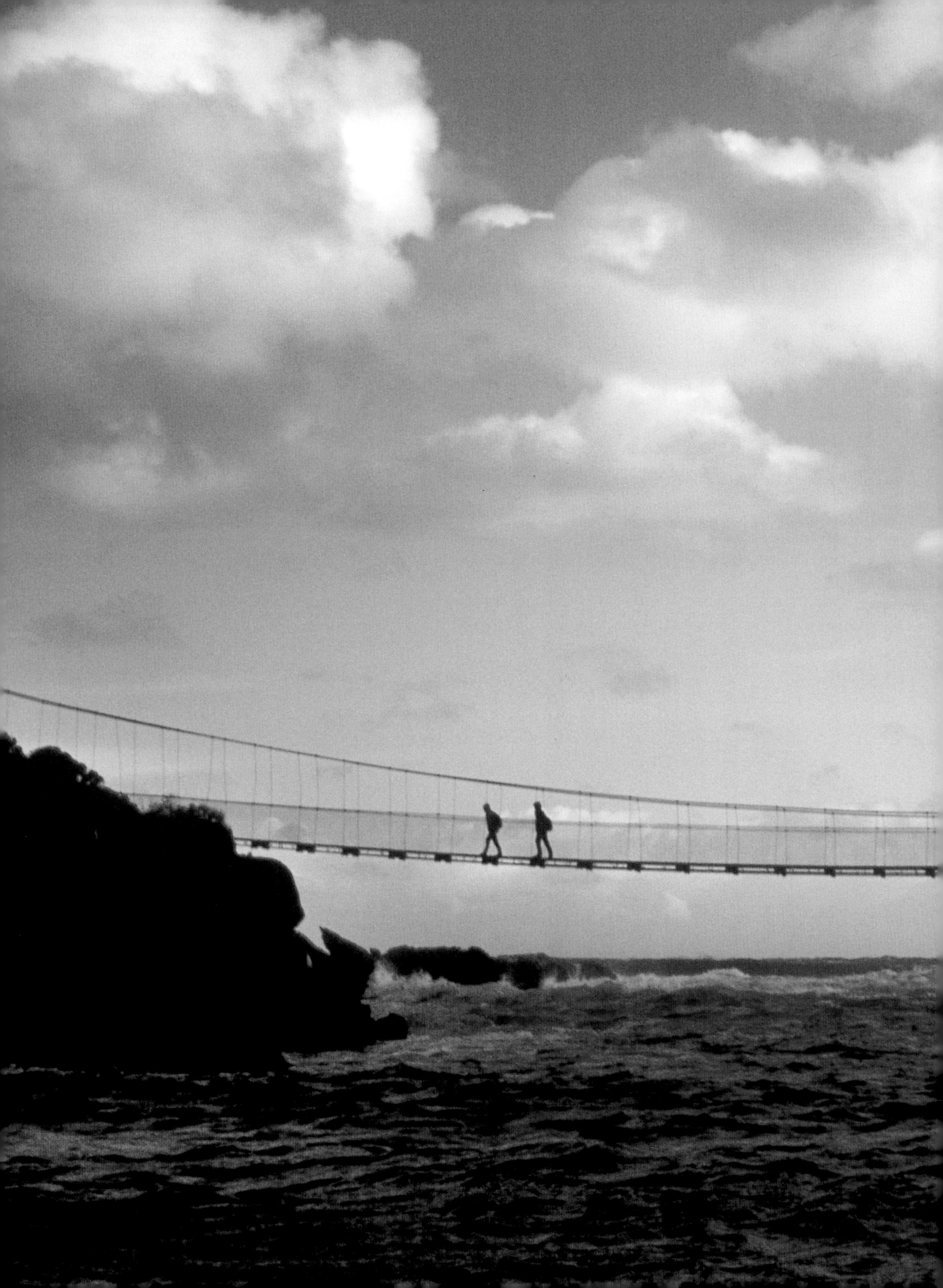

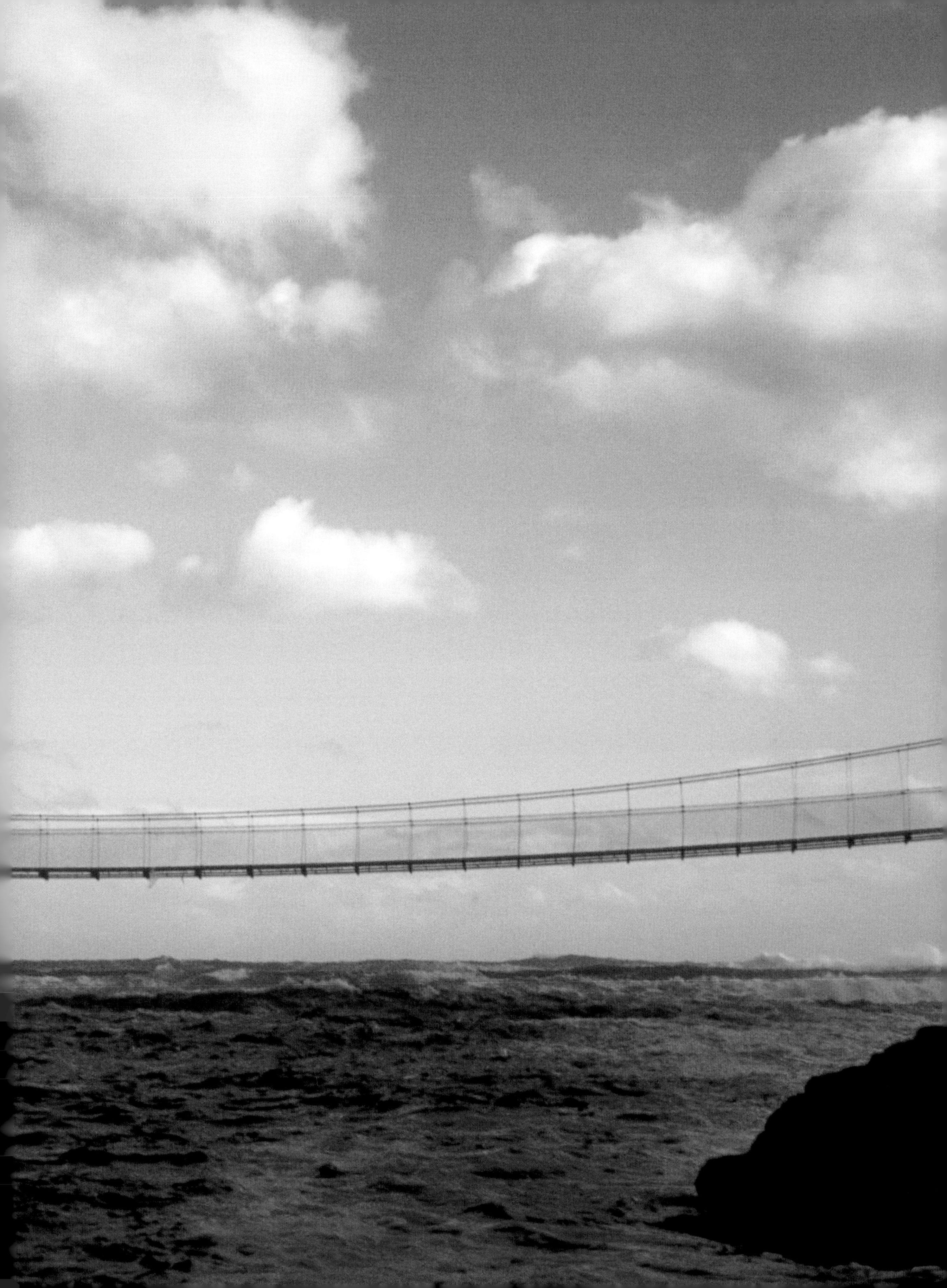

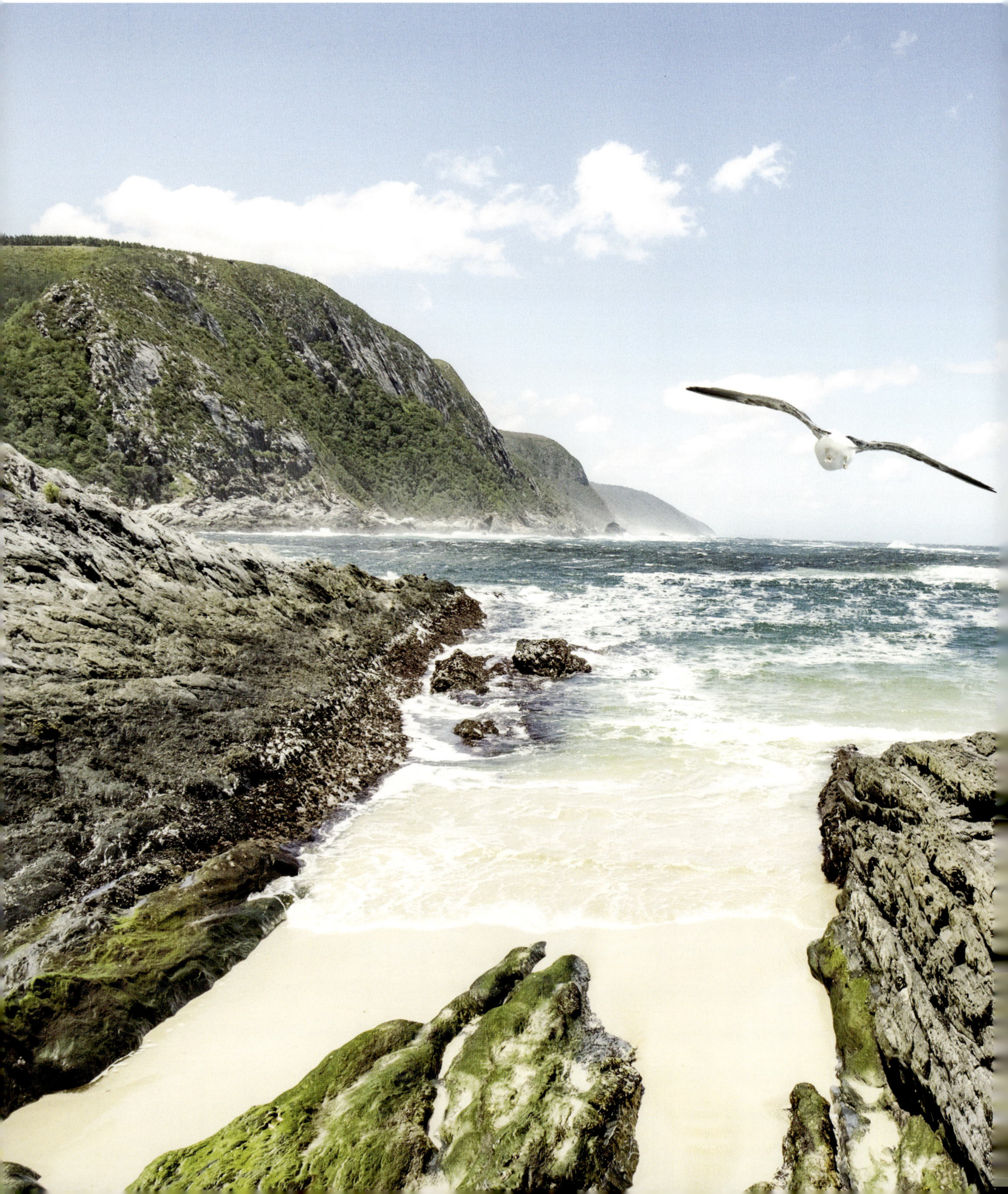

Der Otter Trail ist insgesamt 41 Kilometer lang. Ausgangspunkt ist das Besucherzentrum (hier gibt es auch einen Campingplatz) an der Mündung des Storms River. Entlang der Küste führt der Weg bis nach Nature's Valley. Aufgrund der begrenzten Übernachtungsmöglichkeiten im Nationalpark kann der gesamte Wanderweg nur nach vorheriger Anmeldung gewandert werden.

Im Nature's Valley, beim Campingplatz am Groot River, nimmt der Tsitsikamma Trail (72 Kilometer, fünf Übernachtungsmöglichkeiten) seinen Ausgang. Dieser Wanderweg führt meistens unterhalb der Berge durch die Waldgebiete und darf nur in östliche Richtung gewandert werden. Otter und Tsitsikamma Trail bilden eine in sich geschlossene Route.

Eine architektonische Meisterleistung stellte 1954–1956 der Bau der Storms River Bridge (offiziell Paul Sauer Bridge genannt) dar. Sie ist 192 Meter lang und entspannt sich über einer 139 Meter tiefen Schlucht. Ein Besuch der Aussichtsplattform bzw. ein Spaziergang über die Brücke ist äußerst lohnenswert.

Gut erreichbar ist der Storms River Mouth, das Mündungsgebiet des Flusses, zu dem eine zehn Kilometer lange Stichstraße neun Kilometer westlich der Storms River Bridge hinunterführt. Bereits die letzten Kilometer vor Erreichen des Parkplatzes sind atemberaubend. Der kleine Strand mit sich an Felsen brechenden Wellen tut sein Übriges.

Nach einer kurzen Wanderung durch einen für die hiesige Küste typischen Feuchtwald erreicht man die Suspension Bridge, eine Hängebrücke über der Mündung des Storms River. Auf der anderen Seite des Flusses führt ein sehr steiler Pfad hinauf zu einem unvergleichlichen Aussichtspunkt.

AMAKHALA GAME RESERVE

Das nach dem Xhosa-Wort für die Aloe-Pflanze benannte private Schutzgebiet besteht aus dem ehemaligen Weideland mehrerer Farmer. Jede der Parteien kalkuliert eigenständig, nur das Marketing sowie das Gelände werden geteilt.

Gegründet 1999, leben mittlerweile mit Löwe, Leopard, Büffel, Elefant und Nashorn die Big Five im Amakhala Game Reserve. Zudem gibt es Giraffen, viele Vögel und natürlich unzählige Antilopenarten.

Felsen und raue See prägen das Bild an der Küste des Tsitsikamma National Park

FOLGENDE DOPPELSEITE:
Junge Xhosa mit ihrem Kind in dem Gebiet der ehemaligen Transkei

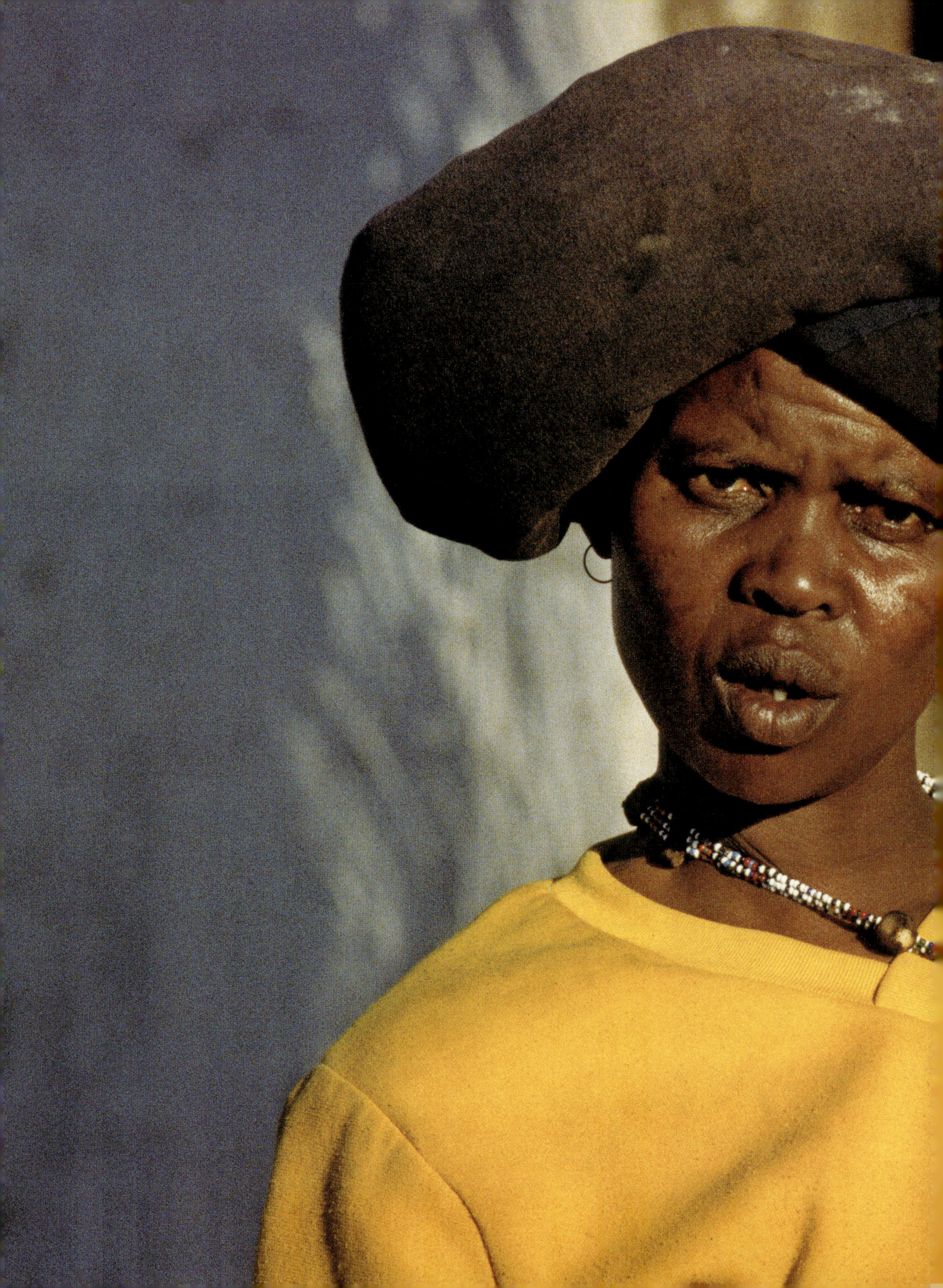

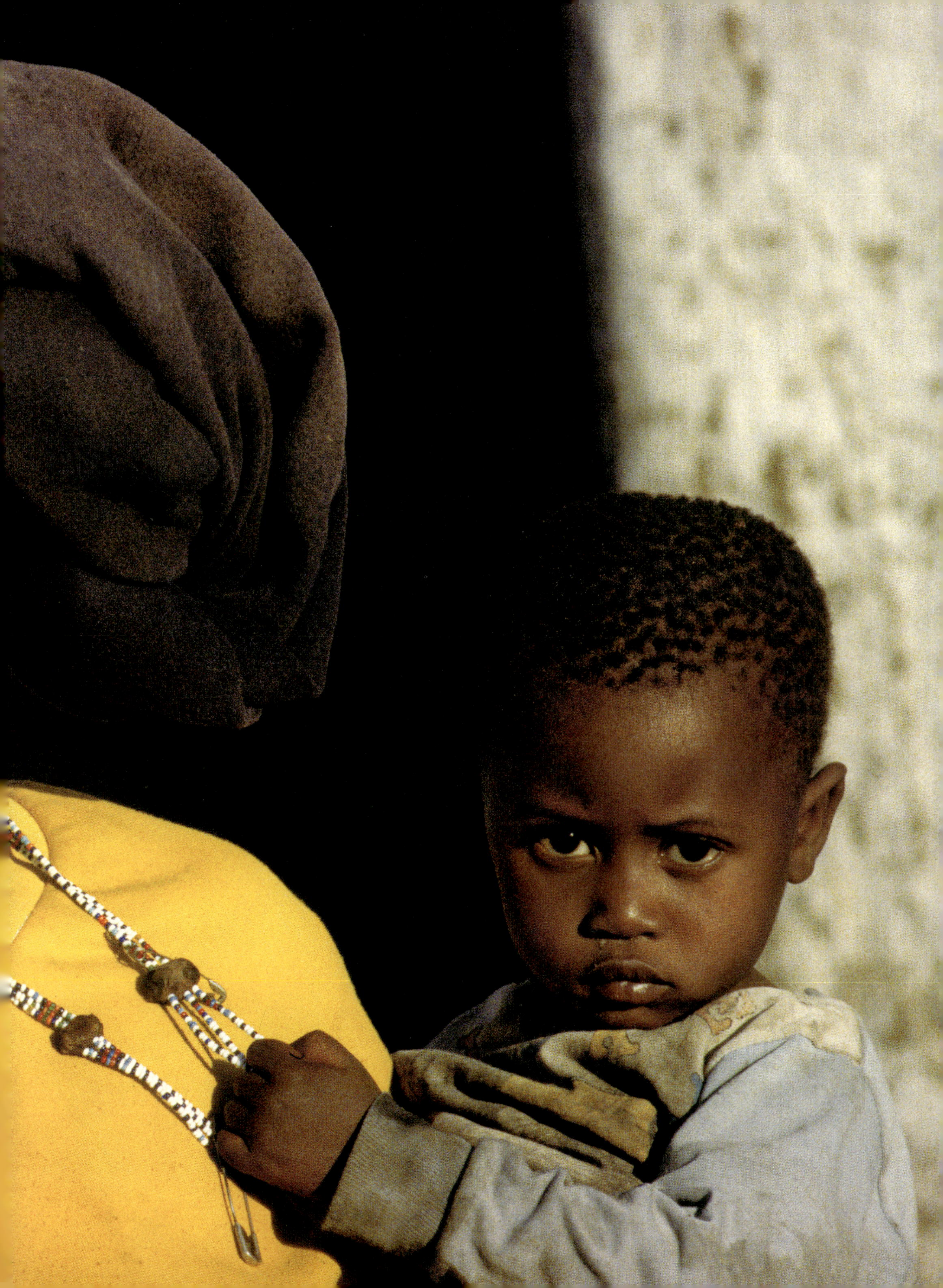

BOTSWANA
Kanye
Lobatse
Mmabatho
Mahikeng
Lichtenburg
Coligny
Ganyesa
North West
Vryburg
Schweizer-Reneke
Ottosdal
Klerksdorp
Wolmaransstad
Sun City
Rustenburg
Magaliesberg
Brits
Temba
Soshanguve
Pretoria
Tembisa
Tweefontein
Krugersdorp
Roodepoort
Johannesburg
Soweto
Germiston
Springs
Nigel
Carletonville
Potchefstroom
Vanderbijlpark
Gauteng
Vereeniging
Sasolburg
Parys
Middelburg
eMalahleni (Witbank)
Mpumalanga
Mashishing (Lydenburg)
2285
Mbombela (Nelspruit)
Belfast
Barberton
Carolina
Mbabane
Breyten
Bethal
Ermelo
Embalenhle
Standerton
Villiers
Frankfort
Heilbron
Piet Retief
Wakkerstroom
Volksrust
Vrede
Paulpietersburg
Newcastle
Vryheid
Warden
Reitz
Lindley
Edenville
Kroonstad
Bothaville
Allanridge
Bloemhof
Hoopstad
Odendaalsrus
Hennenman
Welkom
Virginia
Ventersburg
Bultfontein
Theunissen
Winburg
Senekal
Bethlehem
Harrismith
Glencoe
Dundee
Ulundi
KwaZulu-Natal
Ladysmith
Colenso
Weenen
Greytown
eShowe
Estcourt
Kuruman
Reivilo
Taung
Sishen
1855
Langberge
Christiana
Warrenton
Ulco
Postmasburg
Boshof
Barkly West
Kimberley
Free State
Griquatown
Campbell
Douglas
Modderrivier
Petrusburg
Bloemfontein
Botshabelo
Koffiefontein
Ficksburg
Clocolan
Ladybrand
Teyateyaneng
Maseru
Drakensberg
3282
3482
LESOTHO
Thaba Putsoa
3096
Mafeteng
Dewetsdorp
Wepener
Belmont
Hopetown
Prieska
Strydenburg
Jagersfontein
Edenburg
Philippolis
Smithfield
Zastron
Sodium
Britstown
Philipstown
Springfontein
Rouxville
3001
Matatiele
Kokstad
Harding
Vosburg
De Aar
Colesberg
Aliwal North
Barkly East
Mount Frere
Maclear
Elliot
Hanover
Noupoort
Burgersdorp
Steynsburg
1667
Victoria West
Loxton
Richmond
Middelburg
Molteno
Sterkstroom
Dordrecht
Queenstown
Tarkastad
Eastern Cape
Ngcobo
Mthatha
Port St. Johns
Dutywa
Nelspoort
Murraysburg
Graaff-Reinet
Cradock
2369
Cathcart
Butterworth
Beaufort West
Aberdeen
Adendorp
Pearston
Cookhouse
Bedford
Stutterheim
Alice
Bhisho
Jansenville
Somerset East
Adelaide
Fort Beaufort
King William's Town
Mdantsane
East London
Klipplaat
Willowmore
Steytlerville
Kirkwood
Alicedale
Grahamstown
Addo
Alexandria
Port Alfred
Uniondale
Kougaberge
Uitenhage
Patensie
Algoa Bay
George
Knysna
Plettenberg Bay
Kruisfontein
Humansdorp
Port Elizabeth
Howick
Pietermaritzburg
Stanger
Tongaat
KwaMashu
Durban
Edendale
Mpumalanga
uMlazi
uMkomaas
uMzinto
Scottburgh
Park Rynie
Mtwalume
Port Shepstone
Margate
INDISCHER OZEAN
0
100
200
km
© Ing.-Büro für Kartographie J. Zwick, 35394 Gießen

FREE STATE
ÜBERBLICK

Die nierenförmige Provinz Free State (afrikaans: Vrystaat, deutsch: Freistaat) liegt in der Mitte des Landes im zentralen Hochland und ist von felsigem Hügelland und Gras bewachsenen Ebenen geprägt. Die drittgrößte Provinz Südafrikas ist 129 825 Quadratkilometer groß, besteht aus vier Distrikten mit 19 Gemeinden sowie einer Metropolgemeinde. Sie ist Heimat von 2,9 Millionen Einwohnern.

Der heutige Free State stimmt mit dem von 1854 bis 1902 selbstständigen Burenstaat Oranje-Vrystaat größtenteils überein, da nach der Umstrukturierung des Landes im Jahre 1994 die ehemaligen Grenzen beinahe vollständig beibehalten wurden. An früheren Homelandgebieten wurden das im Free State um die Stadt Thaba Nchu gelegene Teilstück von Bophuthatswana (Tswana) sowie QwaQwa (Sotho) wieder in die Provinz integriert.

Free State grenzt im Norden an die Provinzen North West, Gauteng und Mpumalanga (von West nach Ost), im Osten an KwaZulu-Natal und das Nachbarland Lesotho, im Süden an die Eastern Cape Province und im Westen an Northern Cape.

Im Norden und Westen bildet der Vaal die Grenze zu Mpumalanga, Gauteng und North West, bevor er in Northern Cape mit dem Oranje (Gariep) zusammenfließt, der wiederum bei Alexander Bay in den Atlantik mündet. Der Vaal hat einen Gesamtwasserdurchlauf von 5,6 Billionen Kubikmetern

FOLGENDE DOPPELSEITE:
Agrarwirtschaft ist das ökonomische Standbein der südafrikanischen Provinz Free State (Foto links oben); Erdferkel vor seinem Bau in einem Naturreservat von Free State (Foto links unten); Windmühlen zur Bewässerung der Felder prägen vielerorts das Bild der Provinz (Foto rechts).

Sandsteingebäude in Ficksburg

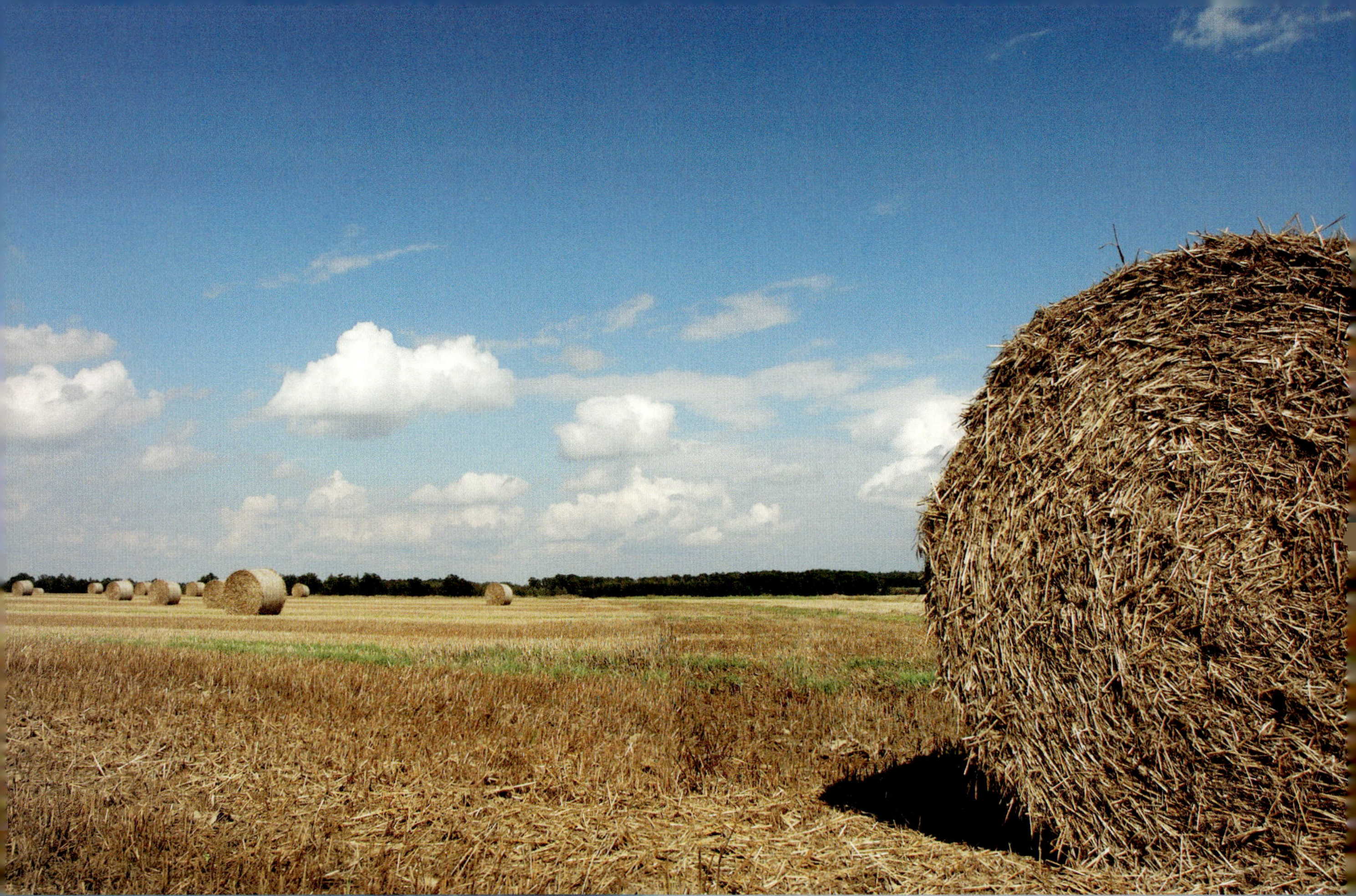

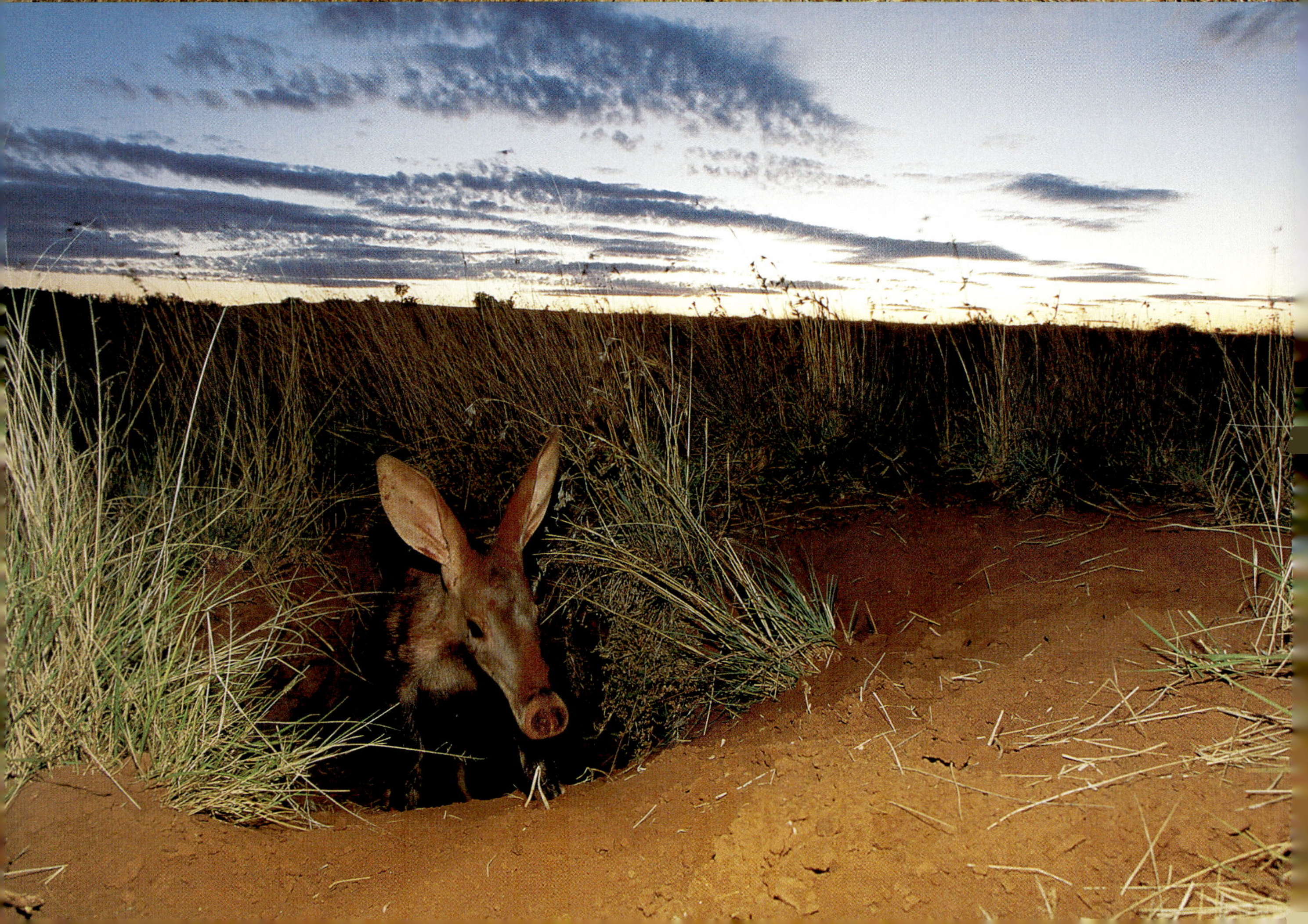

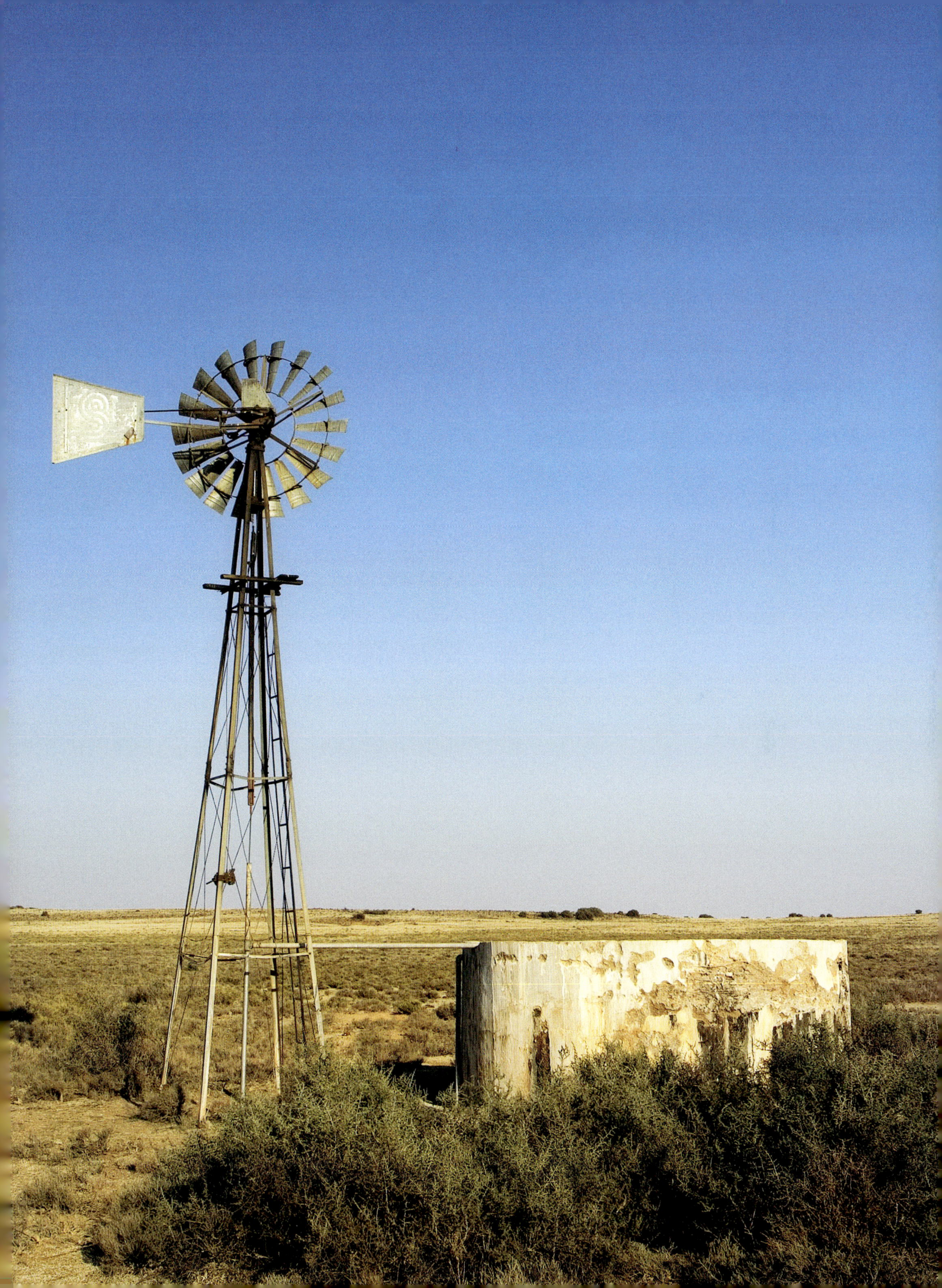

Im Gariep Dam Nature Reserve im Süden der Provinz Free State lebt die größte Springbock-Herde Südafrikas.

RECHTE SEITE:
Der Osten von Free State zeichnet sich durch weitläufige Agrarflächen aus. Nicht nur Kartoffeln werden hier angebaut, sondern Aprikosen, Pflaumen und insbesondere Kirschen, die 90 Prozent der gesamten südafrikanischen Kirschernte ausmachen.

und ist damit hinsichtlich der Bewässerungswirtschaft und Stromerzeugung hoch profitabel. Etwa 60 Kilometer südlich von Johannesburg – ganz in der Nähe von Vereeniging – wurde 1938 mit einem Staudamm ein riesiges Trinkwasserreservoir geschaffen. Dank der üppigen Vegetation und der vielen Grünflächen hat sich das Vaal Dam Nature Reserve zu einem beliebten Erholungsgebiet insbesondere für die Stadtbewohner der Provinz Gauteng etabliert.

Die südliche Grenze der Provinz bildet der Oranje (auch Gariep oder Orange River genannt), der mit rund 2200 Kilometern der längste Fluss Südafrikas ist. Entgegen der Mehrheit jener Flüsse, die in den Drakensbergen von Lesotho entspringen und zum Indischen Ozean fließen, bewegt sich der Oranje (wie auch sein einziger größeren Nebenfluss, der Vaal) nach Westen und mündet nach Durchquerung weiter Trockengebiete bei Alexander Bay beziehungsweise Oranjemund (in Namibia) in den Atlantik.

Aufgrund starker Niederschläge in den Drakensbergen führt der Oranje auch in der Trockenzeit im Unterlauf Wasser. In der Regenzeit schwillt der Fluss hingegen zum Teil sprungartig an und führt die hundertfache Menge Wasser mit sich. Südafrikas wichtigster Stausee ist der Gariep Dam (früher Hendrik Verwoerd Dam), der mit einer Fläche von 374 Quadratkilometern auch der größte ist.

Free State beheimatet gut fünf Prozent der Gesamtbevölkerung Südafrikas, die einen etwas größeren Anteil des Bruttoinlandsproduktes erwirtschaften. Die ökonomischen Standbeine der Provinz sind die Agrarwirtschaft – über 7500 Farmen erzeugen rund 15 Prozent der südafrikanischen Landwirtschaftsproduktion –, Gold- und Diamantenminen, die zu den reichsten Vorkommen der Welt zählen, eine

Kohleverflüssigungsanlage in Sasolburg und nicht zuletzt das Orange River Project (ORP), das sich seit den 1960er Jahren unter anderem durch den Bau von Staudämmen um eine adäquate Trinkwasserversorgung bemühte.

Die Basis für die ausgedehnte Bewässerungswirtschaft durch das Orange River Project für Südafrika, aber auch Namibia ist der Fluss Oranje (auch Gariep oder englisch Orange River). Er versorgt den gesamten Großraum von Johannesburg mit Trinkwasser. Der Fluss speist den Gariep Dam, den größten Stausee Südafrikas, sowie die Katse-Talsperre in Lesotho.

Landschaftlich ist der Free State eine Provinz von auffälligen Kontrasten. Das weite Prärieland im Süden und Westen ist in der Regel trocken, eintönig, baumlos und ohne große Naturauffälligkeiten. Abgesehen von dem alten Städtchen Philippolis und dem Gariep Dam gibt es bis zum Oranje kaum Abwechslung. Jenseits des Flusses fängt die Karoo in der Western Cape Province an.

Dafür bietet die große, leere Landschaft, die im Winter von kalten Winden heimgesucht wird, gute, tiefe Böden und nahrhaftes Gras, das für Viehhaltung ideal ist. Die Hälfte von Südafrikas 28 Millionen Schafen weidet im Free State. Weiter im Norden entlang des Flusses Vaal gedeihen Mais und Getreide sehr gut.

Im Osten des Free State zur Grenze nach Lesotho hin bietet sich ein völlig anderes Bild. Es ist geprägt durch farbenintensive Gesteinsformationen, die zum Teil steil und spitz aufragen, zum Teil wie Tafelberge in der Landschaft stehen. In der ebenfalls äußerst fruchtbaren Region werden vor allem Mais, Weizen, Hirse und Sonnenblumen angebaut. In den höher gelegenen Gebieten werden über 40 Prozent der Kartoffelernte Südafrikas produziert – und 90 Prozent der südafrikanischen Kirschernte. Das größte Kirschanbaugebiet, in dem auch Pflaumen, Pfirsiche und Aprikosen wachsen, liegt in der Region von Ficksburg.

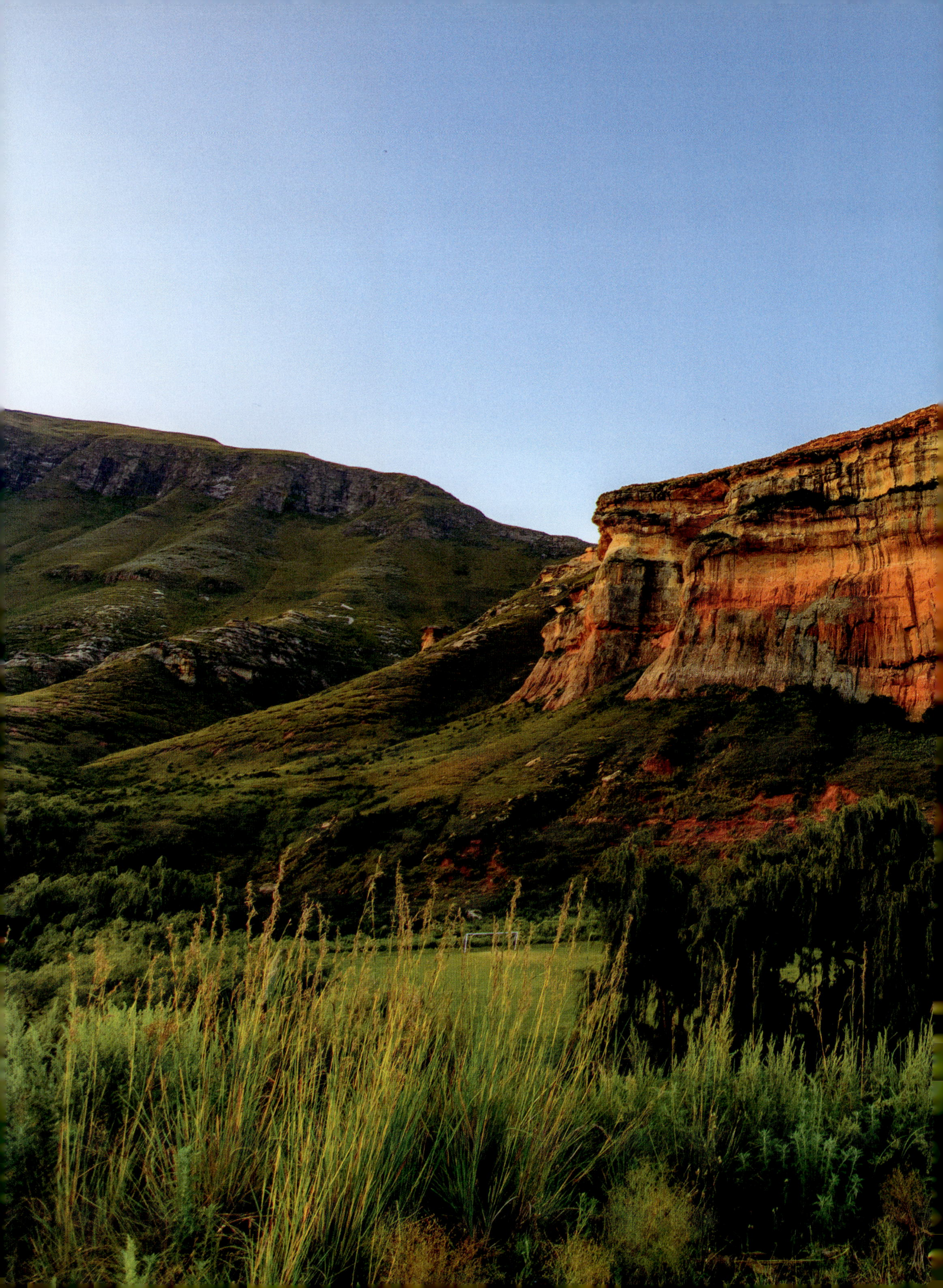

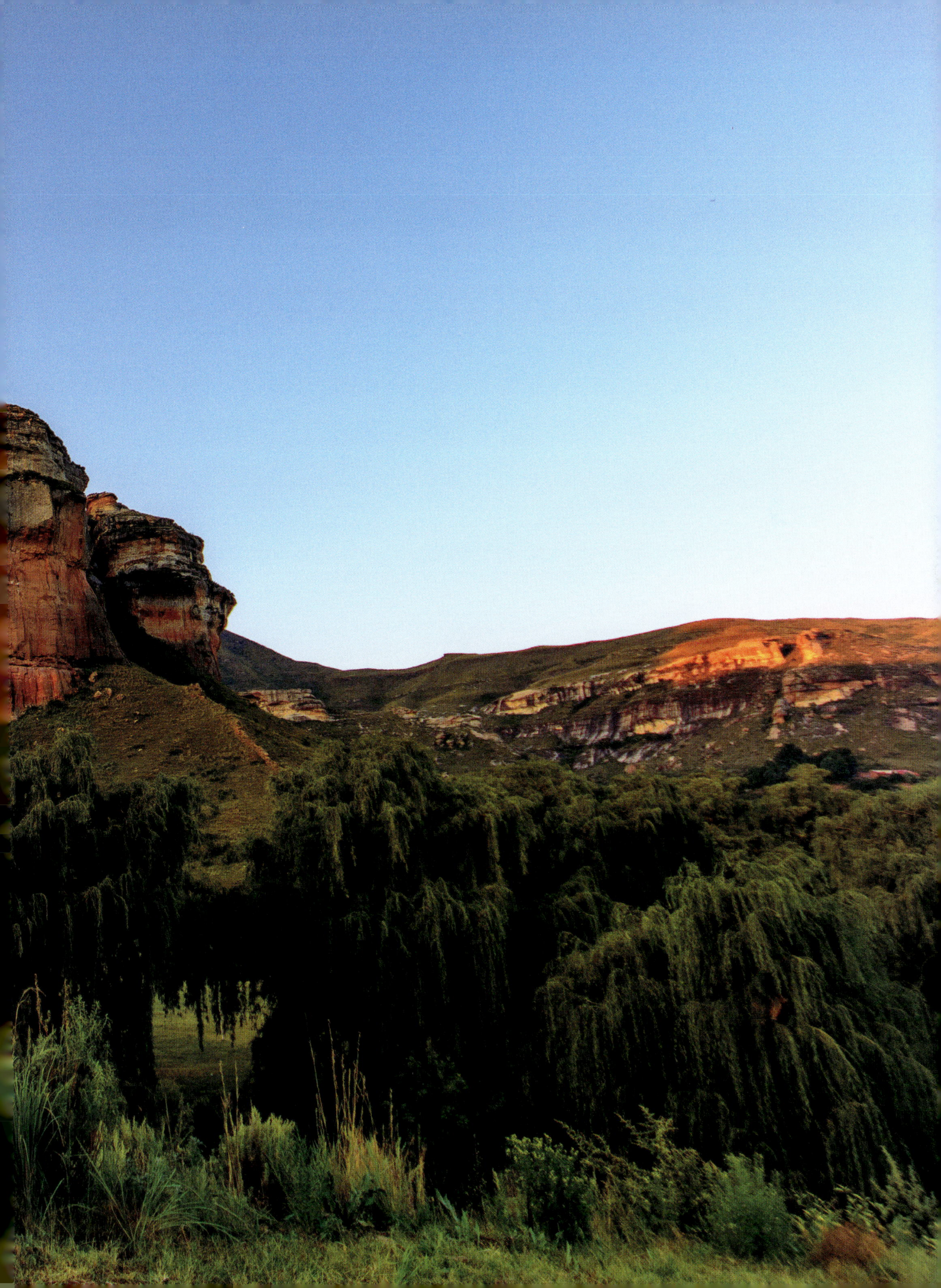

VORHERIGE DOPPELSEITE:
In den Drakensbergen

Fast 80 Kilometer weiter nordöstlich liegt Clarens in einem lieblichen Tal mit Blick auf die im Abendlicht golden schimmernden Gesteinsformationen des Golden Gate, das dem angrenzenden Nationalpark den Namen gab. 1912 gegründet und nach dem Schweizer Ferienort am Genfer See benannt, in dem der ehemalige Präsident von Transvaal, Paul Kruger, sein Exil verbrachte und 1904 starb, ist der kleine Nobelferienort mit Galerien, Teestuben und schnuckeligen Restaurants das Erholungsgebiet reicher Großstädter und Wohnstätte weißer Aussteiger und Künstler. Die bizarren und farbenprächtigen Felsformationen der Region sind am besten im Golden Gate Highlands National Park zu sehen. Die Bezeichnung Golden Gate geht auf den Farmer J. N. R. Renen zurück, der zwei Klippen mit diesem Namen versehen hat. Er kam häufig hierher und bewunderte in der Abendsonne das Farbenspiel der Felsen.

Während des Zweiten Anglo-Buren-Krieges versteckten sich viele Familien in den Höhlen dieses Gebietes, um nicht von den Briten in die gefürchteten Konzentrationslager gesteckt zu werden. Häufig mussten Frauen und Kinder hier wochenlang ausharren. Lange zuvor lebten bereits die San in den Höhlen, weshalb auch immer wieder Felszeichnungen von ihnen gefunden werden. 1963 wurde der Golden Gate Highlands National Park als erster Nationalpark des Free State eingerichtet. Damals hatte er nur eine Fläche von 4800 Hektar. Durch Erweiterungen und Zusammenschlüsse mit anderen Reservaten umfasst er heute 34 000 Hektar. Seinen Reiz machen weniger die Tiere aus (Zebras, Wildebeests, Elands und andere Steppentiere), sondern die einzigartige Geologie.

Reiter der „De Ark Game Ranch" durchqueren das Gebiet zwischen Clarens und dem Golden Gate Highlands National Park.

Im Laufe verschiedener Sedimentationsprozesse haben sich die unterschiedlichsten Gesteinsfarben entwickelt, die sich wie Bänder horizontal um die Felsen winden. Am auffälligsten sind die roten und dunkelbraunen Streifen, die sich während einer Zeit größter Trockenheit abgesetzt haben. Die oberste Schicht, auch sehr dunkel in der Farbe, entstammt einem Lavaerguss vor 190 Millionen Jahren. Mit diesem Ereignis war die Sedimentation abgeschlossen, und die Erosionskräfte setzten ein.

Das Tal wurde vom Caledon River geformt, vornehmlich in einer Zeit, als er noch mehr Wasser führte. Interessant sind die abgerutschten Hangflächen. Bei dem als Solifluktion bezeichneten Prozess gefriert zuerst der gesamte Boden. Die in wärmeren Jahreszeiten aufgetaute Oberschicht rutscht mitsamt der Grasschicht auf dem stets gefrorenen Unterboden ab.

Der früher eigenständige QwaQwa National Park ist mittlerweile ein Teil des Golden Gate Highlands National Park. Er ist geprägt durch offene und hügelige Graslandschaft, die sich vor den Bergpanoramen Lesothos erstreckt. Teilweise kann man von den höher gelegenen Regionen das ehemalige Homeland QwaQwa und das Golden Gate überblicken und sogar bis zu den Drakensbergen von KwaZulu-Natal schauen. Zuweilen lassen sich aus der Ferne auch graue Regenschwaden beobachten, die über die zentralen Drakensbergen ziehen. Das Wetter in dieser Bergregion ist sehr wechselhaft, und man muss sich immer auf heftige Umschwünge gefasst machen. Die Winter sind kalt und können Schnee mit sich bringen. Die Sommer hingegen sind eher gemäßigt.

Der Golden Gate Highlands National Park liegt auf Höhen zwischen 1900 und 2700 Metern.

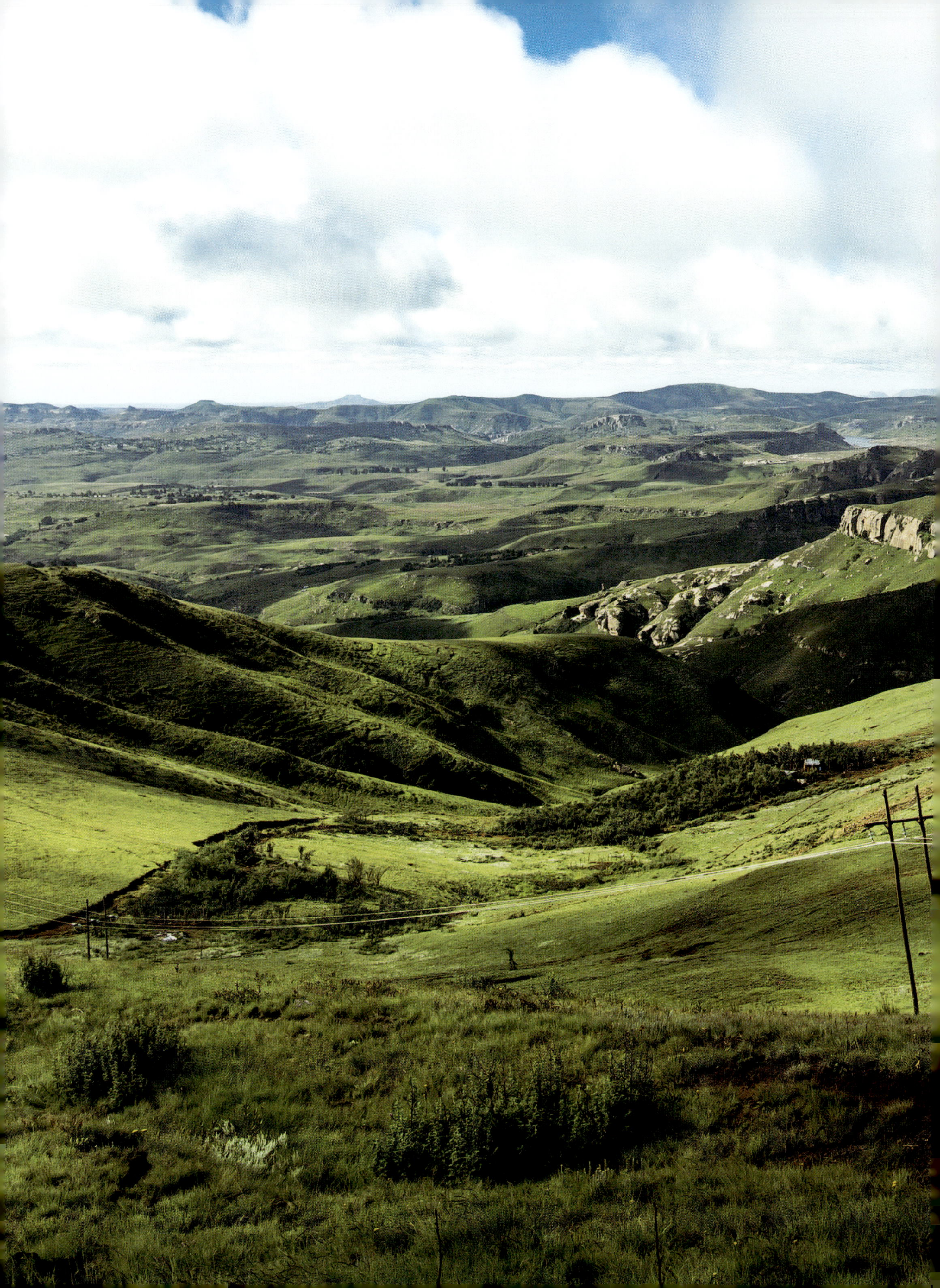

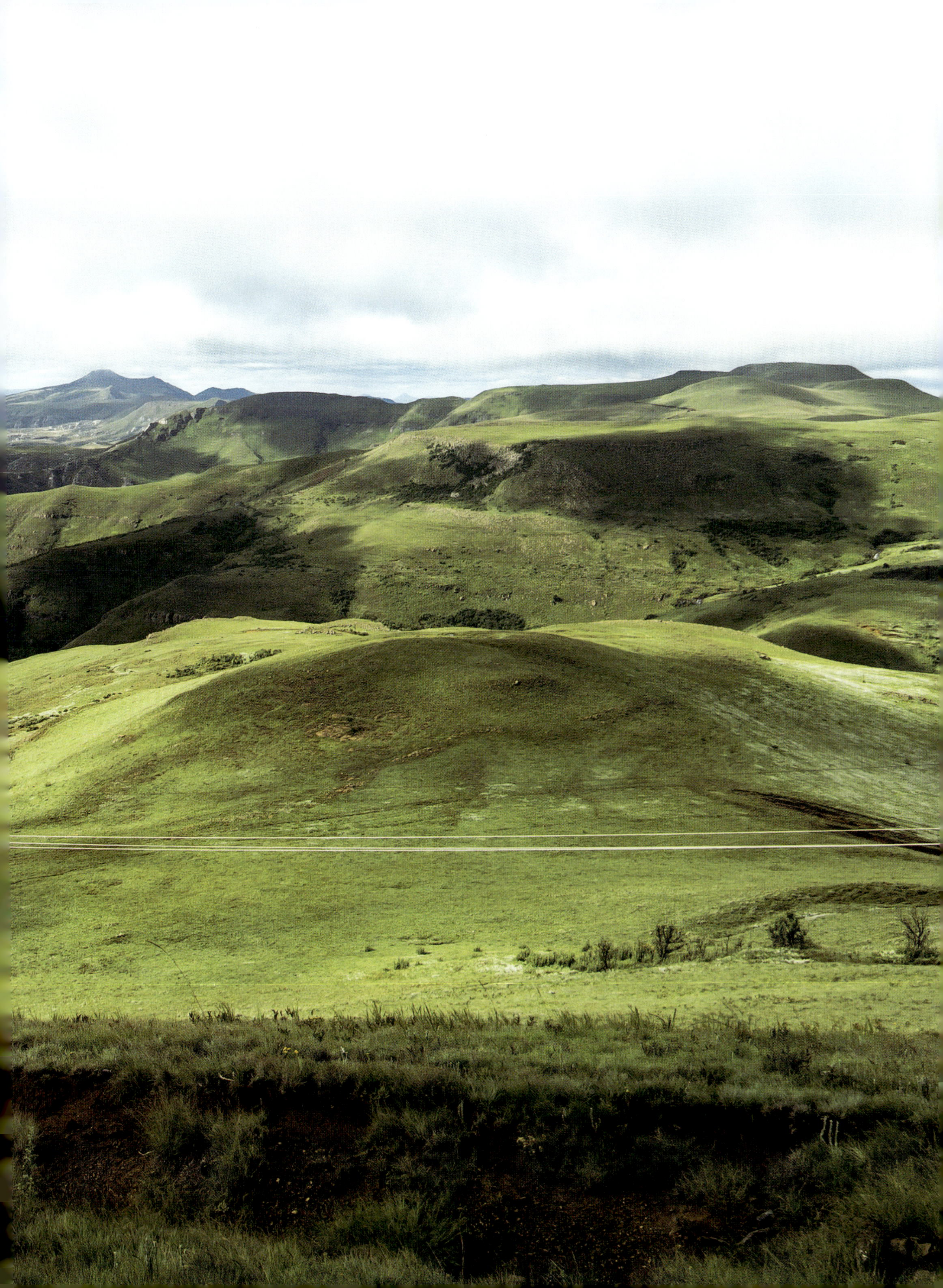

VORHERIGE DOPPELSEITE:
Grüne Landschaft
in den Drakensbergen

Im Herzen der zusammengelegten Nationalparks befindet sich das Basotho Cultural Village der hier lebenden Sotho, die zur Abgrenzung vom kulturell verwandten Bantuvolk der Pedi oder Nord-Sotho oft auch Süd-Sotho genannt werden. Von den etwa vier Millionen Süd-Sotho in Südafrika lebt rund die Hälfte im Free State. Weitere zwei Millionen stellen das Staatsvolk von Lesotho.

Im 19. Jahrhundert entwickelten sich die Sotho unter ihrem König Moshoeshoe im heutigen Lesotho zu einer eigenständigen Volksgruppe. Während des schwarzen und weißen Revolutionsprozesses des südafrikanischen Hinterlandes konnte Moshoeshoe zwischen 1836 und 1848 zahlreiche versprengte Stämme in seine Nation integrieren und in dieser Zeit die Volksgröße von 25 000 auf 80 000 anwachsen lassen. Das „Land der Sotho sprechenden Menschen" (so die Bedeutung des heutigen Staatsnamens), das vollständig von südafrikanischem Territorium umgeben ist, war in der Folge eine eigenständige britische Kolonie, die 1966 als Königreich die Unabhängigkeit erlangte.

Überragt wird die Region des Nationalparks von den in Lesotho gelegenen, über 3000 Meter hohen Gipfeln der Maloti Mountains, deren Flanken bis in den Free State reichen. Nach der gängigen Erklärung geht der Name des seinerzeit kleinsten Homelands QwaQwa auf die Sprache der San zurück und bedeutet „weiß-weiß" oder „weißer als weiß" – womit die Bergspitzen gemeint waren, die im Winter – teilweise auch im Sommer – mit Schnee bedeckt sind.

Golden Gate
Highlands National Park

Phuthaditjhaba (ehemals Witsieshoek) war die zu Apartheidzeiten künstlich geschaffene Hauptstadt von QwaQwa. Sie liegt zwei Kilometer südlich der Hauptstraße, die von der ganz im Osten der Provinz auf der Achse Johannesburg–Durban liegenden Stadt Harrismith nach Bloemfontein führt. Phuthaditjhaba besteht aus Verwaltungsgebäuden, schmucklosen Geschäften und riesigen Flächen zersiedelter Wohngebiete mit kleinen Flachdachbauten. Die frühere Universität des Homelands ist heute ein Campus der University of the Free State mit Hauptsitz in Bloemfontein.

Mitten durch die Stadt führt der Weg zum Witsieshoek Mountain Resort und zum Sentinel Car Park an der Rückseite des Amphitheaters der Drakensberge von KwaZulu-Natal. Vom Sentinel Car Park führen Wanderwege im Royal Natal National Park über direkt am Felsen angebrachte Kettenleitern bis hinauf auf den abgeflachten Gipfel des Bergmassivs und weiter bis zum 3282 Meter hohen Mont-aux-Sources.

Die größten Städte der Provinz Free State sind die Hauptstadt Welkom, Phuthaditjhaba, Kroonstad, Sasolburg und Bethlehem. Bloemfontein ist Provinzhauptstadt und mit dem Sitz des Obersten Berufungsgerichtes die dritte Landeshauptstadt. Gut 100 Kilometer weiter nördlich von Bloemfontein

Im Basotho Cultural Village

liegt der kleine Ort Winburg. Er wurde 1837 gegründet und war die Keimzelle des späteren Oranje-Vrystaat. Einige ältere Häuser und das Voortrekker Museum zeugen von dieser Zeit.

Sasolburg gehört neben den beiden sich bereits in der Provinz Gauteng befindenden Städten Vereeniging und Vanderbijlpark zu den drei großen Metropolen des sogenannten Vaaldreiecks. Vereeniging war die erste Stadt, die gegründet wurde, nachdem hier 1878 erstmals Steinkohlevorkommen gefunden worden waren. Die Kohle wurde nach Kimberley und später auch nach Johannesburg geliefert und war Grundlage für die Ansiedlung der Schwerindustrie in dieser Region.

Nach dem Zweiten Weltkrieg wurden Sasolburg und Vanderbijlpark gegründet. Da die Kohle in Sasolburg qualitativ nicht so hochwertig war wie in den anderen Städten, wurde hier 1951 eine Kohleverflüssigungsanlage errichtet. Sasolburg ist eine nicht besonders reizvolle, auf dem Reißbrett entworfene Stadt. Auch die vielen Grünflächen können über den industriellen Charakter der Metropole nicht hinwegtäuschen.

Zeichnungen der San in den Höhlen nahe Clarens im Golden Gate Highlands National Park legen Zeugnis ab über die einstige Urbevölkerung der heutigen Provinz Free State.

Kroonstad, auf halben Weg zwischen Sasolburg und Bloemfontein gelegen, wurde bereits 1855 gegründet und wuchs bis zum Jahr 1880, mit Erwerb der Stadtrechte, gerade mal zu einer knapp über 300 Einwohner umfassenden Ansiedlung. Zu Beginn des 20. Jahrhunderts wurde die Stadt dann zu einem wichtigen Eisenbahnstützpunkt ausgebaut und entwickelte sich zu einem bedeutenden Agrarzentrum des nördlichen Free State. Kleinere Goldfunde ließen zudem einige Glückssucher hierher kommen. Doch stellte sich kein Boom ein, und in den 1940er Jahren strömten die letzten von ihnen weiter zu den Goldfeldern von Virginia und Welkom.

Die Goldfelder des Free State gelten als die ergiebigsten zusammenhängenden Goldfelder der Welt. Die ersten Goldfunde in der Region 1904 hatte Archibald Megson in dem heutigen Gebiet von Allanridge, wo früher die Farm Aandenk lag, gemacht. Erste Bohrungen wurden jedoch erst im Jahre 1932 vorgenommen. Nach erfolglosen Versuchen unternahm im Jahre 1936 der Geologe Hans Merensky von den Farmen Uitsig und St. Helena einen neuen Anlauf – mit großem Erfolg: Er stieß auf das große Basal Reef. Nach dem Zweiten Weltkrieg nahm Anglo-American 500 Bohrungen vor, um die Rentabilität zu prüfen. Ein Fünftel von ihnen versprach reiche Goldvorkommen, die Probe von der Farm Geduld bei Odendaalsrus erfüllte sogar mehr als 40-mal das Soll für den Beginn von groß angelegten, rentablen Förderungen.

Heute liegen die Goldfelder in der Gemeinde (Local Municipality) Matjhabeng mit 430 000 Einwohnern. Hauptort und Verwaltungssitz ist die 1947 im Zuge der groß angelegten Förderung gegründete Stadt Welkom, zur Gemeinde gehören aber auch Virginia (gegründet 1954) und das rund 50 Kilometer nordwestlich gelegene Allanridge. Die Städte sind umgeben von riesigen Halden, den sogenannten Dumps, die aus dem schon bearbeiteten Sand bestehen.

VOLKSGRUPPEN, SPRACHEN

Lange bevor die ersten weißen Siedler von der Kapkolonie in das Land zwischen Oranje (Gariep) und Vaal vordrangen, war das Gebiet die Heimat der als Jäger und Sammler lebenden San sowie der Tswana und Sotho. Später wurden von den militärischen Truppen des Zulu-Königs Shaka im Zuge der Mfecane weitere schwarze Bevölkerungsgruppen aus dem Gebiet des heutigen KwaZulu-Natal in diese Region gedrängt.

Nördlich des mittleren Oranje siedelten im 19. Jahrhundert die Griqua: Nachfahren von Khoikhoi und Buren, die einen Vorläufer des Afrikaans sprachen. Die militärisch gut organisierte, halbnomadisch lebende Volksgruppe kam aus dem Gebiet um Kapstadt und ließ sich zunächst in einem Gebiet der heutigen Northern Cape Province nieder. Nach den ersten Diamantenfunden wurde das Gebiet als Griqualand West mit dem Hauptort Griquatown 1871 britische Kolonie und 1880 Teil der Kapkolonie.

Eine Gruppe der Griqua war bereits 1826 in den späteren Oranje-Vrystaat gezogen. Zwischen ihnen und den Sotho lebten die Barolong, eine Gruppe der Tswana, die unter dem Chief Moroka die nordwärts ziehenden Voortrekker Mitte der 1830er Jahre friedlich und gastfreundlich empfingen. Die Griqua aber wanderten unter dem Druck der Neuankömminge 1861 weiter in das Gebiet südöstlich der Drakensberge (heute KwaZulu-Natal), das als Griqualand East mit dem Hauptort Kokstad 1874 ebenfalls britisch wurde und 1879 zur Kapkolonie kam.

160 Free State

Vor allem im Osten der Free State Province befinden sich weitläufige Sonnenblumenfelder.

Heute gehören in der Provinz Free State 88 Prozent der schwarzen Bevölkerungsgruppe an, 9 Prozent sind Weiße und drei Prozent zählen zur Gruppe der Coloureds. Der verschwindende Anteil von Asiaten geht auf das zu Apartheidzeiten herrschende Zuzugsverbot in den Oranje-Freistaat zurück.

Mehr als die Hälfte der Bevölkerung (ca. 65 Prozent) geben Sotho als erste Sprache an, etwa zwölf Prozent Afrikaans, acht Prozent Xhosa und jeweils rund fünf Prozent Tswana und Zulu, wohingegen Englisch mit nur drei Prozent einen unbedeutenden Platz einnimmt. Afrikaans ist nicht nur die Sprache der meisten Weißen, sondern die der Coloureds. Im öffentlichen Leben hingegen findet man häufig eine Mischung aus Sotho und verwandten Sprachen oder das Englische als Grundlage der Kommunikation zwischen verschiedensprachigen Völkern.

88 Prozent der Bewohner der Free State Province gehören schwarzen Bevölkerungsgruppen an.

GESCHICHTE

Nachdem die Kapkolonie Anfang des 19. Jahrhunderts unter britische Herrschaft gekommen war, fürchteten die niederländischen Siedlern (Buren) um ihre kulturelle Identität. Ihre Unzufriedenheit gipfelte im Great Trek – dem Auszug aus der Kapkolonie. Die Wanderung in das Landesinnere auf der Suche nach Siedlungsgebieten führte auch in das Gebiet zwischen Oranje (Gariep) und Vaal. Die Afrikaaner, wie sich die Buren später selbst nannten, gründeten im Landesinneren mehrere unabhängige Burenrepubliken. Eine davon war der Oranje-Vrystaat (Orange Free State).

Die ersten beiden größeren Treks unter den Anführrern Louis Trichard und Hans van Rensburg waren bereits 1835 aus der Kapkolonie in den Norden Transvaals gezogen. Kämpfe mit den dortigen Einwohnern und Krankheiten führten zu vielen Todesfällen. Dennoch verließ im Jahre 1836 der dritte Trek das Gebiet um Kapstadt unter der Führung von Andries Hendrik Potgieter. Auch sie mussten herbe Verluste – insbesondere bei ihrem Viehbestand – hinnehmen. Vor diesem Hintergrund kam es im Gebiet von Thaba Nchu zur Vereinigung mit dem vierten Trek, der von Gert Maritz angeführt wurde, und der Errichtung eines großen Lagers. Im Dezember 1836 entschied in Thabu

Nchu eine allgemeine Volksversammlung über die erste vorläufige Regierung der Buren. Maritz wurde Vorsitzender des sogenannten Bürgerrates, Potgieter Generalkommandant.

Als im Jahr darauf der fünfte Burentrek unter Piet Retief in Thaba Nchu eintraf, ging die nun 5000 Voortrekker umfassende Gemeinschaft daran, die Grundlagen einer staatlichen Ordnung zu schaffen. Im April 1837 wurde eine Verfassung verabschiedet. Wegen eines inzwischen ausgebrochenen Streits zwischen Potgieter und Maritz wurde Piet Retief zum Gouverneur und Generalkommandanten gewählt, Maritz blieb Vorsitzender des Bürgerrates. 1838 starb Gert Maritz in Natal, wohin Teile der Buren weitergezogen waren. Andries Pretorius wurde daraufhin zum Generalkommandanten gewählt.

In der frühen Phase der britischen Kolonisation bezeichneten die Buren dieses Gebiet als Trans-Oranje. Später dann, nachdem es zunächst 1848 von den Briten annektiert worden war und die Buren 1854 hier ihre eigene, selbstständige Republik gegründet hatten, nannten sie ihren Staat zu Ehren des niederländischen Königshauses Oranje-Vrystaat. Der damals erst wenige Häuser zählende Ort Bloemfontein wurde zur Hauptstadt auserkoren. 1859 fand die erste Sitzung des Parlaments (Raadsaal) in einem als Schule dienendem Gebäude statt.

Von Anfang an war die Republik starkem Druck von außen sowohl durch Großbritannien als auch durch die benachbarten Basotho ausgesetzt, mit denen es unter Herrscher Moshoeshoe I. zu häufigen Zwischenfällen kam. Doch entscheidend für die Zukunft der Republik waren die Diamantenfunde im nicht weit entfernten Kimberley. Sie hatten für die Region die gleichen Auswirkungen wie

FOLGENDE DOPPELSEITE:
Der Süden und Westen der Provinz Free State bestehen aus meist trockener und baumloser Steppenlandschaft.

Zwei Frauen ernten auf einer Wiese in den QwaQwa-Bergen. Im Hintergrund sind die Maloti Mountains auszumachen.

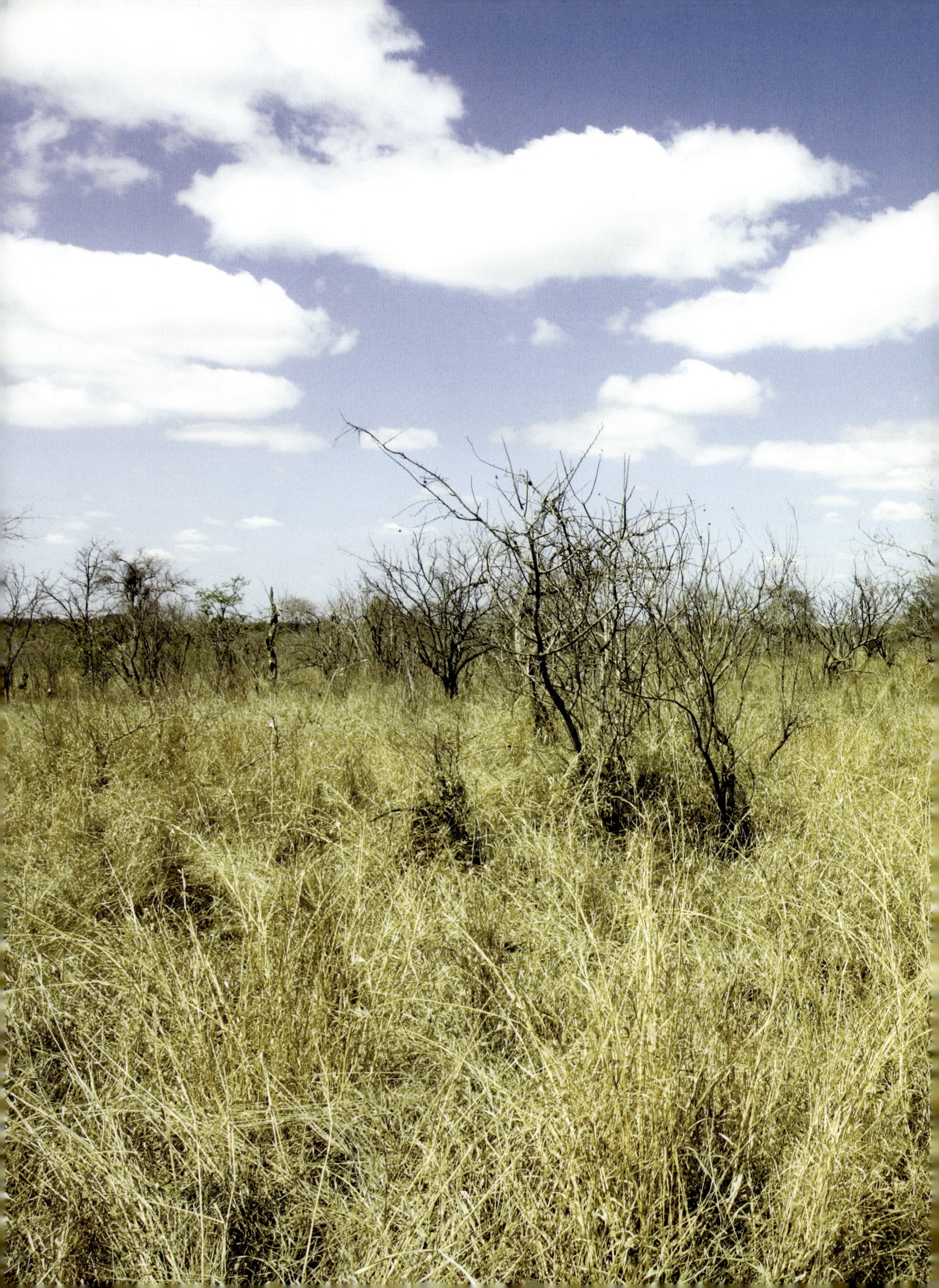

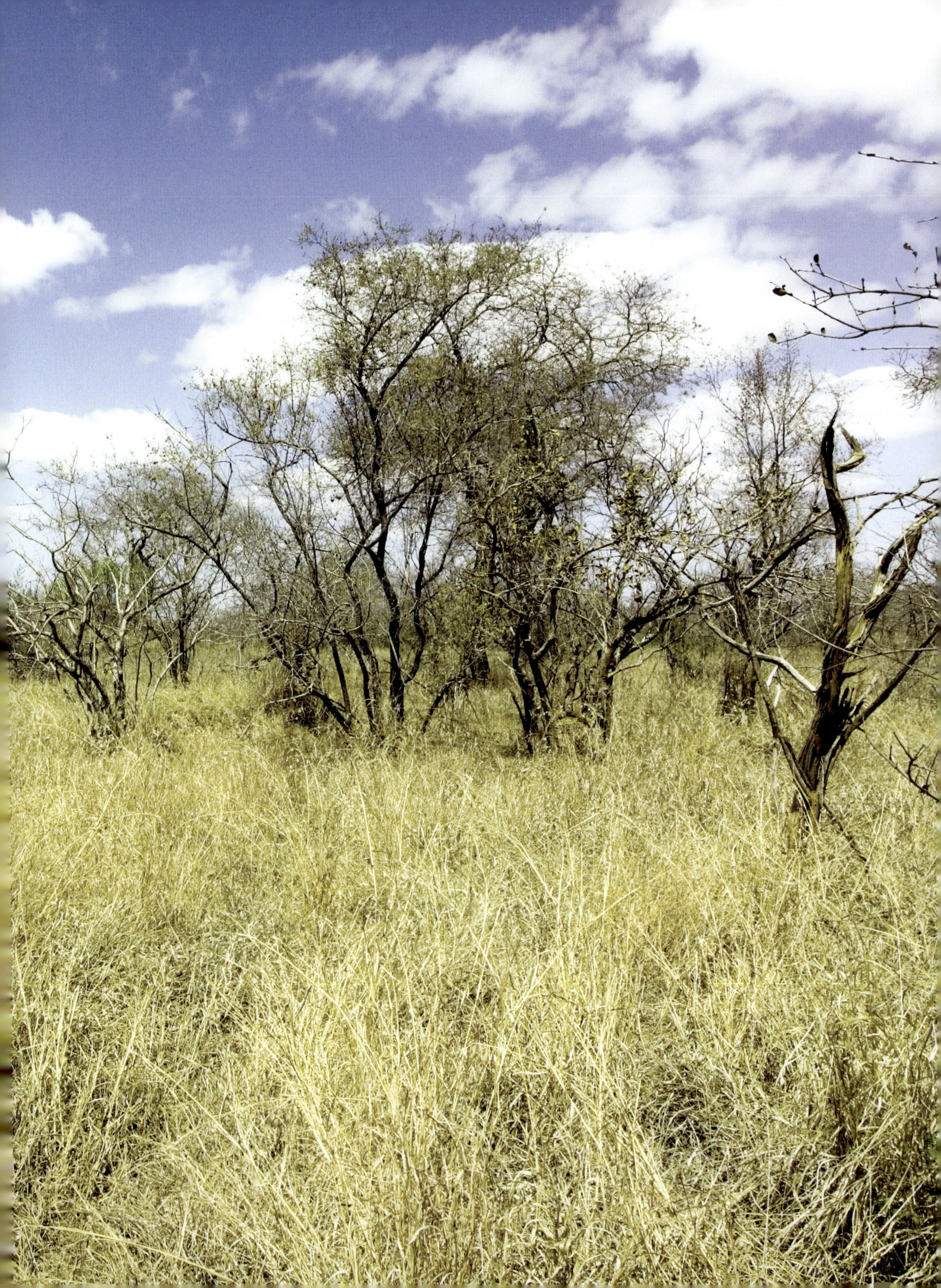

FOLGENDE DOPPELSEITE:
Die Loch Logan Waterfront von Bloemfontein ist die Einkaufs- und Amusiermeile der Stadt.

die Goldfunde am Witwatersrand. Bloemfontein, das auf der strategisch günstigen Achse von der Ostküste nach Kimberley lag, konnte von dem Reichtum profitieren, der aus der Diamantenförderung erwuchs. Als man Mitte des 20. Jahrhunderts begann, die großen Goldvorkommen in der eigenen Region zu fördern, wurde der Provinzhauptstadt und den umliegenden Gebieten ein weiterer wirtschaftlicher Aufschwung beschert.

Doch bis es so weit war, wurde der Oranje-Vrystaat während des Zweiten Anglo-Buren-Krieges im Jahre 1900 von den Briten endgültig annektiert, 1902 zur Orange River Colony erklärt und 1910 Teil der Südafrikanischen Union. Das zunächst territorial unveränderte Gebiet bildete daraufhin die Provinz Oranje-Vrystaat mit der Provinzhauptstadt Bloemfontein. In den 1960er Jahren wurden als eine Maßnahme der südafrikanischen Apartheidpolitik Stammesgebiete der schwarzen Bevölkerung vom Provinzterritorium abgetrennt. Es entstand das kleine Homeland QwaQwa im Südosten der Provinz und eine von insgesamt sieben Enklaven des Homelands Bophuthatswana, dessen andere Gebiete in der damaligen Kapprovinz und der Provinz Transvaal lagen. 1994 wurden diese Gebiete wieder in die nun Free State genannte Provinz eingegliedert.

BLOEMFONTEIN

Bloemfontein, die Hauptstadt des Free State, liegt in der Provinz äußerst zentral und landesweit gesehen verkehrstechnisch günstig an den Hauptrouten vom Süden in den Norden der Republik. Durch den Sitz des Obersten Berufungsgerichtes ist Bloemfontein nach Pretoria und Kapstadt die dritte Hauptstadt Südafrikas. Sie liegt 450 Kilometer vom Sitz der Regierung in Pretoria und 1004 Kilometer vom Parlamentssitz in Kapstadt entfernt.

2011 wurden Bloemfontein, die angrenzenden Townships und etliche weitere Orte zur Metropolgemeinde Mangaung (Sotho für „Platz der Geparde") zusammengefasst. Mit 760 000 Einwohner ist sie der größte Ballungsraum im Free State und zugleich die kleinste der acht Metropolitan Municipalities in Südafrika.

Klimatisch ist die Stadt extremen Bedingungen ausgesetzt. Im Sommer wird es mit mittleren Maximaltemperaturen von 30 °C sehr heiß, im Winter kann es sich hingegen auf durchschnittliche 15 °C abkühlen. Wegen des relativ trockenen Klimas (547 Millimeter Niederschlag) wird es jedoch nicht schwül. Ein frischer Wind aus dem Highveld und die vielen Parks in der Stadt machen die Sommerhitze zusätzlich erträglich. Neben kühlendem Schatten bietet der Hamilton Park sogar über 3000 Orchideenarten und damit die größte Sammlung dieser Gattung in Südafrika.

Wirtschaftlich zeichnet sich Bloemfontein vor allem als Standort für Leichtindustrie wie Möbel-, Glas-, Konserven- und Nahrungsmittelproduktion aus. Im Osten der Stadt befindet sich ein großes Eisenbahnausbesserungswerk. Und Bloemfontein ist Sitz der University of the Free State.

Die „Stadt der Rosen", wie die Hochburg des Burentums genannt wird, wählten die Buren schon früh zu ihrem wichtigsten Ort. Schon Jahrhunderte zuvor hatten die San ihr Wasser aus einer von Blumen umgebenen Quelle geholt. Nicolaa Brits, ein weißer Siedler, der mit dem ersten Burentrek in dieses Gebiet kam, soll seine Farm nach dieser Quelle benannt haben (Bloemfontein = Blumenbrunnen).

Mit dem Nationalen Frauendenkmal in Bloemfontein wird der Zehntausende Frauen und Kinder unter den Buren gedacht, die in den britischen Konzentrationslagern vor etwa hundert Jahren umgekommen sind.

Free State 167

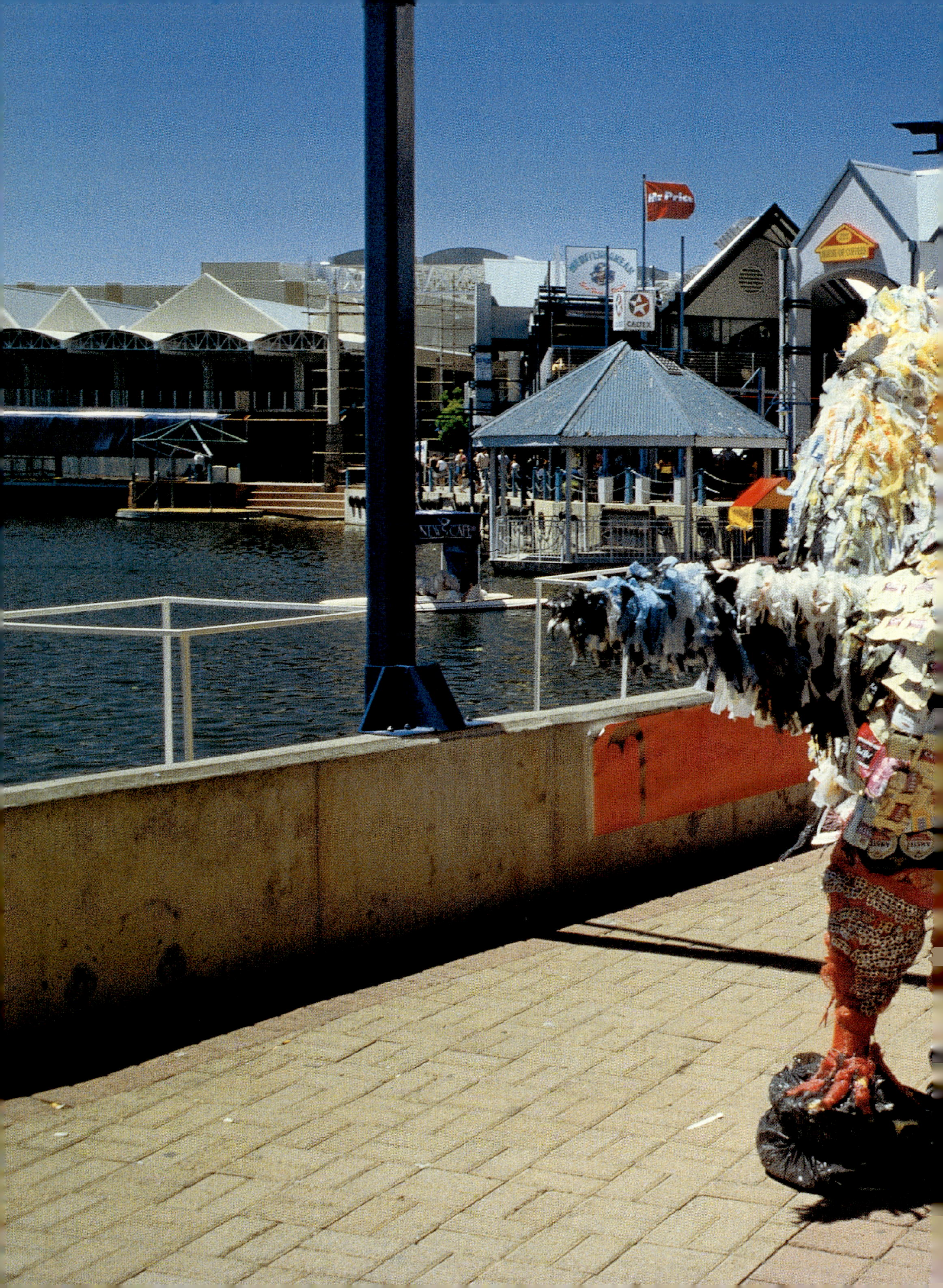
Mr Price
CALTEX

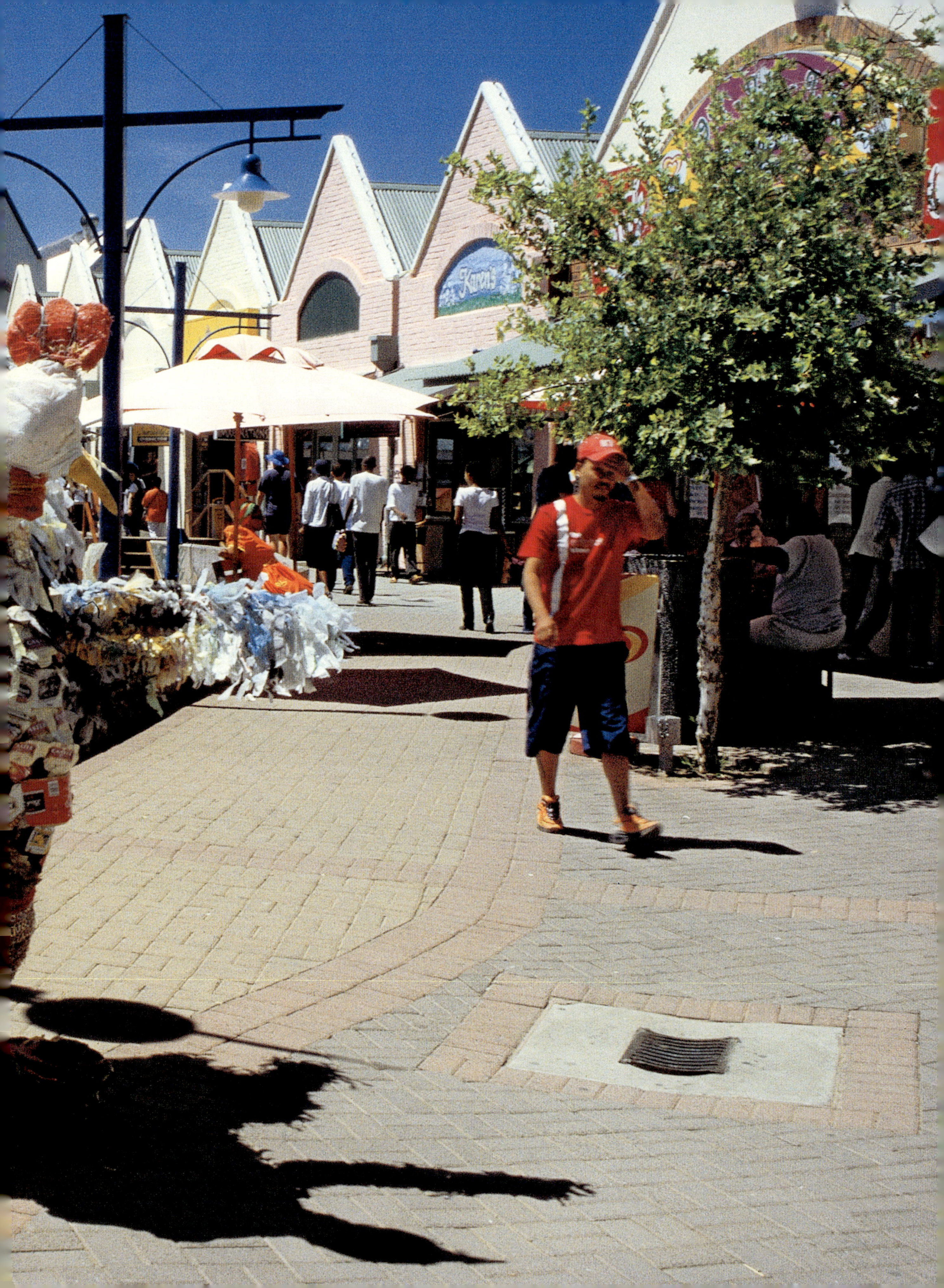

Karen's

RECHTE SEITE:
Der Eerste Raadsaal in Bloemfontein ist das älteste erhaltene Gebäude der Stadt und Teil des National Museum (Foto oben); Bewohner von Bloemfontein beim Rasensport (Foto unten)

FOLGENDE DOPPELSEITE:
Mit dem Jeep auf dem Weg in die QwaQwa-Berge

Trotz vehementer und andauernder Widerstände der Buren beschlossen die Briten 1841 im Zuge ihres Vordringens nach Norden, an der besagten Quelle eine Garnison zu stationieren und einen Verwaltungssitz zu errichten. Sie kauften Brits seine Farm ab und erbauten 1846–48 das Queen's Fort.

Die Anwesenheit der Briten blieb den Buren stets ein Dorn im Auge, waren diese doch de facto ihre Kolonialherren. Viele Buren wichen weiter nach Norden aus und ließen sich in Transvaal nieder. Angesichts des gemeinsamen Zieles der Inbesitznahme von möglichst viel Land und dessen Verteidigung gegenüber schwarzen Bevölkerungsgruppen blieben die Konflikte zwischen Buren und Briten bis zu den Anglo-Buren-Kriegen jedoch in einem annehmbaren Rahmen.

Unterdessen entwickelte sich Bloemfontein immer mehr zum Zentrum des 1842 gegründeten burischen Oranje-Vrystaat. Der „Eerste Raadsaal", 1849 erbaut und heute das älteste Gebäude der Stadt, diente als Schule, Parlamentsgebäude, Tagungsort, Kirche und Rathaus, bis es in ein Museum umgewandelt wurde. 1885 wurde, das dem National Museum der Provinzhauptstadt angegliedert ist. 1885 wurde die Old Presidency (Afrikaans: Ou Presidensie), der Sitz dreier burischer Präsidenten, im viktorianischen Stil erbaut.

Während des Zweiten Anglo-Buren-Kriegs von 1899 bis 1902 war Bloemfontein hart umkämpft. Die Briten schossen vom Naval Hill mit Kanonen auf die Buren in der Ebene. 1900 schließlich fiel die Stadt. Heute erzählen ein burisches Kriegsmuseum, das Haus des ehemaligen Burengenerals Hertzog und verschiedene andere burisch geprägte Museen von dieser Vergangenheit.

In der Monument Road von Bloemfontein befindet sich ein großer Obelisk mit zwei Frauenstatuen, von denen eine ein sterbendes Kind in der Hand hält und die andere über die weite Ebene des Free State blickt. Das Nationale Frauendenkmal soll an die Frauen und Kinder erinnern, die in den von den Briten während ihrer erbitterten Konfrontation mit den Buren erschaffenen Konzentrationslagern umkamen. Die Lager waren vom britischen Oberkommandanten Lord Kitchener im Rahmen der Strategie der „verbrannten Erde" errichtet worden, um die äußerst effektiven Guerillakommandos der Buren zu unterwerfen. Äcker und Wohnhäuser wurden niedergebrannt und Tausende von Familien in die völlig überfüllten Camps interniert. Bis zum Jahre 1901 war die Sterberate auf 34 Prozent angestiegen. Die Gründe waren vor allem Unterernährung, Krankheiten und unhygienische Bedingungen. Rund 27 000 Buren, vor allem Frauen und Kinder, und mindestens 15 000 Schwarze kamen in den Lagern ums Leben.

Am Fuße des Denkmals wird an Emily Hobhouse erinnert, die stärkste britische Stimme gegen Kitcheners militärisches Vorgehen und die katastrophalen Auswirkungen für die Landbevölkerung. Sie reiste nach Südafrika, sah sich die unmenschlichen Bedingungen an, wobei sie die Lager, in denen die Schwarzen inhaftiert waren, ausließ, und publizierte in Großbritannien ihre Erfahrungen so effektiv, dass die Liberalen die Zustände als „barbarische Methoden" bezeichneten. Kitchener nannte sie „that bloody woman", verwehrte ihr weiteren Zugang zu den Lagern und schob sie mittels Kriegsrecht ab. Emily Hobhouse kehrte nach Kriegsende nach Südafrika zurück, organisierte Hilfsfonds, schmiedete Pläne für den Aufbau von Heimindustrien und schrieb mit viel Engagement über die Leiden der burischen Bevölkerung. Ihre Asche wurde von Großbritannien nach Bloemfontein gebracht und in dem Denkmal beigesetzt.

EERSTE RAADSAAL MUSEUM 1849

EERSTE RAADSAAL MUSEUM 1849

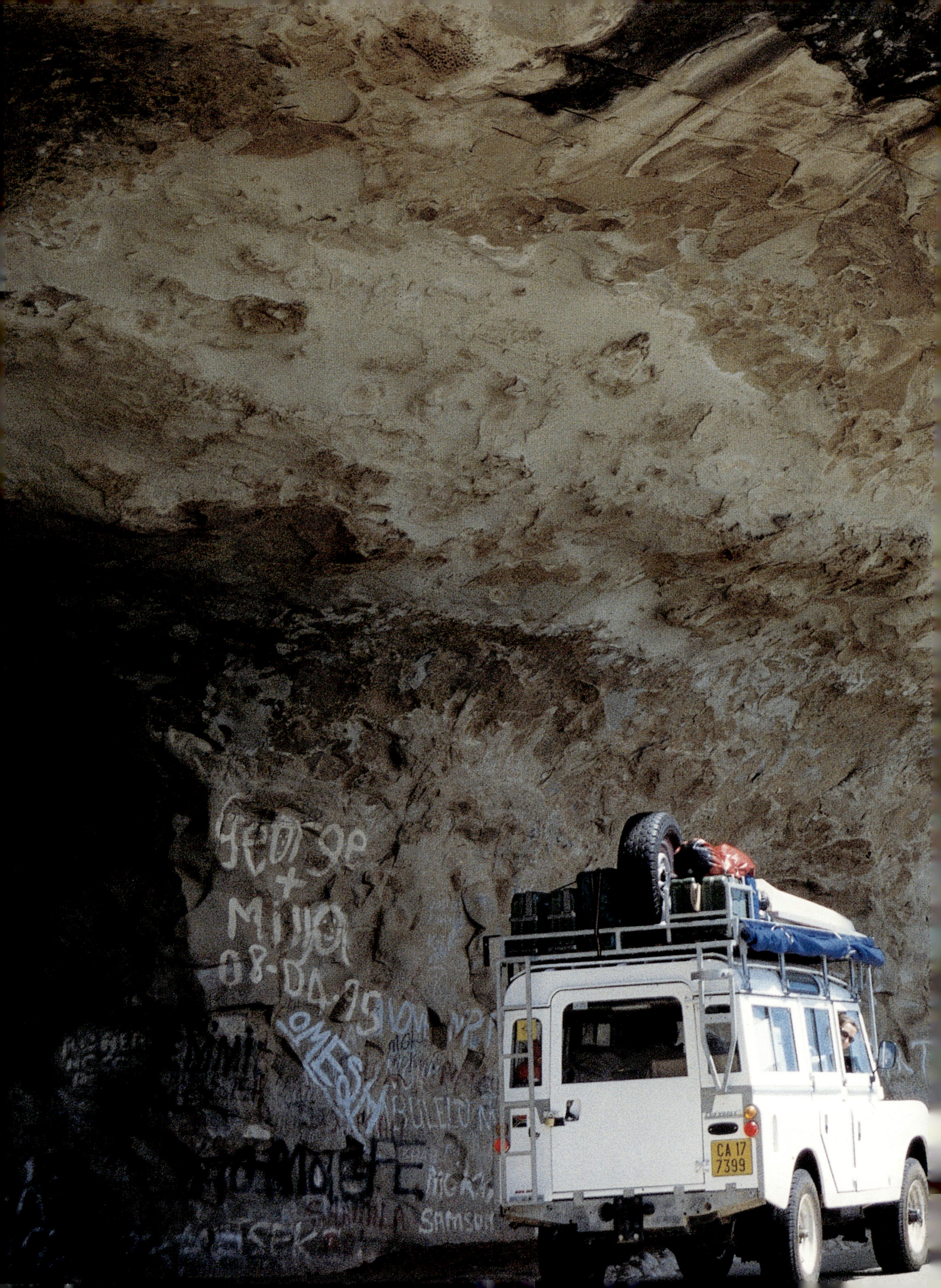

CA 17
7399

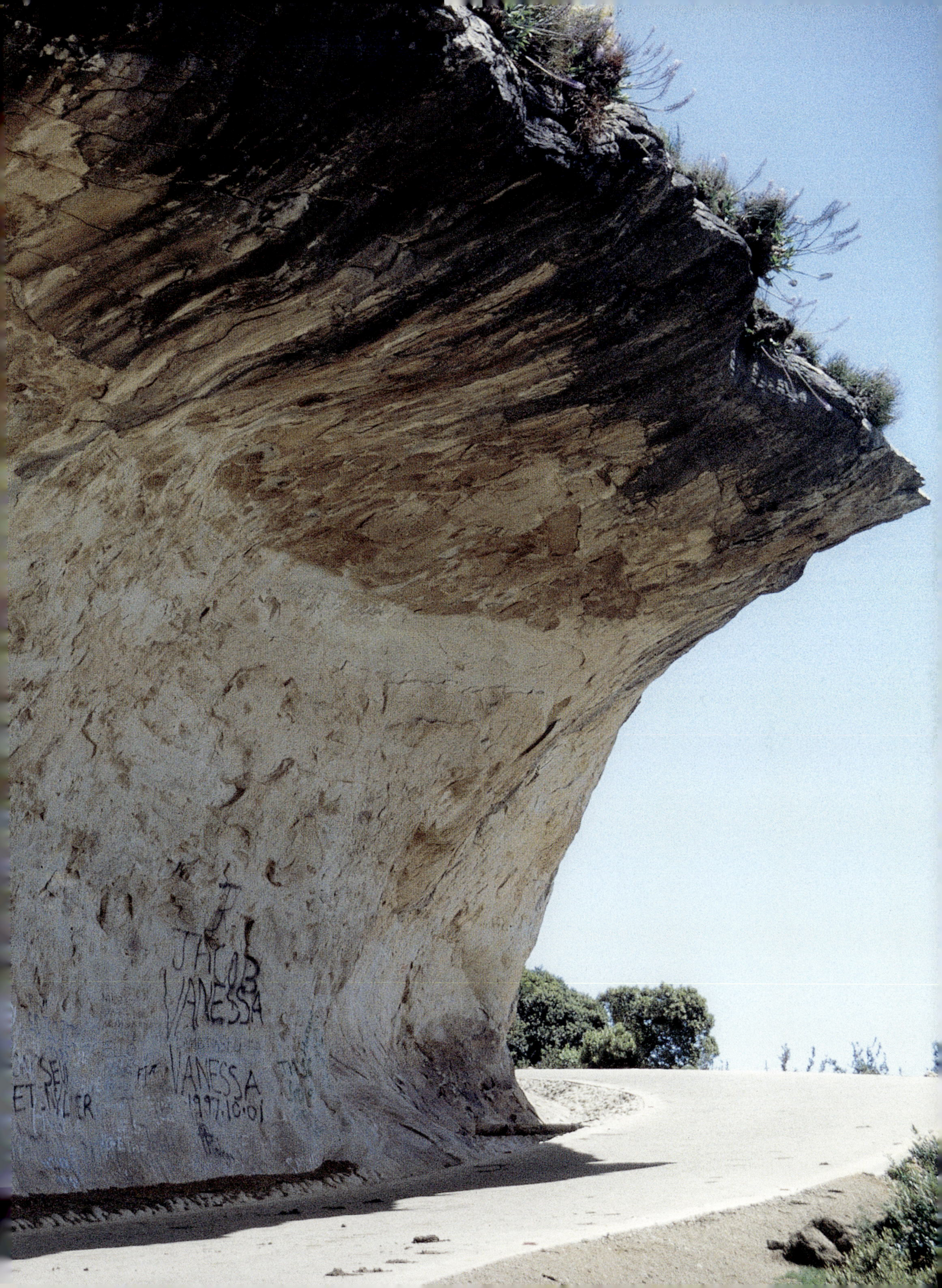
VANESSA
VANESSA
1997.10.01

Koedoeskop
Northam
Bela-Bela
(Warmbaths)
Settlers
Borakalalo
Game Reserve
Assen
Kgomo-
Kgomo
Masobe
Elands
Pielanesberg
Game Reserve
Atlanta
Klipvoor Dam
Pienaarsrivier
Renosterkop Dam
Makapaanstat
Swartbooistat
Rust de Winter Dam
Sun City
kwaRatsiepane
Babelegi
Temba
Elands
Tswaing
Hammanskraal
Bethanie
Mabopane
Phokeng
Ga-Rankuwa
Roodeplaat Dam
Brits
Cullinan
Rustenburg
Schoenansville
Mamelodi
Soshanguve
Magaliesberg
Kgaswan
Nat. Res.
Atteridgeville
Pretoria
Bronkhorstspruit
Koster
Centurion
Hartbeespoort
Magaliesberg N. R.
Gauteng
Bronkhorstspruit
Dam
Clewer
Derby
Clayville
Boons
Tembisa
Krugersdorp
Sandton
Ogies
Kempton Park
Kendal
Randfontein
Roodepoort
Johannesburg
Brakpan
Soweto
Springs
Germiston
Carletonville
Westonaria
Dunnottar
Devon
Leandra
Welverdiend
Kinross
Grasmere
Nigel
Fochville
Evander
Evaton
Heidelberg
Meyerton
Sebokeng
Balfour
Potchefstroom
Vereeniging
Vanderbijlpark
Greylingstad
Khuma
Sasolburg
Deneysville
Vaal Dam N. R.
Parys
Vaalrivier
Oranjeville
Vaal River
Villiers
0
10
20
30
km
Vredefort
Vaal Dam
© Ing.-Büro für Kartographie J. Zwick, Gießen

GAUTENG
ÜBERBLICK

Gauteng (Sotho: Ort des Goldes, ausgesprochen Chauteng) ist die wirtschaftlich am weitesten entwickelte und am dichtesten bevölkerte Provinz Südafrikas. Sie wird von der Hauptstadt Pretoria und der Millionenmetropole Johannesburg dominiert. Die Zentren beider Städte liegen nur rund 50 Kilometer auseinander. Die Provinz, die 18 178 Quadratkilometer misst und damit gerade mal 1,5 Prozent der Gesamtfläche Südafrikas ausmacht, ist mit einer differenzierten Industrie- und der besten Infrastruktur des Landes versehen. Die Bevölkerungsstruktur ist multi-ethnisch, wobei hier auch mehr weiße Südafrikaner als in allen anderen Provinzen wohnen.

Die Metropolgemeinde City of Johannesburg, die neben der Kernstadt die riesigen Townships und zahlreiche Vorstädte umfasst, ist der größte Ballungsraum sowie wirtschaftlicher Dreh- und Angelpunkt nicht nur von Gauteng und Südafrika, sondern des gesamten südlichen Afrikas.

Die Landeshauptstadt Pretoria bildet mit ihren umliegenden Orten, den aus allen Nähten platzenden Townships und ehemaligen Homeland-Gebieten die Metropolgemeinde City of Tshwane, die den gesamten Nordteil der Provinz Gauteng einnimmt. Neben der Bedeutung als Regierungs- und Verwaltungssitz spielt das universitäre Leben eine große Rolle.

FOLGENDE DOPPELSEITE:
Statue von Nelson Mandela vor den Union Buildings in Pretoria

Arbeiter vor der Cullinan Diamond Mine in der Nähe von Pretoria: Die spektakulären Gold- und Diamentenvorkommen machen Gauteng zur wirtschaftlich bestentwickelten Provinz Südafrikas.

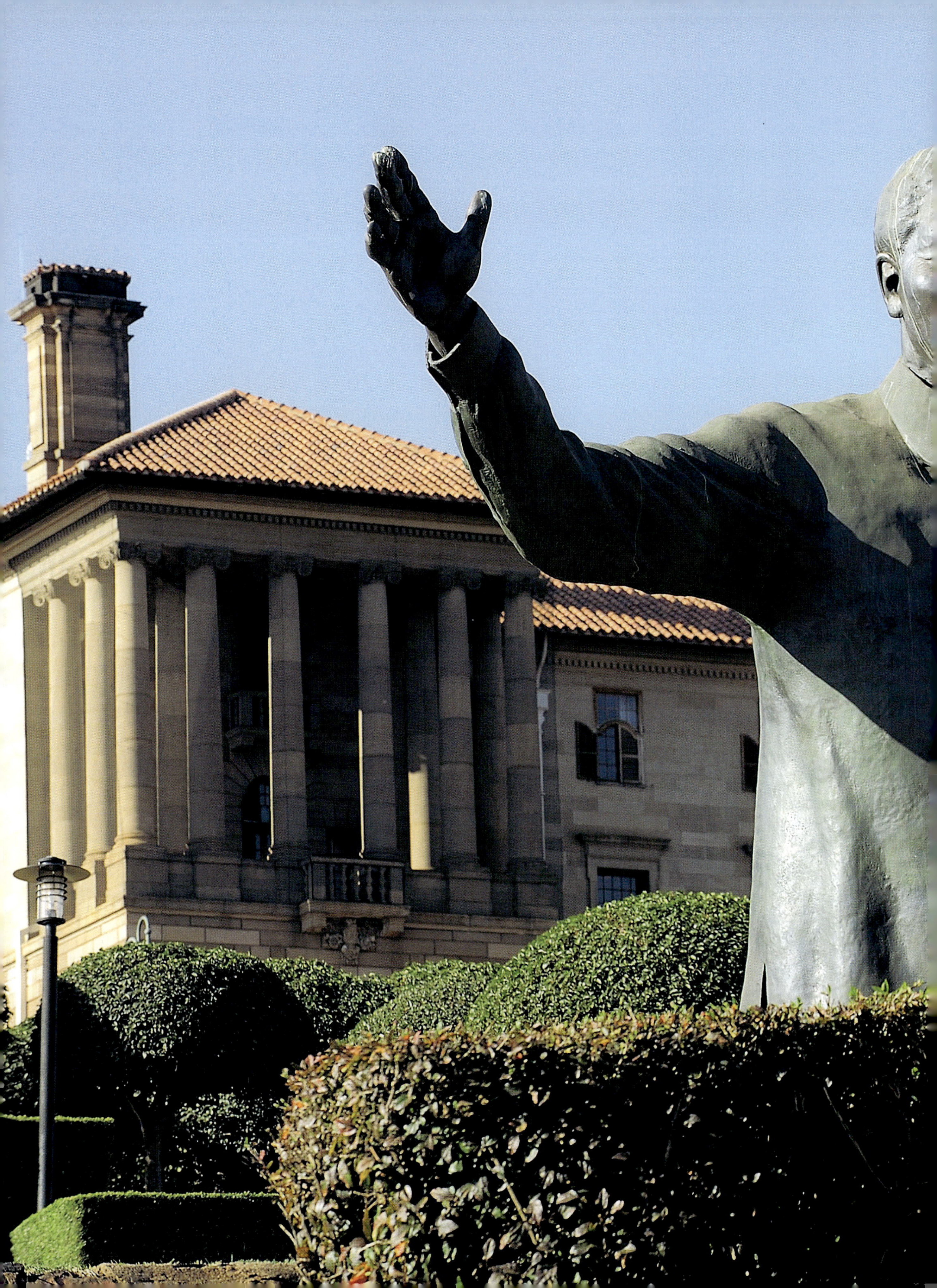

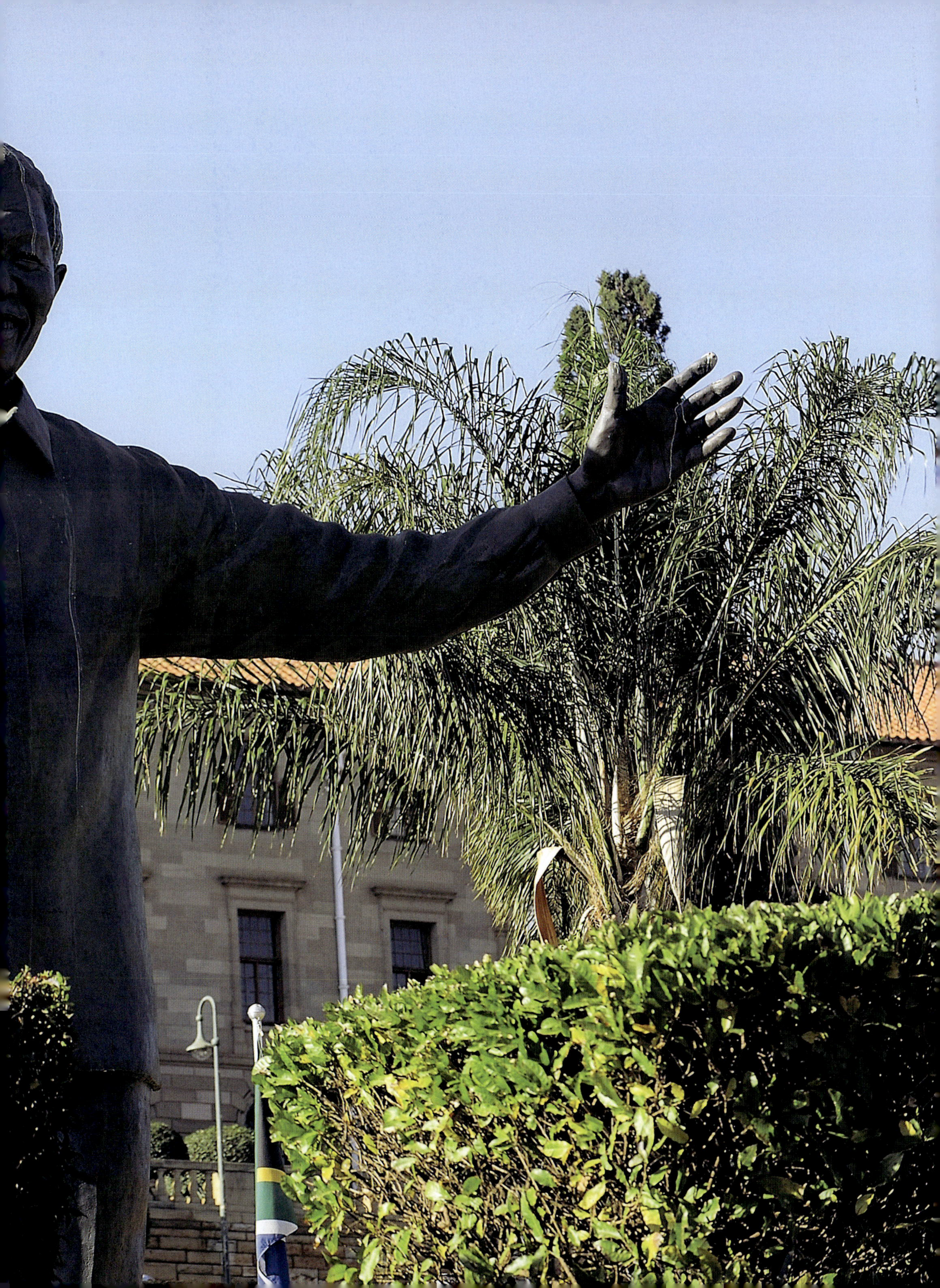

Die Infrastruktur im urbanen Großraum, insbesondere das Strom- und Verkehrsnetz hin zu den Townships, bedarf in der Provinz Gauteng eines dringenden Ausbaus.

Die Townships um die Metropolen Johannesburg und Pretoria zeichnen sich trotz verstärktem Einsatz von Entwicklungsprogrammen heute nach wie vor durch eine schlechte Infrastruktur aus. Zugverbindungen zu den weit entfernten Arbeitsstätten in den Innenstädten existieren so gut wie nicht. Ein Minibussystem bringt die Menschenmassen früh morgens in überfüllten und zum Teil schlecht gewarteten Fahrzeugen in rasanter Fahrt aus den Townships und am späten Nachmittag wieder zurück. Die Versorgung mit Strom und Trinkwasser hat sich in den Vororten seit Ende der Apartheid deutlich verbessert, ist aber nach wie vor nicht ausreichend – eine weitere Herausforderung für die öffentlichen Haushaltskassen.

Landschaftlich hat Gauteng im Großraum der Metropolen nicht viel zu bieten. Zu zersiedelt sind auch die für die reichen Städter schnell erreichbaren Erholungsgebiete vor allem rund um die Stauseen. Dort befinden sich zahlreiche Ferienhäuser und Vergnügungseinrichtungen. Nur die Magaliesberge im Nordwesten der Provinz, die aber zum Großteil bereits in der North West Province liegen, beherbergen unberührte Naturlandschaften wie einsame Schluchten und Berge, die besonders bei Kletterern beliebt sind.

Die zum UNESCO-Welterbe ernannten Höhlen der „Cradle of Humankind" liegen im nordwestlichen Vorstadtgebiet von Johannesburg. Aufgrund der spektakulären Fossilien, die dort gefunden wurden und einen unschätzbaren Beitrag zum Verständnis der Vor- und Frühgeschichte der Gattung Mensch darstellen, kann Südafrika (neben den bedeutsamen Fundstätten in Ostafrika) mit Fug und Recht als „Wiege der Menschheit" gelten. 2013 machten Forscher in einer Höhlen eine weitere Entdeckung: die Überreste von zahlreichen Angehörigen einer bis dahin unbekannten Menschenart, des *Homo naledi*.

GESCHICHTE

Der überwiegende Teil der heutigen Provinz Gauteng bestand im 19. Jahrhundert aus karger Savannenlandschaft, in der einzelne weiße Farmer und Bantu sprechende Volksgruppen siedelten und seit Jahrtausenden San lebten, die hier ihrer Jagd nachgingen.

1884 fanden im Zuge der Goldfunde im Osten von Südafrika die Brüder Harry und Fred Struben in der Gegend nordwestlich des heutigen Johannesburg eine Quarzader und zogen damit die Goldsucher in die heutige Provinz Gauteng. Unter ihnen war auch George Harrison, der 1886 zum Geldverdienen auf einer Farm eine Hütte errichtete. Dabei fand er einen leicht gelb schimmernden Stein. Er zerkleinerte und wusch ihn nach Goldwäschermanier aus. Und tatsächlich blieben Goldpartikelchen übrig.

Harrison hatte mit diesem Fund die rund 100 Kilometer lange Hauptgoldader des Witwatersrand entdeckt und damit die weltweit reichste Goldfundstelle, die sich von Evander (Provinz Mpumalanga) im Osten nach Randfontein im Westen erstreckt – eine beeindruckende Distanz. Dabei ist die Ader nur ein kleiner Teil, sozusagen ein schmales Segment, einer tellerförmigen, gigantisch großen Goldschicht, die sich bis tief in die Free State Province hineinzieht.

Von all diesem ahnte Harrison nicht das Geringste. Gegen Ende des Monats zeigte er den Fund seinem Freund und Goldsucher George Walker, der frustriert von der erfolglosen Goldsuche an einer anderen Stelle angereist war. Sie wollten das Geheimnis noch für sich behalten und derweil nach weiterem Gold suchen.

Gold – das Objekt der Begierde. George Harrison entdeckte Ende des 19. Jahrhunderts die Hauptgoldader des Witwatersrand in der heutigen Provinz Gauteng.

Nach zu viel Alkohol plauderte Walker das Geheimnis jedoch aus, und das Ereignis verbreitete sich wie ein Buschfeuer. In wenigen Wochen war das öde und baumlose Highveld mit Wagen und Zelten der Goldsucher aus aller Welt übersät. Infolgedessen wuchs auch das heutige Johannesburg rasant an, das ungefähr in der Mitte des Ridge auf 1753 Meter liegt. Damals dachte jedoch keiner an die Entstehung einer Millionenmetropole. Wie so oft ging man eher davon aus, dass die Goldader wie so viele andere schnell abgebaut und der ganze Spuk in absehbarer Zeit vorbei sein würde.

Harrison war wahrscheinlich der größte Verlierer seiner spektakulären Entdeckung. Nicht ahnend, wie ungeheuerlich sie war, verkaufte er bald seinen Anteil an dem Goldfeld am Witwatersrand für zehn Pfund, zog weiter nach Osten in die Goldgräberstadt Barberton und geriet in Vergessenheit.

Die Goldader hingegen übertraf alle Erwartungen. Mit immer neuen Techniken wurde tiefer und tiefer gegraben: Die Goldfunde ließen nicht nach. So wurde schließlich für die Zukunft geplant. Ab

Einkaufsstraße in Pretoria (Foto links oben); Goldabbau im Süden der Provinz Gauteng (Foto links unten); das neue Fußballstadion in Johannesburg (Foto rechts)

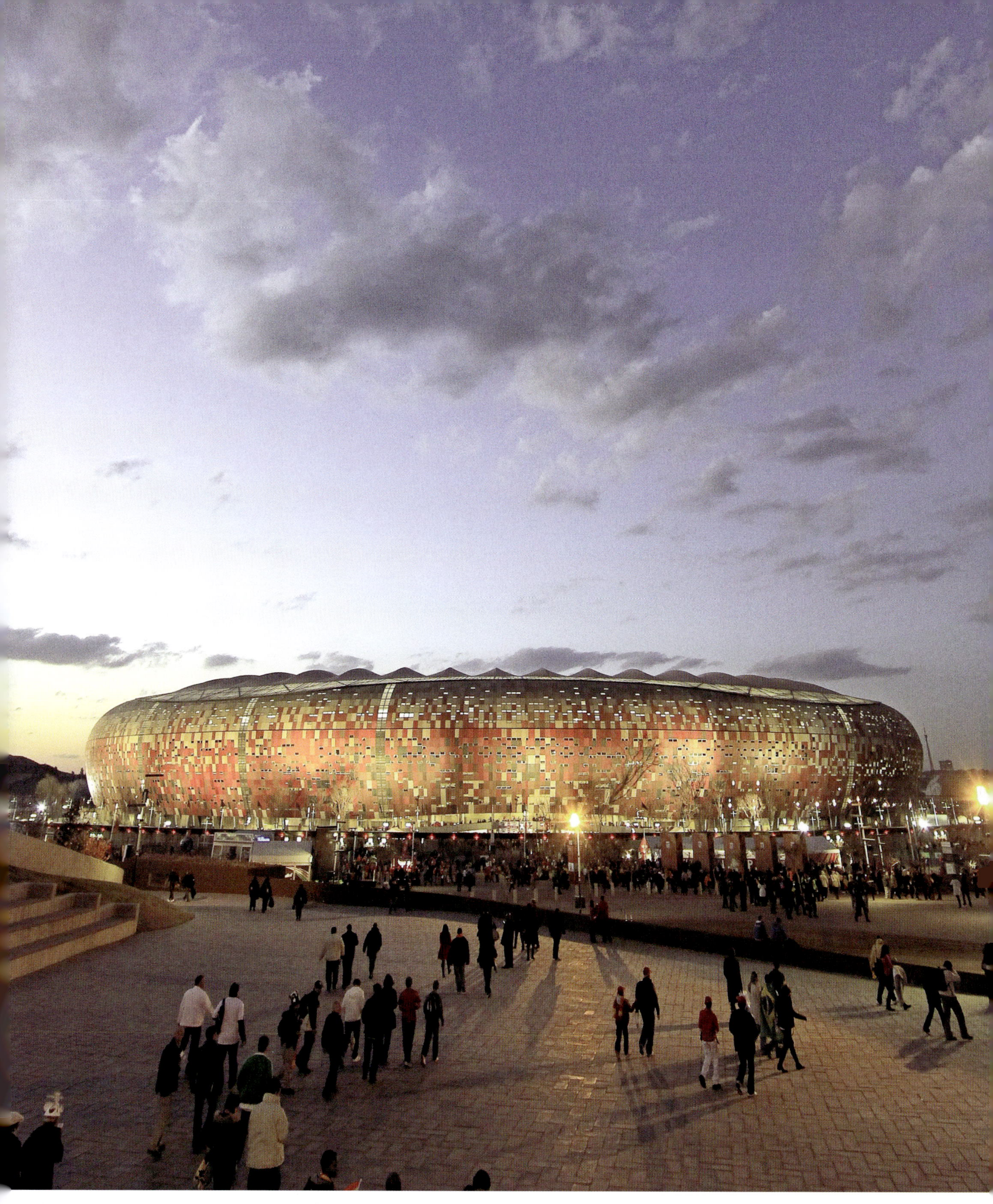

RECHTE SEITE:
Minenarbeiter bei der Bohrung in der Cullinan Diamond Mine

FOLGENDE DOPPELSEITE:
Hauptstation der Rovos Rail in Pretoria – einer der luxuriösesten Züge der Welt

1886 entstand aus einem provisorischen Camp die schnell wachsende Stadt Johannesburg mit Börse, Krankenhaus, Schule, Theater und dem berühmten Sportverein Wanderers Club. Die sogenannten Randlords – Magnaten wie Joseph Robinson, Cecil Rhodes, Barney Barnato, die Wernher-Familie, Solly Joel und Alfred Beit – gründeten Finanzimperien, die in aller Munde waren.

Die Zelte wurden erst durch Blechhütten, dann durch Steinhäuser ersetzt. Ende des 19. Jahrhunderts zeichnete sich schon eine richtige Stadt ab, die in Bezug auf die neuesten technischen Errungenschaften mit europäischen Metropolen mithalten konnte. Elektrische Straßenlampen (1895) und die erste elektrische Werbung (1905) erleuchteten die bereits 100 000 Einwohner zählende Innenstadt. Innerhalb von wenigen Jahren entwickelte sich Johannesburg, das erst 1928 den Status einer City erlangte, zur größten Stadt Südafrikas.

WIRTSCHAFT

Der wirtschaftliche Reichtum geht auf die Entdeckung der Goldfelder im Witwatersrand zurück, die zahlreiche weitere Industrien nach sich zog. Lange Zeit unangefochten der größte Goldproduzent der Erde, liegt Südafrika aufgrund stark rückläufiger Fördermenge heute auf dem siebten Rang.

Die reichste Provinz des Landes beherbergt mit über 14 Millionen Menschen nicht nur den größten Anteil (ca. ein Viertel) der Gesamtbevölkerung, hier werden auch rund 35 Prozent des Bruttoinlandsproduktes erwirtschaftet. Das Wirtschaftswachstum ist weiterhin das höchste von allen Provinzen, zudem kommt Gauteng auf die höchsten Produktionsraten in den Bereichen Bergbau und produzierendes Gewerbe.

Vor allem Johannesburg ist das Zentrum der Aktivitäten vieler Geschäftsleute, die von hier aus Brauereien, Mobilfunknetze oder Supermarktketten in ganz Afrika koordinieren. Wer Karriere machen will, der lebt in Johannesburg. Und das gilt nicht nur für die weiße Minderheit. Auch die neureiche schwarze Elite ist hier versammelt. Und sie wohnt nicht mehr in Soweto oder anderen Townships, sondern in den Villen der ehemals nur den Weißen vorbehaltenen Nobelviertel. Jeder zweite auf der Liste der Top 20 der führenden Geschäftsmänner ist ein Schwarzer.

Eines der größten Probleme für die Wirtschaft ist die hohe Kriminalität, die alle ethnischen Gruppen betrifft. Morde, Einbrüche, Autodiebstähle und Vergewaltigungen haben eine Größenordnung angenommen, die weit über das Maß einer normalen Metropole hinausgeht. In vielen Townships regieren Banden, das Gesetz scheint außer Kraft gesetzt. Die Regierung der City of Johannesburg Metropolitan Municipality hat sich allen Unkenrufen zum Trotz jedoch hohe Ziele gesetzt und will innerhalb weniger Jahrzehnte aus der Region ein Geschäftszentrum der Weltklasse machen, langfristige Investitionen fördern, das Wirtschaftswachstum ankurbeln, die Kriminalität und Arbeitslosigkeit bekämpfen und die Lebensqualität der Bewohner verbessern.

Dabei soll in Zukunft der wirtschaftliche Wohlstand des Landes nicht mehr nur von der Bergbauindustrie abhängig sein, zumal die Ressourcen in naher Zukunft aufgebraucht sein werden. Schwerpunkte sollen auf Handel, Finanz-, Transportwesen und die Informations- und Kommunikationsindustrie gelegt werden.

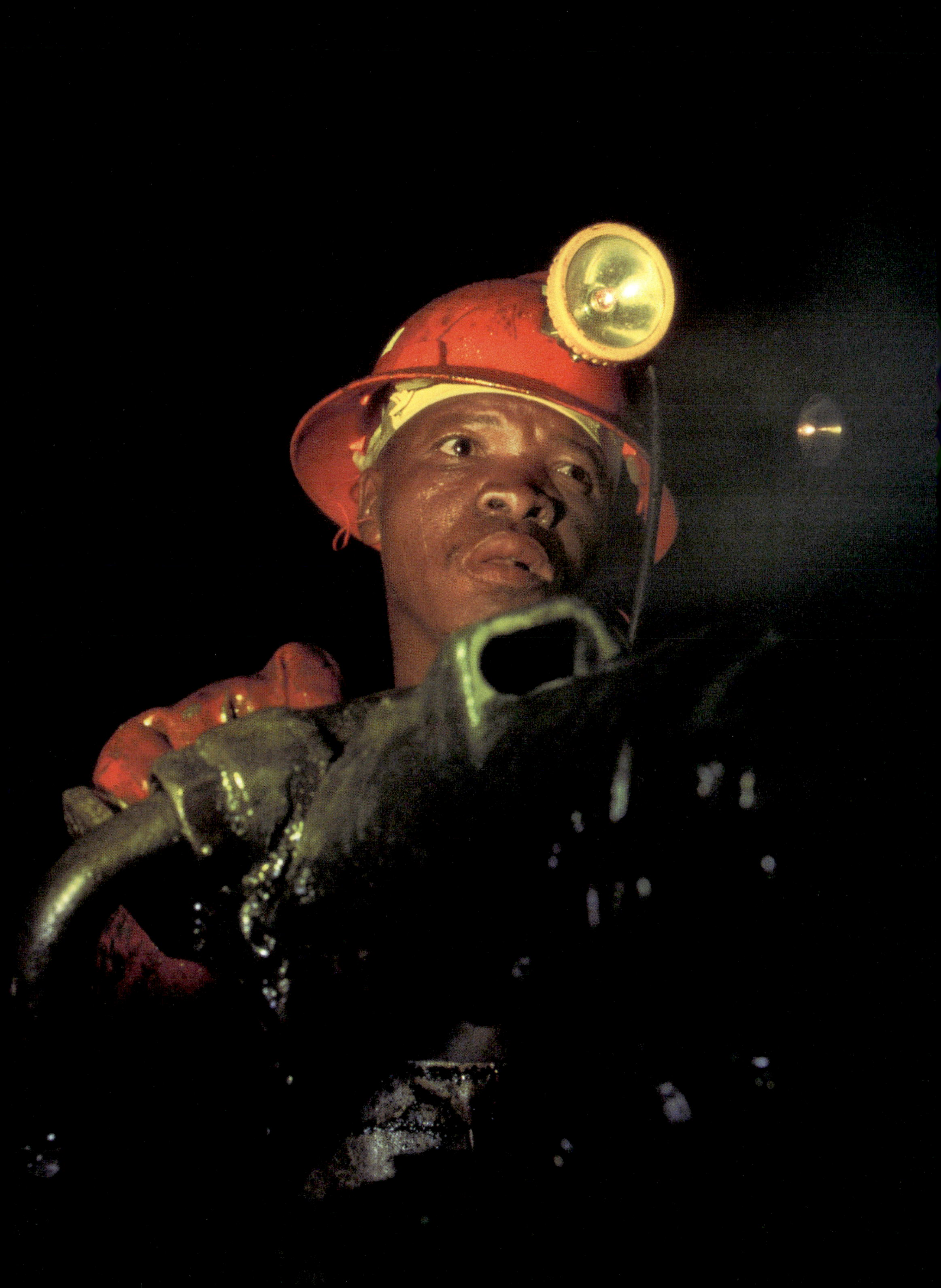

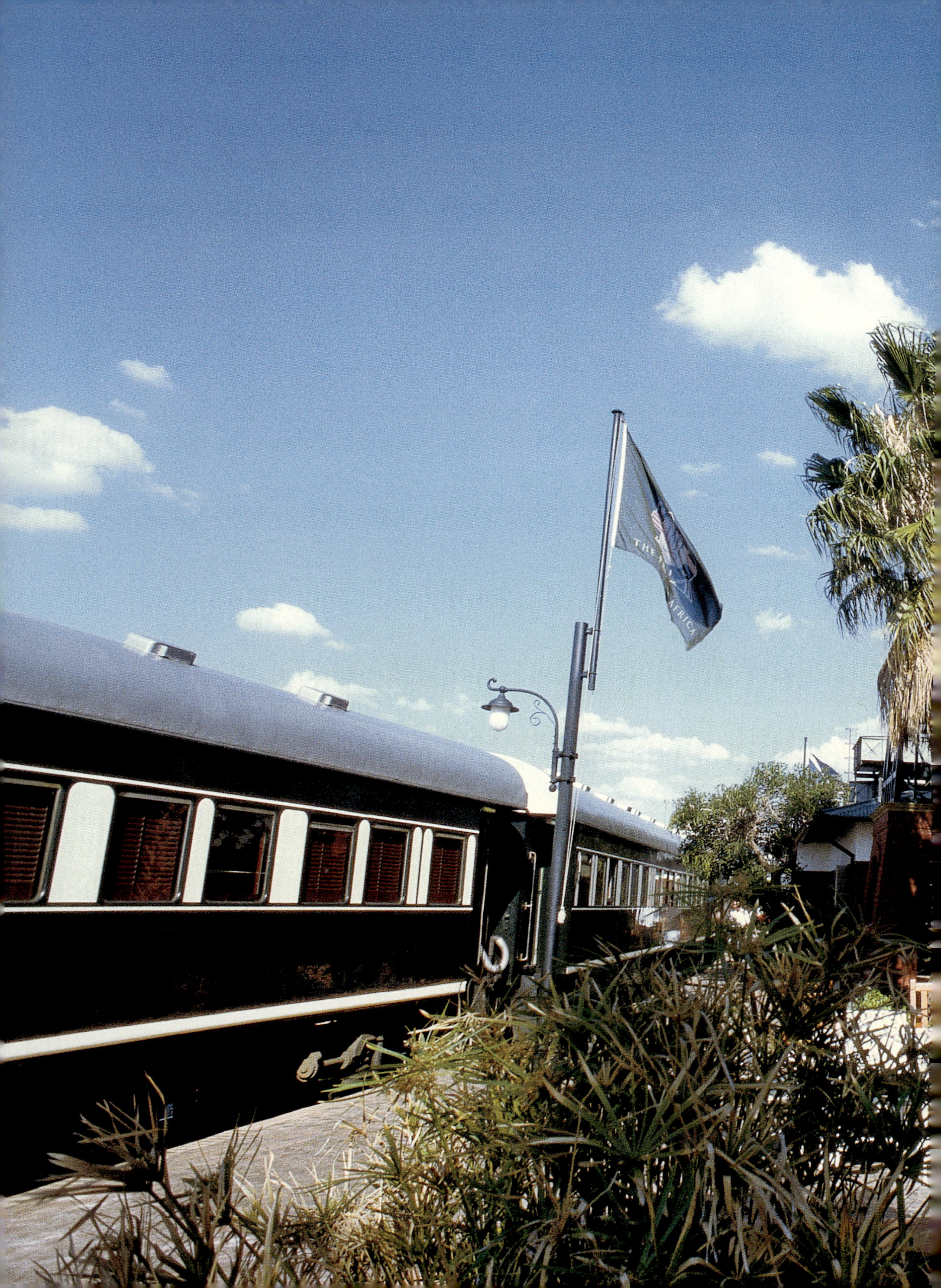
THE
AFRICA

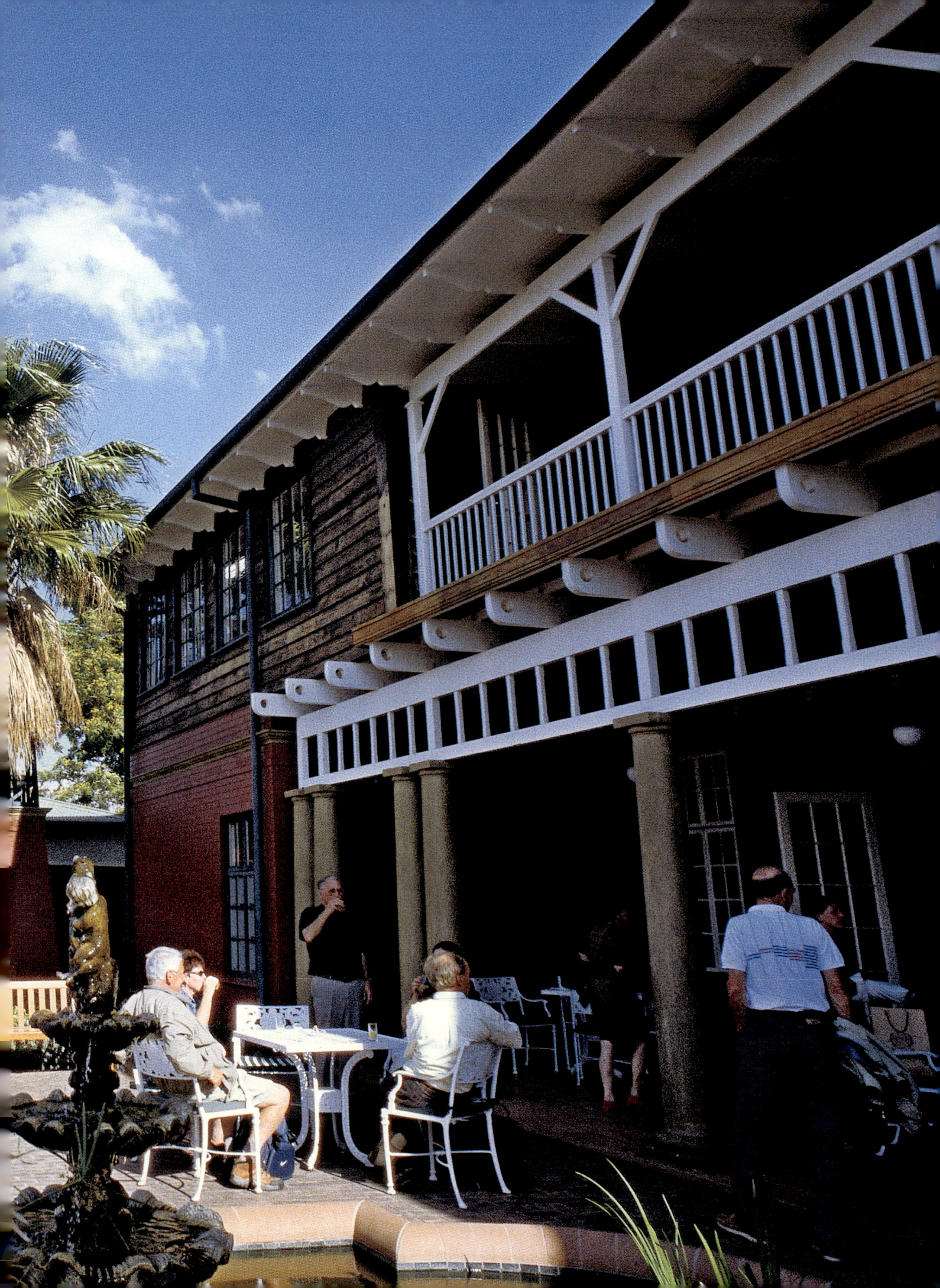

RECHTE SEITE:
Spiegelbild der Jumu'ah-Moschee in Johannesburg

FOLGENDE DOPPELSEITE:
Rosebank: Souvenirs auf dem Art and Craft Market in Johannesburg (linke Seite). Etwas außerhalb der Innenstadt von Johannesburg befindet sich ein sogenannter Muti Market. Hier werden ganz spezielle Dinge wie Knochen, Tierkrallen, Wurzeln oder naturheilkundliche Medikamente gehandelt (rechte Seite).

DIE METROPOLEN GAUTENGS

Der geographische Kern Gautengs ist zugleich Südafrikas wirtschaftliches Zentrum, das schnell schlagende Herz eines riesigen Durcheinanders aus Minen-, Industrie- und Wohnorten, die einst unabhängig waren, nun Teile zweier gigantischer Metropolgemeinden sind. Hier erstreckt sich der Witwatersrand („Weißwassergrat") genannte Höhenzug – im Volksmund bekannt als „Wits" oder einfach als „The Rand".

Die gold- und uranhaltigen Schichten des Witwatersrand-Systems waren für die Gründung der mehrkernigen Städteballungen maßgebend. Alle städtischen Siedlungen in diesem „golden arch" sind aus Goldgräbercamps entstanden. Heute sind sie bedeutende Bergbau-, Industrie- und Dienstleistungszentren. Es scheint nur noch eine Frage der Zeit zu sein, bis sich die beiden Stadtregionen von Johannesburg und Pretoria und ihre Satelliten zu einer gigantischen Metropole zusammenschließen. Die Entwicklung lässt sich bei der Fahrt vom O. R. Tambo International Airport nordöstlich von Johannesburg nach Pretoria beobachten. Nahe der Autobahn wächst die städtische Siedlung Midrand als Bindeglied zwischen beiden Ballungsräumen mehr und mehr.

Östlich der City of Johannesburg liegen die soliden Städte Benoni (was „Sohn meiner Sorgen" bedeutet; die Stadt wurde einst von einem Landvermesser so genannt, der wegen des schwierigen Geländes verzweifelt war), Boksburg, Germiston und Nigel, die Teile von Ekurhuleni sind, einer weiteren 2000 gegründeten Metropolgemeinde. Auf der westlichen Seite befinden sich Carletonville, Westonaria, Randfontein und Krugersdorp im Distrikt West Rand.

Innerhalb der City of Johannesburg (Gesamtbevölkerung: ca. fünf Millionen) liegt südwestlich der Kernstadt das einfach nach der Himmelsrichtung benannte Soweto (South Western Townships). Die größte derartige Ansiedlung in Südafrika wurde 1976 durch die blutigen Schülerdemonstrationen gegen die Apartheidgesetzgebung weltweit bekannt. Sie entstand wie alle anderen Townships im Zuge grundlegender städtischer „Sanierungsmaßnahmen", die im Rahmen der Apartheid vorgenommen wurden. Schwarze, die in den Ballungszentren als Arbeitskräfte gebraucht wurden, sollten nicht in unmittelbarer Nähe weißer Wohngegenden ihr zeitweiliges Zuhause haben, sondern am Stadtrand konzentriert werden. Da immer die Möglichkeit bestehen sollte, sie nach Erfüllung ihres Arbeitsvertrages wieder in ihre weit entfernten Homelands zurückschicken zu können, erhielten sie keine dauerhafte Wohnerlaubnis. In Soweto leben heute etwa 1,3 Millionen Menschen – mehr als im eigentlichen Johannesburg (ca. eine Million).

Weiter im Süden hat sich im Gebiet um den Fluss Vaal, der hier die Grenze zwischen Gauteng und der Provinz Free State ist, ein weiteres, vom Witwatersrand unabhängiges Industriezentrum entwickelt – die Hauptorte des Vaal Triangle sind Vereeniging und Vanderbijlpark sowie Sasolburg auf der Seite des Free State. Hier rauchen die Schornsteine der Kohleförderanlagen und Stahl verarbeitenden Industrien.

Nördlich von Johannesburg liegt Pretoria, nur 50 Kilometer entfernt, in den warmen und fruchtbaren Tälern des Apies River. Der ehemalige Sitz der Regierung des alten Transvaal ist alter und neuer Regierungssitz der Republik Südafrika und auch weiterhin (entgegen zwischenzeitlicher Pläne) nach dem Voortrekker-Führer Andries Pretorius benannt. Die Stadt Pretoria selbst zählt rund 750 000 Einwohner, die komplette Metropolgemeinde City of Tshwane etwa 3,4 Millionen. Dazu gehören

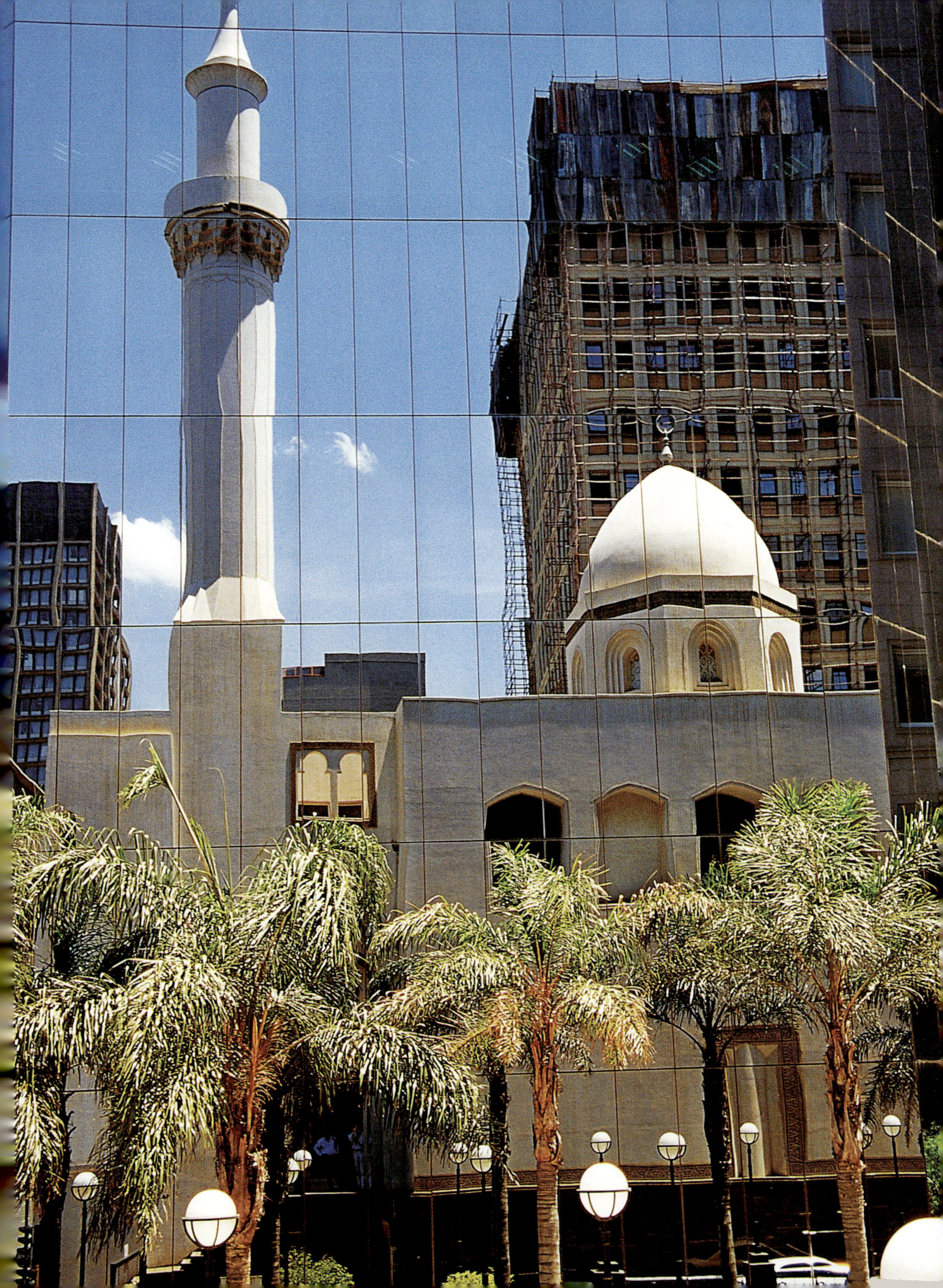

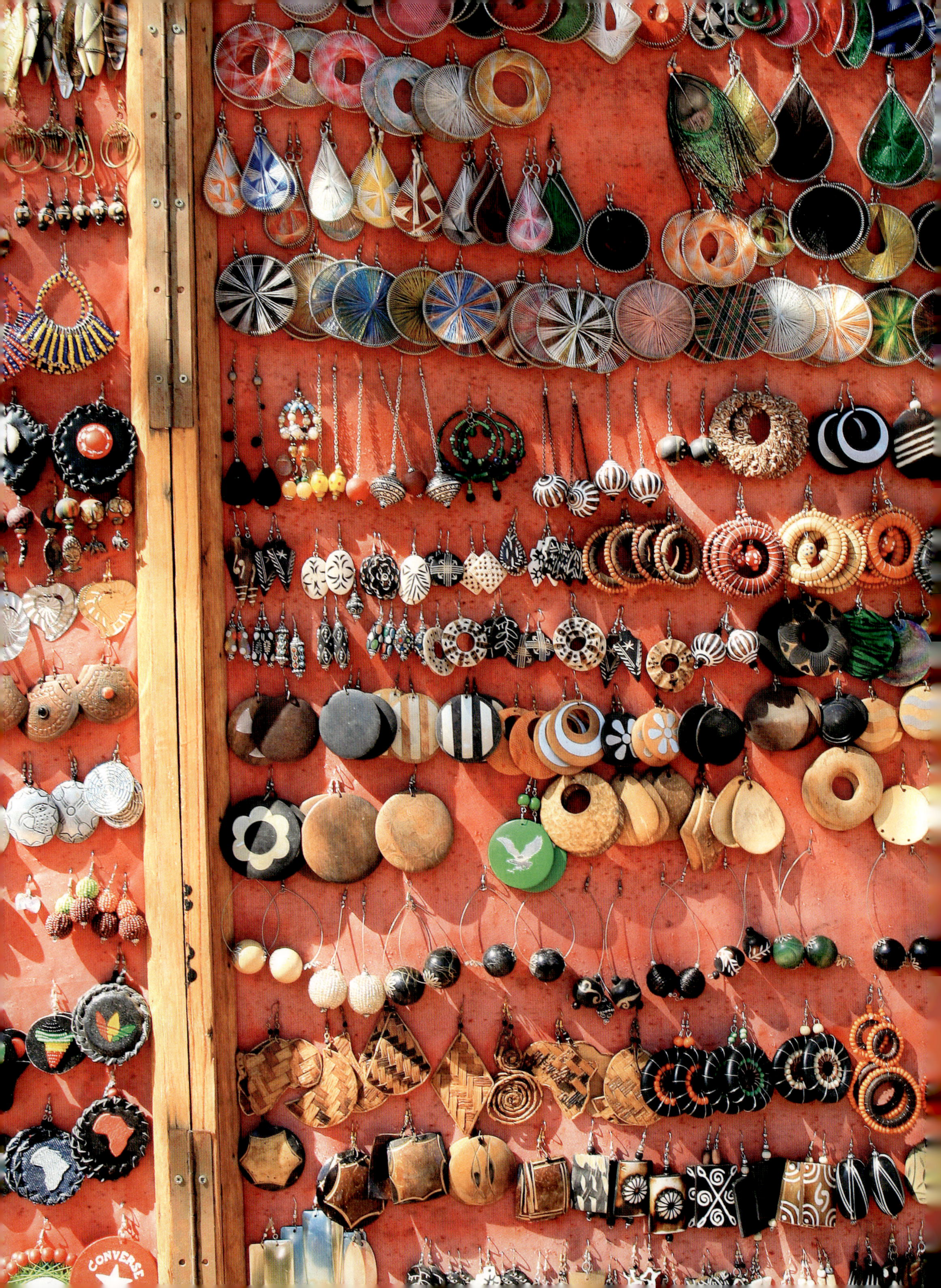
CONVERSE

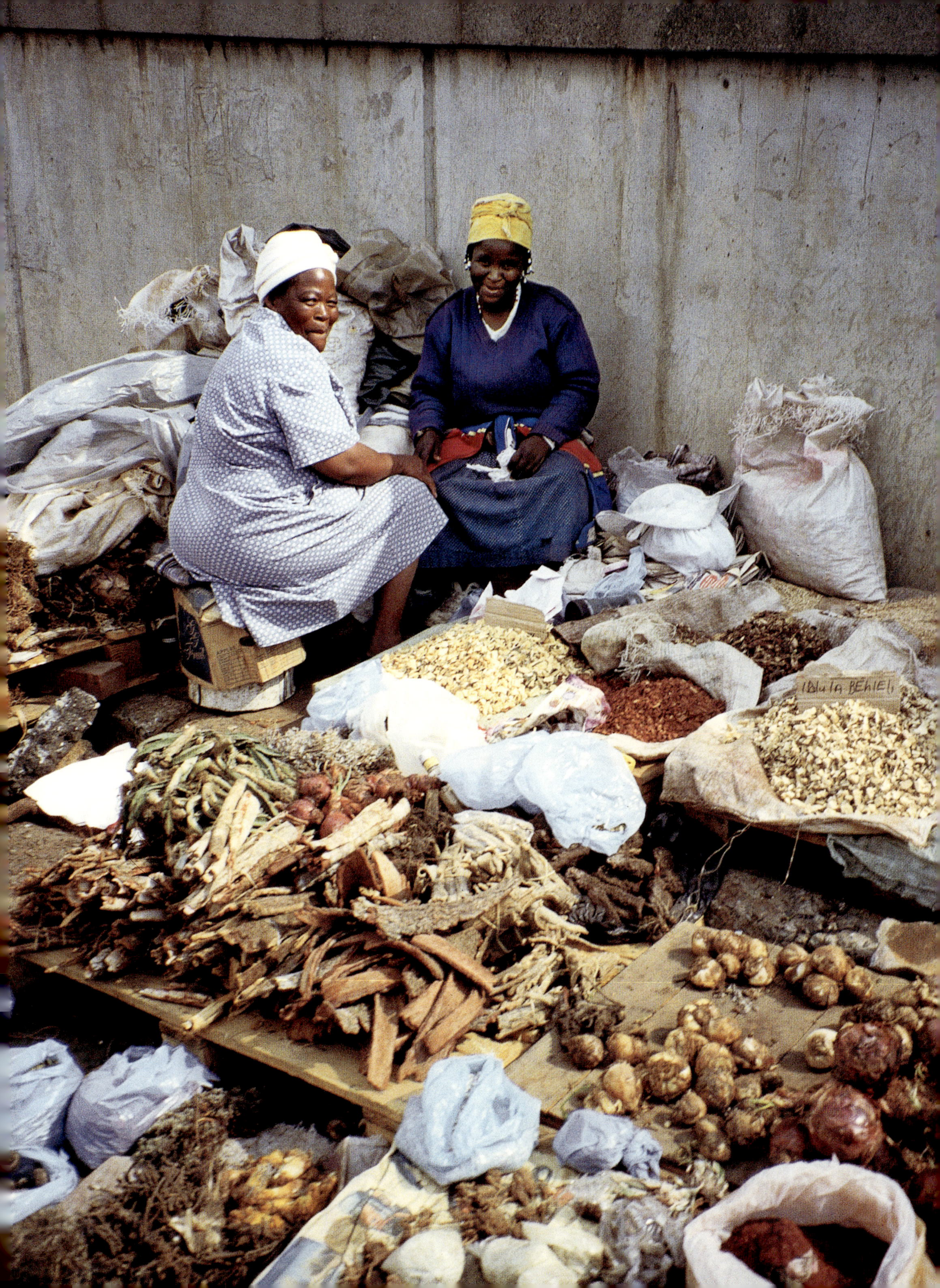

auch die unter der Apartheid gerne vergessenen Townships und Teile ehemaliger Homelands, die fern der ehemals rein weißen Städte und Bezirke, versteckt hinter den Ausläufern der Witwatersberge und Magaliesberge liegen.

JOHANNESBURG

Neben modernen und riesigen Shoppingmalls, staubigen Straßen, Verkehrsstaus, Nachtclubs, Restaurants, Museen und anderen kulturellen Einrichtungen, eben allem, was eine Großstadt ausmacht, findet man sie in Johannesburg immer noch, die Hinweise auf das alte Camp der Goldgräber. Die Bodenständigkeit der Städter, ihre ununterbrochene Geschäftstätigkeit und die immerwährende Suche nach dem schnellen Geld lassen Bilder und Atmosphäre von Goldgräbern der Gründerzeit entstehen.

Hotelanlage mit Kasino – die noble Seite Johannesburgs

Ganz im Sinne der Goldgräberinstinkte reagierten die weißen Innenstädter entsprechend schnell, als die Stadt nach der Wende unbewohnbar wurde. Sie verlegten das Herz des Wirtschaftszentrums Südafrikas kurzum in den Norden der Stadt. In und um Sandton herum schossen Bürohäuser wie Pilze aus dem Boden, und auch die Börse zog schließlich hierhin. Um den Nelson Mandela Square entstand das neue Zentrum der Wohlhabenden mit entsprechenden Restaurants, Designerläden und Unterhaltungseinrichtungen.

Die gewachsenen und grünen Stadtteile Rosebank, Observatory, Parkhurst, Parkview oder Melville sind zum Wohnen und Ausgehen beliebter denn je. Einst kleine Dörfer und weit entfernt von der Innenstadt, bilden sie heute eine nicht enden wollende Aneinanderreihung von Wohnanlagen, Bürokomplexen und Einkaufszentren.

In Parktown wohnt seit der Stadtgründung der Geldadel, und schon die ersten Goldsucher ließen sich hier nieder und bauten ihre Villen auf der „Sonnenseite" der Stadt, während südlich des Ridge der Staub der Goldförderanlagen den Bewohnern das Atmen schwer macht.

Jedes Viertel hat seinen speziellen Charakter und mindestens eine Flanierstraße mit Restaurants, Bars und vielen übersichtlichen Läden in alten Häusern. Zum kleinen, hoch gesicherten Nobelviertel der schwarz-weiß gemischten Yuppie-Klientel hat sich Melrose Arch entwickelt. Um hier zwischen Szene-restaurants, Luxushotel, Feinkost- und Bioläden, exklusiven Clubs, Fitnesscentern und teuren Apartments wandeln zu können, muss erst eine Sicherheitsschranke mit Personenkontrolle am Eingang des abgesperrten Areals passiert werden.

Einen starken Kontrast zum Glamour und Reichtum des Nordens bildet der Süden Johannesburgs. Viele der ersten Goldgruben sind zwar längst geschlossen. Ihre lange Zeit nicht ausbeutbaren Erdmassen lagern in der heißen Sonne und produzieren vor allem nur Staub und Dreck. Mit modernen Techniken sind die großen Bergbaugesellschaften nun dabei, aus dem Sand auch noch die kleinsten Goldpartikelchen herauszufiltern. Die aktiven Minen befinden sich vor allem weiter außerhalb, im sogenannten East und West Rand.

FOLGENDE DOPPELSEITE:
Skyline von Johannesburg

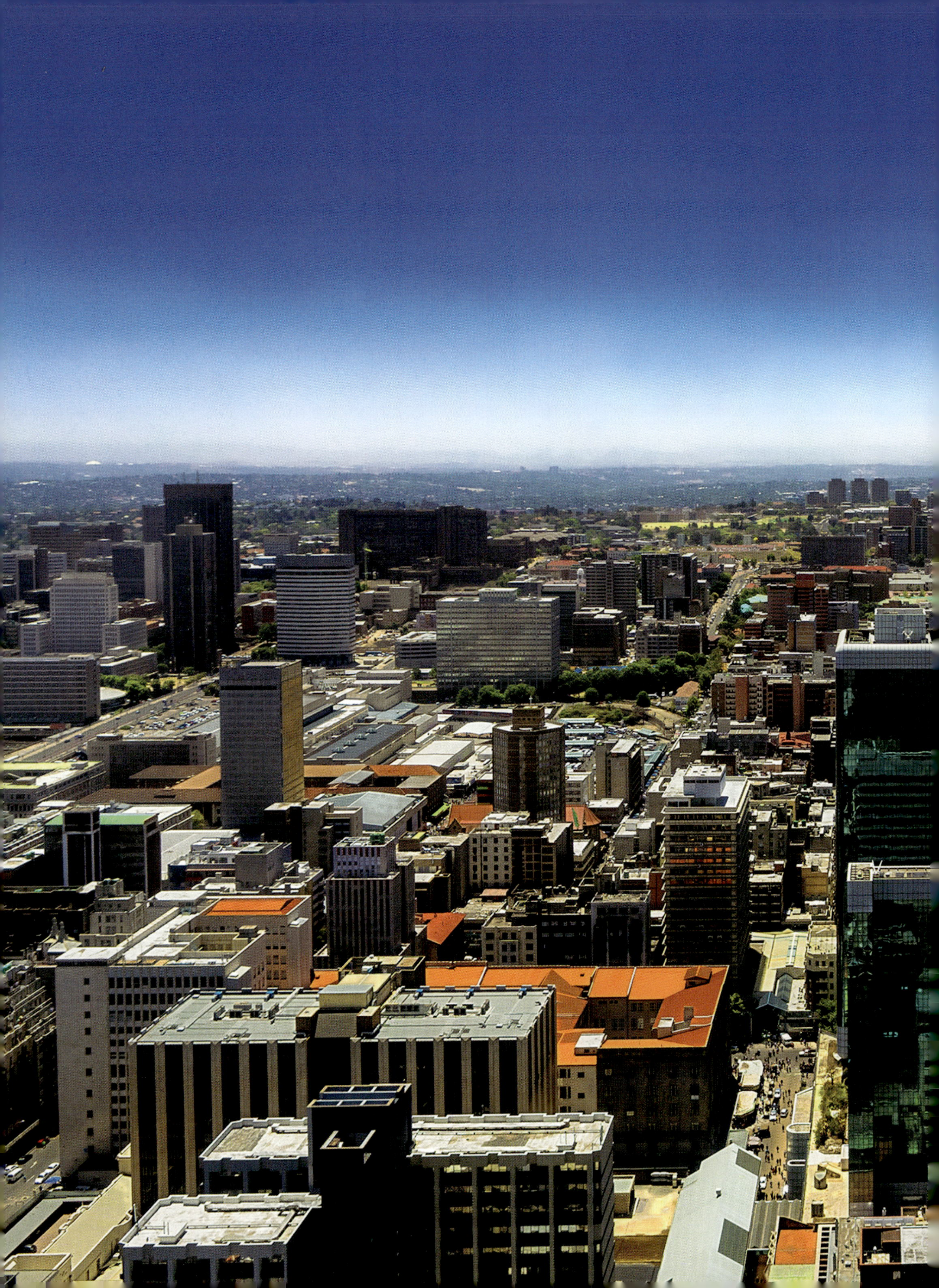

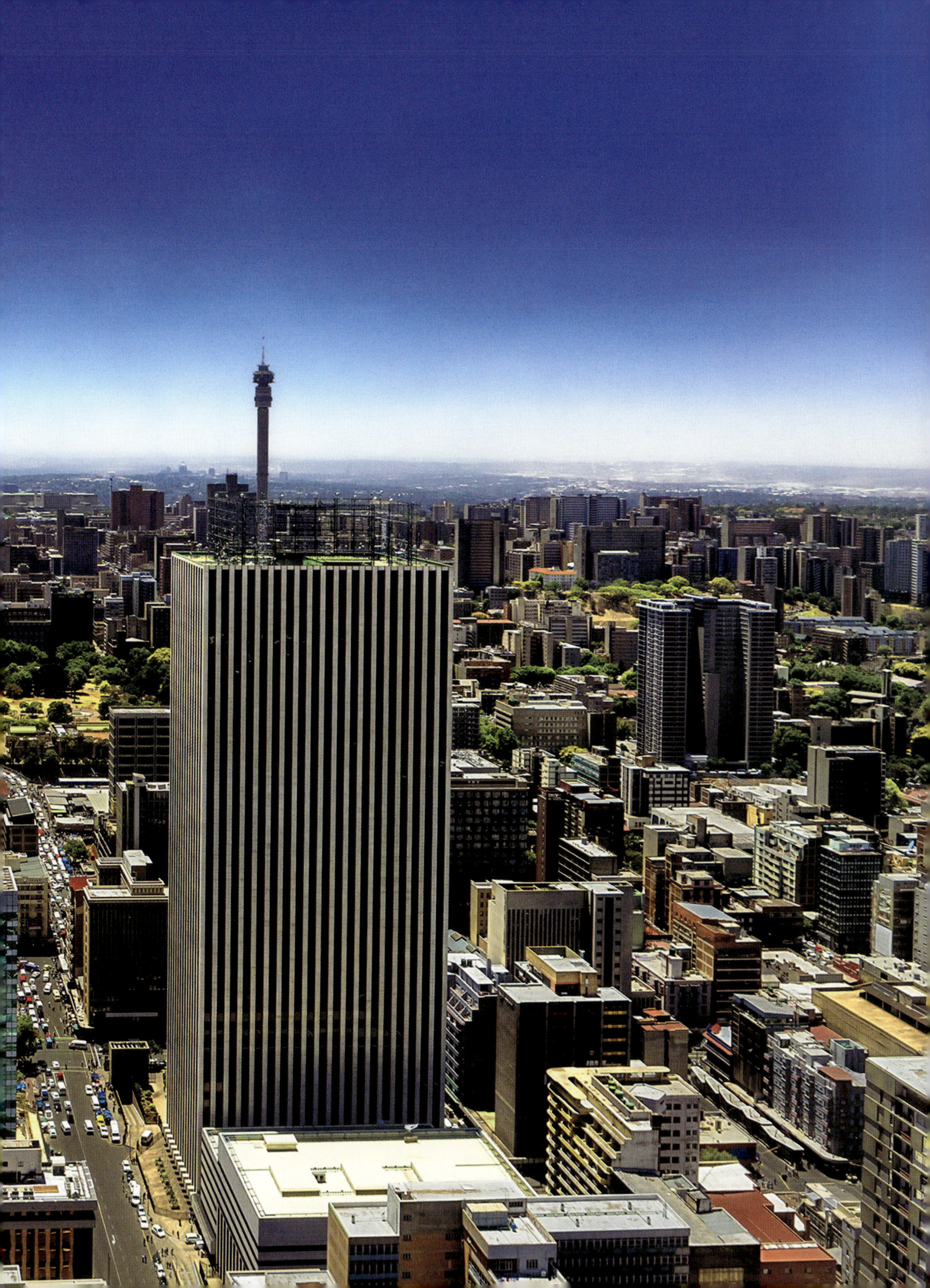

GOLD REEF CITY

Von Industriedenkmälern wie stillgelegten Fördertürmen, Sand-, Schutthalden und überirdischen Pipelines – also den eigentlichen Highlights der Goldgräberstadt Johannesburg –, ist die seit Jahrzehnten größte und ausgesprochen beliebte Touristenattraktion „Gold Reef City" umgeben. Bei allen Vorbehalten gegenüber dieser Art von Mini-Disneyland muss man zugeben, dass die City es verstanden hat, die Atmosphäre wiederzugeben, die zu Beginn des Goldrausches geherrscht haben muss. Hier bietet sich auch die Möglichkeit, in die Tiefe eines Goldstollens zu fahren und den einen oder anderen Goldbarren zu wuchten.

APARTHEIDMUSEUM

Gleich gegenüber dem Vergnügungspark liegt das Apartheidmuseum – neben der Gefängnisinsel Robben Island das absolute Pflichtprogramm eines jeden Südafrikaners. Viele Weiße, aber auch einige farbige Bewohner des Landes sehen das allerdings nach wie vor anders und sind der Ansicht, in erster Linie ausländische Touristen sollten dem Museum einen Besuch abstatten. Zahlreiche Fotos, Schautafeln und Filme dokumentieren in dem 2001 eröffneten Museum die menschenverachtenden Auswirkungen der Apartheidpolitik, die 20 Millionen Menschen zu Menschen zweiter Klasse machte.

NELSON MANDELA BRIDGE

Als neues Wahrzeichen der Stadt sehen die Bewohner Johannesburgs die 2003 fertiggestellte 284 Meter lange Nelson Mandela Bridge. Die größte Hängebrücke des südlichen Afrika wurde ohne einen einzigen Stützpfeiler über 42 in Betrieb befindliche Bahnschienen gebaut. Mit ihr soll auch wieder neuer Schwung in die Innenstadt kommen. Zuvor musste man eine umständliche Strecke über

Das Apartheidmuseum in der Innenstadt von Johannesburg

Ein Mann verlässt seine Arbeitsstätte in einem mit Wandbild versehenen Haus. Die Fassaden vieler Büro- und Industriegebäude in Johannesburg sind heutzutage mit derartigen Wandbildern versehen.

enge Straßen nehmen. Nun verbindet die Brücke den Norden direkt mit Newtown und dem Central Business District der Downtown.

DIE INNENSTADT

Die Gründungsväter von Johannesburg hatten sich über stadtplanerische Details keine Gedanken gemacht. Straßen und Baugrundstücke wurden in der Downtown platzsparend nach einem strikten Gittermuster angelegt, landschaftliche Gegebenheiten ignoriert und auf Annehmlichkeiten wie öffentliche Parks und Freiflächen ebenso wenig geachtet wie auf von Bäumen gesäumte, breite Durchgangsstraßen, die sonst im Lande üblich sind. Das unvermeidliche Verkehrschaos soll heute ein Einbahnstraßensystem entzerren.

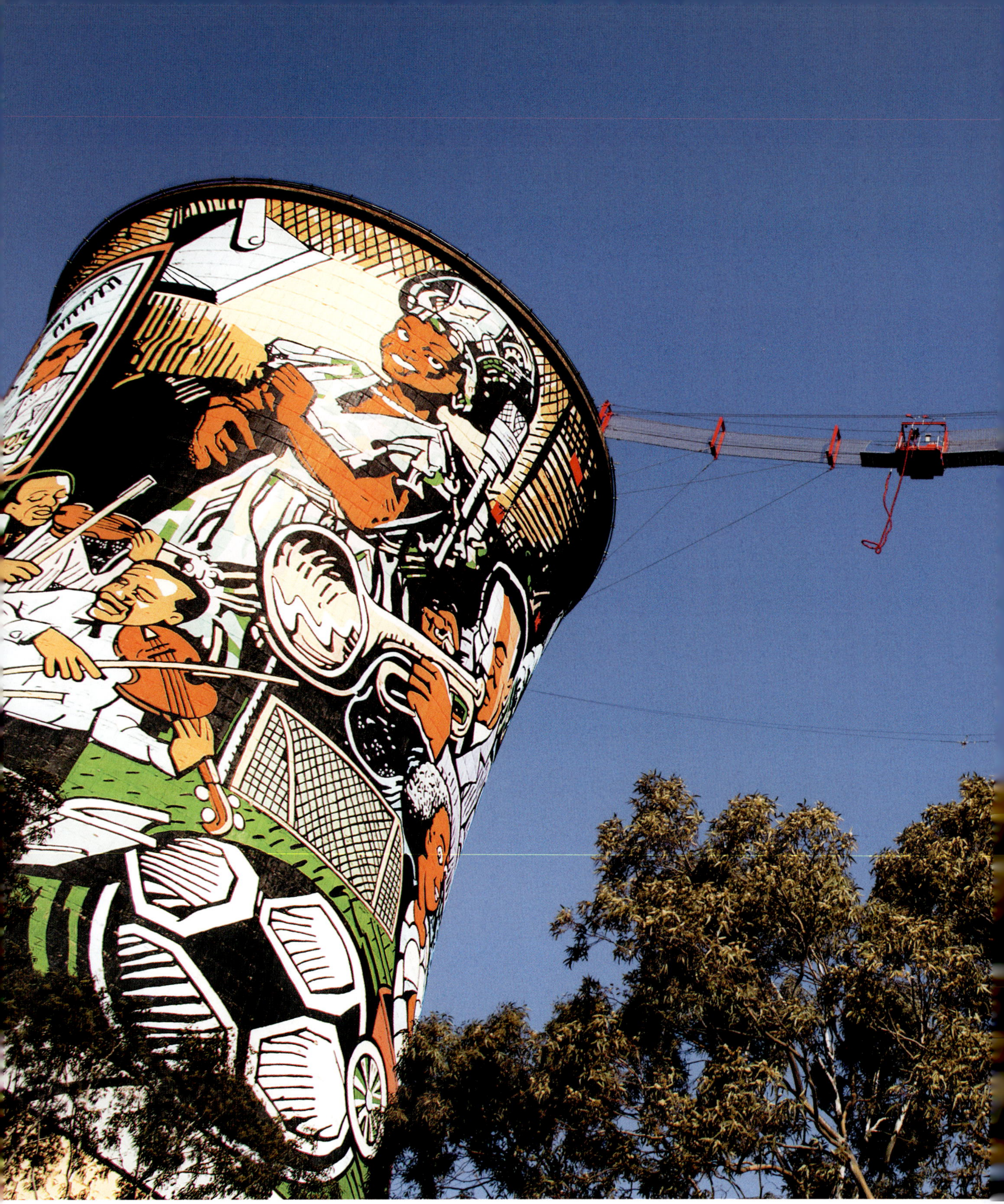

Die Orlando Twin Towers (ehemalige Kühltürme) wurden für die Fußball-Weltmeisterschaft 2010 bunt angemalt. Sie bieten eine hervoragende Aussicht über Soweto.

Nach dem Ende der Apartheidgesetzgebung war die Innenstadt von schwarzen Gruppen aus ganz Afrika quasi besetzt worden. Jahrelang galt das Gebiet als unkontrollierbar. Ein sehr ambitioniertes Stadtentwicklungsprojekt wurde für die Downtown von Johannesburg gestartet, doch braucht es viel Geld, Zeit und Geduld, bis die Maßnahmen greifen.

Während sich das Krisengebiet von Johannesburg nach Hillbrow verlagert hat, präsentiert sich die Innenstadt in neuem Gewand. Aufgrund niedriger Mietpreise füllen sich langsam die hohen und zum großen Teil jahrelang leer stehenden Bürogebäude wieder. Jeder Weiße, der es sich leisten konnte, aber auch alle Hotels, Unternehmen und sogar die Börse waren in den Norden der Stadt nach Sandton gezogen.

Es besteht eine Registrierungspflicht für die zahlreichen Händler, die die Straßen säumen, Säuberungskolonnen durchkämmen Häuserblocks und entkernen zum Teil unbewohnbar gewordene Häuser, machen illegale Mieter ausfindig und nehmen die Besitzer verstärkt in die Pflicht.

Ein flächendeckendes System von Überwachungskameras und Sicherheitsfirmen sollen der Polizei bei der Kriminalitätsbekämpfung helfen. Gesundheitsamt und Sozialbehörde ziehen bei der Integration von Straßenkindern weitgehend an einem Strang.

CENTRAL BUSINESS DISTRICT

Am entspanntesten ist es sicherlich, sich mit einem einheimischen Führer den Central Business District im Innenstadtbereich anzuschauen. Oder man gibt sich ganz bescheiden und geht auf ganz unsüdafrikanische Art zu Fuß mit offenem Blick und einem Lächeln durch die Straßen. Damit hat man nicht nur das gleiche Niveau, sondern signalisiert auch noch: Ich sehe dich, ich nehme dich wahr! So kann man den rassistischen Gedanken ablegen, der einen aufgrund der vielen grausamen Geschichten in jedem schwarzen Gesicht einen potenziellen Mörder, Vergewaltiger oder Dieb sehen und sich ständig angstvoll umschauen lässt.

Und mit viel Freude fallen einem dann die vielen Art-déco-Gebäude ins Auge, man kann am Gandhi Square und entlang der Diagonal Street durch die kleinen Shops stöbern, in Newtown den Market Theatre Complex mit Museum Africa, Jazzclub und Szenerestaurant genießen und in die in einem der wenigen Parks liegende renommierte Johannesburg Art Gallery gehen.

DER RAND DER INNENSTADT

Am Rande der Innenstadt liegt die Faraday Station. Sie ist Verkehrsknotenpunkt für Züge und Busse, die Soweto und andere im Süden liegende Städte mit Johannesburg verbinden. Hier befindet sich neben anderen Händlern ein speziell afrikanischer Muti Market, auf dem Waren wie Knochen, Tierkrallen, Haare, Felle, Federn, Wurzeln oder spezielle Pflanzen der traditionellen Heiler gehandelt werden.

Eines der asiatischen Zentren Johannesburgs bildet der Oriental Plaza mit seinen über 300, zumeist indischen Geschäften. Einst waren hier auch Chinesen anzutreffen. Doch diese haben ihre immer größer werdende Chinatown in den Osten der Stadt in die Nähe des Bruma Lakes verlagert.

SOWETO

GESCHICHTE

Die größte und bekannteste Township im Großraum Johannesburg ist Soweto. Der Name ist eine Zusammensetzung der Anfangsbuchstaben von SOuth WEstern TOwnships. Soweto ist aus ehemals 26 als „Bantu areas" deklarierten Gebieten entstanden und beherbergt auf 200 Quadratkilometern offiziell ca. 1,3 Millionen Menschen. Die tatsächliche Einwohnerzahl ist schwer zu schätzen, dürfte aber wegen der vielen illegalen Siedler, die sich in immer neu entstehenden Wellblechhütten am Rande der Township niederlassen, weit höher liegen.

Um die seit den Goldfunden 1886 nach Johannesburg strömenden schwarzen Arbeitskräfte von der Innenstadt fernzuhalten, wurde 1904 erstmals südlich der Innenstadt eine offizielle Wohnsiedlung mit dem Namen Klipspruit gegründet. Bis dahin lebten bereits weit über 100 000 Schwarze zumeist in slumähnlichen Quartieren rund um die Stadt.

Marktszene vor dem Chris Hani Baragwanath Hospital, dem größten Krankenhaus Afrikas, das der Versorgung der Bewohner Sowetos dient.

Als die Pest ausbrach, fand eine Umsiedlung in Behelfsquartiere statt, aus denen 1905 die südlich von Klipspruit gelegene Siedlung Pimville entstand. Der eigentliche Kern des heutigen Soweto wurde 1932 mit dem Viertel Orlando East gegründet, benannt nach dem Vorsitzenden der Planungskommission Edwin Orlando Leake.

Der Strom der Arbeitsuchenden riss nicht ab. Kurzfristig verstärkter Arbeitskräftebedarf während des Zweiten Weltkrieges verschärfte die Situation noch weiter, da sogar aktiv Arbeiter angeworben wurden. Die Arbeiter holten bald ihre Familien nach und wollten nach Ende des Krieges nicht mehr fort. Immer mehr illegale Barackensiedlungen entstanden.

Im Zuge der Sanierung der entstandenen Slums wurden die einzelnen Gebiete nach dem Zweiten Weltkrieg zusammengeschlossen und mit einigen Versorgungsstationen versehen. Die Arbeiter wurden aufgefordert, provisorische Hütten zu bauen, bis mehr Geld zur Verfügung stehen würde. Dieses Geld sollte im Rahmen eines Abkommens zwischen dem Bergbauministerium und Ernest Oppenheimers riesiger Anglo-American-Gruppe bereitgestellt werden. So fing Soweto an zu wachsen und zu wachsen.

Noch immer ist dies die Lebenswirklichkeit für Millionen schwarzer Südafrikaner – Baracken im Township Soweto.

Als der 1950 erlassene Group Area Act, der den einzelnen Bevölkerungsgruppen spezielle Wohngebiete zuwies, in Kraft trat, betraf das vor allem die Bewohner von Sophiatown. Sie mussten diesen Vorort Johannesburgs, der in den 1940er und 1950er Jahren das kulturelle Herz der Schwarzen bildete, verlassen und in das 1954 gegründete Orlando West, einen Teil von Soweto, umsiedeln. Nach dieser Zwangsvertreibung wurde der nun Triomf genannte Stadtteil dem Boden gleich gemacht und dort Häuser für Weiße gebaut. 1995 benannte die neue Regierung das Viertel wieder in Sophiatown um. Es liegt fünf Kilometer nordwestlich der Innenstadt von Johannesburg.

Weltweit bekannt wurde Soweto durch den Schüleraufstand am 16. Juni 1976, als die jungen Leute gegen die Einführung des Afrikaans als Unterrichtssprache, also der Sprache der Unterdrücker, demonstrierten. Der Protestmarsch der unbewaffneten Schüler wurde von der Polizei blutig niedergeschlagen, und Unruhen griffen auf andere Townships über. Die mit Steinen gegen schwer bewaffnete Polizisten kämpfenden Jugendlichen wurden erschossen oder kamen ins Gefängnis.

Die 1980er Jahre waren daraufhin durch blutige Auseinandersetzungen zwischen Polizei und schwarzen Jugendlichen geprägt. Tägliche Demonstrationen, brennende Autoreifen, Boykotte von Miet-, Strom- und Wasserzahlungen, Bussen und Schulen gehörten zum Alltag. „Freiheit vor Ausbildung" war das Motto der unbeugsamen Schwarzen.

SOWETO HEUTE

Heute sind diese einstigen „normalen Helden der Straße" im Anti-Apartheidkampf die großen Verlierer des neuen Südafrika. Ohne Bildung gehören sie zu einer abgeschriebenen Generation: Selbst in Soweto werden sie an den äußersten Rand gedrängt und schließen sich nicht selten einer der vielen kriminellen Banden an. Wer Glück hat, arbeitet heute als einer der Führer, die Besuchergruppen durch Soweto begleiten. Auch wenn viele den sozialen Aufstieg geschafft haben, für die meisten Jugendlichen sind die Chancen, aus Soweto herauszukommen und jemals in die reichen Vororte zu ziehen, gleich null. Innerhalb der Township bieten sich jedoch nach wie vor nur wenige der Annehmlichkeiten, die die Bewohner der nördlichen Stadtteile für selbstverständlich halten – Bürgersteige, grüne Parks, Spielplätze, öffentliche Schulen, Bücherhallen, Kinos, Theater. Selbst Straßenschilder fehlen, werden im Handumdrehen nach Anbringung wieder abmontiert und als Altmetall verscherbelt.

Zwar kann heute jeder über einen eigenen Strom- und Wasseranschluss verfügen – doch vielen fehlt das Geld für die entstehenden Kosten. Und die Zeiten, als das illegale Anzapfen von Stromleitungen zum Tagesgeschäft gehörte, sind vorbei: Strom kann mittlerweile fast nur noch im Voraus mit Chipkarten an den Zählern gekauft werden. Bei den inoffiziellen „Telefonzellen" ist der illegale Handel mit geklauter Ware allerdings noch weitverbreitet. Hier können Gewiefte sogar den einen oder anderen schnellen Rand machen. Dafür werden die überirdisch verlegten Telefonleitungen angezapft und der Zugang zur Leitung in ausrangierten Containern verkauft. Selbst lokale Handy-Anbieter vermarkten heute ihre Produkte in diesen mit ihrem Label bunt angemalten so erfolgreichen „Geschäftsräumen".

Neben vielen staubigen Sandstraßen und wenigen geteerten gibt es eine große Straße, die die Township in zwei Teile teilt. Auf der einen Seite liegt die Orlando Power Station, deren Kühltürme von überall in Soweto sichtbar sind. Das dazugehörige Kraftwerk versorgte einst die weißen

RECHTE SEITE:
Eine äußerst provisorische Autowerkstatt in Soweto

Vororte mit Strom, während unmittelbar neben der Power Station die meisten Häuser mit Kerzenlicht vorliebnehmen mussten. Heute sind die Türme nicht mehr in Betrieb, dafür aber Hintergrund für farbenfrohe Malereien.

Auf der anderen Seite sieht es so aus wie fast überall in Soweto: auf dem Reißbrett entworfene, eintönige Straßenzüge mit überwiegend den immer gleichen Flachbauten, in denen quasi die Mehrheit der Südafrikaner lebt.

Trotzdem gibt es die „Reichen" der Township, jene, die es geschafft haben. Die einen sind in Soweto geblieben und haben sich größere Häuser gebaut, die wie in den reichen Vororten mit Stacheldraht umgeben sind. Die anderen verlassen am Wochenende mit ihren Luxuskarossen ihre Anwesen in den ehemals rein weißen Wohnorten und schlängeln sich auf „Heimatbesuch" durch die staubigen Straßen. Und treffen sich mit Freunden vor den „shebeens", den einst illegalen Kneipen der Townships, oder im Restaurant „Wandie's Place", dem ultimativen Treffpunkt in Soweto.

Eines der wenigen Hochhäuser beherbergt das Chris Hani Baragwanath Hospital, auf dessen Gelände zunächst ein Hotel, dann eine Militärunterkunft stand. Als im Zweiten Weltkrieg die Briten Südafrika um medizinische Unterstützung baten, wurde das Krankenhaus gebaut.

Nach dem Krieg wurde es dann von der südafrikanischen Regierung zur

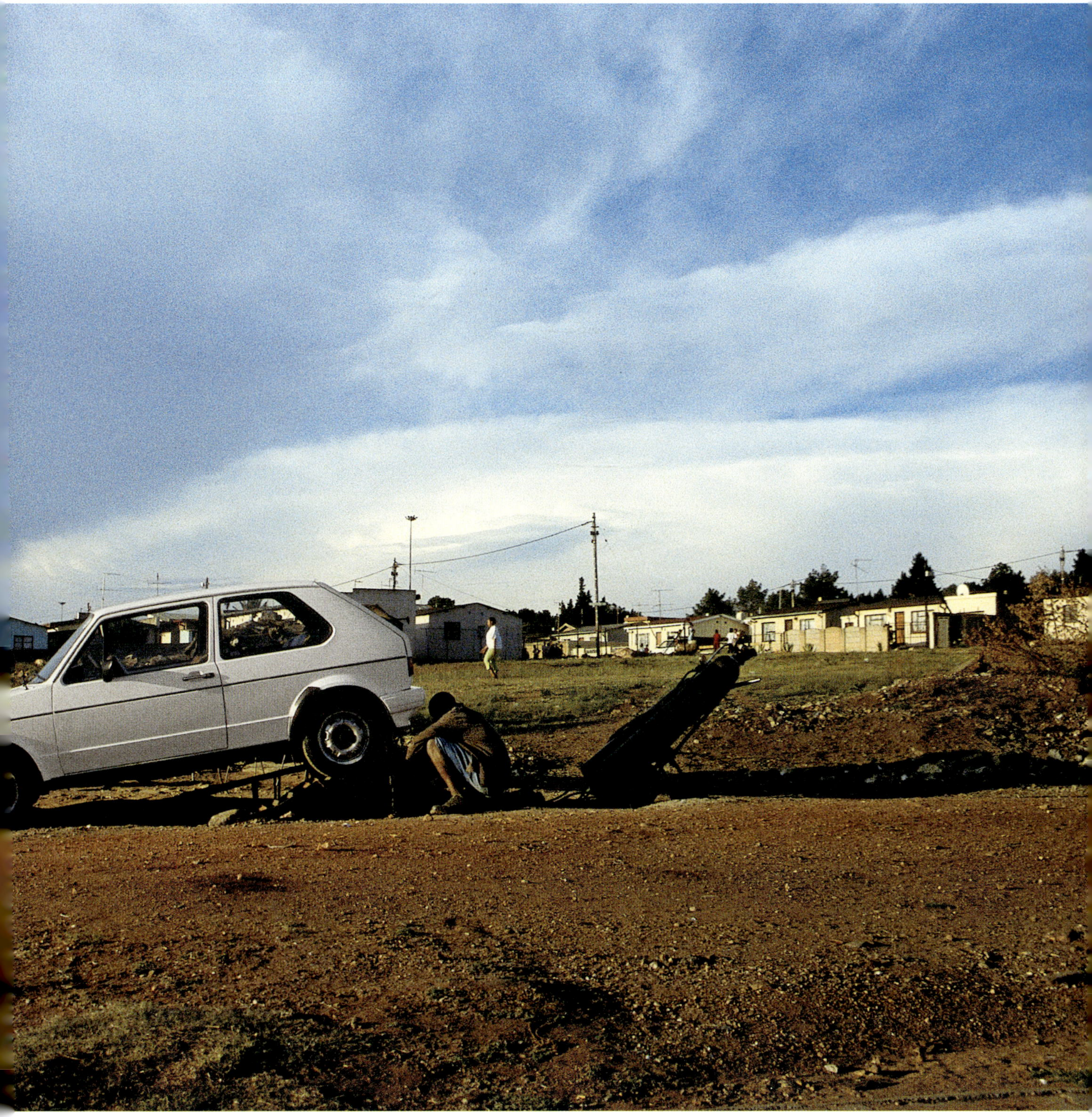

RECHTE SEITE OBEN:
Voortrekker-Denkmal in Pretoria

RECHTE SEITE UNTEN:
Mit solchen Wagen zogen die sogenannten Voortrekker im 19. Jahrhundert in die heutige Provinz Gauteng.

medizinischen Versorgung der schwarzen Bevölkerung für eine Millionen Pfund gekauft. Heute beherbergt die Klinik, die größte südlich des Äquators, ca. 3200 Betten, beschäftigt 5600 Angestellte, darunter über 500 Ärzte, und behandelt ungefähr 650 000 Patienten jährlich.

Neben AIDS/HIV ist die Arbeitslosigkeit (über 40 Prozent der Bewohner von Soweto sind ohne Arbeit) eines der größten Probleme. Die Not macht aber auch viele Menschen erfinderisch. So sind überall „spaza shops" entstanden – ein Township-Phänomen. Diese kleinen Geschäfte sind meistens an das Wohnhaus angeschlossen und neben Süßwaren, Getränken und Telefonkarten werden hier auch Lebensmittel verkauft.

PRETORIA

ÜBERBLICK

Der Ort des heutigen Pretoria wurde erstmals im Jahre 1854 als „kerkplaas", Kirchenplatz, genutzt und alsbald zum Zentrum für die „nagmaals", die calvinistischen Kommunionen, sowie Taufen und Hochzeiten. Bekannt wurde Pretoria als „Stadt der Rosen": Das Klima begünstigte den üppigen Wuchs dieser Gewächse, und es heißt, dass in diesen Tagen jede Vorgartenhecke, jeder Weg und selbst Wasserläufe mit Rosen umrankt waren. Erst später kamen die lila blühenden Jacarandabäume hinzu, die die Stadt weltweit als „Jacaranda City" bekannt machten. Der erste Baum kam aus Rio de Janeiro und wurde 1888 von einem Engländer für zehn Pfund gekauft und in seinem Garten angepflanzt. Der ursprünglich aus dem Nordwesten Argentiniens stammende Baum gedieh prächtig. Heute säumen über 70 000 Bäume rund 700 Straßenkilometer.

Im Jahr 2005 durfte sich Pretoria mit dem Titel „Lebenswerteste Stadt der Welt" schmücken, der von der Internationalen Vereinigung der Gartenbauamtsleiter ausgeschrieben und vom Umweltprogramm der Vereinten Nationen unterstützt wird.

Ärger und Verwirrung entstanden hingegen um den Namen der Stadt. Im Zuge der Umbenennungen vieler Orte speziell mit burischen Namen stand auch der Name Pretoria zur Debatte. Die Verwaltung der Metropolgemeinde City of Tshwane wollte auch der Stadt Pretoria den Namen Tshwane geben, die Tswana-Bezeichnung des Apies River. Während Burenverbände gegen das Vorhaben protestierten, kam es zu einem langwierigen Hin und Her zwischen verschiedenen Behörden. Letztlich hat das zuständige Ministerium nie die für die Umbennung nötige Zustimmung erteilt.

GESCHICHTE

Die ersten Siedler der Region waren lange vor dem Eintreffen der Voortrekker die Zulu, die im fruchtbaren Tal des Apies River ihre Herden weiden ließen. Das gute Weideland erkannten die Buren mit ihrer Ankunft in den 1830er Jahren und ließen sich alsbald weit verstreut im Tal nieder. 1855 erfolgte die offizielle Gründung Pretorias durch Marthinus Wessel Pretorius, der mit der Wahl des Stadtnamens seinen Vater ehren wollte. Andries Pretorius hatte die entscheidende Schlacht der Voortrekker gegen die Zulu am Blood River gewonnen und damit die Besiedlung des Nordens Südafrikas eingeleitet. Mit Gründung der Südafrikanischen Republik wurde Pretoria zur Hauptstadt der Buren in Transvaal, dem Gebiet jenseits des Flusses Vaal.

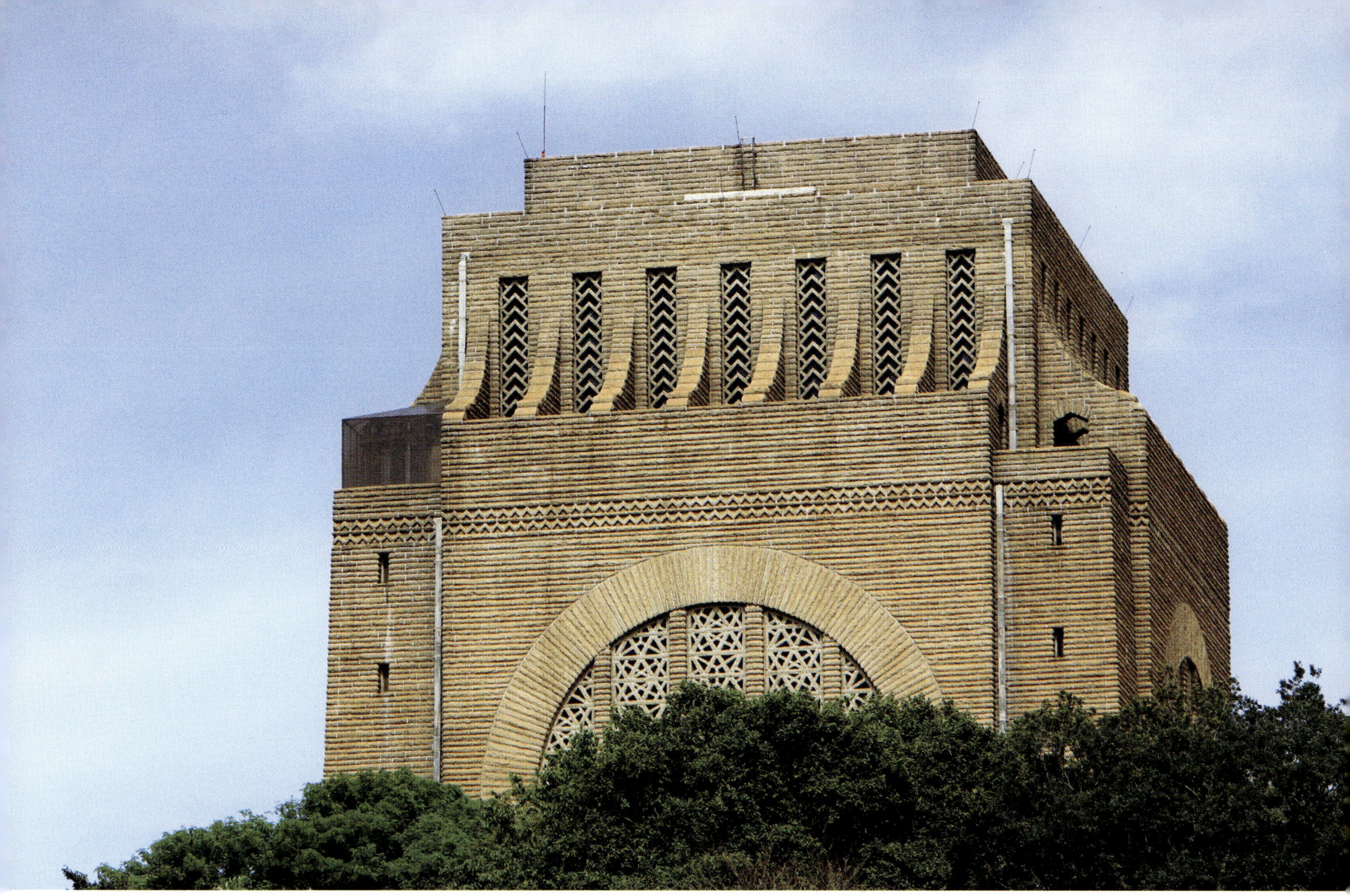

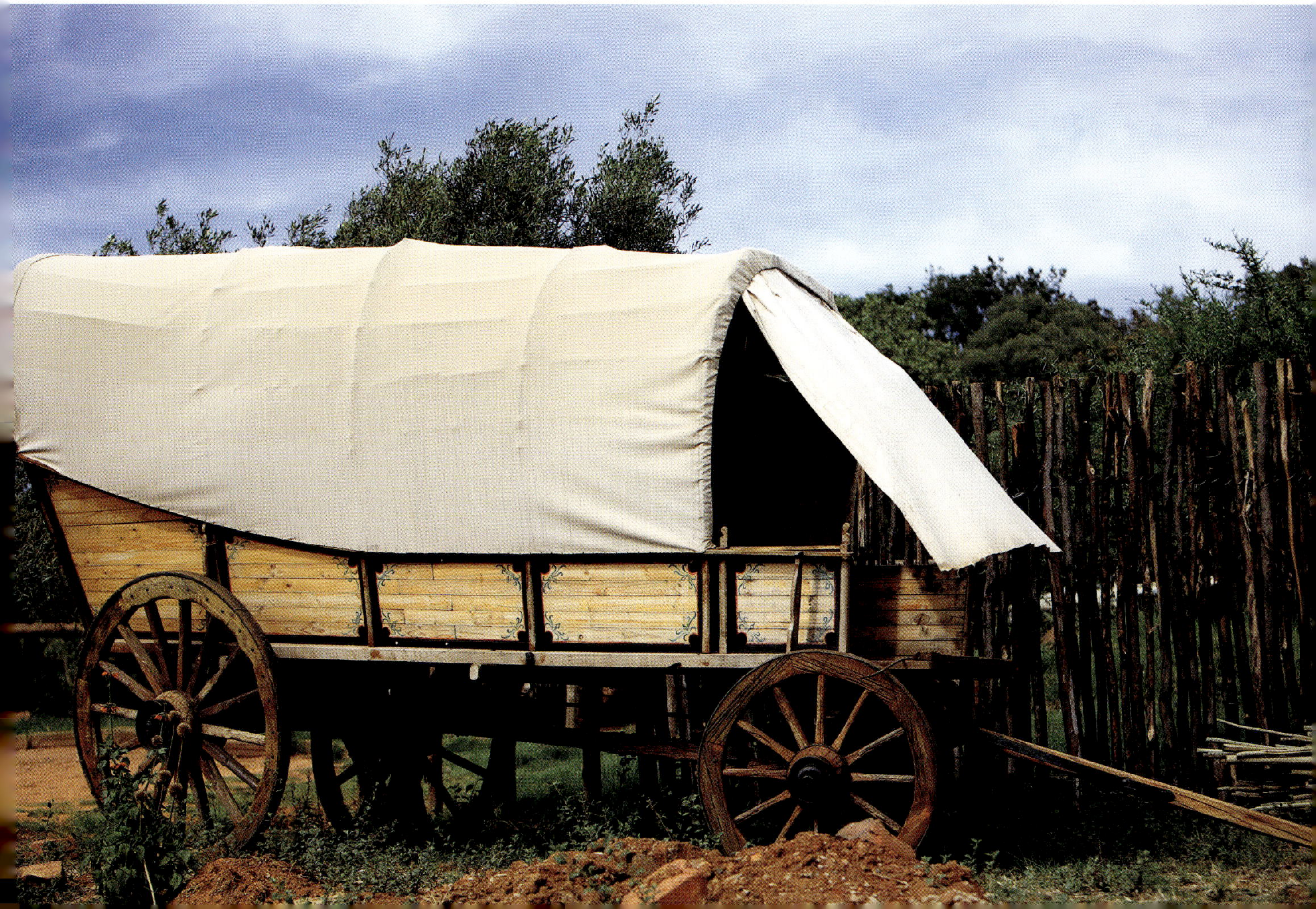

RECHTE SEITE:

Kanone vor den Union Buildings in Pretoria

Mit der Deklarierung einer Hauptstadt war der Große Trek, der Auszug der Buren aus der Kapkolonie im 19. Jahrhundert, beendet. 1863 lebten offiziell rund 300 Einwohner – darunter viele Deutsche – in Pretoria, 50 bis 60 Gebäude waren errichtet. Als die aus den Burenrepubliken hervorgegangenen Kolonien Transvaal und Orange River im Jahre 1910 mit der Kapkolonie und Natal zur Südafrikanischen Union vereinigt wurden, bekam Pretoria die Funktion als Regierungs- und Verwaltungssitz zugesprochen, die sie bis heute innehält. Bis 1994 war Pretoria auch Hauptstadt der Provinz Transvaal, der Provinz Gauteng steht dagegen Johannesburg vor.

Mit dem Sieg der Nationalen Partei 1948 und der nachfolgenden Etablierung des Apartheidsystems wurde Pretoria zum Synonym für die Hardliner des Unterdrückungsregimes. Am 10. Mai 1994 bildeten die Union Buildings die Kulisse für die Vereidigung von Nelson Mandela, dem ersten schwarzen Präsidenten Südafrikas.

Die Hauptstadtfunktion teilt sich Pretoria heute mit Kapstadt, wo der halbjährige Sitz der Regierung von Januar bis Juni und auch das Parlament vertreten sind. In Bloemfontein sitzt mit dem Obersten Berufungsgericht die Judikative.

PRETORIA HEUTE

Die auf etwa 1350 Meter über dem Meeresspiegel gelegene und rund 750 000 Einwohner zählende Stadt Pretoria ist vor allem eine Verwaltungsstadt und Heimat der politischen Elite und ihres bürokratischen Stabs. Diplomaten und Studenten lockern das eher trockene Politikervolk dabei ordentlich auf. Die Stadt erstreckt sich vom Meintjieskop – einer Anhöhe, auf der sich auch die Union Buildings der Regierung befinden und die einen

Gauteng 207

FOLGENDE DOPPELSEITE:
Bewohner Sowetos

fantastischen Panoramablick über die Stadt bis hin zum Voortrekker-Denkmal gewährt und Richtung Norden bis zu den Füßen der Magaliesberge.

Auf wirtschaftlichem Gebiet kann Pretoria in keiner Weise mit Johannesburg mithalten, doch haben sich rundherum einige Industrien wie Stahlwerke und Motorenbau ansiedeln können. Hinzu kommt die immer größere Bedeutung als Kommunikationszentrum. Doch der mit Abstand wichtigste ökonomische Faktor ist der Diamantenbergbau im Osten der City of Tshwane. Dort liegt Cullinan, benannt nach Sir Thomas Cullinan, der 1905 eine reiche Diamantenader entdeckte und die erste Grube einrichtete – bis heute eine der weltweit führenden Diamantengruben. Im gleichen Jahr brachte sie den größten jemals unter Erde gefundenen Diamanten mit 3016 Karat hervor.

Mit Gründung der Museum Mall, zu der auch das bedeutende Ditsong National Museum of Natural History (früher Transvaal Museum) gehört, hat sich die Stadt zudem die Popularisierung von Bildung und Forschung zum Ziel gemacht. Dafür werden Aktivitäten in und an Museen, Sehenswürdigkeiten und Denkmälern der Stadt organisiert.

Ditsong National Museum
of Natural History

Ein weiteres Museum ehrt einen einstigen Bewohner der Stadt: Von 1883 bis zu seinem Gang ins Exil im Mai 1900 lebte in Pretoria der für seinen eisernen Willen bekannte Paul Kruger, der Präsident der Südafrikanischen Republik (Transvaal), nach dem der weltberühmte Kruger National Park benannt ist. Krugers Wohnhaus steht immer noch, nicht weit vom Church Square. Ein überraschend bescheidenes einstöckiges Gebäude mit einer großen Veranda, wo sich der Politiker, Militärführer und spätere Naturliebhaber Kruger bevorzugt aufhielt. Heute ist das Grundstück mit Haus ein Museum – inklusive Staatskarosse und Bahnwaggon.

Mittelpunkt der Stadt ist der Church Square – ein Gebiet, das ursprünglich als Market Square bekannt war. Hier wurde der erste Gottesdienst abgehalten, der erste öffentliche Markt aufgebaut und die ersten Geschäfte eröffnet. Glaubt man den Einheimischen, hätte dieser Ort einer der glorreichsten des Subkontinents werden können. In den frühen 1900er Jahren drängten viele die Stadtväter, hier einen grandiosen, weitläufigen Platz mit Fontänen und Blumenbeeten und italienischen Mosaiken anzu-

Statue von Paul Kruger auf dem Church Square in Pretoria

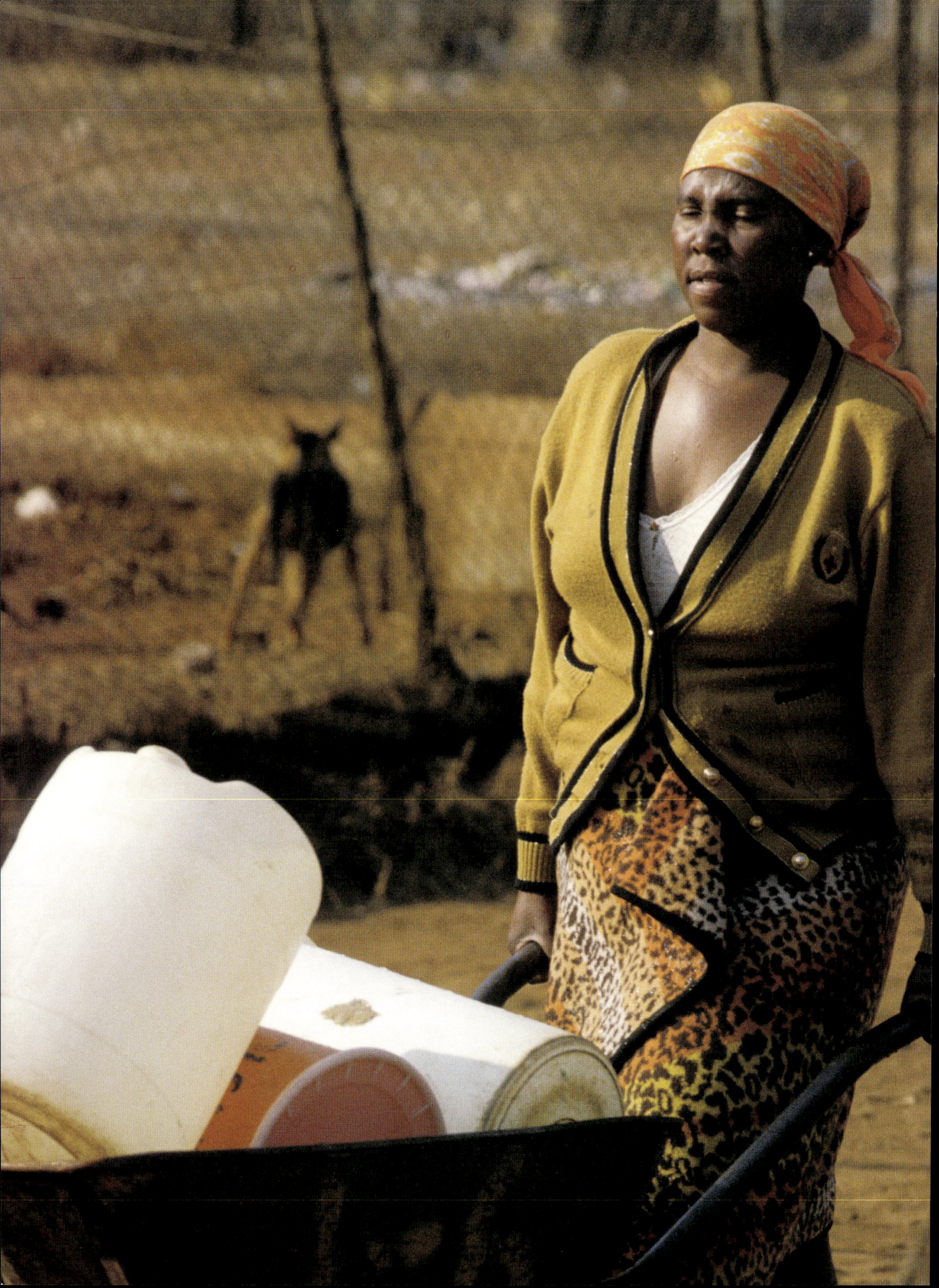

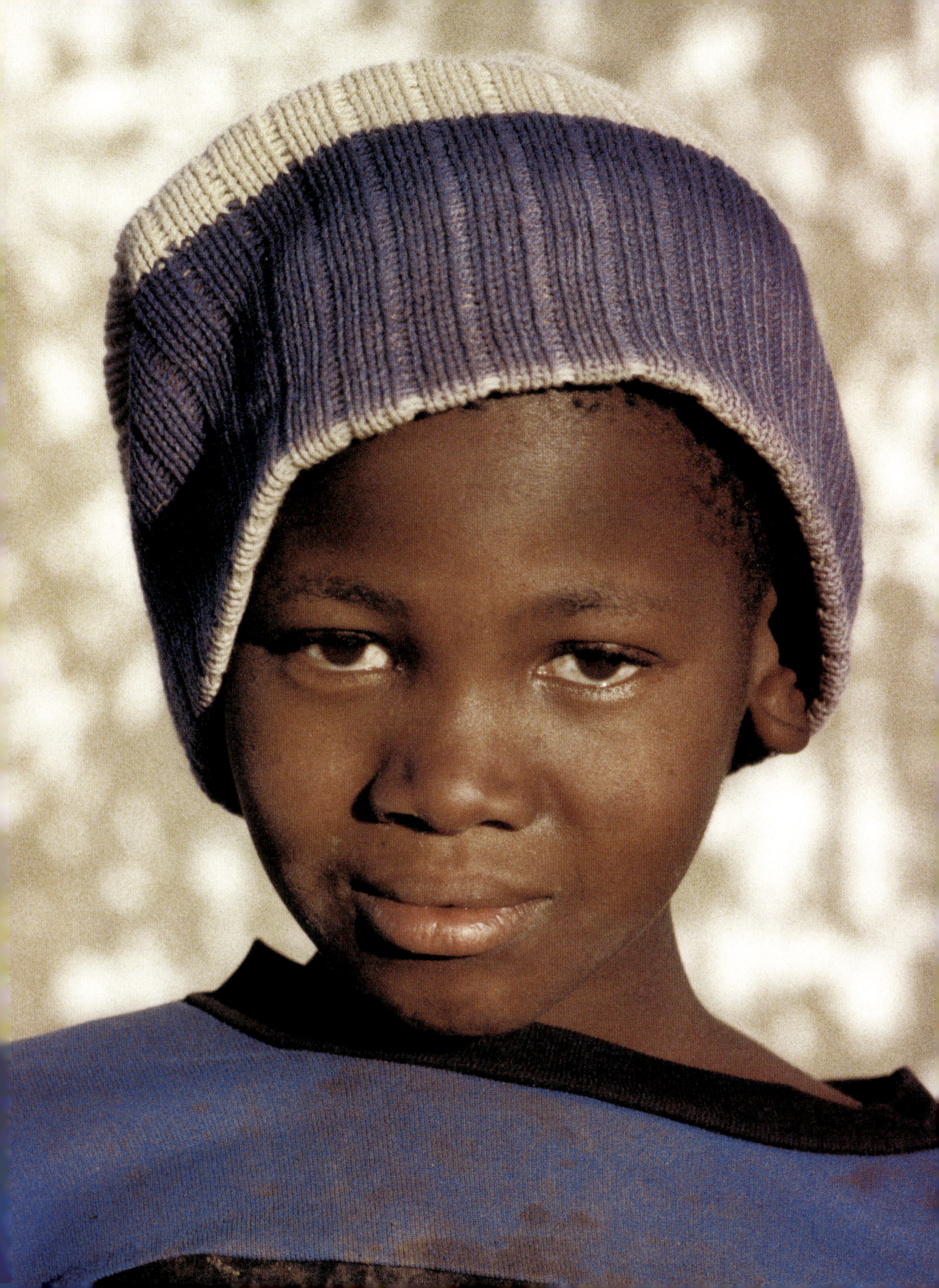

legen. Diese hatten dahingehend allerdings taube Ohren, und 1910 wurde der Platz als eine Straßenbahn-Endstation eingerichtet.

Dennoch hat der Church Square mit dem Paul-Kruger-Denkmal gewisse Schmuckstücke, wie den Old Raadsaal, das republikanische Parlament, 1889 im französischen Renaissance-Stil mit kleinen klassischen Einschüben gebaut, und die South African Reserve Bank, entworfen vom gefeierten Architekten Herbert Baker. Dieser zeichnet auch für eines der Wahrzeichen von Pretoria verantwortlich, die schön anzusehenden Union Buildings auf der Höhe des Meintjieskop. 1913 wurde der Sitz der Regierung vollendet.

Im krassen Gegensatz dazu steht das Bauwerk monumentaler Apartheidarchitektur, das Voortrekker Monument. Das Denkmal wurde den Großen Treks der 1830er Jahre gewidmet und wird von vielen Afrikaanern als Symbol ihrer nationalen Identität angesehen. Es beinhaltet einen 40 Meter hohen quadratischen massigen Block, der die „Heldenhalle" beherbergt und von einer Ringmauer aus Granit, die eine Wagenburg mit 64 Wagen symbolisiert, umgeben wird. Genau am 16. Dezember, wenn sich die Schlacht am Blood River jährt, in der Tausende von Zulu-Kriegern den Waffen der Buren zum Opfer fielen, fällt ein Sonnenstrahl durch eines der Fenster auf die Inschrift des Ehrenschreins des Burenführers Piet Retief.

Wen dieses zweifelhafte Baudenkmal zu sehr bedrückt, der kann schräg gegenüber einen Abstecher zum Freedom Park auf dem Salvokop machen. An diesem Ort wird aller Freiheitskämpfer gedacht, die im Laufe des Kampfes gegen die Apartheid ihr Leben gelassen haben. Es ist ein Ort, an dem man sich auch die ethnischen und kulturellen Ursprünge des Landes vergegenwärtigen soll in der Hoffnung, dass dadurch die Identität und die Traditionen der afrikanischen Völker gestärkt werden.

In der Innenstadt vervollständigen die viktorianischen Gebäude mit Tortenspitzenverzierungen an Veranden und Dachvorsprüngen die Palette der Architektur Pretorias. Das bekannteste ist das Melrose House am einst gepflegten Burgers Park – eines der schönsten und auffälligsten Gebäude dieser Stilrichtung.

CITY OF TSHWANE

Der Name Tshwane wird von der Regierung der Metropolgemeinde als authentischer Name Pretorias und seiner Umgebung angesehen. Er geht auf die Bezeichnung des Apies River in der Sprache der Tswana zurück und bedeutet dabei vermutlich so viel wie „Platz der schwarzen Kuh". Eine andere Theorie, nach der Tshwane der Name eines Ndebele-Häuptlings war, gilt als weniger wahrscheinlich.

Angesichts dessen, dass die große Welle der Umbennungen in Südafrika ohnehin längst abgebbt ist, wird die Kapitale des Landes wahrscheinlich weiterhin Pretoria heißen und „Tshwane" nur im Namen der Metropolgemeinde auftauchen. Diese umfasst eine riesige Fläche, die im Süden bis an die Stadtgrenzen von Johannesburg reicht und seit einer Erweiterung im Jahr 2011 den gesamten Norden von Gauteng einschließt.

Innerhalb der City of Tshwane Metropolitan Municipality gibt es im Süden den Stadtbezirk Centurion, eine Aneinanderreihung hoch gesicherter Wohnparks der Weißen mit diversen Einkaufs- und Vergnügungszentren, in der Mitte liegt Pretoria, und im Norden befinden sich die Bezirke der Schwarzen, die unter der Apartheidregierung gern ausgeblendet wurden, wie GaRankuwa, Soshanguve, Mabopane, Winterveld und Temba. Weitere der immens großen und dicht bevölkerten Townships sind Mamelodi, Atteridgeville und Saulsville.

Die Infrastruktur in den Townships ist äußerst schlecht. Öffentliche Verkehrsanbindungen an die Innenstadt existieren so gut wie gar nicht. Gutes Kartenmaterial ist nicht vorhanden. Dafür gibt es für die Anfahrt zum 40 Kilometer nördlich von Pretoria gelegenen Tswaing Crater, ein im Durchmesser 500 Meter großer Meteoritenkrater, lange Anfahrtsbeschreibungen.

Ein etwa 300 000 Tonnen schwerer Meteorid schlug vor etwa 200 000 Jahren einen Krater, der 40 Kilometer nördlich von Pretoria liegt.

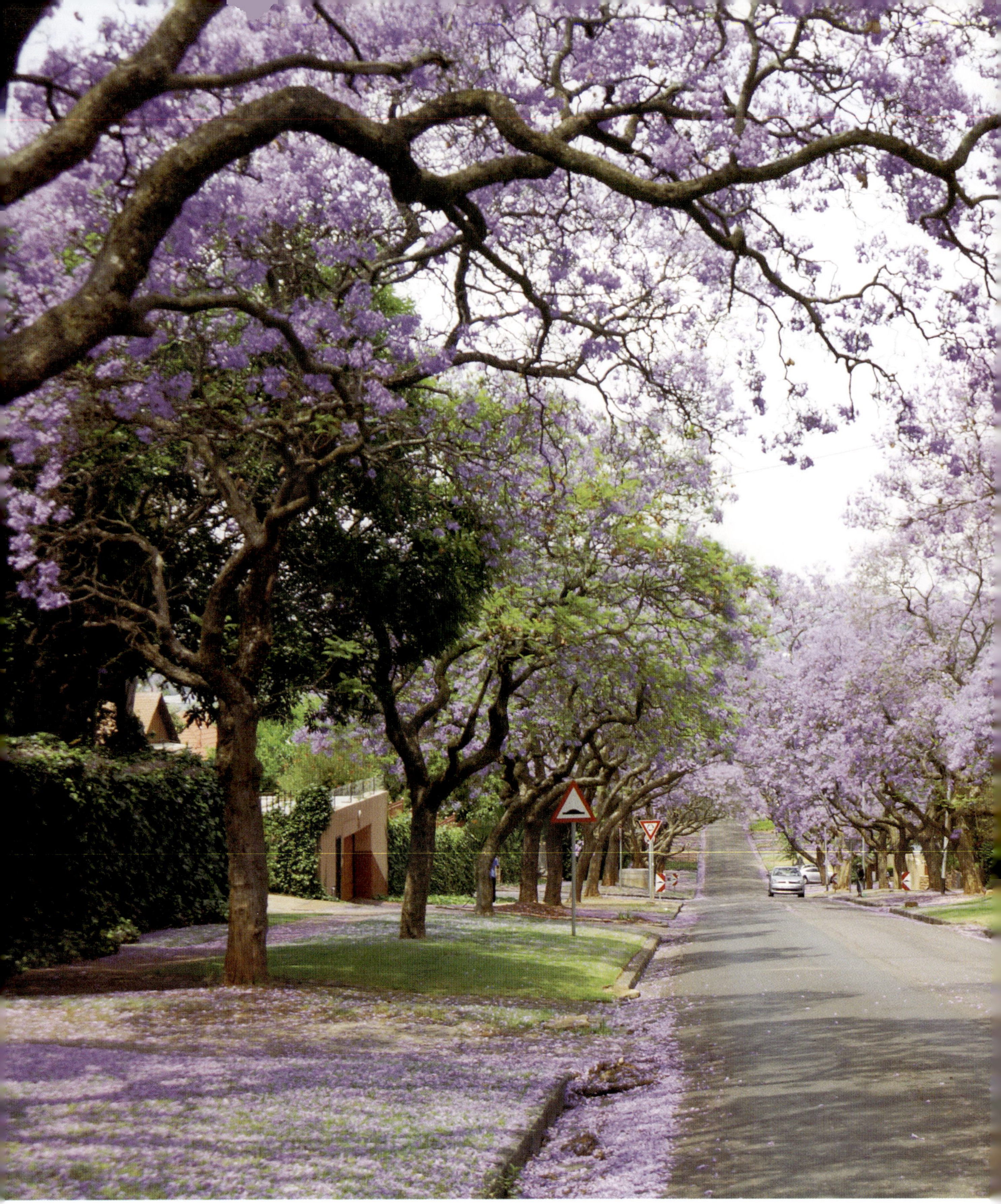

Jacarandabaum-Allee in Pretoria

MOSAMBIK
Maputo
Kanye
Lobatse
Sun City
Temba
Tweefontein
Mashishing (Lydenburg)
2285
Komatipoort
Kaapmuiden
Mbombela (Nelspruit)
Rustenburg
Soshanguve
Pretoria
Magaliesberg
Brits
Tembisa
Middelburg
Belfast
Barberton
Mmabatho
Mahikeng
Krugersdorp
Johannesburg
eMalahleni (Witbank)
Carolina
Lichtenburg
Roodepoort
Soweto
Germiston
Springs
Mpumalanga
Mbabane
SWAZI-LAND
Manzini
Coligny
Carletonville
Gauteng
Nigel
Breyten
Bethal
Ermelo
Potchefstroom
Vanderbijlpark
Embalenhle
Ottosdal
Vereeniging
Vryburg
Klerksdorp
Sasolburg
Standerton
Parys
Schweizer-Reneke
Villiers
Piet Retief
iNgwavuma
Wolmaransstad
Frankfort
Wakkerstroom
Bothaville
Heilbron
Volksrust
Pongolapoort Dam
Vaal Dam
Vaal
Vals
Harts
Klip
Vrede
uBombo
Edenville
Paulpietersburg
Taung
Bloemhof
Kroonstad
Allanridge
Hoopstad
Lindley
Warden
Newcastle
Vryheid
Mkuze
Christiana
Odendaalsrus
Hennenman
Reitz
St.-Lucia-See
Welkom
Virginia
Ventersburg
Dundee
Warrenton
Harrismith
Glencoe
Ulundi
Bultfontein
Bethlehem
Mtubatuba
Theunissen
Senekal
KwaZulu-Natal
Mfolozi
Boshof
Winburg
Ladysmith
Free State
Colenso
Kimberley
Ficksburg
Drakensberg
3282
eShowe
eMpangeni
Modder
Clocolan
Weenen
Bloemfontein
Botshabelo
Ladybrand
Greytown
Petrusburg
Teyateyaneng
Estcourt
Tugela
Stanger
Koffiefontein
Maseru
Howick
Dewetsdorp
3482
Pietermaritzburg
LESOTHO
Riet
Tongaat
Jagersfontein
Edendale
KwaMashu
Thaba Putsoa
3096
Edenburg
Wepener
Mpumalanga
Durban
Mafeteng
uMlazi
Caledon
Mkomazi
Philippolis
Smithfield
Zastron
uMkomaas
Matatiele
uMzinto
Scottburgh
Springfontein
Park Rynie
Rouxville
3001
Kokstad
Harding
Mtwalume
Port Shepstone
Colesberg
Aliwal North
Mount Frere
Margate
Noupoort
Burgersdorp
Barkly East
Kraai
Maclear
Tina
Steynsburg
Elliot
Dordrecht
Molteno
Middelburg
Sterkstroom
Mthatha
Port St. Johns
Ngcobo
Tarkastad
Queenstown
Eastern Cape
Dutywa
Mbashe
Cradock
2369
Cathcart
Butterworth
Gt. Kei
Cook-house
Pearston
Bedford
Stutterheim
Bhisho
Alice
Somerset East
Adelaide
Fort Beaufort
Mdantsane
King William's Town
East London
Jansenville
INDISCHER OZEAN
Great Fish R.
Sondagsrivier
Alicedale
Kirkwood
Grahamstown
Addo
Alexandria
Port Alfred
Uitenhage
Algoa Bay
Patensie
Humansdorp
Port Elizabeth
0 100 200 km
© Ing.-Büro für Kartographie J. Zwick, 35394 Gießen

KWAZULU-NATAL

ÜBERBLICK

Mit 11 Millionen Einwohnern hat KwaZulu-Natal nach Gauteng die zweitgrößte Bevölkerungszahl aller Provinzen Südafrikas. Hauptstadt dieses 92 100 Quadratkilometer großen Gebietes ist Pietermaritzburg, einstige Hauptstadt der auf eine Burenrepublik zurückgehende Kolonie Natal und der späteren Provinz gleichen Namens. Die heutige Provinz KwaZulu-Natal grenzt im Norden an Mpumalanga, Swaziland und Mosambik, im Osten an den Indischen Ozean, im Süden an die Eastern Cape Province und im Westen an Lesotho und Free State.

Im Jahre 1994 wurde die ehemalige Provinz Natal mit dem Homeland KwaZulu – dem Kerngebiet der Zulu – zusammengelegt. Sie ist die einzige Provinz, die die Bezeichnung einer ethnischen Gruppe im Namen trägt. Tatsächlich stellen die Zulu auch den Großteil der Bevölkerung.

Wichtigster Ballungsraum ist das Gebiet um Durban. Hier leben sehr viele Südafrikaner indischer Abstammung. Das vielleicht größte Problem der Provinz ist die insbesondere im ländlichen Siedlungsgebiet der Zulu stark unterentwickelte Infrastruktur.

TOPOGRAPHIE, KLIMA

Landschaftlich und kulturell bietet KwaZulu-Natal eine große Vielfalt: flache Küstengebiete, hügelige Ebenen im Inland (Zululand) und die Gebirgszone der Drakensberge im Westen. Im Hinterland der Provinz befinden sich einige der schönsten und spektakulärsten Wildparks Südafrikas.

Die Küste verfügt sowohl über unerschlossene Abschnitte im Maputaland mit einem einzigartigen Seensystem im Kosi Bay Nature Park als auch über Gebiete mit lückenloser Infrastruktur rund um

FOLGENDE DOPPELSEITE:
Sani-Pass

DARAUFFOLGENDE DOPPELSEITE:
Grenzgebiet zwischen der Provinz KwaZulu-Natal und Lesotho. Hier bemüht sich das „Maloti-Drakensberg Transfrontier Project" länderübergreifend um den Schutz von Natur und Tierwelt.

Blick auf Durban mit dem Moses-Mabhida-Stadion, das als neues Wahrzeichen der Stadt gilt

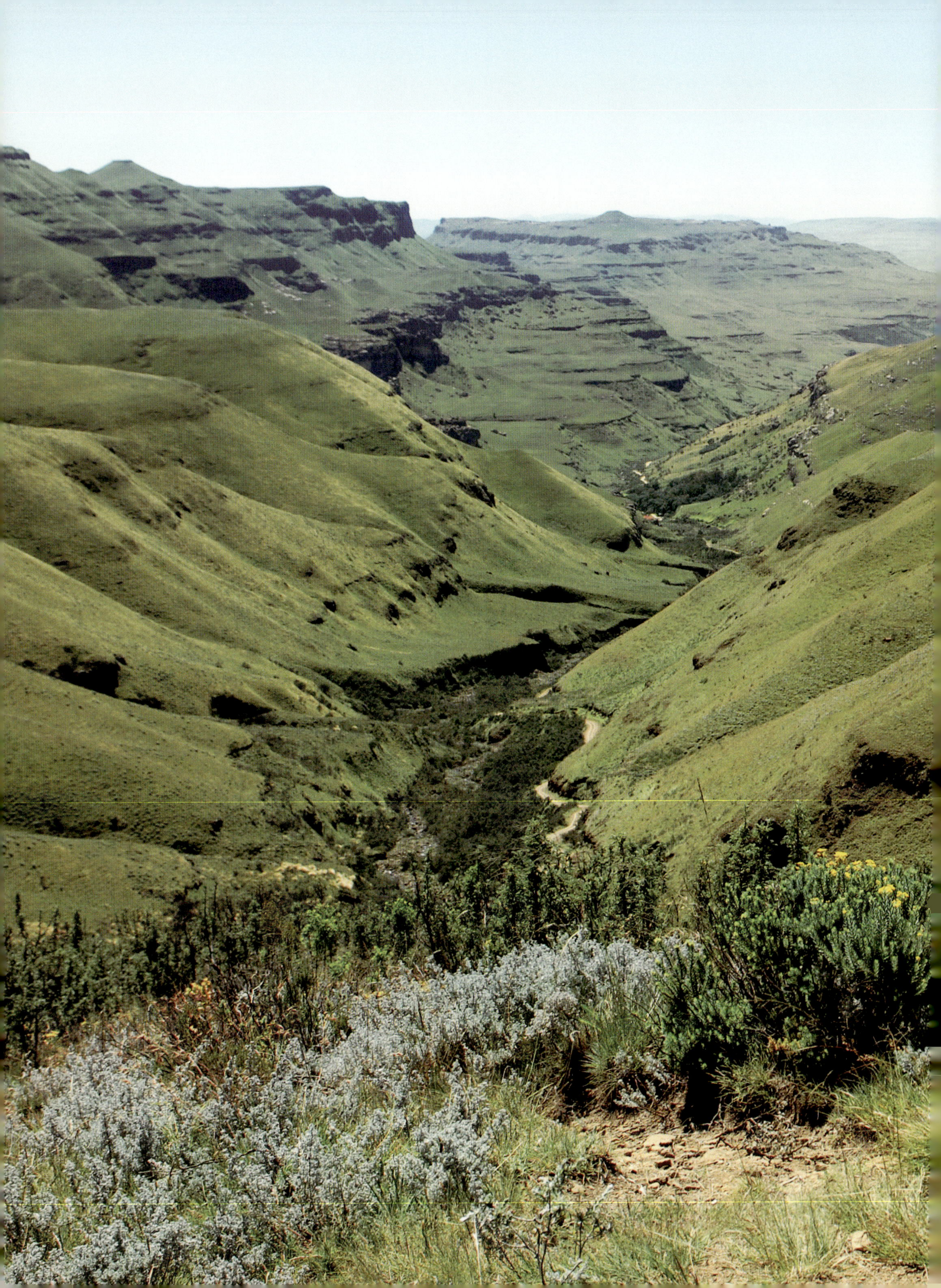

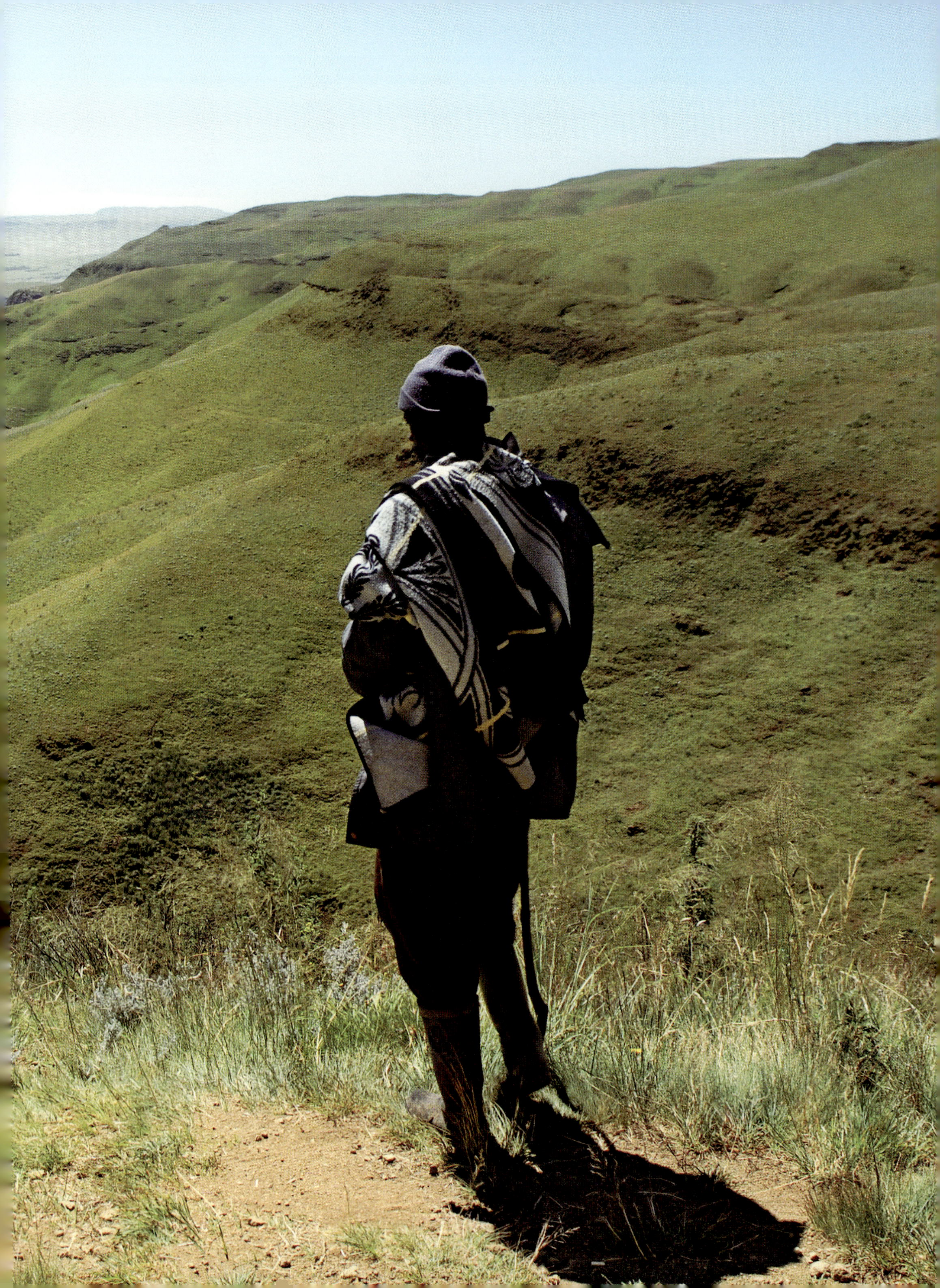

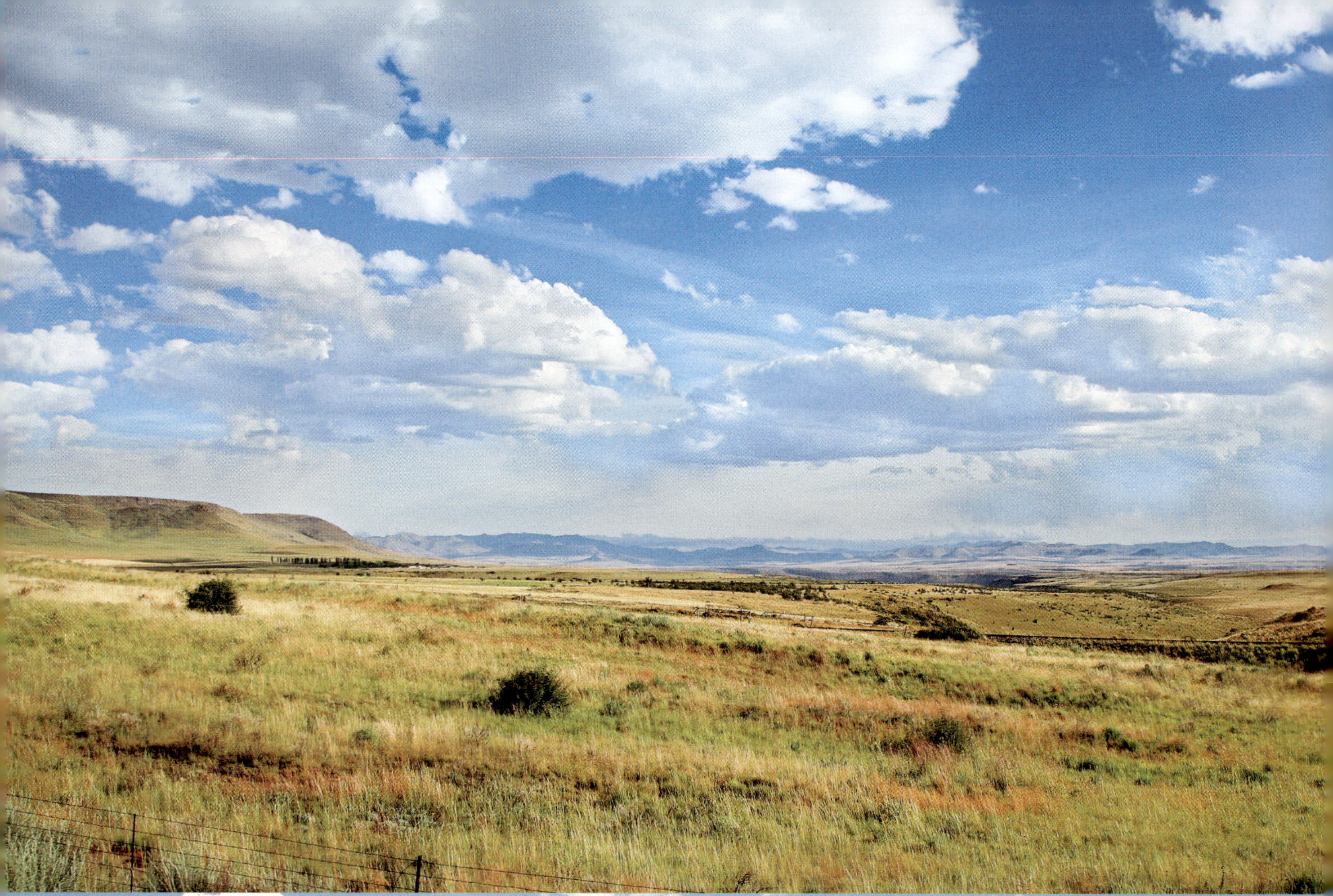

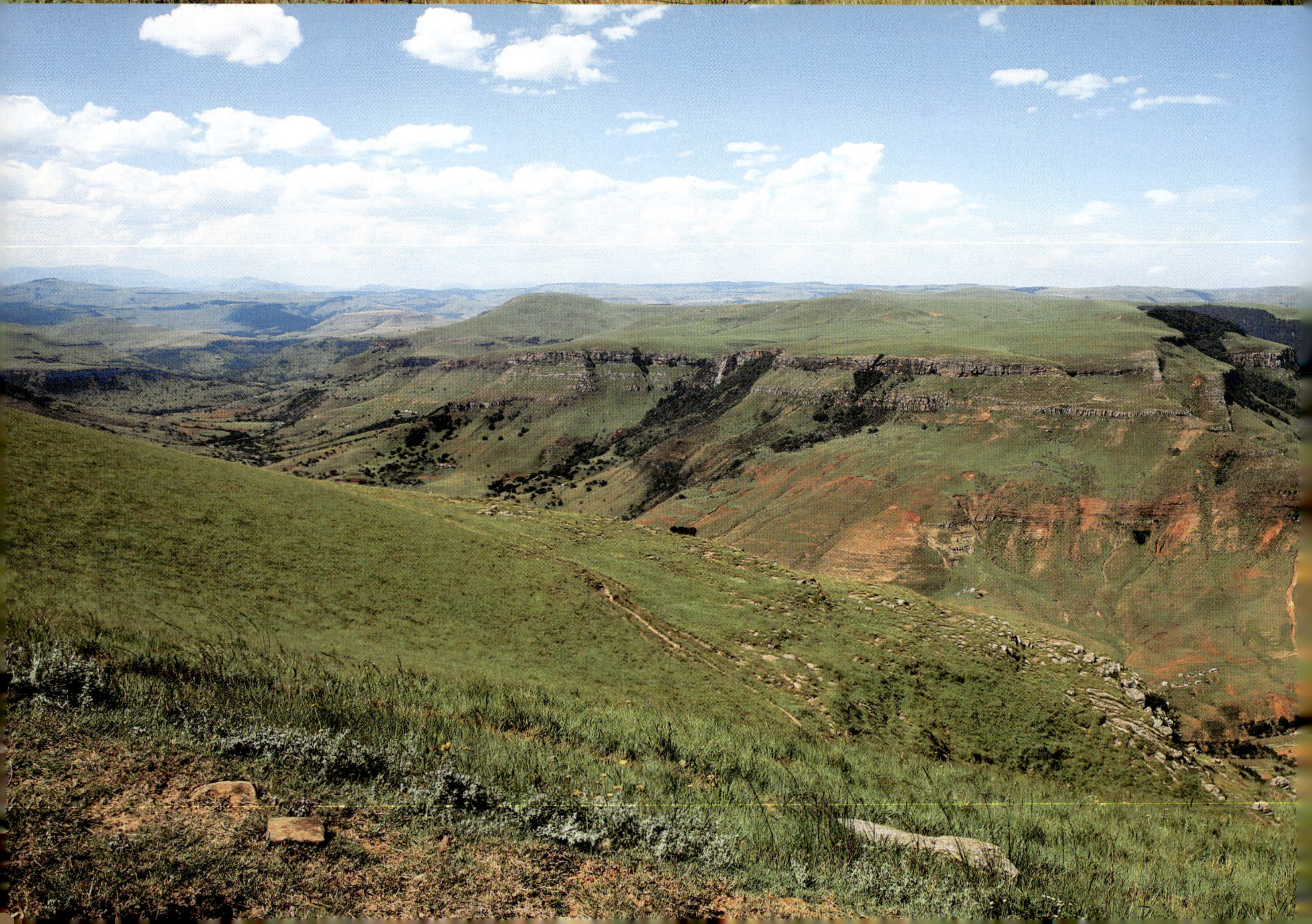

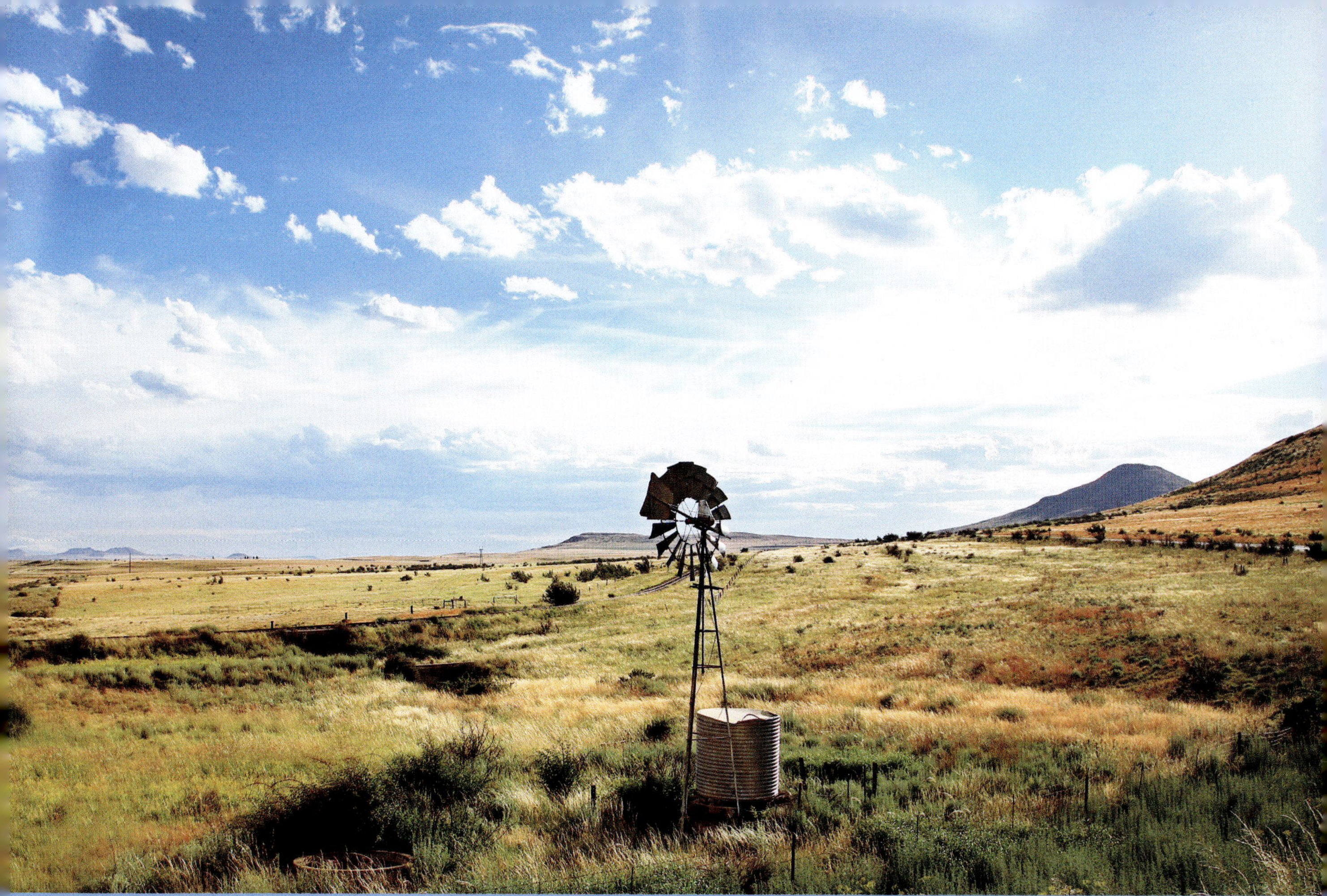

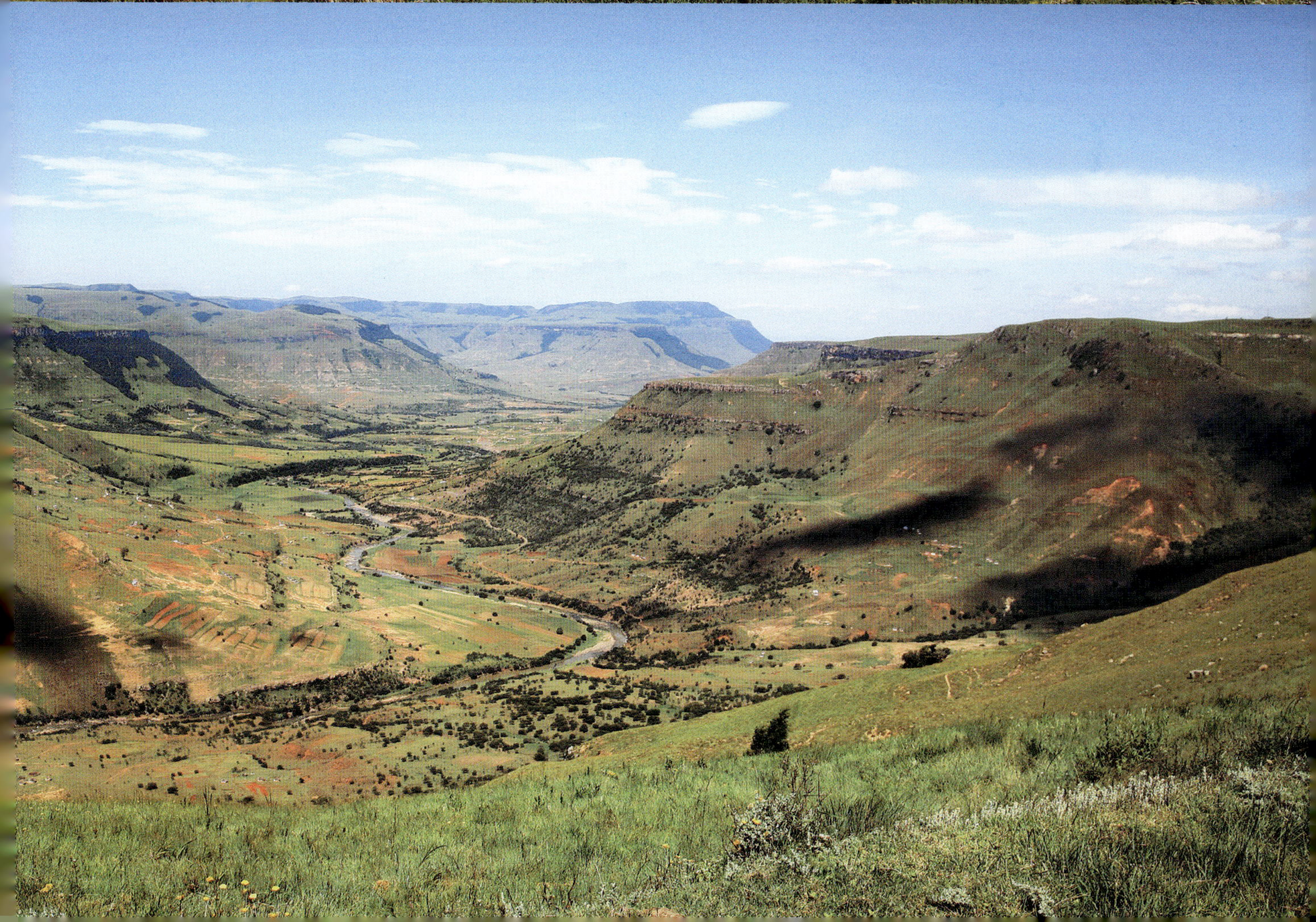

RECHTE SEITE:
Eine junge Frau – Angehörige der Zulu – sitzt mit ihrem Kind vor einer Hütte in einem Zulu Cultural Village.

Durban, dem Urlaubs- und Badeparadies der Großstädter. Mit dem iSimangaliso Wetland Park (früher Greater St. Lucia Wetland Park) und dem uKhahlamba-Drakensberg Park kann die Provinz gleich zwei Welterbestätten der UNESCO vorweisen.

Das Klima ist generell warm und feucht. Im Winter kann es im höher gelegenen Inland sehr trocken und recht kalt werden. Im Küstenstreifen standen früher tropische Wälder – heute wird hier häufig Zuckerrohr angepflanzt. In diesem Klima gedeihen aber auch viele tropische Früchte wie Bananen, Mangos, Litschi, Ananas und Guaven.

BEVÖLKERUNG

Mit ca. zwölf Millionen stellen die Zulu Südafrikas größte ethnische Bevölkerungsgruppe. Deren rund acht Millionen Angehörige in KwaZulu-Natal machen fast 80 Prozent der Einwohner der Provinz aus. Zu Apartheidzeiten lebten ca. 3,2 Millionen im Homeland KwaZulu, die Übrigen arbeiteten auf weißen Farmen in Natal, in der Umgebung von Durban und in den Bergbau- und Industrieunternehmen am Witwatersrand in der heutigen Provinz Gauteng, wo sie auch heute die größte schwarze Gruppe bilden.

ZULU

Die Zulu (auch: amaZulu), eine afrikanische Volksgruppe, die sich aus etwa 200 Nguni-Stämmen zusammensetzt, leben vor allem in KwaZulu-Natal. Ihre Sprache (Eigenbezeichnung: isiZulu) gehört zu den Bantu-Sprachen und ist eng verwandt mit der Sprache der Xhosa.

Die Zulu wanderten bereits um das Jahr 1500 von Norden in das heutige Siedlungsgebiet. Unter ihrem berühmten Führer Shaka erstarkten die Zulu ab 1816, unterwarfen benachbarte Stämme und bildeten ein einflussreiches Königreich. 1838 beanspruchten die Voortrekker das Gebiet für sich. Es kam zu blutigen Auseinandersetzungen, die in der berühmten Vergeltungsschlacht am Blood River gipfelten, bei der die Siedler den Sieg davontrugen. Auch im Anglo-Zulu-Krieg (1879) konnten sich die Zulu unter ihrem Führer Mpande nicht der Vorherrschaft der Weißen widersetzen und die Annexion des Zululandes durch die Briten verhindern.

Im 20. Jahrhundert hat sich vor allem Mangosuthu Buthelezi als Zulu-Führer einen Namen gemacht. Geboren 1928, galt er seit den 1970er Jahren als eine herausragende Persönlichkeit im Kampf um mehr politische Rechte für die Schwarzen, verfolgte dabei aber oft eine ausschließlich auf die Interessen der Zulu ausgerichtete Politik. Von der Gründung KwaZulus 1972 bis zur Auflösung 1994 stand er dem Homeland als Chief Minister vor, danach war er bis 2004 Innenminister Südafrikas.

Heute lebt die Mehrheit der zahlreichen kleinen Stämme (einige von ihnen siedelten auch im heutigen Mpumalanga) im Zululand nach alter Tradition in Streusiedlungen. Für Außenstehende ist ein Einblick in Denken und Aufbau der modernen Zulu-Gemeinschaft schwierig. Viele Zulu sprechen aufgrund ihres Stammesbewusstseins in der Regel weder Englisch noch Afrikaans. Durch die Apartheid und fehlenden Kontakt mit anderen Kulturen lebten die Zulu völlig auf sich bezogen. Mit zunehmendem Tourismus änderte sich der Umgang mit der eigenen Kultur und ihrer Vermarktung. Es entstehen immer mehr neu angelegte Zulu-Dörfer (Zulu Cultural Villages), in denen die traditionellen Lebensweisen dargestellt werden.

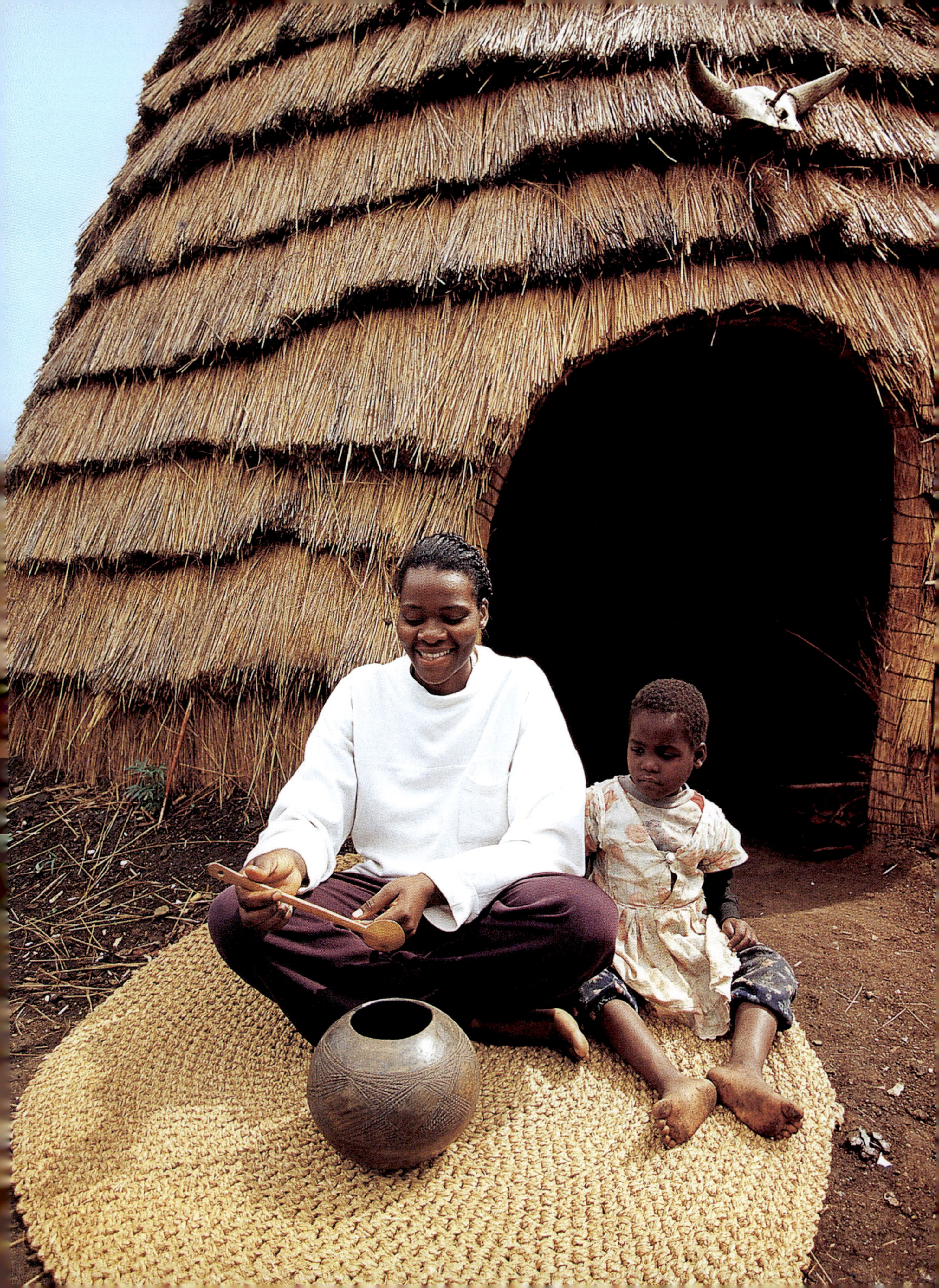

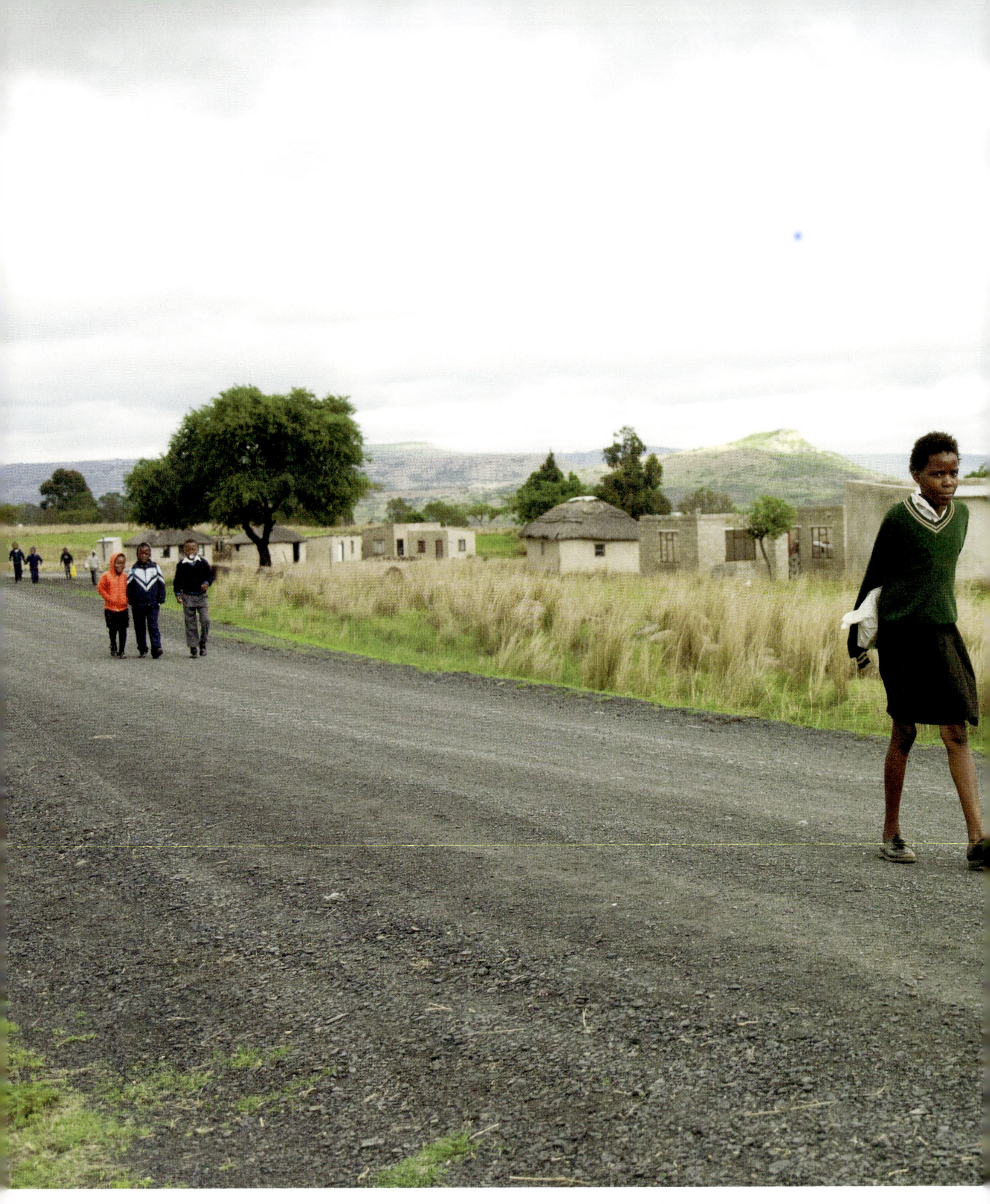

Kinder auf dem Weg zur Schule in KwaZulu-Natal

Kinder indischer Einwanderer in Durban auf dem Weg zur Koranschule. Etwa 20 Prozent der in Durban lebenden Inder sind Muslime.

INDER

Im 19. Jahrhundert waren verstärkt Inder als Arbeiter für die Zuckerplantagen angeworben worden. Viele von ihnen blieben, zogen in die Städte und stiegen zu Geschäftsleuten und Dienstleistern auf. Ihre Nachkommen machen heute einen großen Anteil der Bevölkerung im Großraum Durban aus, dessen Mittelschicht sie bilden.

Der berühmteste Inder, Mahatma Gandhi, arbeitete von 1893 bis 1915 für längere Zeit in Durban als Anwalt. Die Inder stellen den Großteil der Hindus Südafrikas, aber es gibt auch viele Muslime unter ihnen. Durban soll die Stadt mit der größten indischen Bevölkerung außerhalb des indischen Subkontinents sein.

BUREN, BRITEN UND DEUTSCHE

Obwohl die Kolonie Natal ursprünglich von Buren gegründet wurde, überwiegt heute der englische Einfluss in KwaZulu-Natal. Nachdem Großbritannien im Jahre 1843 die Natalia genannte Burenrepublik annektiert hatte, ließen sich viele englische Einwanderer in dieser fruchtbaren Gegend nieder. Die Buren hingegen zogen weiter ins Inland. In der Gegend um Wartburg, Harburg und Hermannsburg leben auch heute noch deutsch sprechende Südafrikaner, Nachkommen einstiger deutscher Siedler.

DURBAN

ÜBERBLICK

Die Hafenstadt Durban (isiZulu: eThekwini) liegt an der Nataler Bucht am Indischen Ozean. Die größte Stadt der Provinz bildet den Kern der eThekwini Metropolitan Municipality, mit ca. 3,7 Millionen Einwohnern die drittgrößte Metropolgemeinde nach der City of Johannesburg und der City of Cape Town.

Durban ist eine bedeutende Industrie- und Hafenstadt mit dem größten Hafen Afrikas und aufgrund seiner Strände, des subtropischen Klimas und einer ganzjährigen Saison ein viel besuchtes Urlaubszentrum des Landes. Wenn es im Landesinneren im Winter kalt wird, zieht es viele Einheimische hierher in ihre Ferienwohnungen.

Besonders beliebt sind die Strände und der Ozean zum Surfen, Tauchen, Segeln, Angeln oder einfach Sonnenbaden. Zudem hat Durban mit erstklassigen Hotels, Wasserparks, einem Schlangenpark, Delfinarien, Ozeanarium und Aquarien mit und ohne Haien, einer guten Auswahl an Museen, einer Waterfront im Jachthafen, dem Hafen und seinen Zuckerterminals und dem Indischen Viertel eine breite Palette von Attraktionen und Sehenswürdigkeiten zu bieten.

Berittene Polizei an der Strandpromenade in Durban

Investitionspläne sehen weitere Bauvorhaben des zum Teil ausgedienten Hafengebietes zwischen Indischem Ozean und Nataler Bucht in Form von Kanälen, Wohnanlagen und kleinen Jachthäfen vor. Direkt an der Hafeneinfahrt befinden sich heute schon einige Restaurants und Bars.

Reizvoll an Durban und für Südafrika einzigartig ist die Atmosphäre, die ihre bunt gemixte Bewohnerstruktur schafft. Über eine halbe Million Inder wohnen neben weißer und schwarzer Bevölkerung im Ballungsraum. Sie geben der Metropole weitere kulturelle, ethnische und religiöse Impulse. Der Handel der Stadt ist fest in indischer Hand. Nicht wenige Inder sind im Rahmen florierender Handelsgeschäfte zu großem Wohlstand gekommen.

Dennoch ist Durban eine sehr afrikanische Stadt. Neben britischen Kolonialbauten und Hochhausarchitektur aus der Apartheidzeit besiedeln die Schwarzen heute vor allem die südliche Innenstadt, deren Straßen sie kurzum in ihr Wohnzimmer verwandeln. Junge Leute tanzen neben laut dröhnenden Musikanlagen und vermitteln das Gefühl von „easy going".

GESCHICHTE

Der heutige Hafen von Durban war einst eine große Lagune mit Mangrovenwäldern, in welche die Flüsse Mhlatuzana und Mbilo mündeten. Als sich vor rund 100 Millionen Jahren die Küstenlinie senkte, wurden tiefer gelegene Gebiete vollständig überschwemmt. Aus der Lagune entstand eine Bucht, die nur durch zwei Sanddünen – gespeist vom Schlick der Flüsse – vom Meer getrennt wurde. Aus dem Norden kommende Bantu-Stämme siedelten sich in den Wäldern um die Bucht an, die sie siBubulungu nannten („das lange, unförmige Ding").

Der Hafen von Durban: einst eine Lagune mit Mangrovenwäldern, heute der größte Hafen Afrikas

Von europäischer Seite wurde die Bucht offiziell im Dezember 1497 vom portugiesischen Seefahrer Vasco da Gama entdeckt, der sie aufgrund des bevorstehenden Festes „Rio de Natal" (Weihnachtsfluss) nannte. Der nächste bekannte europäische Ankömmling war Rodrigos Tristão, der 1552 den Untergang des portugiesischen Schiffs „São João" überlebte. Er blieb und siedelte auf dem Gebiet des späteren Durban mitten unter den schwarzen Bewohnern.

Zu Beginn des 19. Jahrhundert beeinflusste die Formierung des Zulu-Reiches 250 Kilometer weiter im Norden die Zukunft der Bucht entscheidend. Der Reichtum der Zulu schuf einen gewissen Handelsmarkt, dessen Ruf sich bis hin zum Kap ausbreitete. 1823 suchten daher Kaufleute aus Kapstadt vor der Küste von Natal eine geeignete Bucht für einen Handelshafen. Während eines Sturms retteten sich die Kaufleute in die Nataler Bucht und entdeckten so die vom Wetter unbeeindruckte natürliche Hafenanlage. Damit war der Grundstein für die zukünftige Hafenstadt Durban gelegt.

Diese erste Siedlung mit dem Namen Port Natal wurde von 26 hart kämpfenden Siedlern errichtet (Händler und Elfenbeinjäger) und 1835 nach dem damaligen Gouverneur der Kapkolonie Sir Benjamin D'Urban (1778–1854) benannt. Der Apostroph fiel später weg. Die Zulu tolerierten die Siedler, weil sie mit ihnen Handel treiben konnten. Dennoch blieben sie wachsam und positionierten sich unweit der weißen Siedlung in der Festung namens uKangel' amankengane (übersetzt: beobachte die Vagabunden). Davon wurde später Congella abgeleitet, der Name eines heutigen Stadtteils Durbans.

Die Ermordung des Burenführers Piet Retief durch den Zulu-König Dingane nach der Ankunft der Voortrekker im Jahre 1838 ließ die Siedler in Durban in Alarmbereitschaft bleiben. Sie verbündeten sich mit Teilen der Voortrekker, um eine gemeinsame Front gegen die Zulu bilden zu können, und wurden zugleich zu einem Teil der seit kurzer Zeit bestehenden Republik Natalia. 1842 schloss sich Durban den Briten unter dem Kommando von Kapitän Thomas Smith an. Die britischen Soldaten bauten eine Festung, die von den Voortrekkern im Sommer 1842 insgesamt 34 Tage erfolglos belagert wurde und heute als Old Fort bekannt ist. Die Belagerung konnte erst durch den berühmt gewordenen 950-Kilometer-Ritt des Siedlers Richard (Dick) King nach Grahamstown beendet werden, der dort um militärische Unterstützung bat. Dick King zu Ehren wurde 1915 ein großes Denkmal auf der Victoria Embankment gesetzt.

Die besiegten Voortrekker zogen auf der Suche nach Siedlungsland weiter nach Norden, in den damaligen Oranje Vrystaat und nach Transvaal. 1843 erklärten die Briten die annektierte Republik Natalia zu einer eigenständigen Kolonie unter dem Namen Natal. Damit war der Weg geöffnet für britische Siedler aus der Kapkolonie oder direkt aus Großbritannien. 1860 wurde in Durban die erste Eisenbahnstrecke Südafrikas in Betrieb genommen. Sie verband die Innenstadt mit dem Hafen.

DAS DURBANER HOSTEL-SYSTEM FÜR MIGRANTEN-ARBEITER

1876 wurde das erste „Hostel" für Migranten-Arbeiter, die nur zeitweise in Durban arbeiteten, erbaut und schnell zu einer festen Einrichtung. Bereits sehr früh war das Ziel der Stadt, die zumeist schwarzen Arbeiter aus dem Hinterland auf diese Weise in speziellen Stadtteilen zu konzentrieren. Damit wollten sie zum einen verhindern, dass es zu einer permanenten Ansiedlung von Schwarzen in „weißen" Wohnbereichen kam. Gleichzeitig sollte die permanente Verfügbarkeit von billigen Arbeitskräften gesichert werden.

FOLGENDE DOPPELSEITE:
Strandpromenade Durbans

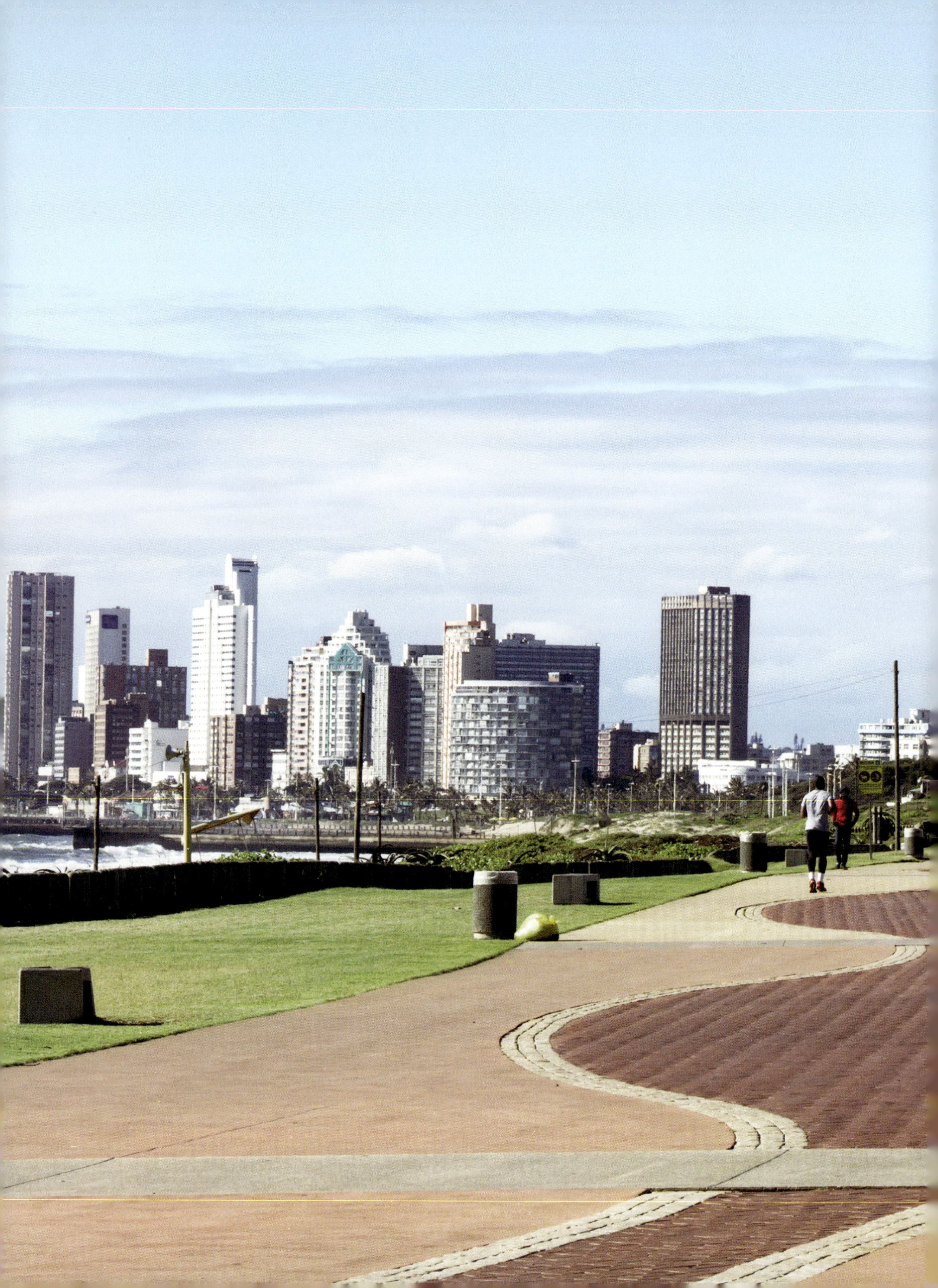

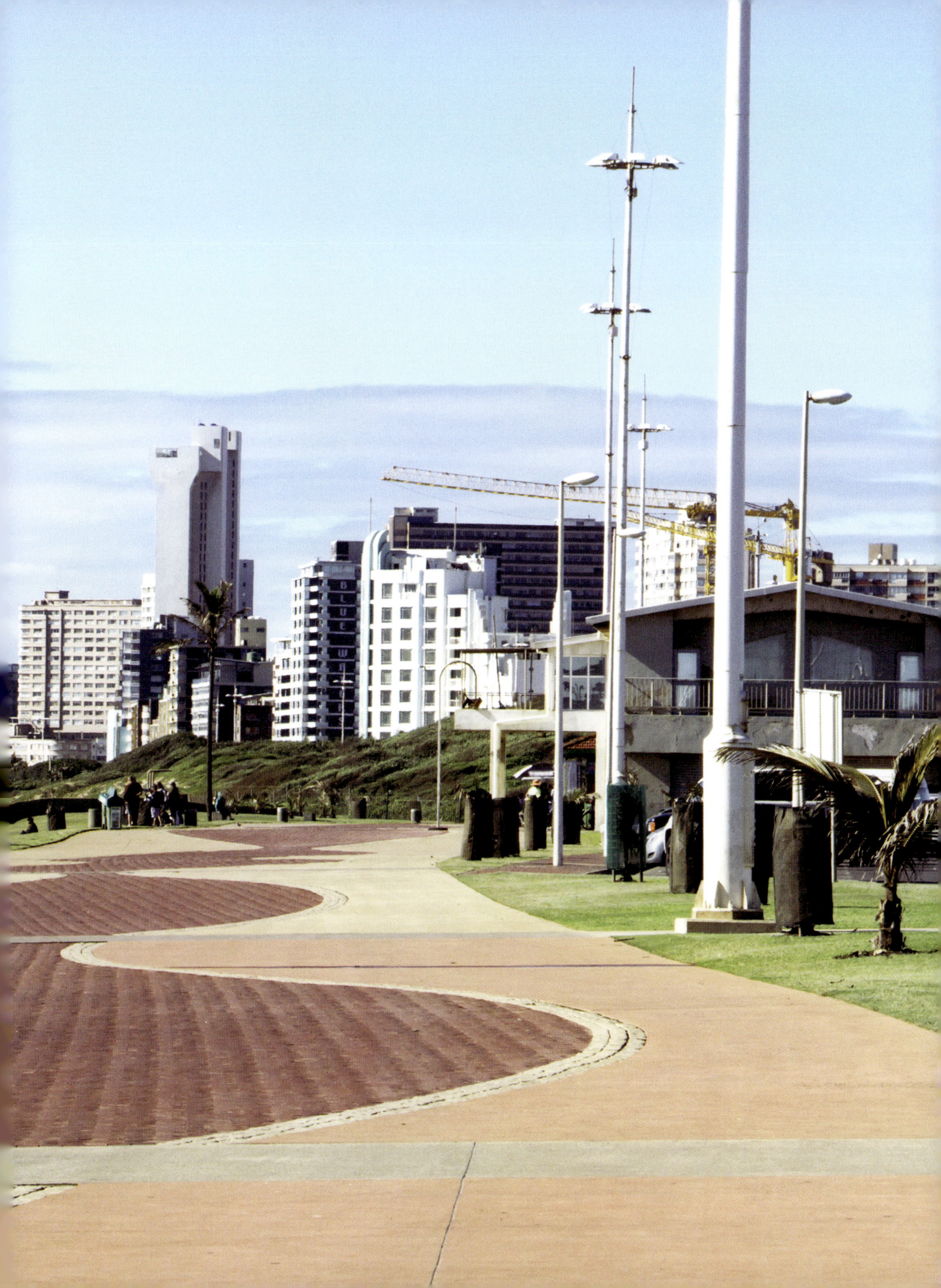
BLUE

Die Errichtung von Arbeiterwohnungen, in denen die Migranten-Arbeiter während ihrer elfmonatigen Arbeitserlaubnis wohnten, war für weiße Arbeitgeber optimal. Für die Arbeiter hingegen hatte es katastrophale Folgen: Entfremdet von der weit entfernt lebenden Familie, flüchteten sich viele in den Alkohol; die Prostitution florierte wie sonst kaum.

Gerade das Problem des Alkoholismus wurde von den Hostel-Betreibern jedoch forciert, da in Durban die Hostels durch den Gewinn der öffentlichen Bierhallen subventioniert wurden – ein Vorgehen, das später als das „Durban hostel system" bekannt wurde. In ganz Südafrika und selbst in anderen Teilen Afrikas wurde es kopiert. Später war dieses System ein tragender Teil der Wirtschaftspolitik der Apartheid.

Heute sind die Hostels ein Zeugnis der katastrophalen Auswirkungen der Apartheid. Nach jahrzehntelanger „Versorgung" durch Arbeit und Unterkunft sind die Arbeiter nun allein auf sich gestellt. Ihr Bett in den Hostels sowie die Bierhalle bilden zumeist ihre einzigen sozialen Bezugspunkte.

Obwohl das Hostel-System offiziell bereits vor Ende der Apartheid aufgelöst wurde, leben nach wie vor Hunderttausende in den Gebäuden. Und immer mehr Afrikaner drängen auf der Suche nach Arbeit in die völlig überfüllten Unterkünfte. Der Versuch, die Hostels in komfortablere Familieneinheiten umzuwandeln, scheiterte, da die Pläne bei einer Rente von 15–50 Rand extreme Existenzängste auslösten.

WIRTSCHAFT

Von Durban aus wurde Natal im 19. Jahrhundert wirtschaftlich erschlossen. 1843 erhielt Natal britischen Koloniestatus, Durban stieg zum wichtigen Hafen- und Handelsplatz auf – und zog damit viele Arbeiter an, die sich hier ein Einkommen zu sichern versuchten. 1855 ließen sich auch die ersten Inder

Die City Hall von Durban

in Durban nieder, denen viele weitere folgten. Ein ausgesprochen florierender Handel mit Zucker seit der Mitte des 19. Jahrhunderts brachte es mit sich, dass immer mehr Arbeitskräfte benötigt wurden. Vor diesem Hintergrund wurden 1859 Tausende von Indern als verlässliche Arbeiter zugelassen.

Im späteren 19. Jahrhundert – 1887 war die Zahl der Inder in Natal auf 30 000 angewachsen – brachten die Briten wegen des Arbeitskräftebedarfs erneut Tausende indische Landarbeiter nach Natal. Viele Inder ließen sich daraufhin als Händler nieder und setzten sich in direkte Konkurrenz zu den Weißen.

Mit dem Aufschwung der Zuckerindustrie gewann der Hafen von Durban zunehmend an Bedeutung. Heute ist Durban im Hinblick auf die Tonnage (Umschlag) nach Richards Bay und Saldanha Bay (beides Massenguthäfen) der drittwichtigste Seehafen Südafrikas. Beim Stückgut und dem Umschlag von Containern ist die Hafenstadt absolute Nummer eins im südlichen Afrika. Ausgeführt werden vor allem Früchte, Mais und Zucker. Für das Hinterland ist Durban ein wichtiger Ein- und Ausfuhrhafen, der vor allem nach der Entdeckung der Goldminen am Witwatersrand enorm an Bedeutung gewann.

Der „Sugar Terminal" gehört zu den größten Zuckerumschlagplätzen der Welt und bildet damit eines der wirtschaftlichen Standbeine der rasch wachsenden Metropole. Neben Zucker ist Durban auch ein Zentrum für die Textil-, Farben-, Chemie- und Nahrungsmittelindustrie. Das dritte Standbein ist der Tourismus.

Die Stadt hat sich auch als Tagungs- und Kongresszentrum Südafrikas profiliert. 2010 wurde der gut 30 Kilometer nördlich der Innenstadt liegende neue Flughafen King Shaka International Airport eröffnet.

Durbans großes Handelszentrum ist nach wie vor der Hafen. Hier legen jeden Tag gigantische Frachtschiffe an und ab.

DURBAN HEUTE

Die bedeutendsten Sehenswürdigkeiten in und um Durban sind die Strandpromenade mit der Golden Mile, das indische Viertel, der Hafen, der Sugar Terminal, die Wilson's Wharf Waterfront, die Landzunge The Point, der Vergnügungspark uShaka Marine World, die Durban Local History Museums, das Kunstzentrum The BAT Centre, das Beachwood Mangrove Nature Reserve und das KwaZulu-Natal Sharks Board in Umhlanga.

DAS INDISCHE VIERTEL

Der sogenannte Indian District, das zentrale indische Viertel, liegt zwar etwas außerhalb der Innenstadt, ist mit seinem bunten Treiben besonders auf dem Victorian Street Market der indischen Kaufleute allerdings nicht zu verfehlen. Heute mischen sich immer mehr afrikanische Obst- und Gemü-

Die Juma Musjid Moschee im indischen Viertel

sehändler unter die indischstämmigen Anbieter, die die besten Gewürze und Kochzutaten aller Art für die asiatische Küche auf Lager haben.

Architektonisch bieten die Minarette der Juma-Moschee eine interessante Ergänzung der südafrikanischen Architektur vom Anfang des 20. Jahrhunderts. Das 1927 fertiggestellte Bauwerk gilt als eine der schönsten Moscheen in der südlichen Hemisphäre und bestimmt optisch das indische Viertel. Dabei bilden Muslime nur eine Minderheit unter der indischen Bevölkerung (zumeist Hindus).

Direkt an die Moschee schließt sich ein Bogengang (Madressa Arcade) an, unter dem sich viele kleine Geschäfte angesiedelt haben. Am Ende der Arkade gelangt man in die Cathedral Road, die durch die 1902 im neogotischen Stil erbaute Emmanuel Cathedral dominiert wird.

Gewürzladen auf dem Indischen Markt in Durban

Hinduistische Hochzeit
in Durban

WARWICK TRIANGLE UND SQUATTERS MARKET

Das sogenannte Warwick-Dreieck ist die afrikanische Marktvariante neben dem indischen Viertel. Hier tummelt sich unter Betonhochbrücken, neben breiten Hauptstraßen, der Eisenbahnlinie und dem West Street Cemetery jeder, der irgendetwas feilbieten will. Mittlerweile haben sich viele mit ihrer Holzhütte fest etabliert und auch „shebeens", die afrikanischen Kneipen, fehlen nicht.

Ein Stückchen weiter südlich des afrikanischen Marktes befindet sich Durbans größter Frucht-, Gemüse- und Blumenmarkt. Frühmorgens bieten hier dicht gedrängt die Verkäufer ihre Waren an.

KWAMUHLE MUSEUM

Die Ausstellung über die soziale Stadtentwicklung im 20. Jahrhundert ist für das Verständnis des heutigen Südafrika sehr wichtig. Hier wird unter anderem ausführlich das „Durban hostel system" zur Finanzierung der „afrikanischen Angelegenheiten" erklärt. Besonders sehenswert sind auch die zum Teil beklemmenden, aber sehr beeindruckenden Fotografien aus dem Leben der Migranten-Arbeiter.

DER STADTSTRAND UND DIE GOLDEN MILE

Der östlich der Innenstadt gelegene Stadtstrand erstreckt sich über sechs Kilometer vom Umgeni River im Norden bis zum Stadtteil The Point im Süden. Das Kernstück des Strandes liegt vor den großen Hotelanlagen und ist mit Strandpromenade und Entertainment-Bereich, der Golden Mile, versehen. Dieser Abschnitt unterteilt sich nochmals in einen nördlichen und südlichen Strandteil, den North Beach und den South Beach.

Der South Beach ist der am meisten frequentierte Strand in ganz Südafrika. Hier tummeln sich Wellenreiter, Badende und Sonnenhungrige in unmittelbarer Nähe von Restaurants und Ferienprogrammen. Weiter nördlich befinden sich die Wasserbecken der Marine Parade mit Springbrunnen, Paddelbooten, Brücken und Wasserspielen. Eine Seilbahn im kleinen Freizeitpark Funworld erlaubt hier schöne Ausblicke.

Der North Beach ist etwas ruhiger als der Strand im Süden und zum Baden besonders geeignet. Im Winter, wenn es stürmt, finden hier offizielle Meisterschaften im Wellenreiten statt. Mini Town von Durban, der Fitzsimons's Snake Park und ein Amphitheater liegen hier zwischen Strand und Hotelanlagen, vor denen Rikschafahrer mit bunten Kostümen und herausgeputzten Rikschas auf Gästesuche gehen.

Farbenprächtig gekleidete Rikschafahrer in Durban

DURBANS HAFEN

Durbans Hafen wird von den Sugar Terminals dominiert. In den drei größten dieser Terminals können bis zu 520 000 Tonnen Zucker gelagert werden. Stündlich werden bis zu 750 Tonnen davon umgeschlagen. Damit gehören die Durbaner Anlagen zu den größten der Welt.

Von den Zuckerlagertürmen führt die Victoria Embankment am südlichen Ende der Innenstadt entlang der Natal Bay und dem Durbaner Jachthafen zum Kreuzfahrtterminal und weiter östlich zu Containerterminals und Trockendocks. Die von Palmen gesäumte Straße mit auffälliger Bauhausarchitektur war einst auch wegen des Blicks auf die Hafenanlagen die erste Adresse für eine

Jachthafen von Durban

Stadtwohnung. Vom Victoria Embankment führt der einzige Zugang zum Jachthafen mit dem Royal Natal Yacht Club, Durbans Wilson's Wharf Waterfront mit diversen Restaurants, dem Port Natal Maritime Museum mit historischen Schiffen und dem BAT-Kunstzentrum.

Die Landzunge The Point, die zwischen dem Indischen Ozean und der Nataler Bucht liegt, schützt den Hafen vor dem Meer und ist ein Gebiet großer Gegensätze. Von Rotlichtmilieu mit Schmuddelspelunken und stillgelegten Schiffsanlegern über neue Restaurants und Nachtclubs mit Wochenendausflüglern und Nachtschwärmern bis hin zu dem Themenpark uShaka Marine World, der mit 15 Hektar feinstem Strand- und Wasserparkbereich der größte seiner Art in Afrika ist.

Haie sind eine der großen Attraktionen in der uShaka Marine World in Durban.

BEREA

Der alte Stadtteil Berea (schließt Bulwer und Musgrave ein) liegt westlich der Innenstadt und zieht sich weiter Richtung Westen in die kühle, grüne und sehr begehrte Hügellage hinauf. Die kurvige Ridge Road vom Umgeni River im Norden bis zur Universität von KwaZulu-Natal im Süden führt entlang der oft mit Jugendstilelementen versehenen Häuser. Seit jeher wohnen und genießen die Wohlhabenden in schmucken Häusern und Apartments an palmengesäumten Straßen den Blick auf den Hafen von Durban und den Indischen Ozean.

Der Botanische Garten in Durbans Stadtteil Berea beheimatet eine reiche Orchideensammlung.

Der Bulwer Park und der Botanische Garten werten das grüne Viertel noch weiter auf. In dem 1849 gegründeten Garten wachsen *Encephalartos woodii*, eine äußerst seltene Palmfarnart. Berühmt ist auch die Orchideensammlung. Zudem gibt es in der kühlen, schattigen Anlage viele Picknickplätze und ein bezauberndes Teehaus. Neben dem Bulwer Park befindet sich die KwaZulu-Natal Society of Arts Gallery, wo sich das kunstinteressierte Publikum trifft.

CATO MANOR

Noch etwas weiter westlich, quasi hinter dem westlich der Innenstadt gelegenen Ridge bzw. unterhalb von Berea erstreckt sich der Stadtteil Cato Manor entlang der Bellair Road. Benannt wurde das Viertel nach dem ersten Bürgermeister von Durban, George Cato.

Dieser Stadtteil machte durch eine blutige Auseinandersetzung im Jahre 1949 zwischen Indern und Afrikanern von sich reden. Nach einem Angriff eines indischen Händlers auf einen Zulu kam es zu gewalttätigen Übergriffen seitens Tausender Afrikaner auf indische Geschäfte. 142 Menschen ließen dabei ihr Leben.

In der ersten Hälfte des 19. Jahrhunderts siedelten hier vor allem Inder, die zahlreiche Hindu-Tempel auf den Hügeln bauten. Einer der größten und wohl auch der schönste in ganz Durban ist der Umbilo Shree Ambalavaanar Alayam Temple.

Heute zeigt das Viertel die Zerstörung der Siedlungsstruktur des 19. und 20. Jahrhunderts mit indischen Wohnsiedlungen, afrikanischen Slums und weißer Mittelklassebevölkerung durch die Apartheidregierung. Wie im District Six in Kapstadt oder in Sophiatown in Johannesburg wurde hier der 1950 erlassene Group Areas Act umgesetzt.

Die Inder wurden in die speziellen Townships Chatsworth und Phoenix umgesiedelt, die Afrikaner gezwungen, nach KwaMashu zu gehen. Zurück blieb eine verlassene Landschaft, auf der nur noch einige Hindu-Tempel standen. In den späten 1980er Jahren, als immer mehr Schwarze nach Durban drängten, wurde das Brachland entlang der Bellair Road schließlich mit Blechhütten versehen.

UMGENI RIVER

Der Umgeni River (Zulu: uMngeni) liegt rund zehn Minuten von Durbans Innenstadt entfernt. Er bietet an einem grünen Seitental am nördlichen Flussufer einem Vogelpark, dem Umgeni River Bird Park, die ideale botanische Umgebung. An der Mündung des Flusses befindet sich einer der seltenen Mangroven-Sumpfwälder Südafrikas.

Der Umgeni River entspringt in den Nataler Midlands nahe dem uMngeni Vlei Nature Reserve, speist den Midmar-Stausee sowie die Howick- und Albert-Wasserfälle und fließt auf seinem 65 Kilometer langen Weg zur See entlang eines oben abgeflachten und mit 960 Metern alle andern Hügel überragenden Berges, der auf Zulu eMkhambathini heißt (Platz der Giraffenakazien). Weiter flussabwärts bildet der Umgeni River den Inanda-Stausee, die größte Trinkwasserquelle Durbans.

Im Mündungsgebiet des Umgeni River kann man einen der wenigen noch erhaltenen Mangroven-Wälder Südafrikas erkunden.

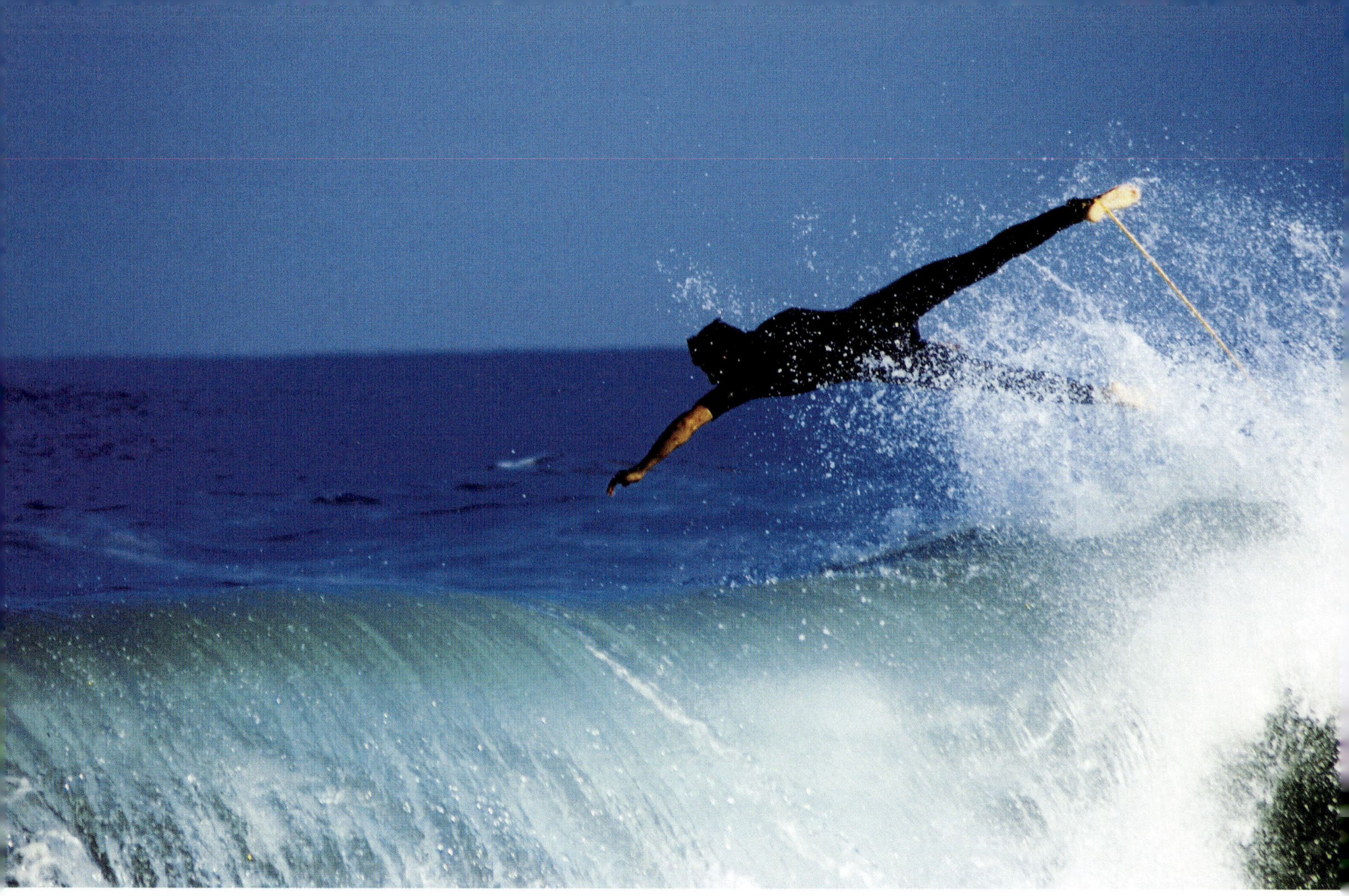
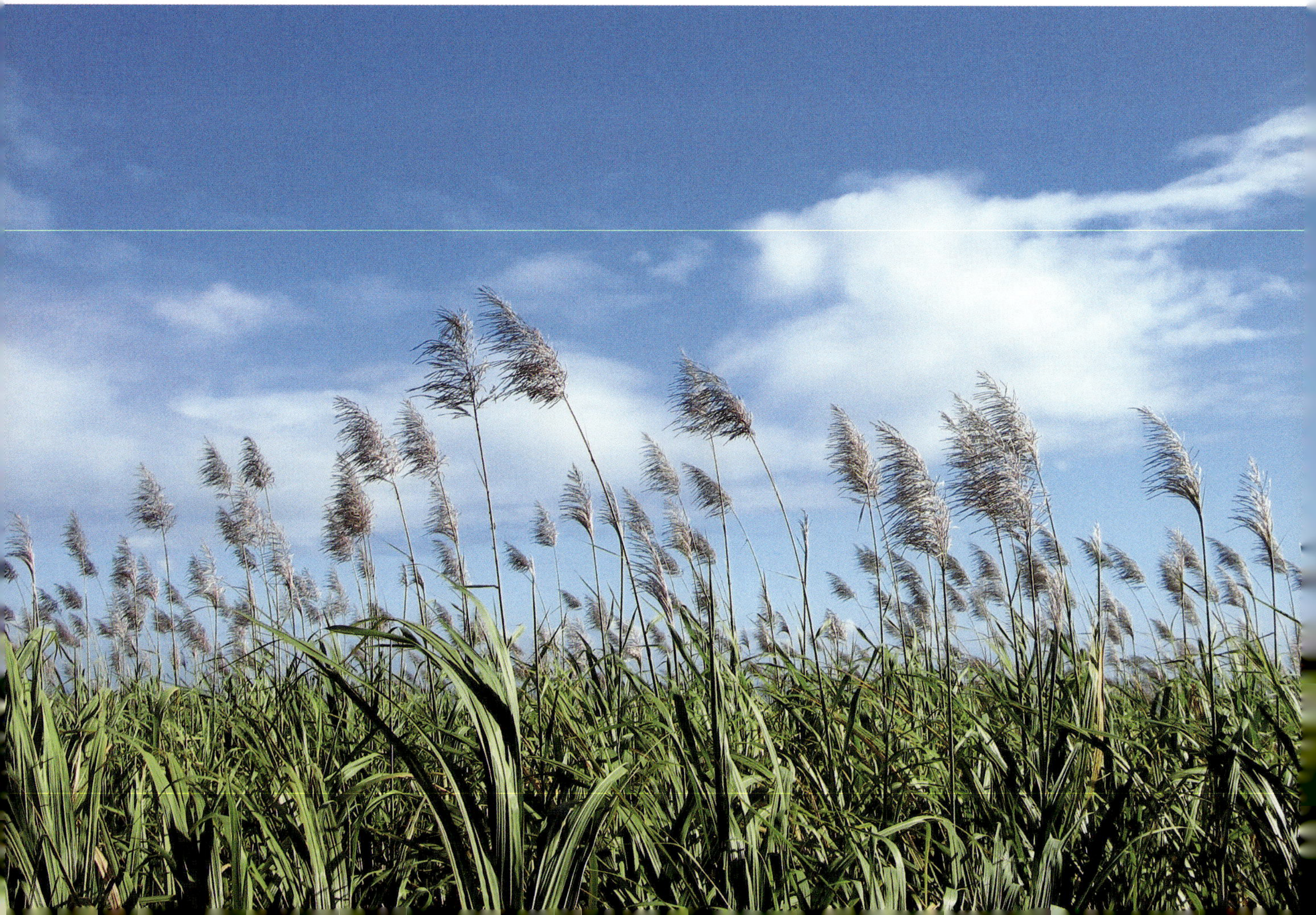

AUSSERHALB DURBANS

Die Sandstrände nördlich von Durban (North Coast) und südlich von Durban (South Coast) mit ihrem warmen Wasser sind beliebte Ferienziele. 20 Kilometer nördlich der Stadt liegt der Küstenort Umhlanga (sprich: Umschlanga) mit 25 000 ständingen Einwohnern. In den Ferienzeit kommt ein Vielfaches an Touristen hinzu.

Umhlanga ist einer von vielen Küstenorten der North und South Coast, die sich wie an einer Kette aneinanderreihen. Beliebtes Ausflugsziel ist der Leuchtturm am Strand Umhlanga Rocks. Der 2,25 Kilometer lange Boardwalk hat den Stellenwert der Strandpromenade von Westerland auf Sylt – allerdings auf sehr lockere und unkomplizierte südafrikanische Art.

Entlang der Nord- und Südküste sowie in Durban sind zum Schutz der Badegäste Hainetze gespannt, die durchaus umstritten sind. Für Delfine und Schildkröten, aber auch für Haie selbst sind sie oft eine tödliche Falle. Um den Eingriff in das ökologische Gleichgewicht zu vermeiden, wird an der Entwicklung einer elektronischen Barriere gearbeitet. Mit dem Boot des KwaZulu-Natal Shark Board kann man bei Reparaturen von Hainetzen mit auf das Meer fahren.

Weiter nördlich befindet sich die Dolphin Coast mit dem Amatikulu Nature Reserve. In der entsprechenden Saison gibt es hier gute Möglichkeiten zur Delfinbeobachtung. Daran grenzt die sogenannte Sugar Coast, die ihren Namen den weitläufigen Zuckerrohrplantagen verdankt, die in dieser Region auszumachen sind. Im Süden von Durban heißen die dicht besiedelten Strandabschnitte Sunshine Coast und Hibiscus Coast.

Über die Old Main Road gelangt man von Durban rund 45 Kilometer weiter nordwestlich zu den Ausläufern des Valley of a Thousand Hills mit dem touristischen Zentrum Botha's Hill. Zahlreiche kleine Cafés, Kunstgalerien, Restaurants, Pubs, kleine Herbergen, Farmen, Antiquitätenläden und Naturreservate säumen die Strecke und bieten schöne Ausblicke auf Schluchten und Hügel.

Das Valley ist das am meisten ausgewaschene Tal des Umgeni River auf seinem Weg zum Ozean. Es ist geprägt durch dichte Vegetation, hügelige Landschaft, die typisch für das Zululand ist, britisch angehauchte Dörfer, aber auch Wohnsiedlungen der Zulu, die hier zum Teil in ihren traditionellen Dörfern leben.

LINKE SEITE OBEN:

Nicht nur in der Region um Durban finden sich die Surfer ein. Auch an den Stränden im Süden der Provinz KwaZulu-Natal – wie hier Margate – herrschen paradiesische Bedingungen.

LINKE SEITE UNTEN:

Zuckerrohrplantagen prägen das Bild der nördlich von Durban liegenden Region.

Im Valley of a Thousand Hills kann man auch heute noch auf traditionelle Dörfer der Zulu stoßen.

PIETERMARITZBURG

Die Provinzhauptstadt Pietermaritzburg liegt in den Nataler Midlands inmitten fruchtbarer Landschaft. Die eigentliche Stadt zählt etwa 230 000 Einwohner, der Ballungsraum annähernd 700 000. Die Stadt fungiert als Verwaltungs- und Gerichtsort und teilt sich den Sitz der University of KwaZulu-Natal mit Durban. Wegen der starken Niederschläge von 1000 Millimetern pro Jahr ist die Stadt sehr pflanzenreich und mit vielen Jacaranda-Bäumen versehen.

Die City Hall von Pietermaritzburg

Von der hier lebenden Bevölkerung machen die Zulu bei Weitem den größten Teil aus, danach kommen die Inder (ca. zehn Prozent). Die einstige „letzte Bastion des britischen Empires" wirkt trotz architektonischer Reminiszenzen durch ihren heutigen Bevölkerungsmix original südafrikanisch. Kirchen, Moscheen und Tempel geben dem Ganzen ein kosmopolitisches Antlitz.

Im Jahre 1839 wählten nach der Schlacht am Blood River zunächst die Voortrekker diese Stelle als Gründungsplatz der Hauptstadt ihrer Republik Natalia aus. Die Stadt wurde nach den Anführern Piet Retief und Gerrit Maritz benannt. 1843 übernahmen die Briten Pietermaritzburg und regierten von hier aus Natal.

GANDHI-STATUE

Die Gandhi-Statue wurde in Gedenken an den Freiheitskämpfer und Rechtsanwalt Mahatma Gandhi errichtet, der am 7. Juni 1893 auf dem Bahnhof von Pietermaritzburg sein Schlüsselerlebnis für den Entschluss zum gewaltlosen Kampf gegen Unterdrückung und Diskriminierung hatte, als er während einer beruflichen Reise in der britischen Kronkolonie Natal beim Halt in der Stadt aufgrund seiner indischen Nationalität aus der Ersten Klasse verwiesen wurde.

1894 gründete Gandhi den „Natal Indian Congress" und organisierte erstmals den Widerstand der indischen Einwanderer gegen diskriminierende Gesetze (z. B. Aberkennung des Stimmrechts). Er stieg zum politischen Führer der indischen Bevölkerung in Südafrika auf.

1906–1913 lenkte er in Transvaal eine Kampagne für die Anerkennung der bürgerlichen Rechte seiner Landsleute. 1914 kehrte Gandhi schließlich nach Indien zurück und wurde dort zum Anführer der indischen Unabhängigkeitsbewegung.

ZULULAND

Das Zululand umfasst das traditionelle Siedlungsgebiet der Zulu. Es erstreckt sich zwischen dem Tugela River im Süden und dem Pongola River im Norden. Im Westen grenzt es an die heutige Provinz Free State, im Osten an den Indischen Ozean.

Landschaftlich ist das Zululand geprägt von runden Hügeln („rolling hills") mit üppiger, subtropischer Vegetation sowie Regionen in Küstennähe und bergigen Gebieten. Eine Reihe von Flüssen führen durch das Land und werden vor allem für die Bewässerung in der Landwirtschaft genutzt.

Das Klima im Hinterland ist insgesamt aber besonders im Winter trockener als an der Küste, wo die Niederschläge bis zu 1300 Millimeter pro Jahr erreichen können. Die Temperaturen schwanken – je nach Lage – zwischen Minimalwerten von 15 bis zu über 30 °C.

Die überwiegende Graslandschaft wird vor allem für die Viehzucht genutzt, während der Feldanbau eine untergeordnete Rolle spielt. Geerntet werden vor allem Mais, Zuckerrohr, Sorghum, Kartoffeln und verschiedene Gemüsearten.

In den letzten Jahren konnten der Handel und die Industrie sowie der Tourismus einen Aufschwung verzeichnen. Die Infrastruktur bietet ein System von schmalen Teerstraßen, die sich durch zahlreiche Kurven sowie hohes Verkehrsaufkommen auszeichnen und nur eine langsame Fahrweise zulassen.

Zulu-Mädchen in der Stadt Paddock in KwaZulu-Natal

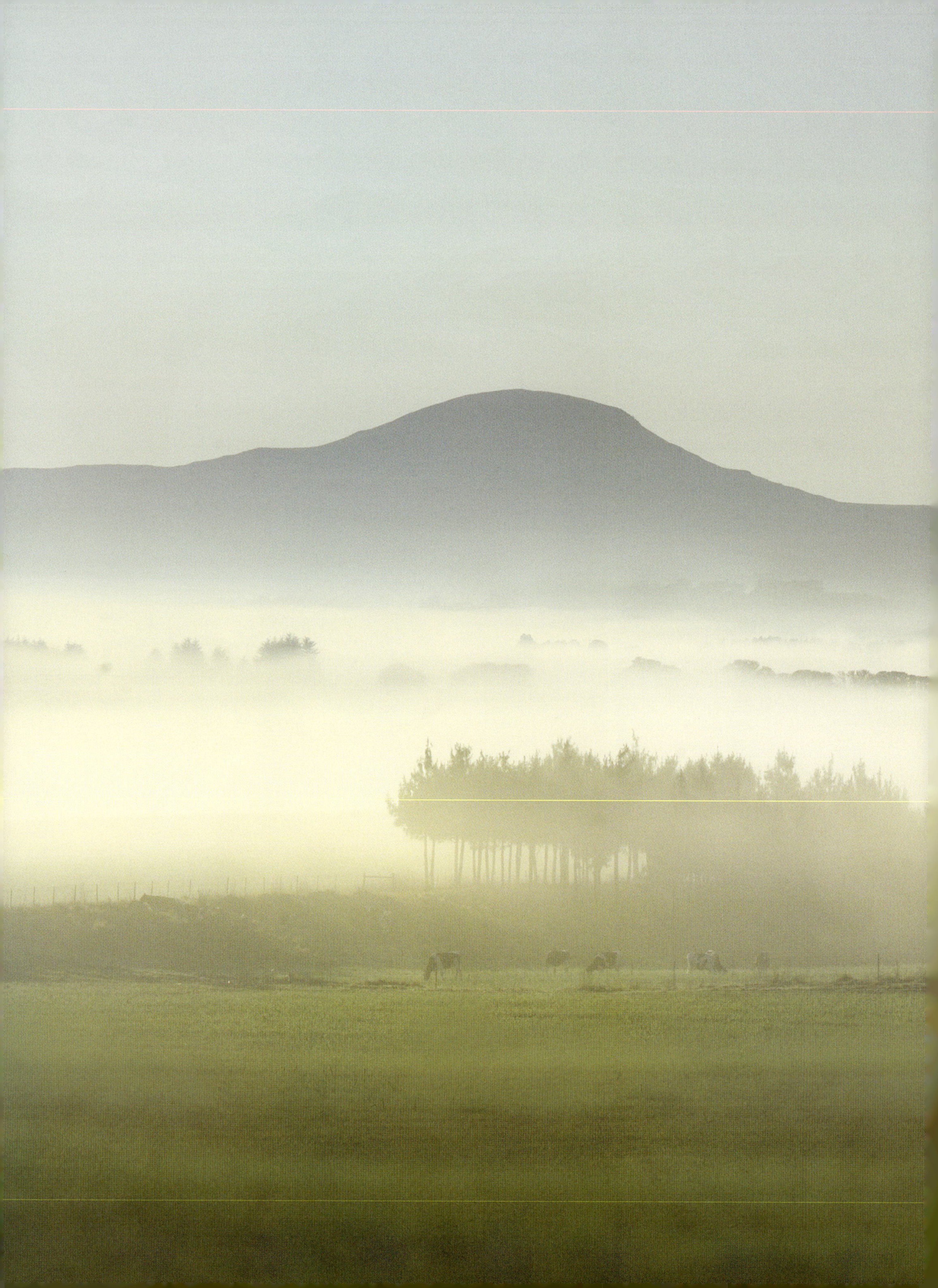

VORHERIGE DOPPELSEITE:
Morgentlicher Nebel über Feldern in KwaZulu-Natal

GESCHICHTE

Das Reich der Zulu entstand um 1820 durch die Vereinigung der Zulu-Clans unter König Shaka. Die staatliche Existenz endete mit der Niederlage gegen die Briten im Anglo-Zulu-Krieg von 1879. Die Briten unterteilten das Zululand in 13 kleine Staaten. Auf diese Weise hofften sie, die Zulu in kleine Stammeselemente aufteilen und das Gebiet besser kontrollieren zu können. Zwischen den Chiefs der Kleinstaaten brachen daraufhin große Konflikte aus.

Auch dem Zulu-König Cetshwayo war nur ein kleiner Teil seines ehemaligen Staates zugesprochen worden. Als er 1884 starb, geriet sein Erbe Dinizulu deshalb in Streit mit Zibhebhu, Chief der Mandlakazi. Dinizulu heuerte Buren als Söldner für den Kampf gegen seinen Rivalen an. In der Schlacht vom Ghost Mountain wurde Zibhedhu besiegt und Dinizulu zum Zulu-König. Die 800 Söldner forderten danach den vereinbarten Lohn in Form von Land. Dinizulu war jedoch außerstande, sein Versprechen einzulösen.

Um den Konflikt zu lösen, griffen die Briten ein und wiesen den burischen Söldnern ein Stück Land im Norden zu. Am 5. August 1884 wurde dieses als „Nieuwe Republiek" ausgerufen und die Hauptstadt Vryheid („Freiheit") gegründet. Die „Neue Republik" bestand bis 1888, als sie sich der Südafrikanischen Republik (Transvaal) anschloss. Nach dem Zweiten Anglo-Buren-Krieg schlugen die Briten das Gebiet der Kolonie Natal zu.

1887 erklärten die Briten die formal bis dahin unabhängigen Zulu-Territorien zum Protektorat Zululand, das schließlich 1897 Teil von Natal wurde.

Zululand – einst der Schauplatz vieler erbitterter Kämpfe zwischen Zulu und Briten

1912 wuchs Vryheid zu einem regen Handelsplatz für Mais, Schafe und Rinder heran. Kohle, die von den Zulu schon recht früh im Osten des Zululandes genutzt wurde, gewann an Bedeutung, als 1908 Eisenbahnverbindungen zu zwei große Minen errichtet wurden, die zu der Zeit für Tausende Bewohner der Region Arbeitsplätze schufen.

„Land der Zulu" bedeutete auch der Name des früheren Homelands KwaZulu – das jedoch nicht dem historischen Zulu-Gebiet entsprach, sondern ein reines Produkt der Apartheid-Politik darstellte. Es war in eine Vielzahl von Teilgebieten zersplittert, die über die gesamte damalige Provinz Natal verstreut lagen und ungefähr ein Drittel der Gesamtfläche Natals einnahmen.

Das Herz des traditionellen Gebiets nimmt heute der Distrikt Zululand ein. Sitz der Distriktverwaltung ist Ulundi. Seit Cetshwayos Zeiten Residenzort des Oberhauptes der Zulu, war Ulundi die Hauptstadt des Homelands KwaZulu sowie von 1994 bis 2004 offiziell auch der Provinz KwaZulu-Natal (neben Pietermaritzburg). Aufgrund der mangelhaften Infrastruktur konnte Ulundi diese Funktion aber nie wirklich ausfüllen.

Von den rund 900 000 Einwohnern des Distrikts sind rund 95 Prozent Zulu, in den Nachbardistrikten innerhalb der Provinz ist der Anteil ähnlich hoch. Einzige Stadt mit einem nennenswerten Bevölkerungsanteil von Weißen ist die einstige Burenhauptstadt Vryheid.

Kirche in Vryheid

250 KwaZulu-Natal

LINKE SEITE:
Sani-Pass in den Drakensbergen

MITTE:
Wäschewaschen im Fluss bei Howick

RECHTE SEITE:
Howick Falls

DIE BATTLEFIELDS

Die Battlefields waren die bedeutendsten Schlachtfelder der drei großen Kriege in KwaZulu-Natal: Sie wurden ausgetragen zwischen Zulu und Buren (1838), Briten und Zulu (1879) und Briten und Buren (1899–1902).

Die Errichtung des Königreiches von Zulu-König Cetshwayo versetzte die Briten im damaligen Natal in Furcht und Schrecken. Sie stellten den Zulu am 11. Dezember 1878 ein Ultimatum, sich ihnen zu unterwerfen. Für Cetshwayo war dies inakzeptabel, und er ließ das Ultimatum verstreichen. Daraufhin marschierten britische Truppen ins Zululand. Die erste Schlacht des Anglo-Zulu-Krieges fand am 22. Januar 1879 am Berg Isandlwana statt, bei der überraschend 1300 der 1500 Mann starken britischen Truppe von den 25 000 Zulu getötet wurden.

Die Überlebenden flohen über den Buffalo River in eine Schlucht, die heute als Fugitives' Drift bekannt ist. Am gleichen Tag griffen die Zulu auch Rorke's Drift an, eine schwedische Mission, von den Briten als Versorgungslager und Krankenstation genutzt. Doch hier leisteten die „heroischen Hundert" den 4000 Zulu unter dem Verlust von elf Männern zwölf Stunden lang verbissen Widerstand. Nach weiteren Schlachten wurde König Cetshwayo schließlich am 4. Juli 1879 in der Schlacht von Ulundi geschlagen.

Der Krieg zwischen Zulu und Buren (1838) wurde durch den Great Trek aus der Kapprovinz ins Hinterland eingeleitet, im Zuge dessen Burenführer Piet Retief mit seinem Trek 1837 Natal erreichte. Dort stieß er auf die in diesem Gebiet lebenden Zulu. Retief und 101 weitere Bauern versuchten Zulu-König Dingane Land zum Siedeln abzuhandeln. Sie wurden jedoch von den misstrauischen Zulu am 6. Februar 1838 am Königskraal getötet.

Zahlreiche kleinere Schlachten folgten zwischen Buren und Zulu in der Gegend des heutigen Estcourt. Dort schlossen sich die Voortrekker mit weiteren Treks zusammen und marschierten tiefer ins Zululand, um die Ermordung ihrer Leute zu vergelten. In der Schlacht am Blood River am 16. Dezember 1838 (der Fluss wird von den Zulu Ncome – der Friedvolle – genannt) wurde die Armee der Zulu vernichtend geschlagen, König Dingane zur Flucht gezwungen.

Ursache für den Zweiten Anglo-Buren-Krieg (1899–1902) hingegen waren die Goldfunde am Witwatersrand im Jahre 1886. Die Buren befürchteten eine regelrechte Invasion von Ausländern. Sie änderten deshalb einfach das Stimmrecht. Die Proteste der Arbeiter in den zumeist britischen Goldminen mündeten am 15. Oktober 1899 in den Ausbruch des Krieges zwischen Briten und Buren (Letztere wurden vom damaligen Oranje-Freistaat unterstützt).

Die erste große Schlacht fand am Hügel von Talana statt. Die Briten engagierten sich in dem Krieg, weil sie davon ausgingen, dass er sehr schnell beendet sein würde. Aufgrund des unerwartet großen Widerstands und Kampfeswillens der Buren wurde daraus jedoch ein drei Jahre dauernder und der längste, teuerste und blutigste Krieg für die Briten seit 1815.

Als Reaktion auf den zermürbenden Guerillakrieg der Buren brannten die Briten ihre Farmen nieder und steckten Frauen und Kinder in Konzentrationslager, woraufhin die Buren kapitulierten.

Staubige Straße durch den Hluhluwe-iMfolozi Park

WILDPARKS IM ZULULAND

ITHALA GAME RESERVE

Das Ithala Game Reserve liegt rund 80 Kilometer westlich der Stadt Pongola nahe der Grenze zwischen KwaZulu-Natal und Swaziland. Der Wildpark ist fast 30 000 Hektar groß und geprägt durch offene, grasbewachsene Bergkuppen mit bis zu 1450 Metern Höhe sowie Tälern mit Galeriewaldsavanne und Buschvegetation. Die weite Landschaft ermöglichet es, einen Blick auf die entfernt sich aufhaltenden Herden von Elefanten, Büffel, Zebras, Kudus, Warthog, Nashörner und Giraffen zu werfen.

Im Norden des Parks werden Aussichten auf den Pongola River gewährt, der die nördliche Grenze Ithalas markiert und zu dem das bergige Game Reserve auf 335 Meter abfällt. Regen fällt vor allem im Sommer, wobei eine Niederschlagsmenge von 685–1170 Millimeter im Jahr für saftig grüne Graslandschaft sorgt. Im Winter, in den Monaten Juni bis August, kann es aufgrund der Höhenlage frostig werden.

HLUHLUWE-IMFOLOZI PARK

Der 280 Kilometer von Durban entfernte Park umfasst eine Fläche von 96 000 Hektar und gehört damit zu den größten Parks Südafrikas. Im Hluhluwe-iMfolozi Park sind die „Big Five" zu sehen, zu denen Büffel, Elefant, Leopard, Löwe und Nashorn zählen.

Die Vegetation der lang gezogenen Parks ist sehr buschig und fast als Feuchtsavanne zu bezeichnen. Dominierend sind Schirmakazien und feuchte Flusstäler der drei Flüsse Hluhluwe, White Umfolozi und Black Umfolozi River, die zu Regenzeiten sturzbachartig anschwellen.

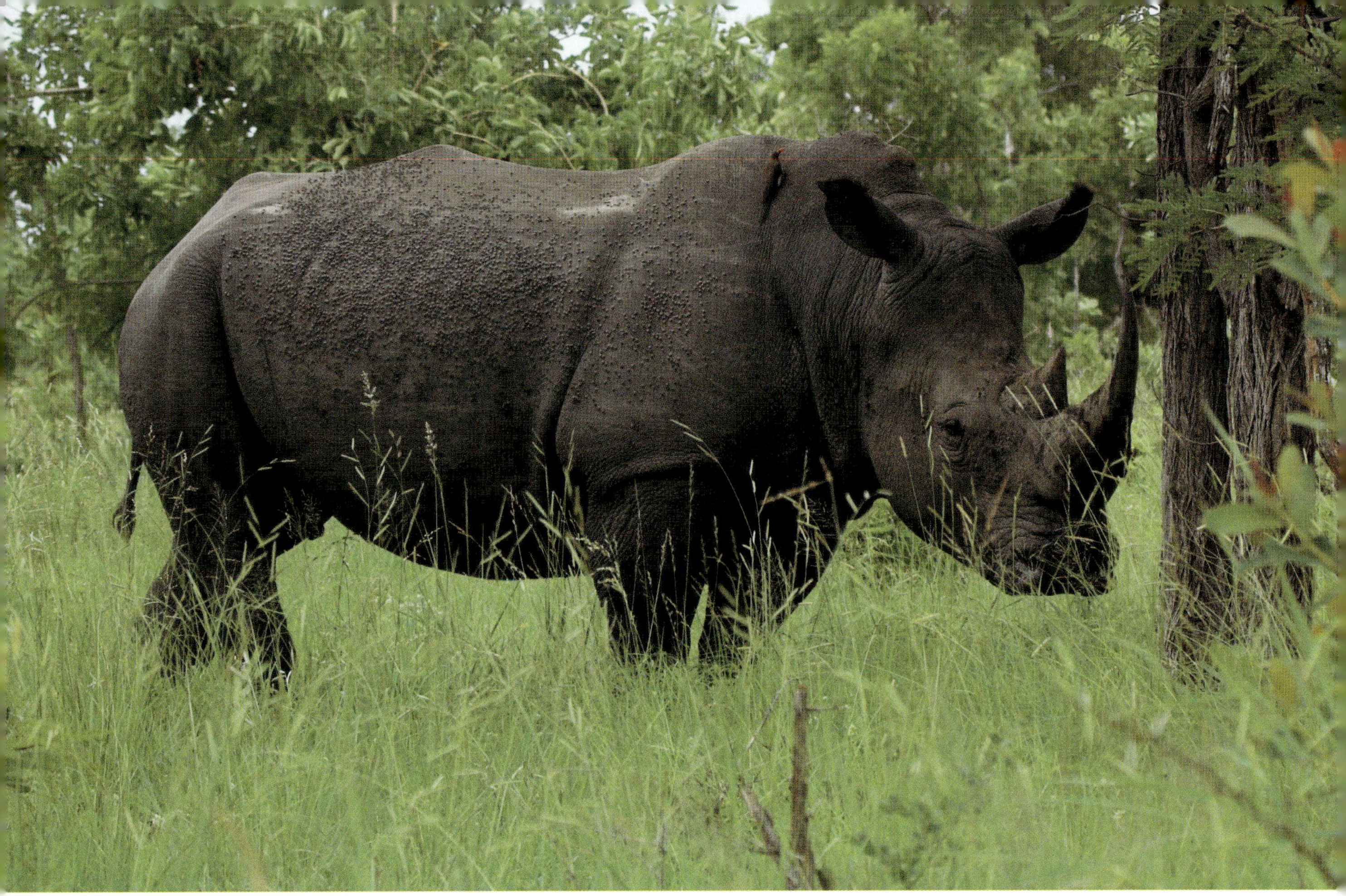

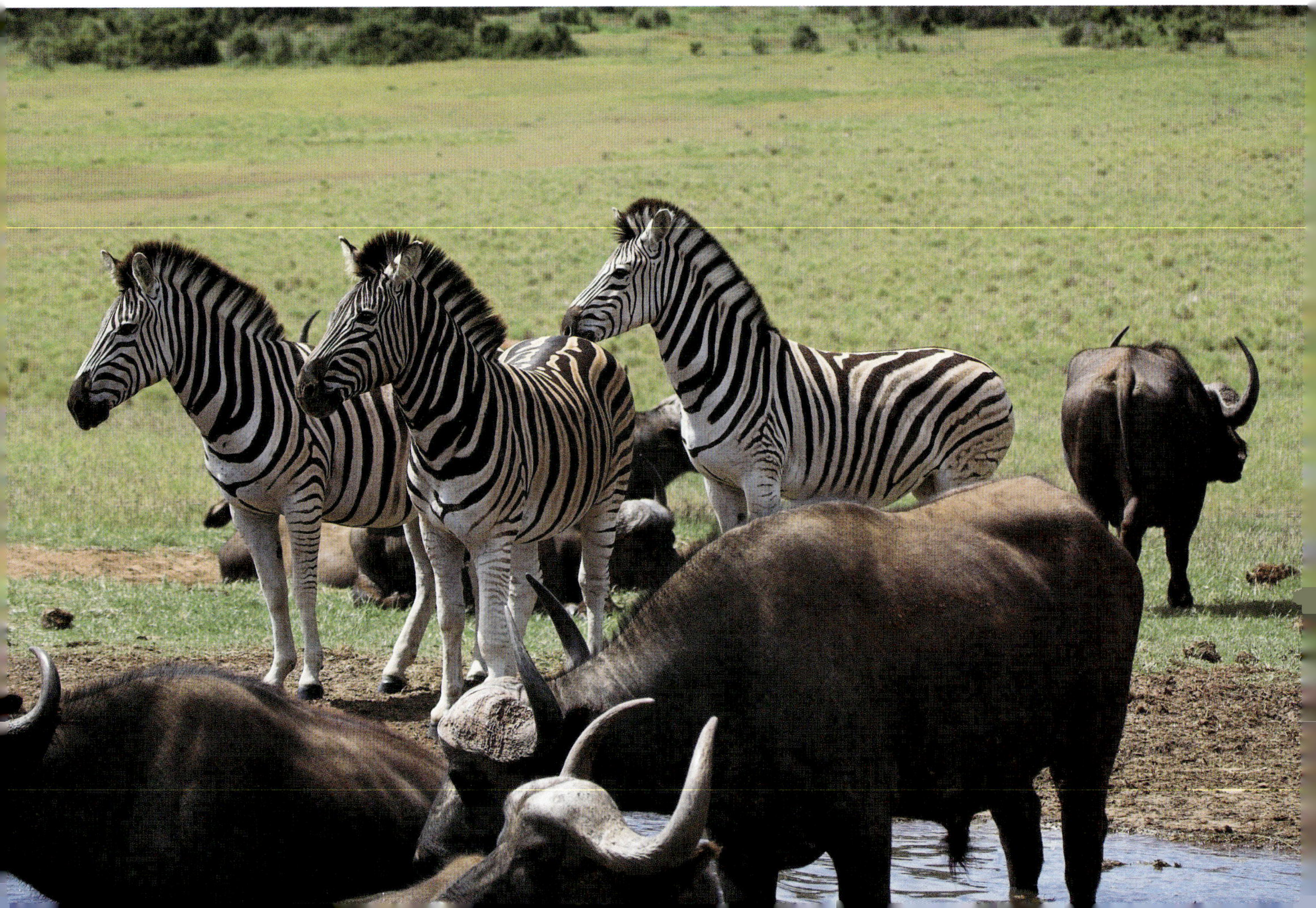

Unterbrochen wird der aus den ehemals unabhängigen Reservaten Hluhluwe (ausgesprochen: Schluschluwi) und Umfolozi gebildete Park durch einem Korridor, durch den die R618 ins tiefste Zululand führt. Von dem einen Parkteil zum anderen gelangt man durch einen kurzen Tunnel. Bis auf das wie ein Ferienresort aufgebaute Hilltop Camp im Norden des Parks sind alle anderen Camps (Bushlodges und Bushcamps) nicht eingezäunt und vermitteln ein direktes Naturerlebnis.

Das Klima ist warm bis heiß, und ganzjährig steht den Tieren genügend Wasser zur Verfügung. Damit sind in heutigen Tagen ideale Lebensbedingungen gegeben. Das war jedoch nicht immer so. Ein Blick in die Geschichte zeigt: Gleich von Beginn an war es fraglich, ob der Park eine Zukunft hat, denn im 19. Jahrhundert war Umfolozi das private Jagdgebiet von Zulu-König Shaka (1818–1828), der mit seinen Leuten sehr intensiv der Jagd nachging. Doch wirklich gefährdet waren die Tiere erst, als weiße Siedler im 20. Jahrhundert in dieses Gebiet kamen. Umliegende Farmer liefen Sturm gegen den Park, weil die wütende Tsetsefliege und die mit ihr verbundene Nagana-Seuche ihre Farmtiere gefährdeten.

Um sie zu bekämpfen, wurden zwischen 1929–1950 um die 100 000 Wildtiere getötet und die Tsetsefliege mit dem Einsatz von DDT ab 1945 ausgerottet. Erst ab 1947, mit der Gründung des Natal Parks Board, wurde das Bestehen des Parks gesichert, und ein langsamer Prozess der Wiederansiedlung von Wild begann. Einer der großen Erfolge ist die Etablierung des Nashorns, von denen es 1892 nur noch elf gab. 1994 konnte die Tierart von der Liste der bedrohten Tiere genommen werden. Heute leben rund 1400 Schwarze und 1600 Weiße Nashörner im Park.

MAPUTALAND

ÜBERBLICK

Das Maputaland ist 7000 Quadratkilometer groß und liegt nordöstlich von der Nationalstraße 2, die von Johannesburg kommend an Swaziland entlang nach Durban führt. Im Nordwesten grenzt Maputaland an Swaziland, im Norden an Mosambik, und im Süden wird das Gebiet durch den Lake St. Lucia begrenzt.

Das Gelände zwischen Lebombo Mountains und Indischem Ozean bestand vor allem aus malariaverseuchtem und unfruchtbarem Sumpfland und war landwirtschaftlich nur schwer nutzbar. Die weitgehende Trockenlegung des Gebietes hat diese Situation großteils entschärft. Das Klima ist subtropisch und feuchtschwül.

Vor 60–100 Millionen Jahren reichte der Ozean, wie Muschelfunde beweisen, noch bis zu den Lebombo Mountains. Das heutige Flachland war Meeresboden. Durch eine Verschiebung der Erdplatten und damit des Küstenvorlandes entstand ein langer Dünenstreifen entlang ihrer Front, der das tiefer gelegene Land zwischen Bergen und Meer isolierte.

Die aus den Bergen abfließenden Flüsse schufen dabei große, seichte Seen. Die wichtigsten sind die südlich des Maputalandes liegende Richards Bay (mit nahen Seen), der Lake St. Lucia, der Lake Sibaya und die Kosi Bay mit einem Komplex von vier miteinander verlinkten Seen, die einst unter-

LINKE SEITE OBEN:
Die Wiederansiedlung von Weißen und Schwarzen Nashörnern ist eines der ganz großen Erfolgsprojekte im Hluhluwe-iMfolozi Park.

LINKE SEITE UNTEN:
Zebras und Büffel: nur zwei von vielen Tierarten, die in den Wildparks im Zululand beheimatet sind

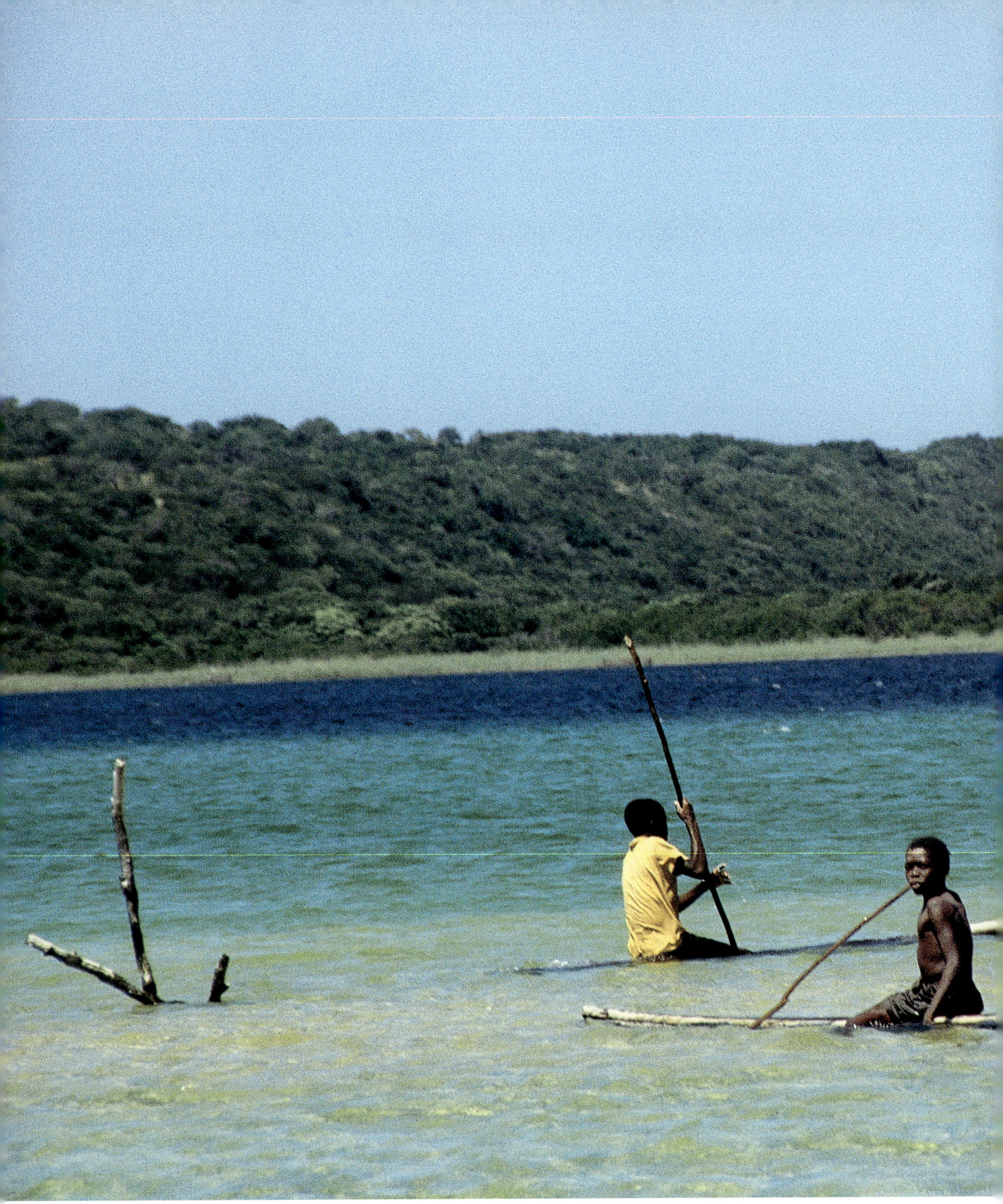

Jungen beim Fischen in einem
See im Kosi Bay Nature Reserve
im Maputaland

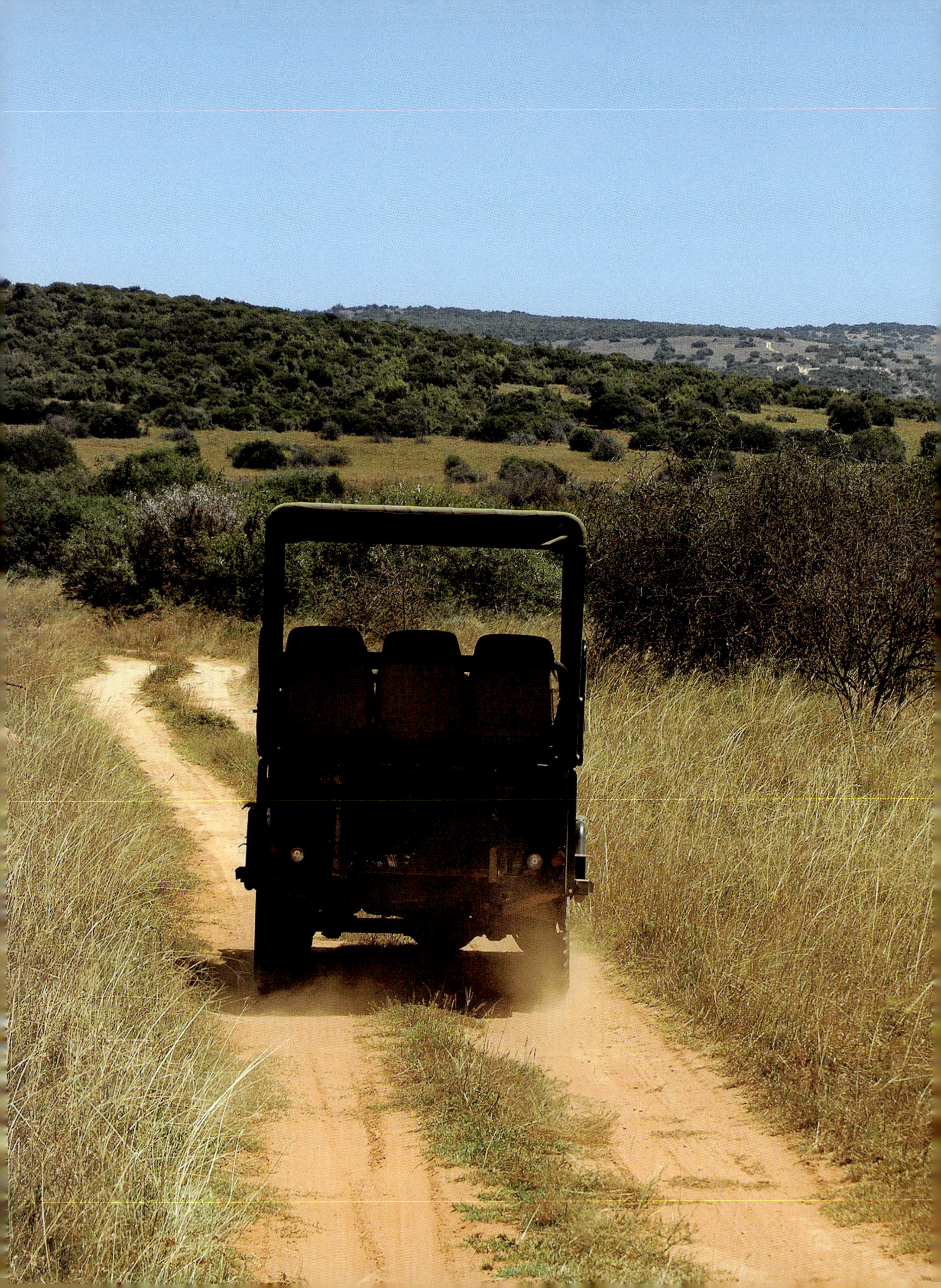

irdische Höhlen waren. Mit Ausnahme des Lake Sibaya haben alle Seen einen Meereszugang und werden durch dessen Tide beeinflusst.

Landschaftlich gibt es vor allem im Küstengebiet ursprüngliche und einsame Abschnitte. Ganz im Norden leben die Tembe, die sich seit Jahrhunderten vom Fischfang in den Seen an der Kosi Bay ernähren. Wegen tiefer Sandpisten ist das Gebiet direkt an der Küste schwer erreichbar. Im Hinterland werden nach und nach die Schotterpisten geteert.

Der Norden des Maputalandes bietet mit dem Ndumo Game Reserve, dem Tembe Elephant Park und dem Kosi Bay Nature Reserve eine vielfältige Tierwelt. Infrastrukturell gut erschlossen ist das weiter im Süden gelegene Gebiet rund um die Sodwana Bay und das burisch geprägte St. Lucia, ein beliebter Ferienort, sowie das Cape Vidal.

LINKE SEITE:
KwaZulu-Natal verfügt über zahlreiche Naturreservate und Tierparks, die sich am besten mit einem Jeep erkunden lassen.

FOLGENDE DOPPELSEITE:
Ausflugsboot auf einem See im iSimangaliso Wetland Park; Nilpferd, Zebra und Krokodil gehören zur artenreichen Fauna des Parks

TIERPARKS UND NATURRESERVATE IM MAPUTALAND

Eine Vision von Natur- und Tierschützern ist es, einen Korridor vom Maputo Elephant Reserve in Mosambik bis zum Tembe Elephant Park und dem Ndumo Game Reserve zu errichten, um den Elefanten ihre ursprünglichen Wanderwege wiederzugeben. Die Planungen für die „Corridor Road" Hluhluwe–Maputo liegen bereits in der Schublade. Doch noch ist vor allem auf Seiten Mosambiks nicht mit einer schnellen Umsetzung der Idee zu rechnen. Die Pläne bleiben zurzeit wortwörtlich in Tiefsandpisten stecken, die sich in der Regenzeit zu seichten Seen verwandeln und selbst von Geländefahrzeugen kaum zu befahren sind.

NDUMO GAME RESERVE

Das Ndumo Game Reserve ist mit alten, knorrigen Bäumen, deren Baumstämme grauschwarz schimmern, sehr urwüchsig. Hinzu kommt, dass sich nur wenige Touristen hierher verirren. Wegen der vielen Wasserpfannen, den Überflutungsbecken des Pongola River, wird das 10 117 Hektar große Reserve auch als „Klein-Okavango" bezeichnet. Benannt wurde der Park bei seiner Gründung im Jahre 1924 nach einem Tembe-Häuptling, der in den Hängen der umgebenden Berge lebte. Die Fauna ist ausgesprochen vielfältig. Flusspferde, Krokodile, Nyalas, Impalas, Bushbucks und Duiker sind hier ebenso beheimatet wie Schwarze und Weiße Nashörner, Giraffen und über 400 Vogelarten.

TEMBE ELEPHANT RESERVE

Das Tembe Elephant Reserve besticht durch große Einsamkeit. Der 30 000 Hektar große Park liegt an der Grenze von KwaZulu-Natal und Mosambik und besteht aus Savanne und Bushveld. Neben wenigen Übernachtungsgästen bekommen nur fünf Fahrzeuge pro Tag eine Eintrittserlaubnis. In diesem weitläufigen Park kann man neben Elefanten vor allem Giraffen, Weiße und Schwarze Nashörner, Wasserböcke, Kudus, Eland-Antilopen, Wildebeest, Zebras und Büffel beobachten.

ISIMANGALISO WETLAND PARK

Der zum UNESCO-Welterbe zählende iSimangaliso Wetland Park (früher Greater St. Lucia Wetland Park) bietet auf einer Fläche von 328 000 Hektar fünf Ökosysteme. Zudem bildet der Park einen Makrokosmos aus vielfältigen Landschaftsformen, Kultur, Tier- und Pflanzenleben und Mineralien.

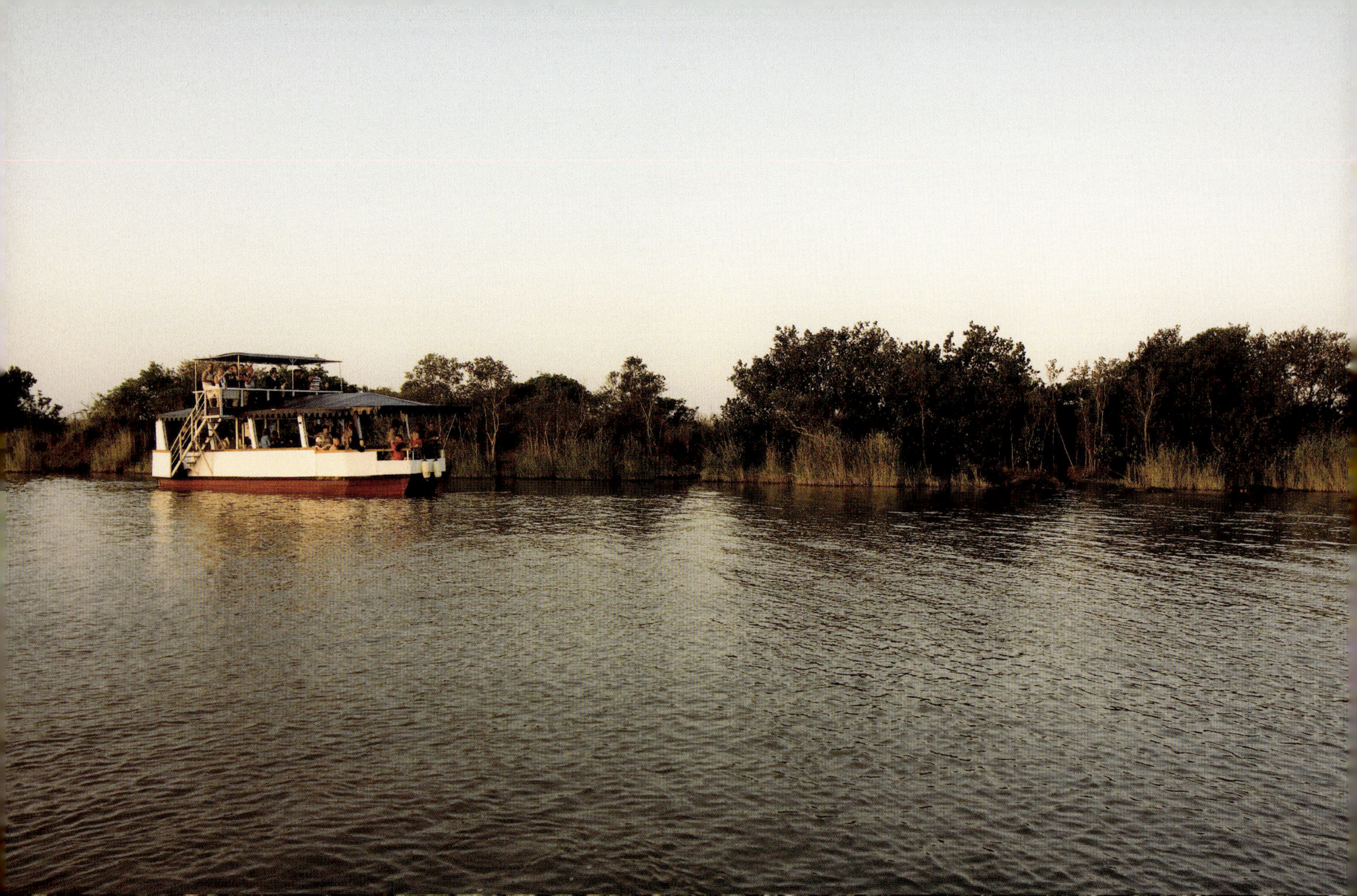

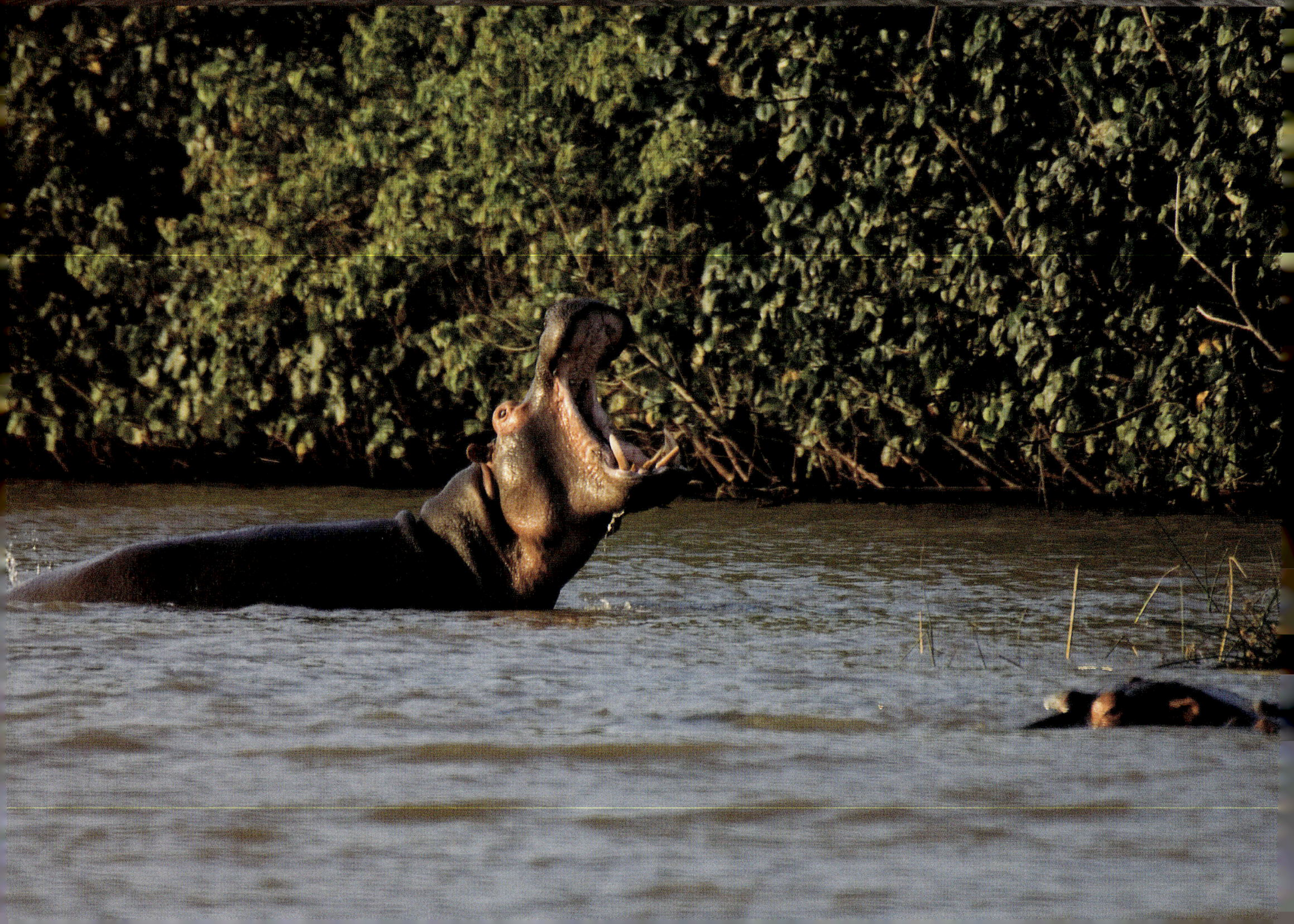

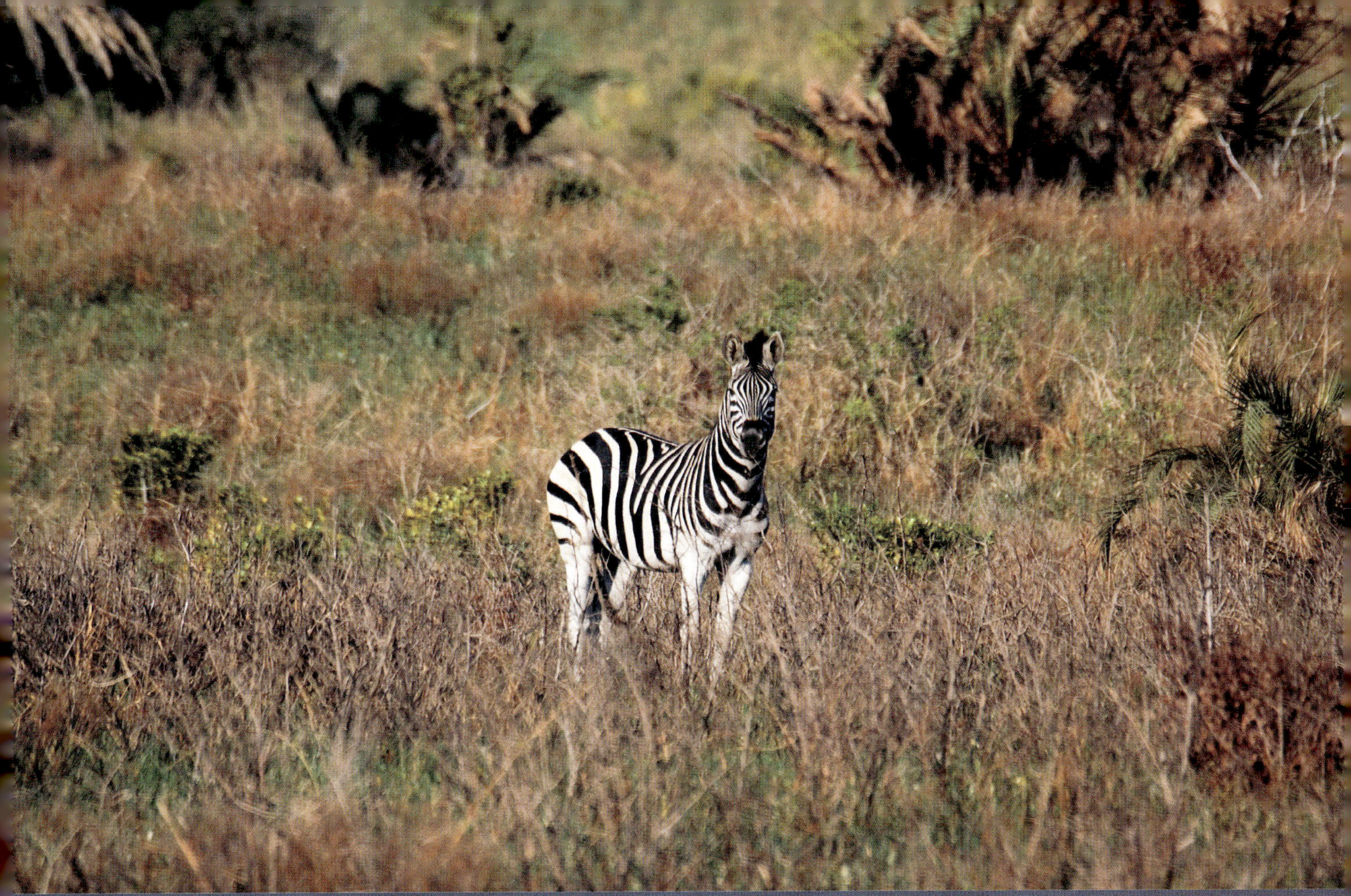

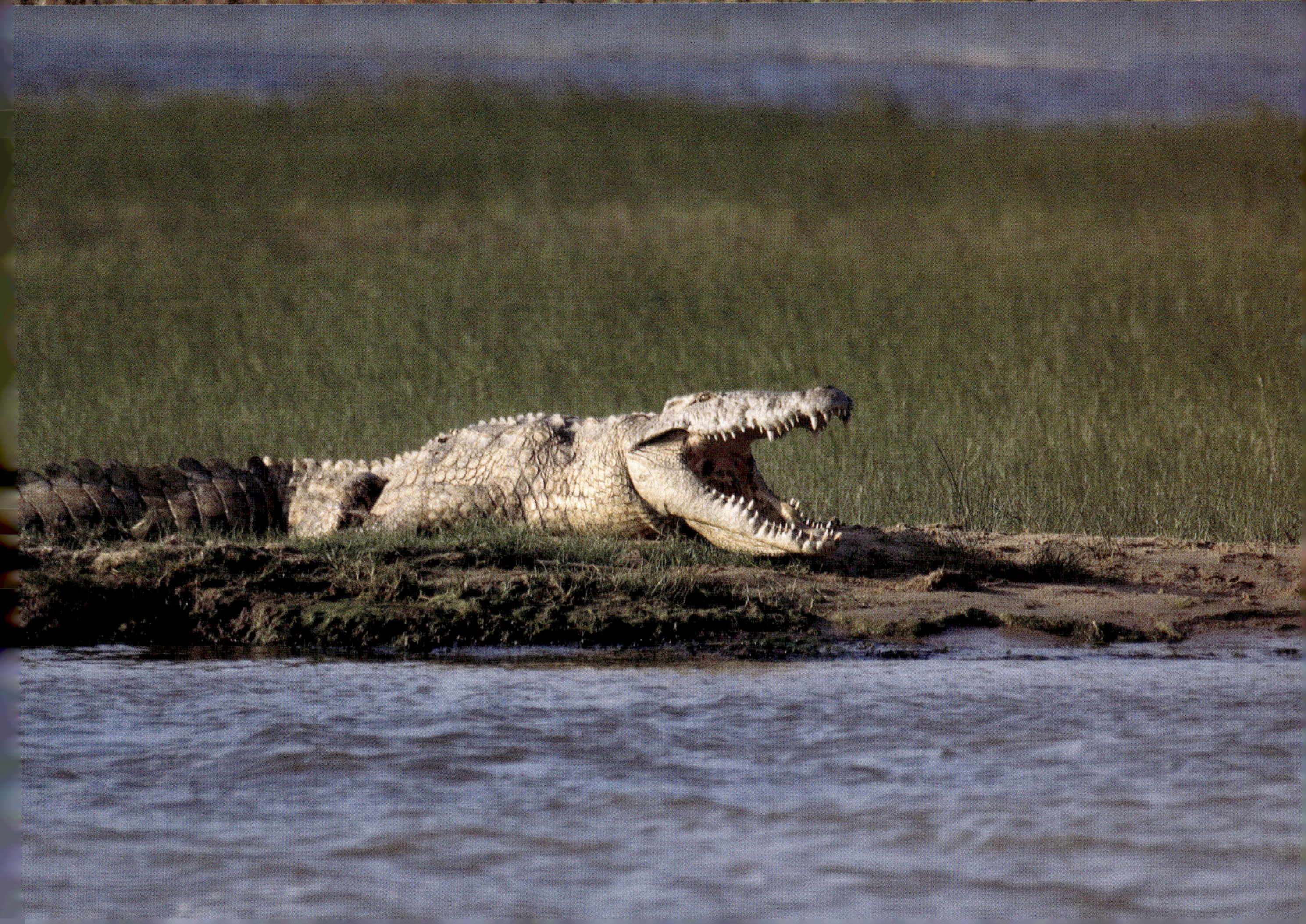

Vorsicht vor den Krokodilen! –
Ein Schild warnt Besucher des
iSimangaliso Wetland Park

Der Park umfasst Meeressysteme wie Korallenriffe, Strände und Küstenbewaldung, Salz- und Frischwassermarschland, offene Flussmündungen, üppige Küstenstreifen mit Mangroven, Schilf, Buschland und trockene Waldgebiete. Bewaldete Sanddünen trennen das Seesystem vom Indischen Ozean.

Auf einer Länge von 280 Kilometern umfasst der Park den Küstenverlauf vom Kosi-Bay-Seensystem an über den Lake Sibayi bis hinunter zum Lake St. Lucia und dem St. Lucia Estuary mit dem südlich davon liegenden State Forest. In Zukunft sollen der Großteil Maputalands und der iSimangaliso Wetland Park zu einem riesigen geschützten Gebiet zusammengeschlossen werden.

KOSI BAY NATURE RESERVE

Das Kosi Bay Nature Reserve, der nördlichste Teil des iSimangaliso Wetland Park an der Grenze zu Mosambik, besteht aus einem 30 Kilometer langen und 11 000 Hektar großen Seensystem, das vier, durch natürliche Kanäle miteinander verbundene Seen umfasst.

Der erste See, der Makhawulani ganz im Norden, hat einen Meereszugang. Er verfügt, wie der zweite See, der Mpungwini, über klares Wasser. Das Wasser der Seen Nhlange (dritter See) und Amanzimyama (vierter See) sieht wie dünner Tee aus, hervorgerufen durch das Tannin einiger Pflanzen, die als Filter für das umliegende Sumpfgebiet dienen. Farne und Kletterpflanzen sind charakteristisch für den Sumpfwald, der durch die Raffia-Palmen (*Raphia australis*) den exotischen Anstrich bekommt.

Zum Meer hin sind die Seen durch bewachsene Sanddünen abgeschottet. Bekannt sind sie auch als „eNkhovekeni" (= hoch und runter), was auf die Tide hinweist, die die Höhe des Wassers in den Seen bestimmt.

Die Fauna im Reservat ist äußerst vielfältig und kann insbesondere mit Flusspferden und Reptilien einige im Hinblick auf ihre Körpergröße sehr imposante Tiere aufweisen. Darüber hinaus gibt es eine große Vogel- und Unterwasserwelt, wobei die Fische vor allem im „Aquarium" im Kosi Bay Mouth ihre Heimat gefunden haben.

In Kosi Bay siedeln seit Jahrhunderten die Tsonga, die sich hauptsächlich von Fisch ernähren und ein äußerst effektives Fischfangsystem entwickelt haben. Sie benutzen sogenannte communal traps oder fish kraals. Dabei werden Äste und Zweige in die sandigen Kanäle gesetzt, die die Seen durchziehen. Am Ende der Kanäle führen Zäune aus dichten Zweigen die Fische in einem Trichter zu einem Loch mit Astwerk, hinter dem ein Korb eingearbeitet ist: Der Fisch schwimmt bei Flut rein, kann aber nicht mehr hinaus.

Insgesamt gibt es über 80 von diesen fish kraals in der Kosi Bay, jedes mit bis zu 16 Körben versehen. Alle werden sorgsam gepflegt und vom Vater zum Sohn weitergereicht. Manchmal werden sie auch an Verwandte oder Freunde ausgeliehen. Neue Kraals werden nur angelegt, wenn gewährleistet ist, dass sich die Erträge der bereits bestehenden Kraals nicht vermindern.

Der portugiesische Entdecker Manuel de Mesquisa Perestrello, der im 16. Jahrhundert an der Meeresöffnung vor Anker ging, war so von deren Schönheit angetan, dass er sie Rio de la Madãos do Oro (= der Fluss mit dem Goldsand) und den nahen Ort kurz einfach Ponto do Oro nannte.

Später glaubte ein britischer Seemann, der Kapitän W. F. Owen, dass die Kosi Bay den Punkt markiere, wo der Mkuze River ins Meer fließt (der tatsächlich in den Lake St. Lucia mündet). Aber nicht nur dieser Irrtum unterlief ihm, auch die Schreibweise vom Mkuze River, Kosi River ausgesprochen, war fälschlich. Geblieben ist bis heute der Name Kosi Bay.

Das Kosi Bay Nature Reserve ist auch bekannt für seine vielen Vogelarten, die hier beheimatet sind. Links: Weißstirnbienenfresser, rechts: Oryxweber

FOLGENDE DOPPELSEITE:
Kinder am Seeufer im Kosi Bay Nature Reserve. Ein Schild am Ufer warnt vor den Nilpferden.

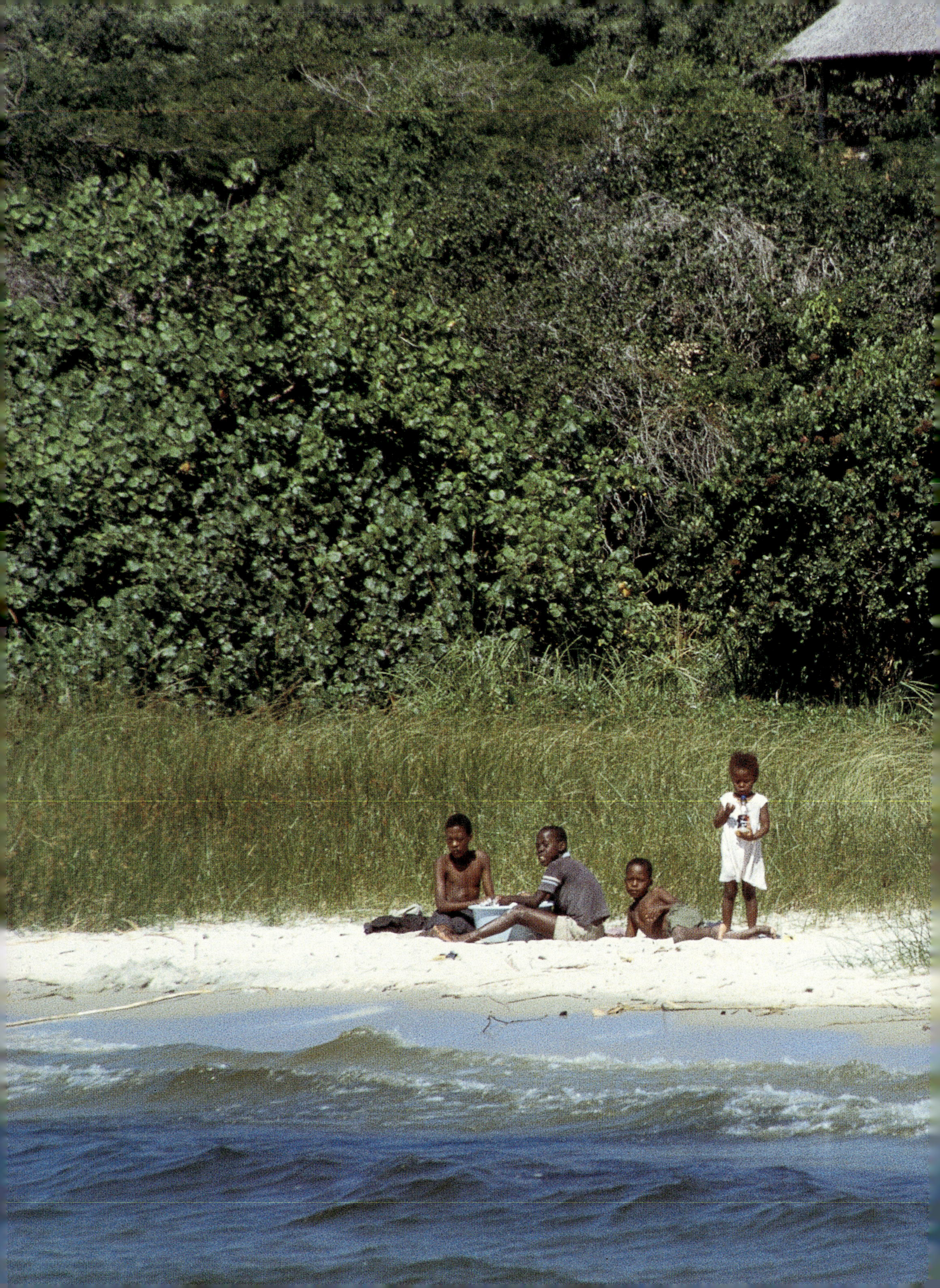

BEWARE OF HIPPO!

Jedes Jahr kommen Loggerhead- und Leatherback-Schildkröten an die Strände des Sodwana Bay National Parks, um hier ihre Eier abzulegen.

SODWANA BAY NATIONAL PARK

Der Park umfasst einen 413 Hektar großen Streifen von dicht und dschungelartig bewachsenen Sanddünen (Bananenbaum, Milkwood-Baum sowie Zikaden) und gehört heute ebenfalls zum iSimangaliso Wetland Park. Von Ende Oktober bis Januar kommen die weiblichen Loggerhead- und Leatherback-Schildkröten des Nachts aus dem Meer an den Strand gekrochen, um ihre Eier abzulegen.

Unter Wasser befinden sich mehrere Riffs (2, 5, 7, 9 Mile Reefs), die Tauchern eine faszinierende Unterwasserwelt bieten. Das 7 Mile Reef (25 Bootsminuten vom Strand entfernt), das im Durchschnitt in 18 Meter Tiefe liegt, zählt mit der 3–4 Meter hohen Unterwasserdüne am Ende des Riffs zu einem der schönsten Riffe der Welt.

MKUZE GAME RESERVE

Das Mkuze Game Reserve erstreckt sich zu Füßen der Lebombo Berge, am historisch legendären Ghost Mountain (529 Meter). Auf diesem Berg fanden im 19. Jahrhundert blutige Auseinandersetzungen statt, in deren Verlauf Hunderte von Kriegern ihren Tod fanden. Die Knochen der Toten übersäten lange Zeit die Abhänge dieses Berges – und trugen ihren Teil dazu bei, dass der Ghost Mountain bei vielen Zulu als ein Ort gilt, an dem es spukt.

Der bereits 1912 gegründete, 40 000 Hektar große Park mit überwiegend flacher Landschaft wird im Norden und Osten vom Mkuze River begrenzt, dem einzigen Fluss in KwaZulu-Natal, der keine Staustufen hat und eine wichtige Quelle für den Lake St. Lucia ist. Benannt wurde er nach dem wohlschmeckenden Baum *Heteropyxis natalensis*, der an seinem Ufer wächst. Auch große wilde Feigenbäume gedeihen dort prächtig. Der Park ist für eine große Vielfalt an Vögeln und für Schwarze und Weiße Nashörner bekannt. Zudem gibt es Elefanten, Leoparden, Geparde, Giraffen, Hyänen, Nyalas, Blaugnu und Riedbock. Von Beobachtungsposten an den Wasserpfannen (pans) kann man Flusspferdfamilien und Krokodile beobachten.

DIE DRAKENSBERGE

ÜBERBLICK

Die Drakensberge (Drachenberge) von KwaZulu-Natal bilden eine hohe Bergkette aus Basaltgestein mit bis zu 3482 Meter hohen Bergen. Sie sind das höchste Gebirge Südafrikas sowie des gesamten südlichen Afrikas. Vom nordöstlichen Mpumalanga bis in die Provinz Eastern Cape erstreckt sich das gesamte Bergmassiv über etwa 1000 Kilometer in Nord-Süd-Richtung.

Sie bilden in KwaZulu-Natal und der Eastern Cape Province den Abschluss des zentralen Hochplateau sowie die Grenze zu Lesotho. Der einzige Zugang zu Lesotho von KwaZulu-Natal ist der steile Sani-Pass in den südlichen Drakensbergen, der aus einer reinen Steinpiste besteht und nur für Allradfahrzeuge zugelassen ist.

Einen Großteil der Drakensberge von KwaZulu-Natal umfasst der uKhahlamba-Drakensberg Park, der zum UNESCO-Welterbe ernannt wurde. Wegen faszinierender Höhlen und hervorragender Bedingungen zum Wandern, Reiten, Klettern, Mountainbiken und Angeln ist der Park ein beliebtes Touristenziel. Im Süden des Parks beginnt der 60 Kilometer lange Giant's Cup Trail. Teile der weltweit größten Anhäufung von San-Zeichnungen (San Rock Art) sind in den Höhlen von Giants Castle, Injisuthi und Kamberg zu sehen.

FOLGENDE DOPPELSEITE:
Zulu-Frauen

Das Region der Drakensberge bietet fantastische Möglichkeiten für einen Trekkingurlaub.

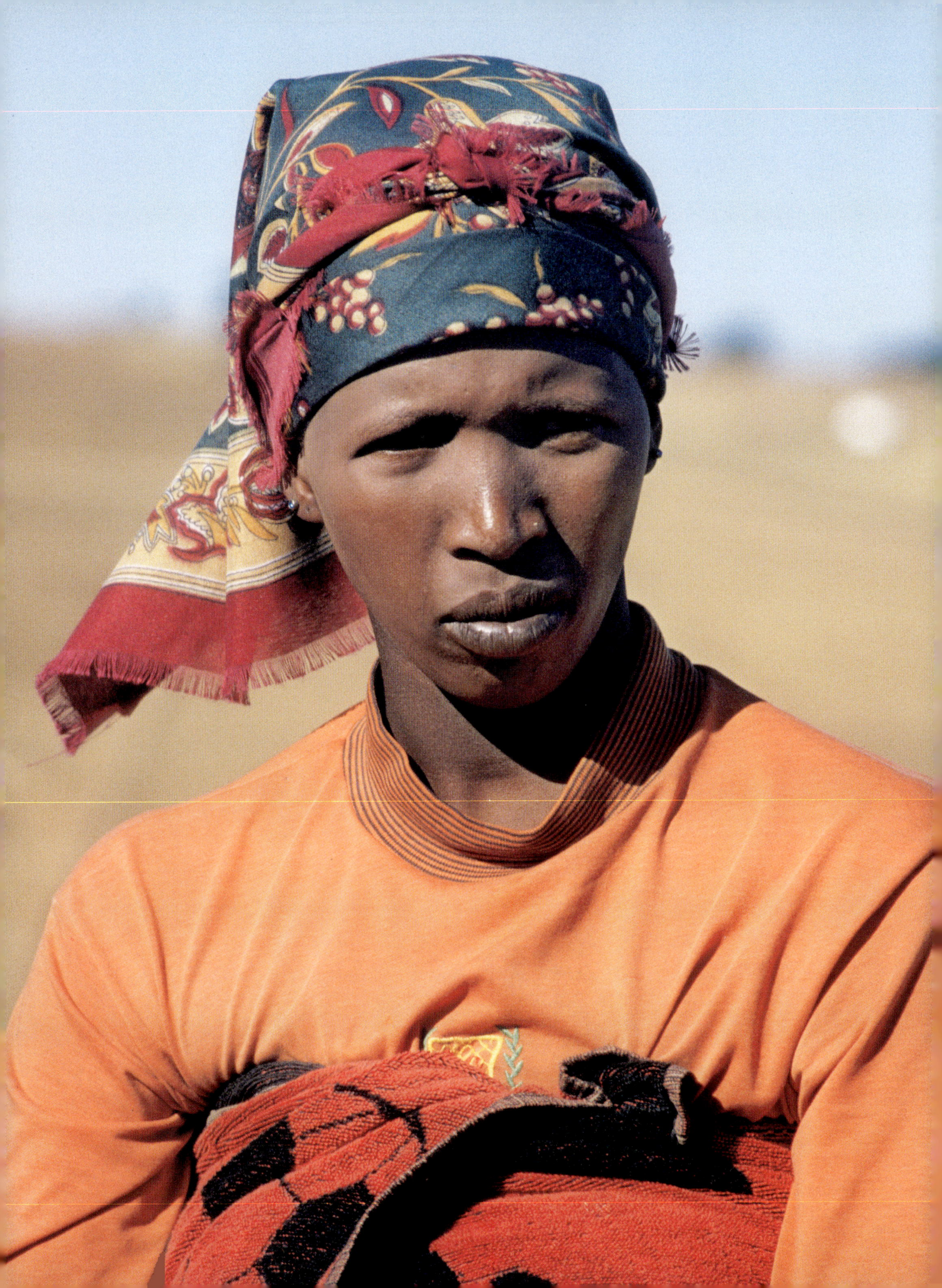

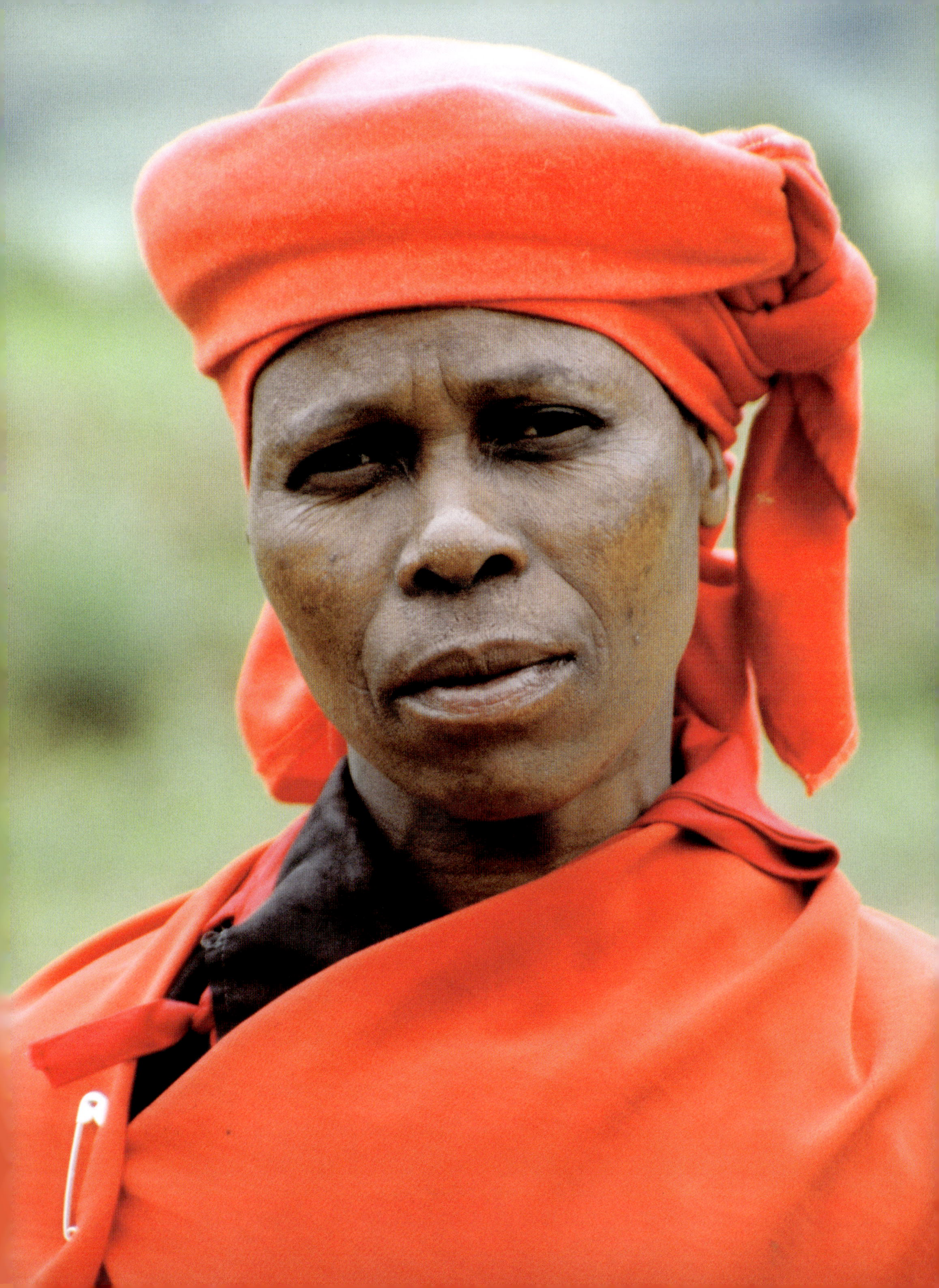

Die Orte Underberg, Himeville oder Bergville liegen vor den südlichen Drakensbergen und dienen als Versorgungsorte der umliegenden Bauern. Das Wetter kann sich aufgrund der Berghänge schlagartig ändern. Gerade in der Regenzeit von November bis März schlägt es schnell von nachmittäglicher Hitze und blauem Himmel in Nässe und Kälte um.

Die Infrastruktur in den Bergen besteht aus wenigen Naturreservaten mit einigen Übernachtungsmöglichkeiten und kleinen Hotels, die am Ende eines Flusstals liegen und zum großen Teil über eine Teerstraße zu erreichen sind. Zwischen den einzelnen Übernachtungsmöglichkeiten in den Bergen läuft die Verbindung nur über das Bergvorland. Hier werden die leichten Schotterpisten bei Regen für normale Fahrzeuge unpassierbar. Als Alternative gibt es dann nur die sehr zeitaufwendige und landschaftlich uninteressante Strecke über Pietermaritzburg und die Nationalstraße.

UKHAHLAMBA-DRAKENSBERG PARK

Der uKhahlamba-Drakensberg Park von KwaZulu-Natal ist 2428 Quadratkilometer groß und wurde 2000 zum UNESCO-Welterbe erklärt. Diesen Status erhielt in der Folge auch der grenzübergreifende Maloti-Drakensberg Park, der durch den Zusammenschluss mit dem Sehlabathebe National Park in Lesotho entstand. Dadurch wurde der uKhahlamba-Drakensberg Park durch einen Teil der alpinen Bergregion in Lesotho erweitert.

Panoramablick auf das sogenannte Amphitheater – schroffe und steil aufragende Basaltfelsen im Bereich der Drakensberge

Das alles überragende Basaltmassiv in diesem Naturpark trägt viele Namen. Die Zulu nennen es „uKhahlamba" (= Barriere von Speeren), die Sotho, die auf den Höhen leben, bezeichnen den östlichen Gebirgskamm als „Dilomo tsa Natala" (= die Kliffs von Natal), und in der Sprache der Europäer formte sich der Begriff Drakensberg (= Drachenberg) heraus – eine Reminiszenz an Legenden, die von Drachen erzählten, die hoch oben auf den Gipfeln lebten.

Die Entstehung der Drakensberge, des mächtigsten und imposantesten Gebirgszugs in Südafrika, ist geologisch äußerst interessant. Vor mehr als 100 Millionen Jahren war das südliche Afrika ein Gebiet ausgedehnter Sümpfe und Regenwälder. Durch Klimaveränderungen dörrte das Gebiet aus, die Sümpfe wurden trocken, die Wälder starben ab, urzeitliche Tiere wurden zu Fossilien. Aus dem Schlamm entstanden allmählich verschiedenfarbige Sande. Oxidiertes Eisen sorgte für gelbe, orangefarbene und rote Verfärbungen. Winde wehten diese Sande auf, die sich in höheren Gebieten auftürmten und letztlich eine 300 Meter mächtige Sandsteinschicht bildeten.

Vor etwa 25 Millionen Jahren drangen dann durch Risse im Gesteinsgefüge Lavamassen nach oben. Die durch Vulkane eruptierten Basalte waren über 1000 Meter mächtig und bilden heute das „Dach

Markt in den Bergregionen von KwaZulu-Natal

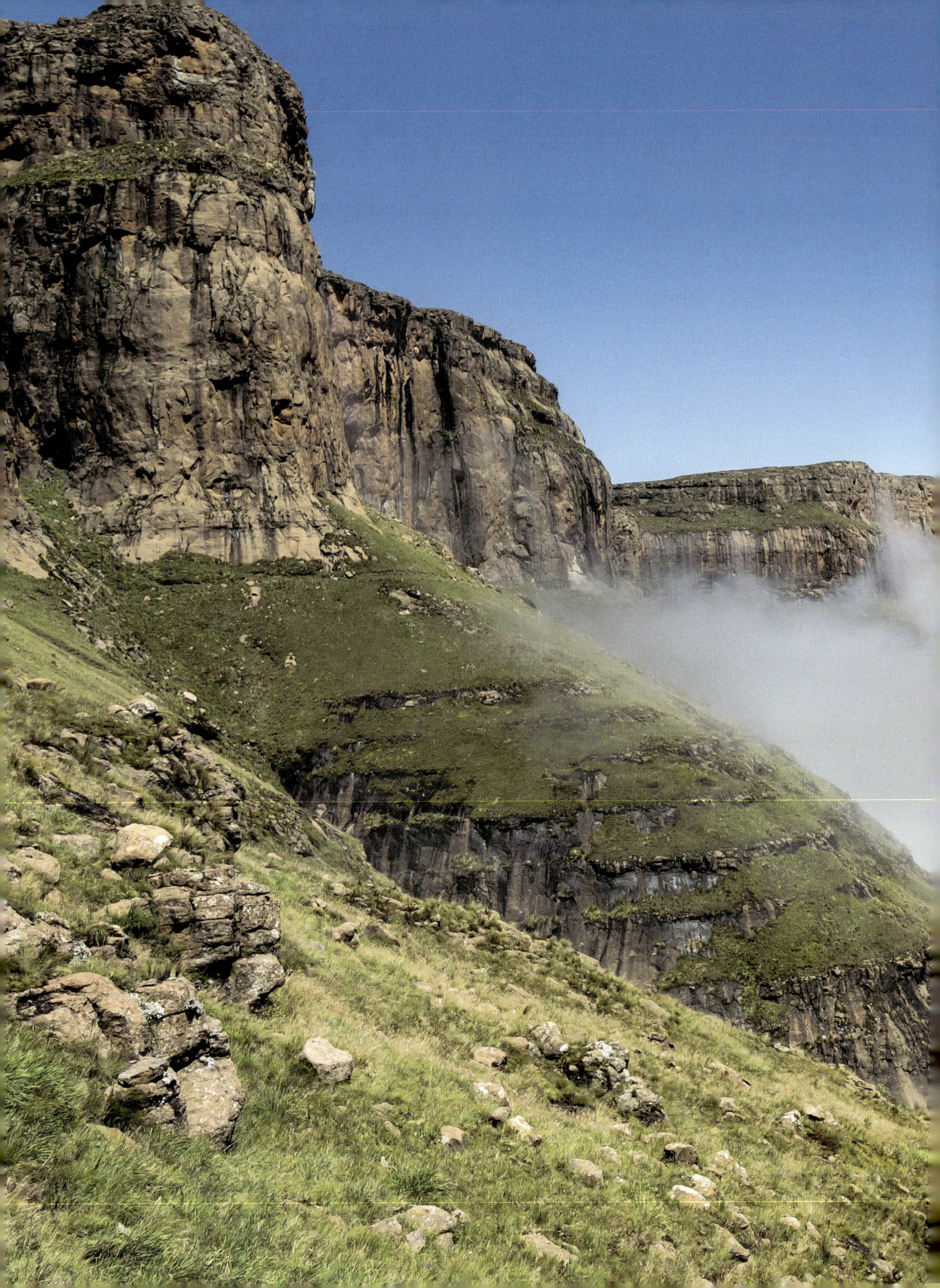

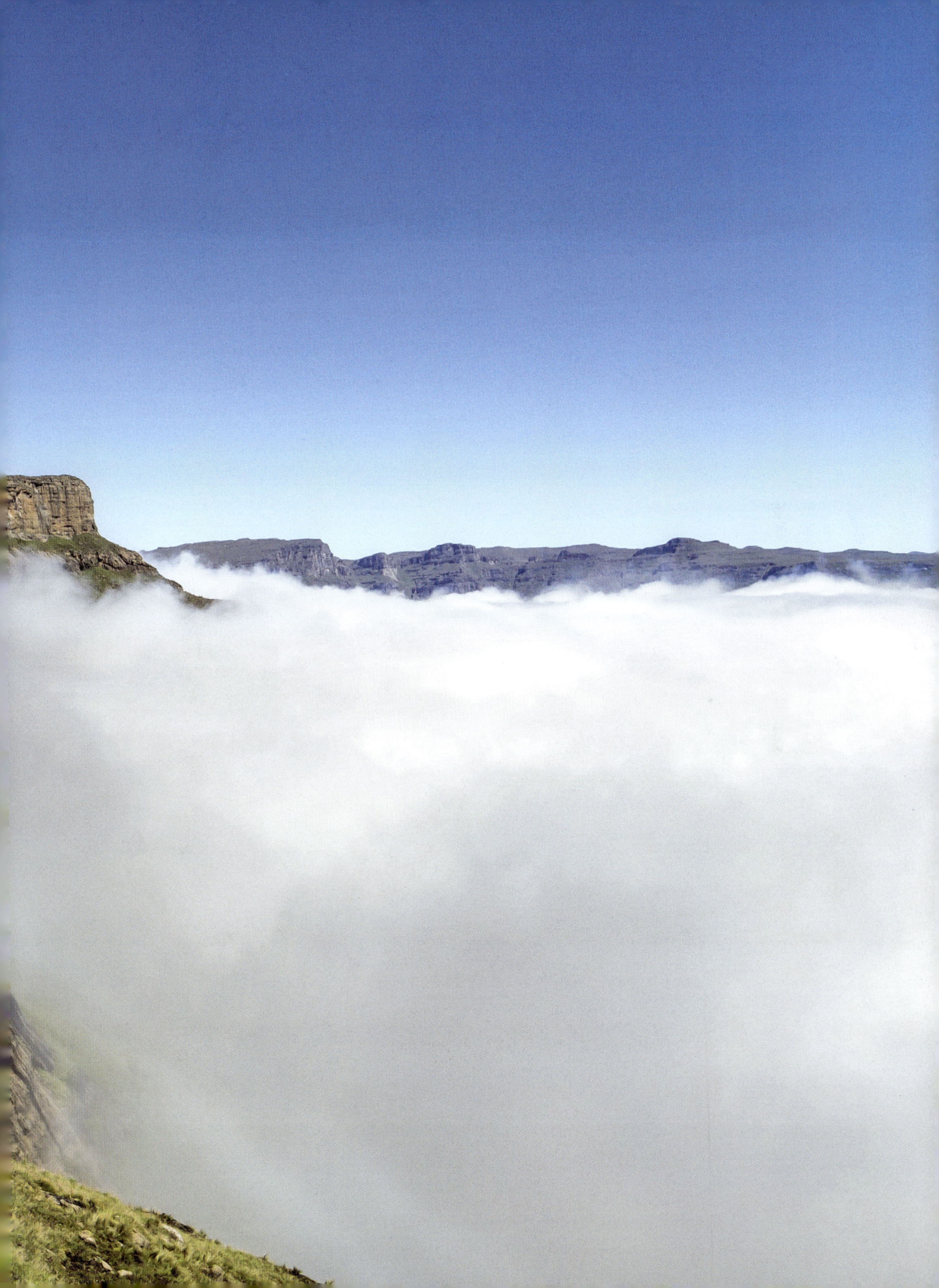

Südafrikas" – eine Gesteinsformation, die an ihrer höchsten Stelle 3482 Meter misst. An diesem „Dach" regnen sich die feuchten Luftmassen des Indischen Ozeans ab, wodurch im Laufe der Zeit tiefe Täler geschaffen wurden. Da es an der Ostseite des Gebirgsmassivs besonders viel regnet, ist hier die Abtragung am intensivsten. Durch diese Erosion wurde der Basalt wieder abgetragen und der darunterliegende Sandstein freigelegt. Die Gipfel allerdings bestehen weiter aus Basalt. Dieser ist recht porös, sodass das ablaufende Wasser tiefe Schluchten ausgewaschen hat. In diese Schluchten stürzen Wasserfälle.

Von der Ostseite aus betrachtet, formen die Basaltmassen eine hohe Wand, die nur durch Schluchten und enge Täler unterbrochen wird. Insgesamt ist die Basaltmauer 250 Kilometer lang und erstreckt sich vom Sentinel im Norden, der bereits im Free State liegt, bis nach Xalanga am südlichen Ende in der Eastern Cape Province. Diese Basaltschicht liegt auf einer Höhe von 1800 Meter auf bunt, von gelb über orange bis rot schimmerndem Sandstein – ein schöner Kontrast zu dem dunklen Basalt. Auf den Höhen des Gebirges liegen Hochland-Moore.

Im uKhahlamba-Drakensberg Park kann man insgesamt drei große Regionen ausmachen: das südliche Parkgebiet, die zentralen Berge und die nördlichen Drakensberge.

Die südlichen Berge steigen von 2495 Metern kurz vor dem Bushman's Nek über das Garden Castle Nature Reserve bis auf 3257 Meter nahe dem Sani-Pass an. Nördlich des Passes, der nach Lesotho führt, liegen die Naturreservate Loteni, Kamberg und Vergelegen. In dem kältesten Teil der Drakensberge von KwaZulu-Natal kann es im Juli und August, also im südafrikanischen Winter, schneien und auch im restlichen Jahr immer wieder zu plötzlichen Wetterumschwüngen kommen. Touristisch ist der Süden noch nicht so entwickelt wie die zentralen Drakensberge. Für Wanderungen bieten sich die Gebiete um den Bushman's Nek und den Garden Castle an, der auch Ausgangspunkt für den 60 Kilometer langen und fünf Tage dauernden Giant's Cup Trail ist.

Die zentrale Bergregion – der sogenannte Central Berg – wird vom 3314 Meter hohen Giant's Castle mit umliegendem Game Reserve bestimmt und führt über den Champagne Castle (3280 Meter) bis zum Cathedral Peak (3004 Meter). Die zentrale Bergregion beinhaltet zahlreiche Bergreservate wie Cathedral Peak, Champagne Valley, Injisuthi und Giant's Castle Game Reserve. Alle sind durch

VORHERIGE DOPPELSEITE:
Der Sentenial Hike ist einer der schönsten Wanderwege Südafrikas, der den Wanderer oft über die Wolken führt.

LINKE SEITE:
Grüne Hänge der Drakensberge

einen Höhenweg verbunden. Zudem eröffnen zahlreiche Wanderwege den Eintritt in entlegene Gebiete mit unzähligen Höhlen mit San Rock Art.

In der nördlichen Bergregion liegt der Royal Natal National Park und das urwüchsige sogenannte Mnweni-Dreieck mit den drei höchsten Bergen Sentinel (3164 Meter), Eastern Buttress (3048 Meter) und Mont-aux-Sources (3282 Meter), tiefen Schluchten, wasserreichen Flüssen und zahlreichen Wasserfällen. Dominiert wird der Norden von dem gigantischen Amphitheater – eine ca. 1000 Meter hohe und sich über mehrere Kilometer erstreckende Felswand zwischen den Bergen Sentinel und Eastern Buttress – und dem Tugela-Tal.

Südlich des Amphitheaters liegt das Mnweni-Stammesland, das mit seinen Ausmaßen von 300 Quadratkilometern das größte Stammesland in der Drakensbergregion und touristisch völlig unerschlossen ist. Aufgrund fehlender Infrastruktur ist es für Besucher schwer zugänglich. Das Gebiet ist geprägt von Überbevölkerung und gerodeter Graslandschaft. Die höheren Lagen, wo sich auch die Quelle des Oranje (Gariep) befindet, bestehen aus unberührter Wildnis.

SAN ROCK ART

In dieser einsamen Bergregion gibt es viele Höhlen mit Felszeichnungen von San („Buschmänner"), die bis vor etwa 120 Jahren hier gelebt haben. Über die Künstler der Zeichnungen ist wenig bekannt. Die meisten Felszeichnungen entstanden vor 800 bis 200 Jahren.

1967 untersuchte der Höhlenforscher Harald Pager, wie schnell der Zustand der San-Zeichnungen sich verschlechtert. Er und seine Frau Shirley Anne begannen mit ihrer Arbeit im Didima Valley von Cathedral Peak, das sie als eines der reichsten Rock-Art-Gebiete auf der Welt bezeichneten. Nach zwei Jahren hatten sie über 4000 Zeichnungen von Hand kopiert. 20 Prozent der Orginale existieren heute nicht mehr.

Die Region der Drakensberge ist auch bekannt für die zahlreichen Höhlenmalereien der San, die in meist nur schwer zugänglichen Gebieten gefunden wurden.

In den 1950er Jahren waren nur 30 Rock-Art-Stätten in den Bergen von KwaZulu-Natal bekannt. Heute sind es bereits mehr als 35 000 Zeichnungen in über 520 Höhlen – einige zum Glück nur Experten zugänglich, um einer Zerstörung entgegenzuwirken.

FAUNA UND FLORA

Die enormen Höhenunterschiede der Drakensberge geben den unterschiedlichsten Tieren und Pflanzen Lebensraum. Die Gipfel befinden sich auf alpiner Höhe, das heißt, sie liegen über der Schneefall-, Hagel- und Eisgrenze. Hier halten Erika-Sorten, Gräser und Strohblumen sowie wenige Vogelarten den harschen Bedingungen stand. Ab 2800 Metern beginnt die subalpine Zone, die bis auf 1800 Meter reicht. Hier gedeihen Büschelgräser und hartes Gestrüpp, Farne, Zikaden und bereits Bäume in geschützten Tälern. Darunter befindet sich ab einer Höhe von 1200 Metern die montane Stufe (Bergwaldstufe), wo Pflanzen wie Proteen (z. B. *Protea multibracteata*) und vor allem saftige Gräser stehen. In geschützten Gebieten, wo keine Grasbrände entstehen und widriges Wetter abgemildert wird, wachsen Yellowwood- und andere Nutzbäume. Insgesamt gibt es in allen drei Vegetationsstufen über 1000 Pflanzenarten.

FOLGENDE DOPPELSEITE:
Köcherbäume gedeihen dank ihrer Fähigkeit, viel Wasser zu speichern, auch in trockenen, kargen Landschaften. Da Schlangen an dem Stamm des Baumes nicht hochklettern können, findet man häufig Nester von Webervögeln zwischen den Ästen.

In den Bergregionen unterhalb 1200 Metern wachsen über Tausend Pflanzenarten – darunter auch Protea eximia.

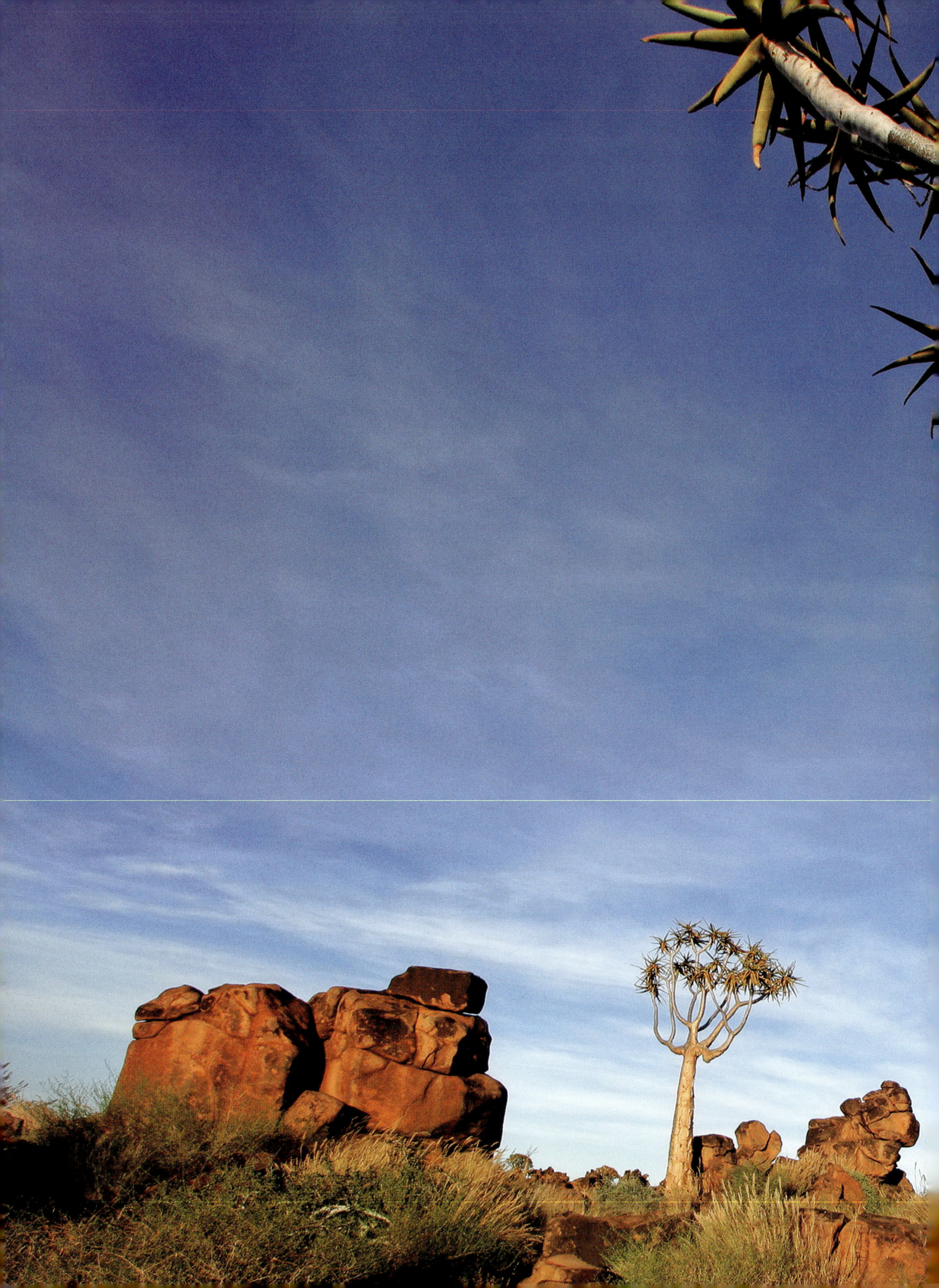

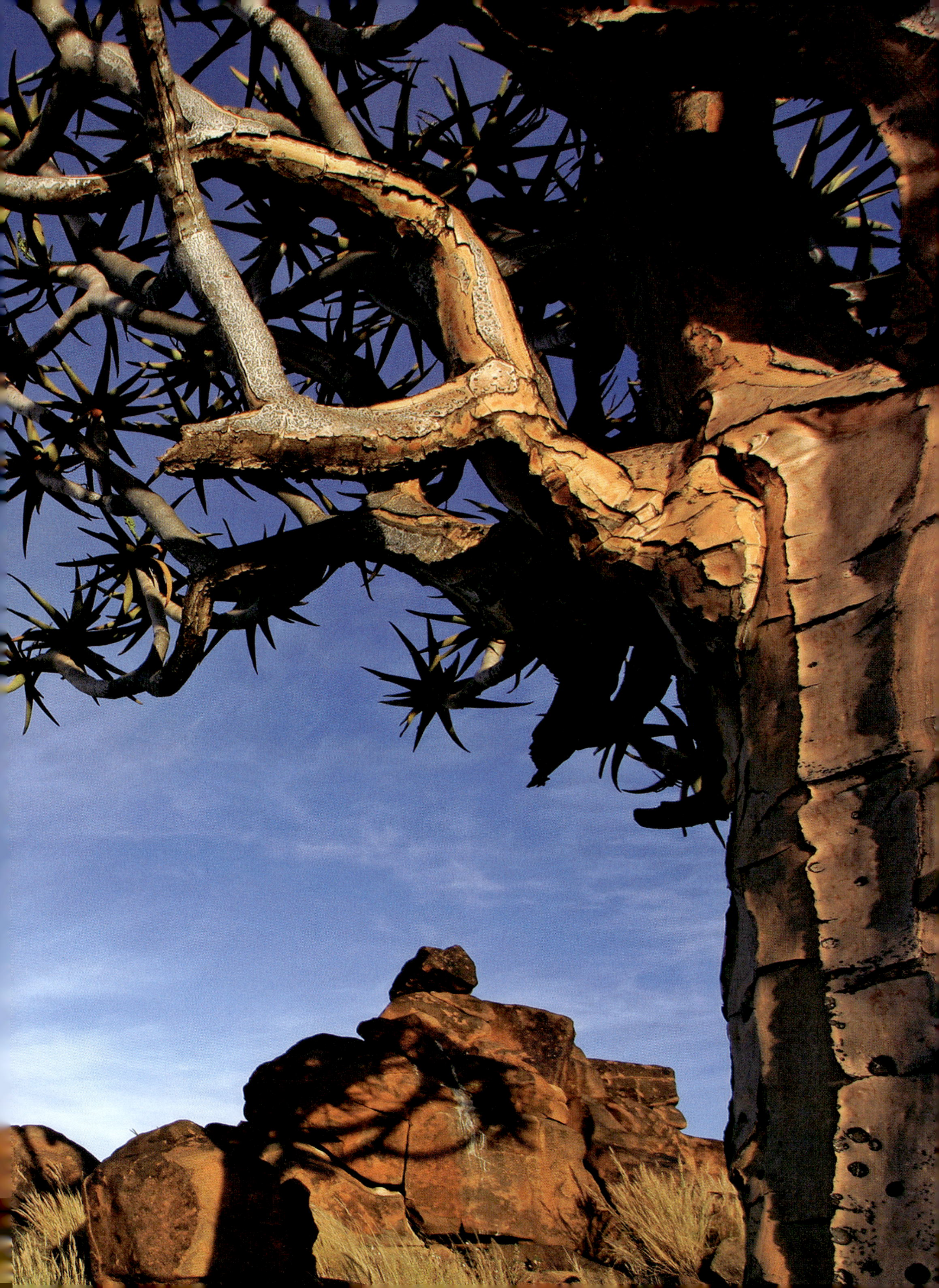

ZIMBABWE
BOTSWANA
MOSAMBIK
Serowe
Musina
(Messina)
Limpopo
Thohoyandou
Mahalapye
2051
Louis Trichardt
(Makhado)
Limpopo
Kruger
Modjadjiskloof
(Duiwelskloof)
Lephalale
(Ellisras)
Polokwane (Pietersburg)
Tzaneen
Letaba
Olifants
National
Drakensberg
Mica
Mokopane
(Potgietersrus)
Mochudi
Waterberge
Molepolole
Marico
Mookgophong
(Naboomspruit)
Gaborone
Thabazimbi
Park
Bela-Bela
(Warmbaths)
Modimolle
(Nylstroom)
Graskop
Ramotswa
Kanye
Mashishing
(Lydenburg)
2285
Lobatse
Sun City
Temba
Tweefontein
Komatipoort
Rustenburg
Soshanguve
Mbombela (Nelspruit)
Kaapmuiden
Magaliesberg
Brits
Pretoria
Middelburg
Mmabatho
Tembisa
eMalahleni
(Witbank)
Belfast
Barberton
Maputo
Mahikeng
Krugersdorp
Johannesburg
Lichtenburg
Roodepoort
Carolina
Soweto
Mpumalanga
Mbabane
Springs
Carletonville
Germiston
Breyten
Coligny
Gauteng
Nigel
Bethal
SWAZI-
LAND
Ermelo
Manzini
Potchefstroom
Vanderbijlpark
Embalenhle
Ottosdal
Harts
Vereeniging
Klerksdorp
Vaal
Sasolburg
Standerton
Parys
Vaal Dam
Piet Retief
Schweizer-
Reneke
Villiers
iNgwavuma
Wolmaransstad
Klip
Frankfort
Wakkerstroom
Bothaville
Volksrust
Pongolapoort Dam
Heilbron
Vals
Edenville
Vrede
uBombo
Bloemhof
Kroonstad
Paulpietersburg
Mkuze
Allanridge
Warden
Newcastle
Hoopstad
Lindley
Reitz
Odendaalsrus
Hennenman
Vryheid
Christiana
Welkom
St.-Lucia-
See
Ventersburg
Harrismith
Dundee
Virginia
Glencoe
Ulundi
Bultfontein
Bethlehem
Theunissen
Mtubatuba
Senekal
KwaZulu-
Natal
Boshof
Winburg
Ladysmith
Mfolozi
Free State
Ficksburg
3282
Colenso
eShowe
eMpangeni
Modder
Drakensberg
Weenen
Clocolan
Greytown
Bloemfontein
Botshabelo
Ladybrand
Tugela
Estcourt
Petrusburg
Teyateyaneng
Stanger
Koffiefontein
Maseru
Howick
Riet
3482
Pietermaritzburg
Dewetsdorp
LESOTHO
Tongaat
Edendale
Jagersfontein
Thaba Putsoa
3096
KwaMashu
Edenburg
Wepener
Mpumalanga
Durban
INDISCHER
OZEAN
Mafeteng
uMlazi
Caledon
Mkomazi
Philippolis
Zastron
uMkomaas
Smithfield
Matatiele
uMzinto
Scottburgh
Springfontein
Park Rynie
Rouxville
3001
Kokstad
Harding
Mtwalume
Colesberg
Port Shepstone
Aliwal
North
Mount Frere
Margate
Burgersdorp
Barkly East
Kraai
Tina
Maclear
Steynsburg
Elliot
0
100
200
km
© Ing.-Büro für Kartographie J. Zwick, 35394 Gießen

LIMPOPO
ÜBERBLICK

Die Limpopo Province mit der Hauptstadt Polokwane (ehemals Pietersburg) liegt ganz im Norden der Republik und umfasst eine Fläche von 125 754 Quadratkilometern. Im Jahre 2002 – als auch viele Städte in Südafrika umbenannt wurden – erhielt die zunächst als Northern Province bezeichnete Region ihren neuen, an den Grenzfluss Limpopo angelehnten Namen. Die Provinz grenzt im Norden an Botswana und Zimbabwe und im Osten an Mosambik.

Limpopo gehört zu den wirtschaftlich schwächsten Regionen Südafrikas. Die Provinz besteht aus den landwirtschaftlich geprägten nördlichen Teilen der ehemaligen Provinz Transvaal mit dem nördlichen Teil des Kruger National Park und aus den ehemaligen Homelandgebieten Venda (für die gleichnamige schwarze Bevölkerungsgruppe), Lebowa (Pedi, auch Nord-Sotho genannt) und Gazankulu (Tsonga).

Kulturell sind vor allem das Gebiet der Venda im Nordosten und – weiter südlich im Gebiet um Tzaneen – das Land der Regenkönigin in den Lobedu Mountains interessant, die für afrikanische Kultur und ihre Mythen stehen.

FOLGENDE DOPPELSEITE:
Sonnenuntergang im Kruger National Park, dessen nördlicher Teil zur Provinz Limpopo gehört

Alte Eisenbahnbrücke im Kruger National Park

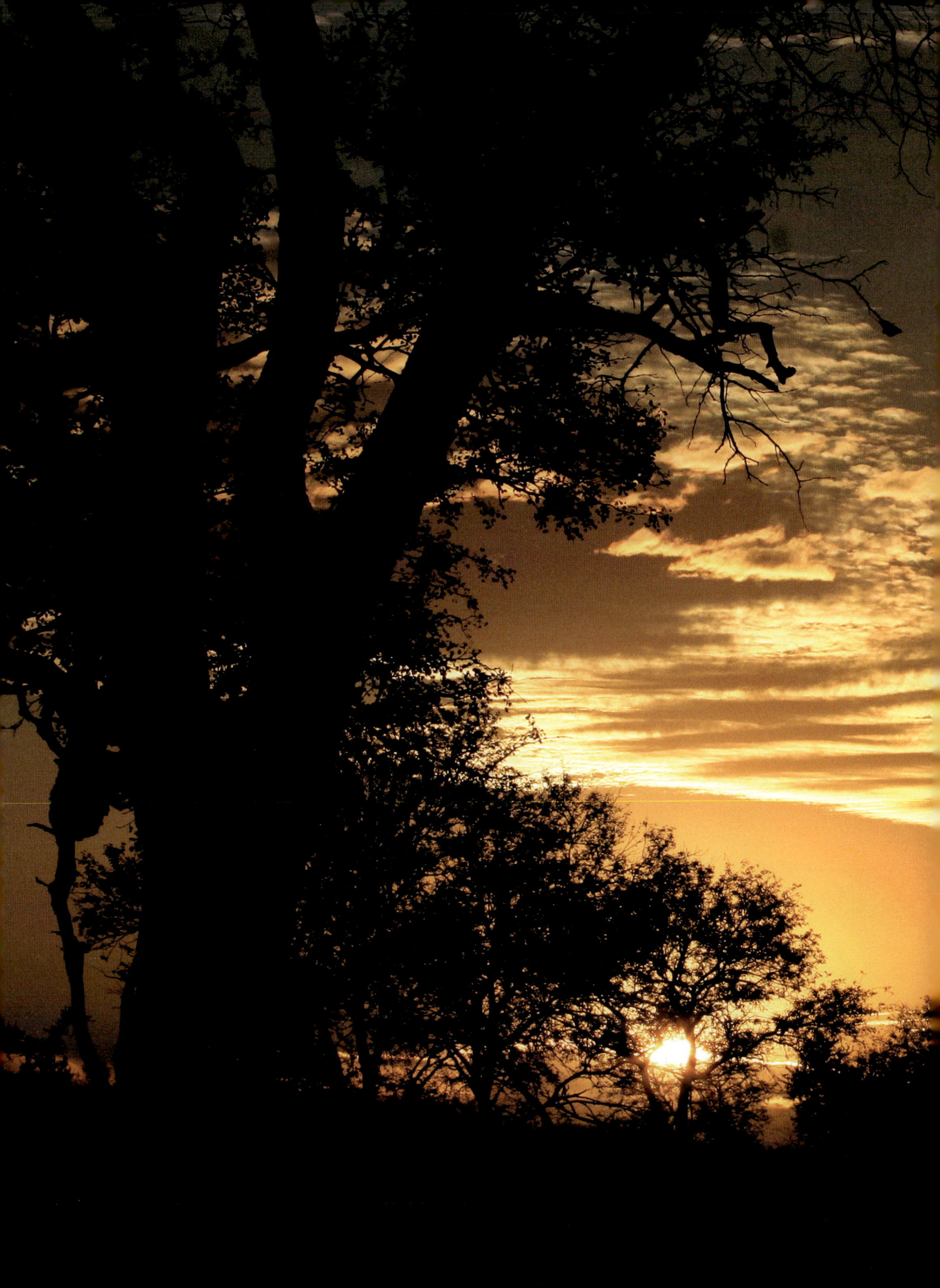

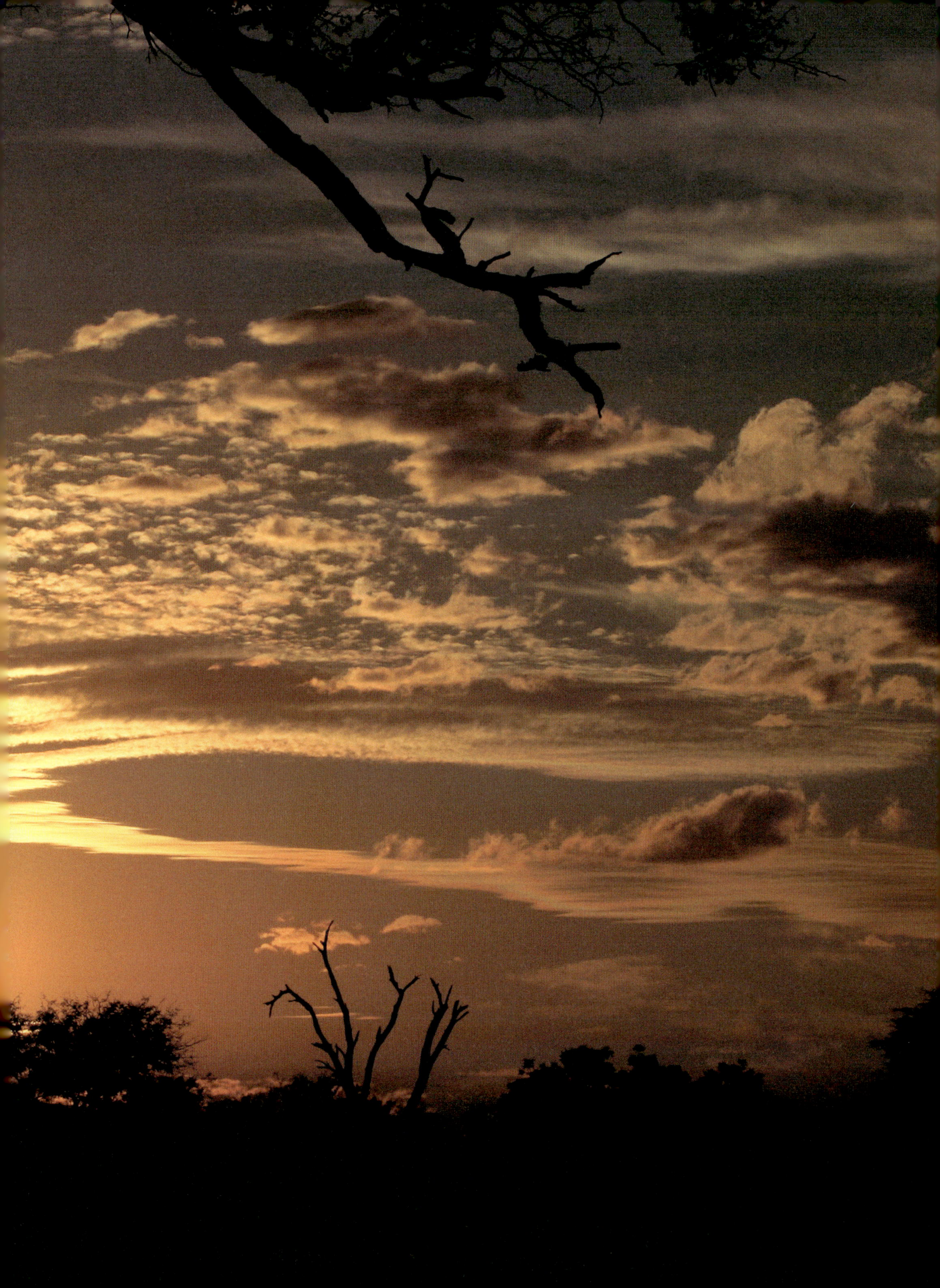

Limpopo ist kaum touristisch erschlossen. Ausnahme ist unter anderem das Olifants Rest Camp im Kruger National Park, das Naturliebhabern kleine Hütten zur Übernachtung anbietet.

Polokwane (früher Pietersburg) und Mokopane (früher Potgietersrus) sind nach wie vor die burisch geprägten Zentren inmitten von dicht besiedelten ehemaligen Homelandgebieten. Aus der Stadt Louis Trichardt (deren geplante Umbennung in Makhado nie rechtsgültig wurde) haben sich hingegen viele Weiße zurückgezogen und kommen nur noch für den Wochenendeinkauf von ihren Farmen dorthin.

Die Infrastruktur in den ehemaligen Homelands ist zum Teil sehr unterentwickelt. Obwohl hier etwa 13 Prozent der rund 5,8 Millionen Menschen zählenden Gesamtbevölkerung leben, erwirtschaften diese nur 3,6 Prozent des Bruttoinlandsproduktes.

Auch die touristische Infrastruktur steckt in großen Teilen noch in den Kinderschuhen. Neues Kartenmaterial erfasst erstmals auch die ehemaligen Homelandgebiete, die zu Apartheidzeiten nahezu leere Flächen auf der Landkarte waren. Im Mittelpunkt der Vermarktung steht die über 2000 Kilometer lange African Ivory Route. Die ehemaligen Pfade von Elfenbeinschmugglern und Goldhändlern erstrecken sich über die gesamte Provinz.

Die Limpopo Province wird entlang des Limpopo River durch Buschlandschaft geprägt. Weiter südlich liegen die nach einem trockengefallenen Salzsee benannten Soutpansberge und im Südwesten die fast menschenleere Region der Waterberge mit dem Marakele National Park und dem Lapalala Wilderness Reserve.

In der Mitte der Provinz liegt die gut erschlossene und fruchtbare Gegend um den Magoebaskloof mit Wäldern, Obst- und Teeplantagen und den nördlichen Ausläufern der Drakensberge. Im Osten markiert die Savannenlandschaft des nördlichen Teils des Kruger National Park die Grenze zu Mosambik.

Im Nordteil des Kruger National Parks konnte der ehemals hier beheimatete und 1969 unter der Apartheid vertriebene Stamm der Makuleke wieder in ein 24 000 Hektar großes Gebiet und damit in seine Heimat zurückkehren.

Mit dem Royal Makuleke Camp, an dem das Volk finanziell beteiligt ist, entstand eines der raren Vorzeigeprojekte für ein wirtschaftlich erfolgreiches Unternehmen, das die Ureinwohner bewusst mit einbezieht und dessen Fundament ein besonderer Schutz der Natur und Tierwelt ist.

DIE EHEMALIGEN HOMELANDS GAZANKULU UND LEBOWA

Der Name Gazankulu rührt vom Stammesreich Gaza, nach dem auch eine Provinz im benachbarten Mosambik benannt ist. Das rund 7000 Quadratmeter große Homeland bestand aus einem Hauptteil mit der Hauptstadt Giyani und drei kleineren Gebieten, von denen eines heute in Mpumalanga liegt. Die offizielle Einwohnerzahl betrug zu Apartheidzeiten etwa 700 000. Schätzungsweise noch einmal so viele Tsonga lebten bis 1989 außerhalb des Homelands.

Der Fluss Lepelle (früher Olifants River) markiert im Kruger National Park die Grenze zwischen den beiden Provinzen Limpopo und Mpumalanga. Im nördlichen Teil des Parks leben mittlerweile wieder Angehörige des Makuleke-Stamms, die zu Apartheidzeiten vertrieben worden waren.

RECHTE SEITE:
Eine Angehörige der Venda mit traditionellem Festtagsschmuck

Gazankulu wurde 1973 weitgehende Selbstverwaltung eingeräumt. Im Gegensatz zu anderen Homelands wurde es aber nie in die formelle Unabhängigkeit entlassen.

Das ehemalige Homeland Lebowa (Nord-Sotho: Norden) bestand aus zwei nicht zusammenhängenden größeren und etlichen kleineren Gebieten im Nordosten der damaligen südafrikanischen Provinz Transvaal. Die Hauptstadt war Lebowakgomo. 1972 wurde Lebowa weitgehende Selbstverwaltung eingeräumt. Auch Lebowa wurde wie Gazankulu nie in die formelle Unabhängigkeit entlassen. Von der Apartheidregierung vorgesehen war Lebowa als „Heimat" der Pedi (Nord-Sotho), unter den schätzungsweise 1,8 Millionen Einwohnern fanden sich aber Angehörige anderer schwarzer Gruppen. Wie Gazankulu und die anderen acht Homelands wurde Lebowa 1994 wieder Teil von Südafrika. Zwei der kleinen Gebiete liegen seitdem in Mpumalanga.

DAS GEBIET DER VENDA

Das Vendaland liegt östlich der Stadt Louis Trichardt. Während die Stadt (anders als zwischenzeitlich geplant) weiterhin nach einem Voortrekker-Führer benannt ist, heißt die übergeordnete Gemeinde Makhado Local Municipality und trägt damit den Namen eines Venda-Chiefs, der sein Volk bis zu seinem Tode im Jahre 1895 regierte.

Gruppe von Venda mit Häuptlingen

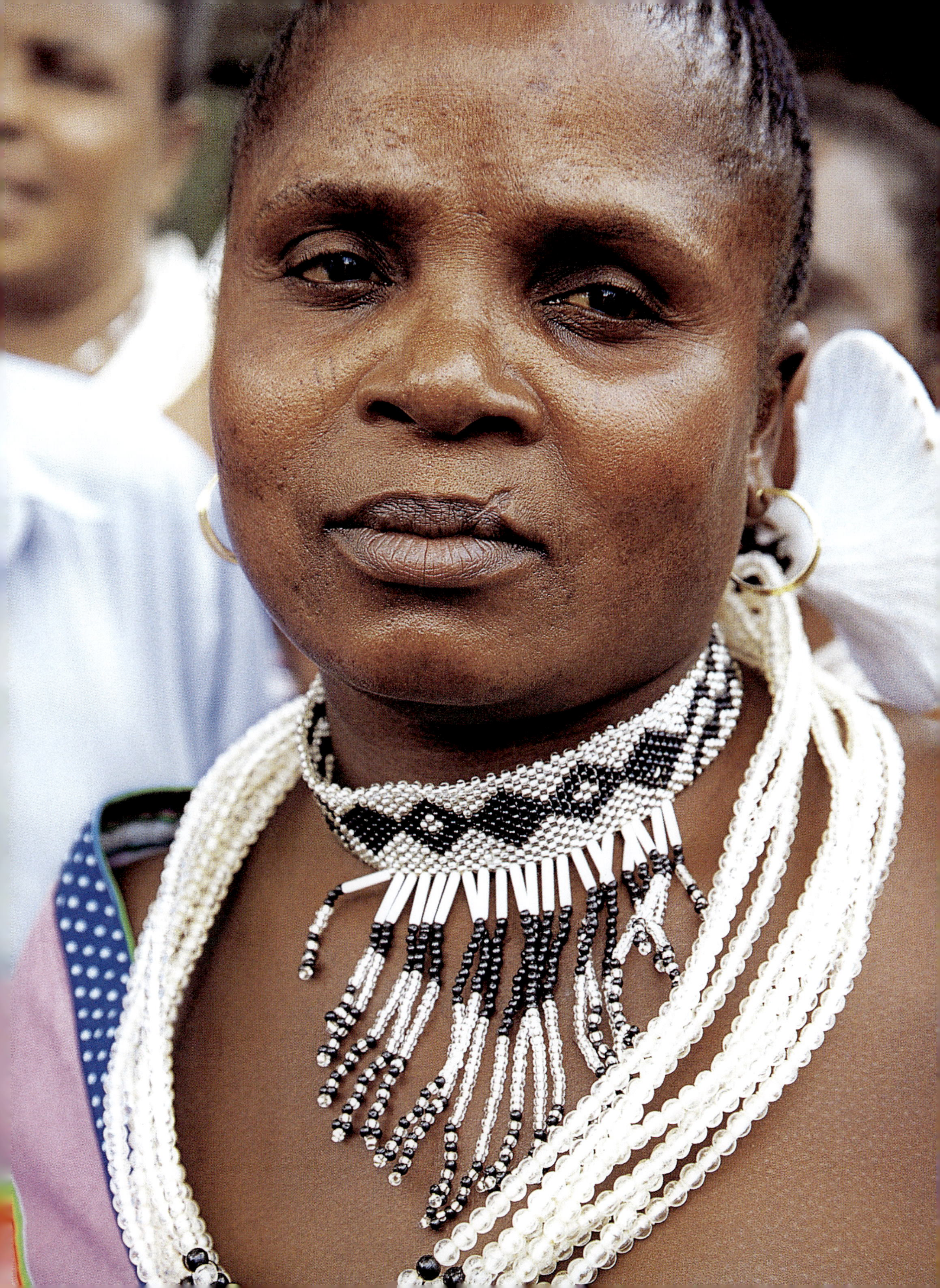

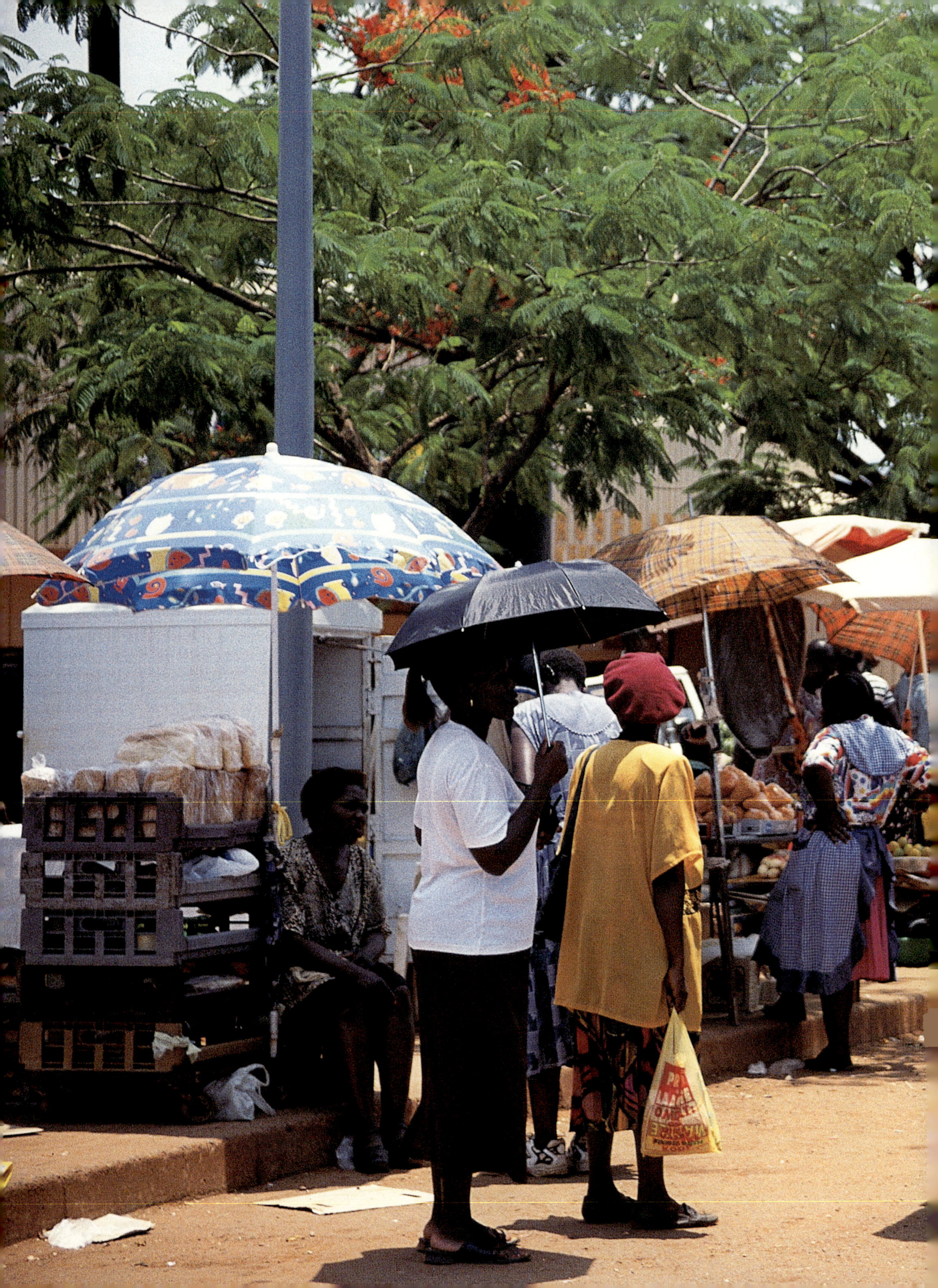

ARRIVE
ALIVE
BOX 294 SIBASA
DEPOT (015)9622550
CELL: 0833060554

Verkäuferin auf dem wöchentlichen Markt in Thohoyandou

Das knapp 7500 Quadratkilometer große Homeland der Venda war das kleinste der nominell „unabhängigen" Homelands und bekannt für landschaftliche und kulturelle Vielfalt, Legenden und Mythen sowie die linguistische Eigenständigkeit seiner Einwohner.

Thohoyandou (Kopf des Löwen), die ehemalige Hauptstadt des Homelands Venda, ist eine typisch afrikanische Stadt und vor allem durch lärmendes Markttreiben gekennzeichnet. Voll bepackt mit Einkäufen, geht es hin und her zwischen den Bussen, die die Menschen am frühen Nachmittag wieder raus aufs Land oder in die Berge bringen. Viele Händler und Händlerinnen reisen mit Minibussen sogar weit aus den nördlichen Nachbarstaaten an, um in Südafrika ihre Waren feilzubieten oder Grundnahrungsmittel einzukaufen.

Noch heute leben die meisten Venda, rund 80 Prozent, auf ihren kleinen Farmen in den klimatisch günstigen südlichen Bergregionen in Rundhüttendörfern. Industrie gibt es so gut wie keine, und der Anteil der Stadtbevölkerung beträgt nur fünf Prozent.

Landschaftlich ist der Norden des Vendalandes durch Parksavanne und Buschland mit Schirmakazien, Baobabs und Mopane-Bäumen gekennzeichnet. Sie fällt vom Fuße der Soutpansberge auf 400 Meter über dem Meeresspiegel zum Limpopo hin ab und ist mit weniger als 300 Millimeter Niederschlag im Jahr eine trockene Region. In kleinerem Maße wird hier Ackerbau betrieben, die Viehzucht überwiegt aber. Eine der botanischen Attraktionen ist der mit rund 3000 Jahren älteste und mit einem Stammumfang von 47 Meter größte Baobab Afrikas (Affenbrotbaum), der „Sagole Big Tree".

Die Soutpansberge („Salzpfannen-Berge") erstrecken sich über eine Länge von 130 Kilometern von Ost nach West, erheben sich bis auf 1753 Meter und gehören zu der Bergkette der Waterberge, deren Entstehung 1700 Millionen Jahre zurückliegt. Viele Flüsse entspringen hier, und dank hoher Niederschlagsmengen von bis zu 1500 Millimeter handelt es sich besonders an den Südhängen um ein äußerst fruchtbares Land, das sich sehr gut für Ackerbau eignet. Für eine kontinuierliche Bewässerung wurden kleine Wasserkraftwerke und Staudämme in den Tälern errichtet.

Der meiste Niederschlag fällt in den Sommermonaten, in denen das Klima daher drückend und schwül sein kann. In den Berghöhen sind die Temperaturen angenehm kühl, ansonsten liegen sie bei durchschnittlichen 27 °C und können bis auf 40 °C ansteigen. Selbst im Winter liegen sie noch bei 14 °C. Fröste treten, wenn überhaupt, nur in höheren Berglagen auf, wo es zum Teil sogar noch Feuchtwaldvegetation gibt. Ehemals waren die Hänge der Soutpansberge dicht bewaldet, durch Ansiedlungen gibt es heute jedoch kaum noch zusammenhängende Waldgebiete.

Die kühlen Berghöhen zogen schon immer die Menschen in dieses Gebiet. Bereits die San quartierten sich hier ein. Dann kamen im 18. Jahrhundert die Rozvi unter der Führung des Chief Dimbanyika aus Zimbabwe über den Limpopo, vertrieben die San und genossen selbst die Vorteile der Berggegend. Die Rozvi nannten das Gebiet Venda, ein Ausdruck zur Beschreibung eines angenehmen Ortes, und sich selbst VhaVenda. Ursprünglich stammen sie von afrikanischen Stämmen aus dem Gebiet der großen Seen in Ostzentralafrika ab, die im 11. und 12. Jahrhundert in den Süden wanderten.

GESCHICHTE

Im Nzhelele-Tal zeugen noch heute Ruinen von der ersten Siedlung, die „Dzata" (= Frieden) genannt wurde. Sie war – wie Great Zimbabwe ca. 400 Kilometer nördlich von Makhado – mit Steinen eingefriedet. Von hier aus wurde das Siedlungsgebiet gegen andere afrikanische Stämme, aber auch gegen die Voortrekker verteidigt. Im Verlauf der Auseinandersetzungen konnten die Buren 1898 schließlich einen Sieg erringen, der aber nicht von Dauer war, da schon bald der Zweite Anglo-Buren-Krieg begann. Die siegreichen Briten hatten aufgrund fehlender Bodenschätze wenig Interesse, sich in dem abgelegenen Gebiet niederzulassen, und ließen so die Verwaltung durch die örtlichen Chiefs ausführen. Dieses System hielt sich mehr oder weniger bis zum Ende der Apartheid im Jahre 1994.

VORHERIGE DOPPELSEITE:
Marktplatz mit Bushaltestelle im Vendaland

1951 trat der „Bantu Authorities Act" des südafrikanischen Apartheidstaates in Kraft. Dadurch wurden dem Land 27 Stammes- und drei Kolonialbehörden auferlegt, denen 1962 auch noch eine Territorialbehörde folgte. 1969 wurde Venda eine partielle Selbstbestimmung zugesprochen, die 1979 in nominelle Unabhängigkeit überging. Damit war Venda nach der Transkei und Bophuthatswana der dritte formal selbstständige Homeland-Staat mit der Hauptstadt Thohoyandou, benannt nach einem ehemaligen Chief. Von 520 000 Venda lebten 1989 340 000 im Homeland.

Wie bei den übrigen Homelands wurde auch die Unabhängigkeit Vendas international nie anerkannt. Nachdem 1990 die Regierung durch einen Volksaufstand vorübergehend abgesetzt worden war, wurde das Homeland 1994 wieder in Südafrika eingegliedert. Während seiner kurzen Zeit der „Unabhängigkeit" hatte Venda drei Präsidenten: die Häuptlinge Patrick Mphephu (1979–1988), Frank N. Ravele (1988–1990) und Gabriel Ramushwana (1990–1994).

Venda-Kunst

Venda bei einem traditionellen Tanzfestival in der Provinz Limpopo

MYTHEN, RITEN UND KUNST

Die größte Anziehungskraft des Vendalandes geht von den überlieferten Mythen aus. Und auch heute beeinflussen Aberglaube und Legenden das Leben der Venda. Eines der wichtigsten Themen ist dabei das Wasser. So sind Seen, Flüsse, Wasserfälle und Feuchtwälder heilige Stätten mit zwidutwane (Wassergeistern) oder heiligen Schlangen, die auf dem Boden der dunklen Seen wohnen.

Der Sacred Forest, in dem einige Chiefs mit ihren besten Beratern begraben liegen, ist dabei Quell eines der wichtigsten Mythen. Die Grabstätten, so heißt es, werden von dem ehemaligen mächtigen Chief Nethathe bewacht, der sich in einen weißen Löwen verwandelt hat. Zusammen mit seinen Gehilfen, den Affen, schützt er die Grabstätte vor Besuchern. Unbeabsichtigte Annäherungen zum Beispiel bei der Feuerholzsuche würden von einer Schlange mit einer Warnung versehen. Bei Missachtung der Warnung versetze die Schlange den Menschen einen tödlichen Biss.

Auch der wichtigste See im Venda-Gebiet, der Lake Fundudzi, ist sagenumwoben. Die Ufer des einzigen natürlichen Inlandsees im südlichen Afrika dürfen nur mit Genehmigung eines Chiefs betre-

Der sogenannte Korallenbaum *(Erythrina lysistemon)* ist ein durch seine Blütenfarbe bemerkenswerter Baum, der zu einer Höhe von mehr als 12 Metern anwachsen kann, die Blütenpakete können bis zu 18 cm lang werden und leuchten dann weit sichtbar.

ten werden. Das Angeln in dem äußerst fischreichen See ist strikt verboten. Die Venda betrachten den Lake Fundudzi als das Herz ihrer Kultur. In ihm soll tief auf dem Grund eine Pythonschlange leben und ein Krokodil darüber wachen, dass niemand aus dem See trinkt.

Gespeist wird der See in Trockenzeiten durch Wasser, das aus den umliegenden Bergen austritt. Dieser Umstand hat die Einheimischen so fasziniert, dass ihrer Meinung nach einfaches Regenwasser sich mit dem heiligen Wasser nicht vermengen kann. Das Fischen ist verboten, weil gerade Vertreter der älteren Generation der Meinung sind, dass damit dem Krokodil die Nahrung genommen wird und es sich andere Futterquellen wie Menschen suchen würde.

Der Ursprung vieler Riten, wie der des spektakulären Initiationsrituals junger Mädchen, die dabei den „domba", den sogenannten Python-Tanz, aufführen, liegt im Dunkeln. Nacht für Nacht ertönen bei dem Ritual stundenlang die heiligen Domba-Trommeln. Die jungen Mädchen, nur mit Schmuck und einem kleinen Stoffteil um die Hüften bedeckt, tanzen dazu in einer langen Reihe, die sich wie eine Schlange zischend um ein Feuer windet. Die Chiefs, die dieser Zeremonie beiwohnen und oftmals bereits Ehemänner mehrerer Dutzend Frauen und Väter einer vielfachen Zahl von Kindern sind, suchen sich dabei jeweils eine weitere Frau aus.

Bekannt sind die Venda auch für ihre Kunstgegenstände. Ob Holzschnitzer, Korbflechter, Weber, Töpfer, Kerzenzieher, Trommelbauer – ihre Produkte werden weit über die Grenzen hinaus verkauft. Am bekanntesten sind die fast kugelrunden Tonkrüge. Sie werden auf einem alten Töpferhaufen geformt und mit einem Lederstück geglättet. Die traditionellen, schlichten Krüge dienen zum Kochen, Servieren von Essen und Getränken und zur Aufbewahrung von Lebensmitteln.

FOLGENDE DOPPELSEITE:
Parkranger bewachen die Nationalparks des Landes und schützen den Tierbestand vor Wilderei (Foto links); im Punda Maria Rest Camp im Norden des Kruger National Park (Foto rechts oben); Landschaft im Kruger National Park

DER NORDWESTEN VON LIMPOPO

Musina (früher Messina), die nördlichste Stadt Südafrikas, hat etwa 45 000 Einwohner und lebt vor allem vom Bergbau. Zudem ist sie die Versorgungsstadt für Hunderte von Jagdfarmen und Jagdhotels, die sich von der Grenze nach Zimbabwe bis hinunter zur Waterberg-Region erstrecken.

In Musina beginnt bereits der rege Grenzverkehr von Lastwagen, die Waren nach Zimbabwe, Malawi und Sambia bringen. Beit Bridge an der Grenze zu Zimbabwe ist der meistfrequentierte Grenzübergangsort auf der Nord-Süd-Achse. Im Umland werden Kupfer- und Eisenerz, Kohle, Magnesium, Graphit, Asbest, Diamanten und verschiedene Halbedelsteine abgebaut.

Der Stamm der Musina, dessen Name bei den Venda gleichbedeutend mit Kupfer ist und nach dem die Stadt im Jahre 2003 benannt wurde, hatte das Metall zuerst entdeckt und siedelte hier. Anfang des 20. Jahrhunderts wurden die Europäer auf die großen Kupfervorkommen aufmerksam und gründeten hier eine Siedlung mit dem Namen Messina.

Der Kupferbergbau hat jedoch eine wesentlich längere Tradition. Mehr als tausend Jahre, bevor die ersten Europäer in diese Gegend kamen, existierte etwa 40 Kilometer westlich von Musina die blühende Kultur des Königreichs Mapungubwe (Ort des Steins der Weisheit), dessen Bewohner hier bereits Kupfer gewannen und mit Seefahrern auf dem Indischen Ozean Handel trieben.

Die heutige archäologische Ausgrabungsstätte von Mapungubwe, um die 2003 ein Nationalpark entstand und die im Dreiländereck von Botswana, Zimbabwe und Südafrika liegt, war einst die als Schroda bekannte Handelsstadt, die ihre Blütezeit wahrscheinlich zwischen 900 bis 1300 hatte.

Kupfer wurde bereits im 9. Jahrhundert im einstigen Königreich Mapungubwe abgebaut.

Im 13. Jahrhundert bildete sie mit 30 000 Quadratkilometern Herrschaftsgebiet und einem Volk von 5000 Menschen das wohl bedeutendste Reich im südlichen Afrika. Ob es völlig eigenständig war, ist strittig. Schroda wird mit dem Munhumutapa-Reich in Verbindung gebracht, dessen Handelswege es nutzte. Die Handelsverbindungen gingen bis nach Ägypten, Indien und China. Obwohl die Stadt spä-

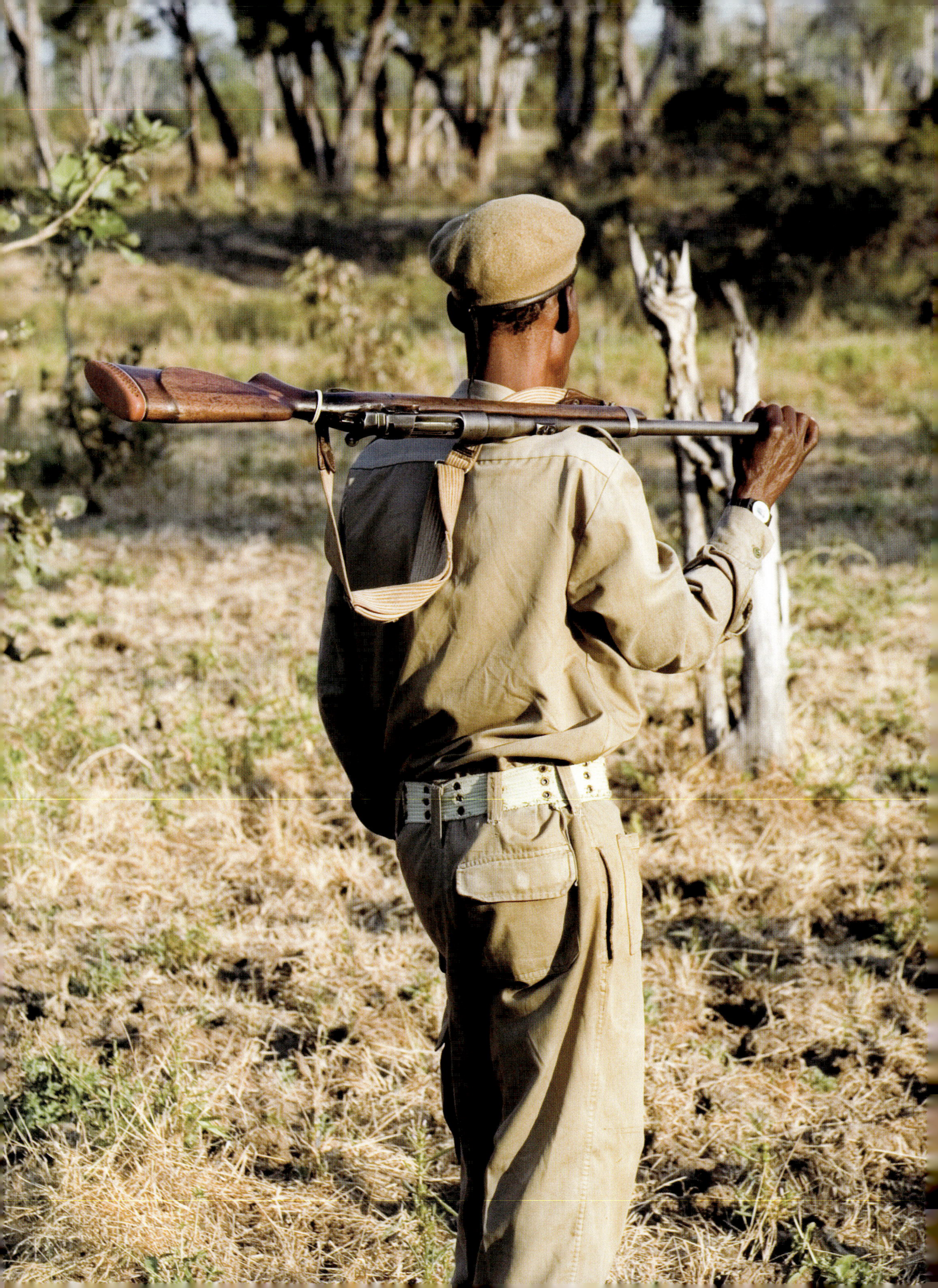

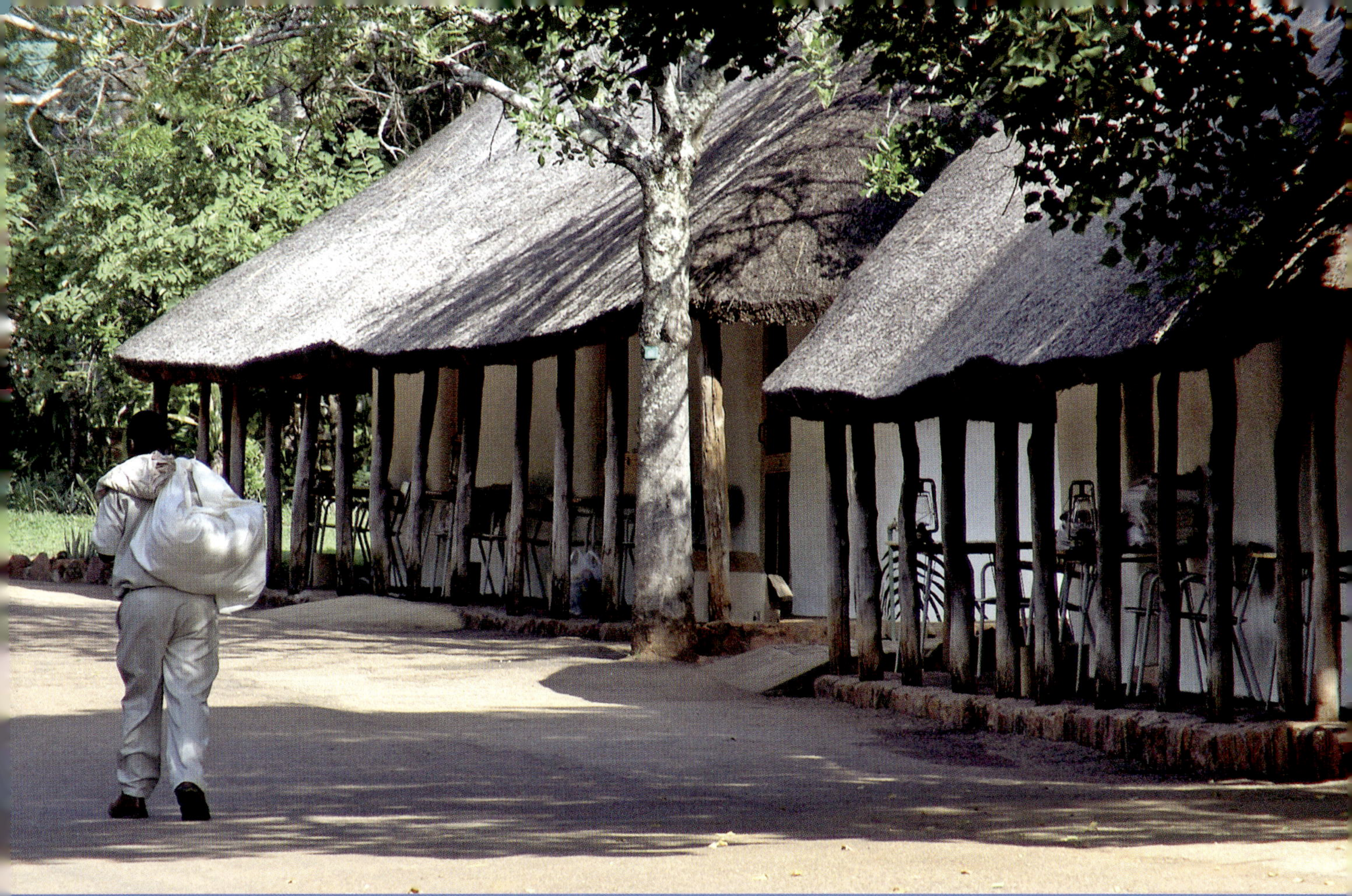
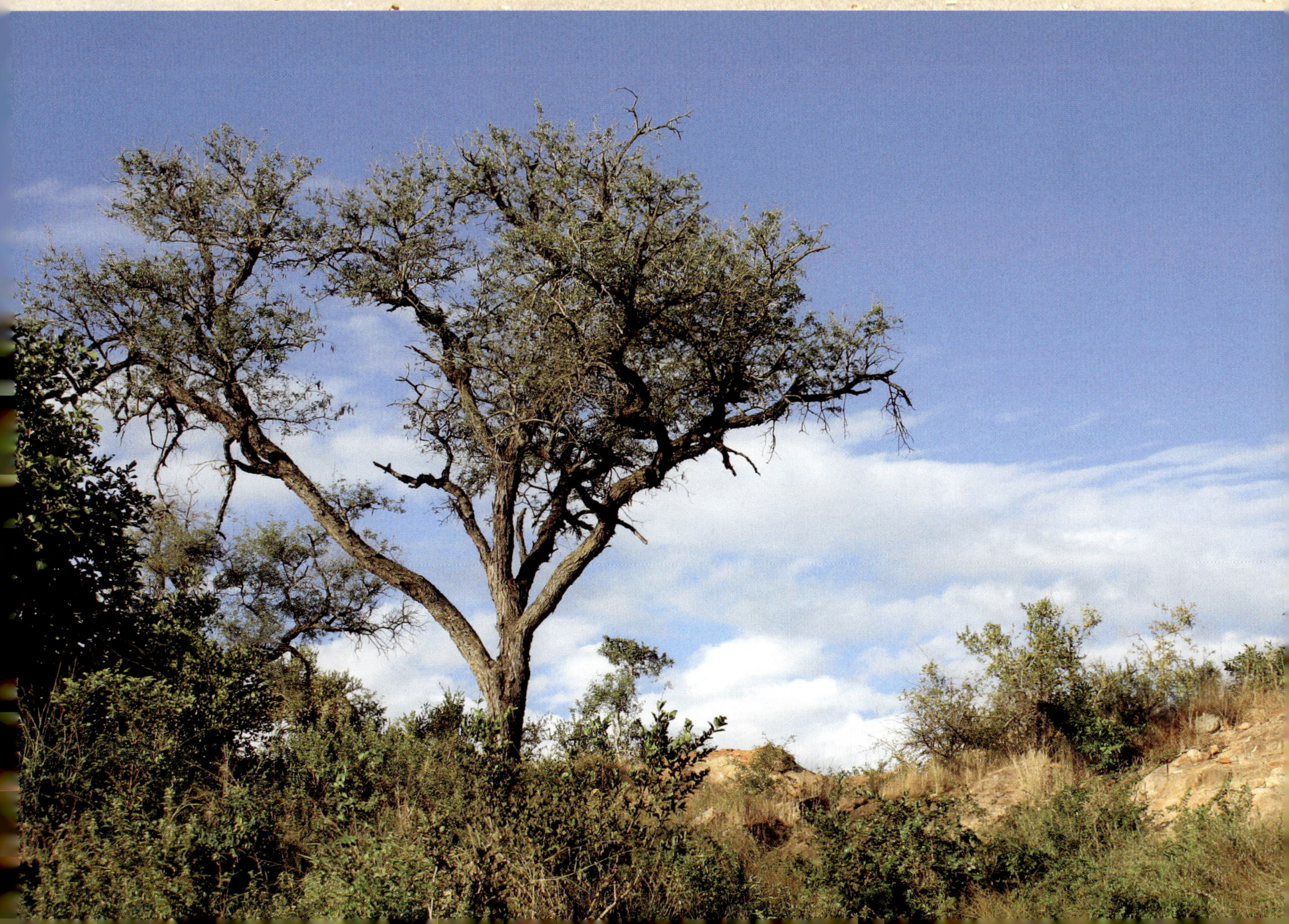

RECHTE SEITE:
Eine Brückenkonstruktion in den Bäumen im Mapungubwe National Park ermöglicht es Besuchern, exotische Vögel aus aller Nähe betrachten zu können.
Foto oben: Afrikanischer Toko, unten: Webervogel.

testens um 1300 verlassen wurde, taucht sie seltsamerweise noch in einigen portugiesischen Karten des 16. Jahrhunderts auf. Seit 2003 ist die archäologische Fundstätte UNESCO-Welterbe.

Mit der Eröffnung des Mapungubwe National Park wurde die Basis für einen geplanten Transfrontier Park mit Zimbabwe und Botswana geschaffen. Landschaftlich bietet der Park auf südafrikanischer Seite bemerkenswerte Sandsteinformationen und Höhlen mit San-Zeichnungen, auf denen erstmals auch Frauen zu sehen sind. Die Flüsse Shashe und Limpopo, die an dieser Stelle zusammenfließen, sind hier den größten Teil des Jahres ausgetrocknet. Im Durchschnitt fällt nur an zehn Tagen Regen.

Mit Elefanten, Giraffen, Wildhunden, Schwarzen und Weißen Nashörnern, Geparden, Antilopen, Hyänen, Leoparden, Wasserbüffeln, Zebras und mehr als 400 Vogelarten erweist sich die Fauna im Mapungubwe National Park als sehr vielfältig. Ein 500 Meter langer „Treetop Walk", eine Brückenkonstruktion, die sich mehr als fünf Meter über dem Boden befindet, bietet zwischen den Baumkronen Beobachtungsmöglichkeiten für Vögel am Limpopo River.

DAS LAND DER REGENKÖNIGIN

Die Nachfahren der Rozvi-Karanga-Dynastie siedelten um 1800 nördlich von Tzaneen in den Lobedu Mountains (land of offerings), nachdem sie nach innerfamiliären Streitigkeiten aus dem Süden des heutigen Zimbabwe fliehen mussten.

Jeder Königin dieses Stammes wird nachgesagt, dass sie Einfluss auf das Wettergeschehen hat; daher werden sie als Regenköniginnen bezeichnet. Aus Angst vor einer Trockenheit, so eine Legende, wagte es bisher kein fremder Stamm, das Königreich anzugreifen. Tatsächlich gab es in einer zwei Jahre andauernden regentschaftslosen Zeit eine Dürreperiode. Bei der Krönung der neuen Königin setzte leichter Nieselregen ein. Nach Angaben des Königshauses haben heutzutage sozialer und moralischer Verfall in Südafrika jedoch einen negativen Effekt auf die Fähigkeit der Regenerzeugung.

Die 2005 verstorbene Makobo Constance Modjadji VI. war die bislang letzte Herrscherin des Balobedu-Stammes, eines der wenigen matriachalischen Stämme Afrikas. Modjadji bedeutet „Frau, die zur Sonne gehört". Um die Dynastie zu erhalten, ist es den Herrscherinnen zwar erlaubt, Kinder zu bekommen, heiraten dürfen sie aber nicht. Nur zwei Jahre zuvor war die Regenkönigin im Alter von 25 Jahren in Modjadjiskloof (Duiwelskloof) zur jüngsten Regenkönigin gekürt worden. Sie hatte die Nachfolge ihrer Großmutter Mokope Modjadji V. angetreten, die 2001 gestorben war. Makobo war die erste Königin, die einen Highschool-Abschluss besaß und während ihrer Regentschaft ein Studium aufnahm. Sie residierte in einer großen Villa auf dem Anwesen direkt unterhalb des Modjadji Nature Reserve nahe von Ga-Modjadji. Als Nachfolgerin ist Makobos Tochter ausersehen, die bei ihrem Tod noch ein Baby war. 2023, wenn sie 18 Jahre alt wird, soll sie offiziell die nächste Regenkönigin werden.

Im Modjadji Nature Reserve wachsen bis zu 13 Meter hohe Palmfarne. Schmale Pfade führen durch einen riesigen Wald, der aus im Durchschnitt fünf bis acht Meter hohen, urwüchsig aussehenden

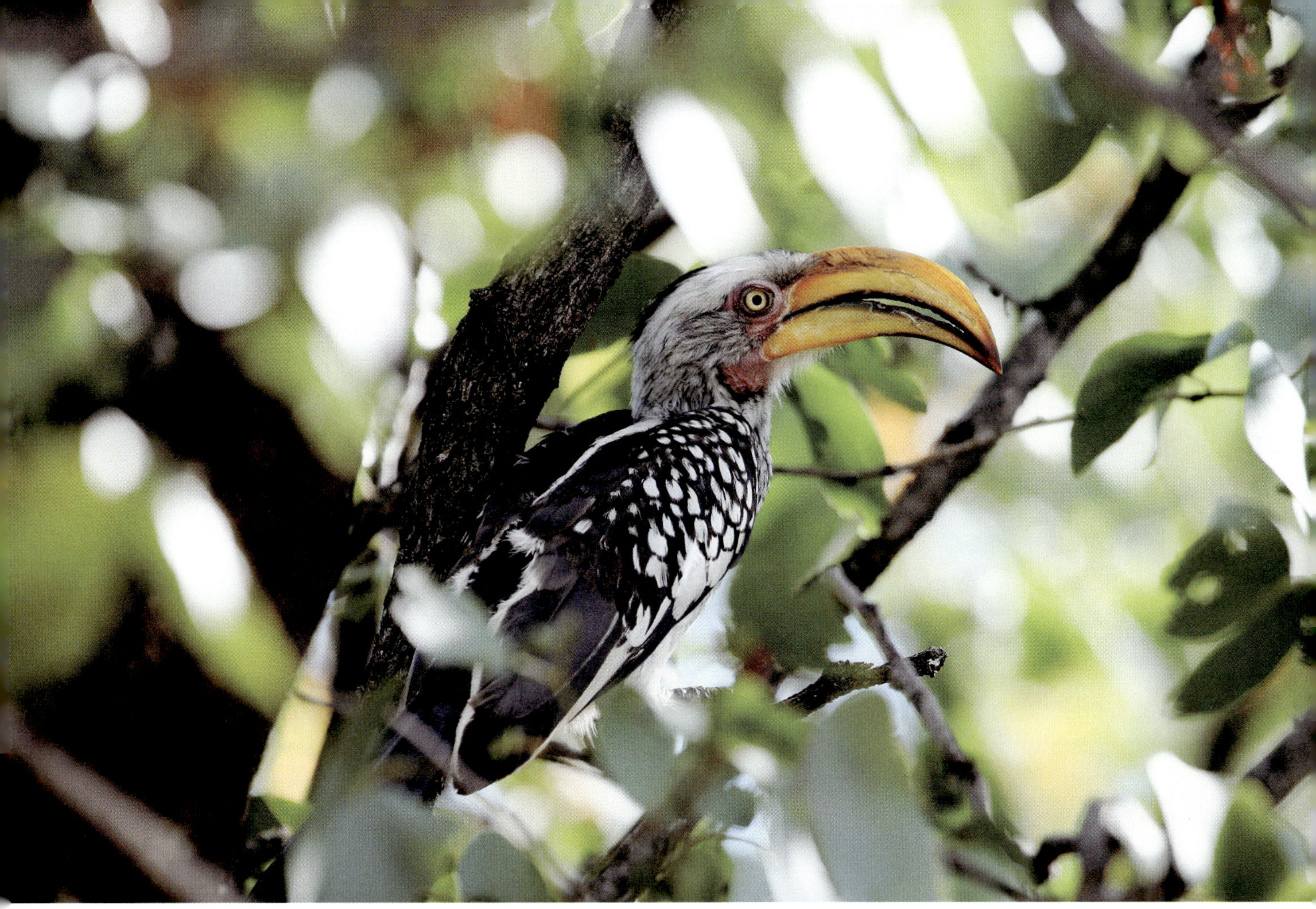

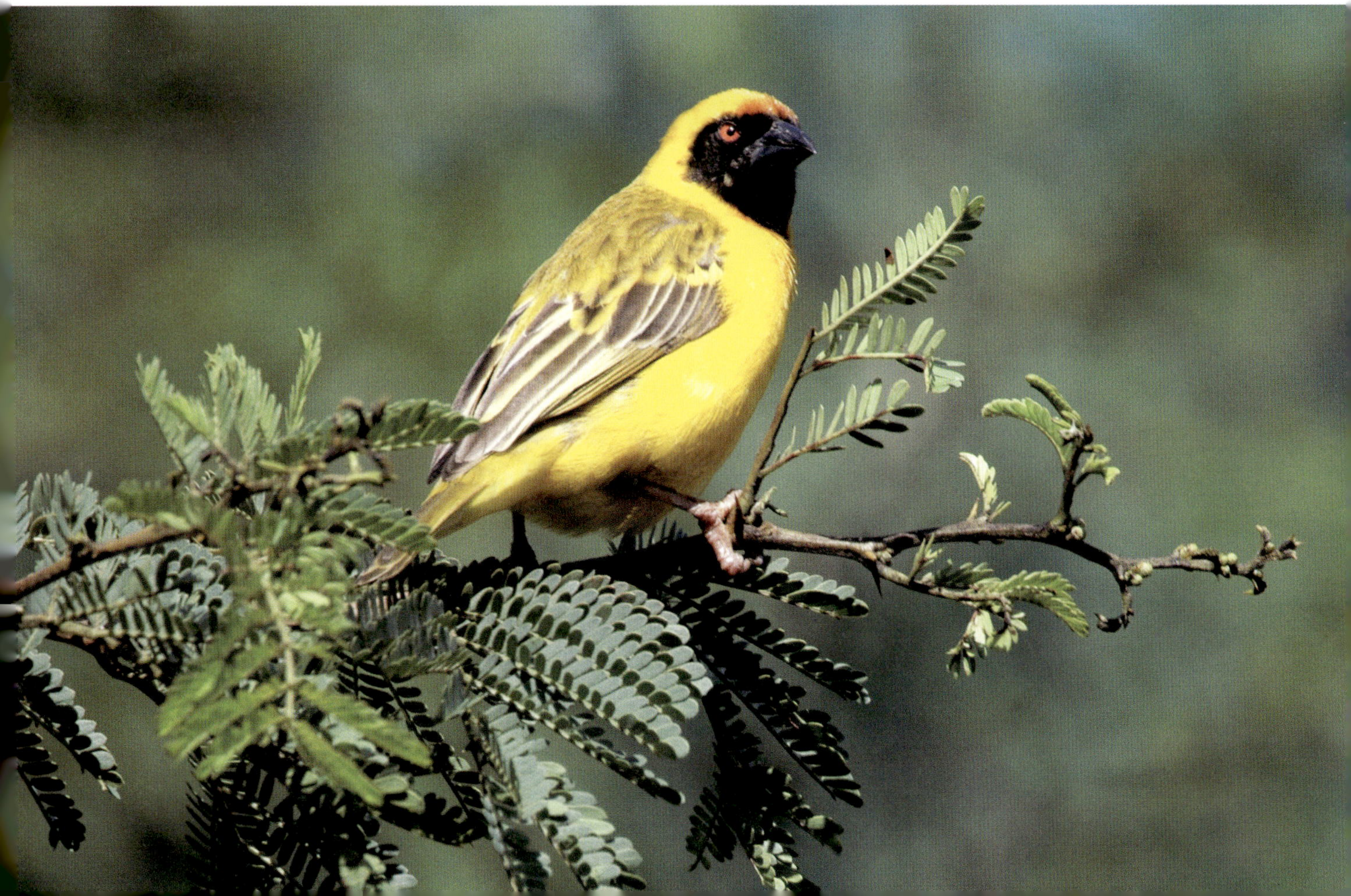

RECHTE SEITE:
Limpopo verfügt auch über weitläufige Plantagengebiete, in denen unter anderem auch Tee angebaut wird.

Pflanzen besteht. Der Ursprung dieser mit dem botanischen Namen *Encephalartos transvenosus* versehenen Pflanzen reicht 50 bis 60 Millionen Jahre zurück. In den letzten drei Jahrhunderten wurden sie von der Modjadji-Dynastie geschützt.

Den hohen Stellenwert der Regenkönigin in der südafrikanischen Gesellschaft macht der Umgang mit Makobos Großmutter, die 2001 verstarb, deutlich. Sie wurde posthum für ihre Entwicklungsprogramme für eine neue Schule und Klinik sowie für ihre Fähigkeit, in Trockenzeiten für Regen in der Region zu sorgen, geehrt.

Vor ihrem Tod hatte sie noch einen Traum für ihr Volk, den sie schon Nelson Mandela erzählte, bevor er Präsident wurde: ein Wissenszentrum und eine Hochschule für Landwirtschaft mit Labors und Bibliotheken. Wahr wurde der Traum mit der Eröffnung der Mandela Barloworld Agricultural High School im Herzen der Lobedu Mountains.

Bis in die Gegend um den Magoebaskloof mit dem regionalen Zentrum Tzaneen („Korb") waren die Königinnen einst gewandert. Nach Ausrottung der Malaria hatten sich hier weiße Siedler niedergelassen und aus dem fruchtbaren Gebiet das Zentrum der Obstlandwirtschaft der Provinz gemacht.

Bananenstaude – diese Frucht gedeiht im Gebiet der sogenannten Panoramaroute.

Über den Magoebaskloof führt die bei den Südafrikanern sehr beliebte Panoramaroute entlang von Kirsch-, Zitronen-, Mango-, Bananen-, Tee- und Avocado-Plantagen, aber auch durch dichte Wälder im Gebiet des Letaba River mit breit gefächerten Wasserfällen. In den Tälern ist das Klima im Sommer heiß bis drückend schwül, während es im Winter sehr kalt werden kann.

Das ganze Jahr über wird die Region mit ergiebigen Regenfällen bedacht, und Nebel ist nicht selten. Kleine Farmen, Hofläden und Kirschfestivals prägen die Region. Auch Gold spielte hier einst eine wenn auch sehr geringe Rolle. 1880 hatte der Erfurter C. F. Haenert in den Bergen oberhalb des nach ihm benannten kleinen Ortes Haenertsburg eine kleine Ader entdeckt.

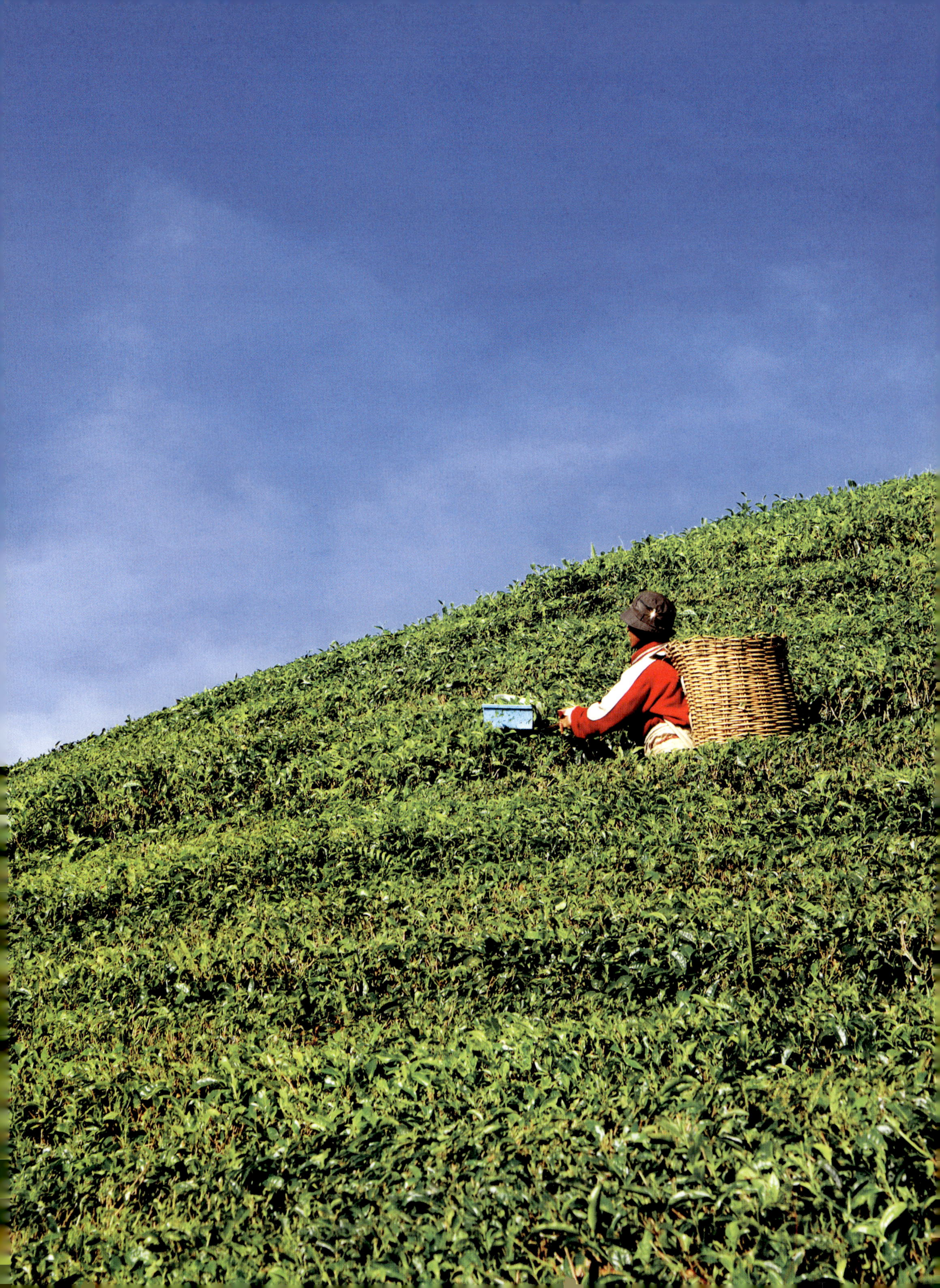

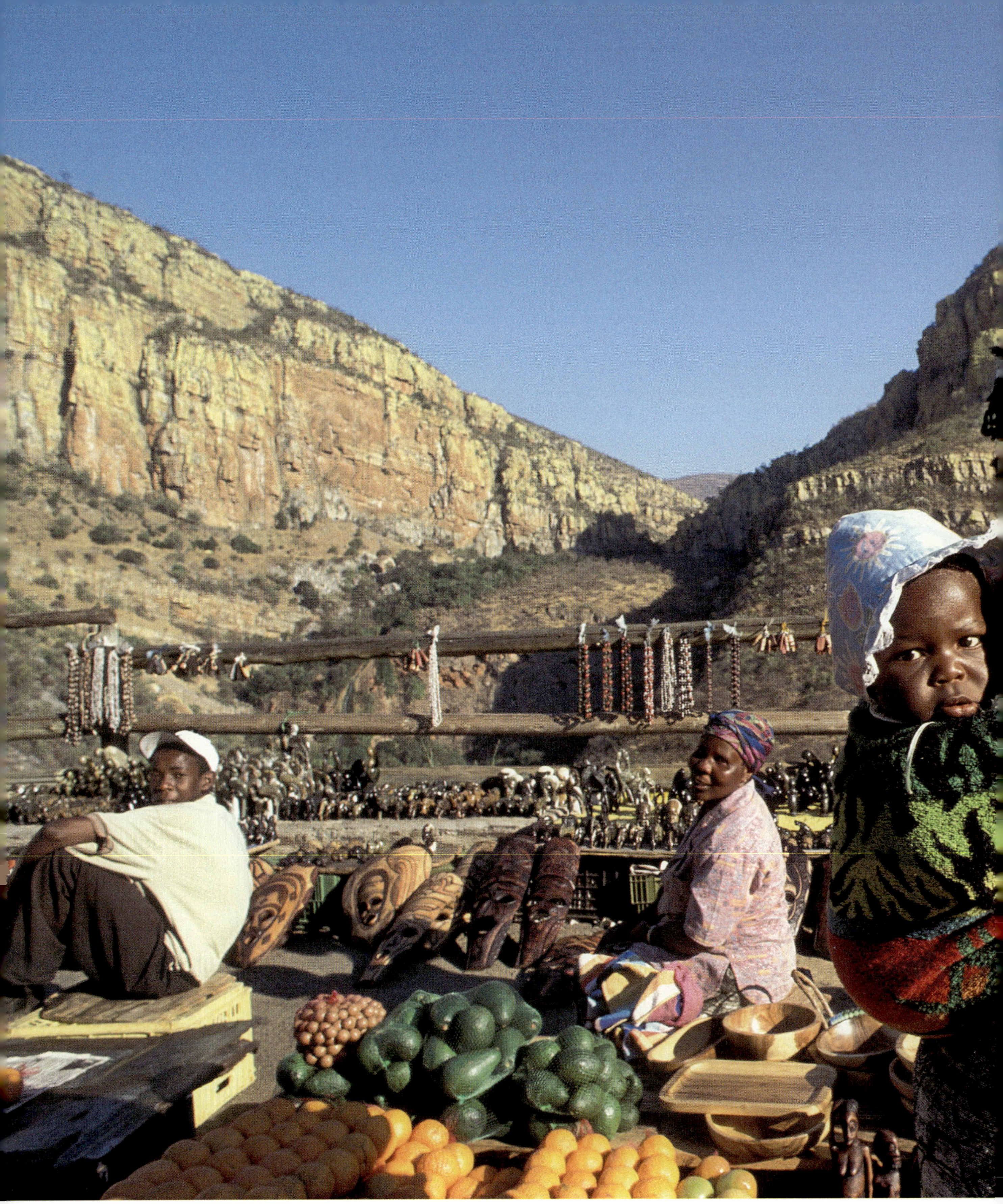

Markt am Abel Erasmus Pass
an der Grenze zur Provinz
Mpumalanga

RECHTE SEITE:
Irish House in Polokwane

RUND UM POLOKWANE

Kurz hinter Haenertsburg Richtung Polokwane ändert sich mit Beginn des ehemaligen Homelands Lebowa das Landschaftsbild schlagartig. Die Ausläufer der Lobedu Mountains gehen bis zur Provinzhauptstadt hin in flaches und unfruchtbares Land über.

Das Gebiet wird durch wesentlich geringeren Niederschlag, karge Vegetation, Zersiedelung und Bodenerosion geprägt. 36 Kilometer vor den Toren des Zentrums der ehemals von den Buren geprägten Stadt Polokwane liegt die University of Limpopo, ein Zusammenschluss mehrerer Universitäten für Schwarze.

Die 1310 Meter über dem Meeresspiegel liegende Provinzhauptstadt Polokwane (ca. 700 000 Einwohner im Ballungsraum) wurde 1886 an der 530 Kilometer langen Hauptstrecke von Pretoria zum Limpopo River von den Voortrekkern gegründet und nach dem General Petrus „Piet" Jacobus Joubert Pietersburg benannt. Während des Zweiten Anglo-Buren-Krieges wurde sie 1901 von den Briten erobert, die hier ein Concentration Camp errichteten. Im Jahre 2003 schließlich erhielt sie den Namen „Polokwane", der auf Nord-Sotho „sicherer Ort" bedeutet.

Die ehemals sehr burische Stadt wird heute durch die vor allem vom Handel lebenden Menschen aus den Townships geprägt, die tagtäglich mit Minibussen in die Innenstadt strömen. Die Buren haben sich auf das Land bzw. in die Vorstadtbereiche zurückgezogen. Architektonisch ist die katholische Kirche im Osten der Stadt der auffälligste Bau. Mit Durchschnittstemperaturen von 27 °C im Sommer und 20 °C im Winter und 400 bis 600 Millimeter Niederschlag im Sommer ist das Klima sehr angenehm.

Polokwane International Airport verbindet die größte Stadt und Hauptstadt der Limpopo Province mit Johannesburg. Die Lage an der Zugstrecke und der Nationalstraße Richtung Landesgrenze und die Stationen großer Busgesellschaften machen sie zu einem wichtigen Verkehrsknotenpunkt auf der Nord-Süd-Achse von Gauteng nach Zimbabwe. Zahlreiche Industriebetriebe haben sich in der Region angesiedelt. 2010 war Polokwane mit dem neugebauten Peter Mokaba Stadium Austragungsort der Fußball-Weltmeisterschaft in Südafrika.

DIE WATERBERG-REGION

Der Waterberg-Distrikt liegt im Westen der Provinz Limpopo, umfasst eine Fläche von rund 45 000 Quadratkilometern und zählt zu den einsamsten Gebieten der Provinz. Sitz der Distriktverwaltung ist Modimolle (früher Nylstroom). Benannt wurde die Region nach dem 1857 Meter hohen Waterberg, der mit seinem rötlichen Sandstein das Landschaftsbild prägt. Die bedeutendsten Städte der Region sind Mokopane (ehemals Potgietersrus), Bela-Bela (Warmbaths), Lephalale (Ellisras), Modimolle (Nylstroom), Mookgophong (Naboomspruit) und Thabazimbi.

Lephalale ist der wichtigste Industriestandort der Region. Umgeben von zahlreichen Jagdfarmen, lebt die 1960 eigens dafür gegründete Stadt vor allem von der Kohleförderung. Im Tagebau werden hier jährlich 26 Millionen Tonnen Kohle abgebaut. Und hier befindet sich auch das größte trockengekühlte Kohlekraftwerk der Welt. Im Gemeindebezirk Lephalale leben etwa 140 000 Menschen.

J.A.
JONES
DRAPERS
THE IRISH HOUSE
PIETERSBURG
MUSEUM
THABO MBEKI STR

Marakele National Park in der Waterberg-Region (Foto oben und unten)

Waterberg-Region (Foto oben);
ländliche Dorfgemeinschaft
nahe dem Paul-Kruger-Tor in
der Limpopo Province (Foto unten)

Limpopo 307

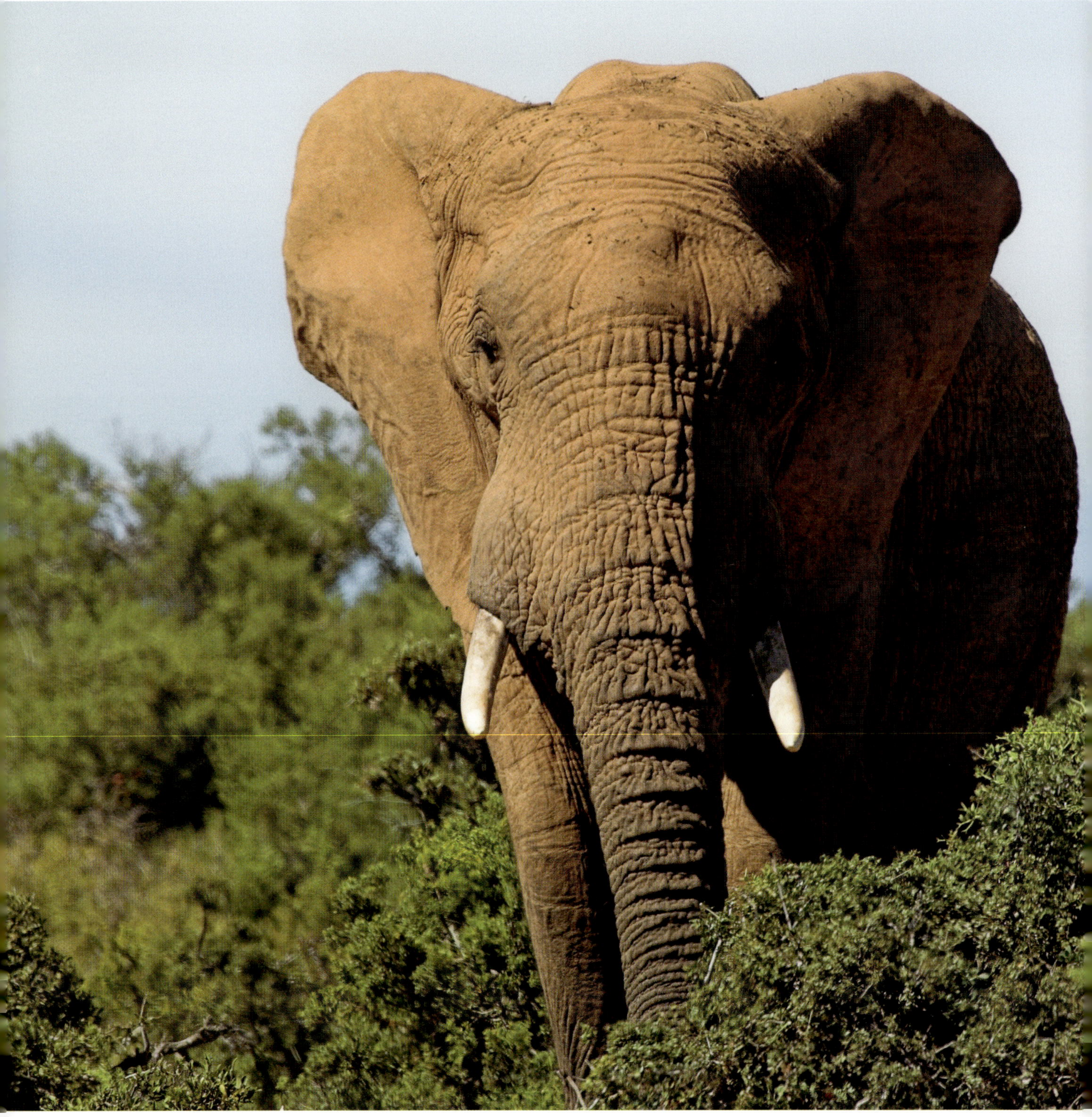

Auch wenn es im Waterberg-Gebiet noch immer sehr burisch zugeht und auch die touristische Infrastruktur vor allem auf diese Zielgruppe ausgerichtet ist, treten langsam die zu Apartheidzeiten unterdrückten Kulturen der Pedi, Tswana und Sotho in den Vordergrund.

Die Region rund um den Waterberg wurde von den ersten hier siedelnden Voortrekkern nach dem reichlichen Wasservorkommen benannt. Besonders in der Regenzeit traten die vielen Flüsse über die Ufer und bildeten zum Teil riesige Wasserflächen. Eugène Marais (geb. 1871 in Pretoria), Autor von „The Road to the Waterberg", kam 1907 erstmals in die heutige Limpopo Province und siedelte auf einer Farm namens Doornhoek. Er beschrieb, wie die Ochsenwagen durch die enormen Mengen von Wasser behindert wurden. Vor allem in Regenzeiten können die Wasserfluten, die die Berge hinabströmen, die Sandpisten unpassierbar machen. Insgesamt ist das Gebiet im Laufe der Zeit trockener geworden und besteht zum großen Teil aus Savannenlandschaft.

Die Berge gehen auf vulkanischen Ursprung vor rund 600 Millionen Jahren zurück und sind reich an Mineralien wie Chrom, Platin, Nickel, Eisen und Zinn. Dies ist der Grund, weshalb sich um die heute zum Glück geschützte Bergwelt eine lukrative Bergindustrie entwickelt hat. Da sich um das Gebiet in den Bergen im vergangenen Jahrhundert keiner so recht gekümmert hat, entstand dort ein wahres Paradies für Waffenschmuggler, Wilddiebe, Steuerhinterzieher, aber auch für Siedler und ihre Familien, die in der Abgeschiedenheit ihre Wurzeln schlagen wollten.

WATERBERG BIOSPHERE RESERVE

2001 wurden rund 6500 Quadratkilometer Fläche rund um den Waterberg mitsamt der vielen einzeln stehenden Berge, den sogenannten Kransbergen, dem internationalen Netz von Biosphärenreservaten der UNESCO angeschlossen und unter besondere Beobachtung gestellt. In Südafrika ist dieses malariafreie Gebiet das erste „Savannah Biosphere Reserve" mit einer enormen Vielfalt an Tieren und Pflanzen und großem Potenzial für Tourismus, Wildhaltung und Jagdfarmen.

Ende des 19. Jahrhunderts waren die meisten Tiere durch die Jagd ausgerottet worden, doch heute kann die Region auf alle Vertreter der „Big Five" und viele andere Tiere blicken. Und auch landschaftlich bietet sich mit interessanten Bergformationen, Buschlandschaft und einem zentralen Plateau ein großes Naturerlebnis.

Das Besondere an Biosphärenreservaten im Gegensatz zu Naturreservaten oder Nationalparks in Südafrika ist, dass auch landwirtschaftliche Flächen, private Game Reserves und Siedlungen mit in das Gesamtkonzept

LINKE SEITE:
Elefant im Kruger National Park

Wunderheilerin bei der Zubereitung von Medizin. Diese sogenannten „Sangooma" haben in Südafrika nach wie vor eine ausgesprochen hohe Bedeutung.

der Region eingeschlossen werden. Daraus ergeben sich drei Basisfunktionen: die Erhaltung der Biodiversität inklusive der Landschaft und des Ökosystems, die Entwicklungsförderung wirtschaftlicher und menschlicher Interessen mit soziokultureller und ökologischer Sensibilität sowie die Unterstützung wissenschaftlicher Untersuchungen, Bildung und Informationsaustausch.

Mitinitiator der Waterberg Biosphere und einer der bekanntesten Naturschützer Südafrikas ist Clive Walker. Zusammen mit dem ökologisch interessierten Geschäftsmann Dale Parker kaufte er 20 000 Hektar Farmland und gründete darauf das Lapalala Wilderness Reserve, in dem im Laufe der Zeit Wild angesiedelt wurde und Lehrpfade entstanden.

Lapalala ist heute eines der größten privaten Game Reserves in Südafrika, durch dessen Mitte der 77 Kilomter lange Fluss Palala fließt. Wer einmal im Camp ist, muss sein Auto stehen lassen, kann die Gegend aber zu Fuß, per Pferd oder mit einer geführten Tour erkunden.

Eines der ersten Projekte von Walker und Parker war die Wiedereinführung des ausgerotteten Schwarzen Nashorns (wissenschaftlicher Name: *Diceros bicornis*; afrikaans: Swartrenoster; Zulu: uBhejane), das mit einer Schulterhöhe von 1,6 Meter und einer maximalen Geschwindigkeit von bis zu 45 Kilometern pro Stunde Anfang des 19. Jahrhunderts die am meisten verbreitete Nashornart mit mehreren 100 000 Tieren allein auf dem afrikanischen Kontinent war.

Mit zunehmendem europäischen Einfluss sank die Zahl der Schwarzen Nashörner im westlichen Afrika wie auch in Südafrika. Im Jahre 1960 gab es schätzungsweise nur noch ca. 100 000 Exemplare in ganz Afrika. In den 1970er und 1980er Jahren wurde der Markt enger, und die anhaltend große Nachfrage nach den Hörnern stieg dramatisch an. Weltweit wurde der Bestand an Schwarzen Nashörnern seit 1970 um 96 Prozent auf nur noch 2 410 Exemplare im Jahre 1995 dezimiert.

In Südafrika nahm in den letzten 60 Jahren durch bewusste Wiederansiedlung und strengem Schutz im Hluhluwe-iMfolozi Park in KwaZulu-Natal die Zahl des Schwarzen Nashorn wieder stark zu. Als 1990 Schwarze Nashörner nach eingehender Prüfung der Eigentümer erstmals auch an private Parks verkauft werden durften, erwarb Clive Walker ebenfalls einige der Dickhäuter, die sich heute in dem geschützten Gebiet wieder vermehren können.

MARAKELE NATIONAL PARK

Wie viele Flächen in der Waterberg-Region war auch das Gebiet, auf dem sich heute der Marakele National Park befindet, ursprünglich Farmland. Im Zuge der Neuschaffung von Nationalparks kaufte der Staat das Land nach und nach den Farmern ab. Parallel wurde eine Politik der Wiedereinführung ehemals vorhandener Pflanzen und Tiere verfolgt, die durch Farming und Jagd ausgerottet worden waren.

Nach und nach wurden seit 1990 auf den einzelnen Farmen Wildtiere wie Elefanten, Schwarze Nashörner, Büffel, Geparde, Hyänen, African Wild Dogs und viele Antilopenarten angesiedelt sowie Giraffen, Kudus und Zebras. Unterstützt von der Nationalparkbehörde SANParks konnte 1999 der Philantroph und Geschäftsmann Paul van Vlissingen erreichen, dass die Zäune abgebaut und das Land in einen Nationalpark umgewandelt wurde. Verwaltet wird der Park durch ein privates Management.

FOLGENDE DOPPELSEITE:
Im Kruger National Park (linke Seite); der „König" der Tiere – ein imposanter Bewohner des Kruger National Park (rechte Seite)

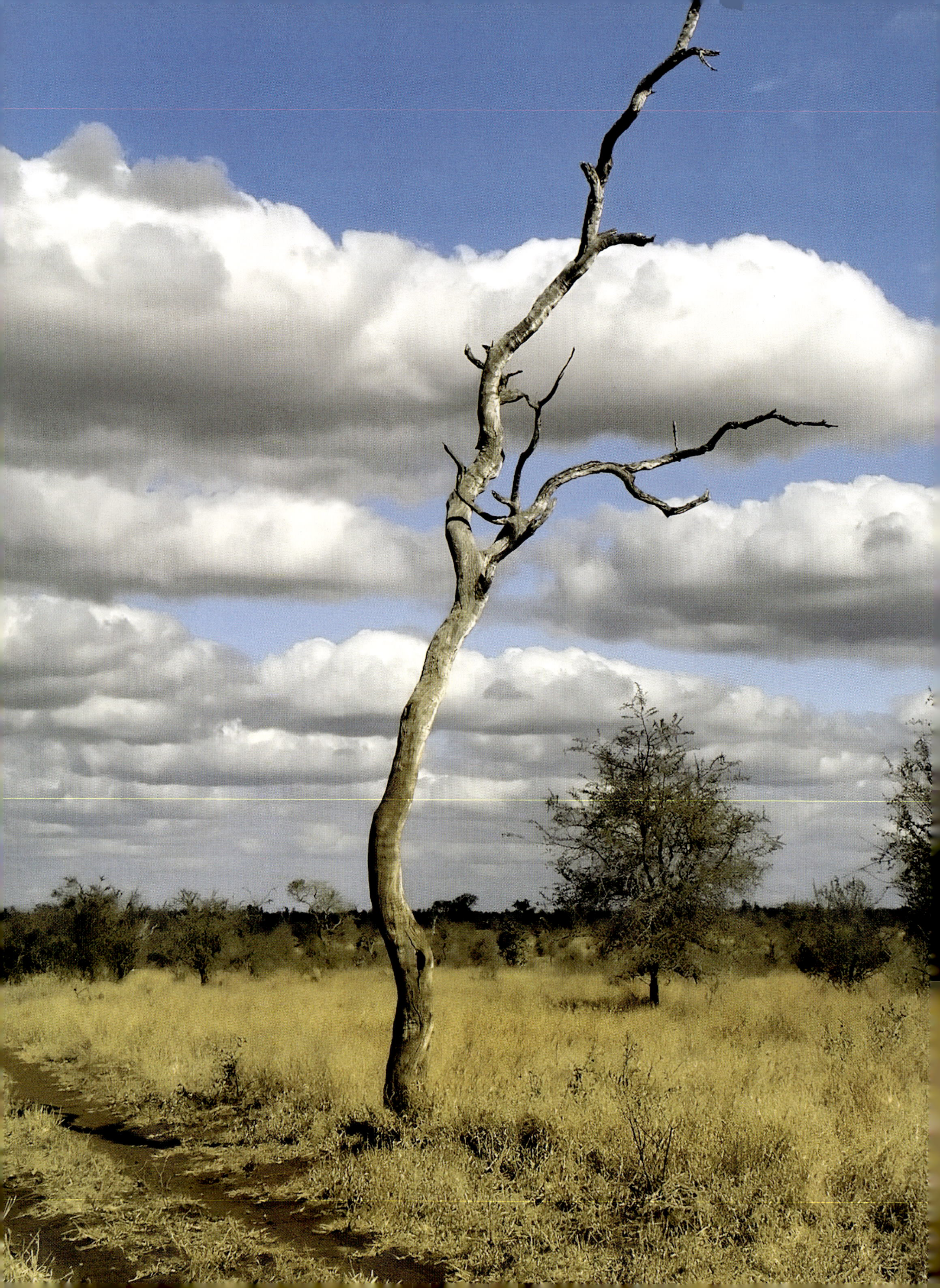

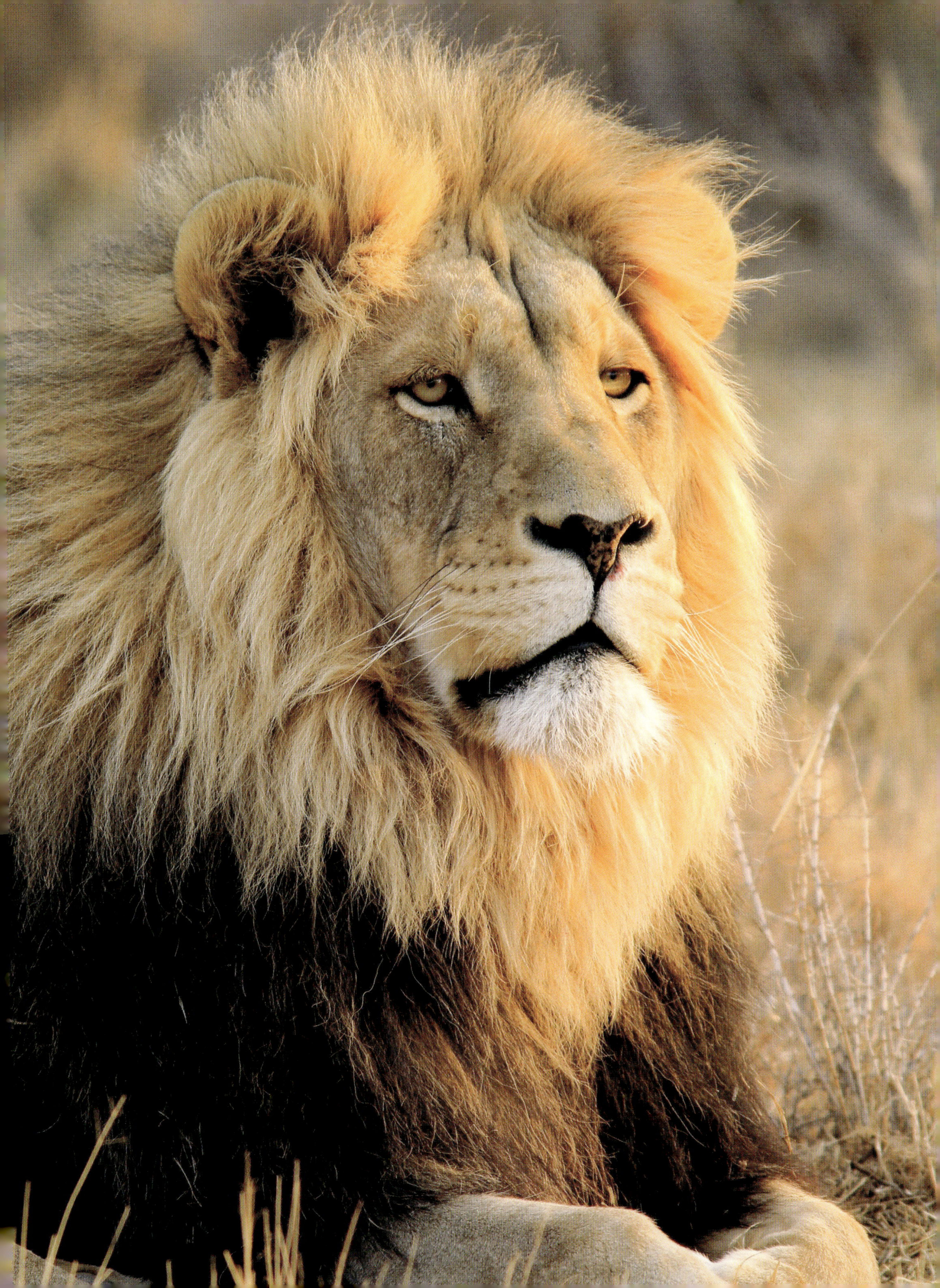

RECHTE SEITE:
Kapgeier (Foto links), Bateleur (Foto rechts oben) und Kingfisher (Foto rechts unten). Mittlerweile sind alle diese Vögel wieder im Marakele National Park zu finden.

FOLGENDE DOPPELSEITE:
Eindrücke aus dem Kruger National Park

In der Sprache der Tswana bedeutet Marakele sinngemäß Platz der Ruhe und Sicherheit. Ehemals hieß der Park Kransberg National Park, nach einer allgemeinen geographischen Bezeichnung für die gegebene Bergform. Steile Felsen, offene Landschaft, rote Sandpisten, dornige Buschlandschaft und sanfte Hügel bieten (nur rund 250 Kilometer von Johannesburg entfernt) ein wunderschönes Naturerlebnis. Zudem ist der am Fuße des Matlabas Zyn Kloof gelegene Nationalpark malariafrei.

Direkt an den rund 70 000 Hektar großen Marakele National Park grenzt im Osten das kleinere private Welgevonden Game Reserve an. Dieses bietet Besuchern die Möglichkeit, auch die „Big Five" zu erspähen.

Berühmt ist der Marakele National Park auch für seine Vogelwelt. Kingfisher, Bateleur und Kapgeier waren in dieser Region zuletzt Ende der 1980er Jahre gesehen worden – und sind nun wieder ansässig. 2003 konnte der African Wild Dog, ursprünglich in der Gegend um Thabazimbi lebend und 90 Jahre lang nicht mehr gesichtet, wieder angesiedelt werden.

THABAZIMBI

Thabazimbi, acht Kilometer südlich vom Marakele National Park gelegen, ist für die Region typisch: ein sehr burischer Ort, in dem Afrikaans dominiert und englische Sprachkenntnisse nicht selbstverständlich sind. Die Sehenswürdigkeit von Thabazimbi (= Eisenberg) sind die umliegenden Berge. Unzählige Lastwagen bauen Tag und Nacht Schicht für Schicht ab. Der hier hauptsächlich betriebene Eisenerzabbau begann 1930.

1953 wurde die Stadt Thabazimbi gegründet, als eine Eisenbahnlinie von Rustenburg nach Lephalale gebaut wurde. Auch weiter südlich von Thabazimbi wird die Landschaft durch den Übertagebergbau bestimmt. Von den unterirdischen Platin- und Chromminen zeugen hingegen oftmals nur kleinere, hellgraue Steinhügel.

Limpopo 315

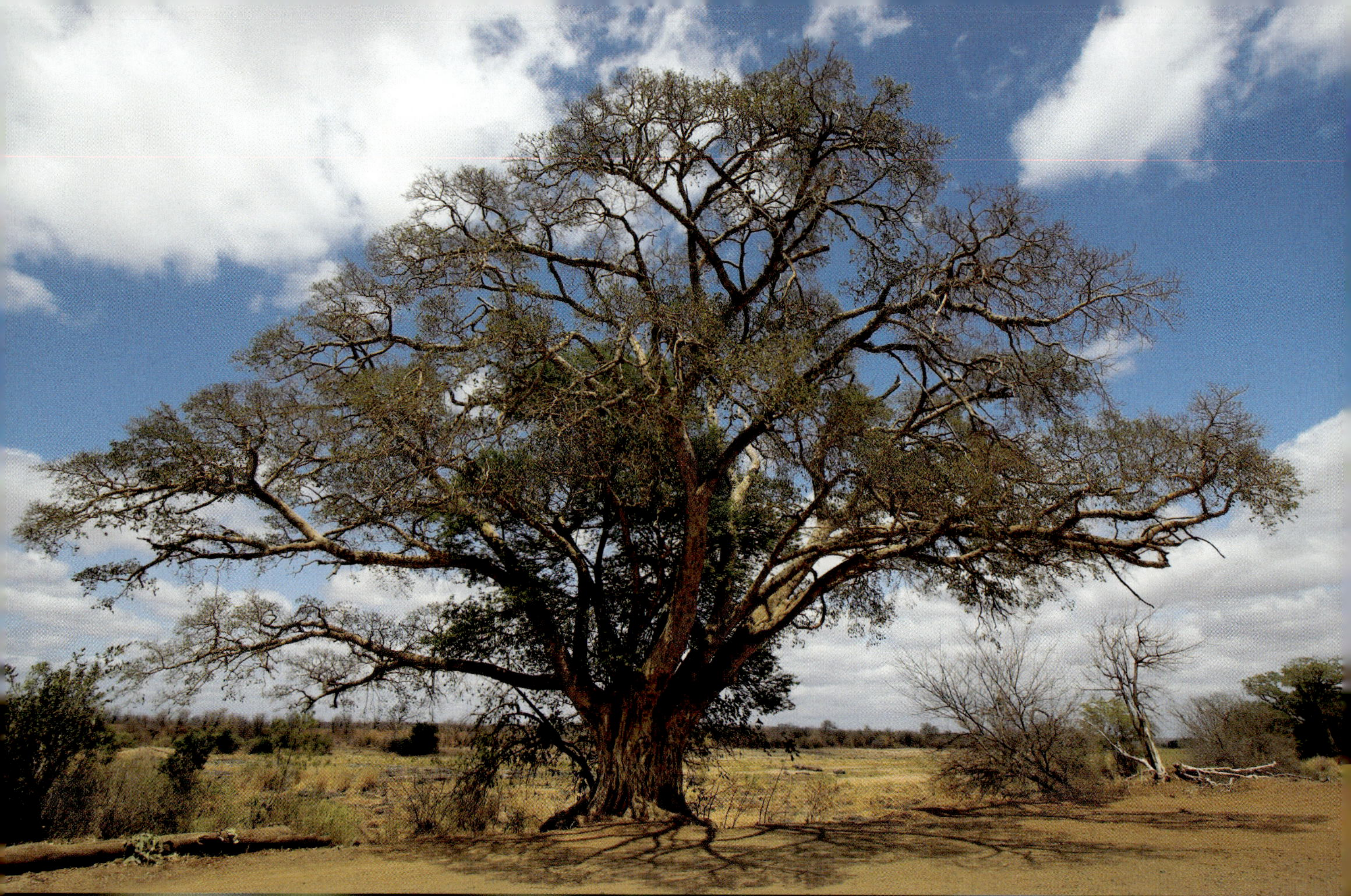

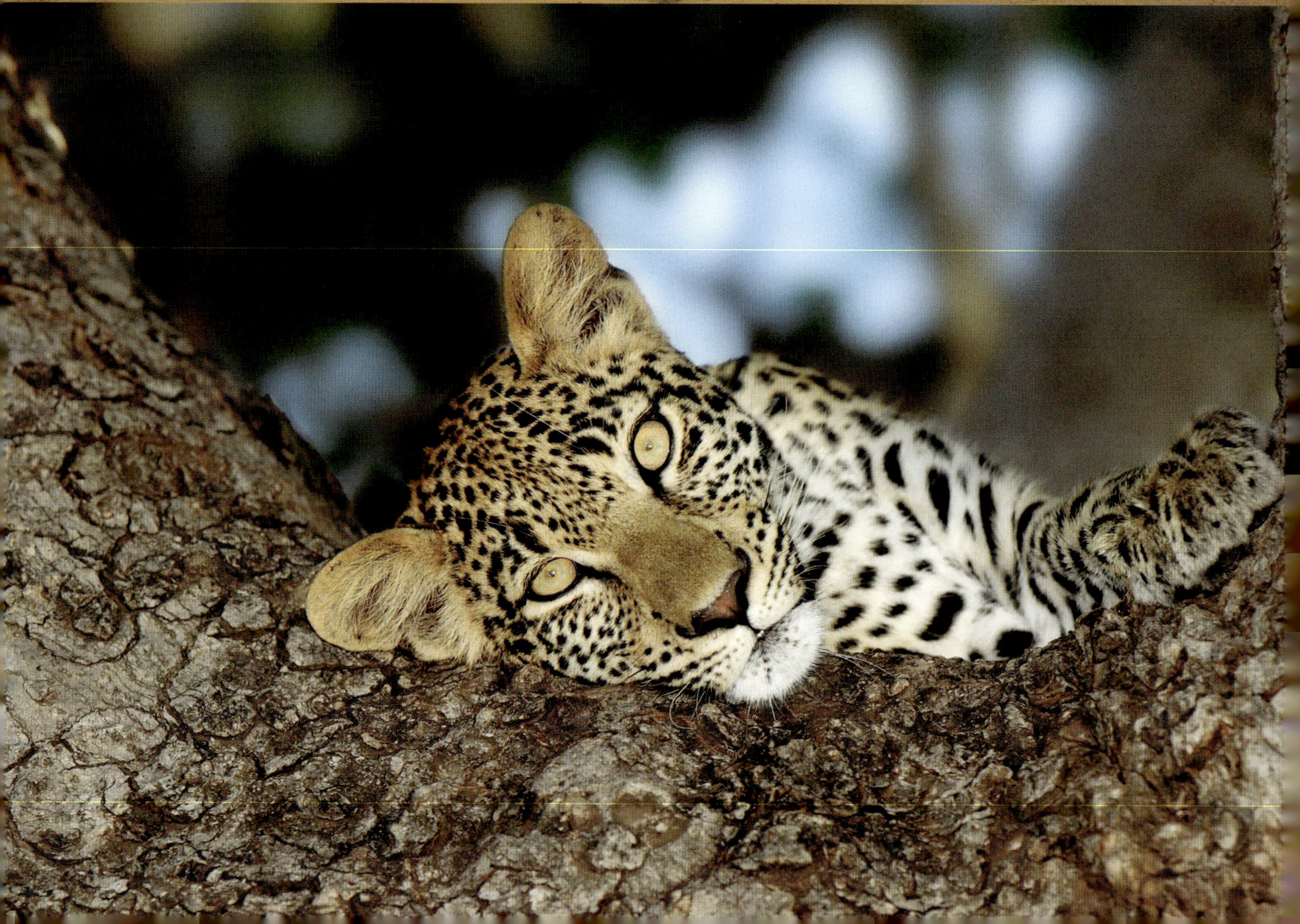

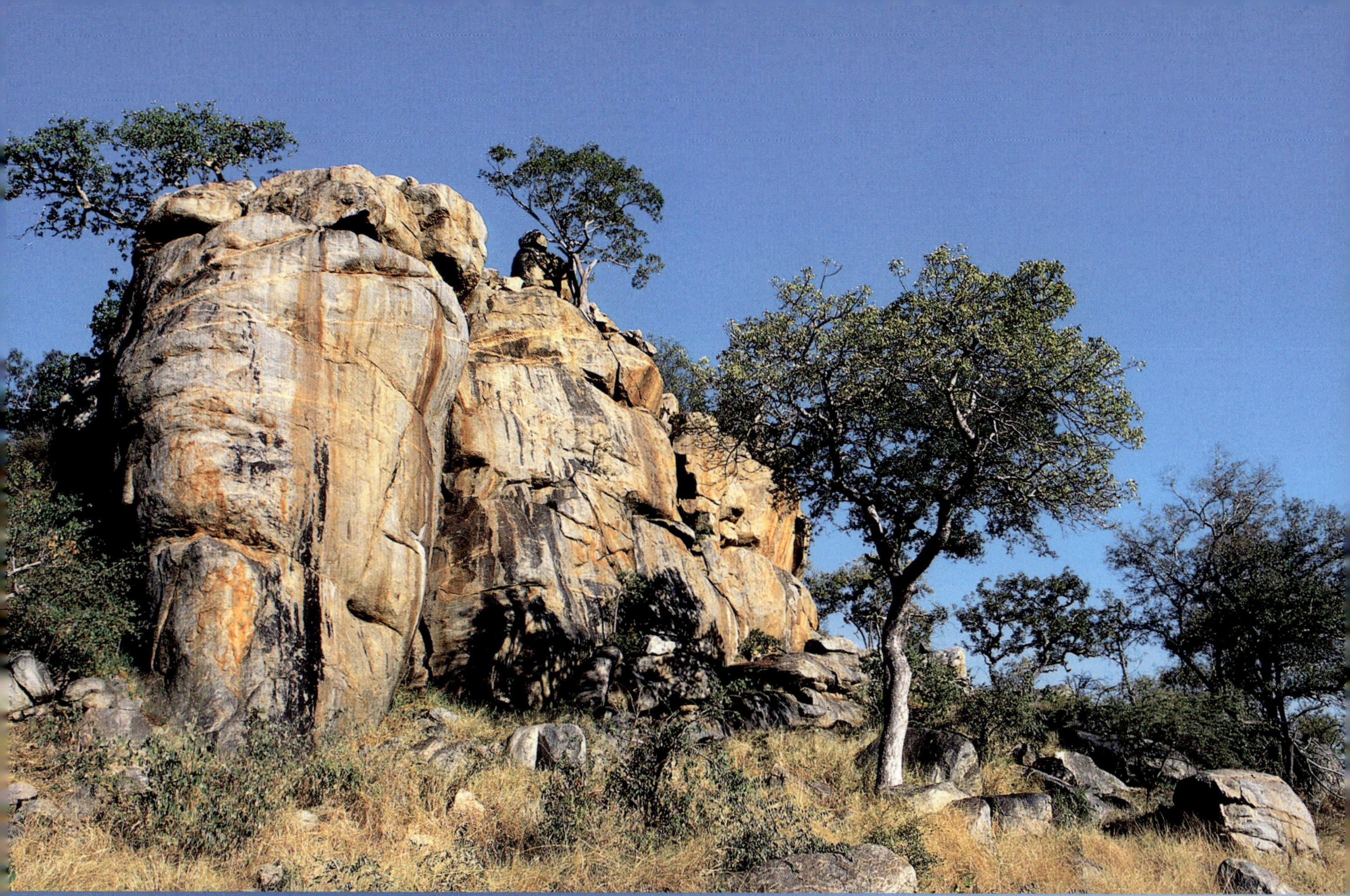

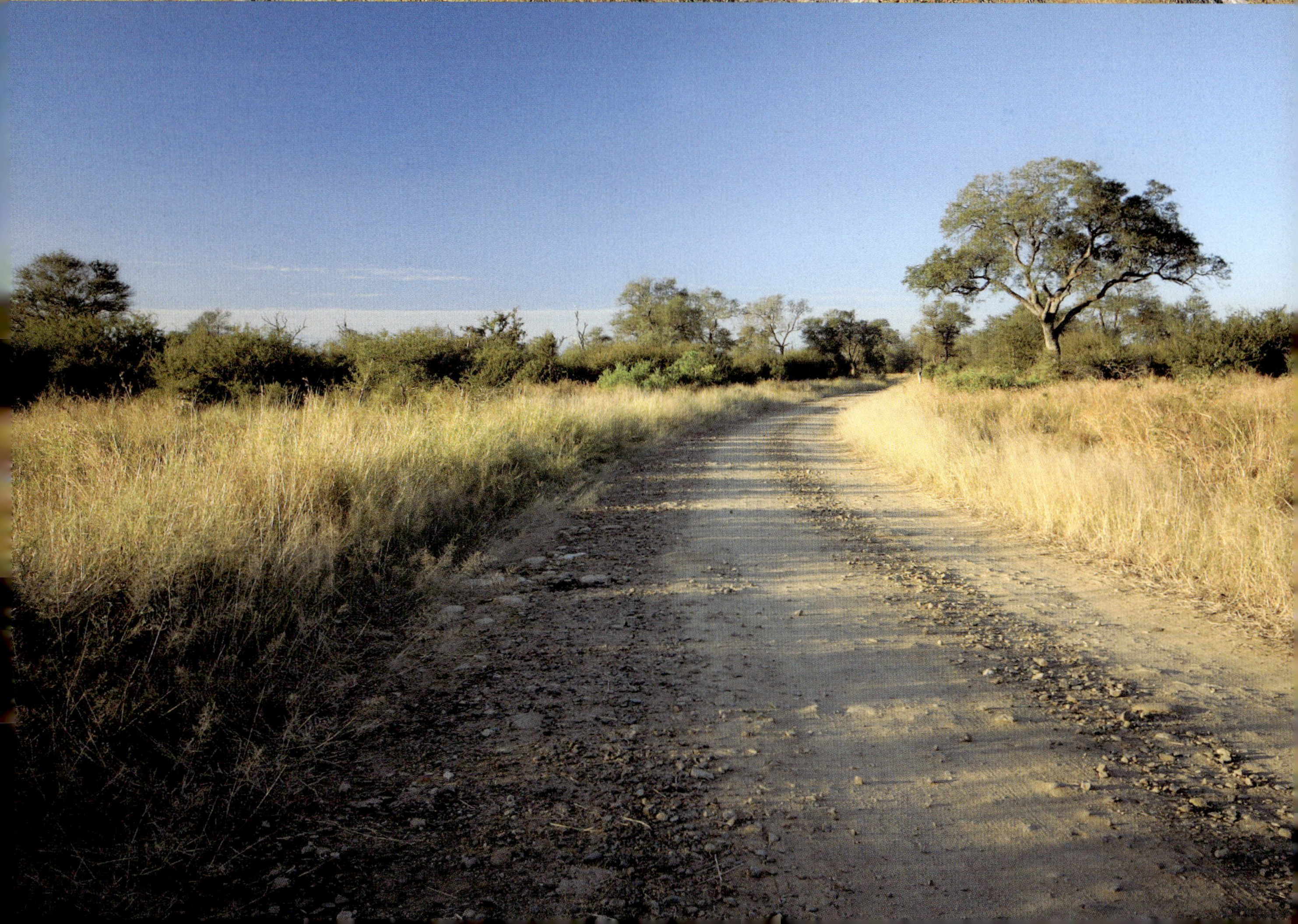

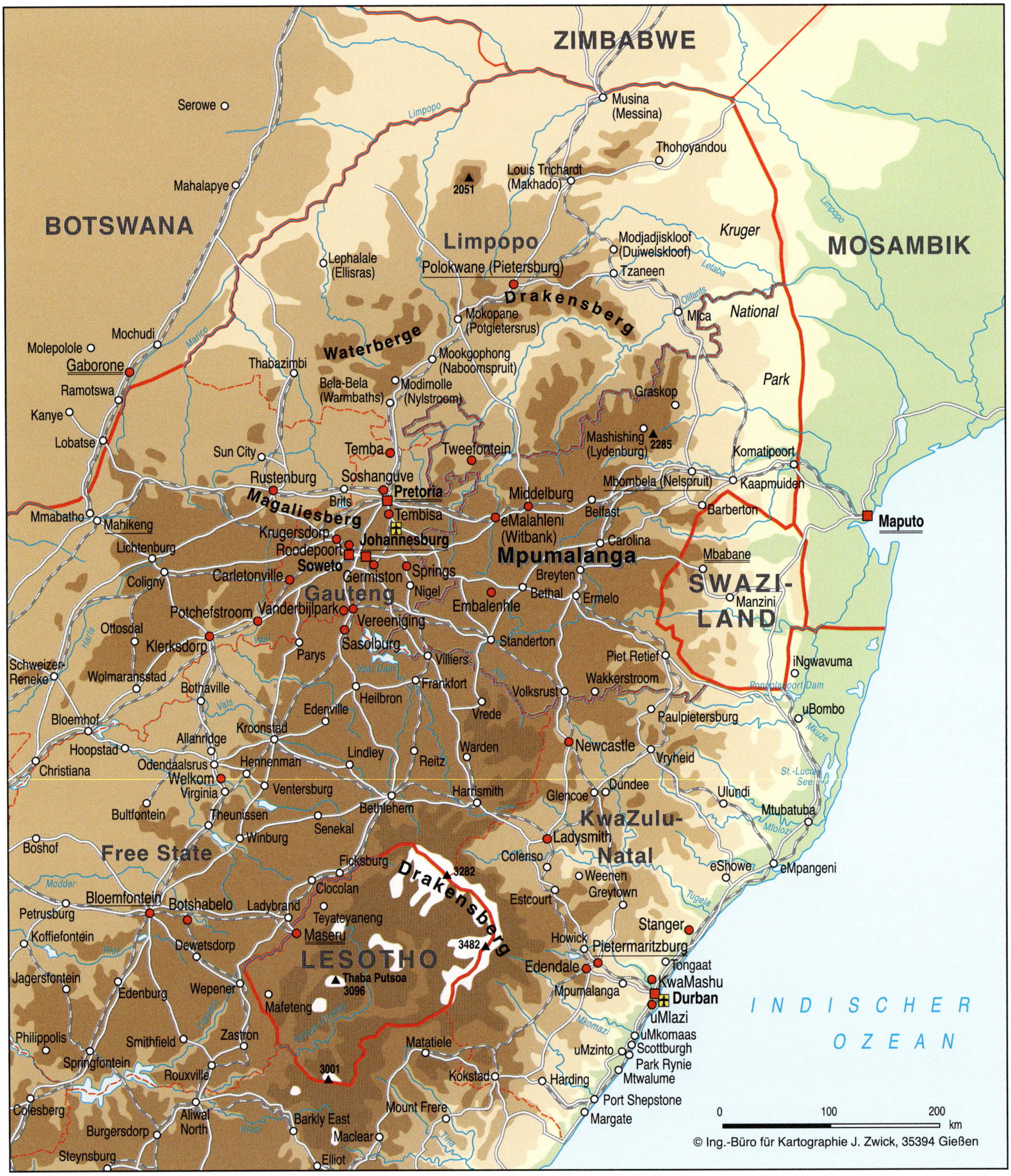
ZIMBABWE
BOTSWANA
MOSAMBIK
Serowe
Limpopo
Musina
(Messina)
Thohoyandou
Louis Trichardt
(Makhado)
2051
Mahalapye
Limpopo
Kruger
National
Park
Modjadjiskloof
(Duiwelskloof)
Tzaneen
Letaba
Olifants
Lephalale
(Ellisras)
Polokwane (Pietersburg)
Drakensberg
Mokopane
(Potgietersrus)
Mica
Mochudi
Molepolole
Marico
Gaborone
Thabazimbi
Waterberge
Mookgophong
(Naboomspruit)
Bela-Bela
(Warmbaths)
Modimolle
(Nylstroom)
Ramotswa
Kanye
Lobatse
Graskop
Mashishing
(Lydenburg)
2285
Sun City
Temba
Tweefontein
Komatipoort
Rustenburg
Soshanguve
Pretoria
Brits
Magaliesberg
Tembisa
Middelburg
Mbombela (Nelspruit)
Kaapmuiden
Mmabatho
Mahikeng
Belfast
Barberton
Maputo
eMalahleni
(Witbank)
Carolina
Krugersdorp
Johannesburg
Lichtenburg
Roodepoort
Soweto
Mpumalanga
Mbabane
Carletonville
Germiston
Springs
Breyten
SWAZI-
LAND
Coligny
Gauteng
Nigel
Bethal
Ermelo
Manzini
Potchefstroom
Vanderbijlpark
Embalenhle
Ottosdal
Vereeniging
Klerksdorp
Vaal
Sasolburg
Standerton
Harts
Parys
Piet Retief
Schweizer-
Reneke
Vaal Dam
Villiers
iNgwavuma
Wolmaransstad
Wakkerstroom
Pongolapoort Dam
Bothaville
Frankfort
Klip
Volksrust
Vals
Heilbron
uBombo
Bloemhof
Edenville
Vrede
Paulpietersburg
Mkuze
Kroonstad
Allanridge
Hoopstad
Lindley
Newcastle
Christiana
Odendaalsrus
Hennenman
Reitz
Warden
Vryheid
St.-Lucia-
See
Welkom
Ventersburg
Harrismith
Dundee
Virginia
Ulundi
Glencoe
Mtubatuba
Bultfontein
Theunissen
Bethlehem
KwaZulu-
Natal
Mfolozi
Senekal
Boshof
Winburg
Ladysmith
Free State
Ficksburg
Colenso
3282
eShowe
eMpangeni
Modder
Drakensberg
Weenen
Clocolan
Greytown
Bloemfontein
Botshabelo
Ladybrand
Estcourt
Petrusburg
Teyateyaneng
Tugela
Stanger
Koffiefontein
Maseru
Howick
Dewetsdorp
3482
Pietermaritzburg
Riet
LESOTHO
Tongaat
Edendale
Jagersfontein
Thaba Putsoa
3096
KwaMashu
Edenburg
Wepener
Durban
Mpumalanga
Mafeteng
INDISCHER
uMlazi
Caledon
Mkomazi
Senqu (Oranje)
uMkomaas
Philippolis
Zastron
Smithfield
uMzinto
Scottburgh
OZEAN
Matatiele
Park Rynie
Springfontein
Mtwalume
Rouxville
3001
Kokstad
Harding
Port Shepstone
Colesberg
Aliwal
North
Mount Frere
Margate
Barkly East
0
100
200
km
Burgersdorp
Kraai
Tina
Maclear
© Ing.-Büro für Kartographie J. Zwick, 35394 Gießen
Steynsburg
Elliot

MPUMALANGA

ÜBERBLICK

Die Provinz Mpumalanga, die bis zum Jahre 1995 zunächst Eastern Transvaal genannt wurde, liegt im Nordosten der Republik. Die Provinzhauptstadt ist Mbombela (früher Nelspruit). In dem 76 495 Quadratkilometer großen Gebiet, in dem sich die ehemaligen Homelands KaNgwane, KwaNdebele sowie kleine Teile von Lebowa und Gazankulu befinden, leben ca. 4,5 Millionen Menschen. Die Provinz grenzt im Osten an Swaziland und Mosambik, im Süden an die Provinzen KwaZulu-Natal und Free State, im Westen an Gauteng und im Norden an die Limpopo Province.

Innerhalb der Provinz liegen mit dem Südteil des Kruger National Park und dem Blyde River Canyon der Drakensberge zwei der beliebtesten Urlaubsregionen Südafrikas. Im südlichen und westlichen Teil befinden sich große Kohleabbaugebiete und Kraftwerke. Zudem verfügt Mpumalanga über die bedeutendste Obst- und Gemüseregion des Landes. Der Anteil am Bruttoinlandsprodukt Südafrikas entspricht in etwa dem der Bevölkerung; dieser liegt bei ca. 7,9 Prozent. Als Erstsprachen sind vor allem Swati und Zulu verbreitet, die Weißen sprechen überwiegend Afrikaans.

Geprägt wird die Region durch die bis zu 700 Meter hohe Abbruchkante der Drakensberge im Highveld zum Lowveld hin, in dem sich der Kruger National Park befindet. Die sogenannten „kleinen Drakensberge" (im Vergleich zu denen in KwaZulu-Natal) sind neben den landschaftlichen Aspekten auch deshalb bei den Südafrikanern so beliebt, weil sie mit geringem Zeitaufwand für die Menschen aus den Metropolen der Provinz Gauteng zu erreichen sind.

Blyde River Canyon

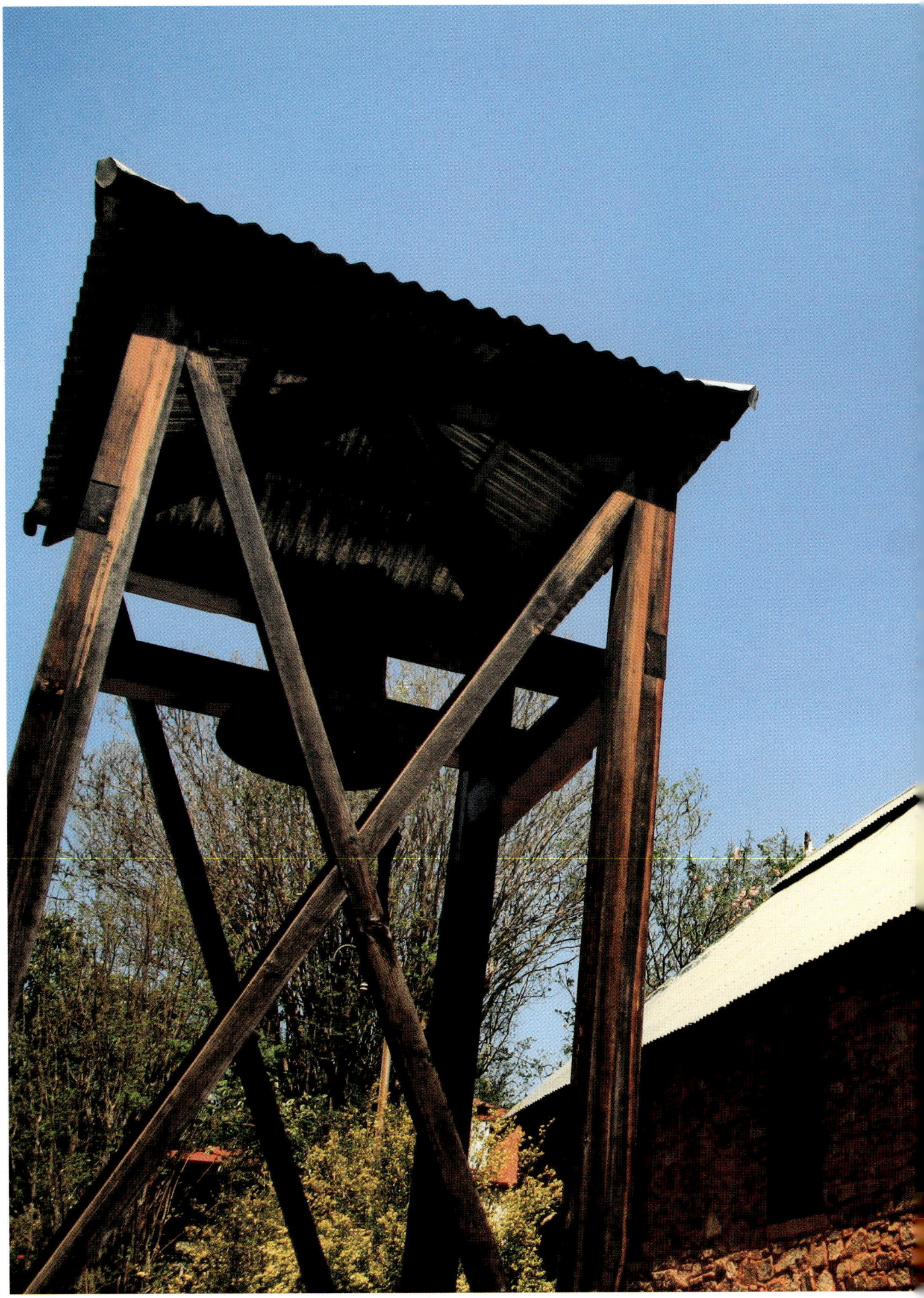

Pilgrim's Rest: Wo sich einst zahlreiche Goldsucher niederließen und ein florierendes Städtchen gründeten, befindet sich heute eine Art Freilichtmuseumten.

Die Sudwala-Höhlen liegen ca. 35 Kilometer westlich von Mbombela.

Neben der Stahlindustrie (Middelburg), der Kohleförderung (eMalahleni, Secunda) und der Tourismusbranche sorgt die Holzwirtschaft für hohe Wirtschaftswachstumszahlen. Mpumalanga ist mit über 600 000 Hektar aufgeforsteter Waldfläche der größte Holzproduzent in Südafrika. Zudem werden Milliarden Rand in Projekte im Korridor entlang der Nationalstraße investiert, die Gauteng mit Mosambik und dem Hafen von Maputo verbindet.

Trotz reicher Bodenschätze und großer landwirtschaftlicher Produktionsflächen ist die Zahl derjenigen, die auf die wirtschaftlichen Erträge zugreifen können, sehr gering. Der Großteil der Bevölkerung ist sehr arm, Arbeitsplätze sind rar. Verschärft wird die Situation der Massen von Arbeitslosen, die in den Barackensiedlungen um die Industriezentren hausen, durch Arbeitssuchende anderer Provinzen oder illegale Einwanderer aus Mosambik und Zimbabwe. Die Arbeitslosigkeit hat in Mpumalanga aufgrund hoher Bevölkerungsdichte und Geburtenrate, die über dem Landesdurchschnitt liegt, eine besonders hohe Brisanz.

DAS GEBIET DES HIGHVELD

Fast Dreiviertel der Provinz Mpumalanga bestehen aus den Hochplateaus von High- und Middleveld, die sich bis in den Osten der Provinz Gauteng erstrecken. Die offene, sich zum großen Teil sanft schlängelnde Graslandschaft mit den sogenannten „rolling hills" ist die meiste Zeit des Jahres trocken, staubig und überwiegend grau und braun schattiert.

Im Sommer hingegen, wenn genug Regen gefallen ist, verwandelt sich die Landschaft in einen Teppich aus gelben Sonnenblumen-, grünen Mais- und goldenen Getreidefeldern. Im Herbst fügt die mexikanische Aster genannte *Cosmos bipinnatus* auf kultivierten Feldern, aber auch entlang der Straßen weiße, rosa und lila Töne hinzu.

FOLGENDE DOPPELSEITE:
Der Blyde River Damm in Mpumalanga (Foto oben); Olifants River (Foto unten)

Nicht einmal drei Stunden vom internationalen Flughafen in Gauteng entfernt „nistet" der auf 2 000 Metern über dem Meeresspiegel liegende Ort Dullstroom inmitten quasi schottischer Hochlandschaft. Von Dullstroom führt der Weg über Mashishing (Lydenburg) und den Long Tom Pass (2149 Meter) nach Sabie, zum Herz der Drakensberge von Mpumalanga.

324 Mpumalanga

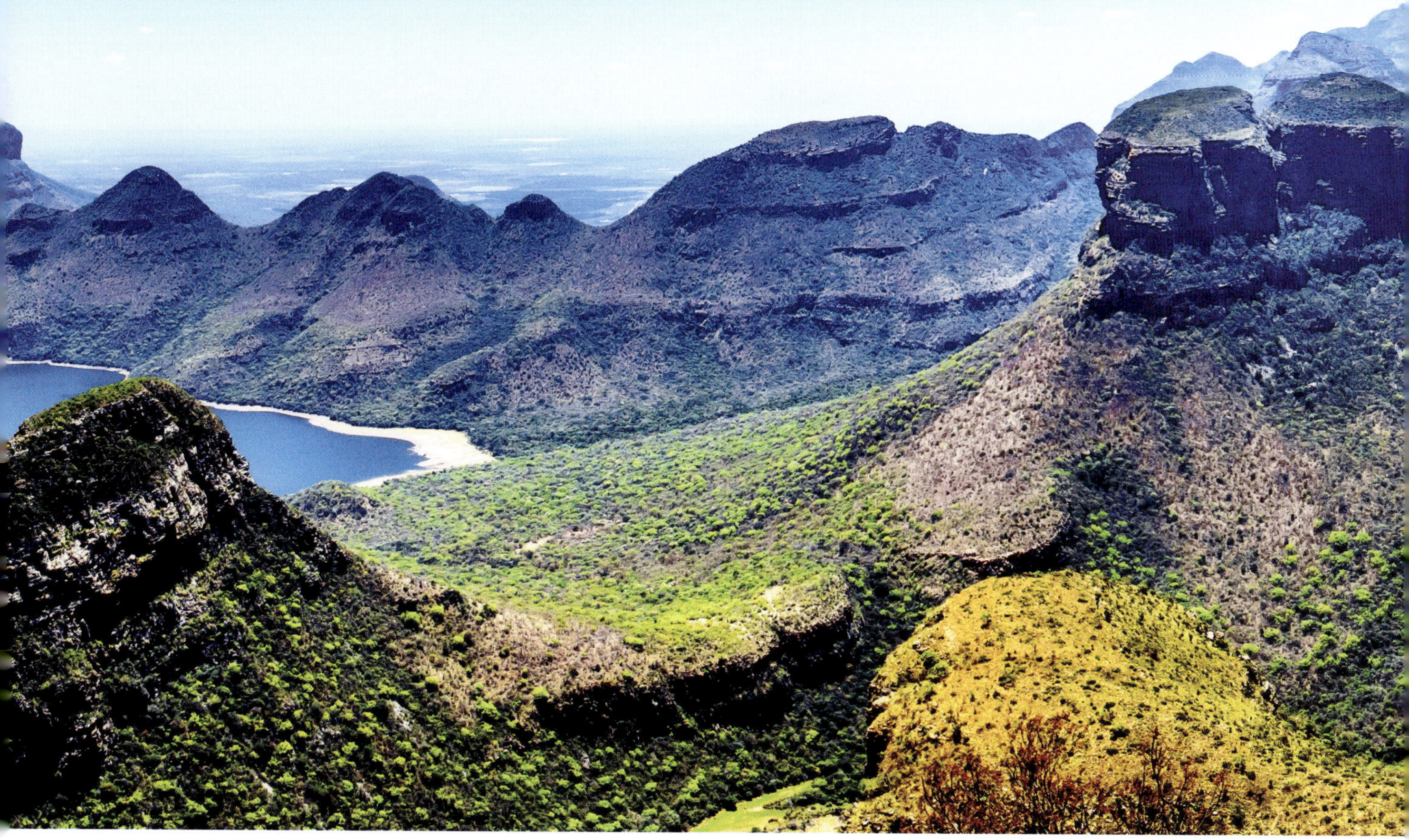

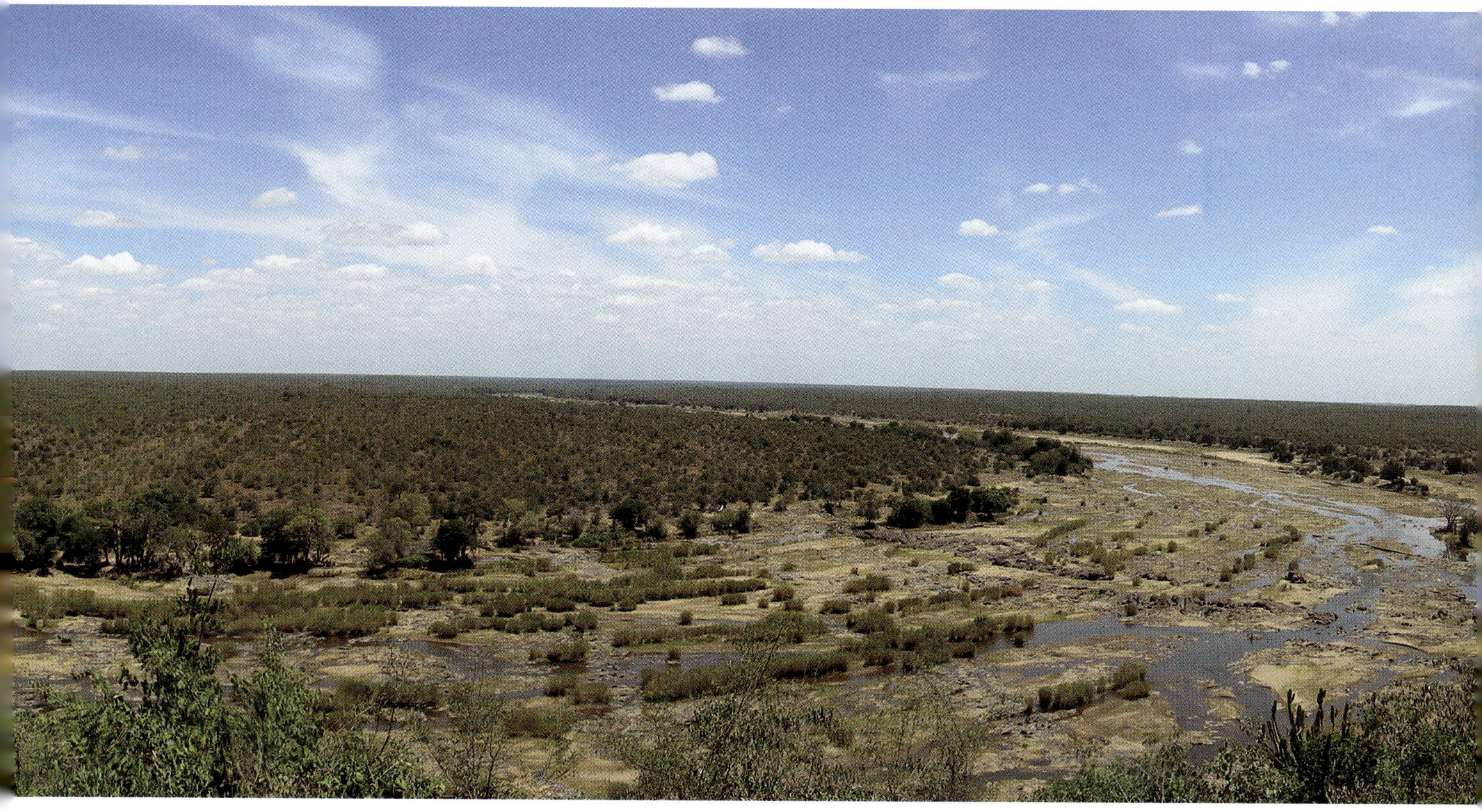

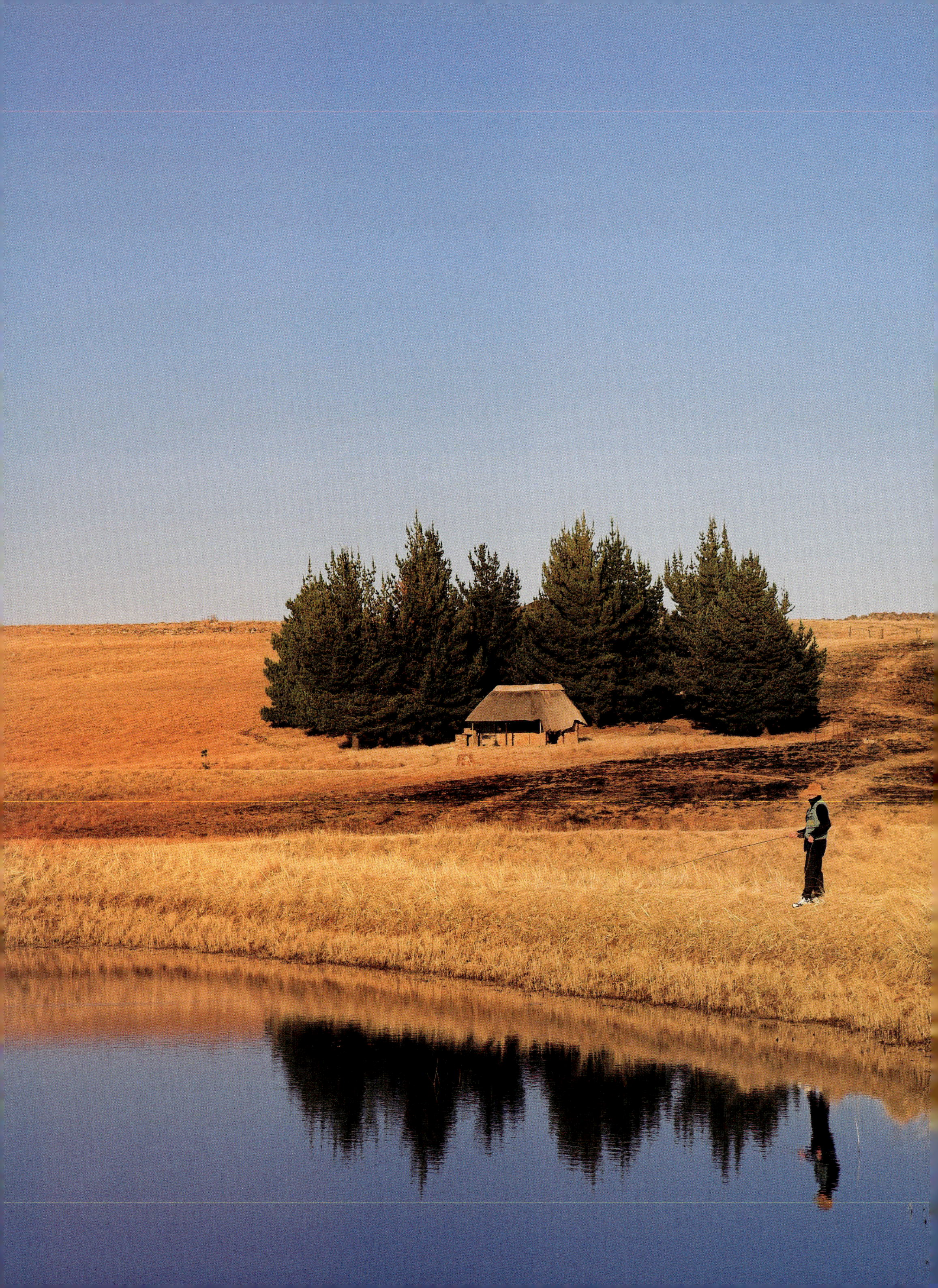

Mashishing beherbergt eine der interessantesten archäologischen Stätten Südafrikas. 1957 fand ein Farmersohn auf dem Grundstück seiner Eltern Teile von tönernen Köpfen aus dem 6. Jahrhundert. Die sogenannten „Lydenburg-Köpfe" wurden wahrscheinlich bei bestimmten Zeremonien aufgesetzt. Kopien davon sind im Lydenburg Museum zu sehen. Sie gehören zu den ersten Skulpturenfunden im südlichen Afrika. Die Originale liegen im Iziko South African Museum (Kapstadt).

Der Long Tom Pass wurde nach den lang gezogenen, schweren Geschützen (Kaliber 155 Millimeter) benannt, die die Buren im Zweiten Anglo-Buren-Krieg (zwischen 1899–1902) verwendeten. Die ca. 50 Kilogramm schweren Kanonen schossen gut zehn Kilometer weit. Nach der Niederlage vernichteten die Buren die Geschütze unter den Augen der Briten. Nachbauten stehen heute auf der Passhöhe.

Der Reichtum der Provinz Mpumalanga verbirgt sich unter der Erde in Form von 58 Billionen Tonnen Kohle – rund die Hälfte des gesamten Kohlevorkommens Südafrikas und zugleich das größte Vorkommen der südlichen Erdhalbkugel. Abgebaut werden die dicken Kohleschichten im Westen von Mpumalanga in den landschaftlich eher unscheinbaren Gebieten um eMalahleni (früher Witbank) und Middelburg herum – den industriellen Zentren der Provinz.

Der Ort Middelburg befindet sich ungefähr auf der Hälfte der Strecke zwischen Pretoria nach Mashishing. Der Name der Stadt stammt aus der Zeit, als diese Verbindung durch die verkehrenden Siedler und Goldgräber an Bedeutung gewann – und damit auch Middelburg als wichtige Verpflegungs- und Raststation.

Weiter im Süden, jenseits der rauchenden Schornsteine, liegen die landwirtschaftlichen Zentren Bethal und Standerton. Insbesondere Sonnenblumenkerne, Mais, Erdnüsse und Milchprodukte werden hier verarbeitet. Ermelo, etwas weiter östlich, ist vor allem ein Verkehrsknotenpunkt, an dem sich die Nationalstraßen der Nordsüd- und Ostwestverbindungen von Mpumalanga und der umliegenden Provinzen kreuzen.

Die größte Stadt im südlichen Mpumalanga, nahe an der Grenze zur Provinz KwaZulu-Natal und dem Königreich Swaziland, ist Piet Retief. Hier haben sich einst auch viele deutsche Siedler niedergelassen. Benannt wurde die Stadt nach dem Burenführer, der 1838 mit seinen Leuten vom Zulu-König massakriert wurde.

Die Gründung der Stadt im Jahre 1882 mag angesichts der Randlage zwischen Zululand und dem kleinen Königreich Swaziland verwundern. Doch die Buren suchten nach einem Zugang zum Indischen Ozean, und zwar möglichst ohne britisches Land durchqueren zu müssen. Aus diesem Grund führt auch eine der Nationalstraßen so weit wie möglich um das Zululand herum und an Swaziland entlang.

LINKE SEITE:
Die Stadt Dullstroom liegt auf 2000 Metern Höhe, und ihre Umgebung ist vor allem bei Anglern ein beliebtes Ziel.

FOLGENDE DOPPELSEITE
Traditionelle Rundhütten in einem Nbedele-Dorf

Mpumalanga verfügt über gewaltige Agrarflächen, auf denen auch Sonnenblumen angebaut werden.

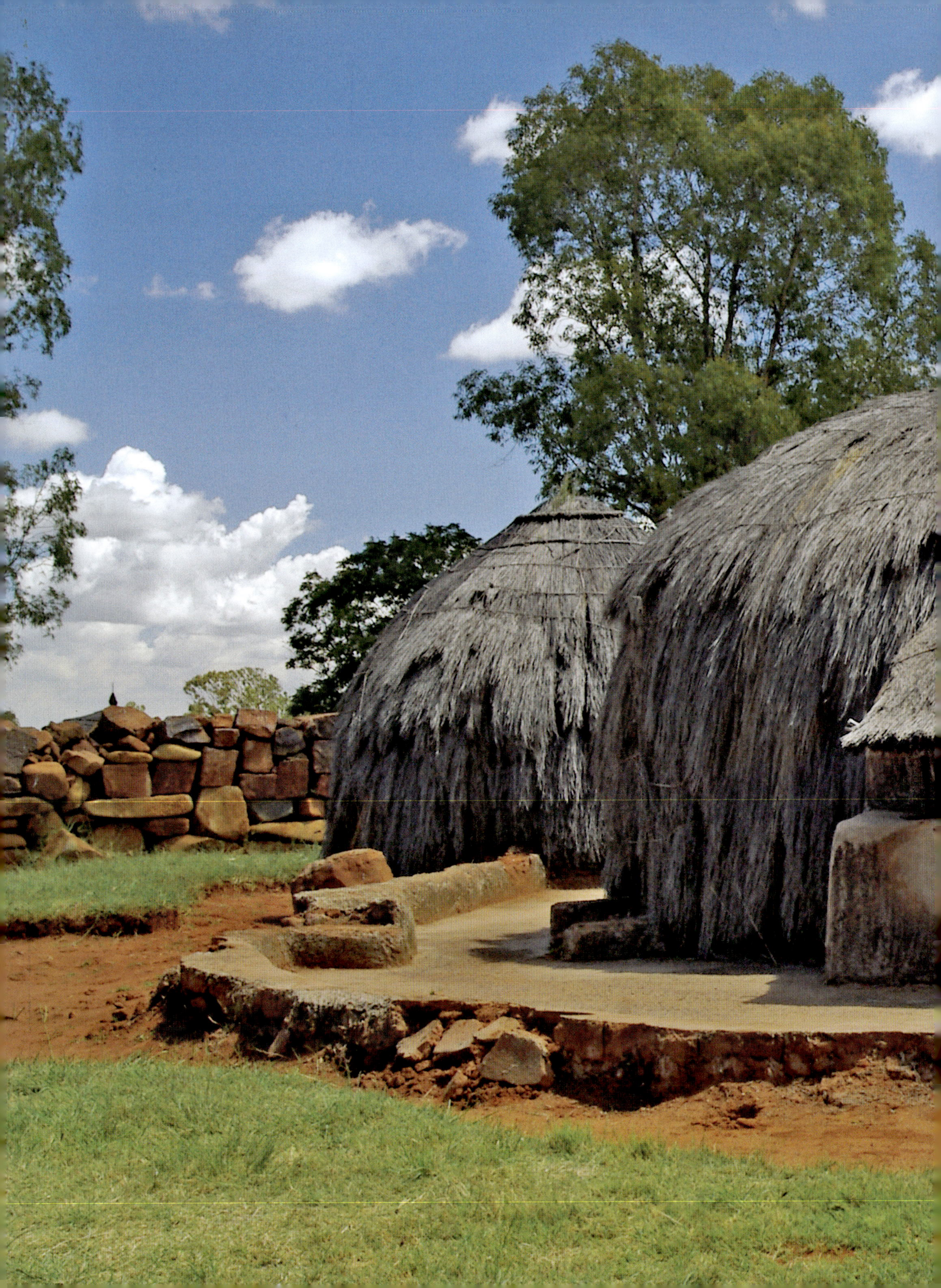

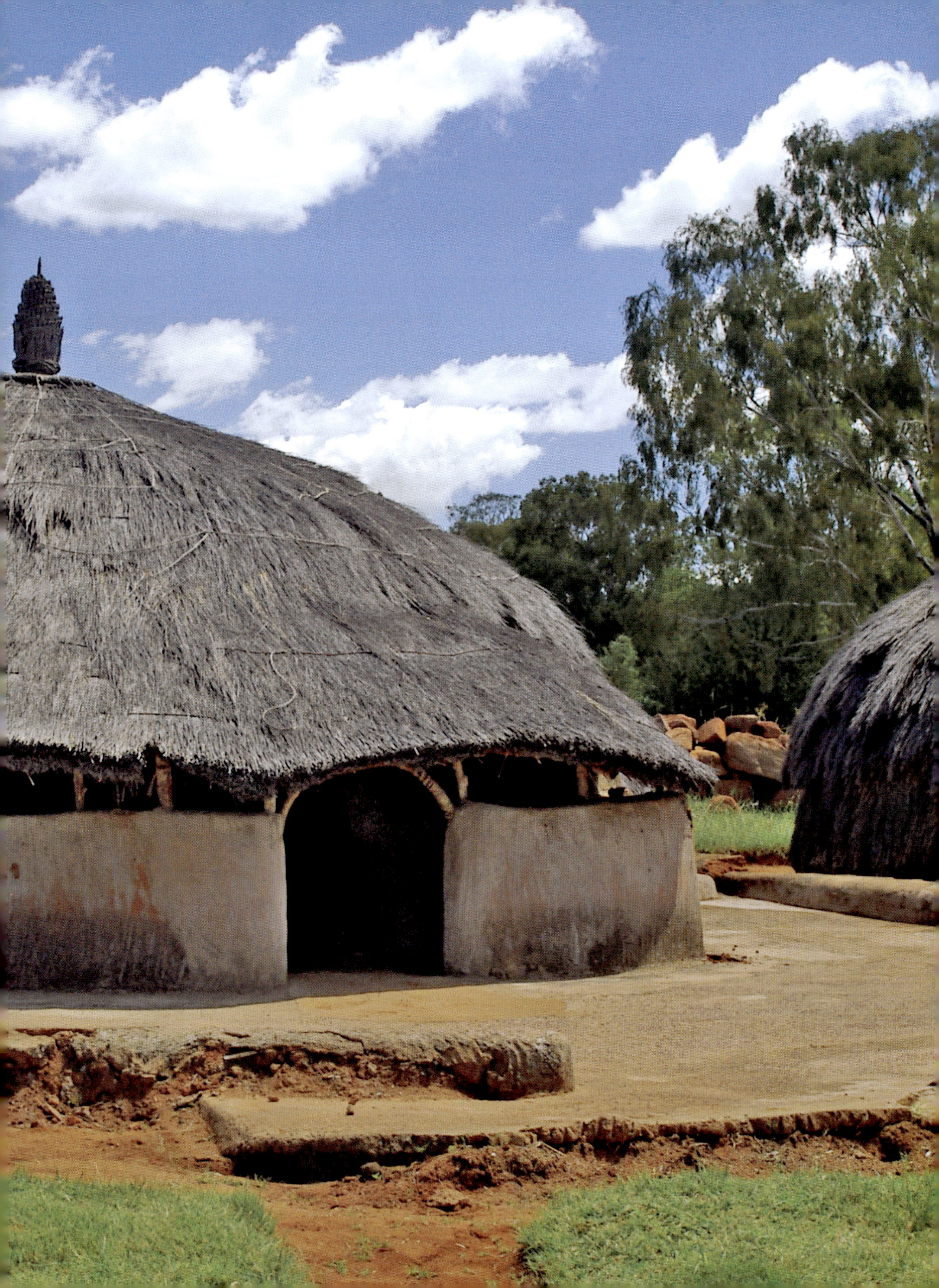

RECHTE SEITE:
Der „Fruchtkorb" von Mpumalanga liegt im Norden der Provinz. Hier gedeihen unter besten klimatischen Bedingungen unter anderem Zitronen, Mandeln, Orangen und Mangos.

DIE LIEBLICHEN UND FRUCHTBAREN LANDSTRICHE DER PROVINZ

Auf der West-Ost-Achse, die Gauteng mit Mosambik verbindet, liegt die Provinzhauptstadt Mbombela (früher Nelspruit). Die östlichste der größeren Städte Mpumalangas ist ein unspektakuläres Versorgungszentrum der Region und das Tor zu den landschaftlichen Hauptattraktionen der Provinz.

Der Crocodile River, der nahe dem auf einem Hochplateau gelegenen Ort Dullstroom entspringt, durchfließt die Stadt Richtung Indischen Ozean und bildet rund 40 Kilometer weiter östlich die südliche Grenze des Kruger National Park. An der Grenze zu Mosambik, wo der Fluss eine Breite von 300 Metern erreicht, vereinigt er sich mit dem Komati River, der jenseits der Grenze als Incomati zum Meer fließt. An den Ufern des Crocodile River liegt ein großes Anbaugebiet von Zitronenfrüchten.

Nördlich von Mbombela ist der Ort White River als der „Fruchtkorb" der Region bekannt. Das Zentrum der Obstbauern war kurz nach dem Zweiten Anglo-Buren-Krieg für ehemalige Soldaten gegründet worden. Heute wird es durch Kleinbauern geprägt, die unter anderem Schnittblumen, Bananen, Mangos, Litschis, Avocados, Guaven, Grenadillen, Orangen, Mandeln, Nüsse und viele Gemüsearten anbauen.

Weiter westlich liegen die Orte Waterval Boven und Waterval Onder, deren Namen auf ihre Lage – oberhalb (Afrikaans: boven) und unterhalb (onder) – im Hinblick auf den 228 Meter hohen Elands-River-Wasserfall zurückgehen. Der Wasserfall führt die Bergkette der Elandsberge hinab, die das Highveld vom tiefer gelegenen Gebiet trennt.

Waterval Boven (heute umbenannt in Emgwenya) ist der letzte Eisenbahnstopp der Bahnverbindung zum Indischen Ozean, die Paul Kruger, damaliger Präsident der Burenrepublik Transvaal, in den 1890er Jahren unter immensen menschlichen Verlusten aufgrund von Malaria, Alkohol und wilden Tieren bauen ließ. Für die Bahningenieure war dieser Teil der Strecke, an der das Hochplateau steil abfällt, eine enorme Herausforderung. Um das Gefälle von 20 Prozent überwinden zu können, konstruierten sie eine Zahnradbahn. Wer heute eine Fahrt mit der berühmten Rovos Rail von Pretoria nach Durban oder umgekehrt bucht, kann hören, wie sich die Lokomotive Stück für Stück die Berge hochwindet, und die Meisterleistung der Bahningenieure inmitten steiler Felshänge sehen.

Auch Waterval Onder, das ein klein wenig weiter östlich liegt, hat seine Berührungspunkte mit Paul Kruger. Hier ließ der Burenführer im Jahre 1900, in den letzten Tagen seiner Amtszeit als Präsident, seinen Staatssitz bauen. Im August des Jahres verließ er allerdings das Land und ging für immer ins Exil. Am 14. Juli 1904 starb er in Clarens in der Schweiz.

Im Norden von Waterval Boven liegt das riesige Labyrinth der Sudwala Caves am Fuße des Mankelekele-Berges im Houtbosloop-Tal, das sich bis zu den Drakensbergen hinzieht. Die Tropfsteinhöhle entstand vor Millionen von Jahren, als kohlenstoffhaltiges Wasser den Kalkstein aus dem härteren Dolomitgestein heraushöhlte. Entdeckt wurde sie Anfang des 19. Jahrhunderts, als sich Somquba – Sohn des Swazi-Königs Sobhuza I. – auf der Flucht vor seinem Bruder befand. Man vermutet, dass sich das ganze Höhlensystem über eine Länge von 30 bis 35 Kilometern erstreckt, wovon 600 Me-

Das Ebutsini-Cultural-Village in der Nähe von Barbeton, Mpumalanga

ter der Öffentlichkeit zugänglich gemacht wurden. Die Haupthöhle misst 67 Meter im Durchschnitt und wird dank einer ungewöhnlichen Akustik auch für gelegentliche Konzerte genutzt.

Südlich von Mbombela geht es zum ehemals quirligen Goldgräberstädtchen Barberton, das zu Füßen der Makhonjwa Mountains liegt, die bis nach Swaziland hineinreichen. Seine Glanzzeit liegt allerdings schon lange zurück. Heute zeugen restaurierte Häuser im Kolonialstil von der historischen Bedeutung für Südafrika. 1884 fanden Graham Barber und seine Cousins Fred und Henry Barber eine so große Goldader, dass sie, wie überliefert wurde, „in der Sonne glitzerte". Kurze Zeit später wurde der Ort auf den Namen Barberto(w)n getauft, und rasant entwickelte sich eine Stadt mit über 8000 Menschen, rund 200 Pubs und zwei Goldbörsen.

Ab 1888 wurde die Suche in Barberton so mühsam, dass die meisten Goldgräber weiter zum Witwatersrand zogen, wo die ersten Goldfunde bekannt geworden waren. Heute zählt die Stadt samt Township rund 50 000 Einwohner, und das Geschäftsleben spielt sich unterhalb der historischen Innenstadt ab, in „Downtown", dort wo die zumeist schwarzen Bewohner ihre Bleibe haben.

FOLGENDE DOPPELSEITE:
Wer mit der Rovos Rail die Strecke von Pretoria nach Durban fährt, erlebt mit dem „Anstieg" auf das Hochplateau von Mpumalanga ein wahres Zugabenteuer.

Gruppenbild der burischen Milizionäre der Kommandotruppe von Barberton, um 1900

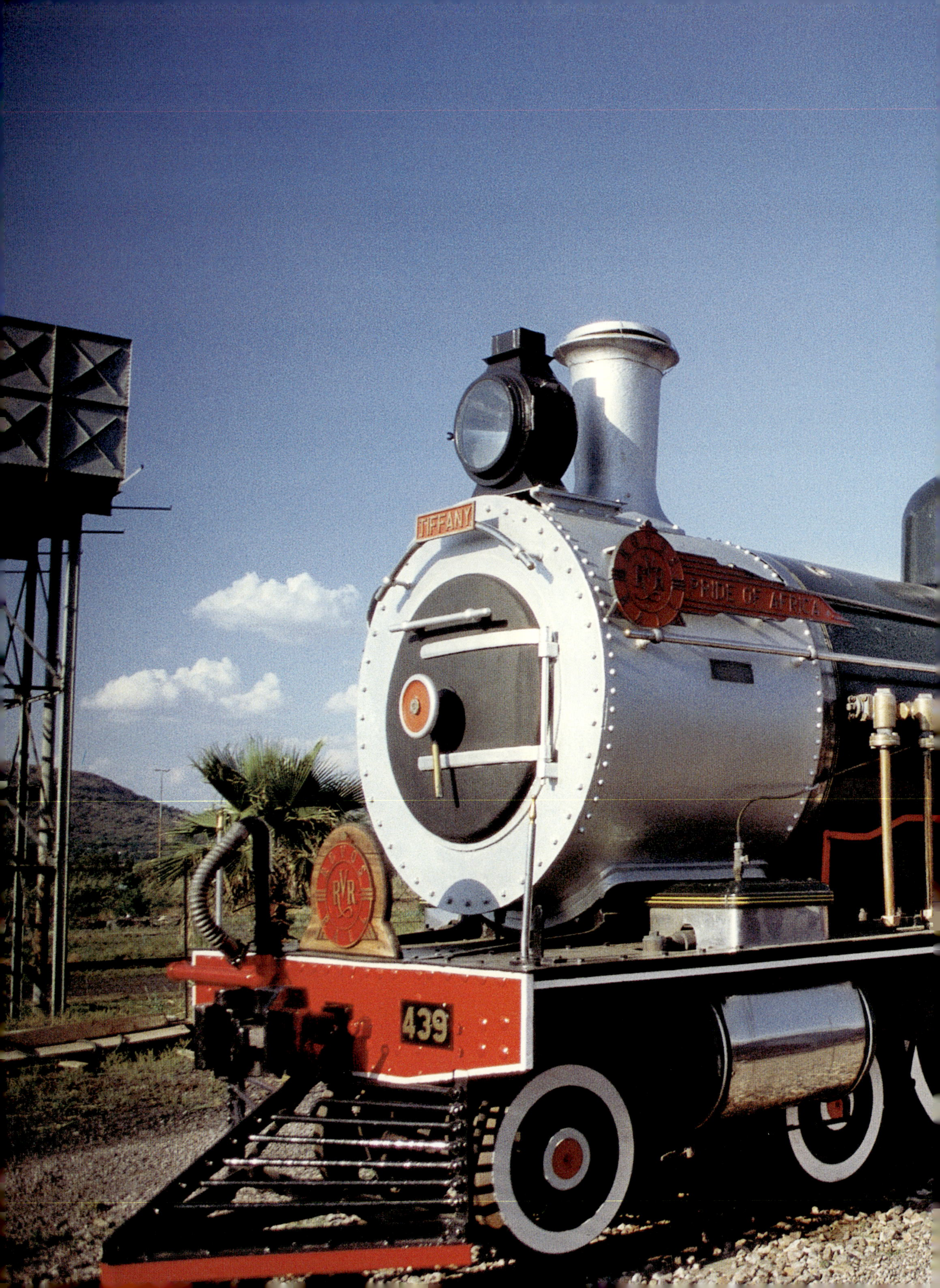
TIFFANY
PRIDE OF AFRICA
439

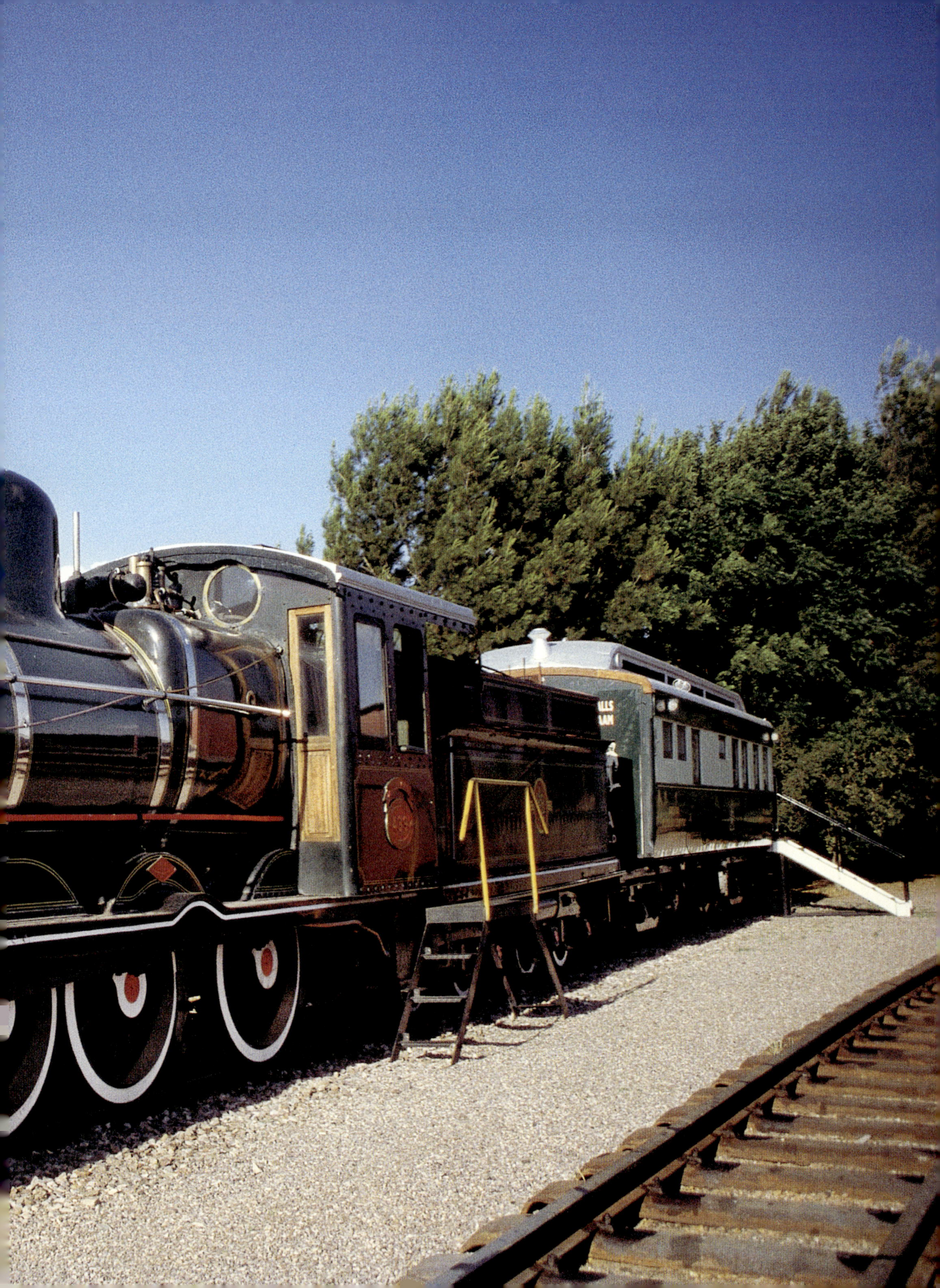

DAS GEBIET DER DRAKENSBERGE VON MPUMALANGA

Die Bergkette der „kleinen Drakensberge" von Mpumalanga bildet einen Teil des Gebirgszuges, der sich über 1000 Kilometer von der Eastern Cape Province über KwaZulu-Natal bis hin zu den nördlichen Ausläufern in der Limpopo Province erstreckt.

In Mpumalanga ziehen sich die Drakensberge durch den Osten der Provinz, vorbei an Mbombela, bis nach Limpopo. Sie enden in den meist in Wolken gehüllten Bergen des Magoebaskloof nahe der Stadt Tzaneen. Wind und Wasser haben im Laufe der Jahrmillionen in das Hochland Säulen und

Forststraße durch eine Eukalyptus-Plantage zwischen Graskop und Hazyview

außergewöhnliche Bergspitzen geformt und tiefe Täler gegraben, durch die Flüsse wie der Crocodile und der Olifants fließen. Der größte Fluss ist der Olifants River, der über 800 Kilometer von der Quelle im Highveld in der Nähe von Bethal über die Große Randstufe ins Lowveld und durch den Kruger National Park schließlich in Mosambik in den Limpopo River fließt.

Die Berggegend ist überwiegend bewaldet, allerdings zum allergrößten Teil durch Aufforstungen von Pinien und australischen Akazien. Entlang einiger Schluchten kann man auch noch Yellow-, Stink-, Lemon- und Ironwood, wilde Oliven, Pfirsich- und Birnenbäume sowie um die Wasserfälle herum Farne und Zykaden finden.

Die Blyde River Panoramastraße, Mpumalanga

Der Blyde River hat im Verlauf der Jahrmillionen immer mehr Gestein ausgewaschen und damit steile Schluchten geschaffen, die zum Teil 800 Meter hoch aufragen.

DER BLYDE RIVER CANYON

Der 26 Kilometer lange und 800 Meter tiefe Blyde River Canyon zwischen den hier bis zu 1944 Meter hohen Drakensbergen ist eines der großen Naturwunder Afrikas und unumstritten Mpumalangas greifbarstes Highlight. Er beeindruckt vor allem durch den großen Höhenunterschied von bis zu 1300 Meter zum nahe gelegenen und durchschnittlich nur 600 Meter über dem Meeresspiegel befindliche Lowveld aus. Nach dem Fish River Canyon in Namibia gilt der Blyde River Canyon als zweitgrößte derartige Schlucht in Afrika.

Entstanden ist der Canyon durch die vom Indischen Ozean herangetragenen feuchtwarmen Luftmassen, die vor dem Höhenzug ansteigen und dabei auskühlen. Durch die einsetzende Kondensation fällt die Feuchtigkeit als Niederschlag auf das Bergmassiv. Das Regenwasser (2000 Millimeter im Jahr im Vergleich zu 500 Millimetern im Lowveld) fließt in vorgegebenen Flussbetten ab oder formt neue Wege in Richtung des Gefälles. Dabei führt das Wasser weiches und bereits loses Gestein mit sich und trägt dadurch wiederum immer mehr vom anstehenden Gestein ab. Das feuchte Klima führt am östlichen Rande des Highvelds beinahe zu einer tropischen Vegetation.

Die roten Sandsteinformationen entlang des Canyons fallen zum Teil in Stufen, zum Teil steil in die Tiefen der Schlucht ab bis hin zum weit unten liegenden, auch Motlatse genannten Blyde River. Über der Schlucht thronen die runden Formationen vom Sundial Peak und der Three Rondavels, die wie traditionelle Hütten aussehen.

Die ersten schwarzen Siedler nannten die drei außergewöhnlichen Bergformationen bereits lange zuvor „Der Häuptling und seine drei Frauen". Der rechte, flache Berg stellt dabei den Chief Maripe Mashile dar (genannt Mapjaneng, was so viel heißt wie „der sehr Große"). Mashile war ein Mapulana-Häuptling, der einen Angriff der Swazi abwehrte. Seine drei Frauen hießen Maseroto, Mogoladikwe und Magabolle.

Hinter den Three Rondavels lässt sich mitunter der Mariepskop erspähen, der mit 1944 Metern höchste Berg der Gegend. Vom Wasser eines unweit der „Drei Rundhütten" gelegenen Stausees umgeben ist der Thabaneng Hill (= der Berg mit dem wandernden Schatten), auch Sundial (= Sonnenuhr) genannt. Das nördliche Ende des Canyons, fast schon an der Grenze zur Provinz Limpopo, wird durch den Swadini markiert, ein beeindruckendes Beispiel, wie Wind und Wasser einen Berg im Laufe der Zeit bearbeiten können.

Abseits der Drakensberge erstreckt sich in östlicher Richtung das tief liegende, flache, von Hitze geplagte Bushveld, das sich scheinbar endlos bis nach Mosambik und zum Indischen Ozean erstreckt. Bei klarer Sicht kann man aus dem Gebiet der Drakensberge von bestimmten Punkten aus bis zum Kruger National Park sehen.

Geschützt wird der Canyon durch das Blyde River Canyon Nature Reserve, das nur von zwei Fern- und wenigen kleinen Wanderwegen durchzogen wird. Den besten Überblick über den Naturpark und Ausblick nach Osten bieten God's Window und der Wonder View auf 1730 Meter Höhe. Die Aussicht wird nur noch vom Blick in den Canyon selbst übertroffen.

Der Blyde River Canyon mit Blick auf die „Three Rondavels", die die Form der traditionellen afrikanischen Rundhütten haben

FOLGENDE DOPPELSEITE:
Sicherlich einer der ganz großen Höhepunkte eines Besuchs der Provinz Mpumalanga ist der Panoramablick vom Aussichtspunkt der Three Rondavels im Blyde River Canyon.

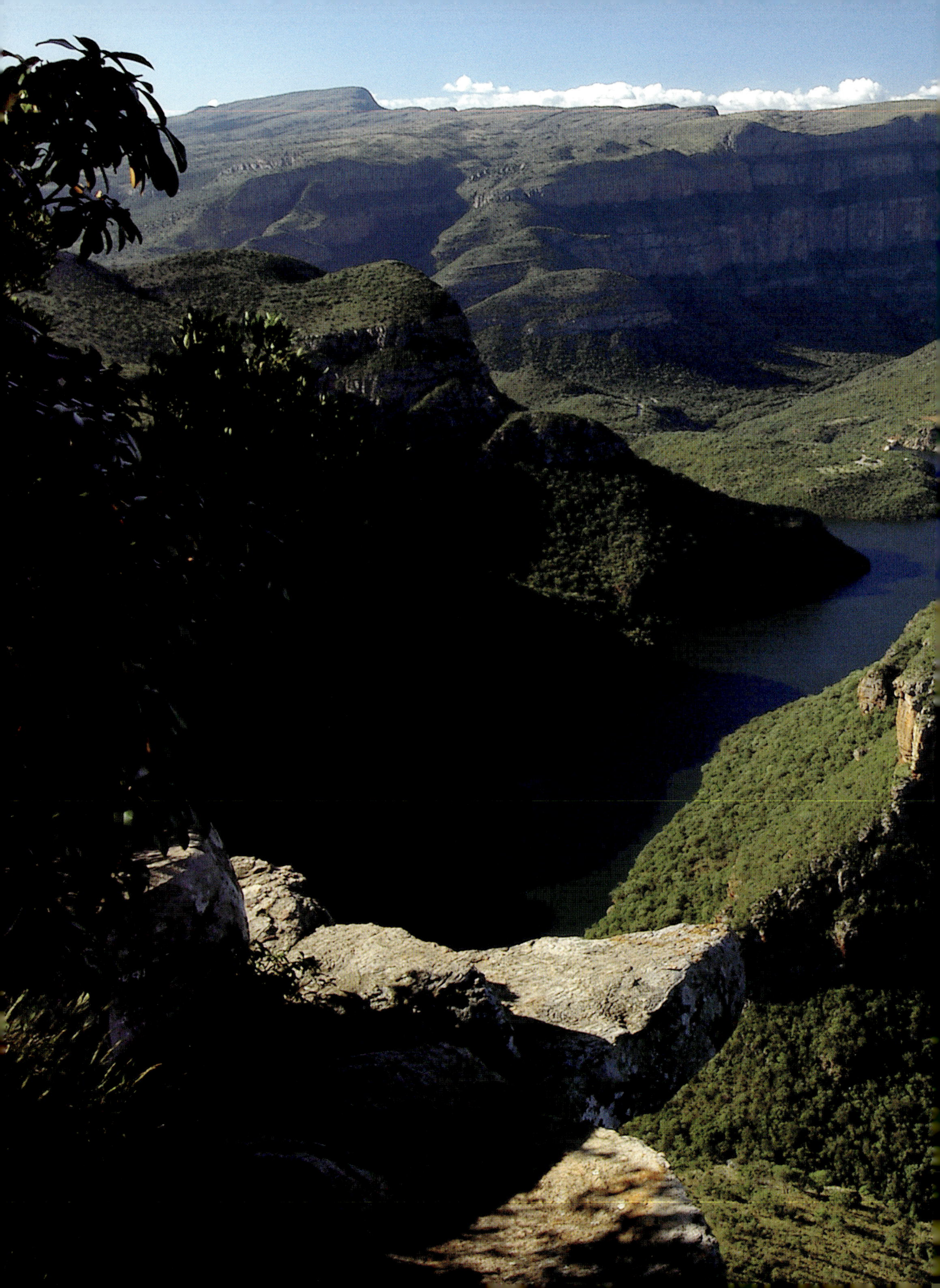

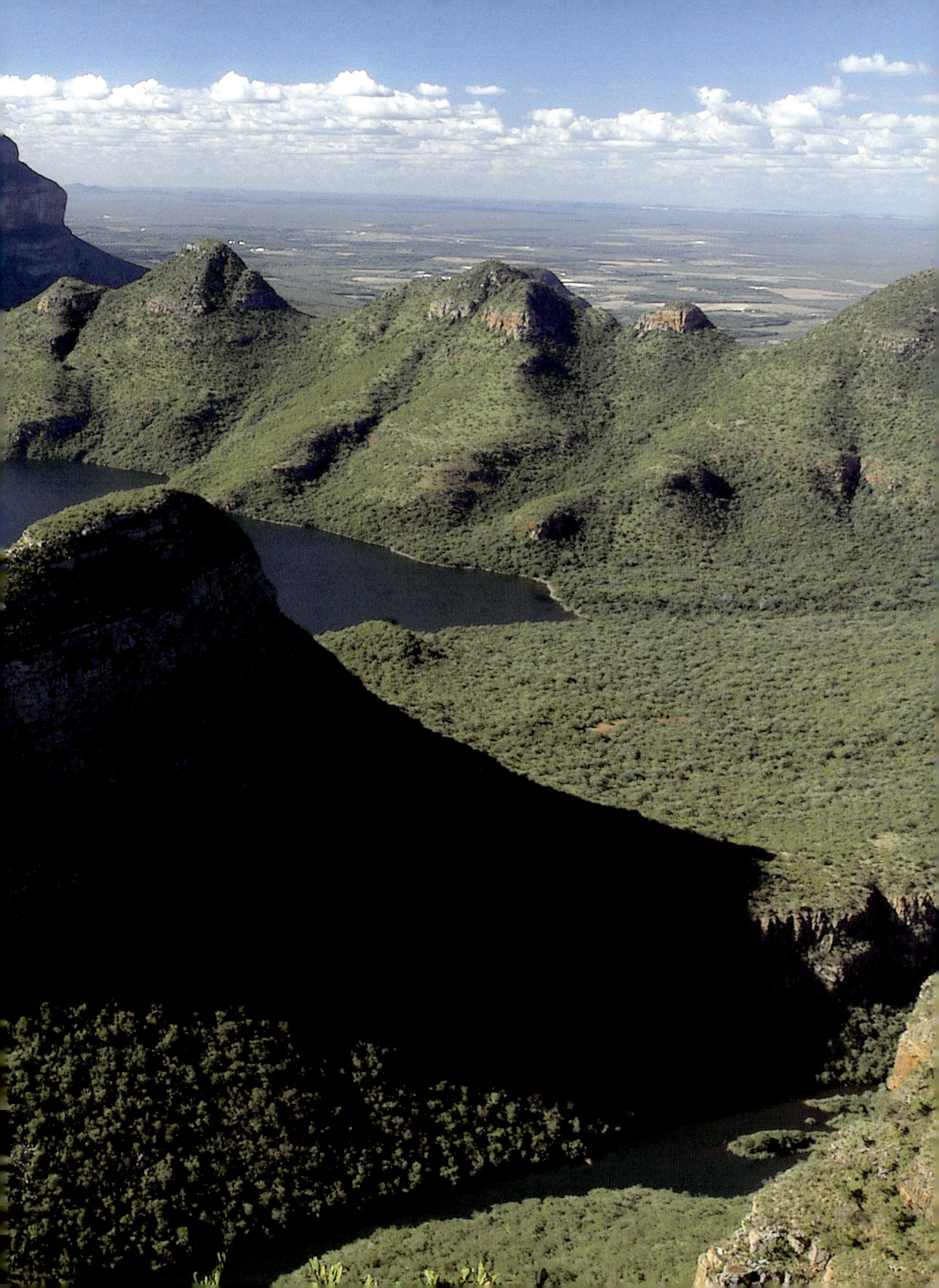

Wasserstrudel sind für die bizarren Formen der Bourke's Luck Potholes verantwortlich.

Die Bourke's Luck Potholes bilden den Anfang des Canyons. Die aus Wasserkraft geschaffenen Steinformationen entstanden durch den Zusammenfluss von Treur River und Blyde River. Die dabei entstehenden Strudel spülen seit Jahrmillionen die weichen Felsbestandteile heraus und formten so nahezu zylindrische Löcher in den Untergrund. Den Namen verdanken die Strudelkessel Tom Bourke, der hier 1870 kleine Mengen Gold fand.

Bei der Benennung der beiden Flüsse spielte der Voortrekker Hendrik Potgieter, der eine Expedition zum damaligen portugiesischen Hafen in der Delagoa-Bucht, dem heutigen Maputo in Mosambik, leitete, eine wesentliche Rolle. Die auf den malariafreien Höhen um Graskop zurückgelassenen Frauen glaubten nach Überschreitung des verabredeten Rückkehrzeitpunktes an ein Unglück und nannten den Fluss neben ihrer Lagerstätte Treur (Trauer) und brachen in Richtung Westen nach Origstad auf. Nachdem sie von Potgieter und seinen Männern eingeholt worden waren, nannten sie den Fluss am Ort des Zusammentreffens Blyde (Freude).

DAS BERGLAND SÜDLICH DES BLYDE RIVER CANYON

Graskop, auf 1430 Metern inmitten saftig grüner Landschaft gelegen, ist heute mit vielen Übernachtungsmöglichkeiten der Dreh- und Angelpunkt für die Drakensbergregion sowie Ausgangspunkt für Touren in die Umgebung und in den Kruger National Park. Der Ort lebt hauptsächlich vom Tourismus, der Holzindustrie, Galerien und Geschäften mit Handwerkskunst. Cafés und Restaurants stehen in harter Konkurrenz um den besten „pancake" der Stadt.

Inmitten von hügeliger, sanfter Landschaft liegt der kleine Ort Pilgrim's Rest, wo sich einst die Goldsucher gegenseitig auf die Füße traten. Heute ist das Dorf wie ein frei begehbares Freilichtmuseum. Die meisten Häuser wurden liebevoll restauriert. Die umliegenden Hügel, die terrassenförmig abgetragen wurden, zeugen vom kurzen, aber heftigen Goldrausch. 1873 entdeckten hier zunächst Alec Patterson, dann William Trafford die ergiebigsten angeschwemmten Goldfunde des südlichen Afrika. Sogar aus Amerika und Australien pilgerten die Goldsucher nach Pilgrim's Rest, um vom großen Creek und dem Goldschürfen in angenehmem Klima zu profitieren.

Für die Namensbildung hat sich eine der vielen Legenden etabliert. Zunächst noch als Pilgrim's Creek bekannt, soll Trafford bei der Entdeckung der Goldader gerufen haben: „The Pilgrim is at Rest" (= der Pilger hat seine Ruhe gefunden). Das Echo der Berge soll den Ausruf auf den Ausdruck Pilgrim's Rest verkürzt haben.

Haus in Pilgrim's Rest, dem einstigen Goldsucherort, der heute wie ein Freilichtmuseum erscheint

Auch die mit lilafarbenen Jacarandas vor weiß getünchten Häusern britisch anmutende Stadt Sabie (1109 Meter) war 1880 aufgrund eines Goldfundes gegründet worden. Ein Schuss aus dem Gewehr eines Jägers hatte sich gelöst, einen Stein getroffen und dadurch ein Goldstück freigesetzt. Bis 1950 wurde hier noch Gold abgebaut. Die Church of St. Peter wurde 1913 von Sir Herbert Baker erbaut, von dem Architekten, der auch die berühmten Union Buildings in Pretoria entwarf. Heute lebt Sabie von Holzindustrie und Tourismus.

Viele der zahlreichen Wasserfälle der Region sind auf der sogenannten Panorama Route, die auch in der Umgebung von Sabie verläuft, zu sehen. Eingebettet wird der Ort vom Mount Anderson (2285 Meter) und dem Mauchberg (2115 Meter), der nach dem deutschen Geologen Carl Mauch benannt wurde. Er hatte 1871 die berühmten Ruinen von Great Zimbabwe entdeckt.

Die Lone Creek Falls (68 Meter) stürzen wenige Kilometer außerhalb von Sabie ganzjährig in eine tiefe Schlucht, während die nicht weit davon entfernten kleineren Horseshoe Falls sowie die Bridal Veil Falls durch ihre Breite von 70 Metern imponieren, weswegen sie auch als „Brautschleier" bezeichnet werden. Die Sabie Falls liegen direkt am Ortsausgang und beeindrucken vor allem durch die bis an den Schluchtrand gebauten Wohnhäuser. Weiter außerhalb befinden sich die Mac Mac Falls, die parallel 56 Meter tief in eine bewaldete Schlucht fallen. Auch bei der Namensgebung der Zwillingsfälle

Lone Creek Falls (links),
Mac Mac Falls (rechts)

sollen Goldgräber eine Rolle gespielt haben. Nachdem 1873 Johannes Muller in dem Flusslauf Gold entdeckte, entwickelte sich trotz der nicht allzu großen Mengen, die hier zu holen waren, ein Ansturm von Goldsuchern. Unter diesen waren angeblich besonders viele Schotten, die hier ihr Glück suchten. Deshalb heißen das Gebiet um die Goldfundstellen sowie der Fluss, die Wasserfälle und die etwas weiter entfernt liegenden Pools bis heute Mac Mac – wie der schottische Namensvorsatz.

Westlich des Blyde River Canyon befinden sich die Lisbon Falls, die mit 92 Meter die höchsten Wasserfälle der Region sind. Dabei wird der Fluss zuvor in drei Stränge geteilt. Die Berlin Falls (45 Meter), benannt nach der Farm, von der aus sie in die Tiefe stürzen, wurden zum National Monument ernannt.

DAS GEBIET ZWISCHEN DEN DRAKENSBERGEN UND DEM KRUGER NATIONAL PARK

Das Gebiet zwischen den Drakensbergen und dem Kruger National Park wird geprägt durch Regionen der ehemaligen Homelands Gazankulu und KaNgwane. Der Kontrast von lieblicher Berglandschaft, überbevölkerten Wohngebieten auf kargem und unfruchtbarem Boden und den menschenleeren Weiten des Kruger National Park könnte nicht größer sein.

Hazyview ist der zentrale Versorgungsort für das Gebiet am Bosbokrand (Bushbuckridge). Außer Supermärkten, Straßenmärkten und Banken im neuen Einkaufszentrum gibt es vor allem viele Übernachtungsmöglichkeiten für Touristen, die von hier aus organisierte Touren in den Kruger National Park planen.

Vor den Toren von Hazyview liegt das Shangana Cultural Village, in dem die Nachfahren des Chief Soshangane leben und verschiedene touristisch aufbereitete Aspekte ihres traditionellen Lebens wie die Herstellung und Anwendung von Medizin oder die Zubereitung verschiedener Gerichte vorführen.

Am Westrand des Kruger National Park haben sich seit den 1970er Jahren private Camps etabliert, die zumeist dem gleichen Konzept folgen. Sie bewegen sich im obersten Preissegment, sind exklusiv, abgeschottet und bestehen jeweils aus wenigen, exquisiten Luxushütten in nostalgischem Kolonialstil, mit zum Teil eigenem Swimmingpool am Schlafzimmer, Dusche unter freiem Himmel oder Blick aus der Badewanne auf die Savannen-, Busch- oder Flusslandschaft.

Im Gegensatz zum Kruger National Park, wo die Fahrzeuge die Straßen und Pisten nicht verlassen dürfen, finden hier Pirschfahrten in offenen Geländefahrzeugen generell querfeldein statt und werden grundsätzlich von einem Ranger und einem Tracker (zumeist ein Shangaan, der besonders talentiert im Spurenlesen ist und vorne auf dem Geländewagen sitzt) begleitet.

Die Camps sind nicht umzäunt, und bei Anbruch der Dunkelheit wird man von einem bewaffneten Begleiter zum Dinner bzw. Chalet begleitet. Nach häufigen Versuchen von Elefanten, ins Camp zu kommen, wurden im Hauptcamp von Londolozi schließlich Elefantenzäune angebracht. Zwischen den privaten Wildreservaten und dem Kruger National Park sind mittlerweile die meisten Tierzäune weggefallen.

FOLGENDE DOPPELSEITE:

Private Wildcamps haben sich in den letzten Jahren erfolgreich im Bereich des Kruger National Park etabliert. Wer wie im Honeyguide Private Game Reserve Manyeleti mit einem privaten Tracker auf Fährtensuche geht, auf den Swimmingpool nicht verzichten und das Abendessen inmitten der Wildnis serviert bekommen möchte, muss dafür einen entsprechenden Preis zahlen. Doch der Abendhimmel verliert auch bei weniger Komfort nichts von seiner Faszination!

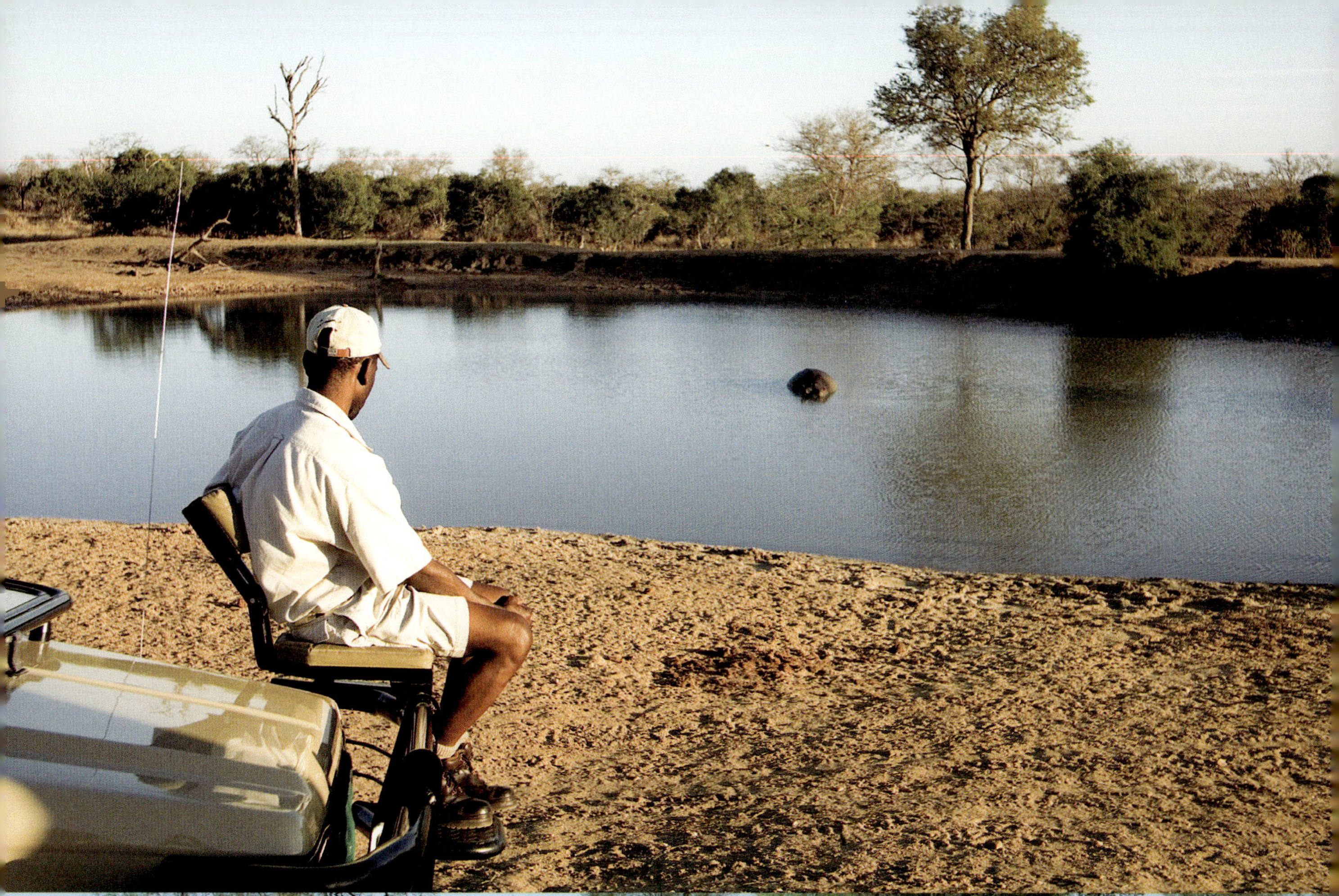

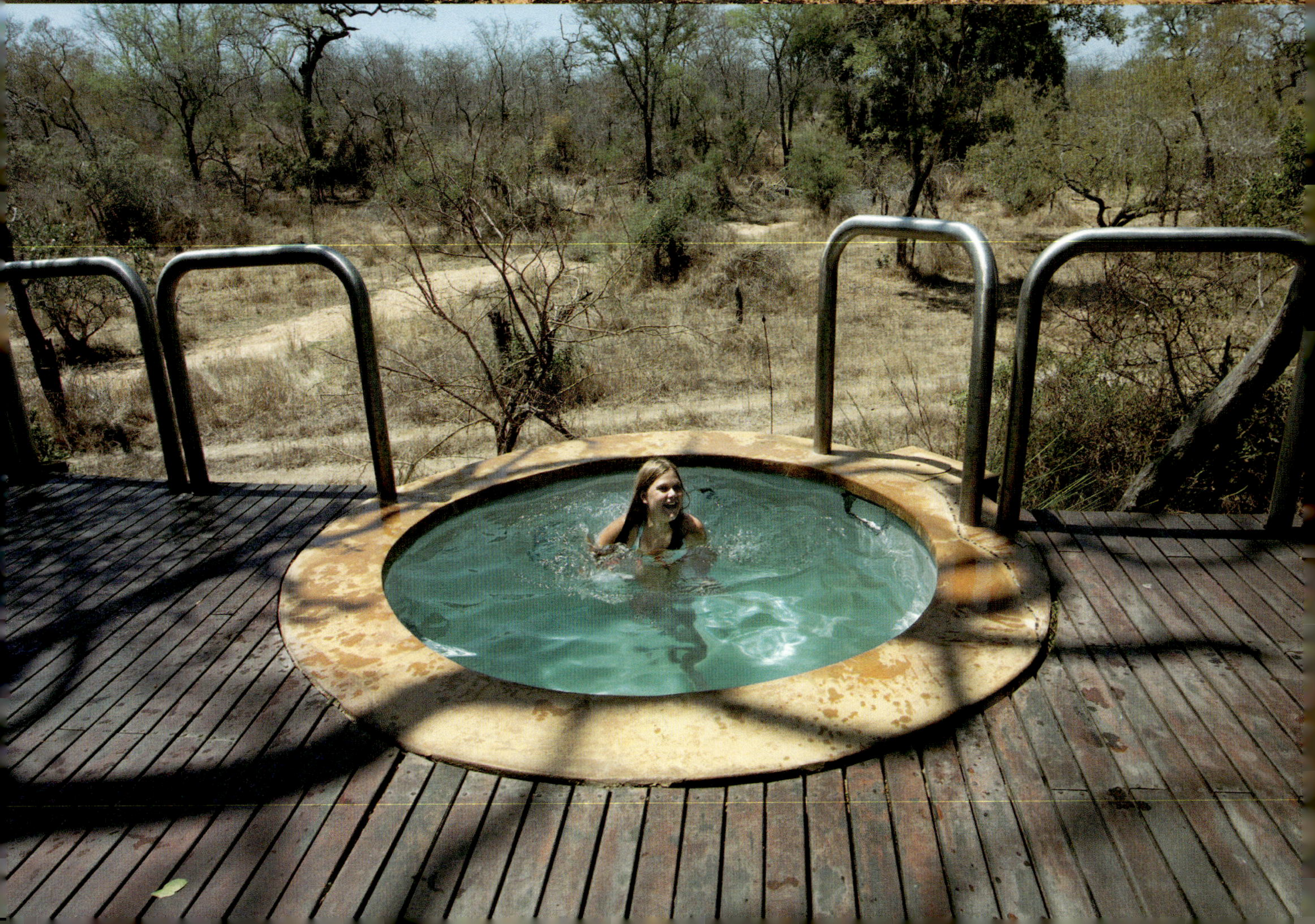

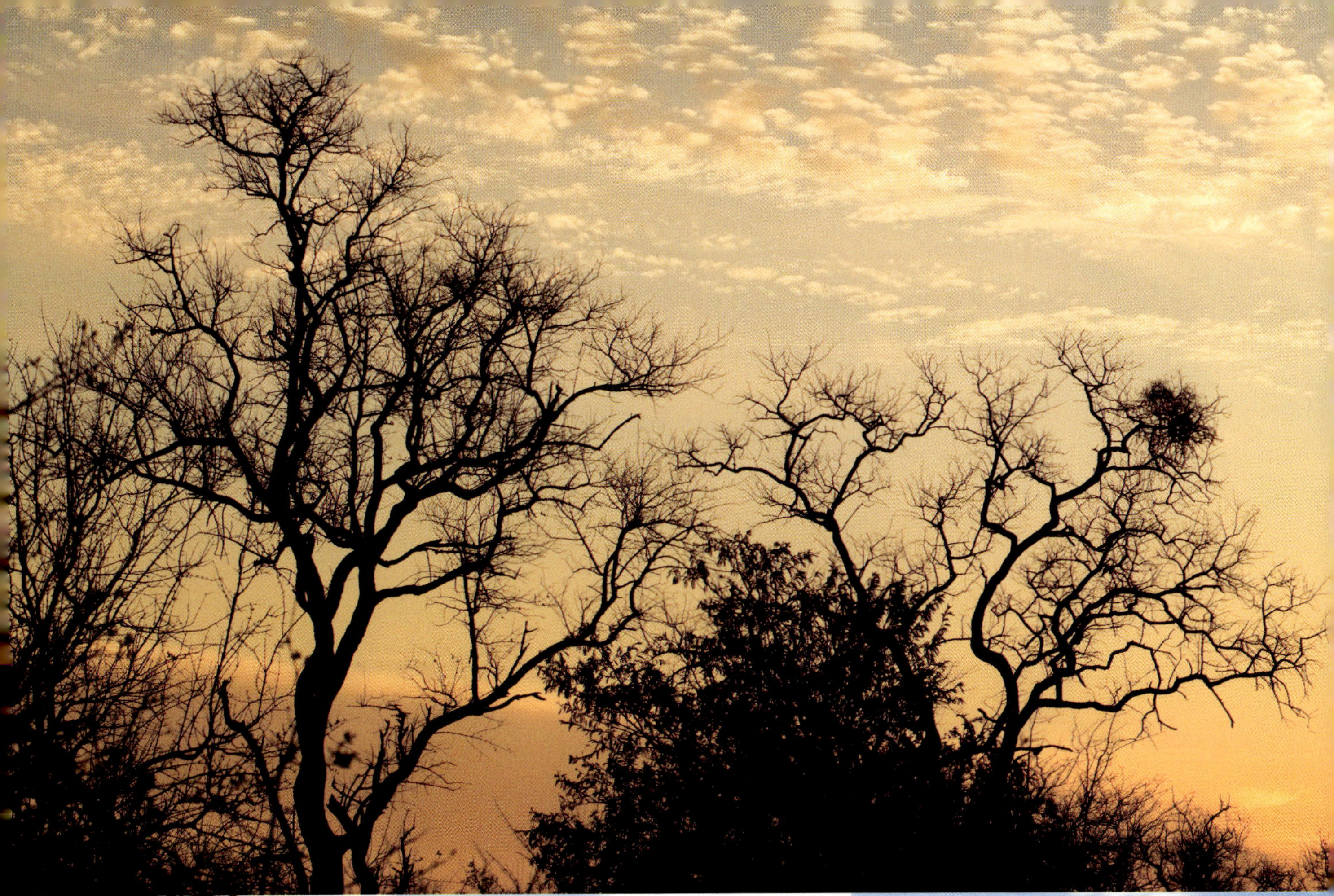
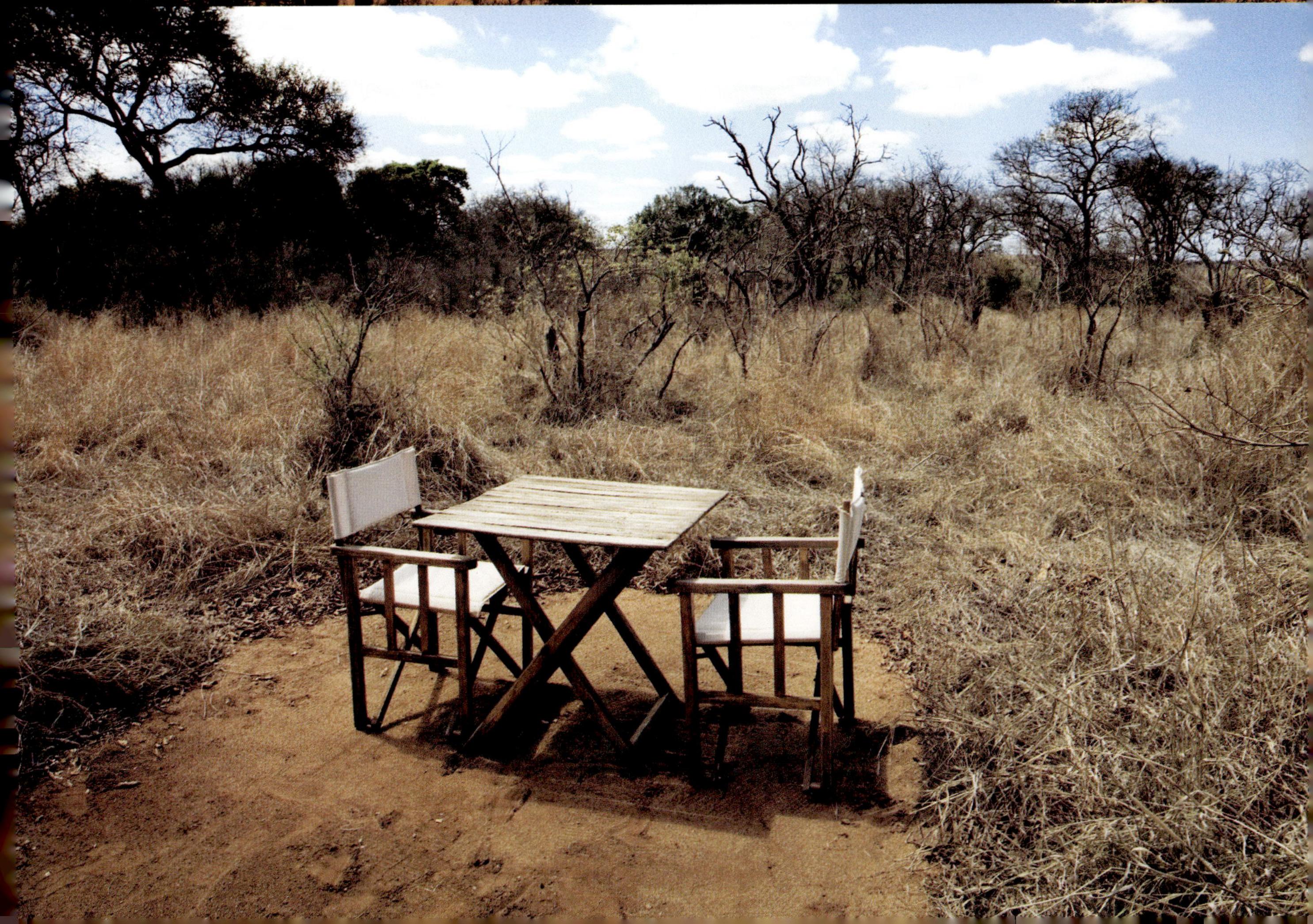

Mit etwas unterschiedlichen Konzepten und Schwerpunkten setzen sich die einzelnen Camps voneinander ab: Im Founders Camp und dem Pioneers Camp des Londolozi Game Reserve setzt man auf Ruhe und Erholung, während es dort im Varty Camp und Tree Camp eher gesellig zugeht. Buschleben steht im Vordergrund des Ngala Tented Camp, ethnischer Schick hingegen wird in der Sabi Sabi Earth Lodge gepflegt. Das Manyeleti Game Reserve ist um günstige Konditionen bemüht, und sogar Businessverpflichtungen kann man nachgehen, indem man in der Bongani Mountain Lodge das Angebot für Konferenzen wahrnimmt.

Blick aus der Bongani Mountain Lodge

KRUGER NATIONAL PARK

ÜBERBLICK

Der Kruger National Park liegt im Nordosten Südafrikas im Lowveld der Provinzen Mpumalanga und Limpopo. Er umfasst eine landschaftliche Einheit, die sich vom Crocodile River im Süden bis zum Limpopo im Norden, dem Grenzfluss zu Zimbabwe, erstreckt. Im Osten markieren Mosambik und die Lebombo Mountains die Grenze des Parks.

Der weltbekannte Park ist etwa 350 Kilometer lang, 40 bis 80 Kilometer breit und mit rund 2300 Kilometer gut zu befahrenden Straßen (davon 850 Kilometer asphaltiert) versehen. Er umfasst eine Fläche von rund 20 000 Quadratkilometern und gehört damit zu den größten Nationalparks in Afrika. Der Park beherbergt die sogenannten „Big Five", zu denen Büffel, Elefant, Leopard, Löwe und Nashorn zählen. Die Bezeichnung dieser Tiergruppe stammt aus der Zeit der Jagdsafaris, als dieses Wild bei den Jägern wegen ihrer Gefährlichkeit und des hohen Marktwerts am begehrtesten war.

Das gesamte Gebiet ist von einem hohen Wildzaun umgeben, der sowohl das Ausbrechen der Tiere als auch das Eindringen von Wilderern verhindern soll. Bis zum Jahr 2002 wurden 1800 Kilometer mit Strom gesicherter Wildzaun aufgestellt. Seitdem wurden im Zuge der offiziellen Eröffnung des Great Limpopo Transfrontier Park Teile des Grenzzaunes zu Mosambik entfernt.

Im Kruger National Park

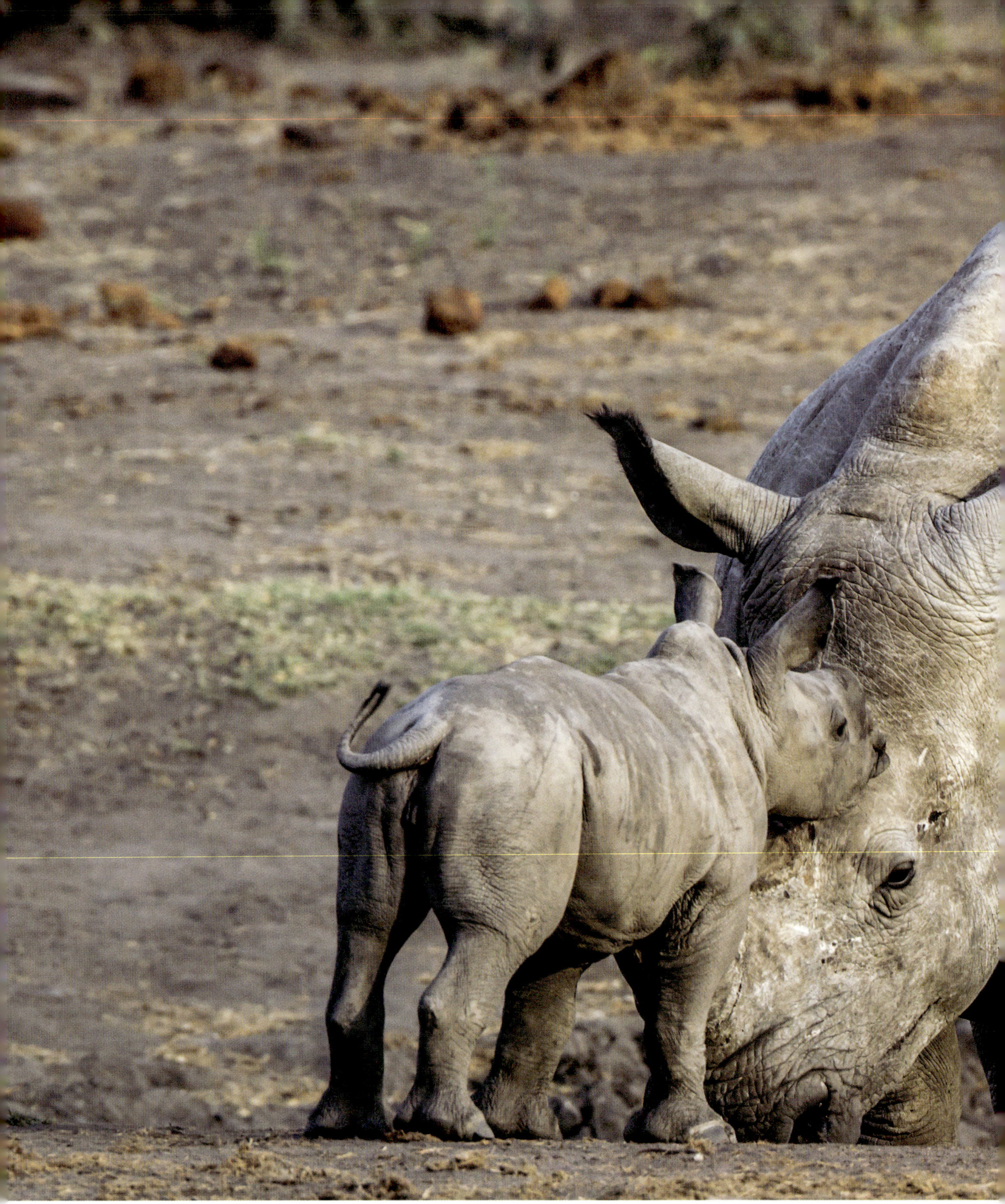

Nashorn mit Nachwuchs
im Kruger National Park

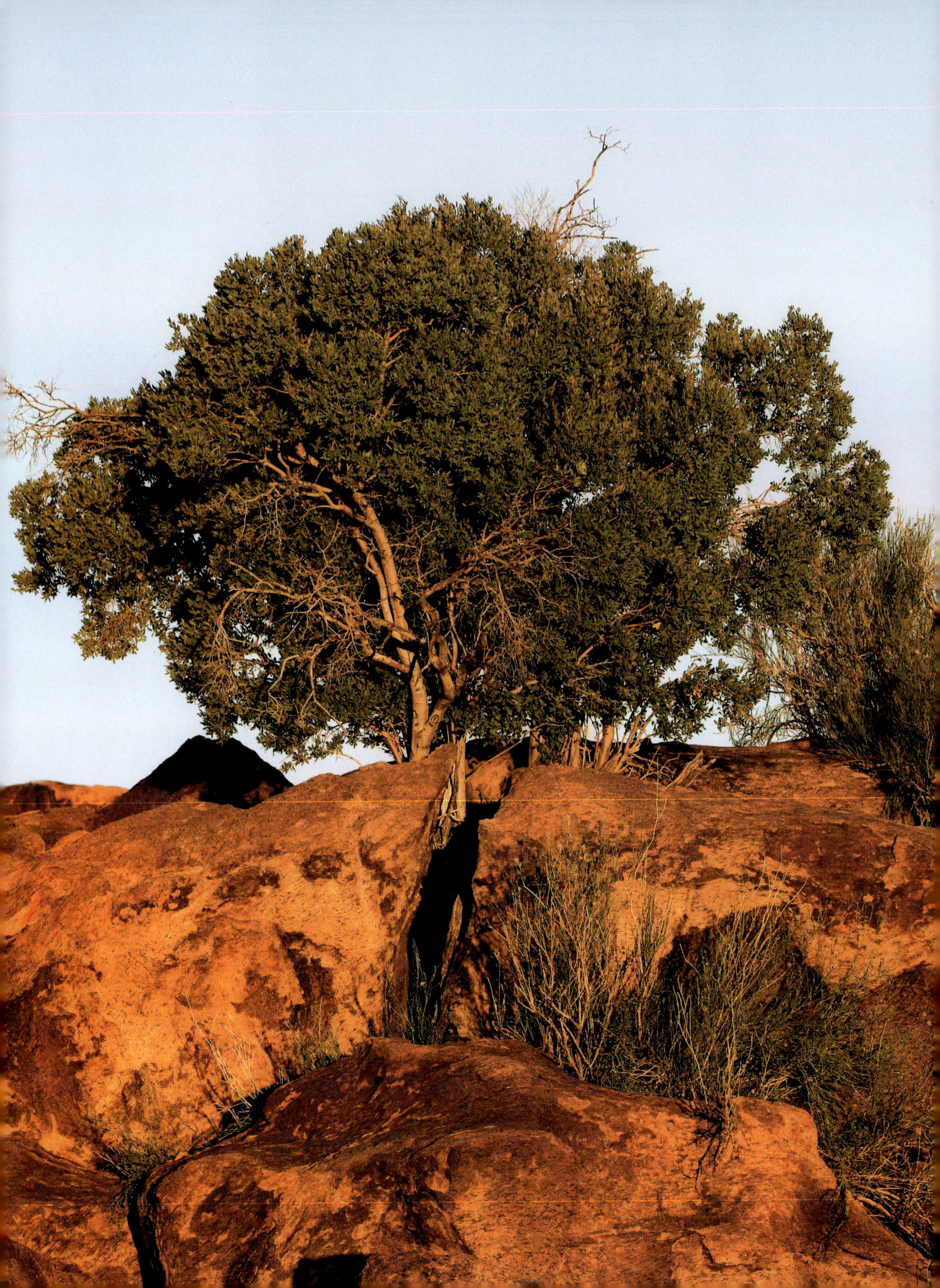

TOPOGRAPHIE

Der überwiegende Teil der Savannenlandschaft des Kruger National Park besteht aus Grasland, Akazienbäumen und Büschen. Bei genauerer Betrachtung lassen sich rund drei Dutzend Subkulturen definieren, die von der Vegetation her einen völlig eigenen Charakter haben. An den Flussläufen gesellen sich zudem noch Galeriewälder hinzu. Grob lässt sich der Park in drei Gebiete unterteilen: den südlichen, mittleren und nördlichen Teil. Landschaftlich unterscheiden sich der Süden und der Norden dabei am stärksten.

Der mittlere Teil des Parks ist durch weite Grasflächen geprägt, die durchschnittlich 260 Meter hoch liegen. Zum Süden hin steigt das Gelände auf bis zu 800 Meter in den Lebombo Mountains an. Je weiter man sich Richtung Norden bewegt, desto mehr werden vereinzelte Berge oder hügelige Felslandschaften durch Flachland abgelöst.

KLIMA, WILDBEOBACHTUNG

Der Niederschlag verteilt sich auf die in den Sommermonaten Oktober bis März liegende Regenzeit und beträgt im Norden durchschnittlich 125, im Süden 750 Millimeter pro Jahr. Dann können die Hauptströme Crocodile, Sabie, Sand, Olifants, Letaba, Shingwedzi, Luvuvhu und der Limpopo River zu reißenden Flüssen anschwellen.

Alle Ströme fließen von Westen nach Osten zum Indischen Ozean und zeigen damit das Hauptgefälle (West–Ost) der Region. Im Jahre 2000 gab es so heftige Regenfälle, dass große Teile des Parks völlig überschwemmt waren. Hinweisschilder im Park zeigen die damaligen Pegelstände an.

Die Temperaturen können im Sommer auf über 40 °C ansteigen, während sie in der Trockenzeit, das heißt im südafrikanischen Winter (europäischer Sommer), nachts bis auf 2 °C, teilweise sogar auf extreme −4 °C absinken können. Die heißesten Monate sind Dezember und Januar, die kältesten Monate in der Regel Juni und Juli. Im Sommer sind die tiefer liegenden Bereiche im Norden des Parks wegen zu großer Hitze geschlossen. Während des Winters liegen die durchschnittlichen Tagestemperaturen bei angenehmen durchschnittlichen 23 °C.

LINKE SEITE:
Akazienbaum im Kruger National Park, umgeben von rot-gold schimmerndem Sandstein

Von den Hütten aus lässt sich die Tierwelt des Kruger National Park sicher und vor der Sonne geschützt beobachten.

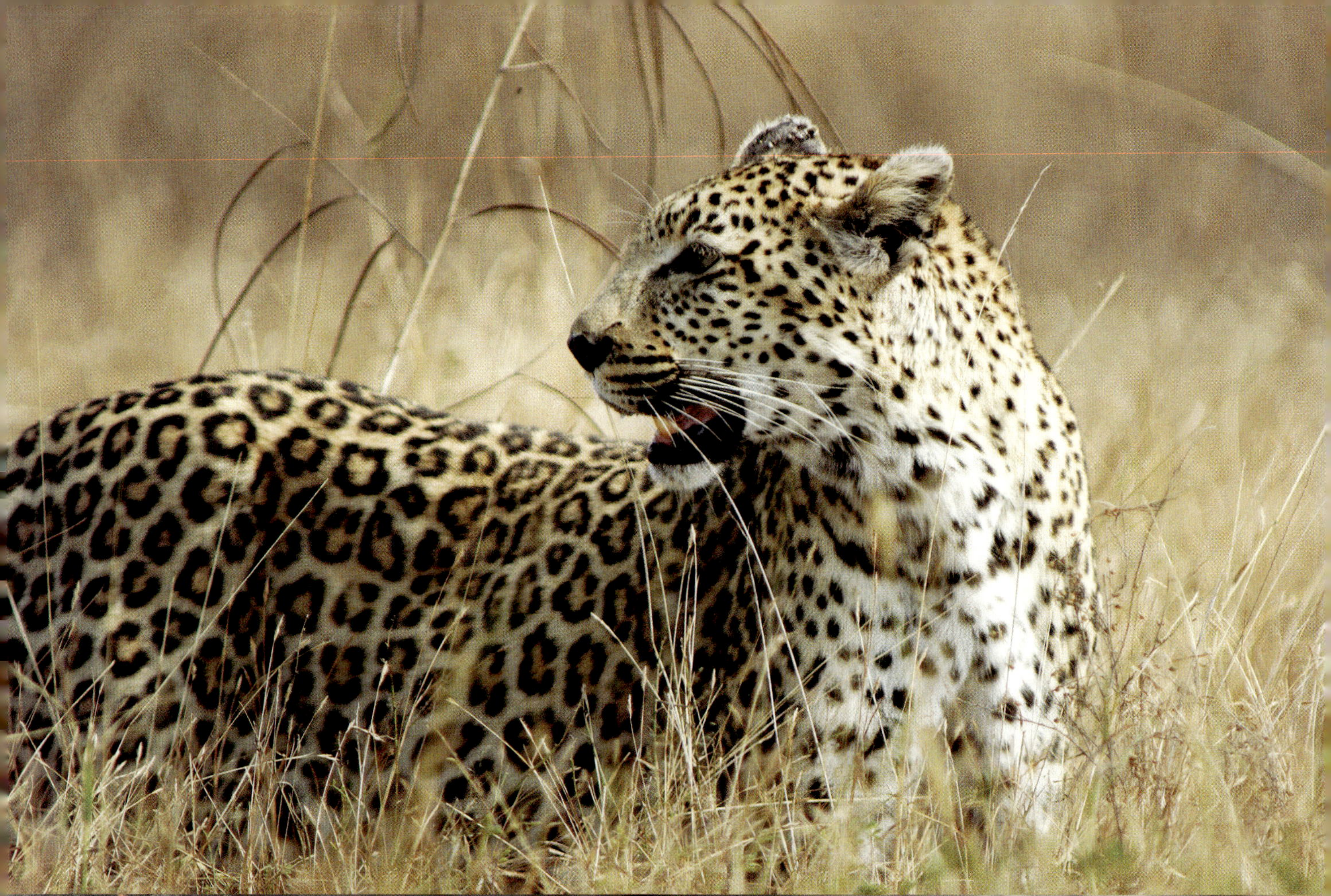

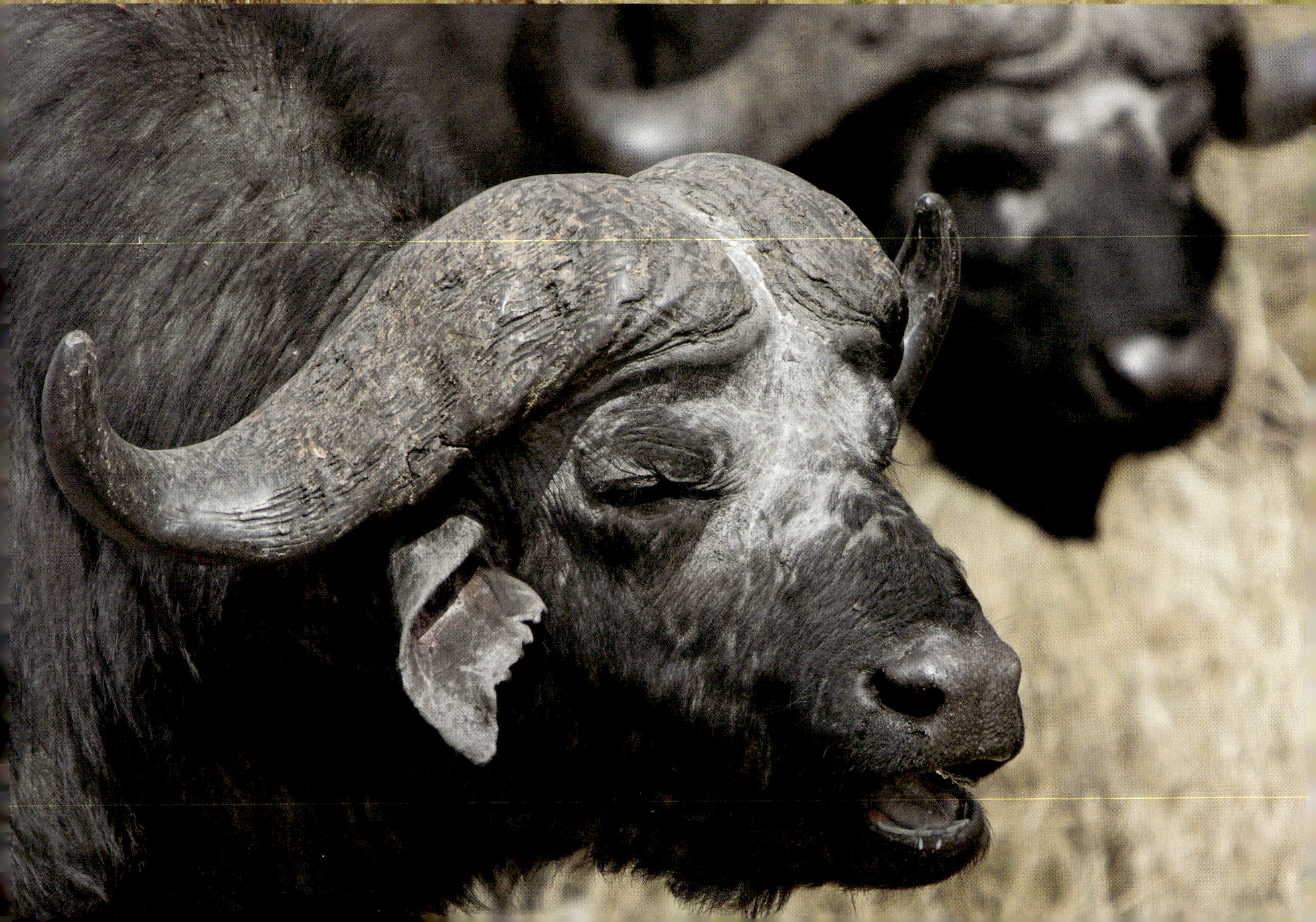

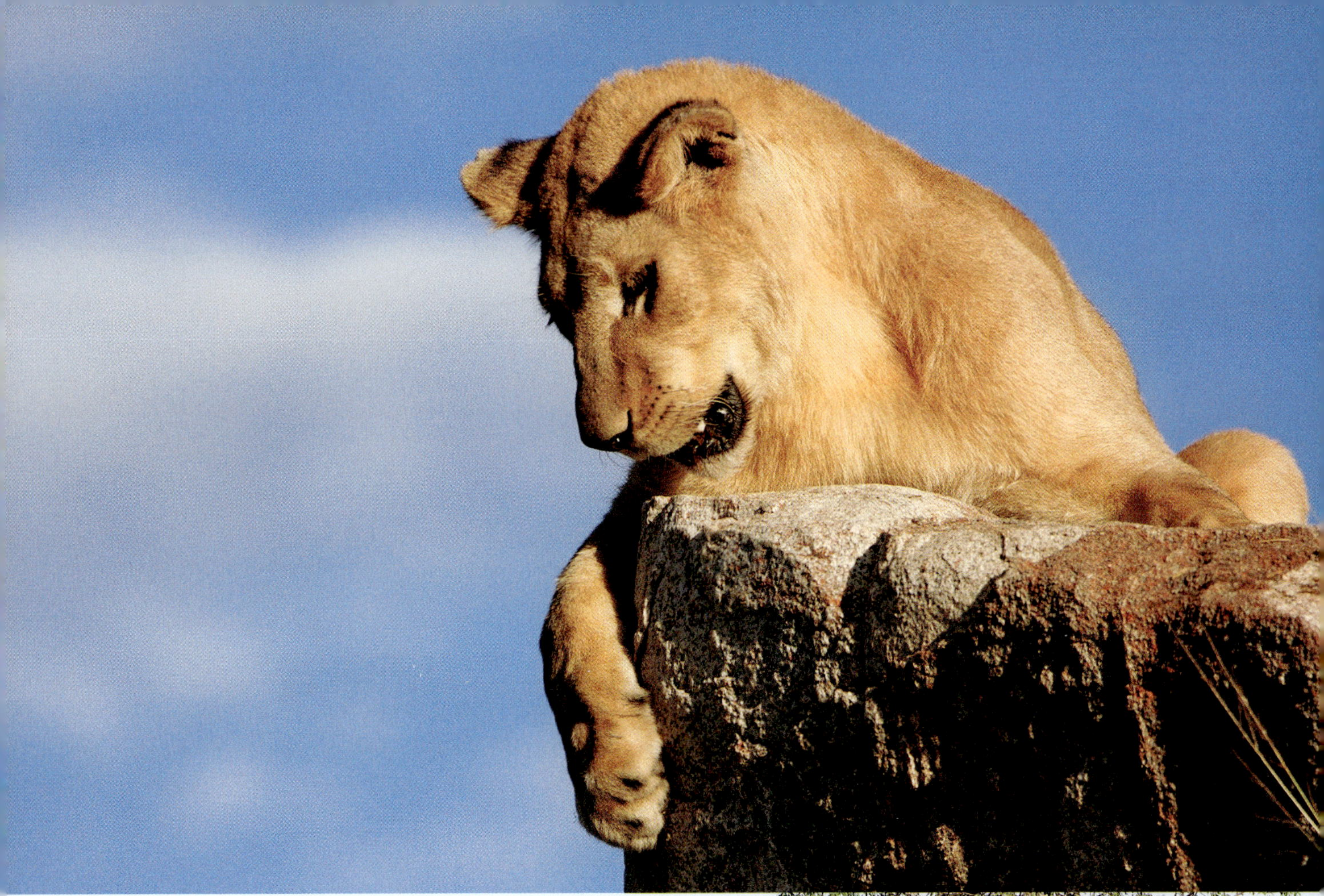

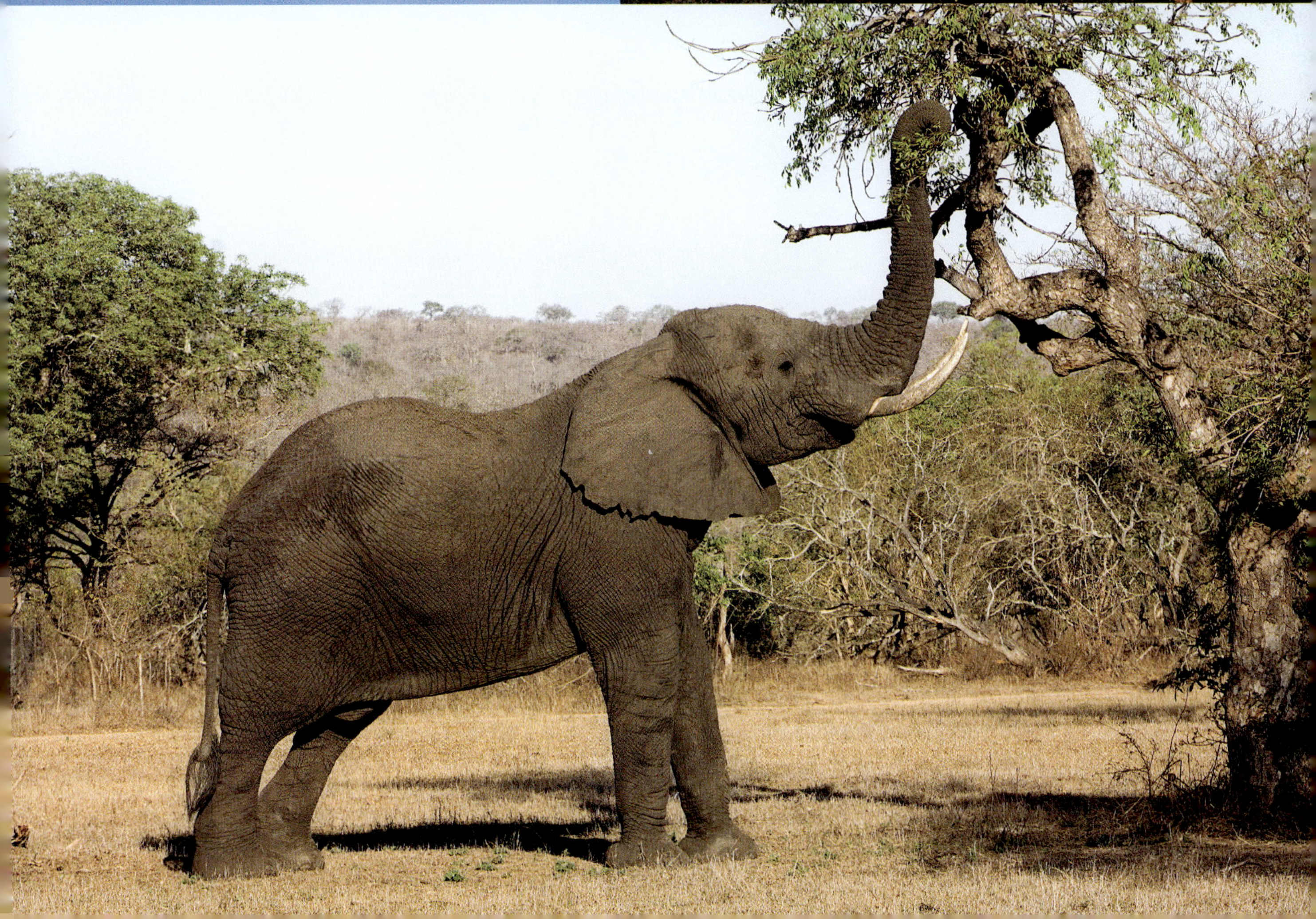

Beste Zeit zur Tierbeobachtung sind die Trockenmonate von Juni bis September. Dann suchen die Tiere Wasser an den seltenen Wasserstellen. Saftig grüne Savannenlandschaft und feuchttropisches Klima herrschen hingegen zu Beginn bzw. in der letzten Phase der Regenzeit, also im Oktober/November bzw. März/April.

Bei geführten Pirschfahrten in den frühen Morgen- bzw. Abendstunden ist die Chance, Tiere zu erspähen, besonders groß. Zum einen ist das Wild dann sehr aktiv, zum anderen dürfen die Ranger auch die für den normalen Fahrer gesperrten Pisten befahren und dringen dadurch tiefer ins Gelände vor. Darüber hinaus erfahren Teilnehmer von den Guides interessante Details über den Park und seine Bewohner.

Natur und Tier hautnah erleben kann man am besten zu Fuß auf der Pirsch. Mehrere geführte und mehrtägige Wanderungen auf sogenannten „wilderness trails" werden im Kruger National Park angeboten. Voraussetzung ist eine gute körperliche Verfassung. Bis zu 20 Kilometer bei oft sehr heißen Temperaturen werden an einem Tag zurückgelegt.

Im Hauptcamp Skukuza sitzen und arbeiten die zum Teil internationalen Teams von Naturschützern und Wissenschaftlern. Sie nehmen jährlich aus der Luft Zählungen der Haupttierarten vor. Über Jahre hinweg ermöglicht ihnen dies, Prognosen über die Tierentwicklung zu machen. Der Park wurde dafür in 400 Sektionen eingeteilt, die helfen, die Vegetation und die Tierpopulation im Detail zu kontrollieren und bei Bedarf künstlich das ökologische Gleichgewicht zu wahren. Bei Überweidung wird von ihnen dann auch schon mal die Dezimierung des Tierbestandes veranlasst.

Durch die Errichtung von Zäunen wurden natürliche Wanderwege von Herden, wie zum Beispiel von Antilopen, Wildebeests oder Zebras abgeschnitten. In den 1960er Jahren war mit der groß angelegten Einzäunung des Parks begonnen worden, um die Verbreitung der Maul- und Klauenseuche einzudämmen. Dadurch konnten die Herden aber auch nicht mehr ihre alljährlichen Züge während der Trockenzeit zu den Drakensbergen von Mpumalanga unternehmen, wo sie genug Futter fanden. Die künstlichen Wasserstellen, die im Park eingerichtet wurden, sind umstritten, da sie wiederum die natürlichen Wanderungsbewegungen der Elefanten unterbinden.

Das meistdiskutierte Problem des Kruger National Park ist die Entwicklung der Elefantenpopulation. Nach rigorosem Abschussverbot haben sich die Dickhäuter, die keine natürlichen Feinde haben, so stark vermehrt, dass regelrechte Flurschäden im Park zu beklagen sind, die Elefanten zum Teil durch die Zäune ausbrechen und benachbarte Siedlungen beschädigen.

VORHERIGE DOPPELSEITE:
Vier der „Big Five", die im Kruger National Park zu sehen sind: Leopard, Büffel, Löwe und Elefant

LINKE SEITE:
Wasserstelle im Kruger National Park

Eine Giraffe folgt einer der vielen Sandpisten, die durch den Kruger National Park führen.

GESCHICHTE

Wie in den meisten Gebieten Südafrikas waren auch im Gebiet des Kruger National Park die San die ersten Menschen, die sich in dieser Gegend aufhielten. 1837 drangen die ersten Voortrekker in das Gebiet vor, konnten aber aufgrund von Bilharziose, einer gefährlichen Wurmerkrankung, der Unmassen an Tsetsefliegen und vor allem der in der Regenzeit grassierender Malaria kein gottgesegnetes Land erkennen.

Nur hartgesottene Pioniere wie Louis Tregardt und Hendrik Potgieter durchsuchten die Gegend weiter nach Siedlungsgebieten und Zugangswegen zu den Häfen im damals portugiesischen Mosambik. In den Trockenzeiten schossen Großwildjäger, was ihnen vors Gewehr kam, und verminderten den Wildbestand stark. Besonders Elefanten wurden wegen des kostbaren Elfenbeins ihrer Stoßzähne massenweise abgeschlachtet.

Den Erzählungen nach protestierten Bürger von Pilgrim's Rest und Barberton Ende des 19. Jahrhunderts gegen die heftige Ausrottung des Wildes und stellten Paul Kruger, dem Präsidenten der Südafrikanischen Republik (Transvaal), ein Ultimatum und drohten mit Stimmentzug, wenn er der Wildjagd kein Ende bereite.

Kruger war ein passionierter Jäger mit viel Verständnis für seine Jagdfreunde, die er nicht verprellen wollte. Für ihn als Politiker zählte allerdings auch jede Stimme. Der Kompromiss sah schließlich

Ein Gedenkstein mit Plakette zum Andenken an die Gründer des Kruger National Park

so aus, dass er 1902 das Gebiet zwischen dem Sabie und dem Crocodile River zum Wildschutzgebiet erklärte. Aus diesem Gebiet wurde 1926 offiziell der heutige Kruger National Park.

Die Stelle des obersten und zunächst einzigen Wildschutzhüters wurde an James Stevenson-Hamilton übergeben. Seine nahezu unerfüllbare Aufgabe bestand darin, das Wildschutzgebiet vor Wilderern zu schützen. Erst mit Hilfe einiger Getreuen und mehrerer Verfügungen konnte er im Laufe der Zeit der Wilderei Einhalt gebieten. Die Afrikaner verliehen ihm wegen seines erfolgreichen Kampfes den Beinamen „siKhukhuza" (= der, der sauber fegt). Die europäische Form des Namens wurde dann „Skukuza" – und so heißt heute das Camp mit der Hauptverwaltung im Park.

James Stevenson-Hamilton gilt bei den Südafrikanern als der „Vater des Kruger Park". Bis zu seiner Pensionierung im Jahre 1946 verfolgte er mit Gewissenhaftigkeit seine Aufgabe, das Naturschutzgebiet gegenüber anderen Interessen abzugrenzen. 1957 starb Stevenson-Hamilton, und seine Asche wurde neben dem Camp Skukuza verstreut. 1998 kam mit David Mabunda der erste schwarze Parkdirektor ins Amt.

Während 1936 noch die damals sensationelle Zahl von 6000 Fahrzeugen registriert wurde, die 26 000 Besucher in den Park brachten, so geben die Besucher heute jährlich viele Milliarden Rand aus und tragen damit erheblich zum wirtschaftlichen Überleben in der Region bei. Mit dem Erlös des Kruger National Park werden auch andere nicht so profitable, ökologisch aber sehr wichtige Parks unterhalten.

Der Tourismus ist heute die Grundlage für das Bestehen des Kruger National Park. Wie diese Aufnahme aus der Lounge einer typischen Lodge zeigt, müssen auch Luxusverwöhnte nicht auf ihren gewohnten Komfort verzichten.

FOLGENDE DOPPELSEITE:
Sonnenuntergang im Kruger National Park

DER GREAT LIMPOPO TRANSFRONTIER PARK

Im Jahre 2002 brach mit der offiziellen Gründung des Great Limpopo Transfrontier Park eine neue Zeitrechnung in der Parkgeschichte an. Mit der Zusammenlegung des Kruger National Park, des Parque Nacional do Limpopo in Mosambik und des Gonarezhou National von Zimbabwe wurde der Kruger Park Teil des insgesamt rund 40 000 Quadratkilometer großen, länderübergreifenden Friedensparks, der etwas größer als Belgien ist.

Im Zusammenhang mit dem Transfrontier Park wurde auch die erste Landnahme eines schwarzen Stammes innerhalb eines südafrikanischen Nationalparks gefeiert. Zwischen den Flüssen Limpopo und Luvuvhu liegt ganz im Norden des Parks das Royal Makuleke Camp auf einem 24 000 Hektar großen Gelände – die ursprüngliche Heimat des 1969 von hier verbannten Makuleke-Stammes.

Die Zäune zwischen Südafrika und Mosambik wurden in den letzten Jahren abgerissen. Zahlreiche Großwildumsiedlungen – unter anderem von Elefanten, Giraffen, Zebras und Büffeln – fanden statt. Nicht alle verliefen erfolgreich. Teile der umgesiedelten Elefantenherden sind wieder nach Südafrika zurückgelaufen. Es wird vermutet, dass es noch Jahre dauert, den Wildbestand auf der mosambikanischen Seite zu erhöhen.

Bis Besucher die gesamte Fläche des Parks nutzen können, werden ebenfalls viele Jahre ins Land gehen. So muss auf der Seite von Mosambik erst eine komplette Infrastruktur geschaffen werden, und in Zimbabwe müssen sich politische und wirtschaftliche Verhältnisse verbessern. Erst dann werden alle Zäune eingerissen.

Die Parkidee geht auf den ersten schwarzen Präsidenten von Südafrika, Nelson Mandela, zurück. Er wollte das weltweit größte „transfrontier conservation area" schaffen und seinen südafrikanischen Landeskindern zum Geschenk machen. Der nicht-weißen Bevölkerung war zu Zeiten der Apartheid der Zugang zu den Parks als reinem Freizeitvergnügen verwehrt geblieben.

Mandela, der mit Graça Machel, der ehemaligen First Lady Mosambiks, verheiratet war, bezeichnete den Transfrontier Park zudem als Brautgeschenk an das Nachbarland. Zehn Jahre nach Ende des Bürgerkrieges in Mosambik, acht Jahre nach Beginn der Demokratie in Südafrika und während politisch und wirtschaftlich schwierigen Zeiten in Zimbabwe war die Gründung im Jahre 2002 nicht nur ökologisch, sondern auch politisch der Startschuss für ein Jahrhundertprojekt.

Während der Peace Park breite politische Zustimmung gefunden hat, haben die Bewohner in dem neu geschaffenen Sengwe-Korridor, der den Kruger Park mit Gonarezhou in Zimbabwe verbindet, lebensbedrohliche Probleme. Ihre Heimat rückt plötzlich mitten in das Königreich der Tiere. Zwar hatte die Mehrheit der dortigen Bevölkerung der Zusammenlegung der Parks zugestimmt, doch vor allem die älteren Bewohner tun sich schwer, die Umsiedlung zu akzeptieren.

Ähnlich geht es den Bewohnern auf der Seite Mosambiks. Zwar wurde dort immer aufgrund des Bürgerkrieges von praktisch leerem Land gesprochen, doch sind seit dem Ende des Krieges viele in ihre alte Heimat zurückgekehrt. Die Flüchtlingsorganisation der Johannesburger Witwatersrand-

Universität hatte sogar bei der Wiederansiedlung geholfen. 90 Prozent der Einwohner, so eine Untersuchung, wollen nun ihre Dörfer nicht verlassen.

Wie viele Menschen im 11 233 Quadratkilometer großen Limpopo-Nationalpark in Mosambik leben, kann keiner sagen. Die Zahlen liegen bei etwa 4000 Menschen im südlichen Teil des Parks, rund 16 000 Menschen im hügeligen nördlichen Teil entlang des Limpopo (östliche Grenze des Parks) und weit über 30 000 Menschen insgesamt.

Formal haben die Bewohner schlechte Karten, das Land weiterhin bestellen zu dürfen, da in Mosambik das Land dem Staat gehört. Die gute Nachricht ist, dass sich die südafrikanische Peace Park Foundation, die Regierung von Mosambik und die deutsche Kreditanstalt für Wiederaufbau (der Hauptsponsor des Projekts) einig sind, dass es keine Zwangsumsiedlungen geben darf. Wie zwanglos allerdings die individuellen Entscheidungen sind, wenn Elefanten die erhoffte Ernte niederwalzen, sei dahingestellt.

Die komplizierten Fragen von Umsiedlung, Entschädigungen, Landnutzung, Einführung von Tieren in die bewohnten Gebiete, die Fragen zu Schutz, Sicherheit sowie Tourismusinfrastruktur soll ein Joint Management Plan klären. So wurde für die Verwirklichung des Korridors im Norden zunächst der Bau einer Brücke über den Limpopo River bei Pafuri anvisiert, um mit dem Auto zwischen Gonarezhou und den anderen Parkteilen hin und her fahren zu können, ohne den Park verlassen zu müssen. Für Visionäre, Wildhüter und Naturschützer ist die Zusammenlegung der Parks erst der Anfang traumhafter Möglichkeiten. Sie haben die Vorstellung von einem zusammenhängenden Korridor bis nach Nordafrika und Namibia.

Durch die Zusammenlegung des Kruger National Park mit zwei weiteren Parks wurde ein länderübergreifender Wild-, Natur- und Friedenspark geschaffen, der ca. 40 000 Quadratkilometer groß ist.

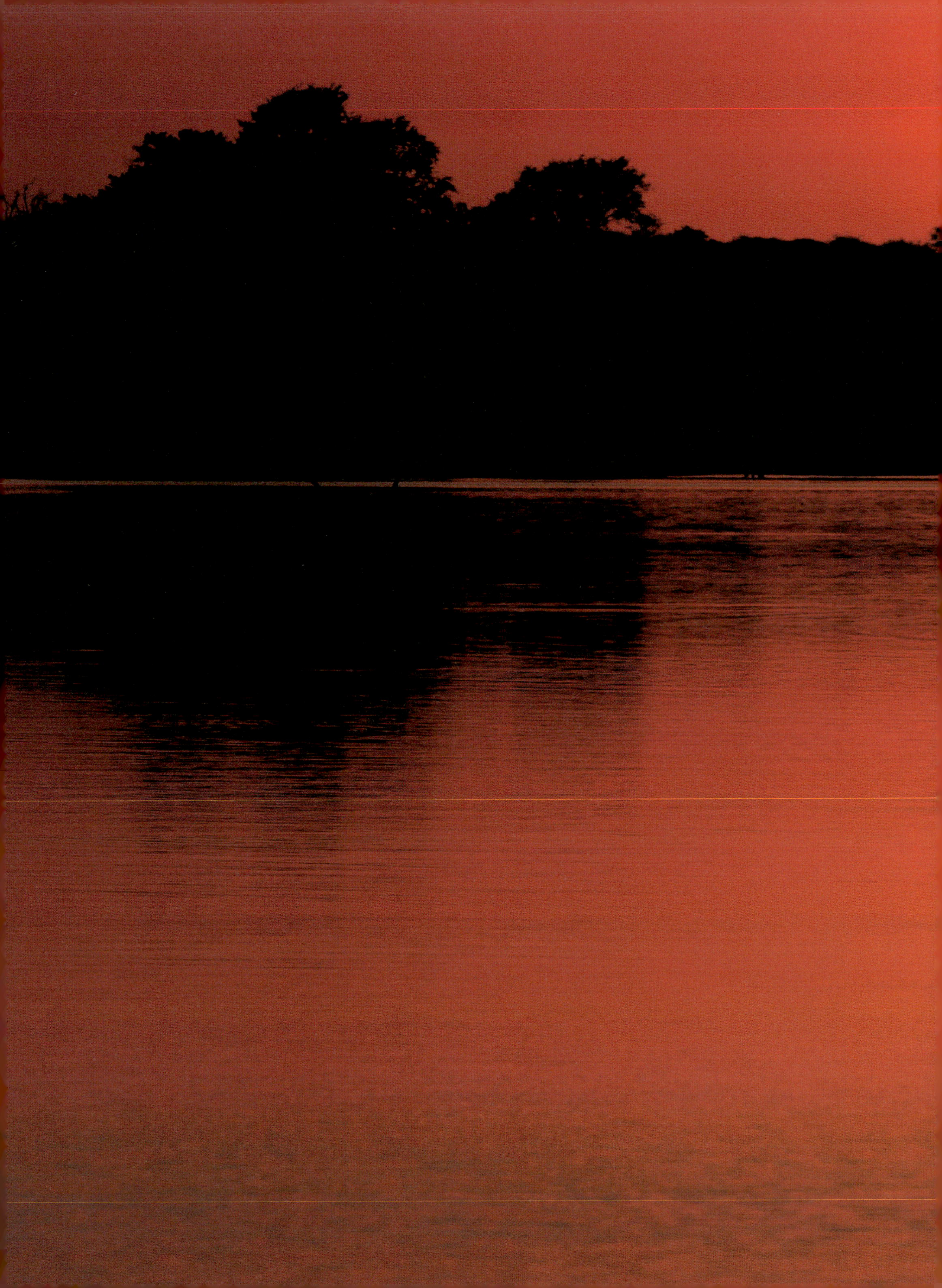

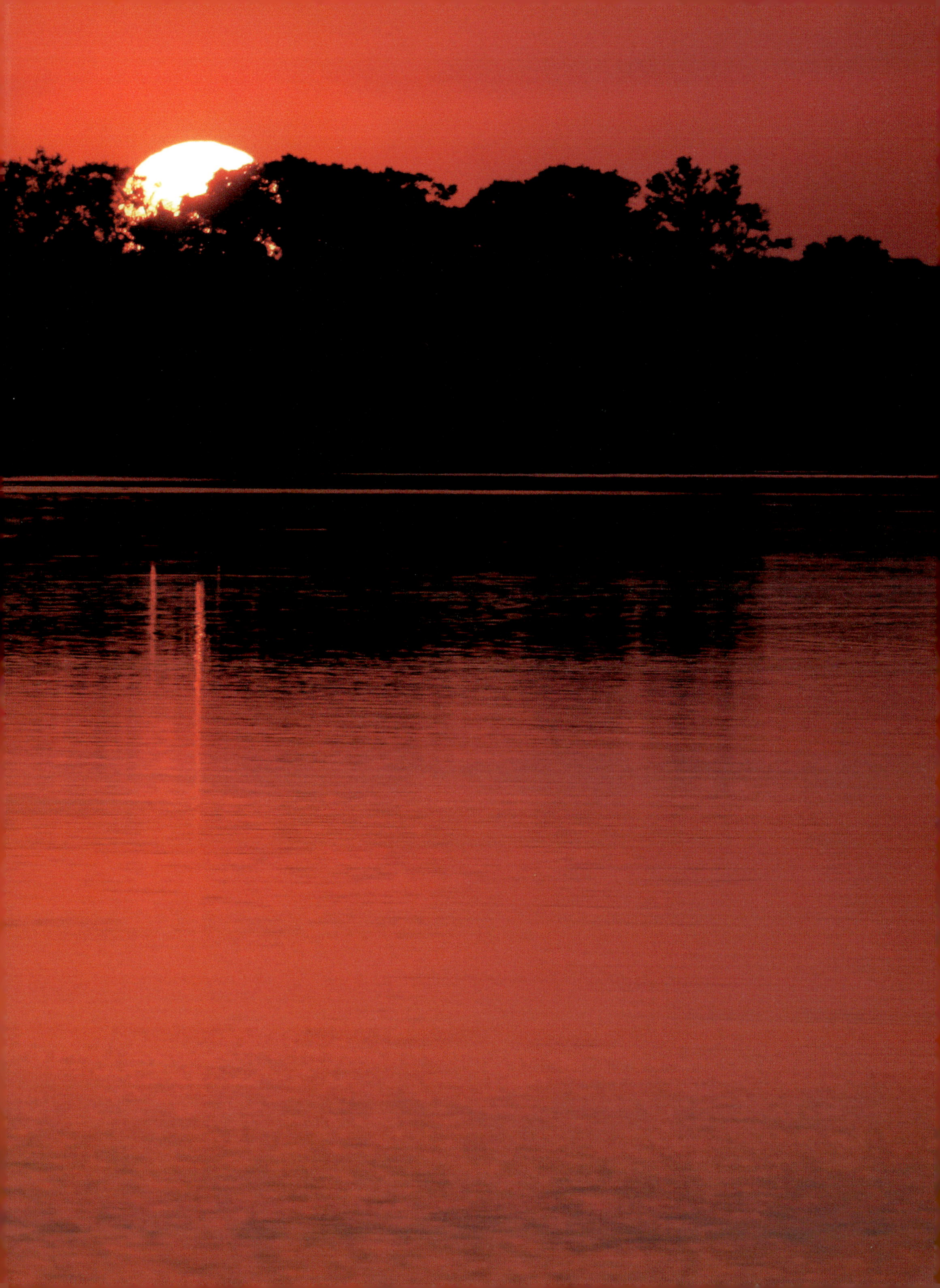

BOTSWANA
NAMIBIA
North West
Northern Cape
Western Cape
ATLANTISCHER OZEAN
Helmeringhausen
Berseba
Tses
KoĎs
Bethanie
Keetmanshoop
Goageb
Seeheim
Aroab
Schroffenstein 2202
Klein-Karas
Grünau
1655 Hunsberge
Karasburg
Nakop
Ariamsvlei
Ai-Ais
Warmbad
Oranjemund
Goodhouse
Gariep (Oranje)
Pella
Pofadder
Steinkopf
Port Nolloth
Okiep
Nababeep
Springbok
Namaqualand
Kamieskroon
Hondeklipbaai
Garies
Bitterfontein
Nuwerus
Koekenaap
Vredendal
Klawer
Vanrhynsdorp
Doring
Lambert's Bay
Clanwilliam
St. Helena Bay
Velddrif
Vredenburg
Saldanha
Hopefield
Piketberg
Citrusdal
Porterville
Moorreesburg
Malmesbury
Wellington
Ceres
Matroosberg 2249
Touwsrivier
Touws River
Worcester
Paarl
Bellville
Cape Town (Kapstadt)
Stellenbosch
Somerset West
Strand
Simon's Town
Kap der Guten Hoffnung
False Bay
Hermanus
Stanford
Caledon
Robertson
Montagu
Swellendam
Protem
Witsand
Bredasdorp
Kap Agulhas
Riversdale
Still Bay
Mossel Bay
George
Knysna
Plettenberg Bay
Oudtshoorn
Calitzdorp
Ladismith
Laingsburg
Prince Albert
Uniondale
Kougaberge
Witdraai
Askham
Upington
Keimoes
Kenhardt
Langberge
Kuruman
Sishen
1855
Postmasburg
Griquatown
Campbell
Ganyesa
Vryburg
Schweizer-Reneke
Reivilo
Taung
Christiana
Warrenton
Ulco
Harts
Boshof
Barkly West
Kimberley
Modder
Riet
Modderrivier
Douglas
Petrusburg
Koffiefontein
Belmont
Hopetown
Jagersfontein
Marydale
Prieska
Strydenburg
Brak
Ongers
Sodium
Britstown
Philipstown
Philippolis
Gariep (Oranje)
De Aar
Vosburg
Van Wyksvlei
Brandvlei
Sakrivier
Loerisfontein
Carnarvon
1667
Colesberg
Hanover
Noupoort
Richmond
Victoria West
Kootjieskolk
Williston
Sak
Loxton
Nieuwoudtville
1672
Calvinia
Roggeveldberge
Middelpos
Great Karoo
Fraserburg
Sutherland
Nelspoort
Murraysburg
Middelburg
Cradock
Graaff-Reinet
Beaufort West
Aberdeen
Adendorp
Leeu-Gamka
Gamka
Sout
Pearston
Jansenville
Somerset East
Klipplaat
Groot Rivier
Willowmore
Sondagsrivier
Steytlerville
Kirkwood
Baviaanskloof
Patensie
Addo
Uitenhage
Kruisfontein
Humansdorp
Port Elizabeth
0
100
200
km
© Ing.-Büro für Kartographie J. Zwick, 35394 Gießen

NORTHERN CAPE
ÜBERBLICK

Die Provinz Northern Cape liegt im Nordwesten von Südafrika. Sie erstreckt sich über 372 889 Quadratkilometer und nimmt damit mehr als 30 Prozent der Landesfläche ein. Obgleich sie damit die flächenmäßig größte Provinz ist, hat sie mit rund 1,2 Millionen Einwohnern den geringsten Bevölkerungsanteil (2,1 Prozent). Der Anteil am Bruttoinlandsprodukt ist entsprechend.

Die Northern Cape Province wurde 1994 gebildet, als mit dem Ende der Apartheid die ehemalige Kapprovinz in vier Provinzen aufgeteilt wurde. Mehr als die Hälfte der Bevölkerung, darunter vor allem Coloureds, gibt Afrikaans als Erstsprache an, Tswana (33 Prozent) dominiert bei den Schwarzen.

Die Provinz besteht zumeist aus weitläufigem Farmland, das nach Westen immer trockener wird. Im Norden grenzt sie an Namibia und Botswana, im Osten an die südafrikanischen Provinzen North West und Free State, im Süden an Western Cape und Eastern Cape. Westlich liegt der Atlantische Ozean.

Nur sehr wenige Städte finden sich in den zumeist öden Weiten der Northern Cape Province. Die einzigen größeren Städte sind Kimberley (Bergbau) und Upington (Landwirtschaft), daneben gibt es die Küstenstädte Alexander Bay und Port Nolloth sowie Springbok – das Zentrum des Namaqualand.

FOLGENDE DOPPELSEITE:
Geländewagen auf der R31, die durch die Salzpfanne Koppieskraalpan ganz im Norden der Provinz führt.

Der Oranje (Gariep) bildet die Grenze zwischen der Northern Cape Province und Namibia.

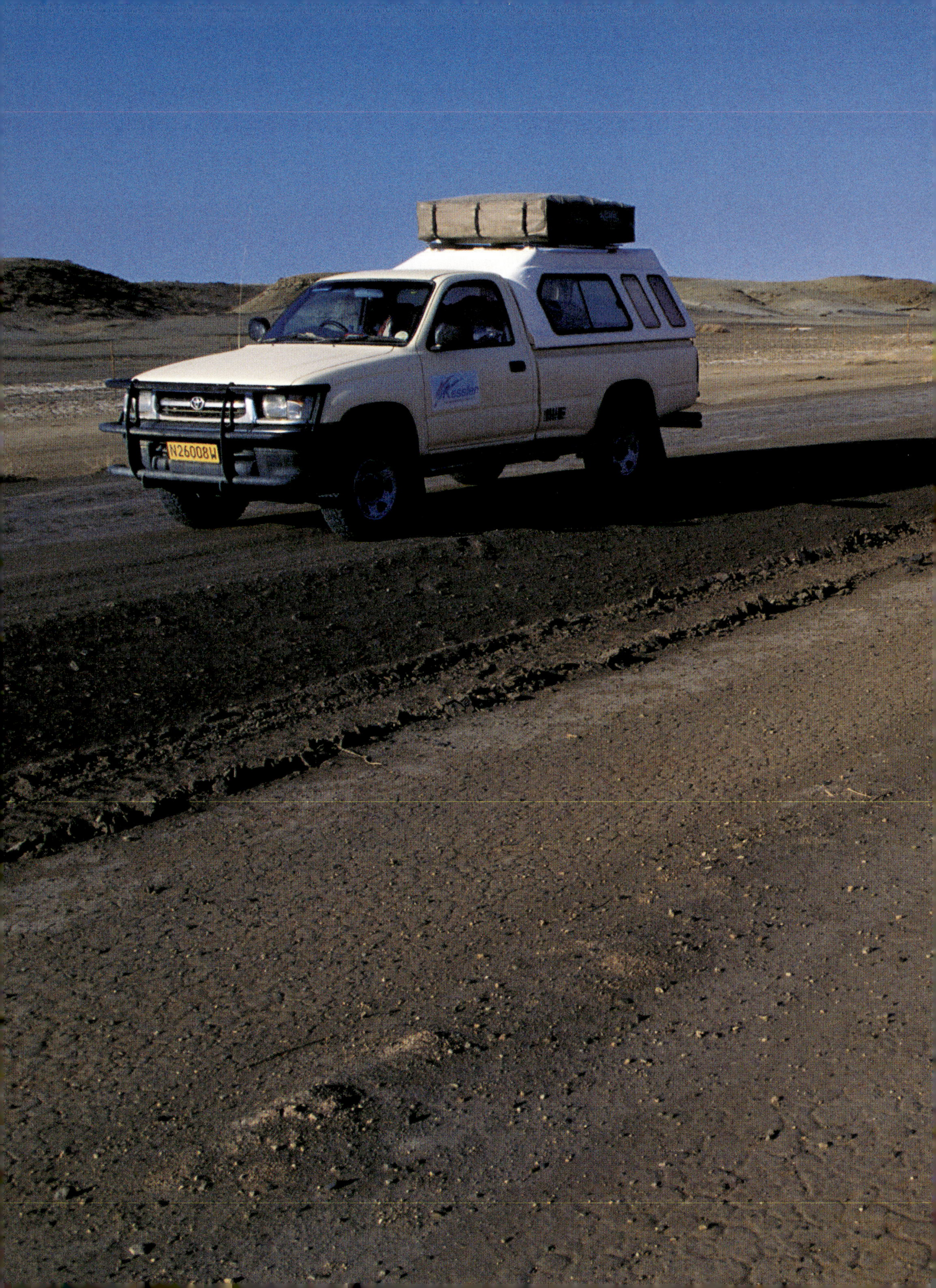
Kessler
N26008W

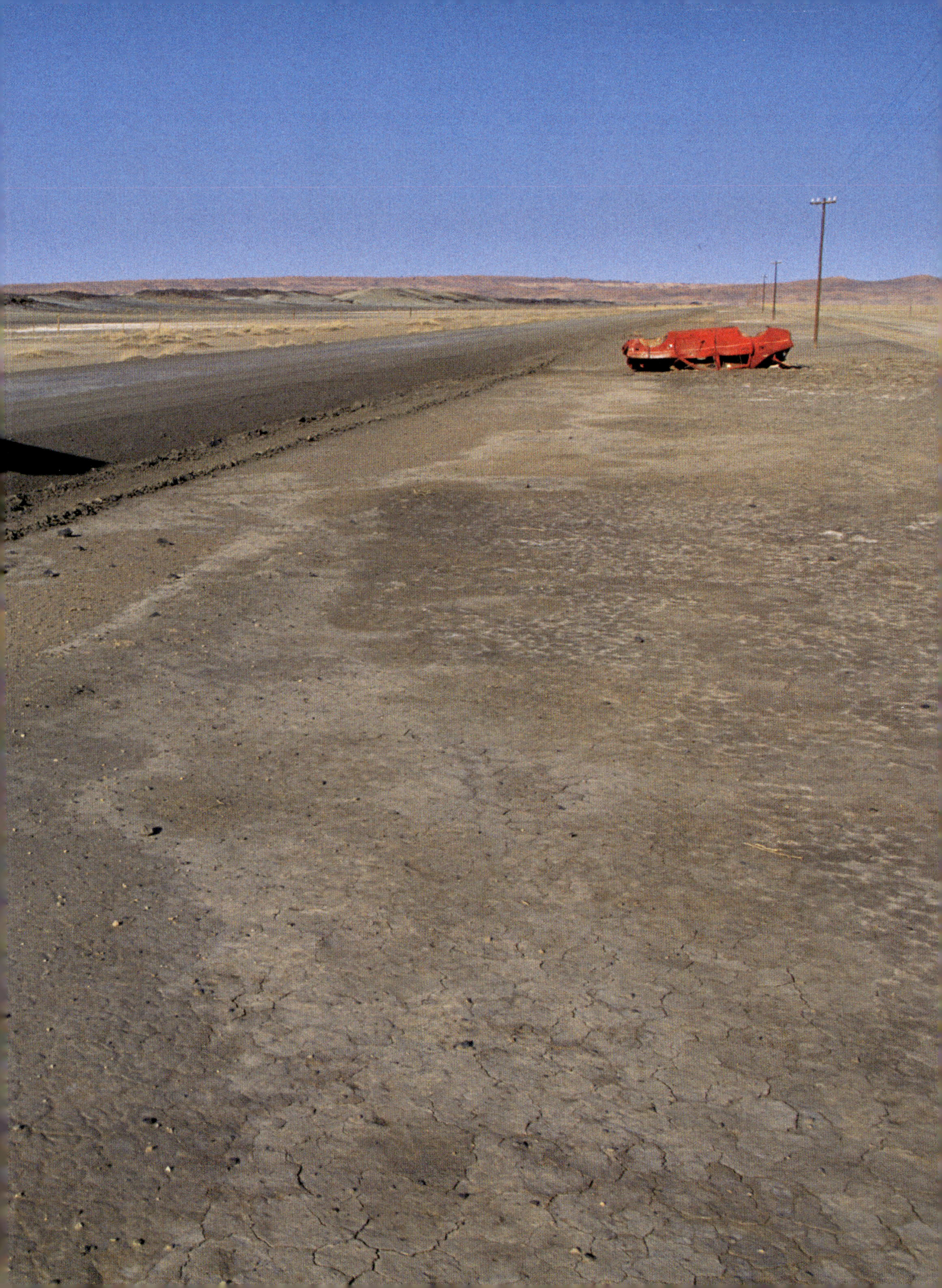

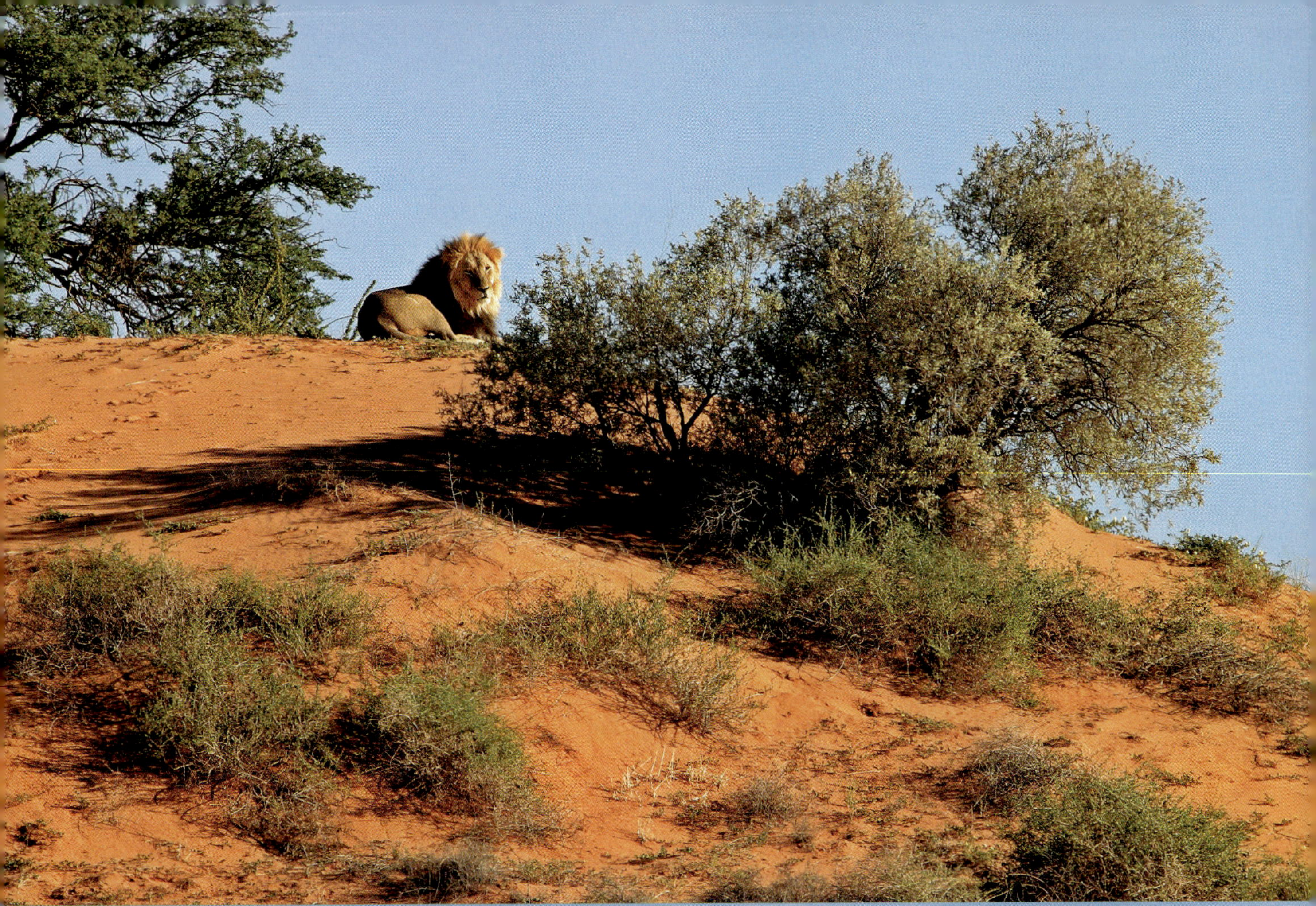

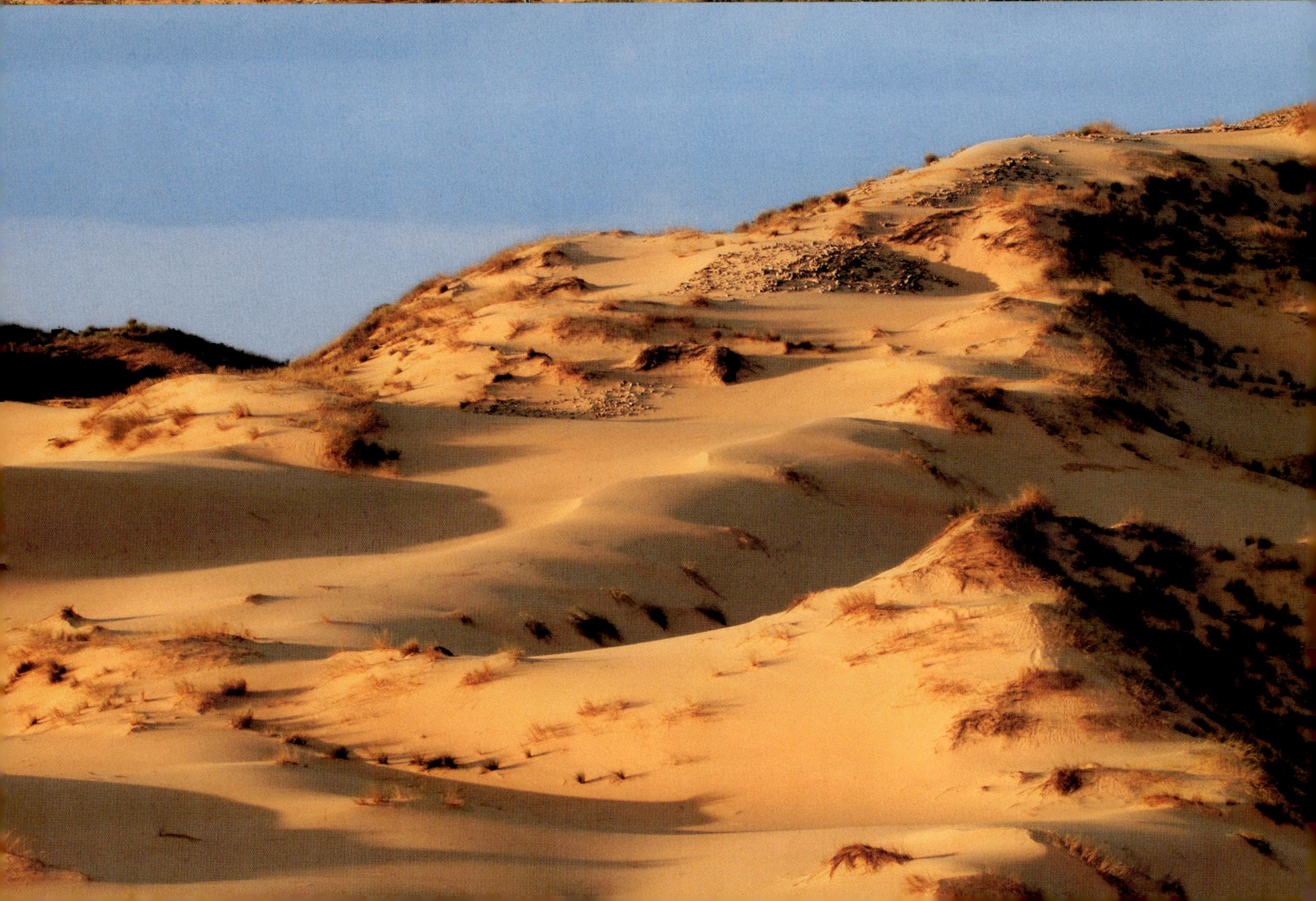

In De Aar, mit rund 40 000 Einwohnern die drittgrößte Stadt der Provinz und der zweitwichtigste Eisenbahnknotenpunkt Südafrikas, kreuzen sich die Bahnlinien von Kapstadt über Kimberley nach Pretoria und Johannesburg und von Namibia über Upington und Port Elizabeth nach East London.

Eine der interessantesten Großlandschaften der Northern Cape Province ist das Namaqualand, eine trockene, halbwüstenartige Landschaft im Westen der Provinz und südlich des Oranje mit ebenen Küstenstreifen und Binnenhochlandgebiet.

Der Großteil von Northern Cape ist überwiegend flach und liegt 800 bis 1000 Meter über dem Meeresspiegel. Der Osten der Provinz ist geprägt von Mais- und Sonnenblumenanbau, im Westen dominiert die Viehwirtschaft. Am östlichen Rand der extrem dünn besiedelten Landschaft liegt Kimberley, die größte Stadt der Provinz, die einzig aufgrund von Diamantenfunden im 19. Jahrhundert gegründet wurde.

Nordwestlich von Kimberley befinden sich die Augrabies Falls des Oranje (Gariep) inmitten von Halbwüstenlandschaft. Weiter im Norden, sozusagen im Nordwestzipfel des Northern Cape, liegt in einem Teil der wüstenartigen Kalahari der Kalahari Gemsbok National Park, der zum großen Teil aus roten, nur dünn mit Gras bewachsenen Sanddünen besteht.

Der aus der Antarktis kommende Benguelastrom vor der Westküste sorgt an den schönen sandigen Küstenabschnitten für Wassertemperaturen von maximal 16 °C. Da aufgrund dieser niedrigen Temperaturen kaum eine Verdunstung stattfindet, liegt das Küstengebiet in einem ariden Gebiet mit nur 45 Millimetern Niederschlag im Jahr.

Nur die regelmäßigen Nebelschwaden, die nachts vom Meer heranziehen, sorgen von Februar bis Juli für regelmäßige Feuchtigkeit und verhältnismäßig kühle Temperaturen. Diese können im Landesinneren hingegen bis auf 40 °C steigen, im Richtersveld National Park im Nordwesten der Provinz im Sommer sogar bis auf 50 °C.

NAMAQUALAND

Das Namaqualand liegt rund 500 Kilometer nördlich von Kapstadt, zwischen Olifants River und dem Oranje (Gariep) an der Grenze zu Namibia. Auf den ersten Blick wirkt das aride Namaqualand öde und menschenfeindlich: Es besteht aus trockenem, sandigem Flachland. Vor langer Zeit einmal grenzte es an den Atlantischen Ozean und bildete seine Strände. Wie an der Küste Namibias fällt auch hier nur selten Regen, teilweise bleiben die Werte sogar unter 50 Millimeter im Jahr. Die küstennahen Gebiete zählen zu den Kaltwüsten.

Das gesamte Gebiet des Namaqualands teilt sich in vier große Einzelgebiete auf, die alle einer anderen geologischen Formation angehören. Zu ihnen zählt das Richtersveld, das sich zwischen der Grenze zu Namibia, Port Nolloth und der Nationalstraße Richtung Namibia erstreckt. Dann gibt es die Klippkoppe, die sich zwischen Springbok und Bitterfontein befindet und Bergregionen mit Höhen bis zu 1700 Metern aufweist. Hier kann die Niederschlagsmenge um die 300 Millimeter im Jahr betragen. Südlich von Bitterfontein schließt sich das Gebiet Knersvlakte an, das aus Halbwüsten-

LINKE SEITE:

Der Kalahari Gemsbok National Park liegt an der Grenze zu Namibia und Botswana im Bereich des Kalahari-Beckens. Trotz des unwirtlichen Klimas sind hier viele Tierarten beheimatet, unter anderem auch Löwen.

landschaft besteht. Und schließlich gibt es das Sandveld: So wird der 20 bis 30 Kilometer breite Küstenstreifen genannt, der sich vom Landesinneren bis zum Ozean erstreckt und aufgrund der unterschiedlichen Niederschlagsmengen dunkelrot bis weiß gefärbt ist.

Ein einmaliges Naturschauspiel verwandelt das Namaqualand einmal jährlich von ödem, lebensfeindlichem Land in ein buntes Blütenmeer. Der geringe Winterregen reicht aus, um im Frühjahr, vor allem im September, die vielen einjährigen Pflanzen fast gleichzeitig zum Blühen zu bringen. 4000 Pflanzenarten sind im Namaqualand bekannt, darunter viele Sukkulenten und der dickstämmige Köcherbaum (*Aloe dichotoma*), aus dessen faserigen Ästen die San Köcher für ihre Pfeile herstellten.

Besonders verbreitet sind die Namaqua Daisies, auch Kapmargeriten genannt, die gelb, ocker- oder orangefarben blühen. Auch die Laugenblume (Cotula) und das Bärenohr (Arctotis) überdauern die langen Trockenperioden im Boden, die allein vom Nebel des Atlantiks, der durch den kalten Benguelastrom für kühle Temperaturen sorgt, mit der notwendigen Mindestfeuchtigkeit versorgt werden. Der Nebel breitet sich besonders in den Morgenstunden aus und wird erst über Tag von der Sonnenwärme absorbiert. Zum Landesinneren nimmt die Niederschlagsmenge zu und erreicht an den Berghängen zwischen Springbok und Bitterfontein teilweise mehr als 250 Millimeter. Trotzdem reichen diese Niederschlagsmengen nicht für eine ganzjährige üppige Pflanzenwelt, sodass die Vegetation hauptsächlich aus wasserspeichernden Sukkulenten wie den urigen Köcherbäumen besteht.

Im Frühjahr verwandelt sich das Namaqualand in ein Blütenmeer, durchsetzt mit Köcherbäumen.

In dieser trockenen Welt können die Blumen nur überleben, indem ihre Samen die ungünstigen Perioden im Erdboden überdauern und dann zu wachsen beginnen, wenn genügend Niederschlag fällt. Wissenschaftliche Theorien gehen schließlich davon aus, dass eine chemische Substanz in diesem Niederschlag, die richtige Menge Wind und besondere Bodenbeschaffenheiten letztendlich erst für die „Initialzündung" bei der Keimung der Samen verantwortlich sind. Diese Faktoren treffen in der Regel im Frühjahr zwischen August und Oktober zusammen.

Der Name Namaqualand stammt vom Volk der Nama, die als Erste in diesem Gebiet siedelten. Die Nama (früher Namaqua genannt), die von den Khoikhoi abstammen, leben heute als Volk in Namibia. Sie besiedelten die Gegend erstmals vor etwa 2000 Jahren und lebten hier zusammen mit den San bis zur Mitte des letzten Jahrhunderts.

Für die Trekburen, die Ende des 18. Jahrhunderts hier nach neuem Weideland Ausschau hielten, war das Land zu unfruchtbar, sodass sie sich hier nicht ansiedelten. Erst die Kupfererzfunde bei Springbok ließen die ersten Weißen ansässig werden. Später kamen Diamantenfunde hinzu. Heute konzentrieren sich Farmer auf die Schafzucht.

Springbok ist heute mit 15 000 Einwohnern die Hauptstadt des Namaqualand und dank der ganzjährig Trinkwasser liefernden Quelle das Versorgungszentrum für die Minenarbeiter in der gesamten Region. Die Stadtgründung unter dem Namen Springbokfontein (Springbockquelle) erfolgte 1862. Einst tranken hier große Springbockherden an einer Quelle. Durch die Ausbeutung der Kupferminen Mitte des 19. Jahrhunderts wurden diese jedoch vertrieben.

Die Stadt liegt verteilt auf mehreren Hügeln, direkt an der Nationalstraße, die das 550 Kilometer entfernte Kapstadt mit Namibias Hauptstadt Windhoek, die 900 Kilometer weiter nördlich liegt, verbindet. Auf südafrikanischer Seite heißt der 120 Kilometer nördlich von Springbok liegende Grenzübergang Vioolsdrift, auf der anderen Seite des Oranje in Namibia liegt Noordoewer („Nordufer").

Die Kupferminen befinden sich mittlerweile außerhalb des Stadtgebietes in den nahen Ortschaften Nababeep und Okiep. Um die Transportkosten niedrig zu halten, wird das Kupfer bereits vor Ort vom Gestein durch Schmelzen extrahiert und dann erst per Lastwagen nach Bitterfontein und von dort aus per Bahn nach Kapstadt gebracht.

FOLGENDE DOPPELSEITE:

Das ansonsten eher karge Namaqualand bietet im Frühjahr ein fantastisches Naturschauspiel: Millionen Pflanzen, insbesondere die sogenannten Kapmargeriten, verwandeln das Land in ein farbenprächtiges Blütenmeer.

Springbockherden, die sich immer wieder an einer Quelle zusammenfanden, gaben der Stadt Springbok ihren Namen.

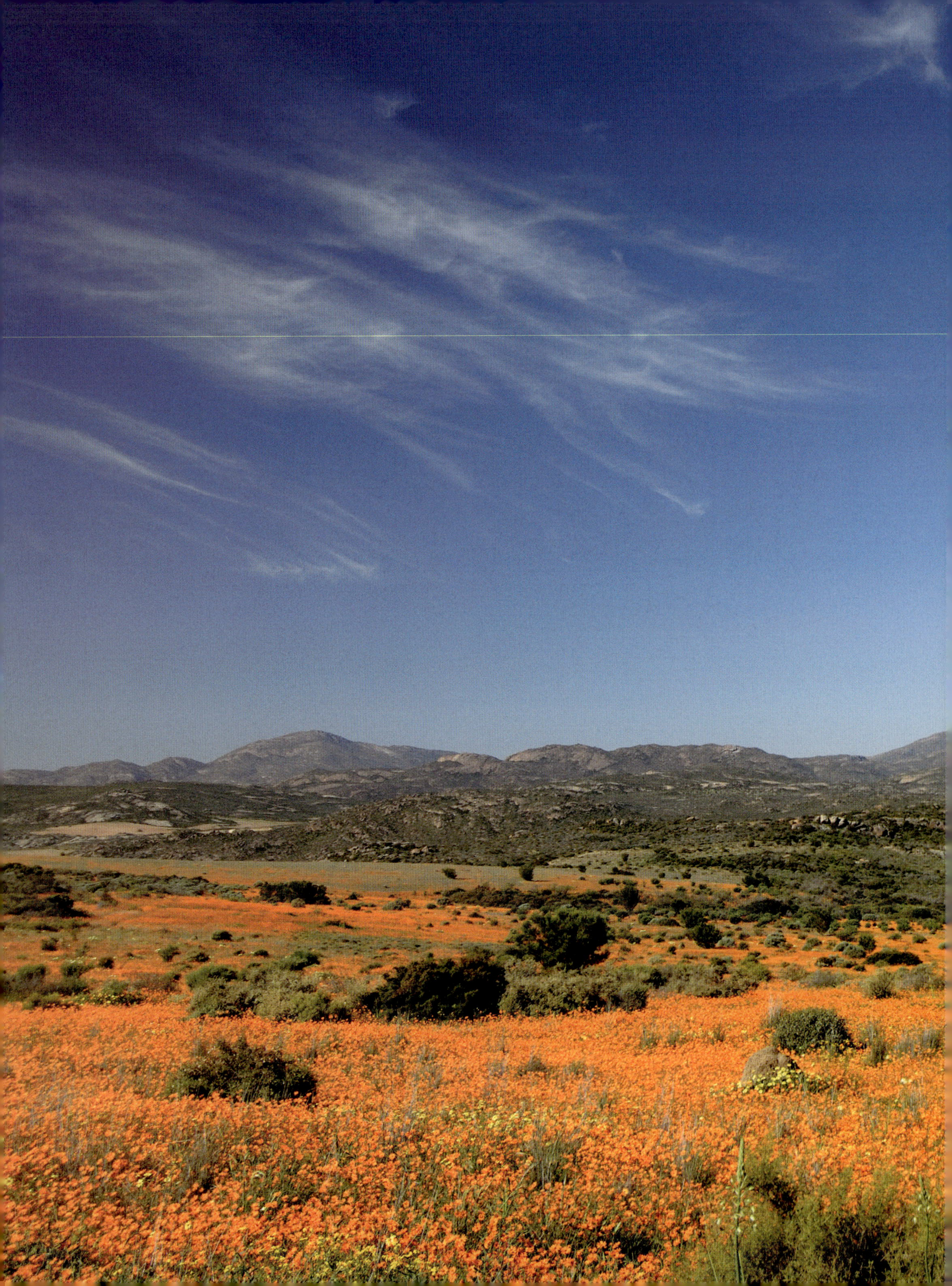

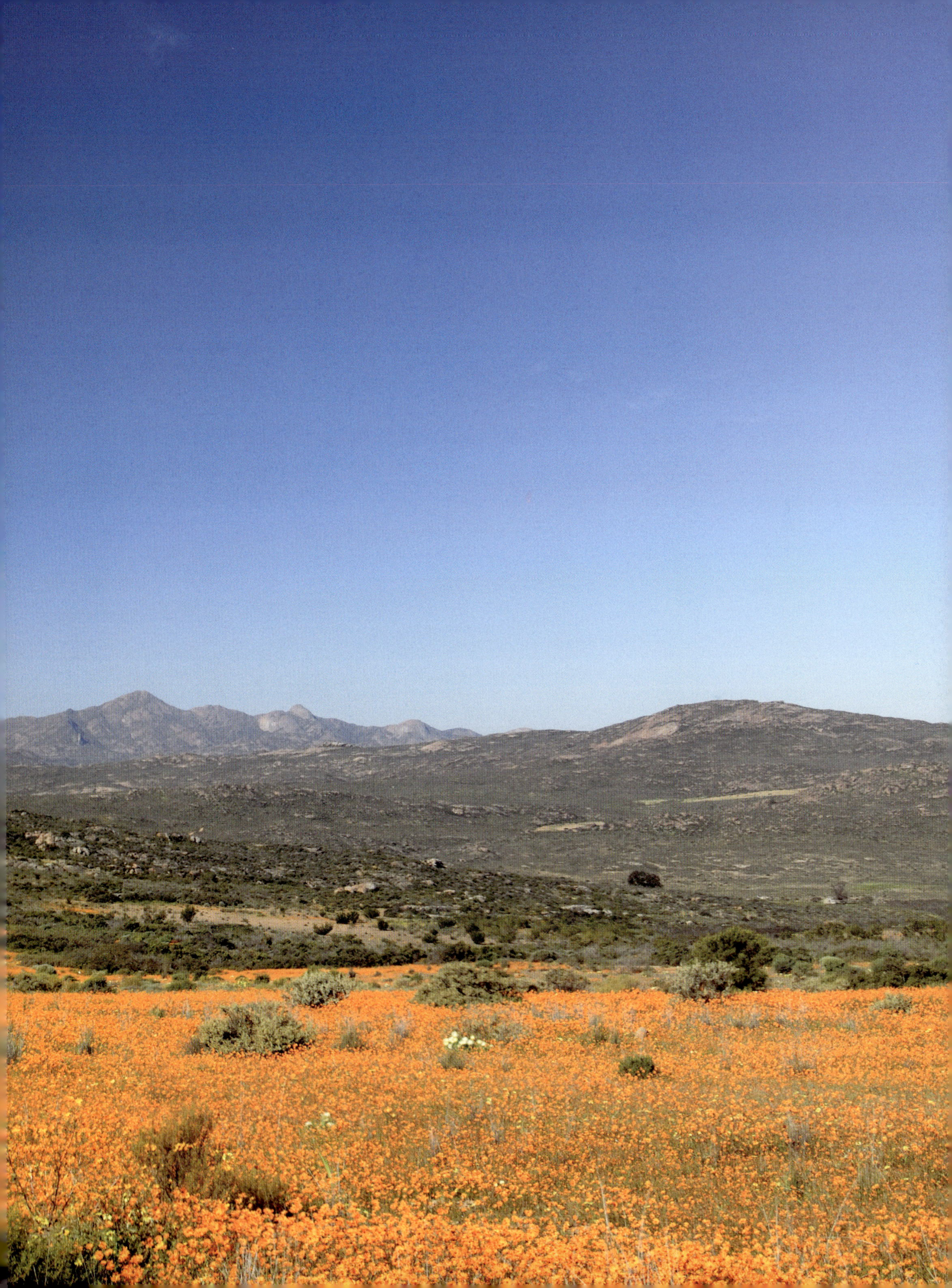

Das erste Kupfer wurde in der Umgebung von Springbok bereits 1685 von Simon van der Stel, später der erste Gouverneur der niederländischen Kapkolonie, gefunden, der auf der Suche nach dem sagenumwobenen Goldreich Monomatapa war. Seine Kundschafter konnten an der gleichmäßigen Küste jedoch keine geeignete Bucht finden, um die Vorkommen im großen Stil abzutransportieren. Van der Stels erste Mine liegt ca. drei Kilometer südlich von Carolusberg. Die 1852 eröffnete Blue Mine war das erste bedeutende Bergbauprojekt in Südafrika.

Die meiste Zeit des Jahres verfügt die sehr verschlafene Stadt über außergewöhnlich viele Übernachtungsmöglichkeiten, die jedoch zur Blumenblütezeit in der Regel restlos belegt sind. Im Wild Flower Garden im 15 Kilometer östlich von Springbok gelegenen Goegab Nature Reserve (16 000 Hektar) sind alle im Namaqualand vorkommenden Sukkulenten zu sehen; insgesamt wurden 590 Pflanzenarten gezählt. Die höchste Erhebung ist mit 1345 Metern der Carolusberg.

Die Tierwelt bietet verschiedene Antilopenarten (Oryx), Klippspringer, Duiker, ein paar Hartmann Mountain Zebras, Strauße sowie 93 Vogelarten, darunter auch Greifvögel, 26 Reptilien- und drei Amphibienarten. Auch der rund 50 Kilometer südlich von Springbok liegende Namaqua National Park ist zur Blumenblütezeit eine bunt blühende Augenweide.

Kapmargeriten

WESTKÜSTE

Alexander Bay ist die nördlichste Stadt an der Westküste und liegt am Oranje (Gariep), der hier in den Atlantik mündet und die Grenze zu Namibia bildet. Benannt wurde die Stadt, die im Diamantensperrgebiet liegt, nach Sir James Alexander, der sie 1836 gründete. Die Mündung des Oranje in den Atlantik besteht aus Sumpfgebiet und bildet für Zugvögel eine wichtige Zwischenstation. Botanisch auffällig sind riesige Flechtenfelder auf einem Hügel nahe der Stadt Alexander Bay.

1927 entdeckte der deutschstämmige südafrikanische Geologe Dr. Hans Merensky die reichen Diamantenfelder südlich des größten Flusses Südafrikas. Auf der anderen Seite des Oranje wurde in Namibia die Stadt Oranjemund gegründet und die Region zum Sperrgebiet erklärt. Nach Namibia kommt man an dieser Stelle nur mit einer Sondererlaubnis. Wer in den Richtersveld National Park gelangen will, der mit dem Ai-Ais Hot Springs Game Park in Namibia den |Ai-|Ais/Richtersveld Transfrontier Park bildet, kommt an der Straße nach Alexander Bay und am Diamantensperrgebiet vorbei.

Der Richtersveld National Park (160 000 Hektar) gilt als der „wildeste" Park Südafrikas und wird vor allem von Einsamkeit schätzenden Naturliebhabern besucht. Der an der Grenze zu Namibia liegende, touristisch kaum erschlossene Park wird im Norden durch den Oranje begrenzt und ist durch aride Bergwüstenlandschaft gekennzeichnet. Er besteht aus der einzigen Bergwüste Südafrikas. Bei einem Klima mit Temperaturen von bis zu 50 °C besteht die Flora aus einer vielseitigen Sukkulentenwelt.

Die Piste zum Richtersveld National Park, der 850 Kilometer von Kapstadt und 300 Kilometer von Springbok entfernt liegt, führt nach Sendelingsdrif, einer ehemaligen Minensiedlung und dem heutigen Parkhauptquartier. Dabei passiert man einen Köcherbaumwald, unterhalb dessen sich ein über 40 Meter tiefes, natürliches Wasserloch befindet, das für die Nama große Bedeutung hat. Der Legende nach bewacht eine Schlange in dem Loch einen großen Diamantenschatz, in dem ihr Gott Heitsi Eibib seine Heimat hat.

Der Park wurde erst 1991 der Öffentlichkeit zugänglich gemacht. Er liegt auf dem Gebiet der Nama, die zunächst südlich des Oranje, dann aber größtenteils aufgrund der zunehmenden Aridität weiter südlich ins jetzige Namaqualand zogen. Da sich in dem Nationalpark auch Kupfer- und Diamantenminen befinden, war es eine zeitlang sehr schwierig, eine Genehmigung für einen Parkbesuch zu bekommen. Der Name stammt übrigens von W. Richter, einem Geistlichen der Rheinischen Missionsstation.

Die Vegetation im Park ist bestimmt durch das aride Klima. Köcherbäume sowie unzählige, zum Teil sehr seltene Sukkulenten wachsen hier. Die Vielfalt der Sukkulenten soll weltweit einmalig sein. Besonders beliebt ist die Suche nach den Steinpflanzen.

FOLGENDE DOPPLESEITE:

Angehörige der San. Diese Bevölkerungsgruppe ist in Südafrika nur noch in einem Teil der Northern Cape Province im unwirtlichen Lebensraum der Kalahari beheimatet.

Northern Cape 375

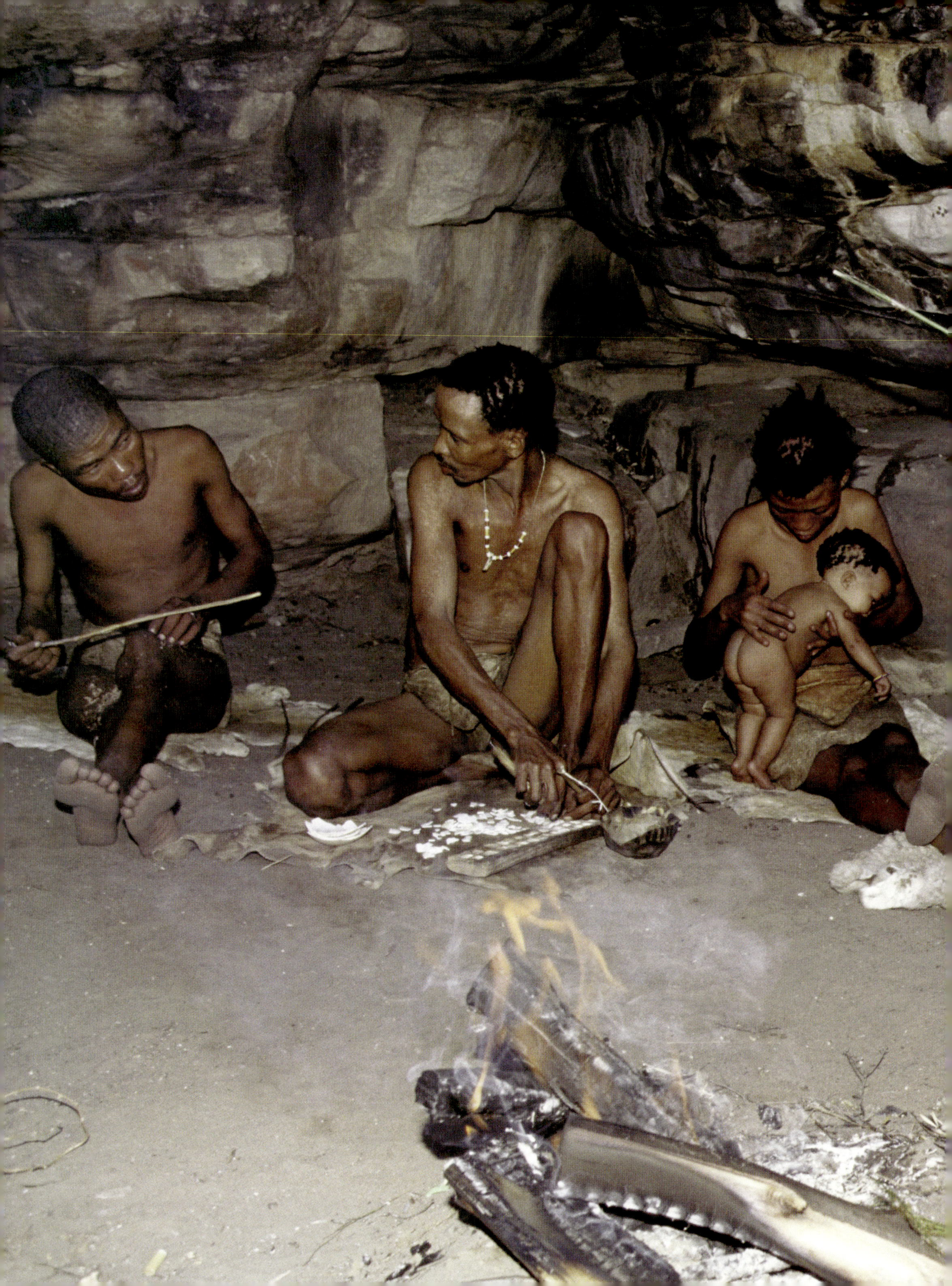

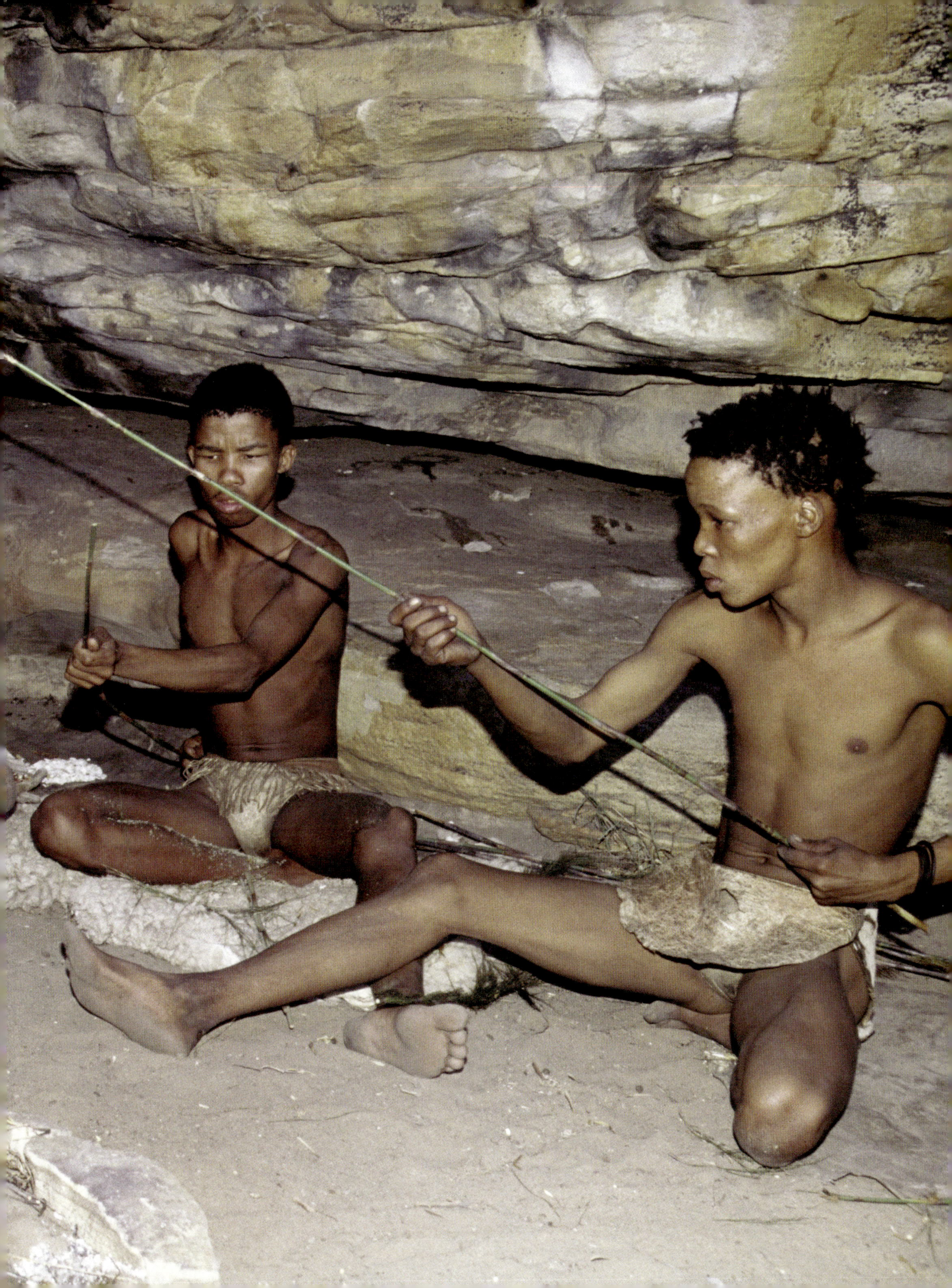

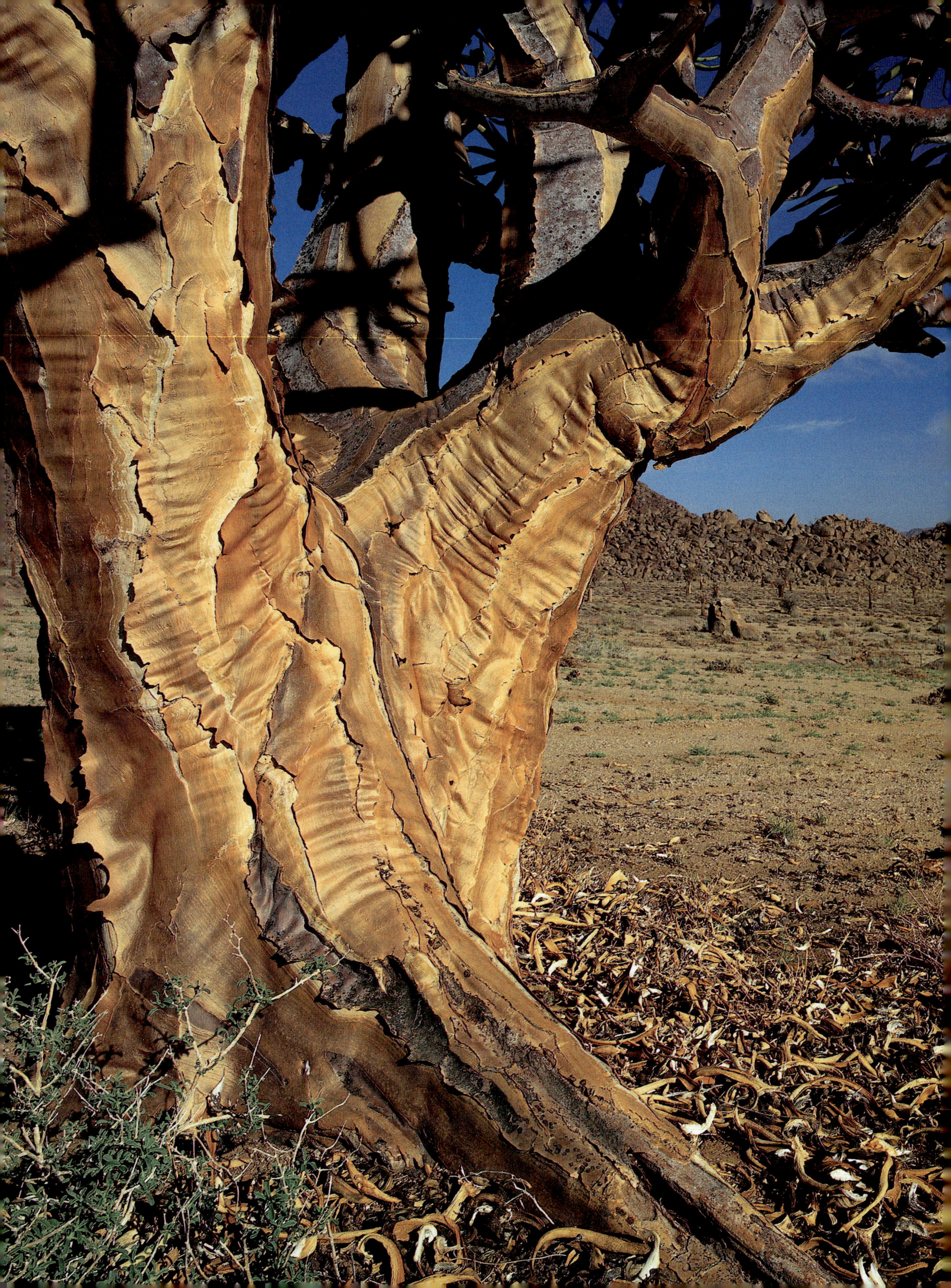

Die Sukkulenten wenden zum Überleben in dem ariden Lebensraum verschiedene Strategien an. Sie haben Mechanismen entwickelt, um Wasser über lange Zeit im Stamm, in Wurzeln oder Blättern zu speichern. Vor Verdunstung schützen sie sich durch Wachsüberzüge (zum Beispiel die Aloepflanze), durch Behaarung oder dichte Bestachelung wie bei der Euphorbia, und manche, wie die Welwitschia, haben ihren Stamm in die Erde verlegt. Die Wasseraufnahme geschieht durch Blätter oder Pfahlwurzeln.

Die Tierwelt ist wegen der schwierigen Nahrungs- und Wasserversorgung stark begrenzt. Es gibt an die 200 Vogelarten, davon einige Küstenvögel auf Inlandsbesuch. Zudem leben hier verschiedene Böcke, Hartmann Mountain Zebras und Baboons, Reptilien und 26 Schlangenarten sowie einige Süßwasserfische.

Rund 100 Kilometer Luftlinie südlich des Richtersveld National Park liegt mit Port Nolloth der zweite bedeutendere Hafen der Northern Cape Province. 1855 wurde auch dieser Hafen am Atlantik wie Alexander Bay für den Abtransport von Bodenschätzen aus Springbok gegründet und nach dem Kommandanten, der ein Jahr zuvor die Küste erkundet hatte, benannt.

Wegen des recht flachen Hafenbeckens können hier allerdings keine größeren Schiffe anlegen. 1886 wurde eine Schmalspurbahn für den Transport des Kupfers zum Hafen gebaut, die bis 1943 in Betrieb war. Nach dem Ersten Weltkrieg, als die Kupferpreise drastisch absackten, erlosch die Bedeutung des kleinen Hafens.

Acht Jahre später erwachte der Ort allerdings erneut zum Leben, als Diamanten gefunden wurden. In nur einem Monat, bevor die Minengesellschaften alle Schürfrechte erhielten, fanden eilige Glücksritter bereits 12 549 Karat Diamanten. Heute werden die Diamanten vor allem vom Boot aus gesucht. Dabei sind die Diamantensuchboote vor der Küste gut durch ihre großen Saugschläuche von den kleinen Booten der Langustenfischer zu unterscheiden.

Wer den Meeresboden nach den Edelsteinen, die über Jahrmillionen über den Oranje aus dem Landesinneren in den Atlantik befördert wurden, absuchen will, braucht allerdings eine Genehmigung des Diamantenmagnaten De Beers.

LINKE SEITE:
Köcherbaum im Richtersveld National Park. Nur wenige, ganz besonders zähe Pflanzen und Bäume können in dieser Region überleben.

RECHTE SEITE:
Das berühmte „Big Hole" in Kimberley. Über 22 Millionen Tonnen Erdmasse wurden im Verlauf der letzten Jahrzehnte hier zutage gefördert, um an die begehrten Diamanten zu gelangen.

FOLGENDE DOPPELSEITE:
Förderturm der Diamantenmine in Kimberley

KIMBERLEY

Kimberley ist die Hauptstadt der Provinz Northern Cape und bildet mit rund 250 000 Einwohnern im Ballungsraum das größte städtische Zentrum. Die auf 1197 Meter Höhe in semiaridem bis aridem Hochland gelegene Stadt verdankt ihre Entstehung und heutige Existenz den Diamantenfunden von 1866, den vier noch hoch produktiven Diamantenadern sowie vielen anderen Minen, in denen Eisenerz, Kalk, Mangan und Salz abgebaut werden.

Heute ist Kimberley wirtschaftlich zwar nicht mehr alleine auf die Diamantenförderung angewiesen – neben den Minen haben sich eine Leichtindustrie und ein Zentrum für Agrarwirtschaft für das nördliche Kapland gebildet –, doch treffen nach wie vor Schwankungen des Diamantenpreises mit ihren entsprechenden Auswirkungen auf dem Arbeitsmarkt die lokale Industrie sehr schwer.

Trotz einiger Hochhäuser überwiegt der kleinstädtische provinzielle Charakter der Stadt. Zudem erinnern einige alte Gebäude und Bars an die vergangenen Zeiten der Pioniere. Während die Architektur des Innenstadtbereichs großteils modern ist, finden sich in den Randlagen noch einige viktorianische Gebäude.

Die Regenfälle sind mit 400 Millimetern pro Jahr relativ gering und die Sommer sehr heiß mit durchschnittlichen Maximaltemperaturen von 33 °C. Die Temperaturen steigen allerdings auch bis auf 40 °C an. In trockenen Wintern liegen die Durchschnittswerte bei 19 °C.

Welche Ausmaße das Diamantenfieber annahm, von dem Kimberley Ende des 19. Jahrhunderts erfasst wurde, lässt sich am besten an dem größten je von Menschen erschaffenen Loch, dem sogenannten „Big Hole", inmitten der Stadt ermessen. Wie bei so vielen Gold- und Diamantengräbergeschichten ist auch hier der Fund des ersten Diamanten im Jahre 1866 einem Zufall zu verdanken: Ein Junge entdeckte ihn beim Spielen. Dessen Familie war sich der Außergewöhnlichkeit des Steins wohl bewusst, obgleich letzte Zweifel an der Echtheit blieben. Auch der Nachbar und örtliche Händler konnten keine Gewissheit geben, und so holte man fachkundigen Rat in Grahamstown ein. Dieser bestätigte schließlich den Fund eines Diamanten von 21,75 Karat. 1869 wurde erneut in der Gegend ein Diamant gefunden. Der Edelstein, der stolze 83,25 Karat wog, erlangte später als der „Stern von Südafrika" Berühmtheit.

Richtig los ging es dann im Jahre 1871, als auf der Farm der Brüder Diederick und Nicolaas Johannes de Beer die Menge einer Streichholzschachtel Diamanten und auf dem nahe gelegenen Hügel sogar eine Handvoll gefunden wurden. Die „Colesberg Koppies" standen von da an im Fokus der Diamantensucher, die den Hügel in großer Geschwindigkeit abtrugen. Tausende von Schürfern – bis zu 16 000 Schürfgebiete waren zeitweise abgesteckt – gruben sich unaufhaltsam in die Tiefe.

Das Hauptlager der Diamantensucher befand sich in Klipdrift (heute Barkly West), nahe an der Furt der breiten Flussarme des Vaal River. Einst war dies ein friedliches Plätzchen, das generationenlang auf den Jagdrouten der Tswana und Khoihoi lag. Nach den Diamantenfunden war Schluss mit der Stille und Einsamkeit. Die chaotische und vibrierende Stimmung des Diamantenrausches bestimmte nun die Region und den Kampf der Diamantensucher untereinander sowie gegen die Regierungen der selbsternannten Burenrepubliken Oranje-Vrystaat und Transvaal. Am Rande des sich all-

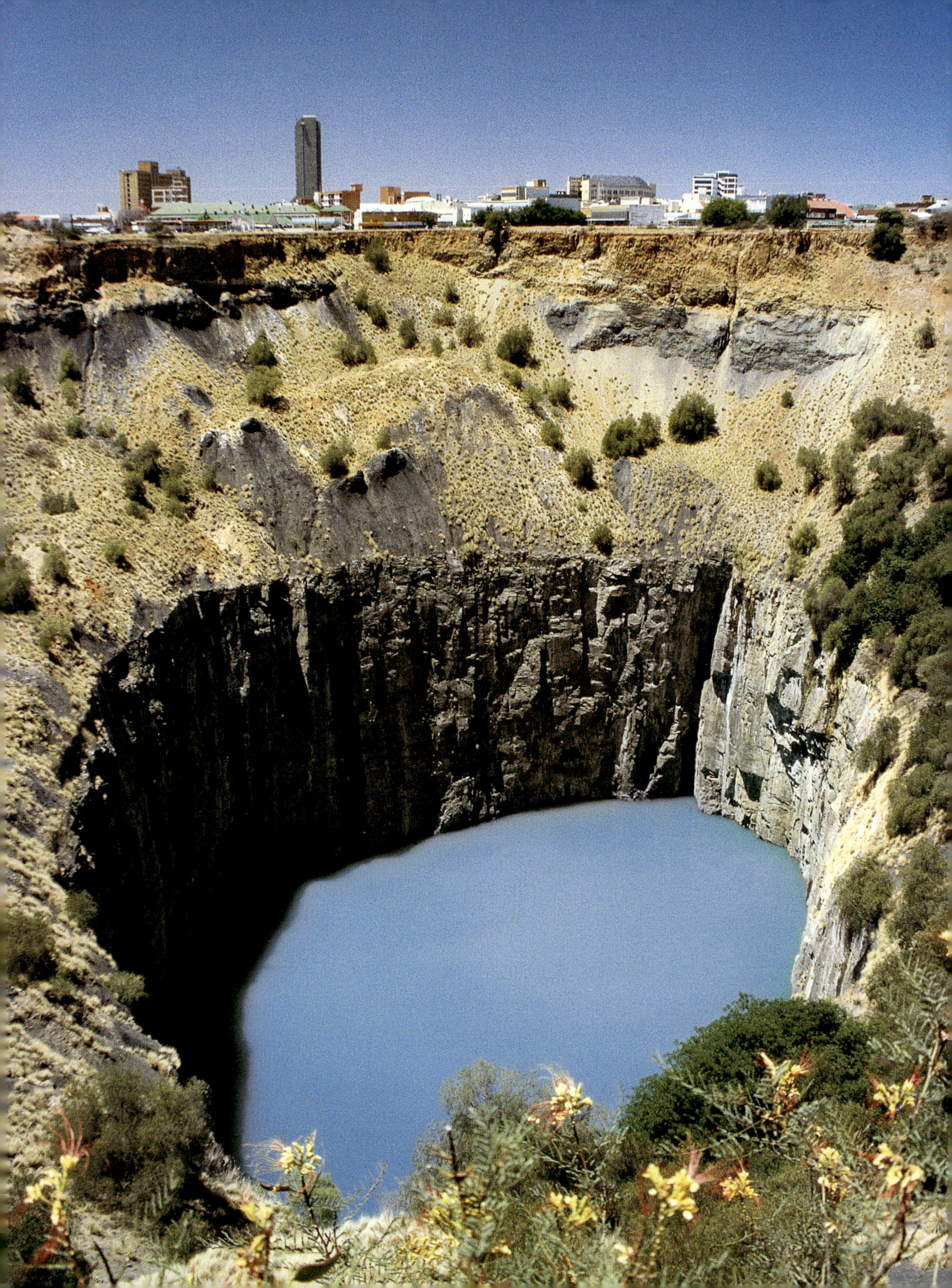

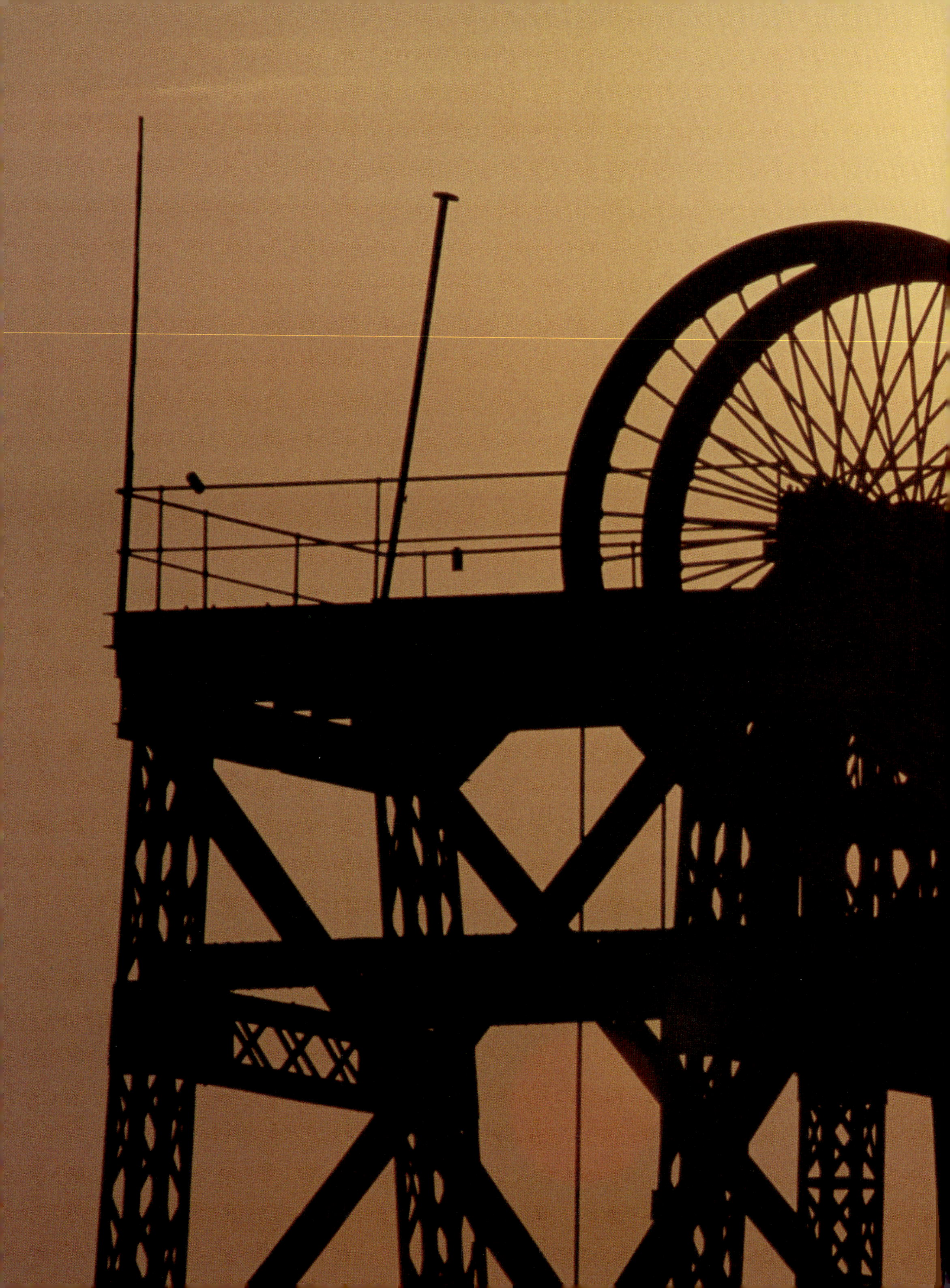

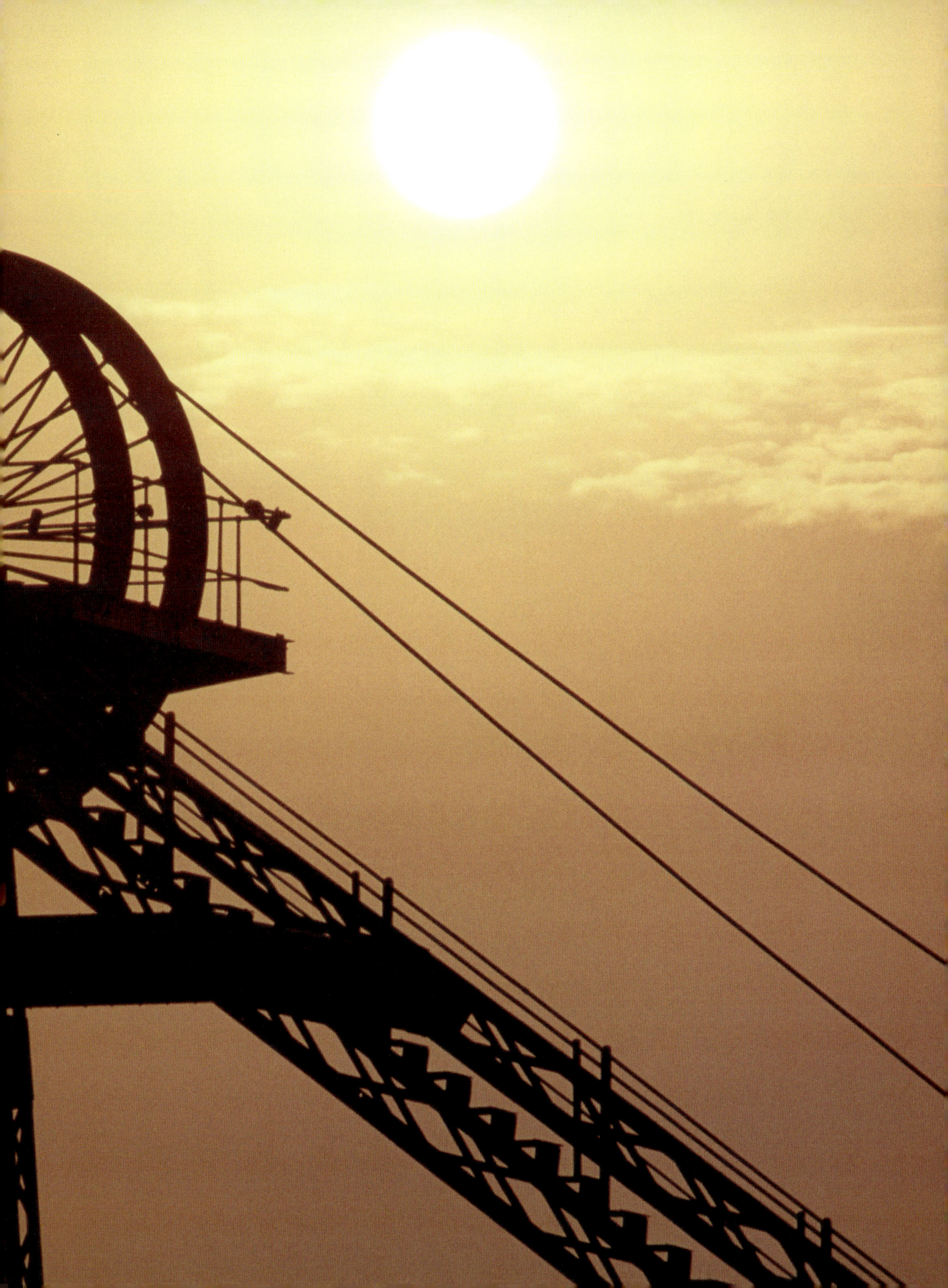

mählich vertiefenden „Big Hole" wurden Hütten, Häuser und Straßen erbaut – Grundstein für das spätere Kimberley, das nach dem britischen Kolonialminister Earl of Kimberley benannt wurde. Die de Beers hatten ihre Farm inzwischen verkauft und die Gegend verlassen.

Die Diamantensucher kamen nach anfänglichen Sensationsfunden bald an ihre technischen Grenzen, denn aus geologischen Gründen musste mit zunehmender Tiefe immer mehr schweres Geröll in zunehmender Breite geräumt werden, um an die Lagerstätten der Diamanten zu gelangen. Der deshalb erforderliche Kapitalaufwand war von einzelnen Diamantenschürfern nicht aufzubringen.

Bis 1914 wurden aus dem „Big Hole" die Diamanten unter einem enormen Aufwand an Erdbewegung (28 Millionen Tonnen Abraum) herausgeholt. Das Loch war zu dem Zeitpunkt 460 Meter im Durchmesser groß und bis zu 240 Meter tief im Tagebau. In Schächten war bis auf 1100 Meter Tiefe weitergegraben worden. Die Ausbeute betrug am Ende insgesamt 13 600 000 Karat, also etwa 2,7 Tonnen Diamanten, was einem Wert von rund 150 Milliarden Euro entspricht.

Die Diamanten in Kimberley kommen als Einsprengsel in 200 bis 300 Meter im Durchmesser messenden vulkanischen Pipes vor. Das vulkanische Gestein wird Kimberlit genannt und hat eine dunkelblaue Farbe. Zu einer vulkanisch aktiven Zeit vor rund 60 Millionen Jahren drang das Kimberlit als Magma durch die Röhren bis an die

Erdoberfläche. Damit wurden die in den Tiefen unter hohem Druck und hohen Temperaturen aus Kohlenstoff erzeugten Diamanten an die Oberfläche geschwemmt.

Zwei der wichtigsten Diamantensucher waren Barney Barnato und Cecil Rhodes. Als die „kleinen" Diamantenschürfer an ihre technischen Grenzen gelangten, kauften sie ab dem Jahre 1880 deren Schürfrechte auf. 1888 gründeten Rhodes und einige Partner die De Beers Consolidated Mines Limited mit ihm selbst als Vorsitzenden. Ab August 1893 war De Beers an der Johannesburger Börse gelistet. 1889 erwarb Rhodes die Barnato Diamond Mining Company für den sagenhaften Preis von 5 338 650 Pfund. Alle Diamantenminen Südafrikas waren damit unter seiner Kontrolle und die Gewinne für das britische Empire gesichert.

In jüngster Zeit ist der Absatz von Diamanten zurückgegangen, gleichzeitig wurden die Förderkapazitäten in vielen Ländern gesteigert, besonders in Zaire, Russland und Angola. Der Rückgang des Verkaufs von Industriediamanten wird auf den verminderten Bedarf im Bergbau und bei der Erdöl- und Erdgasförderung und den damit verringerten Einsatz von Bohrgeräten, die mit Industriediamanten versehen sind, zurückgeführt.

LINKE SEITE UND UNTEN:
Diamantenminen in Kimberley, Holzstich, um 1890; Rohdiamanten im Harry Oppenheimer House in Kimberley

Der Oranje hat auf seinem Weg von den Drakensbergen bis hin zum Atlantischen Ozean tiefe Canyons gegraben. Im Augrabies Falls National Park stürzt er als Wasserfall in die Tiefe.

AUGRABIES FALLS NATIONAL PARK

Der 55 383 Hektar große Augrabies Falls National Park umfasst das weiträumige Gebiet rund um die Augrabies Falls. Diese Wasserfälle, gespeist durch den Oranje (auch Gariep oder Orange River), der hier durch eine 260 Meter tiefe Schlucht fließt, gehören zu den größten Wasserfällen weltweit.

Der Oranje, mit einer Länge von etwa 2200 Kilometern der längste Fluss Südafrikas, entspringt in den Drakensbergen und mündet nach Durchquerung weiter Trockengebiete in den Atlantischen Ozean. Im Verlauf der Jahrmillionen hat er eine gewaltige Schlucht in den rötlichen Granit gegraben. Für die San und Khoikhoi war er „die Mutter aller Flüsse", da er seit jeher die Wasserversorgung in der Halbwüstenlandschaft garantierte. Und noch heute – als Bestandteil des Orange River Project – versorgt er durch Staudämme einen Großteil der Bevölkerung mit Wasser und Strom.

Es wird angenommen, dass der Oranje große Mengen von Diamanten, die an die Erdoberfläche gepresst worden waren, in seinem Flussbett transportiert und in seinem Mündungsbereich vor Alexander Bay im Atlantik abgelagert hat. Mit Sicherheit befinden sich auch Diamanten auf dem Grund der Schlucht unterhalb der Augrabies Falls. Diese Wasserfälle sind auch in Trockenzeiten zu bewundern und bilden einen der Höhepunkte eines Nationalpark-Besuchs. Während der spätsommerlichen Hochwasserzeit, wenn nach heftigen Regenfällen in den Drakensbergen und im Highveld das meiste Wasser fließt, bilden sich weitere 19 Fälle entlang der neun Kilometer langen und bis zu 260 Meter tiefen Schlucht.

Die Pflanzen- und Tierwelt des Parks ist vielfältig: Es wachsen wilde Olivenbäume, Kapweiden und Köcherbäume. Turmschwalben, Bachstelzen, Finken, Regenpfeifer, Trappgänse und Fischadler können beobachtet werden. Ebenso beanspruchen Paviane, Steinböcke, Springböcke und Klippspringer diese Gegend als Lebensraum. Im Wasser unterhalb der Augrabies Falls leben bis zu zwei Meter lange Barben.

KALAHARI GEMSBOK NATIONAL PARK

Der Kalahari Gemsbok National Park (10 000 Quadratkilometer) liegt in einem nach Norden zwischen Namibia (Westen) und Botswana (Osten) ragenden Teil von Northern Cape. Er wurde mit dem botswanischen Gemsbok National Park zum Kgalagadi Transfrontier National Park zusammengelegt. Dieser hat eine Größe von 38 000 Quadratkilometern und bildet ein einzigartiges Ökosystem. Zuvor war das Gebiet Farmland, das jedoch kaum in lohnender Weise bewirtschaftet werden konnte. Bereits 1931 wurde der südafrikanische Nationalpark gegründet.

Beide Parks liegen in der Kalahari (auch Kgalagadi), eine wüstenartige Savannenlandschaft, die das Gebiet zwischen Sambesi, Limpopo, Oranje (Gariep) und dem südwestafrikanischem Hochland umfasst und im Zentrum des mehr als zwei Millionen Quadratkilometer großen abflusslosen Kalahari-Beckens liegt.

In der Kalahari haben sich durch die Erosion weicher Gesteine tiefrote Sande abgelagert, die Wanderdünen bildeten. Diese Dünen wurden in der jüngsten Erdgeschichte aufgrund feuchteren Klimas und damit einhergehenden Bewuchses stabilisiert. Die landschaftlich eintönigen Ebenen liegen auf einer Höhe von 800 bis 1200 Metern über dem Meeresspiegel.

Die Kalahari liegt in einer kontinentalen ariden Klimazone, die durch lange Trockenperioden mit unregelmäßigen Sommerregenfällen zwischen Dezember und Februar gekennzeichnet ist. Die Tagestemperaturen reichen zumeist bis über 30 °C, während die Nachttemperaturen im Winter auf unter null Grad absinken können.

Ein Schabrackenschakal an einer Wasserstelle im Kalahari-Gebiet Südafrikas

FOLGENDE DOPPELSEITE:
Zwei San vor einer traditionellen Rundhütte (Foto links); San auf der Jagd mit Pfeil und Bogen (Foto rechts)

Die Niederschlagsmenge beträgt ca. 150 bis 250 Millimeter pro Jahr, ein für Wüstengebiete recht hoher Wert. Im Norden kann es sogar Niederschläge bis 500 Millimeter geben – und dennoch fehlt permanentes Oberflächenwasser. Nur zum Teil fließt Wasser in die Trockentäler und bildet große Salzpfannen oder Binnendeltas, wie das Okavango-Delta in Botswana, deren Wasserläufe schließlich im Sand der Kalahari versickern.

Aufgrund des daher reichlich vorhandenen, aber sehr tief liegenden Wassers wird der größte Teil der Kalahari vor allem von speziellen Dünen- und Wüstengräsern, aber auch von hoch wachsenden Akazien, die mit ihren langen Wurzeln an das tief liegende Wasser gelangen, bestimmt. Es gibt vielfältige, der Trockenheit angepasste Vegetationen wie Büschelgras, Zwergsträucher und Bäume wie Kameldorn, Mopane- und Affenbrot-Baum und natürlich Sukkulenten.

Die für das Wild offene Grenze des Transfrontier Park von Südafrika nach Botswana verläuft entlang des Nossob. Dieser Fluss führt allerdings, genauso wie der zweite Fluss der Parks, der Auob, nur selten Wasser. Im Nationalpark leben große Herden von Springböcken, Oryx-Antilopen, Blaugnus und Straußen sowie Löwen und Geparde.

Der als Handels- und Transportweg durch Namibia, Botswana und Südafrika angelegte Trans Kalahari Corridor führt quer durch die Kalahari. Er geht auf James Chapman zurück, der bereits um 1850 die Route erkundete. Sie existierte lange Zeit als Sandpiste. Ende des 20. Jahrhunderts wurde sie zur Teerstraße ausgebaut und verbindet heute Walvis Bay am Atlantik in Namibia mit Johannesburg und über einen weiteren Korridor mit Maputo am Indischen Ozean in Mosambik.

Die Besiedlung der Kalahari ist sehr dünn. Hier leben vor allem Bantu-Gruppen der Tswana von Rinderhaltung und Gruppen der San. Die San, die einst den Großteil Südafrikas bevölkerten, waren in der ersten Hälfte des 20. Jahrhunderts nahezu vom Aussterben bedroht und stellen heute nur noch eine sehr kleine Bevölkerungsgruppe Südafrikas dar. Die im 18. und 19. Jahrhundert massiv vordringenden und Land fordernden weißen und schwarzen Siedler nahmen den von der Jagd lebenden San ihren Jagd- und damit Lebensraum.

Erst in jüngerer Zeit entstand ein Interesse im südlichen Afrika an ihrer Kultur, die sich für Außenstehende vor allem durch Tausende von Felszeichnungen und Gravuren im südlichen Afrika offenbart. Die Kunstwerke an Felswänden, in Höhlen und an Flussläufen beschreiben den wechselnden Lebensstil der Menschen vom späten Steinzeitalter, vor mehr als 20 000 Jahren, bis in die heutige Zeit hinein. Die schönsten und farbenfrohesten Sammlungen der sogenannten Buschmann-Zeichnungen findet man vor allem in den Drakensbergen in KwaZulu-Natal und in Lesotho, in der Northern Cape Province nahe dem Oranje (Gariep) und im Bereich des Olifants River westlich der Cederberge. Angefertigt wurden diese Zeichnungen von Medizinmännern, die sich in Trance befanden. Als Maluntensilien dienten ihnen dabei Vogelfedern, Knochen, Zweige und Tierhaare und als Farbe eine Mischung aus Tierblut, Pflanzen und Tierfetten.

Heute sind die San und ihre Lebensweise als letzte aller Volksgruppen in Afrika als eigenständiger Kulturkreis anerkannt. Schätzungsweise gibt es noch knapp 50 000 San, die hauptsächlich in der Kalahari leben. Die meisten davon in Botswana (ca. 25 000) und Namibia (ca. 15 000), aber kleine

Gruppen findet man auch in Angola, Sambia, Zimbabwe und eben in Südafrika. Als 1931 ein kleiner Teil der Kalahari zum Kalahari Gemsbock National Park erklärt wurde, konnten die San hier leben und nach Bedarf jagen. Leider war das Jagdgebiet für sie jedoch zu klein, und so ging die Beutejagd oft über die Grenzen des Parks hinaus. Angrenzende Farmer beschwerten sich, da die San die Gelegenheit oft nicht verstreichen ließen, sich an deren Viehbestand zu bedienen.

Die Lobby der Farmer war größer als die der San, sodass die Jäger das Gebiet verlassen mussten und angewiesen wurden, in festen Siedlungen zu leben. Die Folge des Verlustes ihrer kulturellen Lebensweise, ihrer Traditionen und Identität waren Prostitution, Alkohol- und Drogenprobleme. Es heißt, dass nur noch weniger als fünf Prozent der San das Leben eine Jägers leben können.

Heute versuchen einige Projekte in touristisch vermarkteten Parks den San eine etwas freiere Lebensweise zu ermöglichen und eine Balance zu finden zwischen Traditionen und einer Integration in die sogenannte moderne Welt. An manchen Orten hat man den San Land zur Verfügung gestellt und bietet schulische und medizinische Versorgung an. Da die San kein Privateigentum kennen und zudem jahrhundertelang in völliger Abgeschiedenheit lebten, wehren sie sich hartnäckig, sich an die materialistisch bestimmte Neuzeit anzupassen. Ob sich ihr traditioneller Lebensstil erhalten lässt, ist fraglich.

Der Kalahari Gemsbok National Park nach einer ergiebigen Regenzeit

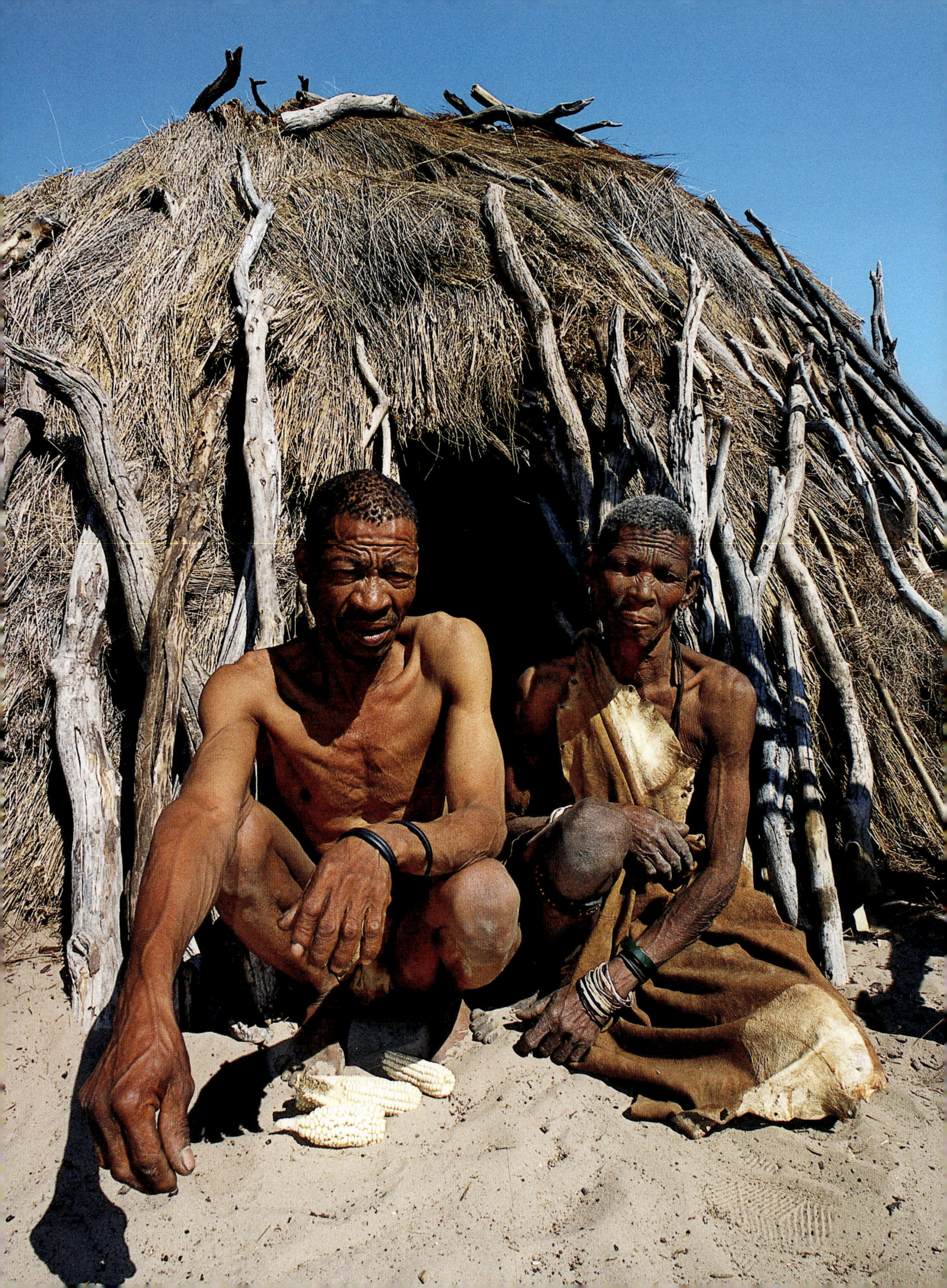

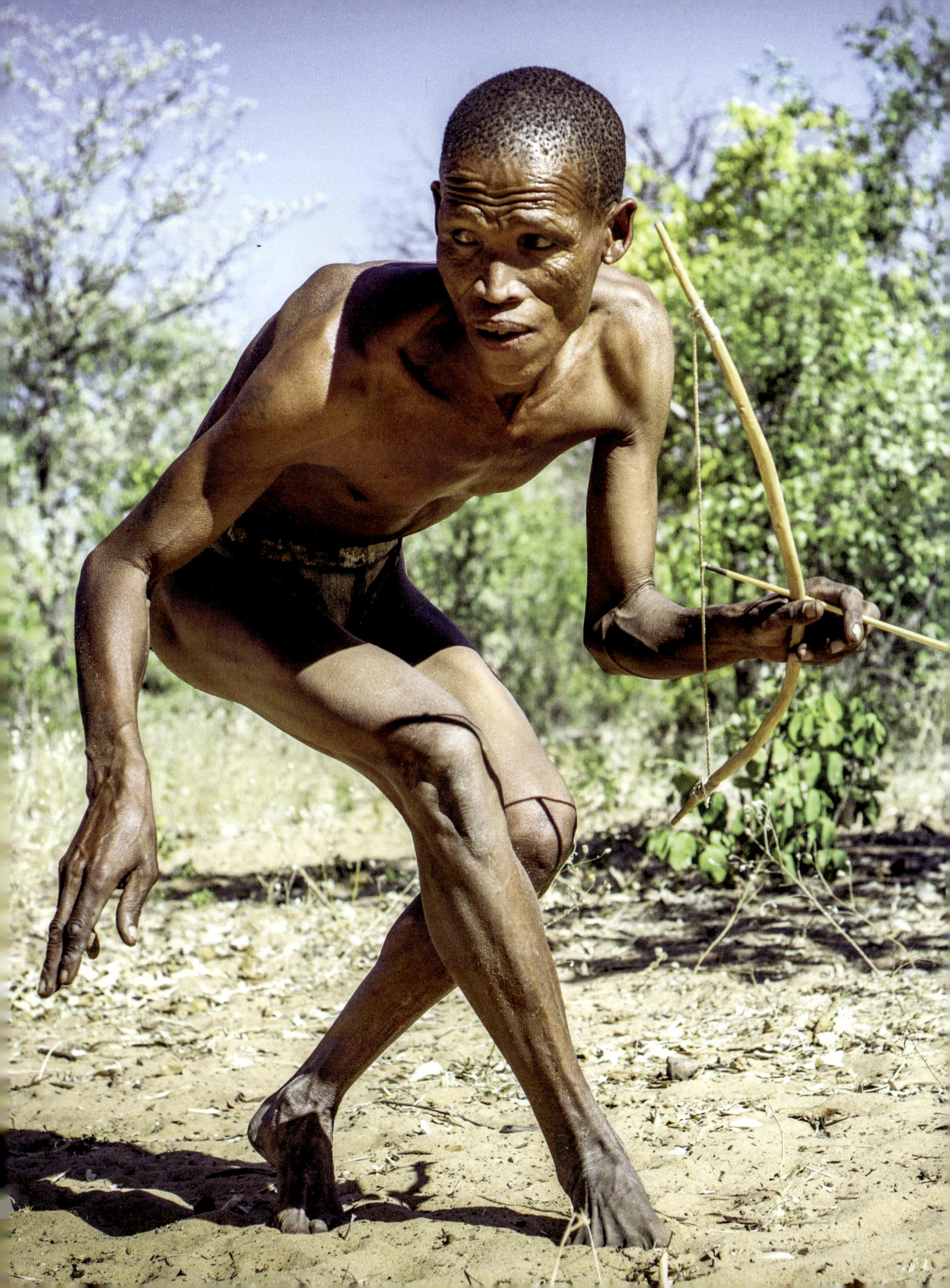

0
100
200
km
© Ing.-Büro für Kartographie J. Zwick, 35394 Gießen
BOTSWANA
North West
Gauteng
Free State
LESOTHO
Northern Cape
Eastern Cape
Mahalapye
Lephalale (Ellisras)
Waterberge
Mookgophong (Naboomspruit)
Mochudi
Molepolole
Gaborone
Thabazimbi
Modimolle (Nylstroom)
Ramotswa
Bela-Bela (Warmbaths)
Kanye
Lobatse
Temba
Sun City
Rustenburg
Soshanguve
Pretoria
Brits
Magaliesberg
Tembisa
Mahikeng
Krugersdorp
Johannesburg
Lichtenburg
Roodepoort
Soweto
Springs
Carletonville
Germiston
Coligny
Nigel
Ganyesa
Potchefstroom
Vanderbijlpark
Vereeniging
Ottosdal
Klerksdorp
Sasolburg
Vryburg
Parys
Witdraai
Askham
Schweizer-Reneke
Wolmaransstad
Villiers
Bothaville
Heilbron
Frankfort
Edenville
Kuruman
Reivilo
Taung
Bloemhof
Hoopstad
Allanridge
Kroonstad
Sishen
1855
Langberge
Christiana
Odendaalsrus
Hennenman
Lindley
Reitz
Nakop
Welkom
Virginia
Ventersburg
Warrenton
Bultfontein
Bethlehem
Ulco
Upington
Postmasburg
Theunissen
Senekal
Winburg
Keimoes
Boshof
Barkly West
Kimberley
Ficksburg
3282
Griquatown
Campbell
Clocolan
Modderrivier
Petrusburg
Bloemfontein
Botshabelo
Ladybrand
Douglas
Teyateyaneng
Kenhardt
Koffiefontein
Maseru
Dewetsdorp
Belmont
Marydale
Hopetown
Jagersfontein
Thaba Putsoa
3096
Prieska
Edenburg
Wepener
Strydenburg
Mafeteng
Smithfield
Zastron
Sodium
Philippolis
Matatiele
Philipstown
Springfontein
Brandvlei
Vosburg
Britstown
Rouxville
3001
De Aar
Colesberg
Sakrivier
Aliwal North
Barkly East
Mount Frere
Carnarvon
Hanover
Noupoort
Burgersdorp
Maclear
1667
Steynsburg
Kootjieskolk
1672
Victoria West
Richmond
Elliot
Dordrecht
Williston
Molteno
Loxton
Middelburg
Sterkstroom
Mthatha
Ngcobo
Middelpos
Great Karoo
Fraserburg
Queenstown
Tarkastad
Nelspoort
Murraysburg
Dutywa
Roggeveldberge
Cradock
Sutherland
Graaff-Reinet
2369
Cathcart
Beaufort West
Aberdeen
Adendorp
Butterworth
Pearston
Bedford
Stutterheim
Gariep (Oranje)
Vaal
Harts
Riet
Modder
Caledon
Brak
Ongers
Sak
Kraai
Mbashe
Gt. Kei
Tina
Marico
Vals
Vaal Dam

NORTH WEST

ÜBERBLICK

Die North West Province (in der Sprache der Tswana „Bokone Bophirim") ist mit 104 882 Quadratkilometern eine eher kleine Provinz Südafrikas. Sie grenzt im Norden an Botswana und die Limpopo Province, im Osten an Gauteng, im Südosten an Free State und im Südwesten an Northern Cape.

Von den 3,9 Millionen Einwohnern sind zwei Drittel Tswana, die auch im benachbarten Botswana die Mehrheit stellen. Afrikaans sprechende Weiße bilden die zweitgrößte Bevölkerungsgruppe in der North West Province, die als Hochburg des Afrikaanertums gilt. Repräsentatives Beispiel hierfür ist der Ort Groot Marico.

Die Provinz entstand 1994 aus Teilen von Kapprovinz, Transvaal und dem früheren Homeland Bophuthatswana. Die unweit der Grenze zu Botswana gelegene Hauptstadt des Homelands, Mmabatho („Mutter des Volkes"), wurde die neue Provinzhauptstadt. Nach Zusammenlegung mit dem Nachbarort Mafikeng und einer Umbenennung heißt die Hauptstadt von North West seit 2010 offiziell Mahikeng.

Bophuthatswana war ein 40 000 Quadratkilometer großes Homeland, bestehend aus insgesamt sieben separaten, über die ehemaligen Provinzen Kapprovinz, Transvaal und Oranje-Vrystaat verstreuten Gebieten. Nach dem Ende der Apartheid und der Wiedereingliederung Bophuthatswanas in Südafrika wurden sechs dieser Enklaven Teil der neugeschaffenen North West Province, die siebte gehört seitdem zur Provinz Free State.

Auf einer Safaritour durch den Pilanesberg National Park

In dem überwiegend trockenen und ebenen Gebiet im Westen der Provinz liegen Teile der Kalahari. Im Osten prägen die bis 1780 Meter hohen Magaliesberge inmitten fruchtbarer Landschaft das Bild. Der Norden der Provinz ist von abwechselnd trockener Savannen- und struppiger Buschlandschaft geprägt.

Weiter südlich und westlich der Bergkette liegt in den Weiten des ehemaligen westlichen Transvaal die Kornkammer Südafrikas – eine weitgehend ebene, goldene, scheinbar endlose Landschaft mit tiefen Böden, die in guten Erntejahren hervorragende Erträge liefern. Nur wenige Farmen unterbrechen bis zum Horizont das gleichförmige Bild. Sie liegen wie kleine Oasen in einer scheinbar endlosen Landschaft und sind von Weitem nur durch die schattenspendenden Zypressen und Windräder für die Wasserbrunnen zu erkennen. Vor allem Mais, Weizen, Sonnenblumen, Tabak und Sorghum werden hier angebaut.

Streifengnus in der Kalahari

Der Süden der Provinz umfasst den Großteil des ehemaligen westlichen Transvaal und wird vom fruchtbaren Land um den Vaal, den Grenzfluss der Provinz, und den Stausee Bloemhof Dam mit umliegenden Naturreservaten dominiert. Neben Mais- und Sonnenblumenfeldern bestimmen Ebenen mit Buschlandschaft die Region.

Klimatisch gehört das Land nicht zu den angenehmsten Regionen Südafrikas. Die Sommer (Oktober bis April) sind heiß und in der Regel trocken, die Winter zeichnen sich durch hohe Tag-Nacht-Unterschiede aus. Die Niederschläge sind spärlich und fallen praktisch ausschließlich in der Sommerzeit.

Der wahre Reichtum dieses Gebiets liegt unter der Erde: 50 Prozent des auf der Welt geförderten Platins werden hier gewonnen. Impala heißt die größte Platinmine, in der 32 000 Schwarze und 1500 Weiße beschäftigt sind. Ebenso verfügt das Land über Reserven an Chrom, Mangan und Vanadium. Und in der Nähe der Kasinostadt Sun City entdeckte man 1980 ein ausgiebiges Uranlager.

Die Bergwerke, Düngemittelfabriken und kleinindustriellen Betriebe sichern Zehntausende Arbeitsplätze. Bezogen auf den Bevölkerungsanteil (6,8) liegt das Bruttosozialprodukt im Landesdurchschnitt.

Infrastrukturell sind die ehemaligen Homelandgebiete nach wie vor sehr unübersichtlich, die Straßen in keinem guten Zustand, und die Ausschilderung ist sehr schlecht. Im starken Kontrast zu diesen übervölkerten und zersiedelten Gebieten stehen die Landschaften und Tierwelten der Wildparks wie Pilanesberg National Park, Madikwe Game Reserve, Borakalalo National Park.

Der kleine Ort Taung wurde 1924 weltweit bekannt, als man unweit des Ortes in einem Steinbruch einen fossilen Schädel fand, damals der älteste bekannte Überrest eines Vormenschen. Für diesen prägte der Paläoanthropologe Raymond Dart die Bezeichnung *Australopithecus africanus*. Dieser Fund überraschte die Wissenschaftler, da man bis dahin noch davon ausging, dass der Ursprung der Menschheit in Asien liegt. Der Kinderschädel lässt auf ein Alter von 2,3 Millionen Jahren schließen, das Alter des Kindes wird auf drei Jahre geschätzt.

Taung liegt im westlichen Teil der Provinz unweit der Distrikthauptstadt Vryburg. Ein Großteil des „Texas of South Africa", wie die Region aufgrund der landwirtschaftlichen Dominanz in äußerst trockener Landschaft genannt wird (430 Millimeter durchschnittlicher Niederschlag), ist nach wie vor als Stellaland bekannt. Stellaland war eine sehr kurzlebige Burenrepublik, die von 1882 bis 1885 existierte.

Der größte touristische Anziehungspunkt der Provinz ist das Spielerparadies Sun City in unmittelbarer Nachbarschaft zum Pilanesberg National Park. Das „Las Vegas des südlichen Afrika" ist für gut organisiertes Entertainment bekannt.

FOLGENDE DOPPELSEITE:

Südafrikas Provinz North West lebt von Gegensätzen, die sich nicht zuletzt in den pompösen Projekten von Sun City manifestieren. Inmitten trostloser, öder Landschaft wurde ein gigantischer Entertainmentbereich errichtet, der jedes Jahr rund 200 000 Besucher anlockt. Das Bild zeigt eines der Restaurants im Palace of the Lost City.

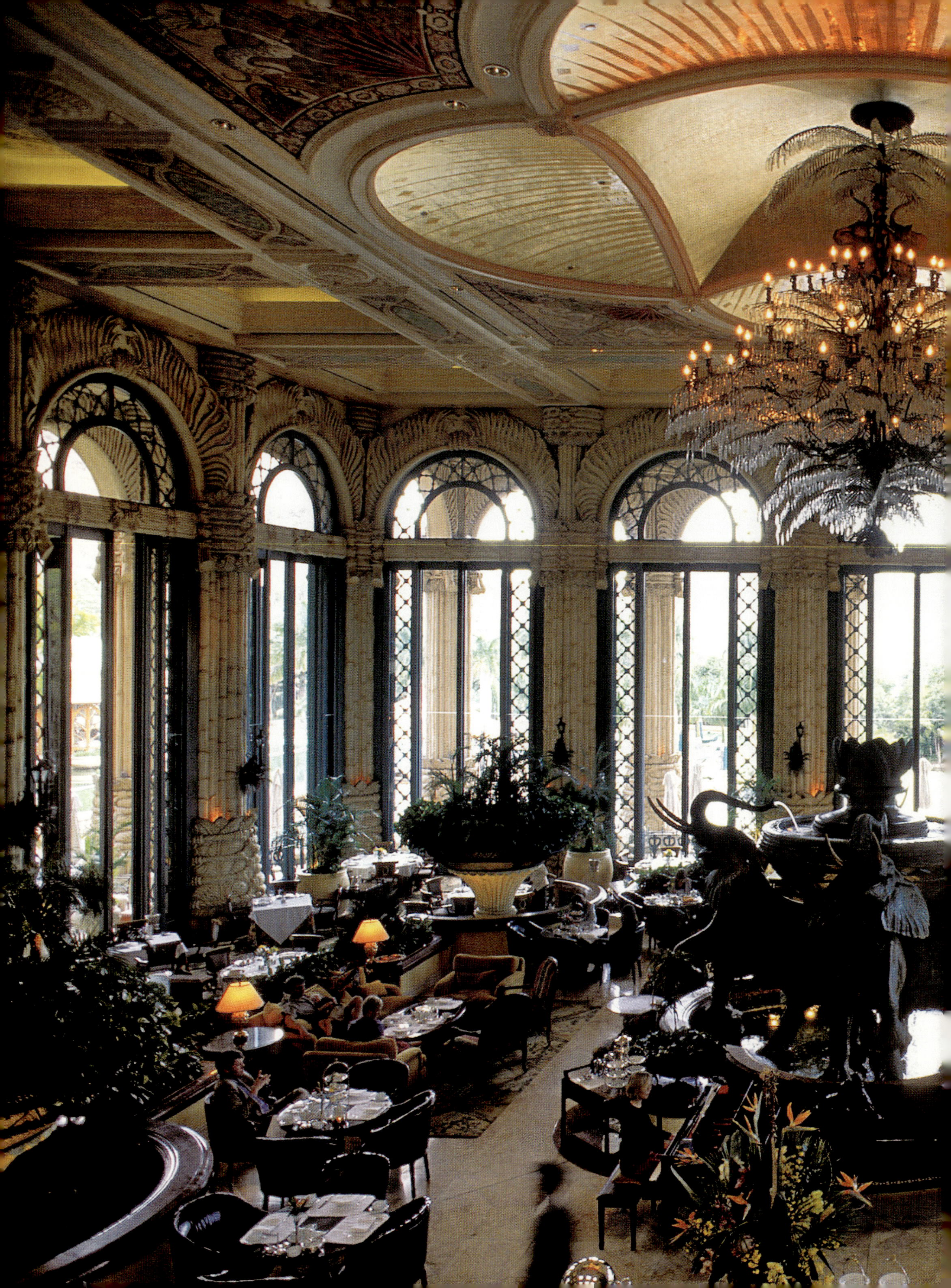

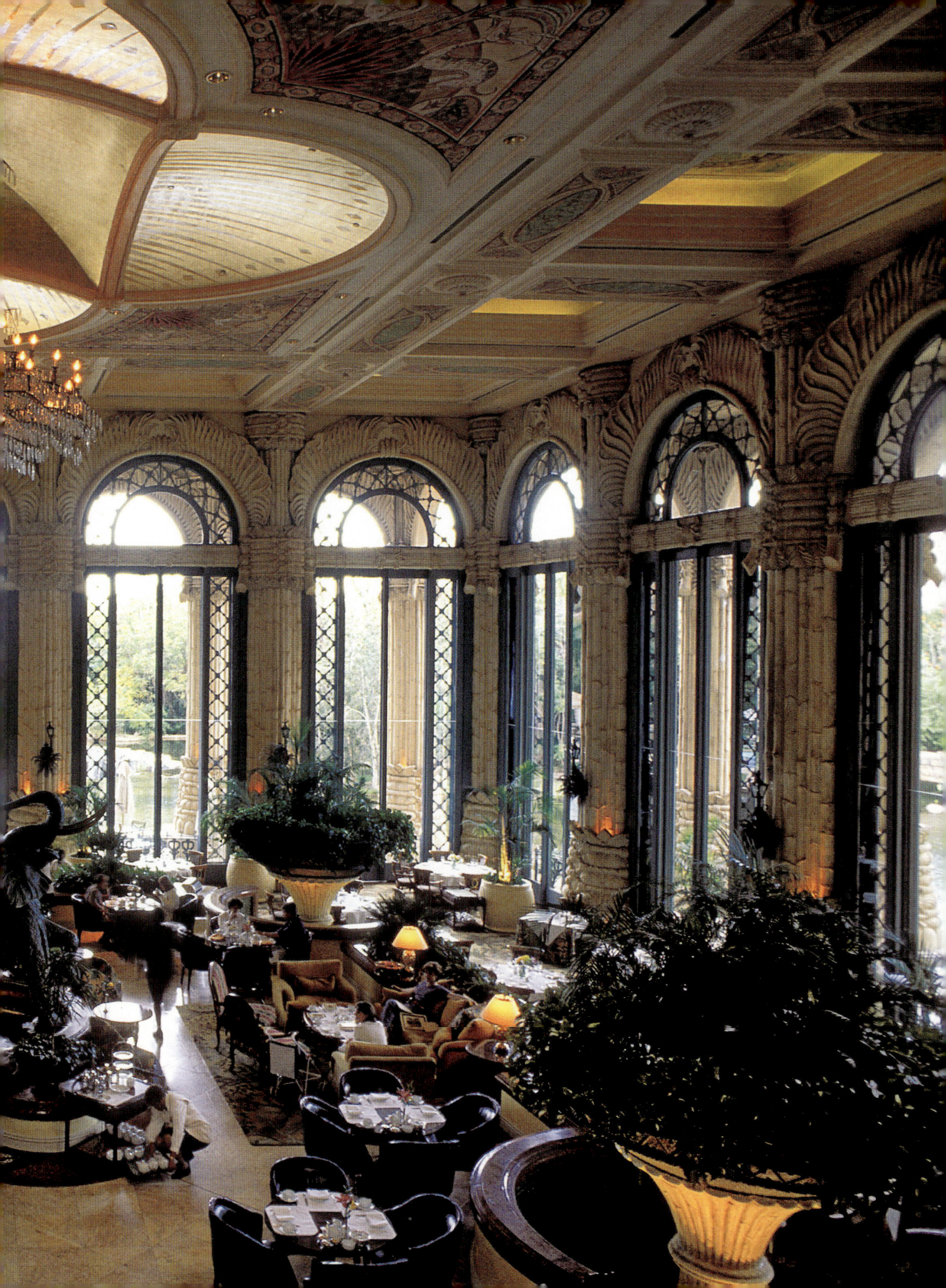

Anders als die Nachbarprovinz Gauteng verfügt North West über keine Millionenstädte in der Größenordnung von Johannesburg oder Pretoria (Tshwane). Weite Teile sind agrarisch geprägt. Die Erträge werden in andere Provinzen exportiert oder von Händlerinnen wie diesen auf heimischen Märkten verkauft.

STÄDTE

Die Provinz North West hat nur wenige Städte von weitgehender Bedeutung und Substanz. Dafür befinden sich in der Provinz jedoch die ältesten Stadtgründungen der Voortrekker. Eine davon ist Potchefstroom, gelegen an den Ufern des Mooi River, 120 Kilometer südwestlich von Johannesburg. Es wurde 1838 gegründet, kurz nach der sogenannten Neun-Tage-Schlacht zwischen den Voortrekkern und Mzilikazis Ndebele. Bei diesem Kampf griff Mzilikazi auf Ochsen als Kavallerie zurück, doch trotz dieser innovativen Idee und trotz des unbeschreiblichen Mutes seiner Truppen musste er eine herbe Niederlage einstecken und zog sich weit über den Limpopo River ins heutige Zimbabwe zurück.

Potchefstroom war bis 1860 die erste Hauptstadt der Südafrikanischen Republik (Transvaal) – bis Pretoria zum Sitz der Regierung des Burenstaates wurde. Noch heute sind die kulturellen Relikte des Afrikaanertums in der Stadt zu spüren. Das kurz nach der Stadtgründung etablierte theologische College diente lange als Universität für höhere christliche Bildung. Das Potchefstroom Museum zeigt Waffen, Ochsenwagen und andere Zeugnisse der Voortrekker, und auch andere Museen beschäftigen sich vor allem mit den burischen Themen des Ortes, wie mit dem Haus des ersten Präsidenten von Transvaal Marthinus Wessel Pretorius oder dem Afrikaans-Dichter Totius (Jacob Daniel du Toit).

Etwas weiter westlich liegt Klerksdorp. Der 1837 gegründete Ort ist zwar ein wenig älter als Potchefstroom, seine Geschichte jedoch wesentlich banaler. Gold war in dieser Gegend um 1885 gefunden worden, was einen kurzen, aber heftigen Goldrausch zur Folge hatte. Ungefähr ein Jahr lang war der kleine Ort ein riesiges Lager mit 200 Geschäften, 70 Bars und einer Börse. Der leicht zugängliche Teil der Goldader war jedoch bald ausgebeutet, und so verschwanden die Goldgräber zumeist ebenso schnell, wie sie gekommen waren. Neue Techniken größerer Bergwerkgesellschaften arbeiten heute daran, die tiefer gelegenen Goldschichten in Klerksdorp wie auch im benachbarten Orkney abzubauen.

Ansonsten ist Brits, am östlichen Ende der Magaliesberge, die einzige größere Industriestadt in North West und Zentrum einer Region, die mit Mineralien wie Eisenerz, Chrom, Magnesium und Graniten reich gesegnet ist. Ein Teil des Wohlstandes geht auch auf die guten landwirtschaftlichen Erträge aufgrund des subtropischen Klimas zurück.

Aus ganz anderen Gründen macht die kleine Stadt Lichtenburg, nördlich von Potchefstroom gelegen, von sich reden. Das ortsansässige Naturreservat, das Teil des Nationalen Zoologischen Gartens ist, dient als Asyl und Aufzuchtstätte für verschiedenste exotische und seltene Tiere. Um die 35 Arten werden hier regelmäßig in der Graslandschaft aufgepäppelt. Unter ihnen befinden sich Tiere wie das Zwergflusspferd, der Indische Wasserbüffel, Säbelantilopen und Bergzebras. Im Barberspan Bird Sanctuary, 80 Kilometer weiter südwestlich von Lichtenburg, liegt eines der größten Wasservögelschutzgebiete Südafrikas.

Die nicht weit von Lichtenburg gelegene Farm Elandsputte bildete 1926 den Rahmen für die vielleicht wahnsinnigste Jagd nach Diamanten aller Zeiten. Mehr als 100 000 Menschen trampelten sich bereits eine Woche nach Bekanntwerden des ersten Diamantenfundes auf dem Acker gegenseitig auf die Füße. 30 000 von ihnen bildeten die rasend aufgeregte und nervöse Masse, die an der Vergabe der individuellen Diamanten-Claims teilnahm. Einige gute Steine konnten gefunden werden, doch die abgelagerten Vorkommen waren sehr bald ausgeschöpft. Mitte der 1930er Jahre wurde es daher wieder ruhig in Lichtenburg. Heute ist die Stadt vor allem ein Versorgungszentrum für die umliegenden Bauernhöfe. Die Stadt liegt im Herzen des sogenannten „Mais-Dreiecks", zwischen Rustenburg und Vryburg, den beiden übrigen erwähnenswerten Städten von North West.

Rustenburg, am westlichen Ende der Magaliesberge gelegen, ist eine überraschend grüne Stadt mit zahlreichen violett blühenden Jacarandas und Bougainvilleen, gemischt mit den roten Blüten der Flammenbäume.

Offziell wurde Rustenburg 1851 von Vortrekkern gegründet. Für einige Jahre fungierte die Stadt als Grenzposten und Stützpunkt sowie Basiscamp für Jäger, Abenteurer und Mineraliensucher auf ihrer Tour in die Kalahari oder in den nördlichen Teil der Provinz Limpopo. Paul Kruger wuchs ganz in der Nähe auf der Farm seines Vaters Caspar Kruger in Buffelsfontein auf. Im Alter von 16 Jahren kaufte sich Paul Kruger seine eigene Farm namens Boekenhoutfontein im Nordwesten der Stadt.

Rustenburg lebt heute vom Tabak- und Zitrusfruchtanbau, ist aber vor allem aufgrund vieler Minen eine sehr reiche Stadt mit enormen Zuwachsraten und dient zudem als Versorgungsstation für die Region. Allein der riesige Busbahnhof zeigt, welche Massen an Arbeitskräften hier tagtäglich von den umliegenden Townships zu den Minenanlagen befördert werden.

Bei der Fußball-Weltmeisterschaft war auch Rustenburg Austragungsort. Das Royal Bafokeng Stadium steht allerdings nicht in der Stadt selbst, sondern in der rein von Schwarzen bewohnten Vorstadt Phokeng.

Vryburg ist der Mittelpunkt des westlichen Teils der Provinz und verdankt seine Existenz der kolonialen Expansion, als die Voortrekker Richtung Nordwesten vordrangen. In den frühen 1880er Jahren wurden Hunderte von Niederländisch sprechenden Söldnern für ihre Kampfbeteiligungen in Form von Land ausgezahlt, das sich im Bereich des Harts River befand. Die neuen Herren erklärten dieses Land für unabhängig und benannten es nach dem in den damaligen Nächten sichtbaren Komet Stella. Die kleine Republik Stellaland überdauerte nur wenige Jahre von 1882 bis 1885. Dann kamen britische Truppen vom Kap mit dem Ziel, die „Landräuber" zu entfernen und wieder „Ordnung im Lande herzustellen".

Zuvor hatten die Stelaländer jedoch bereits ihre Hauptstadt Vryburg („freie Stadt") gegründet, eine Flagge entworfen und gehisst, Poststempel ausgegeben, die heute großen Sammlerwert besitzen,

Eselskarren sind in der North West Province ein nach wie vor häufig eingesetztes Transportmittel.

und ein Gefängnis gebaut, von dem noch Ruinen stehen. Letzteres war in den folgenden Jahren sehr nützlich, als Vieh- und Pferdediebe das weite und gesetzlose Land durchstreiften.

Ungefähr 90 Kilometer westlich von Rustenburg liegt Groot Marico. Der Name mag zu der Annahme verleiten, dass es sich hier um eine komplexe Stadt gewissen Ausmaßes handelt. Doch die Bezeichnung „Groot" für groß ist allein dem gleichnamigen Fluss entlehnt, der hier fließt. Der Ort liegt in einem Tal inmitten üppiger Buschlandschaft und erlangte dank des Schriftstellers Herman Charles Bosman (1905–1951) eine gewisse Berühmtheit. Dieser kam 1926 als junger Lehrer einer Farmschule in der Nähe von Zwingli in den Marico-Distrikt. Der Autor von zumeist humorvollen Geschichten war ein äußerst komplizierter Charakter. Exzentrisch und ungestüm von Natur aus, zeigte er sich in seinem Schaffen äußerst originell, aber auch sehr widersprüchlich. Er wird beschrieben als jemand, der im dicksten Dreck nach Reinheit und in der Gosse nach Stars von morgen suchte. Im Alter von 21 Jahren wurde er wegen des Verdachts, seinen Stiefbruder ermordet zu haben, festgenommen und zum Tode verurteilt, jedoch bald begnadigt. Seinen Gefängnisaufenthalt verarbeitete er nicht ohne Übermut und Komik in „Cold Stone Jug".

Berühmt wurde Bosman vor allem durch seine Kurzgeschichten über das Afrikaanertum in Groot Marico, die er in den Sammlungen „Mafeking Road" und „Jurie Steyn's Post Office" veröffentlichte. Die Werke sind in Englisch verfasst und vermitteln dank der einfachen, bodenständigen und durch die Agrarlandschaft geprägten Charaktere ein treffendes Bild des damaligen Afrikaanertums.

Wer schon immer wissen wollte, wie das Leben der Afrikaaner während der letzten Jahrzehnte vor sich gegangen ist, der muss unbedingt nach Groot Marico fahren. Der Ort, der versteckt mitten in dichtem Buschland liegt, aus dem selbst die Kirchturmspitze nur mühsam hervorragt, gilt als Inbegriff des Afrikaanertums. Seit ein Teilstück der Umgehungsstraße der nahen Nationalstraße mautpflichtig geworden ist, ist es in dem verschlafenen Ort sogar noch ruhiger geworden.

Das Zentrum von Groot Marico liegt mit einem Kunstladen, einem Supermarkt, einem Hotel und dem obligatorischen Bottle Store (außer Wein dürfen in Südafrika keine alkoholischen Getränke in normalen Geschäften verkauft werden) entlang der Main Street. Die einzige Straße mit einer gewissen Infrastruktur des sich ansonsten weit verstreut an kleinen Hügeln entlangziehenden Ortes wird von Bosman in „Mafeking Road" ausführlich beschrieben.

Die zweite Berühmtheit der Gegend ist hochprozentiger Natur. Der legendäre, gefürchtete und hausgemachte Obstschnaps Mampoer enthält nicht weniger als 70–80 Prozent Alkohol. Wem das zu stark ist, kann sich an den minderprozentigen Likör (20 Prozent) halten. Gebrannt wird an vielen Orten in der Region, die heute über die Manpoer Route zu finden sind.

Das Schnapsbrennen in Groot Marico begann nach einer Preiserhöhung des Whiskeys. Ein Bewohner von Groot Marico, Lenni Swarts, hatte sich bis dahin jedes Wochenende ein Glas gegönnt, fing dann aber an, seinen eigenen Schnaps zu brennen. Zunächst illegal, meldete er 1995 schließlich sein Gewerbe an, um eine offizielle Lizenz zu bekommen. Es heißt, dass die Farmer das Schnapsbrennen von den Tswana gelernt hätten, indem sie den Tswana beim Brauen des Marula-Bieres über die Schultern geschaut hätten.

TSWANA

Die genauen Ursprünge der Tswana in Südafrika (Betschuana, Betshuanen), ein Volk der südöstlichen Bantu, liegen im Dunkeln. Die Tswana-Sprache gehören innerhalb der Bantu-Familie zur Sotho-Tswana-Gruppe. Es gibt zahlreiche Untergruppen der Tswana, wie zum Beispiel die Bangwato. Mündlich überliefert wurde, dass die Tswana im 14. Jahrhundert unter dem Herrscher Mogale in der Gegend um die Magaliesberge von Südafrika siedelten.

Einer von Mogales Thronfolgern soll in Konflikt mit Gefolgsleuten gekommen und daraufhin weiter nach Westen gewandert sein. Wahrscheinlich folgten ihm nicht alle, sodass sich ein Teil der Bevölkerungsgruppe abspaltete und eine Nebenlinie bildete. Anderen schlossen sich Sotho-Gruppen an, bildeten eine unabhängige Gruppe oder kehrten zurück zum Mutterstamm.

Fest steht, dass sich die Tswana seit ungefähr 1600, lange vor der Ankunft weißer Siedler, im Gebiet der heutigen North West Province ansiedelten. Dieses Beispiel des dynamischen Spaltungsprozesses, von Migration und Wiedervereinigung ist für die Gesellschaft der Tswana charakteristisch. Die einzige Konstante der Volksgruppe war die Veränderung.

Unter den etwa vier Millionen Tswana in Südafrika leben auch assimilierte Nord-Sotho.

Die Nachkömmlinge der Chiefs kämpften nicht unbedingt um die Nachfolge, sondern neigten eher dazu, mit einer Anhängerschaft aufzubrechen, um eine neue Gemeinschaft zu bilden. Sie siedelten in förmlichen Städten mit bis zu 20 000 Einwohnern, die allerdings von der Bauweise und Struktur her großen Dörfer glichen.

Heute leben rund vier Millionen Tswana in etwa 65 Stämmen in Südafrika, vor allem im Nordwesten. Unter ihnen sind auch einige assimilierte Ndebele und Nord-Sotho. In Botswana stellen gut eine Million Tswana das namensgebende Staatsvolk, einige Tswana-Stämme leben auch in Zimbabwe und Namibia.

Ndebele-Frau in traditioneller Kleidung

Traditionell wurden Ackerbau und Viehwirtschaft betrieben, die jedoch nach und nach zugunsten neuer Arbeitsmöglichkeiten im Dienstleistungsgewerbe und in Industrie und Bergbau aufgegeben wurden.

Die meisten Tswana sind Christen, vor allem in Botswana jedoch bleiben viele Anhänger traditioneller Religionen. Die Sprache der Tswana ist die Bantusprache Tswana. Das Tswana hat mehrere Dialekte, liegt sprachlich sehr nahe an Sotho und ermöglicht den beiden Sprachträgern gegenseitiges Verstehen.

Im benachbarten Botswana sind die traditionellen Lebensweisen der Tswana noch erkennbar. Die Hauptgruppen konnten ihre eigene Identität bewahren und ihr ethnisches Kapital aufrechterhalten. Früher wurde jede Volksgruppe der Tswana von einem königlichen Führer, dem Kgosi, regiert. Er war sowohl der weltliche als auch der spirituelle Führer, da er der Vermittler zum „Modimo", ihrem höchsten Gott, war.

Heute praktizieren die Tswana in Botswana immer noch eine Art „village democracy", in der öffentliche Angelegenheiten debattiert und Streitigkeiten durch das Volk in Zusammenarbeit mit ihren Führern gelöst werden. In Südafrika konnte wesentlich weniger von der Kultur der Tswana überleben, wo die koloniale Präsenz viel stärker und manipulativer war.

DAS EHEMALIGE HOMELAND BOPHUTHATSWANA

In den 1970er Jahren schuf das Apartheidregime das „unabhängige" Homeland Bophuthatswana („das was die Tswana verbindet") für die Tswana sprechenden Gruppen unter der schwarzen Bevölkerung. 1971 erhielt das Homeland von der südafrikanischen Regierung das Recht auf Selbstverwaltung, sechs Jahre später wurde es in die Unabhängigkeit entlassen, die international jedoch nie anerkannt wurde. 1989 betrug die Anzahl der Einwohner etwa 1,5 Millionen. Außerhalb des Homelands lebten weitere 1,4 Millionen Tswana.

Bophuthatswana umfasste sieben kleine, nicht miteinander verbundene Landesteile, die auf drei der ehemals vier Provinzen von Südafrika verteilt waren. Es war eines von insgesamt zehn Homelands, die für die Hauptgruppen der schwarzen Bevölkerung geschaffen wurden.

Kgosi Lucas Mangope wurde als erster Präsident des Landes eingesetzt. Nach einem gescheiterten Putschversuch von 1988 wurde Mangope unter Druck Südafrikas wieder eingesetzt. 1994 wurde Bophuthatswana zusammen mit den neun anderen Homelands wieder mit Südafrika vereinigt. Bis auf eine kleine Enklave in Free State kamen die Gebiete zur neu gegründeten North West Province und machen hier ca. 40 Prozent des Territoriums aus.

Mmabatho (Tswana für „Mutter des Volkes") war die Hauptstadt des Homelands und zunächst auch neue Provinzhauptstadt. In einem für das Südafrika dieser Jahre typischen Prozess wurde Mmabatho dann der Nachbarstadt Mafikeng untergeordnet und diese in der Folge zu Mahikeng umbenannt. Heute sind beide Städte Hauptorte der den Großraum umfassenden Gemeinde Mahikeng (ca. 320 000 Einwohner), Provinzkapitale ist aber nur die Stadt Mahikeng. Sie liegt unweit der Grenze zu Botswana und ist infrastrukturell relativ gut mit Pretoria und Gaborone, der Hauptstadt von Botswana, verbunden. Mahikeng Airport bietet Flugmöglichkeiten von und nach Johannesburg. Die ehemalige Universität von Bophuthatswana in Mmabatho ist heute ein Teil der University of North-West mit Hauptsitz in Potchefstroom.

Im Zweiten Anglo-Buren-Krieg von 1899–1902 wurde das damalige Mafikeng 217 Tage von den Buren belagert, über 200 Menschen wurden getötet oder verletzt. Der Konflikt zwischen Großbritannien und den Burenrepubliken Oranje-Vrystaat und der Südafrikanischen Republik, in dem es den Briten um die volle Ausbeutung der Bodenschätze und die Ausweitung des Kolonialreiches in Afrika ging, endete mit der Niederlage der Buren und der Eingliederung ihrer Republiken in das britische Empire. Die Einrichtung von Konzentrationslagern für Buren in Mafikeng und die ungleiche Behandlung von Weißen und Schwarzen, die zum Tod vieler Schwarzer führten, hat in der Gegenwart dazu geführt, den Kommandanten Robert Baden-Powell als den Hauptverantwortlichen für den Tod von Buren und Schwarzen zu bezeichnen. Umstritten ist, ob ihn persönliche Beweggründe oder damals übliche Verhaltensregeln zu dem rassistischen Vorgehen veranlassten.

Das Ziel der Apartheidregierung, durch die Gründung von Homelands neue, nach Rasse und Ethnie getrennte soziale Systeme zu erschaffen, scheiterte kläglich. Die angeblichen „Heimatländer" waren weit davon entfernt, moralisch anerkannt zu werden oder politisch praktikabel zu sein, und keiner der Pseudostaaten war wirtschaftlich überlebensfähig.

RECHTE SEITE:
Sun City: das Luxushotel
The Palace of the Lost City

Treppenaufgang in Sun City (Foto oben); The Royal Baths, ein pompöser Swimming Pool (Foto unten)

Wenn überhaupt, dann hätte Bophuthatswana die wirtschaftliche Unabhängigkeit eines Tages schaffen können, da es über relativ fruchtbares Land verfügt, auf dem Getreide, Mais und Sonnenblumen wachsen, und über weite Graslandschaften, die für die Viehwirtschaft genutzt werden können.

Zudem verfügte das Homeland über Bodenschätze in der Nähe von Rustenburg, nordwestlich der Magaliesberge. Nördlich der Stadt liegen auf dem ehemaligen Gebiet von Bophuthatswana zwei hochwertige Platinminen, die zu den größten der Welt gehören.

Auch touristisch konnte sich Bophuthatswana behaupten. Bis in jüngste Zeit hinein war das Glücksspiel in Südafrika verboten, in den Homelands allerdings erlaubt. So entstand zu Apartheidzeiten eine vollständige touristische Infrastruktur rund um die begehrten Kasinos und über Jahrzehnte ein wahrer Kasinotourismus aus den Gebieten des damaligen Südafrika.

Sol Kerzner, besser bekannt als der Sun King, baute 1979 in Bophuthatswana das erste Kasinohotel mit Entertainmentbereichen 150 Kilometer westlich von Pretoria, 187 Kilometer nordwestlich von Johannesburg, 170 Kilometer östlich von Mmabatho und 40 Kilometer nördlich von Rustenberg in völlig trostlose und trockene Landschaft. Damit war Sun City, das heute als „Las Vegas des südlichen Afrika" bekannte Spielerparadies, geboren und der erste von vielen Kasinokomplexen, die auf den „schwarzen Gebieten" aus dem Boden schossen. Sun City wurde nach den Platinminen die zweitwichtigste Einnahmequelle von Bophuthatswana.

Heute beinhaltet Sun City vier riesige Hotels von gehobener bis Luxusklasse, das zweitgrößte Spielkasino der Welt (Roulette, Black Jack, Punto Banco, Spielautomaten), die weltweit größte Bingo-Halle, den Gary Player Golf Court, Schwimmbäder, einen botanischen Garten, Themenrestaurants, Bars, Kinos, Diskotheken, eine 7000 Sitze fassende Superbowl-Halle, ein Business- und Shoppingcenter, Apartmentanlagen und den Pilanesberg Airport gleich nebenan, der die schnelle Verbindung zu Johannesburg und anderen Orten gewährleistet. Mit einem auf Stelzen gebauten Skytrain kann man zwischen den verschiedenen Hotel- und Kasinokomplexen hin und her pendeln.

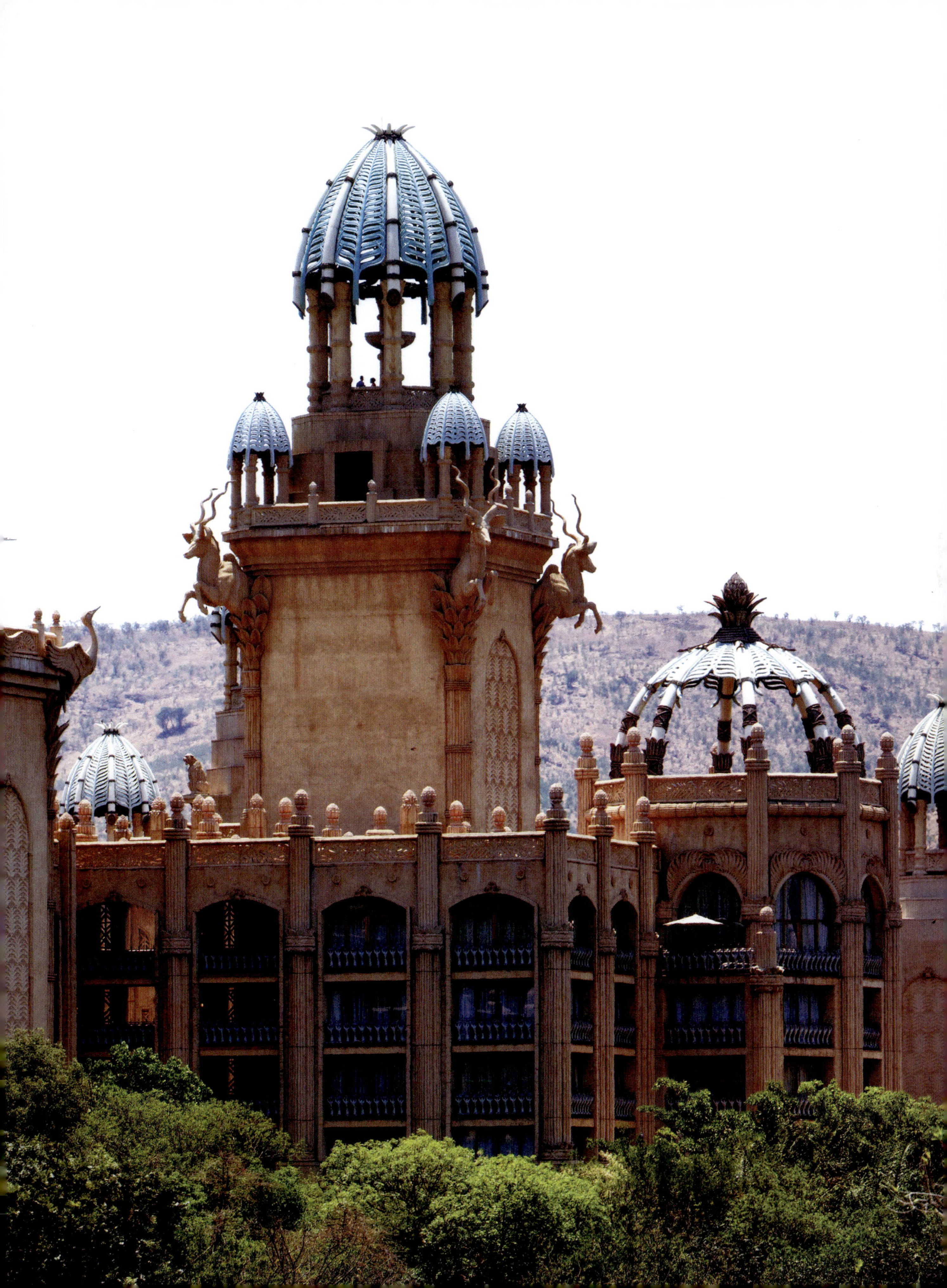

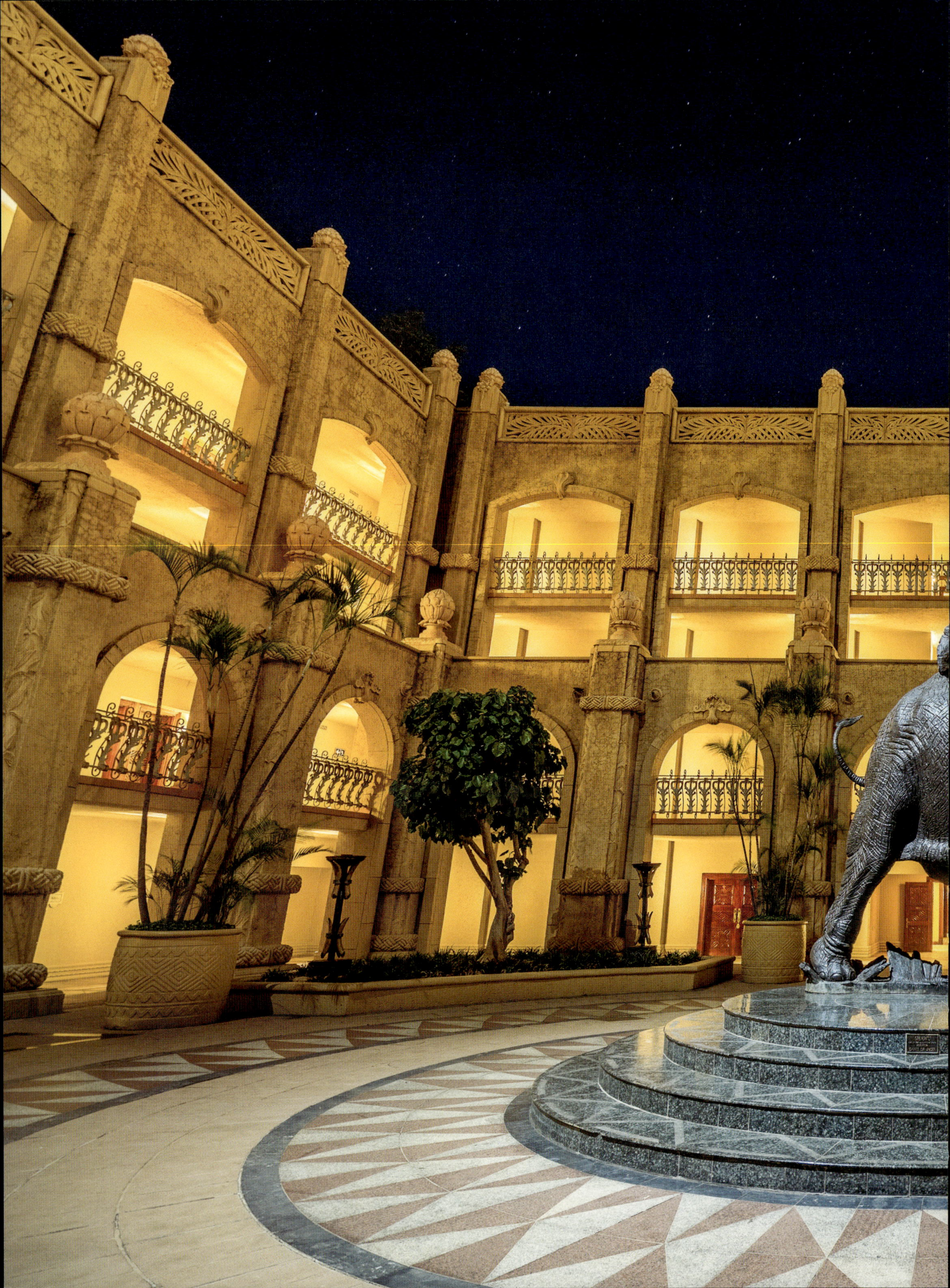

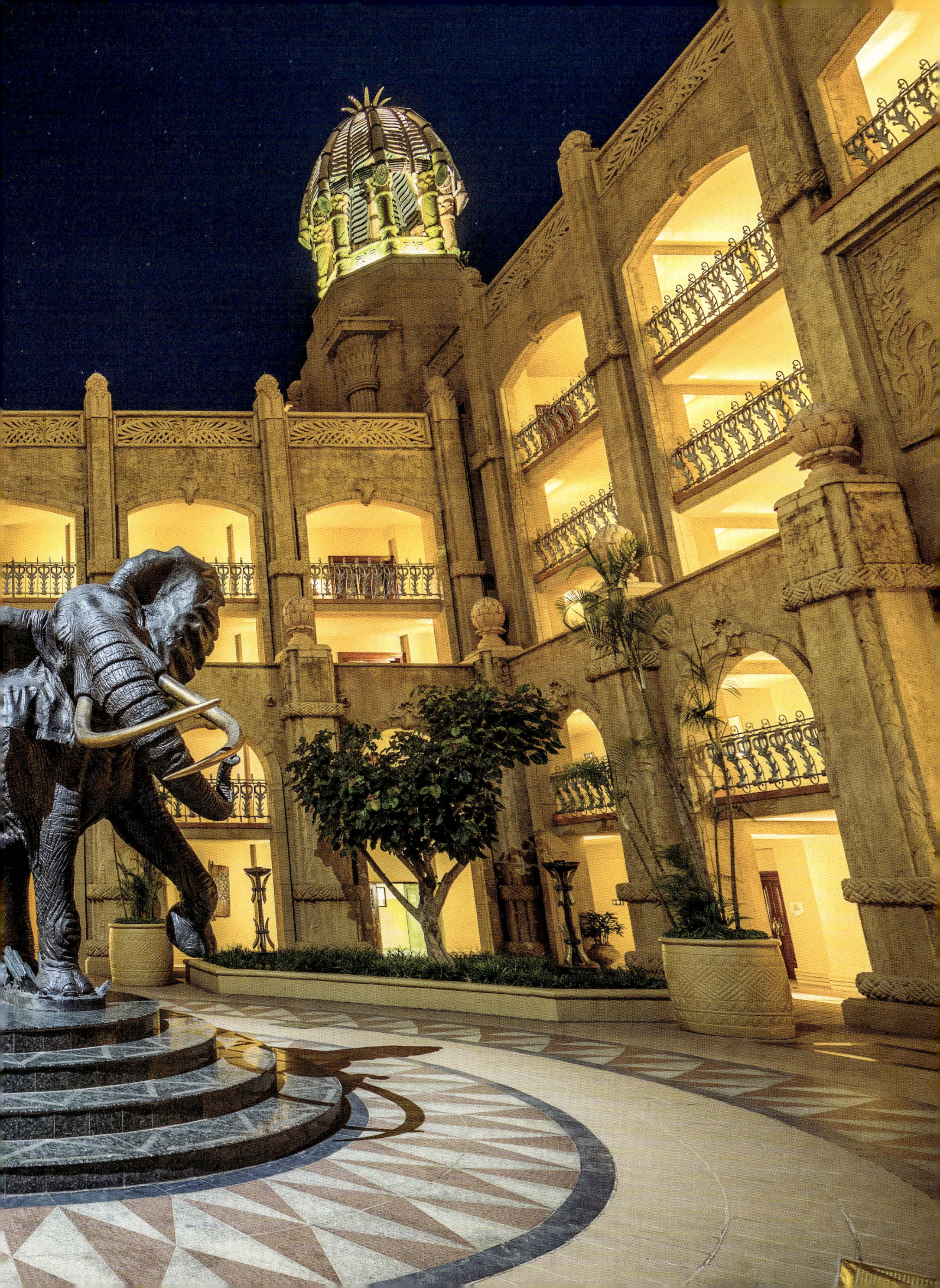

VORHERIGE DOPPELSEITE:
Elefantenstatue in Sun City

RECHTE SEITE:
Zwei Giraffen im Pilanesberg National Park

Die jüngere Erweiterung der künstlich geschaffenen Stadt ist das Luxushotel The Palace of the Lost City. Der Nachbau der „versunkenen, legendären afrikanischen Stadt" ist im südlichen Afrika einzigartig. Die Anlage ist märchenhaft schön angelegt und soll an alte, nicht mehr existierende afrikanische Kulturen erinnern. Für das „Palace" wurde eigens ein italienischer, 3,5 Tonnen schwerer Kronleuchter in die Eingangshalle gehängt, die wiederum mit 10 000 handverlegten italienischen Mosaiken versehen ist.

Ein spektakuläres Outdoor-Wellenbad mit Sandstrand verleiht der „Lost City" tropische Atmosphäre, und ein großer, selbstverständlich künstlich angelegter, 750 Meter langer See ermöglicht verschiedene Wassersportarten. Für Kinder wiederum steht ein überdimensionaler Abenteuerspielplatz zur Verfügung. Insgesamt umgeben die Hotels 55 000 Hektar saftig grüne Tropenlandschaft mit Wasserfällen, Bächen, Rasenflächen und über 3500 heimischen Pflanzen.

Noch immer kommen jährlich rund 200 000 Besucher hierher, die mehr als 500 Millionen Rand ausgeben. Neben Kasinogängern und luxusverwöhnten Hotelgästen werden auch viele sportbegeisterte Südafrikaner durch Fußballspiele, Weltmeisterschaften im Profiboxen, Golf- und Tennisturniere angezogen. Doch seitdem in den späten 1990er Jahren das Glücksspielverbot des calvinistischen Apartheidregimes aufgehoben wurde, spürt auch Sun City die wachsende Konkurrenz vor allem seitens des Montecasino in Gauteng.

DIE WILDPARKS VON NORTH WEST

PILANESBERG NATIONAL PARK

An Attraktivität gewinnt immer mehr der an Sun City angrenzende 550 Quadratkilometer große Pilanesberg National Park, der nach dem 1687 Meter hohen Pilanesberg benannt wurde, der zweithöchsten Erhebung in der North West Province. Darüber hinaus charakterisieren viele kleine, sanft geschwungene Hügel das Gelände und bilden einen schönen Kontrast zu der Savannenlandschaft mit Akazienbäumen und dem zumeist ausgedörrten Gras.

Die Einheimischen sagen schmunzelnd, dass der Park aus der Luft wie ein riesiger Kuhfladen aussehe. Tatsächlich geht die ungewöhnlich runde Form des Parks, der die einzigen Erhebungen der Region umfasst, auf vulkanischen Ursprung zurück. Der mittlerweile erloschene alkalische Vulkankrater, von denen es nur drei auf der ganzen Welt gibt, besteht aus einem Zentrum, das von konzentrischen Hügelketten umgeben wird.

In den 1970er Jahren beschloss die Regierung das ursprüngliche Farmland zu einem Nationalpark umzuwandeln. In der damals spektakulären Operation „Genesis" wurden in das von Wildzäunen umgebene Gebiet aus Namibia und verschiedenen Provinzen in Südafrika nach und nach Elenantilopen, Zebras, Wasserböcke, Schwarze Nashörner, Elefanten und Büffel umgesiedelt. Zudem gibt es hier mittlerweile auch Geparden, Leoparden, Zebras, Löwen, Kudus und Hyänen. Heute leben im Park über 8000 Großtiere, 150 Kilometer gut ausgebaute Sandpisten erschließen das Gebiet. Die weitaus meisten Besucher kommen aus Sun City, die dort zwei- bis dreistündige Safari-Fahrten buchen können. Durch viele Wasser- und Beobachtungsstellen ist die Chance, Tiere zu sehen, sehr gut.

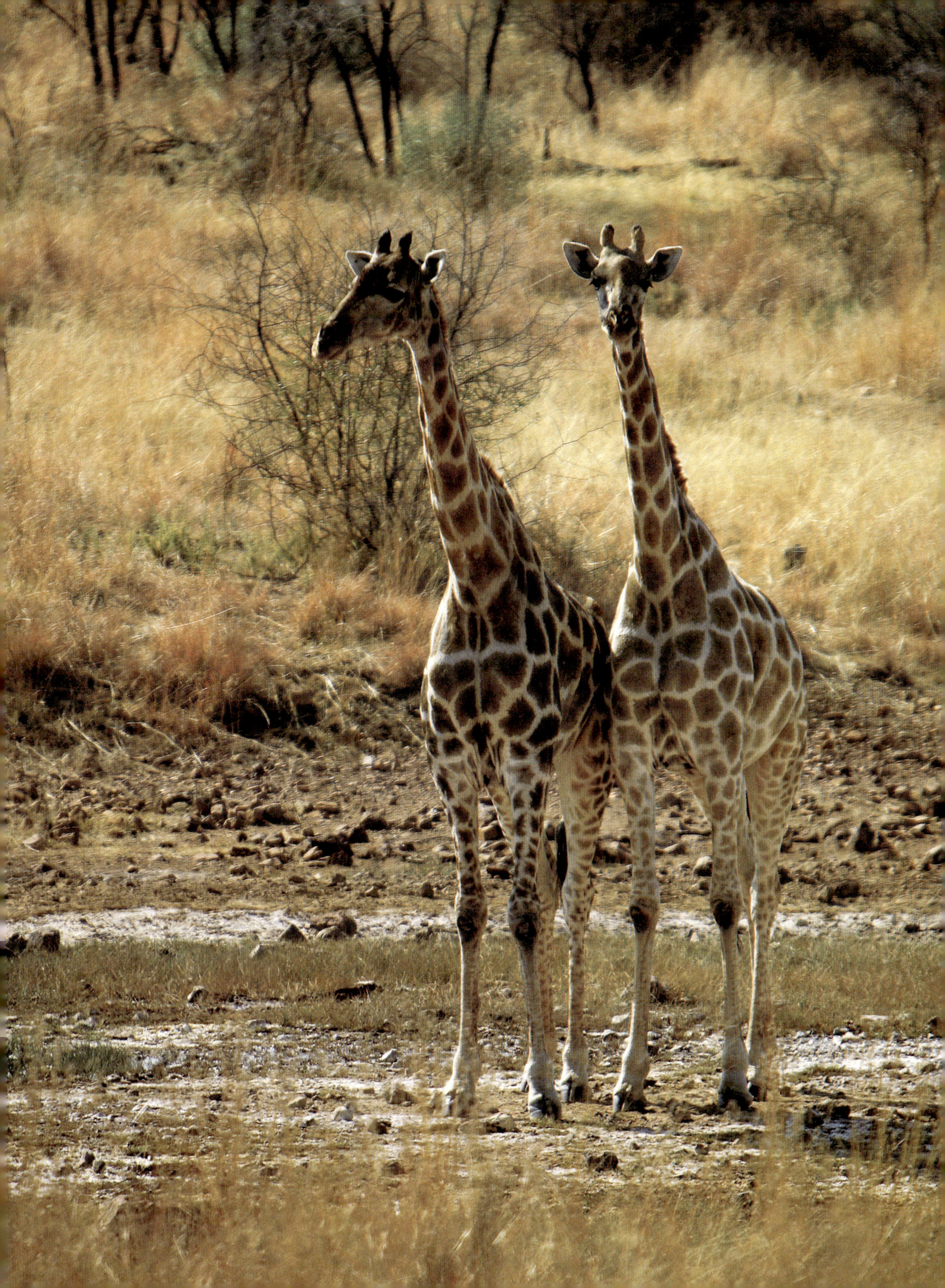

FOLGENDE DOPPELSEITE:
Aufnahmen aus dem Pilanesberg National Park. Ballonfahrten (Foto oben) ermöglichen einzigartige Ausblicke auf das weitläufige Terrain, in dem auch Nashörner und Elefanten beheimatet sind.

Zu Beginn reagierten die Tswana mit Unverständnis auf das Projekt, da Wild ihre traditionelle und wichtigste Fleischquelle war (auf Tswana bedeutete Antilope „Fleisch"). Jeremy Anderson, der erste Parkdirektor, konnte sie jedoch überzeugen. Er vertrat die Politik, dass der Park keine Spielwiese für reiche Touristen werden sollte. Daher werden noch heute überzählige Tiere, die das ökologische Gleichgewicht gefährden, von lizenzierten Jägern geschossen, fachmännisch geschlachtet und der Bevölkerung preiswert angeboten. Das Geld, das die Trophäenjäger einbringen, soll neuen Ansiedlungen der Tswana zugutekommen.

MADIKWE GAME RESERVE

Das 75 000 Hektar umfassende Madikwe Game Reserve wurde wie der Pilanesberg und der Marakele National Park in der Limpopo Province zu Beginn der 1990er Jahre angelegt. Der entscheidende Unterschied zu den beiden anderen Parks ist, dass es sich hier um einen privaten Park mit entsprechend teuren Luxus-Lodges handelt.

Die Entstehungsgeschichten ähneln sich jedoch. Das Wildreservat, das nördlich der Stadt Zeerust liegt, im Nordwesten an Botswana grenzt und im Süden von den Dwarsberg Mountains begrenzt wird, besteht weitestgehend aus Busch- und Grasland, das ehemals Farmland war.

Stauseen wurden im Zuge der Renaturalisierung angelegt, da die natürliche Wasserversorgung mangelhaft ist, nicht mehr nutzbare Farmgebäude wurden ab- und Weidezäune eingerissen. Dafür wurde um das gesamte Gelände ein 150 Kilometer langer Wildzaun errichtet.

Mit der „Operation Phönix" begann die zweite Phase der Tieransiedlung, die bis dahin zweitgrößte Operation dieser Art weltweit. Zwischen 1993 und 1996 wurden 8000 Tiere aus verschiedenen Wildparks des südlichen Afrika hierher geschafft. Zunächst waren dies nur Pflanzenfresser, um das Gelände zu formen.

Ab 1996 kamen dann Raubtiere wie Geparde, Löwen, Wildhunde oder Hyänen hinzu. Der Park kann seitdem nicht nur mit malariafreiem Gebiet werben, sondern auch die „Big Five" vorweisen. Heute leben hier rund 12 800 Wildtiere, über 300 Vogelarten wurden registriert.

MAGALIESBERG-REGION

Die Magaliesberge liegen in der Bojanala-Rustenburg Region. Sie sind eine 120 Kilometer lange Bergkette nordwestlich von Johannesburg, die sich von Pretoria im Osten nach Rustenburg im Westen zieht. Im Nordwesten befindet sich das 4000 Hektar große Kgaswane Mountain Reserve. Es bietet einige spektakuläre Schluchten, sehenswerte Steinformationen und eine vielfältige Vogelwelt.

Der zentrale Teil der Magaliesberge mutet mit sanften Hügeln und Zypressenlandschaft hingegen fast mediterran an. Das Klima ist selbst im Winter warm und klar. Durch relativ viel Niederschlag fließen viele Bäche und kleine Flüsse die Berge hinunter. Wärme und Wasser bieten die idealen Voraussetzungen für tropische Früchte und vor allem Pfirsich-, Zitrus- und Orangenbäume. Viele Kleinfarmer haben sich hier angesiedelt, die neben Obst und Gemüse unter anderem auch Tabak und Schnittblumen anbauen und intensive Viehzucht betreiben.

Die ehemals deutsche Siedlung Kroondal war ein Missionsort der Lutheraner. Und noch heute sprechen einige der Einwohner hier Deutsch. Optisch geben nur Namen wie „Das Gasthaus" oder „Der Mühlenstein" Aufschluss über die ersten Siedler. Heute ist der Ort fest in burischer Hand.

Richtung Osten wird die Landschaft immer zersiedelter, und ein breiter Gürtel von Ferien- und Wochenendhaussiedlungen markiert das Gebiet rund um den Hartbeespoort Dam. Der Stausee mit seiner 59 Meter hohen Staumauer ist aufgrund seiner unmittelbaren Nähe zu Pretoria und Johannesburg das beliebteste Ausflugs- und Naherholungsziel der Großstädter.

Es gibt zahlreiche Kunsthandwerks- und Antiquitätenmärkte, Heißluftballonsafaris und Künstlerateliers auf festgelegten Touristenrouten, die am Wochenende die Massen anziehen. Der Ort Broederstroom entwickelte sich um die Farm von Bart und Piet Pretorius, die Brüder des damaligen Präsidenten von Transvaal, Marthinus Pretorius.

Am Wochenende staut sich der Verkehr vor der einspurigen Straße auf der Staumauer, die vom einzigen in romanischem Stil angelegten Triumphbogen des Landes geschmückt wird. Insgesamt mutet die Stimmung vielleicht auch gerade aufgrund der Autokorsos, die sich Stoßstange an Stoßstange um den See schlängeln, nahezu mediterran an. Der See wird ausgiebig für jegliche Wassersportarten genutzt, am Ufer und im Ort Hartebeesport sorgen Snackbuden und Kunsthandwerker für Versorgungs- und Einkaufsmöglichkeiten. Und der Himmel wird von zahlreichen Paraglidern, die vom Magaliesberg hinabschweben, bunt gesprenkelt. Eine Seilbahn führt den Berg hinauf, und bei klarem Wetter kann man von oben bis nach Pretoria sehen – und manchmal auch die hier lebenden Black Eagle, Fish Eagle und den sehr selten gewordenen Cape Vulture beobachten.

Das Gebiet rund um den Hartbeespoort Dam ist die Heimat vieler Vogelarten: Auch der Fish Eagle ist hier zu finden.

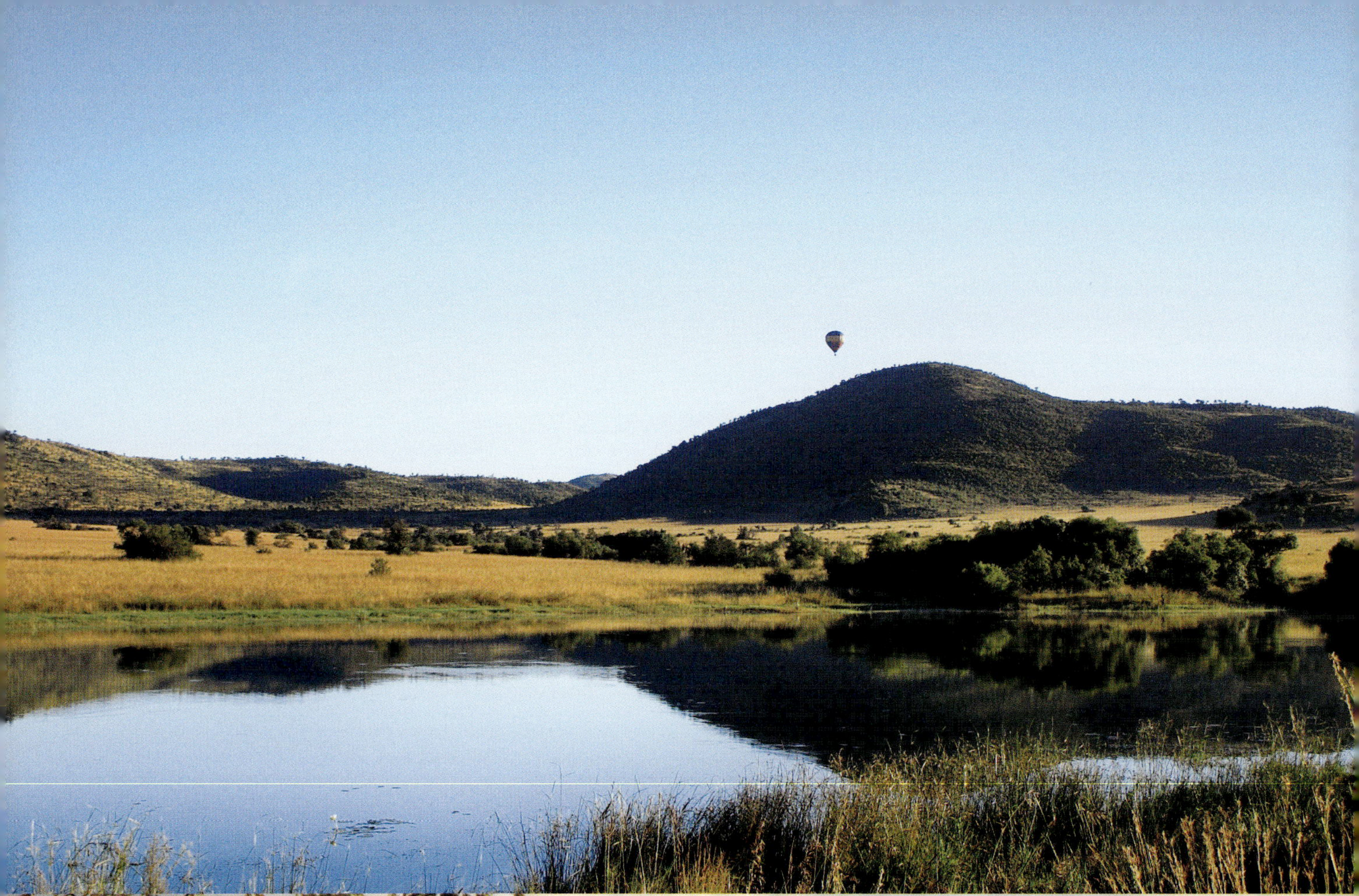

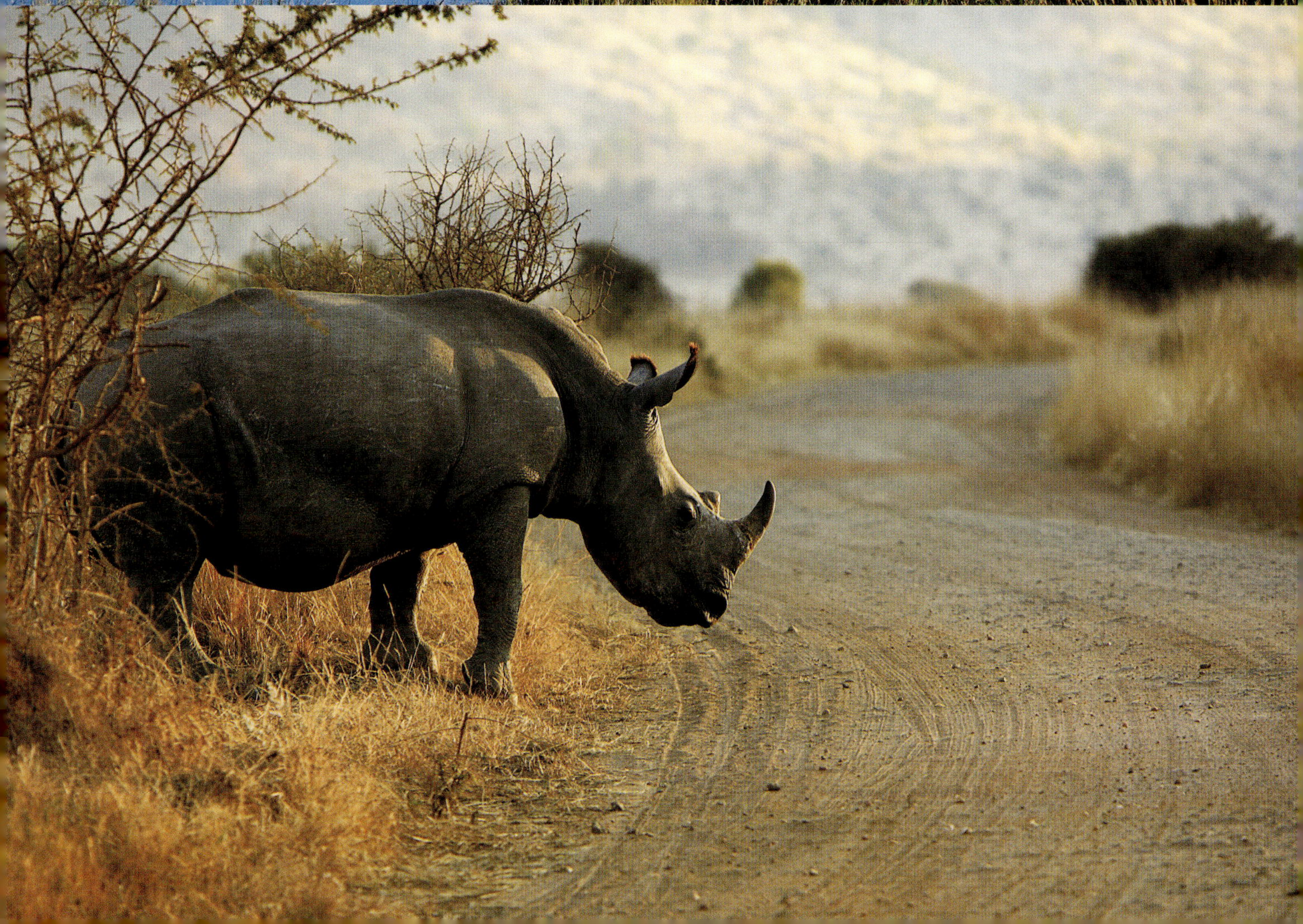

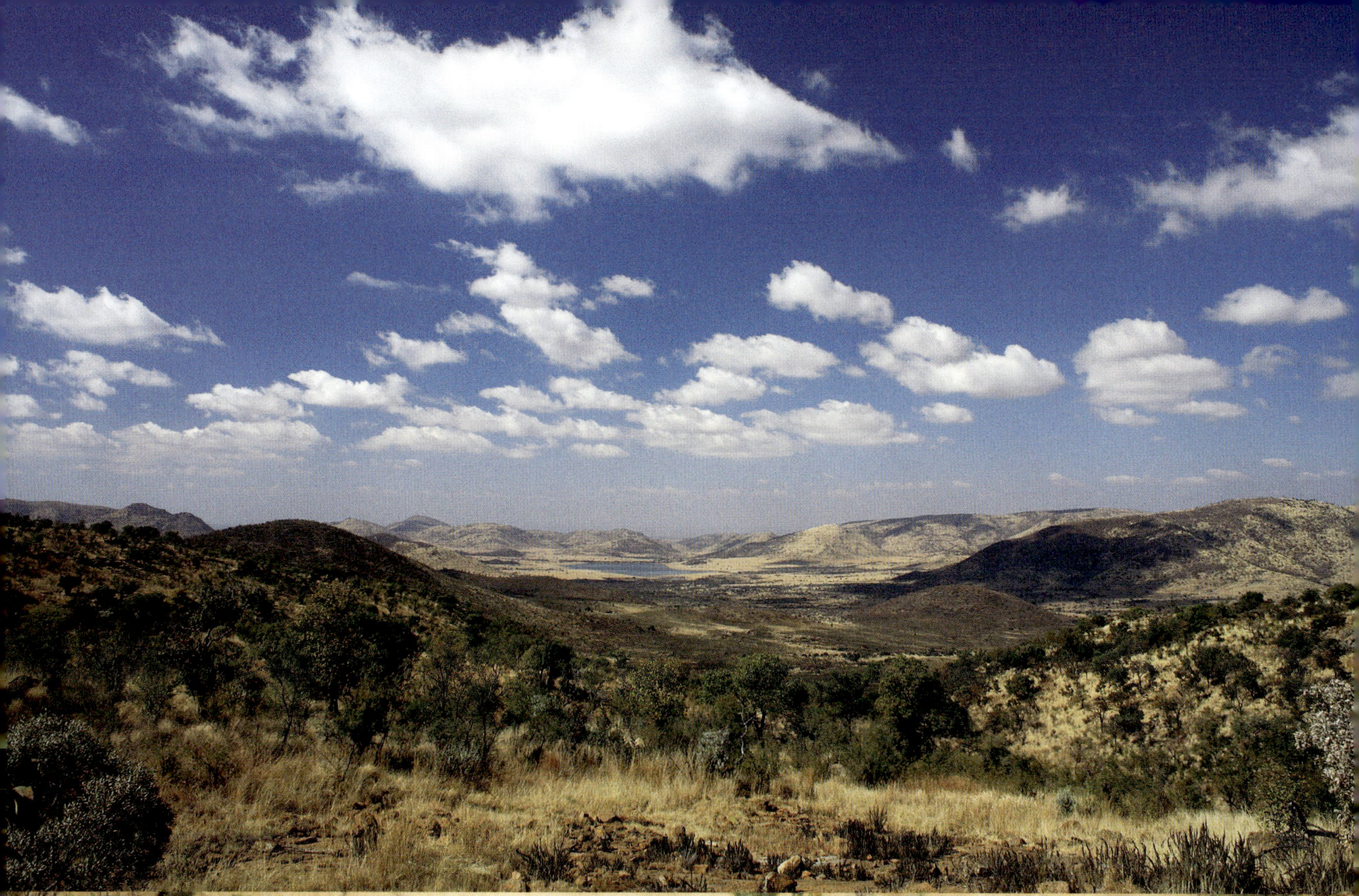
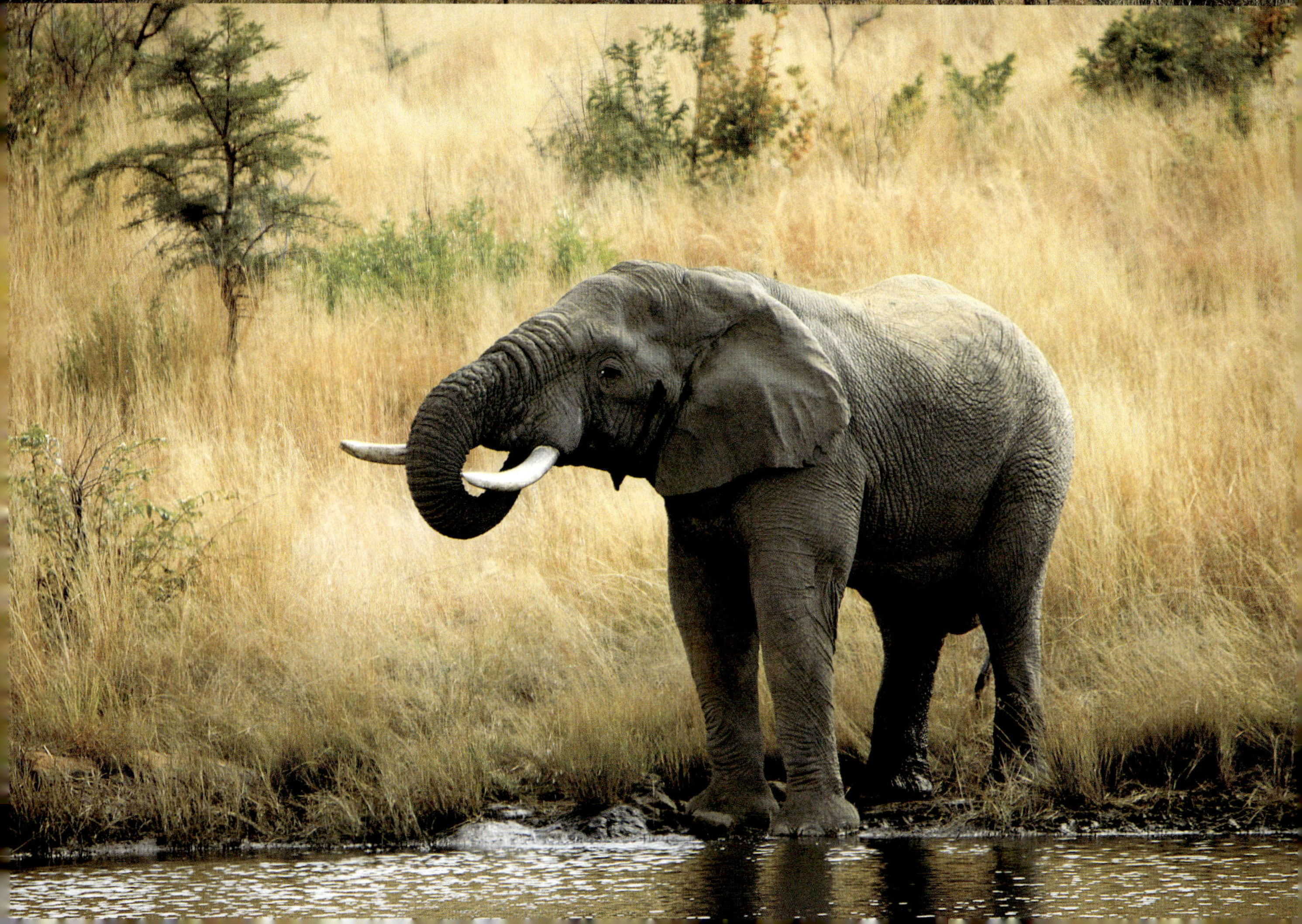

BOTSWANA
NAMIBIA
North West
Northern Cape
Western Cape
Helmeringhausen
Tses
KoĎs
Berseba
Bethanie
Keetmanshoop
Seeheim
Goageb
Aroab
Witdraai
Askham
Schroffenstein
2202
Klein-Karas
Grünau
1655
Hunsberge
Nakop
Karasburg
Ariamsvlei
Ai-Ais
Warmbad
Upington
Gariep (Oranje)
Keimoes
Oranjemund
Goodhouse
Pella
Pofadder
Steinkopf
Port Nolloth
Kenhardt
Okiep
Nababeep
Springbok
Namaqualand
Kamieskroon
Hondeklipbaai
Garies
Brandvlei
Sakrivier
Loerisfontein
Bitterfontein
Nuwerus
Kootjieskolk
Nieuwoudtville
1672
Calvinia
Williston
Sak
Koekenaap
Vredendal
Vanrhynsdorp
Klawer
Doring
Middelpos
Roggeveldberge
Great Karoo
Fraserburg
Lambert's Bay
Clanwilliam
Sutherland
St. Helena Bay
Velddrif
Citrusdal
Vredenburg
Saldanha
Hopefield
Piketberg
Porterville
Moorreesburg
Matroosberg
2249
Ceres
Malmesbury
Wellington
Touwsrivier
Touws River
Worcester
Paarl
Bellville
Cape Town (Kapstadt)
Stellenbosch
Somerset West
Strand
Simon's Town
False Bay
Kap der Guten Hoffnung
Hermanus
Stanford
Caledon
Robertson
Montagu
Swellendam
Protem
Bredasdorp
Kap Agulhas
Witsand
Riversdale
Still Bay
Mossel Bay
George
Knysna
Plettenberg Bay
Laingsburg
Ladismith
Calitzdorp
Oudtshoorn
Prince Albert
Gamka
Leeu-Gamka
Beaufort West
Uniondale
Kougaberge
Willowmore
Baviaanskloof
Steytlerville
Groot Rivier
Patensie
Kruisfontein
Humansdorp
Uitenhage
Port Elizabeth
Kirkwood
Addo
Sondagsrivier
Klipplaat
Jansenville
Somerset East
Pearston
Sout
Aberdeen
Adendorp
Graaff-Reinet
Cradock
Murraysburg
Nelspoort
Loxton
Victoria West
Carnarvon
1667
Richmond
Middelburg
Hanover
Noupoort
Colesberg
De Aar
Britstown
Philipstown
Philippolis
Vosburg
Van Wyksvlei
Sodium
Strydenburg
Brak
Ongers
Hopetown
Prieska
Marydale
Belmont
Jagersfontein
Koffiefontein
Petrusburg
Douglas
Modderrivier
Riet
Modder
Kimberley
Barkly West
Campbell
Griquatown
Postmasburg
Langberge
Sishen
1855
Kuruman
Ulco
Boshof
Warrenton
Harts
Christiana
Taung
Reivilo
Schweizer-Reneke
Vryburg
Ganyesa
INDISCHER OZEAN
ATLANTISCHER OZEAN
0
100
200
km
© Ing.-Büro für Kartographie J. Zwick, 35394 Gießen

WESTERN CAPE
ÜBERBLICK

Die Western Cape Province (afrikaans: Wes-Kaap, Xhosa: Ntshona-Koloni), ein landschaftlich sehr schönes und abwechslungsreiches Gebiet, liegt im Südwesten Südafrikas und umfasst eine Fläche von 129 462 Quadratkilometern. Die Provinz wird im Süden vom Indischen und im Westen vom Atlantischen Ozean begrenzt und beinhaltet mit dem Kap Agulhas den südlichsten Punkt des afrikanischen Kontinents. Im Norden grenzt die Western Cape Province an Northern Cape und im Osten an Eastern Cape.

Die Western Cape Province zählt über 6,5 Millionen Einwohner, die zu etwa zwei Dritteln im Großraum der Provinzhauptstadt Kapstadt leben. Die Bevölkerung gliedert sich in ca. 50 Prozent Coloureds, ca. 34 Prozent Schwarze, ca. 15 Prozent Weiße und ein Prozent Inder/Asiaten. Das jährliche Bevölkerungswachstum beträgt 1,5 bis zwei Prozent. Die schwarze Bevölkerung gliedert sich wiederum in eine Vielzahl von Volksstämmen.

Abgesehen von der Provinz Gauteng (Johannesburg/Pretoria) mit 99,6 Prozent ist der Verstädterungsgrad – also der Anteil der Stadtbevölkerung an der Gesamtbevölkerung der Provinz – in Western Cape mit 95,1 Prozent der höchste in ganz Südafrika. Mit rund vier Millionen Einwohnern im Ballungsraum ist Kapstadt das ökonomische und kulturelle Zentrum. Hier befindet sich eine differenzierte verarbeitende Industrie. Außerdem spielt der Tourismus eine herausragende Rolle. Die Provinz hat die niedrigste Analphabetenrate und Arbeitslosigkeit.

FOLGENDE DOPPELSEITE:
Strand von Kommetjie an der Kaphalbinsel.

DARAUFFOLGENDE DOPPELSEITE:
Neben den fantastischen Küsten bietet die Western Cape Province mit fruchtbaren, hügeligen Landschaften und weltbekannten Weingegenden weitere touristische Ziele.

Abendstimmung auf dem Gipfelplateau des Tafelbergs über Kapstadt mit Blick auf die Gipfelstation der Cableway und hinunter nach Kapstadt mit dem Gipfel des Lion's Head, Robben Island und Signal Hill

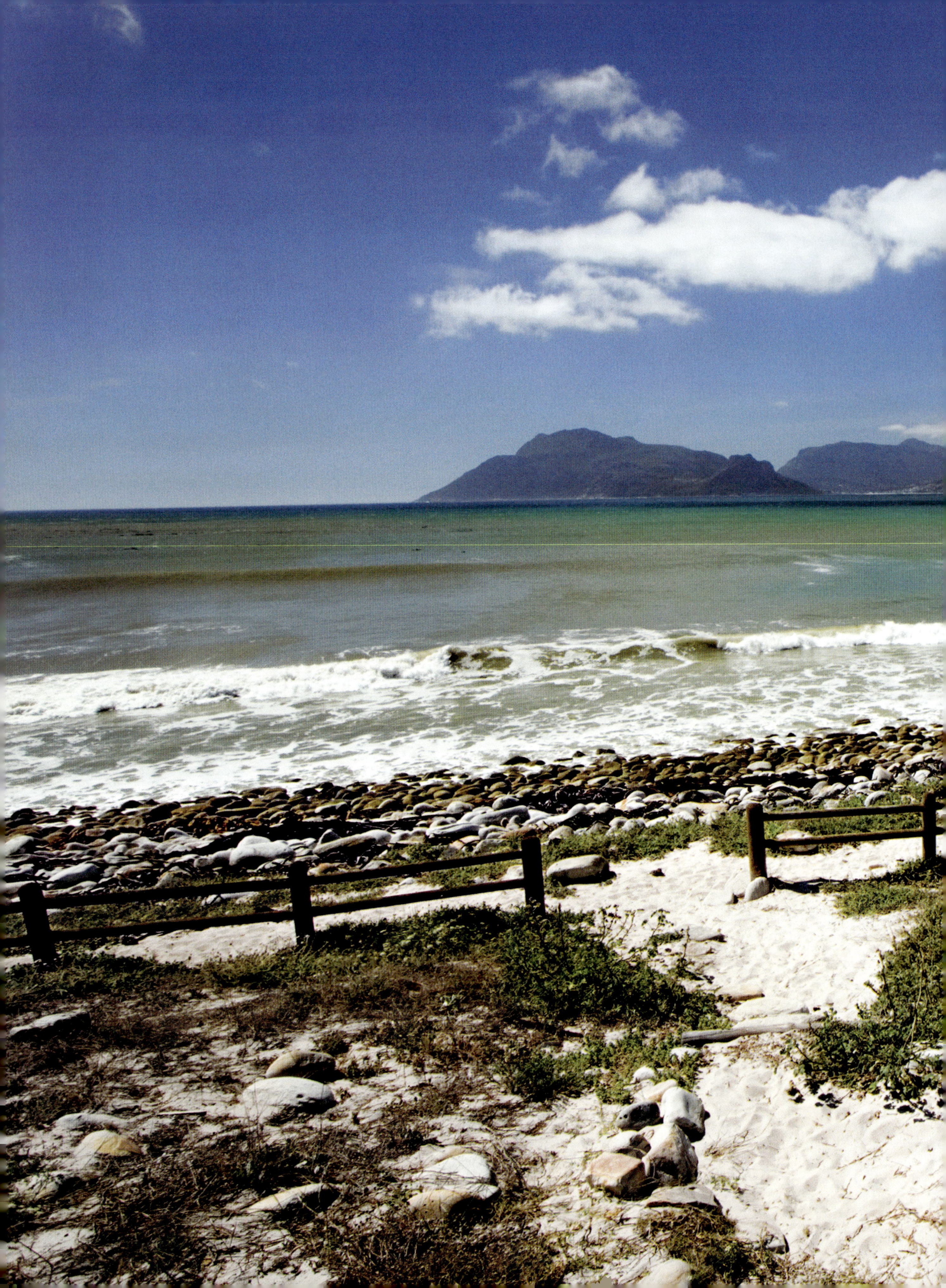

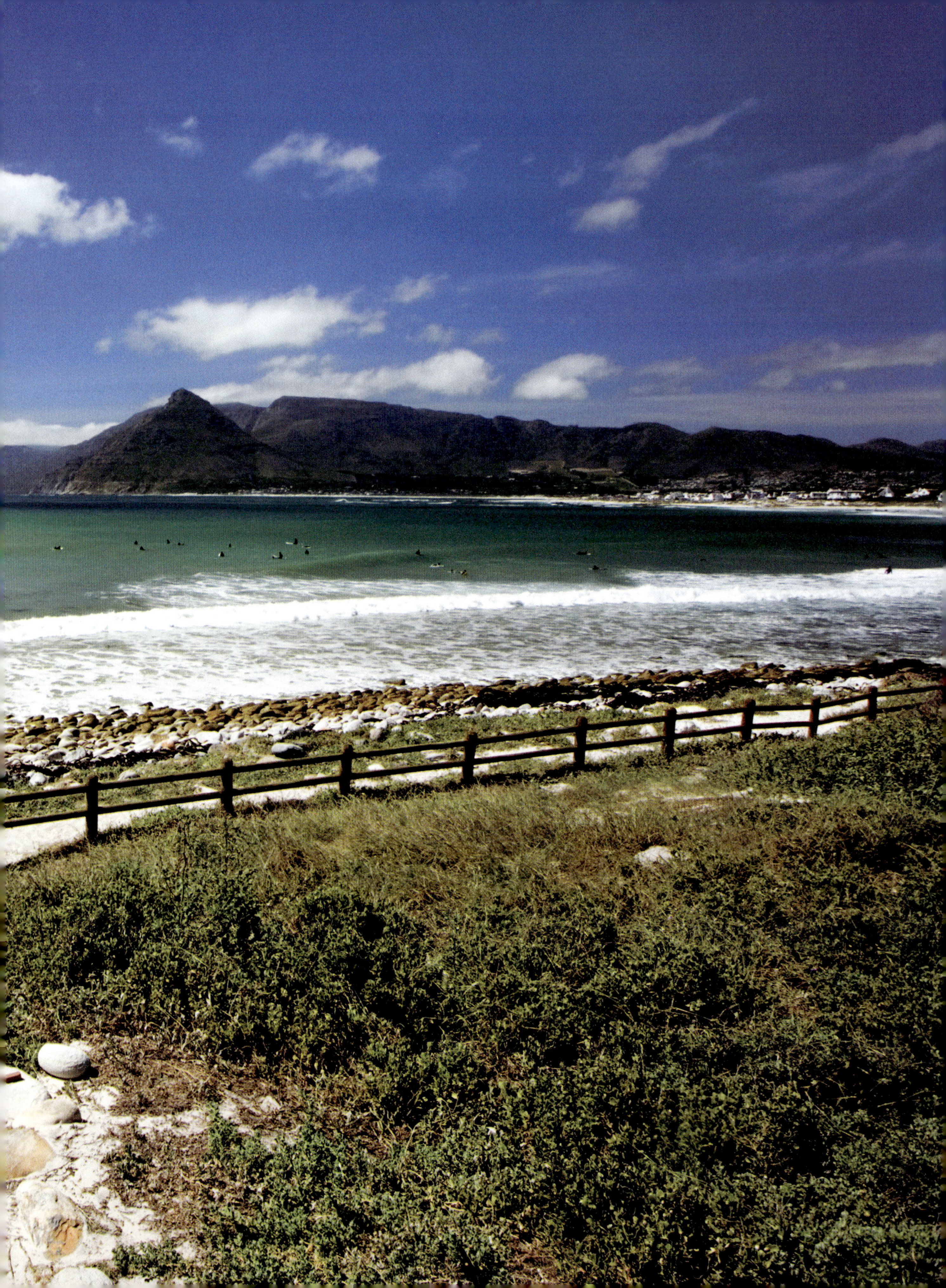

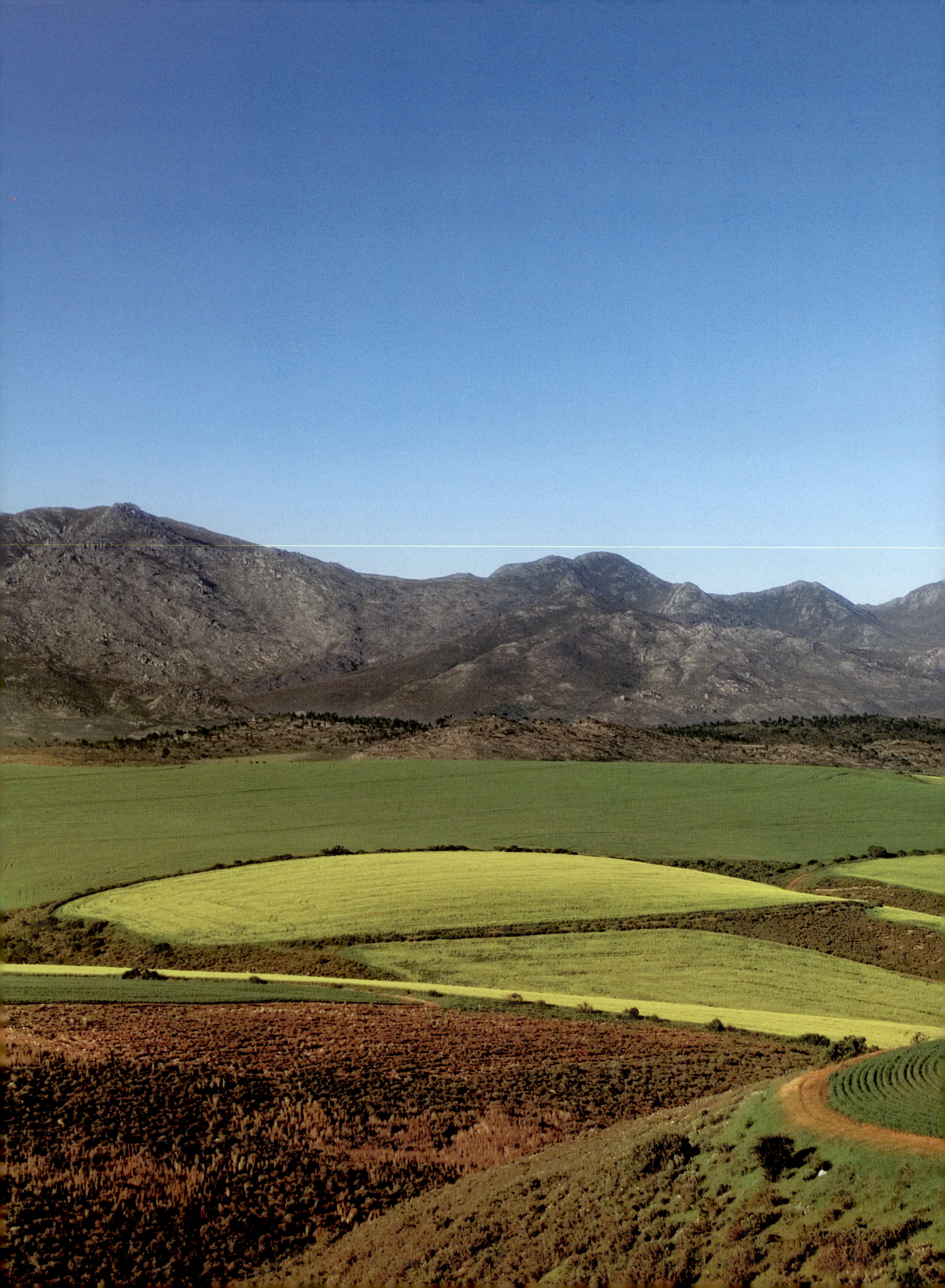

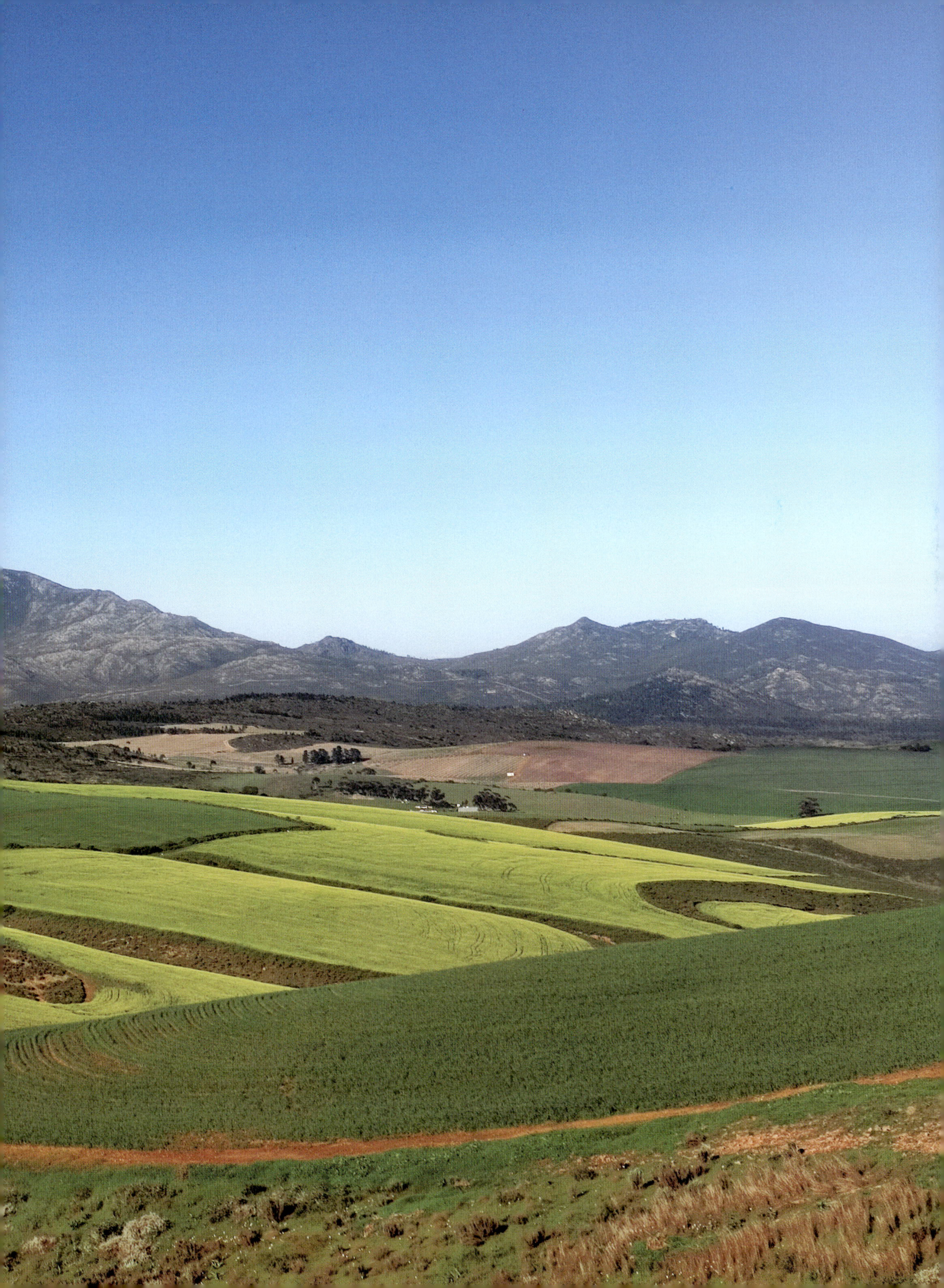

Western Cape wurde im Jahr 1994 aus Teilen der Kapprovinz gebildet und besteht aus der Metropolgemeinde City of Cape Town sowie fünf Distrikten (West Coast, Cape Winelands, Overberg, Eden, Central Karoo) mit 24 Gemeinden. Die Kapprovinz war die größte der ehemaligen vier Provinzen Südafrikas. Sie ging 1910 aus der Kapkolonie hervor. Hauptstadt war auch damals Kapstadt.

Ab den 1960er Jahren wurden als eine Maßnahme der südafrikanischen Apartheidpolitik spezielle Gebiete für die schwarze Bevölkerung von den Provinzen abgetrennt. Von den so entstandenen Homelands lagen Transkei, Ciskei und Bophuthatswana ganz oder teilweise in der Kapprovinz.

Bei der Neuordnung 1994 wurde die Kapprovinz unter Einbeziehung der Homelands in die Provinzen Northern, Western und Eastern Cape sowie North West (mit Teilen von Transvaal) gegliedert. Western Cape enthält jedoch keine ehemaligen Homeland-Gebiete.

Die Provinz verfügt über mehrere Großlandschaften: die Kaphalbinsel, das Tafelbergmassiv, die Cape Flats, die die Halbinsel durch ausgedehnte Dünenfelder vom Festland trennen, und die False Bay, die bereits durch den warmen Agulhas-Strom beeinflusst wird. Darüber hinaus gibt es ein hügeliges Hinterland mit lieblichen Weingegenden, die Garden Route genannte Küstenlandschaft am Indischen Ozean, die schroffere Westküste mit den Cederbergen im Hinterland und die Halbwüstenlandschaften der Karoo.

Der bis zu 1086 Meter hohe Tafelberg (Table Mountain) besteht aus Sandstein und Schieferschichten, die nicht in Form von Gipfeln, sondern mit einem Hochplateau enden. Ursprünglich betrug die Höhe des Berges nach Erhebung und Faltung der Kapiden sehr wahrscheinlich gut 2000 Meter. Jahrmillionenlange Einflüsse von Wind und Wetter haben die Sandsteinschichten nach und nach abgetragen.

Der Tafelberg, markante Erhebung beim Blick auf Kapstadt

An das Tafelbergmassiv schließt sich die Kaphalbinsel an, die südlich von Kapstadt etwa 50 Kilometer in der Länge und durchschnittlich acht Kilometer in der Breite in den Atlantischen Ozean ragt. Mehr als die Hälfte der 440 Quadratkilometer großen Halbinsel steigt bis auf 300 Meter an. Getrennt wird das felsige Bergmassiv, dessen Sandsteinschichten hier fast horizontal liegen, vom Festland durch die sandigen Cape Flats. Diese bildeten vor ihrer Besiedlung ausgedehnte Dünenfelder nordöstlich und östlich der Stadt und trennten Kapstadt von der False Bay. Die aktiven Wanderdünen versuchte man mit eingeführten Pflanzen wie der Port-Jackson-Weide – einer sich rasant ausbreitenden Neophyte – zu befestigen.

Eine Reihe von Townships wurde in die heute sehr dicht besiedelten und windigen Cape Flats gebaut. Die Township Mitchell's Plain im Südosten Kapstadts ist ein Beispiel für den Siedlungsbau auf Sanddünen. Sie wurde zu Beginn der 1970er Jahre für die farbige Bevölkerung errichtet.

Südlich der Cape Flats liegt die 30 Kilometer breite False Bay, die im Westen durch die gebirgige Kaphalbinsel begrenzt wird. Im Osten und Nordosten grenzt sie an die Kapketten. Kilometerlange Sandstrände, schroffe, felsige Küstenabschnitte und eine Reihe bekannter Seebäder wie Muizenberg, das 1913 Kapstadt eingemeindet wurde, machen False Bay für die Einheimischen zu einem beliebten Ausflugsziel.

Die in der Nähe von Muizenberg gelegenen Seen werden von Flüssen gespeist. Im Sommer treibt der Südostwind das warme Oberflächenwasser des Agulhas-Stroms in die False Bay hinein. Im Winter bieten Nordwestwinde beste Surfbedingungen. In der False Bay liegt Seal Island, die allerdings nur Wissenschaftlern für Vogelkunde und Aufzucht von Seehunden und Robben zugänglich ist.

Strandhäuser in Muizenberg, eines der Surferparadiese in der Western Cape Province

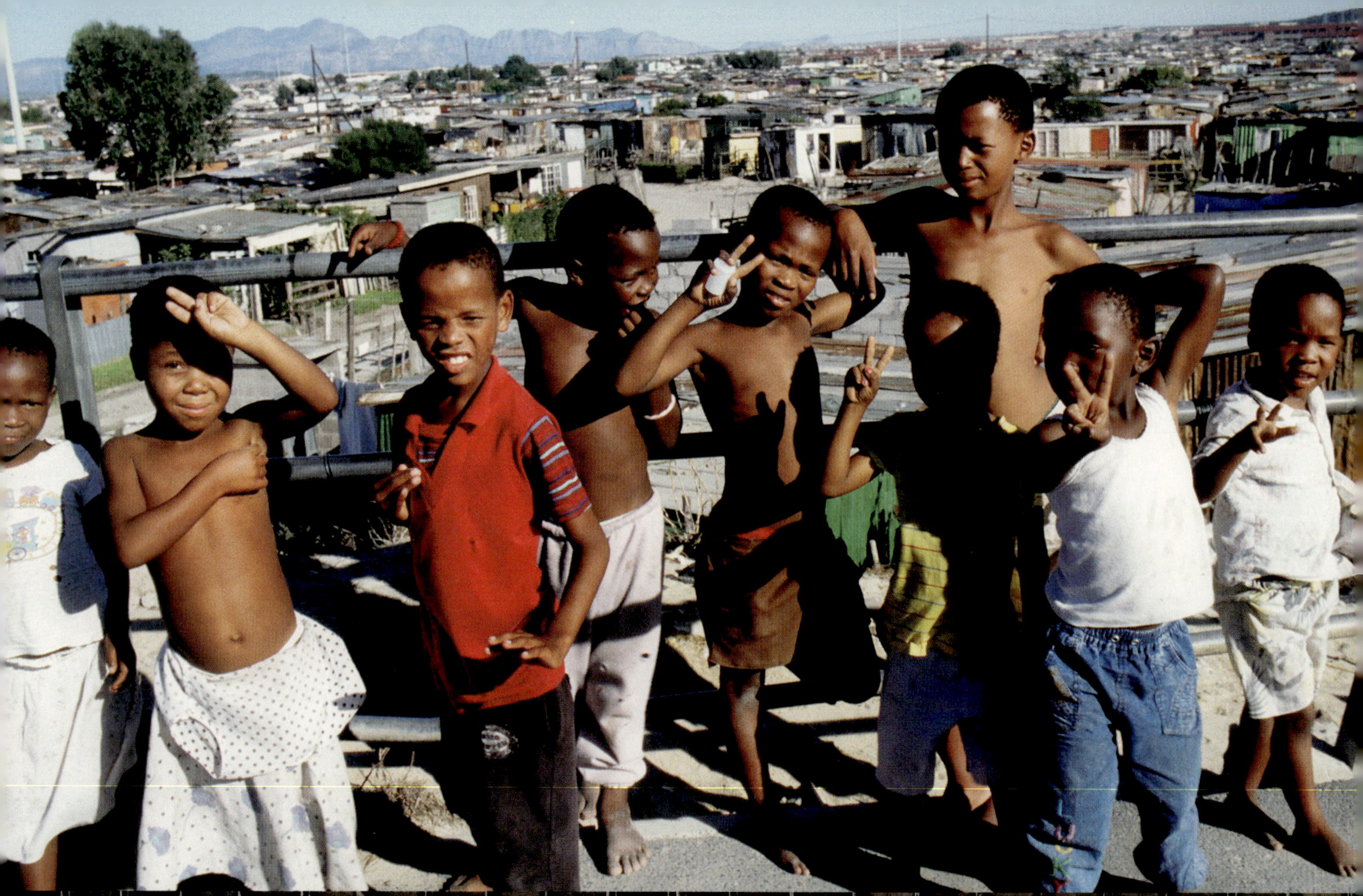

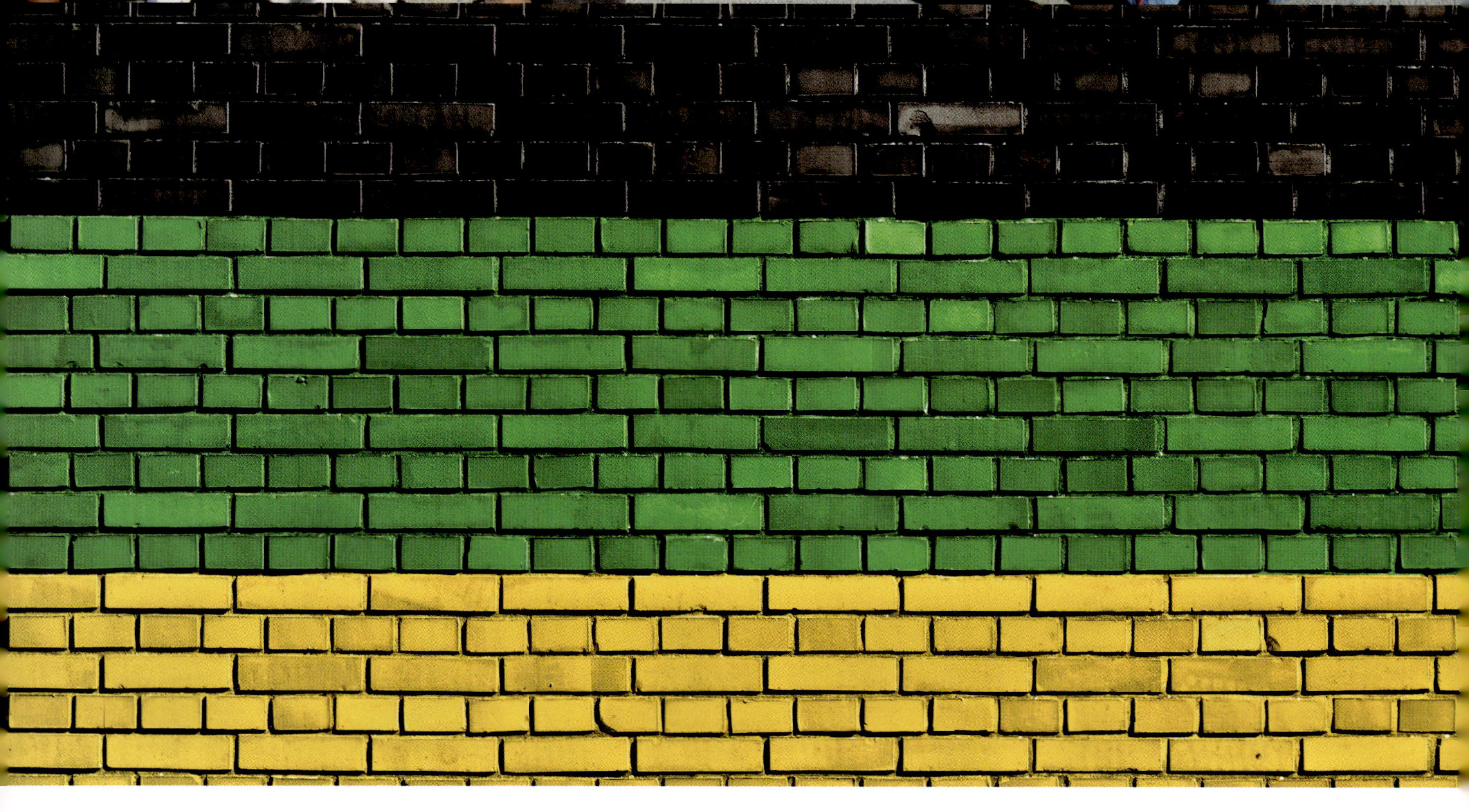

LINKE SEITE:
Kinder in einer Township südlich von Stellenbosch (Foto oben); die Farben des ANC (African National Congress) auf einer Backsteinmauer (Foto unten).

RECHTE SEITE:
Porträt einer jungen Frau in einer Township bei Milnerton.

FOLGENDE DOPPELSEITE:
Felder in Wellington

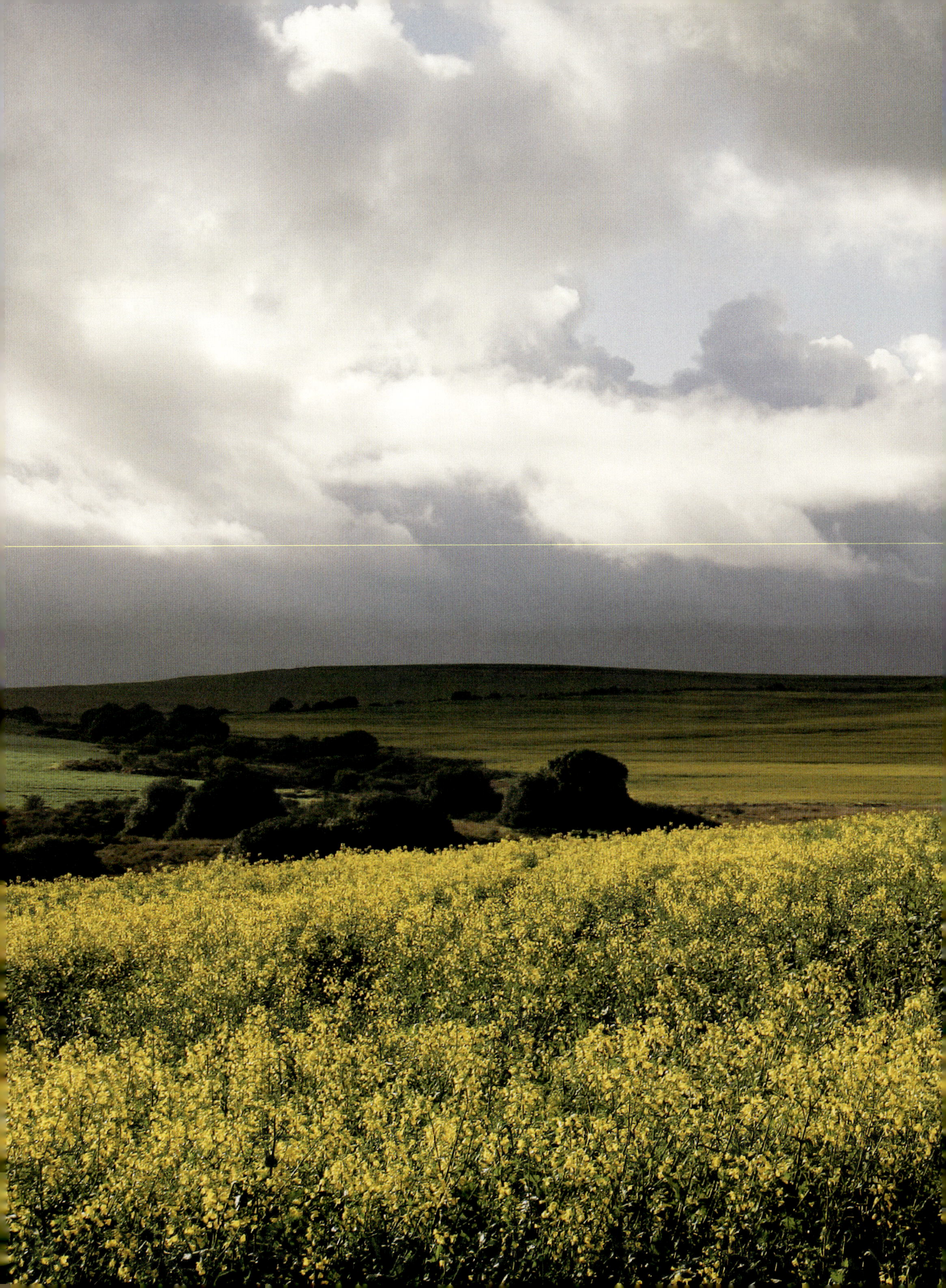

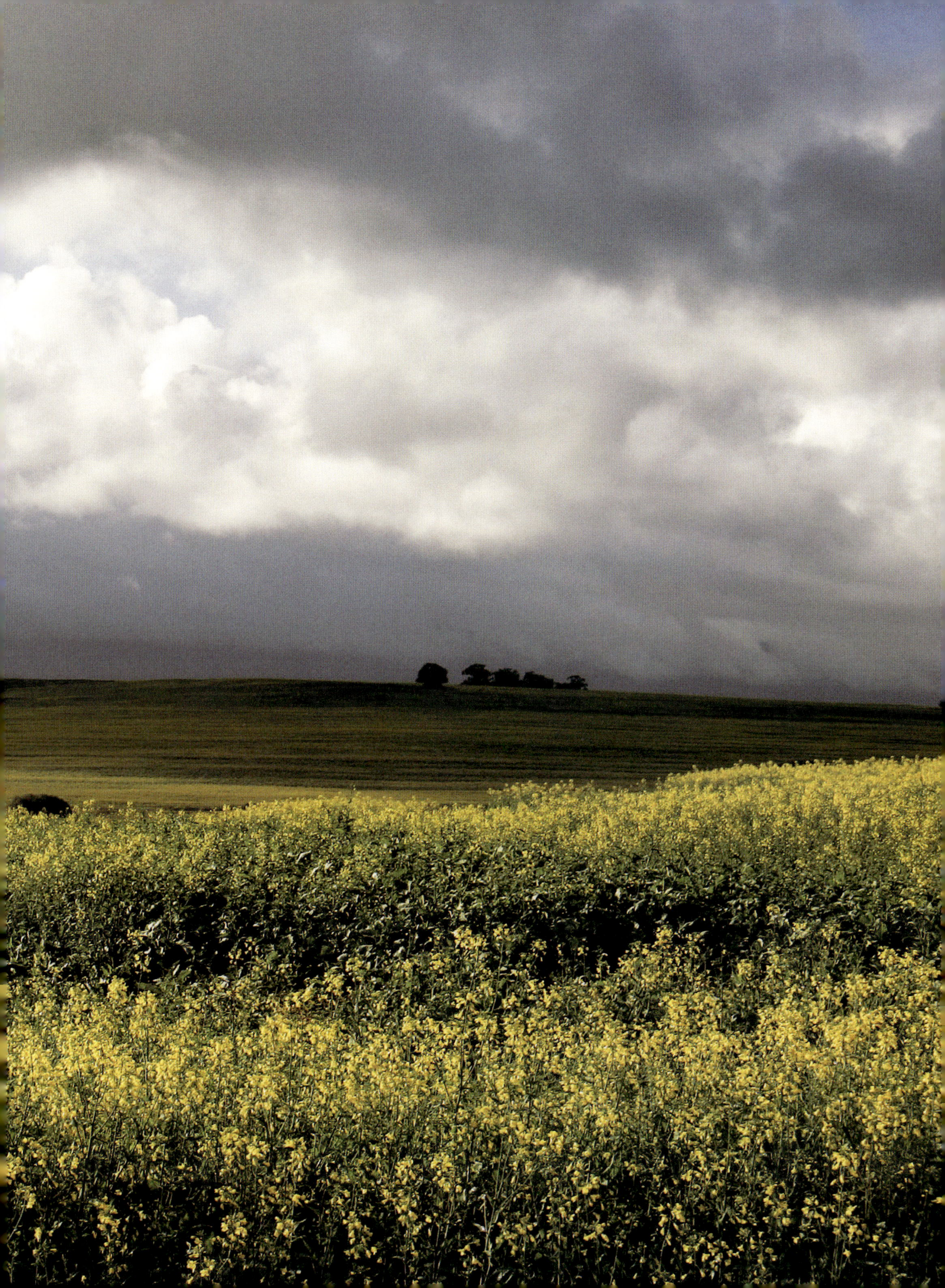

KAPFLORA

Die Kapflora des südwestlichen Kaplands, die Kapensis (Capensis), umfasst das Winterregengebiet am Kap und ist durch den Wüstengürtel aus Karoo und Namib vom übrigen Afrika getrennt. Sie ist eines der insgesamt sechs weltweit existierenden Florenreiche und bietet einen überwältigenden und außergewöhnlichen Artenreichtum.

Die Kapflora findet sich auf einer Fläche von 93 000 Quadratkilometern und ist mit einem Anteil von 0,04 Prozent an der Erdoberfläche das kleinste Florenreich. Und dennoch lassen sich hier allein rund 9000 Blütenpflanzen zählen. Der Anteil der Endemiten – der Arten einer Gattung oder Familie, die nur in einem bestimmten Gebiet anzutreffen sind – ist besonders hoch. Die Vegetation am Kap besteht zum großen Teil aus Fynbos (Afrikaans etwa für „feingegliedertes Gebüsch"; manchmal auch Kap-Macchie genannt), einem immergrünen Hartlaubgebüsch, ähnlich der Macchie des Mittelmeerraumes. Das rund 70 000 Quadratkilometer große Fynbosgebiet zwischen dem 18. und dem 27. östlichen Längengrad (bei Port Alfred) beheimatet sechs endemische Pflanzenfamilien: Achariaceae, Bruniaceae, Geissolomataceae, Grubbiaceae, Penaeaceae, Roridulaceae und zu 90 Proeznt die Arten der Familie Restionaceae.

VON LINKS NACH RECHTS:
Protea cynaroides (Königsprotea), Wilde Iris, Geranie, und Gelbe Protea

Auch weit über die Hälfte der weltweit 130 registrierten Arten der Gattung Protea wachsen im Kapland. Die ein bis vier Meter hohen buschartigen Protea-Gehölze mit großen, harten Blättern bringen häufig prachtvolle, große Blüten hervor. Namensgeber ist Proteus, der vielgestaltige Meeresdämon der griechischen Sage. Die Königsprotea (englisch: King Sugarbush; botanischer Name: *Protea cynaroides*) mit einer großen, meist rosafarbenen Blüte ist Südafrikas Nationalblume. Zu erwähnen ist auch die ebenso schöne, aber viel seltenere Snow Protea (*Protea cryophila*). Sie wächst auf den höchsten Gipfeln der Cederberge und blüht nur in den heißen Monaten von Januar bis März.

Zur Fynbos-Vegetation gehören auch mehr als 600 Arten der Gattung Erica, die weite Teile der Ebenen und Hänge bedeckt. Und auch eine Vielzahl von Blütenpflanzen wie Geranien und Orchideen finden sich in der Kapvegetation. Die meisten von ihnen sind Geophyten, das heißt, sie besitzen ein unterirdisches Speicherorgan (Knolle, Zwiebel), mit dem sie ungünstige Jahreszeiten überbrücken können. Gelegentliche Buschbrände schaden der Fynbos-Flora nur kurzfristig und gehören zum natürlichen Ökosystem. Der Fynbos regeneriert sich schnell, und viele Arten werden erst durch die häufigen Feuer im Wachstum stimuliert. Regelmäßiges Abbrennen durch Menschen, das sogenannte „veld burning", zerstört den Fynbos hingegen.

LINKE SEITE:
Protea im Kirstenbosch National Botanical Garden

Eine Gefahr bedeutet auch die Überweidung mit Schafen und Rindern, da nach mehreren Jahren nur ungenießbare oder giftige Pflanzen überleben. Zudem zerstört auch die städtische Expansion Kapstadts immer mehr Buschland. Eine weitere Bedrohung der einheimischen Flora ist die Einführung fremder Pflanzen aus anderen Kontinenten (vorwiegend aus Australien). Häufig verdrängen diese Neophyten die empfindlicheren südafrikanischen Arten.

Eine botanische Attraktion des Kaplandes ist der Silberbaum (*Leucadendron argenteum*). Er wächst in feuchten Gebieten und wird rund zehn Meter groß. Er zeichnet sich durch seine silbrigen Blätter aus und wächst zumeist an den Osthängen des Tafelbergs im Table Mountain National Park. Mittlerweile kaum zu finden ist hingegen der Kap-Lorbeerbaum (*Oreodaphne bullata*), der von den Europäern wegen seines wertvollen harten Holzes gerne für Möbelbau verwendet und nahezu ausgerottet wurde. Der Milchbusch (*Calvaria inermis*) ist ein weiterer kaptypischer Baum, der vielfach auf den meeresnahen, älteren Dünen wächst. Er wird ebenfalls zumeist nur bis zu fünf Meter hoch und produziert einen weißen Milchsaft.

Die meisten Baumbestände der Kaphalbinsel sind aber schon im vorigen Jahrhundert für den Schiffbau, für Eisenbahnschwellen, für Telegrafenmasten und Grubenholz gefällt worden. Aufforstungen aus Eukalyptus und Pinienarten können die ursprünglichen Wälder ökologisch nicht ersetzen. Immergrüne Wälder sind im Kapland durch Holzeinschlag fast gänzlich vernichtet worden und nur noch in Restbeständen oder in Schutzgebieten vorhanden. Darunter befinden sich der immergrüne Real Yellowwood (*Podocarpus latifolius*) oder etwa der Red Alder (*Cunonia capensis*). Im Knysna Forest steht der mit 39 Meter Höhe und einem Alter von 600 Jahren imposanteste Yellowwood, der „King Edward Tree". In den Cederbergen nördlich von Kapstadt wachsen die seltene Clanwilliam-Zeder (*Widdringtonia cedarbergensis*) und die Kapzeder (*Viteringtonia juniperoides*). Daneben gibt es nicht einheimische Bäume, die von den weißen Siedlern mitgebracht und gepflanzt wurden, so zum Beispiel die Stieleiche, die man an vielen Stellen Kapstadts findet.

Landschaft in den Cederbergen

Den besten Überblick über die südafrikanische Flora bietet der Kirstenbosch National Botanical Garden in Kapstadt, der die Kapflora in ihrem ganzen Artenreichtum zeigt. Er wurde 1913 am Osthang des Tafelberges auf über 500 Hektar angelegt. Zwei weitere Naturschutzgebiete mit Kap-Fynbos sind das Helderberg Nature Reserve am Südosthang des Helderbergs (1138 Meter) und das Hottentots Holland Nature Reserve, das auf 70 000 Hektar die reichhaltigste Flora zeigt.

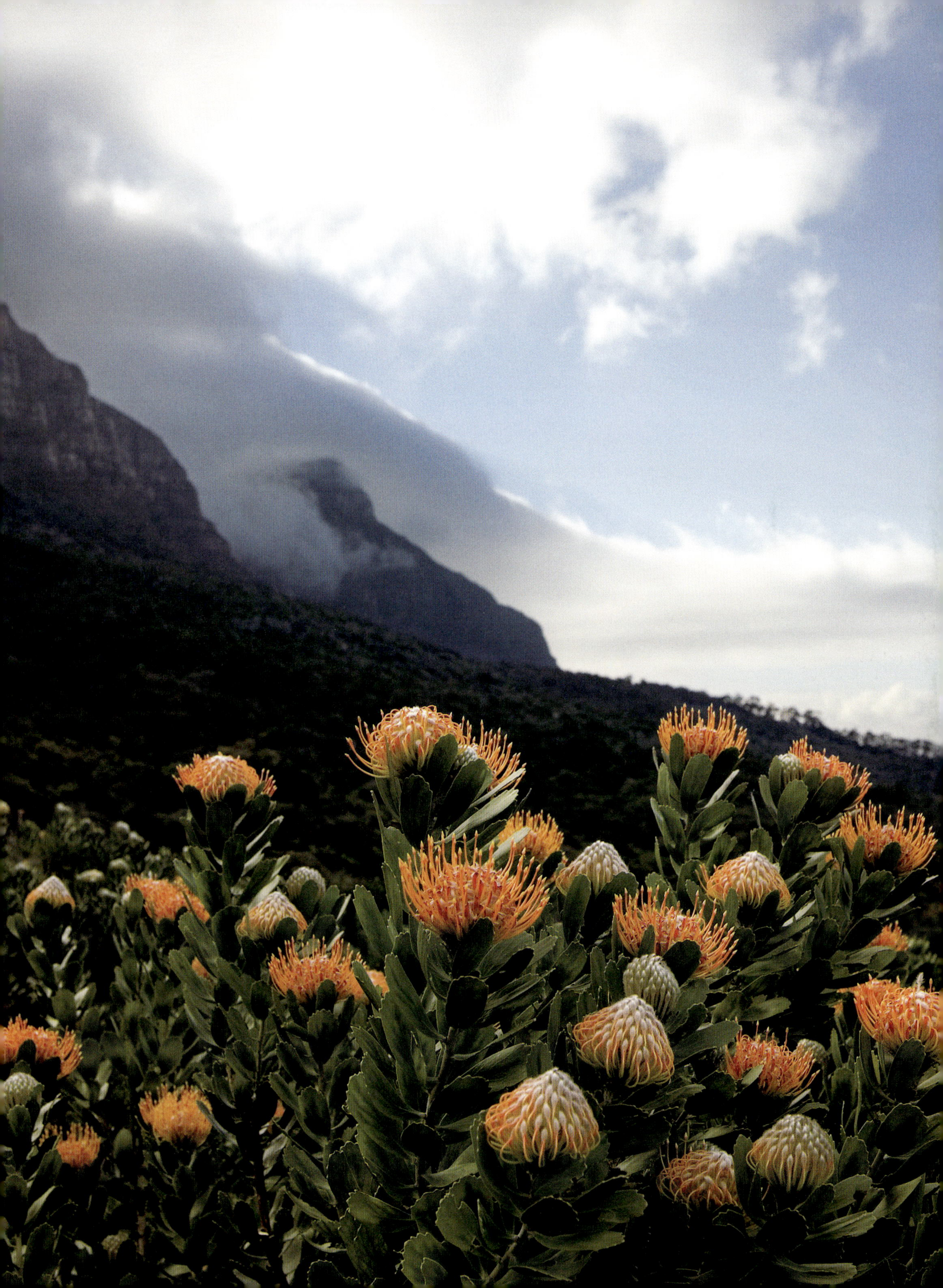

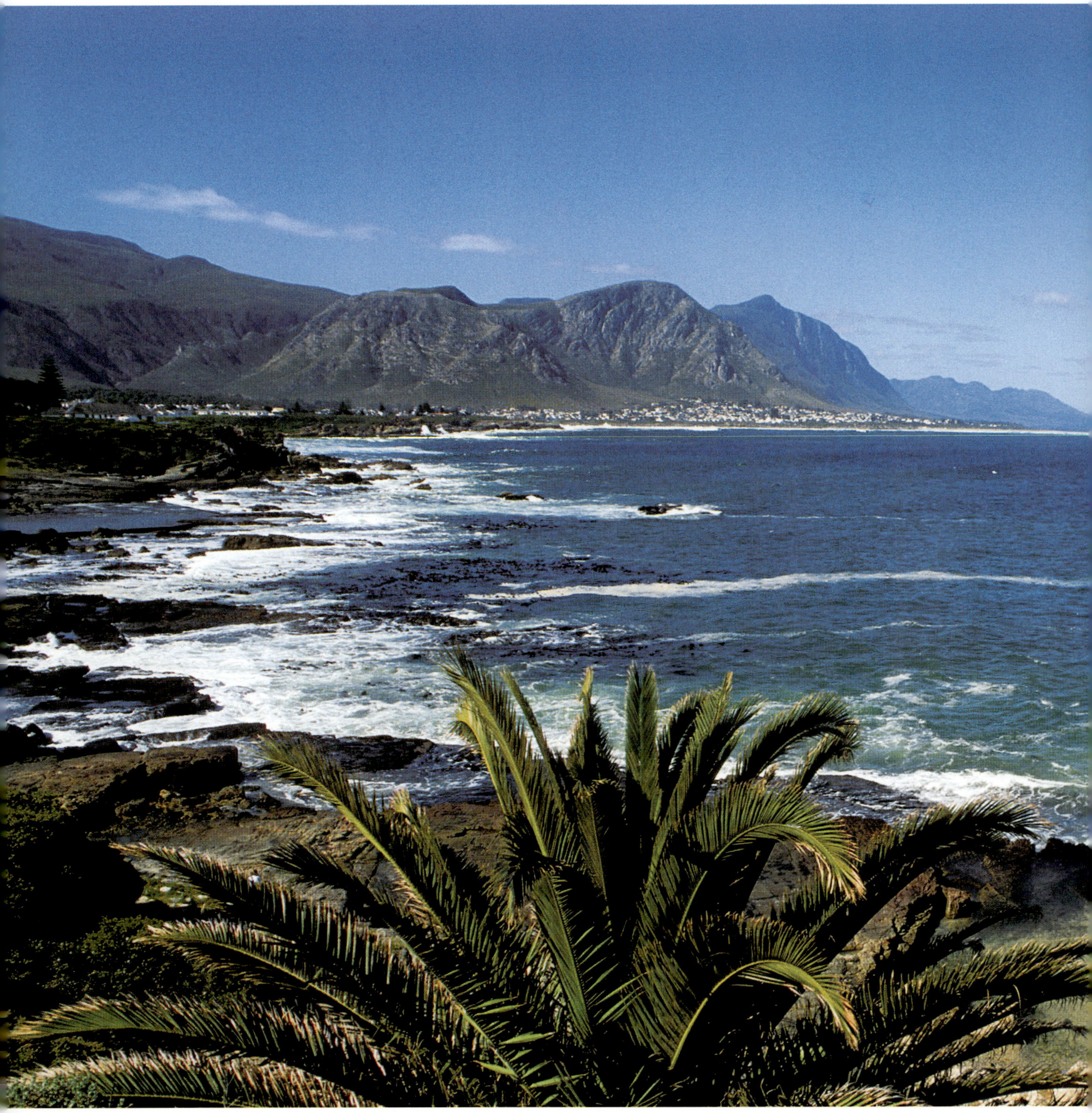

Küste bei Hermanus, einer der bekanntesten Walbeobachtungsstationen Südafrikas

Schulalltag in Plettenberg Bay: Grundschüler in ihrer Klasse der Primary School im Stadtteil Harkerville

PLETTENBERG BAY

Im Jahre 1778 landete der Gouverneur Joachim van Plettenberg in der heute nach ihm benannten Bay. Seinen Anspruch auf die Bucht im Namen der Niederländischen Ostindien-Kompanie untermauerte er mit der Errichtung eines See-Zeichens, das 1964 von der Historical Monuments Commission dem South African Cultural Museum in Kapstadt übergeben wurde. Die Überreste eines Lagerschuppens von 1788 weisen noch auf das Vorhaben der Niederländer hin, die Bucht zur Verschiffung von im Hinterland geschlagenem Holz zu nutzen. Wo einst norwegische Siedler vom Walfang lebten, hat sich heute „Plett" als beliebter Ferienort an der Garden Route etabliert. Die Garden Route verläuft in west-östlicher Richtung von Mossel Bay bis zum Tsitsikamma National Park, der schon zur Eastern Cape Province gehört. Die Bezeichnung geht auf die ersten Europäer zurück, die die Region im Vergleich zum Binnenland und dem kargen Norden der Kapprovinz als besonders grün und fruchtbar empfanden. Markante Merkmale der Landschaft sind die tiefgrünen Wälder sowie die Fynbos-Vegetation. Teilweise wird die westliche Grenze der Garden Route auch nach Still Bay oder sogar Swellendam gelegt.

Nicht jeder Besucher wird von der Plettenberg Bay in gleichem Maße begeistert sein – zu stark fällt ihr Anspruch als Touristendomizil ins Auge. Doch wen der klassische Strandurlaub reizt, der wird hier mit herrlichen Stränden und schöner Natur verwöhnt. Wer freililch historische Sehenswürdigkeiten erkunden möchte, wird enttäuscht werden. Allenfalls die in altem Stil gebauten Hotels sind hier von Interesse. Und dennoch: Für „Plett" spricht neben der guten Anbindung durch den ausgebauten Regionalflughafen (regelmäßige Flüge nach Johannesburg und Kapstadt) die hervorragende

Infrastruktur. Die Wanderrouten sind bestens ausgebaut, organisierte Touren werden angeboten. In den Läden am Strand geht man einkaufen oder lässt sich zur Walbeobachtung aufs Meer fahren. Der von Investoren geplante Bau eines riesigen Jachthafens – auf Kosten der natürlich Mündung des Piesang River – ist bislang am Widerstand von Anwohnern und Naturschützer gescheitert.

Luxus-Strandhaus in Plettenberg Bay

KNYSNA

Der Name dieses Ortes, der annähernd 70 000 Einwohner zählt, stammt aus der Khoi-Sprache. Man vermutet, dass Knysna so viel bedeutet wie „Ort des Holzes", doch es herrscht noch Uneinigkeit über Herkunft und Bedeutung des Wortes.

An der Einfahrt in die Knysna-Lagune stehen zwei hohe Sandsteinkliffe, die als „The Heads" bekannt sind. Als Gründer der heutigen Stadt (zuerst noch zwei Städte: Melville und Newhaven) gilt George Rex (1765–1839), der 1797 als hoher britischer Offizier nach Südafrika kam. Zum Zeitpunkt seines Todes konnte er praktisch das gesamte Land sein Eigen nennen. Was 1804 mit dem Erwerb der Melkhout Kraal-Farm begonnen hatte, endete 35 Jahre später mit dem Besitz von über 10 000 Hektar Land. Darüber hinaus brachte Rex die Holzindustrie der Region zum Erblühen, indem er eine schiffbare Route durch die gefährlich felsengesäumte Durchfahrt bei den Heads ausloten ließ. Nach der Einrichtung einer kleinen Lotsenstation lief 1817 schließlich die „Podargus" sicher in die Lagune ein. Damit war der Weg frei für den erschwinglichen Handel mit Holz, das nun von Knysna aus verschifft werden konnte.

FOLGENDE DOPPELSEITE:
Der Bahnverkehr auf der spektakulären Strecke zwischen Knysna und George mit der Dampflokomotive des Outeniqua Choo-Tjoe Train musste 2006 aufgrund von Flutschäden eingestellt werden.

1826 beschloss Rex, ein eigenes Schiff – die „Knysna" – zu bauen. Auf ihrer Jungfernfahrt im Jahre 1831 segelte die Knysna bis nach Kapstadt, später wurden sogar Fahrten bis nach St. Helena und Mauritius unternommen. 30 Jahre nach Rex' Tod 1869 trat die norwegische Familie Thesen dessen wirtschaftliches Erbe an. Ursprünglich unterwegs nach Asien, erkannten die Thesens das ökonomische Potenzial des Ortes und bauten hier ein Reederei auf. Neben Schiffen produzierten sie später noch Möbel und trugen wesentlich zum Wachstum des Ortes bei.

Ein kleiner Goldrausch nördlich von Knysna sorgte 1876 für nur kurze Aufregung. So schnell der Ort Millwood aus dem Boden schoss, so schnell verschwand er auch wieder von den Landkarten der Goldgräber. Mit dem Eintreffen der Eisenbahnlinie in Knysna im Jahre 1928 waren die Tage des Hafens als wesentlichem Wirtschaftsfaktor gezählt. Transporte wurden fortan über das schnellere Schienennetz abgewickelt. Den Ruf als Top-Produzent von Stinkwood- und Yellowwood-Möbeln hat sich die Stadt jedoch bewahrt. Stücke aus dem Holz der Helling, auf der die Knysna vom Stapel lief, sind heute in den Büroräumen der Stadtverwaltung zu sehen.

FOTO UNTEN UND RECHTE SEITE:
Im Hafen von Knysna

Im Millwood House und vier weiteren Gebäuden befindet sich das Knysna Museum. Das Haus wurde aus Yellowwood errichtet und diente einst – bevor man es auseinandernahm und in Knysna wieder aufstellte – als eine nahe den Goldfeldern von Millwood gelegene Wohnstätte.

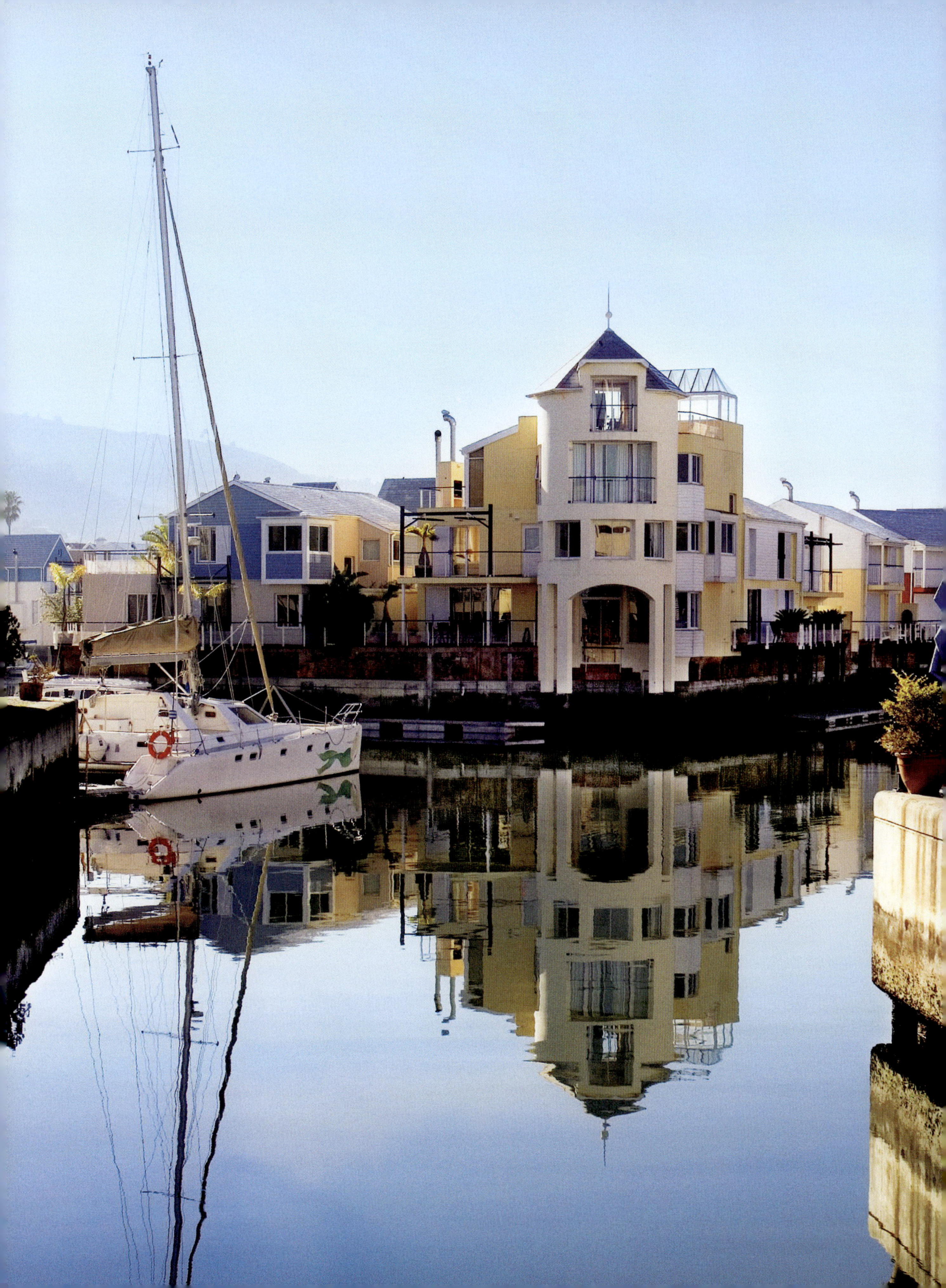

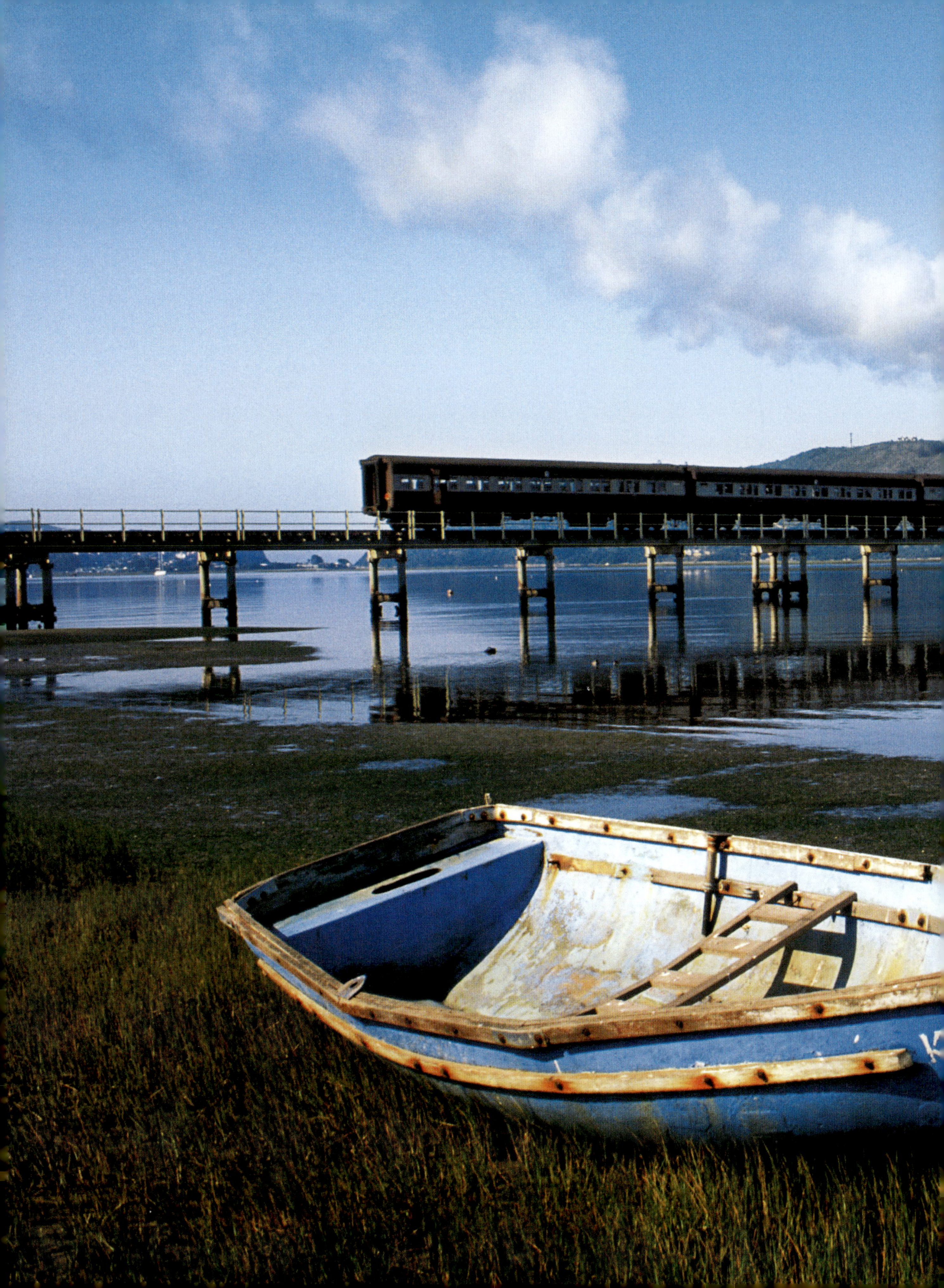

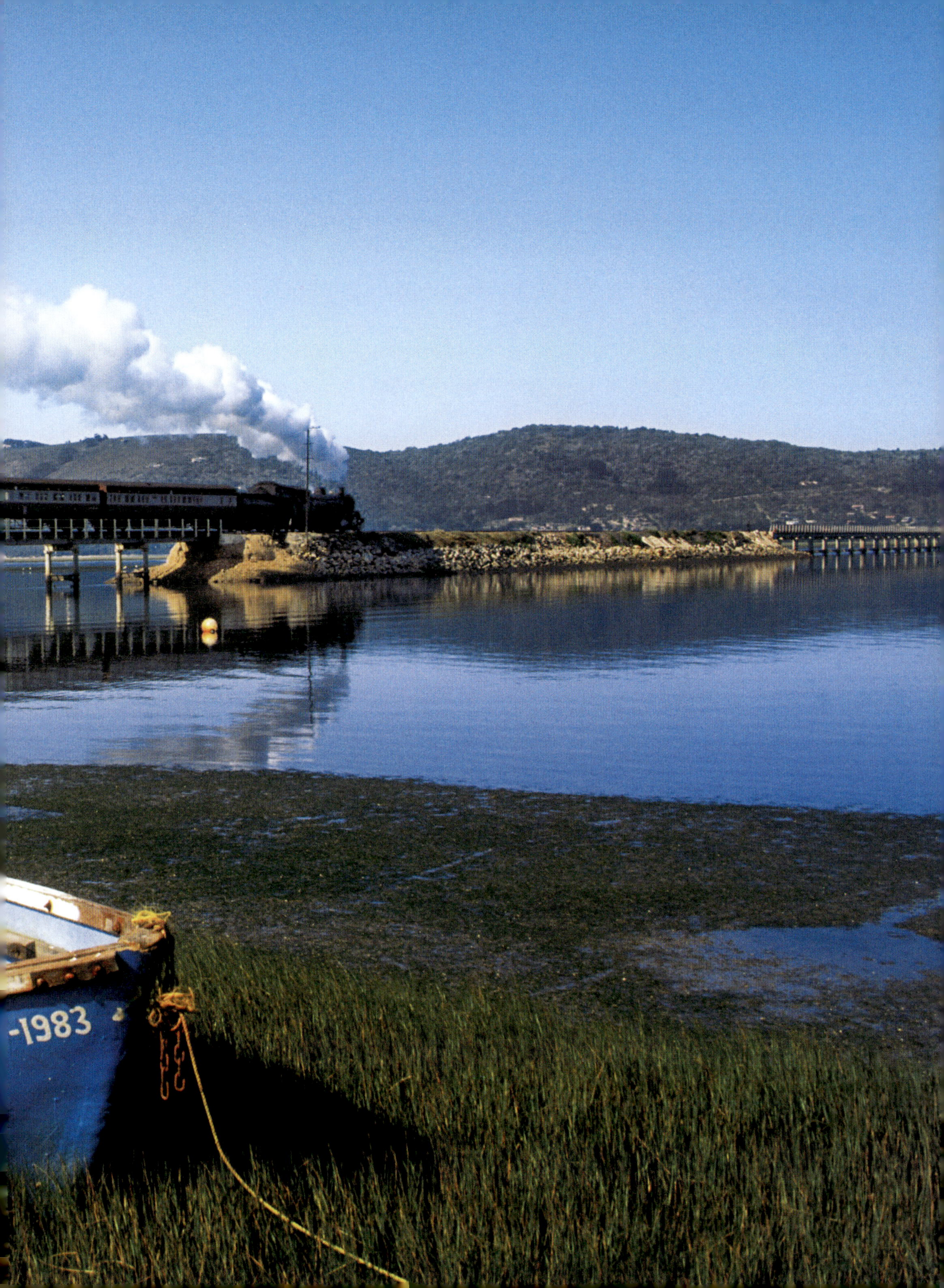
-1983

Die Knysna Oyster Company züchtet (und verpackt) die besten Austern der Region. Kein Besucher sollte Knysna verlassen, ohne diese Delikatesse gekostet zu haben. Gelegenheit dazu bietet eine zur Zuchtstation gehörige Taverne.

Heute gewinnt der Tourismus in der blühenden Stadt mehr und mehr an Bedeutung. Übernachtungsmöglichkeiten sprießen aus dem Boden. In der Nähe der Innenstadt häufen sich Luxusvillen betuchter Europäer und Südafrikaner. Doch auch traditionelle Wirtschaftszweige wie Fischerei und die Holzindustrie behaupten ihren Platz in Knysna.

Austern sind eine der ganz großen Delikatessen, die es in Knysna zu kosten gibt.

GEORGE

George ist der Hauptort an der Garden Route. Er liegt 226 Meter über dem Meeresspiegel und zählt (mit Townships und Vororten) rund 200 000 Einwohner. Hinter George – der Name ist eine Reminiszenz an den britischen König Georg III. – ragen die Outeniqua Mountains bis zu einer Höhe von 1370 Metern (George Peak) auf.

In den belebten, großzügigen Straßen der Stadt liefert eine der zahllosen Eichen ein lebendiges Zeugnis aus der Zeit des Sklavenhandels. Am großen Sklavenbaum in der York Street, der mindestens so alt wie die Stadt ist, kann man noch festgewachsene Eisenglieder einer Kette entdecken. Wo heute das Tourismusbüro Auskunft gibt, sollen früher Sklaven angekettet und versteigert worden sein. An der Ecke Courtenay/Meade Street steht die 1842 eingeweihte niederländisch-reformierte Moederkerk (Mutterkirche). Kanzel und Kuppel bestehen aus dem regionalen Stinkwood- bzw. Yellowwood-Holz. Heute sind die Wälder, die zu Beginn der Siedlerzeit arg dezimiert wurden, durch ein Fäll-Verbot geschützt. 1936 von der Regierung angeordnet, besitzt es noch bis ins Jahr 2136 Gültigkeit.

George behauptet auch von sich, die „Golfstadt" Südafrikas zu sein. Dass dieser Anspruch zu Recht besteht, belegen mehrere hervorragende Anlagen. Die ersten Abschlagversuche wurden bereits 1885 auf einer Farm getätigt. Ansonsten präsentiert sich George dem Besucher in erster Linie als Geschäftsstadt. Am späten Vormittag füllen sich die Läden in der City mit Kunden aus der gesamten Region. Sie machen George zum wichtigsten Versorgungszentrum zwischen Port Elizabeth und Kapstadt. Wer den Einkaufszentren, Banken und Läden nicht so viel abgewinnen kann, der sucht die neu eröffneten Galerien oder die klassischen Holzmöbelgeschäfte auf. Das Umland dagegen bietet schöne Übernachtungsplätze (z.B. Wilderness, Blanco, Victoria Bay) und ist ideale Ausgangsstation für Wanderungen im Gebirge oder für Rundfahrten über die vielen Pässe und Schluchten.

Geprägt wird das Gebiet zwischen Gourits und Storms River durch das geomorphologische Phänomen tiefer Schluchten, die Flüsse in die Sedimente der sogenannten Küstenterrasse gefressen haben. Lange Zeit war vor allem das Gebiet um Knysna nur auf dem Seeweg zu erreichen. Bis zu 230 Meter tiefe Schluchten wurden durch Hebungen und Senkungen des Meeresspiegels während der letzten 150 Millionen Jahre in die Küstenlandschaft geformt. Teilweise ragte das Meer bis an die heutigen Berge heran, und dann lag die Küste wieder bis zu 60 Kilometer weit draußen im heutigen Ozean.

Zu den Zeiten, als der Meeresspiegel aufgrund von Eiszeiten weit entfernt lag, führten die heute sehr klein erscheinenden Flüsse mehr Schmelzwasser und hatten vor allem eine steilere und damit schnellere Abflussrichtung und so viel Kraft, um Schluchten zu formen. Heute werden die Flüsse ausschließlich aus den Bergen gespeist und führen entsprechend wenig Wasser. Das gilt jedoch nicht für die weiter ins Landesinnere reichenden Gourits und Gamtoos River mit einem entsprechend größeren Einzugsgebiet.

FOLGENDE DOPPELSEITE:
In guter, alter Tradition steht der Fancourt Country Club, denn schon Ende des 19. Jahrhunderts wurden in der kleinen Stadt George an der Garden Route die ersten Abschläge gemacht.

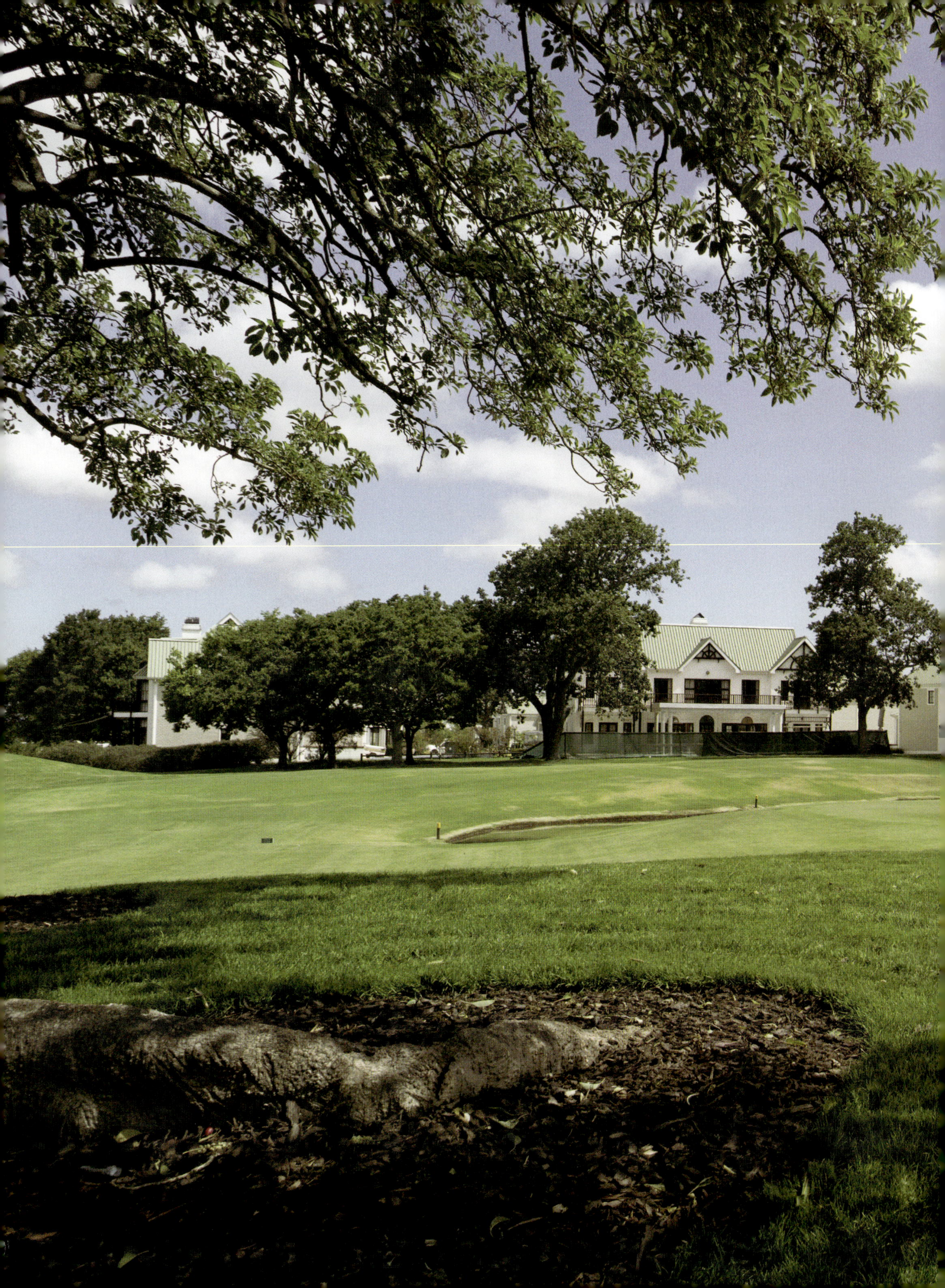

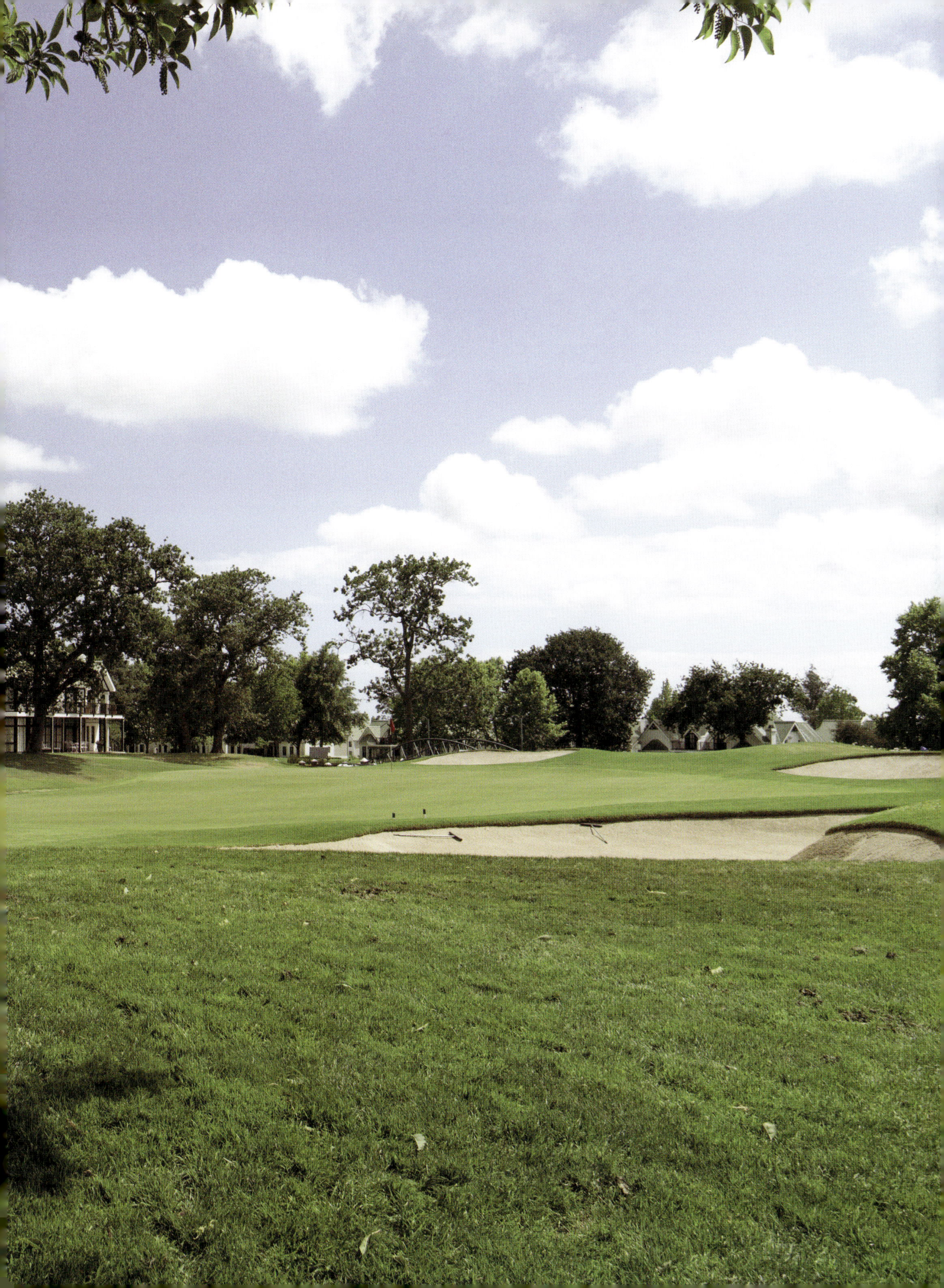

Farmhaus in De Rust nahe der Stadt Oudtshoorn. Der Ort liegt am Fuße der Swartberge, einer Gebirgskette, die bis auf 2325 Meter ansteigt.

GEOLOGISCHE ENTWICKLUNG DER KAPPROVINZ

Das Alter der oberen geologischen Schichten der Kapprovinz reicht von 160 bis 440 Millionen Jahren und deckt damit weite Teile des Erdmittelalters und des Erdaltertums ab. Der südliche Gürtel der Kapiden (Kapkette, Cape Rocks) ist das Ergebnis von Faltungen, die nordwärts gerichtet sind und über 700 Kilometer parallel zur Küste verlaufen. Breite Längstäler teilen die Kapiden in mehrere einzelne Gruppen.

Die Küste mit ihren vielen felsigen Buchten und breiten Stränden erhielt ihre Form erst in jüngerer Zeit. Sie besteht aus Sanden, Konglomerat und Kalkstein. Viele der Sande, zum Beispiel in der False Bay oder den Cape Flats, sind von Wasser und Wind abgetragenes Material aus den Bergen des Kaps.

Die Kapiden gehören zum Gebirgsgürtel des ehemaligen Urkontinents Gondwana, der während des größten Teils der bekannten Erdgeschichte auf der Südhalbkugel existierte. Vor etwa 125 Millionen Jahren begann sich Gondwana aufzuspalten, und die heutigen Kontinente bildeten sich langsam heraus. Weitere Teile der Kapiden findet man daher heute in Südamerika, der Antarktis und Ostaustralien.

Die Entstehung der Bergketten ist auf Plattenbewegungen im Zuge der Kontinentalverschiebung zurückzuführen, bei der sich die Südamerikanische unter die Afrikanische Platte schob. Die Kapregion war eine passive Kontinentalgrenze. Die Auffaltung der Kapketten fand im Ausgang der Kreidezeit vor 70–100 Millionen Jahren statt. Die drei Hauptzüge des Kapgebirges sind die Table Mountain Series (nördlich der Kaphalbinsel), die Bokkeveld Series (nördlich von Ceres) und die Witteberg Series (südlich von Matjiesfontein). Während die Sedimente der Kapketten vor 450 bis ca. 350 Millionen Jahren geformt wurden, weisen die im Bokkeveld gefundenen Meeresfossilien auf ein Alter von etwa 400 Millionen Jahren hin. Weite Teile der heutigen Kapprovinz lagen zu dieser Zeit in einem flachen Meeresbecken, das sich im Norden bis zu den Bokkeveld-Bergen, östlich entlang der Roggeveld- und Nuweveld-Berge bis weit über das heutige Port Elizabeth hinaus erstreckte.

Die Gebirgsketten am Kap erreichen Höhen von 1000–1500 Metern und bestehen zumeist aus grau-grünlichem Table-Mountain-Sandstein, Witteberg-Quarz oder dem harten Cape-Granit (Hügel im Westen des Kaplan-

Gebirgswelt in der Gegend von Ceres

des), der das Ergebnis früher vulkanischer Aktivität ist. Den Tafelbergsandstein findet man am häufigsten: Er ist eine Mischung aus Sandstein und Quartzit, wurde bis vor etwa 300 Millionen Jahren durch Sandablagerungen unter dem Meeresspiegel aufgeschichtet und schließlich durch die Faltung angehoben. Wind- und Wassererosionen sind dafür verantwortlich, dass bizarre Formen und Farbvarianten entstanden. Der nicht geschichtete Granit besteht aus Quartz, Feldspat und schwarzem Muskovit und bildet den Untergrund unter der Kaphalbinsel, liegt also unter dem Tafelbergsandstein. Im nördlichen Teil der Peninsula ist er häufig an der Oberfläche zu sehen. Eine Reihe von glazialen Formen weist darauf hin, dass ein großer Teil der Kapketten vor 10 000–30 000 Jahren (im späten Pleistozän) mit Gletschern überzogen war. Hauptursache der Vergletscherung war die Nordverschiebung der Westwindzone, die kühle Temperaturen und mehr Niederschläge brachte. Zu einer Vereisung der Landmassen, wie zur gleichen Zeit in Nordeuropa, kam es am Kap jedoch nicht.

GESCHICHTE

Wie Skelettfunde und Felszeichnungen aus der Zeit um ca. 30 000 v. Chr. zeigen, waren die Trockengebiete der heutigen Kapprovinz von San- und Khoikhoi-Stämmen bewohnt. Vor allem Pockenepidemien im 18. Jahrhundert, gegen die sie keine Abwehrkräfte hatten, und Kriege gegen weiße Siedler und schwarze Bantu-Stämme trugen entscheidend zum Verschwinden der Khoikhoi am Kap bei.

Auf der Suche nach einem Seeweg nach Indien landete der Portugiese Bartolomeu Dias 1488 als erster Europäer auf südafrikanischem Boden in der Mossel Bay, der er den Namen Angra dos Vaqueiros gab – weil dort riesige Herden von Kühen mit Hirten gesichtet wurden. Sie trieben mit den dort ansässigen Khoikhoi Handel. Das Kap selbst entdeckte Dias erst bei der Rückreise nach Portugal – nicht umsonst wählte er für die Landspitze den Namen „Kap der Stürme". Seinen heutigen Namen

Kapstadt wird gerahmt von einer Gebirgskette, deren bekanntester Bestandteil der Tafelberg ist, an den sich Devil's Peak anschließt.

Noch heute befinden sich an Südafrikas Küste jene Kreuze, die Seefahrer einst als Zeichen der Landnahme aufstellten.

erhielt das Kap durch den portugiesischen König Johann II.: „Cabo da Boa Esperança" (= Kap der Guten Hoffnung). Wie unter portugiesischen Seefahrern üblich, errichtete Dias an der Landungsstelle ein Kreuz, Zeichen sowohl für die Besitznahme als auch symbolträchtiger Verweis auf das Christentum. Gleichzeitig sollte es als Orientierungspunkt für die in Zukunft hier fahrenden Entdecker dienen. Unter ihnen war dann auch Vasco da Gama, der 1497 das Kap umschiffte und bis zum Keiskamma River vordrang.

Die Kreuze, die er bei seinen Reisen in den Jahren 1497–1499 an der Küste aufstellte, sind zum Teil heute noch zu sehen. Nach 1500 gehörten Fahrten in die indischen Kolonien zur Normalität; die Mossel Bay war dabei ein wichtiger Anlaufpunkt, um frisches Wasser und Verpflegung aufzunehmen.

Die Tafelbucht ist eng mit dem Namen des Seefahrers Antonio de Saldanha verknüpft, der den Tafelberg entdeckte und bei dieser Gelegenheit auch als erster Europäer bestieg. Angesichts der strategisch sehr günstigen Lage erstaunt es etwas, dass die Portugiesen die Möglichkeit, an der Küste Siedlungen zu errichten, nie ernsthaft in Betracht zogen. Das mag zunächst damit zusammenhängen, dass das Kap aus wirtschaftlicher Sicht keinen besonderen Anreiz bot. Darüber hinaus hatten die Portugiesen bis zum Ende des 16. Jahrhunderts auf dem Weg nach Indien keine ernsthafte Konkurrenz durch andere Seefahrernationen zu fürchten. Also legte man einfach dort Häfen an, wo alles Nötige zu haben war, wie z. B. in Mosambik, bevor man nach Indien übersetzte.

Hinzu kamen noch teilweise gewaltsame Auseinandersetzungen mit den Khoikhoi, mit denen Vereinbarungen zur Belieferung der Schiffsbesatzungen mit frischem Fleisch bestanden. Diese wurden nach Meinung der Portugiesen jedoch unzureichend erfüllt. Ein Streit im Jahre 1510 zwischen dem portugiesischen Vizekönig Francisco de Almeida und den Einheimischen führte zu schweren Kämpfen und forderte den Tod des Vizekönigs sowie ca. 50 seiner Gefährten. Spätestens vor dem Hintergrund dieser für beide Seiten fatalen Kämpfe kam für die Portugiesen eine Ansiedlung nicht mehr infrage.

Von da an eilte dem Kap kein guter Ruf voraus. Dies ging sogar so weit, dass die Engländer noch im Jahre 1620 auf ein mögliche Besitzergreifung der Kapregion verzichteten: Einer ihrer Seefahrer hatte die englische Flagge auf dem Berg Lion's Head zurückgelassen, doch wurde dieses Zeichen der Landnahme von der englischen Regierung nicht bestätigt.

Erst mit zunehmendem Handel durch Niederländer und Engländer im ausgehenden 16. Jahrhundert wendete sich das Blatt grundsätzlich, und das Kap bekam strategische Bedeutung. Als 1611 ein niederländischer Kapitän erstmals direkt vom Kap nach Indonesien segelte, anstatt den Seeweg entlang der ostafrikanischen Küste zu nehmen, lag das Kap nicht mehr nur geographisch im Mittelpunkt des Handels zwischen Europa und Asien.

1647 strandete die „Nieeuw Haerlem", ein Handelsschiff der Niederländischen Ostindien-Kompanie (Vereenigde Oostindische Compagnie, VOC), auf der Rückreise von Indien vor dem Kap der Guten Hoffnung. Die 60 Mann starke Besatzung ging an Land, und es entwickelten sich die ersten ernsthaften Handelsbeziehungen zwischen Khoikhoi und Europäern.

Während des fast einjährigen Aufenthalts der Niederländer in der Tafelbucht entdeckten sie die klimatisch sehr guten Bedingungen der Region. Hinzu kamen positive Erfahrungen beim Tauschhandel mit den Khoikhoi, sodass die VOC begann, am Kap eine kostengünstige Proviantstation auf dem Weg in den Fernen Osten einzurichten. Die Gründung einer Kolonie war aufgrund wirtschaftlich wesentlich interessanterer Gebiete in Asien nicht vorgesehen.

Das Kap der Guten Hoffnung markiert den südwestlichsten Punkt Afrikas. Der Name geht auf den portugiesischen König Johann II. zurück.

FOLGENDE DOPPELSEITE:
Üppige Getreidefelder prägen das Bild der Region rund um Swellendam.

Für den Aufbau der Versorgungsstation zog der Niederländer Jan van Riebeeck 1652 mit seiner Frau, seinem vierjährigen Sohn und einer Crew von 90 Leuten, darunter acht Frauen, in die Tafelbucht. Van Riebeeck baute das Fort de Goede Hoop mit kleinen Äckern für Gemüse und Obst. Vieh sollte durch Handel mit den Einheimischen erworben werden. 1653 wurde erstmals ein Schiff auf dem Weg in die Niederlande mit Frischwaren versorgt. 1659 wurden bereits die ersten Weintrauben am Kap geerntet.

Dennoch war die Arbeitsmoral in der Siedlung schlecht; mancher desertierte gar zu den Khoikhoi, die auch für handwerkliche Tätigkeiten kaum zu motivieren waren. Jan van Riebeeck löste das Problem, indem er zum einen mehr Sklaven erwarb, zum anderen niederländische und deutsche Siedler zu Freibürgern erklärte, die außerhalb der Station auf eigene Rechnung landwirtschaftlich arbeiten sollten.

Die Erweiterung der Kolonie führte dann jedoch zwangsläufig zu Konflikten. Die Siedler hatten Weideland für sich beansprucht, doch der Fleischbedarf der wachsenden Bevölkerung erhöhte sich, und die Khoikhoi waren auf das Vieh angewiesen. In den Auseinandersetzungen mit den Europäern mussten sie dann aber eine verheerende Niederlage hinnehmen. Weiteren Konflikten gingen sie aus dem Weg, indem sie sich in das Landesinnere zurückzogen. Einige blieben zurück und integrierten sich in die Gemeinschaft der weißen Siedler.

Von 1658 an wurden in zunehmendem Maße Sklaven aus Ostafrika, Madagaskar, Indien, Ceylon, Malaysia und Indonesien als Arbeiter ans Kap verschleppt, und mit der Zeit bildete sich die neue Bevölkerungsgruppe der Coloureds (Farbige) heraus. Es kam zu Verbindungen von Weißen und Khoikhoi untereinander sowie von Weißen und Khoikhoi mit den Sklaven. Ab 1681 wurden politisch Verbannte aus Indonesien nach Südafrika deportiert. Sie bildeten später die Gruppe der sogenannten Kapmalaien, die sich vor allem als geschickte Handwerker hervortaten.

1679 trug Kapstadt bereits deutliche Kennzeichen einer Stadt. In der Befestigung, angelegt als fünfzackiger Stern und bereits mit vier Straßen ausgestattet, lebten 290 weiße Einwohner, davon 87 sogenannte Freibürger und 117 Kinder. Ein politischer Rat sorgte für Recht und Ordnung, blieb jedoch den Weisungen des Generalgouverneurs Niederländisch-Ostindiens in Batavia (heute Java) verpflichtet. Gouverneur van der Stel, der auch Swellendam gründete, ist der Namensgeber des Regierungsbezirks Stellenbosch.

Da am Kap keine aktive Einwanderungspolitik betrieben wurde, blieb die Bevölkerungsgruppe mit 13 830 Einwohnern im Jahr 1793 relativ gering. Hinzu kamen fast 3000 Angestellte im Dienste der Kompanie. Die eingewanderten Hugenotten und Deutschen assimilierten sich fast vollständig. Resultat war eine relativ homogene Bevölkerung. Sie bezeichneten das Land als ihre Heimat. Im Jahre 1706 wurde erstmals die Eigenbezeichnung „Afrika(a)ner" nachweislich benutzt.

Seit etwa 1700 fand eine vermehrte Abwanderung von weißen Farmern ins Landesinnere statt, da deren Viehherden größere Weiden benötigten. Diese unabhängigen Trekboer (= „ziehende" Viehbauern, die ihren weidenden Herden folgen) lösten sich gänzlich vom Zugriff der Kapstädter Zentralverwaltung.

Die Kirche der niederländisch-reformierten Gemeinde in Swellendam. Die Stadt wurde 1745 von Gouverneur van der Stel als Außenposten der Niederländischen Ostindien-Kompanie gegründet.

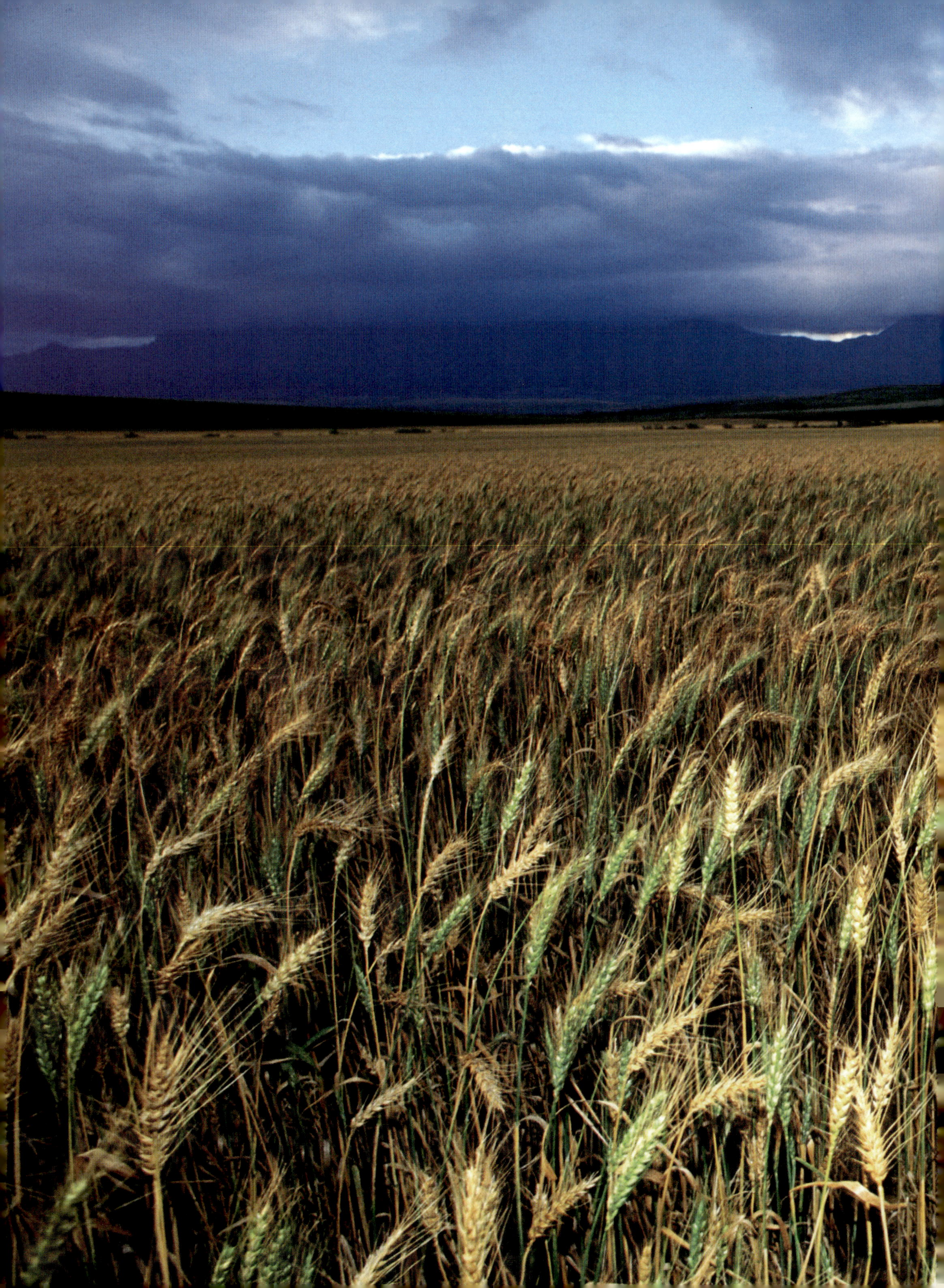

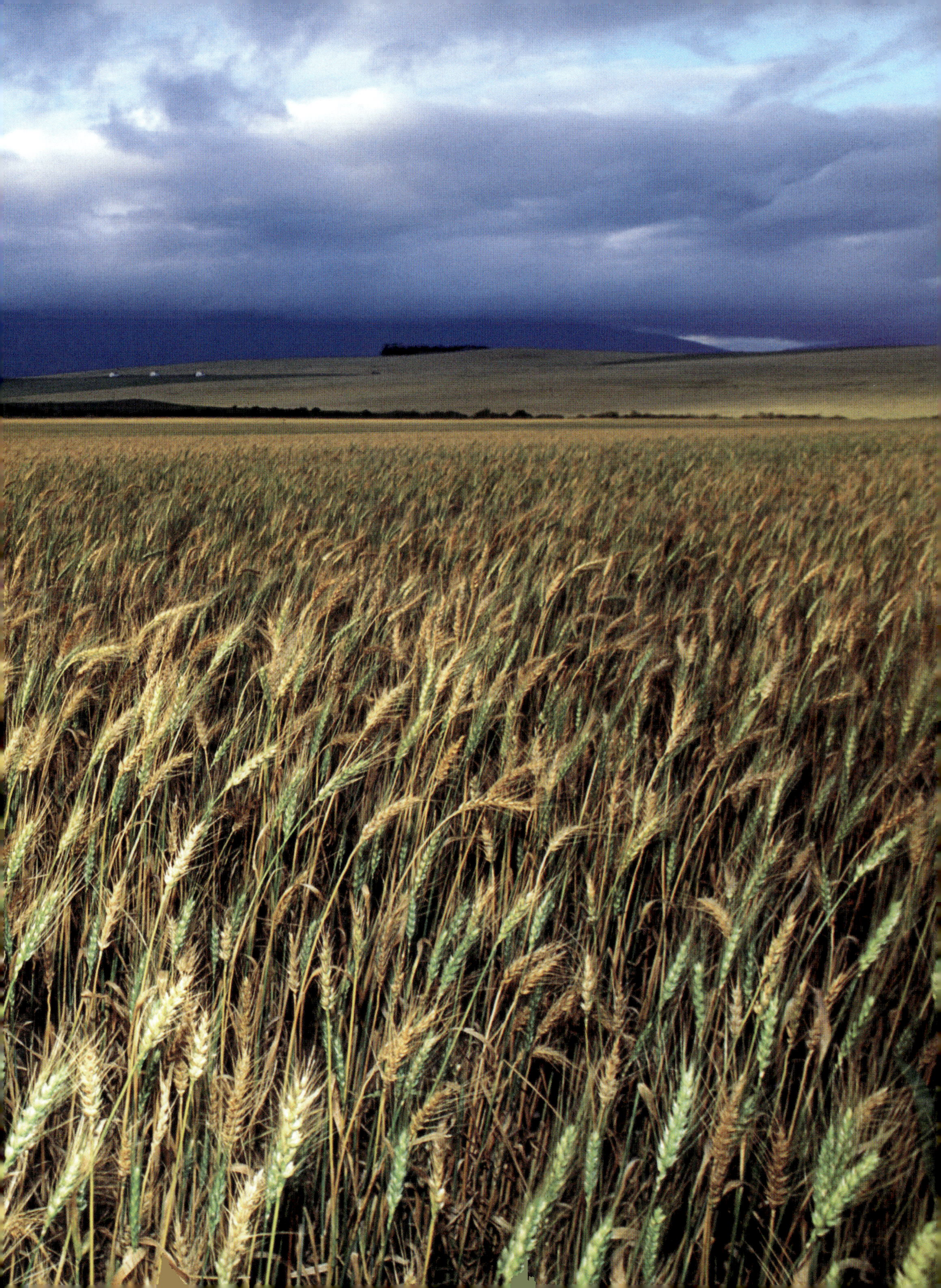

Eine weitgehend von den großen gesellschaftlichen, politischen und philosophischen Umwälzungen der Aufklärung unberührte Kultur besaßen die orthodoxen Calvinisten, deren Weltbild einzig auf der Bibel beruhte. Darüber hinaus pflegten sie eine eigene Sprache und konnten oft weder lesen noch schreiben. Neben ständigen Kämpfen mit den Khoisan um Weideland standen sie an der Ostgrenze der Kolonie, dem Great Fish River, jahrelang mit den Xhosa, die ebenfalls auf der Suche nach neuen Weideplätzen in westlicher Richtung waren, in andauernden kriegerischen Auseinandersetzungen.

1795 erlebten Swellendam und Graaff-Reinet bis zur britischen Machtübernahme im gleichen Jahr eine kurze Phase der Automie. Angestachelt durch die revolutionären Bewegungen in Frankreich und den USA und ermöglicht durch eine machtlose Zentralverwaltung, riefen die Bürger die ersten Burenrepubliken aus.

1797 wurde das Gebiet am Kap zur britischen Kronkolonie erklärt und einem Zivilgouverneur unterstellt. Die Bevölkerung bestand zu dieser Zeit aus rund 18 000 Weißen, 15 000 Khoikhoi und 22 000 Sklaven. Von den Kolonisten lebten etwa 5000 in Kapstadt, weitere 1000 in Stellenbosch, der Rest auf dem Lande und als umherziehende Viehbauern.

Nach dem Friedensschluss von Amiens (1802) musste die Kapkolonie an die Batavische Republik (Niederlande) zurückgegeben werden.

1806 kam es zur endgültigen Übernahme der Kapkolonie durch die Briten, die in Bloubergstrand, 25 Kilometer nördlich von Kapstadt, mit zahlenmäßig weit überlegenen Truppen gelandet waren. Kapstadt kam diese Entwicklung zugute, denn die Briten gestatteten – im Gegensatz zur Verwaltung der Niederländischen Ostindien-Kompanie – den freien Handel.

Zu dieser Zeit gewann das philantropische Denken in Großbritannien an Bedeutung. Die Wahrung der Menschenwürde und die Gleichheit eines jeden Menschen galten als soziale Errungenschaften. Dies wurde bis in die südafrikanischen Verwaltungsbezirke hinein spürbar und führte zu einer Neugestaltung des Verhältnisses der Rassen untereinander.

1807 wurde der Sklavenhandel im britischen Empire verboten, 1820 den am Kap ankommenden britischen Siedlern auch die Inanspruchnahme von Sklavenarbeit. 1834 wurde die Sklaverei im Empire schließlich ganz abgeschafft. Rechtlich nun den Khoikhoi und den Coloureds gleichgestellt, änderte sich jedoch wenig an der sozialen Misere der ehemaligen Sklaven. Ohne jede berufliche Ausbildung blieben sie kostengünstige Arbeitskräfte in Landwirtschaft und Handwerk.

LINKE SEITE:

Mit solchen Glocken wurden Sklaven bis ins 19. Jahrhundert hinein zur Arbeit gerufen.

Kapstadt mit dem markanten Tafelberg im Hintergrund vom Bloubergstrand aus gesehen. An diesem Strand landeten Anfang des 19. Jahrhunderts die Briten und übernahmen die Herrschaft über die Kapkolonie.

FOLGENDE DOPPELSEITE:
Universität von Kapstadt

Das Verbot des Sklavenhandels führte dennoch zum Mangel an billigen Arbeitskräften und damit zum möglichen Ruin vieler Siedler, die ihre riesigen Farmen nur durch Ausbeutung von Sklaven bewirtschaften konnten. Durch Verpflichtung zu einem festen Wohnsitz, Passzwang (seit 1787) sowie amtlicher Beurkundung ihrer Dienstverträge mit Weißen sollten Arbeitskräfte zu Niedriglöhnen an ihre Dienstherren gebunden werden. Der Druck philantropischer Missionare mündete 1828 im Erlass Nr. 50: Den Khoikhoi und Coloureds wurden darin Freiheitsrechte eingeräumt, die denen der Siedler sehr nahekamen. Die Buren sahen durch diese Regelungen ihre Auffassung einer strengen biblischen Sozialhierarchie gefährdet. Eine Verwischung der Rollenzuordnung von Herr und Diener war inakzeptabel und mit ihrem Glauben unvereinbar. Dies musste zwangsläufig zu Konflikten mit der britischen Verwaltung führen.

Darüber hinaus mussten die Buren mitansehen, wie das Kap immer deutlicher einer britischen Prägung unterworfen wurde. Englisch wurde ausschließliche Amts- und Gerichtssprache (1825 bzw. 1828), und die Autonomie der Siedler wurde zugunsten einer zentralisierten Verwaltung in Kapstadt eingeschränkt. Zudem wurden die Farmer an der Ostgrenze der Kolonie durch die mangelnde Unterstützung der britischen Verwaltung verunsichert. Die Unzufriedenheit der Buren leitete 1835 schließlich den Großen Trek ein, die Massenauswanderung von mehr als 10 000 Menschen aus der Kapkolonie ins östliche und nordöstliche Landesinnere. Hier wollten sie wieder „frei" sein.

Historische Geschütze auf den Hügeln bei Camps Bay

1853 erhielt die Kapkolonie durch königliche Verordnung eine Verfassung und damit eine Art begrenzter Selbstverwaltung. Das Zweikammersystem des „representative government" bestand aus einem Oberhaus (gesetzgebender Rat) und einem Unterhaus (Volksrat). Wahlberechtigt war, wer Immobilienbesitz im Werte von mindestens 25 Pfund oder ein jährliches Einkommen von mindestens 50 Pfund hatte. Dies bedeutete bei theoretischer Gleichstellung aller den uneingeschränkten Fortbestand der weißen Vorherrschaft.

Unter Cecil John Rhodes, Premierminister der Kapkolonie von 1890–1896, erfolgte 1894 der endgültige Anschluss des Gebiets zwischen dem Great Kei River und der eigenständigen britischen Kolonie Natal an die Kapkolonie. 1895 wurde der Südteil von Betschuanaland (gemeint: Land der Tswana), der seit 1885 die Kolonie British Bechuanaland bildete, der Kapkolonie eingegliedert (aus dem Nordteil, dem ebenfalls 1885 begründeten Bechuanaland Protectorate, ging mit der Unabhängigkeit im Jahr 1966 das heutige Botswana hervor).

Kapstadt und die östliche Kapkolonie konnten wesentlich vom Wollboom der Jahre 1866 bis 1870 profitieren. Die Wirtschaft des Landes erfuhr einen kräftigen Schub. Zwar verlor Kapstadt in den folgenden Jahrzehnten aufgrund der Gold- und Diamantenfunde im Landesinneren seine zentrale Stellung. Doch garantierte die Kontrolle über den wichtigsten Hafen des Landes, dass Kapstadt einer der Profiteure der nun durch die Mineralvorkommen einsetzenden Industrialisierung sein würde.

Dieses Denkmal am Devil's Peak in Kapstadt wurde zu Ehren von Cecil John Rhodes errichtet, der von 1890 bis 1896 Premierminister der Kapkolonie war.

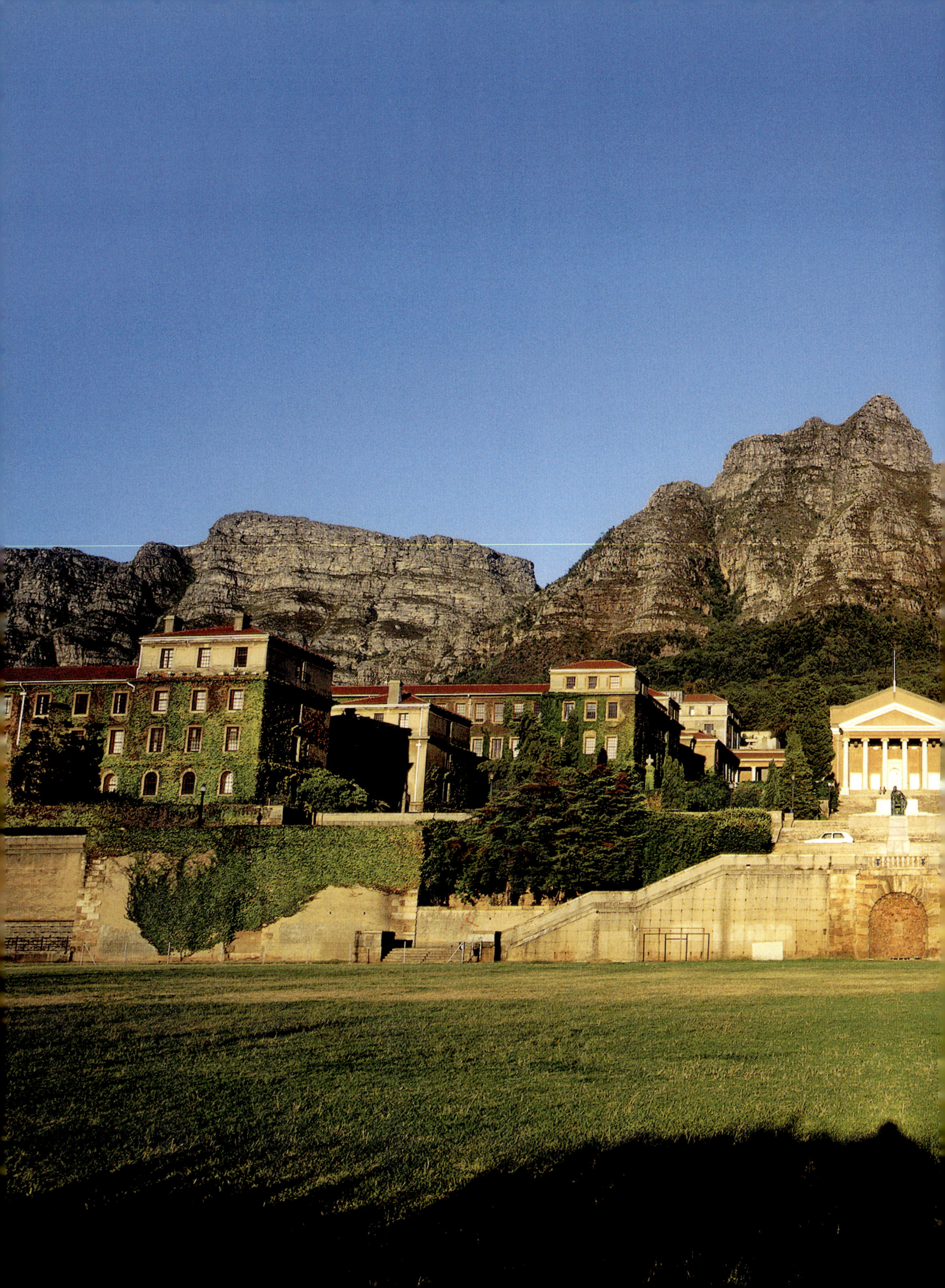

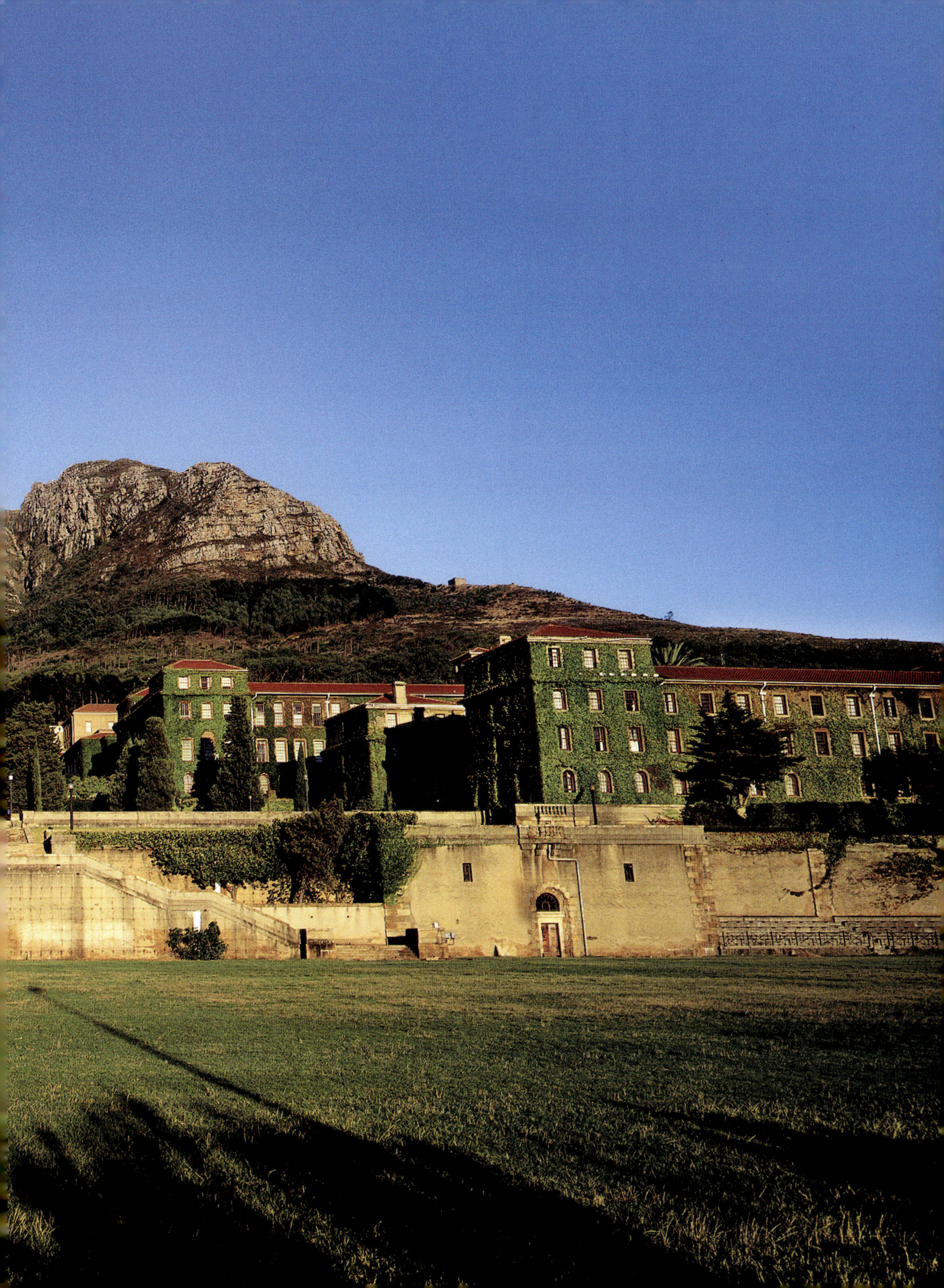

RECHTE SEITE:
Kapstadt mit dem Cape Town Stadium, das für die Fußball-Weltmeisterschaft 2010 neu erbaut wurde

KAPSTADT

Kapstadt (afrikaans: Kaapstad; engl.: Cape Town, Xhosa: iKapa) bildet den Kern der City of Cape Town, der mit mehr als vier Millionen Einwohnern nach der City of Johannesburg zweitgrößten Metropolgemeinde Südafrikas, und gilt aufgrund ihrer außergewöhnlichen Lage am Fuße des Tafelbergmassivs als eine der schönsten Großstädte der Welt. Sie wird auch als „Mutterstadt" bezeichnet, handelt es sich doch um die erste europäische Stadtgründung im heutigen Südafrika.

Die Hauptstadt der Provinz Western Cape ist auch der Sitz des südafrikanischen Parlaments. Der Gebäudekomplex, in dem die beiden Kammern (National Assembly und National Council of Provinces) tagen, liegt inmitten von Kapstadts Innenstadt direkt am üppig grünen Company's Garden, wo auch viele Museen in historischen Bauten ihren Sitz haben.

An Industrien überwiegen Nahrungs- und Genussmittelverarbeitung, Textil- und Möbelfabriken sowie die (petro-)chemische Industrie. Mit einem Frachtumschlag von rund 16 Millionen Tonnen ist der Hafen von Kapstadt noch immer einer der größten in Südafrika. Um die Kapazität zu steigern, wurden in der jüngeren Vergangenheit neue Hafenbecken und -anlagen gebaut. Aus Mangel an Baugrund für neue Bürohäuser im Innenbereich der Tafelbucht (Foreshore) wurden insgesamt 114 Hektar Land aufgeschüttet.

Im Hafen von Kapstadt

Der wirtschaftliche Aufschwung Südafrikas durch die Goldfunde am Witwatersrand (Johannesburg) hatte einst den Handel über Kapstadt in so hohem Maße gefördert, dass die Hafenanlagen bereits 1895 ausgebaut wurden. Da die Schiffe mit wachsender Tonnage noch größer wurden und die Container-Transporte zunahmen, entstanden weitere modern ausgestattete Hafenbecken und -anlagen.

Die älteren Hafenanlagen wie das Victoria-Bassin haben dagegen eine Umwandlung erfahren. Dort entstand mit der Victoria & Alfred Waterfront ein großzügig ausgebautes Freizeit-, Büro-, Wohn- und Vergnügungsviertel mit einem vielfältigen touristischen Angebot für den nationalen und internationalen Fremdenverkehr in Kapstadt.

Die Innenstadt wird aufgrund ihrer von Tafelberg, Lion's Head, Devil's Peak und Signal Hill eingerahmten Lage auch einfach „City Bowl" genannt wird. Die ehemals rein weiße Innenstadt ist heute wie alle Großstädte Südafrikas eine multiethnische Stadt, die von allen Bevölkerungsgruppen frequentiert wird. Tagtäglich strömen Tausenden von Arbeitern aus den weißen Vororten und den in den Cape Flats gelegenen Townships der Coloureds und Schwarzen zu ihren Arbeitsstätten in die Innenstadt.

Architektonisch wird die City Bowl durch den Baustil der ersten europäischen Siedler und durch Gebäude aus der Apartheidzeit geprägt. Viele historische Häuser sind heute Denkmäler und Museen, wie das typische kapholländische Stadthaus der Familie Koopmans-de Wet aus der Anfangszeit der Kolonie.

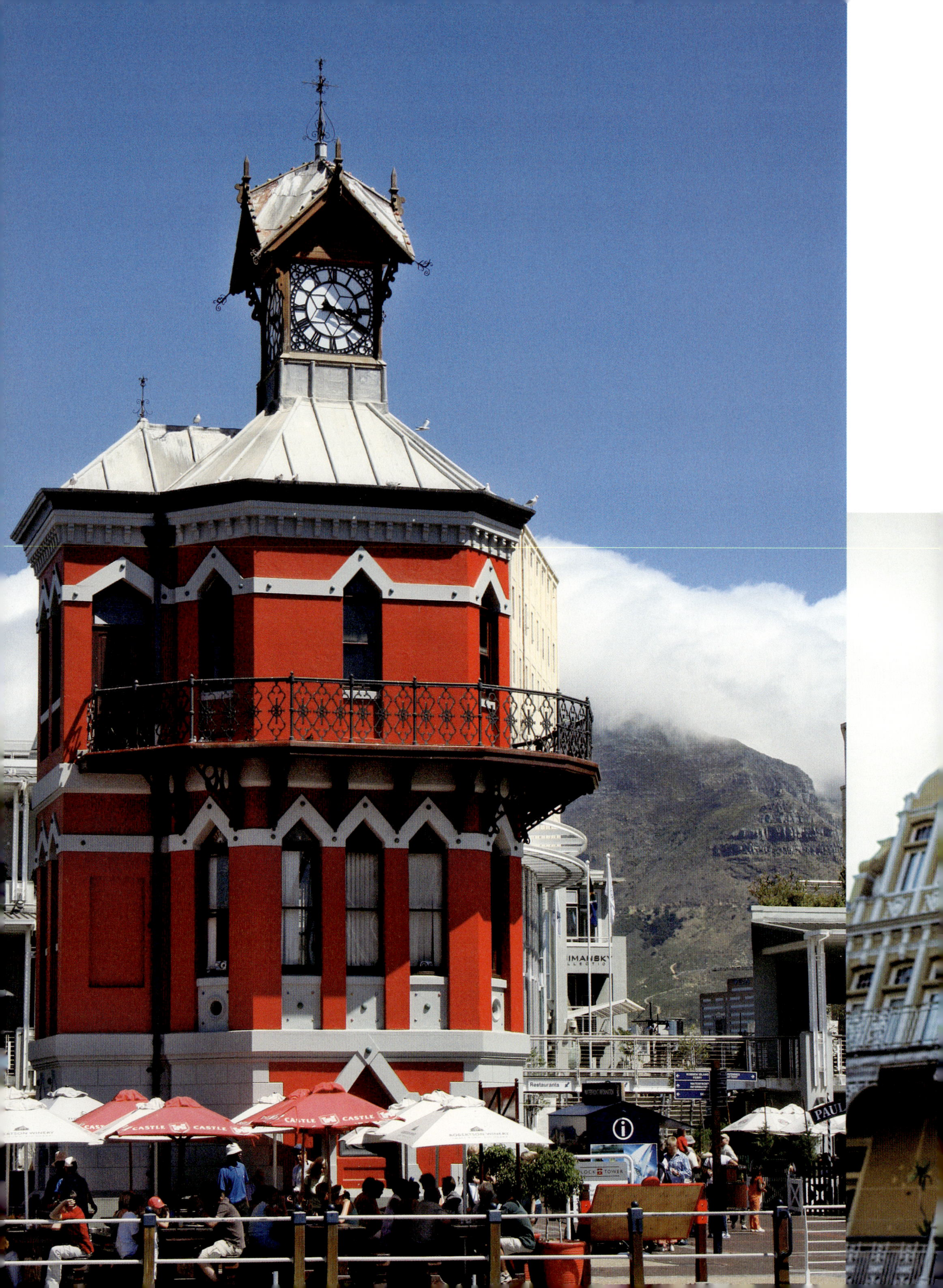
CASTLE
Restaurants
PAUL

Die kapholländische Architektur begann Ende des 17. Jahrhunderts ihren einzigartigen Charakter herauszubilden – dicke, weiß angestrichene Mauern, grüne Türen und Fensterläden, Reetdach und elegante Liniensymmetrie – sie ist heute mit vielen Variationen vertreten.

Ein Beispiel später georgianischer Architektur, benannt nach den britischen Königen Georg I.–IV., sind die Doppelgeschosshäuser mit schlichter Hausfront, die nur durch einen Erker für die Eingangstür unterbrochen wird. Die Architektur der Regency Era (ca. 1800–1837) ist der georgianischen ähnlich, jedoch kunstvoller gestaltet. Sie beinhaltet schmiede- und gusseiserne Balkone, Geländer und Oberlichter mit geschnitzten Holzrahmen.

Schmiedeeisen war auch während der Herrschaft von Königin Victoria (1837–1901) populär, als viele Dächer aus Wellblech gebaut wurden. Kapstadt bietet vor allem in der Long Street viele Beispiele wunderschön renovierter und bunter Häuser mit ihren verzierten Veranden und auf Säulen stehenden Balkonen.

LINKE SEITE:

Clock Tower an der Victoria & Alfred Waterfront

FOLGENDE DOPPELSEITE:

In einer Shoppingmall der Victoria & Alfred Waterfront (linke Seite); Parlamentsgebäude in Kapstadt (rechte Seite oben); Waterfront im ehemaligen Fischereihafen (rechte Seite unten)

Long Street in Kapstadt

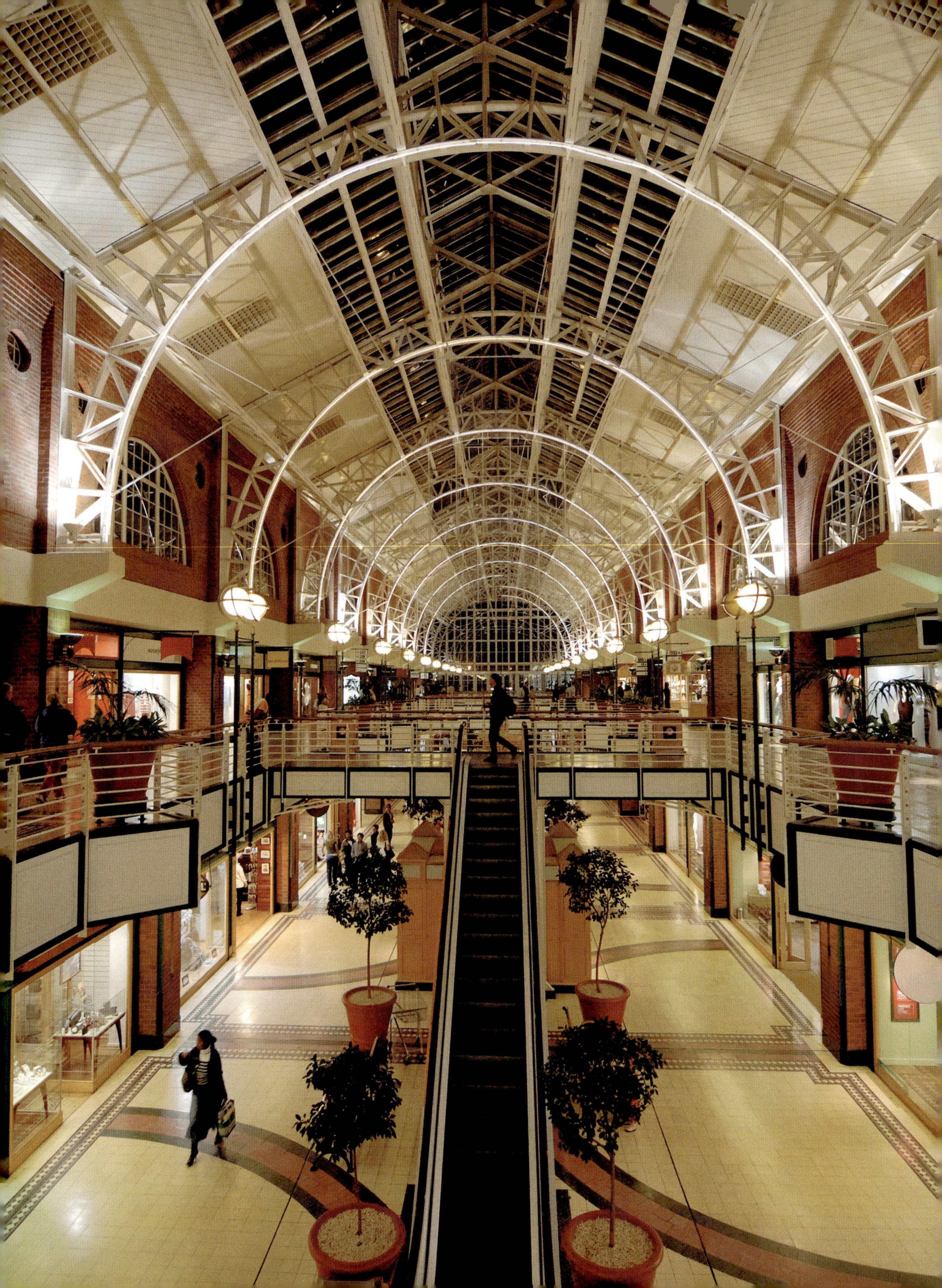

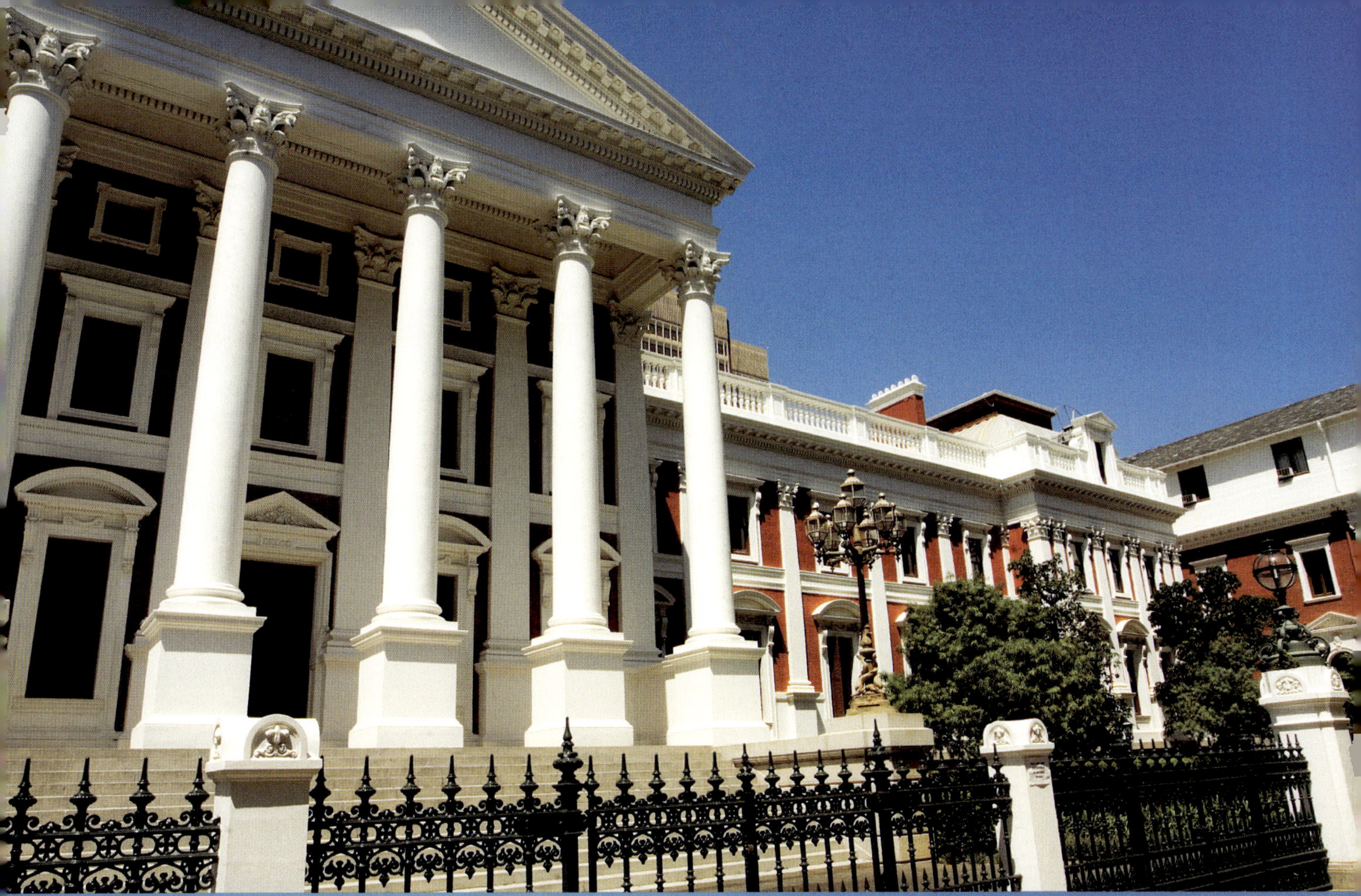

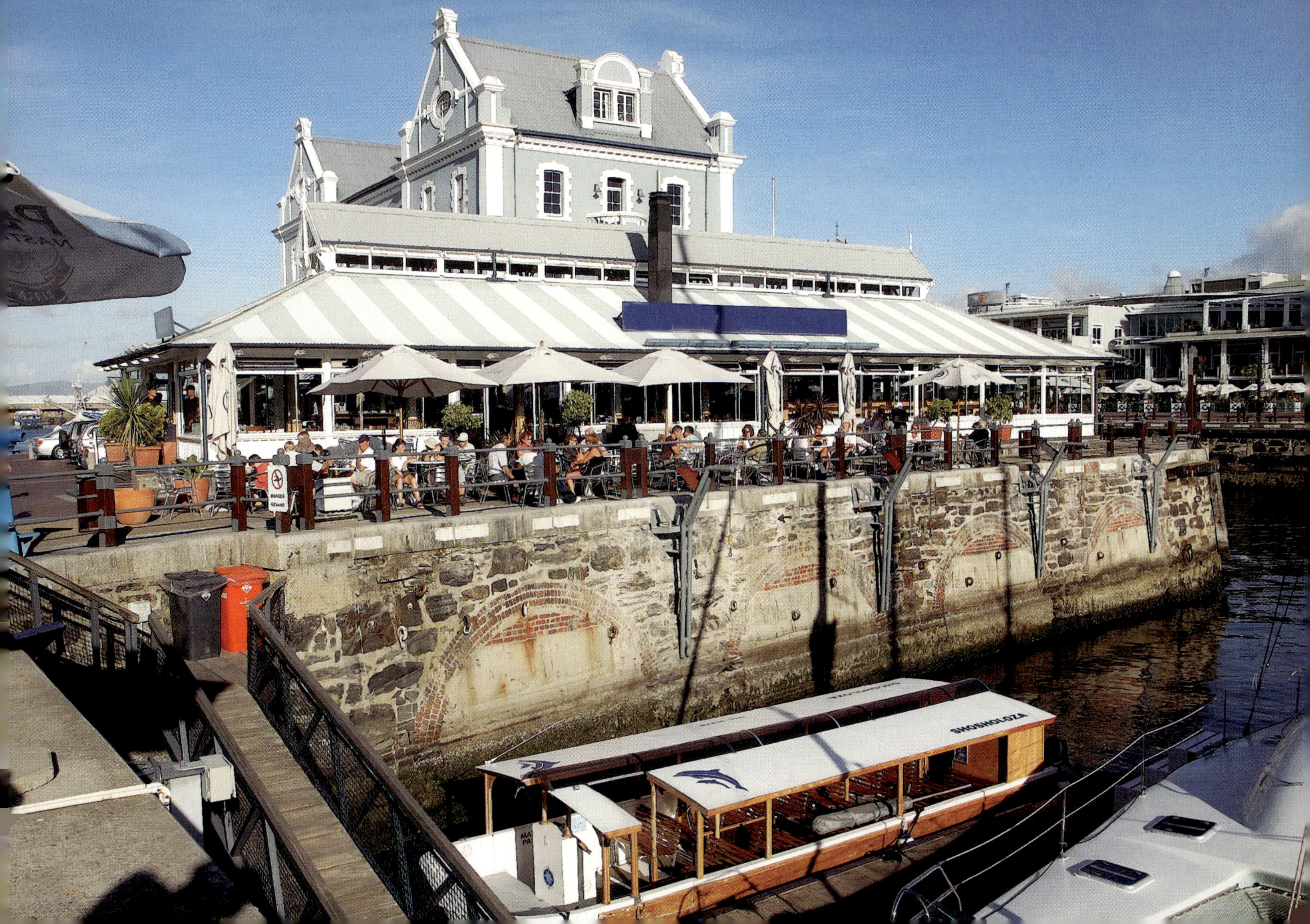
SHOSHOLOZA

Farbenprächtige Häuser in Kapstadts Viertel Bo-Kaap.

RECHTE SEITE:
Mädchen vor den bunten Strandhütten im Süden von Kapstadt

Viele bemerkenswerte Art-déco-Gebäude befinden sich beim Greenmarket Square, einem der schönsten Plätze der Stadt, wo täglich ein afrikanischer Kunstmarkt stattfindet. Beispiele sind das Alte Postamt in der Darling Street, das zwischen 1938 und 1940 aus Transvaal- und Kap-Granit erbaut wurde, und das direkt gegenüber erbaute Old Mutual Building mit Skulpturen, die Geschichte, Flora, Fauna und Menschen Südafrikas darstellen. Einen starken und nüchternen Kontrast zu diesen Gebäuden der Innenstadt bilden die düsteren und schmucklosen, für die Apartheid-Zeit typischen Bürohochhäuser der 1960er und 1970er Jahre, die größtenteils aus grobem Beton gebaut wurden und die Skyline Kapstadts prägen.

Ein Stadtteil, der den ethnischen „Säuberungsmaßnahmen" seitens der Apartheidregierung erstaunlicherweise entging, ist das Bo-Kaap (auch Malay Quarter, Cape Muslim Quarter genannt). Der historische Teil, der im späten 18. Jahrhundert entstanden ist, war ein sehr kleines Gebiet unterhalb des Signal Hill. Heute zieht sich das traditionelle Wohngebiet der Kapmalayen die äußerst steilen Straßen weit den Hügel hinauf. Bekannt ist das Viertel, durch filigrane Minarette und äußerst farbenfrohe Häuser. Der Name Kapmalayen ist lediglich ein Hinweis auf die seinerzeit in Südasien gebräuchliche Handelssprache Malaiisch und deutet nicht auf malayische Vorfahren hin. Vielmehr stammen die Bewohner von Indern, Indonesiern und Ceylonesen ab, die als Sklaven ab etwa 1650 aus ihrer Heimat verschleppt worden waren. Es ist den Kapmalayen bis heute gelungen, ihre Kultur, deren Grundlage der islamische Glaube ist, zu bewahren. Eine kulturelle Besonderheit ist der Coon-Carneval, der jedes Jahr im Januar in Form eines bunten Straßenfestes in der Innenstadt begangen wird. Leider lässt die fortschreitende Gentrifizierung des äußerst attraktiv gelegenen Viertels befürchten, dass die angestammte Bevölkerung zunehmend abwandern wird.

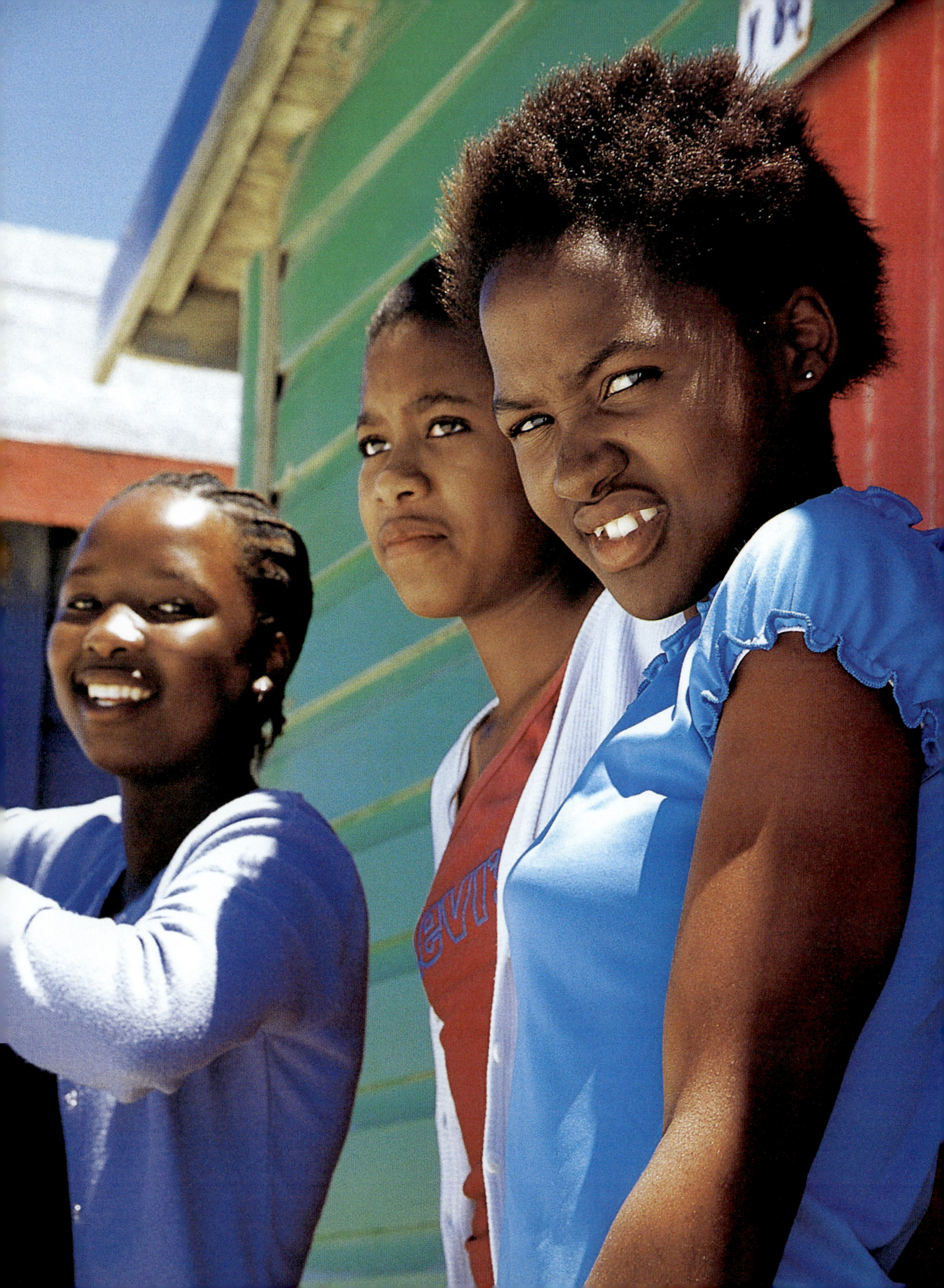

Originelle Verkaufsstrategie an der Waterfront (Foto links); traditioneller afrikanischer Marktstand in Kapstadt (Foto Mitte); Obst- und Gemüsestand (Foto rechts)

FOLGENDE DOPPELSEITE:
Impressionen aus Kapstadt

DARAUFFOLGENDE DOPPELSEITE:
Gipfelhaus auf dem Tafelberg (Foto links oben); Milnerton-Lagune nahe Kapstadt (Foto rechts oben); Wohnkomfort in Kapstadt (Fotos links unten und rechts unten)

Außerhalb des Zentrums von Kapstadt liegen in der nördlichen und östlichen Fußregion des Tafelberges – nur wenige Kilometer von den Wohngebieten der Cape Flats entfernt – inmitten üppiger grüner Parklandschaft die mittelständischen Wohngebiete und Villen von hohen Beamten, Wissenschaftlern oder Künstlern.

Die verschiedenen Wohnviertel am Atlantik von Sea Point bis Camps Bay werden immer stärker mit Apartmenthäusern durchsetzt. In Sea Point selbst findet man viele Hotelbauten, ein Zeichen dafür, dass Kapstadt auch ein bekanntes und beliebtes Seebad ist und vielen Ruheständlern als Alterssitz dient.

Die Industrien haben sich bis in die Cape Flats am Rande Kapstadts ausgedehnt, so zum Beispiel entlang des kleinen Salt River und weiter Richtung Norden, wo Raffinerieanlagen stehen. Für die Einwohner Kapstadts bedeutet dies Arbeitsplätze, aber auch lange Anfahrtswege. Es entstand ein dichtes Netz von elektrischen Schnellbahnen und Autobahnen mit hohem täglichem Verkehrsaufkommen.

Ein noch heute in Kapstadt sichtbares Beispiel für die Umsetzung des „Group Areas Act", nach dem die zu nahe an weißen Wohngegenden lebenden Nicht-Weißen umgesiedelt werden durften, ist der ehemalige District Six. Der zwischen dem frühen Industriegebiet und der City gelegene, hauptsächlich von Coloureds und Kapmalayen bewohnte Bereich wurde in den 1960er Jahren gewaltsam geräumt und bis auf Kirchen und Moscheen dem Erdboden gleichgemacht. Es sollte ursprünglich einer Cityerweiterung dienen, doch blieb das Gelände während der Apartheid-Zeit praktisch unbebaut. Bis heute kommt die Wiederbesiedlung allenfalls stockend voran.

Die Farbigen und Inder erhielten ab 1973 neu erbaute Wohngegenden, sogenannte Townships, nördlich und östlich der Innenstadt, Atlantis und Mitchells Plain. Für die zugewanderten Schwarzen, vorwiegend Xhosa aus dem Gebiet der heutigen Eastern Cape Provinvce, legte man im Bereich der sandigen Cape Flats eigene Siedlungen wie Nyanga, Langa und Gugulethu an.

Daneben entstanden parallel in kürzester Zeit squatter camps (Siedlungen aus Blechhütten) mit einer eigenen Sozialstruktur. Die immer wieder von der Apartheidregierung entfernten illegalen Siedlungen in der Nähe des Flughafens von Kapstadt entstanden umgehend neu. Seit Ende der Apartheid wird auch hier versucht, die Gebiete wenigstens mit Strom und Trinkwasser zu versorgen. Khayelitsha (Xhosa für „unsere neue Heimat") in den Cape Flats ist mit mehr als 400 000 Einwohnern heute die größte Township der City of Cape Town, und täglich kommen neue Arbeitsuchende hinzu.

In einer Township von Kapstadt

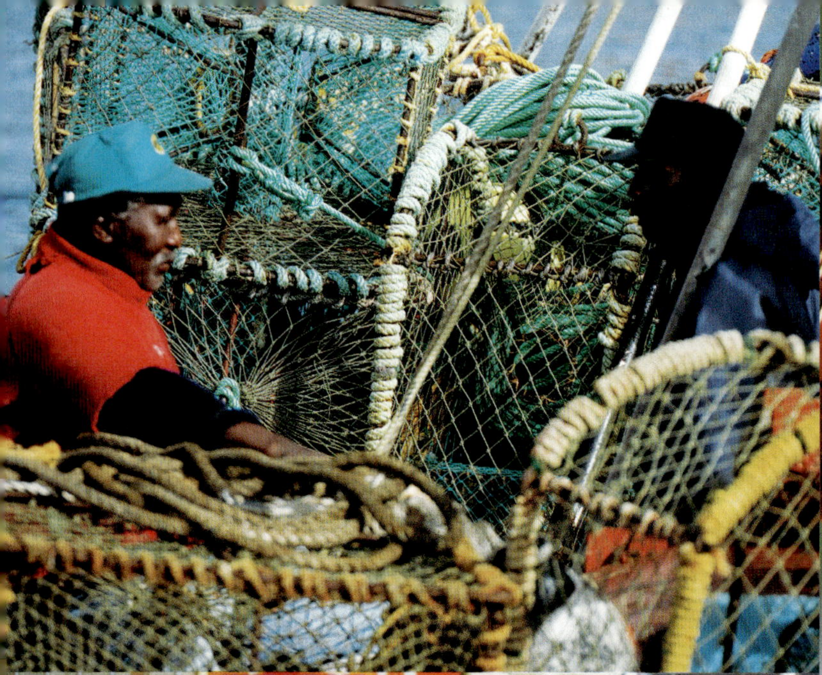

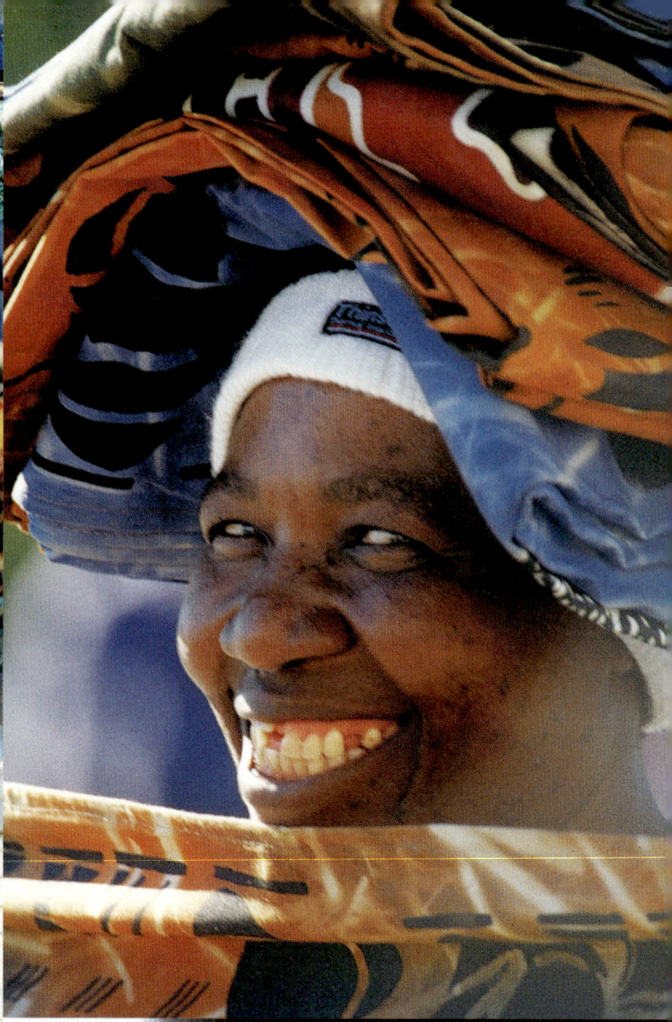

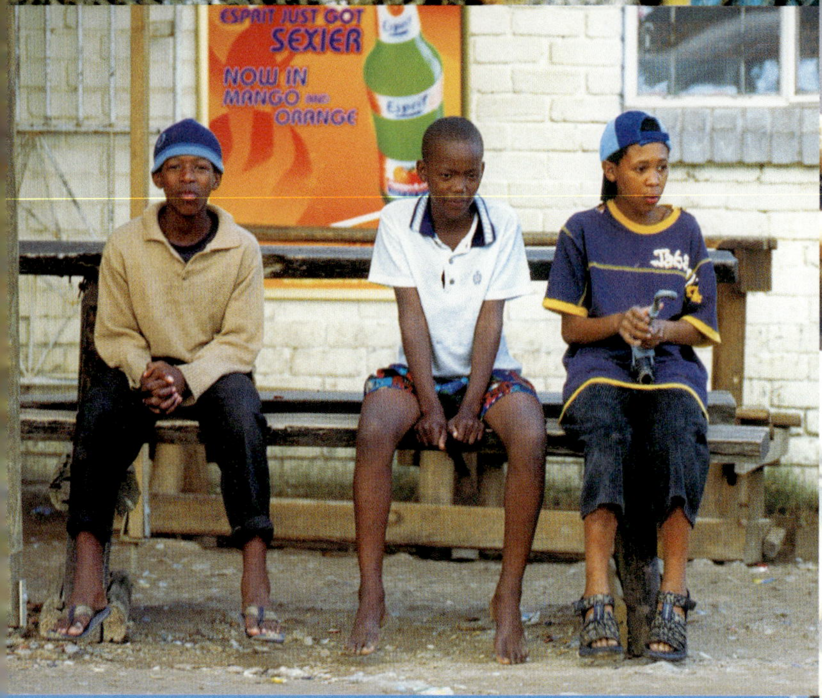
ESPRIT JUST GOT
SEXIER
NOW IN
MANGO
ORANGE

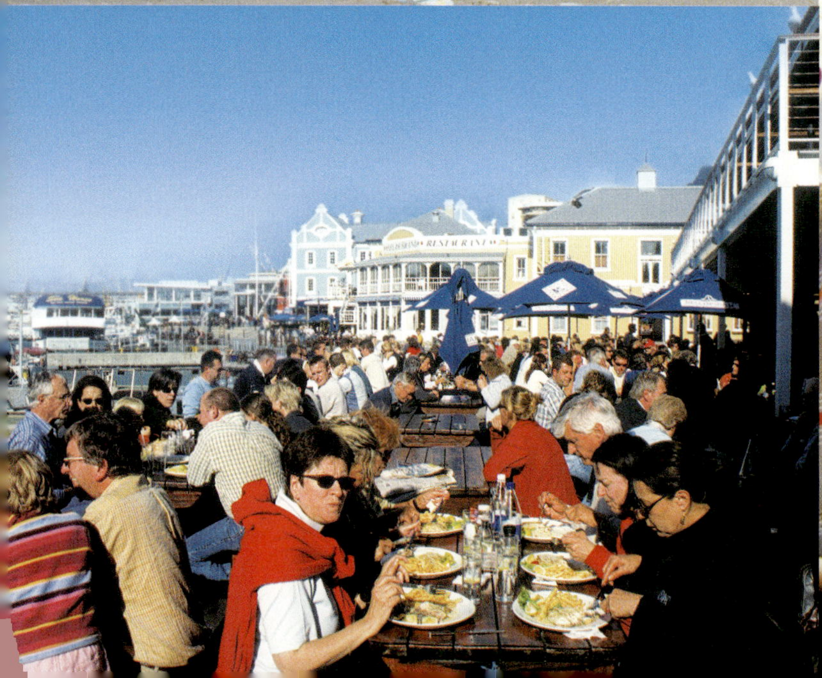

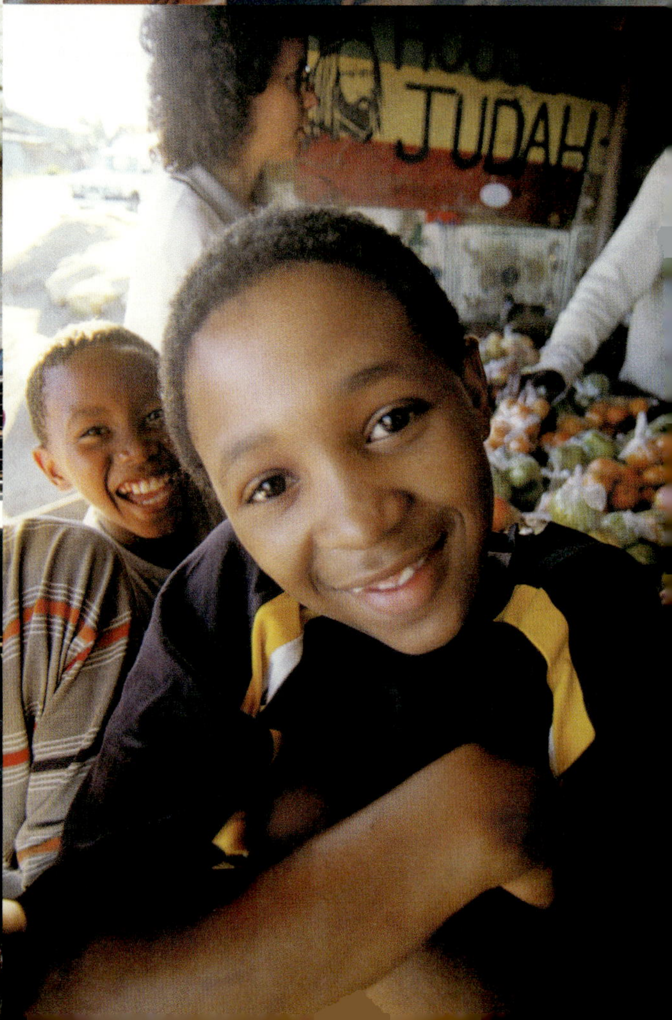
JUDAH

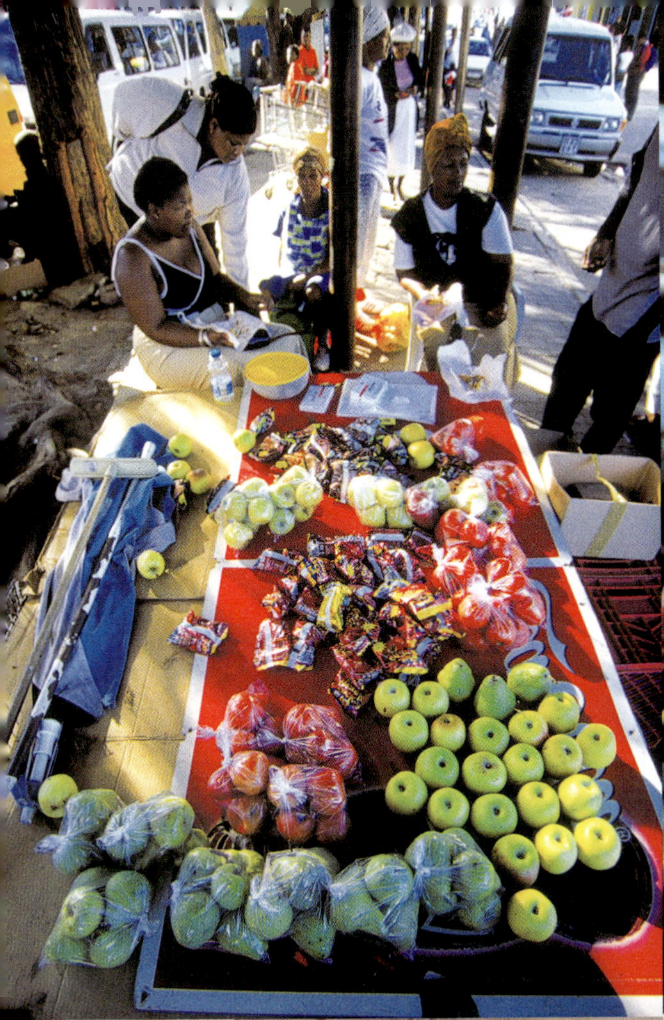

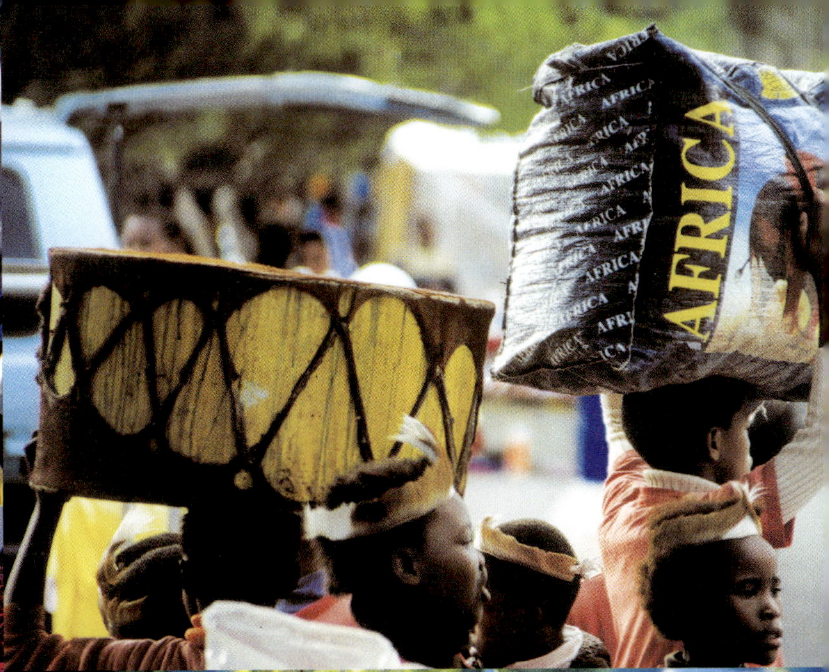
AFRICA

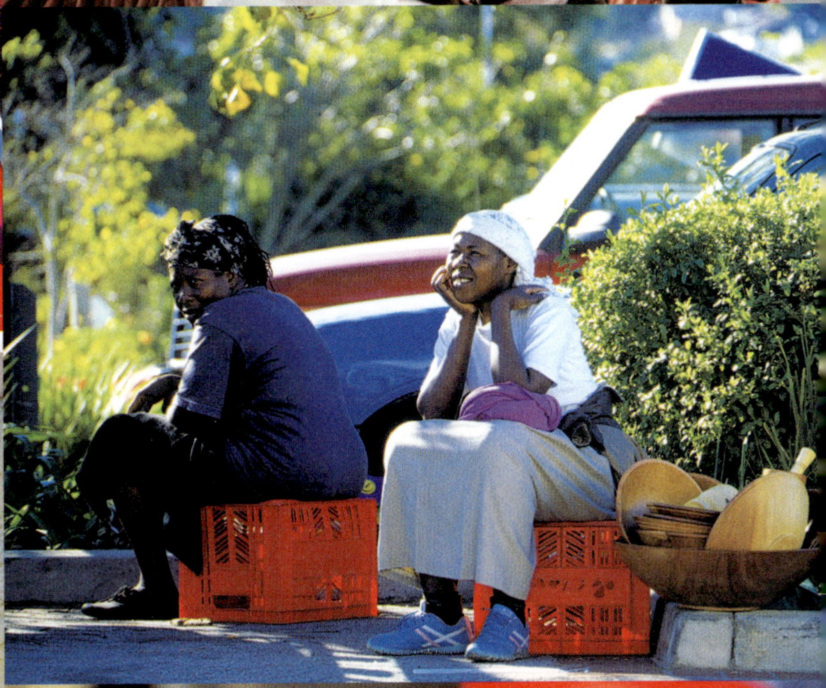

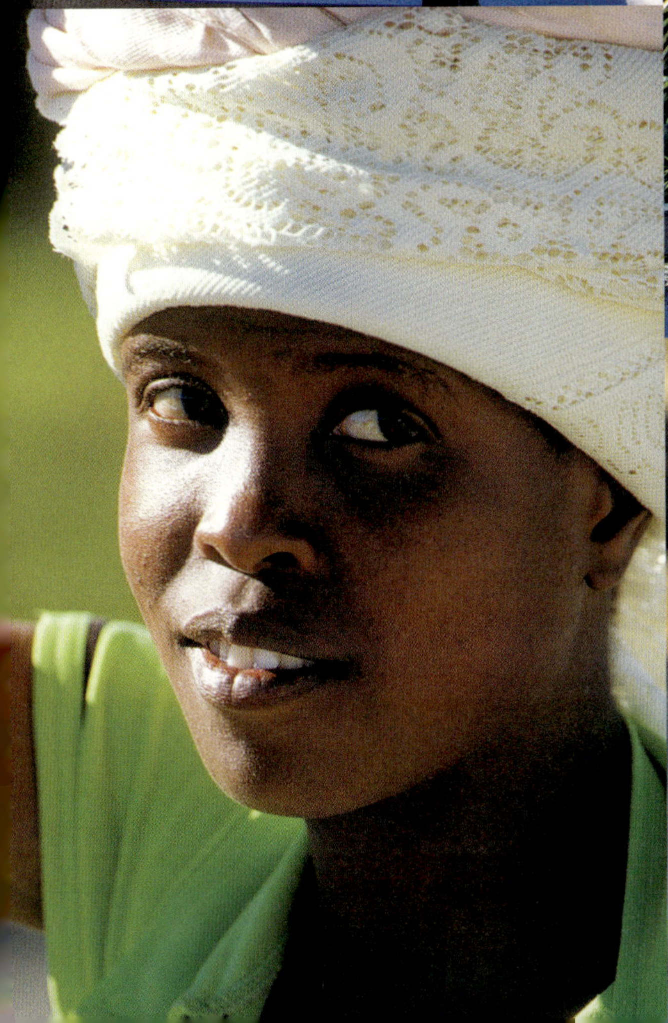

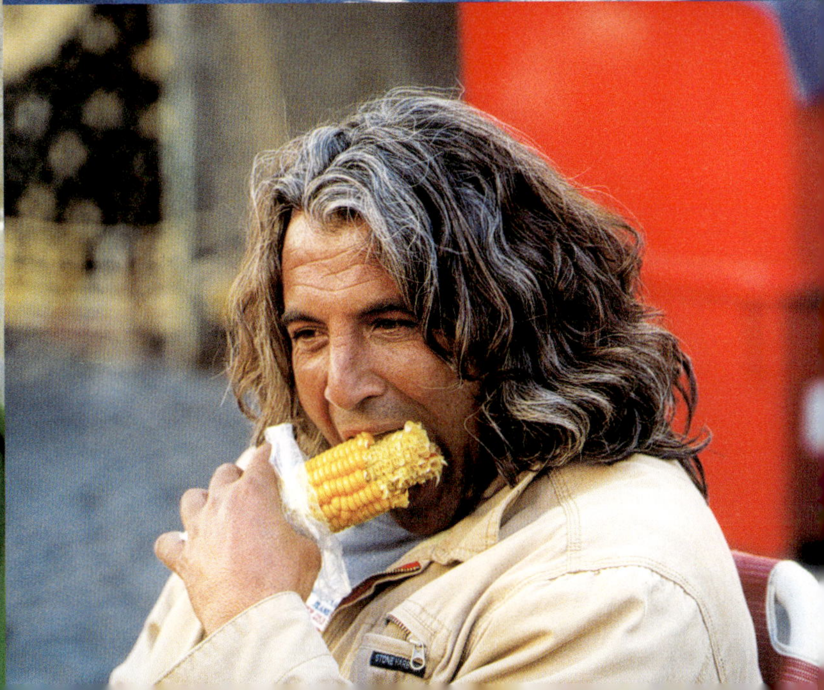

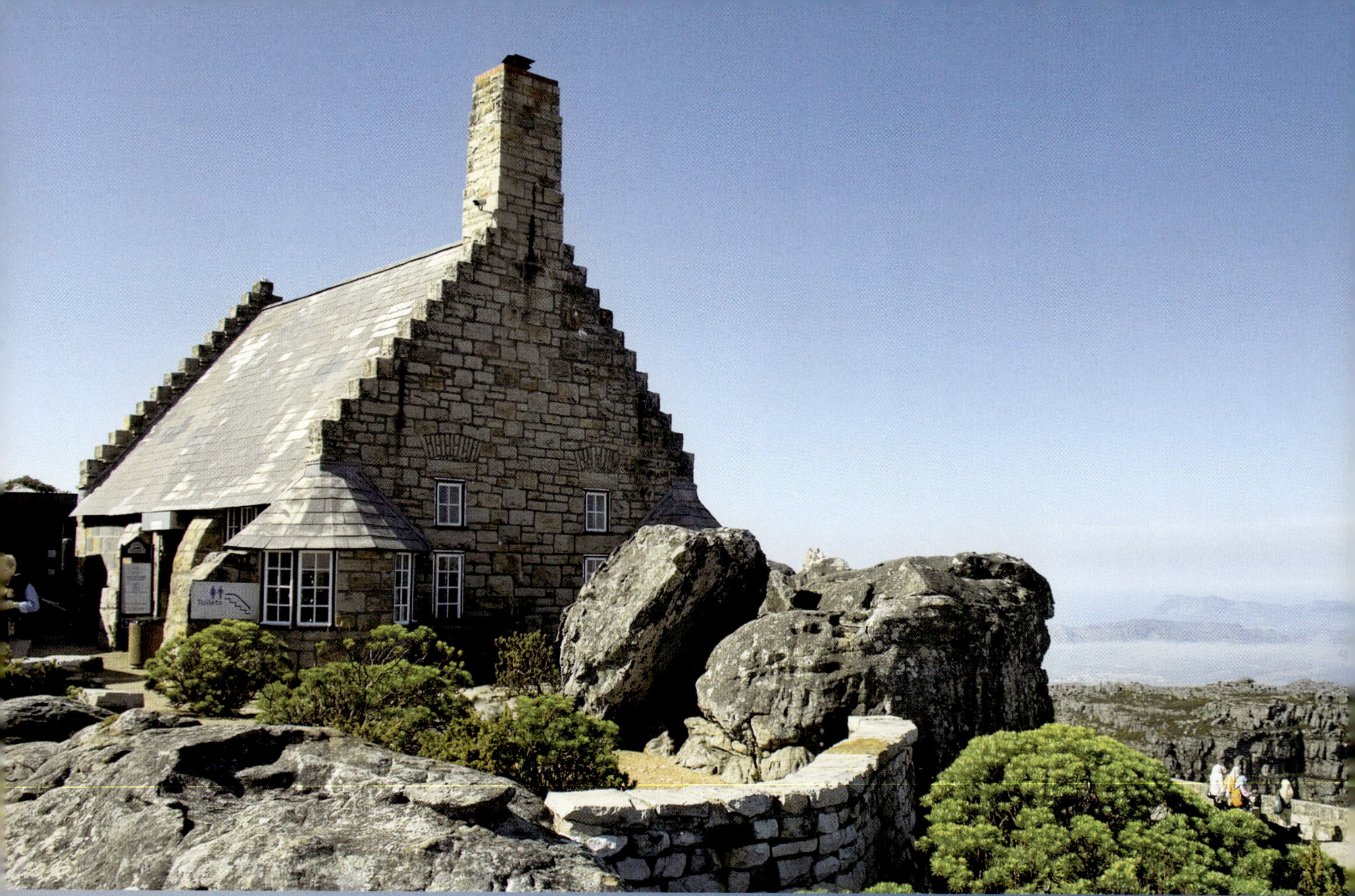
Toilets

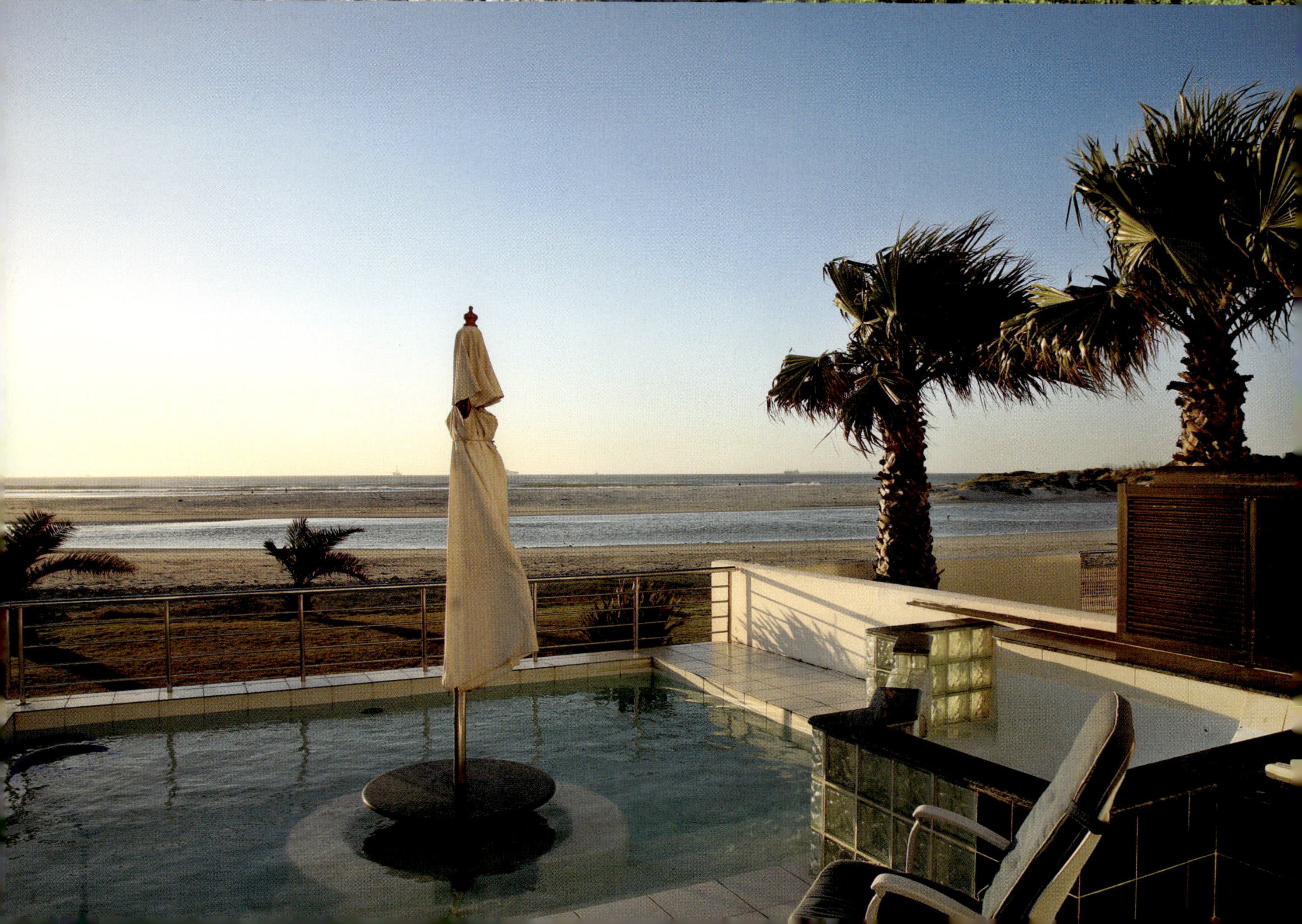

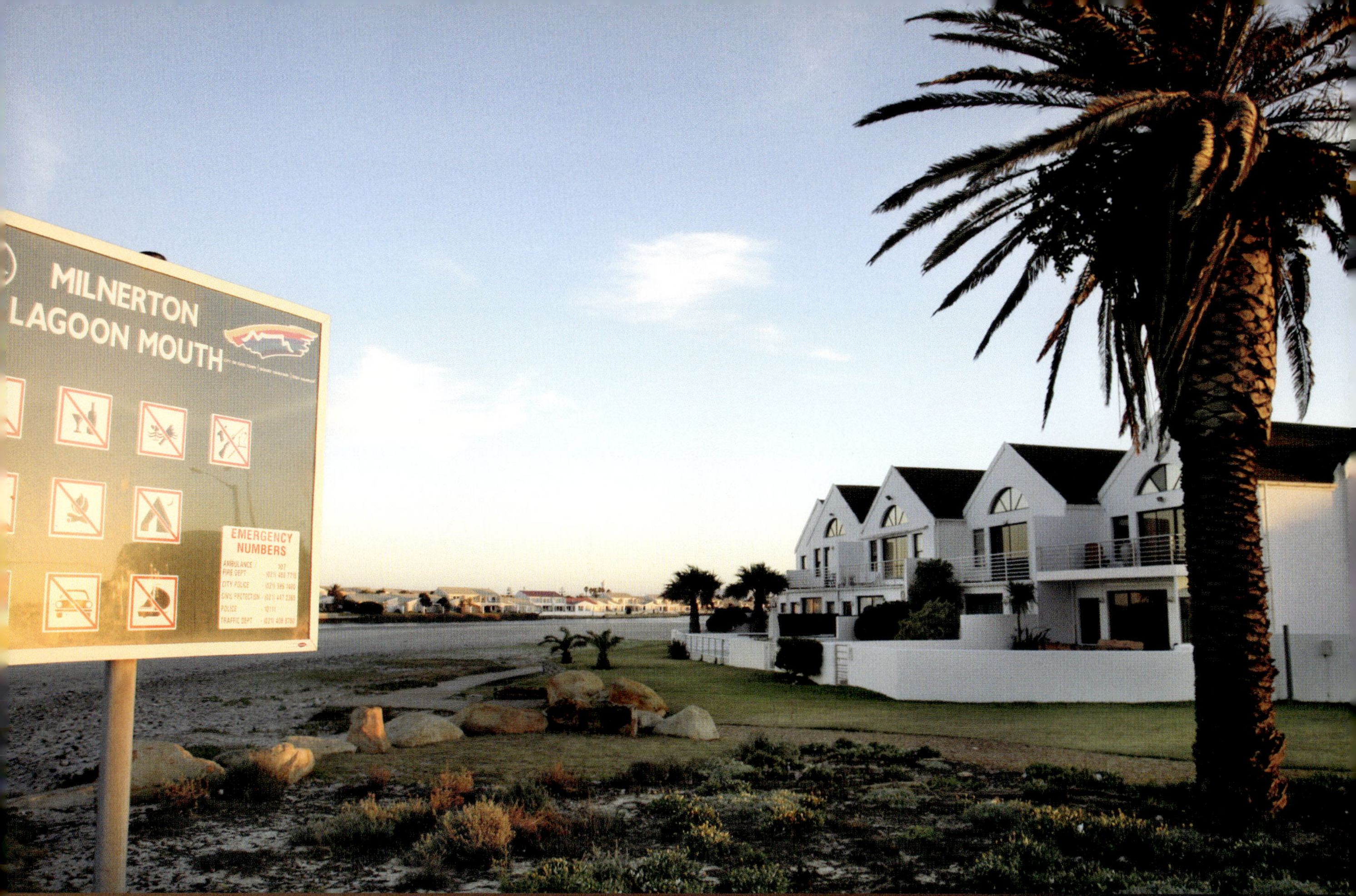
MILNERTON
LAGOON MOUTH
EMERGENCY
NUMBERS

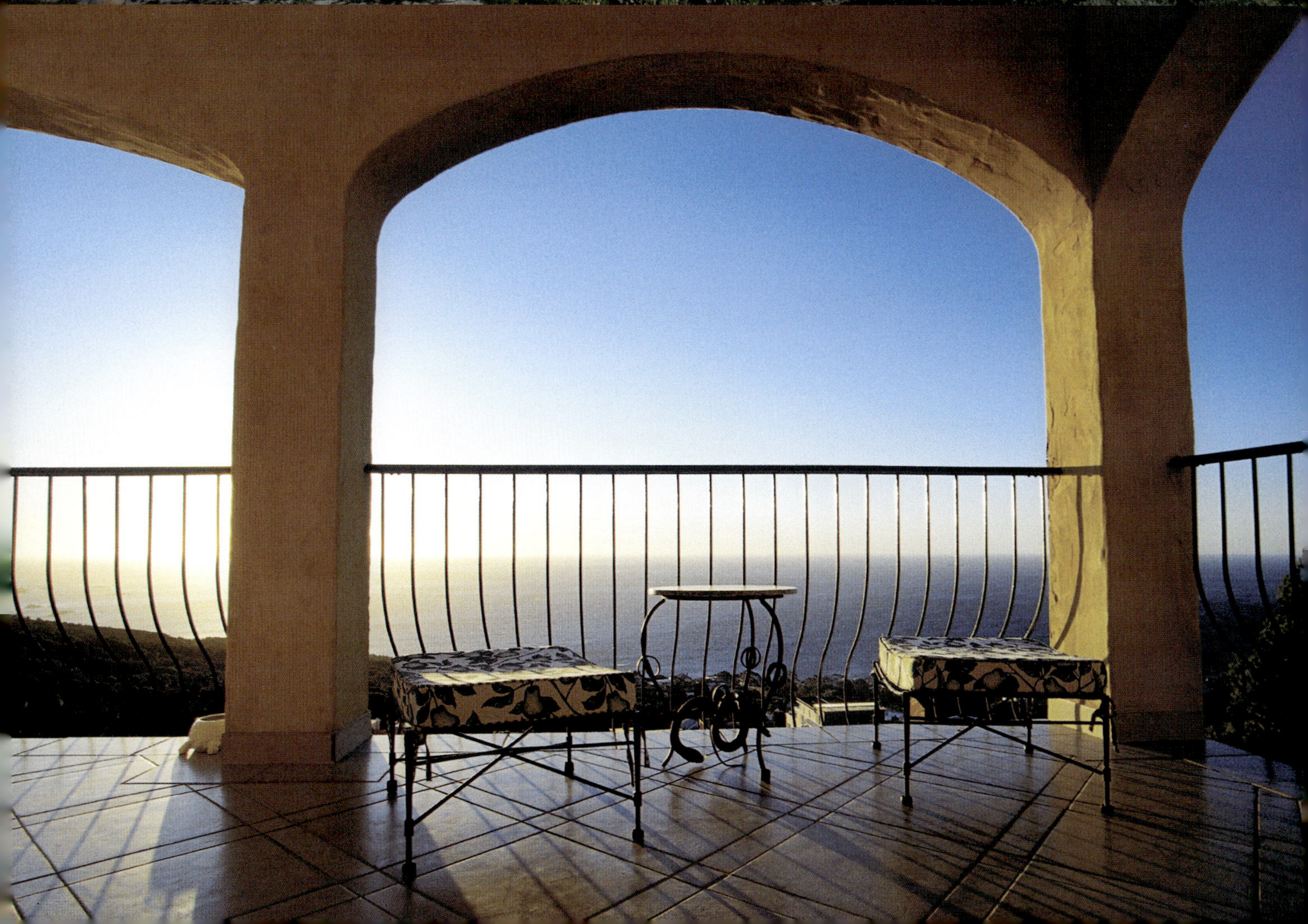

FOLGENDE DOPPELSEITE:
Blick vom Kap der Guten Hoffnung auf Cape Point, an dessen Spitze sich ein Leuchtturm befindet

ROBBEN ISLAND

Robben Island ist eine 575 Hektar große, Kapstadt in Sichtweite vorgelagerte Insel im Atlantischen Ozean. Die Geschichte der Insel geht einige Tausend Jahre zurück, da bereits lange vor der Kolonisation hier Menschen lebten, die zumeist San-Fischer waren. Sie starteten von hier während der klimatisch angenehmen Jahreszeit ihre Fangtouren.

Die ersten niederländischen Siedler funktionalisierten die Insel aufgrund ihrer zum Wegschwimmen zu abgeschiedenen, für die Versorgung jedoch ausreichend nahen Lage inmitten des kalten und von Haien bevölkerten Atlantiks zu einer Sträflingsinsel. Seit Mitte des 17. Jahrhunderts wurden hier unter anderem politische Aktivisten, Sklaven und später auch Muslime, die sich den Gesetzen der Kolonialherren widersetzten, gefangen gehalten. Der berühmteste Insasse war der spätere südafrikanische Präsident Nelson Mandela.

Erster Häftling der Europäer soll 1658 während des Krieges zwischen Niederländern und San Jan van Riebeecks Dolmetscher Authumao gewesen sein. Im Gegensatz zu vielen anderen Häftlingen, die nach ihm die Insel zu verlassen versuchten, gelang Authumao die Flucht von Robben Island.

Eingang zum einstigen Gefängnis von Robben Island, das heute als Museum dient.

Die Briten schickten im 19. Jahrhundert nicht nur Unruhe stiftende Xhosa-Führer ins Insel-Exil, sondern auch Prostituierte, Taschendiebe, Leprakranke sowie chronisch und psychisch Kranke. Während des Zweiten Weltkrieges folgten Kriegsgefangene und ab 1961 politische Häftlinge der Apartheidregierungen, die zusammen mit Schwerverbrechern inhaftiert wurden. Die Zelle, in der Nelson Mandela 18 Jahre lang gefangen gehalten wurde, misst zwei mal 2,5 Meter. Bis zu den Hafterleichterungen in den 1970er Jahren schliefen die Gefangenen auf einfachen Strohmatten auf dem kalten Steinfußboden.

Ein großer Teil des Gefängnisses bestand aus einem Kalksteinbruch, in dem die Gefangenen arbeiten mussten. Schon im 17. Jahrhundert wurde der Kalkstein abgebaut und damit das „Castle of Good Hope" und andere Gebäude im Kapland erbaut. Durch den feinen Staub und die Helligkeit aufgrund von Reflexionen des gleißenden Sonnenlichts haben viele Häftlinge ihre Augen verletzt.

Die höchste Belegung des Gefängnisses verzeichnete man mit 1100 Gefangenen Ende der 1960er Jahre. Bei der Schließung waren es dann noch 300. Der letzte Häftling verließ Ende 1996 die Insel, zusammen mit dem gesamten Gefängnispersonal, nachdem die neue Regierung die Insel zum National Monument und National Museum erklärt hatte. Heute ist die Insel durch ein viel besuchtes Museum geprägt und liegt eingebettet in einer Landschaft, in der Elandantilopen, Böcke, Seemöwen und nicht zuletzt natürlich Robben, die der Insel ihren Namen gaben, heimisch sind.

Ehemaliger Kalksteinbruch auf Robben Island mit Wärterhäusern

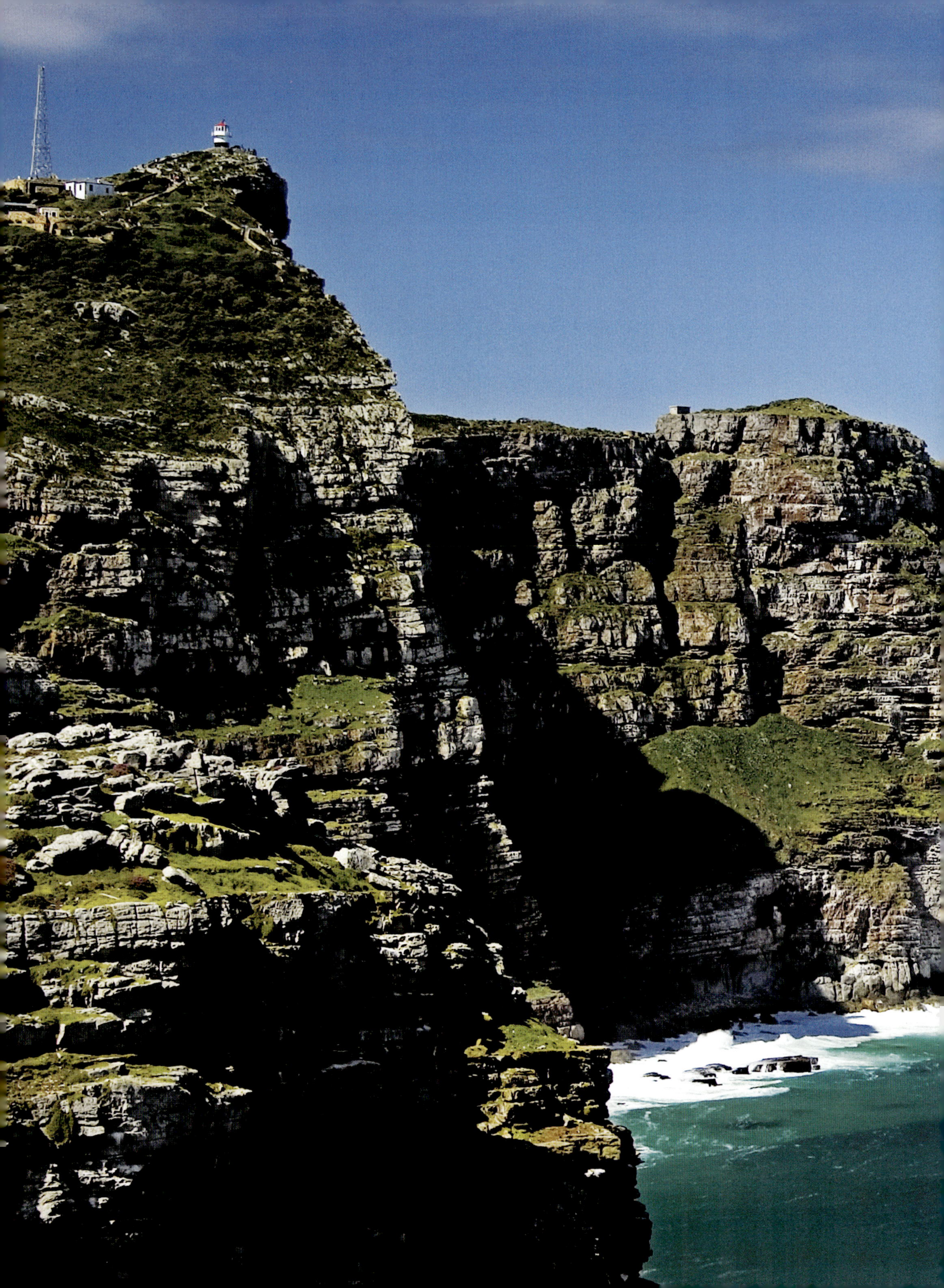

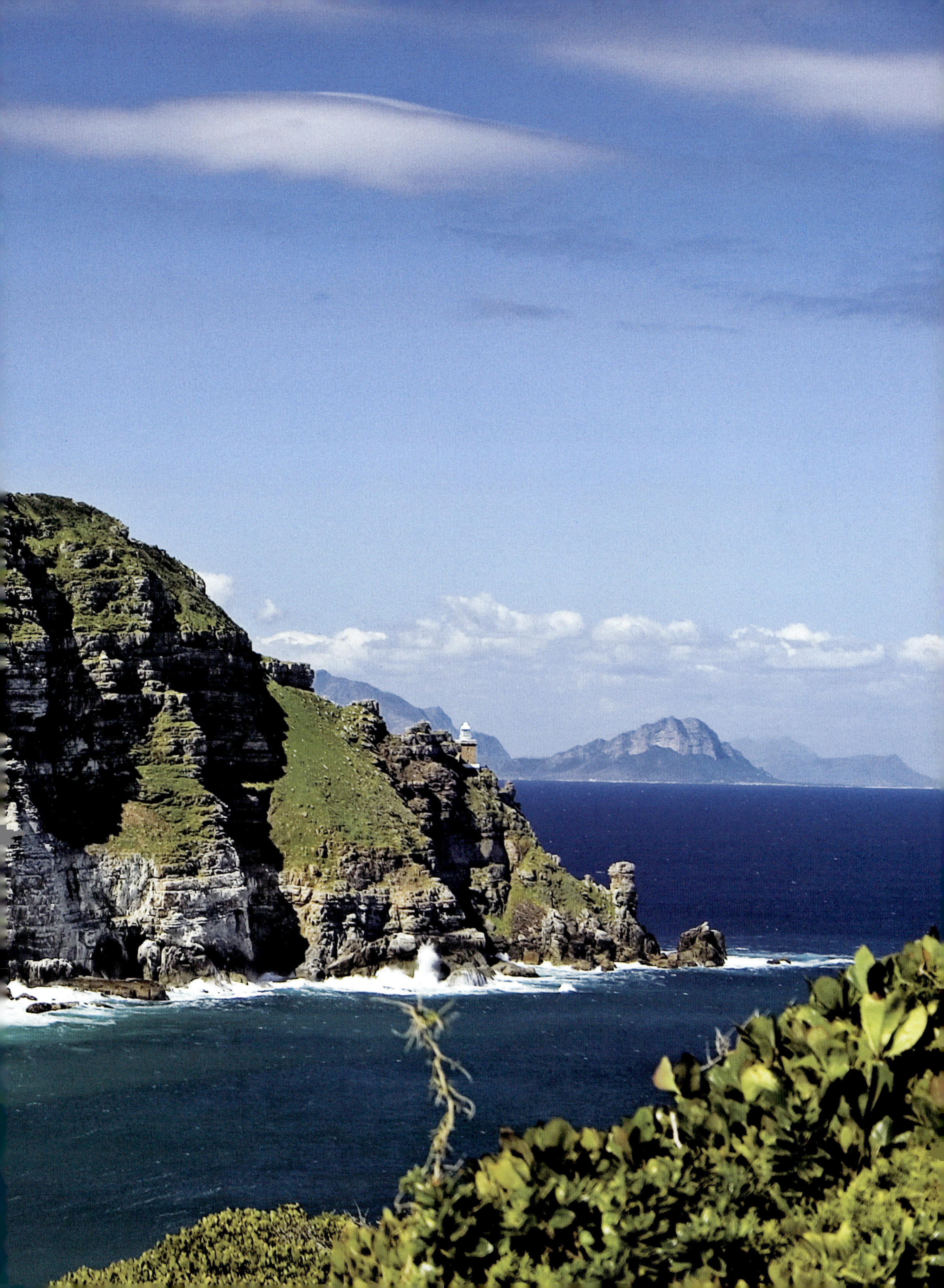

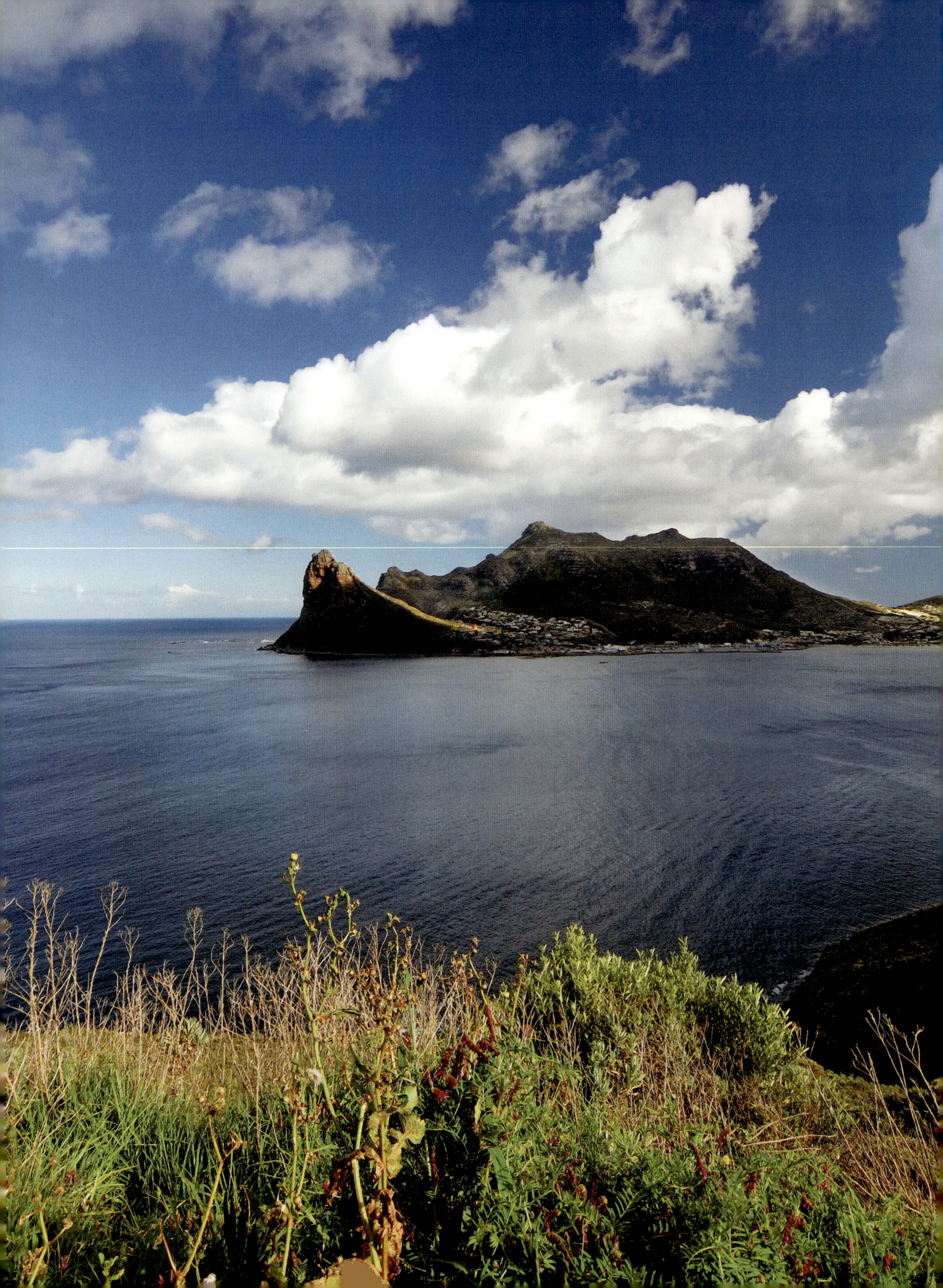

KAPHALBINSEL

Die Kaphalbinsel schließt sich an das Tafelbergmassiv an und ragt südlich von Kapstadt mit einer Fläche von 440 Quadratkilometern wie ein gekrümmter Daumen in den Atlantischen Ozean und steigt bis auf 300 Meter an.

Das Fish Hoek Valley teilt die Kaphalbinsel in einen nördlichen und einen etwa gleich großen südlichen Teil. Die Westküste ist durch steile Felsen geprägt, die durch das zumeist stürmische Meer herauserodiert wurden. Besonders stark ist dies zwischen dem Cape Point, der südlichsten Spitze der Halbinsel, und dem Cape Maclear geschehen, wo tiefe Brandungshöhlen entstanden sind.

Eine rund 8000 Hektar große Sektion des Table Mountain National Park umfasst die südliche Spitze der Cape Peninsula, in der auch das Kap der Guten Hoffnung, ein hohes, steiles Kliff mit vorgelagertem Felsstrand, und Cape Point liegen. Das Kap selbst ist zwar der südwestlichste, entgegen allgemein verbreiteter Ansicht jedoch nicht der südlichste Punkt Afrikas (das ist das Kap Agulhas).

Wahrscheinlich ist es die exponierte geographische Lage des Kaps, die es zu einem besonderen, die Fantasie beflügelnden Ort macht. So ist es wohl zu erklären, dass sich seit der Entdeckung durch die Europäer zahllose Legenden, Sagen, Tragödien und auch ein paar Wahrheiten um das Kap der Guten Hoffnung ranken.

Der Name „Kap der Stürme" stammt von Bartolomeu Dias, der hier in einen gewaltigen Sturm geraten war. Und für viele weitere Seefahrergenerationen war das Kap ein mythisches, angstbesetztes Ziel mit großer psychologischer Bedeutung: Denn wer diesen klippenreichen, oft nebligen oder stürmischen Punkt hinter sich gelassen hatte, war der gröbsten Sorgen ledig. Mit Vasco da Gama umsegelte 1497 ein weiterer Europäer das Kap. Im heutigen Naturreservat erinnern zwei Monumente an die Abenteurer: ein christliches Kreuz verweist auf die von Dias errichtete Landmarke (ebenfalls ein Kreuz), während ein Navigationsmal auf Vasco da Gama hindeutet.

Die dem Atlantik zugewandte Küstenseite der Kaphalbinsel wird von dem gewachsenen Fischerort Hout Bay und dem in steilen Felsen gehauenen Chapman's Peak Drive bestimmt. Die Chapman's Peak Bay zwischen Noordhoek und Kommetjie

LINKE SEITE:
Der kleine Fischerort Hout Bay an der gleichnamigen Bucht

FOLGENDE DOPPELSEITE:
Der Leuchtturm von Kap Agulhas markiert die Trennungslinie zwischen Indischem und Atlantischem Ozean. Er ist der älteste Leuchtturm Südafrikas.

Kormorane haben sich auf einem Schiffswrack am Kap Agulhas, dem südlichsten Punkt Afrikas, niedergelassen.

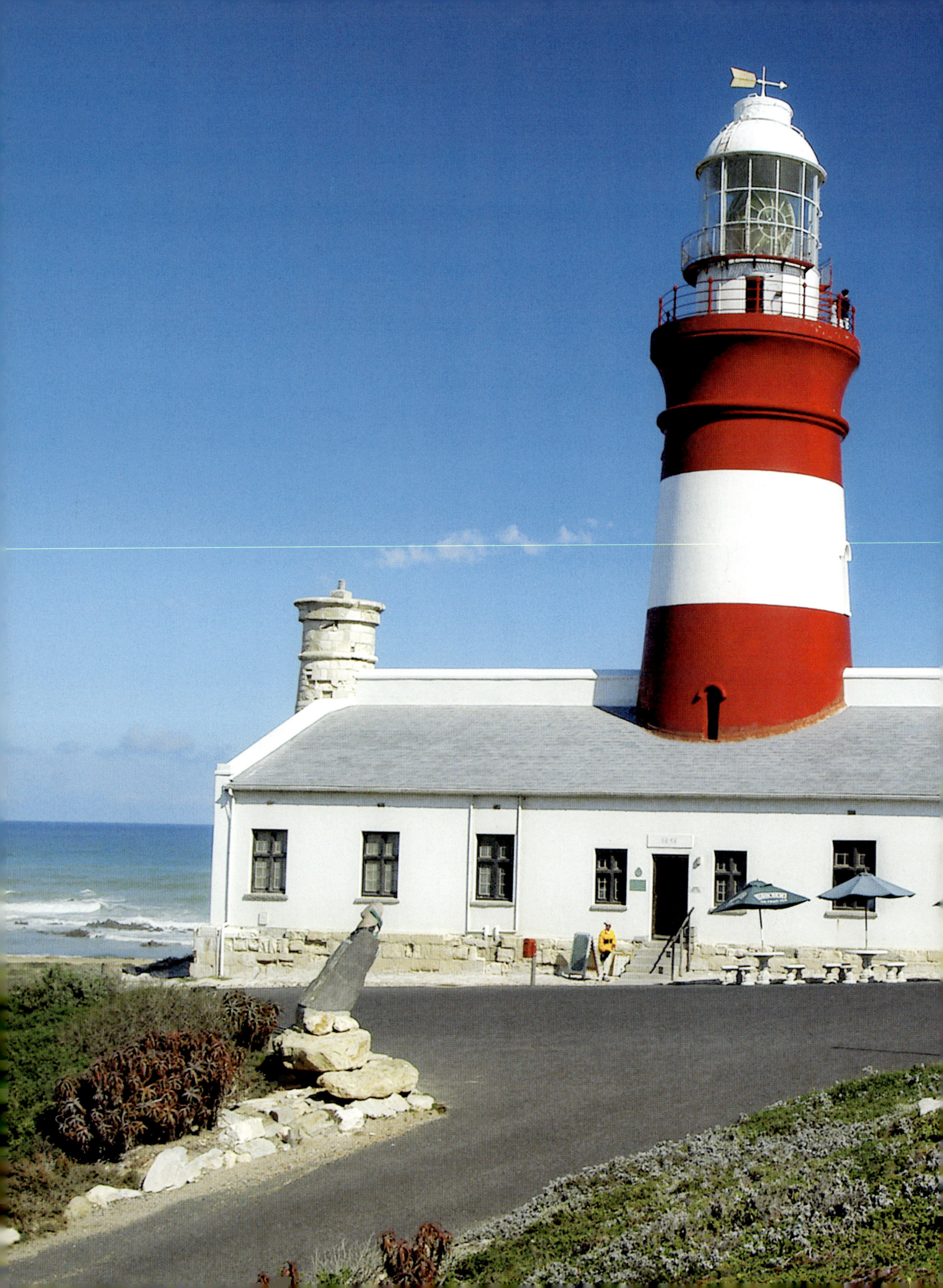

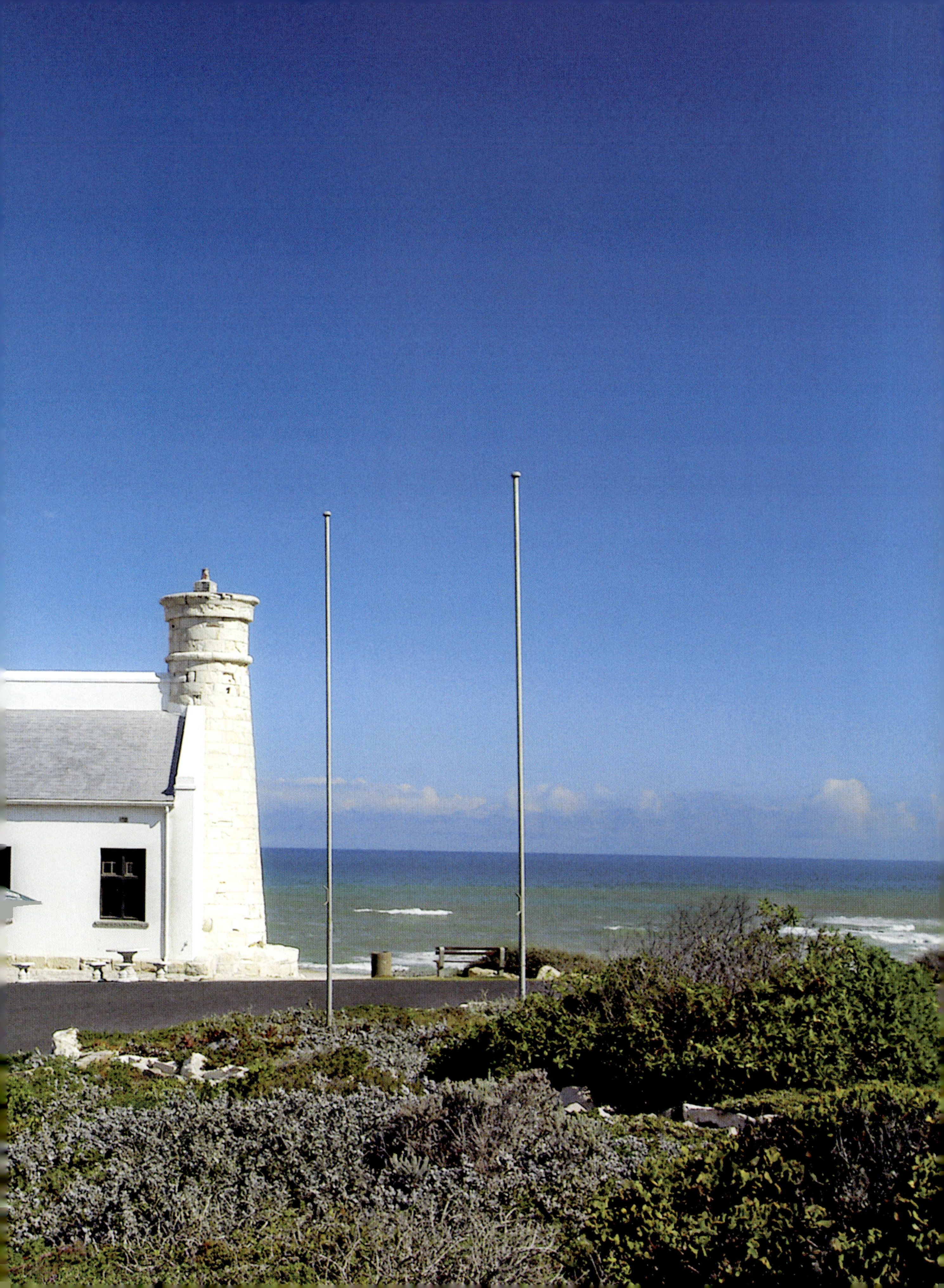

verfügt über weißen Sandstrand. Im Inneren der Cape Peninsula dominieren Abgeschiedenheit, Fynbos-Vegetation und kleine, verschlafene Orte. Die Infrastruktur der Halbinsel besteht aus kurvenreichen Küstenstraßen, die bis hinunter zum südlichsten Punkt führen.

Seit 1939 ist der südlichste Teil des Kaps ein Naturreservat. Teil davon ist auch ein 40 Kilometer langer Uferbereich, der sich von der Schuster's Bay im Nordosten bis hin zur Smitswinkel Bay an der False Bay erstreckt. Die Grenze im Landesinneren misst 13,5 Kilometer. Die Nationalparkbehörde führt die Aufsicht über dieses Gebiet – genauso wie über weitere weiträumige Bereiche der Kaphalbinsel, die sie als schutzbedürftig ansieht.

Die Fynbos-Vegetation im National Park ist einzigartig. Hier finden sich weit über 1300 Pflanzenarten. Orchideen, Proteen und Ericaceen schmücken die wellige Landschaft. 15 Pflanzenarten kommen weltweit nur in diesem Reservat vor. Die Tierwelt hat zwar wegen des nährstoffarmen Bewuchses weniger Bedeutung, doch die Elandantilopen, Bergzebras, Baboons, Dassies, Schildkröten, Echsen, Strauße, Bunteböcke und andere Bockarten geben dennoch ein beeindruckendes Bild in der ebenen Landschaft ab. Es gibt auch giftige Schlangen wie Puffottern und Kobras. Die Vogelwelt zählt 150 Spezies.

Rund 200 Kilometer vor dem Cape Point treffen der Benguela- und der Agulhas-Strom aufeinander. Der Benguela-Strom fließt dabei vom Südatlantik nordwärts mit einer Geschwindigkeit von 16–40 Kilometern pro Tag bei einer durchschnittlichen Temperatur von 14–15 °C. Das nährstoffhaltige Tiefenwasser ersetzt das Oberflächenwasser, das vom Wind fortgetragen wird, und sorgt dann für eine starke Planktonbildung, die wiederum die Nährstoffkette ankurbelt. Dies macht die Westküste zu einer wichtigen Nahrungsquelle für Fischschwärme, Robben und Seevögel.

Neben Baboons sind auch Strauße im Table Mountain National Park beheimatet.

RECHTE SEITE:
Slangkop Lighthouse in Kommetjie

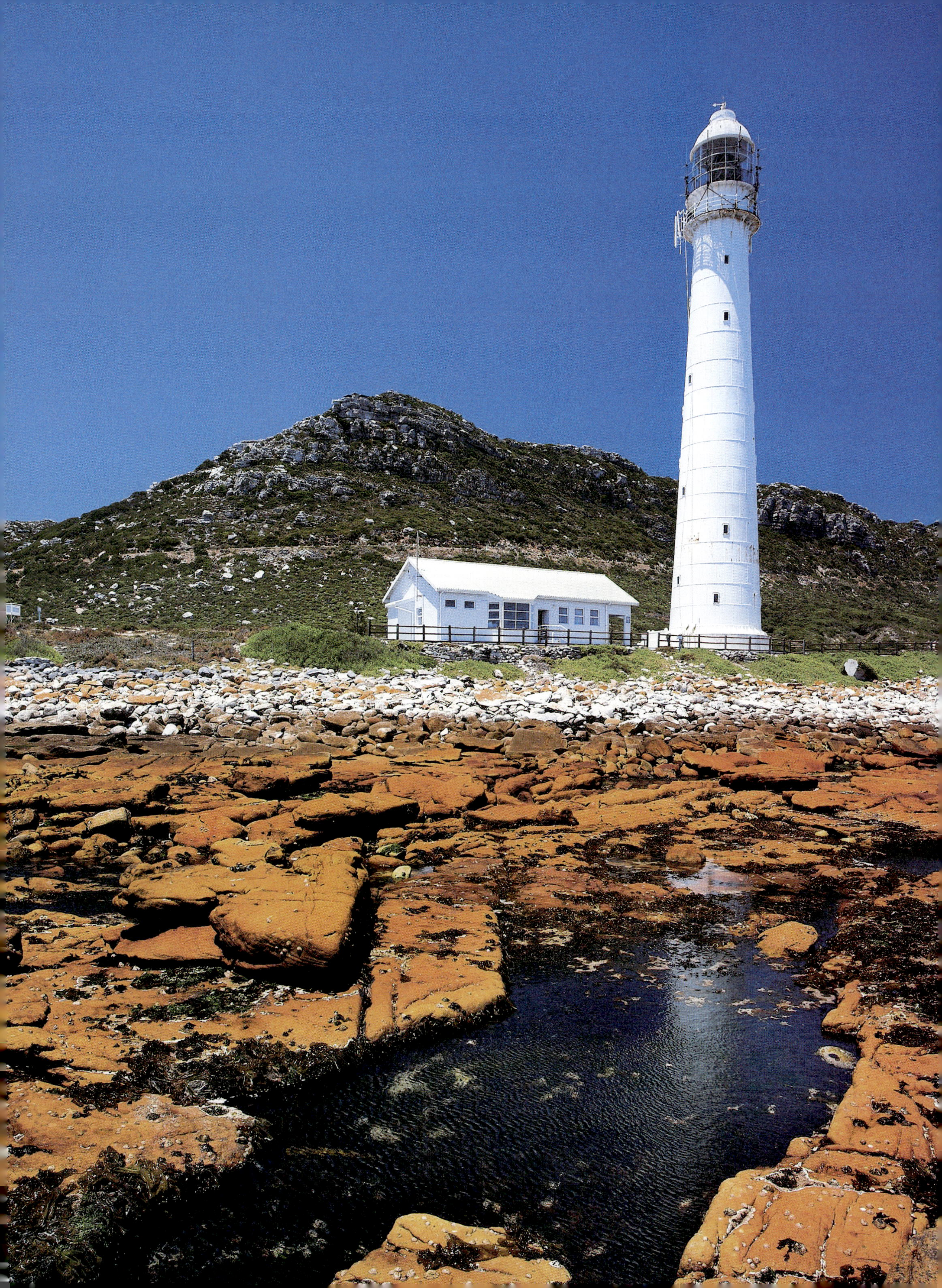

RECHTE SEITE:
Blick auf Simon's Town mit Pinguinen in einer kleinen Sandbucht

FOLGENDE DOPPELSEITE:
Landschaftsimpression bei Betty's Bay

Die Kolonien mit Jackass-Pinguinen locken Jahr für Jahr Zehntausende Touristen in die Gegend von Simon's Town

Der Agulhas-Strom bewegt sich mit einer Geschwindigkeit von 90 bis 230 Kilometern pro Tag von Norden die Küste entlang. Durch das Aufeinandertreffen mit dem Benguela-Strom wird er nach Ostsüdost abgedrängt. Da das warme Wasser schneller zu Wolken verdunstet, erhält die Ostküste des Kaplandes mehr Regen.

Die östliche Seite der Kaphalbinsel liegt an der sogenannten False Bay. Eine schmale Küstenstraße führt durch die aneinandergereihten Fischerdörfer, von denen Simon's Town mit seiner Pinguin-Kolonie und maritimen Museen, Kalk Bay mit vielen Antiquitätenläden sowie St. James und Muizenberg mit bunten Strandhütten zu den bekanntesten Orten gehören.

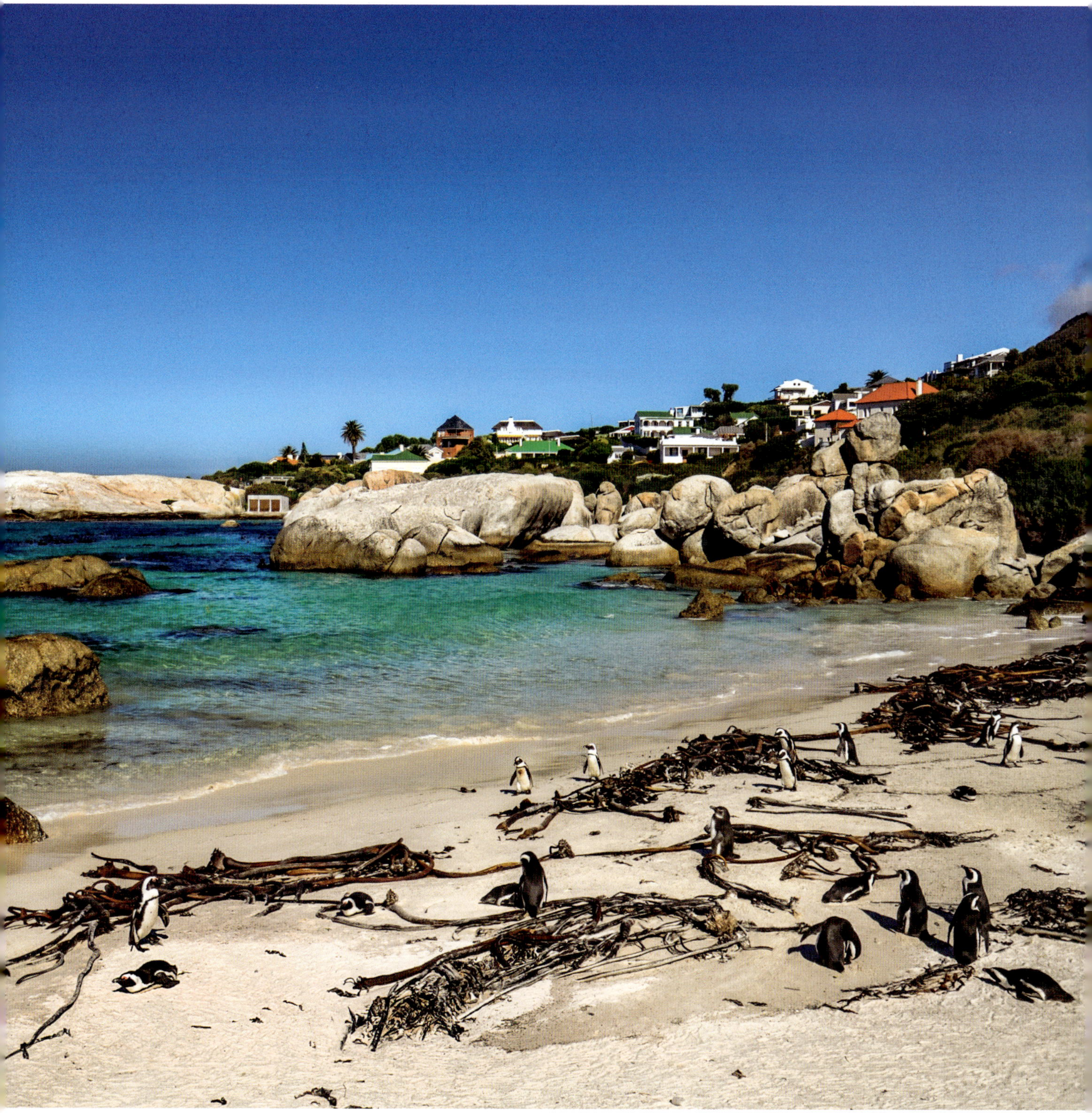

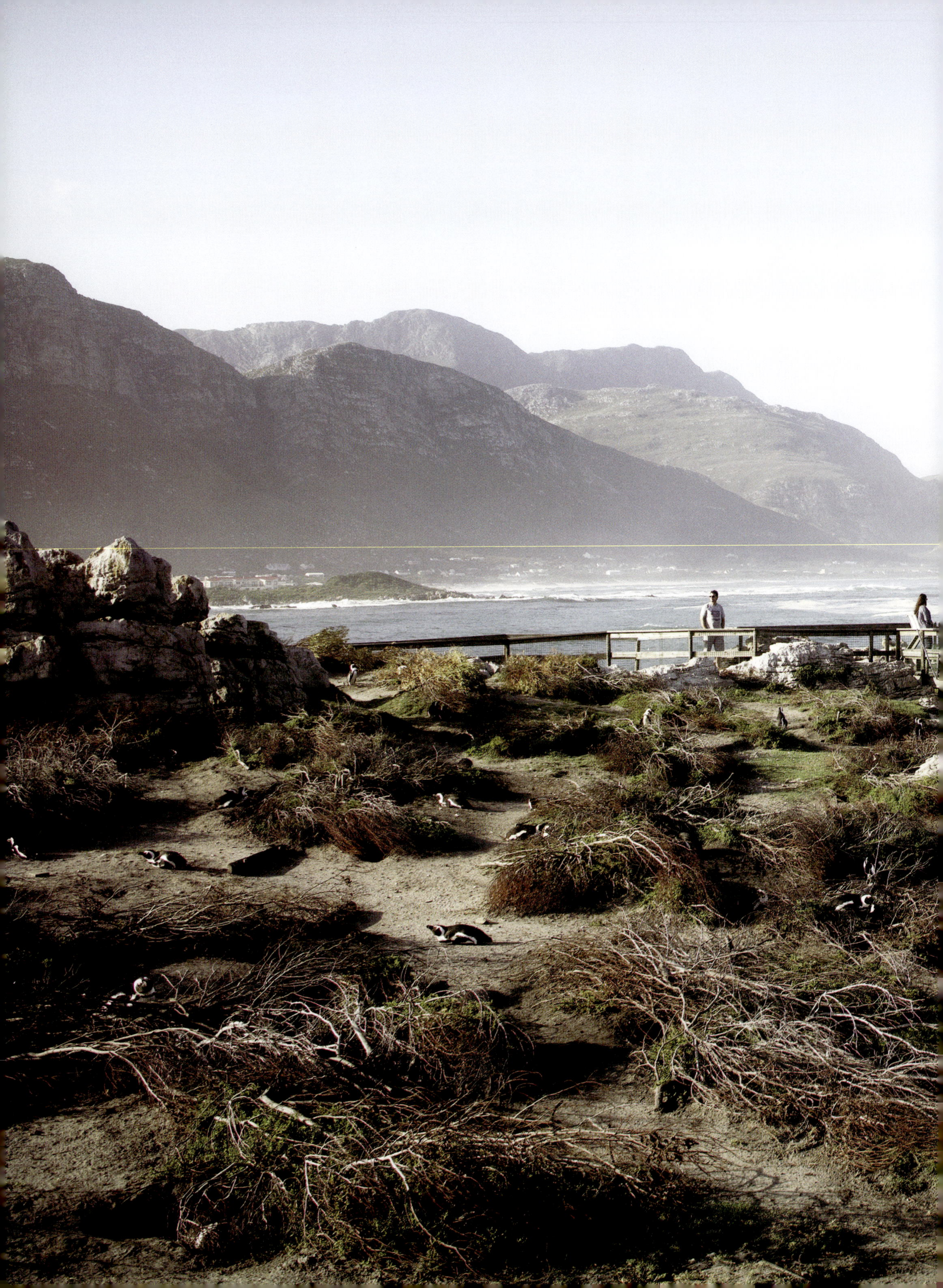

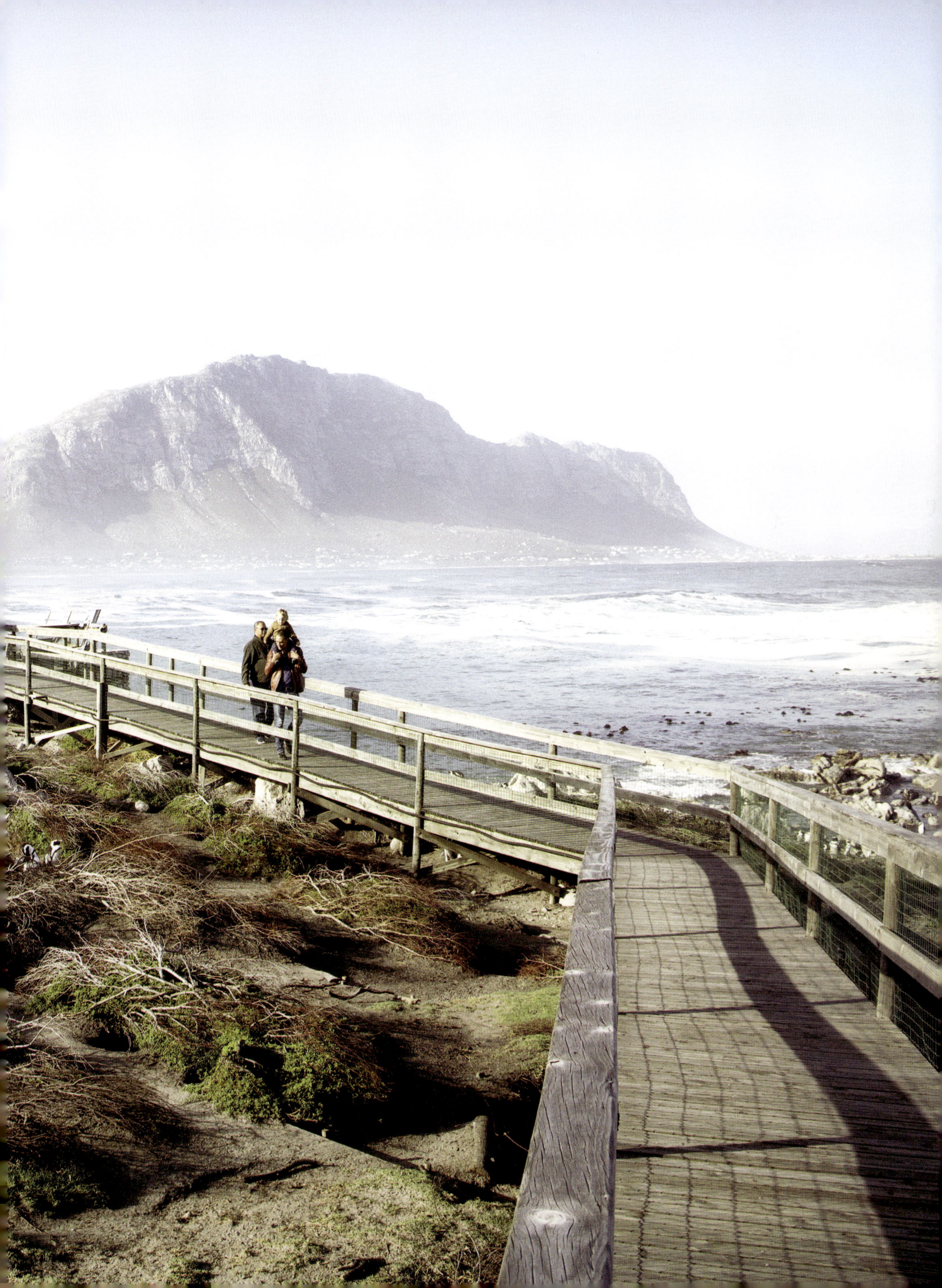

RECHTE SEITE:
Typische Architektur in den Weinanbaugebieten der Western Cape Province

Hugenotten-Denkmal in Franschhoek (Foto oben); Weinanbaugebiet in Franschhoek (Foto unten)

WEINANBAUGEBIETE

Initiator des Weinanbaus war vor über 350 Jahren der erste Gouverneur am Kap, Jan van Riebeeck. Er erkannte, dass sich das Klima am südlichen Ende Afrikas hervorragend für Rebkulturenanbau eignete, und ließ sich Rebstöcke aus Deutschland, Frankreich und Spanien zuschicken. Und bereits 1656 – nur sieben Jahre nach seiner Ankunft – fand die erste Weinlese statt.

Van Riebeecks Nachfolger Simon van der Stel setzte die Förderung des Weinanbaus fort, indem er 1680 im Tale von Constantia, direkt an der östlichen Seite des Tafelbergs im klimatischen Einflussgebiet des Ozeans, über 100 000 Rebstöcke anpflanzen ließ. Von hier stammt die Traube des viel gerühmten gleichnamigen Dessertweins, dessen Ruf bis in höchste europäische Kreise vordrang. Der berühmteste Anhänger war vermutlich Napoleon, der fast täglich eine Flasche Constantia-Wein genossen haben soll.

Einen weiteren Qualitätsschub erhielt der südafrikanische Weinanbau, als ab 1688 Hugenotten-Familien aus Frankreich Zuflucht in den Tälern des Kaplandes suchten. Sie brachten die Erfahrungen des Weinanbaus und differenzierte Kellereikenntnisse aus Bordeaux, Burgund und der Provence mit.

Heute produzieren Südafrikas gut 3000 Weinfarmer etwa elf Millionen Hektoliter Wein, mehr als ihre Kollegen in Deutschland. Unter den weinexportierenden Ländern nimmt Südafrika den sechsten Rang ein, größte Abnehmer sind Großbritannien und Deutschland..

Die klimatischen Rahmenbedingungen für den südafrikanischen Weinanbau ähneln denen am Mittelmeer. Der kühlenden Benguela-Strom der Westküste wirkt den drückenden Temperaturen des Sommers entgegen. Das Klima ist für die Entwicklung der Trauben ideal, auch wenn es praktisch nur im Winter regnet – aufgrund tiefer Wurzeln können sich die Reben jedoch auch in trockenen Sommern mit Feuchtigkeit aus tieferen Bodenschichten versorgen.

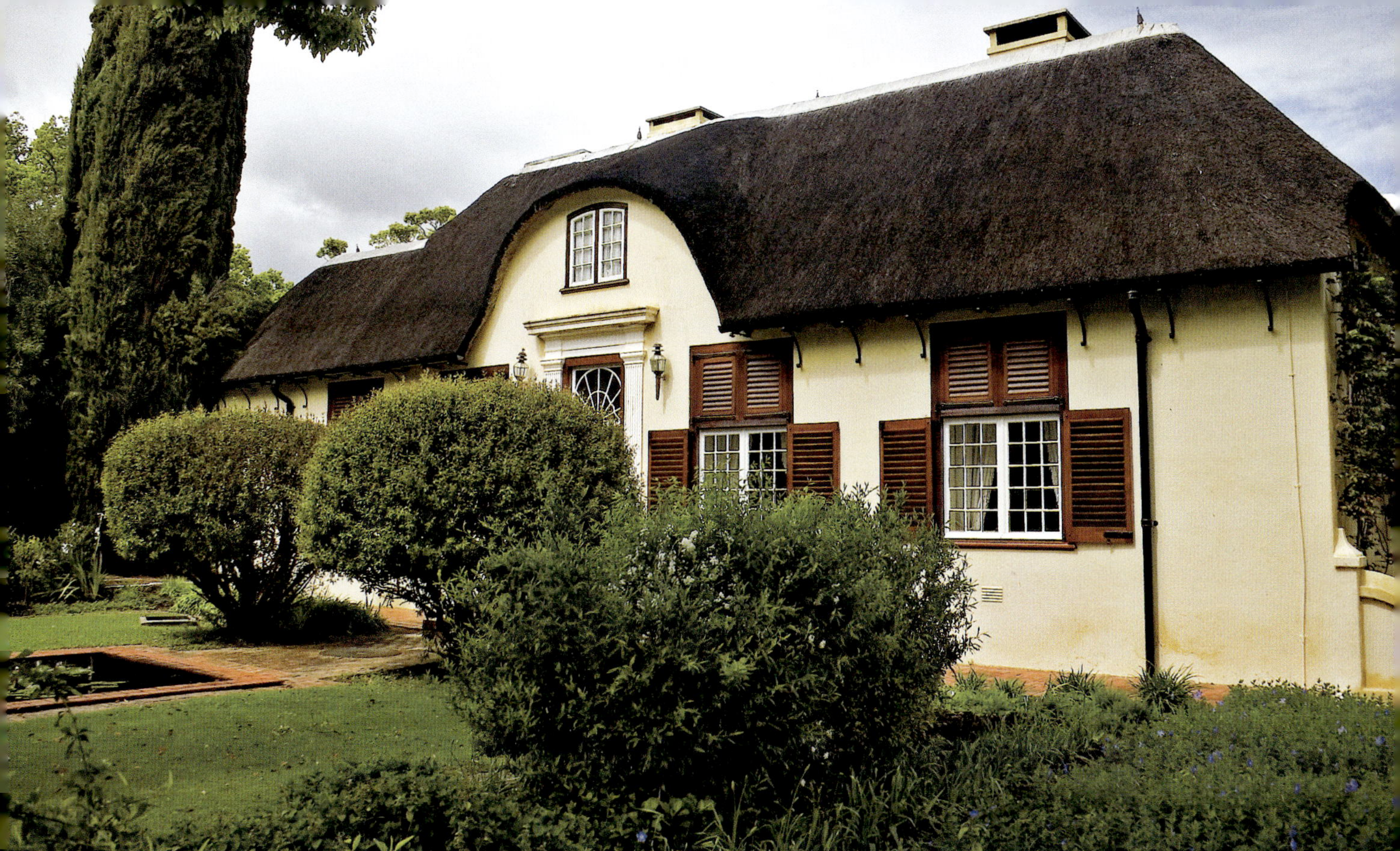

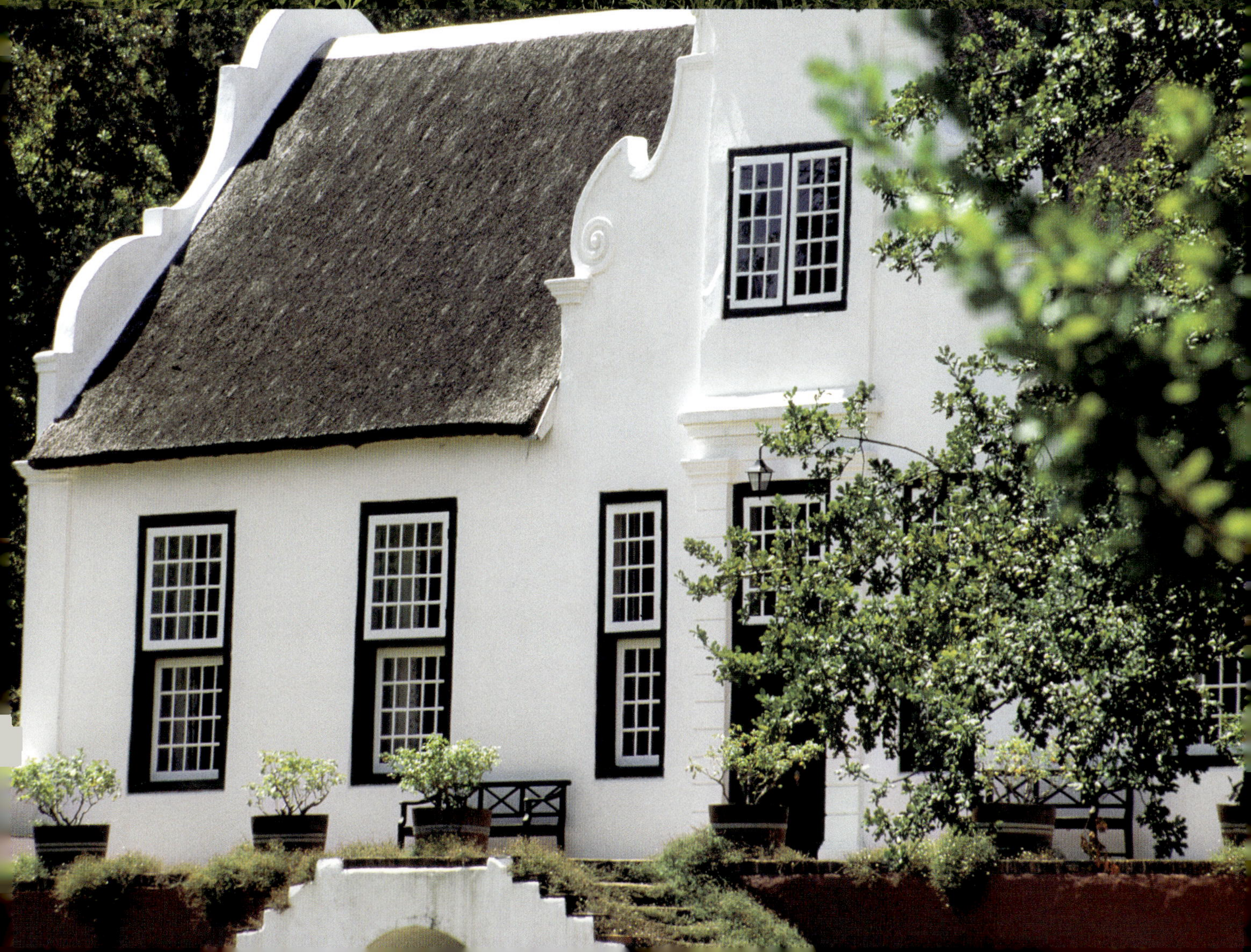

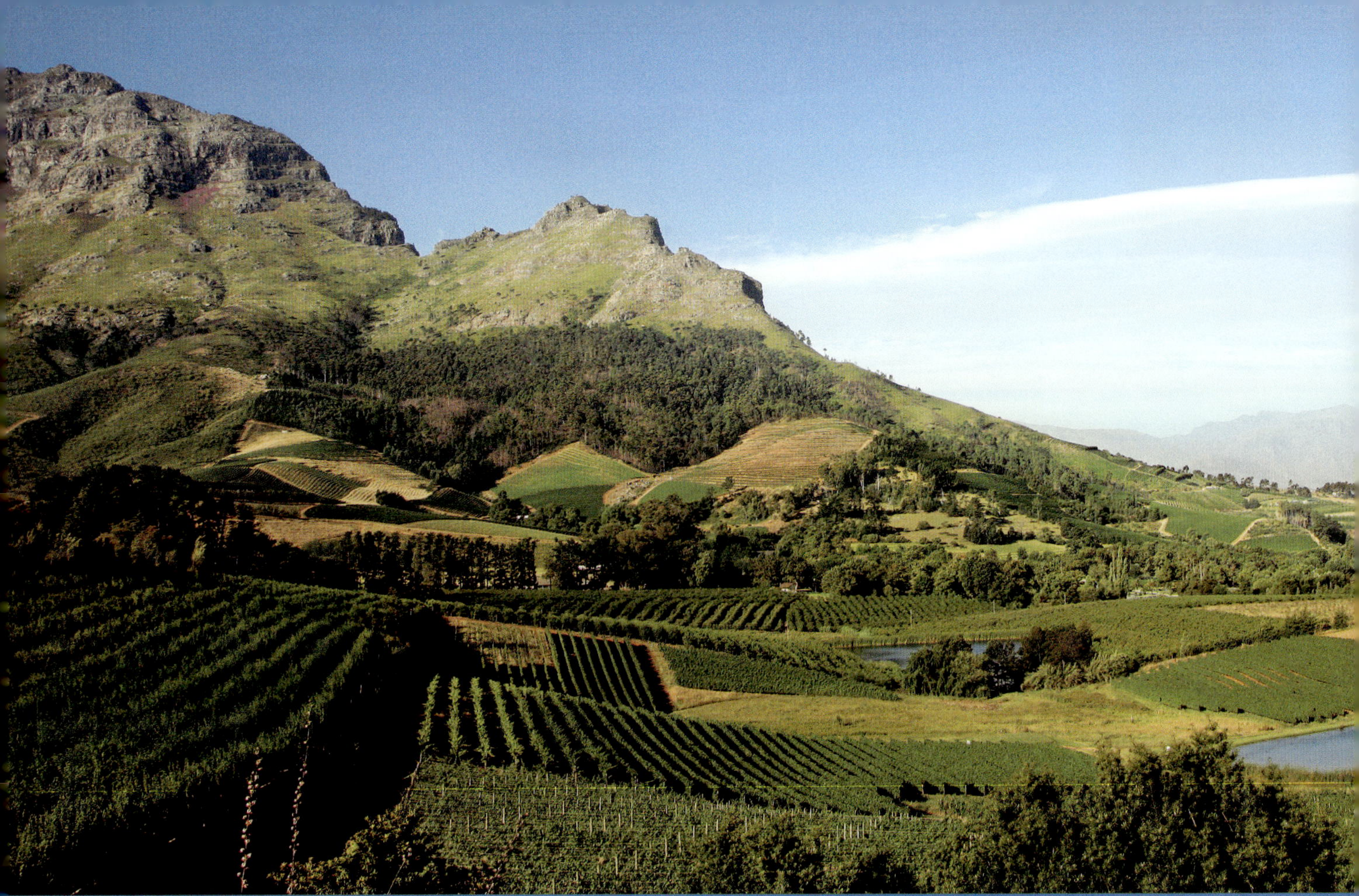

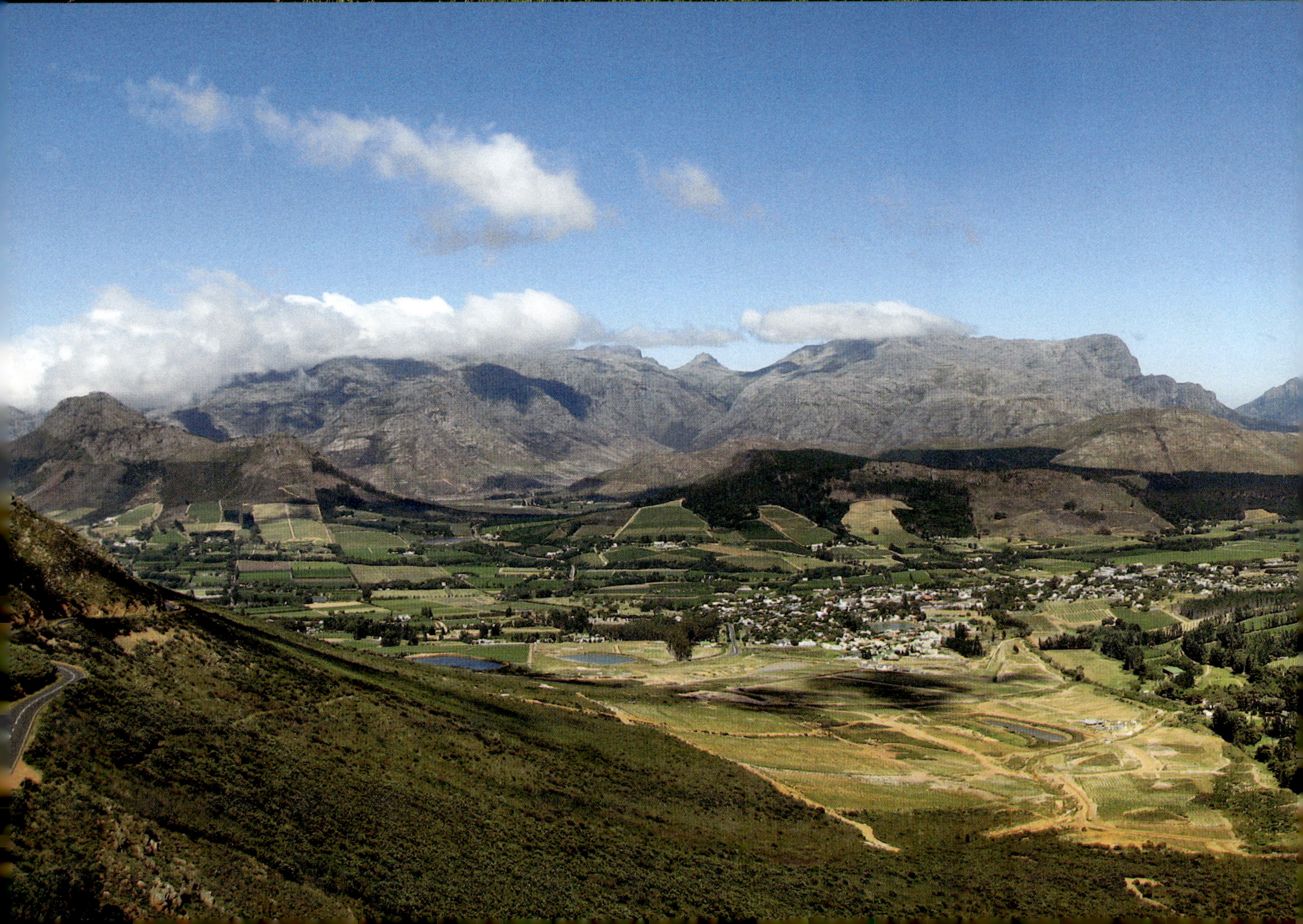

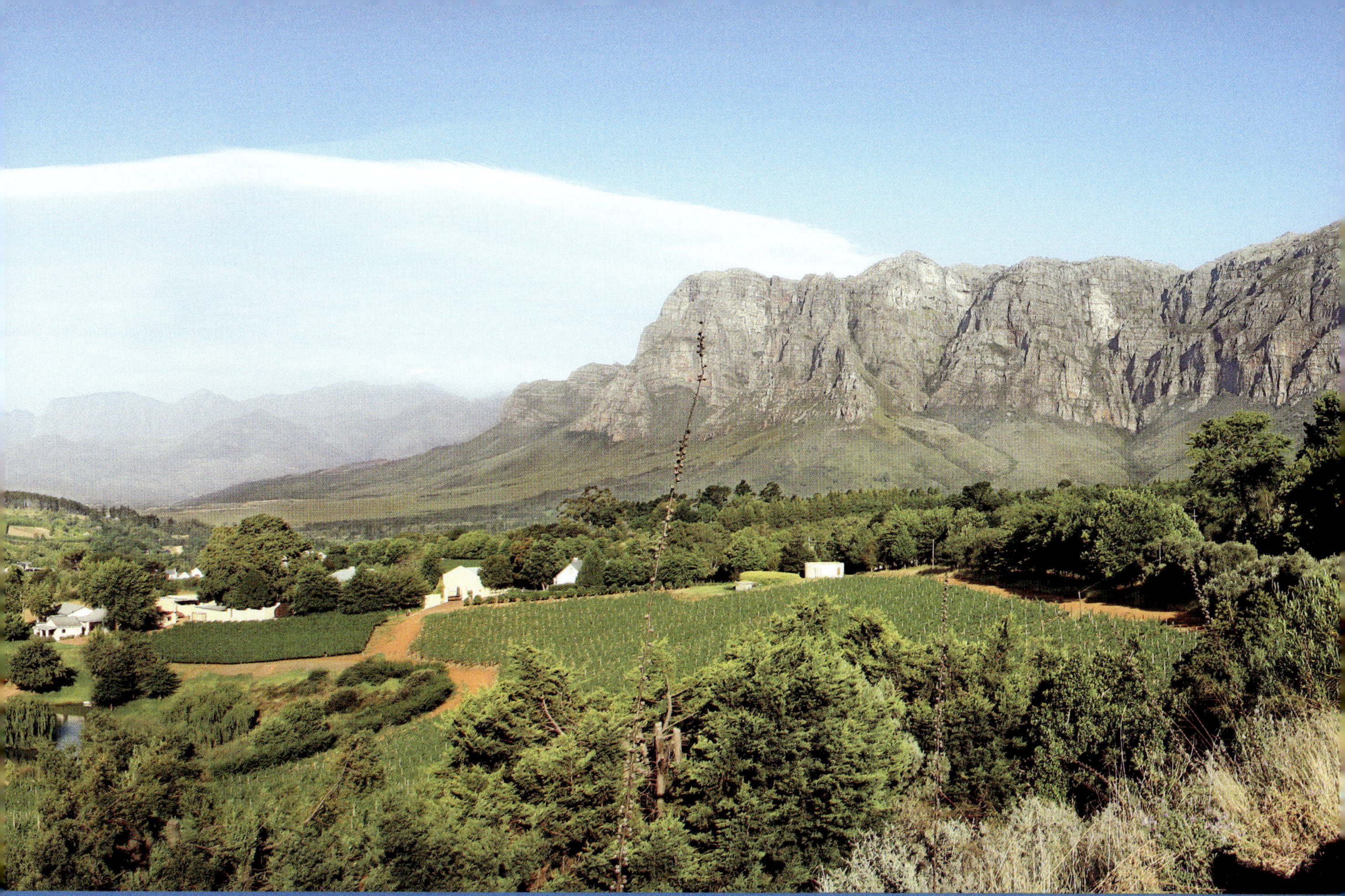
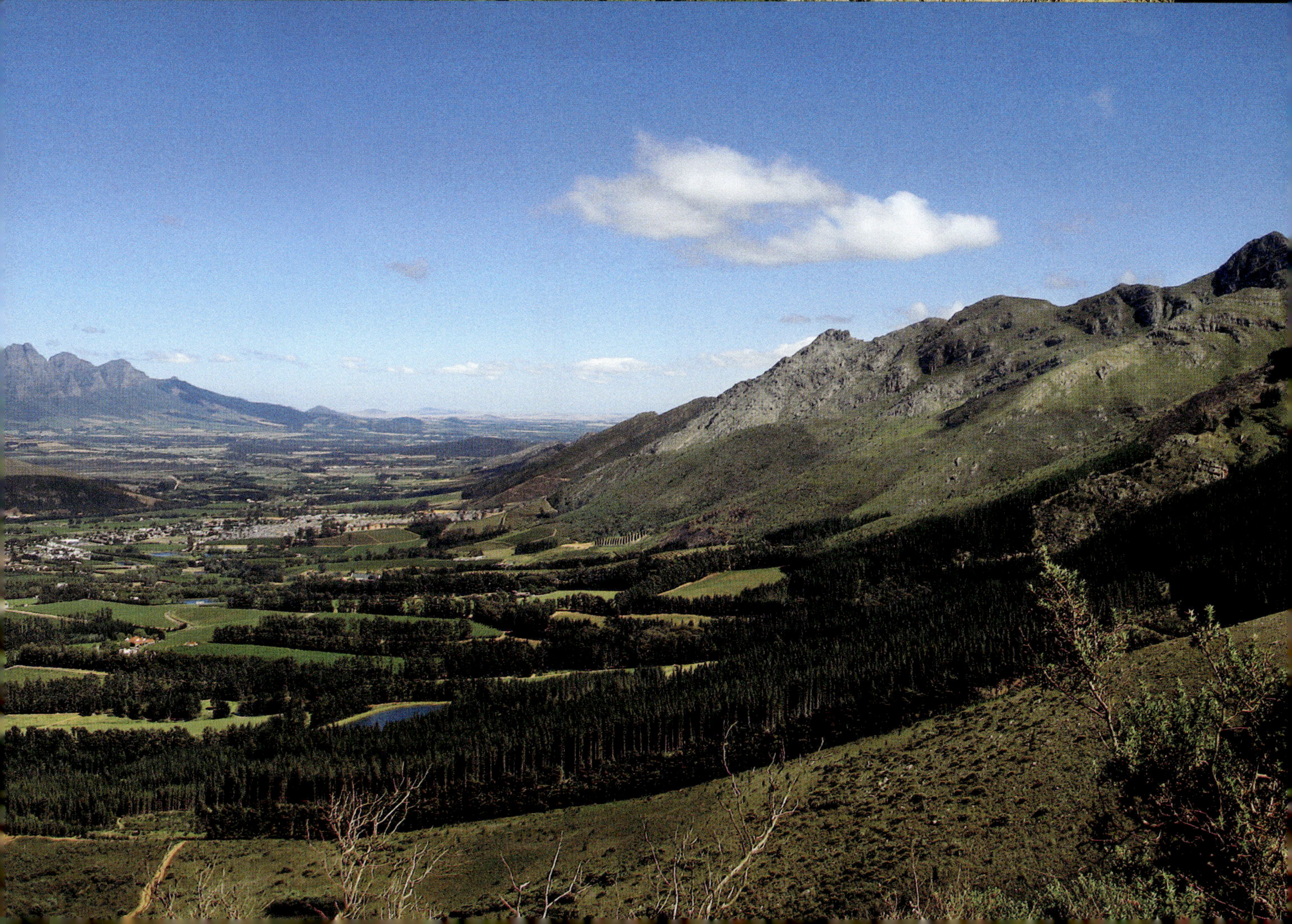

VORHERIGE DOPPELSEITE:
Landschaften von Stellenbosch (Foto oben) und Franschhoek (Foto unten)

Reetgedecktes Haus in Franschhoek

Trotz differenzierter regionaler Unterschiede, bedingt durch Mikroklimate und Böden, lassen sich drei große Weinanbauregionen unterscheiden. Es gibt die Weine der Küstenregion (Stellenbosch, Constantia, Durbanville, Paarl und Swartland), die durch kalten Nordwestwind und Regenfälle im Winter und Südostwinde vom Indischen Ozean im Sommer, die die größte Hitze abmildern, geprägt werden. In diesem Raum werden Südafrikas beste Rot- und Weißweine produziert. Die Boberg-Region wird vor extremen Klimaten durch hohe Gebirgsketten geschützt und umfasst Gebiete um Paarl und Tulbagh. Hier wachsen die besten Rieslinge und Gewürztraminer. Die dritte Region ist das Breede River Valley, zu dem Teile von Paarl, Tulbagh, Worcester, Robertson, Swellendam sowie der Little Karoo gehören. Das Land hier erhält nur geringe Niederschläge, die Sommer sind heiß. Bekannt sind diese Anbaugebiete durch ihre sehr guten und trockenen Weißweine.

STELLENBOSCH

Stellenbosch liegt am Eerste River, 111 Meter über dem Meeresspiegel, in einem sehr fruchtbaren Tal. Die zweitälteste Stadt Südafrikas ist Mittelpunkt eines der besten Weinanbaugebiete des Landes.

1918 wurde die Stellenbosch University gegründet, die von etwa 30 000 Studenten besucht wird. Heute eine gelobte und anerkannte Institution, erlangte die Universität während der Apartheidzeit einen fragwürdigen Ruf. Ihr Renommee als Spitzenuniversität konnte nicht darüber hinwegtäuschen, dass sie auch den geistigen Nährboden der Apartheid lieferte. Viele spätere Politiker, etwa Hendrik Frensch Verwoerd, studierten an der Universität, deren Veranstaltungen ausschließlich in Afrikaans abgehalten wurden. Obwohl die National Party, die Niederländisch-reformierte Kirche und andere „Afrikaaner-Institutionen" hier noch immer ihre Kontakte haben, wandelt sich das Bild zunehmend.

1679 gelangte auf einer Inspektionsreise ins Landesinnere der damals neu ernannte Gouverneur Simon van der Stel in das Gebiet des heutigen Stellenbosch. Er wurde von der Schönheit des Landes sofort gefangen genommen, zumal in dieser Zeit viele Blumen blühten und der Eerste River aufgrund der winterlichen Regenfälle viel Wasser führte. Die Stelle, an der van der Stel campierte, nannte man in der Folgezeit Stellenbosch.

Bereits 1682 wurde Stellenbosch Sitz einer örtlichen Behörde und 1685 sogar Gerichtsort für ein Gebiet von rund 25 000 Quadratkilometern und damit für das gesamte Kaphinterland. Der Magistrat kontrollierte die Jäger, die Forschungsreisenden und die Pioniere, die weiter ins Landesinnere vorstießen. Das Stellenbosch der damaligen Zeit war die „zivilisierte" Grenzstadt (mit Steuerstelle und „law and order") zum unbesiedelten Südafrika: Unmittelbar hinter den Stadtgrenzen begann afrikanische Wildnis.

Der Weinanbau, für den Stellenbosch heute weltweit bekannt ist, wurde schon durch Simon van der Stel forciert, der bereits das Weingut Groot Constantia gegründet hatte und sich auch hier für den Anbau edler Trauben einsetzte. Ein weiterer Qualitätsschub erfolgte dank einer Gruppe Hugenotten, die im nahe liegenden Franschhoek eintrafen und das nötige Fachwissen zum Weinanbau in die Region brachten. Zunächst war die Nachfrage nach Wein nicht sehr groß: Die Hänge im Constantia Valley konnten fast den gesamten Bedarf abdeckten. Der Wein aus dem Gebiet von Stellenbosch wurde dagegen in der Anfangszeit vornehmlich für die Produktion von Brandy verwendet.

Der Trödelladen „Oom Samie se Winkel" in der Dorp Street von Stellenbosch zählt zu den bekanntesten Läden der Western Cape Province.

NACHFOLGENDE DOPPELSEITE:
Prächtige Villa in Stellenbosch

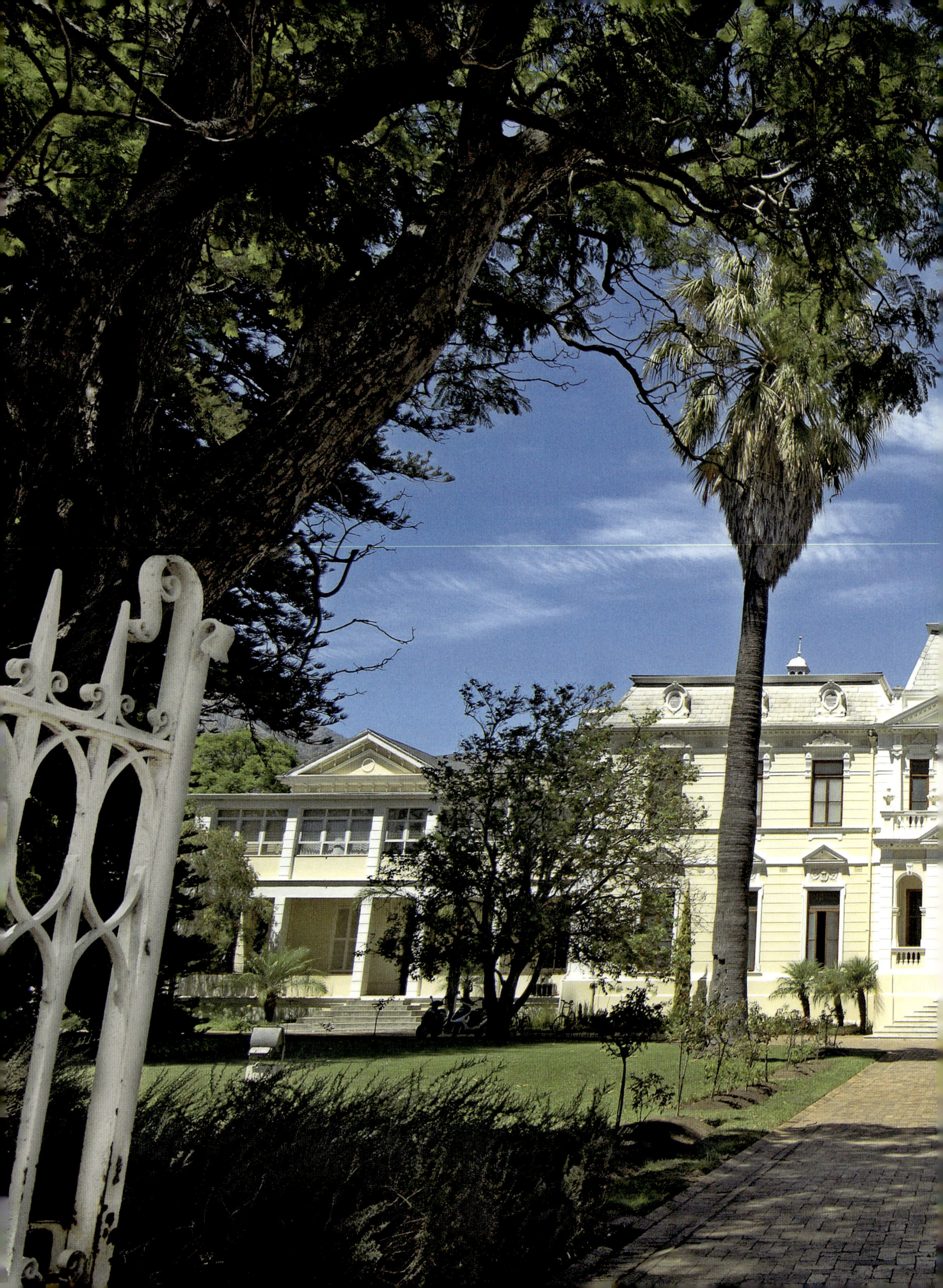

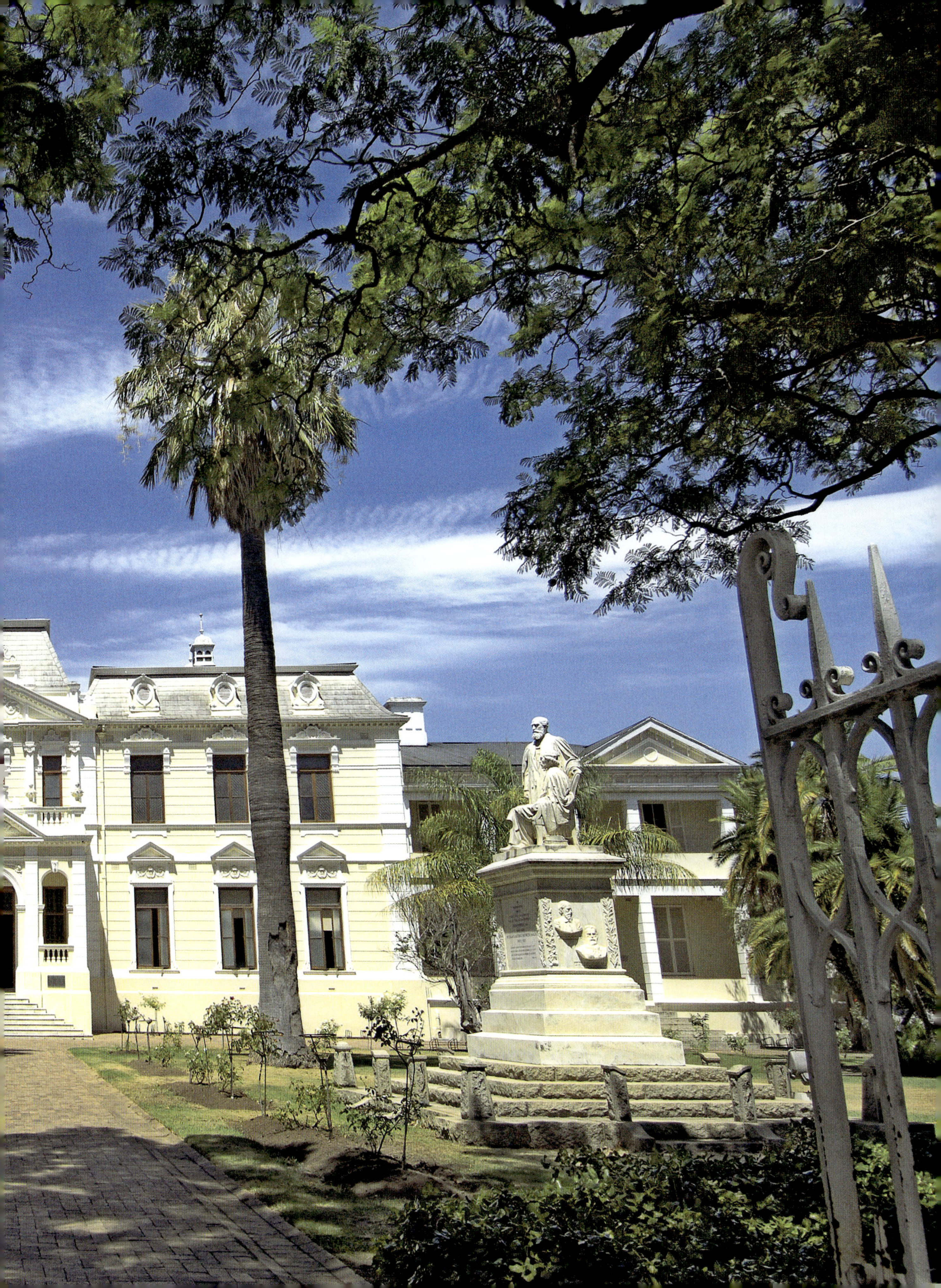

FOLGENDE DOPPELSEITE:
Weingut in Stellbosch

Rund um die niederländisch-reformierte Gemeindekirche erstreckt sich der historische Stadtkern von Stellenbosch mit eichengesäumten Straßen.

Doch nicht nur auf den Feldern und in den Weinhängen, auch in Stellenbosch selbst schritten Veränderungen voran: Gemütlich wirkende Häuser wurden gebaut, deren Wände dick, wärmeabweisend und weiß gekalkt waren. Handwerker gestalteten Fenster und Türen aus Yellowwood und Stinkwood, also aus harten Hölzern; die Dächer waren strohgedeckt. Die angelegten Straßen wurden mit Furchen versehen, die Wasser an jedes Haus brachten. Ebenfalls pflanzte man schattenspendende Eichen an, die größtenteils noch heute stehen und teilweise zu einem National Monument erklärt worden sind. Sie verliehen der Stadt auch ihren Spitznamen: „Eikestad", die Eichen-Stadt. Heutzutage besticht Stellenbosch in erster Linie durch die historischen Sehenswürdigkeiten, die dieser Zeit entstammen. Keine Siedlung am Kap aus der Blütezeit der Niederländischen Ostindien-Kompanie legt ein authentischeres Zeugnis von der Architektur dieser Epoche ab. Bei einem Spaziergang durch den beschaulichen Ort lassen sich an den Baudenkmälern kapholländische Stilelemente ebenso ausmachen wie Spuren georgianischer und viktorianischer Baukunst.

PAARL

Paarl ist eine der ältesten Siedlungen des Hinterlandes von Kapstadt und zählt heute (mit Townships und Vororten) fast 200 000 Einwohner. Es liegt an den Ufern des Berg River, 132 Meter über dem Meer. Das Tal erhält rund 700 Millimeter Niederschlag pro Jahr, davon 80 Prozent im Winter. Paarl bedeutet „Perle" und wurde so genannt, weil die Berge um die Stadt bei einem bestimmten Tageslicht eine perlenähnliche Farbe annehmen.

Die Gegend zeichnet sich durch gutes Klima und fruchtbare Böden aus, was die Siedler zum Anbau von Obst und Gemüse veranlasste – bis heute durch die hiesigen Konservenfabriken dokumentiert. Die Granitberge der Umgebung dienten als Steinlieferanten für Grabsteine. Paarl ist ebenfalls bekannt für die Herstellung von feinem Brandy.

Die Stadtgeschichte begann im Jahre 1720, als die erste Kirche gebaut und die sehr langgestreckte Main Street mit den charakteristischen Eichen angelegt wurde. Viele der historisch bedeutsamen Gebäude wurden zwischen 1710 und 1760 errichtet. Zur ersten bedeutsamen Industriesparte entwickelte sich der Wagenbau.

Mit Arnoldus Pannevis beheimatete Paarl einen wichtigen Befürworter der Einführung einer Afrikaans-Sprache. Der aus den Niederlanden stammende Gymnasiallehrer für klassische Sprachen war in den 1870er Jahren zu der Erkenntnis gekommen, dass die niederländische Sprache von den Südafrikanern niederländischer Abstammung nicht mehr verstanden wurde.

Durch die geographische Isolierung hatten die Menschen hier im südlichen Afrika die Beziehung zum Hoch-Niederländisch verloren, sodass allmählich eine Sprachwandlung eintrat, die sich immer stärker abzeichnete. Denn die Dialekte der Einwanderer wurden nicht nur durch sie selbst, sondern auch durch Franzosen, Deutsche, malaiischsprachige Sklaven und einheimische Khoikhoi verändert.

Nach der Überzeugung Pannevis' handelte es sich beim Ergebnis dieser Entwicklung nicht

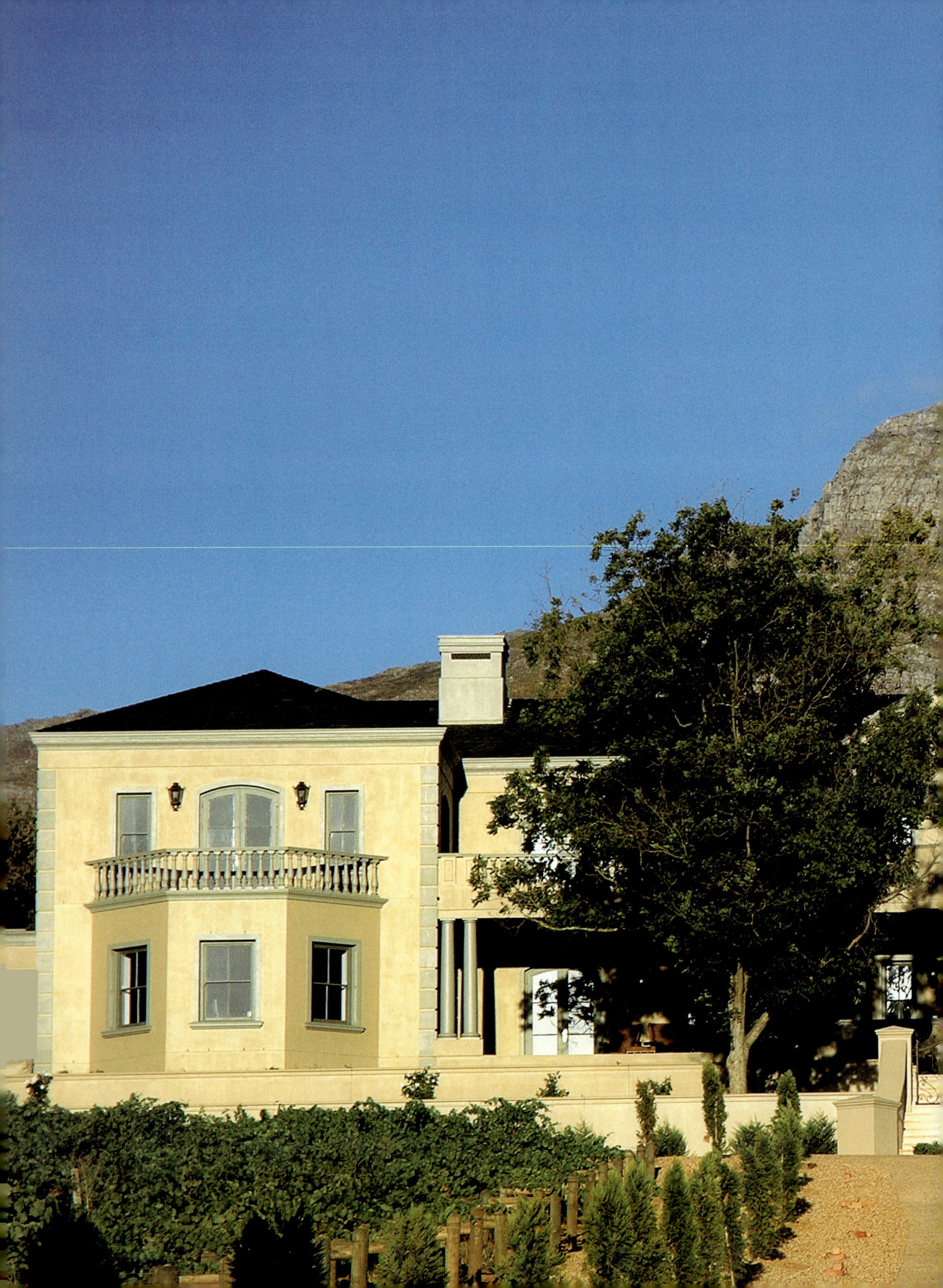

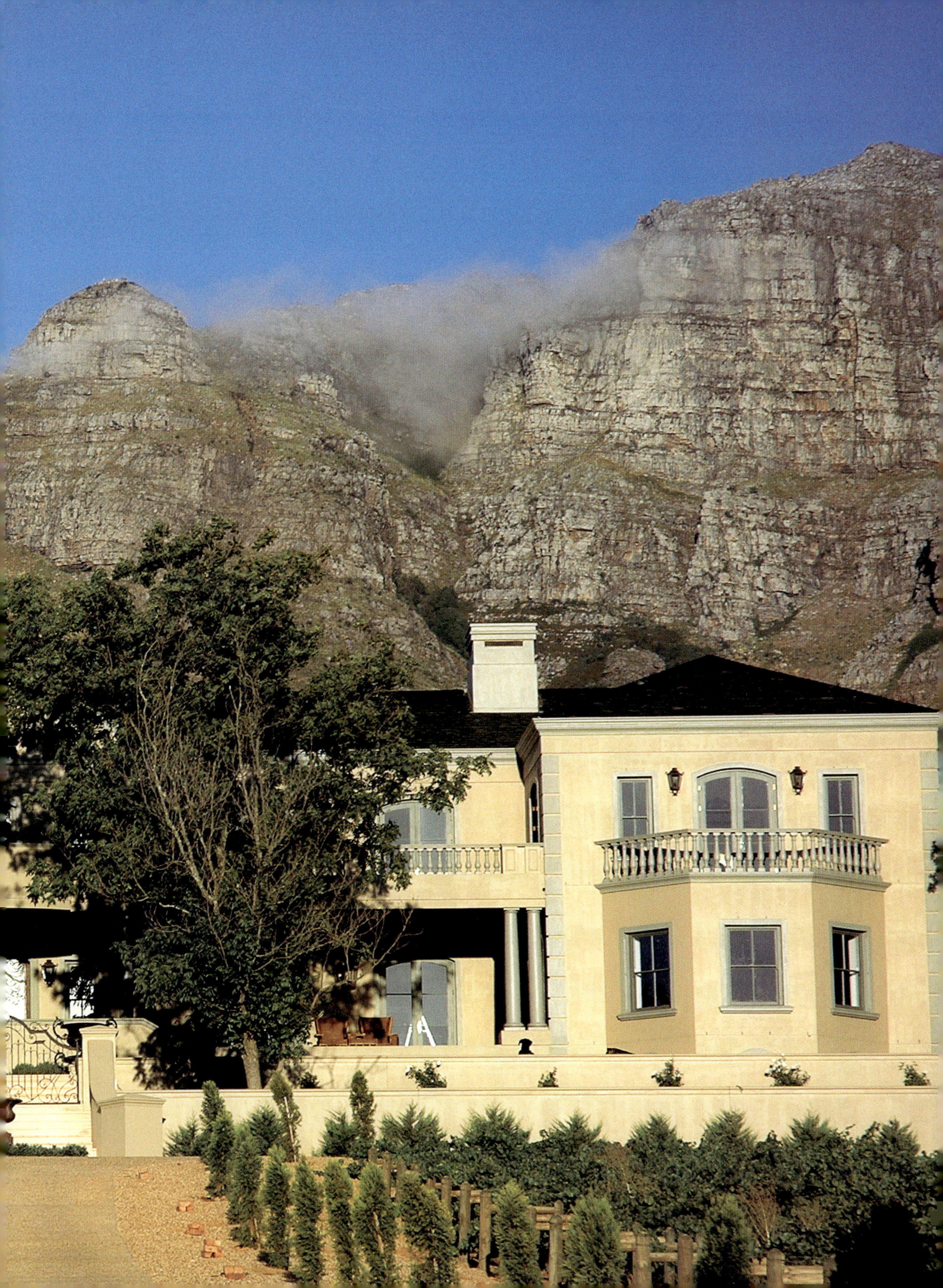

RECHTE SEITE:
Reformierte Kirche in Franschhoek (Fotos oben); Teile eines Weinguts in Franschhoek (Foto unten)

Das Afrikaanse Taalmonument in Paarl erinnert daran, dass das Afrikaans als eigenständige Sprache weitgehend durch eine private Initiative in dieser Stadt begründet wurde.

mehr um einen Dialekt, sondern nun bereits um eine eigenständige Sprache: Afrikaans. Er diskutierte diese Beobachtung in Kollegenkreisen. 1875 kam es zu einer historisch bedeutsamen Versammlung im Hause von Gideon Malherbe, einem Farmer, der mit der Tochter des Gymnasialdirektors verheiratet war. Man gründete bei dieser Gelegenheit das „Genootskap van Regte Afrikaners" (= Gemeinschaft der echten Afrikaaner). Dieses Treffen gilt als der Gründungstag der Sprache Afrikaans.

Innerhalb dieser Institution, die sich der Erforschung der Sprache widmete, wurde 1876 die erste Zeitung in Afrikaans – „Die Patriot" – mit einer einfachen Druckpresse im Hause von Malherbe gedruckt. Damit war Afrikaans zur Schriftsprache erhoben. Ab 1925 wurde Afrikaans offiziell als Amtssprache akzeptiert, in der Folge verdrängte es das Niederländische, das diese Funktion neben Englisch hatte, zur Gänze. Bis heute durchdringt Afrikaans sämtliche Bereiche des kulturellen Lebens. Das Afrikaanse Taalmonument (Sprachdenkmal) dokumentiert die Rolle, die Paarl bei der Etablierung der Sprache spielte. Es befindet sich am südlichen Fuß des Paarl Rock.

FRANSCHHOEK

Franschhoek, 1688 von ca. 200 französischen Hugenotten gegründet, ist mit seinen rund 15 000 Einwohnern deutlich kleiner als Stellenbosch und Paarl. Der Name bedeutet übersetzt „französisches Eck", womit die bestechende Lage am Ostende des Drakenstein Valley ein wenig umschrieben ist. Ursprünglich hieß die Region aufgrund der hier herumstreunenden Elefanten „Oliphants Hoek".

Franschhoek ist seit Langem bekannt für seine erstklassigen Weine, die denen aus den größeren Orten in nichts nachstehen. Den Charakter einer kleinen Ortschaft hat sich Franschhoek trotz internationaler Bekanntheit dennoch weitgehend bewahrt. Mit dem seit der Abschaffung der Apartheid deutlich zugenommenen Tourismusgeschäftes am Kap entstanden auch in Franschhoek Boutiquen, Straßencafés, gemütliche Herbergen und eine erstklassige Gastronomieszene.

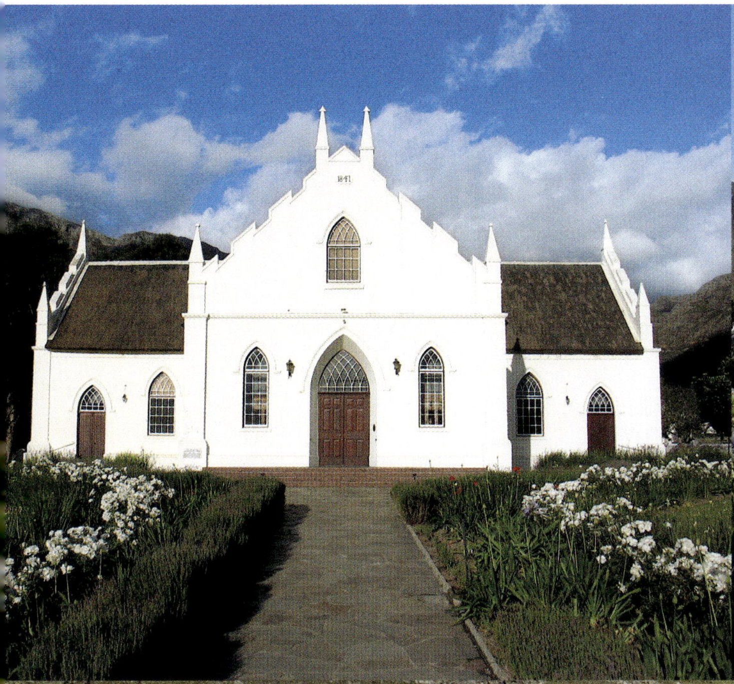

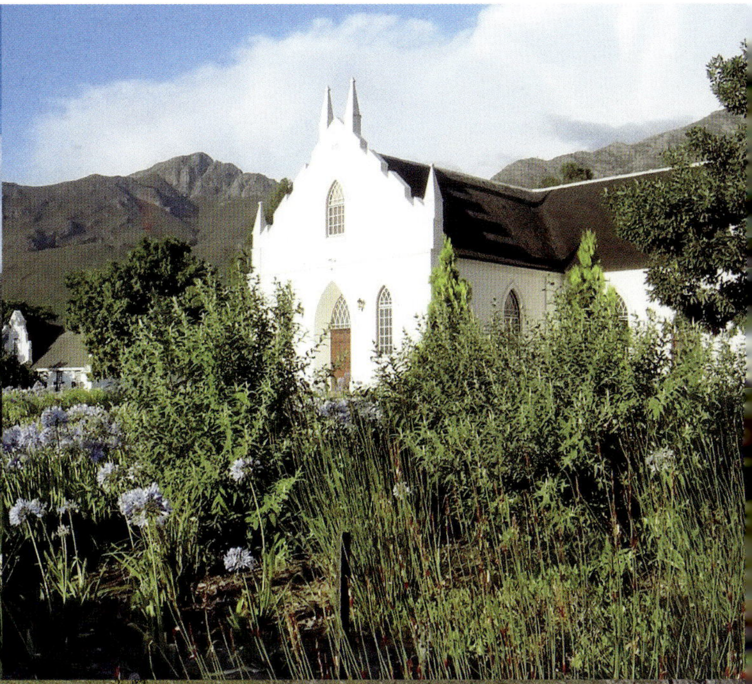

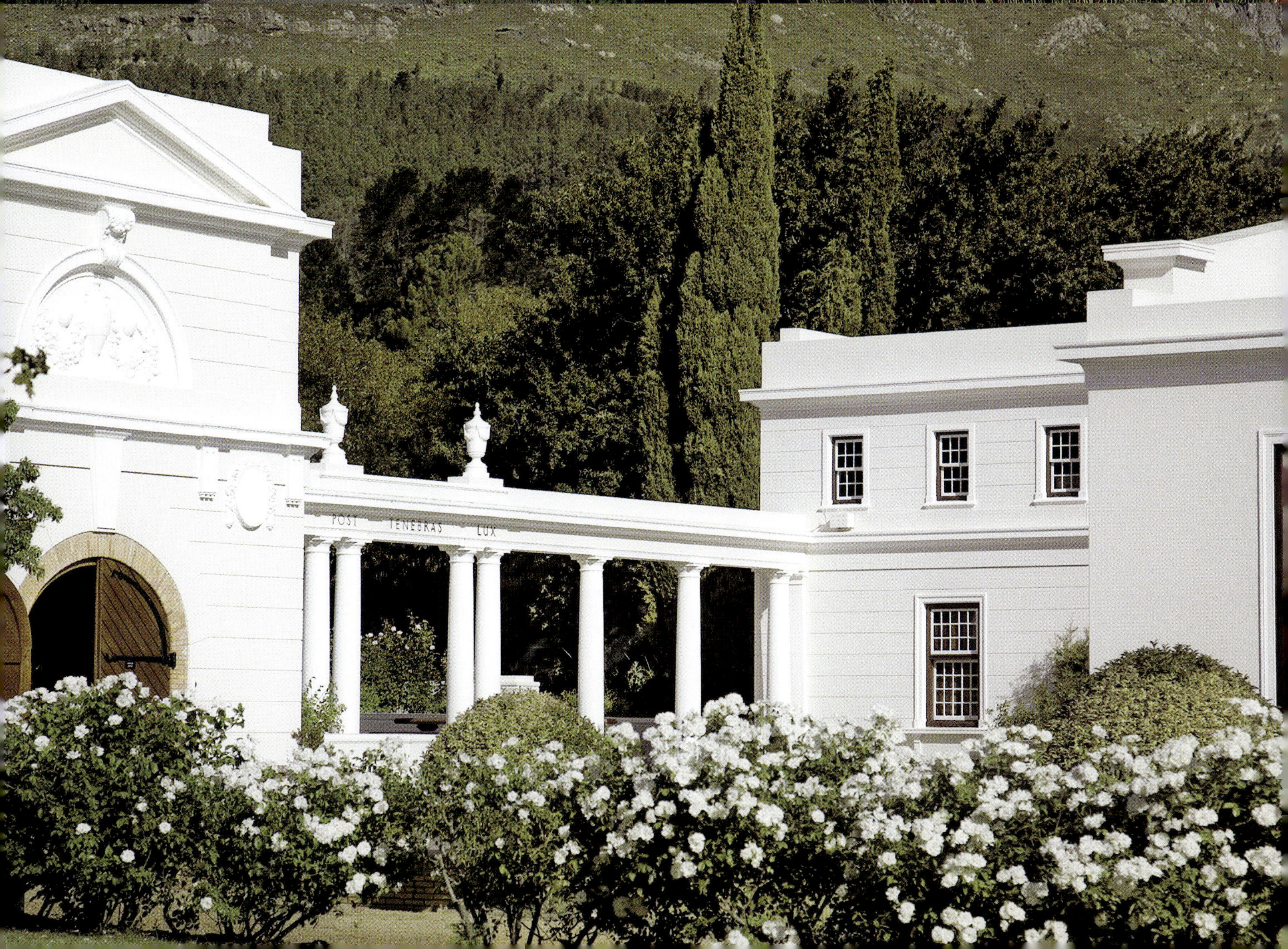
POST TENEBRAS LUX

Ab ca. 1685 entschloss sich die Niederländische Ostindien-Kompanie, Menschen zu motivieren, sich im Kapland niederzulassen. Man sprach deshalb die Hugenotten an, die durch die Aufhebung des Edikts von Nantes ihre Glaubensfreiheit verloren, sich aber weigerten, ihren protestantischen Glauben aufzugeben, und nun ihre Heimat verlassen mussten.

So kam eine kleine Gruppe von Hugenotten im April 1688 an Bord der „Oosterland" an. Man gab ihnen Land in der Umgebung von Drakenstein, wo van der Stel bereits zwei Jahre zuvor Niederländer auf 26 Siedlungsplätze verteilt hatte. Natürlich legten diese großen Wert darauf, dass sich die Franzosen assimilierten. Sie durften ihre Sprache beibehalten, doch bereits nach einer Generation beherrschten nur noch die Älteren ihre Muttersprache. Viele Namen von Weingütern in der Umgegend weisen heute noch auf die französische Herkunft der Siedler hin, so zum Beispiel Bien Donné, La Cotte, La Motte und La Dauphine.

Tor zum Weingut Haute Cabrière in Franschhoek

WESTKÜSTE

Der Distrikt West Coast am Atlantischen Ozean umfasst eine Fläche von 31 100 Quadratkilometern, grenzt im Süden an die City of Cape Town und den Distrikt Cape Winelands, im Norden und Osten an die Northern Cape Province. Die Westküste ist die Heimat von rund 450 000 Menschen. Rund 85 Prozent der Bevölkerung sprechen als Muttersprache Afrikaans, vor allem die Coloureds sowie die meisten Weißen.

Die West Coast setzt sich aus den Gemeinden Matzikama, Cederberg, Bergrivier, Saldanha Bay und Swartland zusammen, wobei die Gemeinde Bergrivier ihren Namen vom zweitgrößten Fluss des westlichen Kaps erhielt. Bevor dieser Fluss nach einer Strecke von 294 Kilometern Velddrif erreicht und dort in den Atlantik mündet, hat er Städte wie Paarl, Wellington, Gouda und Piketberg hinter sich gelassen. Seine Quelle befindet sich in den Bergen von Stellenbosch.

Die Erkundung der Westküste geht auf den ersten Gouverneur der Kapprovinz – Jan van Riebeeck – zurück. Er entsandte 1652 einen seiner Beamten zu Erkundungszwecken ins Landesinnere, dem heutigen Swartland (= schwarzes Land). Dieser beschrieb die Landschaft als schwarz, da zu der Sommerzeit der Nashornbusch (Renosterbos; botanisch: *Elytropappus rhinocerotis*) eine dunkelgrüne bis schwarze Farbe angenommen hatte.

Die 140 Kilometer nördlich von Kapstadt liegende Gemeinde Saldanha Bay an der gleichnamigen Bucht hat eine große regionale Bedeutung durch den Industriehafen und den Marinestützpunkt erlangt. Mit den Jahren wurde aus ihr ein von Besuchern geschätztes Ausflugsziel. Sie ist durch zwei Extreme gekennzeichnet: den West Coast National Park und den in den 1970er Jahren errichteten Erzhafen, der mit großem Aufwand angelegt wurde, um die im Hinterland gewonnenen Rohstoffe in die Industrieländer verschiffen zu können. Eine Eisenbahnlinie durch wüstenähnliche Regionen ermöglicht den Transport des Erzes von der Sishen Mine (Northern Cape Province) zum 850 Kilometer entfernt liegenden Hafen.

Der West Coast National Park ist eines der größten an der südafrikanischen Küste gelegenen Naturreservate. Er umschließt ca. 40 000 Hektar von Yzerfontein bis nach Langebaan, umfasst die Inseln in der Saldanha Bay sowie Langebaan Lagoon mit ihrem klaren blauen Wasser und damit mehr als 30 Prozent der Salzmarschen Südafrikas.

Großen Feuchtgebiete, Felshöhlen, aber auch Sandfelder und Buschvegetation bieten bis zu 250 verschiedenen Vogelarten Lebensraum. Im Frühling überwintern diverse Zugvögel aus dem subarktischen Raum Europas und Nordwestasiens. Allein in der Cape-Gannet-Kolonie leben bis zu 70 000 Vögel. Hinzu kommen Austernfischer, Flamingos, Kormorane, Pinguine sowie Möwen mannigfaltigster Art. In den Monaten von August bis Oktober wird das Reservat von Wildblumen geradezu überschwemmt.

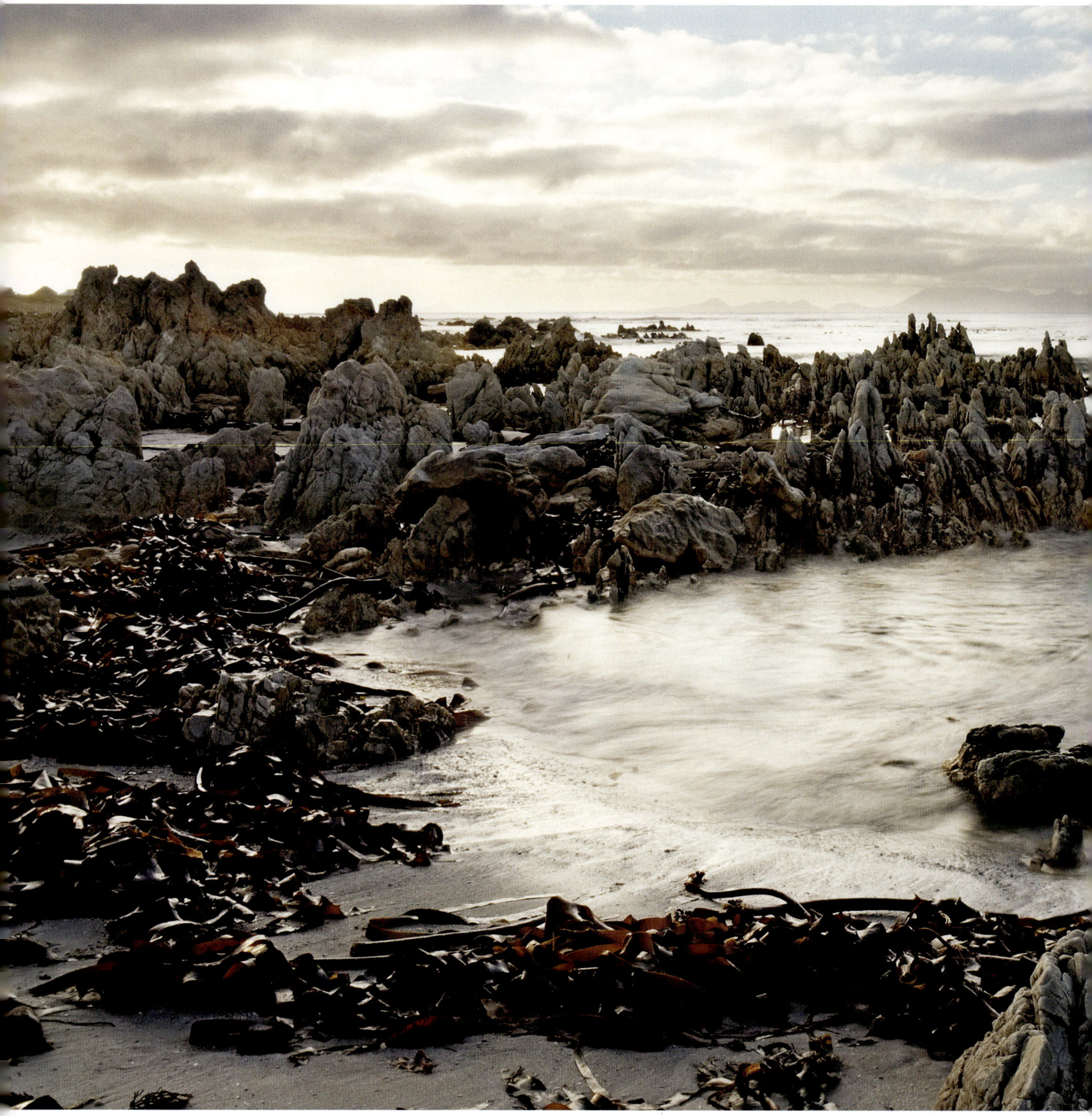

Schroffe Felsen an der Pringle Bay nahe Kapstadt

Der Ort Wupperthal nahe Clanwilliam wurde 1829 im Auftrag der Rheinischen Missionsgesellschaft in den Cederbergen gegründet. Die Bewohner leben heute hauptsächlich vom Anbau von Rooibos-Tee.

Nordwestlich von Langebaan liegt der Verwaltungsort Vredenburg und ein wenig weiter westlich das idyllische Fischerörtchen Paternoster. Weiter nördlich verläuft dann die Straße großteils parallel entlang der Erzbahnstrecke mit oftmals ewig langen Erzzügen bis nach Lambert's Bay.

Die Strecke zwischen Yzerfontein und Lamberts Bay wird auch als Seafood Route bezeichnet, da es hier viele Aufzuchtstationen von Muscheln und Crayfish gibt, deren Produkte in den nahe gelegenen Restaurants auf verschiedene Weise zubereitet werden. In der Zeit von Juli bis November schwimmen Wale vor der Küste, die sich gerne in der kühlen Meeresströmung aufhalten, da diese in der Regel nährstoffreich ist.

Der Ort Vredendal („Friedenstal"), Verwaltungssitz der Gemeinde Matzikama (matzi bedeutet in der Sprache der Khoisan „er gibt" und kama „Wasser"), liegt bereits 250 Kilometer nördlich von Kapstadt im Olifants River Valley. Hier lebten die Khoisan in den Bergen. Vredendal erhielt seinen Namen vermutlich 1668 nach einem Viehdiebstahl, als der Frieden mit dem geschädigten Bauern auf dem heutigen Stadtgebiet wiederhergestellt wurde. Das Gebiet von Matzikama, der nördlichste und sehr trockene Teil von Western Cape, geht ins Namaqualand über, das vor allem in der Northern Cape Province liegt und für seine blühenden Felder im südafrikanischen Frühjahr (vor allem im September) berühmt ist.

Weiter im Süden, in der Umgebung von Clanwilliam und Citrusdal in der Gemeinde Cederberg, ist es weniger trocken. Durch starke Bewässerung wachsen neben Tabak und Weizen auch Wein und Zitrusfrüchte. Berühmt ist die Region vor allem für den Rooibos, dessen Blätter einen aromatischen und Vitamin-C-reichen Tee liefern. Auch hier erblühen im Frühjahr viele Felder zu einem Meer von Blumen.

Die Cederberg Wilderness Area ist eine einzigartige Wildnisgegend im Western Cape. Das bis über 2000 Meter hohe Sandsteingebirge östlich des Olifants River und die langen trockenen Täler haben in abgelegener und einsamer Gegend eine raue Landschaft geformt und bieten ideale Möglichkeiten für Wanderer, Kletterer und Naturfreunde.

Über das ganze Gebiet verteilt findet man neben Felsmalereien eine große Vielfalt an Bergfauna, von Pavianen und kleinen Antilopen bis hin zu Luchsen und Leoparden. Nicht zu vergessen ist die einzigartige Flora: Sie enthält die knochige und urwüchsige Clanwilliam-Zeder – die diesem Gebiet den Namen gab – ebenso wie die Schneeprotea, die in Höhen um 2000 Meter wächst. Aus den Zedern wurden früher Möbel und andere Haushaltsgeräte gefertigt, da das Holz Öle enthält, die vor Ungezieferfraß schützen. Heute stehen die Bäume unter Naturschutz.

Südlich der Cederberge liegt der Ort Ceres, der den Namen der römischen Fruchtbarkeitsgöttin trägt und dessen Umland zu den reichsten Obstanbaugebieten Südafrikas gehört. Fast überall im Land findet man Fruchtsäfte mit dem Namen der Stadt auf dem Etikett. Ein Erdbeben im Jahre 1969 veranlasste Historiker und Architekten dazu, den kleinen Ort Tulbagh in seiner ganzen Schönheit zu restaurieren. Alleine in der Church Street findet man 32 makellose kapholländische Häuser, die alle unter Denkmalschutz stehen.

LITTLE KAROO

Der Begriff Karoo geht auf die in früheren Zeiten hier lebenden Khoikhoi zurück und bedeutet vermutlich trocken. Man unterscheidet in erster Linie die Little Karoo (Kleine Karoo) und die Great Karoo (Große Karoo). Mit einer Ausdehnung von 400 000 Quadratkilometern umfasst die Karoo etwa ein Drittel des Territoriums Südafrikas. Wie Fossilien von Dinosauriern belegen können, die in den sumpfigen Rändern des Gewässers lebten, bildeten Teile der Karoo vor 240 Millionen Jahren einen großen Binnensee.

Die Little Karoo erstreckt sich über gut 300 Kilometer von Montagu bis Uniondale und liegt auf einer Höhe von 300 Metern eingebettet zwischen den Langebergen und den Outeniqua Mountains, die die Little Karoo gegen die Küstenebene des Indischen Ozeans abgrenzen, und den Swartbergen im Norden, die bis auf 2300 Meter ansteigen und das Trenngebirge zur Great Karoo bilden. Die durchschnittliche Breite beträgt 60 Kilometer. An den breitesten Stellen dehnt sich die Little Karoo von Nord nach Süd auf 100 Kilometer aus.

Das Klima der Little Karoo ist frisch und sonnig im Winter und heiß mit geringer Luftfeuchtigkeit im Sommer. Zum Zentrum des Kleinen Karoo hin nimmt die Menge der Niederschläge stetig ab. Im Gegensatz zur Great Karoo fällt hier aber gerade noch so viel Niederschlag, dass die fruchtbaren Böden in den Talsohlen mit zusätzlicher Bewässerung vor allem von Obstbauern bewirtschaftet werden können.

In der Little Karoo liegen der Ort Calitzdorp, der bekannt ist für seine Portweine, und im Osten die Stadt Oudtshoorn, in deren Großraum aufgrund der Trockenheit und der kargen Vegetation fast aus-

Die Cango Caves bei Oudtshoorn in der Kleinen Karoo gehören zu den größten Tropfsteinhöhlen der Welt (Foto links); Swartberg Pass (Foto Mitte); das Gebiet rund um Oudtshoorn wird aufgrund der großen Trockenheit vor allem für die Aufzucht von Straußen genutzt (Foto rechts)

schließlich Viehzucht und insbesondere Straußenzucht betrieben wird. Einige Flüsse (zum Beispiel der Olifants River) führen aber das ganze Jahr über Wasser.

Nördlich der Little Karoo liegt noch innerhalb der Western Cape Province ein Teil der wesentlich größeren Great Karoo, eine Halbwüstenlandschaft im zentralen Hochplateau Südafrikas, die sich noch weit in die Northern Cape Province erstreckt. Sie ist von den Bergketten der Großen Randstufe umgeben, an denen sich die feuchten Seewinde an der dem Meer zugewandten Seite abregnen. Das Land hinter den Bergen bleibt daher weitgehend trocken, das Klima ist arid mit Niederschlägen unterhalb von 500 Millimetern im Jahr.

Im wüstenartigen Nordosten beträgt der Niederschlag weniger als 200 Millimeter. In den westlicheren bzw. nördlicheren Gebieten regnet es im Winter häufiger als im Sommer. Der heißen Jahreszeit stehen oft sehr kalte Winter gegenüber.

Fällt im Winter genügend Niederschlag, so entfaltet die Karoo ein Meer von Pflanzen, nur vergleichbar dem im Namaqualand. Von besonderer Bedeutung sind ist artenreiche Welt der sukkulenten Gewächse, hier vor allem die der Mittagsblumen. Aber auch der klassische Fynbos und weitere bekannte südafrikanische Pflanzen gedeihen hier. An die 7000 Pflanzenarten sind in der Karoo bestimmt worden, dazu eine reiche Tierwelt, die durch Wiederansiedlungen (zum Beispiel Schwarzes Nashorn) im Karoo National Park in den 1990er Jahren erhalten wird.

FOLGENDE DOPPELSEITE:
Im Karoo National Park

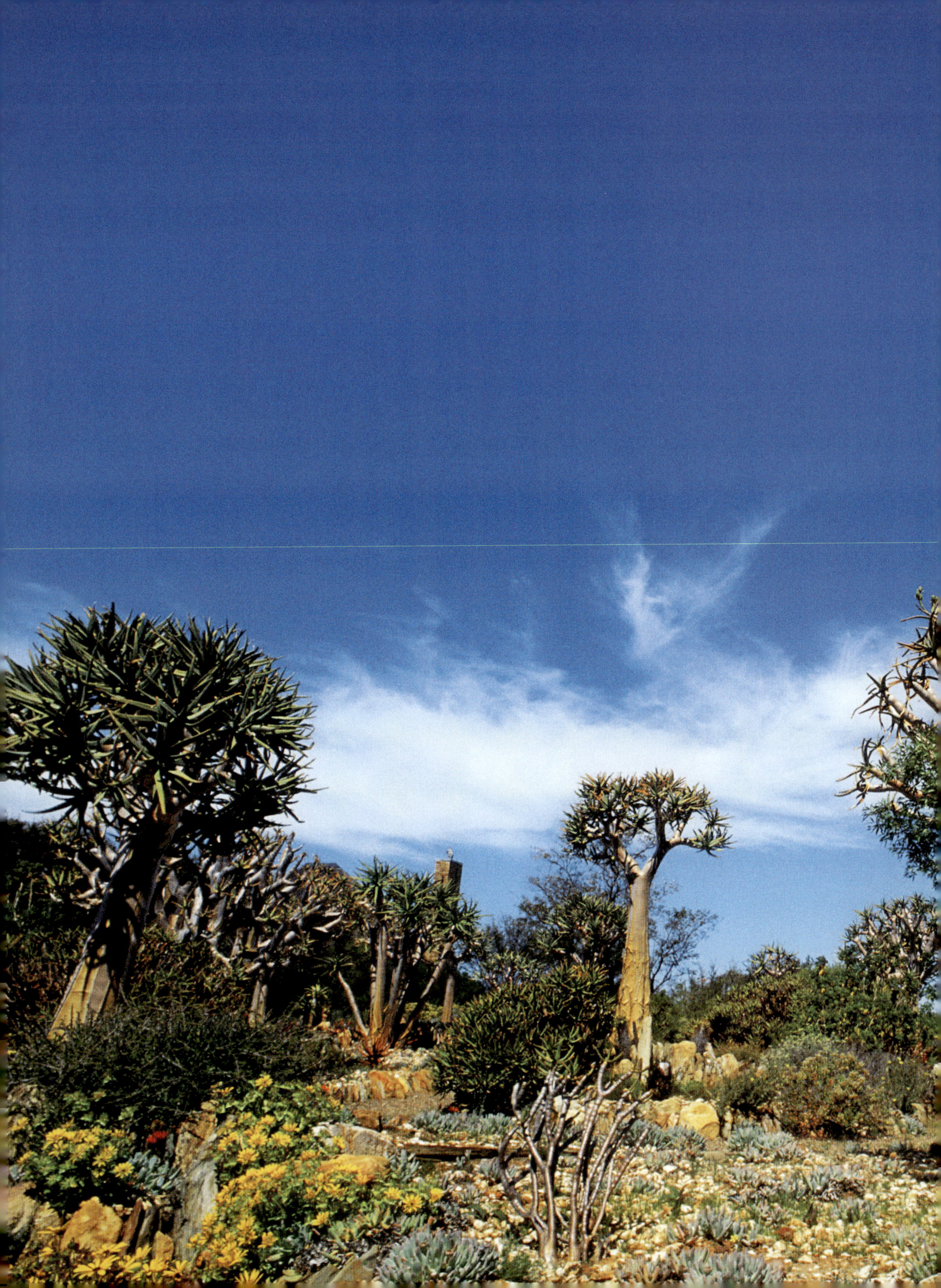

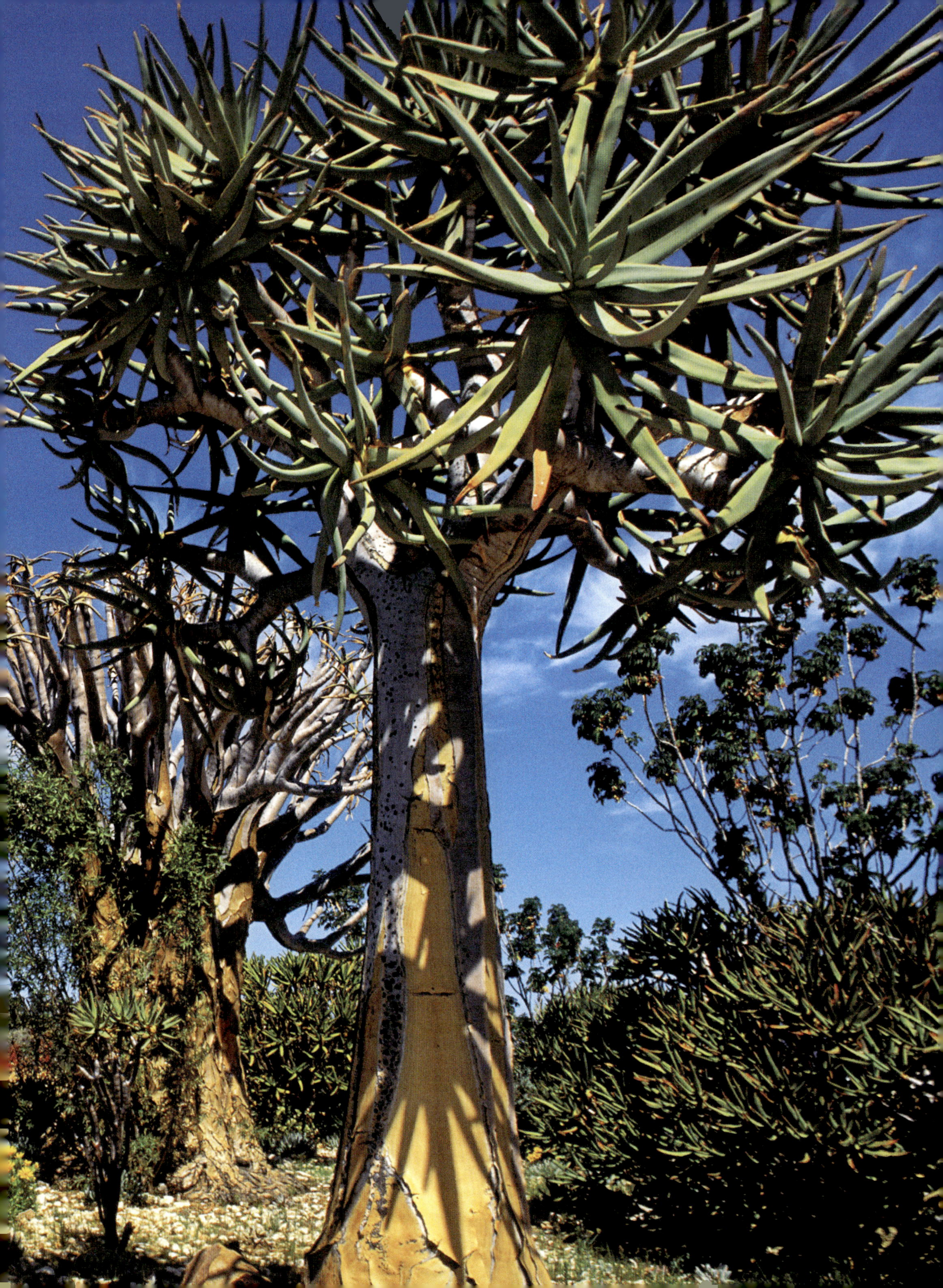

RECHTE SEITE:
Südafrikas Weine sind ein weltweit geschätztes Exportgut. In den Weinregionen kann man auf wunderschönen Weingütern und vor einer atemberaubenden Naturkulisse die edlen Tropfen verköstigen.

FOLGENDE DOPPELSEITE:
Weinberge von Stellenbosch

Weinberg in der Western Cape Province (Foto links); Weinlese (Foto rechts)

WEINLAND SÜDAFRIKA
„CELEBRATE THE CAPE"

An der südlichen Spitze des afrikanischen Kontinents, wo sich zwei Ozeane treffen, liegt Kapstadt, eine der großen Weinhauptstädte der Welt und das Tor zu den Weinbaugebieten Südafrikas. Seit über 350 Jahren begegnen und vermengen sich im Schatten des weltberühmten Wahrzeichens, des Tafelberges, die Kulturen von Europa, Afrika und des Ostens. Dabei ist eine Metropole entstanden, die sowohl historisch als auch modern ist, mit einem überschäumenden Kulturleben und einem vibrierenden Zeitgeist. Die individuellen Einflüsse der unterschiedlichen Kulturen prägen die Vielfalt des Kaps – das gastronomische Angebot, von Szenebars bis zu Gourmetküchen, verführt die Gäste je nach kultureller Wurzel mit neuen kreativen Genüssen. Musik, Rhythmus und Lifestyle und Visionen machen das Kap zu einem unvergleichlichen Schmelztiegel der Emotionen.

Das Gebiet um Kapstadt ist Zeuge zahlreicher Ereignisse in der Geschichte Südafrikas, denn mit der Gründung der Proviantstation durch Jan van Riebeeck im Jahr 1652 begann die Besiedelung der Südspitze Afrikas durch die Europäer. Hier ist auch der Ursprung der 350-jährigen Weinbautradition belegt, denn van Riebeeck pflanzte zu dieser Zeit den ersten Rebstock auf südafrikanischem Boden. Es folgte eine spannungsreiche Eroberung des Landes durch die Buren und die Briten, die in der leidvollen Zeit der Rassentrennung gipfelte – bis 1994! Dann begann die friedliche Wende; 1990 setzte Nelson Mandela hier seine berühmten ersten Schritte auf dem Weg in die Freiheit. In der „Mother City" ernannte vier Jahre später Erzbischof Tutu die neue südafrikanische Nation zur Regenbogennation Gottes, und die vielfältige „Rainbow Nation" blühte auf.

Heute ist Südafrika ein moderner, demokratisch regierter Staat, geprägt durch Dynamik und Zuversicht, gespeist aus der Friedenscharta und aus dem unerschütterlichen Glauben an den Erhalt der Menschenwürde. Auch wenn viele der hochgesteckten Ziele nach dem Ende der Apartheid bislang nicht erreicht wurden: Das Beispiel Südafrika ist noch immer geeignet, auch andere Staaten des afrikanischen Kontinents zu ermutigen, die notwendige Transformation mit Fortschritt zu vereinen.

WEINKULTUR AM KAP

Auch die Weine spiegeln die Tradition und Geschichte des Weinbaus, denn sie vereinen die Eleganz der klassischen Alten Welt mit der umkomplizierten Stilistik der Neuen Welt. Die Weinbaugebiete am Kap werden durch die klimatischen Einflüsse des Atlantischen und des Indischen Ozeans bestimmt. Die Reben erhalten durch die maritimen Einflüsse zusätzliche Feuchtigkeit und erfahren Abkühlung in heißen Sommertagen. Dies erklärt die frische und elegante Ausprägung der Kapweine.

Schon im 18. Jahrhundert genossen die Weine, insbesondere die Dessertweine des Weingutes Constantia, internationales Ansehen. Schriftsteller wie Jane Austen und Charles Dickens haben über diese Weine lobend geschrieben. Napoleon selbst hat den Constantiawein gleich fassweise mit nach St. Helena genommen, um sich sein Exil angenehmer zu gestalten.

Ab etwa 1950 wurden die Winzer am Kap dann zunehmend vom Gedankengut der eingewanderten deutschen und italienischen Kellermeister beeinflusst. Die 1990er Jahre wurden beflügelt durch die Aufhebung der Sanktionen, und wachsender Wettbewerb und internationaler Austausch förderten das Quali-

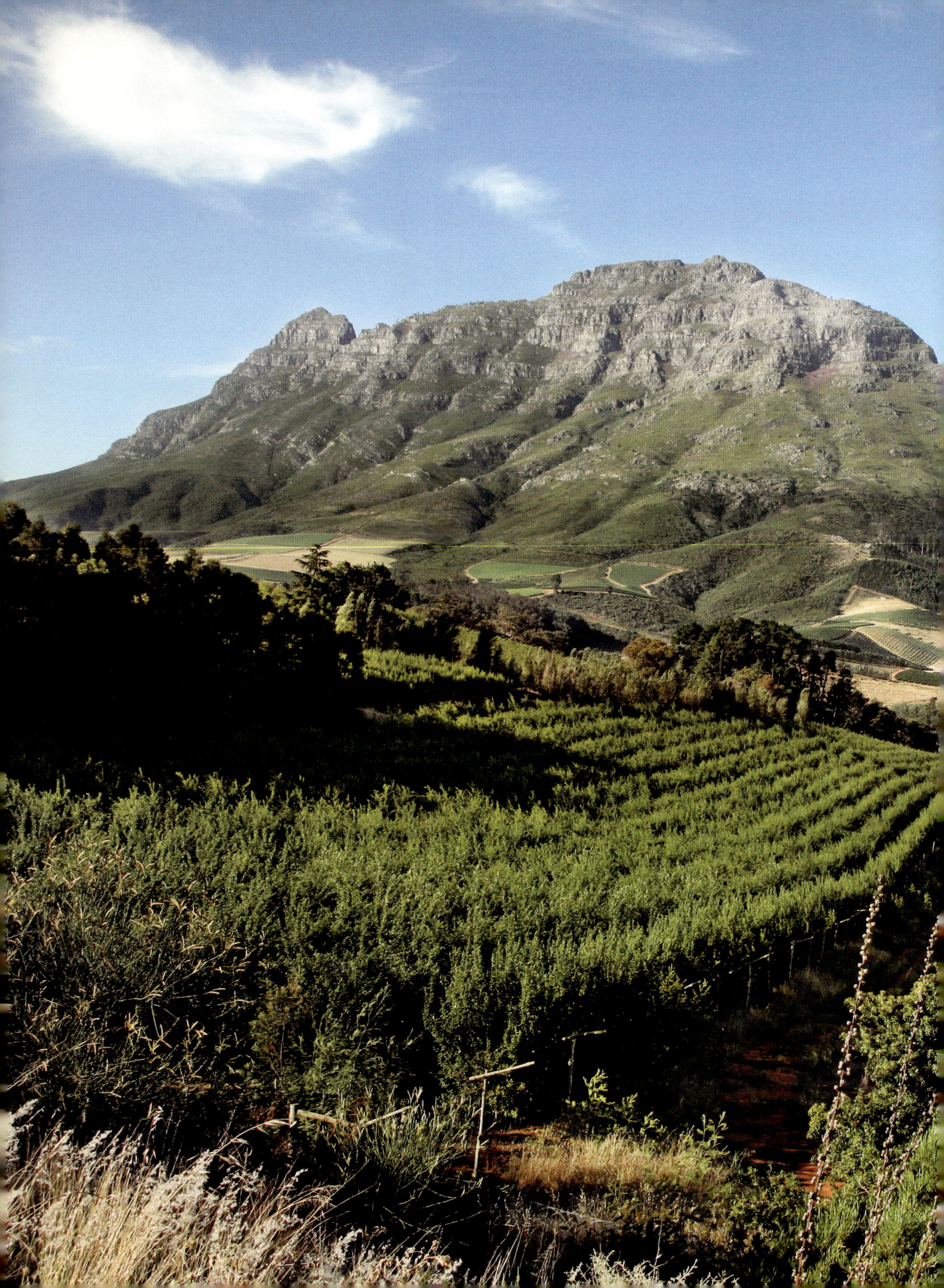

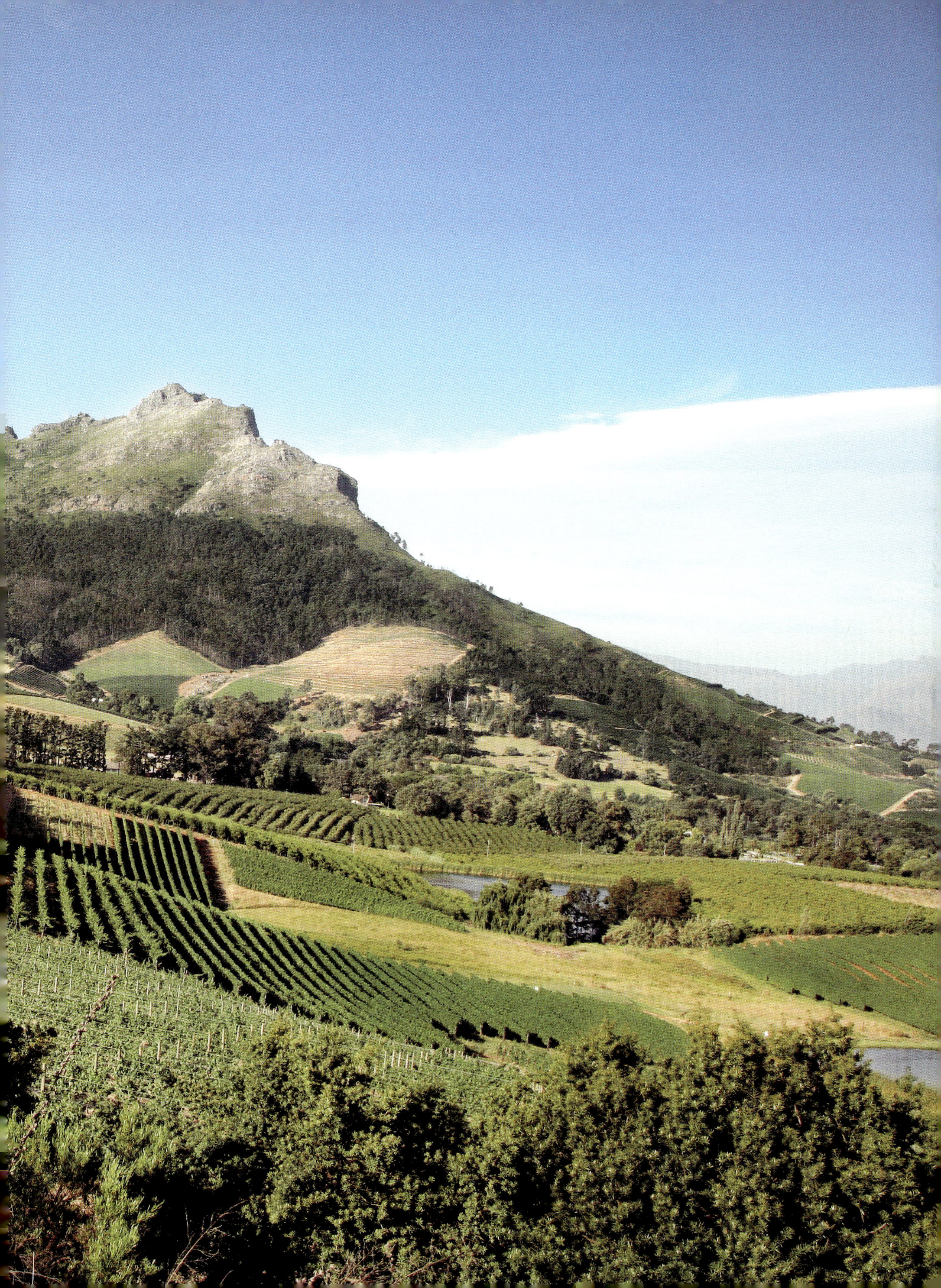

ANNO 1796

tätsbewusstsein, das vermehrt zu Neuanpflanzungen und vielen Verbesserungen in den Weinbergen führte. Man hat insbesondere gelernt, die Rebsorten gemäß den Gegebenheiten des Bodens auszuwählen. Zusammen mit Modernisierungen auch in der Kellerwirtschaft führte dies zu spürbar feineren Qualitäten, sodass heute neue Standards gesetzt und Weltklasseweine produziert werden.

Südafrikas Weine wachsen auf den ältesten Böden der Welt, zurückzuführen auf den ersten Urkontinent vor etwa eine Milliarde Jahren. Die Wechselwirkung zwischen uralten Böden, steilen Bergen, geschützten Tälern und kühlenden Meeresbrisen prägt die Unterschiede in den Anbauregionen rund um Kapstadt. Diese Vielfalt zeigt sich auch in dem unvergleichlichen Artenreichtum der Kapregion, denn Südafrikas Weine wachsen im sogenannten „Cape Floral Kingdom", anerkannt als Weltnaturerbe. Es ist mit 9600 Pflanzenarten das vielfältigste unter den sechs weltweit existierenden Florenreichen, denn hier finden sich Flächen, bei denen man auf kleinstem Raum – auf einem Quadratmeter und einer Tiefe von zehn Zentimetern – mehr als 25 000 Pflanzenarten gefunden hat. Allein auf dem Tafelberg ist die Flora und Fauna reichhaltiger als in Großbritannien.

Gemeinsam mit den Naturschützern hat sich die südafrikanische Weinwirtschaft entschlossen, dieses natürliche Erbe zu schützen. In Zusammenarbeit mit den regionalen Naturschutzinitiativen sorgt die 2004 gegründete „Biodiversity and Wine Initiative" (BWI) für den Schutz der heimischen Flora. Mit aufwendigen Methoden werden heimische Pflanzenarten identifiziert, Flächen stillgelegt und von fremdartigen Gewächsen befreit. Zu diesen strengen Vorgaben im Sinne einer nachhaltigen Weinerzeugung und zum Erhalt der Artenvielfalt haben sich seit 1998 nahezu alle südafrikanischen Weinbauern bekannt. So ist heute jeder Schritt im Produktionsprozess von Umweltstudien über die korrekte Vorbereitung der Böden bis hin zur Verwendung von Mehrwegverpackungen vorgegeben und kontrollierbar.

LINKE SEITE:
Dieses Weingut in der Region Stellenbosch wurde schon 1796 gegründet.

Weingut Neethlingshof bei Stellenbosch

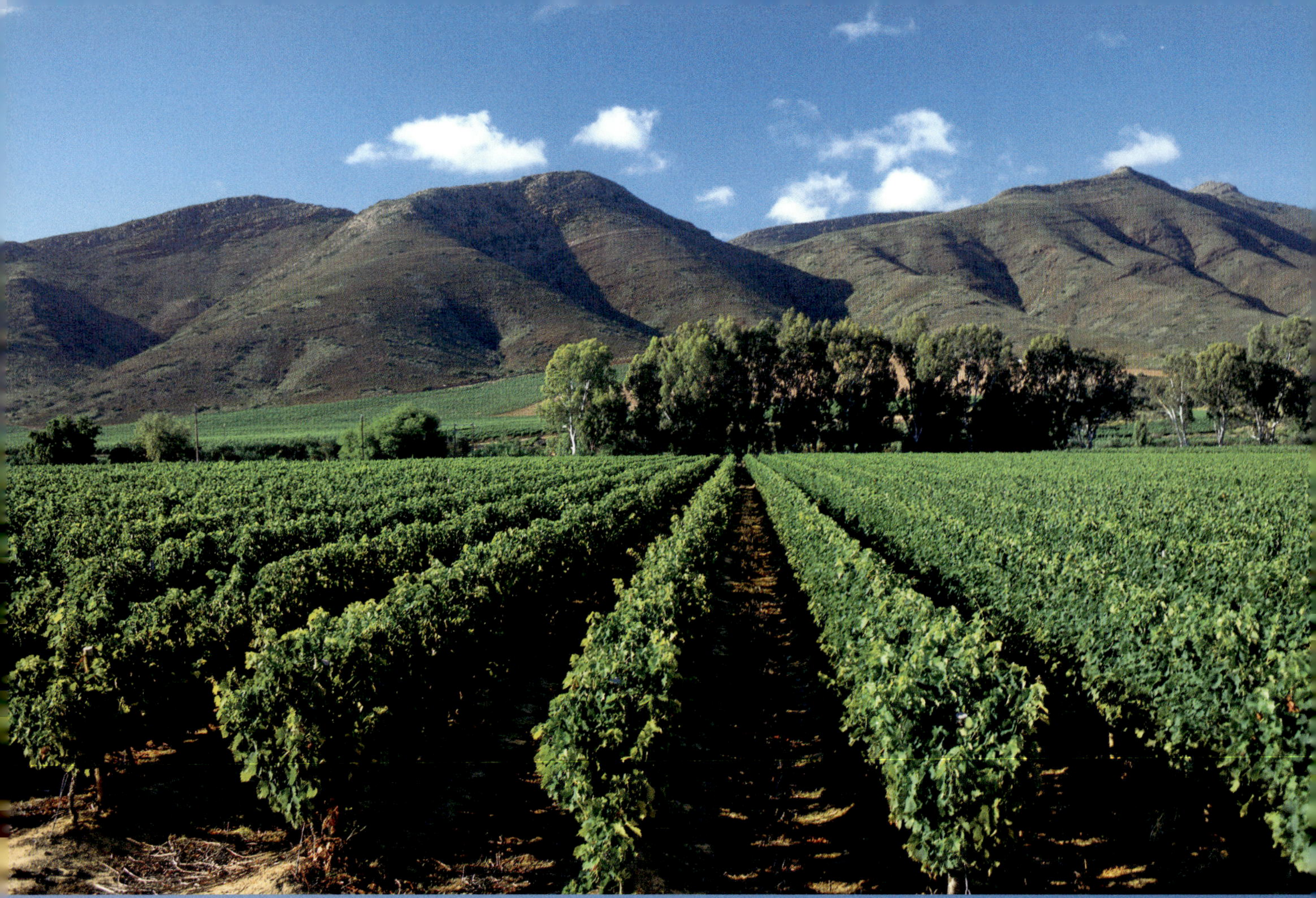
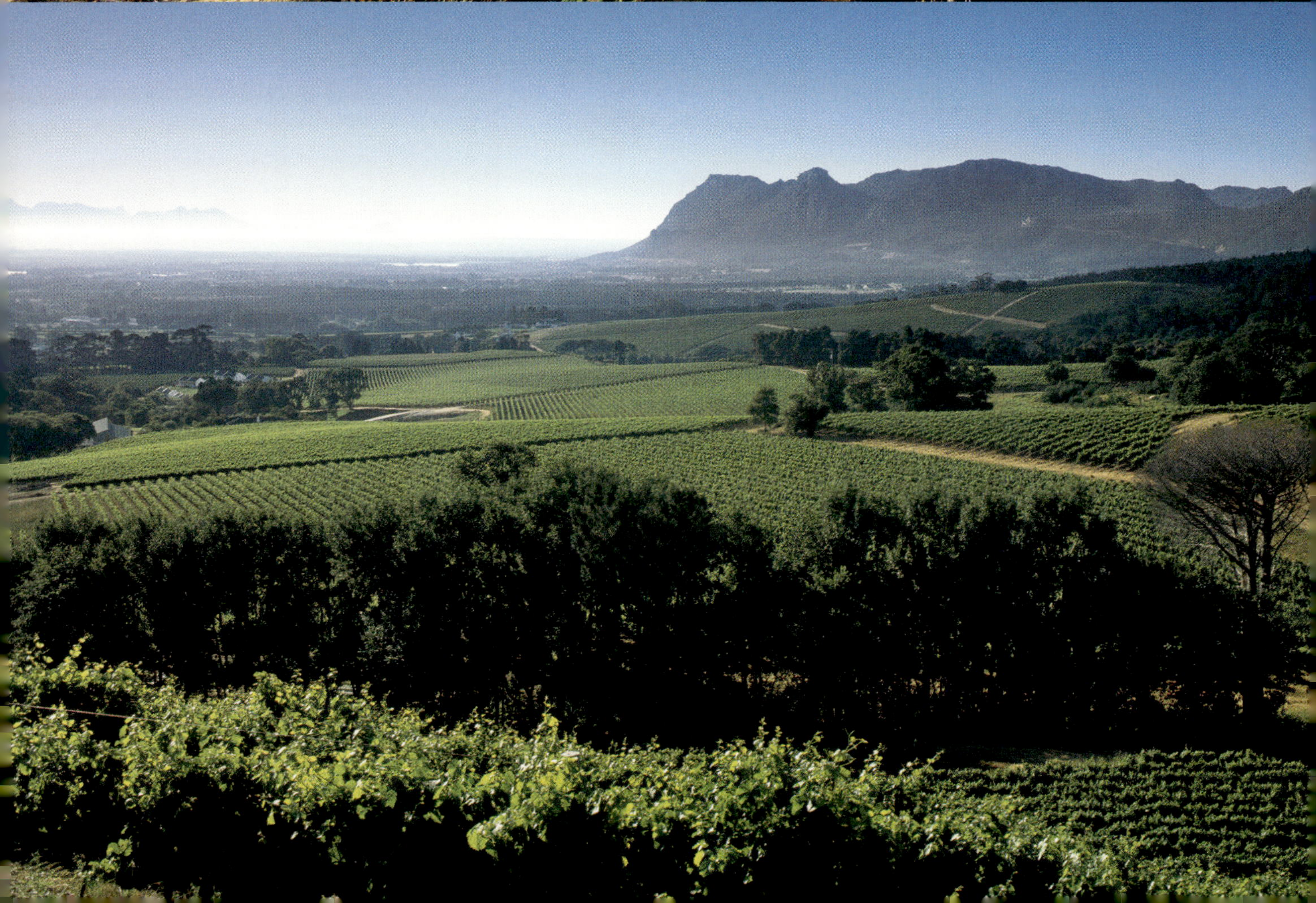

SÜDAFRIKAS WEINREGIONEN

Derzeit erstrecken sich etwa 100 000 Hektar Weinberge rund um Kapstadt über ein Gebiet, das etwa 800 Kilometer lang ist. Die Weinberge werden von etwa 3000 Traubenbauern bewirtschaftet, und rund 500 Kellereien stellen Wein her. 1973 wurde in Südafrika ein Weingesetz, der „Wine of Origin Act" erlassen, um die einzigartigen Merkmale der Weine zu stärken und die Herkunftsbezeichnung „Südafrika" zu schützen. Berücksichtigt werden dabei auch die Stilistik der Rebsorten und die Ausprägungen des Jahrgangs. Die südafrikanischen Anbaugebiete wurden deshalb in Regionen unterteilt und diese wiederum in kleinere definierte Produktionseinheiten wie District (Gebiet), Ward (Bezirk) und Estate (Weingut). Diese Klassifizierung wird vom „Wine and Spirit Board" überwacht, das dem Landwirtschaftsministerium unterstellt ist. Ein Siegel, angebracht auf der Flasche, garantiert dem Weinfreund die Zuverlässigkeit aller Angaben zu Herkunft, Rebsorte und Jahrgang, die auf dem Etikett erscheinen. Anhand der Codierung lassen sich alle Produktionsschritte bis in den Weinberg zurückverfolgen.

Mit dem politischen Umschwung im Jahr 1994 begannen die Winzer, zum einen neue Lagen und Mikroklimata nachzuspüren, während man sich zum anderen in den klassischen Districts darauf konzentrierte, die Vorzüge des südafrikanischen Klimas und der Böden geschickter und bewusster zu nutzen. Wie auch in anderen Ländern erkannte man, dass gemäßigteres Klima für die Erzeugung ausgewogener aromatischer Weine geeigneter ist als heißes Klima. Seitdem hat man in Küstennähe neue Terroirs entdeckt, auf denen begeisternde Weine – insbesondere Sauvignon Blancs – wachsen. Elim und Elgin, Durbanville und Darling sind einige dieser neuen Gebiete. Traditionelle kühlere, küstennahe Gebiete sind Constantia und Walker Bay bei Hermanus. Stellenbosch, der berühmteste Ort dieser Weinregion, gilt als Eldorado für Rotweine, insbesondere Cabernet Sauvignons bzw. Bordeaux-Blends. Das ebenso bekannte Paarl besitzt ein wärmeres Klima, welches vor allem dem Shiraz ausgezeichnet bekommt, während der traumhaft schöne, von Bergen umrahmte Ward Franschhoek exzellente Cabernets und Cape Classics – südafrikanische Schaumweine – liefert und gleichzeitig wegen seiner zahlreichen Restaurants als Tal der Gourmets berühmt geworden ist. Nördlich von Kapstadt liegt Swartland, die Kornkammer Südafrikas, wo auf Schieferböden kraftvolle Rotweine gedeihen. Ähnliche Bedingungen finden sich im District Piketberg und am Olifants River, wo Reben auf sandigen und lehmigen Böden wachsen – mit Ausnahme der spektakulären und kühlen Berglagen von Cederberg und Piekenierskloof. In Tulbagh, auf drei Seiten von den Winterhoek-Bergen eingeschlossen, entdecken die Winzer dank moderner Weinbaupraktiken ihr Potenzial für hochwertige Weiß- und Rotweine.

LINKE SEITE:
Weinberge nahe Robertson (Foto oben) und Constantia (Foto unten)

Eingangsportal zu einem Weingut

RECHTE SEITE:
Rote Weinrebe und Holzfässer für den Reifungsprozess des Weins

WEISSWEIN

CHENIN BLANC

Wenn auch mit rückläufiger Tendenz, ist Chenin Blanc die stärkste weiße Rebsorte am Kap. Die Winzer sind bestrebt, den Qualitätsstandard der Chenin-Blanc-Weine zu steigern und in verschiedenen Stilrichtungen auszubauen. Chenin Blanc ist durch seine bekömmlichen Aromen der ideale Begleiter zu Fisch und Geflügel.

SAUVIGNON BLANC

Der international gefragte Aufsteiger, in sehr frischem und elegantem Stil, mit Aromen grüner Früchte, Cassisblätter und Spargel oder reifer mit Zitrus-, exotischer Frucht und Lychee. Ausgezeichnet als Aperitif, zu Spargel, Meeresfrüchten oder Curry.

CHARDONNAY

Der Tausendsassa, reicht vom einfachen, dezent fruchtigen, süffigen Weißen über mittelklassige, würzigere Vertreter mit Vanillenote bis zu anspruchsvollen, teils rassigen Spitzenweinen, die exquisite Fischgerichte und Krustentiere begleiten sollten.

Weiße Trauben – Grundlage für die weltweit anerkannte Qualität von Chenin Blanc, Sauvignon Blanc und Chardonnay aus Südafrika

ROTWEIN

CABERNET SAUVIGNON

Führende rote Rebsorte am Kap, mit Cassis- und Paprika-Aromen, oft im Barrique gereift, mit würzigen Holznoten. Sortenrein, aber auch als Cuvée. Passt sehr gut zu Braai, Stews und Steaks.

SHIRAZ

Diese Rebsorte fühlt sich im Klima des Kaps besonders wohl und produziert sehr intensive, vollmundige Weine. In den letzten Jahren wurde Shiraz in den wärmeren Anbaugebieten verstärkt angepflanzt und bietet für Südafrika großes Profilierungspotenzial. Tiefdunkel, mit viel Frucht und natürlicher Würze, plus Kokos- und Röstnoten vom kleinen Eichenfass. Spannend mit Bobotie, Ente oder Kaninchen.

MERLOT

Diese Rebsorte wurde traditionell mit Cabernet Sauvignon zu Cuvées verarbeitet. Inzwischen wird Merlot auch sortenrein abgefüllt. Diese fruchtige, vollmundige Rebsorte findet sich in Stellenbosch, Paarl und Worchester sowie entlang der Westküste. Der Schmeichler, oft sehr samtig, mit attraktiver Beerenfrucht, zugänglich und leicht, schmeckt zu Lamm und Pasta mit Fleischsaucen.

PINOTAGE

1925 kreuzte ein südafrikanischer Forscher an der Universität Stellenbosch die Rebsorte Pinot Noir (Spätburgunder) mit der Sorte Hermitage (Cinsault): Das war die Geburtsstunde des Pinotage. Dieser Wein schmeckt vollmundig würzig und hat ein gutes Reifepotential. Er ist bis heute eine echte südafrikanische Spezialität. Süß-würzige Frucht, samtig und tanninbetont, als Cape Blend mit Cabernet und Merlot oft sehr reizvoll und köstlich zu Bobotie, Braai und exotischer Küche.

NAMIBIA
physische Übersichtskarte
Caprivi-Streifen
Katima Mulilo
Kongola
Ngoma
Andara
Bagani
ANGOLA
Ruacana
Oshakati
Ondangwa
Steilrandberge
Etanga
Opuwo
Etosha-Pfanne
Rundu
Nyangana
Andara
Bagani
Sesfontein
Okaukuejo
Tsumeb
Maroelaboom
Otavi
2148
Grootfontein
Kamanjab
Outjo
Fransfontein
Kharixas
Otjiwarongo
Kalkfeld
Brandberg
2573
Uis
Okombahe
Omaruru
Hochfeld
Epukiro
Kranzberg
2350
Wilhelmstal
Steinhausen
Usakos
Karibib
Okahandja
Namib Wüste
Windhoek
Seeis
Gobabis
Swakopmund
2483
Dordabis
Walvis Bay
2351
Rehoboth
Petrusdal
Kalkrand
BOTSWANA
Stampriet
ATLANTISCHER
OZEAN
Mariental
Maltahöhe
Gochas
Kalahari
Gibeon
Asab
Helmeringhausen
Berseba
Tses
Koës
Bethanie
Keetmanshoop
Lüderitz
Seeheim
Aus
Goageb
Aroab
Witdraai
Askham
Schroffenstein
2202
Höhenangaben in m
über 3000
2000 - 3000
1500 - 2000
1000 - 1500
500 - 1000
200 - 500
0 - 200
zeitweilig wasserführende Flüsse
wichtige Straßen (Auswahl)
wichtige Eisenbahnlinien (Auswahl)
internationaler Flughafen
Orte mit
> 1 000 000 Einwohner
> 100 000 Einwohner
sonstige Orte
Windhoek Hauptstadt
1655
Hunsberge
Klein-Karas
Grünau
Nakop
Karasburg
Ariamsvlei
Upington
Ai-Ais
Warmbad
Keimoes
Oranjemund
Goodhouse
Pella
Pofadder
Kenhardt
Steinkopf
Port Nolloth
SÜDAFRIKA
Marydale
Okiep
Nababeep
Springbok
0 100 200 300 km
© Ing.-Büro für Kartographie J. Zwick, 35394 Gießen

NAMIBIA
ÜBERBLICK

Namibia (amtlich engl.: Republic of Namibia) liegt im Westen des südlichen Afrika, direkt am Atlantischen Ozean. Im Norden grenzt der Staat an Angola, im Nordosten mit dem Caprivi-Zipfel an Sambia, im Osten an Botswana und im Südosten und Süden an die Republik Südafrika. Die „natürlichen" Grenzen des Landes, das eine doppelt so große Fläche aufweist wie die Bundesrepublik, bestehen im Westen in Form des Ozeans und der Wüste Namib, die die 1572 Kilometer lange Küstenregion einnimmt, und der Kalahari im Osten. Die Flüsse Kunene und Okavango begrenzen Namibia schließlich im Norden, der Orange River (auch Oranje oder in Südafrika Gariep genannt) im Süden.

Mit einer Fläche von 825 418 Quadratkilometern und rund 2,5 Millionen Einwohner ist Namibia das Land mit der geringsten Bevölkerungsdichte in gesamt Afrika. Der Name Namibia leitet sich von der Wüste Namib ab, was so viel wie „leerer Platz" bedeutet, und wurde demnach sehr passend von der UNO zu einer Zeit gewählt, als das damalige Südwestafrika noch unter der Verwaltung von Südafrika stand. Das Bevölkerungswachstum liegt bei etwa zwei Prozent und damit unter dem afrikanischen Durchschnitt, vor allem wegen der noch immer hohen Sterblichkeit aufgrund von HIV/AIDS. Die meisten Einwohner wohnen im Norden des Landes und in den wenigen städtischen Zentren. Die größten sind die Hauptstadt Windhoek (368 000 Einwohner), die Küstenstadt Walvis Bay (82 000 Einwohner) und Rundi an der Grenze zu Angola mit 65 000 Einwohnern. Im Süden des Landes wohnen nur sieben Prozent der Bevölkerung.

Namibia ist in 14 Verwaltungsregionen (Regions) aufgeteilt, die jeweils aus örtlichen Verwaltungseinheiten (Constituencies) bestehen. Die Regionen wurden dabei aus rein geographischen Gesichtspunkten aufgeteilt, unabhängig von ansässigen Stämmen und Stammesgebieten. Amtssprache des Landes ist Englisch. Der heutige Staat Namibia wurde am 21. März 1990 als unabhängige Republik im Commonwealth of Nations begründet. Das Datum ist seitdem Nationalfeiertag und wird als Independence Day begangen.

FOLGENDE DOPPELSEITE:
Landschaft im Gebiet des Brandberg-Massivs

DARAUFFOLGENDE DOPPELSEITE:
Der Gaub Pass führt vom Hochland hinunter in die Namib-Wüste – die älteste Wüste der Welt. Der Pass liegt im Grenzverlauf des Namib-Naukluft-Nationalparks.

Verdorrter Kameldornbaum vor einer Sanddüne in der Namib

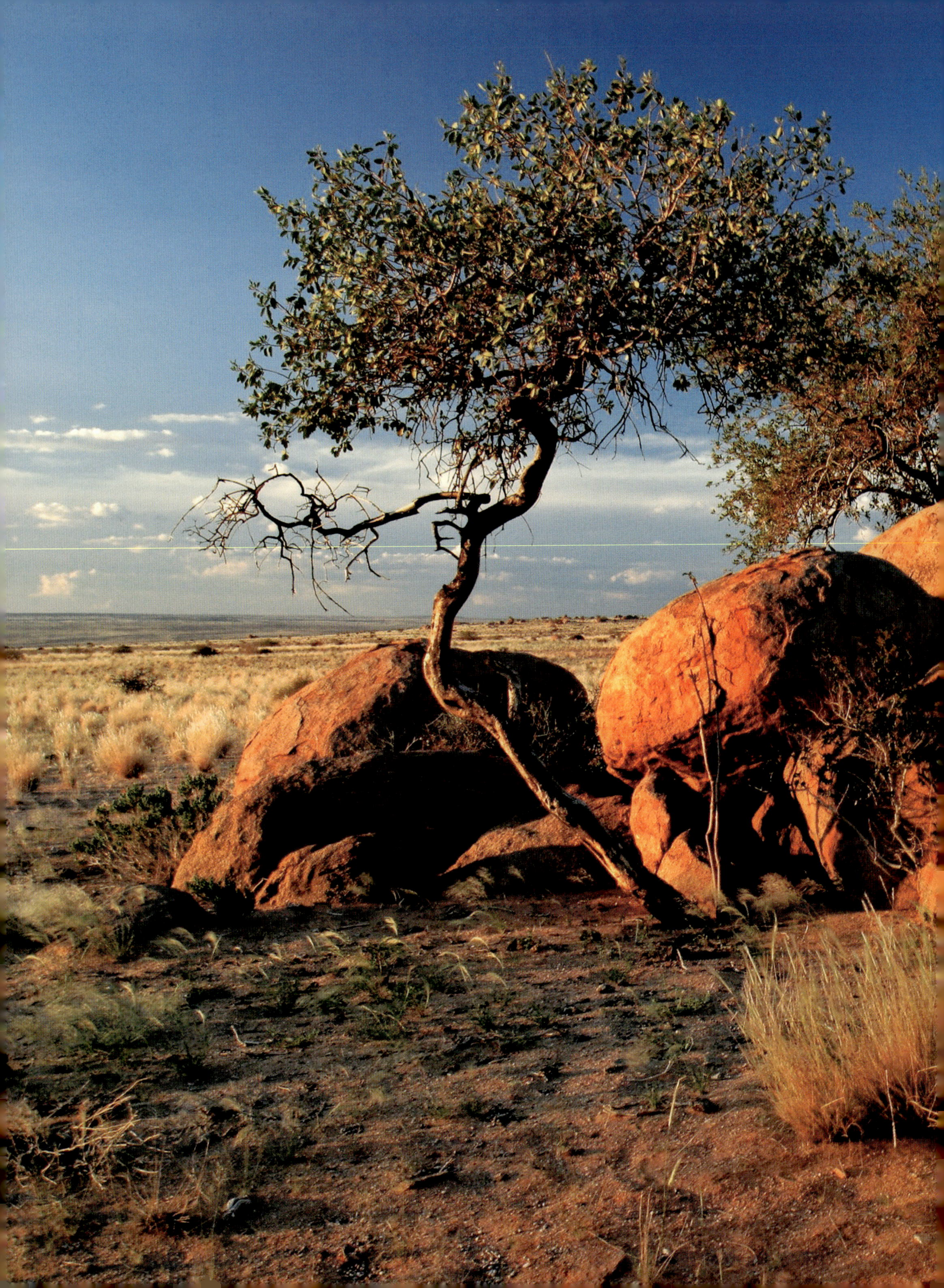

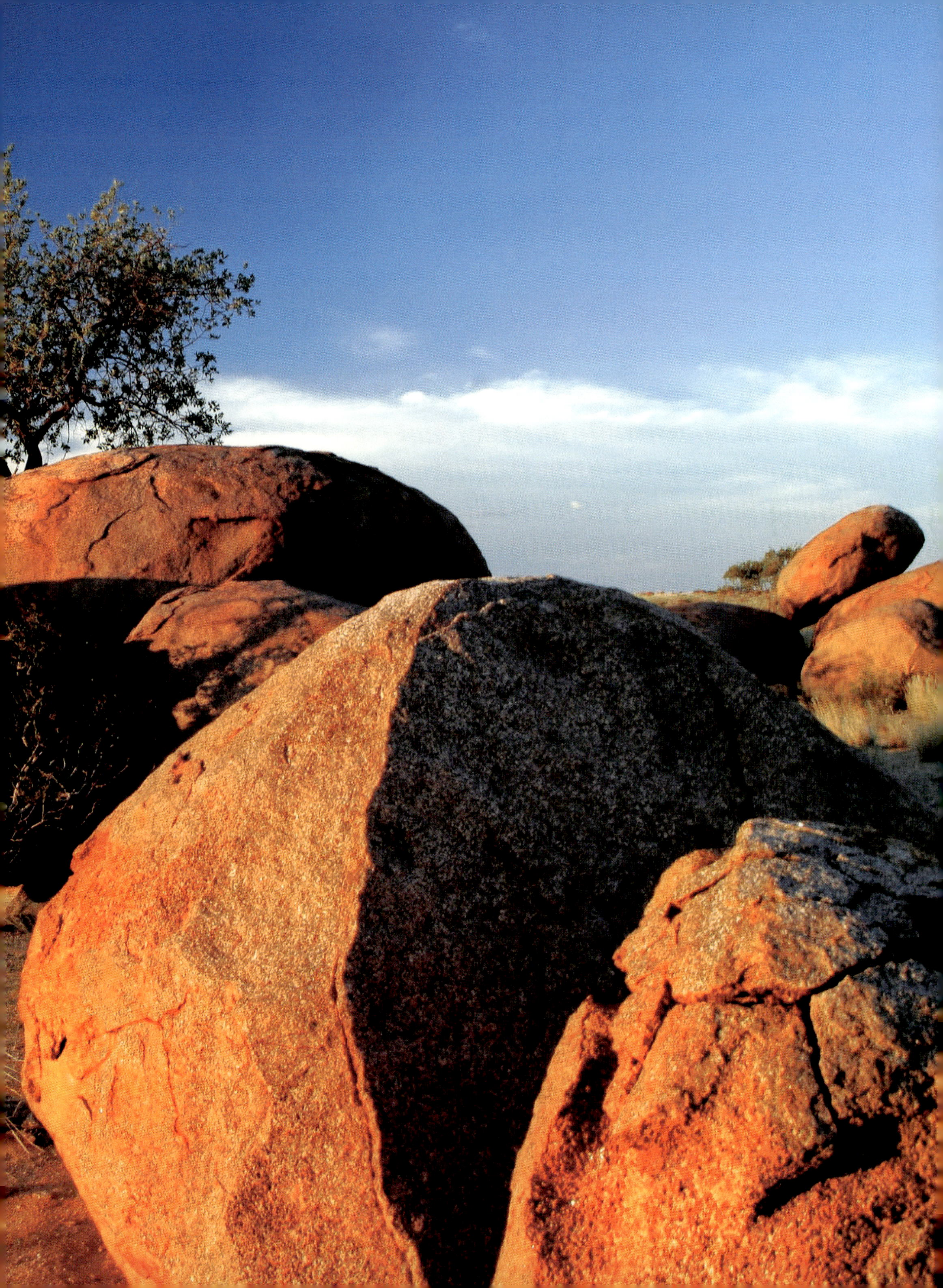

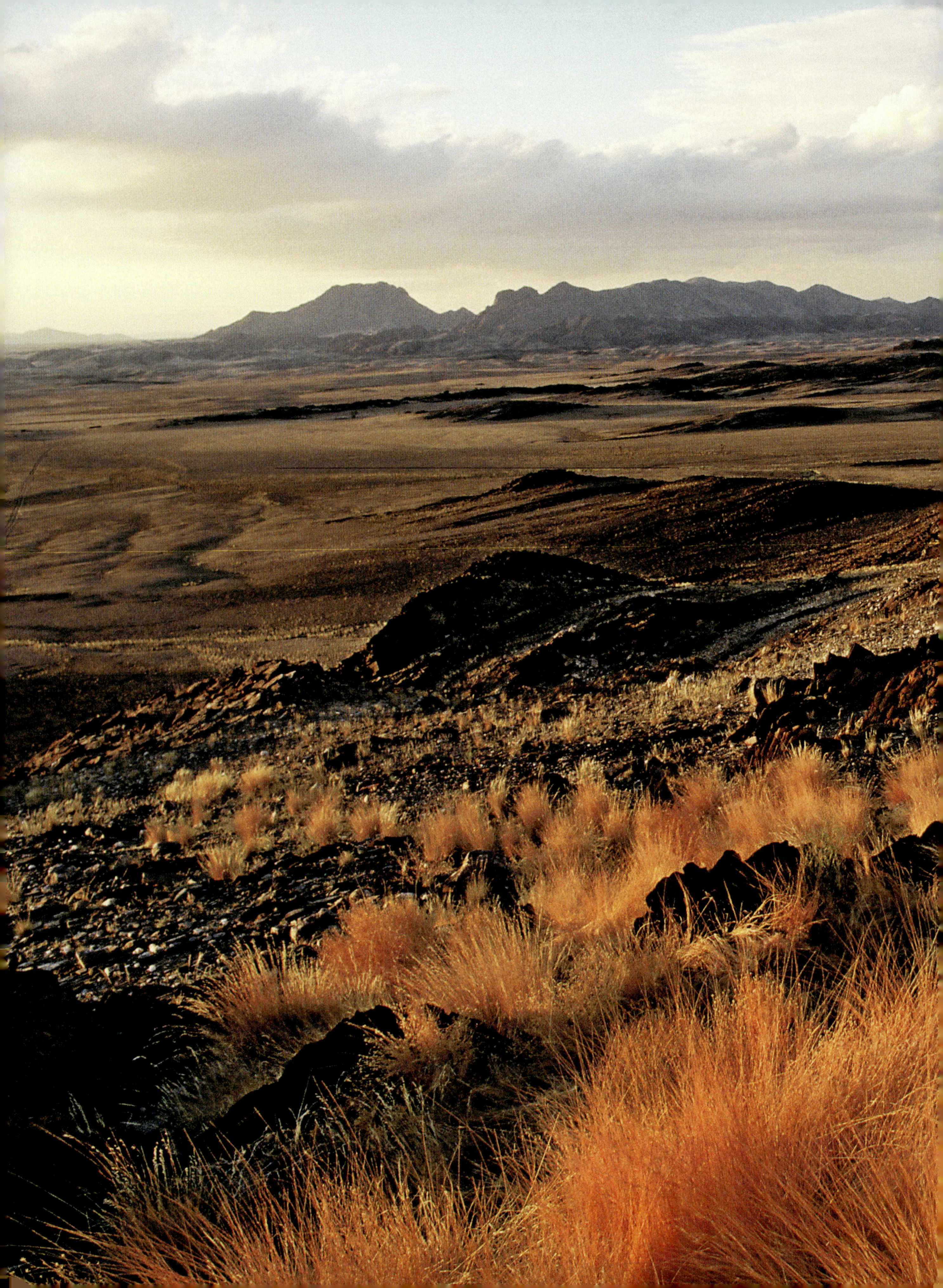

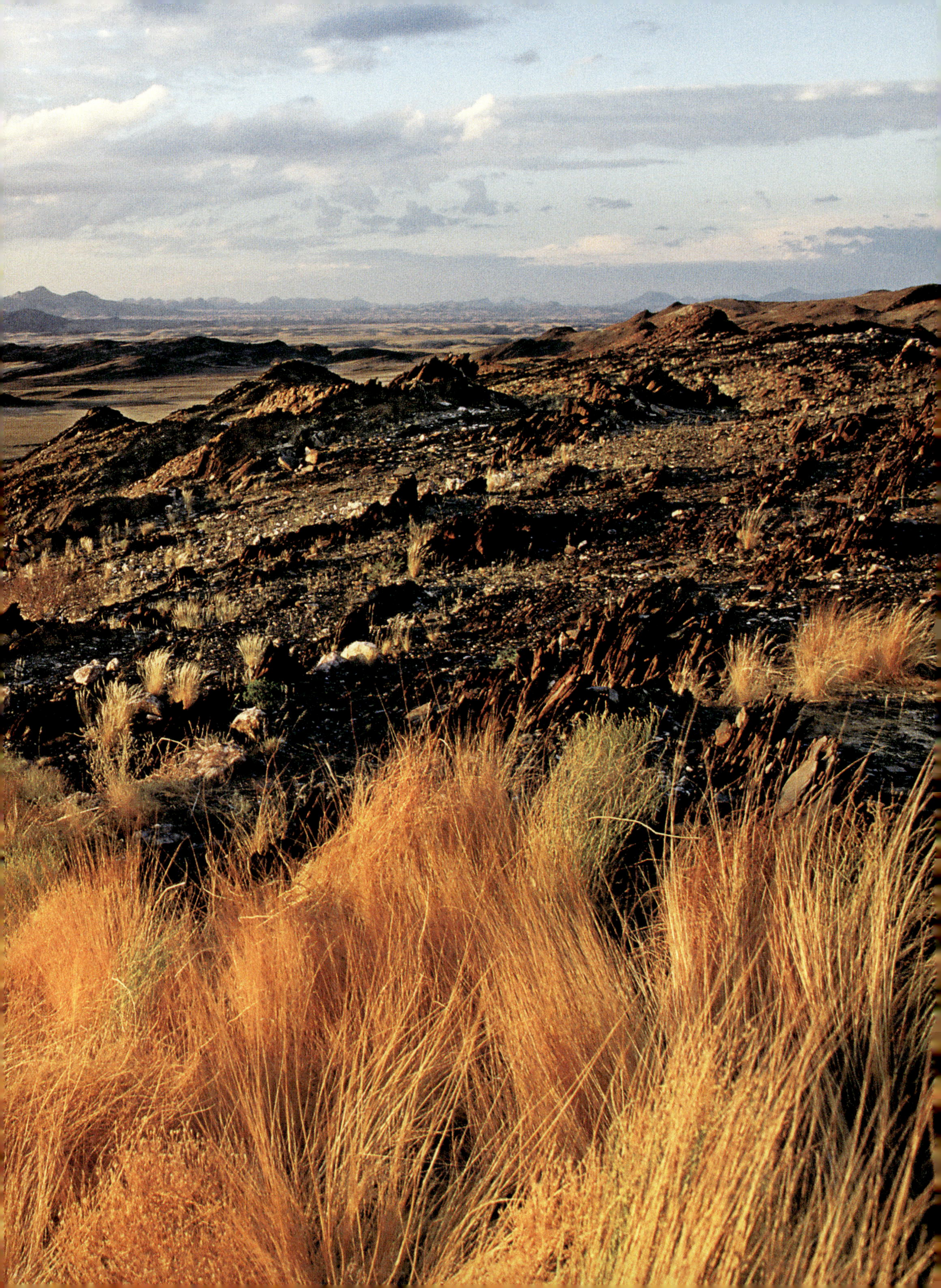

RECHTE SEITE:
Eine Angehörige des Himba-Stamms füllt Milch in Kalebassen.

FOLGENDE DOPPELSEITE:
Endlose Weiten, rot-braune Sandpisten und Bergmassive im Hintergrund – so sieht eines der klassischen Panoramen Namibias aus.

Als Staatsoberhaupt und Oberbefehlshaber der Streitkräfte fungiert der alle fünf Jahre direkt vom Volk gewählte Präsident, der auch die Richtlinien der Politik bestimmt und den Premierminister sowie das Kabinett ernennt. Am 21. März 2015 trat mit Saara Kuugongelwa-Amadhila erstmals in Namibia eine Frau das Amt der Regierungschefin an. Nach langjährigem Exil und Studium in den USA war sie bereits seit 2003 Finanzministerin des Landes. Ihr Vorgänger als Premierminister, Hage Geingob, wurde am gleichen Tag als neuer Präsident vereidigt, nachdem er bei den vorangegangenen Wahlen 86,3 Prozent der Stimmen erhalten hatte. Geingob und Kuugongelwa gehören wie alle bisherigen Präsidenten und Premierminister Namibias der South-West Africa People's Organization (SWAPO) an, die von 1966 bis 1990 von Angola aus den bewaffneten Kampf für die Unabhängigkeit Namibias geführt hatte.

Die Bevölkerung besteht überwiegend aus Angehörigen von Bantu-Völkern, wobei die Ovambo mit etwa 50 Prozent die bei Weitem größte Gruppe stellen, gefolgt von Kavango (neun Prozent), Herero (sieben Prozent) und Lozi (im Caprivi-Zipfel, vier Prozent). Auf die ursprünglichen, nicht Bantu sprechenden Bewohner gehen die Damara (sieben Prozent), Nama (fünf Prozent) und San zurück. Etwa sechs Prozent sind Weiße. Auf rund 6,5 Prozent kommen Coloureds und Basters (die sowohl afrikanische und europäische Vorfahren haben). Der Anteil der Weißen ist seit Jahren wegen niedriger Geburtenraten und zunehmender Auswanderung rückläufig. 80 bis 90 Prozent der Bevölkerung gehören einer christlichen Kirche an, wobei der Anteil der lutherischen Protestanten bei über 50 Prozent liegt. Zehn bis 20 Prozent sind Anhänger traditioneller afrikanischer Religionen.

Bis zum Ende der 1980er Jahre war Afrikaans die vorherrschende Sprache, was sich mit Beginn der Unabhängigkeit im Jahre 1990 änderte, als Englisch zur alleinigen offiziellen Amtssprache wurde. Bis dahin hatte das Englische (das weniger als ein Prozent der Gesamtbevölkerung als Muttersprache angibt) genauso wie das Deutsche nur eine untergeordnete Rolle gespielt. Noch immer ist Afrikaans in ganz Namibia eine wichtige Verkehrssprachen, teilweise auch noch das Deutsche. Bei der weißen Bevölkerung ist die Erstsprache zu 60 Prozent Afrikaans, zu 32 Prozent Deutsch und bei sieben Prozent Englisch.

Geographisch lässt sich Namibia bezüglich der klimatischen Bedingungen in den nördlichen Teil des Landes, in den mittleren Landesteil sowie in den Küstenbereich, die Namib und den Süden aufteilen. Jenseits der Etosha-Pfanne erreichen die Niederschläge bis zu 500 Millimeter pro Jahr. Hier, an den Ufern des Kunene und Okavango, siedeln über 50 Prozent der Landesbevölkerung und betreiben zum größten Teil Ackerbau. Im mittleren Landesteil ist die Vegetation durch Niederschläge von 250 bis 450 Millimetern von Sträuchern und Hartholzbäumen bestimmt. Allerdings kann hier jahrelang überhaupt kein Regen fallen. Dennoch liegen in diesem Gebiet die meisten Farmen, die bei einer Größe von 5000–15 000 Hektar extensive Landwirtschaft betreiben.

Der Süden des Landes und der Küstenbereich mit der Wüste Namib zeichnen sich durch extrem wenig Niederschlag aus, der selten mehr als 50 Millimeter im Jahr beträgt und fast nur in Form von Nebel auf das Land herunterkommt. In den südlichen Landesteilen, die bereits als Wüstensteppengebiet bezeichnet werden können, betragen die Niederschläge nur 100 bis 120 Millimeter pro Jahr. Dennoch gibt es hier Farmer, die Karakulschafe und auch Wild halten. Allerdings müssen die Farmen dafür mindestens 15 000 Hektar groß sein.

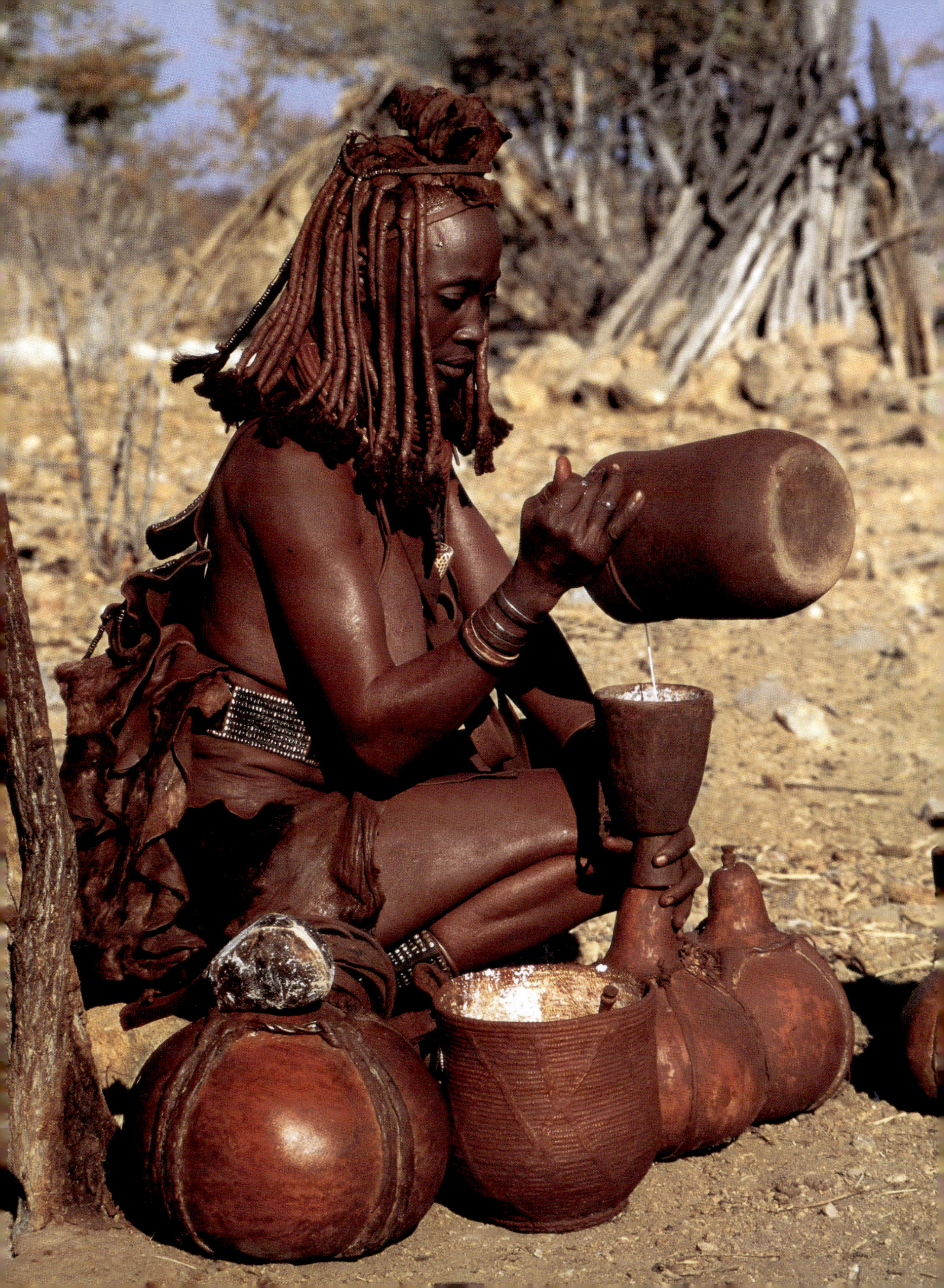

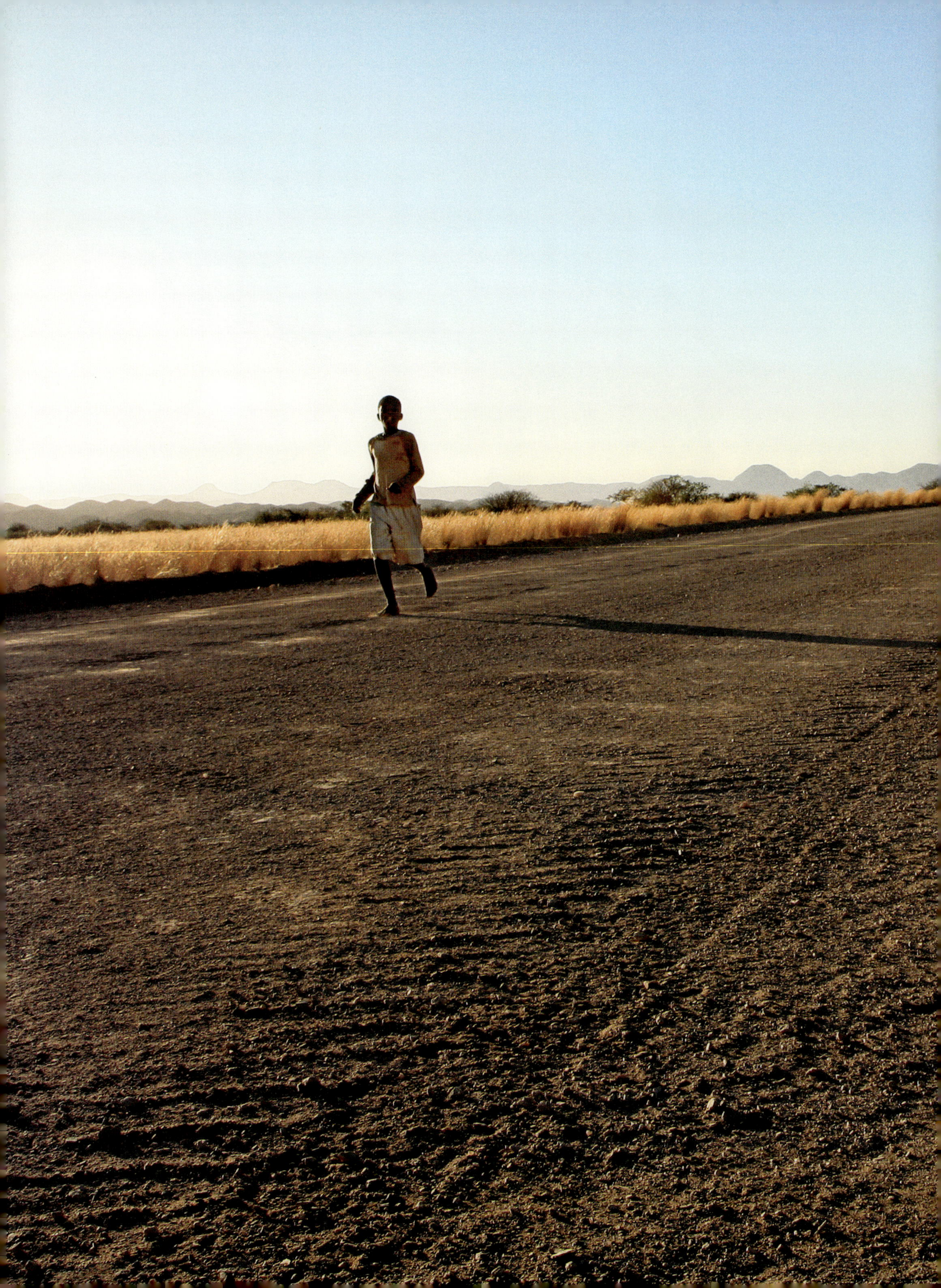

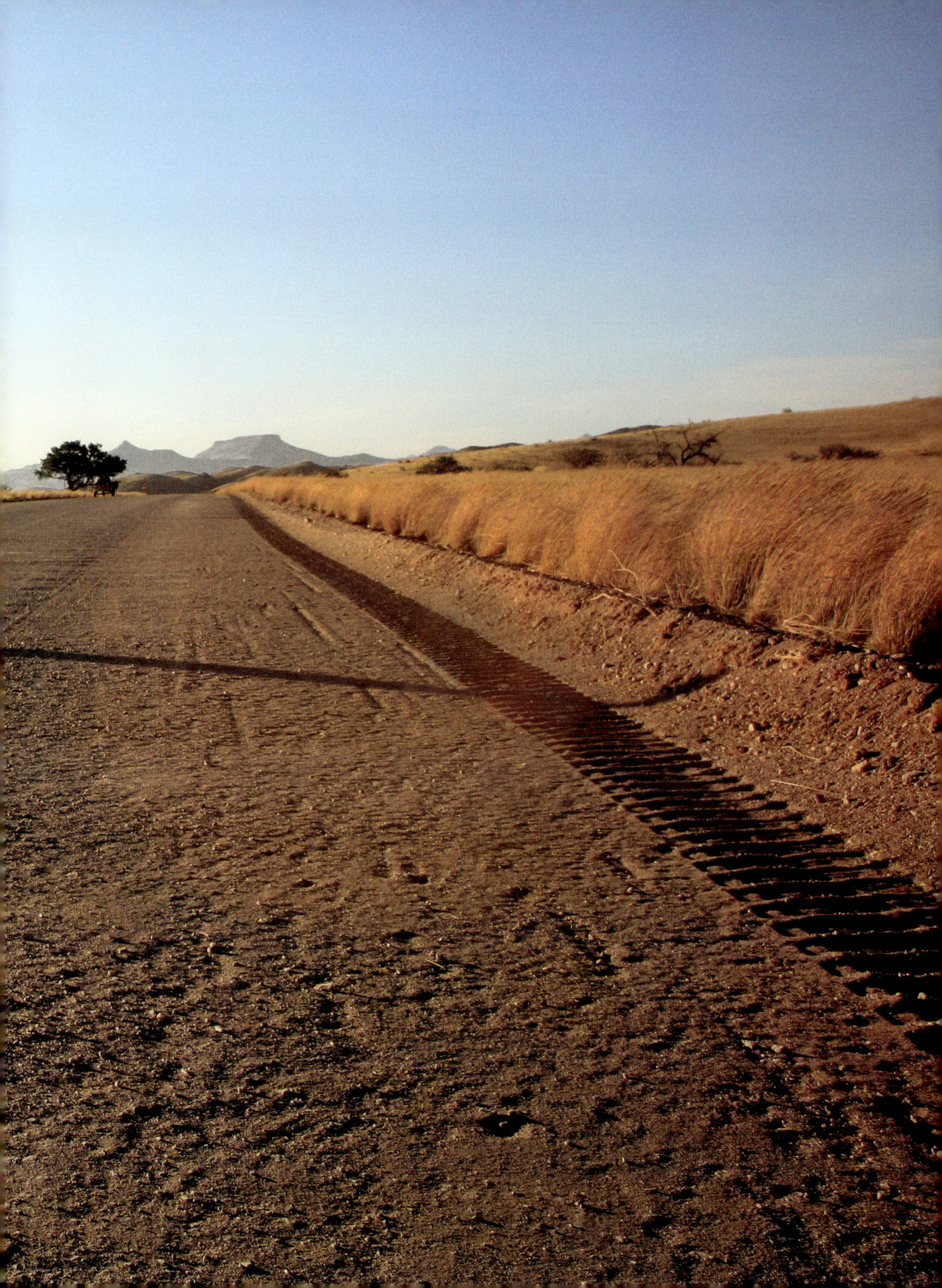

RECHTE SEITE UND UNTEN:
Die Etosha-Pfanne hat – je nach Jahreszeit und Niederschlagsmenge – viele Gesichter: Geröll, Sand und die typisch weißgrünliche Oberfläche aufgrund des hohen Salzgehalts dominieren, doch auch blühende Wiesen sind nach Regenzeiten hier durchaus zu finden.

Im Landesinneren, das aus einem Binnenhochland in Höhen von 1400 bis 1800 Metern besteht, ist es generell extrem trocken, heiß und sonnenreich. Die Temperaturen steigen im Sommer tagsüber auf über 35 °C, nachts können sie hingegen auf bis zu null Grad fallen. Während der Monate Dezember bis März sind Teile des Etosha National Park und des Ai-Ais Park wegen zu großer Hitze geschlossen. Die Regenzeit liegt im Februar und März, also im namibischen Winter. In den Monaten Mai und September fällt am wenigsten Niederschlag, und die Temperaturen erreichen tagsüber keine Maximaltemperaturen, können nachts jedoch empfindlich kalt sein. In der Regenzeit können Trockenflüsse (Riviere) über die Ufer treten. Der meiste Regen fällt mit 500 Millimetern/Jahr im Norden. An der Küste sorgt der kalte Benguelastrom im Atlantik für niedrige Wassertemperaturen und kühle Luft in Küstennähe.

Namibia ist das erste Land, das den Schutz der Umwelt in seine Verfassung aufnahm. Fast 17 Prozent Prozent des Landes stehen unter Naturschutz. Zu diesen ausgezeichneten Flächen gehören auch Teile der Namib-Wüste, die nur teilweise zugänglich ist. Die älteste Wüste der Welt gehört zu den absoluten Höhepunkten Namibias. Sie erstreckt sich die gesamte Küste entlang und schließt auch die legendäre Skelettküste mit ein. Im Landesinneren gehört das Kaokoveld, die Heimat der Himba, zu einer der einsamsten und wildesten Gegenden des Landes. Östlich davon liegt die Etosha-Pfanne, die ehemals ein riesiger Binnensee war, umgeben von feinster afrikanischer Landschaft und Tierwelt.

Im Norden und Nordosten liegen die Flusslandschaften von Kavango und Caprivi. Der Süden des Landes hingegen, der einen der größten Canyons der Erde vorweisen kann, ist von extremer Trockenheit geprägt und kann als Steppenwüste bezeichnet werden. Das zentrale Binnenhochland um Windhoek herum, das durch die Große Randstufe zur Küste hin steil abfällt, wird immer wieder durch Bergmassive überragt. Die Auas-Berge westlich von Windhoek erreichen 2479 Meter. Der höchste Berg des Landes ist mit 2573 Meter der Königstein im Brandberg-Massiv.

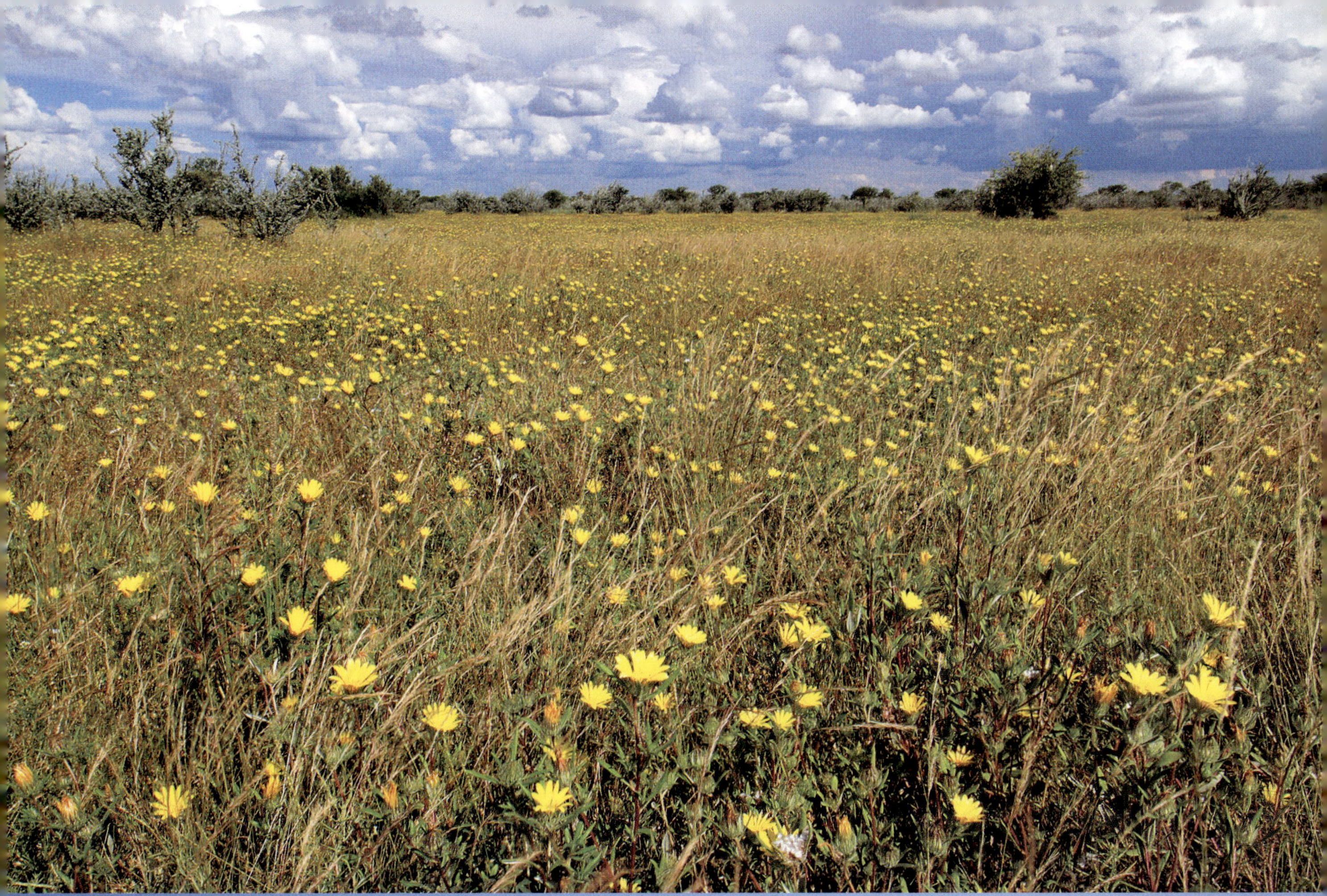
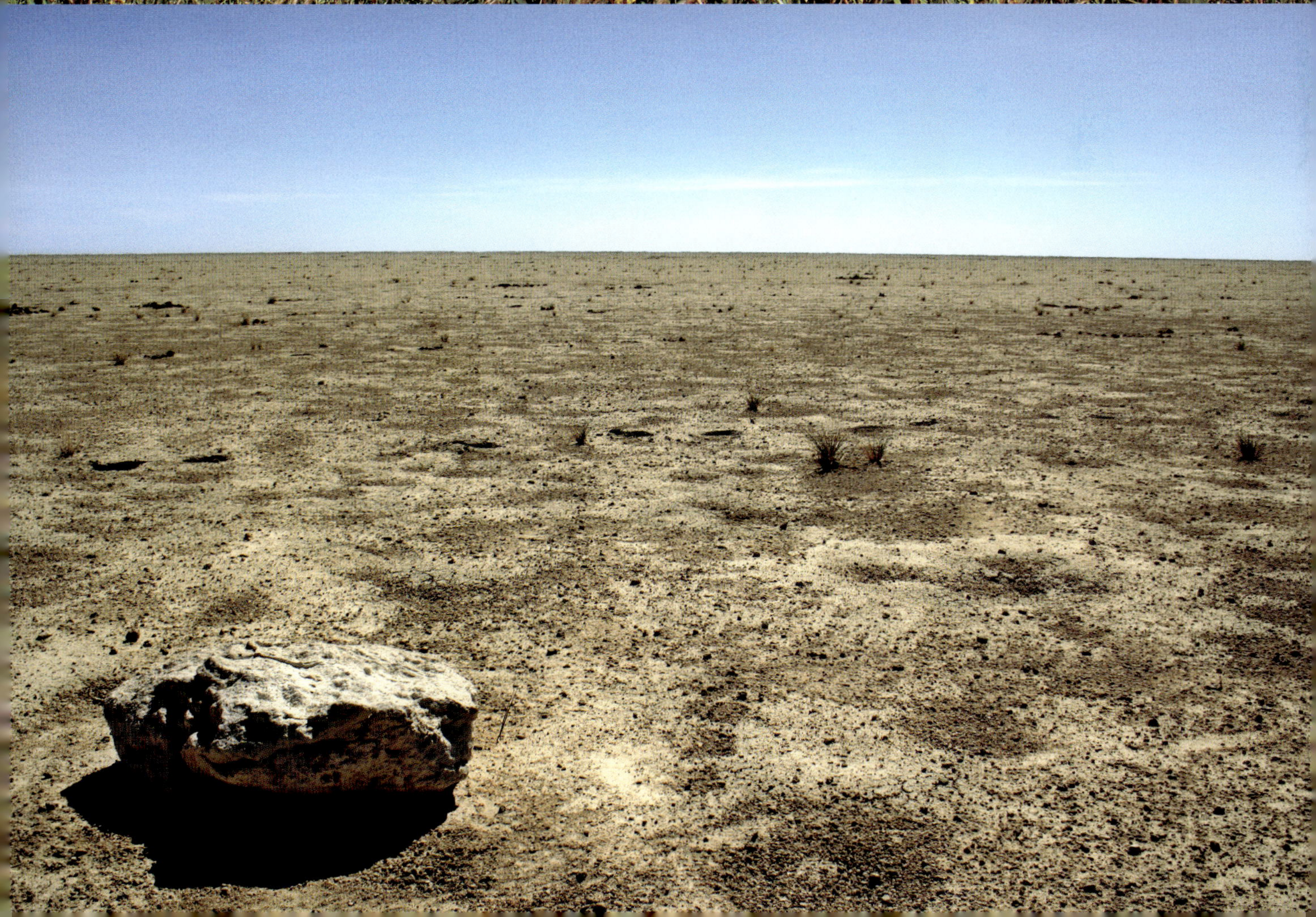

Die als Jäger und Sammler lebenden San waren die ersten Bewohner Namibias. Heute leben schätzungsweise 27 000 San in dem Land, wobei das unwirtliche Gebiet der Kalahari ihr Hauptsiedlungsgebiet ist.

GESCHICHTE

Die ersten Bewohner des heutigen Namibia waren vermutlich die San (Buschmänner), die eventuell schon 5000 v. Chr. in den Weiten des Landes nach Beutetieren jagten. Allerdings sind auf diese Zeit datierte Felszeichnungen nicht eindeutig dieser Bevölkerungsgruppe zuzuordnen, die sich durch deutlich hellere Haut, kleineren Wuchs, sogenanntes Pfefferkornhaar, durch untereinander verwandte Sprachen und ähnliche Lebensweisen auszeichnet. Sicher ist man, dass sie spätestens ab

1300 v. Chr. als Jäger und Sammler hier gelebt haben. Im 1. Jahrhundert v. Chr. lassen sich die Khoikhoi nachweisen, aus denen später die Nama hervorgingen. Die Nama wanderten später weiter ins Namaqualand nach Südafrika, stießen dann aber unter dem Druck burischer Landnahme wieder in den Norden vor. Die halbnomadisch lebenden Herero, die sich vermutlich aus der Verbindung von Viehzucht betreibenden Bantu-Stämmen mit hamitischen Hirtenvölkern Ostafrikas herausgebildet haben, kamen ab dem 17. Jahrhundert aus dem Norden.

Nama-Bauern vor ihrem Haus in der Flussoase Goanikontes. Die Nama gehen auf die Khoikhoi zurück, die bereits im 1. Jahrhundert v. Chr. in Namibia lebten.

Eine Herero-Frau in traditioneller Kleidung mit ihren Kindern vor einer Wärmequelle mit Kochgefäß in Potje.

Die ersten Europäer, die die Küste Namibias erreichten, waren im 15. Jahrhundert die Portugiesen, die zu der Zeit eine der stärksten Seemächte waren. 1486 hatte im Zuge der Erkundung neuer Handelswege als erster Europäer der Portugiese Diogo Cão die Küste angesteuert. Als Zeichen des portugiesischen Besitzanspruches errichtete er ein Steinkreuz am danach benannten Kreuzkap (Cape Cross). Bartolomeu Dias, der 1488 als Erster das Kap der Guten Hoffnung im heutigen Südafrika umsegelte, war zuvor, am 25. Dezember 1487, in der Bucht von Lüderitz vor Anker gegangen. Dort ließ er ein weiteres Steinkreuz in der von ihm Angra Pequena genannten Bucht errichten.

Während im 17. Jahrhundert die Niederländer eine Versorgungsstation am Kap aufbauten, wurde die öde und zudem durch die Nebelschwaden des kalten Benguelastroms wenig einladende Küste Namibias von den Handelsgesellschaften gemieden. Zu der Zeit zogen vermutlich im Zuge der großen Bantu-Wanderungen die Vieh züchtenden Herero aus dem Nordosten in das Land südlich des Kunene ein. Ungefähr gleichzeitig ließen sich die Ovambo ebenfalls auf dem fruchtbaren Land entlang des Kunene nieder und betrieben Ackerbau. Erst im 18. Jahrhundert liefen Walfänger zu Handelszwecken die Bucht der heutigen Walvis Bay an.

Das 19. Jahrhundert war von Konflikten zwischen den Herero und den im Süden von Namibia siedelnden Khoikhoi geprägt. Im Gegensatz zu den San, die sich immer weiter nach Osten vertreiben ließen, boten die Herero erfolgreichen Widerstand gegen die Khoikhoi im Kampf um Weideland. Zudem verdrängten sie die meisten San, die Damara und auch einen Großteil der Khoikhoi. Der Teil der Khoikhoi, der nicht weiter in den Süden geflohen, sondern in Namibia geblieben war, bildet heute die Bevölkerungsgruppe der Nama.

Die Nama erhielten Unterstützung von den seit 1800 von Süden eingewanderten Orlam, die von den Buren Feuerwaffen, eine Militärorganisation, die Sprache Afrikaans und zum Teil das Christentum erworben hatten. Mit ihrer Hilfe konnten die Herero zurückgedrängt werden. Der Führer der Orlam kontrollierte um 1830 den Süden und das Zentrum des Landes. Um 1840 nahmen evangelische Missionare der Rheinischen Missionsgesellschaft ihre Missionstätigkeit auf. Als Erstes konnten sie einen zehnjährigen Frieden zwischen Herero und Orlam vermitteln. Die Missionare gründeten von 1844–1867 Missionsstationen zuerst in Bethanien, dann in Windhoek, Okahandja, Rehoboth, Gobabis, Keetmanshoop und Omaruru.

1869/70 wanderten die Basters aus der Kapkolonie ein und siedelten sich im Gebiet um Rehoboth an. 1878 wurde Walvis Bay zum britischen Hoheitsgebiet erklärt. Die Erwägungen, auch das Gebiet zwischen Kumene und Oranje der damaligen britischen Kapkolonie anzugliedern, war 1880 unter dem Eindruck des herrschenden Krieges zwischen den Nama und den Herero verworfen worden. Stattdessen ernannten die Briten den Oranje zur offiziellen Nordgrenze der Kapkolonie.

Im Jahre 1883 kam der Bremer Kaufmann Franz Adolf Eduard Lüderitz nach Angra Pequena und erwarb vom Orlam-Häuptling Joseph Frederiks zunächst das Land um die Bucht herum (heute Lüderitzbucht), später zudem noch einen Küstenstreifen vom Oranje bis zum 26. Grad südlicher

Dias-Kreuz auf der Kolmannskuppe südlich von Lüderitz. Bartolomeu Dias errichtete 1487, als er in der Bucht vor Anker ging, ein Steinkreuz.

Breite. Da der Kaufmann eine Intervention seitens Großbritanniens befürchtete, ersuchte er immer wieder das Deutsche Reich um Schutz seines Landes. Nach langem Zögern erklärte Reichskanzler Bismarck schließlich am 24. April 1884 die Erwerbungen des Kaufmanns zum deutschen Schutzgebiet Deutsch-Südwestafrika. Ein Jahr später dehnte das Deutsche Reich seinen kolonialen Besitzanspruch auf ganz Südwestafrika aus. Die Deutsche Kolonialgesellschaft für Südwestafrika wurde schließlich gegründet, um deutsche Siedler anzuwerben und ihnen Farmland zuzuweisen.

1886 legte ein Vertrag mit Portugal die Südgrenze von Angola und die Nordgrenze von Südwestafrika am Kunene fest. Der Helgoland-Sansibar-Vertrag von 1890 zwischen dem Deutschen Reich und Großbritannien regelte schließlich die anderen Grenzen zu den britischen Kolonialgebieten, die sich bis heute nicht verändert haben. Unter anderem enthielt der Vertrag – für die im Gegenzug versprochene Abtretung deutscher Gebiete in Ostafrika an Großbritannien – die Zuteilung des nach dem amtierenden Reichskanzler benannten Caprivi-Zipfels zu Deutsch-Südwestafrika. Damit sicherte sich die Kolonie ohne Rücksicht auf kulturelle und geographische Gegebenheiten bei der Aufteilung des Landes den Zugang zum Fluss Sambesi im Osten.

Der Kunene, der in seinem Verlauf unter anderem die Epupa Falls ausbildet, wurde 1886 als Nordgrenze Südwestafrikas zu Angola hin festgelegt.

1891 wurde die heutige Landeshauptstadt Windhoek unter dem Hauptmann Curt von François der deutsche Verwaltungssitz. Er war zuvor mit einer kleinen, knapp zwei Dutzend Soldaten umfassenden Truppe nach Südwestafrika berufen worden und sollte Streitigkeiten der Kolonialgesellschaft mit dem Herero-Häuptling Maharero aus Okahandja klären. Curt von François war für den militärischen Schutz und die Verwaltung der Kolonie verantwortlich und baute seine Truppe nach und nach aus. Den Sitz seiner Verwaltung hatte er im Hinblick auf eine gute Kontrolle strategisch günstig zwischen den Gebieten der Herero und der Nama angesiedelt.

Die einheimische Bevölkerung akzeptierte die deutsche Herrschaft nicht freiwillig, sodass sie mit militärischer Gewalt durchgesetzt und gesichert werden musste. Besonders die Orlam widersetzten sich unter ihrem Anführer Hendrik Witbooi von 1891 an vehement der deutschen Landnahme. 1894 wurden die Orlam von Major Theodor Leutwein in den Naukluft-Bergen besiegt. Trotz der ständigen Auseinandersetzungen zwischen den deutschen Herrschern und den Einheimischen sprachen sich die als erfolgreich angesehenen Aktivitäten der Schutztruppe von Hauptmann Curt von François bis ins Deutsche Reich herum. Dort wurde zur Förderung der deutschen Präsenz in Südwestafrika eine Siedlungsgesellschaft gegründet. Die Folge war eine aktive Besiedlung der Region um Windhoek mit deutschen Bauern. Durch die zunehmend weiße Bevölkerung und eine beginnende Infrastruktur wurde die Region für Wirtschaftsinvestitionen und Forschungsunternehmen von Minengesellschaften immer interessanter.

Ein grundsätzliches Problem für deutsche Interessen blieben jedoch die kriegerischen Auseinandersetzungen vor allem mit den Herero und Nama, die durch die fortschreitende Ansiedlung von Farmern zunehmend eskalierten. Die zum großen Teil nomadisch von der Viehzucht lebenden Einheimischen waren auf große Weidegebiete angewiesen. Ihnen wurde jedoch durch die Zuteilung des Landes an weiße Siedler immer mehr die Lebensgrundlage entzogen. Bei diesen einheimischen Gruppen war das Land stets Allgemeingut, da Einzelbesitz unbekannt war. Von 1894 bis 1903 stieg die Zahl der weißen Siedler auf 3700 an, 1913 waren es bereits über 12 000.

Weideland war bis zur Landnahme durch deutsche Siedler ein Allgemeingut für nomadisch lebende Stämme und Hirtenvölker. Indem die Europäer immer mehr Land ihr Eigen nannnten, wurden den Herero, Nama und anderen Volksstämmen die Lebensgrundlage entzogen. Die Konflikte eskalierten.

Anfang des Jahres 1904 erhoben sich die Herero unter ihrem Häuptling Samuel Maharero schließlich zum Aufstand aufgrund ständiger Verletzungen der sogenannten Schutzverträge (1885) seitens der deutschen Siedler und Behörden. Unter der Vernichtungsstrategie des deutschen Generals Lothar von Trotha wurden die Herero im August des Jahres 1904 am Waterberg entscheidend geschlagen. Am 2. Oktober 1904 gab Trotha daraufhin den Befehl, die Herero vollständig zu vernichten. Wen die deutschen Truppen nicht direkt töteten, wurde in die unwirtlichen Gebiete der Kalahari abgedrängt, wo die meisten an Hunger und Durst starben. Die Regierung in Berlin stoppte Trothas Vernichtungsfeldzug nur halbherzig und ließ die Herero in Konzentrationslagern internieren. Von 80 000 Herero überlebten nur rund 13 000 den Völkermord.

Gleichzeitig versuchten auch die Nama, sich gegen die deutsche Herrschaft zu wehren. In Guerillamanier überfielen sie anfangs äußerst erfolgreich die weißen Farmer im Namaland. Die Erfolge gingen nicht zuletzt auf den alten Orlam-Krieger Hendrik Witbooi zurück, der sich entschlossen hatte, den Schutzvertrag mit den Deutschen, in dem er die deutschen Vorherrschaft anerkennen musste, zu brechen und sich auf die Seite der Nama zu stellen. Bis 1906 konnten sie gemeinsam Widerstand leisten, dann mussten sich auch bei ihnen die letzten Stämme ergeben. Die Gefangenen in den Lagern wurden für schwere Arbeiten auf Farmen der Siedler, beim Eisenbahnbau oder in den Minen eingesetzt. Unter ihnen waren auch Frauen, Kinder und alte Menschen. Zwischen 1904 und 1907 starb jeder zweite Häftling aufgrund der elenden Lebensbedingungen.

Wegen der Ermordung von 80 000 Menschen in der Zeit von 1904 bis 1908 haben die Nachfahren der Herero und Nama im Jahr 2017 die Bundesrepublik Deutschland vor einem Gericht in den USA

Das Freiheitsmonument auf dem Heldenacker bei Windhoek zeigt in Reliefform den Herero-Aufstand von 1904 bis 1906 gegen die deutsche Kolonialmacht.

verklagt. Sie fordern finanzielle Entschädigung und eine Beteiligung an den seit Jahren laufenden Gesprächen zwischen deutscher und namibischer Regierung. Eine offizelle Anerkennung der Verbrechen als Völkermord sowie eine Entschuldigung durch den deutschen Staat stehen noch immer aus. Forderungen nach materieller Wiedergutmachung wurden stets abgelehnt und stattdessen auf die geleistete Entwicklungshilfe verwiesen.

Die Entdeckung von Diamantenvorkommen im Jahre 1908 in der Nähe von Lüderitz ließ die Attraktivität der Kolonie sprunghaft ansteigen. Infolgedessen wurde das Transportnetz weiter ausgebaut. 1909 bekamen die 12 000 deutschen Siedler von der Berliner Reichsregierung eine begrenzte Selbstverwaltung gewährt. Der Erste Weltkrieg brachte unterdessen eine entscheidende Veränderung in Südwestafrika. Südafrikanische Streitkräfte marschierten 1915 in die deutsche Kolonie ein und zwangen die deutsche Schutztruppe am 9. Juli 1915 bei Otavi zur Kapitulation. Damit war die deutsche Kolonialherrschaft in Südwestafrika beendet. Später wurde im Vertrag von Versailles den Deutschen sämtlicher Kolonialbesitz genommen und an den Völkerbund übergeben. Dieser übertrug 1921 die Verwaltung des Mandatsgebiets Südwestafrika der Südafrikanischen Union mit der Verpflichtung der regelmäßigen Berichterstattung auch über den garantierten Schutz nichtweißer Bevölkerungsgruppen.

Nach dem Ende der deutschen Kolonie blieben trotz zahlreicher Ausweisungen fast 7000 deutsche Siedler im Lande. Ihrerseits förderte die Südafrikanische Union die Ansiedlung von südafrikanischen Farmern, den Buren in Südwestafrika, das von Südafrika als fünfte Provinz angesehen wurde. 1932 erhielten die Deutschen die südafrikanische Staatsbürgerschaft. 1946 lehnte die Republik Südafrika es ab, das Mandat für Südwestafrika an die UNO als Rechtsnachfolgerin des Völkerbundes zurückzugeben und es treuhänderisch verwalten zu lassen. Stattdessen erleichterte Südafrika die Einwanderung deutscher Siedler und behandelte Südwestafrika weiterhin wie einen südafrikanischen Landesteil, in dem es ab 1951 ebenfalls die Apartheid einführte. Ab 1963 waren nach südafrikanischem Vorbild für die verschiedenen Stammesgruppierungen Homelands geschaffen worden, die rund 40 Prozent des Landes einnahmen. Genau wie in Südafrika konnten diese Landesteile weder wirtschaftlich selbstständig überleben noch den Stammesbedürfnissen gerecht werden.

Der Widerstand gegen die Südwestafrikapolitik Südafrikas schlug sich in der Gründung der South West African People's Organization (SWAPO) nieder, die von Exilanten in Daressalam (Tansania) gegründet worden war. San Nujoma wurde zum Präsidenten der Organisation gewählt. 1966 begann schließlich der bewaffnete Kampf gegen die südafrikanische Regierung vom Norden des Landes und Angola aus. Durch finanzielle Unterstützungen im Ovamboland versuchte die südafrikanische Regierung einen Schutzmantel zwischen Rebellen und weißen Farmen im Landesinneren zu errichten. Im selben Jahr entzog die UNO Südafrika das Mandat über Südwestafrika, übernahm gegen den Widerstand Südafrikas selbst die Verantwortung über das Land und nannte es „Namibia". Südafrika erkannte die UNO-Resolution jedoch nicht an.

1971 wurde die Präsenz Südafrikas in Namibia vom Internationalen Gerichtshof für nicht rechtens erklärt. Hingegen wurde die SWAPO als einzige Repräsentantin des namibischen Volkes von der UNO anerkannt und ihr ein Beobachterstatus erteilt. Um die Alleinvertretung des Landes durch die kommunistisch geprägte SWAPO zu verhindern, sammelten sich in Namibia die konservativen

FOLGENDE DOPPELSEITE:
Windhoek ist die Hauptstadt des seit 1990 freien und unabhängigen Namibia. Das Bild rechts zeigt den Obersten Gerichtshof auf der Post Street Mall.

Kräfte auf der sogenannten „Turnhallenkonferenz" und verkündeten ihrerseits die Vorbereitung der Unabhängigkeit des Landes für das Jahr 1978. In dem Jahr ließen sie ohne Beobachtung der UNO und ohne Beteiligung der SWAPO eine Volksabstimmung abhalten.

Auf Druck des Weltsicherheitsrates wurden im selben Jahr Wahlen zur Nationalversammlung angeordnet als Bedingung für die Unabhängigkeit Namibias nach der Resolution 435, die unter Beobachtung der UNO stattfinden sollte. Aus der Wahl, an der die SWAPO nicht beteiligt war und die daher von der UNO nicht anerkannt wurde, ging die DTA (Demokratische Turnhallenallianz) als Siegerin hervor. Eine der Leistungen dieser Regierung war jedoch, ein Gesetz zur Aufhebung der Rassendiskriminierung zu verabschieden. Ansonsten blieben die Entscheidungsmöglichkeiten der Regierung aufgrund des Veto-Rechts des südafrikanischen Generaladministrators äußerst gering.

Die SWAPO hatte sich an der Wahl als offizielle Vertreterin der Namibier nicht beteiligt, weil sie das Verfassungskonzept der südafrikanischen Regierung ablehnte. Sie setzte den bewaffneten Guerillakampf auch nach der gescheiterten Namibia-Konferenz in Genf im Jahre 1988 fort, den sie – unterstützt von kubanischen Streitkräften – von Angola aus führte. Bis 1988 war der Weg in Richtung einer Unabhängigkeit Namibias mittels Verhandlungen gesperrt. Die SWAPO verweigerte unter anderem Gespräche, da die südafrikanische Regierung immer wieder militärische Vorstöße nach Angola unternahm, um die SWAPO-Stützpunkte zu zerstören. Die Südafrikaner wie auch die USA hingegen forderten den Rückzug kubanischer Truppen aus Angola.

1988 kam der Unabhängigkeitsprozess wieder in Bewegung. Es konnten Verhandlungen erreicht werden, aus der die Einigung hervorging, dass Kuba seine Truppen aus Angola abziehen und sich im Gegenzug Südafrika aus Namibia zurückziehen würde. Südafrika, Angola und Kuba vereinbarten einen Waffenstillstand und konnten eine Einigung über den zeitlichen Ablauf der Unabhängigkeit Namibias gemäß der UNO-Resolution 435 erzielen. Knapp ein Jahr später fanden im November 1989 die ersten Wahlen zur verfassungsgebenden Versammlung statt. Diesmal nahm die SWAPO an der Wahl, die international anerkannt wurde, teil und konnte mit 57 Prozent die absolute Mehrheit erringen. Die DTA erhielt 29 Prozent der Stimmen.

Nachdem Namibia im Februar 1990 seine demokratische Verfassung verabschiedet hatte, wurde am 21. März 1990 die Unabhängigkeit unter dem Präsidenten Sam Nujoma von der SWAPO feierlich verkündet. Bis 1994 blieb noch das Gebiet um Walvis Bay südafrikanisches Staatsgebiet. Erst ab diesem Zeitpunkt konnte Namibia über den wirtschaftlich wichtigsten Hochseehafen des Landes verfügen. Mit dem von Namibia, Botswana, Südafrika und Mosambik geplanten Trans Kalahari Corridor quer durch die Kalahari bis nach Maputo am Indischen Ozean in Mosambik und dem Trans-Caprivi Highway nach Lusaka in Sambia wurden für Namibia zudem wirtschaftliche Ausbaumöglichkeiten des Hafens geschaffen.

1994 fanden die ersten Wahlen seit der Unabhängigkeit statt, aus denen die SWAPO mit einer Zweidrittelmehrheit hervorging. Damit konnte sie die notwendige Mehrheit für Verfassungsänderungen unter dem wiedergewählten Sam Nujoma erzielen. Und auch im November 1999 konnte Nujoma – er hatte sich durch Verfassungsänderung die Möglichkeit einer dritten Präsidentschaft geschaffen – seine Stellung trotz erstarkter Opposition verteidigen.

In außenpolitischer Hinsicht sah sich Namibia Ende der 1990er Jahre mehreren Krisenherden gegenübergestellt: Das unabhängige Land unterstützte 1998 den kongolesischen Präsidenten Kabila mit militärischen Truppen, es entwickelte sich ein Grenzstreit mit Botswana, und Angola wurden militärische Operationen gegen die UNITA-Rebellen vom Caprivi-Zipfel aus gewährt. Das Passieren des Landstrichs war währenddessen nur in einem bewaffneten Konvoi möglich. Auf innenpolitischer Ebene mussten ebenfalls Probleme bewältigt werden, auch wenn Kämpfe zwischen den einzelnen Bevölkerungsgruppen im Landesinneren, wie in so vielen postkolonialen Ländern, ausblieben.

Heute befinden sich immer noch große Teile des Landes in der Hand einer kleinen Minderheit weißer Bauern. Zur Umverteilung des Landes setzte die Regierung darauf, dass Farmer freiwillig ihr Land verkaufen. Dieses Konzept ging jedoch nicht auf, sodass die Regierung aus Anlass des 27. Jahrestages der Unabhängigkeit verkündete, vermehrt auf das Gesetz zur Landreform von 1995 zurückgreifen. Es ermächtigt zur Enteignung weißer Farmer zugunsten nichtweißer Bauern.

Anders als in Zimbabwe sollen nach Angaben des Ministeriums für Land, Neuansiedlung und Rehabilitierung die Farmer eine Entschädigung für ihre Farmen nach dem üblichen Marktwert erhalten. Enteignet werden sollen vor allem Besitzer, die dauerhaft im Ausland wohnen, Ausländer, Eigentümer mehrerer Farmen und Farmer, die im Verdacht stehen, ihre Arbeiter auszubeuten und schlecht zu behandeln.

Die Beziehungen der Regierung von Namibia zu Deutschland sind weiterhin durch die Weigerung der deutschen Seite belastet, Entschädigungszahlungen zu leisten und sich für den Völkermord an den Herero und Nama zu entschuldigen. Deren Vertreter wiederum kritisieren, dass sie an den Gesprächen zwischen beiden Regierungen über eine Wiedergutmachung nicht ausreichend beteiligt werden. Ohnehin sehen sich Herero, Nama und andere Bevölkerungsgruppen durch die von den Ovambo dominierten Regierungspolitik benachteiligt.

Das 2002 eingeweihte Freiheitsmonument auf dem Heldenacker bei Windhoek gedenkt auch des Kampfes der SWAPO gegen Südafrika.

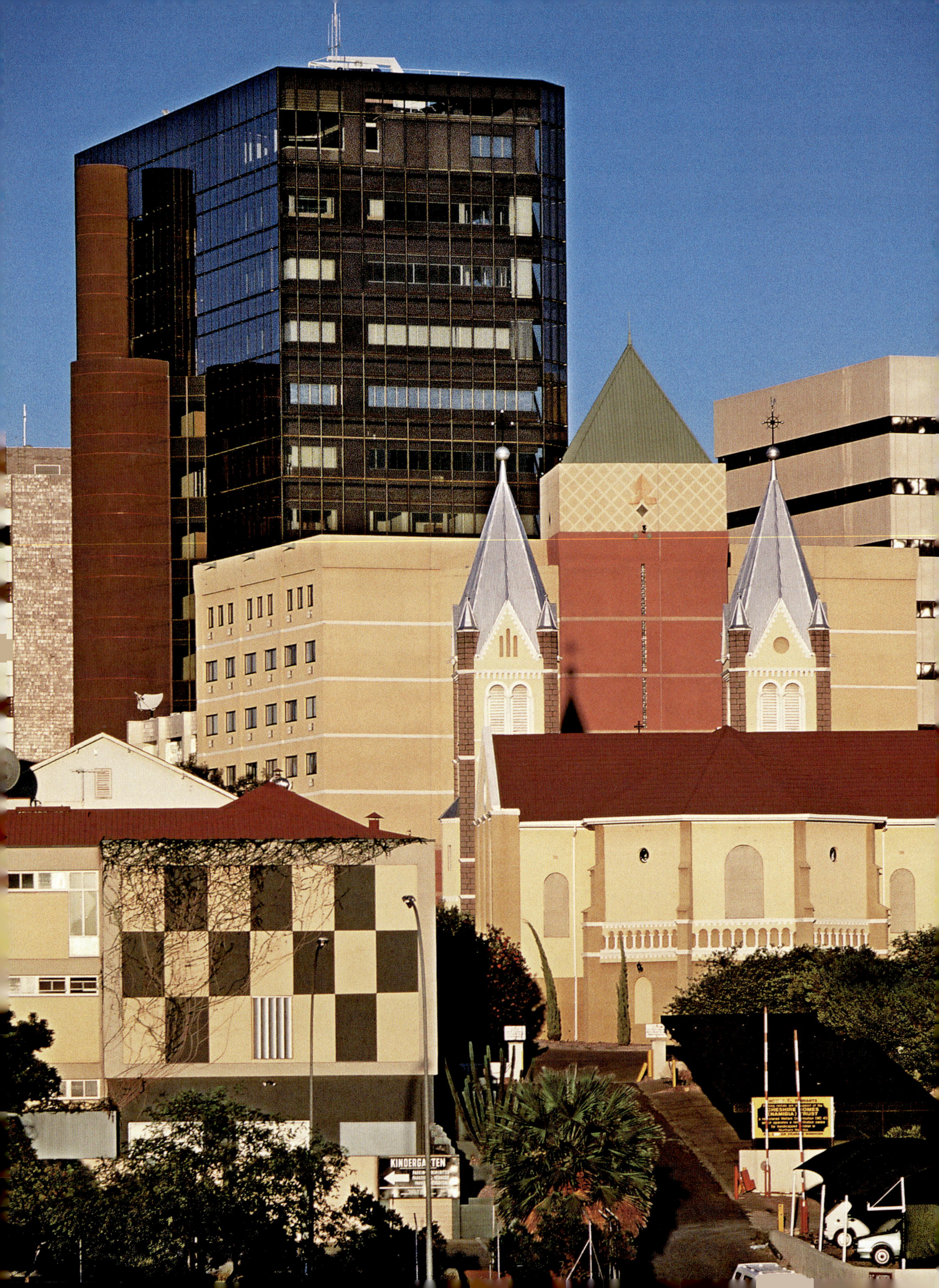
KINDERGARTEN

SUPREME COURT

FOLGENDE DOPPELSEITE:
Damaraland in der Waterberg-Region

WIRTSCHAFT

Seit der Unabhängigkeit Namibias steht das Land vor dem Problem mangelnder produktiver Investitionsmöglichkeiten. Dabei ist das Land verstärkt auf die ausbleibenden Investitionen aus dem Ausland angewiesen, die sogar mit der Möglichkeit von Landerwerb attraktiv gemacht werden sollen. Wirtschaftlich ist Namibia nach wie vor von Südafrika abhängig, als Importland für Gebrauchsgüter und als Exportland für landwirtschaftliche Produkte, wobei hier das Problem besteht, dass der südliche Nachbar selbst über eine florierende Agrarwirtschaft verfügt.

Da keine anderen Industrien entwickelt sind, ist der Bergbau (Diamanten, Kupfer, Uran, Gold, Zinn, Blei, Lithium, Cadmium, Zink) nach wie vor die Schlüsselindustrie für Namibia. Doch die Bodenschätze wie Uran, Eisen und Kupfer unterliegen schwankenden Marktpreisen: Vor allem aufgrund der vermehrten Produktion in anderen Staaten wird der Absatz immer schwieriger. Viele Minen in Namibia wurden bereits geschlossen, und genauso sieht es bei der Diamantenproduktion aus: Auch hier zeigt der Markt Tendenzen von Übersättigung.

Den größten Anteil der Leichtindustrien am Bruttoinlandsprodukt haben die Fischverarbeitung und die Herstellung von Fleischerzeugnissen. Die Fischgründe des Benguelastroms vor der namibischen Küste zählen zu den Hauptfanggebieten der internationalen Hochseefischerei. Ein immer

Die Fischerei und Fischverarbeitung ist auch heute noch einer der wesentlichen Wirtschaftsfaktoren Namibias.

wichtiger werdendes wirtschaftliches Standbein bildet der Tourismus, der weiter zunimmt. Viele weiße Farmer versuchen durch den Betrieb einer sogenannten Gästefarm ihr Einkommen zu sichern und besonders im Süden von Namibia Trockenperioden wirtschaftlich zu überstehen. Auch in der Hotellerie macht sich der Zuwachs der Besucher bemerkbar, sodass extra die Hotelfachschule von Namibia gegründet wurde. Massentourismus wie im Etosha National Park wird für andere Regionen jedoch abgelehnt. Hingegen tritt die Ausweitung von Naturschutzgebieten in den Vordergrund.

Ein großes Problem nicht nur sozialer Art ist die Entwicklung der HIV/AIDS-Pandemie. Mit Beginn der Unabhängigkeit hatte sich die Infektionsrate bis zum Jahr 2003 bereits auf rund 20 Prozent erhöht. Inzwischen sind Sterblichkeit und die Quote an Neuinfektionen deutlich zurückgegangen, aber immer noch hoch – was das Land gerade auch wirtschaftlich trifft, da die meisten Erkrankungen in der Generation vorliegen, die den eigentlichen Grundstein ökonomischer Produktivität bildet.

Mit einem Bruttosozialprodukt pro Kopf von 4400 US-Dollar gehört Namibia zu den Entwicklungsländern mit mittlerem Einkommen. Der Dienstleistungssektor erwirtschaftet ca. 60 Prozent des Bruttosozialprodukts, die Industrie ca. 30 Prozent, auf den Bergbau entfallen etwa 12 Prozent und auf die Landwirtschaft etwa sieben Prozent.

Die Tage des lukrativen Diamantenabbaus sind gezählt. Zeugnis hierfür sind die Ruinen in der heutigen Geisterstadt Kolmanskuppe – einst ein Zentrum des Diamantenrauschs.

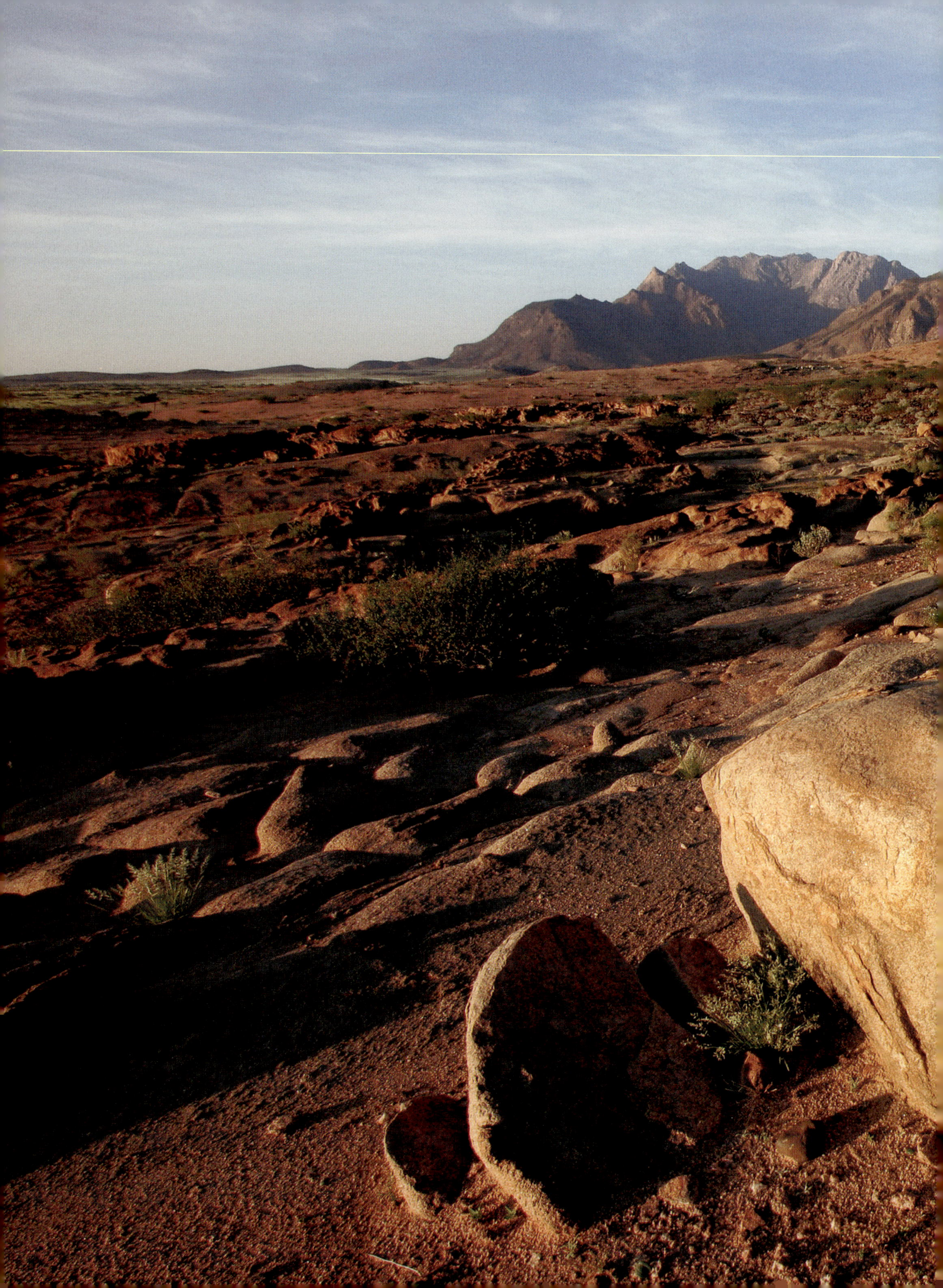

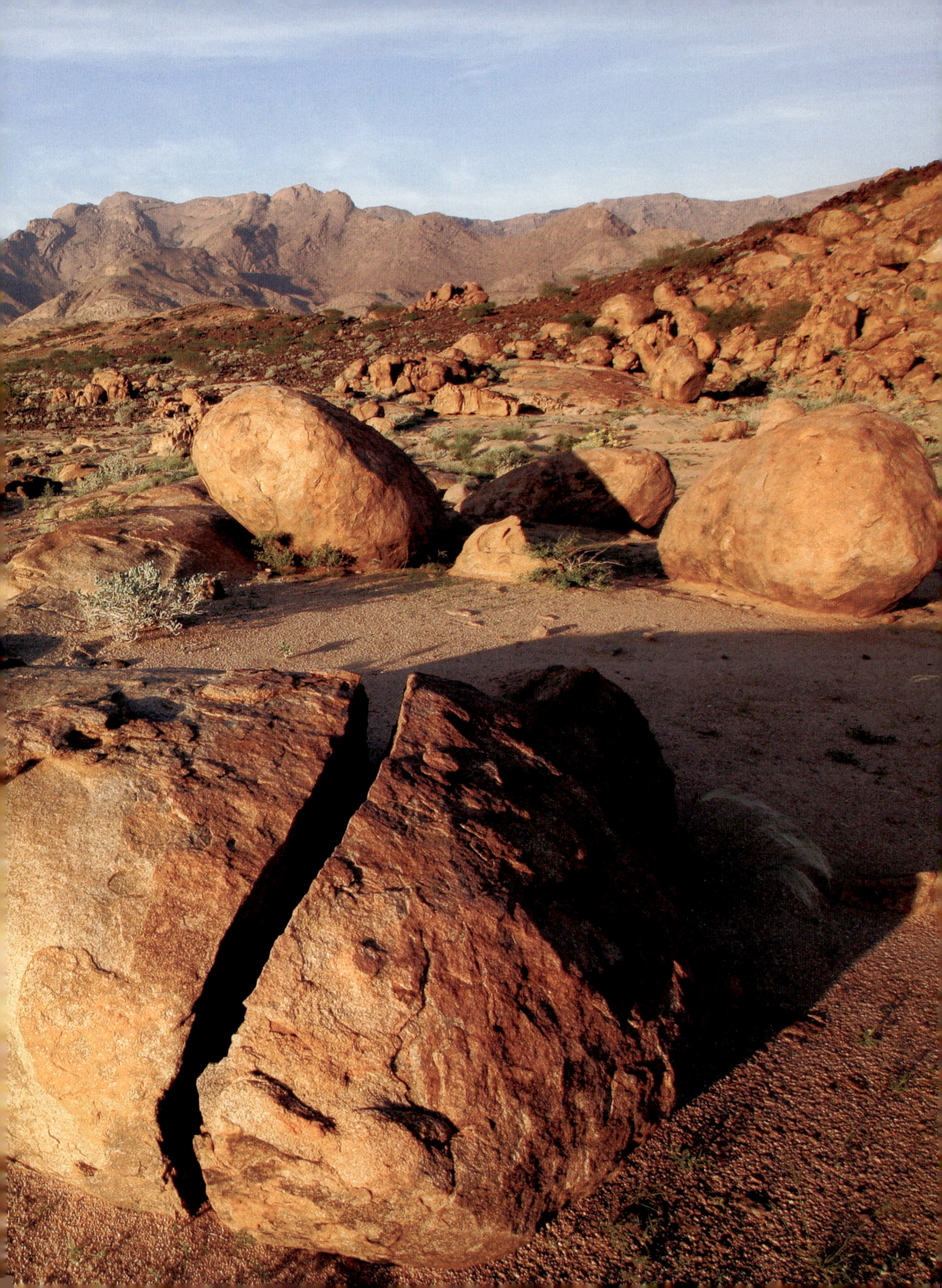

DAS KAOKOVELD UND DAMARALAND

Ganz im Nordwesten Namibias liegt das Kaokoveld – eine der abgeschiedensten Regionen Namibias. Das Land zeichnet sich vor allem durch schlichte Unerreichbarkeit für den normalen Besucher aus. Steile Pässe unterschiedlicher Gebirgszüge und schwere Pisten machen ungeübten Geländewagenfahrern das Vorankommen nahezu unmöglich, und im Falle einer Panne gibt es keine Infrastruktur, die einem schnell weiterhelfen kann. Geführte Touren ermöglichen jedoch einigermaßen respektvoll die Entdeckung der Kultur der hier lebenden Himba und der wilden Natur in ihrer ungebrochenen Schönheit. Bunt schillernde Gebirge bestehen mal neben Sandwüsten, mal neben Grasebenen, gespickt mit losen Felsen in unterschiedlichsten Farben und spektakulären Formen. Die Felsen lassen ganz im Norden des Kaokoveld – am Kunene, der die Grenze mit Angola bildet – die Wasserläufe aufbrechen und in breiten Fällen spektakulär in die Tiefen stürzen.

Einst war das Kaokoveld auch ein wildreiches Gebiet. Doch mit Beginn des 20. Jahrhunderts dezimierten Wild- und Trophäenjäger die Herden von Kudus, Antilopen, Spring-, Stein- und Gemsböcken und sogar Elefanten, Löwen und Nashörnern bis auf eine verschwindend geringe Zahl. Übrig geblieben sind heute nur noch die sogenannten Wüstenelefanten, die sich trotz eines täglichen Bedarfs von bis zu 500 Kilogramm Grünfutter und 350 Liter Wasser durch die Landschaft im Nordwesten Namibias schlagen. Zumeist folgen sie den Rivieren, wo Vegetation und Grundwasser am zuverlässigsten vorhanden sind. Sie ziehen teilweise auch in die südlicher gelegene Gegend des Damaraland.

Der Nordwesten Namibias ist kaum mit dem Auto zu erreichen. In manche Gebiete gelangt man am besten mit kleinen Propellermaschinen.

Ein Juwel ist die Region auch wegen der rund 5000 Himba, die auf einer 50 000 Quadratkilometer großen Fläche im Kaokoveld leben. Bis in die jüngste Vergangenheit konnten sie ihr traditionelles Leben als Hirten verhältnismäßig ungestört führen. Doch auch ihre Existenz ist in dieser Form durch das Vordringen des Tourismus in die Region grundsätzlich gefährdet. Aufgrund der raren Begegnungen mit den Himba wurden Bilder von ihnen zur begehrten Ware. Wer heutzutage ein Foto eines Himba macht, muss damit rechnen, gleich anschließend von dem Fotomodell zur Kasse gebeten zu werden. Die Himba schüren nichtsdestotrotz die europäische Vorstellung eines ursprünglichen afrikanischen Volkes: Stolz, unnahbar und kühl-überlegen leben sie ohne westliche Kleiderordnung. Ihre Haut schützen die Himba-Frauen vor den unterschiedlichen Witterungen durch Butterfett, das mit gestoßenem Pulver eisenhaltiger Gesteine und würzigen Kräutern wie zum Beispiel der Kaokoveld-Myrrhe vermischt wird und eine rote Farbe ergibt. Für die Männer wird das Fett schwarz gefärbt. Der Kopfschmuck dient zur Kennzeichnung des Familienstandes: Jungen haben bis auf einen Mittelstreifen einen kahl geschorenen Kopf. Verheiratete Männer tragen hingegen einen Turban aus Leder, heiratsfähige Männer können die Frauen an ihren langen Zöpfen am Hinterkopf erkennen. Die verheiratete Frau zeigt ihren Familienstand durch einen ledernen Kopfschmuck und die mittels der geschorenen Haare ihrer Brüder verlängerten Zöpfe an. Das unverheiratete, nicht initiierte Mädchen trägt zwei Zöpfe, die in die Stirn fallen.

Die soziale Stellung definiert sich bei den Himba nach wie vor durch die Größe des Viehbestandes. Sie werden nur zu besonderen Anlässen wie der Verheiratung von Töchtern als Brautpreis eingesetzt und für das Hochzeitsmahl geschlachtet. Im Todesfalle des Familienoberhauptes erben die Kinder der Schwester die Herde. Für den täglichen Bedarf werden Ziegen und Schafe gehalten und ein wenig Mais und Kürbis angebaut. Besonders wichtig in der Kultur der Himba ist das heilige Feuer, das aufgrund seiner Bedeutung als Verbindung von Lebenden und Toten nie erlöschen darf. In ihrem Glauben nehmen die Toten am Leben der Gemeinde aktiv teil und entscheiden über das Wohlergehen der Hinterbliebenen. Die Wache darüber wird jeweils von Vater zum Sohn weitergereicht.

Neben dem zunehmenden Tourismus gefährden Probleme bei der Rindviehhaltung das Wohlergehen der Himba am meisten. Überweidung führt in der großteils vollariden und bergigen Landschaft zu Verbuschung und Erosion. Eine noch größere Rolle werden diese Probleme spielen, wenn die seit Jahren bestehenden Pläne namibischer Politiker eines Stausees mit kompletter touristischer Infrastruktur eines Tages tatsächlich umgesetzt werden. Zwar wurde das Projekt zwischenzeitlich abgeändert, um die märchenhafte Naturlandschaft zu bewahren, die der immer Wasser führende Kunene mit den weitläufigen Epupa-Fällen zwischen Felsen- und Baumlandschaft kreiert. Dennoch steht zu befürchten, das es der endgültige Todesstoß des Himba-Volkes wäre, bei dem sich schon heute vermehrt Alkoholprobleme zeigen.

Das Verwaltungszentrum der Region ist Opuwo mit rund 8000 Einwohnern, die wie im gesamten Nordwesten hauptsächlich aus Himba und Herero bestehen, die sich sprachlich sehr nahe stehen. Das traditionelle Siedlungsgebiet der Herero liegt in der Gegend von Epempe und Otjijanjasemo, wo heute noch viele von ihnen leben. Besonders die Herero-Frauen bilden in ihren bunten Trachten, die sie von den deutschen Kolonialfrauen übernommen haben, einen starken Kontrast zu den weitgehend unbedeckten Körpern der Himba.

NACHFOLGENDE DOPPELSEITE:
Zwei Angehörige der Himba. Die rötliche Hautfarbe der Frauen entsteht durch Butterfett, das mit eisenhaltigem Pulver und Kräutern vermengt wird. Anhand der Frisur und des Kopfschmucks kennzeichnen die Himba ihren Familienstand.

DARAUFFOLGENDE DOPPELSEITE:
Straßenszene in Opuwo im Norden des Landes. Hier offenbaren sich die kulturellen Unterschiede zwischen Namibias Völkern aufs Deutlichste: Zu den Herero-Frauen mit ihren an die viktorianische Zeit erinnernden Kleidern stellt die halbnackte Angehörige der Himba einen vollkommenen Kontrast dar.

Traditionelles Dorf der Himba

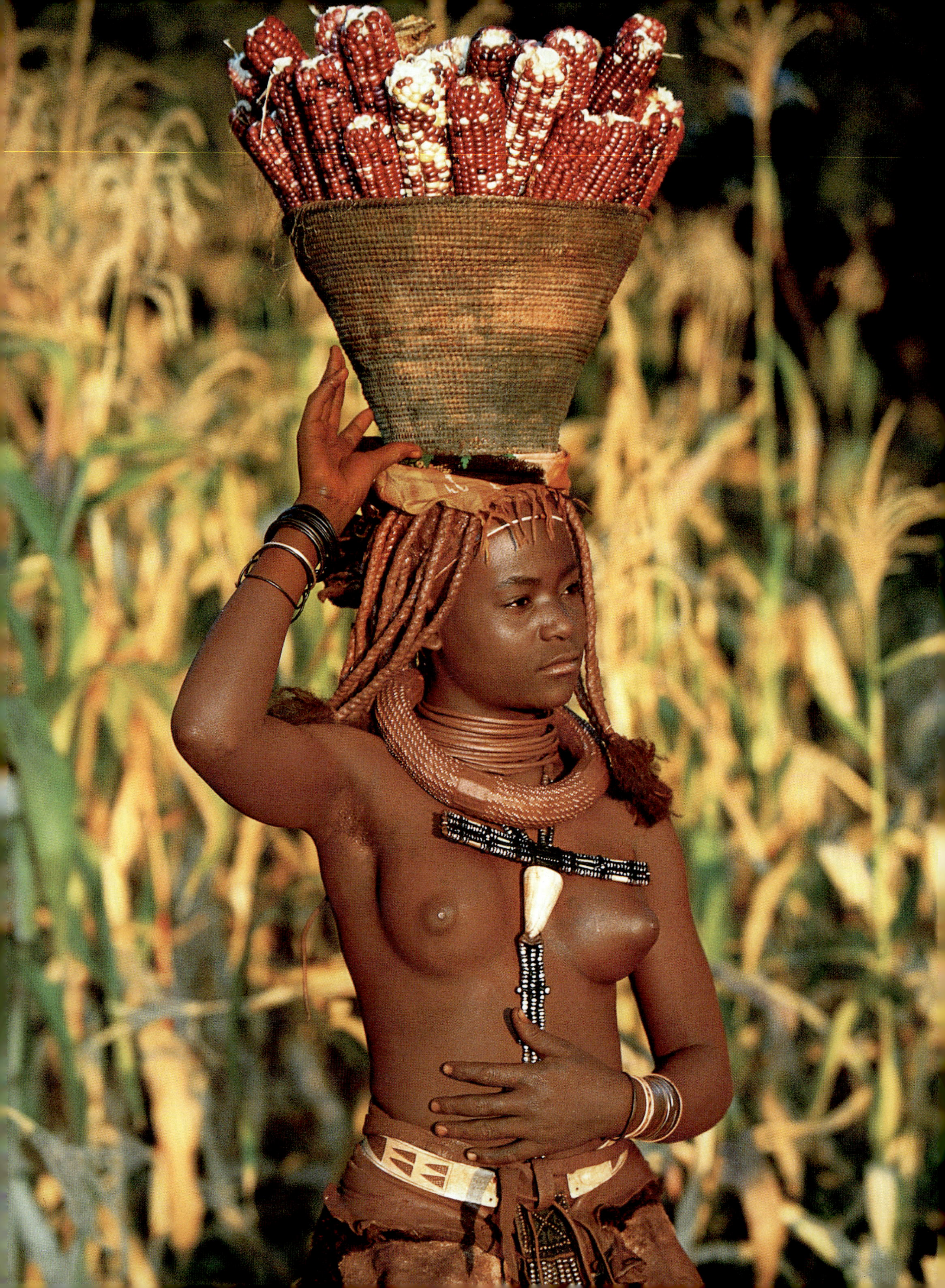

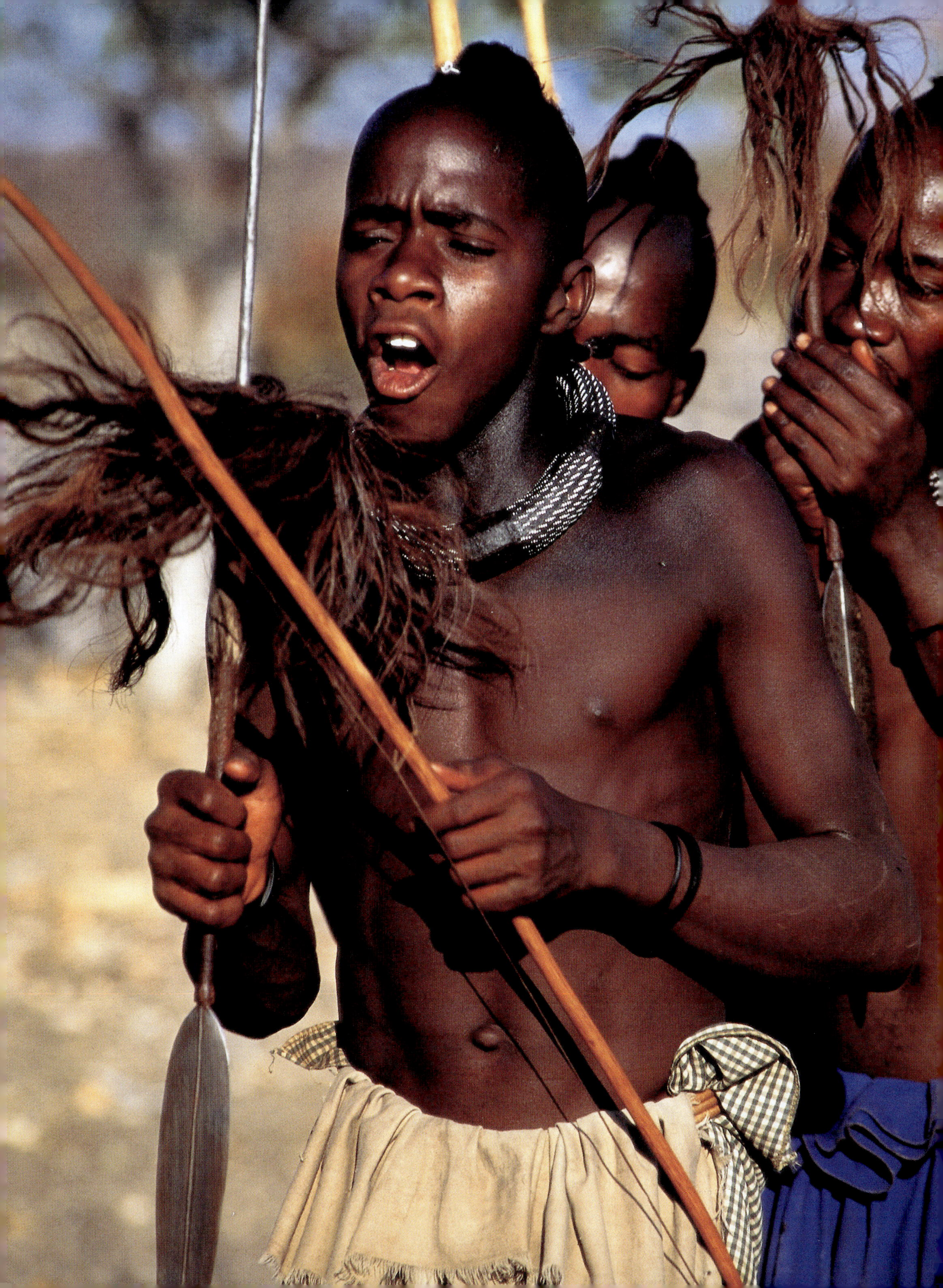

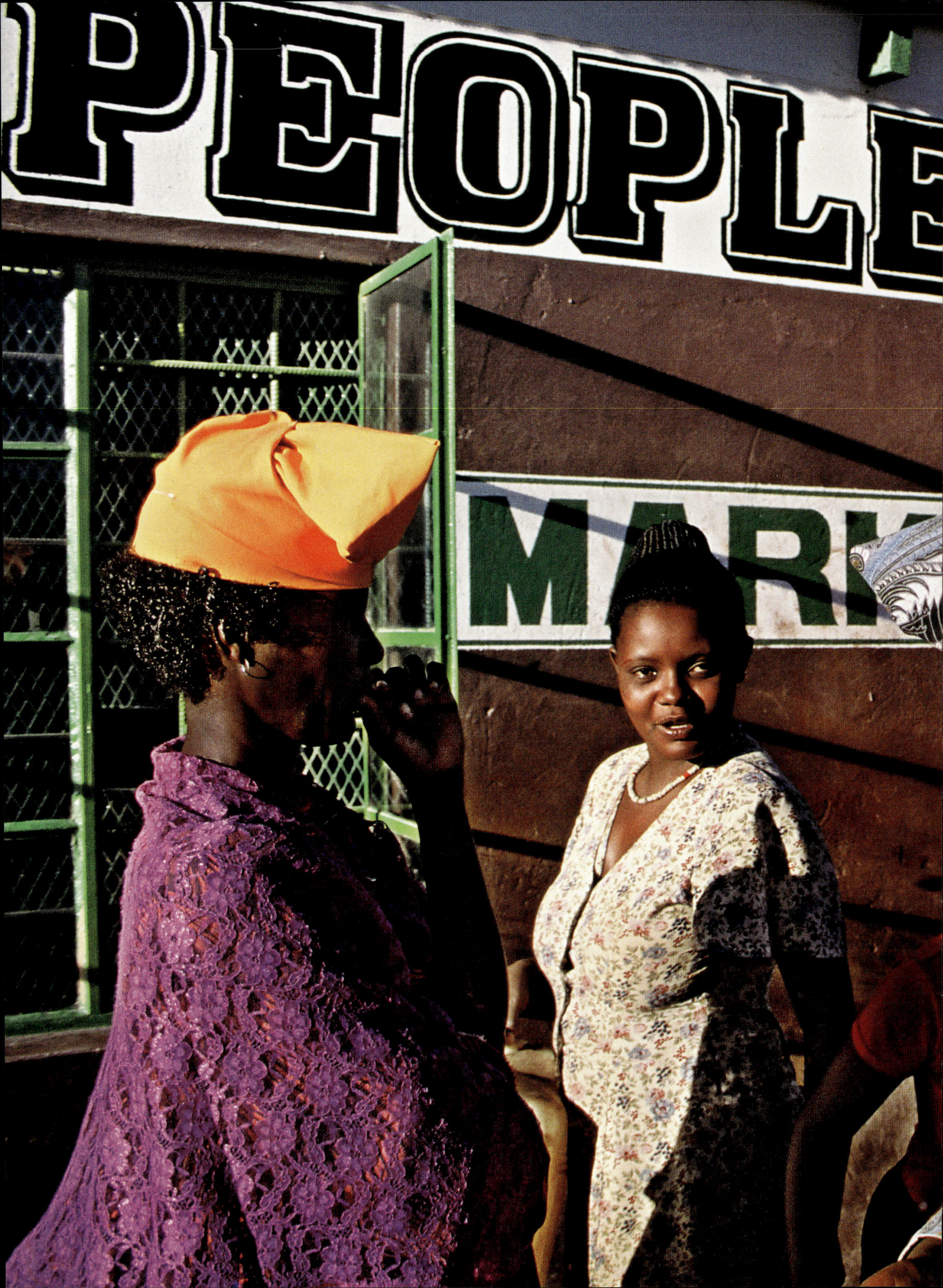
PEOPLE

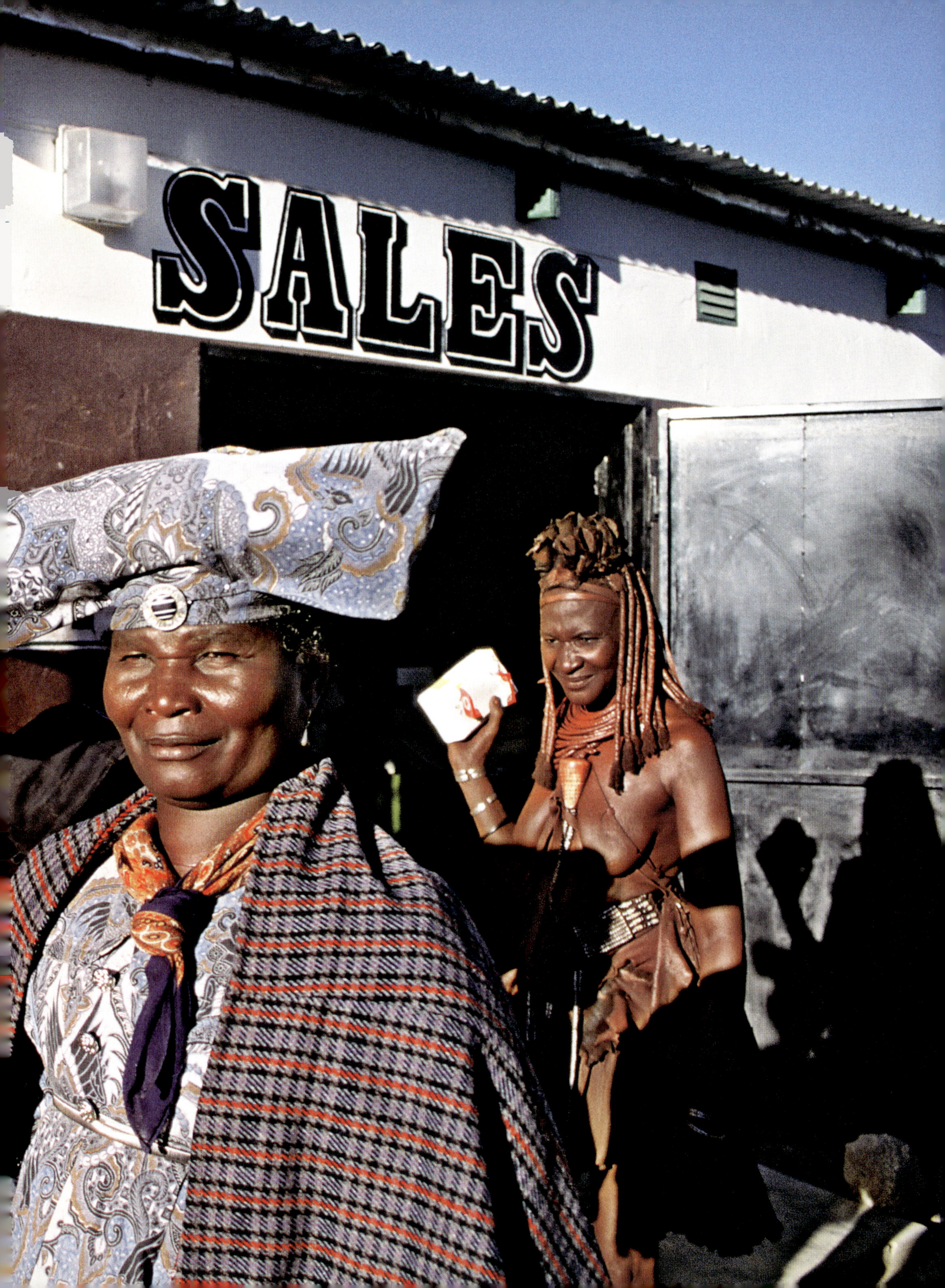
SALES

Panoramablick auf das Damaraland

Die ausschließlich in Namibia wachsende Welwitschia – im Bildvordergrund zu sehen – gab einst der heutigen Stadt Khorixas ihren Namen.

Wie in allen Hauptorten der ehemaligen Homelandgebiete gibt es auch in Opuwo eine die Grundversorgung deckende Infrastruktur für die rund 30 000 Menschen der Umgebung, bestehend aus Krankenhaus, Polizeistation, Einkaufsläden und Tankstellen. Seit die südafrikanischen Militärposten, die hier im Kampf gegen militante Befreiungskämpfer stationiert waren, mit Beginn der Unabhängigkeit Namibias im Jahre 1990 abgezogen sind, fehlt ein wesentlicher Absatzmarkt für die regionalen Produkte, und zahlreiche Arbeitsplätze fielen weg. Die Kraftwerke des großen Hydro-Elektrizitätswerks an den Ruacana-Fällen im Grenzbereich zwischen Namibia und Angola bieten für die Region nur geringen wirtschaftlichen Nutzen.

Einen landschaftlich völlig anderen Eindruck hinterlässt das Damaraland, das sich im Hinterland der Skelettküste um das Brandberg-Massiv erstreckt. Das Verwaltungszentrum Khorixas wurde bis 1989 aufgrund des stark verbreiteten Vorkommens der nur in Namibia heimischen Pflanze Welwitschia genannt. Khorixas ist ein ziemlich trostloser Ort, der unter der Verwaltung der Apartheidregierung Südafrikas zur Hauptstadt des Homelands Damaraland ernannt worden war. Aus diesem Grunde gibt es auch hier, in der kleinen Stadt mit rund 7000 Einwohnern, eine überraschend umfangreiche Infrastruktur mit Krankenhaus, Tankstelle, Bank und kleinen Läden. Wie alle Homelands im früheren Südwestafrika wurde auch Damaraland 1989, im Vorfeld der Unabhängigkeit von Südafrika und der Gründung Namibias, aufgelöst. Das Gebiet ist heute auf die Nachbarregionen Kunene und Erongo verteilt. Nur ein Teil der rund 150 000 Damara lebt hier.

Die Damara nehmen unten den Bevölkerungsgruppen Namibias eine Sonderstellung ein. Ihre Sprache gehört zur Gruppe der Khoikhoi-Sprachen und steht der Nama-Sprache nahe, ihre Erscheinung gleich hingegen eher den Bantu-Gruppen. Von wo das Volk ursprünglich stammte, ist ungewiss. Vermutet wird ihr kultureller und ethnischer Ursprung im zentralen Afrika unter Einfluss verschiedener Völker, bevor sie zusammen mit den Khoikhoi nach Namibia wanderten, denen sie sich vermutlich untergeordnet und angeschlossen hatten. Andere Theorien gehen davon aus, dass sie neben den San die eigentlichen Ureinwohner des Landes sind.

Von den Herero und Nama, in deren Diensten sie zumeist standen, wurden sie von Anfang an mit Missachtung behandelt – obwohl die Damara des Schmelzens von Eisen und Kupfer kundig waren. Diese Fähigkeit machten sich die überlegenen Nomadenvölker zunutze, indem sie von ihnen Werkzeuge und Speerspitzen schmieden ließen. Die vor allem als Jäger tätigen Männer besaßen nur wenig Vieh und nur vereinzelt Rinder.

Im Zuge der Apartheidpolitik von Südafrika richtete der Mandatsträger für Südwestafrika auch das Homelandgebiet für die Damara ein. Dafür kaufte die Regierung Farmland von weißen Siedlern, das in wesentlich kleinere Parzellen aufgeteilt und an die Bauern verteilt wurde. Heute hat dies den Effekt, dass die Betriebe der Damara – im Gegensatz zu den bis zu 30 000 Hektar großen Farmen der Weißen – aus nur 2500 Hektar großen Arealen bestehen, auf denen kein Austausch der genutzten und zu regenerierenden Flächen stattfinden kann. Zwei der größten und langfristig nachhaltigsten Probleme, die sich daraus ergeben, sind die Überweidung und die weitere Verkleinerung der Weidefläche aufgrund von Erosion und absinkendem Grundwasserspiegel. Hinzu kommt eine grundsätzliche Ablehnung der ehemaligen Wanderhirten der für Kleinlandwirtschaft auf einem begrenzten Gebiet notwendigen Arbeitsweise. Darüber hinaus leisten das regenarme Klima und fehlende Bewässerungsreservoirs das Übrige, um vorhandene landwirtschaftliche Ambitionen der Damara im Keim zu ersticken. Viele von ihnen leben heute außerhalb der Region und arbeiten vor allem in Bergwerken.

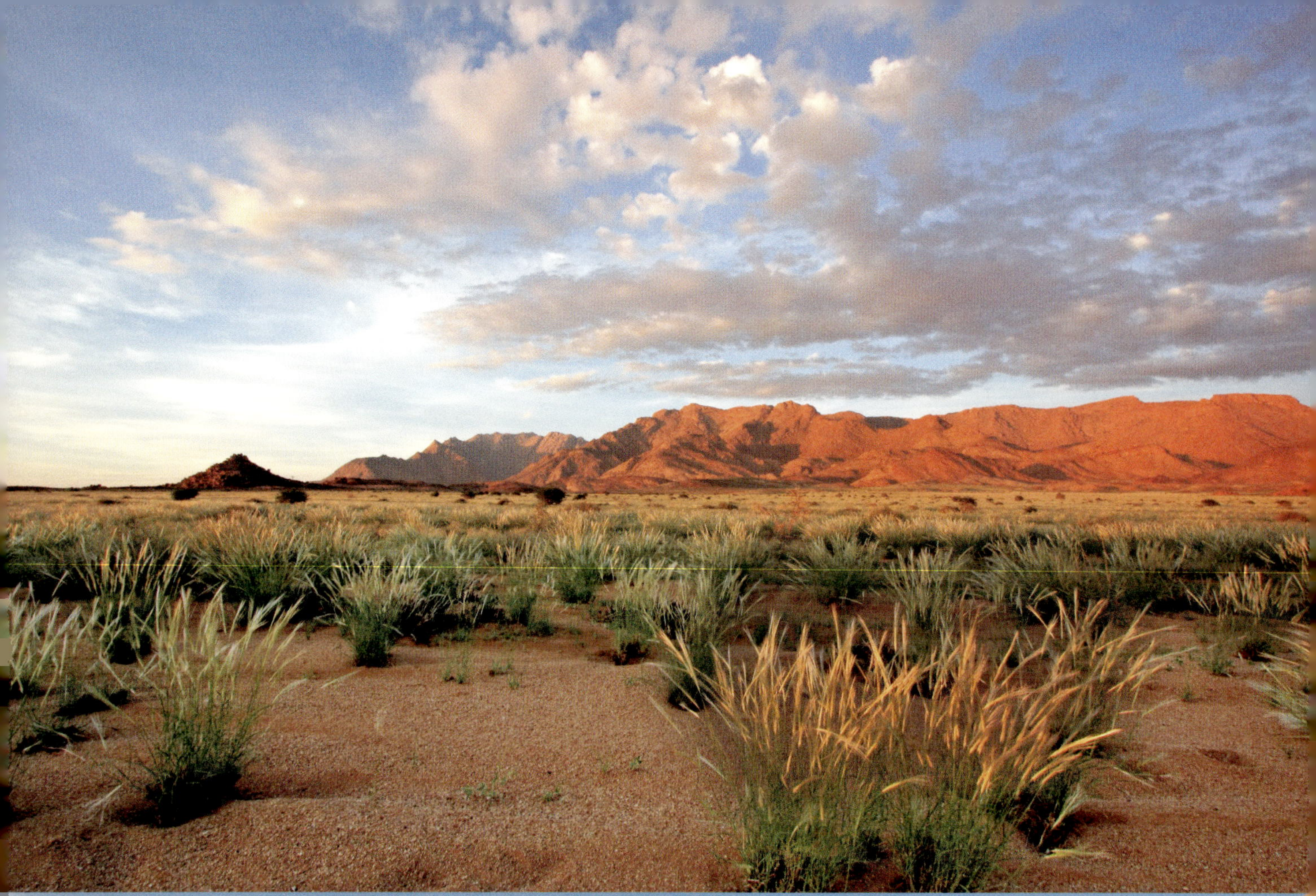

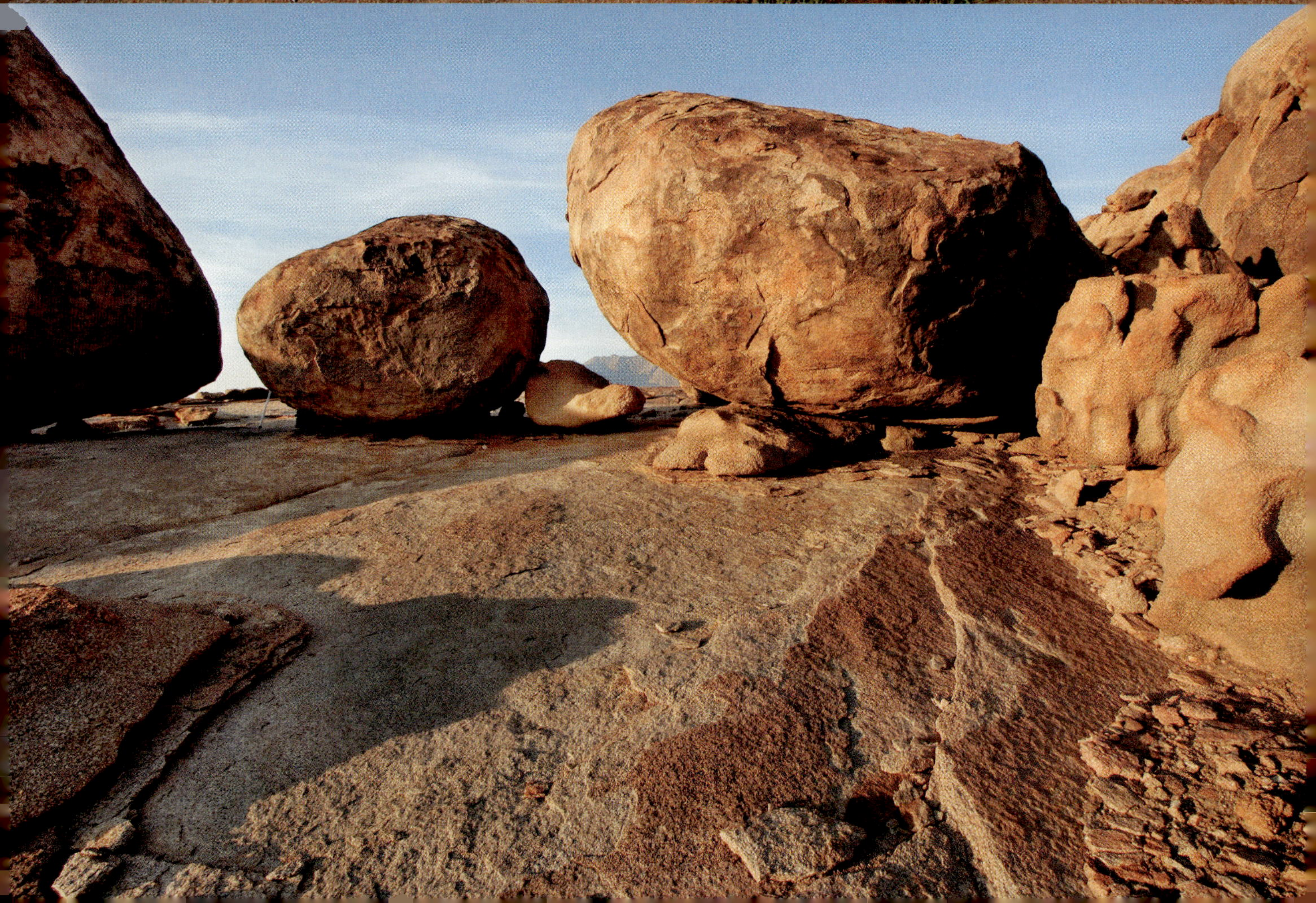

Landschaftlich sticht das Damaraland vor allem durch das Brandberg-Massiv mit dem 2573 Meter hohen Königstein hervor, dem höchsten Berg Namibias. Der Name des Gebirges resultiert aus der fast schwarz wirkenden Erscheinung des Gesteins. Das auch als „Wüstenlack" oder „Wüstenrinde" bezeichnete Phänomen entsteht durch eine wenige Millimeter dicke Kruste aus Mangan, Kieselsäure und Eisenerz. Erkundungen und Wanderungen in das aus einer ovalförmigen Lavaschüssel bestehende Bergmassiv werden in der Regel von der Siedlung Uis aus gestartet. Hier gibt es ein kleines Informationszentrum, das von den hier lebenden Damara geleitet wird. Neben den bizarren Felsformationen locken die meisten Besucher vor allem auch die über 45 000 Felszeichnungen hierher, die im Massiv des Brandberg gefunden wurden.

Die bekannteste Zeichnung wird „White Lady" genannt und wurde 1918 von dem deutschen Landvermesser Dr. Reinhard Maack entdeckt. 1947 machten sich Dr. Ernst Scherz und der Kunsthistoriker Abbé Breuil das erste Mal auf den einstündigen Weg durch die Tsisabschlucht zu der außergewöhnlichen Zeichnung auf. Der Abbé kopierte die 45 Zentimeter große Figur, in der er eine Frau sah, und versuchte ihre Herkunft aufgrund der Ähnlichkeit mit Malereien auf griechischen Vasen dem antiken Volk zuzuschreiben. Nachdem über die Symbolik der Felsenmalerei viel gestritten wurde, steht heute fest, dass es sich um einen gar nicht damenhaften jungen Krieger handelt, dessen Unterkörper und Beine weiß bemalt sind. Die Körperbemalung wird noch heute bei vielen Völkern zu rituellen Zwecken praktiziert.

Auch in der Region um die ehemalige Rinderfarm Twyfelfontein gibt es verschiedenste bis zu 6000 Jahre alte Tierdarstellungen und damit die ältesten des Landes. Der zudem reichste Fundort von Felsgravuren in Namibia belegt die lange zurückgehende Präsenz von Men-

RECHTE SEITE:
In der Brandberg-Region

Die sogenannte „White Lady" ist wohl die bekannteste Steinzeichnung in der Brandberg-Region

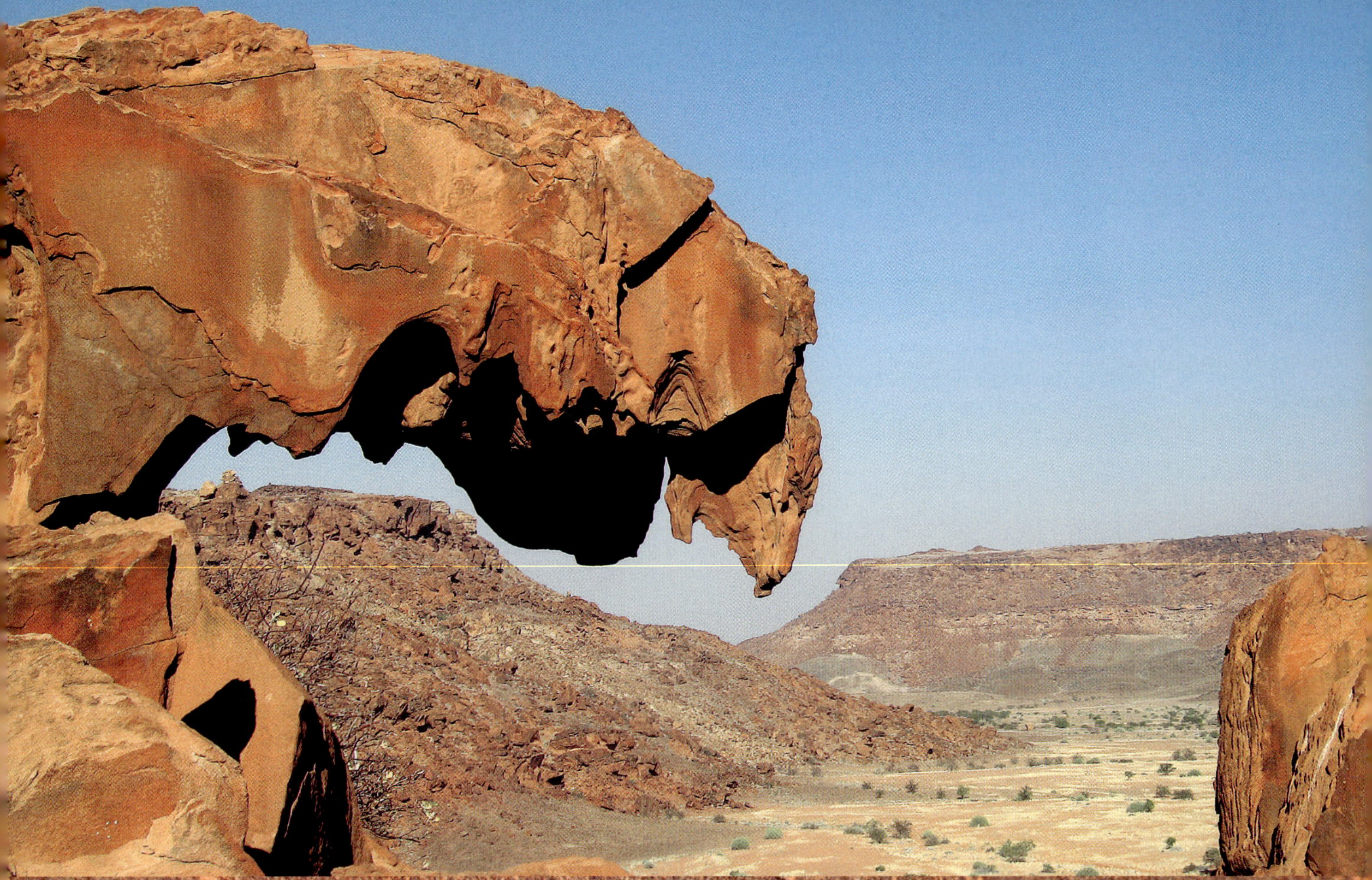

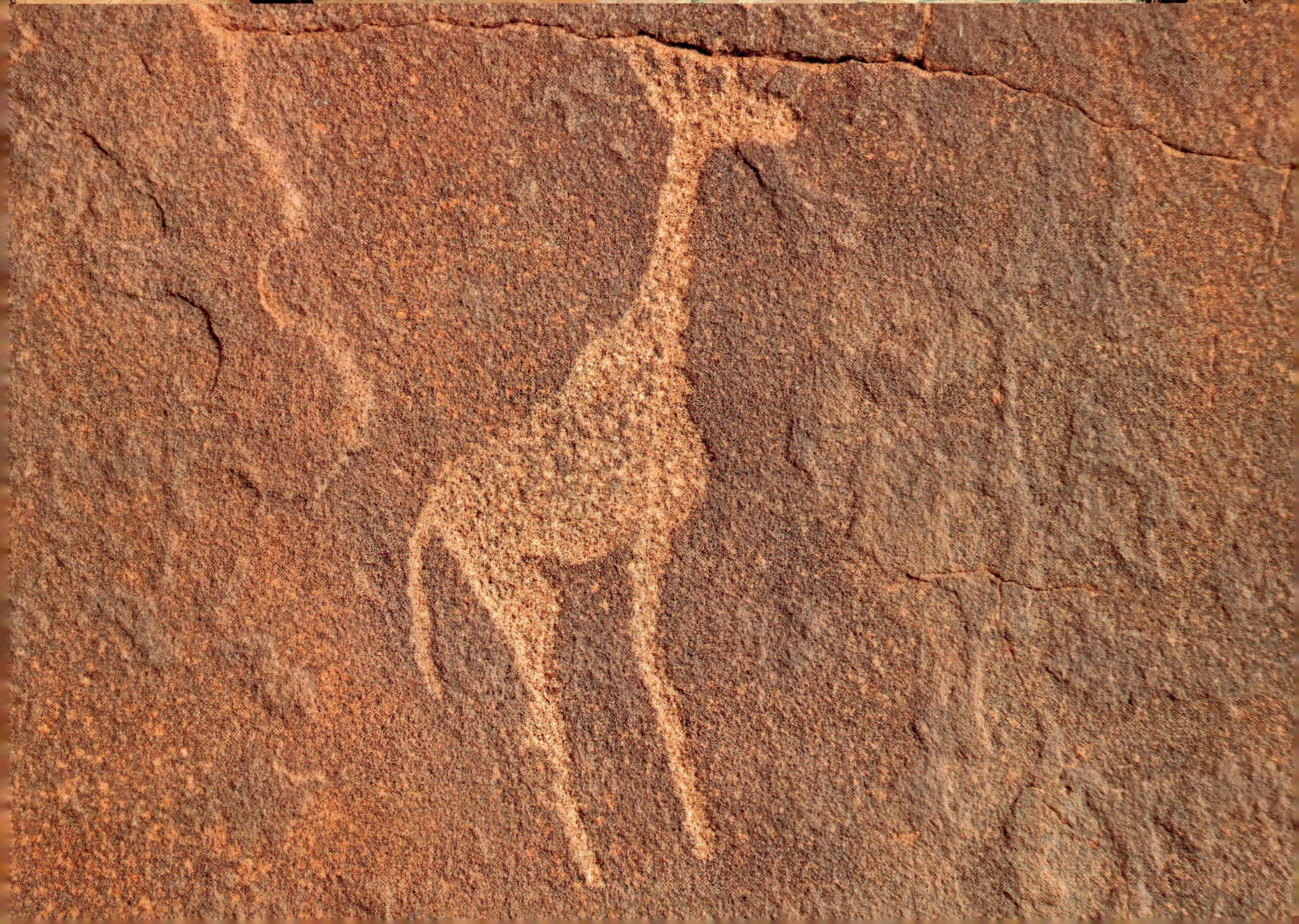

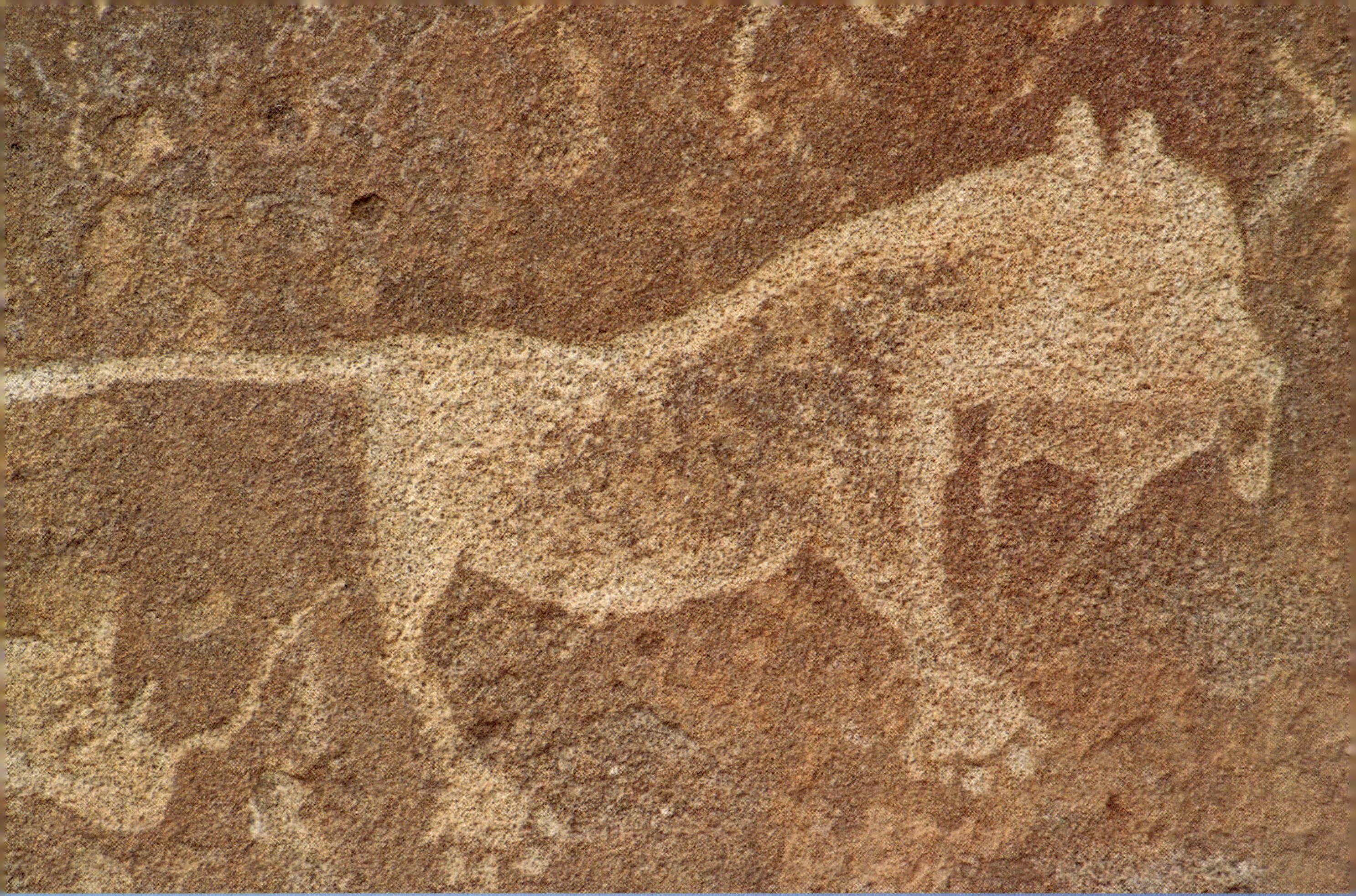
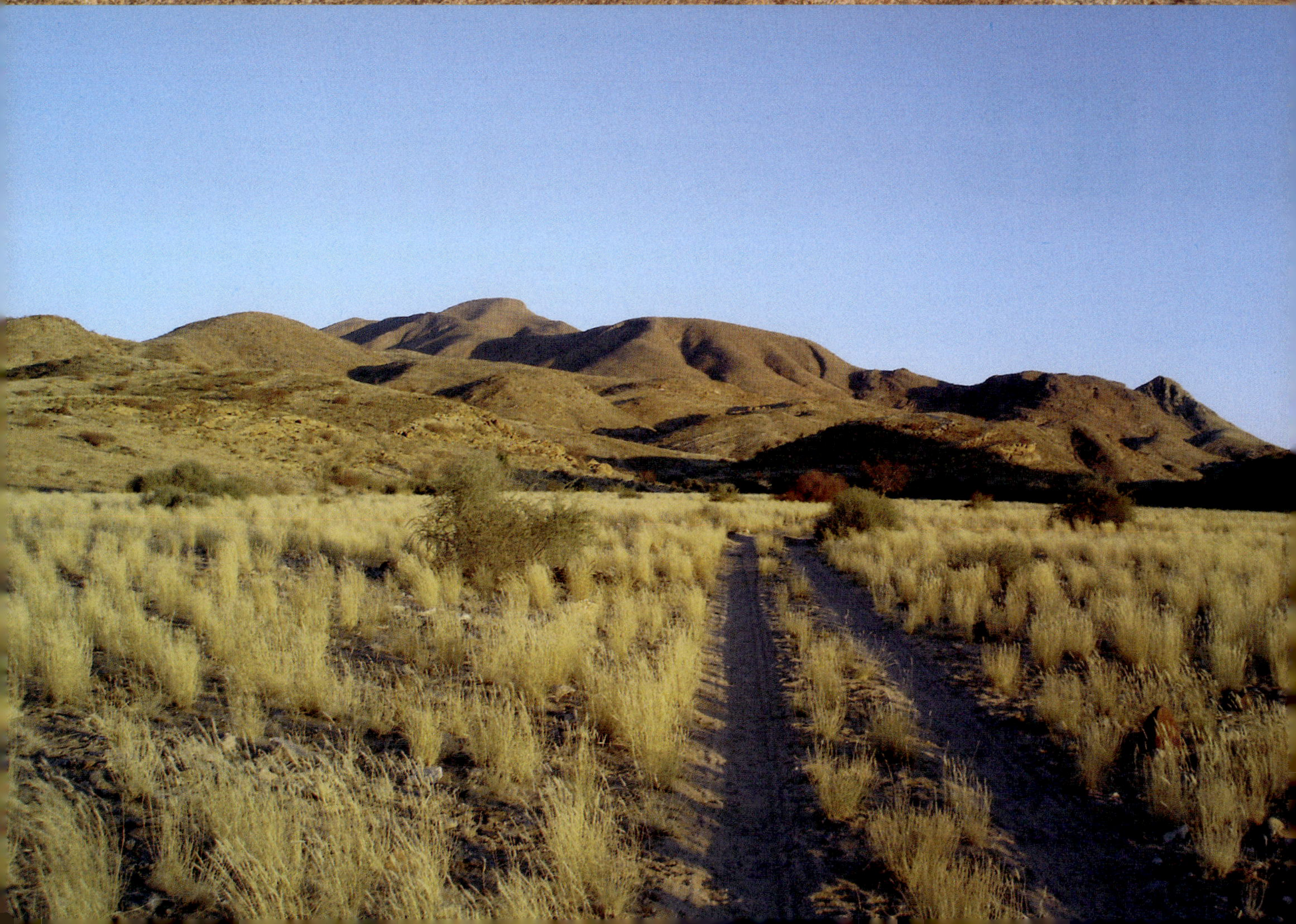

Säulenförmige Basaltsteine bilden die sogenannten „Orgelpfeifen", die in Twyfelfontein zu sehen sind.

NÄCHSTE DOPPELSEITE:
Landschaft bei Khorixas. Ein Guide erläutert einer Touristin den „versteinerten Wald".

schen in diesem Gebiet, das mit dem „verbrannten Berg", den „Orgelpfeifen" und dem „versteinerten Wald" einige der interessantesten geologischen Phänomene Namibias zu bieten hat. Bemerkenswert ist auch der 35 Meter hohe, senkrecht in den Himmel ragende, erodierte Tafelberg.

Die Bezeichnung „verbrannter Berg" geht auf seine äußere dunkle Erscheinungsform zurück, die auf das Eindringen von Doloritlava in die Schiefer- und Sandsteinschichten vor rund 80 Millionen Jahren zurückzuführen ist. Die „Orgelpfeifen" sind säulenförmige Basaltgesteine, die in dieser Form erstarrten, als ebenfalls Lava vor ca. 120 Millionen Jahren in das Schiefergestein eindrang. Unter Einfluss von Erosion wurden die Säulen freigelegt. Der 45 Kilometer von Khorixas entfernte „versteinerte Wald" entstand vor ca. 280 Millionen Jahren, als von Flüssen Stämme urzeitlicher Nadelbäume angeschwemmt und zu einem unordentlichen Haufen über- und untereinander geworfen wurden. Im Laufe der Zeit wurden die Bäume von Sandmassen nahezu luftdicht überdeckt und der Prozess des Austausches von Sand und Kieselsäure und die Annahme der Holzstruktur durch feinste Steinpartikel in Gang gesetzt. Sehr viel spätere Erosionsprozesse und die Lösung lockerer Partikel durch Witterungsumstände legten die versteinerten Bäume frei.

OVAMBOLAND

Das Ovamboland war zu Apartheidzeiten ebenfalls ein Homeland. Hier sollte die größte Bevölkerungsgruppe Namibias, die Ovambo, leben. Die Volksgruppe unterteilt sich in sieben unterschiedliche Stämme (Kwanyama, Ndonga, Kwambi, Ngandjera, Mbalantu, Kwaluudhi und Nkolonkadhi), die sich untereinander durch miteinander verwandte Sprachen verständigen können. Die offiziellen Sprachen der Ovambo sind Kwanyama und Ndonga, die Sprachen der beiden gleichnamigen und größten Stämme.

Heute unterteilt sich das ehemalige Homeland Ovamboland in die Regionen Omusati, Oshana, Ohangwena und Oshikoto und grenzt im Norden an Angola, im Westen an das Kaokoveld, im Süden an die Etosha-Pfanne und im Osten an die Region Kavango West. Bei einer geschätzten Einwohnerzahl von 900 000 Menschen im Ovamboland, das eine Fläche von 56 072 Quadratkilometern misst, sind mehr als ein Drittel aller in Namibia lebenden Menschen in diesem Gebiet beheimatet, das ein Zehntel der Gesamtfläche des Landes ausmacht.

Orte mit einer städtischen Struktur sind Oshakati als Handelszentrum und Sitz der Regionalregierung von Oshana sowie Ondangwa. Oshakati zählt rund 37 000 Einwohner und ist eine wirre Anhäufung von wilden Siedlungen, südafrikanischen Wohnprojekten und baulichen Hinterlassen-

VORHERIGE DOPPELSEITE:
„Löwenmaul" – eine der spektakulären Felsformationen in dem archäologischen Gebiet von Twyfelfontein (oben links); dunkel gefärbter Berg in der Brandberg-Region (unten rechts); zwei Felszeichnungen von Twyfelfontein (oben rechts und unten links)

Einst war das Ovamboland übersät mit Mopane-Wäldern, die den Menschen Brennholz liefern und den Tieren eine wichtige Nahrungsquelle sind. Eine großflächige Rodung im Zuge der Schaffung von Weideland hat aus dem einst so fruchtbaren Gebiet eine Savannenlandschaft gemacht.

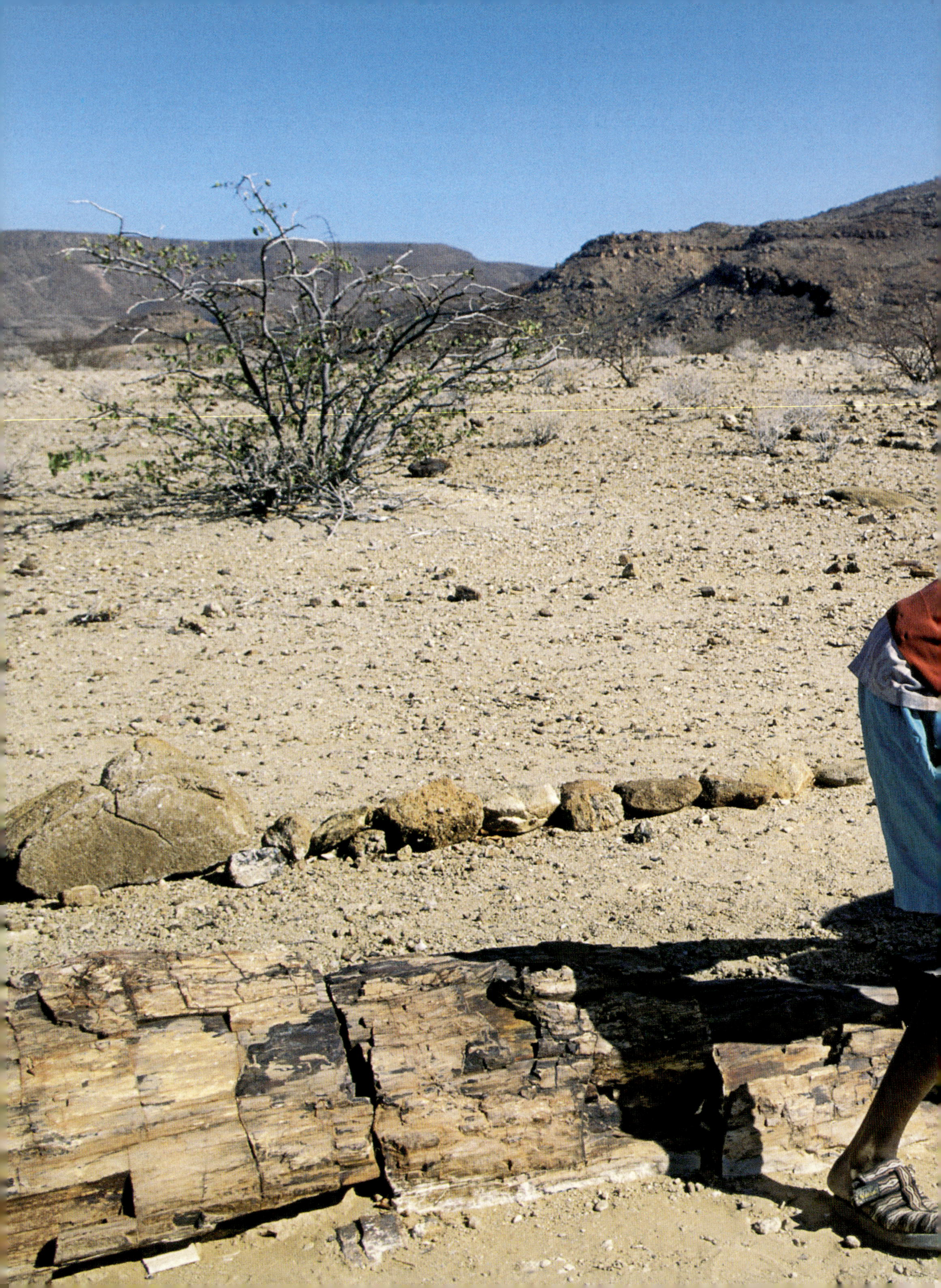

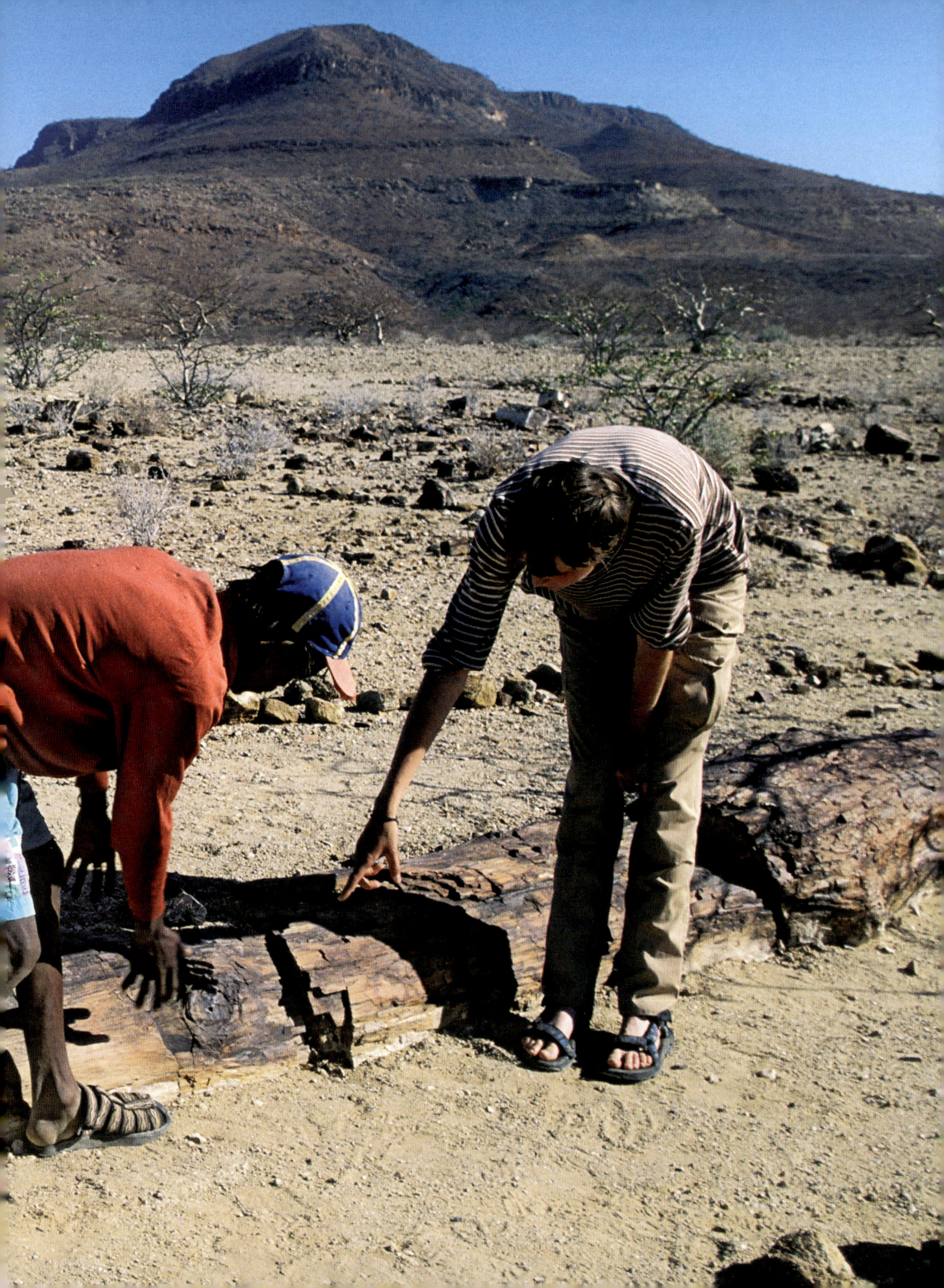

schaften der Kolonialzeit. Infrastrukturell ist die Region hinsichtlich der Grundversorgung mit Trinkwasser und Strom völlig unterversorgt. In der 23 000 Einwohner zählenden Stadt Ondangwa fallen diese Missstände aufgrund der rein afrikanischen Strukturen nicht so auf. Reges Treiben herrscht zumeist um die typischen kleinen Garküchen, den Cuca Shops, die afrikanisches Lebensgefühl vermitteln. Unweit von Ondangwa liegt der Ort Olukonda, der 1870 von der Finnischen Missionsgesellschaft gegründet wurde. Die Missionskirche steht seit 1995 als Nationaldenkmal auf der namibischen Liste der geschützten Gebäude. Ein Museum zeigt die Kultur der Ovambo und das damalige Leben der finnischen Gottesleute.

Erwerbslosigkeit ist eines der drängenden Probleme in Oshakati, dem Handelszentrum des Ovambolands.

Über die Herkunft der Ovambo ist wenig bekannt. Man geht davon aus, dass sie sich bereits im 16. Jahrhundert nördlich der Etosha-Pfanne angesiedelt haben. Vermutet wird, dass sie einst an einem großen See gelebt haben und aus unbekannten Gründen die Region verlassen mussten. Als sicher gilt, dass sie schon lange über die Schmiedekunst von Eisen verfügen. Wie bei den Herero gibt es auch bei den Ovambo das heilige Feuer, das die Verbindung zwischen Lebenden und Verstorbenen aufrechterhält. Neben der Feldarbeit liegt auch die Wache über die Flamme im Verantwortungsbereich der Frauen. Von Geburt an werden die geschlechtsspezifischen Aufgabenverteilungen den Nachkommen mit auf den Weg gegeben. Dabei hat der Bruder der Mutter in jungen Jahren wesentlich mehr Einfluss auf die Erziehung der Kinder als deren eigener Vater.

Das überwiegend flache und sandige Gelände umfasst das sogenannte Oshana-System, eine Art Feuchtgebiet, das zeitweise Wasser von Cuvelai in Angola Richtung Süden zur Etosha-Pfanne leitet. Einst war die Region eine nahezu geschlossene Waldfläche. Heute besteht das Ovamboland überwiegend aus ebener Savannenlandschaft. Im Zuge des Bedarfs von Weide- und Ackerlandschaft wurden Dolfbäume, Mopane und die Malakani-Palme weitestgehend gefällt. Einen hohen Nutzwert hat das Dolfholz, aus dem in einer Fabrik in Oshakati Holzmöbel hergestellt werden. Die Palmenblätter ergeben verschiedenste Korbwaren.

Überall dort, wo die Ausläufer der Kalahari nicht von den vielen kleinen Wasserläufen durchzogen werden, ist wüstenähnliche Sandlandschaft entstanden. Aufgrund der relativ starken Niederschläge von bis zu 500 Millimetern pro Jahr befinden sich im Ovamboland viele Oshanas. Das sind flache, sandige Trockenflüsse mit einem See an ihrem Ende. In der Regenzeit führen die flachen Flussbetten zu großen, überschwemmten Flächen. Aus diesem Grund siedeln die Menschen auf höher gelegenen Punkten, um ganzjährig in ihren Dörfern leben zu können. Während der Überschwemmung betätigen sich die traditionellen Ackerbauern auch schon mal als Brassenfischer. In Trockenzeiten gehen sie dann wieder ihrer eigentlichen Betätigung nach und bauen aufgrund des hohen Salzgehaltes in höher angelegten Beeten hauptsächlich Hirse, Erdnüsse und Gemüsesorten wie Bohnen und Kürbisse an. Neuerdings werden auch Erfahrungen im Reisanbau gesammelt.

Wie bei den benachbarten Himba dient die Rinderhaltung eher Prestigezwecken. Dennoch gibt es verhältnismäßig große Rinderherden, aber auch Pferde, Schweine und Ziegen werden auf den nach der Regenzeit fruchtbaren Böden intensiv gehalten. In den Trockenzeiten fehlen allerdings Ausweichflächen für die großen Viehzahlen, sodass Erosion und Nährstoffarmut des von vornherein wenig gehaltvollen Sandbodens große Probleme aufwerfen. Vor diesem Hintergrund sowie angesichts wenig nennenswerter Bodenschätze und auch sonst mangelnder Erwerbsmöglichkeiten verlassen viele Menschen das Ovamboland: Zwar beherbergt es noch immer die größte Bevölkerungsballung in Namibia, doch der Anteil an der Gesamtbevölkerung hat in den letzten Jahren deutlich abgenommen.

Während der Apartheidzeit investierte die südafrikanische Regierung große Summen in das Gebiet des Ovambolandes. Sie wollte in erster Linie vor der angolanischen Grenze einen massiven Schutzgürtel für die weißen Farmer im Landesinneren schaffen. Ein wesentlicher Grund, weshalb sowohl die Infrastruktur als auch die Strukturen für die Selbstverwaltung im Landesvergleich hier verhältnismäßig gut ausgebaut sind. Mittels eines Zugangs zum bzw. eines Ausgangs aus dem Etosha National Park versucht heutzutage die namibische Regierung, auch das Ovamboland Besuchern des Landes zugänglicher zu machen und die Gegend am zunehmenden Tourismus teilhaben zu lassen.

NÄCHSTE DOPPELSEITE:
Salzwüste im Etosha National Park

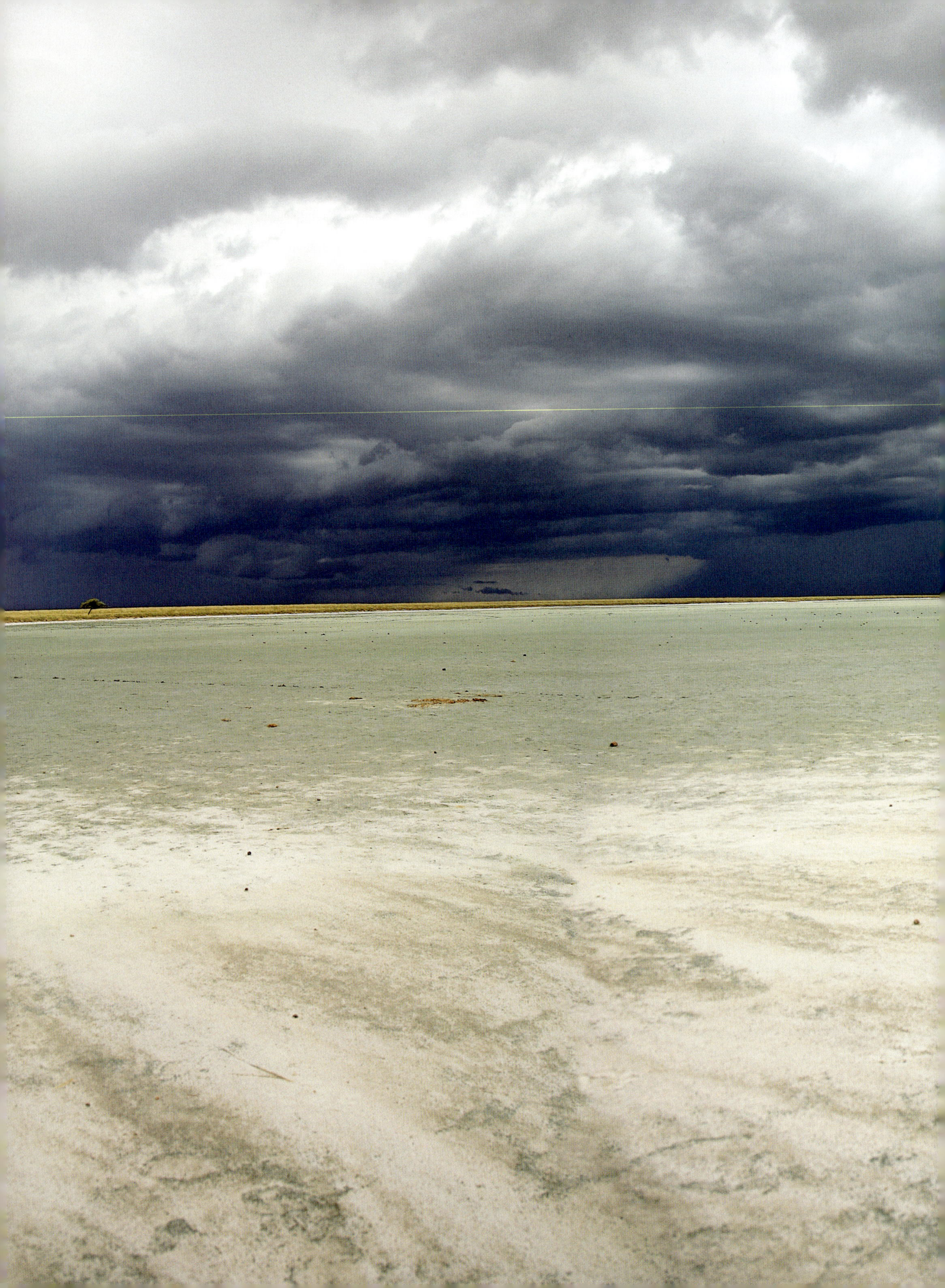

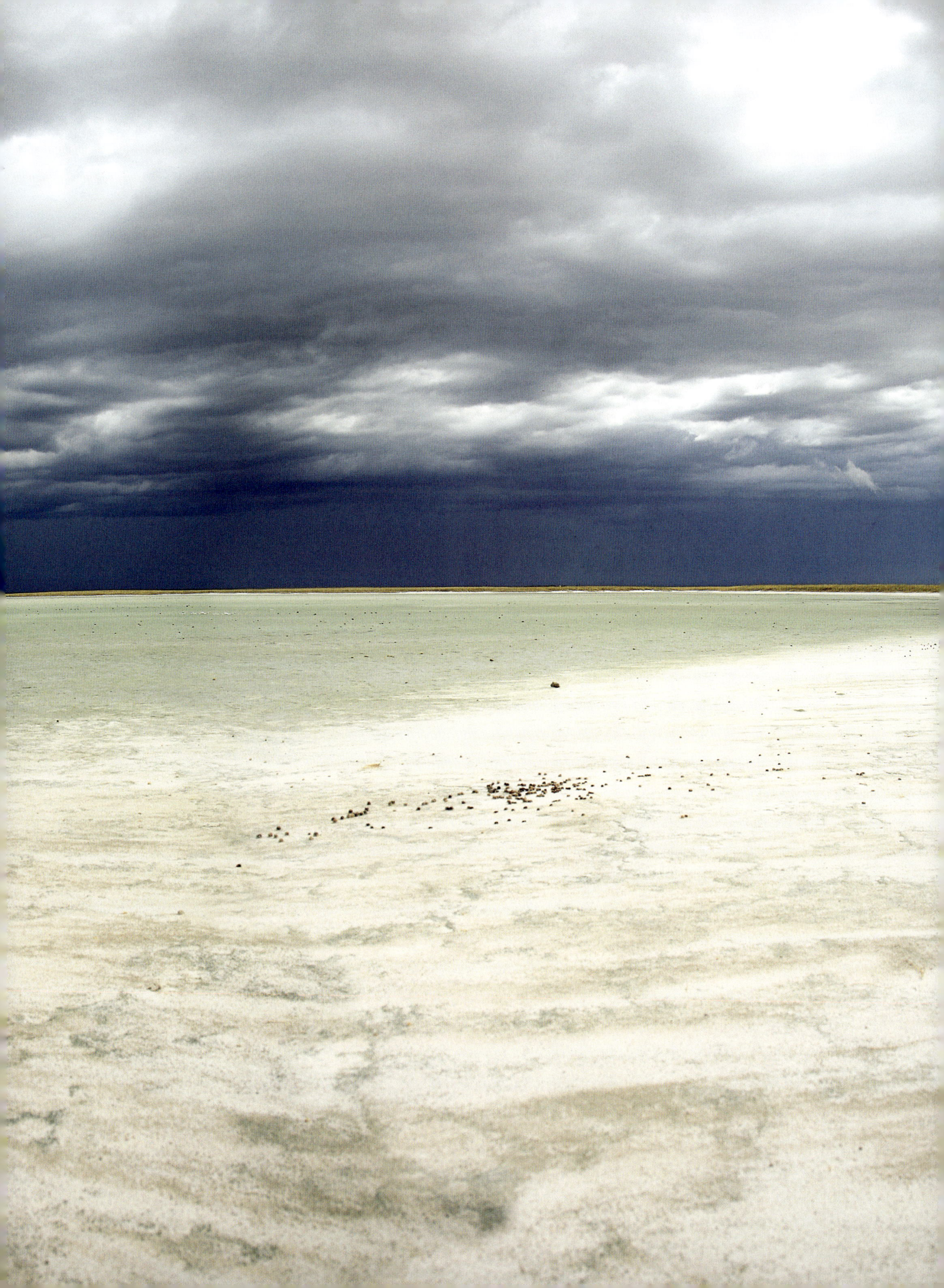

RECHTE SEITE:

Verschiedene Gräser wachsen im Gebiet des Etosha National Park, die dem Wild als Nahrung dienen. Neben Akazien (Foto unten) bilden den Baumbestand vor allem Kameldorn- und Moringa-Bäume.

FOLGENDE DOPPELSEITE:

Ein Einblick in die artenreiche Fauna des Etosha National Park: Erdmännchen und Schlangen sind hier ebenso beheimatet wie Impalas und Löwen.

DARAUFFOLGENDE DOPPELSEITE:

Elefanten in der Abenddämmerung im Etosha National Park

Wenn sich die Etosha-Pfanne in den Regenmonaten mit Wasser füllt, lassen sich hier vorübergehend auch Flamingos nieder, die das Wasser trotz des hohen Salzgehalts zu sich nehmen können.

DER ETOSHA NATIONAL PARK UND DIE ÖSTLICHE BERGBAUREGION

Der über 20000 Quadratkilometer große Etosha National Park ist die am meisten besuchte Gegend Namibias. Der Park besteht zum großen Teil aus einem riesigen, größtenteils ausgetrockneten Salzsee, der sich von Ost nach West über fast 130 Kilometer erstreckt und bis zu 50 Kilometer breit ist. Die abflusslose Senke ist ein Teil des Kalahari-Beckens. Sie ist sechsmal so groß wie der Bodensee und entstand durch tektonische Verschiebungen. Der See trocknete aus, als der Kunene, der ihn hauptsächlich speiste, vor langer Zeit sein Flussbett verlagerte. Die trockene Vertiefung wird geologisch als „pan" (= Pfanne) bezeichnet. Bei den Ovambo heißt sie „Etosha". Dieser Name hat mehrere Bedeutungen: Er kann „großer, weißer Platz", „Ort des trockenen Wassers" oder aber auch sinngemäß „wo man wegen des heißen Bodens von einem Fuß auf den anderen hüpfen muss" heißen. All diese Bedeutungen haben einen realistischen Bezug, der zum einen von den Lichtspiegelungen herrührt, die die Luft wie Wasser flimmern lassen, zum anderen von den im Sommer 50 bis 60 °C heißen Sand- und Kiesschichten, die ein Laufen ohne Schuhwerk nahezu unmöglich machen. Diese Schichten machen die Oberfläche der 4800 Quadratkilometer großen Pfanne aus und bedecken in Form einer Salzwüste das eine Milliarde Jahre alte Granitgestein.

Landschaftlich ist der auf einer durchschnittlichen Höhe von 1000 Meter über dem Meeresspiegel liegende Park vorwiegend flach und mit einigen Senken und Lehmtümpeln versehen. Nur der für Besucher gesperrte Westteil zeichnet sich durch hügeligeres Gelände aus, das später in das Kaokoveld übergeht. Die höchste Erhebung misst 1500 Meter. Insgesamt gibt es rund 50 Wasserstellen im Park, die ganzjährig gefüllt sind. Die Etosha-Pfanne füllt sich hingegen vor allem während der Regenmonate mit Wasser, das jedoch einen hohen Salzgehalt aufweist und für das Wild ungenießbar ist. Flamingos, die man hier in regenreichen Perioden antreffen kann, scheint diese Tatsache jedoch nicht zu stören. Im Wasser überleben nur Algenarten. Außerhalb gibt es eine Grassorte, die den alkalischen Bedingungen gewachsen ist und von Wildtieren als Nahrungsquelle geschätzt wird. Ansonsten wachsen auf dem überwiegend kalkigen und brackigen Boden um die Pfanne herum Pflanzen der Kurzstrauchsavanne, Dornbuschvegetation und verschiedene Gräser.

Die Vegetation des restlichen Parks ist zudem noch im Nordosten mit gemischtem Trockenwald versehen, der die typischen Kameldornbäume beinhaltet. Südlich der Pfanne kann man die schön anzusehenden Moringa-Bäume, die von Elefanten geliebten Mopane-Bäume, die 80 Prozent

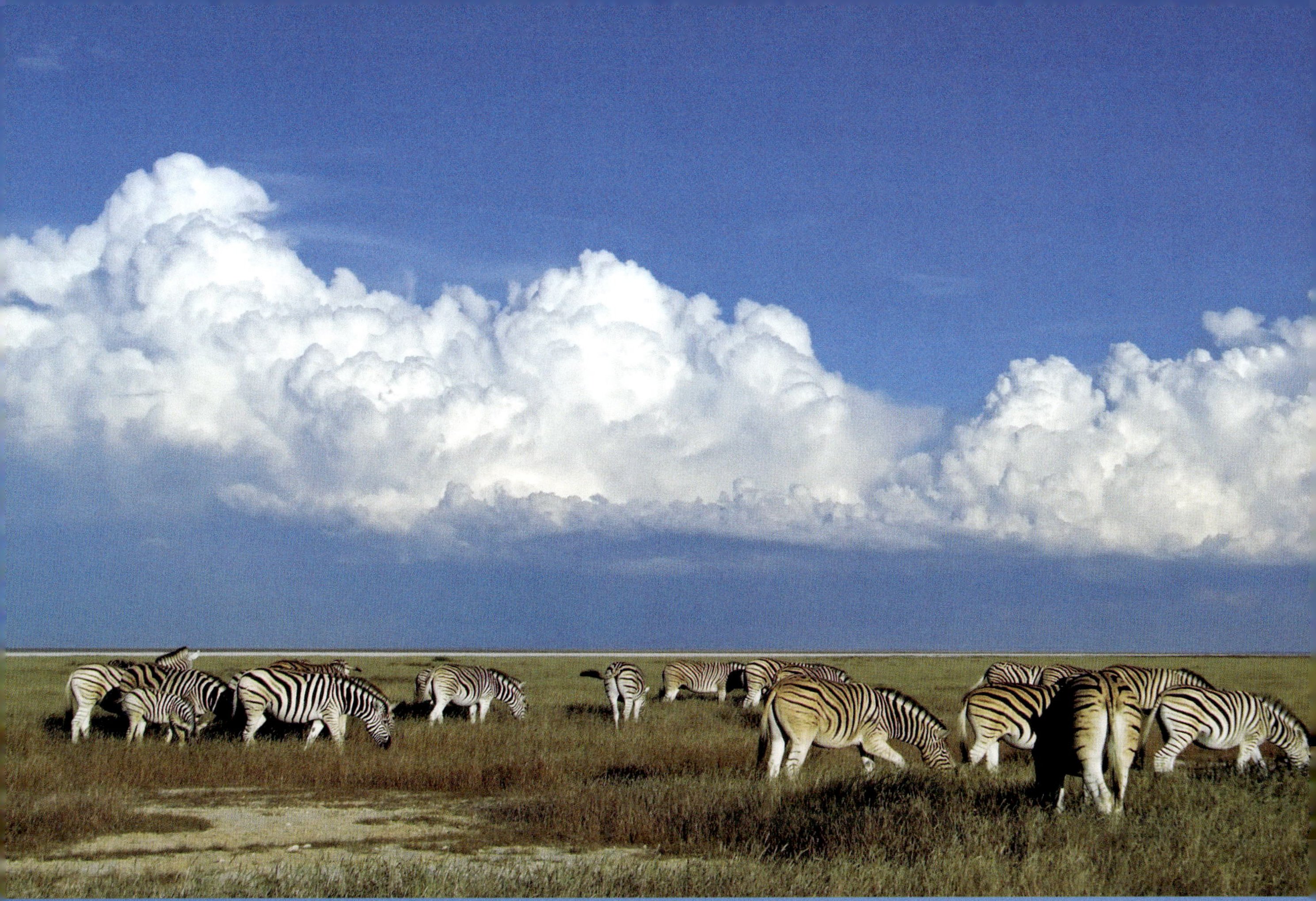

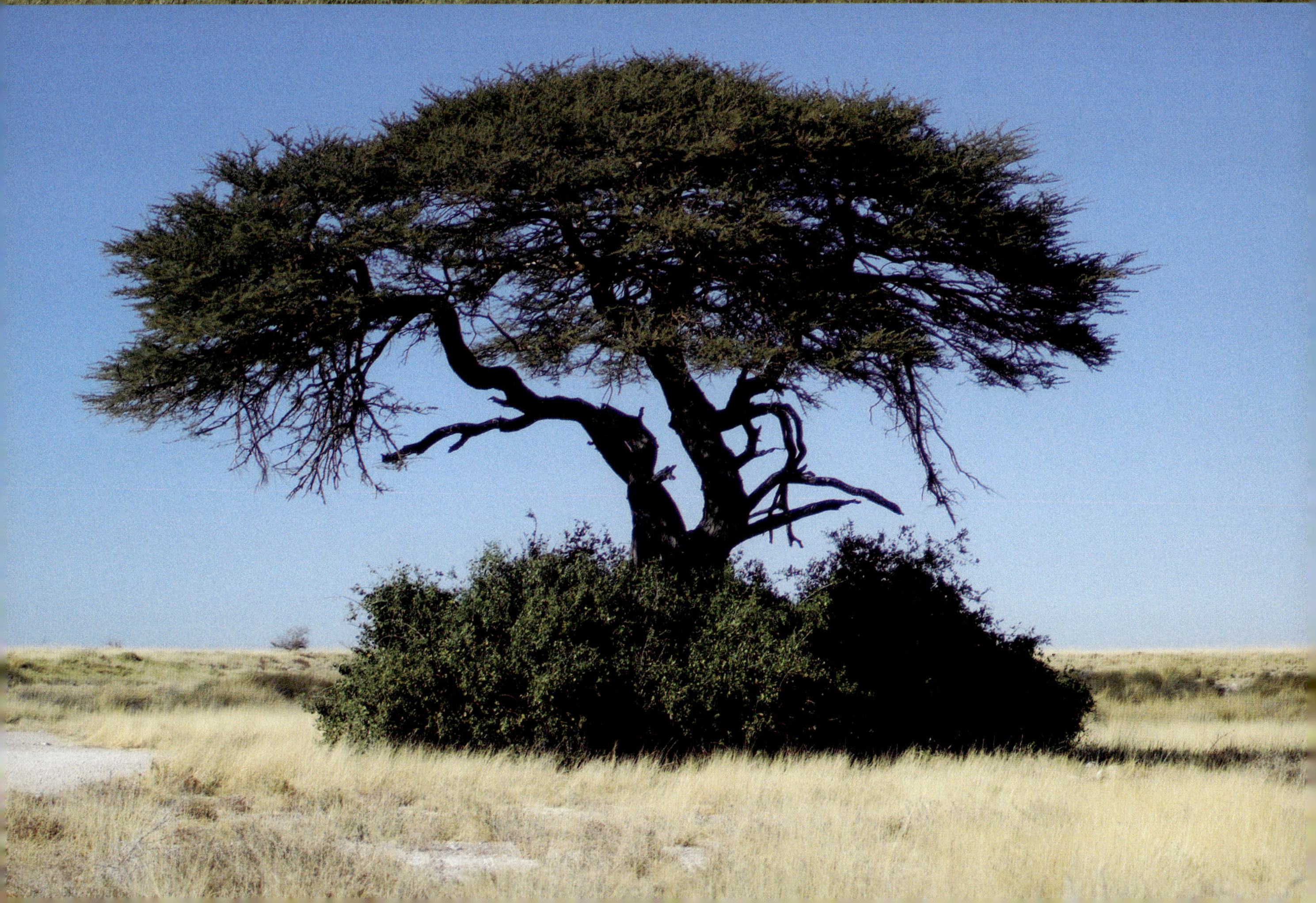

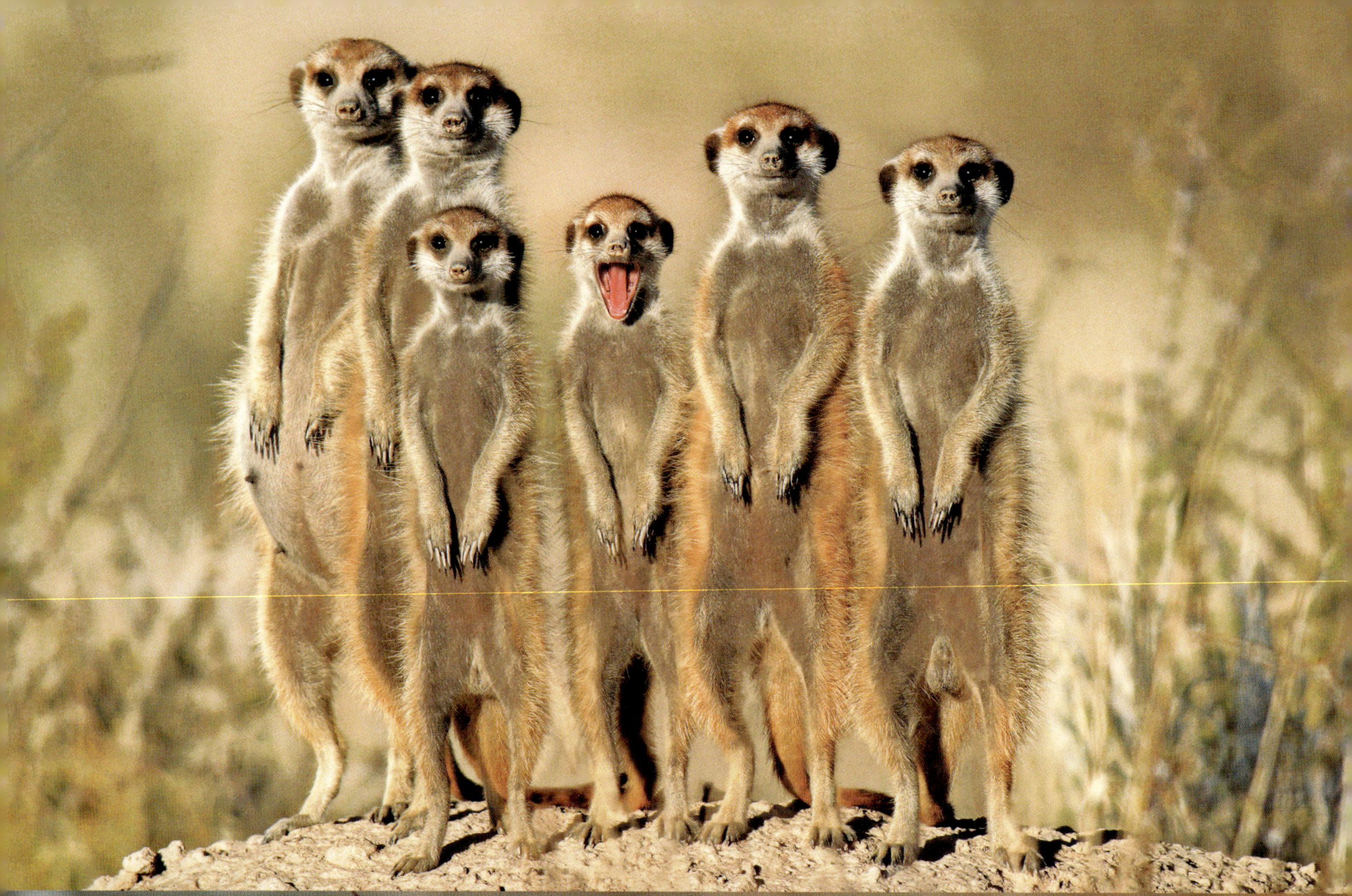
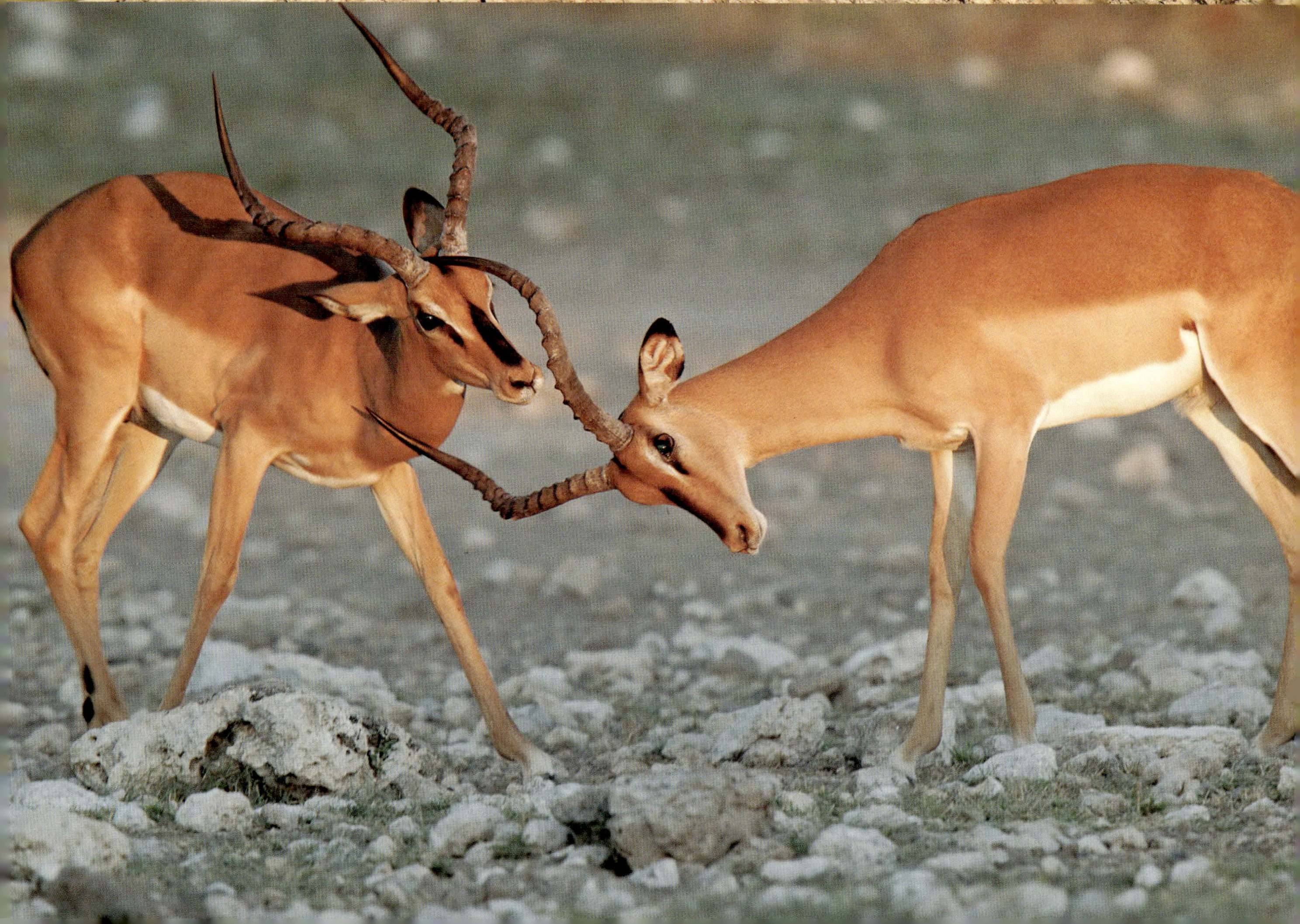

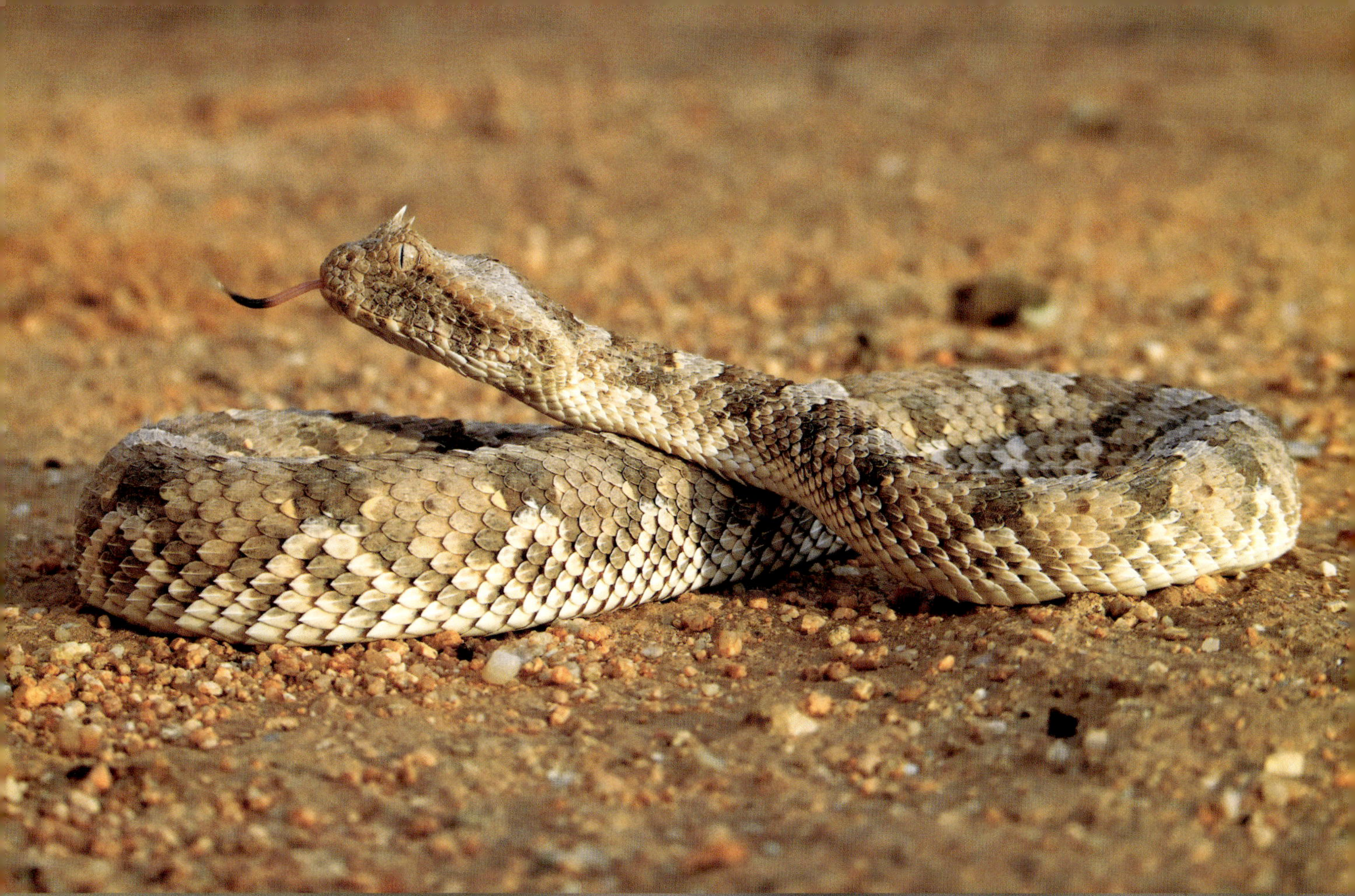
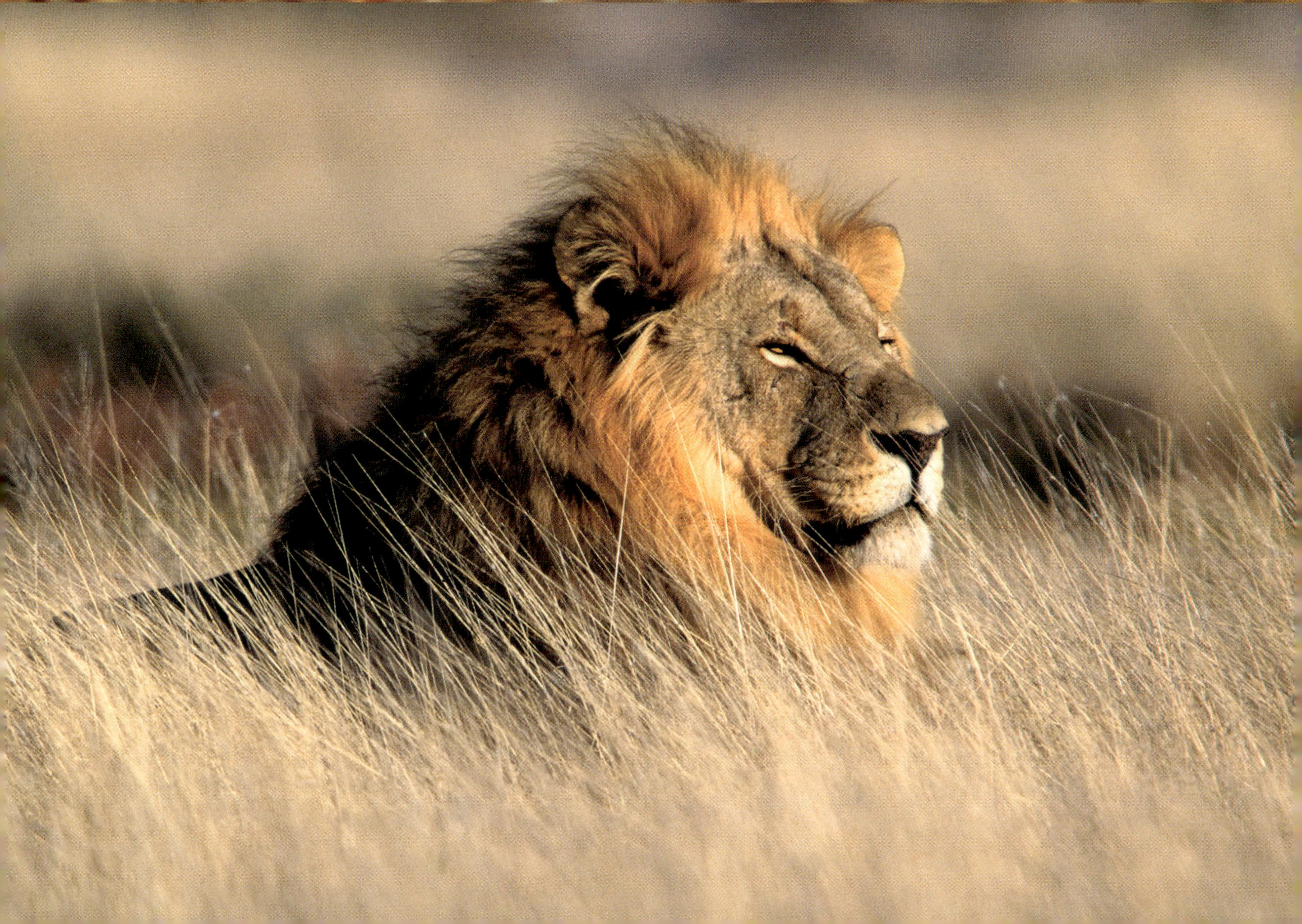

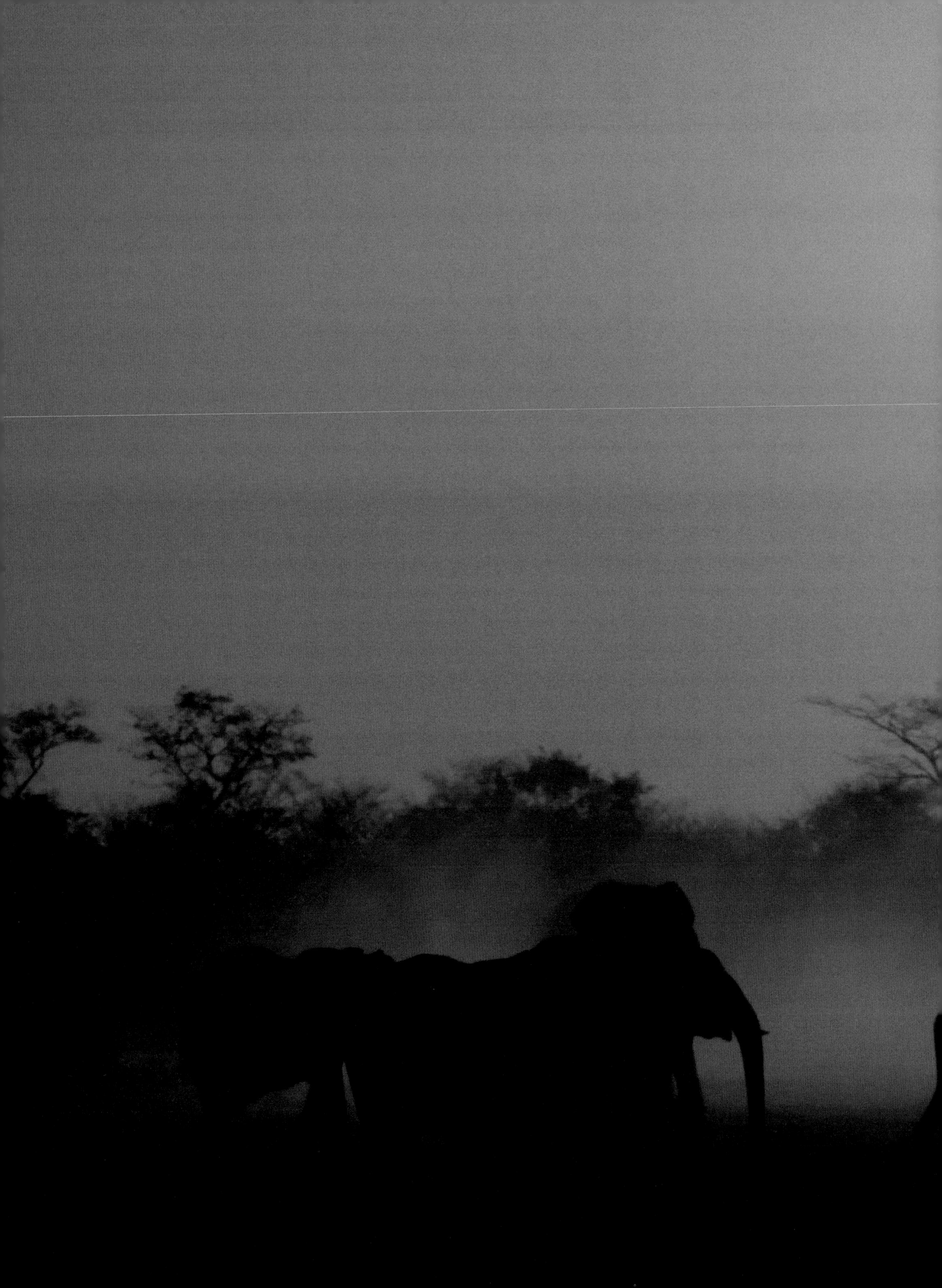

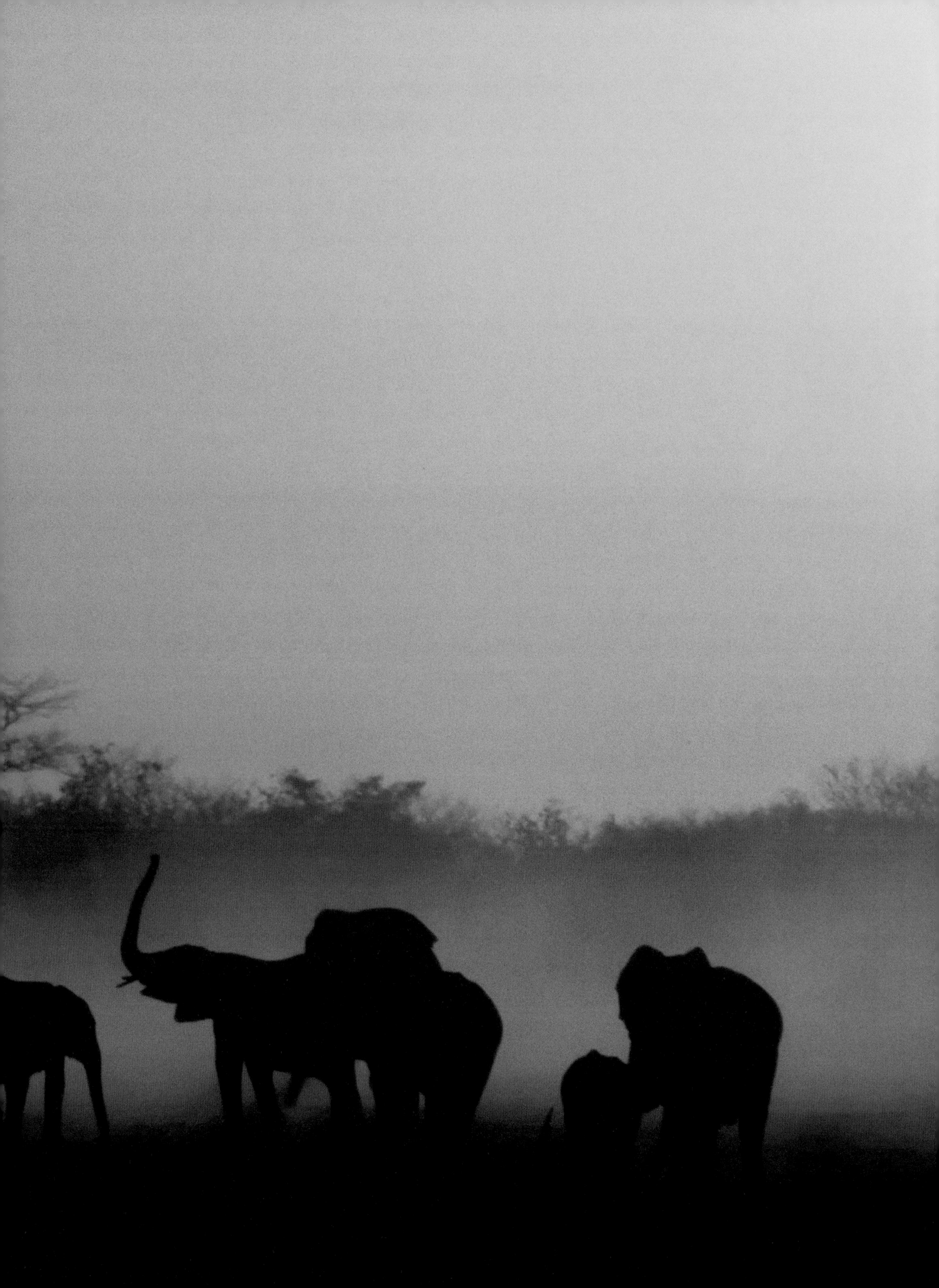

FOTO OBEN UND RECHTS:
Während man Giraffen – allein aufgrund ihrer Größe – im Etosha National Park relativ problemlos zu sehen bekommt, muss man für den Anblick eines Leoparden in der Regel schon mehr Zeit und Geduld aufbringen.

des Bestandes ausmachen, und verschiedene Akazien vorfinden sowie die dunkelstämmigen Tambutis und Terminalia-Waldungen. Die Vegetation des Parks richtet sich hauptsächlich nach den Niederschlägen an durchschnittlich 42 Tagen im Jahr, die je nach Parkregion und Saison unterschiedlich stark ausfallen. In den Monaten Januar bis März fallen allein 65 Prozent der jährlichen Regenmengen. Insgesamt dauert die Regenzeit von November bis April. Von Ost nach West beträgt die durchschnittliche Niederschlagsmenge 400–500 Millimeter pro Jahr. Der in der Regenzeit gefallene Niederschlag füllt in Trockenzeiten viele Seen im Süden der Pfanne, wo das Wasser nach Durchdringung der Sand- und Kiesschichten auf wasserundurchlässigen Lehm stößt und weiter südlich austritt. Während der Regenzeit wird zudem Wasser aus den Flüssen Ekuma und Omaramba dem Park und der Etosha-Pfanne zugeführt. Die Pfanne füllt sich allerdings vollständig nur in äußerst langen regenreichen Perioden.

Im Hinblick auf die Fauna bietet der Etosha National Park alles, was man in Afrika zu sehen wünscht: Es gibt jede Menge Elefanten, Büffel, Giraffen, Zebras und Nashörner, und wer etwas Geduld mitbringt, kann auch Löwen, Leoparden und Geparden erspähen und natürlich zahlreiche Antilopenarten und Gnus sowie Warzenschweine, Schakale, Hyänen, Strauße, Perlhühner und Erdhörnchen. Aufgrund dieser Vielzahl an Tieren und einer gut ausgebauten Infrastruktur stehen die Chancen, bei jährlich rund 200 000 Besuchern ganz allein auf Pirschfahrt zu sein, allerdings sehr schlecht. Immer sind auch andere Besucher mit ihren Autos auf den Schotterstraßen unterwegs, umlagern die Wasserstellen und versuchen sich mit riesigen Kameras in die erste Reihe zu drängeln. Da hilft es nur, diesen Umstand zu akzeptieren und sich dennoch an der einzigartigen Landschaft Namibias und den Tieren zu erfreuen.

Ähnlich wie das Kaokoveld verfügte auch der Etosha National Park einst über üppige Wildbestände. Die Berichte des Forschers Sir James Alexander aus dem Jahre 1837 über große Wildherden im heutigen Gebiet von Namibia lockten jedoch in der Folgezeit Scharen von Großwildjägern an, die zum Teil für den persönlichen Triumph, zum größten Teil jedoch wegen des hoch im Kurs stehenden Elfenbeins der Elefanten bzw. des Horns der Nashörner die Tierwelt zerstörten. Und so waren die Elefanten 1880 bereits völlig ausgerottet. Der starke Rückgang der Antilopenarten lässt sich daran ermessen, dass sich die deutsche Schutztruppe bei ihrer Ankunft nur schwer selbst versorgen konnte. Unter dem Hauptmann Curt von François wurden als Erstes Jagdgesetze erlassen, die helfen sollten, den noch existierenden Wildbestand zu bewahren und dann wieder zu vergrößern.

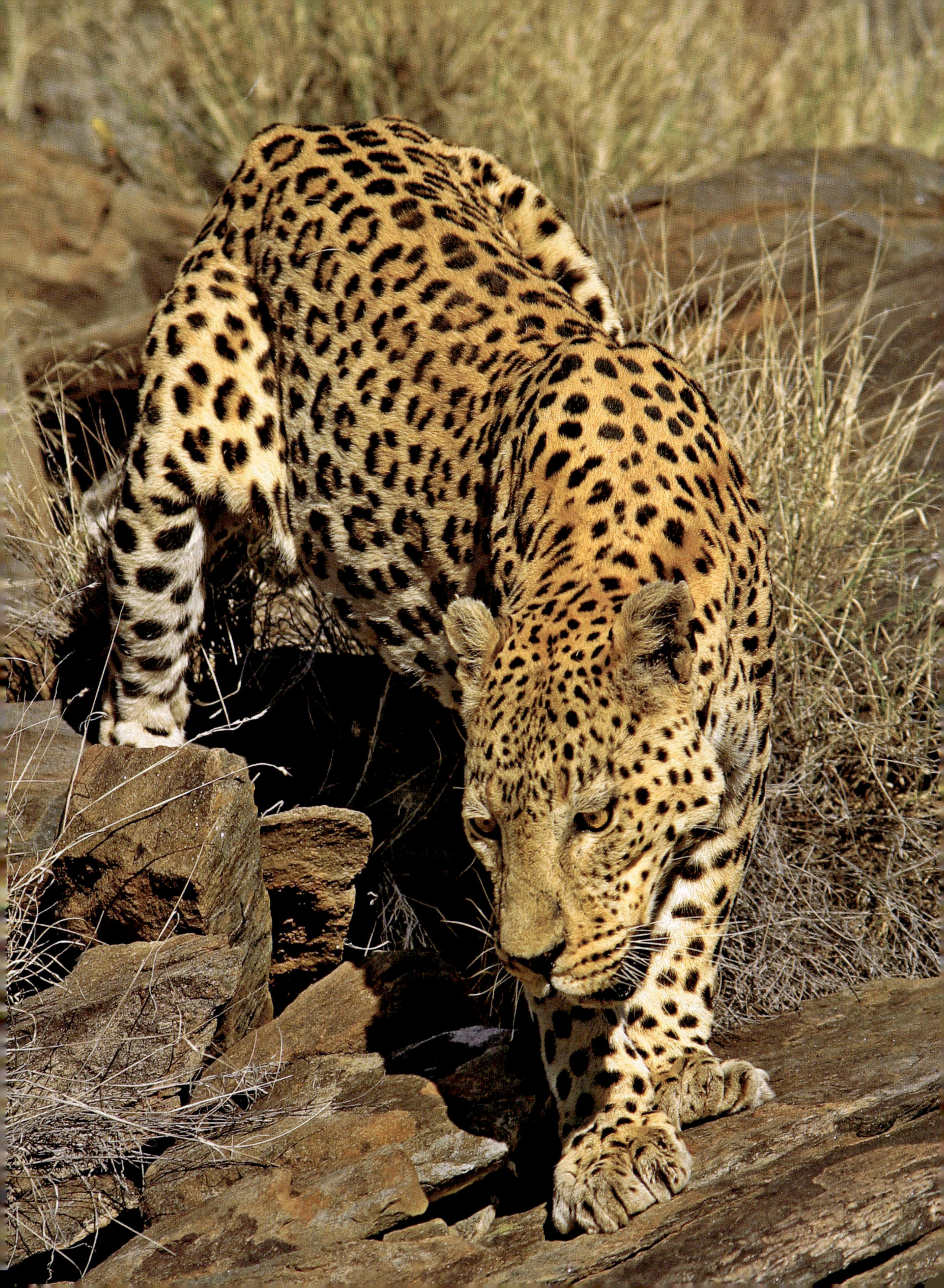

Im Ersten Weltkrieg diente das Fort Namutoni als Gefangenenlager für britische Soldaten.

1897 wurde in Namutoni („höher gelegener Ort") eine Polizeistation errichtet, die 1904 zu einem Fort für deutsche Soldaten erweitert wurde. Als 1904 die 150 Mann starke Truppe weiter in den Süden zur Unterstützung des Feldzugs gegen die Herero und Nama abgezogen wurde, griffen die Ovambo das Fort an, das nur von wenigen Soldaten und einer Handvoll Farmer verteidigt werden konnte. Die Ovambo schlugen die Insassen des Fort in die Flucht und zerstörten es völlig. Ihnen waren angebliche Pläne der Deutschen zu Ohren gekommen, die vorsahen, den gesamten Rindviehbestand der Ovambo zu töten. Aufgrund einer Rinderkrankheit lag dieses sogar im Bereich des Möglichen. 1905 bauten die Deutschen das Fort wieder auf und verwendeten es im Ersten Weltkrieg bis 1915 als Gefangenenlager für britische Soldaten. Zuvor war 1907 auf einem Areal, in dem die meisten der schwarzen Volksgruppen lebten, es aber so gut wie keine weißen Farmer gab, ein großzügig bemessenes Wildschutzgebiet errichtet worden. Mit rund 100 000 Quadratkilometern hatte es annähernd die Ausmaße von Ostdeutschland und dehnte sich bis zur Skelettküste am Atlantik und zum Kunene im Norden aus.

Als die Apartheid auch in Namibia errichtet wurde, verkleinerte die südafrikanische Regierung in der Zeit bis 1970 die Parkgröße auf die aktuellen Ausmaße von gut 20 000 Quadratkilometer, um die offiziellen Homelandgebiete Ovamboland und Kaokoland zu schaffen. 1958 wurde im Sinne der Elefantenwanderung die südwestliche Parkbegrenzung entfernt, zum Zeitpunkt der Gründung des Homelands Damaraland jedoch wieder geschlossen.

Heutzutage wird darüber nachgedacht, den Park wieder zu vergrößern. Eine Vision der Politiker besteht in einem Korridor bis an den Atlantik zur Skelettküste. Der Plan ist, das Land den dort lebenden Farmern abzukaufen und diese für den Verlust ihrer Erwerbsquelle an den touristisch erzielten Einnahmen und den entstehenden Arbeitsplätzen partizipieren zu lassen. Tatsächlich ist eines der großen Probleme des Etosha National Park die Überpopulation bestimmter Tierarten, die das ökologische Gleichgewicht nachhaltig stören.

Die stillgelegte Kupfermine in Tsumeb gehörte einst zu einem der wichtigsten Bergbauzentren Namibias.

Einen kleinen Kulturschock erfährt man, wenn man aus dem Tierparadies des Etosha National Park nach Osten in die rund 20 000 Einwohner zählende Industriestadt Tsumeb gelangt. Jacarandas und Bougainvilleen zwischen den gepflegten Straßen des Stadtkerns bieten ein optisches Kontrastprogramm zu den kleinen, schäbigen Hütten der schwarzen Arbeiter, die nach wie vor getrennt von den weißen Bewohnern der Stadt leben. Arbeit gibt es hier vor allem im Bereich des Abbaus von Kupfer, Zink und Blei sowie 217 anderer Mineralien, die sich alle in einer Vulkanröhre befinden, in die bis zu 1000 Meter tiefe Schächte gegraben wurden. 1900 waren unter Beschäftigung von 33 Bergleuten erstmals Erze abgebaut worden. Später boten die Minen bis zu 8000 Menschen Arbeit. Nach einer schwierigen Zeit Ende der 1990er Jahre, als die Rohstoffpreise in den Keller sanken, geht es seit einigen Jahren mit Hilfe des Staates wirtschaftlich wieder bergauf. In Zukunft will man auf Germanium setzen, von dem Tsumeb in der Vergangenheit immerhin 20 Prozent des Weltbedarfs gefördert hat.

DER NORDOSTEN NAMIBIAS

Grootfontein (= große Quelle) ist ein ca. 17 000 Einwohner zählender Ort, der insbesondere als wichtige und letzte Versorgungsstation auf dem Weg in den Nordosten des Landes dient. Verlässliche Wasservorkommen ließen hier eine grüne, rote und lilafarbene Oase mit Jacarandabäumen und Bougainvilleen entstehen. 1885 siedelten burische Trekker (Dorslandtrekker), die Ende des 19. Jahrhunderts aus Transvaal auf der Suche nach neuem Siedlungsgebiet kamen, in diesem Gebiet und gründeten den burischen Staat Upingtonia. Dieser konnte allerdings nur zwei Jahre überdauern, da die deutschen Kolonialherren den Unabhängigkeitsbestrebungen schnell einen Riegel vorschoben. Zu attraktiv war das Gebiet wegen großer Vorkommen von Erzen und guter landwirtschaftlicher Nutzungsflächen.

Grootfontein ist Ausgangspunkt, um in östlicher Richtung zum südlichen Zugang des 3842 Quadratkilometer großen Khaudum National Park zu gelangen. Der Park befindet sich unweit vom westlichen Ende des Caprivi-Zipfels an der Grenze zu Botswana. Wer Einsamkeit und Ursprünglichkeit sucht, ist hier genau richtig. Die Gegend liegt im Bereich des Kalahari-Beckens – und wird hierdurch landschaftlich geprägt. Schwere, sandige Pisten und unwegsames Gelände machen den Zu-

FOLGENDE DOPPELSEITE:
Etwa 20 Kilometer westlich von Grootfontein befindet sich mit dem Hoba-Meteorit der bislang größte auf Erden gefundene Meteorit. Er wurde 1920 entdeckt, wiegt annähernd 60 000 Kilogramm und fiel vor schätzungsweise 80 000 Jahren auf die Erde nieder.

Farmarbeiterinnen mit ihren Kindern in Gemüsebeeten in Grootfontein

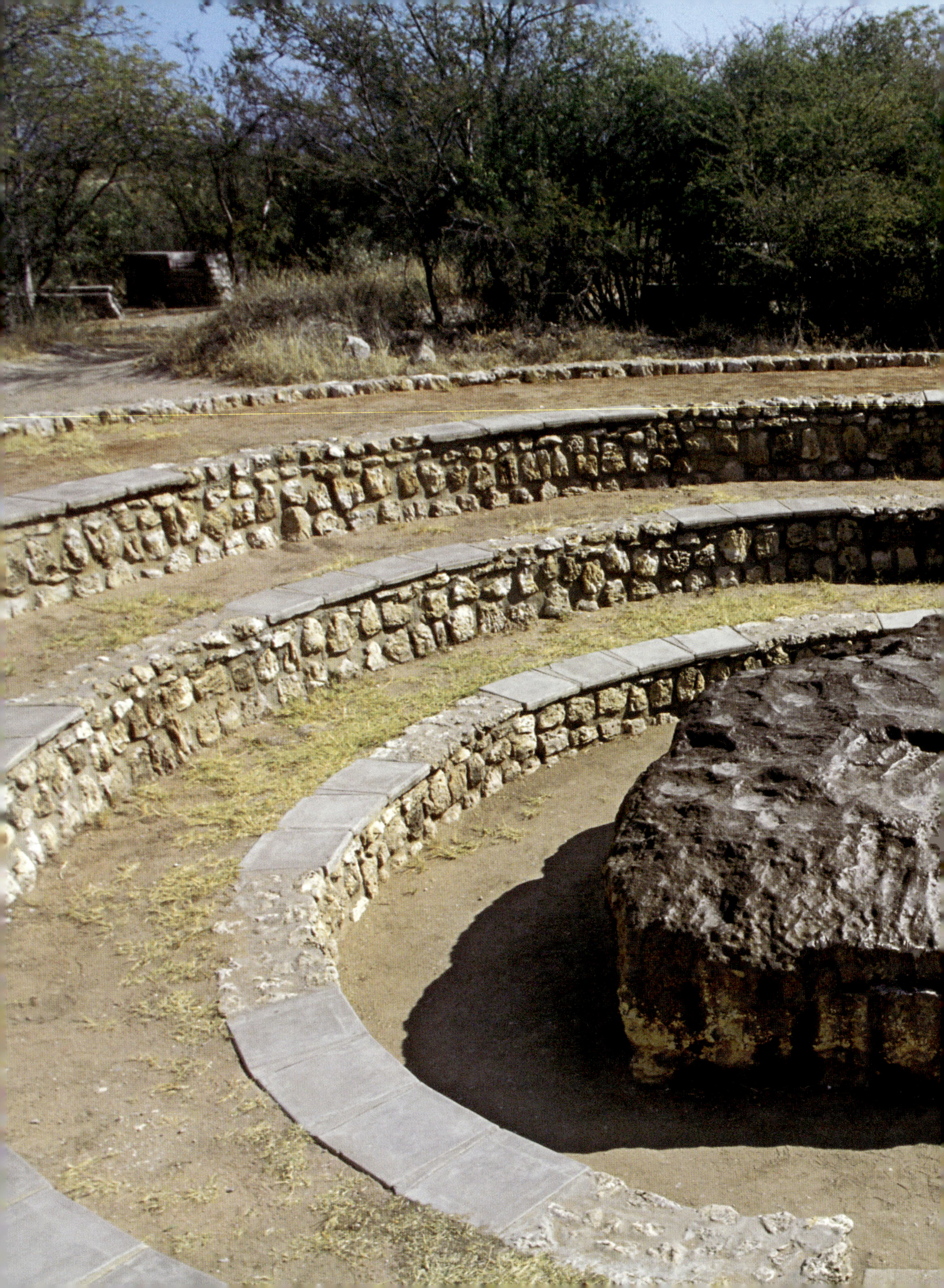

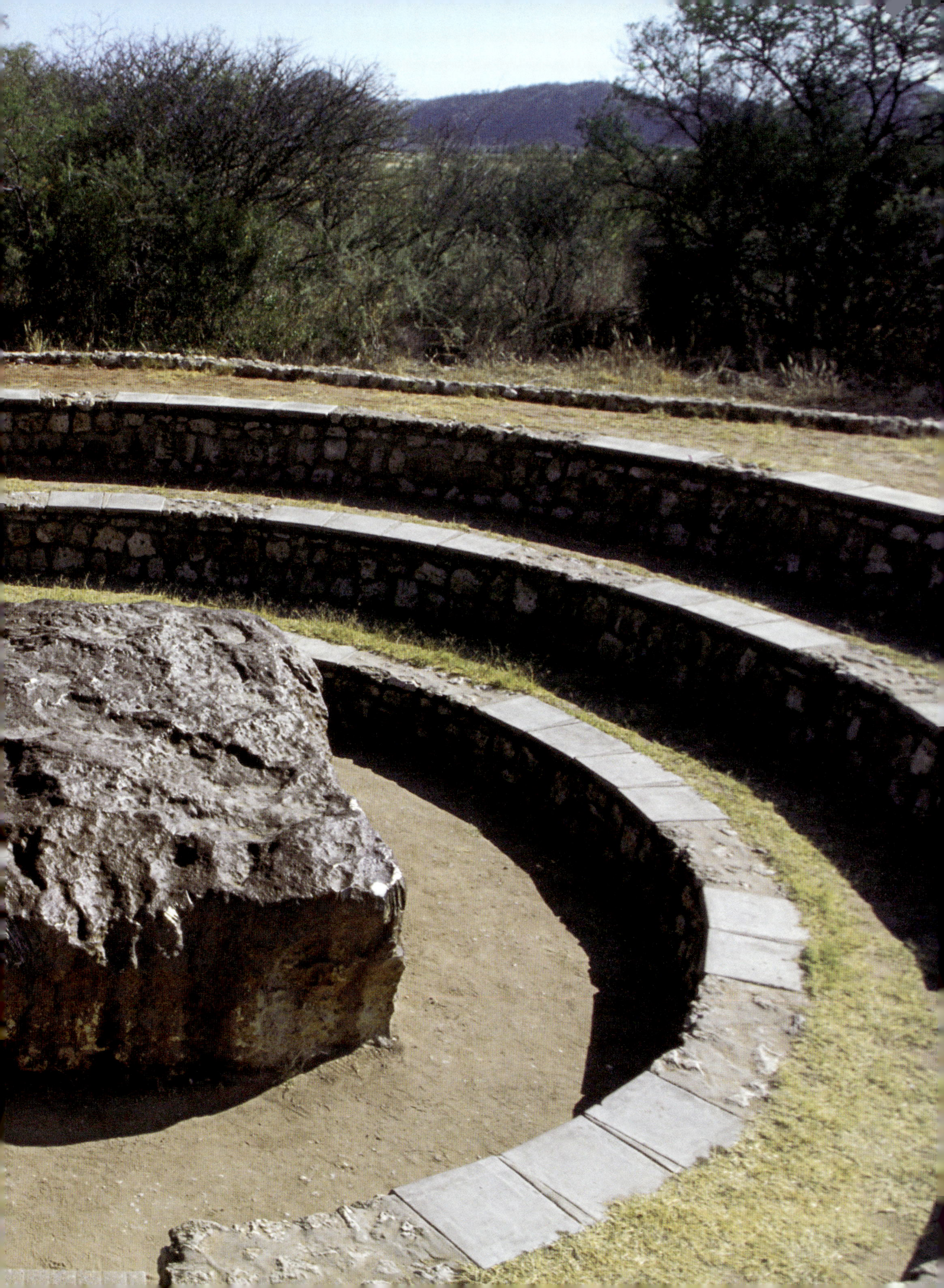

Fahrzeugpannen sind angesichts des schlechten Straßenzustands in weiten Teilen Namibias keine Seltenheit. Diese außergewöhnliche Autoreparaturwerkstatt bietet Reifen in verschiedenen Größen und einen 24-Stunden-Reperatur-Service an.

gang für normale Autos unmöglich. Und die wenigsten können mit einem Geländewagen ungeübt ein solches Terrain befahren. Nicht zuletzt deshalb hat rund um den Nationalpark die außergewöhnliche Fortbewegungsmethode des Sandschlittens, der von Ochsen gezogen wird noch heute Bestand.

Der Khaudum National Park, der übrigens nicht eingezäunt ist, gilt als das am wenigsten besuchte Wildschutzgebiet Namibias. Dabei wird das einzige geschützte Gebiet der Kalahari-Sandwüste geboten, in dem Giraffen, Elefanten, Antilopen, Hyänen, Schakale und sogar Leoparden und Löwen leben. Durch hohes Gras, das aufgrund starker Niederschläge im Sommer üppig wächst, sind die Tiere allerdings zumeist gut versteckt.

Grootfontein ist darüber hinaus Ausgangspunkt, um über die B 8 zunächst in nordöstlicher Richtung nach Rundu zu gelangen – und weiter östlich über den Trans-Caprivi Corridor in die Zambezi Region (bis 2003 Caprivi Region). Rundu selbst ist eine schnell wachsende Stadt an der Grenze zu Angola und ein ehemaliger Militärstützpunkt der südafrikanischen Regierung im Kampf gegen Freiheitskämpfer der SWAPO. Am südlichen Ufer des Okavango gelegen, fungiert Rundu heute als Verwaltungssitz der Region Kavango East mit Schulen, Einkaufsläden und Tankstelle. Eine Pontonbrücke verbindet Rundu mit dem gegenüberliegenden Ort Calai auf angolanischer Seite. Von Rundu aus führte einst lediglich eine Schotterpiste entlang kleiner Dörfer und des Okavango-Ufers in den Caprivi-Zipfel hinein. Während des Bürgerkrieges wurde die alte Piste jedoch zu einer komfortableren und sichereren Straße gebaut, bis schließlich 1999 eine asphaltierte Straße fertiggestellt wurde. Heute sichert der Trans-Caprivi Corridor den Handelsverkehr nach Katima Mulilo, dem Verwaltungssitz der Zambesi Region, und weiter nach Sambia und in die Demokratische Republik Kongo. Von Bedeutung ist die Straße auch für den zunehmenden touristischen Verkehr zu den zahlreichen National- und Wildparks des Caprivi-Zipfels.

Der Caprivi-Zipfel misst von West nach Ost 450 Kilometer, ist über lange Strecken aber nur gut 30 Kilometer breit. Er liegt im äußersten Nordosten von Namibia, grenzt im Norden an Angola und Sambia und im Süden an Botswana. Die eigenartige Grenzziehung lässt zu Recht koloniale Verteilungsstrategien vermuten. Am 1. Juli 1890 wurde im Helgoland-Sansibar-Vertrag zwischen Großbritannien und dem deutschen Kaiserreich festgelegt, dass bis dahin zum Deutschen Reich gehörenden Gebiete in Ostafrika an das britische Empire übergingen und britische Ansprüche auf die bis dahin selbstständige Insel Sansibar anerkannt wurden. Im Gegenzug gewährte man den Deutschen in Südwestafrika den Zugang zum Sambesi (mit Möglichkeit eines Korridors nach Deutsch-Ostafrika) und übergab ihnen Helgoland vor der Nordseeküste.

Die Zuteilung des Caprivi-Zipfels zum damaligen Deutsch-Südwestafrika, der nach dem Reichskanzler Graf von Caprivi benannt wurde und weitgehend losgelöst vom restlichen Namibia ist, erfolgte dabei ohne kulturell und geographisch sinnvolle Überlegungen. So leben sowohl dies- als auch jenseits der willkürlich gezogenen Grenzen die Bantu-sprechenden Lozi. Die vor allem in Sambia ansässige Volksgruppe verfügt über stabile Stammesstrukturen, in denen nach wie vor trotz der Regierungen der jeweiligen Staaten die Häuptlinge die wirkliche Macht ausüben. Zudem wurde das Gebiet über Jahre immer wieder von verschiedenen Bürgerkriegsparteien durchzogen. Heute bildet der Caprivi-Zipfel innerhalb von Namibia ein kulturell und politisch nahezu völlig unabhängiges Gebiet.

Frauen bei der Arbeit im Nordosten Namibias

Im Nordosten Namibias ebenfalls angesiedelt sind die San, früher Buschmänner genannt. Sie sind die direkten Nachfahren der Menschen, die während der späten Steinzeit das südliche Afrika bewohnten, jedoch im Zuge der nach Süden vordringenden Bantu und der von Süden kommenden Weißen in immer abgelegenere Gebiete der Kalahari abgedrängt wurden. Heute gibt es noch maximal 90 000 San, die meisten leben in Botswana (ca. 50 000) und Namibia (ca. 25 000, teilweise im ehemaligen Homeland Buschmannland) sowie in Südafrika, Angola und Zimbabwe.

Höchstens 90 000 San leben heute noch im südlichen Afrika. Sie sind unter anderem in Namibia, vor allem aber in Botswana angesiedelt.

Die Bezeichnung Buschmann hat ihren Ursprung in dem niederländischen Ausdruck „bosjesman" („jemand, der zwischen Büschen wohnt"). Schätzungsweise nur noch ca. 1000 San leben traditionell als Jäger und Sammler in kleinen Gruppen, die nur aus wenigen Familien bestehen. Diesen Gruppen steht ein Ältester vor, Häuptlinge gibt es nicht. Der Anführer verfügt allerdings über keine besonders große Autorität. Während die Männer auf die Jagd gehen, sind die Frauen auf der Suche nach essbaren Knollen, Wurzeln, Beeren oder auch Kleintieren.

Im Zuge der Apartheid in Namibia wurde den San ein Territorium zwischen den Homelands Kavangoland und Hereroland zugewiesen. Das Bushmanland genannte Gebiet reichte für ihre Lebensbedingungen allerdings nicht aus. Im Krieg gegen die Unabhängigkeitkämpfer der SWAPO waren viele San als Spurenleser in den militärischen Dienst verpflichtet und mit ihren Familien sesshaft gemacht worden. Da heute die freie Jagd nicht erlaubt ist, existiert in Namibia so gut wie kein traditionelles Leben mehr. Im Grunde ist die gesellschaftliche Stellung der San heute am Rande der Bantugesellschaft anzusiedeln, die mit Verachtung auf die primitive Lebensweise der Buschmänner herabschaut. Große Bekanntheit erlangten die San international aufgrund ihrer hohen Zeichenkunst in Höhlen, an Felswänden und in Flussmündungen.

Der Caprivi-Zipfel erweist sich nicht nur in kultureller und ethnischer Hinsicht als äußerst heterogenes Gebiet: Auch landschaftlich unterscheidet er sich grundsätzlich vom Rest des Landes. Denn die Flüsse Okavango, Kwando, Linyanti, Chobe und der Sambesi zeichnen sich durch großen Wasserreichtum aus und bilden sogar Sumpflandschaften. Die Bewohner dieser Region leben bei 600 Millimeter Niederschlag pro Jahr von landwirtschaftlichen Erzeugnissen und vor allem vom Fischfang.

Mit dem traditionellen Mokoro-Boot stakt ein sogenannter Poler durch die Gewässer am Okavango.

Der Caprivi-Zipfel ist mit seinen Sumpflandschaften die Heimat für Krokodile und Flusspferde.

Dabei bildet vor allem der 1600 Kilometer lange Okavango die Grundlage für den ertragreichen Fischfang. Wie der Kunene entspringt der Fluss, der von Februar bis April am meisten Wasser führt, im Hochland Angolas und bildet im Mittellauf fruchtbare Gebiete für den Ackerbau. Hier werden Getreide-, Mais- und Reisfelder angelegt. 125 Kilometer östlich von Rundu fließt der Quito in den Okavango und führt noch einmal etwa gleich viel Wasser in den drittgrößten Fluss des südlichen Afrika (nach Oranje und Sambesi). Ungefähr in der Mitte des Caprivi-Zipfels fließt der Kwando ins Kalahari-Becken in Botswana und wird Teil des Okavango-Delta-Systems. Der Okanvango hingegen wendet sich gleich zu Beginn des Caprivi-Zipfels bei den Popa Falls nach Süden, um zusammen mit dem Kwando in Botswana ein 15 000 Quadratkilometer großes Binnendelta zu bilden.

Der westliche Teil des Caprivi-Zipfels mit den Popa Falls und dem 6274 Quadratkilometer großen Bwabwata National Park, in dem das Mahango Game Reserve und der fast den gesamten Westteil umfassende Caprivi Game Park zusammengefasst wurden, misst nur 32 Kilometer in der Breite und besteht aus Trockenbuschsavanne. Hier kann man noch einige San antreffen. Im Osten endet der Park am Kwando. Auf der anderen Seite des Flusses liegt Kongola. Von hier führen zwei Straßen in den Ostteil, der überwiegend aus unwegsamem, aber fruchtbarem Gebiet mit großem Wildbestand und üppiger Vegetation besteht. Die Flüsse Kwando, Linyanti, Chobe und Sambesi prägen mit einem unüberschaubaren System von Kanälen die Landschaft, die sie in Sümpfe verwandeln. Wenn die Flüsse in starken Regenzeiten nicht mehr genug Wasser wegschaffen können, wird auch der Lake Liambezi im Süden des Ostteils bedacht.

Er bedeckt dann eine Fläche von bis zu 100 Quadratkilometern, die außerhalb der Regenzeiten völlig trocken sein kann.

Seit der Unabhängigkeit Namibias gibt es hier die beiden Nationalparks Mudumu und Nkasa Rupara (früher Mamili). Im 737 Quadratkilometer großen Mudumu National Park bildet der Kwando bis zu 40 Kilometer breite Wasserflächen. Daher gibt es hier neben den gängigen Wildtieren vor allem Krokodile und Flusspferde zu sehen. Landschaftlich vermittelt der Park einen Eindruck des Okavango-Deltas. Weiter südlich bildet der eher kleine Nkasa Rupara National Park (320 Quadratkilometer) das größte namibische Sumpf- und Gewässergebiet. In diesem Gebiet, wo während der Regenzeit vor allem Boote das gängige Fortbewegungsmittel sind, bilden wenige Inseln die einzigen Landgebiete.

Blick vom Flugzeug auf das Sumpfgebiet im östlichen Teil des Caprivi-Zipfels und Botswana

FOLGENDE DOPPELSEITE:
Die Popa Falls im Westen des Caprivi-Zipfels

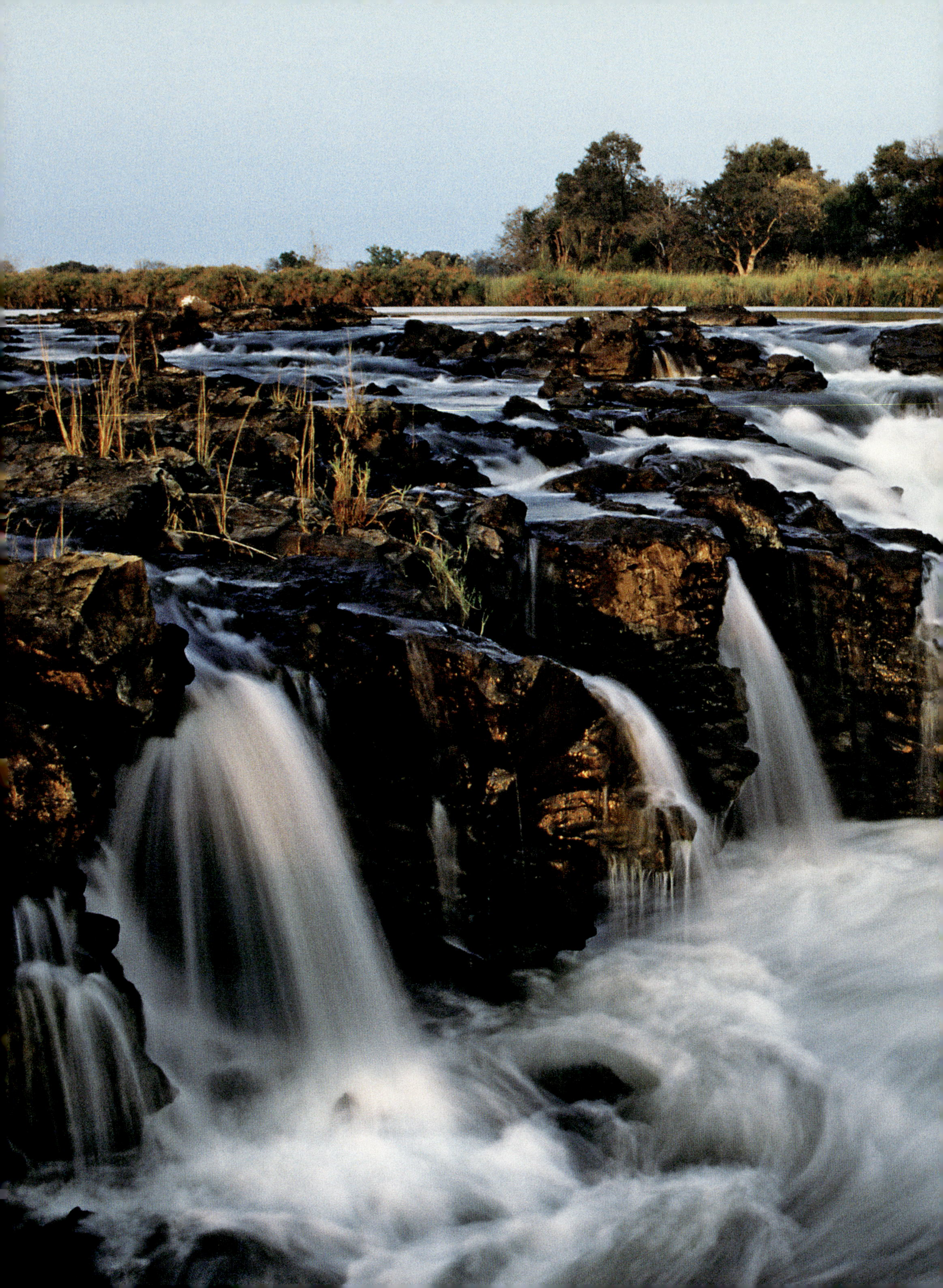

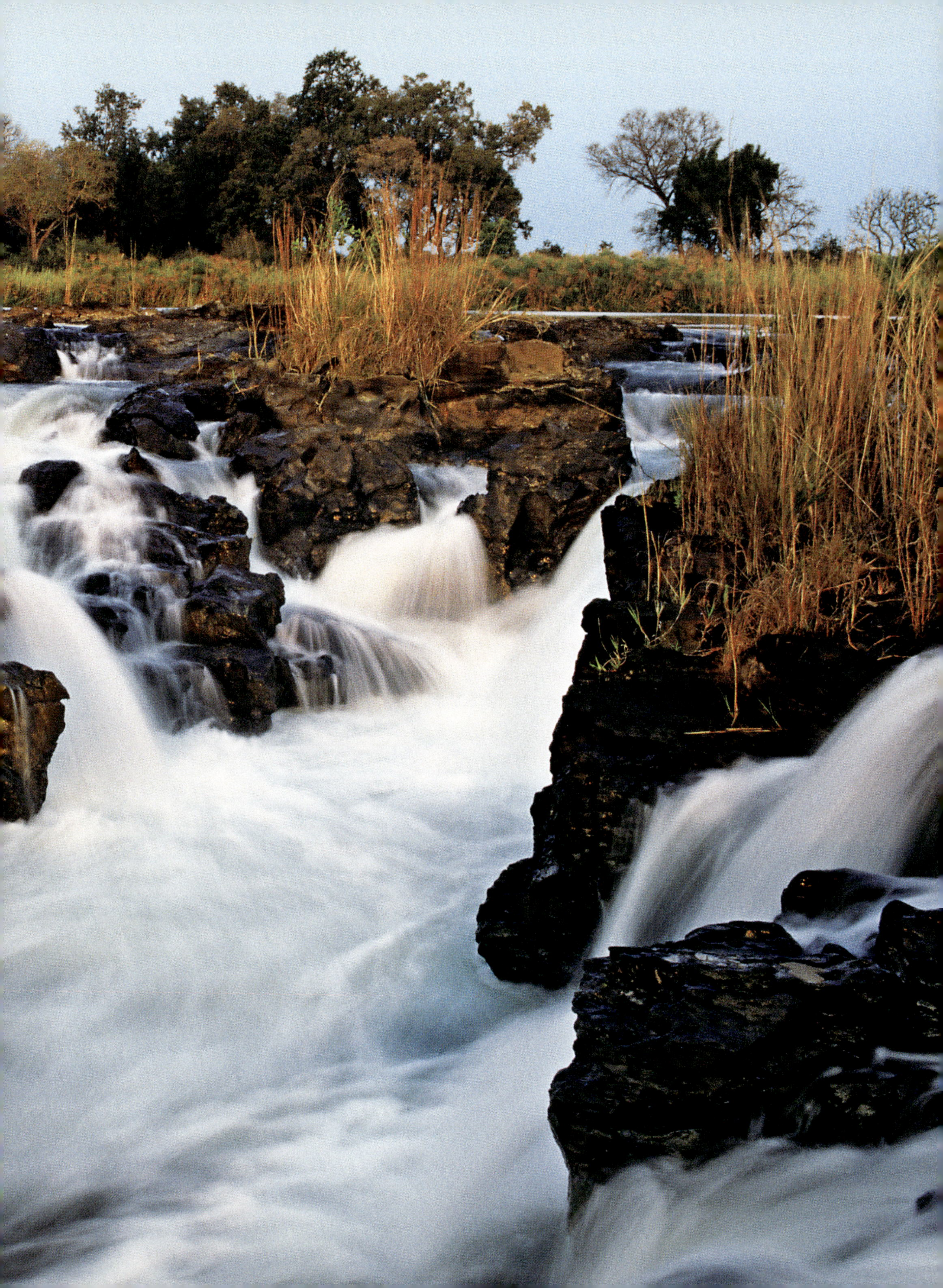

FOLGENDE DOPPELSEITE:
Spitzkoppe

DAS ZENTRALE HOCHLAND NAMIBIAS

Das Hochland Namibias auf einer durchschnittlichen Höhe von 1700 Metern besteht aus Semiwüstenlandschaft, die im zentralen Teil Dorn- und Trockenbuschsavanne umfasst. Von Norden aus gesehen erstreckt sich das Gebiet vom Waterberg Plateau kurz hinter Tsumeb über Mariental und Keetmanshoop bis kurz vor den Oranje (Gariep) – der Grenze zu Südafrika. In der Mitte dieser 1500 Kilometer langen Strecke befindet sich Windhoek. Die höchste Erhebung liegt mit dem 2479 Meter hohen Molteblick in den Auas-Bergen nahe der Landeshauptstadt. Entstanden ist das Hochland vor rund 120 Millionen Jahren im Zuge der ablaufenden Aufwölbung des südlichen Afrika, wobei die Randzonen stärker aufgewölbt wurden als das Binnenland mit dem Kalahari-Becken.

Der Waterberg ist umgeben von flacher Savannenlandschaft, die sich jedoch auf einer Höhe von bis zu 1400 Metern befindet, sodass der 1857 Meter hohe Berg selbst aus dem Bereich der Hochebene nur um etwa 250 Meter herausragt. Er bildet mit 48 Kilometern in der Länge und acht bis 16 Kilometern in der Breite eine riesige Tafelbergebene auf seiner „Spitze". Seinen Namen „Wasserberg" erhielt er, weil er aufgrund seiner exponierten Lage in der Regenzeit die Niederschläge abfängt. Das bis zu 200 Millionen Jahre alte Gebirge besteht aus Etjo-Sandstein, der sich durch hohe Wasserdurchlässigkeit auszeichnet. Unter dieser Sandsteinschicht befindet sich eine undurchdringliche Lehmschicht, an der sich dann das Wasser sammelt und aus dem Berg tritt. Dadurch entsteht die grüne Saumvegetation, die im Rahmen des Waterberg Plateau Park geschützt wird.

Der 1857 Meter hohe Waterberg

Rund um den Waterberg spielten sich einige grausame Geschichten der Kolonialzeit ab. Nachdem das Gebiet um den Waterberg schon seit Urzeiten Siedlungsgebiet der San war, wussten auch die Herero die Weidelandschaft sehr zu schätzen und siedelten sich hier an. Anfang des 20. Jahrhunderts kam es im Zuge der Kolonialisierungsbestrebungen zu Auseinandersetzungen zwischen Herero und deutschen Truppen, in deren Verlauf die Herero 1904 an diesem Berg eine vernichtende Niederlage erlitten. Die rund 60 000 überlebenden Herero wurden daraufhin vom deutschen General Lothar von Trotha in das wasserlose Sandveld der Omaheke getrieben und unter Waffengewalt an der Rückkehr gehindert. Zehntausende Herero starben infolge von Hunger, Durst und Krankheiten. Heutzutage wird hier jährlich eine gemeinsame Gedenkfeier von Herero und Deutschen abgehalten. 1873 ließ sich die Rheinische Missionsgesellschaft in Otjiwarongo mit einer Missionsstation nieder, die allerdings im Zuge kriegerischer Auseinandersetzungen zwischen Herero und Khoikhoi zerstört und 1891 erneut aufgebaut wurde. Heute stehen hier nur noch wenige Mauerreste.

Gut 120 Kilometer weiter südlich des Waterberg Plateau befindet sich in Okahandja das kulturelle Zentrum der Herero – heute eine rund 23 000 Einwohner zählende Stadt, die nach dem äußeren Erscheinungsbild des Nebenflusses vom Swakop River benannt wurde. Okahandja bedeutet so viel wie „große sandige Ebene", und so sieht das Flussbett des nahegelegenen Trockenflusses (Rivier) auch die meiste Zeit des Jahres aus. In dem Stammeszentrum liegen die Gräber der einstigen Herero-Führer wie Tjamuaha, Maharero und Samuel Maharero, neben der 1872 von der Rheinischen Missionsgesellschaft

Ruinen der rheinischen Missionsstation im Water Plateau Park

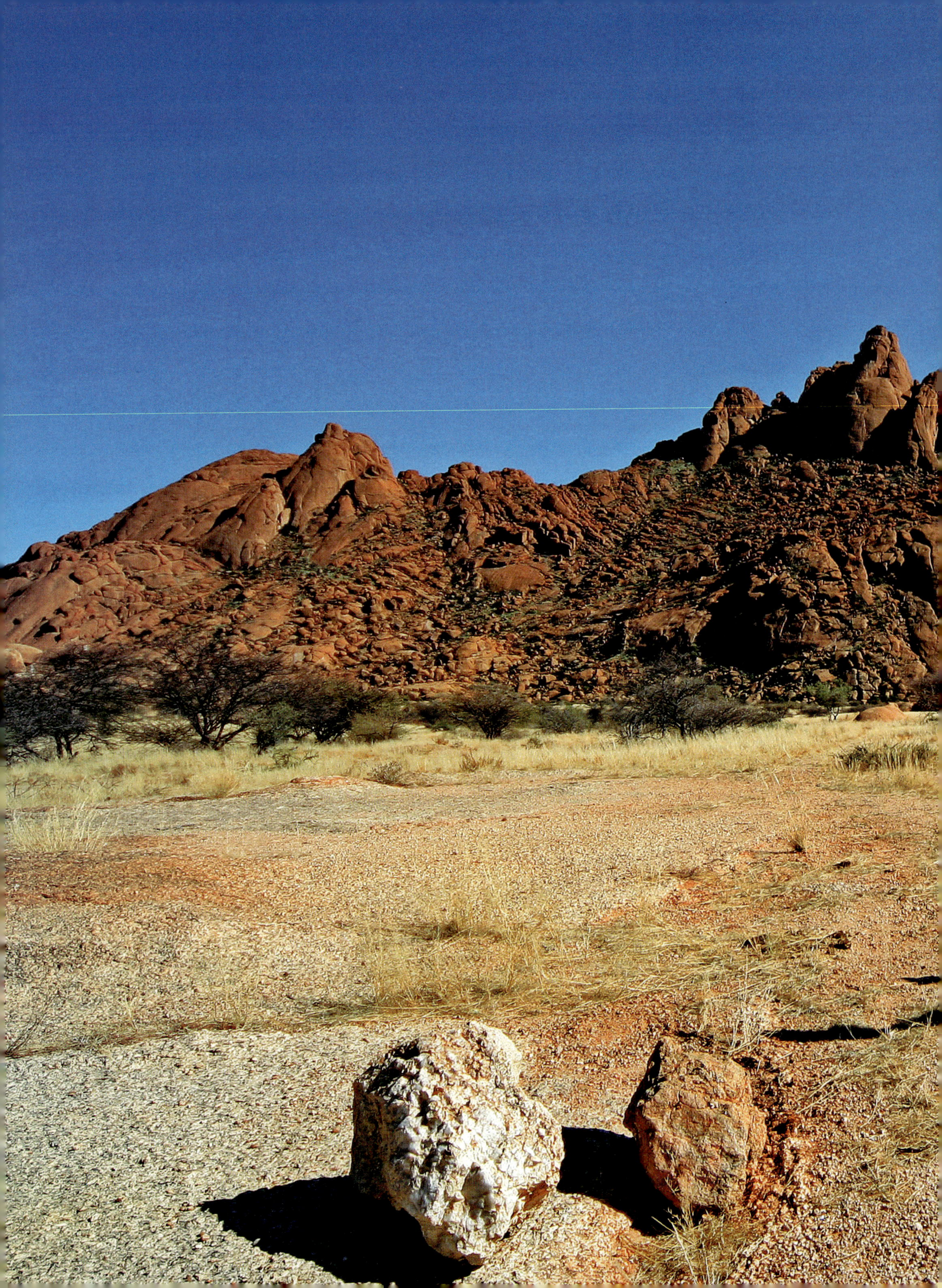

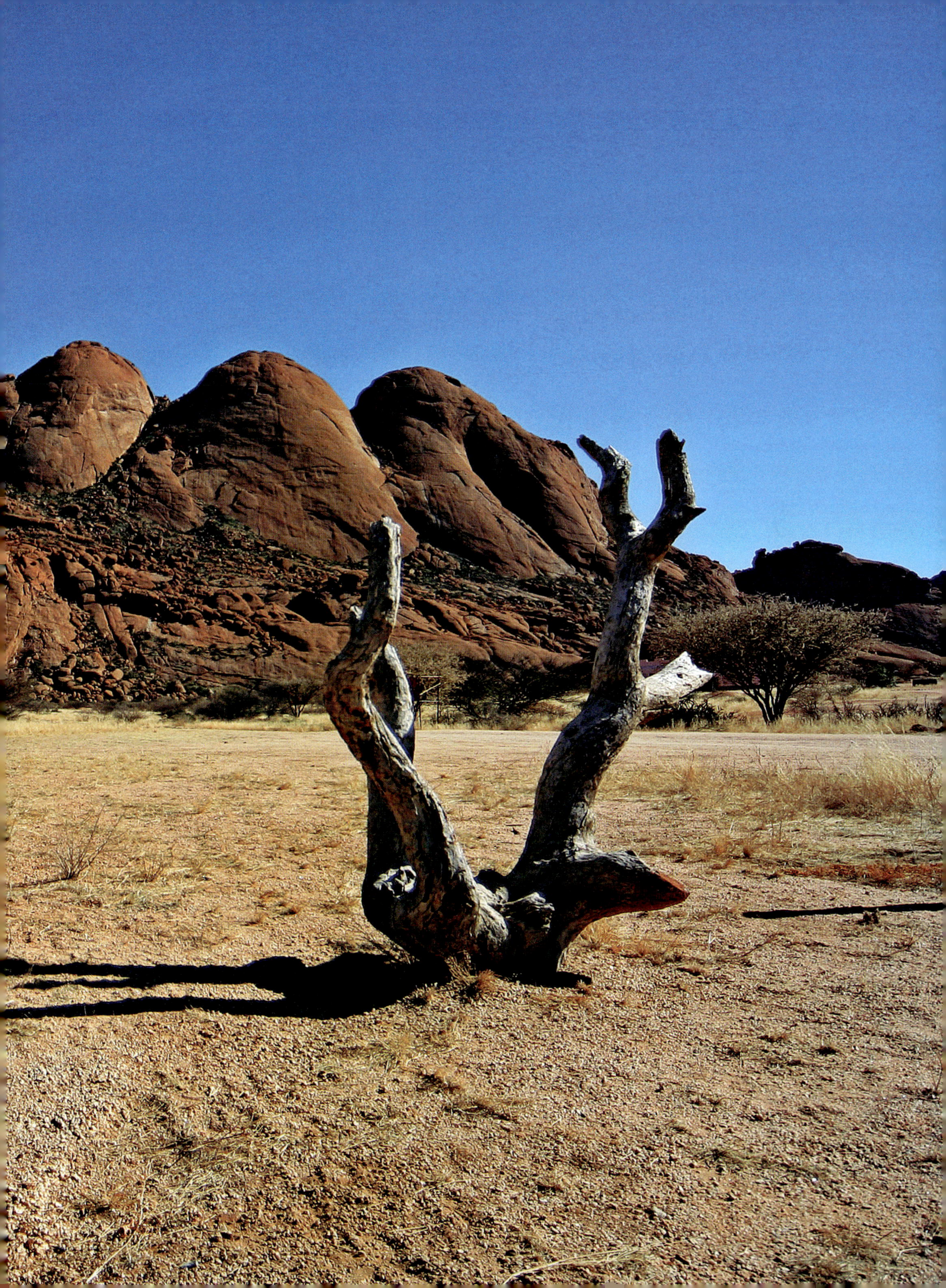

FOTOS UNTEN UND RECHTE SEITE:
Insbesondere im Rahmen der Erinnerungsfeste, die die Herero im Andenken an die Toten des Aufstandes von 1904 begehen, fallen die bunten Trachten der Frauen besonders prächtig aus. Die Kleidung ist ein Relikt aus deutscher Kaiserzeit. Die typische Kopftuchform – die an den Enden gebundenen Kopftücher – symbolisieren Rinderhörner.

erbauten Kirche. Die Missionare hatten ursprünglich 1844 etwas weiter südlich ihre Missionsstation aufgebaut und nach ihrem deutschen Heimatort Groß-Barmen genannt. Trotz warmer Quellen, die heute als Heilquellen genutzt werden, wurde die Station 1904 allerdings wieder aufgegeben.

1978 wurde neben der Missionskirche in Okahandja auch der ermordete Herero-Anführer Clemens Kapuuo begraben, in unmittelbarer Nähe des Orlam-Häuptlings Jan Jonker Afrikaner, dem einstigen großen Feind. 1894 hatten die Deutschen einen ihrer militärischen Stützpunkte nach Okahandja verlegt und dort ein Fort gebaut. Mit der Fertigstellung der Schmalspurbahn 1901 konnte der Ort schließlich von der Küste aus mit der Eisenbahn erreicht werden. Das Bahnhofsgebäude von damals ist noch heute in Betrieb. Während des Herero-Aufstandes im Jahre 1904 diente das Fort als Fluchtstätte für die Ortsbewohner. Heute kommen jedes Jahr im August etwa 100 000 Herero aus allen Teilen des Landes in das Herz des Hererolandes und veranstalten hier ein großes Erinnerungsfest. Besonders schön ist das Fest wegen der traditionellen und bunten Trachten der Herero-Frauen anzusehen, die von den deutschen Frauen der Kaiserzeit übernommen wurden.

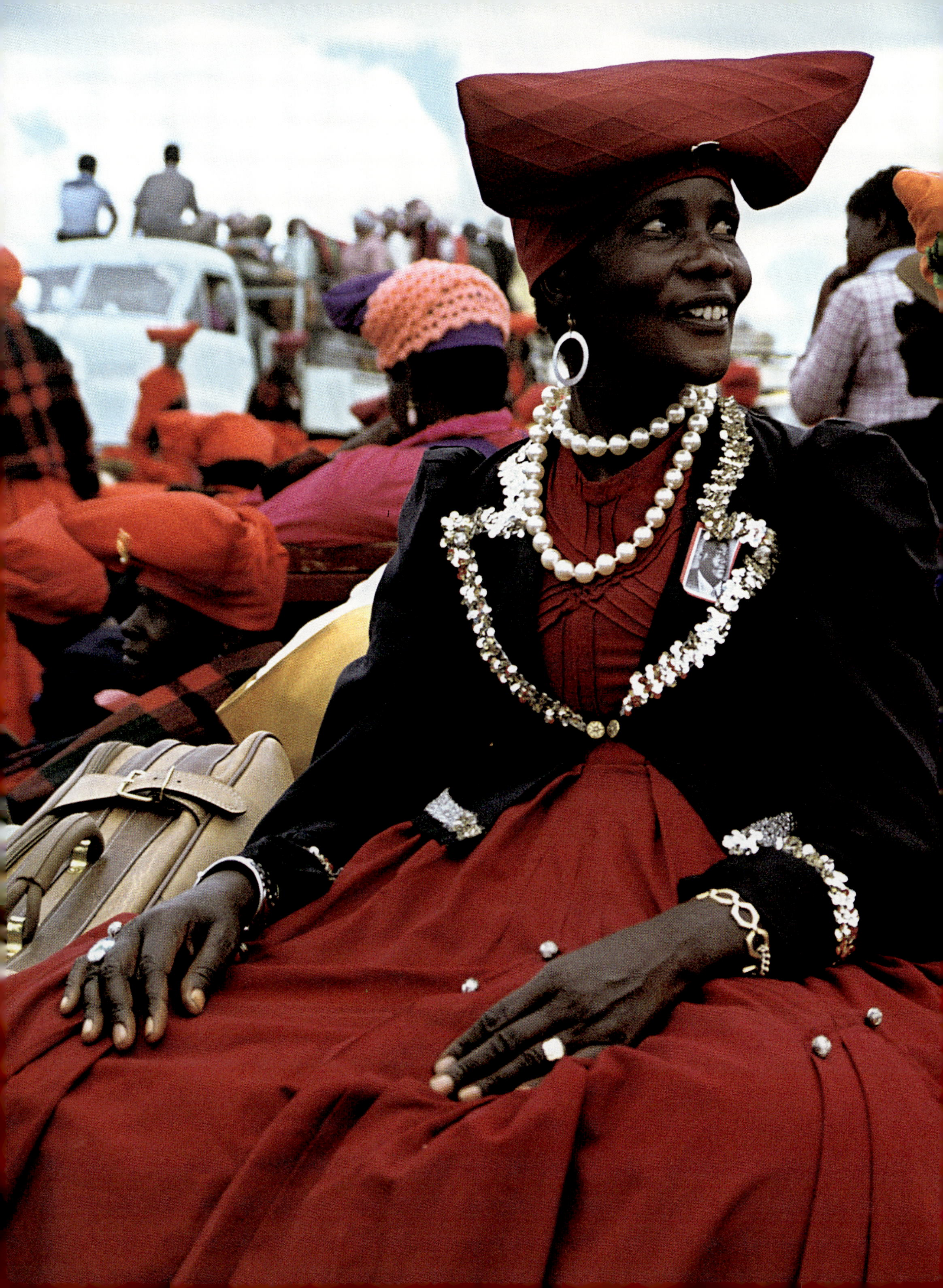

Dr. Sam Nujo
president and
Namibia

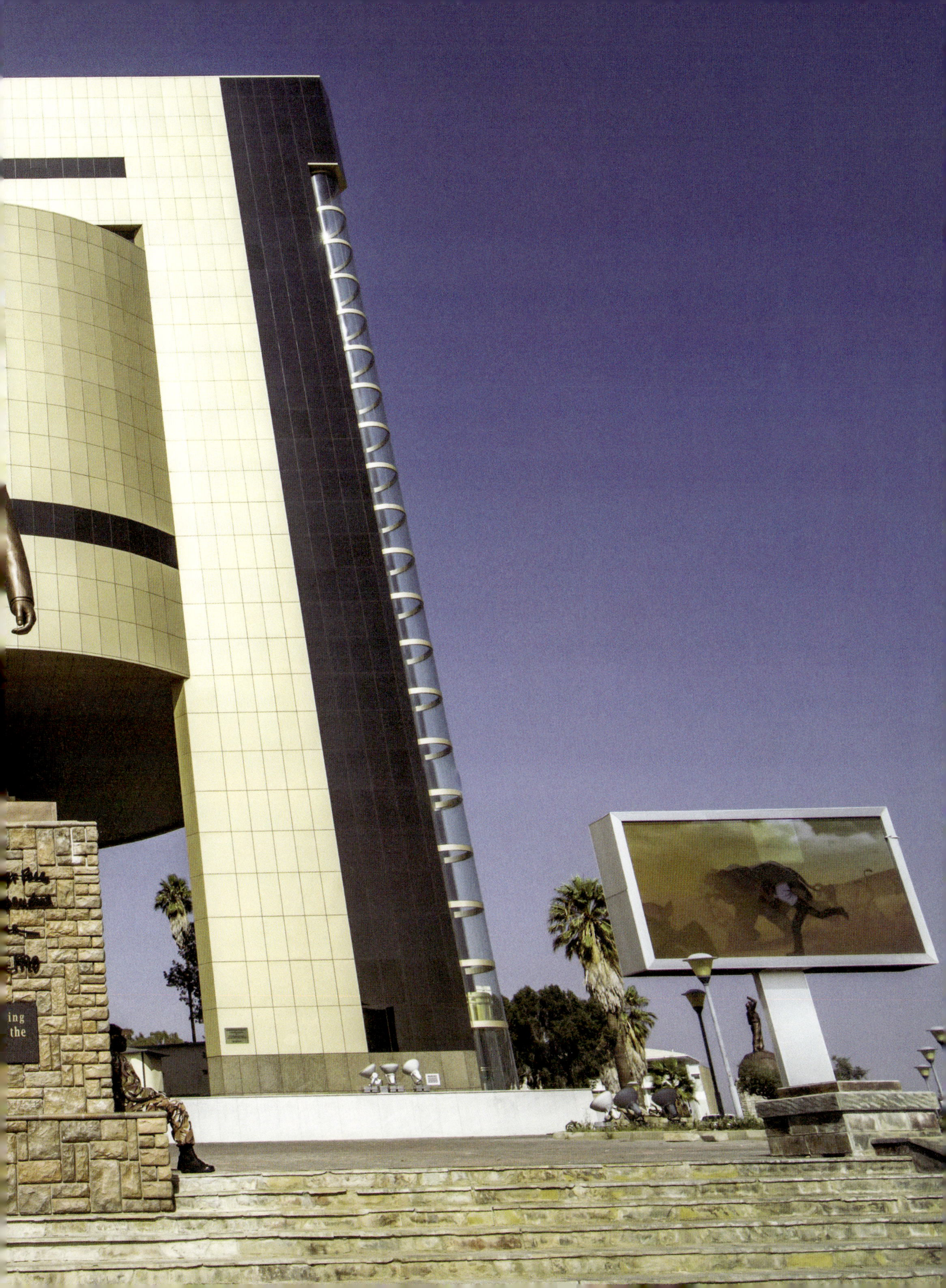

VORHERIGE DOPPELSEITE:
Das National Museum in Windhoek mit der Statue des „Gründungsvater der namibischen Nation" – Samuel Daniel Shafiishuna Nujoma

Flughafengebäude von Windhoek, in dem sich Palmen und Wolken spiegeln

Etwa 70 Kilometer südlich von Okahandja liegt die Landeshauptstadt Windhoek inmitten der Binnenhochebene des Khomas-Hochlands auf 1650 Metern Höhe. Die das Windhoeker Becken umgebenden Berge sind der Grund, weshalb der einzige internationale Flughafen des Landes über 40 Kilometer weit außerhalb liegt. Als internationaler Gast bekommt man nach der Fluganreise auf dem Weg nach Windhoek schon einmal einen Eindruck von der afrikanischen Landschaft aus Baum- und Strauchsavanne, bevor es in die nach wie vor provinziell anmutende und kolonial geprägte Innenstadt geht. Die geänderten Straßennamen weisen allerdings darauf hin, dass sich seit der Unabhängigkeit das Landes immer mehr verändert. Heute vermischen sich nicht nur die deutschen Straßennamen mit den Namen namibischer Politiker, sondern auch die ehemals rein weißen Innenstädte mit den Gesichtern schwarzer und farbiger Namibier.

Der Name der Stadt geht auf den Orlam-Häuptling Jonker Afrikaner zurück, der bis zu seinem Todestag im Jahre 1862 sein Hauptquartier hier im Grenzgebiet zwischen Herero und Nama aufgeschlagen hatte. Afrikaner war aus dem südafrikanischen Kapland nach Südwestafrika eingewandert. In Südafrika hatte er in der Nähe von Tulbagh eine Farm namens Winterhoek gesehen, an die ihn die Gegend um das heutige Windhoek erinnert hatte. Bis die Landeshauptstadt ihren heutigen Namen tragen durfte, wurde sie allerdings von vielen Seiten immer wieder umbenannt. Die Herero nannten sie nach den umliegenden heißen Quellen „otjomuise" (= Stelle des Dampfes). Einen ähnlichen Namen hatten auch die Khoikhoi („ai-gams" = heiße Quellen) gewählt. Die Briten hielten es eher mit ihrer Königin und nannten Windhoek „Queen Adelaide's Bath". Die rheinischen Missionare hingegen entschieden sich für „Elberfeld" und blieben damit ihrer Tradition – der Übernahme deutscher Städtenamen – treu. Und schließlich fand die Wesleyan Mission 1844 in „Concordiaville" den passenden Namen für sich.

Doch dies war alles vor der eigentlichen Stadtgründung im Jahre 1890 durch Curt von François, als er die Alte Feste errichtete. Bis 1915 sicherte die deutsche Schutztruppe den von da an als Sitz der deutschen Kolonialverwaltung fungierenden Ort. Die Fertigstellung der Bahnverbindung mit Swakopmund im Jahre 1902 trug maßgeblich zur Entwicklung der Stadt bei. Die 1909 fertiggestellte Turnhalle, die sich an der Ecke Bahnhofstraße/Robert Mugabe Avenue befindet, bekam ihre historische Bedeutung in den Jahren 1975–1977. Im Zuge der Unabhängigkeitsbestrebungen Südwestafrikas fand hier die sogenannte Turnhallen-Konferenz der konservativen Kräfte mit dem Ziel statt, eine Alternative zur SWAPO zu bilden – der einzigen von der UNO anerkannten Vertreterin Namibias. Die daraus hervorgegangene Democratic Turnhalle Alliance (DTA) nannte sich 2017 in Popular Democratic Movement (PDM) um.

Die meisten der etwa 368 000 Einwohner Windhoeks leben in Townships wie Khomasdal und Katutura im Nordwesten. In Khomasdal wohnen vor allem Nama, Basters und andere Farbige, die von der Apartheidregierung im Vergleich zu Angehörigen der Bantu-Stämme als „höherwertig" eingestuft wurden. Ihr Viertel ist daher grüner, und die Grundstücke sind größer als die in Katutura, wo ausschließlich Schwarze wohnen. Nach südafrikanischem Vorbild wollte man aus Katutura – bezeichnenderweise bedeutet der Name so viel wie „der Ort, an dem wir nicht leben wollen" – ein neues Soweto machen und das Viertel der Schwarzen aus der Innenstadt entfernen. Bei den Zwangsumsiedlungen in den Jahren 1959 bis 1968 wurden am 10. Dezember 1959 elf Menschen getötet. Dieses Datum, der internationale „Tag der Menschenrechte", ist in Namibia gesetzlicher Feiertag.

Geschätzte 100 000 Menschen bevölkern das Viertel der Schwarzen, was die Kapazitäten weit übersteigt. In den kleinen, zumeist aus ein bis zwei winzigen Zimmern bestehenden Hütten leben nicht nur Kleinfamilien für sich, sondern durch den Zuzug von Verwandten aus dem Umland nicht selten bis zu 20 Personen. Vielfach wird angebaut, doch reicht der Platz auch mit den illegal an den Rand des Viertels gebauten Hütten nicht aus. Ein Ende des Zuzugs ist allerdings nicht abzusehen, monatlich, so schätzt man, vergrößert sich die Einwohnerzahl um 1500 bis 2000 Menschen, von denen die meisten Ovambos auf der Suche nach Arbeit sind. Bei einer Arbeitslosigkeit von rund 40 Prozent in Windhoek sind die Aussichten auf Erfolg jedoch denkbar schlecht.

Ehemalige Turnhalle in Windhoek, in der 1975–1977 die Konferenz zur Unabhängigkeit Namibias stattfand. Heute ist hier der Sitz des Gerichtshofs der SADC (Südafrikanische Entwicklungsgemeinschaft, Southern African Development Community).

Aber auch die, die Arbeit haben, kommen nur mit äußersten Sparmaßnahmen über die Runden. Die meisten können sich nicht einmal einen Bus oder ein Minitaxi leisten und laufen die sieben Kilometer bis in die Innenstadt täglich zu Fuß. Trotz der immer noch knapp 30 000 Weißen, die bevorzugt in den wohlhabenden Vierteln Klein-Windhoek und Ludwigsdorf wohnen, ändert sich heute die vorherrschende Farbe der Innenstadt und spiegelt immer mehr die Völkervielfalt Namibias wider. Insgesamt leben ungefähr 15 Prozent der Bevölkerung Namibias in Windhoek. Wirtschaftlich spielt neben Behörden und Verwaltung in gewissem Umfang die Leichtindustrie eine Rolle, die vor allem aus Fleischverarbeitung und Maschinenherstellung besteht. Im Wesentlichen ist die Landeshauptstadt jedoch das Zentrum der Rinder- und Karakulschafzüchter

Das Stadtzentrum Windhoeks wird von der breiten Independence Avenue durchquert, der ehemaligen Kaiserstraße. Die Lebensader der Stadt wirkt mit ihrem begrünten Straßenrand, Gründerzeitbauten, dem sich im ersten Stockwerk des Gathemann-Hauses befindenden Café mit Terrasse zur Straße, dem Kalahari Sands Hotel und vielen Geschäften sehr europäisch und für einen Großstadtboulevard zugleich auch sehr gemütlich – vielleicht aufgrund der letzten drei Fachwerkhäuser mit Spitzgiebeln neben den wenigen modernen Hochhäusern. Zum europäischen Anstrich trägt sicherlich auch die von hier abzweigende Post Street Mall bei, eine für die Gegend eher untypische Fußgängerzone. Wochentags geht es vor den Geschäften sehr lebhaft zu. Mitten im Getümmel liegt der Meteoriten-Brunnen mit 33 der insgesamt 77 gefundenen Teile eines in der Nähe von Gibeon im Süden Namibias niedergegangenen Meteoritenschauers. Nach hiesiger Überzeugung soll es der größte gewesen sein, der sich jemals der Erde genähert hat.

Kudu-Denkmal an der Independence Avenue in Windhoek

Uhrenturm an der Independence Avenue.

Eine Parallelstraße weiter östlich der Independence Avenue befindet sich das 42 Meter hohe Wahrzeichen der Stadt: die 1907 von der Rheinischen Mission (die 1896 hier die erste Gemeinde versammeln konnte) gegründete evangelisch-lutherische Christuskirche. Kaiser Wilhelm II. stiftete die bunten Kirchenfenster für das aus regionalem Quarzsandstein im neoromanischen Stil gebaute Gotteshaus. Nur 200 Meter entfernt steht die Alte Feste, die Hauptmann Curt von François 1890 zum Schutz der deutschen Soldaten und ihrer Angehörigen erbauen ließ. Nach dem Abzug der deutschen Truppen aus Windhoek im Ersten Weltkrieg diente die Feste zunächst als Internat. Später beherberte es einen Teil des Nationalmuseums. Im Innenhof steht heute der „Südwester Reiter" – das am 27. Januar 1912 (dem Geburtstag von Kaiser Wilhelm II.) enthüllte Reiterdenkmal zu Ehren der Gefallenen bei den Nama- und Herero-Aufständen. Bis 2009 stand es zwischen Christuskirche und Alter Feste, musste dann aber dem 2014 eingeweihten Independence Memorial Museum weichen. Das von einer nordkoreanischen Firma errichtete Gebäude mit seiner modernistischen Architektur überragt nun aufgrund des höher gelegenen Standorts nicht nur den Innenstadtbereich, sondern auch die beiden benachbarten Erbstücke der deutschen Kolonialzeit. Redecker, der Architekt der Christuskirche, zeichnet auch für das 1913 eingeweihte Gebäude der Nationalversammlung verantwortlich. Das in damaliger Zeit weit außerhalb des eigentlichen Stadtgebietes gelegene Gebäude musste 1964 umfassend erweitert werden, um die gesamte Administration des Landes unterbringen zu können. Umgeben wird

Eines der Wahrzeichen von Windhoek ist die 1907 erbaute evangelisch-lutherische Christuskirche.

FOTO RECHTS:
Ein Relikt der Kolonialzeit ist der 1912 enthüllte „Südwester Reiter", der allerdings 2009 von seinem prominenten Standort bei der Christuskirche weichen musste.

die in Anspielung auf preußische Bürokratie schon von Anfang an „Tintenpalast" geschimpfte Nationalversammlung von einem großen Park mit prächtigen Jacaranda-Bäumen. Südlich des Parks entstand in den 1990er Jahren der monumentale Bau des Supreme Court, des Obersten Gerichtshof von Namibia. Ein weiterer moderner Protzbau ist das State House, der ebenfalls von Nordkoreanern gebaute Amtssitz des Präsidenten außerhalb der Innenstadt.

Ein prächtiger Blick über die Stadt bietet sich von dem auf einer Anhöhe gelegenen Hotel in der Heinitzburg, eine von insgesamt drei Burgen, die die Stadt umgeben. Unter Curt von François war 1891 ein Wachturm errichtet worden, der 1913 im Auftrag des Grafen von Schwerin zu einer Burg ausgebaut und nach dessen Familienschloss Schwerinsburg genannt wurde. Auch die zweite Burg, die 1914 fertiggestellt wurde, kaufte zwei Jahre später der Graf von Schwerin, der diese nach seiner Frau, einer geborenen von Heinitz, benannte. Der Architekt der beiden Burgen, die zunächst vom Grafen und seiner Frau separat bewohnt wurden, war Wilhelm Sander, der zuvor bereits am Entwurf der Nationalversammlung beteiligt war. Die dritte Burg von Windhoek, die Sanderburg, ließ der Architekt ab 1917 für sich selbst bauen. Sie ist heute Privatbesitz, ebenso wie die Schwerinsburg, die zwischenzeitlich Wohnsitz des italienischen Botschafters war.

Von der Heinitzburg aus lässt der Blick beim tiefroten namibischen Sonnenuntergang über die Savannenlandschaft des Khomas-Hochlands die koloniale Atmosphäre der Hauptstadt schnell ver-

Der sogenannte Tintenpalast in Windhoek ist der Sitz des namibischen Parlaments.

FOLGENDE DOPPELSEITE:
Die 1914 erbaute Heinitzburg beherbergt heute ein Hotel.

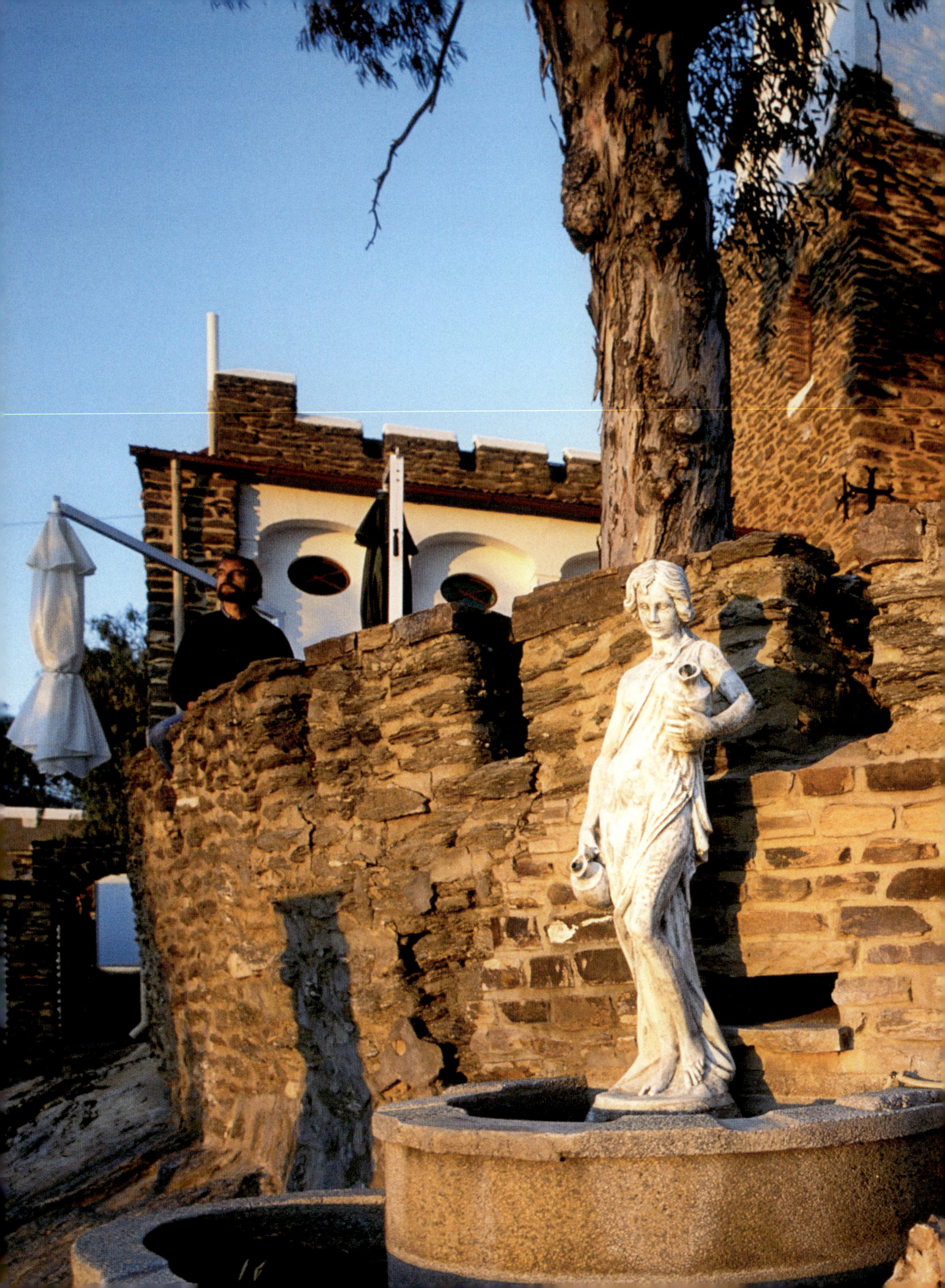

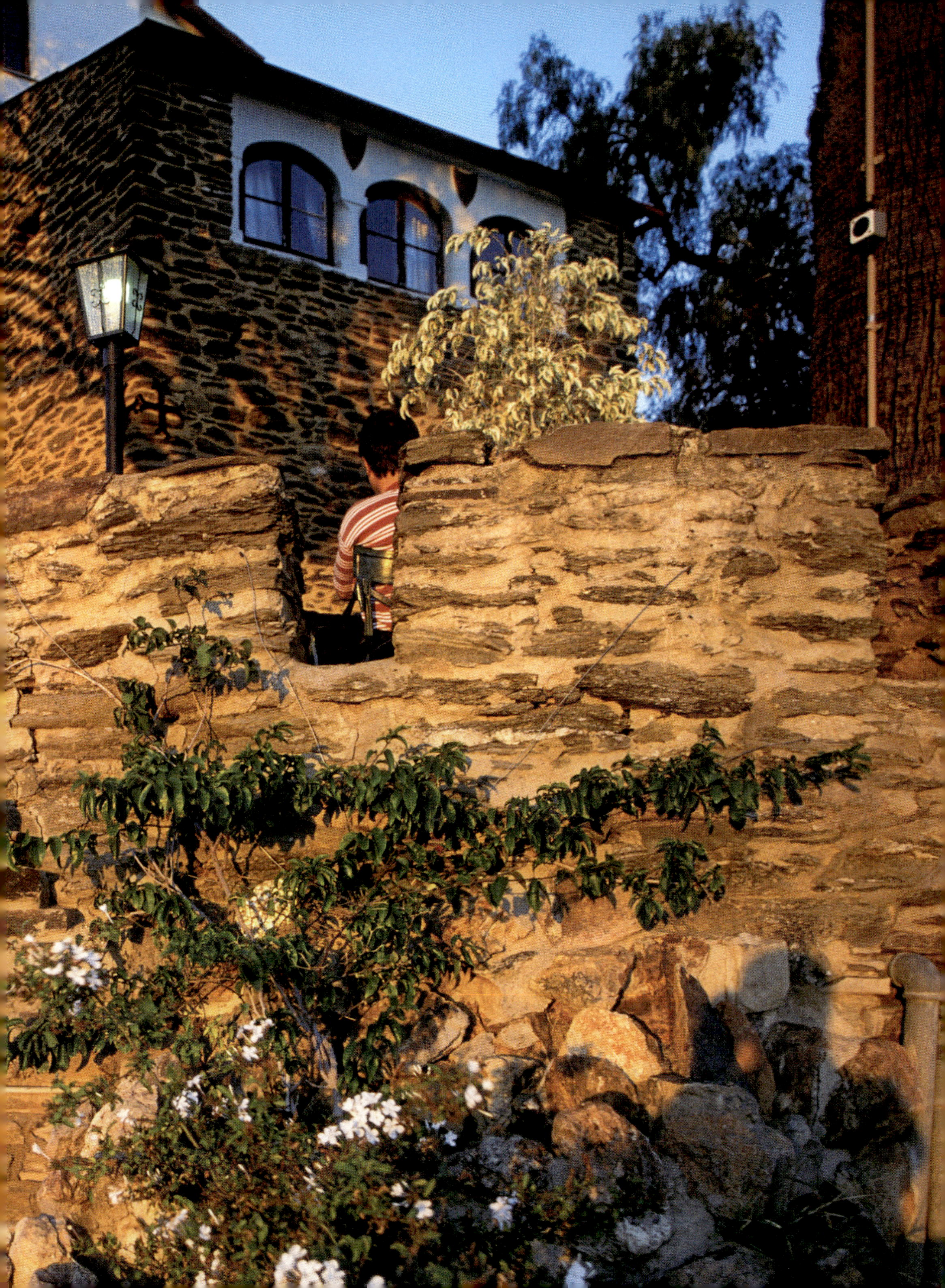

Die 1728 Meter hohe Spitzkoppe erhebt sich aus dem westlich von Karibib gelegenen Plateau.

gessen. Nahe bei Windhoek im Khomas-Hochland liegt das Daan Viljoen Game Reserve. Das nach einem Verwalter von Südwestafrika, der sich 1962 für die Gründung eingesetzt hatte, benannte Reservat bietet abseits der für namibische Verhältnisse quirligen Großstadt Ruhe und Natur in Form von Bergzebras, Elandantilopen, Blaugnus und Springböcken. Wer neben sechs Fledermausarten zudem noch eine konstante Temperatur von rund 24 °C haben möchte, der sollte noch etwas weiter westlich in das 4,5 Kilometer lange Höhlensystem der Arnheim Cave hinabsteigen. Die bereits 1930 von einem Bauern entdeckten Höhlen, die aufgrund der vorherrschenden Trockenheit keine Tropfsteinformationen vorweisen können, wurden erst 1994 für Besucher offiziell zugänglich gemacht.

Nördlich vom Khomas-Hochland liegt die Marmorstadt Karibib, die noch heute besonders hochwertigen Marmor in den Brüchen abbaut. Die bekannteste Erhebung der sich nach Westen anschließenden Gebirgszüge ist die 1728 Meter hohe Spitzkoppe, die 800 Meter aus dem Plateau herausragt. Vor rund 70 Millionen Jahren drang wie schon bei den Brandbergen und dem Erongo-Massiv Magma während der Kontinentalverschiebung in den afrikanischen Sockel und ließ das „Matterhorn Namibias" entstehen. Westlich der Spitzkoppe liegt bereits im Erongo-Gebirge das Farmgelände Ameib, auf dem neben vielen Felszeichnungen die Philipshöhle und die Bull's Party genannten Steinformationen liegen. Die nach dem ehemaligen Farmbesitzer benannte Höhle liegt auf dem Vorsprung eines Berges und bietet nicht nur tolle Ausblicke auf die Umgebung, sondern auch herausragende Felszeichnungen wie etwa den weißen Elefanten mit roter Antilope. Die Bull's Party genannte riesige Steinkugel entstand allein durch Erosion.

Auch wenn man Windhoek in südliche Richtung verlässt, führt der Weg zunächst durch das zentrale Hochland und erreicht schließlich hinter den Auas-Bergen auf einer Höhe von 1395 Metern über dem Meeresspiegel Rehoboth, die ehemalige Hauptstadt der Basters. Die Rehobother Basters sind Nachkommen von Verbindungen zwischen Buren und Nama und sprechen zumeist Afrikaans. Sie lebten ursprünglich in der Kapprovinz, wanderten von dort jedoch im 19. Jahrhundert in das heutige Siedlungsgebiet ein und erwarben um 1870 das Land von den Swartbooi-Nama für acht Pferde. Dafür durften sie ein Jahr auf dem erworbenen Gebiet bleiben, verlängerten aber die Frist mit einem weiteren Pferd jeweils um ein Jahr. Eines Tages forderten die Nama das Land gewaltsam zurück. Die Basters verteidigten es allerdings zäh und erfolgreich.

Heute leben die rund 30 000 Menschen in der Gemeinde vor allem von der Karakulschafzucht. Rehoboth, das ehemalige Zentrum des ebenfalls Rehoboth oder Basterland genannten Homelands, wirkt aufgrund fehlender städtischer Struktur wie eine riesiges Dorf. Den Namen der Stadt trug bereits die hier gegründete Missionsstation, die vor Eintreffen der Basters jedoch bereits wieder aufgegeben worden war. Das koloniale Erbe ist in Form der 1907 erbauten Paulus-Kirche zu sehen, deren Dachkonstruktion original aus Deutschland stammt. Die Gedenktafel, die an die gefallenen deutschen Soldaten erinnert, scheint die Basters nicht zu stören.

Ein bemerkenswerter Felsenbogen befindet sich am Fuße der Spitzkoppe.

Bull's Party – so bezeichnet man das Gebiet im Erongo-Gebirge, in dem sich gigantische runde Felsen befinden

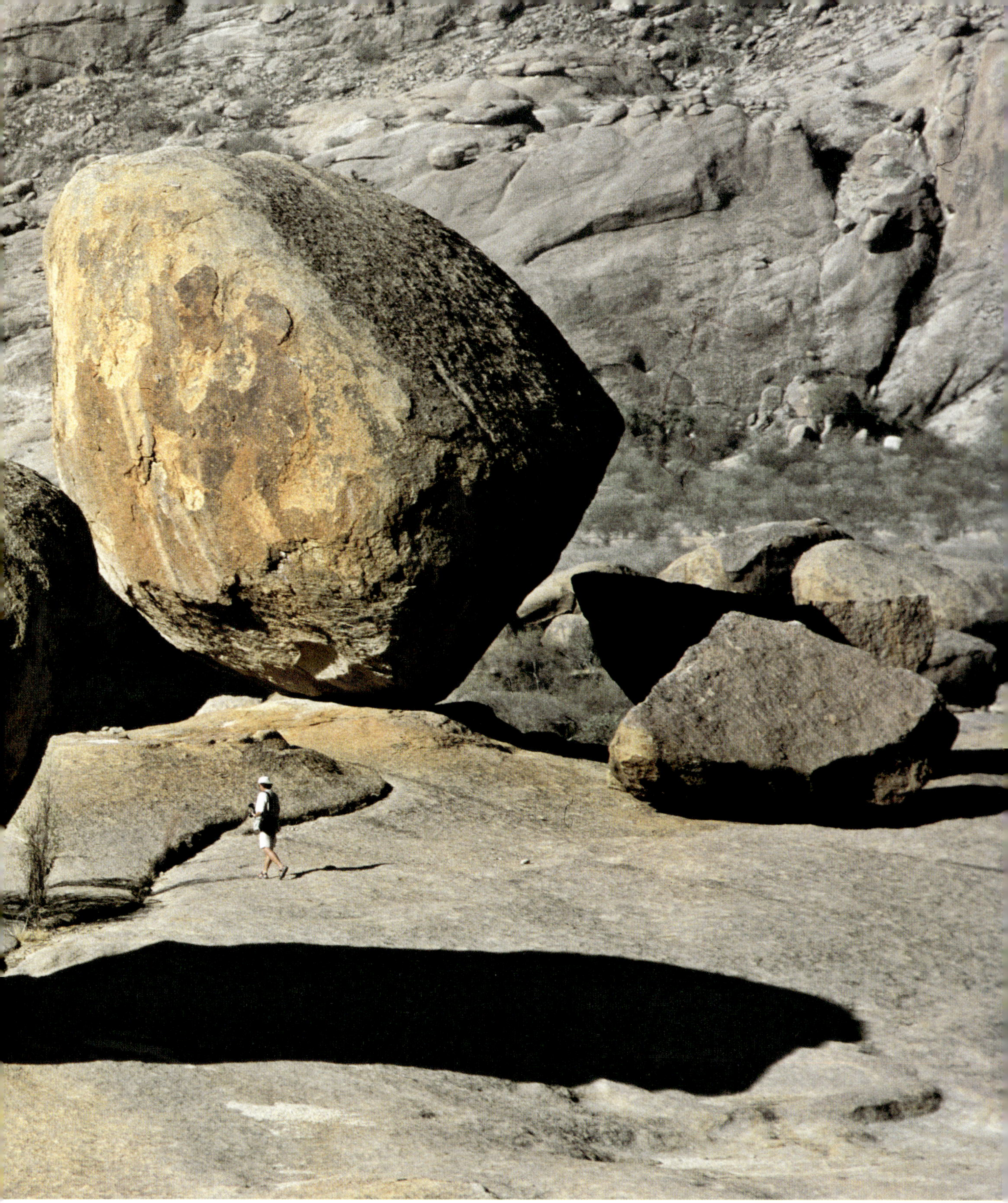

Der Hardap-Stausee ist ein Vogel- und Fischparadies, in dem sich auch der Goliathreiher niederlässt.

FOLGENDE UND DARAUF-FOLGENDE DOPPELSEITE:
Impressionen der Namib-Wüste

Wasser und vor allem Trinkwasser ist nicht nur in und um Windhoek herum Mangelware, sondern bis auf den Norden des Landes überall neben der Landverteilung das meistdiskutierte Thema. Für Namibier ist daher die 25 Quadratkilometer große, aus dem Fish River gespeiste Wasseroberfläche des Hardap Dam, des größten Stausees des Landes rund 250 Kilometer südlich von Windhoek, etwas sehr Besonderes. Neben der Erholung inmitten eines Fisch- und Vogelparadieses mit Karpfen, Barschen, Dorschen sowie Flamingos, Pelikanen und Fischreihern, aber auch größeren Tieren wie Bergzebras, Kudus, Springböcken, Antilopen und sogar Nashörnern dient der Hardap Dam vor allem der Bewässerung des Gebiets zwischen Stausee und dem 1890 von einem weißen Farmer gegründeten Ort Mariental. Dort werden vor allem Mais, Weizen, Dattelpalmen, Obst, Gemüse, Baumwolle und Futterpflanzen angebaut. Einige Kolonialgebäude sind in Mariental, benannt nach Anna-Maria Brandt, der Frau des Farmers, noch erhalten. 1920 bekam der Ort die Stadtrechte verliehen und ist heute Verwaltungssitz der Region Hardap mit Schulen und einigen Geschäften. Richtung Osten beginnen die Dünen der Kalahari. Durch die Kalahari führt seit 1998 von Swakopmund über Windhoek der Trans-Kalahari Corridor über die Grenze zwischen Namibia und Botswana in Buitepos/Mamuno bis nach Johannesburg und weiter nach Maputo in Mosambik. Einst wurde die Strecke vor allem von Jägern und Händlern zwischen den Küstenorten und dem Ngami-See benutzt. Gobabis war und ist als der letzte größere Ort auf namibischer Seite mit heute rund 20 000 Einwohnern ein beliebter Zwischenstopp. 1856 hatten Missionare der Rheinischen Missionsgesellschaft hier ihre Zelte aufgeschlagen, ehe Gobabis 1895 von den Deutschen als Militärposten eingerichtet wurde. Nur schwer waren Siedler zu bewegen, hier ihre Farmen zu errichten, sodass das Land schließlich an die Angehörigen der Schutztruppe verkauft wurde. Der erste zivile Farmer kam erst 1899 in das ebene und sehr trockene Hochland. Mit dem Anschluss ans Eisenbahnnetz im Jahre 1930 erhofften sich die Ortsbewohner den wirtschaftlichen Aufschwung, ähnlich wie heute seit dem Ausbau des Trans-Kalahari Corridor und dem damit zunehmenden Fernverkehr zwischen Namibia, Botswana und Südafrika.

DIE NAMIB-WÜSTE

Die Namib ist eine Fels- und Sandwüste, die sich von Port Nolloth in der Northern Cape Province in Südafrika fast 2000 Kilometer bis nach Namibe in Angola erstreckt und damit die gesamte 1570 Kilometer lange Küste Namibias umfasst. In der Sprache der Nama bedeutet Namib „große Leere". Und davon gibt es tatsächlich mehr als genug in dem 80 bis 130 Kilometer breiten Wüstenstreifen, der zum Inneren des Landes ansteigt und durch eine überwiegend steile Randstufe vom Binnenhochland getrennt wird. In überwältigender, vielfältiger und äußerst seltener Schönheit bilden die tiefroten Sanddünen der ältesten Wüstenregion der Welt vollendete Formen.

Vom Spreetshoogte-Pass, der sich in dem Gebiet zwischen Rehoboth und Solitaire befindet, hat man einen überwältigenden Ausblick auf die Namib-Wüste und die daran angrenzenden Bergketten.

Für die ausgeprägte Aridität durch Niederschläge von nur 10 bis 20 Millimeter pro Jahr sind die Lage im Regenschatten der östlich gelegenen Bergen verantwortlich sowie der kühle Benguelastrom, der die Luft über dem Ozean abkühlt. Weite Teile der Wüste sind fast völlig ohne Vegetation – aber eben nur fast, und natürlich sind davon auch nicht alle Regionen betroffen. Eine Pflanze, die sich besonders im sandig-felsigen Gelände in der Gegend von Swakopmund wohlfühlt, ist die *Welwitschia mirabilis,* ein Abkömmling der rund 350 Millionen Jahre alten Pflanzenfamilie, die nur in der Namib vorkommt. Die ältesten der wie altes Gestrüpp wirkenden Namib-endemischen Wüstenpflanzen finden sich in dem Gebiet, wo Swakop und Khan zusammenfließen. Biologen schätzen das Alter der dortigen Pflanzen auf 1000 bis 1500 Jahre.

Die Klimazone der Namib ist subtropisch, dennoch sind die Temperaturen im Küstenbereich aufgrund des Benguelastroms und des kühlfeuchten Nebels eher niedrig. In das Wüsteninnere gelangt die Feuchtigkeit fast nur als Nebel und Tau. Hier betragen die Temperaturen an der Oberfläche der Wüste bis zu 70 °C. Tiefer im Sand lässt sich eine konstante Temperatur um die 30 °C messen.

Die Tierwelt, die es tatsächlich in der Namib gibt, hat sich diesen Umständen angepasst. Der Schwarzkäfer gräbt beispielsweise bis zu einem Meter lange Gänge mit körperhohen Rändern in den Sand. An den Rändern fängt sich der Nebel in Tropfenform, die der Käfer nur noch aufsammeln muss. Andere Tiere graben sich während der heißen Tageszeit in den Sand ein und kommen erst am frühen Morgen oder nachts an die Oberfläche.

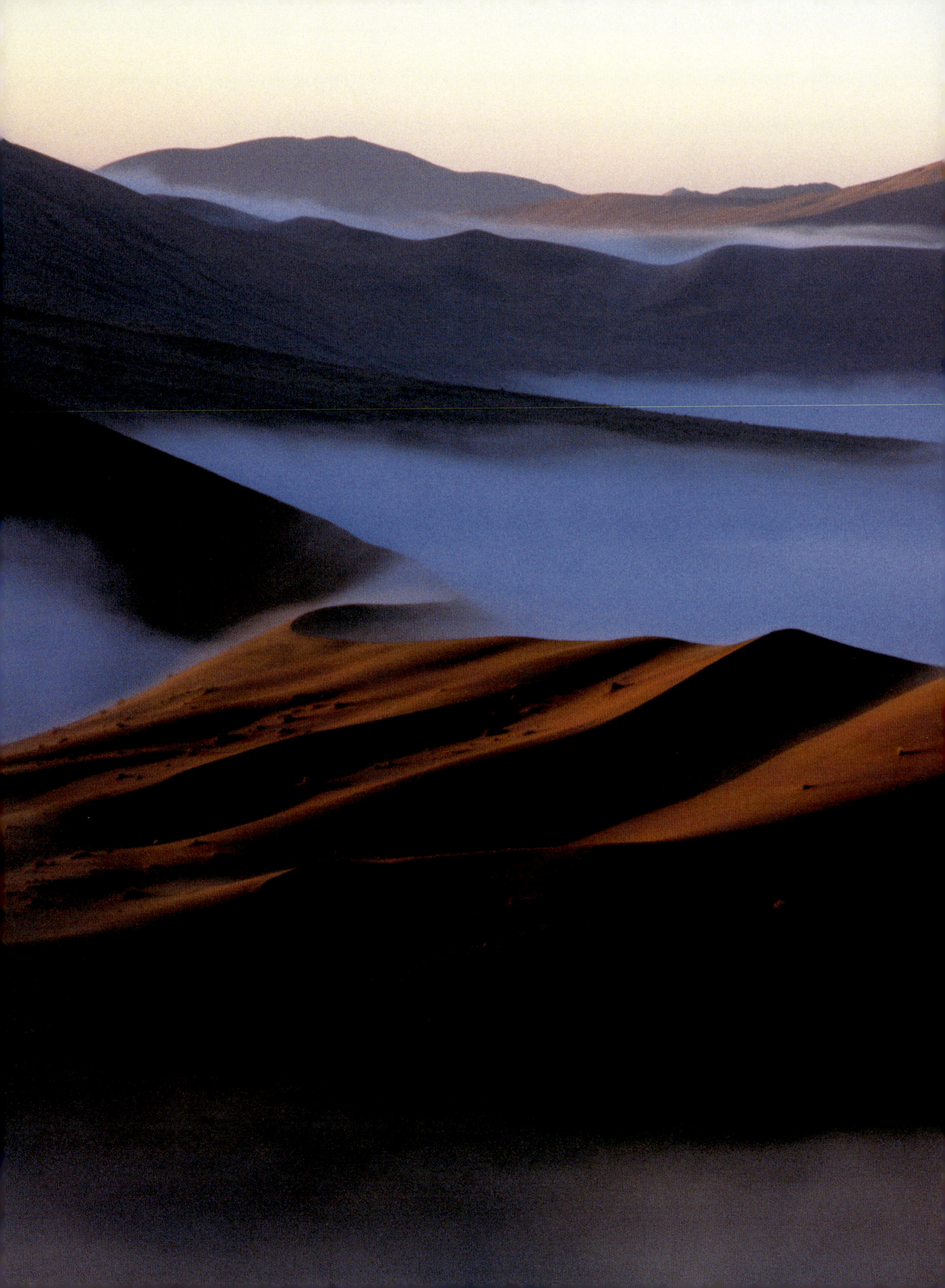

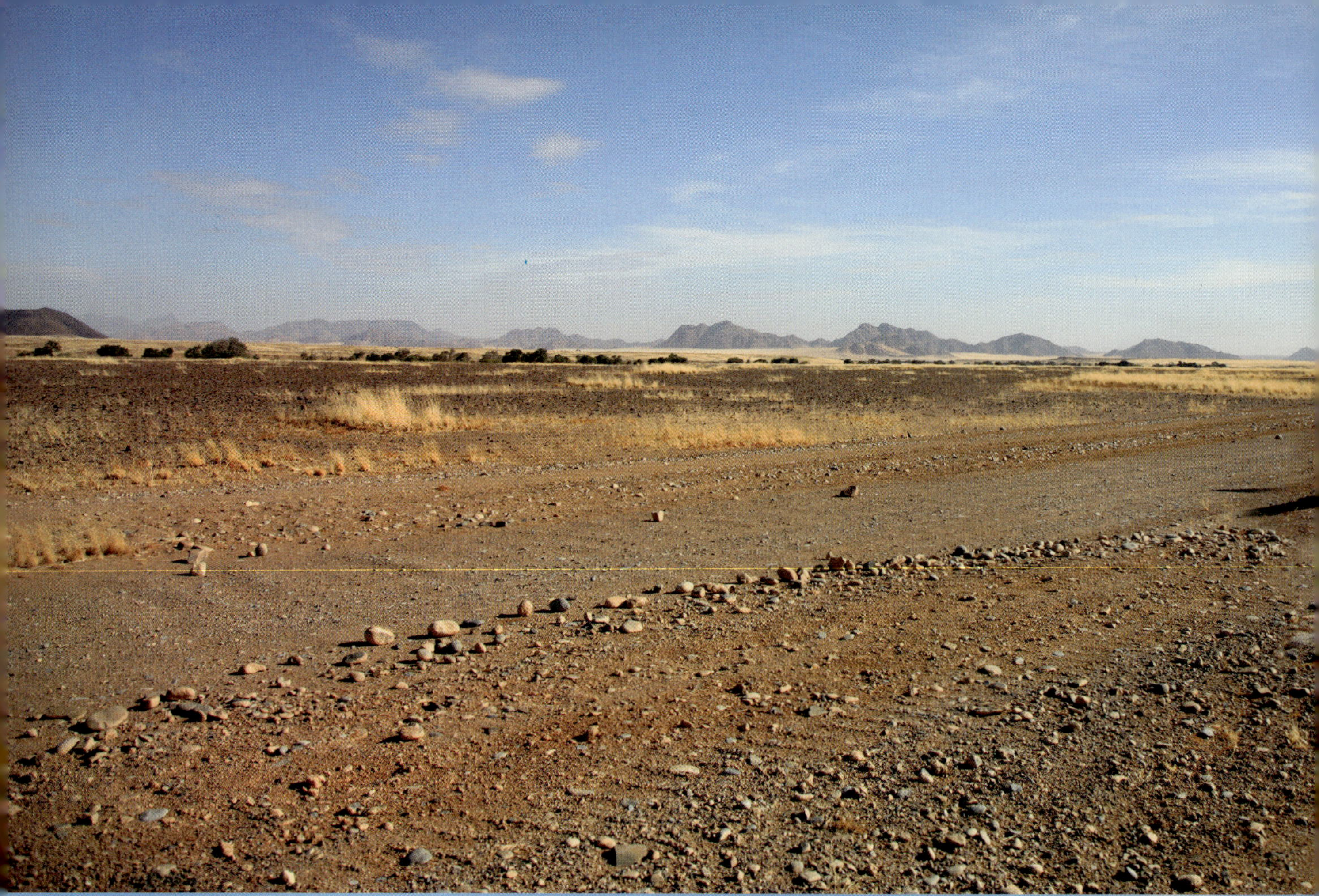

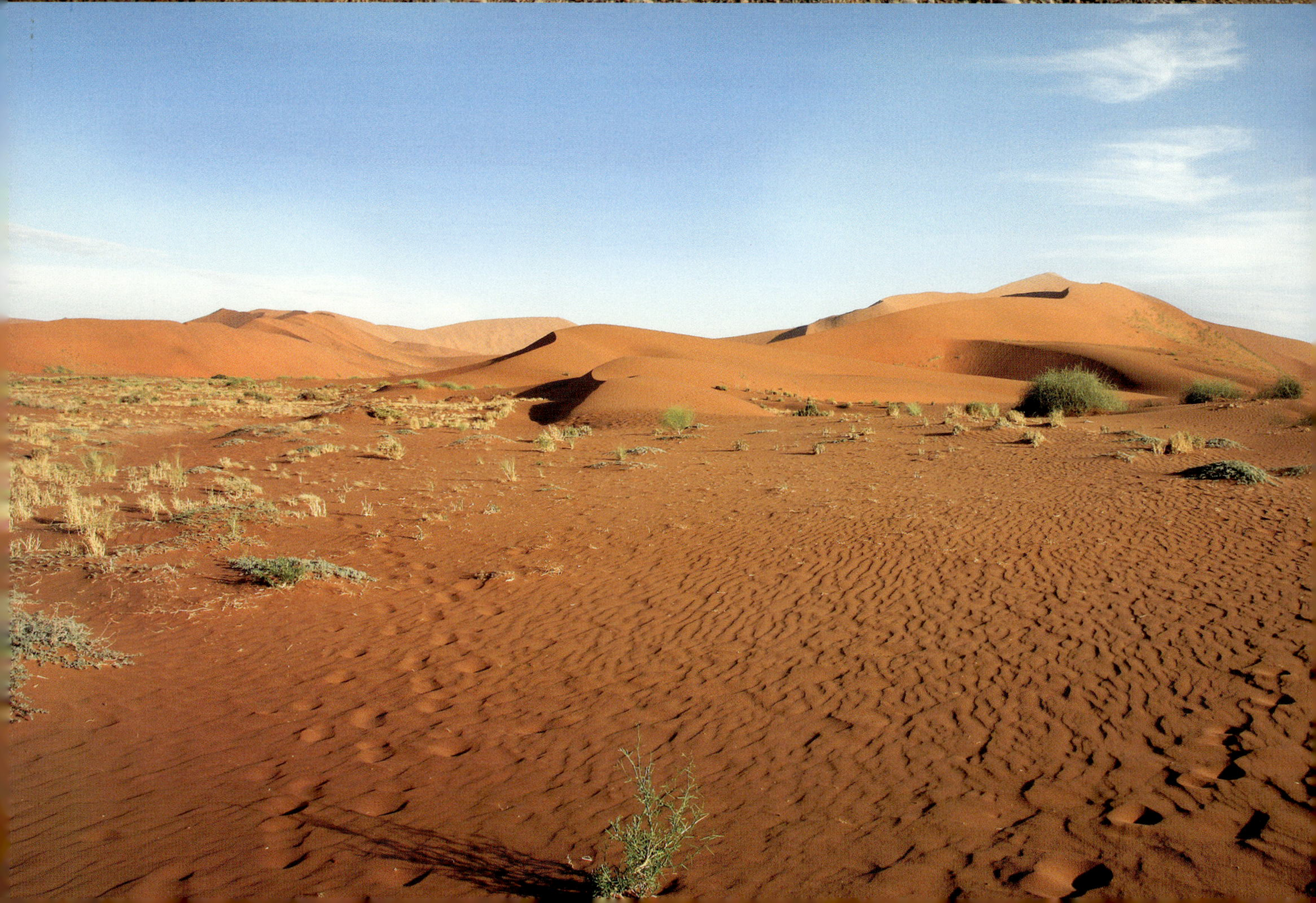

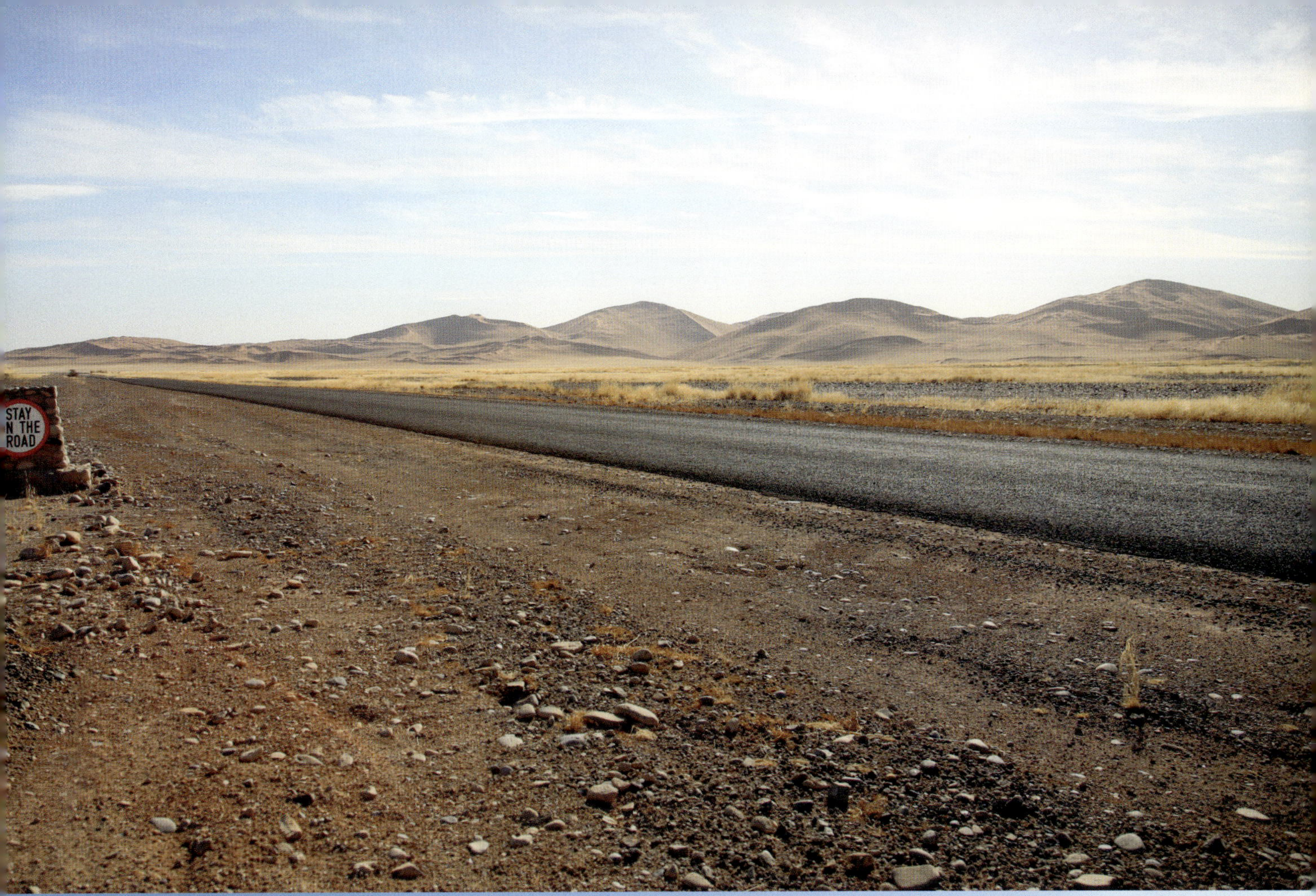
STAY
N THE
ROAD

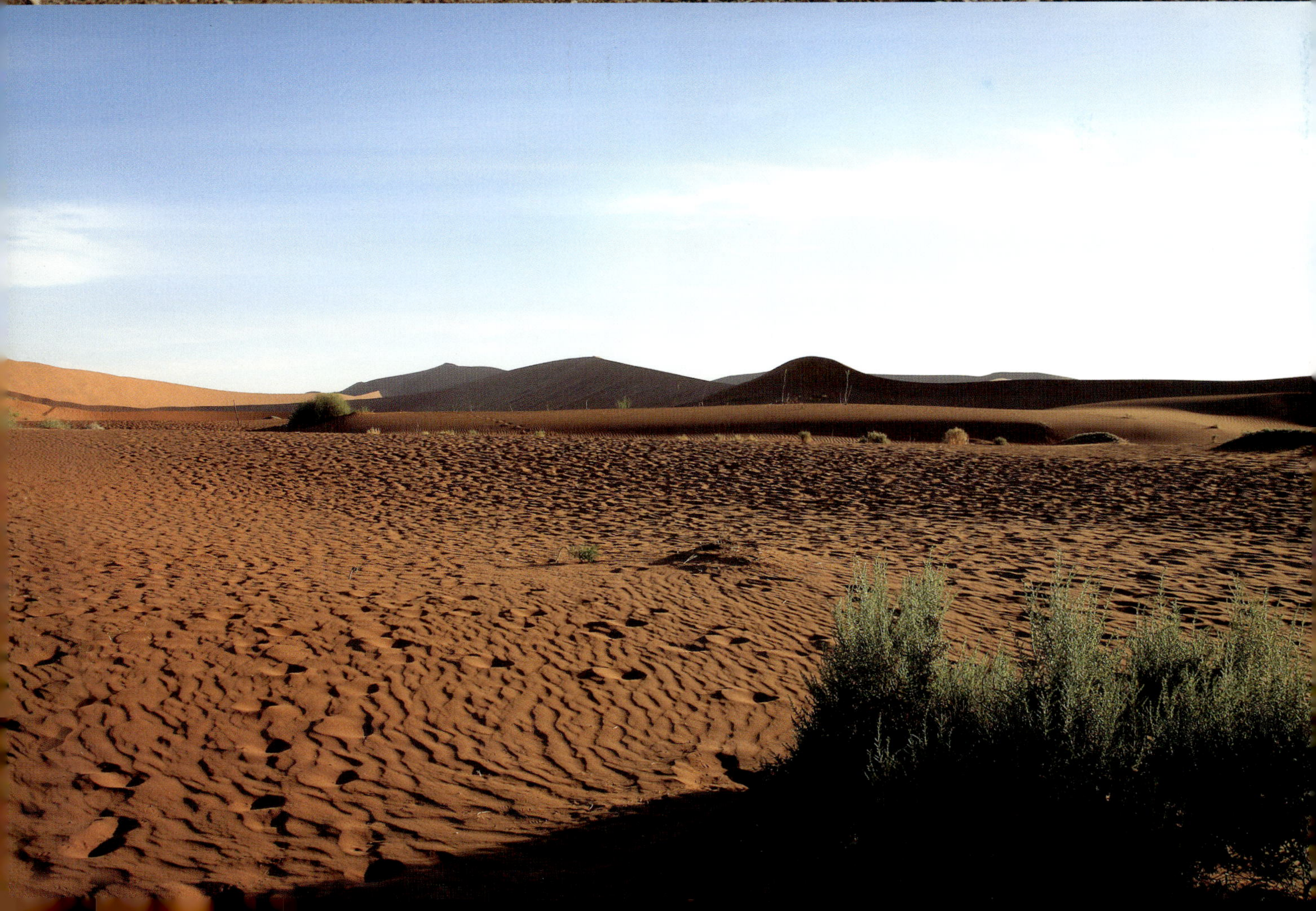

Der Leuchtturm von Swakopmund

Für die Flüsse der Namib gilt das, was für alle Flüsse Namibias gilt: Sie führen nur nach starken Regenfällen Wasser. Dies passiert normalerweise höchstens einmal pro Jahr. Die „Riviere" genannten Trockenflussbetten erkennt man an ihren in die Landschaft gegrabenen Vertiefungen vor allem aus Kiesgrund und an der besonderen Ufervegetation, die auf unterirdisches Grundwasser zugreifen kann. Einzige Ausnahmen bilden die Grenz- und sogenannten Fremdflüsse Kunene und Oranje, die zwar auch die Namib durchqueren, aber ganzjährig Wasser führen. Die meisten Riviere erreichen auch nach heftigstem Regenfall nicht den Atlantik, sondern versanden vorher oder bilden kleine Pfannen („vlei"), die nach Verdunstung des salzhaltigen Wassers mit einer weißen Kruste überzogen sind.

Nördlich des Flusses Kuiseb, der die Wüste in zwei Teile teilt, ist die Landschaft vor allem felsig und mit Klippen, Schluchten und Kiesbänken versehen. Dies ist der raue Teil der Namib, der nordwärts vom Ugab River zum Skeleton Coast National Park ernannt wurde. Der Küstenabschnitt macht seinem Namen alle Ehre, da unzählige Schiffswracks die Küstenlinie und die Unterwasserwelt säumen und die Knochen der Gestrandeten hier zurückgeblieben sind. Denn selbst wer einst ein Schiffsunglück überlebte und an die Küste gespült wurde, musste vor den lebensfeindlichen Bedingungen der endlos scheinenden Namib kapitulieren.

Genau wie der Südteil der Namib, wo ein riesiges Diamantensperrgebiet südlich von Lüderitz beginnt, das bis zur südafrikanischen Grenze reicht, ist der Norden der Namib für normale Besucher eigentlich nicht zugänglich. Nur mittels einer Flugsafari kann dieser Landesteil eingesehen werden. Für Besucher extra ausgewiesen ist hingegen der nördlich von Swakopmund gelegene Dorob National Park mit dem früheren National West Coast Tourist Recreation Area. Viele der Einheimischen, die etwas Kontrast zum warmen und trockenen Hinterland brauchen, erfrischen sich nicht nur beim Hochseeangeln am kalten Atlantik, sondern machen gerne einfach einen Ausflug in die Feuchtigkeit und Kühle der Küstenregion.

Die zentrale Namib liegt zwischen Ugab und Kuiseb River und umfasst Swakopmund und Walvis Bay. Wirtschaftlich ist dies der wichtigste Teil für die Namibier. Die flache, gleichförmige und nur durch wenige Dünen aufgelockerte Landschaft ist dabei die unattraktivste der Namib. Sie steigt bis auf 1000 Meter im Binnenland an. Swakopmund bildet inmitten dieser Wüstenlandschaft eine skurrile Insel aus deutscher Kolonialzeit. Doch auch hier werden nach und nach die deutschen Straßennamen, die an Generäle wie Bismarck, Moltke oder an Kaiser Wilhelm erinnern, in Namen namibischer Persönlichkeiten umbenannt.

Erhalten bleibt Swakopmund die Architektur der Kolonialzeit, die, losgelöst von den umstehenden Palmen natürlich, auch in einem deutschen Nordseebad stehen könnten. Noch heute wird in den Geschäften neben Afrikaans und Englisch auch Deutsch gesprochen. Unter den rund 45 000 Einwohnern sind noch immer viele Weiße deutscher Abstammung. Zur Weihnachtszeit wird es daher auch voll, wenn die alten „Südwester" ihre Familien besuchen oder einfach nur so in der Kühle des Atlantiks in einem der kolonialen Hotels wie dem im ehemaligen Jugendstilbahnhof von 1901 angesiedelten legendären „Swakopmund Hotel" ihren Urlaub verbringen. Heute befindet sich dort ein Swimmingpool, wo früher die Gleise verliefen.

FOLGENDE DOPPELSEITE:
Das Woermann-Haus von 1905 in der Bismarck Street ist ein Wahrzeichen von Swakopmund und Relikt der Kolonialzeit. Es beherbergt heute neben der städtischen Bibliothek auch eine Kunstgalerie.

Dampflok der Rovos Rail. Der Luxuszug verkehrt eigentlich nur in Südafrika. Es gibt aber eine Sonderfahrt, die von Pretoria nach Walvis Bay führt.

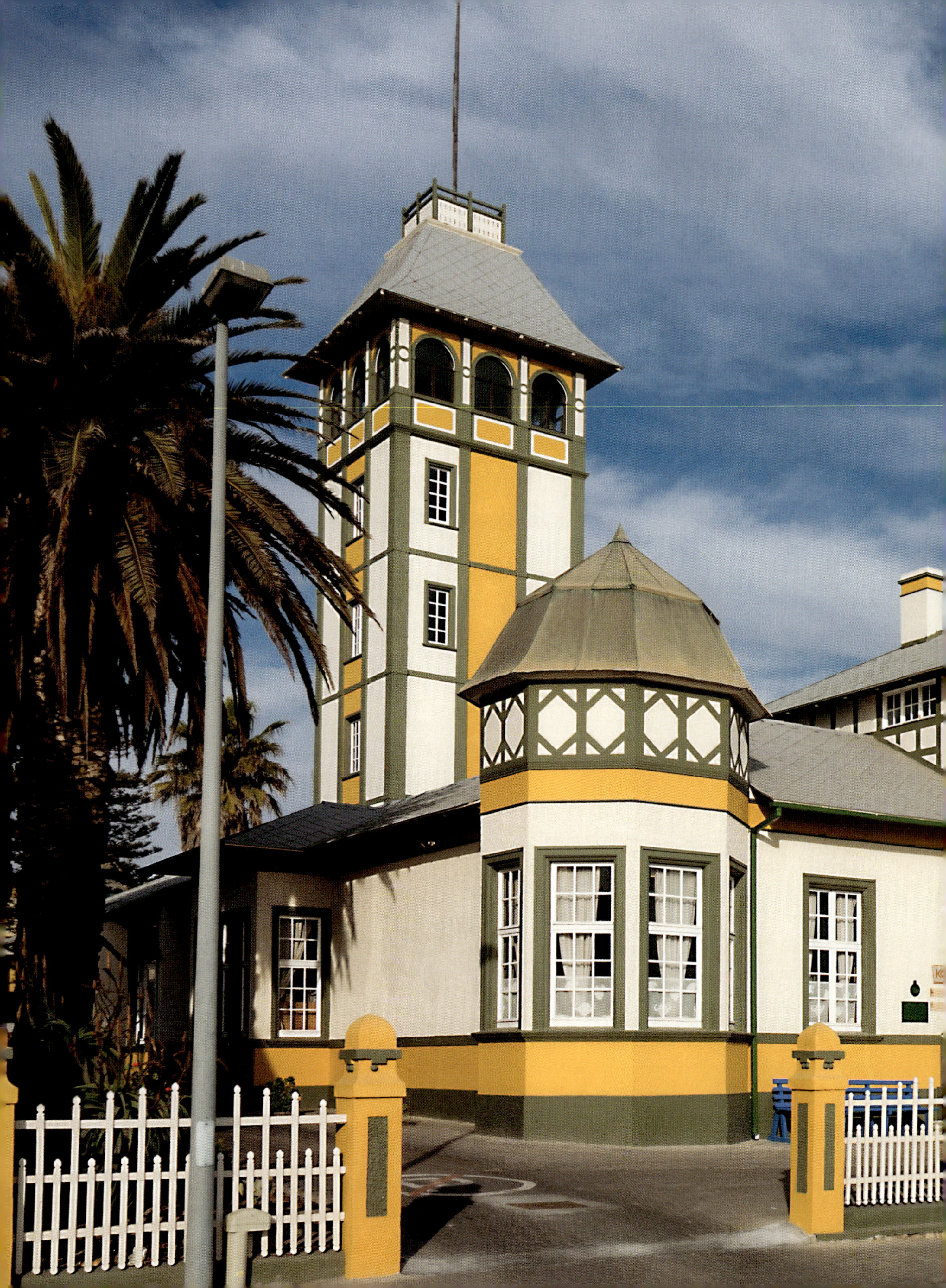

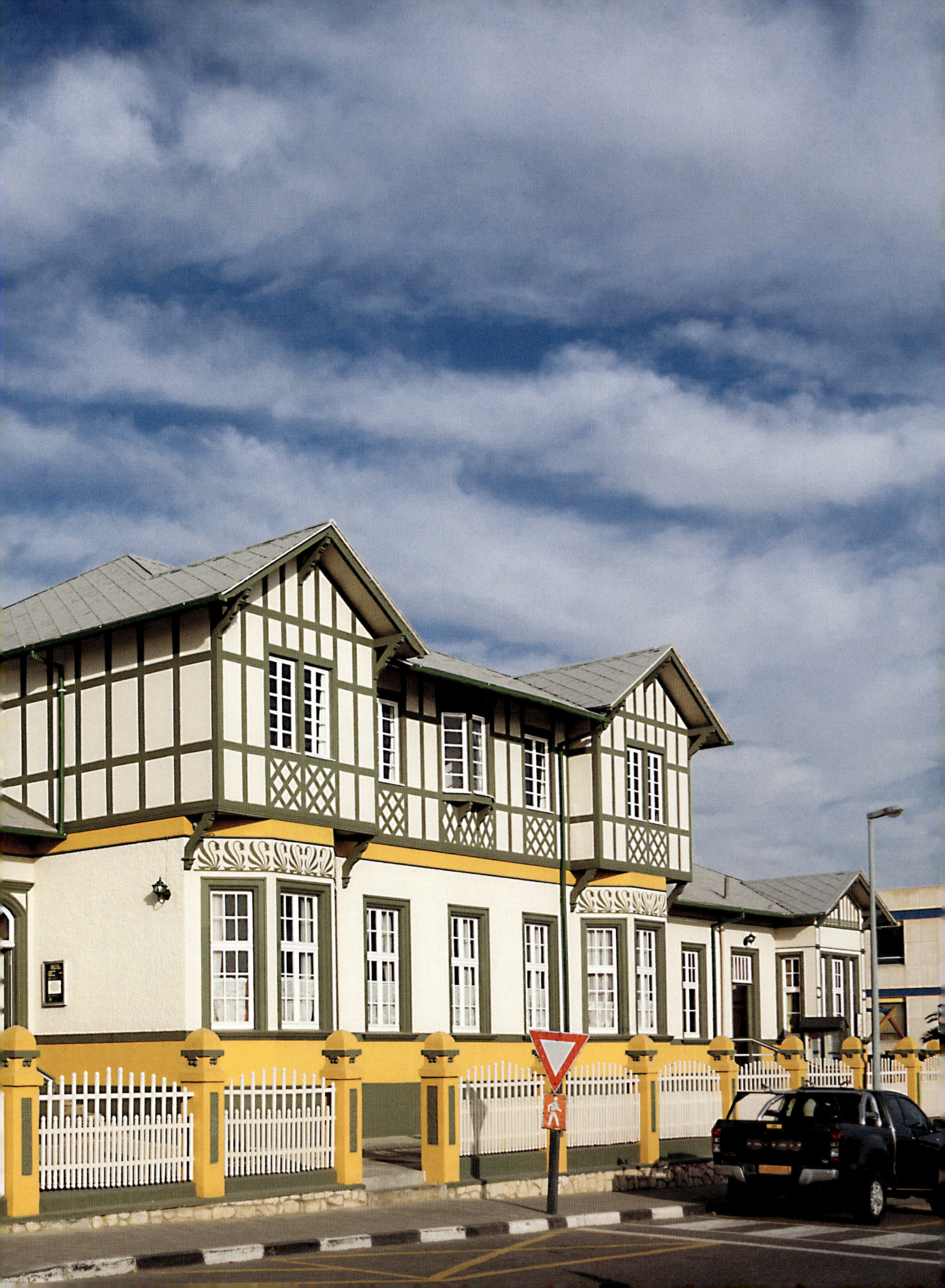

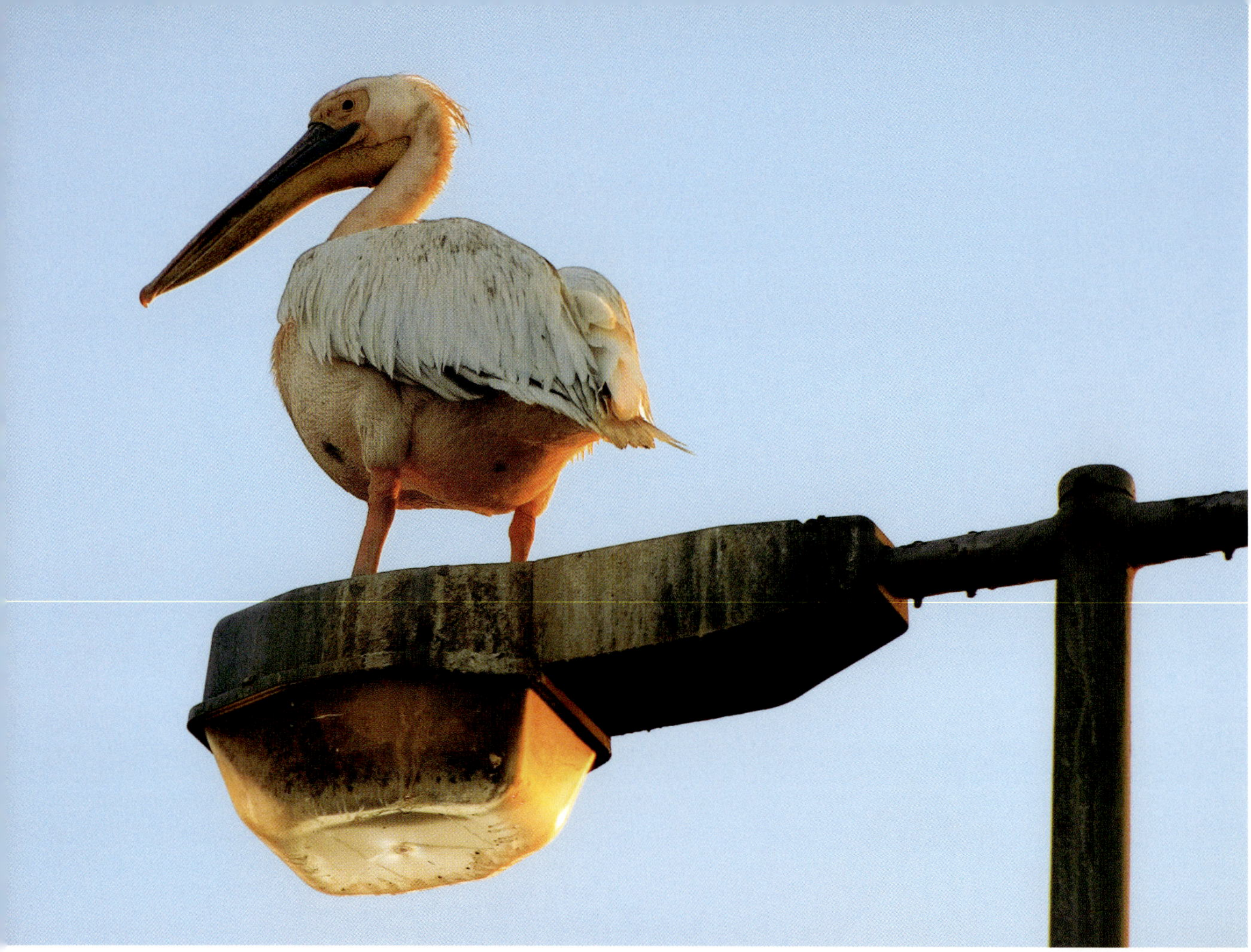

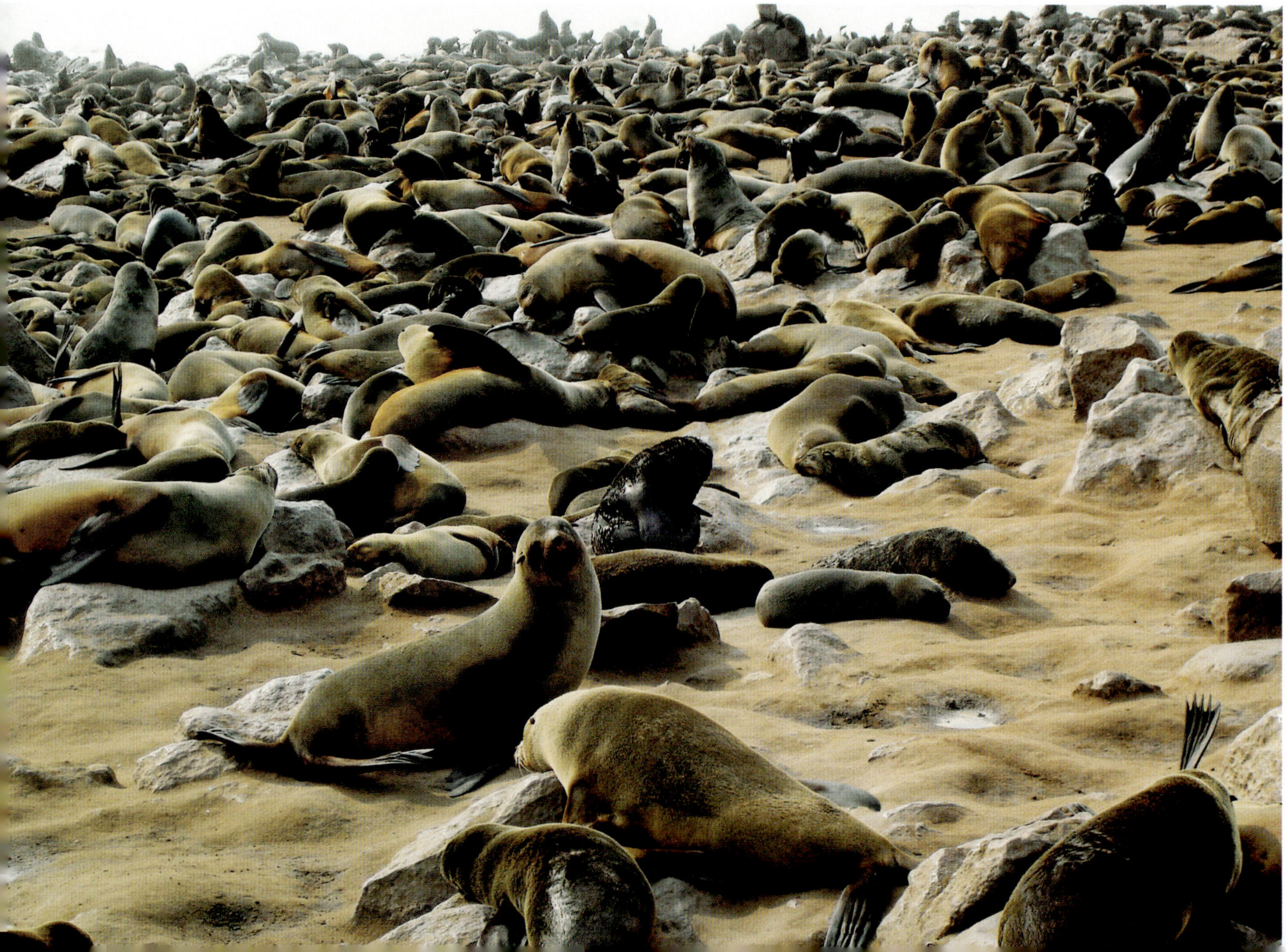

Benannt wurde die Stadt nach dem südlich liegenden Swakop, ein Trockenfluss, wie alle Flüsse im Landesinneren Namibias. Und seit der Fluss im seinem oberen Lauf gestaut und zur Wasserentnahme genutzt wird, gelangt nur noch selten Wasser bis Swakopmund. Die entsprechenden Auswirkungen zeigen sich in zunehmenden Versandungstendenzen und im Rückgang der einst so üppigen Vegetation. Keine Angst vor Versandung braucht man beim 21 Meter hohen rot-weiß gestreiften Leuchtturm zu haben, der einem in dichtem Nebel hervorragende Dienste erweist. Und auch die Jetty, die 250 Meter lange Landungsbrücke im Atlantik, gibt, allerdings nur bei klarem Wetter, einen guten Blick auf die Stadt. Eine weitere Swakopmunder Besonderheit sind die sogenannten Saltpads. Da Salz in der Gegend im Überfluss vorhanden ist, wurden ganze Straßen mit einem Gemisch aus Salz, Wasser und Sand ausgebaut. Das getrocknete und platt gewalzte Gemisch ergibt einen festen Untergrund, der allerdings bei Feuchtigkeit spiegelglatt werden kann.

Gut 30 Kilometer weiter südlich liegt Walvis Bay, der einzige wichtige Tiefseehafen an der Küste Namibias. Die bis 1994 noch zu Südafrika gehörende Bucht ist vom stürmischen Atlantik durch eine Landzunge geschützt. Das Gebiet wurde 1878 von Großbritannien besetzt und ab 1884 als Teil der Kapkolonie verwaltet. Die Südafrikanische Union und ab 1961 die Republik Südafrika standen Walvis Bay als Teil ihres Mandatsgebietes Südwestafrika von 1922 bis 1977 vor. Ab 1978 unterstellte die Apartheidregierung Walvis Bay wieder direkt der Kapprovinz. In den Verhandlungen über die Unabhängigkeit Namibias war eine paritätische Verwaltung beider Länder vereinbart worden, mit Beginn der ersten demokratisch gewählten Regierung in Südafrika ging Walvis Bay schließlich ganz an Namibia.

Die eher trostlos wirkende Hafenstadt, mit 85 000 Einwohnern die zweitgrößte Gemeinde Namibias, wird ganz im Gegensatz zu Swakopmund durch geschäftiges Treiben bestimmt. Hauptarbeitgeber ist die Fischindustrie und die Salzgewinnungsanlage südlich des Hafens, die im Jahr rund 400 000 Tonnen Salz produziert. Im Norden endet die Landzunge mit dem Pelican Point, wo sich zeitweise Tausende von Pelikanen tummeln. Aber auch Schwärme von rosafarbenen Flamingos oder Schwalben, Möwen und vor allem Zugvögel lassen sich vor blauem Himmel über den flachen Lagunen beobachten, die zu der größten geschützten Meeresfläche an der Westküste entlang der Namib, aber auch des gesamten südlichen Afrika gehören. Nördlich von Swakopmund findet sich am Cape Cross eine Kolonie mit bis zu 200 000 Ohrenrobben. Insgesamt wird die Robbenpopulation auf 1,6 Millionen Tiere geschätzt. Der Fischreichtum im kalten Benguelastrom sorgt für ideale Bedingungen.

Das feuerrote Herz der Namib liegt südlich von Walvis Bay und Swakopmund und dem Kuiseb River und schlägt in Form einer gigantischen Wüstenlandschaft von über 300 Meter hohen, formvollendeten, farbintensiven Sanddünen. Das fünf Millionen Hektar große Gebiet des Namib-Naukluft National Park umfasst den Großteil dieser einzigartigen Landschaft. Südlich von Walvis Bay wird dieser Teil der Wüste noch von ebenen, scheinbar endlosen Geröllflächen dominiert, dann fangen die tiefen Täler des Kuiseb an, die die Landschaft unter anderem mit dem Kuiseb-Canyon prägen. Rund 100 Kilometer weiter südlich des Kuiseb schiebt sich das Naukluft-Randgebirge bis zur Wüste vor. Von Windhoek kommend bieten die Berge von einer Passstraße herrliche Blicke in die Namib. Eine der wenigen Wege in die Wüste führt durch den Sesriem-Canyon, den der Tsauchab River rund einen Kilometer in die Wüste und 40 Meter tief gegraben hat. Wenn der Rivier Wasser führt, reicht er bis zum Fuße der 350 Meter hohen Sterndünen, wo er versickert und eine riesige Pfanne, das vlei, mit einem weißlichen Gemisch aus Salz und Lehm zurücklässt.

LINKE SEITE:

Pelikan auf einer Laterne in Swakopmund. Tausende dieser Tiere tummeln sich zeitweise am sogenannten Pelican Point bei der etwas südlich gelegenen Stadt Walvis Bay (Foto oben). Nördlich von Swakopmund befindet sich Cape Cross mit einer Kolonie von bis zu 1,6 Millionen Ohrenrobben (Foto unten).

624 Namibia

Kuiseb-Canyon im Namib-Naukluft National Park

FOLGENDE DOPPELSEITE:
Die Dünen im Namib-Naukluft National Park sind wegen ihrer leuchtend roten Farbe und den exakten Formen legendär.

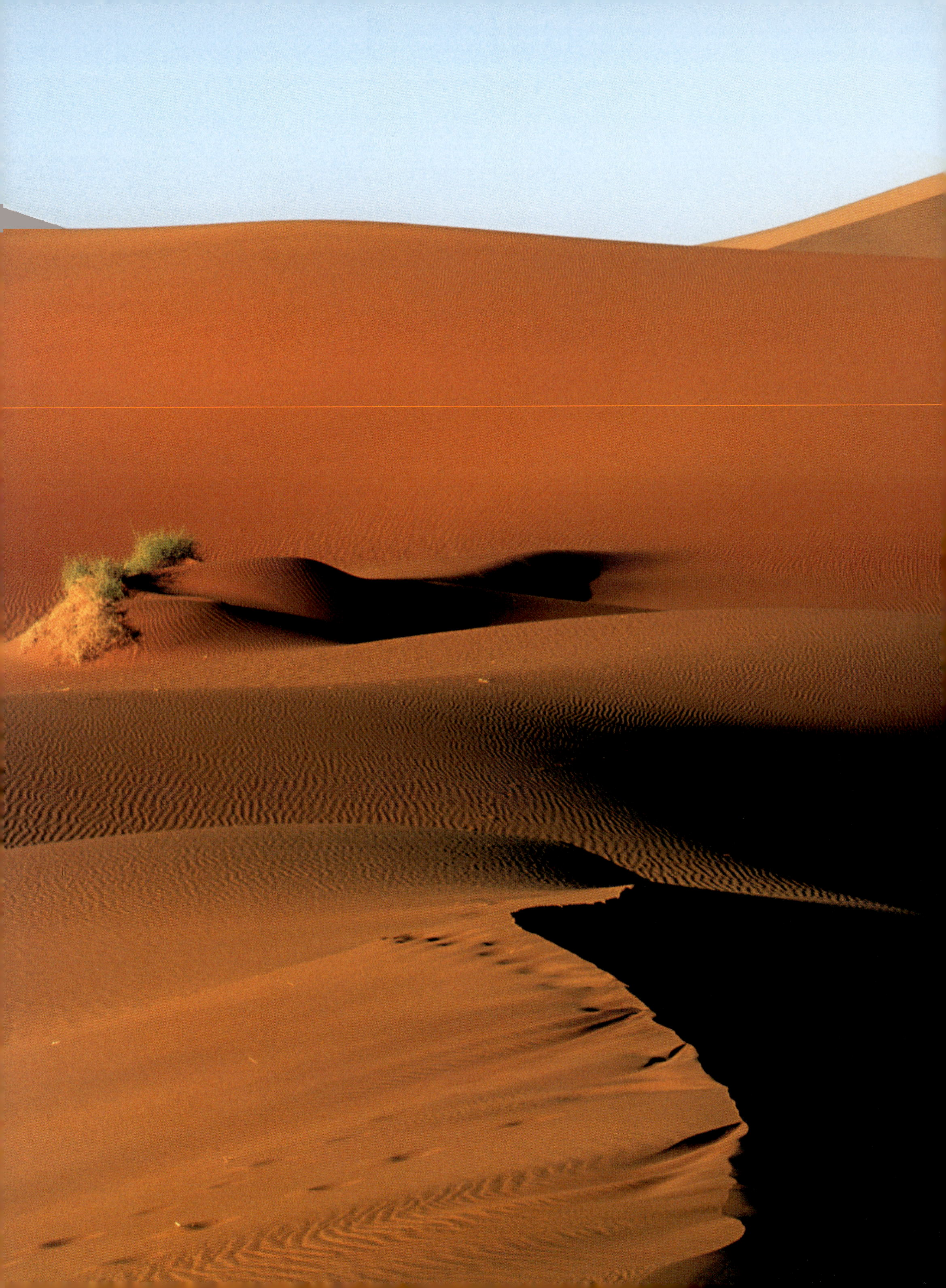

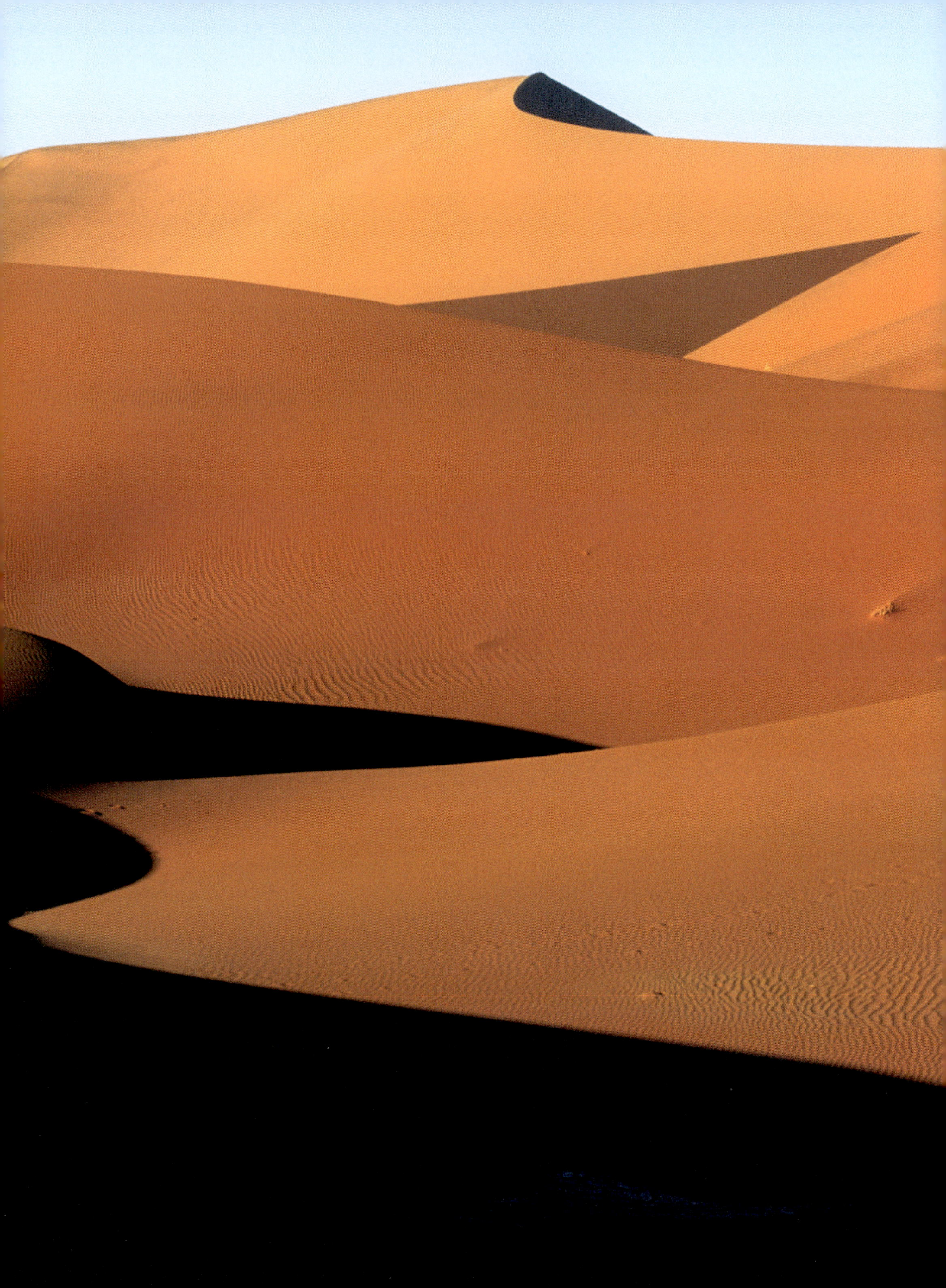

LÜDERITZ
UND DER WEITE SÜDEN VON NAMIBIA

Der tiefe, weite Süden von Namibia beginnt südlich des Namib-Naukluft National Park und reicht von Lüderitz im Westen und dem landeinwärts gelegenen Keetmanshoop bis ganz in den Süden des Landes an den Fish River Canyon und dem kurz danach die südafrikanische Grenze markierenden Oranje (Gariep). Das aride bis halbaride ehemalige Siedlungsgebiet der Nama zeichnet sich durch eine äußerst geringe Besiedlungsdichte aus. Hunderte von Kilometern Weidezäune verdeutlichen nicht nur, dass die traditionelle Lebensweise des nomadischen Hirtenvolkes der Nama vorbei ist, sondern auch, dass auf den riesigen, bis zu 30 000 Hektar große Farmen, deren Farmgebäude weit entfernt und versteckt von den Hauptpisten liegen, zumeist weiße Farmer ihre Karakulschafherden halten. Die deutsche „Besiedlung" im Zentrum Namibias begann mit dem Missionar Heinrich Schmelen, der in Bethanien – ca. 250 Kilometer östlich der heutigen Stadt Lüderitz – eine Missionsstation gründete. Er hatte 1812 den Auftrag erhalten, den Westen des Namalandes nach einer geeigneten Stelle für eine Missionsstation zu erkunden. Zusammen mit 50 Nama und Orlam, die sich an dem von ihnen „Uigantes" („immer fließende Quelle, die man nicht mit einem Stein verschließen kann") genannten Ort niederlassen wollten, gründete er die Gemeinde Bethanien.

Als Schmelen die Missionsstation aufgrund von Anfeindungen der Nama nicht mehr halten konnte, übergab er

Zwei Häuserfassaden in Lüderitz an der Westküste Namibias. Straßennamen, Architektur und vieles mehr sind noch heute unübersehbare Zeichen der deutschen Kolonialgeschichte.

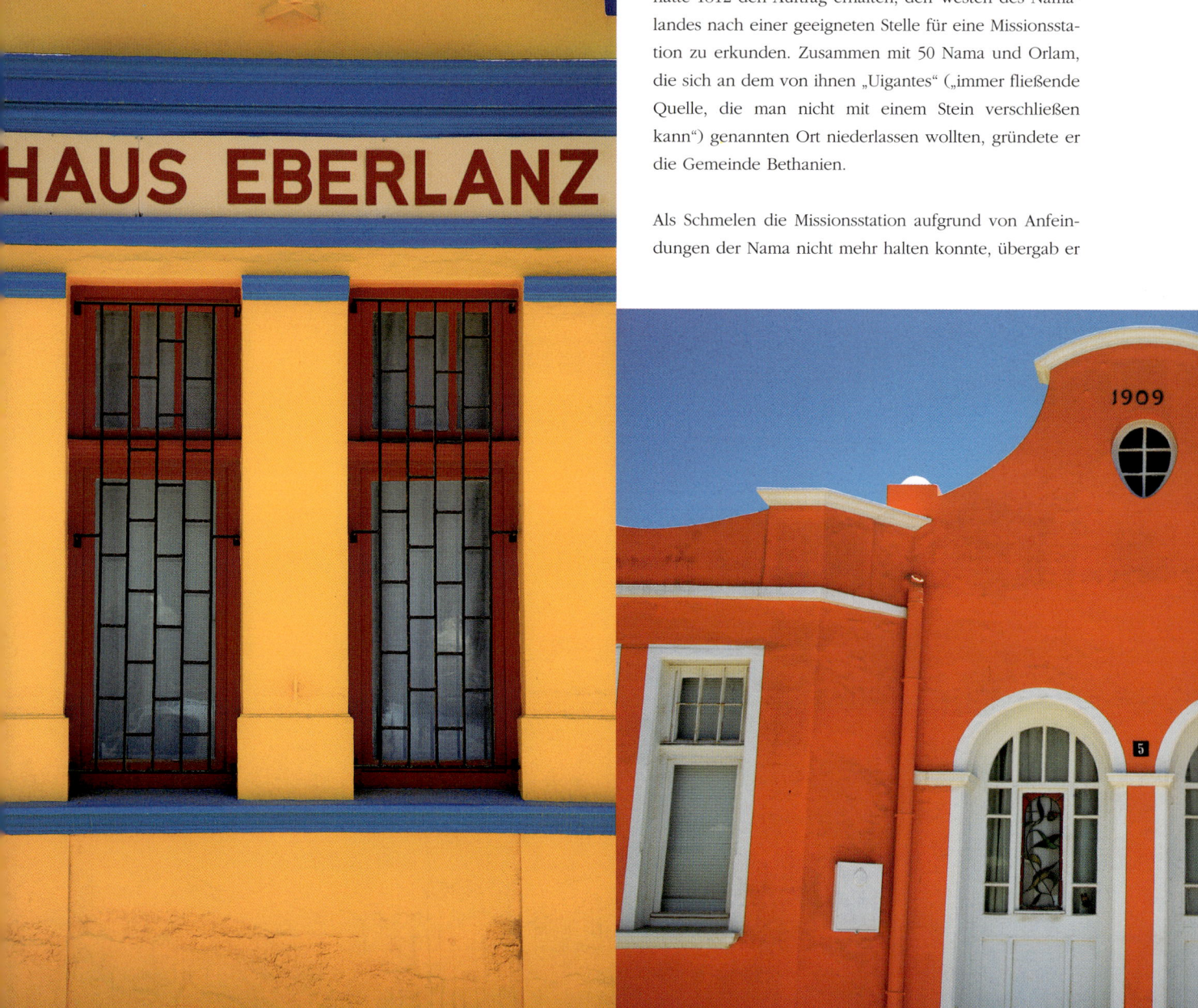

sie 1842 an die Rheinische Missionsgesellschaft, die aus Barmen (heute Wuppertal) hergekommen war. Der 1000 Meter über dem Meeresspiegel liegende heutige Ort Bethanie hat rund 4000 Einwohner, bietet eine Grundversorgung mit Lebensmitteln, eine Post, eine Polizeistation und eine Tankstelle. Die Missionsstation, die Schmelen erbauen ließ, gilt heute als ältestes von Europäern gebautes Steinhaus in Namibia.

Die Gründung der Stadt Lüderitz wiederum geht auf den deutschen Kaufmann Franz Adolf Eduard Lüderitz aus Hannover zurück, der im Jahre 1883 dem Orlam-Häuptling Joseph Frederiks das Gebiet rund um den von Portugiesen als „Angra Pequena" bezeichneten Ort abgekauft hatte. Zudem luchste ihm Lüderitz für 500 Pfund und 60 Gewehre noch das gesamte Gebiet bis zum Oranje ab: Er ließ den Häuptling absichtlich darüber im Unklaren, dass das Land im Vertrag nicht in üblichen englischen Landmeilen (= 1,6 km) bemessen war, sondern in deutschen geographischen Meilen (= 7,4 km). Der Häuptling verlor auf diese Weise fast sein gesamtes Stammesgebiet. Lüderitz war an der Angra Pequena, der späteren Lüderitzbucht, aus wirtschaftlichen Gründen interessiert. Er erhoffte sich, aus Handel mit Fischern, Robben- und Walfängern sowie Jägern aus dem Landesinneren Kapital zu schlagen.

Doch sowohl der Handel wie die Suche nach Bodenschätzen verliefen wenig erfolgreich, bald hatte Lüderitz sein Privatvermögen bei seinen Forschungsreisen aufgebraucht. 1885 wurde die Deutsche Kolonialgesellschaft gegründet, die die Anteile an der Lüderitzbucht erwarb. Auf einer Reise zum Oranje zur Erkundung eines möglichen Schiffweges kam der deutsche Kaufmann 1886 ums Leben. Der nach dem Deutschen benannte Ort fristete lange ein sehr verschlafenes Dasein, an dem sich auch durch die Fertigstellung der Eisenbahnlinie Lüderitz–Keetmanshoop im Jahre 1908 nicht wesentlich etwas änderte.

FOLGENDE DOPPELSEITE:
Panoramablick auf Lüderitz

Kurze Zeit danach wurde dem Bahnmeister August Stauch, der für die Überwachung der Sandsäuberungsmaßnahmen der Bahnschienen durch Einheimische verantwortlich war, von dem Arbeiter Zacharias Lewala ein Stein gebracht, der sich später als Diamant herausstellte. Die Fundstelle hieß Kolmanskuppe nach dem Nama Coleman, der 1905 mit einem Ochsenwagen im Sand stecken geblieben war.

Mit dem Diamantenfund von Zacharias Lewala begann 15 Kilometer östlich von Lüderitz der Diamantenrausch. Ein Ort mit 300 Einwohnern wuchs heran, die über ein Schwimmbad, eine Schule, ein Krankenhaus, eine Kasino, ein Restaurant und natürlich eine Bar verfügten. Das Frischwasser, das zunächst noch aus Kapstadt angeschifft wurde, konnte später durch eine Entsalzungsanlage produziert werden. 1911 wurde der Ort an das Elektrizitätsnetz von Lüderitz angeschlossen. 1914 wurden 20 Prozent der weltweiten Diamantenproduktion in Kolmanskuppe und umliegenden Minen abgebaut.

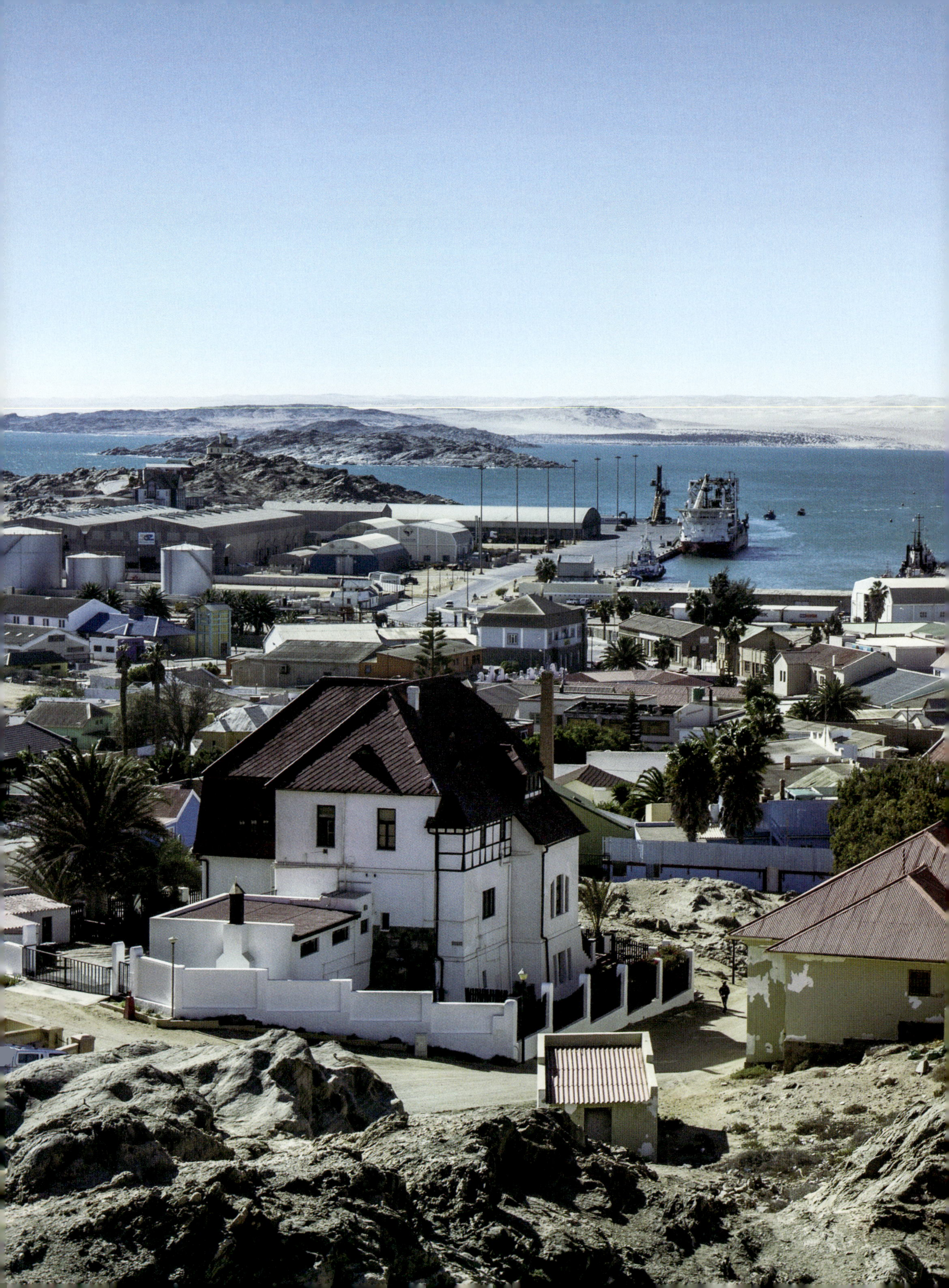

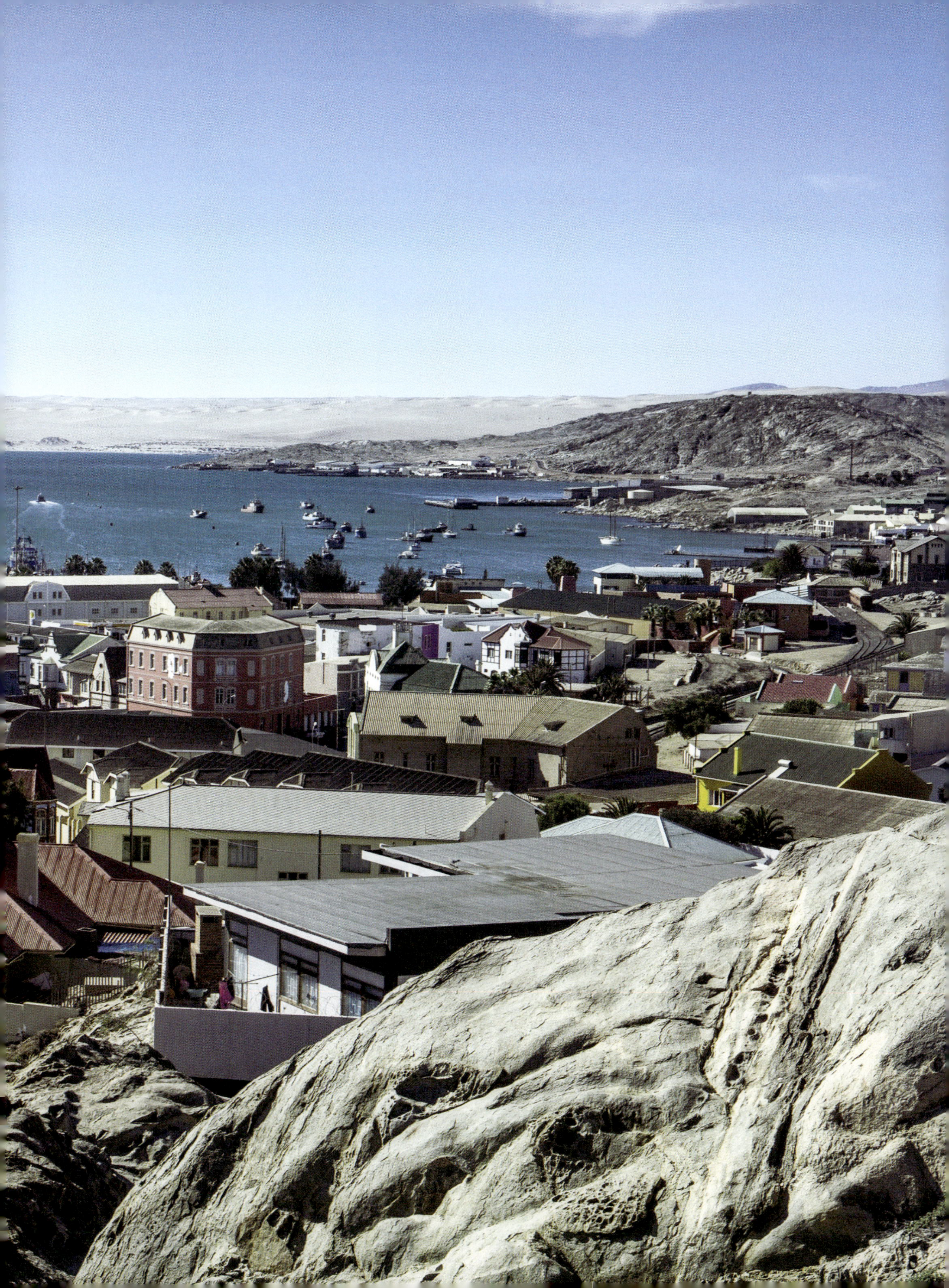

Wie aus dem Nichts durch den Diamantenrausch wachgerüttelt, schlief Lüderitz mit der Verlagerung des Diamantenabbaus weiter in den Süden und der Schließung der Minen in Kolmanskuppe auch wieder rasch ein. Heute leben rund 12 500 Einwohner in der immer noch sehr von den deutschen Kolonialhäusern geprägten kleinen Hafenstadt. Das extrem trockene Klima mit Niederschlägen von weniger als 50 Millimeter pro Jahr sowie häufiger Morgennebel und oftmals starke Winde besonders in den Sommermonaten machen das weit abgeschieden gelegene Lüderitz aber nicht besonders attraktiv.

Geisterstadt Kolmanskuppe

Kolmanskuppe ist heute eine Geisterstadt mit Freilichtmuseumscharakter, die durch ein kleines Museum an die Zeit erinnert, als der Ort noch nicht von den Sanddünen in Besitz genommen wurde. Südlich von Lüderitz bis zur Grenze von Südafrika werden noch heute Diamanten im Sperrgebiet gefördert. Die südlichste Ecke des Sperrgebietes und Namibias bildet Oranjemund. Der 1936 gegründete Orte wurde nach dem Fluss Oranje benannt, dem auch Orange River oder Gariep genannten längsten Fluss Südafrikas, der die Grenze zu Namibia bildet. In Oranjemund, das vollständig zu der De-Beers-Gruppe gehört, arbeiten im Prinzip alle der 4000 Einwohner für die Bergbaugesellschaft.

Ansonsten ist die wirtschaftliche Situation in und um Lüderitz eher schlecht. Mit der Ausweitung der Austernzucht wird versucht, die Schließungen einiger Fischfabriken wegen der vermehrten, aber nur saisonbezogenen Langustenzucht aufzufangen. Aber immer noch fehlen viel zu viele Arbeitsplätze, sodass viele Familien ohne ihre Männer leben, die in Walvis Bay nach Arbeit suchen. Der Hafen, der mit zehn Meter Tiefe der einzige Tiefseehafen neben Walvis Bay ist, soll zum Unschlagplatz für Container umgebaut werden. Wirtschaftliche Hoffnungen entfacht das 190 Quadratkilometer große Kudu-Gasfeld vor der Küste, wo mindestens 37 Milliarden Kubikmeter Erdgas lagern sollen. Ob und wann die Ausbeutung beginnt, steht allerdings wegen hoher Investitionskosten noch immer in den Sternen.

Zwischen Lüderitz und Bethanie liegen die Tirasberge, die sich entlang der Namib auf einem 125 000 Hektar großen Gebiet erstrecken. Bis zu 2000 Meter hohe Berge und rote Sanddünen wechseln sich auf ungewöhnlich kleinem Raum ab. Felsmalereien der San belegen das frühe Siedeln der als Jäger und Sammler lebenden Volksgruppe in dieser Region. Heute sind die San nur noch in den weiter östlich gelegenen Gebieten der Kalahari und im Nordosten Namibias zu finden.

Ebenfalls von einer Missionsgesellschaft wurde Keetmanshoop, die „Hauptstadt des Südens", gegründet, die bei den Nama „Nugoaes" („Schwarzer Sumpf") genannt wurde, wahrscheinlich aufgrund eines zeitweise Wasser führenden und dann dunkel schimmernden Trockenflusses. Die Rheinische Missionsgesellschaft ignorierte diese Erscheinungsform inmitten der Halbwüstenlandschaft der Nama-Karoo und benannte den Ort nach dem Geschäftsmann Keetmann, der Vorsitzender ihrer Gesellschaft war, und fügten sicherheitshalber noch das Wort „Hoffnung" hinzu.

Kinder auf der Durchgangsstraße in Keetmanshoop

Rund 20 Kilometer nördlich von Keetmanshoop befindet sich mit dem Köcherbaumwald eine der unvergleichlichen Naturschönheiten Namibias. Der „Wald" besteht dabei eigentlich gar nicht aus Bäumen, sondern aus rund 300 vereinzelt stehenden Aloen, die zu den Sukkulenten gehören. Der Name Köcherbaum geht zurück auf die San, die aus den Ästen der Pflanze Köcher für ihre Pfeile zum Jagen herstellten. Ein Naturschauspiel der besonderen Art ist auch der in der Nähe gelegene Giants' Playground, wo riesige Steinquader wie weggeworfenen Filmkulissen übereinanderliegen, in Wahrheit jedoch das Resultat ganz natürlicher Erosionsprozesse sind.

Der landschaftliche Höhepunkt des südlichen Namibia ist der Fish River Canyon, der nach dem Great Canyon in Nordamerika als der zweitgrößte bezeichnet wird. Insgesamt misst er auf der Strecke von Seeheim bis Ai-Ais 167 Kilometer Länge und eine Breite von bis zu 27 Kilometern. Der Fish River, der in den nördlichen Naukluftbergen entspringt, schlängelt sich 650 Kilometer durch die Steppenlandschaft, bevor er in den Oranje mündet. Der heute nur selten viel Wasser führende Fluss grub den Canyon unter Mithilfe von Erosionsvorgängen vor Millionen von Jahren mittels Auswaschung der Quarzite, Dolomite und Kalksteinschichten. Von 2,5 bis 500 Millionen Jahren reicht das Alter von den obersten bis zu den untersten Schichten. Auf das Jahr 1850 geht die Entdeckung der Ai-Ais („glühend heiß") genannten, rund 60 °C heißen Quellen in einem Tal unweit des Canyons zurück. Der Ai-Ais Hot Springs Game Park, in dem der Canyon größtenteils liegt, bildet zusammen mit der im südafrikanischen Richtersveld National Park gelegenen Bergwüste den länderübergreifenden Richtersveld Transfrontier Park.

Köcherbaum

RECHTE SEITE:
Fish River Canyon (Foto oben);
Ai-Ais-Quellen in der Nähe des
Fish River Canyon (Foto unten)

FOLGENDE DOPPELSEITE:
Giants' Playground

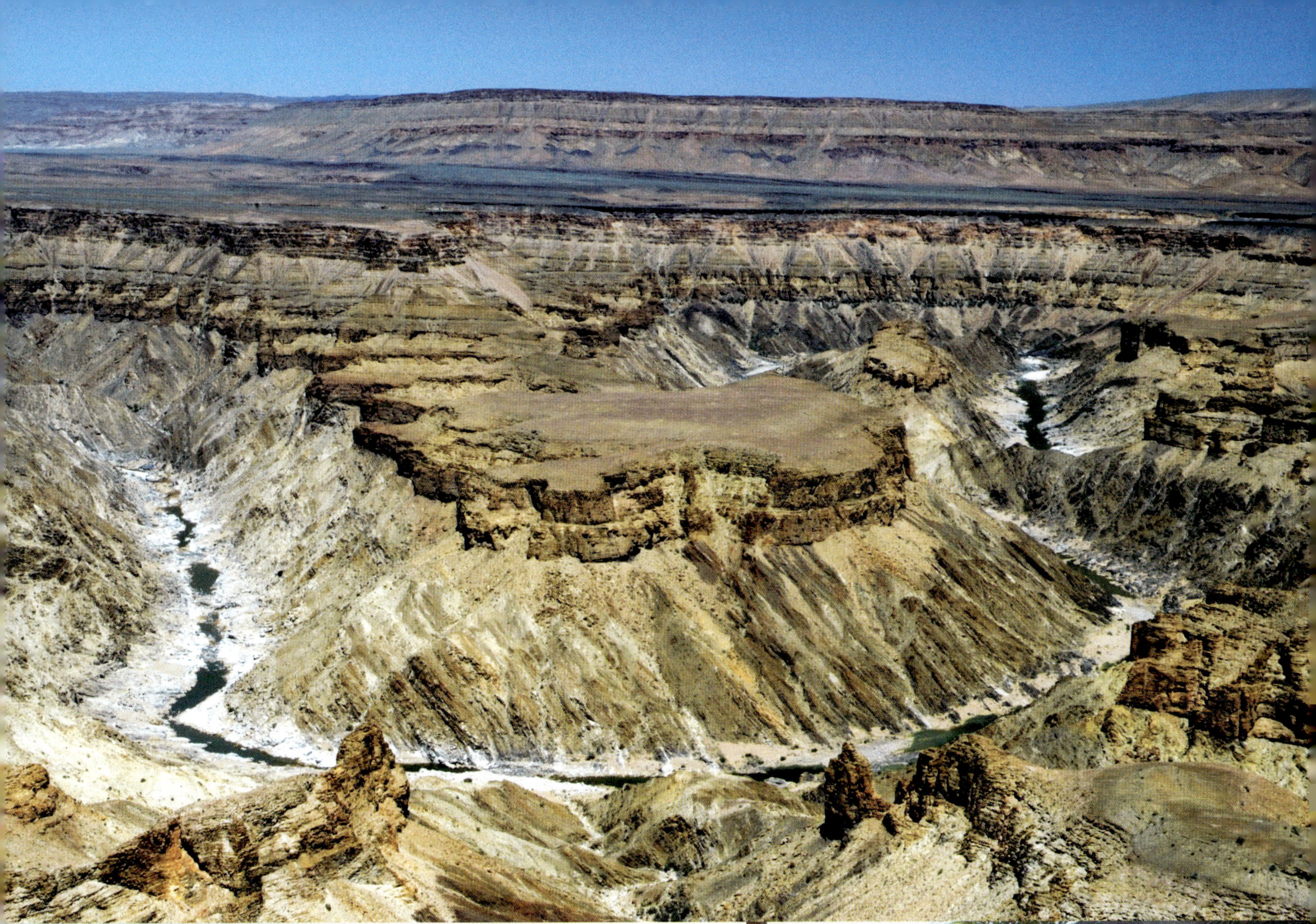

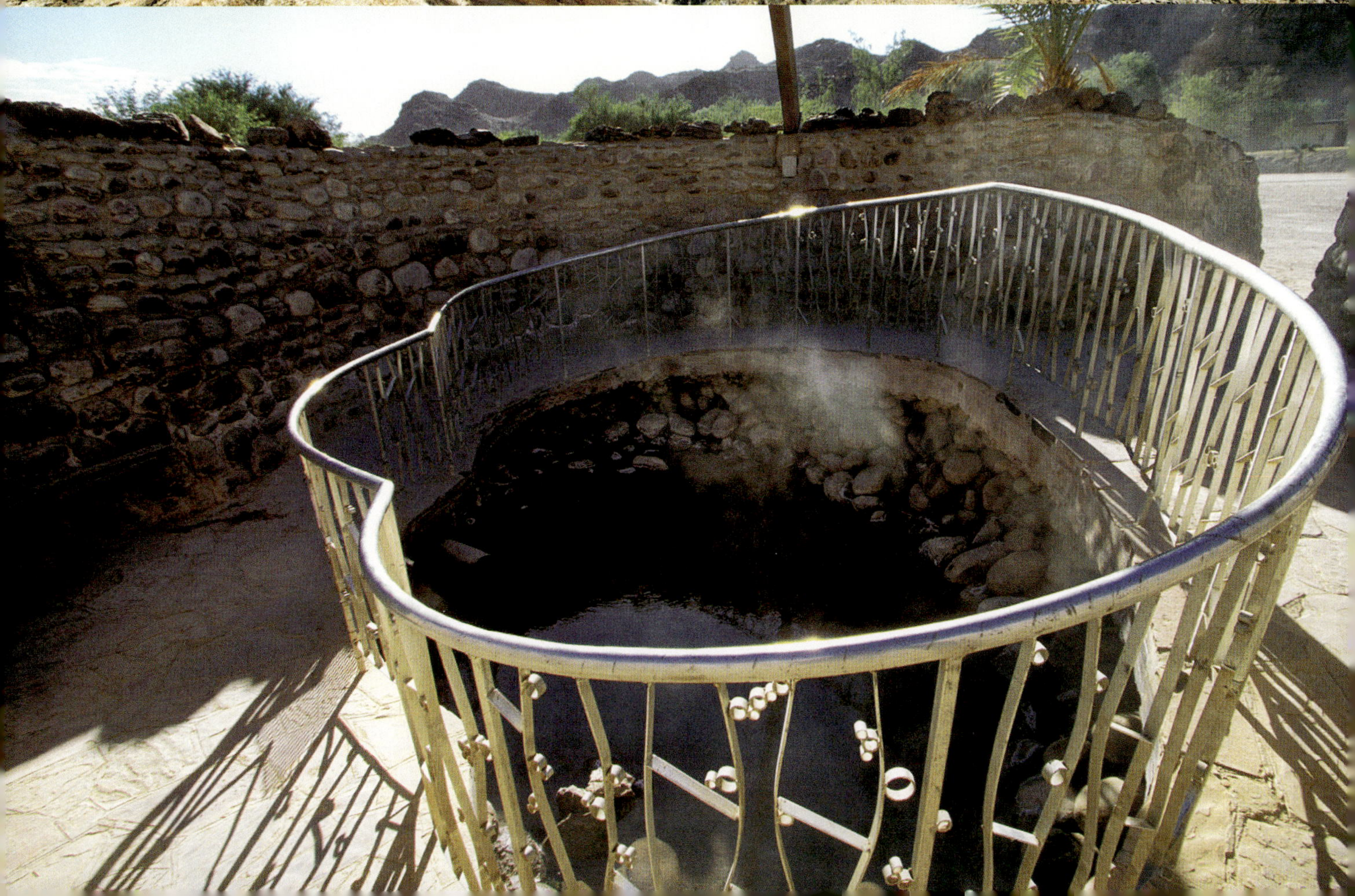

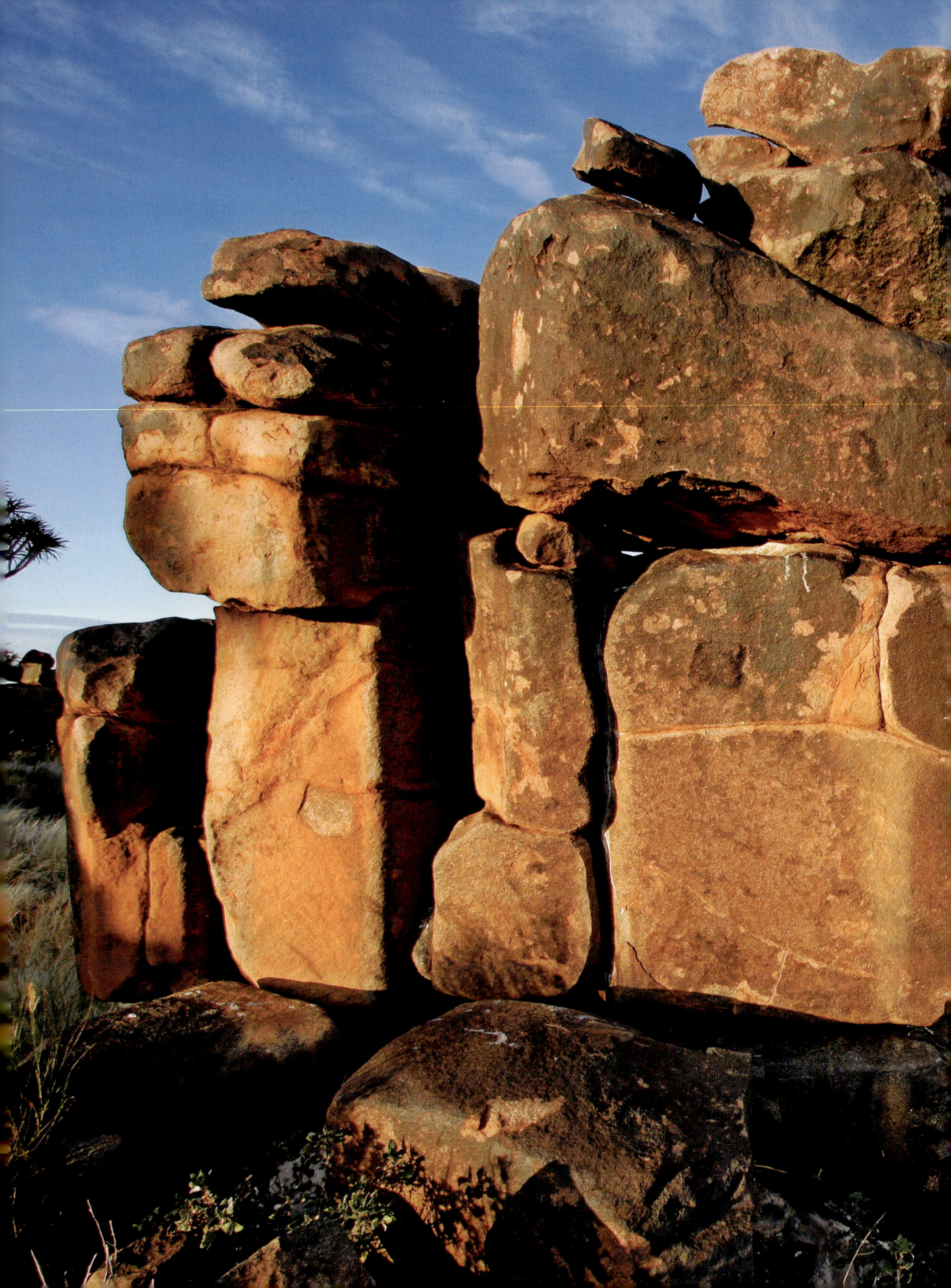

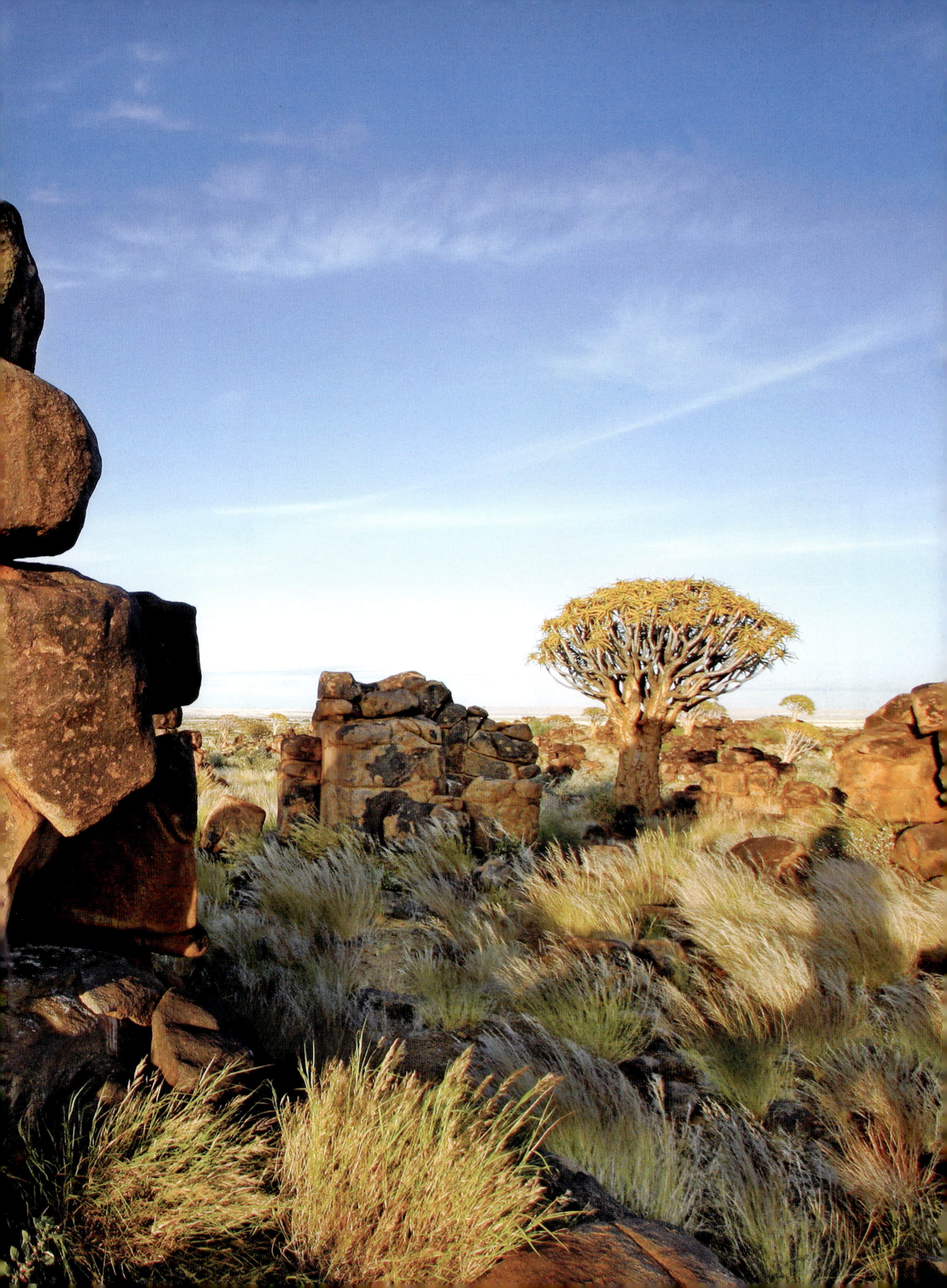

Bildnachweis

Covermotive:
© fotolia.com: jtplatt (Kapstadt), julien (Giraffen), creativ (Häuser), hpbfotos (Blyde River), Michael Robbins (Löwe)

© Brockmann, Heidrun (Hamburg):
Seiten 106/107, 109, 116 oben, 120, 122/123, 145, 163, 167, 168/169, 171 oben, 171 unten, 172/173, 180 oben, 180 unten, 184/185, 188, 189, 194, 203, 208, 213, 250, 250/251, 256/257, 264/265, 288/289, 305, 306 oben, 306 unten, 307 oben, 310, 334/335, 343, 348, 381

© dpa/picture alliance (Frankfurt):
Seiten 25 (robertharding), 26 unten (DUMONT Bildarchiv), 30 oben, 33 (Chr.Grüne/Helga Lade), 42/43 (NHPA/photoshot), 88 oben (robertharding), 88 unten (dpa – Report), 89 (dpa – Report), 96 (Godong), 97 (Godong), 99 (Godong), 100/101 (Godong), 105 (Berlin Picture Gate), 112/113 (Godong), 115 (dpa – Report), 116 unten (R.Sebastian/Helga Lade), 117 (Godong), 119 (dpa – Report), 121, 126 (africamediaonline), 142, 146 unten (Nigel Dennis/OKAPIA), 148 (blickwinkel), 157 (prisma), 162, 176/177, 181, 187 (DUMONT Bildarchiv), 188 (Anka Agency International), 190/191 (DUMONT Bildarchiv), 195, 210 (Godong), 211 (Godong), 223 (DUMONT Bildarchiv), 224/225 (africamediaonline), 234 (africamediaonline), 235 (DUMONT Bildarchiv), 236, 244 (akg), 245 (DUMONT Bildarchiv), 253, 268 (Godong), 269 (akg), 270 (Schwemann/Helga Lade), 271 (DUMONT Bildarchiv), 286 (DUMONT Bildarchiv), 287 (DUMONT Bildarchiv), 290 (DUMONT Bildarchiv), 292 (africapic), 293 (DUMONT Bildarchiv), 294 (zb), 307 unten (DUMONT Bildarchiv), 314 (Winfried Wisniewski/OKAPIA), 317 oben (Nigel Dennis/OKAPIA), 320/321 (Anka Agency International), 332 (africamediaonline), 333 (akg), 336 (Anka Agency International), 337 (Jazz Archiv), 356 (Anka Agency International), 358, 376/377 (prisma), 378/379 (© Klaus Wanecek/OKAPIA), 382/383 (Anka Agency International), 384 (akg), 385 (Anka Agency International), 389 (Berndt Fischer/OKAPIA), 390 (Patricio Robles-Gil/OKAPIA), 391 (NurPhoto), 398 (DUMONT Bildarchiv), 403, 404, 417, 424 oben, 425, 434 (DUMONT Bildarchiv), 435 (Arcaid), 451 (DUMONT Bildarchiv), 455, 467 (DUMONT Bildarchiv), 492, 493, 494/495 (dpa – Report), 496 (dpa – Report), 506, 517 (dpa – Report), 570 (blickwinkel), 598/599 (robertharding), 602 (Arco Images GmbH), 630/631 (robertharding)

© fotolia.de:
Seiten 5 (2. v. oben): Andreas Edelmann, 5 (4. v. oben): Sean Nel, 8: 3dmitry, 10 oben: Michel Piccaya, 10 unten: Andreas Edelmann, 11 unten: EloEasy, 16: Michel Piccaya, 20: Andreas Edelmann, 21: Andreas Edelmann, 24: Björn Wylezich, 28/29: Siegfried Schnepf, 30 unten: Thorsten Bothe, 32: Melissa Schalke, 38/39: elleonzebon, 41: Renaud Faucilhon, 49: Martin Guenther, 51: Thorsten Bothe, 53: Andreas Edelmann, 54: Melissa Schalke, 61/62: Chris Doyle, 65: poco_bw, 74: Martin Guenther, 79 unten: Andreas Edelmann, 80 unten: Michel Piccaya, 81 unten: Jean-Marie MAILLET, 84: Mark Atkin, 92/93: michelecilliers, 95: Michel Piccaya, 104: Michel Piccaya, 110 oben: Michel Piccaya, 110 unten: Michel Piccaya, 132: dpreezg, 140/141: mezzotint_fotolia, 149 oben: Antoine Monat, 149 unten: Gert Vrey, 150/151: Olaf Holland, 154/155: picturist, 160/161: dpreezg, 179: Olga D. Van de Veer, 192/193: WitR, 196/197: waldorf27, 206/207: majonit, 209: Volker Haak, 214/215: pulpitis17, 217: lcswart, 220/221 oben: Michel Piccaya, 220/221 unten: Michel Piccaya, 228: donvictori0, 230/231: lcswart, 232: Carsten, 233: michaeljung, 238: lcswart, 240: Kerry, 241: EcoView, 246/247: wolfavni, 251: rogerdelaharpe, 254 oben: NightOwZA, 254 unten: NightOwZA, 272/273: picturist, 277: Florent Borderie, 278/279: EcoView, 300: Yvonne Bogdarski, 308: NightOwlZA, 315 unten: Uwe Bergwitz, 319: Jonathan Billing, 322/323: Andreas Edelmann, 324/325 oben: hpbfotos, 328/329: Andreas Edelmann, 330 oben: Werner Stoffberg, 330 unten: Jaume Felipe, 331 unten: Amjad Shihab, 336: picturist, 338: Jonathan Billing, 339: compuinfoto, 340/341: Andreas Edelmann, 350/351: UTOPIA, 359: Henrik, 374 links: EcoView, 374 rechts: EcoView, 386: Albie Bredenhann, 407: artush, 408/409: Nabby, 413: Steffen Foerster, 420/421: Sean Nel, 422: Geoffrey Whiting, 423: Sean Nel, 424 unten: daniel0, 430: Roswitha Wesiak, 436: Sean Nel, 440: Martine Wagner, 442/443: petert2, 444/445:

Sean Nel, 445: Gert Vrey, 446/447: Thomas Olinger, 448: Sean Nel, 449: Thierry Lucet, 460: Celso Pupo Rodrigues, 461: Timo, 462: Gary Danielz, 463: ArTo, 465 unten: Celso Pupo Rodrigues, 466: creativ, 472 oben: Thorsten Bothe, 472 unten: Michel Piccaya, 473 oben: Michel Piccaya, 473 unten: Christian Weinrich, 474: Thomas Olinger, 479: Dr. Herbert Wiedergut, 480/481: Andreas Edelmann, 482 unten: Dr. Herbert Wiedergut, 484/485: wallixx, 486/487: petert2, 488 unten: Michel Piccaya, 490/491: Michel Piccaya, 500: dpreezg, 501 oben links: agu, 501 unten: Michel Piccaya, 502 Michel Piccaya; 508 rechts: Andreas Edelmann, 514/515: Michel Piccaya, 516: jon11, 521 oben: Jurgens De Bruin, 530/531: Michel Piccaya, 538: elego, 550: Michel Piccaya, 558 oben: EcoView, 561 unten: Ralf Reinert, 567/568: Michel Piccaya, 572 oben: EcoView, 572 unten: EcoView, 574/575: Remo Nemitz, 584: Michel Piccaya, 588 unten: Markus Barzen, 594/595: gzfz, 600: Michel Piccaya, 604 unten: Stefan Straube, 608: Agota , 609: Andrea Mulas, 612: NightOwlZa, 616/617 oben: Michel Piccaya, 616/617 unten: Michel Piccaya, 619: Lonie Schoeman, 620/621: majonit, 622 unten: Ralf Reichert, 628 links: Michel Piccaya, 628 rechts: Michel Piccaya, 636/637: EcoView

© Mauritius images:
Seiten 51 (Frank Kahts/Alamy), 91 (Gallo Images/Alamy), 601 (imageBROKER/Oliver Gerhard)

© MEV (Augsburg):
Seite 12

© Südafrika Weininformation:
Seiten 5 (3. v. oben), 428 links, 428 rechts, 429 links, 429 rechts, 468/469: alle, 470/471: alle, 489, 512 links, 512 rechts, 513 oben, 513 unten, 518 oben, 518 unten, 519

© Transit (Leipzig):
Seiten 26 oben, 36, 50, 56, 57, 60, 64, 66/67, 69, 70, 72/73, 91, 124/125, 136, 137/138, 152, 153, 158, 175, 183, 199, 226, 227, 237, 302/303, 366/367, 396/397, 400/401, 432/433, 438/439, 452/453, 456, 458, 510/511, 564/565, 582/583, 592, 603, 606/607, 623/624, 625/626, 633, 635 unten

© www.123rf.com:
Seiten 5 unten, 127, 128 oben, 128 unten, 129 oben, 129 unten, 130, 135 oben, 147, 258, 263 rechts, 312, 313, 316 oben, 316 unten, 326, 368 oben, 368 unten, 370, 387, 394, 413, 524/525, 571 oben, 576, 577, 588 oben

© www.istock.com:
Seiten 5 (1. v. oben, 5 (5. v. oben), 9, 11 oben, 14/15, 17, 18/19, 22/23, 31, 34/35, 37, 44, 45, 46, 47, 48, 59 oben, 59 unten, 68, 71, 75, 76/77, 78, 79 oben, 80 oben, 81 oben, 82, 87, 131, 134, 135 unten, 146 oben, 156, 164/165, 178, 200, 205 oben, 205 unten, 218/219, 228, 239, 242 oben, 242 unten, 243, 248, 249, 260 oben, 260 unten, 261 oben, 261 unten, 262, 263 links, 266, 267, 274, 276, 281, 282/283, 284, 285, 295, 296, 297 oben, 297 unten, 299 oben, 299 unten, 301, 315 oben, 317 unten, 324/325 unten, 327, 331 oben, 342, 344 links, 344 rechts, 346 oben, 346 unten, 347 oben, 347 unten, 349, 352, 353, 354 oben, 354 unten, 355 oben, 355 unten, 357, 361, 362/363, 365, 371, 372/373, 393, 406 oben, 406 unten, 411, 414 oben, 414 unten, 415 oben, 415 unten, 418/419, 454, 457, 464, 465 oben, 475, 476/477, 478, 482 oben, 484, 488 oben, 489 oben, 490/491 unten, 498/499, 501 oben rechts, 504/505, 508 rechts, 509 rechts, 520, 521 unten, 523, 532 oben, 532 unten, 533 oben, 533 unten, 539, 547, 548/549, 551, 556/557, 556 unten, 558 unten, 560 oben, 560 unten, 561 oben, 571 unten, 573 oben, 573 unten, 604 oben, 613, 614/615, 618, 622 oben, 632 oben, 632 unten, 634 oben, 635 oben